АНГЛО-РУССКИЙ
ЮРИДИЧЕСКИЙ СЛОВАРЬ

ENGLISH-RUSSIAN
LAW DICTIONARY

S. N. ANDRIANOV
A. S. BERSON
A. S. NIKIFOROV

ENGLISH-RUSSIAN LAW DICTIONARY

Approx. 50 000 terms

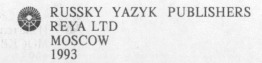 RUSSKY YAZYK PUBLISHERS
REYA LTD
MOSCOW
1993

С.Н. АНДРИАНОВ
А.С. БЕРСОН
А.С. НИКИФОРОВ

АНГЛО-РУССКИЙ ЮРИДИЧЕСКИЙ СЛОВАРЬ

Около 50 000 терминов

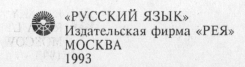

«РУССКИЙ ЯЗЫК»
Издательская фирма «РЕЯ»
МОСКВА
1993

ББК 67
А 65

Андрианов С. Н., Берсон А. С., Никифоров А. С.
А 65   Англо-русский юридический словарь — М.: Рус. яз. при
участии ТОО «Рея», 1993 — 509 с.
ISBN 5-200-02218-5

Словарь содержит около 50 000 терминов и терминологических со-
четаний по следующим отраслям права: государственное, административное, гражданское и торговое, уголовное, международное публичное,
международное частное, космическое, патентно-лицензионное, авторское
право, гражданский и уголовный процесс, судоустройство.

В конце словаря даны сокращения.

Рассчитан на широкий круг читателей: юристов, бизнесменов и
предпринимателей, научных работников, преподавателей и студентов
вузов, переводчиков.

А $\frac{4602030000-087}{015(01)-93}$ без объявл.   ББК 67+81.2Англ-4

ISBN 5-200-02218-5

ПРЕДИСЛОВИЕ

Настоящий словарь рассчитан прежде всего на специалистов, которые по роду своих профессиональных занятий имеют дело с англо-американской юридической литературой. Он представляет интерес для преподавателей, студентов и аспирантов юридических вузов. Словарь, несомненно, будет полезен переводчикам, бизнесменам и предпринимателям, работающим в международной сфере.

Словарь отражает правовую терминологию, существующую в Великобритании и США, и содержит около 50 тысяч терминов. В нем представлена терминология по международному публичному и международному частному праву, государственному праву, административному праву, уголовному праву и процессу, гражданскому и торговому праву, гражданскому процессу, судоустройству, патентно-лицензионному и авторскому праву.

Латинская терминология дается в той мере, в какой она является частью терминологического арсенала англо-американской юриспруденции. То же относится к французскому, в том числе старофранцузскому, элементу.

В приложении дан список сокращений, принятых в англо-американской юриспруденции при ссылках на источники и обозначении некоторых правовых понятий.

Словарь не является толковым: содержащиеся в нем правовые термины даются, как правило, без пояснений. Однако специфика понятий и институтов англо-саксонского права заставила нас снабдить некоторые термины краткими пояснениями.

Вышедший в издательстве «Международные отношения» в 1964 г. «Англо-русский юридический словарь» С.Н. Андрианова и А.С. Никифорова давно стал библиографической редкостью. Настоящий словарь, составленный теми же авторами в сотрудничестве с А.С. Берсоном, коренным образом отличается от предыдущего издания как в отношении подачи материала (алфавитно-гнездовой принцип), так и по объему представленной терминологии, который превышает объем прежнего словаря в три раза.

Мы с благодарностью вспоминаем канд. юрид. наук Т.Б. Мальцман (1908—1971) и д-ра юрид. наук, проф. Б.С. Никифорова (1913—1981) — редакторов «Англо-русского юридического словаря» 1964 г., оказавших нам помощь, которую трудно переоценить.

Авторы

О ПОЛЬЗОВАНИИ СЛОВАРЕМ

Ведущие термины расположены в алфавитном порядке, причем термины, состоящие из слов, пишущихся через дефис, следует рассматривать в алфавите как слитно написанные слова.

Для составных терминов принята алфавитно-гнездовая система. По этой системе термины, состоящие из определяемых слов и определений, следует искать по определяемым (ведущим) словам. Например, термин criminal trial следует искать в гнезде trial.

Ведущие термины в гнезде заменяются тильдой (~). Устойчивые терминологические сочетания даются в подбор к ведущему термину и отделяются знаком ромба (◇). В русском переводе различные части речи с одинаковым семантическим содержанием разделены параллельками (||). Например: lapse 1. истечение; прекращение || истекать; прекращаться 2. утрата силы || терять силу 3. переход *(права)* || переходить *(о праве)* 4. ошибка ◇ to ~ to the Crown переходить в казну, переходить в собственность государства.

Пояснения к русским переводам набраны курсивом и заключены в круглые скобки. Например: larceny-theft *амер.* похищение имущества-кража *(индексное преступление по полицейской классификации).*

Факультативная часть как английского термина, так и русского перевода дается в круглых скобках. Например: for value (received) возмездно, на возмездных началах, за встречное удовлетворение. Термин следует читать: for value received и for value.

Синонимичные варианты переводов помещены в квадратные скобки ([]). Слово или группа слов в квадратных скобках могут быть употреблены вместо слова или группы слов, стоящих непосредственно перед скобками. Например: bilateral [bipartite] treaty. Термин следует читать: bilateral treaty, bipartite treaty. Или например: domestic legislation внутреннее [национальное] законодательство. Перевод следует читать: внутреннее законодательство, национальное законодательство.

Во избежание повторений русского текста даются ссылки на аналогичный термин: *см.* или *тж.*

Гнезда типа act, department, judge, state и т.п. даются со строчной и прописной буквы, причем словарная статья приводится в первом случае. Например: judge судья || судить, рассматривать дело ◇ ~ in chambers «судья в камере» *(о действиях судьи вне судебного заседания)*; Judge — без словарной статьи.

В переводах принята следующая система разделительных знаков: близкие значения отделены запятой, более далекие — точкой с запятой, различные значения — цифрами.

УСЛОВНЫЕ СОКРАЩЕНИЯ

австрал. — австралийский — Australian
авт. пр. — авторское право — copyright
амер. — США — USA
англ. — английский — English
воен. — военное право — military law
гл. обр. — главным образом — mainly
датск. — датский язык — Danish
и пр. — и прочее — and so forth
исп. — испанский язык — Spanish
ист. — исторический — historical
и т.д. — и так далее — and so on
и т.п. — и тому подобное — and the like
канад. — канадский — Canadian
криминол. — криминология — criminology
кто-л. — кто-либо — somebody
лат. — латынь — Latin
мор. — морское право — maritime law
напр. — например — for example
обыкн. — обыкновенно — usually
особ. — особенно — especially
парл. — парламентский — parliamentary
пат. — патентный — patent
перен. — в переносном значении — in the figurative meaning
полит. — политический — political
полиц. — полицейский — police
преим. — преимущественно — mainly
разг. — разговорное слово — colloquial
редк. — редко — rarely
сканд. — скандинавский — Scandinavian
см. — смотри — see
старофр. — старофранцузский — old French
страх. — страховой — insurance
тж — также — also
уст. — устаревший — obsolete
фр. — французский язык — French
церк. — церковное право — ecclesiastical law
что-л. — что-либо — something
шотл. — шотландский — Scottish

pl — plural — множественное число

АНГЛИЙСКИЙ АЛФАВИТ

Aa	Gg	Nn	Uu
Bb	Hh	Oo	Vv
Cc	Ii	Pp	Ww
Dd	Jj	Qq	Xx
Ee	Kk	Rr	Yy
Ff	Ll	Ss	Zz
	Mm	Tt	

A

abaction скотокрадство *(гуртом)*; покушение на скотокрадство *(гуртом)*; конокрадство

abactor скотокрад; конокрад

ab agendo *лат.* лишённый права, неправоспособный

abandon 1. отказываться *(напр. от права, притязания)* 2. абандонировать *(оставлять предмет страхования в пользу страховщика)* 3. оставлять *(жену, ребёнка)* ◇ to ~ an action отказаться от иска; to ~ a right отказаться от права

abandonee 1. лицо, в пользу которого имеет место отказ от права 2. страховщик, в пользу которого оставляется предмет страхования

abandonment 1. отказ *(напр. от права, притязания)* 2. абандонирование *(оставление предмета страхования в пользу страховщика)* 3. оставление *(жены, ребёнка)* ◇ ~ through failure to claim абандонирование вследствие неоформления патентных притязаний; ~ to insurer отказ *(от сохранившейся части предмета страхования)* в пользу страховщика

~ of attachment lien отказ *(привилегированного кредитора)* от права удержания, залога, обеспеченного наложением ареста

malicious ~ злонамеренное оставление *(жены, ребёнка)*

voluntary ~ of purpose добровольный отказ от достижения *(преступной)* цели

abatable 1. могущий быть отменённым, аннулированным *или* прекращённым 2. могущий быть устранённым *(в порядке самопомощи)*

abate 1. снижать; уменьшать 2. отменять, аннулировать; прекращать 3. устранять *(в порядке самопомощи)* 4. уменьшать денежные суммы по легатам *(при отсутствии денежных средств, достаточных для выплаты по ним полностью)* 5. незаконно завладеть недвижимостью до вступления наследника во владение

abatement 1. снижение; уменьшение 2. отмена, аннулирование; прекращение 3. устранение *(в порядке самопомощи)* 4. уменьшение денежных сумм по легатам *(при отсутствии денежных средств, достаточных для выплаты по ним полностью)* 5. незаконное завладение недвижимостью до вступления наследника во владение ◇ ~ and revival прекращение и возобновление действия *(договора, судебного решения)*

~ of action 1. прекращение тяжбы, иска, судебного дела, процесса, преследования 2. полное опровержение иска ответчиком

~ of bequest аннулирование завещательного отказа движимости

~ of nuisance устранение источника вреда

~ of suit прекращение производства по делу

~ of tax assessment освобождение от обложения налогом

abater прошение о прекращении иска, судебного дела, процесса

abator 1. лицо, незаконно завладевшее недвижимостью до вступления наследника во владение 2. лицо, осуществляющее самопомощь

abbot 1. аббат *(настоятель мужского монастыря)* 2. приходский священник епископальной церкви

abbreviate выписка, выдержка *(из документа)* ‖ делать выписки, выдержки *(из документа)*

~ of adjudication выписка, выдержка из решения суда *или* арбитража

abbrochment грабёж

abdicate 1. отказываться *(напр. от должности, права, ребёнка)* 2. отрекаться *(от престола)*

abdication 1. отказ *(от должности, права, ребёнка)* 2. отречение *(от престола)*

abduct похищать, увозить другое лицо *(насильно, с помощью уговоров или обманом, особенно женщину, ребёнка, подопечного, избирателя)*

abduction похищение другого лица *(особенно женщины, ребёнка, подопечного, избирателя)* ◇ ~ by fraud похищение другого лица с помощью обмана; ~ by open violence похищение другого лица путём открытого применения насилия; ~ by persuasion похищение другого лица с помощью уговоров; ~ by violence насильственное похищение другого лица; ~ with intent to marry похищение женщины с намерением жениться на ней *или* выдать её замуж

forcible ~ насильственное похищение другого лица

fraudable ~ похищение другого лица с помощью обмана

violent ~ насильственное похищение другого лица

abductor похититель другого лица *(особенно*

женщины, ребёнка, подопечного, избирателя)

abearance данное под поручительством обязательство не нарушать закон

abet подстрекать к совершению преступления; способствовать совершению преступления; соучаствовать в совершении преступления

abetment подстрекательство к совершению преступления; способствование совершению преступления; соучастие в совершении преступления

abetter *см.* abettor

abetting подстрекательство к совершению преступления; способствование в совершении преступления; соучастие в совершении преступления

abettor подстрекатель; пособник; соучастник

abeyance 1. состояние неопределённости в разрешении вопроса (*впредь до его окончательного урегулирования или выяснения*) 2. отсутствие владельца *или* претендента (*на собственность, наследство или наследственный титул*) ◇ in ~ 1. в неопределённом, нерешённом состоянии; в состоянии ожидания 2. без владельца (*о наследстве*); без претендента (*о наследственном титуле*) 3. без применения (*о законе*); to fall into ~ перестать применяться (*о норме, законе*); to hold in ~ отсрочивать; to remain in ~ оставаться открытым (*напр. о вопросе*)

abeyant 1. бездействующий (*о норме, о законе*) 2. оставшийся без владельца 3. находящийся в состоянии неопределённости, неясности, неурегулированности

abidance 1. выполнение; соблюдение; следование 2. подчинение

abide 1. выполнять; соблюдать; следовать 2. подчиняться; согласиться с последствиями 3. ждать результата ◇ to ~ and satisfy полностью выполнить (*судебное решение*); to ~ by the court's decision ждать решения суда

ability 1. правоспособность; дееспособность 2. платёжеспособность ◇ ~ to act дееспособность; ~ to pay debts платёжеспособность; ~ to perform дееспособность; ~ to stand trial (право)способность предстать перед судом

apparent present ~ наличие явной возможности

present ~ наличие возможности

abintestate наследник при отсутствии завещания

ab invito *лат.* против своей воли

abisher освободить от конфискаций и штрафов

abishered освобождённый от конфискаций и штрафов

abishering право, привилегия быть освобождённым от конфискаций и штрафов

abjudicate отказать (*в иске, в признании права судебным решением*)

abjudication отказ (*в иске, в признании права судебным решением*)

abjuration клятвенное отречение
~ of allegiance клятвенное отречение от прежнего подданства

~ of the realm отречение от страны под клятвой никогда в неё не возвращаться; оставление пределов государства без намерения вернуться

abjure 1. клятвенно отрекаться 2. покинуть страну под клятвой никогда в неё не возвращаться

able 1. правоспособный; дееспособный 2. платёжеспособный

ablegate легат, папский посланник

ablegatus *см.* ablegate

ablocate сдавать *или* брать внаём

abnegate 1. отрицать, отвергать 2. отказываться (*от права, притязания*)

abnegation 1. отрицание 2. отказ (*от права, притязания*)

abnormal ненормальный
mentally ~ психически ненормальный

abnormality ненормальность
mental ~ психическая ненормальность

abode местожительство
fixed [settled] ~ постоянное местожительство

abolish отменять, аннулировать; упразднять

abolishment отмена, аннулирование; упразднение

abolition 1. отмена; упразднение 2. *амер.* отмена рабства 3. аболиция, прекращение уголовного преследования в суде (*до вынесения приговора*)

abolitionary *амер.* аболиционистский

abolitionism *амер.* аболиционизм (*движение за освобождение негров*)

abolitionist 1. сторонник отмены, упразднения (*закона*) 2. *амер.* аболиционист ◇ ~ by custom государство, где смертная казнь исключается в силу обычая; ~ by law государство, отменившее смертную казнь законом; ~ by law for ordinary crimes only государство, законом отменившее смертную казнь лишь в отношении общеуголовных преступлений

aborticide преступное умерщвление плода в матке

abortion:
criminal ~ преступный аборт
pretended ~ преступная симуляция аборта

abortionist:
criminal ~ субъект преступного аборта; лицо, преступно промышляющее абортами

abridge 1. сокращать; уменьшать 2. ограничивать, урезать (*напр. права, привилегии*) 3. отказаться от части (*искового*) требования ◇ to ~ freedom ограничивать свободу; to ~ sentence сокращать срок наказания

abridg(e)ment 1. сокращение; уменьшение 2. ограничение (*напр. прав, привилегий*) 3. свод (*норм права*) 4. *англ.* сборник резюме судебных решений по рассмотренным делам
~ of damages уменьшение суммы присуждаемых убытков
~ of law свод права

abroachment оптовая скупка товаров с последующей розничной их продажей из-под полы; спекуляция

abrogate отменять, аннулировать; упразднять

◇ to ~ a privilege отменить привилегию; to ~ a right аннулировать (субъективное) право

abrogated 1. отменённый, аннулированный; упразднённый **2.** изменённый (*более поздним соглашением*)

abrogation отмена, аннулирование; упразднение

express ~ положительно выраженная отмена (*нормы общего права, статута*)

implied ~ подразумеваемая отмена (*нормы общего права, статута*)

abrogative 1. отменяющий, аннулирующий, делающий юридически недействительным; упраздняющий **2.** изменяющий (*о более позднем соглашении*)

abscond скрываться от правосудия

absconder лицо, скрывающееся от правосудия

absence отсутствие; неявка ◇ ~ cum dolo et culpa умышленное отсутствие; умышленная неявка; ~ from court неявка в суд; ~ from work прогул (*по службе*); in the ~ of evidence за отсутствием доказательств; ~ without (official) leave *воен.* самовольная отлучка; ~ without valid excuse неявка без уважительной причины

corporate ~ from the state юридическое отсутствие корпорации на территории штата

effective ~ оставление поста полицейским в связи с необходимостью немедленно осуществить свои служебные функции

necessary ~ вынужденное отсутствие; вынужденная неявка

necessary and voluntary ~ вынужденное и намеренное отсутствие; вынужденная и намеренная неявка

sick ~ невыход (на работу) по болезни

voluntary ~ самовольное отсутствие; самовольная неявка

absent 1. отсутствовать; не явиться ‖ отсутствующий **2.** уклоняться (*от участия в выборах, заседании, от исполнения должности, от работы*) ‖ уклоняющийся ◇ ~ an express provision to the contrary «если нет положительно выраженного постановления о противном»; ~ on leave находящийся в отпуске; to be ~ from court не явиться в суд; to be ~ from duty [from work] не явиться на службу; прогулять; отсутствовать (*без уважительной причины*); ~ without (official) leave *воен.* находящийся в самовольной отлучке

absenteeism 1. длительное отсутствие собственника недвижимости **2.** абсентеизм (*уклонение от участия в выборах или от посещения собраний*) **3.** невыход на работу

absolution 1. абсолюция, оправдание по суду **2.** освобождение (*от ответственности, долгов, наказания*)

absolutism абсолютизм

absolve 1. оправдывать (*по суду*) **2.** освобождать (*от ответственности, долгов, наказания*) ◇ to ~ from blame простить вину

absolvent 1. оправдательный (*о решении суда*)

2. освобождающий (*от ответственности, долгов, наказания*)

absolvitor *шотл.* оправдание; решение в пользу ответчика, отказ в иске

abstain воздерживаться (*от совершения действия*) ◇ to ~ from force воздерживаться от применения силы; to ~ from voting воздерживаться от голосования

abstainer воздержавшийся (*при голосовании*)

abstention воздержание (*от совершения действия*)

abstract 1. выписка, выдержка ‖ делать выписки, выдержки (*из документа*) **2.** краткое описание документов и фактов **3.** краткое изложение (*содержания*), конспект, резюме ‖ резюмировать

~ of evidence краткое изложение доказательств

~ of fine выписка из приказа о вызове в суд на предмет наложения штрафа

~ of judg(e)ment краткое изложение сути судебного решения

~ of record **1.** выписка из протокола дела **2.** резюме протоколов дела

~ of record on appeal резюме протоколов дела на предмет пересмотра его в апелляционном порядке

~ of title справка о правовом титуле

amendatory ~ выписка из протоколов дела с учётом поступившей апелляции

marginal ~ резюме на полях документа

abstracter лицо, составляющее справки о правовом титуле

abstraction завладение (*особенно неправомерное*); кража

abuse 1. злоупотребление ‖ злоупотреблять **2.** оскорбление; нападки ‖ оскорблять; подвергать нападкам **3.** дурное обращение ‖ дурно обращаться **4.** противоправное половое сношение (*с несовершеннолетним или психически неполноценным лицом*); совращение (*малолетнего*) ‖ противоправно вступать в половое сношение; совращать **5.** повреждение половых органов малолетней при покушении на её растление ‖ повредить половые органы малолетней при покушении на её растление **6.** изнасилование ‖ насиловать **7.** вводить в заблуждение ◇ ~ at law злоупотребление в нарушение закона; to ~ distress злоупотреблять имуществом, взятым в обеспечение выполнения обязательства; to ~ judicial discretion злоупотреблять правом на судейское усмотрение; to ~ law злоупотреблять законом (*использовать закон в незаконных целях*), нарушать закон

~ of authority злоупотребление властью, злоупотребление полномочиями

~ of (civil) process злоупотребление гражданским процессом, использование судебной процедуры в незаконных целях, предъявление явно необоснованного, недобросовестного иска (*напр. с целью «досадить» ответчику*), кляузнический процесс

~ of confidence злоупотребление доверием

~ of corpse надругательство над трупом

~ of discretion злоупотребление правом на усмотрение; произвол

~ of distress злоупотребление имуществом, взятым в обеспечение выполнения обязательства

~ of environment загрязнение окружающей среды

~ of flag злоупотребление флагом

~ of independence нарушение независимости (государства)

~ of judicial discretion злоупотребление правом на судейское усмотрение

~ of law злоупотребление законом (использование закона в незаконных целях); нарушение закона

~ of legal right злоупотребление законным правом

~ of monopoly злоупотребление монопольным положением

~ of office должностное злоупотребление, злоупотребление должностью

~ of parole злоупотребление правами, предоставленными в связи с условно-досрочным освобождением; нарушение условий условно-досрочного освобождения

~ of power 1. злоупотребление властью, полномочиями 2. превышение власти

~ of privilege злоупотребление привилегией

~ of public authority злоупотребление публичной властью

~ of right злоупотребление правом

alcohol ~ злоупотребление алкоголем

child ~ жестокое обращение с ребёнком

computer ~ злоупотребление компьютером

constitutional ~ злоупотребление конституцией (использование конституции в неконституционных целях); нарушение конституции

dangerous ~ жестокое обращение (с ребёнком), чреватое опасными последствиями

drug ~ злоупотребление наркотиками

judicial ~ судебное злоупотребление

legal ~ злоупотребление законом; нарушение закона

malicious ~ злоумышленное нарушение

pleasurable ~ злоупотребление под благовидным предлогом

prosecutorial ~ злоупотребление со стороны обвинения (в судебном процессе)

substance ~ злоупотребление алкоголем или наркотиками

abuser лицо, злоупотребляющее алкоголем или наркотиками

habitual ~ лицо, привычно злоупотребляющее алкоголем или наркотиками; алкоголик или наркоман

abusive 1. оскорбительный; оскорбляющий 2. вводящий в заблуждение 3. дурно обращающийся

abut граничить (о прилегающем доме или участке земли)

abutment межа; граница

abuttal 1. межа; граница 2. прилегающий дом или участок земли

abutter собственник прилегающего дома или участка земли

abutting граничащий (о прилегающем доме или участке земли)

accede 1. вступать (в право, в должность, во владение, в организацию) 2. присоединяться (к договору) 3. согласиться (напр. с предложением) ◇ to ~ to an estate вступить во владение; to ~ to a submission соглашаться с утверждением; to ~ to the throne взойти на престол; to ~ to treaty присоединиться к международному договору

accedence 1. вступление (в права, в должность, во владение, в организацию) 2. присоединение (к международному договору) 3. согласие (напр. с предложением) 4. приращение (территории, имущества)

acceleration 1. сокращение срока для приобретения права 2. сокращение срока платежа (как санкция за неуплату в срок процента или части долга)

~ of estate сокращение срока для приобретения последующего имущественного права

~ of maturity сокращение срока платежа

~ of remainder см. acceleration of estate

accept 1. принимать (предложение); соглашаться 2. акцептовать ◇ to ~ a bail принять поручительство; to ~ as valid and binding признать действительным и обязательным; to ~ in deposit принять на хранение; to ~ office принять (предложение занять) должность; to ~ responsibility взять на себя ответственность или функции; to ~ service 1. принять судебную повестку о явке в суд 2. взять на себя вручение противной стороне судебной повестки о явке в суд

acceptable приемлемый

constitutionally ~ приемлемый с точки зрения конституции, не противоречащий конституции; конституционный

conventionally ~ 1. принятый в силу обычая 2. приемлемый по условиям конвенции, соглашения, договора

legally ~ юридически приемлемый; не нарушающий закона; правомерный

acceptance 1. принятие 2. акцепт, акцептование 3. акцептованная тратта ◇ ~ for [upon] honour акцепт для спасения престижа векселедателя; ~ in blank бланковый акцепт; ~ supra protest акцептование опротестованной тратты, коллатеральный акцепт тратты

~ of bribe получение взятки

~ of issue официальное принятие к сведению вопроса, поставленного посредством пледирования

~ of nomination согласие на выдвижение кандидатом на публичную должность (напр. президента)

~ of office принятие должности

~ of performance принятие исполнения (договора)

~ of plea принятие судом заявления о признании вины

~ of service 1. принятие судебной повестки о явке в суд 2. принятие на себя обязанности вручить противной стороне судебную повестку о явке в суд

absolute ~ безоговорочный акцепт

blank ~ бланковый акцепт

collateral ~ акцептование опротестованной тратты третьим лицом, коллатеральный акцепт

partial ~ неполный акцепт

plea agreement ~ санкционирование юридической силы сделки о признании подсудимым своей вины

qualified ~ акцепт с оговорками; условный *или* неполный акцепт

trade ~ акцептованная коммерческая тратта

unqualified ~ безусловный акцепт

verbal ~ устный акцепт

acceptor акцептант

access 1. доступ; право доступа 2. подход; проход; сервитут прохода 3. право служить в приходе, в котором временно отсутствует назначенный в него священник 4. презумпция наличия половых сношений, выводимая из факта совместного проживания; возможность половых сношений между мужем и женой ◇ ~ to courts доступ в судебные учреждения, возможность обращения в суд; право на судебную защиту; ~ to government files право доступа к правительственным документам; ~ to the case возможность ознакомления с делом; ~ to the pirated work доступ к произведению, изданному в нарушение авторского права *(как доказательство нарушения)*

equal ~ равный доступ

free ~ свободный доступ

free ~ to all areas of celestial bodies свободный доступ во все районы небесных тел

free ~ to and from the sea свободный доступ к морю и свободный выход из него

legal ~ законный доступ

unimpeded ~ беспрепятственный доступ

accessary *см.* accessory

accessibility доступность, открытость для доступа

public ~ *пат.* доступность неопределённому кругу лиц

accessible доступный; открытый для доступа ◇ ~ to bribery подкупный, продажный

accession 1. доступ 2. вступление *(на престол, в должность, в права)* 3. привступление *(в международный договор)*, присоединение *(к международному договору)* 4. приращение *(территории, имущества)*

accessorial 1. причастный *(к совершению преступления)* 2. принадлежащий *(главной вещи)*

accessory 1. соучастник преступления 2. принадлежность *(главной вещи)* 3. добавочный, дополнительный; вспомогательный 4. акцес-

сорный *(о договоре)* ◇ ~ after the fact соучастник после события преступления *(укрыватель, недоноситель)*; ~ at the fact соучастник *(пособник, подстрекатель)* при совершении преступления; ~ before the fact соучастник до события преступления *(пособник, подстрекатель)*

accident (несчастный) случай ◇ ~ insured against страховой случай

alcohol-related ~ несчастный случай *(на автотранспорте)*, связанный с потреблением алкоголя

arranged ~ симуляция несчастного случая *(в преступных целях)*

auto(mobile) ~ автодорожное происшествие, автоавария; несчастный случай на автотранспорте; автомобильная катастрофа

aviation ~ авиационная катастрофа

car ~ *см.* auto(mobile) accident

drunken-driving ~ автоавария по вине пьяного водителя

fatal ~ несчастный случай со смертельным исходом

grave ~ *см.* serious accident

illegitimate ~ симуляция несчастного случая *(в преступных целях)*

industrial ~ *см.* job-related accident

inevitable ~ случай, которого нельзя было избежать

injury ~ несчастный случай с причинением телесных повреждений

insured ~ страховой случай

job-related [labour] ~ несчастный случай на производстве; производственная травма

landing ~ несчастный случай при посадке самолёта

legitimate ~ «законный» *(имевший место в действительности)* несчастный случай

major ~ *см.* serious accident

mere ~ чистый случай, абсолютная случайность

minor ~ *см.* petty accident

motor (vehicle) ~ *см.* auto(mobile) accident

nonfatal ~ несчастный случай без смертельного исхода

noninjury ~ несчастный случай, не повлёкший за собой телесных повреждений

on-the-job ~ *см.* job-related accident

paper ~ симуляция несчастного случая с регистрацией его в подложных документах

petty ~ несчастный случай, не повлёкший тяжких последствий

prearranged ~ симуляция несчастного случая *(в преступных целях)*

railway ~ железнодорожная катастрофа

road (traffic) ~ *см.* auto(mobile) accident

sea ~ несчастный случай на море

serious ~ несчастный случай с тяжкими последствиями

slight ~ *см.* petty accident

take-off ~ несчастный случай при взлёте самолёта

traffic ~ несчастный случай на транспорте

train ~ железнодорожная катастрофа

work ~ *см.* job-related accident

accidental 1. случайное, несущественное условие (*сделки, договора*) 2. случайный; второстепенный, несущественный

acclamation аккламация (*спонтанное одобрение единодушным общим голосованием без подсчёта голосов*) ◇ by ~ на основании единодушного одобрения; carried [passed, voted] by ~ принято без голосования на основании единодушного одобрения

accomenda договор, по которому грузовладелец поручает капитану судна груз с последующим дележом прибыли между ними

accomodate 1. примирять; согласовывать; улаживать (*спор*) 2. предоставлять заём 3. оказывать услуги 4. предоставлять помещение

accomodation 1. примирение, согласование; разрешение (*спора*) 2. заём 3. услуга 4. расквартирование ◇ to reach an ~ with creditors заключить соглашение с кредиторами

accomplice сообщник, соучастник (*преступления*); соисполнитель (*преступления*); пособник (*преступлению*)
~ of attempt соучастник покушения (*на преступление*)
feigned ~ вымышленный сообщник, соучастник (*преступления*)

accompliceship соучастие (*в преступлении*)

accord 1. согласие; соглашение ‖ соглашаться 2. предоставлять; жаловать ◇ ~ and satisfaction соглашение о замене исполнения; to ~ a privilege предоставить привилегию; to ~ defence предоставить право на защиту; to ~ mitigation смягчить (*ответственность, наказание*); to ~ prosecution 1. предоставить слово для обвинения 2. согласиться с доводами обвинения; to ~ treatment предоставлять определённый режим (*напр. национальный, наибольшего благоприятствования*)

accordance 1. согласие; соответствие 2. предоставление (*напр. права, привилегии, полномочий*) ◇ in ~ with в соответствии с ... ; out of ~ with не в соответствии с ...

according ◇ ~ to согласно; по; в зависимости от ... ; ~ to law в соответствии с правом, законом ‖ соответствующий закону, законный, правомерный; ~ to the tenor в соответствии с содержанием, смыслом (*документа*)

accost приставать (*к кому-л., особ. о проститутках*) ◇ to ~ a female приставать к женщине (*на улице*)

account 1. счёт; расчёт 2. причитающийся платёж; неоплаченное долговое требование 3. отчёт ‖ давать отчёт; объяснять 4. иск с требованием отчётности 5. отвечать; нести ответственность ◇ ~ attached «на счёт наложен арест»; ~ de computo иск с требованием отчётности; for ~ of за счёт кого-л.; on ~ of 1. за счёт кого-л. 2. по причине; on ~ of whom it may concern за счёт тех, кого это может касаться (*страховая формула*); ~ render иск с требованием отчётности; to

bring to ~ привлечь к ответственности; to ~ guilty признать виновным
bank ~ счёт в банке, банковский счёт
frozen ~ блокированный счёт
impounded ~ конфискованный счёт

accountability 1. подотчётность; отчётность; обязанность представления отчётности 2. ответственность
government ~ подотчётность правительственного аппарата
legal ~ юридическая подотчётность; ответственность по закону

accountable 1. подотчётный 2. ответственный ◇ to make ~ сделать ответственным, привлечь к ответственности
legally ~ юридически ответственный; юридически подотчётный

accountant 1. бухгалтер 2. ответчик

accounting 1. составление *или* представление отчётности 2. бухгалтерское дело; бухгалтерский учёт
false ~ составление ложных отчётов
fraudulent false ~ составление ложных отчётов с мошеннической целью

accredit 1. уполномочивать 2. аккредитовать 3. принять в качестве аккредитованного лица ◇ to ~ a witness объявить свидетеля заслуживающим доверия

accreditation аккредитование, аккредитация ◇ to withdraw ~ отозвать (*посла, консула*)
multiple ~ множественное аккредитование

accredited 1. имеющий полномочия, уполномоченный 2. аккредитованный

accreditee 1. лицо *или* орган, при котором производится аккредитование 2. лицо, на которое выставляется аккредитив

accreditor 1. аккредитующее лицо; аккредитующий орган 2. лицо, выставляющее аккредитив

accretion приращение, аккреция (*территории, имущества*)
~ of power усиление власти, расширение полномочий, правомочий
artificial ~ искусственное приращение (*территории*)
natural ~ естественное приращение (*территории*)

accroach узурпировать (*власть*)

accroachment узурпация (*власти*)

accrual 1. возникновение (*права*) 2. расширение (*права*) 3. наступление (*срока платежа*) 4. право на извлечение дохода 5. приращение, накопление (*процентов*); расширение капитала (*за счёт процентов*)
~ of cause of action возникновение основания иска

accrue 1. возникать (*о праве*) 2. расширяться (*о праве*) 3. наступать (*о сроке платежа*) 4. нарастать, накапливаться (*о процентах*) ◇ to ~ a right приобрести право (*по давности*); to ~ due наступать (*о сроке платежа*); to ~ obligation стать обязанным, стать должником; to ~ to a proof подкрепить доказательство accruer *см.* accrual

accumulation 1. приращение *(имущества)* 2. кумуляция прав 3. совпадение разных доказательств в подтверждение одного факта; соединение в одном предмете нескольких доказательств 4. *pl* инвестиция доходов от фонда *или* доверительной собственности на определённый срок
~ of income аккумуляция дохода
~ of interest рост процентов
~ of risk кумуляция рисков

accusal обвинение

accusant обвинитель

accusation обвинение; официальное обвинение *(в совершении преступления)*; уведомление обвиняемого *(о характере и содержании обвинения)* ◇ to be under ~ быть под обвинением, обвиняться; to bring ~ выдвинуть обвинение, обвинить; to concoct ~ состряпать обвинение; to escalate ~ перейти к более тяжкому *(по сравнению с первоначально предъявленным)* обвинению; to exaggerate ~ обвинить в более тяжком *(чем было фактически совершено)* преступлении; to fabricate ~ сфабриковать обвинение; to level ~ выдвинуть обвинение; to retaliate ~ предъявить встречное обвинение; to swear ~ обвинить под присягой
false ~ ложное обвинение
formal ~ официальное обвинение
initial ~ первоначальное обвинение
pro forma ~ формальное обвинение
unsatisfactory ~ обвинение, не подкреплённое достаточными доказательствами

accusational обвинительный *(об уголовном процессе)*

accusatory обвиняющий; обвинительный, содержащий обвинение

accuse обвинить; предъявить официальное обвинение *(в совершении преступления)*; уведомить обвиняемого *(о характере и содержании обвинения)* ◇ to ~ capitally обвинить в совершении преступления, караемого смертной казнью; to ~ criminally обвинить в уголовном порядке; обвинить в совершении преступления; to ~ falsely ложно обвинить; to ~ wrongly обвинить противоправно, противозаконно; обвинить необоснованно

accused 1. обвиняемый *(в преступлении)* 2. подсудимый ◇ ~ in custody обвиняемый *(в преступлении)*, содержащийся под стражей

accuser 1. обвинитель *(частное лицо)*; свидетель обвинения 2. жалобщик

achat(e) купля

acknowledge 1. признавать 2. подтверждать ◇ to ~ offence признаться в совершении преступления; to ~ recognizance подтвердить наличие обязательства, связанного с поручительством; to ~ recognizance in false name принять на себя под вымышленным именем обязательство, связанное с поручительством; to ~ service подтвердить вручение *(напр. повестки)*; to ~ the compliment ответить на почести

acknowledged признанный; общепризнанный

acknowledg(e)ment 1. признание 2. подтверждение *(напр. получения документа)* 3. расписка ◇ to take ~ получить подтверждение, получить признание *(о существовании факта)*
~ of debt признание долга
~ of order подтверждение получения заказа
~ of paternity признание отцовства
~ of service признание факта вручения *(судебного документа)*
~ of will 1. официальное признание подлинности завещания завещателем под присягой 2. неофициальное признание завещателем перед имеющим это удостоверить свидетелем, что подпись под завещанием принадлежит завещателю
appearance ~ подтверждение надлежащим должностным лицом явки к нему лица, заявившего перед ним под присягой об истинности предъявленного документа и его подписи под ним
conditional ~ условное признание *(долга должником)*
oath ~ признание *(факта)* под присягой

acquest 1. приобретённое имущество 2. доход

acquets *лат.* имущество, приобретённое в браке мужем *или* женой ◇ ~ and conquets имущество, приобретённое совместно *или* порознь мужем и женой

acquiesce молчаливо соглашаться, признавать

acquiescence 1. молчаливое согласие, признание; непротивление; допущение *чего-л.* 2. утрата права *(в силу конклюдентного поведения)* ◇ ~ for detection пособничество, попустительство преступлению с целью его изобличения; ~ in custom молчаливое согласие с обязательностью обычая для сторон в договоре
coerced ~ вынужденное молчаливое согласие, одобрение
uncoerced ~ добровольное молчаливое согласие, одобрение

acquiescent молчаливо соглашающийся, допускающий *что-л.*

acquire приобретать ◇ to ~ by descent приобрести *(имущество, вещно-правовой титул)* в силу происхождения от первоприобретателя; to ~ record попасть в полицейское *или* судебное досье

acquired приобретённый
innocently ~ добросовестно приобретённый *(об имуществе)*
jointly ~ совместно приобретённый *(об имуществе)*
severally ~ индивидуально *или* порознь приобретённый *(об имуществе)*

acquisition 1. приобретение *(прав, имущества, территории)* 2. завладение *(имуществом, территорией)* ◇ ~ by conquest 1. завладение территорией путём завоевания 2. завладение имуществом путём захвата 3. *шотл. ист.* приобретение имущества не по наследству; ~ by discovery and occupation приобретение территории путём открытия и завладения

~ of legal personality приобретение правосубъектности

~ of nationality приобретение гражданства, подданства

~ of nationality by birth приобретение гражданства по рождению

~ of nationality by marriage приобретение гражданства вступлением в брак

~ of nationality by soil приобретение гражданства по месту рождения

~ of territory by the use of force приобретение территории силой

challenged ~ *амер.* поглощение предприятия, опротестованное антитрестовскими органами

compulsory ~ принудительное отчуждение

derivative ~ производное, вторичное приобретение

initial ~ первичное приобретение

irregular ~ неправомерное приобретение

new [original] ~ первичное приобретение

regular ~ правомерное приобретение

acquit 1. оправдать, признать невиновным *(в совершении преступления)* || оправданный 2. освобождать *(от ответственности, обязательства)* 3. платить, погашать *(долг)* ◇ autrefois ~ ранее оправдан *(заявление подсудимого, что он уже был судим за данное преступление и был признан в нём невиновным)*; to ~ for lack of evidence оправдать за недостатком *или* отсутствием доказательств

acquitment оправдание; прощение

acquittal 1. оправдание; судебное решение об оправдании; оправдательный вердикт, приговор 2. освобождение *(от ответственности, обязательства)* 3. уплата, погашение *(долга)*

~ of crime 1. оправдание по уголовному делу 2. освобождение от ответственности за совершённое преступление

antitrust ~ *амер.* оправдание по антитрестовскому делу

challengeable ~ оправдание, вызывающее сомнение в обоснованности

conclusive ~ окончательное оправдание

former ~ оправдание по ранее рассмотренному делу

unchallengeable ~ оправдание, не вызывающее сомнения в обоснованности

acquittance 1. оправдание, признание невиновным *(в совершении преступления)* 2. освобождение *(от ответственности, обязательства)* 3. уплата, погашение *(долга)* 4. расписка *(кредитора в получении исполнения по обязательству)* ◇ ~ pro tanto расписка кредитора в получении частичного исполнения обязательства

acquitted 1. оправданный, признанный невиновным *(в совершении преступления)* 2. освобождённый *(от ответственности, обязательства)*

acrefight судебный поединок

acre-shot (местный) налог на землю

act 1. действие, деяние || поступать, действовать 2. закон 3. акт, документ 4. акт *(как наименование международного договора)* 5. заносить, делать запись ◇ ~ and deed официальный документ *(за печатью)*; ~ and intent concurred совпадение действия и умысла во времени; ~ as amended закон в изменённой редакции; ~ colore officii действие, совершённое якобы в осуществление должностных правомочий; ~ complained of обжалуемое действие; ~ constituting an offence действие, составляющее преступление; ~ done совершённое, учинённое, осуществлённое действие; ~ done willingly действие, совершённое лицом по собственной воле; ~ endangering life действие, опасное для жизни; ~ in furtherance of a crime действие, совершённое в осуществление преступления; ~ injurious to the public in general действие, наносящее ущерб обществу в целом, общественно-вредное, общественно-опасное действие; ~ in law юридическое действие; ~ in pais акт, совершённый вне судебного заседания; ~ involving public mischief действие, причиняющее вред обществу; ~s jure gestionis хозяйственная деятельность государства; ~s jure imperii суверенная деятельность государства; ~ malum in se деяние, дурное само по себе и вредное по последствиям, независимо от наказуемости по закону; преступление, включающее в себя элемент аморальности; ~ malum prohibitum деяние, дурное лишь в силу запрещения позитивным правом; преступление, не включающее в себя элемента аморальности; ~ not warranted by law действие, не основанное на законе; ~ on petition упрощённое производство в Высоком суде Адмиралтейства; ~ or omission действие или бездействие; ~ several times amended закон, исправлявшийся более одного раза; to ~ at one's authority действовать по собственному почину, на свой страх и риск; to ~ by authority действовать по полномочию; to do an ~ совершить действие; to do an ~ at peril совершить действие на свой риск; to ~ from mercenary motives действовать из корыстных побуждений; to ~ illegally *см.* to act unlawfully; to ~ in discharge of public duty действовать во исполнение публичной обязанности; to ~ in good faith действовать добросовестно; to ~ in loco parentis действовать вместо родителей *(о государстве, в отношении детей)*; to ~ in reasonable good faith действовать с разумной добросовестностью; to ~ lawfully действовать правомерно, законно; to ~ legally 1. действовать правомерно, законно 2. совершать поступки, действия, имеющие юридическое значение; to ~ on the defensive обороняться, защищаться; to ~ pro se действовать от собственного имени *(напр. без представительства адвокатом)*; to surprise someone in the ~ застать кого-л. врасплох на месте преступления; to ~ unlawfully действовать неправомерно, противоправно, незаконно, противозаконно; to ~ upon charge действовать по поручению; to ~ voluntarily действовать добровольно, намеренно, умышленно; to ~ with the authority of law действовать на основании закона; ~ warranted by law действие на основе закона

~ of adjournal 1. *шотл.* запротоколированный приказ суда юстициария 2. запротоколированный приговор по уголовному делу

~ of agression акт агрессии

~ of attainder *англ.* 1. законодательный акт, предусматривавший применение наказания без рассмотрения дела судом 2. принятый парламентом частный закон об осуждении в порядке импичмента

~ of bankruptcy действие, дающее основание для возбуждения дела о банкротстве *или* для признания по суду банкротом

~ of civil status акт гражданского состояния

~ of commission действие *(в отличие от бездействия, упущения)*

~ of condonation акт прощения, освобождения от ответственности

~ of crime 1. преступное действие; преступное деяние, преступление 2. *pl* преступная деятельность

~ of criminality преступное действие

~ of curatory *шотл.* назначение опекуна

~ of defence акт обороны, оборонительное действие

~ of dominion акт о собственности и владении *(закрепляющий принятие собственности)*

~ of force применение (физической) силы; насилие

~ of God непреодолимая сила, форс-мажор, форс-мажорное обстоятельство

~ of governmental power акт государственной власти

~ of grace 1. акт милости; индульгенция, отпущение грехов; прощение вины 2. помилование, амнистия

~ of honour нотариальный документ об акцепте опротестованной тратты

~ of hostility враждебный акт

~ of indemnity 1. законодательный акт об освобождении от ответственности за совершённые противоправные действия; закон об амнистии 2. закон об оказании помощи должностным лицам, уволенным по несоответствию должности

~ of insolvency действие, свидетельствующее о неплатёжеспособности

~ of international terrorism акт международного терроризма

~ of law 1. проявление действия правовых норм независимо от намерения и воли сторон 2. действие в осуществление власти суда 3. законодательный акт

~ of legislation законодательный акт, закон

~ of legislature акт законодательной власти, законодательный акт, закон

~ of man человеческое действие *(в отличие*

от непреодолимой силы и действия норм права)

~of misfeasance акт злоупотребления властью

~ of mutiny мятежное действие

~ of oblivion акт прощения уголовного преступления; помилование; амнистия

~ of omission воздержание от действия; бездействие, упущение

~ of outrage акт грубого произвола; насилие; оскорбление

~ of piracy пиратский акт, пиратство

~ of possession действие в осуществление владения

~ of preparation приготовительное *(к преступлению)* действие

~ of prince акт государственной власти

~ of protest акт вексельного протеста

~ of providence *см.* act of God

~ of public nature действие публичного характера

~ of reprisal репрессалия

~ of sale нотариальная запись о продаже

~ of sederunt *шотл.* постановление суда о формах судопроизводства

~ of state 1. акт государственной власти; *англ.* государственный акт *(совершённый монархом или именем монарха и не могущий быть предметом судебного спора);* *амер.* акт (законодательной) власти штата 2. государственный акт, документ

~ of state doctrine доктрина «акта государственной власти» *(препятствующая рассмотрению вопроса о юридической силе актов иностранной державы на её территории)*

~ of territorial legislature *амер.* законодательный акт легислатуры территории

~ of terrorism террористический акт

~ of use акт использования; использование *(изобретения)*

~ of violence акт насилия, насильственное действие

abusive ~ злоупотребление

actual criminal ~ фактически совершённое преступное действие; фактически совершённое преступное деяние, преступление

administrative ~ административный акт

adoptive ~ адоптивный закон *(подлежащий одобрению соответствующей публично-правовой корпорацией или определённым количеством избирателей)*

amended ~ закон с внесёнными в него поправками

amending ~ закон, вносящий поправку в другой закон

ancillary ~ дополнительный, вспомогательный акт

arbitrary ~ самоуправное действие, акт произвола

assaultive ~ 1. действие агрессивного характера 2. нападение *(словесное оскорбление и угроза физическим насилием или покушение на нанесение удара, либо угроза таковым)*

attempted ~ покушение

authorized ~ разрешённое действие

bilateral ~ двусторонний акт

cited ~ цитированный правовой акт, закон

congressional ~ *амер.* акция, инициатива, мероприятие конгресса

constituent ~ учредительный, установительный, конститутивный акт

continuous ~ длящееся действие

covert ~ скрытое, тайное действие

criminal ~ преступное действие; преступное деяние, преступление

criminal ~ on trial преступное деяние как предмет судебного рассмотрения

curative ~ санкционирующий закон с обратной силой

dead man's ~s действия умершего (*как недопустимые в суде доказательства*)

declarative ~ декларативный акт

declaratory ~ деклараторный закон (*формулирующий существующее общее право или правовую норму, толкование которой вызывает сомнение*)

deliberate ~ умышленное действие

enabling ~ 1. *амер.* закон о предоставлении чрезвычайных полномочий 2. закон, отменяющий *какое-л.* ограничение в правах

excessive ~ 1. действие, не вызванное необходимостью 2. эксцесс; эксцесс исполнителя (*при совершении преступления*)

excusable ~ извинительное, простительное действие

executive ~ исполнительный акт; акт исполнительной власти

felonious ~ деяние, содержащее в себе признаки фелонии; фелония

final ~ заключительный акт

forbidden ~ запрещённое действие

general ~ 1. общий закон (*в отличие от закона, касающегося отдельных лиц*) 2. генеральный акт

grossly indecent ~ акт грубой непристойности

habitual criminal ~ 1. деяние, совершённое привычным преступником 2. деяние, типичное для привычного преступника

hodge-podge ~ закон, содержащий постановления по разнородным вопросам

homicidal ~ действие, повлёкшее за собой лишение человека жизни

indecent ~ непристойное действие

injurious ~ вредоносное действие; деликт

intended ~ намеренное, умышленное действие

international ~ международный (правовой) акт

internationally injurious ~ деяние, наносящее ущерб международному сообществу

internationally wrongful ~ международно-правовой деликт

judicial ~ акт судебной власти

juristic ~ юридическое действие

justifiable [justified] ~ оправданное действие

lawful ~ правомерное, законное действие

legal ~ 1. правомерное, законное действие 2. юридическое действие; юридический акт

legislative ~ законодательный акт, акт законодательной власти

malicious ~ злоумышленное деяние, деяние, совершённое со злым умыслом

ministerial ~ действие, совершаемое в порядке исполнения служебных обязанностей, служебное действие

multilateral ~ многосторонний акт

mutinous ~ мятежное действие

negative ~ 1. запретительный закон 2. бездействие

negligent ~ действие, совершённое по небрежности

notarial ~ 1. нотариальное действие; нотариальный акт 2. акт, засвидетельствованный нотариусом

obsolete ~ устаревший закон

official ~ официальный акт, документ

omnibus ~ сводный [комплексный] закон

open ~ открытое, явное, прямое действие

organic ~ органический закон (*1. об образовании новой «территории» или преобразовании «территории» в штат 2. статут, учреждающий муниципальную корпорацию 3. конституция*)

overt ~ 1. открытое, явное, прямое действие 2. физическое действие 3. действие в осуществление умысла *или* сговора 4. действие, которое можно подтвердить показаниями очевидца

particular ~ конкретное действие, деяние

penal ~ уголовно наказуемое деяние; преступление

positive ~ позитивное действие (*в отличие от бездействия*)

premeditated ~ (преступное) деяние, совершённое с заранее обдуманным умыслом

principal ~ действие исполнителя преступления

prior ~ ранее принятый *или* действовавший нормативный акт, закон

private ~ закон, действующий в отношении конкретных лиц, частный закон

prohibited ~ запрещённое деяние

public ~ 1. общий закон; публичный закон 2. публичный акт; акт государственной власти

punishable ~ наказуемое деяние

repeated ~s affecting body нанесение множественных телесных повреждений

repressive ~ репрессивный акт

single ~ отдельное [обособленное] действие

socially dangerous ~ общественно-опасное действие, деяние

special ~ закон, действующий в отношении конкретных лиц, частный закон

specific ~ конкретное действие, деяние

statutory ~ нормативный акт, закон

supplemental ~ закон, дополняющий ранее изданный закон

survival ~ закон о признании основания иска действительным независимо от смерти стороны

tortious ~ вредоносное действие; деликт

unauthorized ~ неразрешённое действие

unconstitutional ~ неконституционное действие

uniform ~ единообразный закон

unilateral ~ односторонний акт

unintended ~ ненамеренное, неумышленное действие

unlawful ~ противоправное, незаконное действие

unpremeditated ~ (преступное) деяние, совершённое без заранее обдуманного намерения *или* умысла

untitled ~ 1. закон, не имеющий наименования 2. закон, не внесённый в титул кодекса *или* свода законов

violent ~ насильственное действие, деяние

voluntary ~ добровольно совершённое действие; намеренное, умышленное действие

wilful ~ намеренное, умышленное действие

withdrawn ~ отменённый закон

working ~ действующий закон

wrong ~ 1. дурное, морально-упречное действие 2. неправомерное действие

wrongful ~ противоправное, незаконное деяние; деликт

Act:

~ of Congress закон конгресса

~ of God непреодолимая сила, форс-мажор, форс-мажорное обстоятельство

~ of Parliament акт парламента, парламентский закон

acting исполняющий обязанности

action 1. действие, деяние; поступок 2. поведение; деятельность 3. акция, мероприятие 4. иск; судебное преследование, обвинение перед судом 5. судебное дело; судебный процесс, судопроизводство 6. *амер.* решение эксперта патентного ведомства ◇ ~ against the state иск против штата; ~ against the United States иск против Соединённых Штатов; ~ at common law 1. иск об установлении юридических прав, регулируемых общим правом (*в отличие от прав, регулируемых правом справедливости*) 2. иск по нормам общего права; ~ at law судебный иск; ~ brought возбуждённый [вчинённый, заявленный, предъявленный] иск; ~ constituting threat or use of force действие, представляющее собой угрозу насилием или применение насилия; ~ for ascertainment установительный иск; ~ for battery иск о побоях; ~ for conspiracy иск об убытках, причинённых преступным сговором; ~ for contributing patent infringement иск из соучастия в нарушении патента; ~ for damages иск о взыскании убытков; ~ for death иск о взыскании убытков, понесённых в результате противоправно причинённой смерти; ~ for declaration of a right иск о признании права; ~ for declaratory judgement установительный иск; ~ for determination of adverse claims иск об определении содержания требований третьего лица в отношении имущества, на которое наложен арест *или* обращено взыскание; ~ for divorce иск о разводе; ~ for enticement *см.* enticement action; ~ for exoneration иск об освобождении от ответственности *или* обременения; ~ for libel иск о взыскании убытков, нанесённых пасквилем; ~ for mesne profits иск о взыскании доходов, полученных ответчиком с недвижимости за время противоправного владения ею; ~ for money had and received иск из неосновательного обогащения; ~ for partition иск о разделе (*имущества между собственниками*); ~ for recovery of possession иск о возврате владения; ~ for restitution иск о реституции; ~ for separate maintenance иск о материальной поддержке (*неразведённой жены, проживающей отдельно от мужа*); ~ in contract иск из договора; ~ in equity иск по нормам права справедливости, иск в суде права справедливости; ~ in personam обязательственный иск; ~ in quo warranto *ист.* иск об издании судебного приказа о выяснении правомерности претензий на должность, привилегию, право; ~ in rem вещный иск; ~ in tort *см.* tort action; ~ lies иск может быть предъявлен; ~ on request действие суда по ходатайству стороны; ~ on the case иск о взыскании убытков (*главным образом из деликта, но также и из нарушения договора*); ~ over регрессный иск; ~ quasi in rem квазивещный иск; to bring an ~ заявить [предъявить, вчинить, возбудить] иск; возбудить судебное дело, судебный процесс; to drop an ~ отказаться от иска; to enter [to lay] an ~ *см.* to bring an action; to lose an ~ проиграть дело; to overthrow an ~ представить по иску достаточные возражения; ~ to quiet title иск о признании неограниченного правового титула; to take an ~ *см.* to bring an action; to take legal ~ обратиться в суд; to win an ~ выиграть дело

~ of assize иск о виндикации недвижимости, которой был незаконно лишён предок истца

~ of assumpsit иск об убытках из неисполнения простого договора (*договора, не оформленного документом за печатью*)

~ of book account иск о взыскании долга по контокорренту

~ of book debt иск о взыскании долга по контокорренту

~ of conversion иск из присвоения имущества

~ of covenant иск об убытках из нарушения договора за печатью

~ of debt иск о взыскании денежного долга

~ of detinue иск из противоправного удержания вещи

~ of forcible entry иск из насильственного вторжения (*на землю или в жилище с целью завладения ими*)

~ of local nature *амер.* иск местного характера (*предмет которого полностью расположен на подсудной данному суду территории*)

'~ of mandamus иск с требованием реального исполнения

~ of rescission иск о расторжении *(договора, сделки)*

~ of trespass иск из противоправного причинения вреда; иск из противоправного нарушения владения с причинением вреда

~ of trover иск из присвоения движимой вещи

~ of writ отвод формы иска ответчиком, возражение ответчика против формы иска

accessory ~ акцессорный иск

administrative ~ административная акция

advisory ~ *пат.* заключение эксперта

affirmative ~ 1. утверждение; подтверждение 2. действие *(в отличие от бездействия)*

agency ~ деятельность органа *(формулировка из описательной части акта административного органа)*

amicable ~ дружеское судебное дело, дело, возбуждённое сторонами для получения решения суда

ancestral ~ иск о виндикации недвижимости, основанный на владении ею истцом *или* его предком

ancillary ~ производство по акцессорному требованию

antisocial ~ антисоциальное, антиобщественное действие

antitrust ~ *амер.* иск из нарушения антитрестовского законодательства

civil ~ гражданский иск; гражданское дело

class ~ групповой [коллективный] иск

coercive ~s принудительные действия; принудительные меры

collusive ~ деяние, совершённое по сговору

committee ~ акция комитета *(легислатуры)*

common law ~ иск, основанный на общем праве; судебный иск

compensatory ~ иск о возмещении вреда

concerted ~ согласованная, организованная акция

congressional ~ акция конгресса

constitutional ~ конституционная акция

consumer class ~ групповой иск потребителей

contested ~ 1. оспариваемый иск 2. судопроизводство по спору между сторонами, состязательный процесс

copyright infringement ~ иск из нарушения авторского, издательского права

corrective ~ акция в исправление *(документа, решения, мероприятия)*

counter ~ встречный иск

court ~ судебный иск; судебное преследование

covert ~ секретная акция

criminal ~ 1. преступное деяние 2. уголовный иск; уголовное преследование 3. уголовный процесс

cross ~ встречный иск

crown ~ 1. акт королевской власти 2. иск короны; государственное обвинение

cumulative ~ совокупность действий

customer ~ иск к клиенту производителя, являющемуся непосредственным нарушителем патентных прав

declaratory ~ декларáторный, установительный иск

derivative ~ производный иск

disciplinary ~ дисциплинарная мера

diversity ~ дело, в котором стороны являются гражданами *или* юридическими лицами разных штатов

domestic relations ~ иск по семейному делу

droitural ~ петиторный иск

emergency ~ чрезвычайная акция, акция в условиях чрезвычайного положения

enticement ~ иск о возмещении убытков, понесённых в результате обольщения

environmental ~ акция в защиту окружающей среды

equitable ~ иск, основанный на праве справедливости

executive ~ акт исполнительной власти

federal ~ *амер.* 1. акт федеральной власти 2. производство в федеральном суде

feigned [fictitious] ~ притворный [фиктивный] иск

floor ~ пленарная акция *(палаты легислатуры)*

follow-up ~ 1. последующая акция 2. преследование полицией водителя, нарушившего правила дорожного движения 3. дополнительное расследование дела детективами *(после предварительного расследования «по горячим следам», произведённого патрульной полицией)*

formal police ~ полицейская акция, имеющая официальное, юридическое значение

formed ~ иск в строго предписанной формулировке

frivolous ~ явно необоснованный, несерьёзный иск

governmental ~ 1. правительственная мера 2. иск *или* преследование, возбуждённые органом государственной власти

House ~ *амер.* акция палаты представителей

hypothecary ~ иск об обращении взыскания на имущество, находящееся в ипотечном залоге

illegal ~ незаконная акция

independent ~ отдельный иск; иск по самостоятельному основанию

industrial ~ забастовка

injurious ~ вредоносное действие

investigative ~ 1. следственное действие 2. следственные мероприятия

joint ~ 1. совместные действия 2. совместный иск; множественность истцов *или* ответчиков по иску

judicial ~ акт судебной власти

juratory ~ присяга в суде

law enforcement ~ правоприменительная акция

legal ~ судебный иск

legislative ~ акт законодательной власти

local ~ иск, подлежащий рассмотрению по месту нахождения вещи

matrimonial ~ иск о разводе *или* о раздельном проживании супругов

mixed ~ смешанный, вещно-обязательственный иск

mob ~ 1. акция агрессивно настроенной толпы 2. гангстерская акция, акция гангстерского синдиката

mock ~ притворный [фиктивный] иск

nullity ~ иск о признании недействительности

office ~ *пат.* заключение экспертизы (*по заявке*)

ordinary ~ обычный иск

original ~ первоначальный иск

penal ~ уголовный иск, уголовное обвинение, преследование; уголовный процесс, уголовное судопроизводство

pending ~ иск на рассмотрении

personal ~ 1. обязательственный иск 2. иск о виндикации движимости 3. личный иск

petitory ~ 1. петиторный иск 2. *шотл.* иск об убытках

police ~ 1. полицейская акция 2. полицейское расследование 3. полицейское преследование

popular ~ иск, который может быть предъявлен любым лицом

possessory ~ посессорный иск

preliminary ~ предварительное расследование дела «по горячим следам» патрульной полицией

presidential emergency ~ чрезвычайная акция президента (*со ссылкой на чрезвычайное положение*)

preventive ~ предупредительное действие; превентивная акция

price-fixing ~ *амер.* иск по поводу (*незаконного*) фиксирования цен

principal ~ главный [основной] иск

probate ~ иск о наследстве

punitive ~ карательная мера, карательная акция

quia timet ~ предупредительный иск, иск о предотвращении причинения истцу ущерба, не могущего быть возмещённым деньгами

real ~ 1. вещный иск 2. иск о виндикации недвижимости

recourse ~ регрессный иск

redhibitory ~ иск о расторжении договора купли-продажи (*ввиду скрытых дефектов предмета договора*)

regulatory ~ регулятивная акция; акция регулятивного органа

remedial ~ правозащитная акция (*в суде*); иск

representative ~ представительский иск; иск по представительству (*где стороной является лицо, выступающее от имени группы лиц*)

rescissory ~ иск о расторжении (*договора*), иск об аннулировании (*документа за печатью*)

retaliatory ~ 1. акт возмездия 2. реторсия; репрессалия

revocatory ~ иск об аннулировании (*напр. договора, заключённого должником в ущерб кредиторам*)

secondary ~ акцессорный иск

Senate ~ сенатская акция

separate ~ самостоятельный иск, иск по самостоятельному основанию

separation ~ иск о раздельном проживании супругов

several ~s раздельные иски; иски, предъявленные к ответчикам порознь

state ~ 1. акт государственной власти 2. акция властей штата 3. производство в суде штата

statutory ~ иск, основанный на законе

subsequent ~ последующее судопроизводство по делу

supervisory ~ деятельность надзорного характера, осуществление надзора

test ~ пробный иск (*иск, имеющий принципиальное значение для ряда аналогичных дел*)

tort ~ иск из гражданского правонарушения, деликтный иск

transitory ~ транзиторный иск (*иск, который может быть возбуждён в любом судебном округе*)

vexatious ~ недобросовестно возбуждённый иск (*с целью досадить*), сутяжническое дело

actionability исковая сила, наличие оснований для иска, судебного преследования

actionable обладающий исковой силой; дающий основание для предъявления иска, судебного преследования; создающий право на иск ◇ ~ per quod подлежащий преследованию в исковом порядке ввиду привходящих фактических обстоятельств; ~ per se подлежащий преследованию в исковом порядке сам по себе (*безотносительно к привходящим фактическим обстоятельствам*)

criminally ~ дающий основание для судебного преследования в уголовном порядке, подлежащий уголовно-судебному преследованию

actionably в исковом порядке

actional исковой

actionize преследовать в исковом порядке

active 1. действительный; эффективный 2. действующий

activit/y деятельность; мероприятия

coercive ~ies мероприятия принудительного характера

concerted ~ согласованная, организованная деятельность; групповая акция

conspiratorial ~ деятельность в осуществление преступного сговора; заговорщическая деятельность

constitutional ~ деятельность в рамках дозволенного конституцией

correctional ~ies исправительная деятельность; деятельность исправительных учреждений

criminal ~ies преступная деятельность

crossing-guard ~ies приготовление к побегу или покушение на побег из-под стражи

delinquent ~ies делинквентная деятельность, делинквентность (несовершеннолетних)

deviant ~ies девиантное, отклоняющееся (от социальной, моральной, правовой нормы) поведение, девиантность

drug ~ деятельность (гангстеров) по сбыту наркотиков

espionage ~ies шпионская деятельность, шпионаж

gang ~ies 1. преступная деятельность банды; преступная деятельность гангстеров, гангстеризм 2. совершение правонарушений или преступлений группой несовершеннолетних делинквентов или молодых преступников

illegal ~ies незаконная, противозаконная деятельность

improper ~ies ненадлежащая (противоправная, противозаконная) деятельность

infringing ~ правонарушающие действия

interstate criminal ~ преступная деятельность, выходящая за пределы штата и образующая состав федерального преступления

investigative ~ies следственная деятельность, мероприятия по расследованию

lawful [legal, legitimate] ~ies правомерная, законная деятельность

mob ~ies преступная деятельность гангстеров, гангстеризм

noncoercive ~ies мероприятия непринудительного характера

organized crime [organized criminal] ~ организованная преступная деятельность, организованная преступность

subversive ~ подрывная деятельность

unconstitutional ~ неконституционная (в нарушение конституции) деятельность

unlawful ~ противоправная, незаконная деятельность

vice ~ies гангстерская эксплуатация пороков

actor 1. субъект деяния, исполнитель преступления 2. истец 3. лицо, действующее в интересах другого лица ◇ ~ in rem suam лицо (в т.ч. истец), действующее от своего имени, самостоятельно, не через другое лицо (в т.ч. адвоката)

actual 1. фактический, действительный 2. существующий в данное время

actuality подлинные условия, обстоятельства, факты

actually действительно, фактически

actuarial относящийся к делопроизводству (находящийся в ведении актуария или судебного секретаря, судебного регистратора)

actuary 1. актуарий (специалист по страховым расчётам) 2. секретарь, регистратор суда 3. церк. секретарь нижней палаты конвокации (собрания англиканского духовенства в Кентербери и Йорке)

actus ◇ ~ Dei лат. непреодолимая сила, форс-мажор; форс-мажорное обстоятельство; ~ reus лат. виновное действие

adapted ◇ ~ to distinguish предназначаемый к различению (о товарном знаке, обладающем чётко выраженным отличительным характером)

ad deliberandum (et recipiendum) лат. судебный приказ habeas corpus о передаче содержащегося под стражей суду места совершения преступления

addendum дополнение, приложение, аддендум

addict лицо, привычно потребляющее наркотик(и), наркоман; алкоголик

alcohol ~ лицо, привычно потребляющее алкоголь; пьяница; алкоголик

criminal drug ~ наркоман-преступник

desperate ~ закоренелый наркоман

dope [drug] ~ см. narcotic addict

hard-core ~ закоренелый наркоман

narcotic ~ лицо, привычно потребляющее наркотик(и), наркоман

teen ~ наркоман молодого возраста

addicted ◇ ~ to drink лицо, склонное к алкоголю; пьяница; алкоголик; ~ to drug(s) лицо, привычно потребляющее наркотик(и), наркоман

addiction склонность, пагубная привычка; физическая зависимость от наркотика или алкоголя; наркотизм; наркомания ◇ ~ to criminality склонность к совершению преступлений

drug ~ наркотизм; наркомания

addition добавление; дополнение ◇ ~ to patent 1. дополнительный патент 2. использование запатентованного изобретения с добавлением к нему нового элемента

additional 1. дополнительный 2. pl дополнительные условия к первоначальному соглашению

address 1. адрес ǁ адресовать 2. обращение; послание ǁ обращаться 3. часть искового заявления, содержащая наименование суда, в который подаётся иск 4. обращённое к главе исполнительной власти требование легислатуры о смещении назначенного им чиновника (кроме судей) ◇ ~ for service адрес для вручения судебных документов, адрес для доставки; ~ for the defence речь защитника; ~ for the prosecution речь обвинителя; ~ in case of need адрес третьего лица (указанный на векселе) на случай опротестования; to ~ a court обратиться к суду; выступить перед судом; to ~ on the fact поставить (перед судом) вопрос факта; to ~ on the law поставить (перед судом) вопрос права; ~ to the crown 1. ответ на тронную речь 2. представление палаты парламента монарху; to ~ the House выступать в парламенте; to ~ the jury обратиться (о судье, стороне в процессе) к присяжным

business ~ служебный адрес; адрес фирмы

complimentary ~ приветственное обращение

de jure ~ юридический адрес

dummy ~ фиктивный адрес

false ~ ложный адрес

final ~ to the jury обращённая к присяжным речь стороны в процессе formal ~ официальное выступление

legal ~ юридический адрес

mailing ~ адрес для почтовых отправлений

substituted ~ запасной [вспомогательный] адрес

Address from the Throne тронная речь монарха

addressee адресат

adduce 1. приводить, выдвигать; представлять (*факты, доказательства*) 2. принимать, приобщать к делу (*о доказательствах*)

adduction 1. приведение, представление (*фактов, доказательств*) 2. принятие, приобщение к делу (*доказательств*)

adeem 1. взять назад, отозвать 2. заменять легат иным имущественным предоставлением, совершаемым наследодателем при жизни

ademption 1. отмена легата, подразумеваемая на основании конклюдентных действий, совершённых завещателем при жизни 2. замена легата иным имущественным предоставлением, совершаемым наследодателем при жизни

adequacy 1. достаточность 2. соответствие, адекватность

~ of consideration адекватность встречного удовлетворения

adequate 1. достаточный 2. соответствующий; адекватный

adhere 1. придерживаться, соблюдать 2. присоединяться

adherence 1. присоединение 2. соблюдение (*норм, принципов и т.д.*) 3. *шотл.* иск о восстановлении супружеских прав ◇ ~ to enemy *амер.* присоединение к врагу (*вид государственной измены*)

adhesion 1. согласие 2. присоединение (*к международному договору*)

adhibit ◇ to ~ the seal скрепить печатью

ad hoc *лат.* для данного специального случая, для данной специальной цели || создаваемый в каждом отдельном случае

ad idem *лат.* пришедшие к соглашению (*о сторонах*)

ad interim *лат.* временный; временно; на время

ad invidiam *лат.* порождённый ненавистью *или* предрассудком

adjoin 1. примыкать, прилегать, граничить (*о недвижимости*) 2. прилагать (*документ*)

adjoining примыкающий, прилегающий, граничащий; соседний (*о недвижимости*)

adjourn 1. отсрочивать; откладывать 2. объявлять перерыв, прерывать (*заседание*) ◇ to ~ sine die откладывать на неопределённый срок, без назначения новой даты слушания; to ~ the court отложить заседание суда; to ~ the trial отсрочить, отложить судебный процесс

adjournal 1. отсрочка; отложение 2. перерыв между заседаниями 3. роспуск 4. *шотл.* производство в течение дня *или* заседания суда юстициария

adjournment 1. отсрочка; отложение 2. пере-

рыв между заседаниями 3. роспуск ◇ ~ in eyre *амер.* перерыв в заседаниях окружного (*выездного*) суда; ~ sine die [subject to call, without day] отсрочка, отложение на неопределённый срок, без назначения новой даты слушания

~ of proceedings отложение дела; приостановление производства

final ~ окончательный роспуск (*легислатуры данного состава*)

temporary ~ временный роспуск (*легислатуры*)

adjudge 1. признать; установить; решить, объявить (*в судебном порядке*) 2. рассмотреть спор, разрешить дело, вынести судебное решение *или* приговор 3. осудить (*лицо*) 4. присудить (*имущество лицу*) ◇ to ~ guilty признать виновным; to ~ to die приговорить к смертной казни; to ~ to jail приговорить к тюремному заключению

adjudgeable дающий основание для вынесения судебного решения; подлежащий судебному решению

adjudg(e)ment 1. признание, установление, объявление (*в судебном порядке*) 2. рассмотрение спора, разрешение дела, вынесение судебного решения *или* приговора; судебное решение *или* приговор 3. осуждение 4. присуждение (*имущества лицу*)

adjudicate 1. признать, установить, решить, объявить (*в судебном порядке*) 2. рассмотреть спор, разрешить дело, вынести судебное решение *или* приговор 3. осудить (*лицо*) 4. присудить (*имущество лицу*) ◇ to ~ delinquent объявить в судебном порядке делинквентом; to ~ in a case вынести решение по делу

adjudication 1. признание, установление, объявление (*в судебном порядке*) 2. рассмотрение спора, разрешение дела, вынесение судебного решения; судебное решение *или* приговор 3. осуждение ◇ ~ in bankruptcy объявление банкротом по суду

~ of accusations рассмотрение судом предъявленных обвинений

~ of claim рассмотрение иска

articulate ~ *шотл.* отдельное судебное решение по каждому из нескольких исковых требований одного и того же кредитора

compulsory ~ обязательное рассмотрение дела в суде

constitutional ~ решение в порядке конституционного надзора

delinquent ~ признание по суду несовершеннолетним делинквентом

international ~ решение спора международной инстанцией

involuntary ~ принудительное рассмотрение (*судом*) спора

juvenile ~ признание в судебном порядке несовершеннолетним делинквентом

juvenile ~ of witness судебное признание свидетеля несовершеннолетним local ~ разрешение дела в порядке внутригосударственного судопроизводства

prior ~ ранее вынесенное решение по делу

voluntary ~ рассмотрение (судом) спора по волеизъявлению сторон

adjudicative судебный

adjudicator судья, арбитр

adjudicatory судебный, арбитражный

adjudicature 1. признание, установление, объявление (в судебном порядке) 2. рассмотрение спора, разрешение дела, вынесение судебного решения или приговора; судебное решение или приговор 3. осуждение

adjunct 1. принадлежность главной вещи 2. pl назначенные короной дополнительные делегаты комиссий по рассмотрению церковных дел

adjunction присоединение (принадлежности к главной вещи)

ad jura regis лат. «по праву от короля» (судебный приказ по иску лица, существовавшего за счёт средств, полученных от короны, против лица, добивавшегося лишения его этих средств; судебный приказ, с помощью которого представленный короной священник защищал своё право на получаемый от паствы доход)

adjuration 1. принесение присяги 2. приведение к присяге

adjure 1. приводить к присяге 2. приносить присягу

adjust 1. согласовывать; урегулировать; улаживать 2. устанавливать сумму, выплачиваемую по страховому полису ◇ to ~ the average составлять диспашу

adjuster оценщик

average ~ диспашер

insurance ~ оценщик размера страхового убытка

adjustment 1. согласование; урегулирование; улаживание 2. установление суммы

~ of disputes урегулирование споров

~ of the average составление диспаши

amicable ~ дружественное урегулирование; мировая сделка

average ~ диспаша; составление диспаши

salary ~ определение размера должностного оклада

ad litem лат. 1. для целей судопроизводства 2. в суде

admeasure измерять; распределять; выделять (земельный участок); определять, назначать долю ◇ to ~ the penalty определить меру наказания

admeasurement измерение; распределение; выделение (земельных участков); определение, назначение доли

~ of dower определение вдовьей части в наследстве

~ of homestead определение имущества, освобождённого по закону от взыскания по долгам

~ of pasture судебный приказ о надлежащем разделе прав на общий выгон

ad melius inquirendum лат. произвести дальнейшее расследование (наименование судебного приказа)

adminicle дополнительное доказательство

adminicular 1. вспомогательный 2. дополняющий; подтверждающий

adminiculate представлять дополнительные доказательства

administer 1. управлять, вести (дела) 2. управлять наследственным имуществом 3. применять (нормы права), отправлять (правосудие) 4. отправлять, исполнять (должностные функции) ◇ to ~ a bankrupt's estate управлять конкурсной массой; to ~ an oath приводить к присяге; принимать присягу; to ~ complaints рассматривать жалобы; to ~ drug применить, дать наркотик(и); to ~ justice отправлять правосудие; to ~ law отправлять правосудие; применять нормы права; to ~ poison дать яд; отравить; to ~ punishment применять наказание; to ~ safeguards осуществлять гарантии; to ~ to [upon] a will управлять наследством (в качестве душеприказчика); to ~ trust territories управлять территориями под опекой

administered ◇ not ~ не подлежащие ведению управляющего (об имуществе умершего)

administration 1. управление, ведение (дел) 2. администрация; административный орган 3. амер. правительство 4. управление наследственным имуществом 5. применение (норм права), отправление (правосудия) 6. отправление, исполнение (должностных функций) ◇ ~ ad colligendum временное управление наследством (до принятия управления администратором наследства); ~ ad litem управление наследством на период рассмотрения дела; ~ cum testamento annexo управление наследством с приложенным завещанием (в котором не указан душеприказчик или указан ненадлежащий душеприказчик); ~ de bonis non управление имуществом умершего по назначению суда; ~ durante absentis управление наследством во время отсутствия душеприказчика; ~ durante animo vito управление имуществом умершего для обеспечения возможности пользоваться им психически неполноценному ближайшему родственнику наследодателя; ~ durante minoritate administratoris управление имуществом умершего до достижения совершеннолетия душеприказчиком; ~ in bankruptcy конкурсное управление имуществом, управление конкурсной массой; ~ minori aetate управление наследством, осуществляемое администратором по назначению суда ввиду несовершеннолетия душеприказчика; ~ pendente absentia управление наследством во время отсутствия душеприказчика; ~ pendente lite управление наследством на период судебного разбирательства; ~ pendente minoritate executoris управление имуществом умершего по судебному правомочию до достижения душеприказчиком совершеннолетия; ~

without probate управление имуществом умершего без соответствующего правомочия в завещании *или* в решении суда по делам о наследствах

~ of bankrupt's estate конкурсное управление имуществом, управление конкурсной массой

~ of complaints рассмотрение жалоб

~ of crime совершение преступления

~ of estate управление имуществом *(умершего)*

~ of justice отправление правосудия

~ of law применение норм права; отправление правосудия

~ of legislation применение законодательства

~ of patents управление, распоряжение патентами

~ of the oath приведение к присяге; принятие присяги

~ of trust estate управление имуществом, являющимся предметом доверительной собственности

ancillary [auxiliary] ~ управление наследством, находящимся за пределами домициля наследодателя

correctional ~ 1. администрация исправительного учреждения 2. применение, отправление мер исправительного воздействия

corrections ~ 1. администрация исправительного учреждения 2. управление исправительными учреждениями

departmental ~ ведомственная администрация

domiciliary ~ управление наследством, находящимся в домициле

executive ~ 1. министры 2. министерство

foreign ~ *см.* ancillary administration

general ~ управление имуществом умершего на основании данных судом общих правомочий

international ~ международная администрация

judicial ~ применение *(норм права, закона)* в судебном порядке

law enforcement ~ правоприменяющий орган

marital ~ осуществляемое мужем управление имуществом супругов

military ~ военная администрация

penal ~ 1. администрация пенитенциарных учреждений 2. управление пенитенциарными учреждениями

personnel ~ управление кадрами

police ~ 1. полицейская администрация 2. управление полицией

principal ~ управление имуществом умершего, находящимся в его домициле

prison ~ 1. тюремная администрация 2. управление тюрьмами

public ~ 1. публичная, государственная администрация 2. государственное управление 3. государственная администрация наследств

regular ~ управление имуществом умершего в обычном порядке

security ~ обеспечение режима *(в тюрьме)*

special ~ управление имуществом умершего на основании данных судом особых правомочий

state ~ правительство штата

administrative 1. административный; распорядительный 2. исполнительный *(о власти)*

administrator 1. управляющий делами 2. попечитель над наследственным имуществом, администратор наследства 3. административное должностное лицо ◇ ~ ad colligendum временно управляющий наследством *(до принятия управления администратором наследства)*; ~ ad litem администратор наследства на период рассмотрения дела; ~ cum testamento annexo администратор наследства с приложенным завещанием *(в котором не указан душеприказчик или указан ненадлежащий душеприказчик)*; ~ de bonis non управляющий имуществом умершего по назначению суда; ~ durante absentia управляющий наследством во время отсутствия душеприказчика; ~ durante animo vito администратор наследства, назначенный для обеспечения возможности пользоваться им психически неполноценному ближайшему родственнику наследодателя; ~ durante minori aetate управляющий наследством по назначению суда ввиду несовершеннолетия душеприказчика; ~ durante minoritate administratoris управляющий имуществом наследодателя до достижения совершеннолетия душеприказчиком; ~ in bankruptcy управляющий конкурсной массой; ~ pendente absentia управляющий наследством во время отсутствия душеприказчика; ~ pendente lite управляющий наследством на период судебного разбирательства; ~ pendente minoritate executoris управляющий наследством умершего по судебному правомочию до достижения душеприказчиком совершеннолетия; ~ with the will annexed администратор наследства с приложенным завещанием *(в котором не указан душеприказчик или указан ненадлежащий душеприказчик)*

~ of absentee управляющий имуществом лица, презюмированного умершим ввиду его отсутствия в течение установленного законом периода времени

~ of decedent's estate управляющий имуществом умершего; администратор наследства

ancillary ~ дополнительный администратор наследства; администратор наследства, находящегося за пределами домициля наследодателя; администратор наследства, назначенный за пределами юрисдикции, в которой было утверждено завещание

appointed ~ назначенный чиновник с административными функциями

correctional ~ сотрудник администрации исправительного учреждения

court ~ управляющий делами суда

crime control ~ должностное лицо с административными функциями в сфере контроля над преступностью domiciliary ~ администратор наследства, назначенный и действующий в домициле наследодателя

elected ~ выборный чиновник с административными функциями

foreign ~ *см.* ancillary administrator

general ~ управляющий имуществом умершего на основании данных ему судом общих правомочий

government ~ должностное лицо государственной [правительственной] администрации; должностное лицо с функциями исполнительной власти

law enforcement ~ административное должностное лицо правоприменяющего органа; чиновник полицейской администрации

organized crime ~ должностное лицо с административными функциями в сфере борьбы с организованной преступностью

parole ~ чиновник администрации по вопросам условно-досрочного освобождения

police ~ чиновник полицейской администрации

principal ~ администратор наследства в домициле наследодателя

probation ~ чиновник администрации по вопросам пробации

public ~ государственный администратор наследств

regular ~ управляющий наследством в обычном порядке

special ~ управляющий наследством на основании данных ему судом особых правомочий

temporary ~ временно управляющий наследством

administratress *см.* administratrix

administratrix женщина-администратор, управляющая по назначению суда имуществом умершего

admiralty 1. суд по морским делам **2.** судебная практика по морским делам **3.** адмиральский чин

Admiralty Адмиралтейство, военно-морское министерство (*в 1964 г. вошло в состав Министерства обороны Великобритании*)

admissibility допустимость (*напр. доказательств*)

~ of evidence допустимость доказательств

conditional ~ условная допустимость (*фактов как доказательств*)

limited ~ ограниченная допустимость (*доказательств*)

admissible допустимый, приемлемый ◇ ~ against smb. могущий быть принятым в качестве доказательства против кого-л.; ~ as [in] evidence допустимый в качестве доказательства; ~ in chief допустимый (*в качестве доказательства, вопроса, свидетеля*) при главном допросе; ~ on the issue of guilt допустимый как доказательство при рассмотрении вопроса о вине

legally ~ юридически допустимый; допустимый в суде

admission 1. допуск **2.** приём в члены **3.** при-

знание (*факта или утверждения*) **4.** передача на поруки **5.** *англ. церк.* одобрение епископом лица, представленного на должность приходского священника ◇ ~ against interest признание факта в ущерб собственным интересам; ~ by a person in privity with a party in litigation признание факта лицом, имеющим общий интерес со стороной в процессе; ~ by bail передача на поруки; освобождение под поручительство; ~ by conduct конклюдентное признание факта (*стороной в суде*); ~ by demurrer признание факта возражением по поводу относимости к делу доводов противной стороны; ~ to probate признание (*судом*) истинности и юридической силы завещания

~ of alien разрешение иностранцу на въезд в страну

~ of case принятие к рассмотрению версии по делу

~ of guilt признание виновности

~ of offence признание в совершении преступления

adoptive ~ конклюдентное признание факта дачей о нём показаний

extra-judicial ~ внесудебное признание факта

formal ~ официальное признание факта; формальное признание факта (*делающее ненужным и поэтому исключающее его доказывание*)

formal ~ at the trial формальное признание факта в судебном процессе

formal ~ by letter формальное признание факта в письме, приобщённом к материалам дела

formal ~ in answer to a notice to admit facts формальное признание факта в ответ на уведомление с требованием признать факты по делу

formal ~ in answer to interrogatories формальное признание факта в ответе на вопрос, поставленный в письменном опросе

informal ~ неофициальное признание факта, не имеющее формальной силы (*не исключающее необходимости его доказывания*)

jail ~ поступление в тюрьму

judicial ~ признание в ходе судебного разбирательства

out-of-court ~ внесудебное признание факта

plenary ~ полное безоговорочное признание

tacit ~ молчаливое, подразумеваемое признание факта

temporary ~ временный беспошлинный ввоз

vicarious ~ субститутивное признание факта

admit 1. допускать **2.** принимать в члены **3.** признавать (*факт*) **4.** позволять, разрешать ◇ to ~ a claim признавать претензию, требование; to ~ a fact признать факт; to ~ against interest признать факт в ущерб собственным интересам; to ~ an offence признаться в совершении преступления; to ~ by conduct конклюдентно признать факт собственным поведением (*в суде*); to ~ by demurrer признать факт возражением по поводу относимости к делу доводов противной стороны; to ~ **expenses in general average** принять расходы на общую аварию; to ~ **fault** признать вину (*по гражданскому делу*); to ~ **free** принять в члены без вступительного взноса; to ~ **from necessity** допустить (*доказательство*) по необходимости; to ~ **guilt** признать вину, признать себя виновным; to ~ **in evidence** допустить в качестве доказательства; to ~ **liability** признать (*свою*) ответственность; to ~ **to bail** передать на поруки; освободить под поручительство; to ~ **to citizenship** предоставить гражданство; to ~ **to membership** принять в члены; to ~ **to probate** признать (*судебным решением*) истинность и юридическую силу завещания; to ~ **to the bar** принять в адвокатуру; to ~ **to the case** принять к рассмотрению версию по делу; to ~ **to the country** разрешить въезд в страну

admittance 1. разрешение (*на въезд, на вход, на ввоз*) 2. ввод во владение

admonish 1. предостерегать 2. делать замечание, выносить выговор

admonition 1. предостережение 2. замечание, выговор; *воен.* дисциплинарное замечание 3. *церк.* порицание, осуждение

admortization *англ.* превращение наследственного владения недвижимостью в «право мёртвой руки» (*см.* mortmain)

admortize *англ.* превращать наследственное владение недвижимостью в «право мёртвой руки» (*см.* mortmain)

adolescence подростковый возраст (*возраст между началом полового созревания и наступлением возраста дееспособности*)

adolescent подросток || подростковый

adopt 1. усыновлять, удочерять 2. принимать (*закон, резолюцию*) 3. подтверждать, утверждать (*оспоримую сделку*) ◇ to ~ **stolen goods** укрывать краденое

adoptee усыновлённый, удочерённая; приёмный

adopter 1. приёмный отец, приёмная мать 2. укрыватель краденого

adoption 1. усыновление, удочерение 2. принятие (*закона, резолюции*) 3. подтверждение, утверждение (*оспоримой сделки*) 4. укрывательство краденого ◇ ~ **arrogatio** усыновление *или* удочерение ребёнка по его собственному желанию; ~ **by acknowledgement** усыновление *или* удочерение отцом своего внебрачного ребёнка; ~ **by agreement** усыновление *или* удочерение, оформленное соглашением; ~ **by deed** усыновление *или* удочерение, оформленное документом за печатью

~ **of child** усыновление *или* удочерение ребёнка

~ **of foreign corporation** признание за иностранной корпорацией статуса внутренней корпорации

~ **of judgement** отказ от (*права*) апелляции на решение суда

~ **of statute** принятие закона

foreign ~ усыновление *или* удочерение по решению иностранного суда

sham ~ фиктивное усыновление или удочерение

adoptive усыновлённый, удочерённая; приёмный

adpromissor гарант, поручитель

ad recipiendum *лат. см.* habeas corpus ad deliberandum et recipiendum; habeas corpus ad faciendum et recipiendum

ad referendum *лат.* 1. до последующего утверждения 2. для дальнейшего рассмотрения 3. для дальнейшего согласования, впредь до согласования

adrogation усыновление, удочерение

adult совершеннолетний

corrigible ~ исправимый совершеннолетний преступник

incorrigible ~ неисправимый совершеннолетний преступник

young ~ *амер.* молодой совершеннолетний (*в возрасте от 18 лет до 21 года*)

adulter участник прелюбодеяния

adulterate 1. фальсифицировать (*пищевые продукты, лекарства*) 2. прелюбодействовать || виновный в прелюбодеянии 3. внебрачный, незаконнорождённый (*о ребёнке*)

adulterated фальсифицированный, намеренно испорченный (*о пищевых продуктах, лекарствах*)

adulteration фальсификация (*пищевых продуктов, лекарств*)

adulterer участник прелюбодеяния

adulteress участница прелюбодеяния

adulterine 1. внебрачный, незаконнорождённый 2. прелюбодейный, адюльтерный, являющийся прелюбодеянием; виновный в прелюбодеянии 3. поддельный, подложный

adulterize прелюбодействовать (*нарушать супружескую верность*)

adulternate 1. виновный в прелюбодеянии (*в супружеской измене*) 2. внебрачный, незаконнорождённый (*о ребёнке*)

adulterous прелюбодейный, адюльтерный, являющийся прелюбодеянием; виновный в прелюбодеянии

adultery адюльтер, прелюбодеяние (*нарушение супружеской верности, супружеская измена*); внебрачные половые сношения с замужней женщиной (*по общему праву*); внебрачные половые сношения состоящего в браке лица (*по статутному праву*) ◇ **living in** ~ открытое внебрачное сожительство двух лиц (*из которых хотя бы одно состоит в браке*)

incestous ~ адюльтер с близким родственником или близкой родственницей

advance 1. аванс || платить авансом 2. заём || предоставлять заём 3. предложение более высокой цены (*на аукционе*) 4. выдвигать (*довод, предложение*) ◇ ~ **in the art** *пат.* полезность; (новый) технический эффект; техническая прогрессивность

freight ~ аванс фрахта

advancement 1. имущественное предоставление в порядке антиципации наследственной доли 2. *пат.* ускорение *(рассмотрения заявки экспертизой)*

advantage выгода, польза
collateral [incidental] ~ побочная выгода
mutual ~ взаимная выгода
unlawful ~ незаконная выгода

adventure 1. риск, страх 2. предприятие
gross ~ предоставление займа под залог судна, бодмерея
joint ~ простое товарищество
marine ~ морское предприятие *(судно, груз и фрахт)*

adversary противная сторона *(в судебном процессе)*, процессуальный противник ‖ состязательный *(о судебном процессе)*
~ of record процессуальный противник по протоколу

adverse 1. неблагоприятный *(напр. о решении суда)* 2. противный *(о стороне в деле)* 3. противопоставляемый

adversely done совершённый противной стороной

adverser противная сторона, процессуальный противник

advertence заботливость, внимательность

advertisement объявление; реклама
legal ~ сообщение в печати о предстоящем судебном процессе

advertising реклама, рекламирование ◇ ~ a lottery рекламирование лотереи *(состав преступления)*

advice 1. извещение, уведомление; авизо 2. совет, консультация *(юриста)* ◇ ~ against selfincrimination совет адвоката подзащитному не давать самообвиняющих показаний
~ of right уведомление *или* консультация о наличии права
independent ~ беспристрастная юридическая консультация
legal ~ консультация юриста, юридическая [правовая] консультация *(тж. как название адвокатской конторы)*

advise 1. извещать, уведомлять, ставить в известность 2. советовать(ся), консультировать(ся)

advised 1. обдуманный; намеренный 2. информированный 3. рассмотревший дело *(о суде)*

advisedly обдуманно; намеренно; с заранее обдуманным намерением

advisement 1. обсуждение; рассмотрение 2. совещание суда перед вынесением решения ◇ to take under ~ принять к рассмотрению перед вынесением судебного решения; under ~ на обсуждении; на рассмотрении
~ of rights обсуждение вопроса о правах *(участников процесса)*
~ of suspect обсуждение *(в полиции)* вопроса о подозреваемом по делу

adviser консультант, советник
legal ~ юрисконсульт; советник по правовым вопросам; адвокат

advisor *см* adviser

advisory консультативный; совещательный

advocacy 1. адвокатская деятельность 2. адвокатура 3. защита
individual ~ выступление *(адвоката)* в защиту конкретного лица

advocate адвокат, защитник ‖ защищать, выступать в защиту *(в суде)*
crown ~ адвокат короны *(представлявший корону в суде адмиралтейства)*
panel's ~ *шотл.* защитник подсудимого *(в отличие от ответчика по гражданскому делу)*
petty ~ адвокат, ведущий мелкие дела

advocate-depute *шотл.* помощник генерального прокурора

advocateship 1. адвокатура 2. защита, выполнение функций адвоката

Advocate ◇ ~ General генеральный адвокат *(юрисконсульт короны по морскому и военному праву)*; Judge ~ General *амер.* 1. генеральный консультант *(армии, военно-морского флота, военно-воздушных сил)* 2. генеральный консультант министерства финансов
King's [Queen's] ~ адвокат короны *(государственный адвокат по морским и наследственным делам и советник по вопросам международного права)*

advocation 1. адвокатские услуги 2. *шотл.* апелляционное рассмотрение дел

advocator 1. *шотл.* апеллянт 2. гарант правового титула

advocatory адвокатский

afeer 1. определять размер, сумму *(напр. штрафа)* 2. подтверждать

afeerer чиновник, определяющий размеры подлежащего наложению денежного штрафа

afeerment 1. определение размера суммы *(напр. штрафа)* 2. подтверждение

affiance 1. помолвка, обручение ‖ помолвиться, обручиться 2. обещание, данное при обручении

affianced обручённый, помолвленный

affiant 1. лицо, дающее обещание при помолвке, обручении 2. лицо, дающее аффидевит

affidavit аффидевит, письменное показание под присягой ◇ ~ for attachment аффидевит, данный истцом на предмет наложения ареста на имущество ответчика; ~ in criminal prosecution аффидевит с обвинением в совершении преступления, имеющий целью выдачу ордера на арест обвиняемого; ~ in forma pauperis *амер.* аффидевит по «форме о бедности» *(с заявлением о невозможности ввиду бедности оплатить издержки делопроизводства или обеспечить их оплату)*; ~ on demurrer аффидевит с возражением по поводу относимости к делу доводов противной стороны; ~ to hold to bail аффидевит о задолженности ответчика истцу; to make [to swear] an ~ дать аффидевит; to take an ~ принять аффидевит; ~ upon information and belief 1. аффидевит, содержащий утверждение, предположительно правильное ввиду заключённой в ней информации 2. аффидевит о получении заявления с обоснованным обвинением в совершении преступления

~ of absence of matrimonial impediments аффидевит об отсутствии препятствий к вступлению в брак

~ of circulation *амер.* аффидевит с информацией о данных, касающихся конкретного органа печати

~ of copyright claimant аффидевит претендента на издательское право *(подтверждающий наличие копий наборного текста, сделанных в пределах США)*

~ of defence аффидевит в пользу ответчика *или* обвиняемого

~ of good cause *амер.* аффидевит о достаточном основании *(лишения гражданства)*

~ of good faith аффидевит о добросовестности

~ of merits аффидевит с указанием основания возражения по иску

~ of no collusion аффидевит об отсутствии сговора между сторонами *(в ущерб третьей стороне или с целью обмана суда)*

~ of service аффидевит, подтверждающий вручение документа

opposing ~ аффидевит в опровержение данных показаний

out-of-court ~ внесудебный аффидевит

supporting ~ дополнительный *(в поддержку устного показания)* аффидевит

transcribed ~ копия аффидевита; расшифровка аффидевита

affile 1. регистрировать и хранить документы в установленном порядке 2. подать документ в надлежащее учреждение

affiliate 1. усыновлять, удочерять 2. устанавливать отцовство 3. устанавливать авторство 4. принимать в члены; присоединять(ся); входить в состав; примыкать 5. лицо, прикосновенное к совершению преступления *или* связанное с преступным миром 6. филиал

affiliated филиальный, дочерний; присоединившийся; примыкающий

affiliation 1. усыновление, удочерение 2. установление отцовства 3. установление авторства 4. принятие в члены; присоединение; вхождение в состав 5. принадлежность к организации

crime ~(s) преступные связи; связи с преступным миром

gang ~ 1. связь с гангстеризмом; принадлежность к гангстерской организации 2. связь с группой несовершеннолетних делинквентов *или* бандой несовершеннолетних преступников; принадлежность к группе несовершеннолетних делинквентов *или* к банде несовершеннолетних преступников

affinal находящийся в родстве через брак, в свойстве

affined 1. находящийся в родстве через брак, в свойстве 2. связанный обязательством

affinitive связанный узами родства через брак, свойства

affinity 1. родство через брак, свойство 2. родня *(по мужу или жене)*

affirm 1. утверждать, подтверждать 2. торжественно заявлять *(вместо присяги)* 3. скреплять *(подписью, печатью)* ◇ to ~ a decision утвердить вынесенное *(по делу)* решение; to ~ a judg(e)ment утвердить вынесенное по делу судебное решение; to ~ an opinion подтвердить высказанное по делу мнение; to ~ a statement подтвердить сделанное по делу заявление; to ~ belief подтвердить высказанное по делу мнение; to ~ conviction утвердить осуждение, обвинительный вердикт, приговор; to ~ loyality заявить о (своей) лояльности

affirmance 1. утверждение, подтверждение 2. торжественное заявление *(вместо присяги)*

~ of judg(e)ment утверждение, оставление в силе *(судом высшей инстанции)* вынесенного судебного решения

affirmance-day-general *англ.* день, установленный в суде казначейства для оставления в силе *или* отмены всех рассмотренных им решений нижестоящих судов

affirmant лицо, делающее торжественное заявление *(вместо присяги)* ‖ утверждающий, подтверждающий

affirmation 1. утверждение, подтверждение 2. торжественное заявление *(вместо присяги)* 3. скрепление *(подписью, печатью)*

affirmative 1. утвердительный 2. положительно выраженный 3. несущий бремя доказывания ◇ ~ pregnant утверждение, чреватое отрицанием *(плеедирование в форме утверждения факта, подразумевающего его отрицание в интересах противной стороны)*

affirmed утверждённый, подтверждённый ◇ ~ without opinion утверждено без особого по делу мнения

affix 1. прибавлять, присоединять 2. соединять *(с недвижимостью)* 3. ставить *(подпись, печать)* 4. приписывать *(вину)* 5. надёжно охранять *(задержанного)*

affixed ◇ to be ~ (to) явиться принадлежностью *(главной вещи)*

afford предоставлять; давать ◇ to ~ a privilige предоставить привилегию; to ~ a right предоставить право; to ~ proof представлять доказательство; to ~ satisfaction давать удовлетворение; to ~ shelter предоставить убежище

afforest 1. превратить в лес, облесить 2. *англ.* дать правовой статус леса *(земле, использовавшейся под сельское хозяйство или под жильё)*

affranchise освобождать *(от повинности)*

affray драка в общественном месте *(состав преступления)*

affrayer участник драки в общественном месте

affreight фрахтовать

affreighter фрахтователь

affreightment фрахтование

affront публичное оскорбление ‖ публично оскорблять

afloat плавающий, находящийся на плаву; «в плаву» (условие сделки при продаже товара, находящегося в пути) ◇ always ~ «всегда на плаву» (условие договора перевозки, обязывающее фрахтователя предоставить причал или место, где судно могло бы производить погрузочно-разгрузочные работы, всегда находясь в плавучем состоянии)

aforethought преднамерение; предумышление ‖ заранее обдуманный, преднамеренный, предумышленный

a fortiori лат. тем более, с тем бóльшим основанием

after-acquired приобретённый впоследствии (после наступления определённой даты)

afterbirth 1. рождение после смерти отца 2. рождение после составления завещания (любым из родителей)

after-born родившийся после смерти родителя (особенно отца)

aftercare воспитательно-исправительное воздействие на лиц, отбывших лишение свободы или пробацию

statutory ~ установленная законом система мер воспитательно-исправительного воздействия на лиц, отбывших лишение свободы или пробацию

supervisory ~ соединённое с надзором воспитательно-исправительное воздействие на лиц, отбывших лишение свободы или пробацию

afterconduct поведение лиц, отбывших лишение свободы

aftermath право на второй покос

againbuy выкупить; выкупить заложенное имущество; освободить имущество от залогового обременения

against против ◇ ~ her will против её воли (элемент состава изнасилования); taking ~ the will завладение имуществом против воли потерпевшего (элемент состава роббери); ~ the form of the statute в нарушение буквы данного статута (формулировка в обвинительном акте); ~ the peace and dignity of the state против общественного порядка и достоинства государства (формулировка в заключительной части обвинительного акта); ~ the will of prosecutrix против воли обвинительницы (формулировка в обвинительном акте по делу об изнасиловании)

age 1. возраст 2. совершеннолетие 3. преклонный возраст ◇ of ~ совершеннолетний; to acquire ~ достичь преклонного возраста; to be of full [of legal] ~ достичь совершеннолетия; to be under (legal) ~ не достичь совершеннолетия; to come of full [of legal] ~ достичь совершеннолетия; under ~ несовершеннолетний

~ of capacity 1. возраст дееспособности 2. возраст, по достижении которого лицо признаётся или презюмируется психически способным совершить преступление

~ of choice см. age of election

~ of consent брачный возраст

~ of criminal discretion возраст «уголовной ответственности» (с наступлением которого лицо может нести за свои действия уголовную ответственность)

~ of (criminal) responsibility возраст, с достижением которого возможно привлечение лица к (уголовной) ответственности

~ of culpability возраст, по достижении которого лицо может быть признано виновным

~ of discretion 1. возраст, с которого лицо отвечает за свои поступки 2. см. age of election

~ of election возраст, по достижении которого несовершеннолетний вправе выбирать себе опекуна

~ of incapacity 1. возраст недееспособности 2. возраст, по достижении которого лицо признаётся или презюмируется психически неспособным совершить преступление

~ of majority совершеннолетие

~ of marriage брачный возраст

~ of nurture младенчество (возраст менее семи лет)

~ of patent «возраст» патента (период, прошедший с даты возникновения права, основанного на действующем патенте)

~ of puberty возраст достижения половой зрелости

~ of reason см. age of election

advanced ~ преклонный возраст

arbitrary ~ произвольно установленный (статутом) возраст

finished ~ совершеннолетие

first ~ младенчество (возраст менее семи лет)

full ~ совершеннолетие

juvenile court ~ возраст, с наступлением которого поведение подростка может стать предметом рассмотрения в суде по делам несовершеннолетних

lawful ~ совершеннолетие

legal ~ 1. совершеннолетие 2. возраст, установленный законом

legal drinking ~ возраст, с наступлением которого разрешается потребление спиртных напитков

military ~ призывной возраст

retiring ~ возраст, установленный для выхода в отставку; пенсионный возраст

sufficient ~ возраст, достаточный для признания за лицом определённого правового статуса

voting ~ возраст, дающий право на участие в голосовании

aged взрослый; пожилой; престарелый

agency 1. орган (учреждение, организация); агентство 2. представительство 3. агентский договор (договор поручения, договор комиссии) 4. содействие; посредничество 5. функция; фактор ◇ ~ by estoppel представительство в силу неопровержимой правовой презумпции *(когда принципал лишён права отрицать наличие представительства в силу характера своих действий);* ~ by necessity *см.* agency of necessity; ~ by operation of law представительство в силу закона; ~ coupled with interest предоставленное агенту право на извлечение выгоды из предмета агентского договора; ~ from necessity *см.* agency of necessity; through the ~ of через посредство

~ of necessity представительство в силу необходимости; подразумеваемое представительство

adjusting ~ 1. агентство по сбору платежей от имени других лиц 2. агентство, представляющее должника при улаживании его взаимоотношений с кредиторами

administrative ~ административный орган

advisory ~ совещательный орган

bail ~ 1. орган, берущий на поруки 2. орган надзора за переданными на поруки

civil enforcement ~ орган правоприменения по гражданским делам

collection ~ агентство по сбору платежей

congressional ~ орган конгресса

correctional ~ исправительный орган

crime detection ~ сыскное агентство

criminal ~ преступное содействие, соучастие в преступлении

criminal enforcement ~ орган правоприменения по уголовным делам

detective ~ сыскное агентство

exclusive ~ исключительное право на представительство *(по агентскому договору)*

executing ~ организация-исполнитель, орган-исполнитель

executive ~ орган исполнительной власти

express ~ представительство с прямо установленными правомочиями представителя

federal ~ федеральный орган, федеральная служба

general ~ генеральное, общее представительство

government(al) ~ правительственный орган, правительственное учреждение, исполнительная власть, государственный орган

highway patrol ~ орган дорожной полиции

human ~ человеческий фактор, участие, соучастие человека *(в причинении результата)*; причинение результата человеческим поведением

implied ~ подразумеваемое представительство; представительство в силу конклюдентных действий; вытекающее из обстоятельств представительство

intelligence ~ разведывательный орган

international sea-bed resource ~ международное агентство по ресурсам морского дна

investigative [investigatory] ~ следственный орган

judicial ~ судебный орган, судебное учреждение

law enforcement ~ 1. правоприменяющий орган 2. орган исполнения судебных решений и приговоров 3. орган юстиции 4. полицейский орган

legal ~ судебный орган, судебное учреждение

legal aid ~ юридическая консультация, адвокатская контора

local ~ местный орган; местная власть

local police ~ орган местной полиции

non-cabinet ~ орган исполнительной власти за пределами *или* ниже уровня кабинета министров

non-judicial ~ несудебный *(правоприменяющий)* орган

non-profit ~ некоммерческая организация

ostensible ~ презюмируемое представительство

parole ~ орган по вопросам условно-досрочного освобождения

patent ~ патентное бюро

personnel ~ управление кадрами

police ~ полицейский орган

policing ~ орган с полицейскими функциями; полицейский орган

presidential ~ орган президентской власти

pretrial services ~ (судебный) орган, осуществляющий меры, необходимые до начала судебного процесса

private detective ~ частное сыскное агентство

probation ~ служба пробации

prosecuting ~ орган уголовного преследования, орган обвинительной власти

public ~ публичный орган; государственный орган

public detection [public detective] ~ государственное сыскное агентство

quasi-judicial ~ квазисудебный орган, квазисудебное учреждение

regional ~ региональный орган

regulating [regulatory] ~ *амер.* регулятивный орган

rehabilitation [rehabilitative] ~ орган по вопросам социальной реабилитации отбывших наказание преступников

special ~ специальное представительство, представительство для специальной цели

spontaneous ~ ведение чужих дел без поручения; представительство в силу необходимости *(без правомочий)*

state ~ орган штата

state police ~ орган полиции штата

universal ~ всесторонее, универсальное представительство

voluntary ~ ведение чужих дел без поручения

watchdog ~ наблюдательный, контрольный, ревизионный орган

Agency:

Central Intelligence ~ Центральное разведывательное управление США *(ЦРУ)*

Specialized ~ специализированное учреждение *(Организации Объединённых Наций)*

agenda повестка дня

legislative ~ повестка дня законодательного органа

agent 1. агент; представитель; посредник; доверенное лицо 2. действующая сила, фактор ◇ ~ by appointment агент, представитель по назначению; ~ by contract агент, представитель по договору

administrative ~ представитель административной власти

authorized ~ уполномоченный, полномочный агент, представитель

buying ~ агент по покупке

civil ~ гражданский служащий

commercial ~ 1. торговый агент; комиссионер; брокер 2. консульский агент (в консульской службе США)

commission ~ комиссионер, фактор

common ~ общий, совместный поверенный

consular ~ консульский агент

del credere ~ комиссионер, берущий на себя делькредере

diplomatic ~ дипломатический агент

election ~ агент (кандидата) по проведению выборов

enemy ~ вражеский агент

federal ~ федеральный служащий; агент федеральной службы

foreign ~ иностранный агент

forwarding ~ экспедитор

free ~ лицо, свободно изъявляющее свою волю

freight ~ агент по фрахтовым операциям

general ~ генеральный агент (агент с общими полномочиями на ведение конкретного дела или предприятия)

government ~ сотрудник правительственного аппарата, агент исполнительной власти, представитель государственой власти

innocent ~ «неответственный агент» (действующий в нарушение закона по подстрекательству другого лица субъект, не несущий ответственности за свои действия в силу возраста, невменяемости, фактической ошибки и т.п.)

insurance ~ страховой агент

investigative ~ служащий следственных органов

law ~ поверенный, стряпчий; шотл. юрист (любой, кроме адвоката)

legal ~ представитель закона

local ~ агент местной власти

narcotic ~ агент (полицейской) службы по борьбе с наркотиками

parliamentary ~ парламентский агент (адвокат, занимающийся по поручению подготовкой частных законопроектов, вносимых в палату общин)

patent ~ патентный поверенный

police ~ полицейский агент

private ~ 1. агент, представитель частного лица 2. агент частной полиции

prosecutorial ~ представитель обвинения, обвинитель

public ~ представитель власти

real-estate ~ агент по операциям с недвижимостью

receiving ~ (правительственный) агент, в ведение которого поступает выдаваемый преступник

secret ~ секретный [тайный] агент

secret-service ~ агент секретной службы; разведчик, контрразведчик

selling ~ агент по продаже

shipping ~ экспедитор

special ~ агент, имеющий специальные (ограниченные) полномочия; специальный агент

special-service ~ агент спецслужбы; разведчик; контрразведчик

state ~ 1. агент властей штата 2. агент полиции штата

statutory ~ законный представитель, представитель в силу закона

travelling ~ амер. коммивояжёр

undercover ~ секретный [тайный] агент

universal ~ агент со всесторонними полномочиями, универсальный агент, генеральный представитель

vicarious ~ уполномоченный, доверенное лицо

agential агентский

agent-provocateur фр. агент-провокатор

aggravant отягчающее (вину, преступление) обстоятельство

aggravate 1. отягчать (вину, преступление) 2. усиливать (наказание)

aggravation 1. отягчение (вины, преступления) 2. отягчающее (вину, преступление) обстоятельство 3. квалифицированный случай (какого-л. преступления) 4. усиление (наказания) ~ of damage 1. увеличение причинённого вреда 2. ухудшение состояния больного причинением ему дополнительного вреда 3. pl увеличение суммы возмещения вреда

aggregate общая сумма ~ of sentences общий срок наказания (по нескольким приговорам)

aggregation пат. агрегация, непатентоспособная комбинация, соединение старых элементов, не составляющее нового изобретения

aggress нападать (первым); затевать ссору

aggression агрессия; преступное нападение direct ~ прямая агрессия

indirect ~ косвенная агрессия

provoked ~ спровоцированная агрессия

aggressive агрессивный

aggressiveness агрессивность

aggressor агрессор; нападающая сторона; субъект преступного нападения initial ~ зачинщик столкновения; напавшая сторона

aggrieve 1. наносить ущерб 2. отказать кредитору в удовлетворении требования (о должнике)

aggrieved 1. потерпевший ущерб; пострадавший 2. неудовлетворённый (о кредиторе)

agiler шпион; информатор, осведомитель

agist пасти по найму чужой скот на своей земле

agister лицо, пасущее по найму чужой скот на своей земле

agistment договор о выпасе скота (*по которому лицо принимает за вознаграждение скот для выпаса на своей земле*)

agistor *см.* agister

agitator лицо, возбуждающее недовольство (*существующими в стране социально-экономическими или политическими условиями*)

   riotous ~ лицо, призывающее к массовым беспорядкам

   seditious ~ лицо, сеящее смуту, призывающее к мятежу, восстанию, гражданской войне

agnate родственник по мужской линии

agnatic родственный по мужской линии

agnation родство по мужской линии

agnize признавать, допускать

agréation *фр.* предоставление агремана

agree 1. соглашаться; заключать соглашение; договариваться; уславливаться 2. соответствовать; согласоваться ◇ to ~ to bet заключить пари; to ~ to [upon] a verdict прийти к соглашению относительно вердикта; to ~ upon the balance прийти к соглашению относительно распределения очищенного от долгов наследственного имущества; to ~ to wager заключить пари

agreeable соответствующий, отвечающий требованиям

agreeably согласно, соответственно

agreed согласованный, установленный, решённый (*по обоюдному согласию*)

agreement 1. согласие 2. соглашение 3. соответствие ◇ ~ approved by treaty *амер.* президентское соглашение, одобренное договором; by mutual ~ по взаимному согласию; ~ by parol *см.* parol agreement; ~ by specialty соглашение в форме документа за печатью; ~ in force действующее соглашение; ~ in writing письменное соглашение; ~ not to prosecute соглашение об отказе от уголовного преследования (*за совершённую фелонию*); to come to ~ прийти к соглашению; ~ to commit a crime сговор о совершении преступления; to conclude an ~ заключить соглашение; to consummate an ~ реализовать соглашение; to make an ~ заключить соглашение; to negotiate an ~ 1. вести переговоры по поводу заключения соглашения 2. заключить соглашение; to reach an ~ достичь договорённости (*соглашения*); ~ to receive a bribe сговор о получении взятки; ~ to sell соглашение о продаже (*будущей вещи*), «запродажа»; under ~ по соглашению; ~ under seal соглашение в форме документа за печатью; ~ with creditor договорённость с кредитором; ~ with debtor договорённость с должником

~ of conveyance соглашение о передаче недвижимости

~ of jury достижение согласия между присяжными

~ of lawsuit мировое соглашение

~ of marriage брачный договор

~ of unlimited duration бессрочное соглашение

accessorial ~ акцессорное соглашение

aleatory ~ алеаторное, рисковое соглашение

amending ~ соглашение о внесении поправок

amicable ~ мировое соглашение

antenuptial ~ предбрачный договор (*об имущественных отношениях будущих супругов*)

arbitration ~ арбитражное соглашение

area ~ соглашение, распространяющееся на определённый район

armistice ~ соглашение о перемирии

bare ~ «голое соглашение» (*т.е. не содержащее встречного удовлетворения, не снабжённое исковой силой*)

bilateral ~ двустороннее соглашение

claims ~ (международное) соглашение о порядке урегулирования взаимных претензий

clearing ~ клиринговое соглашение, соглашение о клиринговых расчётах

collateral ~ дополнительное соглашение

collective (bargaining) ~ коллективный договор (*между предпринимателем и профсоюзом*)

collusive ~ соглашение, основанное на (*тайном*) сговоре

commodity ~ (международное) товарное соглашение

consummated ~ реализованное соглашение

court-approved ~ соглашение, получившее судебное одобрение

cultural exchange ~ соглашение о культурном обмене

debt cancellation ~ соглашение об аннулировании долга

deep-sea-bed mining ~ соглашение о глубоководной разработке полезных ископаемых на дне морей и океанов

devolution ~ соглашение о передаче (*власти, обязанностей*)

disarmament ~ соглашение о разоружении

double taxation ~ соглашение об исключении двойного налогообложения

draft ~ проект соглашения

employment ~ договор личного найма

executed ~ соглашение с исполнением в момент заключения

executive ~ соглашение, заключаемое главой исполнительной власти, президентское соглашение (*заключаемое президентом с иностранным государством без одобрения сенатом*)

executory ~ соглашение с исполнением в будущем

express ~ положительно выраженное соглашение

extradition ~ соглашение о выдаче преступника *или* преступников

gentlemen('s) ~ 1. джентльменское соглашение 2. устное соглашение

hybrid trade secret and patent ~ «гибридное» лицензионное соглашение о праве использования «ноу-хау» и патента implied ~ подразумеваемое соглашение; соглашение, выводимое из конклюдентных действий; квазидоговор

inchoate ~ недооформленное соглашение

indemnification ~ соглашение о компенсации

intergovernmental ~ межправительственное соглашение

interim ~ временное соглашение; предварительное соглашение

leasing ~ лизинговое соглашение

legislative-executive ~ *амер.* 1. нормоустановительное соглашение между легислатурой и главой исполнительной власти 2. заключённое главой исполнительной власти соглашение, требующее санкции легислатуры

letting ~ договор о сдаче внаём, в аренду

licensing ~ лицензионное соглашение

marital separation ~ договор об имущественных отношениях супругов, заключаемый при раздельном их жительстве (*по взаимному их соглашению или по решению суда*)

marriage property ~ брачно-имущественный контракт, договор о режиме супружеских имущественных отношений

marriage settlement ~ *см.* antenuptial agreement

model ~ типовое соглашение

monetary ~ валютное соглашение

moratorium ~ соглашение о моратории

multilateral ~ многостороннее соглашение

mutual ~ взаимное согласие

national ~ национальное соглашение, отраслевой коллективный договор

non-disclosure ~ соглашение о неразглашении (*напр. соглашение с потенциальным лицензиатом о неразглашении «ноу-хау» или изобретения, являющихся предметом возможной лицензии*)

oral ~ устная договорённость, устное соглашение

parol ~ 1. устное соглашение 2. соглашение не в форме документа за печатью, простое соглашение

payment(s) ~ платёжное соглашение, соглашение о расчётах и платежах

plea ~ *амер.* сделка между сторонами о признании подсудимым своей вины (*с автоматическим его отказом от дальнейшего рассмотрения дела в суде*)

post-nuptial ~ договор между мужем и женой, заключённый после бракосочетания

pre-existing ~ ранее существовавшее соглашение

pre-marital ~ *см.* antenuptial agreement

procedural ~ соглашение по процедурным вопросам

profit-sharing ~ соглашение о разделе прибыли

project ~ проект соглашения

publisher's [publishing] ~ издательский договор, авторский договор

reciprocal trade ~ торговое соглашение на основе взаимности

regional ~ региональное соглашение

rescheduling ~ соглашение о пересмотре сроков погашения задолженности

safeguards ~ соглашение о гарантиях

salvage ~ спасательный контракт, соглашение о производстве спасательных работ

secrecy ~ соглашение о секретности (*о неразглашении источников и методов собирания разведывательной информации*)

sentence-recommendation ~ *амер.* соглашение о рекомендации суду назначения по делу конкретного наказания (*по условиям сделки о признании вины*)

separation ~ соглашение между супругами о раздельном проживании

shop ~ *см.* collective (bargaining) agreement

skeleton ~ 1. типовое соглашение 2. соглашение общего характера, в главных чертах

stand-still ~ 1. соглашение о моратории 2. соглашение о сохранении «статус-кво»

substituted ~ новация

sweetheart ~ 1. полюбовное, добровольное соглашение 2. навязанная (*гангстерами*) симуляция добровольного соглашения

tacit ~ молчаливое согласие, подразумеваемое соглашение

tariff ~ соглашение о тарифах

taxation ~ соглашение о налогообложении

tentative ~ предварительная договорённость, предварительное соглашение

trade ~ торговое соглашение

trade and payments ~ соглашение о товарообороте и платежах

verbal ~ см. parol agreement

visa abolition ~ соглашение об отмене виз

working ~ временное соглашение, модус вивенди

agrément *фр.* агреман

aid 1. помощь, содействие; субсидия 2. *pl ист.* вассальные пошлины сюзерену 3. утверждённые парламентским голосованием налоги в покрытие расходов правительства ◇ ~ and advice in legal matters правовая, юридическая помощь, консультация; to ~ and abet пособничать и подстрекать; to ~ and assist *амер.* пособничать и помогать (*незаконной перевозке крепких спиртных напитков*); to ~ and comfort оказывать помощь и поддержку (*элемент состава государственной измены*); to ~ and escape (насильственно) освобождать из-под стражи

civil legal ~ правовая помощь, консультация в гражданском процессе

federal ~ *амер.* федеральная субсидия

gratis ~ безвозмездная помощь

legal ~ юридическая помощь, консультация

mutual ~ взаимопомощь

state ~ субсидия штата

aide помощник

junior ~ младший помощник

senior ~ старший помощник

aide-mémoire *фр.* памятная записка

aider 1. помощь, содействие, поддержка 2. помощник 3. пособник; подстрекатель ◇ ~ and abettor пособник и подстрекатель (*на месте* *совершения преступления*); ~ by verdict презумпция доказанности фактов, на которых основан вынесенный вердикт

aid-prayer 1. *англ. ист.* ходатайство ответчика по вещному иску об оказании ему помощи в защите его правового титула **2.** обращённое к третьему лицу требование владельца-ответчика по вещному иску о вступлении в дело для защиты правового титула ответчика

aim цель ◊ ~ **justified** оправданная цель; ~ **unjustified** неоправданная цель

aire суд окружных судей

airspace воздушное пространство

contiguous ~ прилежащее воздушное пространство

superjacent ~ вышележащее воздушное пространство

airt and pairt *см.* art and part

akin кровный родственник

alarm тревога

false ~ ложный вызов (*полиции*)

album judicium *лат.* дощечка со списком присяжных

alcoholic 1. алкоголик || алкогольный **2.** алкоголический

down-and-out ~ клинический алкоголик

full-fledged ~ законченный алкоголик

instant ~ лицо, представляющее опасность только в состоянии опьянения

public ~ лицо, появляющееся в общественных местах в состоянии тяжёлого опьянения

recovered [reformed] ~ излечившийся от алкоголизма

teen ~ алкоголик молодого возраста

vagrant ~ алкоголик-бродяга

alcoholism алкоголизм

alderman 1. *ист.* олдермен; наместник, правитель **2.** глава гильдии **3.** *англ. ист.* вельможа, граф **4.** олдермен, старейшина, судебный *или* административный чиновник **5.** *англ.* помощник главы городского самоуправления **6.** член муниципалитета, представляющий район (*в Лондоне*); член совета графства (*в Англии и Уэльсе*) **7.** *амер.* член городского управления

county ~ член самоуправления графства

aldermanate 1. звание олдермена **2.** совет олдерменов

aldermanry 1. район городского управления *или* графство, где есть олдермен **2.** звание олдермена

aldermanship должность *или* звание олдермена

a lege suae dignitatis *лат.*, *англ. ист.* «по праву его величества» (*формула королевского права на помилование*)

ale-silver *англ. ист.* «серебряный с пива» (*налог, взимавшийся в Лондоне с торговцев пивом*)

alia enormia *лат.* прочий вред (*формула в конце искового заявления по делу о противоправном нарушении владения с причинением вреда*)

alia juris *лат.* властью, от имени другого лица || действующий не от своего имени

alias *лат.* **1.** вымышленное имя; прозвище, кличка **2.** известный также под именем **3.** иначе; в другое время; как прежде ◊ ~ **dictus** *лат.* **1.** вымышленное имя; прозвище, кличка **2.** именуемый также под именем

alibi *лат.* алиби (*букв. «инобытность»; отсутствие подозреваемого или обвиняемого в месте совершения преступления во время его совершения, установленное его доказанным присутствием в это время в другом месте*) || представлять, заявлять алиби ◊ to have an ~ иметь алиби; to raise an ~ заявить алиби

corroborated ~ подтверждённое алиби

dubious ~ сомнительное алиби

established ~ установленное алиби

ironclad ~ *разг.* «железное» алиби

plausible ~ правдоподобное, вероятное алиби

proved ~ доказанное алиби

questional ~ сомнительное, оспоримое алиби

questioned ~ оспоренное алиби

substantiated ~ подтверждённое алиби

time-card ~ алиби, подтверждённое рабочим листком

unquestionable ~ бесспорное алиби

unquestioned ~ неоспоренное алиби

withdrawn ~ отказ от алиби

alien иностранец || иностранный ◊ ~ **amy** дружественный иностранец; иностранец, подданный [гражданин] государства, с которым существует состояние мира; ~ **born** иностранец по рождению; ~ **declarant** проживающий в США иностранец, подавший заявление о натурализации; ~ **friend** *см.* alien amy; ~ **immigrant** иностранец-иммигрант; ~ **né** родившийся иностранцем; ~ **nondeclarant** проживающий в США иностранец, не подавший заявления о натурализации; ~ **seaman** служащий в американском флоте иностранец

deportable ~ иностранец, подлежащий депортации

enemy ~ враждебный иностранец (*гражданин или подданный неприятельского государства*)

illegal ~ иностранец, незаконно находящийся на территории страны, «нелегал»

legal ~ иностранец, находящийся в стране на законном основании

non-resident ~ иностранец, не живущий постоянно в данной стране

objectionable ~ нежелательный иностранец

resident ~ иностранец-резидент, проживающий в стране иностранец

suspected ~ подозрительный иностранец

undesirable ~ нежелательный иностранец

undocumented ~ иностранец, находящийся на территории страны без необходимых для этого документов

alienability отчуждаемость

alienable отчуждаемый, могущий быть отчуждённым

alienage статус иностранца

alienate 1. отчуждать **2.** побуждать супруга к

2*   35

прекращению супружеских отношений ◇ to
~ in mortmain отчуждать недвижимость по
«праву мёртвой руки»
alienation отчуждение
~ of affections раскол семьи *(преследуемое в
исковом порядке лишение мужа или жены
права на супружескую общность)*
~ of property under execution отчуждение
имущества, подлежащего описи *или* аресту
fraudulent ~ 1. отчуждение имущества, направленное к обману кредиторов 2. разбаза-
ривание наследственного имущества администратором наследства
illicit ~ незаконное отчуждение
alienator отчуждатель, цедент
alienee лицо, которому производится отчуждение, цессионарий
alienism статус иностранца
alienor отчуждатель, цедент
aliment алименты; содержание ‖ содержать;
выплачивать алименты
alimentary алиментный
alimented получающий алименты по суду
alimony алименты; содержание; ◇ ~ in
general *(присуждённая)* сумма алиментов,
подлежащих регулярной выплате; ~ in gross
общая сумма *(присуждённых)* алиментов; ~
pendente lite содержание *(мужем жены)* на
период судебного процесса о разводе
ad interim ~ временное содержание
permanent ~ пожизненное содержание
temporary ~ временное содержание
alio intuitu *лат.* с иным намерением
alio loco *лат.* в другом месте
alios acta *лат.* действия других лиц
alitor *лат.* иначе
aliunde *лат.* из другого источника
alius *лат.* другой; другое лицо
allegata et probata *лат.* то, что утверждается,
и то, что доказывается *(заявления сторон и
представляемые ими доказательства)*
allegation 1. заявление; утверждение 2. обвинение в церковном суде *или* в суде по делам
несовершеннолетних ◇ ~ in pleading заявление при пледировании; ~ upon information
and belief сделанное в аффидевите заявление, основанное на имеющихся у заявителя
сведениях и предположениях
~ of appeal мотивировка апелляции
~ of faculties заявление жены *(предъявив-
шей иск об алиментах)* о материальном положении мужа
alternative [disjunctive] ~ альтернативное заявление, альтернативное утверждение *(при
пледировании)*
juvenile ~ обвинение несовершеннолетнего *(в
делинквентности)*
negative ~ заявление об отсутствии факта
positive ~ заявление о наличии факта
primary ~ исковое заявление
allege 1. заявлять; утверждать 2. ссылаться 3.
обвинять ◇ to ~ crime приписывать, инкриминировать совершение преступления; to ~
delinquency обвинять в делинквентности; to

~ diminution указать в апелляционной жалобе на неполноту судебного протокола
alleged заявленный; такой, о котором заявля-
ется; такой, наличие которого утверждается;
якобы наличествующий
allegedly якобы; как утверждается
allegiance 1. верность; лояльность; преданность
2. обязательство верности и повиновения 3.
пребывание в гражданстве, подданстве; государственная принадлежность 4. *ист.* вассальная зависимость; верноподданство ◇ to
abandon ~ нарушить верность; to declare ~
заявить *(о своей)* лояльности; to free from ~
ист. освободить от вассальной зависимости;
to pledge ~ взять на себя обязательство соблюдать лояльность; to repudiate [to
renounce] ~ нарушить верность; to swear ~
клясться в верности, в лояльности; присягнуть на верность
acquired ~ приобретённое *(путём натурализации)* гражданство, подданство
actual ~ обязанность *(иностранца)* подчиняться местным законам
double [dual] ~ двойное гражданство, подданство
local ~ *см.* actual allegiance
natural ~ *англ.* обязательство постоянной
верности государству, возникающее в силу
рождения; *амер.* обязательство постоянной
верности государству в силу рождения *или*
натурализации
political ~ политическая принадлежность
temporary ~ временное гражданство, подданство
allen *см.* allodium estate
alley 1. дорога общественного пользования 2.
частно-владельческая дорога *(тж.* private
alley)
alleyway *см.* alley
alliance 1. союз; объединение; альянс *(между
государствами)* ‖ вступать в союз, объединяться 2. брачный союз 3. родство, свойство;
родственники 4. заговор ◇ to conclude an ~
заключить союз; to dissolve an ~ разорвать
союз; выйти из союза; to form an ~ заключить союз; to revoke [to terminate] an ~ разорвать союз; выйти из союза; to unite in an
~ объединиться в союз
defensive ~ оборонительный союз
military ~ военный союз
allied союзный
allien *см.* allodium
allocate 1. распределять, размещать 2. ассигновать 3. отводить *(какую-л. часть)* 4. закреп-
лять, прикреплять
allocation 1. распределение, развёрстка; размещение 2. ассигнование 3. норма выдачи 4.
обращённое судом к осуждённому за фелонию *или* измену требование изложить имею-
щиеся у него доводы против вынесения ему
приговора *(назначения наказания)*
allocatur *лат.* разрешено, разрешается *(название судебного приказа)* ◇ ~ exigent *лат.*

ист. судебный приказ о процедуре объявления вне закона

allod *см.* **allodium**

allodia *ист.* свободные земли (*владение которыми осуществлялось вне зависимости от феодального лорда*)

allodial владение имуществом по безусловному праву собственности ‖ аллодиальный, свободный от ленных повинностей

allodium имущество, находящееся во владении по безусловному праву собственности

allognour *см.* **eloigner**

allograph подпись вместо другого лица; подпись от имени другого лица

allonge аллонж

allot отводить; выделять; назначать, предназначать; распределять, раздавать; наделять ◇ to ~ an allowance установить сумму выплаты; to ~ land отвести землю

allotment 1. выделение; распределение; назначение 2. выделенная доля, часть 3. арендуемый участок земли 4. выделение акций пайщику 5. *амер. воен.* выплата (*части жалованья*) по аттестату 6. *амер.* предоставление земельных участков индейским племенам (*для охоты и т.п.*) 7. *амер.* (*тж.* Indian allotment) участок государственной земли, переданной федеральной властью в собственность индейской семье

~ of land отвод земли

service ~ служебный (земельный) надел

allottee 1. получающий *что-л.* по распределению 2. мелкий арендатор

allow 1. допускать, разрешать, позволять 2. удовлетворять; признавать 3. одобрять, санкционировать 4. предоставлять (*кредит*) 5. давать, выплачивать 6. *англ.* разрешать платежи за счёт имущества душевнобольного 7. *англ.* разрешать оплату издержек, понесённых свидетелем 8. принимать во внимание ◇ to ~ the appeal удовлетворять апелляцию; to ~ the claim удовлетворять претензию *или* иск

allowability допустимость, дозволенность ◇ ~ in one patent возможность выдачи одного (*комплексного*) патента (*на разные объекты*)

allowable 1. допустимый, разрешаемый, дозволенный 2. патентоспособный; могущий быть акцептованным (*о заявке на изобретение*)

allowably позволительно; допустимо; приемлемо

allowance 1. разрешение, допущение 2. содержание (*месячное, годовое и т.п.*); вознаграждение 3. прибавка к окладу 4. скидка 5. принятие в расчёт 6. акцептование патентного притязания, признание заявленного изобретения патентоспособным 7. порция; паёк; рацион, норма отпуска ‖ назначать (*содержание, паёк*) ◇ ~ by court определённое судом содержание (*месячное, годовое и т.п.*); ~ by creditor разрешённая кредитором скидка с долга; ~ to member of armed forces прибавка к жалованью военнослужащего (*на*

пропитание, квартирные, мундирные и пенсионные деньги*); ~ pendente lite разрешение суда на пользование доходом от вещи *или* самой вещью, являющейся предметом иска

~ of alimony временное содержание

~ of appeal удовлетворение апелляции

~ of owelty разрешение на уравнительный платёж

additional ~s (of costs) разрешение судьи на дополнительные судебные издержки (*по сложному и необычному делу*)

attendance ~ пособие по уходу

book ~ деньги (*получаемые*) на книги

compassionate ~ благотворительное пособие

cost-of-living ~ надбавка к заработной плате в связи с ростом стоимости жизни (*предусмотренная в коллективном договоре*)

dependent's ~ пособие на иждивенцев

discretionary ~s *см.* additional allowances (of costs)

dress ~ деньги (*получаемые*) на одежду

good-time ~ сокращение заключённому фактического срока пребывания в месте лишения свободы с зачётом времени его хорошего поведения

family ~ пособие на детей

hospitality ~ суммы на представительские расходы

official ~ 1. официальное разрешение 2. должностная надбавка к жалованью

parliamentary ~ прибавка к жалованью министра ввиду его членства в палате общин

per diem ~ суточные, суточное содержание

relocation ~ подъёмные, компенсация по перемещению работника

mandatory ~ *воен.* обязательная норма снабжения

maternity ~ пособие по беременности и родам

responsibility ~ должностная надбавка за ответственность

retirement ~ прибавка к должностному окладу перед выходом в отставку

separation ~ пособие жене солдата *или* матроса (*во время войны*)

special ~ распоряжение о возмещении особых (*непредусмотренных шкалой*) издержек по делу

superannuation ~ пенсия по старости

temporary ~ временное содержание (*присуждённая судом сумма к уплате стороной в течение судебного процесса и до вынесения окончательного решения по делу*)

treatment ~ пособие на лечение

welfare ~ прибавка к жалованью

widow's ~ вдовье пособие

allowedly дозволенным образом

allure *см.* **inveigle**

allurement *см.* **inveigle**

allusion 1. упоминание; ссылка 2. инсинуация 3. намёк

alluvion 1. аллювий, намыв, нанос 2. участок земли, образованный намывом

ally союзник ‖ вступать в союз

~ of enemy 1. союзник противника (в войне) 2. не проживающий в США гражданин или подданный страны, находящейся с США в состоянии войны

alms милостыня ◇ to beg ~ просить милостыню; to gather ~ собирать милостыню; to solicit ~ выклянчивать милостыню

almshouse приют, дом призрения (для бедных)

alter другой; другая сторона ‖ изменить; изменять(ся); видоизменить ◇ to ~ a trade mark внести изменение в (зарегистрированный) товарный знак

alteration изменение; внесение изменений
~ of brand вытравление клейма, тавра (на домашнем животном - состав преступления)
~ of contract изменение условий договора
~ of instrument изменение документа
author's ~ авторская правка
colorable ~ мнимое изменение (с целью незаконного обхода патента)
fraudulent ~ изменение (документа) с целью обмана
verbal ~ изменение редакционного характера

altercation 1. судебное расследование обстоятельств дела путём допроса свидетелей 2. ссора на почве раздражения

alter ego лат. другое я; я в другом; мой представитель

alter-idem лат. другой такой же; двойник

alternate 1. заместитель 2. поочерёдность (старшинства, подписания), альтернат 3. чередоваться ‖ чередующийся

alternately поочерёдно

alternative альтернатива ‖ альтернативный
community-based ~s to confinement альтернативы лишению свободы, тюремному заключению средствами общины

amalgamation англ. слияние, объединение корпораций; поглощение одной корпорации другой

ambages обход, уклонение

ambassador посол ◇ ~ at large дипломат в ранге посла, посол по специальным поручениям; ~ designate назначенный, но ещё не вручивший верительных грамот посол; ~ extraordinary and plenipotentiary чрезвычайный и полномочный посол
roving ~ посол по специальным поручениям, «кочующий» посол

ambassadorial посольский

ambassadorship ранг посла

ambassadress 1. жена посла 2. женщина-посол

ambidexterity получение присяжным взяток от обеих сторон в процессе

ambiguity сомнительность, неопределённость, неясность, двусмысленность (документа) ◇
~ upon the factum неясность в отношении существа документа
latent ~ латентная (скрытая, обусловленная лежащими вне документа обстоятельствами) неясность
patent ~ 1. явная неопределённость (доку-

-мента) 2. неясность притязаний, охраняемых патентом

ambiguous сомнительный, неопределённый, неясный, двусмысленный (о документе)

ambi(o)dexter амер. 1. атторней, получающий вознаграждение от обеих сторон в процессе 2. присяжный, берущий взятки от обеих сторон в процессе

ambit 1. пограничная линия 2. пределы, объём (компетенции, юрисдикции и т.д.) ◇ within the ~ of... в пределах, предусмотренных...
~ of protection объём правовой охраны

ambulatory 1. переменчивый; непостоянный; нефиксированный 2. могущий быть в любое время отозванным, взятым назад, отменённым, аннулированным

ambuscade засада

ambush засада; нападение из засады; лицо, сидящее в засаде с целью внезапного нападения ‖ лежать в засаде, устраивать засаду ‖ скрытый; лежащий в засаде

amenability ответственность (перед законом), подсудность

amenable ответственный (перед законом); подлежащий (наказанию); подсудный ◇ ~ to justice ответственный перед правосудием; ~ to law ответственный перед законом; ~ to tribunal подсудный трибуналу

amenably ◇ ~ to the rules согласно правилам

amend 1. вносить поправку, поправки, изменения, дополнения (в конституцию, закон и пр.) 2. pl компенсация, возмещение, покрытие причинённого ущерба ◇ to ~ opponent's pleading вносить изменения в состязательные бумаги одной из сторон в процессе по просьбе другой стороны; to make ~s компенсировать (что-л.); загладить вину

amendable исправимый

amendatory 1. вносящий поправку, изменяющий 2. амер. способствующий исправлению

amended ◇ as ~ с внесёнными поправками или изменениями

amende honorable фр. 1. извинение; публичное извинение, публичное признание вины 2. компенсация за оскорбление чести

amendment 1. исправление; внесение поправки или поправок 2. поправка (к конституции, закону, в документе, в договоре) 3. изменение, дополнение 4. изменение заявки после подачи её в патентное ведомство ◇ ~ as of course внесение в состязательную бумагу или в копию производства по делу очевидно необходимых поправок; ~ by compulsion внесение поправок в состязательную бумагу по распоряжению суда; ~ on court's own motion внесение поправок в состязательную бумагу по инициативе суда; ~ to conform to proof внесение поправок в состязательную бумагу в соответствии с принятыми судом доказательствами; to insert [to make] an ~ внести поправку; to move [to propose] an ~ предложить поправку; to reject an ~ отклонить поправку; to second an ~ поддержать предложение о поправке

~ **of constitution** внесение поправки *или* поправок в конституцию

~ **of income tax return** корректировка суммы подлежащего налоговому обложению дохода

~ **of information** корректировка заявления об обвинении в совершении преступления

~ **of judgement** изменение судебного решения

~ **of pleading** внесение поправок в состязательную бумагу

~ **of statute** внесение поправки *или* поправок в статут

administration ~ *амер.* поправка, предложенная администрацией

committee ~ поправка, предложенная *или* одобренная комитетом легислатуры

consequential ~ поправка, вызываемая другой поправкой; поправка к поправке

drafting ~ поправка на стадии проекта договора *или* законопроекта

earlier ~ ранее предложенная *или* внесённая поправка

floor ~ поправка, внесённая *или* одобренная на пленарном заседании легислатуры

House ~ *амер.* поправка, предложенная *или* одобренная палатой представителей

procedural ~ поправка процедурного *или* процессуально-правового характера

Senate ~ поправка, предложенная *или* одобренная сенатом

subcommittee ~ поправка, предложенная *или* одобренная подкомитетом легислатуры

substantive ~ поправка материально-правового характера

trial ~ внесение дополнительных заявлений в процессуальную бумагу после того, как возражения против этой бумаги были приняты судом

Amendment:

«**Lame Duck**» ~ XX поправка к конституции США

War ~s военные поправки (*XIII, XIV и XV поправки к конституции США*)

amenit/y 1. удобство; возможность использования **2.** обстоятельство, повышающее удобство пользования недвижимостью **3.** отрицательный сервитут

common ~ies объекты общего пользования

amerce оштрафовать, наложить штрафную, карательную санкцию, наложить наказание

amercement 1. наложение штрафа (*по усмотрению штрафующего*); наложение штрафа судом в сумме, не определённой законом **2.** денежный штраф такого рода ◇ ~ **royal** наказание государственного должностного лица (*в Великобритании*)

amercer лицо, налагающее штраф

amerciament *см.* amercement

amicable 1. дружественный **2.** мирный

amicably мирным путём, миролюбиво; дружеским образом

amicus curiae *лат.* (*дословно «друг суда»*) **1.** не участвующее в деле лицо, которое представляет суду с его разрешения имеющие значение для дела информацию *или* соображения, *либо* проводит по своей инициативе с согласия суда самостоятельное по делу расследование **2.** не участвующее в деле лицо, которое обращает внимание суда высшей инстанции на необходимость пересмотра решения суда низшей инстанции **3.** эксперт, специалист, консультант суда

amission утрата владения

amity дружба, мирные отношения (*между лицами или странами*)

amnesty амнистия

amortization 1. отчуждение недвижимости в пользу корпорации (*гл. обр. церкви*); отчуждение недвижимости по «праву мёртвой руки» (*см. тж.* mortmain) **2.** погашение долга в рассрочку **3.** амортизация **4.** уничтожение, умерщвление, убийство

amortize 1. отчуждать недвижимость в пользу корпорации (*гл. обр. церкви*); отчуждать недвижимость по «праву мёртвой руки» (*см. тж.* mortmain) **2.** погашать долг в рассрочку **3.** амортизировать **4.** уничтожать, умерщвлять, убивать

amortizement *см.* amortization

amotion 1. лишение владения **2.** досрочное отстранение от должности чиновника государственной корпорации (*голосованием других её чиновников*)

amount 1. количество **2.** сумма ◇ ~ **covered** страховая сумма; ~ **demanded** заявленная сумма (*убытков*); ~ **due** сумма долга; ~ **in arrear** сумма просроченного платежа; ~ **in controversy** [**in dispute**] сумма иска, исковая сумма; ~ **to settle** подлежащая определению (*судом*) сумма убытков

~ **of invention** *пат.* уровень творчества, существенные отличия

~ **of judg(e)ment** присуждённая сумма

~ **of loss** размер ущерба, размер убытка

~ **of prior use** *пат.* объём преждепользования

~ **of settlement** определённая (*судом*) сумма (*убытков*)

~ **of tax** сумма налога

capital ~ основная сумма

ceiling ~ максимальное количество

face ~ **1.** номинальная сумма **2.** сумма, указанная в тексте документа

floor ~ минимальное количество

maximum ~ максимальная (*для юрисдикции данного суда*) цена иска

minimum ~ минимальная (*для юрисдикции данного суда*) цена иска

settled ~ определённая (*судом*) сумма (*убытков*)

amountant 1. передающийся по восходящей линии (*о наследственном имуществе*) **2.** вступающий (*на престол*)

amove 1. перемещать; переезжать; передавать **2.** смещать с должности **3.** передавать, переносить (*дело из одной инстанции в другую*) **4.** препровождать в место лишения свободы

ampli(c)ation отсрочка вынесения судебного

решения впредь до дополнительного рассмотрения обстоятельств дела

amy близкий родственник *или* друг, возбуждающий судебный процесс от имени несовершеннолетнего

anagraph реестр; опись

anamination тайное убийство; убийство по политическим мотивам

anarchy анархия

criminal ~ *амер.* преступная анархия (*пропаганда свержения правительства или убийства его руководителей*)

anathema *церк.* анафема, отлучение от церкви ‖ преданный анафеме, отлучённый от церкви ◇ to fulminate ~ предавать анафеме, отлучить от церкви

anathematize *церк.* предавать анафеме, отлучить от церкви

anatocism(us) 1. сложные проценты 2. начисление сложных процентов

ancestor 1. родственник по восходящей линии 2. лицо, от которого унаследовано имущество, наследодатель 3. предшествующий собственник

ancestral наследственный; родовой

ancient 1. древний; старый 2. *англ.* староста в школе подготовки барристеров

ancienty старшинство

ancillary 1. дополнительный; акцессорный; сопутствующий; вспомогательный; подчинённый 2. судопроизводство по второстепенному вопросу в одной юрисдикции в помощь судопроизводству по существу иска в другой юрисдикции

androlepsy захват заложников; задержание иностранцев в качестве заложников с целью вынудить страну, гражданами *или* подданными которой они являются, осуществить акт правосудия

angaria *лат.* принудительная повинность; принудительная служба в пользу правительства, отбываемая в качестве наказания (*см. jus angariae*)

angary 1. ангария, право воюющей стороны на захват *или* уничтожение имущества нейтрального государства с последующей компенсацией 2. *церк.* реквизиция имущества для общественных нужд (*особ. для транспортировки*)

Anglican *церк.* англиканин (*приверженец англиканской церкви*) ‖ англиканский

anhlote анхлот (*налог или подать, уплата которых даёт право на голосование*)

aniens ничтожный, лишённый юридической силы

anient аннулировать, отменять, лишать юридической силы ‖ ничтожный, лишённый юридической силы

anientisement порча имущества; повреждение и обесценение нанятого имущества

animus injurandi *лат.* намерение причинить ущерб, совершить правонарушение; преступный умысел

Annales «Анналы» (*прежнее наименование судебных «Ежегодников» Year Books в Англии*)

annaly *шотл.* отчуждать; передавать

annates *англ. церк.* десятина *или* иной доход с имущества приходского священника в течение первого года отправления им должности

annex 1. дополнение; приложение ‖ дополнять; прилагать 2. присоединять; аннексировать; включать в состав 3. скреплять (*печатью, подписью*) 4. пристройка

annexation 1. присоединение; аннексия; включение в состав 2. дополнение; приложение ◇ ~ by reference *см.* incorporation by reference

actual ~ фактическое присоединение

authorized ~ разрешённое (*законом, договором*) присоединение

constructive ~ 1. презюмируемое присоединение; присоединение, выводимое из толкования обстоятельств дела *или* закона 2. движимость, ставшая принадлежностью недвижимости

creeping ~ постепенная, «ползучая» аннексия

forcible ~ насильственная аннексия

physical ~ физическое, механическое, фактическое присоединение

unauthorized ~ не разрешённое (*законом, договором*), неправомерное присоединение

annexationist захватнический, аннексионистский

annexed ◇ ~ to the freehold движимость, соединённая с фригольдом; ~ to the realty движимость, соединённая с недвижимостью

annexion *см.* annexation

anniented аннулированный, отменённый, лишённый юридической силы

annotation 1. аннотация 2. назначение места ссылки 3. вызов лица, безвестно отсутствующего

an(n)oyance неудобство; ньюснс

annua годовое жалованье *или* годовая пенсия; аннуитет

annual годовой, годичный; ежегодный

annually ежегодно; раз в год

annuel *шотл.* годовая арендная плата; годовой доход

annuelte *см.* annuity

annuitant аннуитент, получатель аннуитета

annuity 1. аннуитет, ежегодная выплата, установленная договором, завещанием *или* другим актом 2. иск о взыскании аннуитета ◇ ~ for education аннуитет в обеспечение получения аннуитентом образования; ~ for maintenance аннуитет в обеспечение аннуитенту средств к существованию

bank ~ консолидированная рента, консоль

life ~ пожизненный аннуитет

refund ~ договорный аннуитет с присовокуплением остатка по смерти аннуитента к его имуществу *или* выплатой его указанному в завещании бенефициарию

simple [straight] ~ прямой аннуитет (*выплачиваемый аннуитенту пожизненно*)

term ~ срочный аннуитет

annul аннулировать; отменять

annulment 1. аннулирование, отмена 2. судебное решение о признании брака недействительным 3. лишение родительских прав

~ of marriage аннулирование брака (*ввиду обнаружения обстоятельств, препятствовавших его заключению*)

annuo reditu *англ. ист.* судебный приказ о взыскании аннуитета

annus deliberandi *шотл.* «год на размышление» (*предоставляемый наследнику для решения вопроса о принятии или непринятии наследства*)

anomalous неправильный, необычный, не соответствующий норме

anonym 1. аноним, литературное произведение, изданное без указания автора, анонимная книга 2. аноним, автор анонимной книги

anonymity *англ.* принцип безымянности гражданских служащих (*ответственности министра за любое совершённое по службе действие служащего министерства*)

anonymous безымянный; анонимный

answer 1. ответ ǁ отвечать, быть ответственным 2. возражение ǁ возражать 3. письменные объяснения, возражения ответчика по делу; дуплика (*возражение ответчика на реплику истца*) 3. соответствовать ◇ ~ by affidavit письменное возражение (*по иску, против обвинения*) под присягой; ~ in bar возражение против иска в опровержение его; ~ in the affirmative положительный ответ; ~ in the negative отрицательный ответ; to ~ a bill уплатить по векселю; to ~ a claim удовлетворить требование; to ~ a debt уплатить долг; to ~ in law предстать перед судом; ответить по закону; to ~ to obligations выполнить обязательства

amended ~ исправление возражения против иска

compellable ~ ответ, к которому можно принудить (*обязательный по правилам процесса*)

conclusive ~ определённый, категорический, окончательный ответ

double ~ двусмысленный ответ

false ~ недобросовестное, притворное возражение (*правильное по форме, ложное по существу*)

final ~ окончательный ответ

frivolous ~ 1. возражение ответчика, не могущее быть признанным защитой против иска 2. заведомо ложное возражение против иска

incriminatory ~ уличающий ответ

original ~ первоначально заявленное возражение против иска

self-incriminating ~ ответ, уличающий отвечающего

sham ~ *см.* false answer

supplemental ~ дополнительное возражение против иска

answerability ответственность; подотчётность

answerable ответственный; подотчётный

antecedent предшественник ǁ предшествующий

antecessor 1. родственник по восходящей линии 2. лицо, от которого унаследовано имущество, наследодатель 3. предшествующий собственник

ante-date 1. день, дата, предшествующие исполнению (*действия, договора и пр.*) 2. документ, помеченный задним числом 3. датировать задним числом 4. придавать обратную силу 5. *пат.* противопоставлять источник информации *или* факт создания изобретения с более ранним приоритетом

antenatal имевший место до рождения

antenuptial добрачный

anthem гимн

national ~ государственный гимн

antichresis антихрез, ручной залог недвижимости

anticipate 1. ожидать 2. предвосхищать 3. делать *что-л.* раньше времени; истратить, использовать заранее 4. *пат.* опорочить новизну

anticipation 1. ожидание 2. антиципация; преждевременность совершения; предвосхищение 3. совершение *чего-л.* раньше времени 4. *пат.* опорочение новизны ◇ by ~ до срока, вперёд, заранее

~ of income антиципация доходов

mere paper ~ *пат.* бумажное предвосхищение изобретения

anticipatory 1. предварительный; ожидаемый заранее; преждевременный; заблаговременный 2. *пат.* порочащий новизну

antigraphy копия *или* дубликат документа за печатью

antimerger правовые нормы и практика, направленные против слияния корпораций

antinomy антиномия, противоречие в правовых нормах

antiquity of tenure «древность», старина, давность владения

antitrust *амер.* 1. антитрестовское законодательство ǁ антитрестовский 2. антитрестовский иск, антитрестовское дело; антитрестовская практика 3. антитрестовское отделение министерства юстиции

apartheid апартеид

apdictic неопровержимый

apograph копия документа

apologize извиняться, приносить извинения

apology извинение ◇ ~ to the victim извинение перед потерпевшим

apostesy отступление от официальной религии, ересь

apostles извещение о направлении дела на апелляцию (*посылается нижестоящим судом в вышестоящий*)

apostolic(al) апостолический; папский, святейший

apostolus папский легат, нунций

apparency статус прямого наследника

apparent 1. видимый 2. явный 3. прямой (*о наследнике*)

appeal 1. апелляция, апелляционная жалоба;

обжалование ‖ апеллировать, подавать апелляционную жалобу; обжаловать **2.** право апелляции **3.** жалоба потерпевшего по делу частного обвинения **4.** предложение суда ответчику дать объяснения по иску **5.** обращение, воззвание ‖ обращаться с воззванием **6.** *(о суде)* предложить ответчику дать объяснения по иску ◇ ~ **(as) of right** апелляция по праву, апелляция по усмотрению стороны; ~ **by allowance** апелляция по разрешению суда; ~ **by defendant** апелляционная жалоба ответчика *или* подсудимого; ~ **by government** апелляционная жалоба, заявленная обвинением; ~ **from conviction** апелляция на судебное решение об осуждении; ~ **lies to** апелляция может быть подана в ... ; **to complete an** ~ завершить апелляционное производство по делу; **to direct an** ~ направить апелляцию; **to hear an** ~ рассмотреть апелляцию; рассмотреть дело в апелляционном порядке; **without** ~ обжалованию не подлежит

~ **of leave** апелляция, возбуждение которой зависит от усмотрения суда

administrative ~ **1.** апелляция на решение административного органа в административный орган вышестоящей инстанции **2.** апелляция на решение административного органа в суд

consolidated ~**s** апелляции, объединённые в одном производстве

criminal ~ апелляция по уголовному делу

cross ~ встречная апелляция

devolutive ~ апелляция, не приостанавливающая исполнение

initial ~ первоначальная апелляция

interlocutory ~ промежуточная апелляция, апелляция по ходу дела

joint ~ *см.* **consolidated appeals**

leapfrog ~ непосредственная апелляция в палату лордов *(минуя апелляционный суд)*

separate ~ отдельная апелляция

statutory ~ апелляционное обжалование, специально регламентированное законом

supervisory ~ контрольная апелляционная юрисдикция *(окружных федеральных судов США)*

appealable могущий быть обжалованным, подлежащий обжалованию

appealer *см.* **appellant**

appear 1. фигурировать **2.** явствовать **3.** быть доказанным **4.** являться в суд, представать перед судом **5.** выступать в суде *(за ту или другую сторону)* ◇ **to** ~ **as witness** предстать перед судом в качестве свидетеля; **to** ~ **by [through] counsel** быть представленным в суде адвокатом, выступать в суде через адвоката; **to** ~ **for** представлять в суде *чьи-л.* интересы, выступать в суде в *чью-л.* пользу; **to** ~ **for the defence [for the defendant]** выступать в суде в качестве адвоката ответчика *или* подсудимого; **to** ~ **for the plaintiff** выступать в суде в качестве адвоката истца; **to** ~ **for the prosecution** выступать от лица обвинения; поддерживать обвинение; **to** ~ **in**

evidence вытекать из доказательств; **to** ~ **in the dock** привлекаться к суду в качестве подсудимого; **to** ~ **on summons** явиться *(в суд)* по повестке

appearance 1. вид; наружность **2.** видимость **3.** появление; явка; регистрация явки **4.** формальное подчинение юрисдикции суда **5.** выступление в суде ◇ ~ **by attorney** явка через поверенного; ~ **by counsel** ведение дела в суде через адвоката; ~ **de bene esse** временно-условная явка *(в суд)*; ~ **gratis** регистрация явки *(в суд)* до вызова

corporal ~ личная явка *(в суд)*

court ~ явка в суд

general ~ безоговорочное полное подчинение юрисдикции суда *(по данному делу)*

initial ~ первоначальная явка

optional ~ факультативное подчинение юрисдикции суда

required ~ обязательная явка

special ~ подчинение юрисдикции суда для определённой цели *(а не по всей совокупности вопросов данного дела)*

appellant апеллянт, податель апелляции, истец по апелляции

multiple ~**(s)** несколько апеллянтов *(по одной апелляции)*

separate ~ заявитель отдельной самостоятельной апелляции

appellate апелляционный

appellator *см.* **appellant**

appellee ответчик по апелляции

multiple ~**(s)** несколько ответчиков *(по одной апелляции)*

appellor *ист.* **1.** лицо, обвиняющее *кого-л.* в совершении преступления **2.** преступник, изобличающий своих сообщников

append присоединять; прилагать

appendant 1. дополнительный; субсидиарный; акцессорный **2.** переходящий вместе с наследством **3.** приложение; принадлежность главной вещи

appendix 1. приложение; добавление **2.** сборник документов, направляемых по апелляции в палату лордов *или* тайный совет

applicability применимость *(правовой нормы, закона)*

territorial ~ применимость *(правовой нормы)* в пространстве

time ~ применимость *(правовой нормы)* во времени

applicable 1. применимый **2.** надлежащий, соответствующий

locally ~ применимый в данной местности *(напр. о законе)*

applicant проситель; заявитель ◇ ~ **for the order** обратившееся к судье за ордером *(должностное)* лицо; ~ **in custody** заявитель, содержащийся под стражей; ~ **subject to future custody** заявитель, подлежащий в будущем заключению под стражу

additional ~ созаявитель

international ~ *пат.* податель международной заявки

joint ~ созаявитель

parole ~ обратившийся с ходатайством об условно-досрочном освобождении

private ~ *пат.* частный, индивидуальный заявитель *(в отличие от заявителя-фирмы)*

probation ~ 1. обратившийся с ходатайством о назначении пробации 2. обратившийся с ходатайством о пересмотре приговора с заменой тюремного заключения пробацией

subsequent ~ *пат.* последующий заявитель; заявитель изобретения, являющегося усовершенствованием ранее заявленного изобретения

application 1. применение *(права, закона и т.д.)* 2. заявление; заявка; просьба, ходатайство; обращение 3. отнесение платежа к определённому долгу ◇ ~ for a foreign patent заявка на зарубежный патент; ~ for a job заявление о приёме на работу; ~ for a patent заявка на патент, патентная заявка; ~ for a stay заявление о приостановлении производства по делу; ~ for leave ходатайство о разрешении; ~ for payment (письменное) требование уплаты; ~ for perpetuation of testimony ходатайство об обеспечении доказательств; ~ for restoration ходатайство о восстановлении патента *(утратившего силу вследствие неуплаты пошлин);* ~ for revocation *пат.* ходатайство, заявление об аннулировании; ~ for urgency ходатайство о рассмотрении заявки, заявления в ускоренном порядке; ~ in issue *пат. амер.* заявка, по которой в результате экспертизы вынесено решение о возможности выдачи патента; акцептованная заявка; ~ in the home country отечественная заявка, заявка на отечественный патент; to fill out an ~ заполнить бланк заявления; ~ to register as concurrent user of a trade mark заявление о регистрации в качестве сопользователя товарного знака; ~ to restore *см.* application for restoration
~ of force применение насилия
~ of punishment применение наказания

abandoned ~ *пат.* абандонированная заявка

allowed ~ 1. удовлетворённое ходатайство 2. *пат.* акцептованная заявка

caveat ~ предварительная заявка на патент

clemency ~ ходатайство о помиловании

continuation ~ *пат.* продолжающая заявка, заявка в продолжение

copending ~ одна из двух *или* более заявок *(того же заявителя),* находящихся одновременно на рассмотрении патентного ведомства

dilatory ~ отлагательное ходатайство *(не по существу иска)*

divisional ~ *пат.* выделенная заявка

dragnet ~ *амер. пат.* разведочная заявка *(заявка с широкой формулой изобретения, подаваемая с целью возбуждения столкновения с другими заявками, что позволяет выяснить их содержание)*

ex parte ~ заявление лица, не являющегося стороной в деле, но имеющего в нём интерес

ex post facto ~ ходатайство, заявленное после события, по поводу которого оно заявлено

foreign ~ *пат.* 1. иностранная заявка, заявка иностранного заявителя 2. зарубежная заявка, заявка на зарубежный патент

forfeited ~ *пат.* заявка, потерявшая силу

indiscriminate ~ заявление неконкретного характера

individual ~ *пат.* отдельная заявка

industrial ~ 1. промышленное использование 2. *пат.* промысловое использование, техническое использование

internal ~ отечественная заявка, заявка на отечественный патент

international ~ международная заявка; *пат.* международная заявка, в которой Соединённое королевство указано в качестве выбранного государства

laid-open ~ *пат.* выложенная (патентная) заявка

lawful ~ of force правомерное, законное применение насилия

licence ~ ходатайство о выдаче лицензии, разрешения

parent ~ *пат.* первоначальная, основная, исходная заявка

parole ~ ходатайство об условно-досрочном освобождении

pendent ~ *пат.* заявка, находящаяся на рассмотрении

probation ~ 1. ходатайство о назначении пробации 2. ходатайство о пересмотре приговора с заменой тюремного заключения пробацией

reissue ~ заявка на выдачу переизданного *или* исправленного патента; заявка на переизданный патент

related ~ *пат.* «родственная» заявка *(напр. выделенная заявка)*

relator's ~ заявление лица, представившего суду информацию

retroactive [retrospective] ~ of law применение закона с приданием ему обратной силы

service mark ~ заявка на регистрацию знака обслуживания

unlawful ~ of force противоправное, противозаконное применение насилия

applied ◇ ~ prospectively с применением в будущем *или* с расчётом на будущее

apply 1. применять(ся) 2. заявлять; подавать заявку; просить; ходатайствовать; обращаться 3. относить платёж к определённому долгу ◇ to ~ for adjournment ходатайствовать об отсрочке *(дела слушанием);* to ~ for particulars истребовать представления подробностей; to ~ for the Chiltern Hundreds слагать с себя полномочия члена парламента *(под предлогом занятия фиктивной государственной должности управляющего коронной землёй Чилтерн Хандредз);* to ~ in diversity применять(ся) при различиях в нормах; to ~ in nondiversity применять(ся) при отсутствии различий в нормах; to ~ rigidly применять(ся) строго *(о законе)* appoint 1. назначать, определять *(на должность)* 2. указывать, предписывать ◇ to ~ (guardian) ad litem назначить (опекуна) на время судебного процесса

appointee 1. назначаемое лицо 2. бенефициарий

ad interim ~ 1. временно назначаемое лицо 2. временный бенефициарий

patronage ~ *амер.* лицо, назначенное на должность в государственном аппарате за услуги, оказанные партии, победившей на выборах

presidential ~ президентский назначенец

appointive замещаемый по назначению, назначаемый

appointment 1. назначение, определение *(на должность)* 2. место, пост, должность 3. договорённость о встрече 4. ассигнование денег для определённой цели 5. распределение наследственного имущества по доверенности 6. определение количества членов палаты представителей от каждого штата *(в соответствии с численностью населения)* ◇ ~ durante absentia назначение управляющим имуществом умершего в отсутствие лица, которое первым получило на это судебное правомочие; ~ for life пожизненная должность; ~ to office назначение на должность

executive ~ 1. *амер.* назначение на должность органом *или* главой исполнительной власти 2. *амер.* должность *или* назначение на должность в аппарате исполнительной власти

general ~ 1. назначение на должность для выполнения обычных функций 2. назначение на должность в общем порядке

judicial ~ 1. назначение на должность судьи 2. должность судьи

junior shadow ~ *англ.* незначительная должность в «теневом» кабинете

legislative ~ назначение на должность законодательным органом

ministerial ~ 1. назначение на должность министром 2. назначение на должность *или* должность министра 3. назначение на должность в аппарате исполнительной власти 4. административно-исполнительная должность 5. должность *или* назначение на должность (приходского) священника

multiple ~ 1. множественное назначение *(на несколько должностей одновременно)* 2. исполнение одним лицом нескольких должностей

non-career ~ непрофессиональная должность

non-presidential ~ назначение на должность без участия президента

probationary ~ назначение на должность с испытательным сроком

public ~ назначаемая публичная должность

recess ~ 1. назначение на должность во время *или* на время перерыва в заседаниях 2. должность, исполняемая во время перерыва в заседаниях

resign ~ назначение на *(более высокую)* должность ввиду приближающегося выхода в отставку

senior shadow ~ *англ.* важная должность в «теневом» кабинете

specific ~ 1. назначение на должность для выполнения особого поручения 2. назначение на должность в особом порядке

subordinate ~ подчинённая должность

superior ~ более высокая должность

appointor лицо, распределяющее наследственное имущество по доверенности

apportion 1. соразмерно распределять 2. устанавливать норму представительства

apportionment 1. соразмерное распределение 2. установление нормы представительства

~ of the burdens (соразмерное) распределение бремени доказывания

appose проверять досье судебных документов

appraise оценивать; определять стоимость, ценность

appraisement оценка; определение стоимости, ценности

appraiser оценщик

apprehend задерживать; арестовывать

apprehended задержанный; арестованный

apprehension 1. задержание; арест 2. опасение, подозрение

reasonable ~ обоснованное опасение

vague ~ смутное опасение, подозрение

apprentice 1. ученик мастера, хозяина 2. отдавать в учение

apprenticed 1. обусловленный договором об отдаче в ученичество 2. отданный в ученичество

apprenticeship 1. учение; ученичество 2. срок учения 3. отношение между учеником и хозяином

approach 1. подход, отношение к делу 2. обращение, попытка вступить в переговоры ‖ обращаться; пытаться вступить в переговоры; начинать переговоры 3. приближение в открытом море военного судна к торговому *(для определения национальности последнего)* ‖ приближаться

prior claim ~ *пат.* принцип, согласно которому заявка, имеющая более ранний приоритет, может быть противопоставлена с даты её приоритета только в части её формулы изобретения

whole content ~ *пат.* принцип, согласно которому заявке может быть противопоставлено всё содержание *(а не только формула изобретения)* неопубликованной заявки, имеющей более ранний приоритет

approbate одобрять; санкционировать ◇ to ~ and reprobate *шотл.* частично принимать и частично отвергать один и тот же документ

approbation одобрение; санкция, согласие

approbatory одобрительный, санкционирующий

appropriate 1. обращать в свою собственность; присваивать; конфисковать 2. ассигновать 3. предназначать; выделять; относить *(платёж в погашение того или иного долга)* **4.** соответствующий; надлежащий ◇ to ~ the goods to the contract выделять, индивидуализировать товар для исполнения договора; to ~ to oneself присвоить

appropriation 1. обращение в свою собственность; конфискация; присвоение **2.** ассигнование **3.** предназначение; выделение; отнесение *(платежа к определённому долгу)* **4.** индивидуализация товара *(для исполнения договора)*

~ of property присвоение имущества

actual ~ of property фактическое, реальное присвоение имущества

executive ~s *амер.* ассигнования на нужды аппарата исполнительной власти

legislative ~s *амер.* ассигнования на нужды аппарата законодательной власти

ostensible ~ of property презюмируемое присвоение имущества

tacit ~ of property присвоение имущества конклюдентным поведением

visible ~ of property явное присвоение имущества

appropriation-in-aid дотация; субсидия

approval одобрение; утверждение; санкционирование ◇ ~ by acclamation принятие без голосования по единодушному одобрению; by [of] the court одобрение судом; to win ~ получить одобрение

House ~ *амер.* одобрение *(законопроекта)* палатой представителей

judicial ~ судебное одобрение

presidential ~ of legislation одобрение [подписание] законопроекта президентом

senatorial ~ одобрение сенатом *(договора, назначения на должность, законопроекта)*

syndicate ~ санкция гангстерского синдиката *(на проведение преступной акции, назначения на должность и т.п.)*

approve одобрять, утверждать; санкционировать ◇ to ~ clemency application удовлетворить ходатайство о помиловании

approved одобренный; утверждённый; санкционированный ◇ ~ by the cases апробированный судебной практикой

approver лицо, признающееся в совершении преступления и оговаривающее другого с целью смягчения своей участи

approximation of laws сближение законодательств

appurtenance 1. принадлежность *(главной вещи)* **2.** акцессорное право

appurtenant принадлежащий *(к главной вещи)*, относящийся, приложенный, акцессорный

arbiter арбитр; третейский судья

arbitrable подлежащий рассмотрению в арбитражном порядке, могущий быть рассмотренным в арбитраже

arbitrage арбитраж, третейский суд

arbitral арбитражный, третейский

arbitrament решение арбитража ◇ ~ and award возражение ответчика в суде о том,

что данный спор уже получил разрешение в арбитражном порядке

arbitrarily произвольно

arbitrariness произвол, самоуправство

arbitrary произвольный; дискреционный

arbitrate 1. решать в арбитражном порядке, осуществлять арбитражное разбирательство **2.** быть третейским судьёй **3.** передавать в арбитраж; составлять третейскую запись ◇ to ~ disputes рассматривать споры в арбитражном порядке

arbitrated решённый в арбитражном порядке

arbitration арбитраж; третейский суд; арбитражное разбирательство

commercial ~ торговый арбитраж

common law ~ арбитраж на основе норм общего права

compulsory ~ обязательный арбитраж

international ~ международный арбитраж

labour ~ трудовой арбитраж, арбитражное урегулирование трудовых конфликтов

private ~ третейский суд

state ~ государственный арбитраж

arbitrator третейский судья, арбитр

additional ~ дополнительный [третейский] арбитр *(призывается в случае, если два образующих арбитраж арбитра не могут принять единого решения)*

original ~s два арбитра, образующие арбитраж

sole ~ единоличный арбитр

archdeacon *церк.* архидьякон *(духовное лицо ниже сана епископа, осуществляющее надзор над сельскими дьяконами и возглавляющее церковный суд низшей инстанции, с правом духовного порицания)*

area область; зона; сфера

assessment ~ налоговый район

central ~ *амер.* центральная зона городской агломерации, «центральный город»

coastal sea-bed ~ прибрежная зона морского дна

coastal sea-bed economic ~ прибрежная экономическая зона морского дна

customs-enforcement ~ таможенная зона, район осуществления таможенных законов в открытом море

disaffected ~ район, охваченный волнениями

distress ~ район бедствия

equidistance ~ район равного отстояния

federally impacted ~ *амер.* сфера, зона деятельности федеральных властей

free trade ~ зона свободной торговли

indoor ~ зона, расположенная внутри пенитенциарного учреждения

international sea ~ международный морской район

international sea-bed ~ международный район морского дна

metropolitan ~ **1.** столичная зона **2.** большой Лондон *(включающий все муниципальные районы)*

outdoor ~ зона, расположенная за пределами пенитенциарного учреждения probation ~ территория в сфере надзора за отбывающими пробацию

restricted ~ режимная зона; резервация

rural ~ сельский район

spending ~ финансируемая зона

standard metropolitan statistical ~ *амер.* стандартный столичный статистический район

strategic trust ~ стратегический район территории под опекой, стратегическая подопечная территория

urban ~ городской район

arguable 1. спорный 2. доказуемый

arguably спорно

argue 1. аргументировать, приводить доводы, доказывать; утверждать; заявлять 2. дискутировать; обсуждать 3. *разг.* признавать виновным, выносить приговор; обвинять ◇ to ~ the case обсуждать дело; to ~ (the case) to the jury обращаться с аргументацией к присяжным

argued 1. аргументированный 2. обсуждённый carefully ~ тщательно аргументированный

arguendo *лат.* в ходе аргументации, в порядке попутного замечания иллюстративного характера (*в выступлении судьи*)

argument 1. аргумент, довод, доказательство 2. аргументация, приведение, изложение доводов 3. дискуссия, спор 4. выступление с изложением доводов, выступление по делу, речь адвоката; прения сторон ◇ ~ on a motion изложение доводов в связи с поступившим ходатайством; to close the ~ прекратить прения сторон; to open the ~ открыть прения сторон; ~s to the jury обращённые к присяжным доводы сторон

close [closing] ~ неоспоримый, решающий довод

convincing ~ убедительный аргумент

correlative ~s взаимозависящие доводы

extraneous ~ довод, не относящийся к существу дела

oral ~ выступление в прениях сторон, выступление в суде

out-of-the-way ~ нерелевантный довод, аргументация не по существу вопроса

private ~ спор, разрешаемый во внесудебном, частном порядке

sound ~ обоснованный довод

unconvincing ~ неубедительный аргумент

unsound ~ необоснованный довод

argumentation аргументация, приведение, изложение доводов

argumentative 1. приводящий аргументацию, доводы 2. косвенный 3. выводимый путём заключения

argumentativeness 1. аргументированность; доказательная сила 2. спорность

arise возникать (*напр. о праве, обязанности и т.д.*)

arless-penny задаток

arm 1. власть; сила 2. *pl* оружие 3. *pl* род войск 4. *pl* герб

~'s of alliance герб, полученный в результате брака и соединённый со своим

~ of law сила закона; судебная власть

assumptive ~s новоприсвоенный, ненаследственный дворянский герб

cold ~s холодное оружие

enforcement ~ правоприменяющая служба; полицейская служба

secular ~ светская власть

armament(s) вооружение

conventional ~s обычные вооружения

strategic ~s стратегические вооружения

armistice перемирие

army армия

acting ~ действующая армия

active ~ личный состав армии на действительной службе

standing ~ постоянная армия

volunteer ~ добровольная (*комплектуемая по вербовке*) армия

arraign предъявлять обвинение

arraignment предъявление обвинения ◇ to have ~ получить обвинение

initial [original] ~ предъявление обвинения по первоначальной формулировке (*до заявления подсудимого о своей невиновности или о том, что он не оспаривает обвинение*)

arrange 1. уладить; урегулировать 2. договариваться; приходить к соглашению; условливаться 3. классифицировать 4. приводить в порядок; устраивать ◇ to ~ an attorney заключить соглашение с адвокатом

arrangement 1. соглашение; договорённость 2. классификация 3. приведение в порядок, устройство 4. *pl* меры; мероприятия; распоряжения; приготовления; планы

~ of specification *пат.* структура описания изобретения

administrative ~ *воен.* распоряжение по тылу

antenuptial ~ добрачное соглашение (*между мужчиной и женщиной, предполагающими вступить в брак*)

bicameral ~ соглашение между двумя палатами законодательного органа

collective ~ коллективное соглашение

extended-term ~ соглашение о продлении срока

family ~ семейный раздел имущества

paper ~ формальная договорённость

plea-bargaining ~ сделка о признании вины

two-chambered ~ договорённость между двумя палатами законодательного органа

array список присяжных ‖ составлять список присяжных

~ of coroner's jurors список присяжных коронера

~ of grand jurors список присяжных «большого» жюри

~ of jurors список присяжных («малого» жюри)

arrears просрочка; задолженность; долги; недоимка

~ of interest задолженность по процентам

arrest 1. арест; наложение ареста ‖ арестовывать, накладывать арест **2.** задержание ‖ задерживать **3.** приостановление ‖ приостанавливать **4.** запрещение ‖ запрещать **5.** *ист.* постановление суда; приговор ◇ **~ by warrant** арест по ордеру; **~ for federal crime** *амер.* арест в связи с нарушением федерального уголовного законодательства; **~ in a frame-up** арест по сфабрикованному обвинению; **~ on charge** арест по обвинению; **~ on civil process** арест (*имущества*) в порядке гражданского судопроизводства; **~ on mesne process** арест на основании судебного приказа в ходе судопроизводства; **~ on suspicion** арест по подозрению; **to ~ federally** *амер.* арестовать в связи с нарушением федерального (*уголовного*) законодательства; **to ~ judg(e)ment 1.** отложить вынесение судебного решения **2.** приостановить исполнение судебного решения; **to ~ locally** арестовать в связи с нарушением местного нормативного акта *или* уголовного кодекса штата; **to make an ~** произвести арест; **to seek for an ~** добиваться (*в суде*) ареста; **to sweep an ~** произвести безотлагательный арест; **to ~ the body of offender** арестовать преступника; **to ~ the execution of a sentence** приостановить приведение приговора в исполнение; **~ upon hue and cry** *ист.* арест по объявлению о розыске и аресте беглого преступника; **~ without warrant** арест без ордера

~ of judg(e)ment 1. отсрочка вынесения судебного решения **2.** приостановление исполнения судебного решения

~ of ship задержание судна

authorized ~ арест на законном основании; санкционированный арест

close ~ строгий арест

criminal ~ арест в связи с совершением преступления; арест по уголовному делу

false ~ 1. имитация ареста **2.** противоправный арест

frivolous ~ необоснованный, произвольный арест

hasty ~ поспешно произведённый арест

house ~ домашний арест

illegal ~ незаконный арест

lawful ~ правомерный, законный арест

legal ~ законный арест

major ~ 1. арест в связи с совершением крупного преступления **2.** арест крупного преступника

malicious ~ злонамеренный, злоумышленный арест

military ~ арест военными властями

official ~ официальный арест; арест, произведённый официальным лицом

parol ~ арест на основании устного распоряжения

part I ~ *амер. полиц.* арест в связи с совершением «индексного» (*тяжкого*) преступления (*указанного в части I раздела об арестах «Единых отчётов о преступности» ФБР*)

provisional ~ предварительный арест (*до получения ордера*)

quick ~ безотлагательный арест

temporary ~ временный арест (*до получения ордера*)

unlawful ~ противоправный, незаконный арест

warrantless ~ 1. арест без ордера **2.** необоснованный арест

wrongful ~ 1. необоснованный арест **2.** арест в нарушение закона

arrested ◇ **~ not to be ~ while in attendance** не подлежать аресту в силу парламентского иммунитета присутствия (*на заседании легислатуры*); **to be ~ while in attendance** подвергнуться (*неправомерному*) аресту в нарушение парламентского иммунитета присутствия (*на заседании легислатуры*)

arrestee 1. арестованный **2.** *шотл.* лицо, которому вручён приказ о наложении ареста на имеющееся у него имущество должника *или* суммы, причитающиеся должнику

arrester *шотл.* кредитор, по требованию которого суд выносит приказ о наложении ареста на имущество должника, находящееся у третьего лица, *или* на суммы, причитающиеся должнику с третьего лица

arrestment 1. арест; наложение ареста **2.** *шотл.* наложение ареста на имущество должника у третьего лица *или* на суммы, причитающиеся должнику с третьего лица

arrêt de prince *фр.* «принцев арест» (*задержание иностранных судов с целью предупредить распространение политических известий*)

arretted обвиняемый

arrive ◇ **«to ~»** условие договора продажи «по прибытии», продажа товара в пути (*риск случайной гибели или порчи товара во время перевозки несёт продавец*)

arson поджог ◇ **~ in malice** злоумышленный поджог

aggravated ~ поджог при отягчающих обстоятельствах

gang ~ поджог, совершённый группой подростков *или* гангстерами

arsonist субъект поджога; лицо, совершившее поджог, поджигатель

art склонять, подстрекать ◇ **~ and part** *шотл.* зачинщик и пособник (*преступления*)

arte *лат.* вынужденно, по принуждению

article 1. раздел; статья; пункт; параграф **2.** вещь; предмет; товар **3.** отдавать по договору в обучение **4.** предъявлять обвинение **5.** *pl* система правил **6.** *pl* перечисление по пунктам **7.** *pl* статут, закон **8.** *pl* договор **9.** *pl* устав; регламент **10.** *pl* письменное возражение с изложением оснований для отвода свидетелей **11.** *pl* исковое заявление ◇ **~s approbatory** *шотл.* письменные объяснения ответчика по фактам, приведённым истцом в обоснование иска; **~s improbatory** *шотл.* письменное изложение фактов, служащих основанием для иска; **to fall under the ~** подпадать под статью

~s of agreement письменное соглашение об условиях подлежащего оформлению договора

~s of apprenticeship договор о поступлении в обучение; условия договора между учеником и хозяином

~s of association 1. устав юридического лица 2. устав акционерного общества; устав корпорации

~s of incorporation *амер.* устав корпорации

~s of merchandise товар

~s of partnership договор об учреждении товарищества

~s of roup *шотл.* условия продажи с аукциона

~s of set *шотл.* договор аренды

~s of the peace 1. условия мирного договора 2. условия мирового соглашения (*перед мировым судьёй*)

~s of war 1. военный устав, военный регламент 2. нормы военного права 3. военное имущество

contraband ~ предмет контрабанды

federal ~ «федеральная статья» (*ст. IV конституции США, регулирующая отношения штатов между собой и отношения штатов с федерацией*)

free ~ 1. товар, не облагаемый пошлиной 2. товар, на который не распространяются ограничения 3. предмет, не являющийся контрабандой

infringing ~ контрафактное изделие, изделие, нарушающее данный патент

marriage ~s соглашение по имущественным вопросам брака, брачный договор (*регулирующий будущие имущественные отношения супругов*)

non-infringing ~ патентно-чистое изделие, изделие, не нарушающее данный патент

preliminary ~ вводная статья

proprietory ~ патентованное изделие, фирменный продукт

protocol ~ протокольная статья (*в международном договоре*)

punitive ~ статья, устанавливающая уголовную санкцию

shipping [ship's] ~s договор найма в экипаж судна

trademark ~ изделие, защищённое товарным знаком, марочное изделие

Articles:

~ of Confederation «Статьи Конфедерации», договор об образовании конфедерации тринадцати штатов США (*до принятия Конституции США*)

~ of the Navy военно-морской устав

~ of the Union договор об объединении Англии и Шотландии (*1707 г.*)

Thirty-Nine ~ догматы англиканского вероисповедания

articulate изложенный по пунктам ‖ излагать по пунктам

articulately по пунктам

artifice трюк, обман, махинация

artificial 1. искусственный 2. созданный правом (*существующий только в силу юридической презумпции*)

artificially 1. искусственно 2. безупречно с юридико-технической стороны

as ◇ **~ amended** с внесёнными поправками, изменениями; **~ between** в отношениях между ... ; **~ from** начиная с ... ; **~ is** как есть, тель-кель; **~ of** начиная с ... ; на; по состоянию на ... ; **~ of right** по праву, в силу неотъемлемого права; **~ they are** как есть, тель-кель

ascend 1. передаваться по восходящей линии (*о наследственном имуществе*) 2. вступать (*на престол*)

ascendant предок

ascension вступление (*на престол*)

ascent переход (*наследственного имущества*) по восходящей линии

ascertain 1. устанавливать; определять; выяснять; удостоверять 2. индивидуализировать (*вещь, товар*) ◇ **to ~ an invention** выявить изобретение

ascertained 1. выясненный; установленный 2. индивидуализированный (*о вещи, товаре*)

ascertainment 1. установление; определение; выяснение 2. индивидуализация (*о вещи, товаре*)

~ of facts установление фактов

judicial ~ судебное установление (*фактов*)

asexualization стерилизация

ask спрашивать; просить, испрашивать ◇ **to ~ in chief** спросить, задать вопрос *или* заявить ходатайство при проведении главного допроса

asportation унос (*вещи*)

assail нападать ◇ **to ~ credibility of a witness** подвергать сомнению возможность *или* доказывать невозможность доверять свидетелю

assailant 1. нападающий, напавший 2. субъект (*преступного*) нападения

assailed подвергшийся нападению; потерпевший от нападения

assailing нападение

assassin убийца (*по политическим мотивам или по найму*) ◇ **would be ~** потенциальный убийца

assassinate 1. убить вероломным путём 2. убить по политическим мотивам, совершить политическое убийство 3. убить по найму

assassination 1. вероломное убийство 2. убийство по политическим мотивам, политическое убийство 3. убийство по найму

public ~ убийство государственного служащего

assault 1. нападение ‖ совершить нападение 2. словесное оскорбление и угроза физическим насилием *или* покушение на нанесение удара *либо* угроза таковым ◇ **~ and battery** нападение с нанесением удара (*побоев*); **~ attempted without weapon** покушение на нападение без применения оружия; **~**

attempted with weapon покушение на нападение с применением оружия; ~ causing (actual) bodily harm нападение с причинением телесного повреждения; ~ causing grievous bodily harm нападение с причинением тяжкого телесного повреждения; ~ completed with injury нападение, завершившееся причинением телесных повреждений; ~ in concert групповое нападение; ~ related to robbery грабительское *или* разбойное нападение; ~ with intent to murder *см.* murderous assault

aggravated ~ нападение при отягчающих обстоятельствах

common ~ простое (*без отягчающих обстоятельств*) нападение

criminal ~ 1. преступное, уголовно наказуемое нападение 2. преступное посягательство (*изнасилование или покушение на изнасилование*)

felonious ~ нападение с намерением совершить фелонию; нападение, квалифицируемое как фелония

indecent ~ непристойное нападение

malicious ~ нападение со злым умыслом (*совершить другое тяжкое преступление*)

murderous ~ нападение с намерением совершить тяжкое убийство

physical ~ физическое нападение

secret ~ тайное нападение (*из засады*)

simple ~ простое (*без отягчающих обстоятельств*) нападение

sudden [surprise] ~ внезапное нападение

violent ~ насильственное нападение, нападение с применением насилия

assaulter 1. напавший 2. субъект (*преступного*) нападения

assaultive агрессивный

assaultiveness агрессивность

assay проба металлов

annual ~ ежегодное официальное тестирование находящихся в обращении золотых и серебряных монет

assemblage 1. собрание; группа 2. скопление; сборище

assemble 1. созывать 2. собирать(ся)

assembly 1. собрание; ассамблея 2. законодательное собрание; нижняя палата (*в некоторых штатах США*) 3. сборище

constituent ~ учредительное собрание

deliberative ~ собрание с правами совещательного органа

full ~ собрание (*законодательное*) в полном составе

judicial ~ судейская коллегия

legislative ~ законодательное собрание, легислатура

mutinous ~ мятежное сборище

parliamentary ~ парламент

rebellion ~ мятежное сборище

riotous ~ сборище, чреватое беспорядками *или* учиняющее беспорядки

state ~ законодательное собрание штата

tumultous ~ буйное сборище

unlawful ~ незаконное сборище

Assembly ◇ ~ General высший церковный суд; General ~ Генеральная Ассамблея (*Организации Объединённых Наций; употребляется также как наименование законодательного органа в некоторых штатах США*)

assent 1. согласие; соизволение || соглашаться; изъявлять согласие; соизволять 2. разрешение; санкция || разрешать; санкционировать 3. одобрение || одобрять ◇ ~ requisite согласие стороны как обязательное условие действительности договора

constructive ~ презюмируемое согласие

mutual ~ обоюдное согласие, совпадение намерений сторон

Royal ~ королевская санкция (*принятого парламентом закона*)

assert 1. утверждать 2. заявлять, отстаивать, защищать, доказывать (*права*) 3. притязать ◇ to ~ innocence заявить о невиновности

assertion 1. утверждение 2. заявление, отстаивание, защита (*прав*) 3. притязание

~ of right правопритязание

forcible ~ of (private) right насильственное правопритязание; самоуправство

naked ~ голословное утверждение

out-of-court ~ внесудебное заявление, утверждение

post-testamentary ~ правопритязание, заявленное после составления завещания

testimonial ~ утверждение свидетеля при даче им показаний

assess 1. определять; оценивать 2. облагать (*налогом*) ◇ to ~ compensation определить размеры компенсации; to ~ damages определить сумму денежного возмещения; to ~ in damages присудить к возмещению убытков

assessable подлежащий обложению (*налогом*)

assessment 1. оценка, определение 2. обложение (*налогом*); сумма налогового обложения, налог, сбор 3. *амер.* требование об уплате взноса за акции 4. распределение убытков по общей аварии ◇ ~ for a tax сумма налогового обложения

~ of compensation определение размера компенсации

local ~ местный налог, местный сбор

special ~ специальный налог, специальный сбор

tax ~ налоговое обложение

assessor 1. налоговый чиновник 2. эксперт-консультант суда 3. заседатель, асессор

claim ~ эксперт по оценке истинной суммы заявляемых исков

asset 1. имущество 2. имущество несостоятельного должника 3. наследственная имущественная масса 4. средства, авуары, активы 5. статья закона ◇ ~s per descent часть наследства, достаточная для покрытия долгов по документам за печатью

bankruptcy ~s конкурсная масса

equitable ~s часть наследства, из которой

49

может быть произведено взыскание по долгам в рамках права справедливости

intangible ~s нематериальные ценности (*напр. патенты, репутация фирмы*)

legal ~s часть наследства, из которой может быть произведено взыскание по долгам в рамках общего права

legitimate ~s активы законного происхождения

matrimonial ~s имущество, нажитое в браке

personal ~s движимое имущество и денежные средства, поступающие к куратору конкурсного производства *или* администратору наследства

real ~s недвижимое имущество

tangible ~s материальное, осязаемое имущество, имущество в вещах

asseveration торжественное заявление (*вместо присяги*)

assign 1. правопреемник, цессионарий || передавать; переуступать; цедировать; отчуждать 2. ассигновать; предназначать 3. устанавливать, определять (*срок*) 4. давать (*задание*) 5. назначать (*на должность, для исполнения обязанностей*) 6. указывать; отмечать 7. возлагать (*обязанности, функции*) 8. вменять в вину ◇ to ~ guilt возлагать вину; to ~ perjury инкриминировать лжесвидетельство

assignable могущий быть переданным, переуступленным, цедированным

assignation *см.* assignment

assignee 1. правопреемник; цессионарий 2. уполномоченный; агент; назначенное лицо ◇ ~ in bankruptcy управляющий конкурсной массой
~ of patent правопреемник патентовладельца

assignment 1. передача права; уступка требования; цессия; перевод долга; отчуждение 2. ассигнование; предназначение 3. назначение 4. возложение (*обязанностей, функций, вины*) ◇ ~ for benefit of creditors учреждение доверительной собственности для выплаты долгов всем кредиторам; ~ with preferences учреждение доверительной собственности для выплаты долгов с установлением очерёдности
~ of counsel назначение адвоката
~ of dower установление вдовьей доли в наследстве
~ of errors on appeal заявление о неправильностях в обжалуемом решении (*при подаче апелляции*)
~ of responsibility возложение ответственности
~ of stock переуступка права собственности на акции
absolute ~ полная передача (*права*)
case ~ передача производства по делу
equitable ~ цессия по праву справедливости
general ~ 1. учреждение доверительной собственности для выплаты долгов всем кредиторам 2. цессия всего имущества
legal ~ цессия по общему праву

mesne ~ правопередача через третье лицо

official ~ 1. официальный правопреемник 2. управляющий конкурсной массой

organic ~ штатная должность

preferential ~ учреждение доверительной собственности для выплаты долгов с установлением первоочерёдности

responsible ~ назначение на ответственную должность

voluntary ~ добровольное учреждение доверительной собственности для выплаты долгов кредиторам

assignor лицо, совершающее передачу (*вещи, права*); цедент

assise *см.* assize

assist помогать, содействовать; способствовать; пособничать ◇ to ~ in the commission of a crime содействовать совершению преступления

assistance помощь, содействие
counselling ~ помощь консультациями
judicial ~ судебная помощь
legal ~ юридическая [правовая] помощь
national ~ 1. государственная помощь 2. *амер.* федеральная помощь
old-age ~ пособие престарелым
public ~ 1. государственное вспомоществование 2. общественное призрение
technical ~ техническая помощь

assistant помощник; заместитель
administrative ~ *амер.* помощник начальника по административной части (*в подразделениях национальной гвардии*)
consular ~ помощник консула
legal ~ помощник по правовым вопросам
legislative ~ помощник по вопросам законодательства
staff ~ помощник по кадрам
traffic ~ гражданский помощник дорожной полиции

assize 1. суд присяжных 2. *pl ист.* выездная сессия суда присяжных 3. иск о восстановлении владения недвижимостью 4. судебное разбирательство по иску о восстановлении владения недвижимостью 5. указ, закон, статут, постановление ◇ civil side of ~ *англ.* гражданское отделение выездной сессии Высокого суда правосудия
~ of nuisance иск из ньюснс
maiden ~ сессия уголовного суда, на рассмотрение которой не вынесено уголовных дел

assizer 1. эксперт-консультант суда 2. присяжный

assizor *шотл.* присяжный

associate 1. компаньон, партнёр 2. сообщник, соучастник 3. *ист.* судебный чиновник судов общего права 4. ассоциировать; соединять; присоединять || объединённый, присоединённый 5. объединяться 6. не пользующийся всей полнотой прав, являющийся младшим членом
aftercare ~ уполномоченный по исправитель-

но-воспитательному воздействию на лиц, отбывших лишение свободы

association 1. ассоциация, общество, союз; объединение лиц *(без прав юридического лица)* 2. *амер.* банковская корпорация 3. судебное предписание о привлечении судебного клерка и подчинённых ему должностных лиц к отправлению должностных функций в суде присяжных

bar ~ ассоциация адвокатов *(имеющих право выступать в суде)*

beneficial [beneficiary, benefit] ~ общество взаимопомощи

building and loan ~ жилищно-строительная кооперация

corporate ~ ассоциация [общество] с правами юридического лица

criminal ~ преступное сообщество

federal ~ федеральное объединение

fund ~ общество взаимного страхования

housing ~ жилищно-строительный кооператив

joint stock ~ акционерная компания

loan and fund ~ общество взаимного страхования

state bar ~ адвокатская ассоциация штата *(в США)*

stock ~ акционерная компания

unincorporated ~ неинкорпорированная ассоциация, объединение без прав юридического лица

assoilzie *шотл.* 1. решить дело в пользу ответчика 2. признавать невиновным, оправдывать

assume 1. принимать на себя *(ответственность, обязанность, риск, власть)* 2. допускать, предполагать ◇ to ~ jurisdiction отнести к своей юрисдикциии; to ~ name falsely присвоить ложное имя *(фамилию)*; to ~ sovereignty стать суверенным государством; to ~ the bench принять на себя председательство в суде *(данного состава)*

assumpsit 1. устное *или* не скреплённое печатью письменное обязательство; простой договор 2. иск об убытках из неисполнения простого договора *(договора, не облечённого в форму документа за печатью)*

~ of debt подтверждение, признание долга

common ~ иск об убытках из неисполнения подразумеваемого обязательства

express ~ положительно выраженное обязательство

general ~ иск об убытках из неисполнения подразумеваемого обязательства

special ~ 1. иск об убытках из нарушения положительно выраженного обязательства 2. иск из квазидоговора

assumption 1. принятие на себя *(ответственности, обязанности, риска, власти)* 2. допущение, предположение, презумпция

~ of innocence презумпция невиновности

assurance 1. заверение, уверение 2. гарантия 3. уверенность, убеждённость 4. страхование

(гл. обр. жизни) 5. документ о передаче прав на недвижимость

~ of regret выражение сожаления

life ~ страхование жизни

whole life ~ страхование на случай смерти

assure 1. заверять, уверять 2. гарантировать, обеспечивать 3. страховать

assured 1. страхователь 2. выгодоприобретатель по полису

assurer страховщик

astipulation 1. взаимное согласие сторон 2. свидетельство, доказательство, запись

asylum 1. убежище 2. приют 3. больница *(психиатрическая)* ◇ ~ for criminal lunatics лечебница для душевнобольных преступников

diplomatic ~ дипломатическое убежище, убежище в здании дипломатического представительства

legation ~ убежище в здании дипломатического представительства

lunatic ~ психиатрическая больница

military ~ приют для детей военнослужащих

political ~ политическое убежище

provisional ~ временное убежище

at and from «в и от», условие о покрытии риска как до отхода судна из порта, так и во время нахождения судна в пути

at large 1. не ограниченный определённым районом *или* вопросом 2. незапрещённый 3. являющийся предметом дискуссии, спора 4. находящийся на свободе, не в месте заключения 5. полностью, в деталях, подробно

atone 1. возмещать; компенсировать 2. искупать *(вину)*

atrocious жестокий, зверский

atrocity жестокость, зверство ◇ to commit ~ совершить злодеяние

attach 1. скреплять *(печатью)*; ставить *(подпись)* 2. прилагать *(к документу)* 3. относиться, распространяться, наступать, быть действительным, иметь силу, вступать в силу *(о праве, обязанности, ответственности)* 4. накладывать арест *(на имущество)* 5. задерживать *(лицо)* 6. прикомандировывать, придавать, назначать 7. придавать *(значение)*

attaché *фр.* атташе посольства, миссии

air ~ военно-воздушный атташе, авиационный атташе

commercial ~ торговый атташе

cultural ~ атташе по культурным вопросам

military ~ военный атташе

naval ~ военно-морской атташе

press ~ пресс-атташе

attached:

securely ~ надёжно охраняемый *(задержанный)*

attachment 1. скрепление *(печатью, подписью)* 2. наступление *(ответственности, риска, обязанности и т.д.)* 3. заключение под стражу 4. наложение ареста на имущество; судебный приказ о наложении ареста на имущество 5. привод в суд 6. прикомандирование; придание; назначение 7. изъятие (*имущества*)

~ of insurance наступление момента, начиная с которого имущество находится на риске страховщика (*т.е. покрыто страхованием*)

~ of risk *см.* attachment of insurance

ancillary ~ дополнительное обеспечение иска

domestic ~ 1. наложение ареста на имущество лица, находящегося в пределах юрисдикции суда 2. приказ шерифу о доставке в суд лица, находящегося в пределах юрисдикции суда

foreign ~ 1. наложение ареста на имущество лица, находящегося вне территориальной сферы юрисдикции суда 2. наложение ареста на имущество должника у третьего лица *или* на суммы, причитающиеся должнику с третьего лица 3. наложение ареста на имущество иностранца

precautionary ~ предупредительный арест; наложение ареста в порядке обеспечения иска

attack 1. нападение ‖ нападать 2. оспаривание ‖ оспаривать ◇ to ~ admission порочить, пытаться опровергнуть сделанное признание факта по делу; to ~ confession порочить, пытаться опровергнуть сделанное подсудимым признание своей вины

collateral ~ косвенное оспаривание судебного решения (*путём дополнительного иска*)

criminal ~ преступное нападение

inutility ~ оспаривание (*патента*) по мотиву отсутствия полезности изобретения

surprise ~ внезапное нападение

attackable *пат.* уязвимый, могущий быть оспоренным

attain достигать

attainable достижимый

properly ~ достижимый с помощью надлежащих средств

attainder *англ. ист.* лишение прав состояния с конфискацией имущества по приговору к смертной казни *или* в силу объявления вне закона

~ of felony лишение прав состояния с конфискацией имущества по приговору к смертной казни за фелонию *или* в силу объявления вне закона за фелонию

~ of treason лишение прав состояния с конфискацией имущества по приговору к смертной казни за государственную измену *или* в силу объявления вне закона за государственную измену

attainment 1. достижение 2. *см.* attainder

~ of majority достижение совершеннолетия

attaint *англ. ист.* 1. судебный приказ об отмене вынесенного вердикта за неправосудностью *или* о расследовании на предмет определения правосудности вынесенного вердикта 2. лишить прав состояния и конфисковать имущество по приговору к смертной казни *или* в силу объявления вне закона ‖ лишённый прав состояния с конфискацией имуще-

ства по приговору к смертной казни *или* в силу объявления вне закона 3. уличить в совершении преступления ◇ to ~ a juror опровергнуть обвинение в составлении заведомо ложного вердикта заявлением, что присяжный ранее был уже лишён за это прав состояния с конфискацией имущества вследствие приговора к смертной казни *или* объявления вне закона

autrefois ~ *англ. ист.* 1. ранее лишённый прав состояния с конфискацией имущества по приговору к смертной казни *или* в силу объявления вне закона 2. запрет на этом основании признавать виновным в совершении вменённого по делу преступления лицо, осуждённое и отбывающее срок тюремного заключения

attainted *англ. ист.* лицо, лишённое прав состояния с конфискацией имущества по приговору к смертной казни *или* в силу объявления вне закона

attempt покушение (*на преступление*) ‖ покушаться (*на совершение преступления*) ◇ ~ at legal suicide покушение на самоубийство по закону (*путём ложного признания в совершении преступления, караемого по закону смертной казнью*); grading of criminal ~ различение степеней покушения на преступление (*по вероятности наступления общественно-опасных последствий*); ~ not completed неоконченное покушение; ~ to commit a crime покушение на совершение преступления; unequivocal appearance of ~ явно выраженное покушение

assassination ~ 1. покушение на убийство по политическим мотивам *или* по найму 2. покушение на террористический акт

completed ~ оконченное покушение

criminal ~ покушение на преступление

felonious ~ покушение на фелонию

incompleted ~ неоконченное покушение

malicious ~ покушение со злым умыслом

murderous ~ покушение на совершение тяжкого убийства

attendance явка; присутствие

~ of witness явка свидетеля (*в суд*)

compulsory ~ принудительная явка (*в суд*); принудительное посещение (*исправительного учреждения*)

voluntary ~ добровольная явка (*в суд*); добровольное посещение (*исправительного учреждения*)

attendant присутствующий (*в суде*)

attentat(e) 1. аттентат, покушение на убийство политического деятеля 2. внесение *или* попытка внесения судьёй, вынесшего решение, неправомерных изменений *или* добавлений в дело, подлежащее апелляционному рассмотрению

attenuate смягчать (*вину*)

attenuation смягчение (*вины*)

attest удостоверять, свидетельствовать, подтверждать, заверять

attestant лицо, удостоверяющее *что-л.*; свидетельствующий

attestation 1. удостоверение, засвидетельствование *(документа, подписи)* 2. подтверждение; свидетельское показание 3. засвидетельствованные показания *(часть материалов коронерского следствия)*
~ of witness удостоверение свидетельским показанием
notarial ~ нотариальное засвидетельствование

attestor свидетель; лицо, удостоверяющее *что-л.*

attorn 1. поручать; доверять 2. признавать нового собственника недвижимости в качестве арендодателя; передавать аренду вместе с недвижимостью

attorney 1. атторней, уполномоченный, управомоченный, доверенный 2. поверенный *(в суде)*; юрист, адвокат 3. прокурор ◇ ~ appearing for the presentation of evidence атторней, выступающий перед судом с доказательствами; ~ at large адвокат с правом выступления в любом суде; ~ at law адвокат; ~ at record адвокат по делу, чьё имя занесено в судебный протокол; by ~ по доверенности; через ~ доверенного; ~ for the Commonwealth атторней штата *(в некоторых штатах)*; ~ for the defence *см.* defence attorney; ~ for the government 1. адвокат государства 2. атторней обвинения, обвинитель; ~ for the People атторней штата *(в некоторых штатах)*; ~ for the prosecution атторней обвинения, обвинитель; ~ for the state атторней штата; ~ for the United States федеральный атторней; ~ general of the State генеральный атторней штата; ~ in fact лицо, действующее в суде по доверенности *(не являющееся адвокатом)*; ~ special адвокат с правом выступления в определённом суде; to obtain an ~ получить адвоката
arranged ~ адвокат по соглашению
assistant ~ помощник атторнея
circuit ~ *амер.* атторней федерального округа
county ~ 1. окружной атторней *(в США)* 2. атторней графства *(в Великобритании)*
court-appointed ~ адвокат по назначению суда
defence ~ атторней защиты; адвокат, защитник
deputy ~ заместитель атторнея
district ~ *амер.* районный атторней
general practice ~ адвокат, занимающийся общей практикой
government ~ государственный атторней
investigating ~ *амер.* атторней, производящий расследование
patent ~ адвокат, ведущий патентные дела
pettifogging ~ адвокат-сутяга
plaintiff's ~ адвокат истца
private ~ лицо, действующее по доверенности, поверенный; частный атторней
prosecuting ~ атторней обвинения, обвинитель

public ~ 1. поверенный *(в суде)*, адвокат 2. государственный атторней
state('s) ~ атторней штата
trial ~ адвокат с правом выступления в судах
United States ~ федеральный атторней

attorney-accountant поверенный-бухгалтер

Attorney-General Генеральный атторней *(англ. приблизительно соответствует Генеральному прокурору; амер. Министр юстиции)*

attorney-scrivener атторней, подготавливающий юридические документы; стряпчий

attorneyship положение поверенного *или* адвоката

attornment 1. признание арендатором нового собственника недвижимости в качестве арендодателя 2. передача аренды вместе с недвижимостью

attribute 1. свойство; характерная черта, атрибут 2. *pl* внешнее оформление товара 3. производить атрибуцию

attribution 1. компетенция; власть 2. атрибуция

auction публичная продажа, аукцион ‖ продавать с аукциона ◇ ~ without reserve аукцион без резервированной цены, аукцион по достижимой цене
Dutch ~ «голландский аукцион» *(публичная продажа, при которой аукционист называет завышенную цену, постепенно снижая её до тех пор, пока не найдётся покупатель)*
mock ~ 1. фиктивный аукцион 2. мошеннический аукцион
public ~ публичные торги

auctioneer 1. аукционист 2. продавать с аукциона

audience 1. аудиенция 2. слушание дела в суде
~ of leave аудиенция в связи с отъездом, прощальная аудиенция
farewell ~ *см.* audience of leave

audit проверка *или* ревизия отчётности ‖ проверять *или* ревизовать отчётность
external ~ внешняя ревизия, проверка извне приглашённым аудитором
internal ~ внутренняя ревизия, контроль учёта собственным аппаратом предприятия
punitive ~ проверка отчётности с целью наложения взыскания
tax ~ проверка отчётности для определения размеров налогового обложения

audita querela *лат.* судебный приказ об открытии производства по иску ответчика об устранении последствий вынесенного решения в связи с вновь возникшими обстоятельствами

auditor 1. аудитор, ревизор отчётности 2. судебный чиновник, выводящий итог взаимных расчётов между сторонами по делу

Aula Regia *лат.* королевский суд *(высший суд Англии в первое время после норманского завоевания)*

Aula Regis *см.* Aula Regia

auricular устный

autarchy 1. автаркия 2. автократия

autarky *см.* autarchy

authentic аутентичный, подлинный, достоверный, оригинальный, имеющий силу оригинала

authentically подлинно, достоверно

authenticate удостоверять, (за)свидетельствовать подлинность; устанавливать соответствие оригиналу

authenticated:

   duly ~ удостоверенный надлежащим образом *(документ)*

authentication удостоверение, засвидетельствование подлинности, установление соответствия оригиналу

   ~ of passport визирование паспорта

authenticity аутентичность, подлинность, достоверность

author автор

   attributed ~ предполагаемый автор

   composite ~s коллектив авторов *(каждый из которых является самостоятельным автором части работы)*

   contested ~ спорный автор

   corporate ~ коллективный автор; издательская организация

   joint ~s соавторы

   legal ~ автор работ по праву; юрист-теоретик

   original ~ первый автор *(из коллектива авторов)*

   secondary ~ неосновной автор

authoritarian сторонник авторитарной власти ‖ авторитарный

authoritative 1. властный 2. авторитетный 3. аутентичный

   equally ~ имеющий одинаковую силу

authorit/y 1. власть, полномочие; полнота власти; сфера компетенции 2. орган власти; орган управления 3. источник права; закон; прецедент; судебное решение; документ; авторитетный учебник по праву 4. авторитет; авторитетный специалист; авторитетное утверждение 5. авторитетность 6. доказательство; основание 7. доверенность; полномочие; правомочие; разрешение ◇ **by ~** с разрешения, по полномочию; **~ by estoppel** полномочия агента, неопровержимо презюмируемые на основании поведения принципала; **by ~ law** правомочие по закону; **by ~ of law** властью, в силу закона; **by state ~** властью штата; **by the weight of ~** 1. властью авторитета 2. с учётом убедительности доказательств; **~ conferred by office** власть, полномочия, правомочия по должности; **on ~** на основании; со ссылкой на ... ; **source of ~** источник власти *или* авторитета; **to clothe with ~** облечь властью, полномочиями; **to divest of ~** лишить власти, полномочий, правомочий; **~ to issue warrants** орган власти, полномочный выдавать ордера; **~ to punish** 1. право наказывать 2. юридическое основание для применения наказания; **~ to sign** право подписи; **to vest with ~** предоставить власть, полномочия, правомочия; **under ~ of** в силу, на основании; **without ~** не будучи управомочен; **without due ~** не будучи должным образом

управомочен; **without lawful ~** без законного на то права; **without proper ~** без надлежащего правомочия

   ~ of decision право принимать решения

   ~ of government власть правительства; пределы компетенции правительства

   ~ of law 1. власть права, закона 2. источник права

   absolute ~ абсолютная, неограниченная власть

   actual ~ 1. фактическая власть 2. фактические полномочия *(агента)*

   adjudicating ~ орган, рассматривающий дела и выносящий решения в судебном *или* арбитражном порядке

   adjudicatory ~ 1. право юрисдикции 2. орган, осуществляющий юрисдикцию

   administering ~ управляющая власть, управляющее государство

   administrative ~ административная власть, административный орган, административное полномочие

   apparent ~ разумно предполагаемые по обстоятельствам полномочия *(агента)*

   approving ~ утверждающий орган

   assumed ~ презюмируемое правомочие

   bad ~ неавторитетное мнение; решение по судебному делу, не могущее быть прецедентом

   blanket ~ неограниченные полномочия

   broad discretion ~ 1. право широкого усмотрения 2. орган власти с правом широкого усмотрения

   broad discretion enforcement ~ 1. полномочие на широкое усмотрение при применении норм права 2. орган власти, уполномоченный на широкое усмотрение при применении норм права

   budget ~ бюджетный орган

   case ~ судебный прецедент

   chief executive ~ 1. глава исполнительной власти 2. сфера компетенции главы исполнительной власти

   circuit ~ies окружные власти

   citable ~ источник права, на который можно *или* нужно ссылаться; цитируемый источник права

   city ~ies городские власти

   civil ~ies гражданские власти

   coercive ~ 1. власть принуждения 2. непререкаемый авторитет

   committing ~ орган власти, препровождающий под стражу

   competent ~ 1. компетентная власть 2. надлежащий орган 3. надлежащее правомочие 4. компетентный специалист

   constituted ~ies установленная власть; законные власти

   constitutional ~ 1. конституционный источник 2. конституционный орган 3. конституционное правомочие 4. авторитетный специалист по конституционному праву

   constructive ~ подразумеваемые полномочия

correctional ~ies администрация исправительных учреждений

custom ~ таможенный орган; таможенная администрация

decisive ~ 1. непререкаемый авторитет 2. орган с правом принятия решений

delegated ~ делегированная власть; делегированные полномочия, правомочия

demanding ~ орган власти, требующий выдачи преступника

detaining ~ орган власти, осуществляющий содержание под стражей

direct ~ 1. прямые полномочия, правомочия 2. непосредственный источник права 3. правовая норма, прямо предусматривающая данную ситуацию 4. прямой прецедент

discretion(ary) ~ дискреционная власть, дискреционное полномочие, дискреционное правомочие

discretionary diversion ~ 1. дискреционное полномочие на изъятие из системы уголовного правосудия 2. орган власти с правом изымать лиц из системы уголовного правосудия по своему усмотрению

district ~ies районные, окружные власти

executive ~ исполнительная власть; орган исполнительной власти

express ~ 1. прямые, положительно выраженные правомочия 2. прямо оговорённые полномочия 3. положительно выраженная авторитетная точка зрения 4. прямой прецедент

express legislative ~ правомочие, прямо предоставленное законом

extraditing ~ орган власти, выдающий преступника (иностранному государству)

federal ~ амер. орган федеральной власти; pl федеральные власти

final ~ окончательное судебное решение

forged ~ фальсифицированное полномочие

full ~ полнота власти; полное право; полноправность

general ~ генеральные полномочия, общие полномочия на ведение конкретного дела или предприятия

good ~ авторитетное судебное решение; прецедент

implied ~ подразумеваемое правомочие

incidental ~ полномочия, вытекающие по обстоятельствам из прямо оговорённых полномочий

independent ~ самостоятельный орган

international ~ международный орган

international preliminary examining ~ пат. орган международной предварительной экспертизы

investigating ~ следственный орган

issuing ~ орган власти, издающий приказы, выдающий ордера, разрешения и пр.

judicial ~ 1. судебная власть; судебный орган 2. судебное решение как источник права; судебный прецедент

law enforcement ~ 1. правоприменяющий орган 2. полицейский орган 3. pl полицейские власти

lawful ~ies законные власти

legal ~ 1. источник права; закон; прецедент; труд по юриспруденции 2. судебное решение; правовой документ 3. юридический авторитет, авторитетный специалист по праву 4. юридическая авторитетность 5. судебное доказательство; юридическое основание

legislative ~ 1. законодательная власть; законодательный орган 2. правомочие по закону

licensing ~ разрешительный орган

limited ~ ограниченные полномочия

local ~ местная власть; орган местной власти

managerial ~ 1. управленческий орган 2. управленческие полномочия

military ~ 1. орган военной власти 2. pl военные власти

municipal ~ 1. муниципальная власть 2. муниципальный орган

naked ~ полномочия, предоставленные целиком в интересах принципала

national ~ амер. 1. федеральная власть 2. орган федеральной власти

naval ~ies военно-морские власти

non-constitutional ~ судебное решение, противоречащее конституции

non-statutory ~ источник права, не являющийся законом

older ~ судебное решение по давно или ранее рассмотренному делу

operative ~ источник права (закон, прецедент), не потерявший своего значения

ostensible ~ презюмируемое правомочие

parental ~ родительская власть

parole ~ орган, ведающий условно-досрочным освобождением или условно-досрочно освобождёнными

patent ~ патентный орган; патентное ведомство

penal ~ies тюремные власти

permissive ~ 1. судебный прецедент диспозитивного характера 2. орган, дающий разрешение

persuasive ~ убедительный прецедент

police ~ 1. полицейская власть 2. полицейский орган

policing ~ орган с полицейскими функциями; полицейский орган

political ~ политическая власть; государственная власть

primary ~ источник права первостепенного значения (статут, прецедент); первый по хронологии и значению источник права

public ~ 1. государственная власть; публичная власть 2. орган государственной власти

rating ~ налоговый орган

real ~ действительное правомочие

receiving ~ орган власти, получающий в своё распоряжение выданного преступника

recognized ~ признанный авторитет

regal ~ королевская власть; сфера компетенции королевской власти

regulating [regulatory] ~ регулятивный орган

requisite ~ требуемые, надлежащие полномочия, правомочия
reviewing ~ надзорная инстанция
rural ~ies сельские власти
secondary ~ источник права второстепенного значения (работы учёных-юристов)
signatory ~ 1. право подписи 2. полномочие на подписание
special ~ специальные полномочия, полномочия на заключение определённой сделки
specific ~ конкретное или особое полномочие
spending ~ 1. орган, производящий расходы 2. юридическое основание производства расходов
state ~ 1. государственная власть; государственный орган 2. власть штата или орган власти штата
statutory ~ 1. статут как источник права 2. власть, правомочие, предоставленные законом
supervisory ~ наблюдательный орган, орган надзора
supreme ~ верховная власть
town ~ies городские власти
ultimate ~ of decision право на принятие окончательного решения
universal ~ универсальные, всесторонние полномочия
unlimited ~ неограниченные полномочия
urban ~ies городские власти
vicarious ~ права, основанные на полномочии, доверенности
youth ~ орган по делам молодёжи
authorization 1. предоставление полномочий, правомочий 2. санкция, разрешение 3. решение (конгресса) 4. постановление; инструкция; ордер 5. легализация, узаконение 6. авторизация ◇ ~ by implication подразумеваемое предоставление полномочий; upon ~ of с разрешения кого-л.
~ of agent доверенность на имя поверенного
~ of arppropriation санкция законодательного органа на ассигнования
affirmative ~ положительно выраженное управомочие
blanket ~ общее разрешение
congressional ~ решение конгресса; санкция конгресса
executive ~ разрешение или постановление исполнительной власти
express ~ положительно выраженное предоставление полномочий, правомочий; положительно выраженная санкция
federal ~ амер. разрешение или постановление федеральной власти
implied ~ подразумеваемое предоставление полномочий, правомочий
jurisdictional ~ санкция на юрисдикцию
legislative ~ санкция законодательного органа
open-ended ~ общее разрешение
ostensible ~ презюмируемое предоставление полномочий, правомочий, презюмируемая санкция

private ~ предоставление полномочий, правомочий частного характера или частным лицом
public ~ предоставление полномочий, правомочий публичного характера или государственным органом
statutory ~ предоставление правомочий на основании статута
authorize 1. уполномочивать; управомочивать, давать право 2. санкционировать, разрешать 3. легализовать, узаконить 4. авторизовать
authorized 1. уполномоченный, управомоченный 2. санкционированный; разрешённый 3. легализованный, узаконенный 4. авторизованный ◇ ~ by law управомоченный по закону
affirmatively ~ положительно управомоченный или разрешённый
affirmatively ~ by law управомоченный или разрешённый в силу прямого предписания закона
duly ~ должным образом уполномоченный, снабжённый надлежащими полномочиями
authorship авторство
doubtful ~ сомнительное авторство
personal ~ индивидуальное авторство
autocide самоубийство, совершённое путём намеренно вызванной автомобильной катастрофы
autocracy автократия; неограниченная монархия, самодержавие
autocratic неограниченный; самодержавный
autograph 1. подпись 2. собственноручно написанное; рукопись
autonomous автономный
autonomy автономия
state ~ автономия штата
autonym 1. автоним, настоящие имя и фамилия автора 2. автоним, книга, изданная под настоящей фамилией автора
autopsy аутопсия (паталогоанатомическое или судебно-медицинское вскрытие трупа)
autotheft кража автотранспортного средства, автомобиля ◇ ~ for «joy-riding» угон автомобиля с целью покататься
gang ~ кража автомобиля, совершённая шайкой подростков или гангстерами
auxiliary вспомогательный; дополнительный; сопутствующий; подчинённый
available ◇ legally ~ юридически доступный; ~ to the public пат. доступный для неопределённого круга лиц
avails выручка, прибыль от продажи
~ of suit имущественный выигрыш в результате судебного процесса
aver 1. утверждать 2. доказывать
average 1. средний || среднее число 2. авария (убытки, причинённые судну, грузу и фрахту) ◇ with (particular) ~ включая частную аварию, с ответственностью за частную аварию
extraordinary ~ долевой взнос по общей аварии, участие в расходах по общей аварии
general [gross] ~ общая авария

partial [particular] ~ частная авария

petty ~ малая авария

simple ~ частная авария

averment 1. утверждение; изложение фактов 2. доказывание

alternative ~s альтернативные утверждения; альтернативные формулировки

immaterial ~ приведение несущественных подробностей

negative ~ непризнание, заявление о непризнание, отрицание *какого-л.* факта

avert предотвращать *(удар, нападение)*

avizandum *лат., шотл.* взвешивание обстоятельств («размышление») судьёй перед вынесением решения

avoid 1. избегать; действовать в обход 2. оспорить; расторгнуть, аннулировать; сделать ничтожным ◇ to ~ an accident избежать несчастного случая; to ~ a patent 1. отменить, аннулировать патент 2. обойти патент; to ~ law обойти закон

avoidance 1. обход, действие в обход *(напр. законное избежание налога в отличие от противозаконного уклонения от налога)* 2. оспаривание; расторжение; аннулирование; лишение юридической силы 3. оспаривание юридической силы доводов противной стороны

~ of law обход закона

tax ~ уход от налогового обложения

avouch 1. заявлять, утверждать 2. признавать; свидетельствовать 3. гарантировать, ручаться

avow 1. признать; открыто заявить; подтвердить, признать факт; оправдывать *(действие)* 2. торжественно заявить, декларировать

avowal 1. прямое утверждение *или* заявление; открытое признание факта *(с одновременным оправданием его)* 2. декларирование 3. формальное представление доказательств в изъятие из постановления суда об исключении доказательств как недопустимых *или* о признании свидетеля ненадлежащим

avowant 1. лицо, открыто признающееся в совершении действия и оправдывающее его совершение 2. лицо, формально представляющее доказательства в изъятие из постановления суда об исключении доказательств как недопустимых *или* о признании свидетеля ненадлежащим

avowed 1. открыто признанный 2. декларированный

avowedly прямо, открыто, гласно

avowee адвокат, представляющий интересы церковного прихода

avowry *см.* avowal

avowterer участник прелюбодеяния

avowtry нарушение супружеской верности, прелюбодеяние

avulsion 1. отрыв суши, авульсия 2. участок суши, оторванный движением вод

award 1. решение ‖ выносить решение 2. присуждение ‖ присуждать 3. награда ‖ награждать 4. выдавать заказ ◇ to ~ a contract заключить договор *(в результате проведения торгов)*; to ~ a judg(e)ment вынести судебное решение; to ~ allowance присудить сумму выплаты; to ~ a punishment назначить наказание; to ~ a sentence вынести приговор; to ~ costs присуждать судебные издержки; to ~ tales пополнить жюри запасными присяжными

~ of alimony присуждение алиментов

alternative ~ альтернативное решение

arbitral [arbitration] ~ арбитражное решение

judicial ~ судебное решение

jury ~ решение присяжных

personal-injury ~ присуждение компенсации за причинение личного вреда

protective ~ определение суда о выплате уволенному работнику заработной платы в течение определённого времени *(в случае нарушения установленного порядка увольнения)*

awarder третейский судья

awareness 1. знание, осведомлённость 2. сознание; понимание; отчёт в собственных действиях

legal ~ правосознание

ay(e) голос «за»

B

Bachelor of Law бакалавр прав, бакалавр юридических наук

back 1. индоссировать; поставить подпись на обороте документа 2. завизировать 3. подкрепить доказательствами

backbond 1. обязательство-обеспечение, выдаваемое поручителю 2. *шотл.* документ, излагающий ограничения, условия *или* оговорки при передаче правового титула

background:

~ of invention 1. предпосылки к созданию изобретения, исходная ситуация 2. область применения изобретения

factual ~ обстоятельства дела

violent ~ совершение в прошлом актов насилия, насильственных преступлений

backhander *разг.* взятка

backing 1. индоссирование 2. визирование 3. подкрепление доказательствами

backsheesh магарыч, взятка

backshish *см.* backsheesh

bad 1. плохой, дурной, упречный 2. неправильный; ненадлежащий; юридически необоснованный 3. *амер. разг.* бандит

badge признак; знак

~ of fraud основание для утверждения наличия обмана

bag *(тж diplomatic bag)* дипломатическая почта, вализа

bag-steal 1. кража чемодана, сумки 2. вор,

специализирующийся на краже чемоданов, сумок

bail 1. поручительство 2. передача на поруки || брать на поруки; передавать на поруки 3. поручитель, поручители 4. залог *(при передаче на поруки)* 5. отдавать *(вещь)* в зависимое держание ◇ ~ **above** поручительство за уплату присуждённой суммы; ~ **absolute** поручительство, ответственность по которому наступает при непредставлении отчётности основным должником; ~ **below** поручительство за явку другой стороны в суд, предварительное поручительство; ~ **by police** передача на поруки полицией; ~ **in error** поручительство в связи с приостановкой исполнения при передаче дела в апелляционную инстанцию; ~ **jumping** бегство от правосудия лица, переданного на поруки; ~ **on attachment** поручительство на случай судебного приказа о приводе в суд; **out on** ~ отпущенный на поруки; **right to** ~ право оставаться на свободе *или* быть выпущенным на свободу под поручительство; **to accept** ~ **for the prisoner** освободить из-под стражи под залог, взять обвиняемого на поруки; **to allow** ~ разрешить взять на поруки; **to become** ~ взять на себя поручительство; **to deny** ~ отказать в поручительстве; **to forget one's** ~ утратить право пребывания на свободе в результате нарушения условия поручительства *(явиться в суд в назначенный срок)*; **to free on** ~ выпустить *(из-под стражи)*, освободить на поруки; **to get** ~ получить поручительство; **to give** ~ дать поручительство, поручиться; **to hold to** ~ оставлять на свободе под залог на поруки; **to jump** ~ бежать, скрыться от правосудия, будучи отпущенным под залог; **to let to** ~ выпустить на поруки; **to make** ~ выдать поручительство, поручиться; **to** ~ **on appeal** передать *или* взять на поруки по апелляции; **to** ~ **on certiorari** передать на поруки по приказу об истребовании дела *(из производства нижестоящего суда в вышестоящий суд)*; **to** ~ **pending trial** передать *или* взять на поруки в ожидании судебного рассмотрения дела; **to save** ~ выполнить условие поручительства *(явиться в суд в назначенный срок)*; **to stand** ~ находиться под поручительством; **to surrender to one's** ~ выполнить условие поручительства *(явиться в суд в назначенный срок)*; ~ **to the action** поручительство за уплату присуждённой суммы; ~ **to the sheriff** поручительство за явку ответной стороны в суд; **to waive** ~ отказаться от поручительства

additional ~ дополнительное поручительство

civil ~ поручительство в гражданском процессе

common ~ поручительство за явку в суд

criminal ~ поручительство в уголовном процессе

excessive ~ чрезмерная сумма залога

fresh ~ новое поручительство

lower ~ меньший по сумме залог

special ~ поручительство за уплату присуждённой суммы

straw ~ ненадёжное, «липовое» поручительство

sufficient ~ поручительство в сумме, обеспечивающей явку *(обвиняемого)*

bailable допускающий передачу на поруки, подлежащий передаче на поруки

bailed 1. отданный в зависимое держание, переданный и подлежащий возврату *(о вещи)* 2. переданный, взятый на поруки *(о лице)* ◇ ~ **for trial** освобождённый под поручительство в ожидании судебного рассмотрения дела; ~ **out of prison** выпущенный из тюрьмы на поруки

bailee зависимый держатель, лицо, осуществляющее зависимое держание; поклажеприниматель; депозитарий; хранитель; ссудополучатель; арендатор; залогополучатель; мандатарий ◇ ~ **for hire** должник по договору имущественного найма

bailie *шотл.* 1. бальи, городской судья 2. бейлиф, судебный пристав

bailiff 1. бейлиф, судебный пристав, заместитель шерифа 2. бейлиф *(почётное звание некоторых судей)* 3. управляющий делами, управляющий имением; попечитель

high ~ судебный пристав *(в английском суде графства)*

special ~ заместитель шерифа *(назначенный по ходатайству стороны для специальной цели)*

bailiff-errant заместитель бейлифа

bailiwick 1. округ бейлифа 2. юрисдикция бейлифа 3. должность бейлифа

bailment зависимое держание; передача вещи в зависимое держание; хранение; ссуда; аренда; залог; подряд; мандат, поручение ◇ ~ **for hire** имущественный наём, договор имущественного найма

constructive ~ зависимое держание, не основанное на договоре; зависимое держание в силу закона

involuntary ~ зависимое держание, не основанное на договоре

lucrative ~ возмездное зависимое держание

naked ~ безвозмездное зависимое держание

bailor лицо, отдающее вещь в зависимое держание; поклажедатель; депонент; ссудодатель; арендодатель; залогодатель; кредитор по договору поручения

bail-piece поручительство *(документ)*

bailsman поручитель *(за арестованного)*

balance 1. баланс; равновесие 2. сальдо 3. счёт в банке 4. остаток, остальная часть

~ **of mind** нормальное состояние рассудка

~ **of the unexpired term** оставшийся срок

ballot 1. баллотировочный шар; избирательный бюллетень 2. баллотировка; выборы; голосование || голосовать 3. общее количество поданных голосов 4. жеребьёвка || тянуть жребий ◇ ~ **for a list** голосование списком; ~ **for a single candidate** голосование отдельной кандидатуры absentee ~ 1. заочное голосование 2. бюллетень для заочного голосования

blanket ~ голосование списком

chain ~ «голосование по цепочке» *(вид злоупотребления на выборах)*

joint ~ совместное голосование обеих палат

mutilated ~ испорченный избирательный бюллетень

non-partisan ~ выборы, на которых не выставляются партийные кандидатуры

partisan ~ выборы, на которых кандидаты выдвигаются от партий

postal ~ голосование по почте

presidential short ~ поражение на президентских выборах

second ~ перебаллотировка

secret ~ тайное голосование

short ~ поражение на выборах

single ~ выборы в один тур

successive ~s выборы в несколько туров

ban 1. запрещение; запрет ‖ запрещать 2. церковное проклятие, анафема, отлучение ‖ предавать проклятию, анафеме, отлучать 3. прокламация; публичное извещение 4. статут, эдикт, приказ 5. штраф, взыскание, наказание 6. пользующаяся привилегией территория *(вокруг монастыря, города)*

~ of the rule запрет, налагаемый нормой права

driving ~ лишение водительских прав

occupational ~ запрещение определённого рода деятельности, запрещение заниматься определённой профессией

police ~ полицейский запрет

test ~ запрещение испытаний *(ядерного оружия)*

banc 1. судейская скамья 2. полный состав суда ◇ in ~ в полном составе *(о суде)*

Bancus Reginae *лат.* суд королевской скамьи

Bancus Superior *лат.* «верхняя скамья» *(название суда королевской скамьи в период Английской республики)*

bandit 1. *ист.* лицо, объявленное вне закона 2. бандит; разбойник

motor ~ бандит, использующий автомашину для совершения преступлений

payroll [wages] ~ бандит, грабящий инкассаторов, перевозящих зарплату

banditry бандитизм; разбой

maritime ~ морской разбой, пиратство

banish изгонять, высылать *(из страны)*

bank 1. банк 2. судейская скамья 3. суд; полный состав суда ◇ in ~ в полном составе

~ of deposit депозитный банк

~ of discount учётный банк

~ of issue эмиссионный банк

commercial ~ коммерческий банк

credit ~ банк взаимного кредита

investment ~ инвестиционный банк

joint-stock ~ акционерный банк

land ~ земельный банк

mortgage ~ ипотечный банк

mutual savings ~ взаимно-сберегательный банк

private ~ банк, не зарегистрированный как корпорация

real estate ~ земельный ипотечный банк

savings ~ сберегательный банк, сберегательная касса

trading ~ коммерческий банк

banker 1. банкир; банк 2. крупье *(в азартных играх)*

banknote кредитный билет; банковский билет; банкнота

bankrupt банкрот, несостоятельный должник ‖ сделать банкротом ‖ обанкротившийся, несостоятельный, неплатёжеспособный ◇ to go ~ обанкротиться

adjudged [cerificated] ~ лицо, объявленное банкротом по суду

cessionary ~ банкрот, передавший имущество для раздела между кредиторами

discharged ~ освобождённый от долгов несостоятельный должник, восстановленный в правах банкрот

fraudulent ~ злостный банкрот

involuntary ~ должник, объявленный несостоятельным по требованию его кредиторов

uncertificated [undischarged] ~ не восстановленный в правах банкрот

voluntary ~ должник, объявленный несостоятельным по его собственному заявлению

bankruptcy банкротство, несостоятельность

fraudulent ~ злостное банкротство

involuntary ~ несостоятельность, возбуждение дела о которой производится кредиторами

voluntary ~ несостоятельность, возбуждение дела о которой производится самим должником

banns (of matrimony) оглашение предстоящего бракосочетания

baptism *церк.* крещение

conformist ~ крещение по обряду господствующей церкви

nonconformist ~ крещение не по обряду господствующей церкви

bar 1. барьер, за которым находится суд *или* подсудимый; часть судебного помещения, находящаяся за барьером 2. барьер в палате общин *(до которого допускаются лица, приглашённые в палату)*; решётка в палате лордов *(за которую пропускаются только члены палаты)* 3. *pl* тюремная решётка 4. суд в полном составе; судебное присутствие 5. адвокатура, коллегия адвокатов; *англ.* барристеры *(адвокаты с правом выступать в судах)*; *англ.* профессия барристера 6. прекращающий *или* аннулирующий фактор 7. правовое препятствие; правовой запрет 8. возражение ответчика, являющееся достаточной защитой против иска 9. пресекать, препятствовать, преграждать; прекращать; исключать; запрещать; погашать; покрывать давностью; аннулировать; отменять ◇ ~ and bench адвокаты и судьи; at ~ находящийся в суде, на рассмотрении суда; to call to the ~ *англ.* принять в коллегию барристеров; присвоить звание барристера; to ~ civil proceedings препятствовать возбуждению *или* ведению гражданского судопроизводства; to ~ criminal proceedings препятствовать возбуждению *или* ведению уголовного преследования; to ~ entail снимать с недвижимости ограничение круга наследников и права отчуждения; to ~ evidence препятствовать допущению в качестве доказательства; ~ to indictment препятствие для обвинения по обвинительному акту; to keep behind ~s содержать в тюрьме; ~ to novelty препятствие *(к выдаче патента)* по новизне; to ~ proceedings препятствовать возбуждению *или* ведению судопроизводства *или* судебного преследования; to ~ prosecution препятствовать возбуждению *или* ведению уголовного преследования; to put behind ~s заключить в тюрьму

~ of execution (правовое) препятствие к исполнению судебного решения *или* приговора

~ of the court адвокаты, допущенные к выступлениям в данном суде

absolute ~ абсолютное запрещение

colour ~ «цветной барьер», расовая дискриминация

criminal ~ 1. уголовный суд 2. адвокаты-криминалисты

local ~ местная коллегия адвокатов

outer ~ *англ.* «внешний барьер» *(место, с которого выступают в суде барристеры ниже ранга королевского адвоката)*

patent ~ 1. коллегия патентных поверенных 2. обстоятельство, препятствующее выдаче патента

prison ~ тюремная решётка

state ~ адвокатура штата

statutory ~ законное препятствие, законодательный запрет

utter ~ *см.* outer bar

bargain 1. сделка, соглашение, договор ‖ заключать сделку; уславливаться; договариваться; вести переговоры 2. выгодная сделка ◇ ~ and sale договор купли-продажи

corrupt ~ бесчестная сделка

criminal ~ преступная сделка

plea ~ *амер.* сделка о признании вины *(в наименее тяжком из вменяемых обвинением преступлений)*

time ~ сделка на срок, срочная сделка

bargainee покупатель

bargaining переговоры

collective ~ переговоры о заключении коллективного договора *(между предпринимателями и профсоюзами)*

plea ~ переговоры о заключении сделки о признании вины *(в наименее тяжком из вменяемых обвинением преступлений)*

sole ~ переговоры о заключении индивидуального трудового соглашения *(между предпринимателем и нанимающимся на работу)*

bargainor продавец

baron 1. барон *(низший дворянский титул в Великобритании)* 2. судья суда казначейства ◇ ~ et feme муж и жена

~ of the exchequer судья суда казначейства

chief ~ главный судья суда казначейства

robber ~ *англ. ист.* барон-разбойник *(феодал, разбойничавший на дорогах)*

barrator 1. совершающий баратрию, субъект баратрии 2. сутяга, кляузник 3. *шотл.* судья-взяточник 4. *разг.* подпольный адвокат

common ~ сутяга *(субъект сутяжничества по общему праву)*

barratrous носящий характер баратрии; квалифицируемый как баратрия

barratry 1. баратрия *(намеренные действия капитана или команды, причиняющие ущерб судну или грузу)* 2. сутяжничество, злонамеренное безосновательное возбуждение споров и судебных дел 3. *шотл.* принятие взятки судьёй; вынесение несправедливого решения, приговора подкупленным судьёй 4. *амер.* грубая неосторожность

common ~ сутяжничество по общему праву

barred погашенный исковой давностью

barrister *англ.* барристер *(адвокат, имеющий право выступать в высших судах)* ◇ ~ at law *см.* barrister

chamber ~ барристер, не выступающий в суде

consulting ~ адвокат-консультант

inner ~ старший барристер *(выступающий «внутри барьера»)*

junior ~ 1. барристер ниже ранга королевского адвоката 2. младший из двух адвокатов одной стороны

outer ~ младший барристер *(ниже ранга королевского адвоката, выступает «вне барьера»)*

revising ~ барристер-уполномоченный по проверке избирательных списков

utter ~ *см.* outer barrister

barristerial барристерский

barrot ссориться; учинять драку

barter договор мены, товарообменная сделка ‖ заключать договор мены

base 1. основа, основание ‖ обосновывать, основывать 2. база ‖ базисный, исходный 3. низменный *(напр. о мотивах)* 4. принудительный; рабский; крепостной 5. неполноценный

baseless необоснованный

baseline исходная, базисная линия *(при отсчёте ширины территориальных вод)*

straight ~ прямая базисная линия

basis основа, основание, базис ◇ on a case-by-case ~ дифференцированно, в зависимости от конкретного случая; on an on-going ~ постоянно; on a «pay me when you can» ~ на условиях оплаты при наличии возможности; on parity ~ на паритетной основе

accrual ~ лежащая в основе налоговой декларации сумма дохода к моменту возникновения права на доход

bastard незаконнорождённый, внебрачный ребёнок

adulterine [adulterous] ~ внебрачный ребёнок замужней женщины

special ~ ребёнок, родившийся до заключения брака между родителями

bastardization 1. объявление незаконнорождённым в судебном порядке 2. представление доказательств незаконнорождённости 3. производство на свет незаконнорождённого ребёнка

bastardize 1. объявить в судебном порядке незаконнорождённым 2. представить доказательства незаконнорождённости 3. произвести на свет незаконнорождённого ребёнка

bastardy 1. незаконнорождённость 2. рождение внебрачного ребёнка

battel судебный поединок

battery нанесение удара; нанесение побоев, избиение

battle см. battel

bay залив

historic ~ исторический залив

juridical ~ залив в юридическом смысле

territorial ~ территориальный залив

beadle 1. курьер при суде, судебный посыльный 2. церковный староста

bear 1. перевозить 2. нести на себе 3. терпеть; допускать; разрешать 4. рождать; приносить плоды 5. нести (напр. расходы) 6. давать (показания) ◇ not to ~ examination быть совершенно необоснованным; to ~ arms 1. носить оружие; перен. служить в армии 2. носить [иметь] герб; to ~ date иметь дату, быть датированным (о документе); to ~ evidence свидетельствовать, давать свидетельские показания; to ~ expenses нести расходы; to ~ false witness лжесвидетельствовать, давать ложные свидетельские показания; to ~ interest приносить проценты; to ~ interpretation допускать толкование; to ~ on касаться, иметь отношение; to ~ out подтверждать; поддерживать; to ~ out a statement поддержать заявление; to ~ testimony см. to bear evidence; to ~ the burden нести бремя, иметь обременение; to ~ witness см. to bear evidence

bearer податель, предъявитель, владелец документа ◇ to ~ на предъявителя

~ of dispatches посыльный

tax ~ налогоплательщик

beat 1. район (основное подразделение округа в ряде южных штатов США) 2. избирательный участок 3. участок полицейского патрулирования 4. бить, избивать, наносить побои

beating избиение

severe ~ жестокое избиение

bed 1. брачные права и обязанности 2. ночлег

before-mentioned вышеупомянутый

behalf 1. помощь; защита; поддержка 2. интерес, выгода, польза ◇ for and on ~ of за и от имени кого-л.; in ~ of для, ради, в пользу, в интересах кого-л.; in this ~ 1. в этом отношении 2. по этому вопросу; on ~ of за кого-л.; от имени кого-л.

behavio(u)r 1. поведение 2. отношение; обращение ◇ ~ in office поведение, совершение действий по должности, официальное поведение

addictive ~ поведение, обнаруживающее склонность к потреблению наркотиков; потребление наркотиков

arbitrary ~ произвол

bad ~ дурное поведение, упречное поведение, ненадлежащее поведение; неправомерное поведение

bad social ~ антиобщественное поведение

collusive ~ 1. действия, направленные к сговору 2. поведение, обусловленное сговором

criminal ~ преступное поведение

delinquent ~ делинквентное поведение, делинквентность

disorderly ~ нарушение (общественного) порядка

disruptive ~ поведение, нарушающее порядок судебного заседания

evil ~ злостное поведение

felonious ~ преступное поведение, отвечающее признакам фелонии; фелония; совершение фелонии

fraudulent ~ обман

good ~ хорошее, надлежащее поведение; правомерное поведение

illegal ~ противозаконное поведение

indecent ~ непристойное поведение

monopoly ~ монополистическая практика

neglect ~ небрежение; небрежность

official ~ поведение по должности, официальное поведение

police ~ образ действий полиции; полицейская практика

potential criminal ~ потенциально преступное поведение

prohibited [proscribed] ~ запрещённое поведение

reckless ~ опрометчивое, неосторожное поведение

riotous ~ учинение массовых беспорядков

rowdy ~ буйное, хулиганское поведение

violent ~ агрессивное поведение

beheading обезглавливание, отсечение головы

behest ◇ at ~ по распоряжению

belief мнение; убеждение ◇ ~ in good faith and on reasonable grounds добросовестное обоснованное предположение

bona fide ~ добросовестное предположение

fixed ~ предубеждённое мнение

good faith ~ добросовестное предположение

honest and reasonable ~ добросовестное и обоснованное предположение

mistaken ~ ошибочное предположение

wrong ~ заблуждение

believe предполагать ◇ to ~ properly предполагать на основе адекватной оценки (личности, ситуации); to ~ reasonably обоснованно предполагать; to ~ wrongly ошибочно предполагать

believed ◇ ~ on oath скреплённое присягой и

поэтому вызывающее доверие (*показание свидетеля*)

belligerency 1. статус воюющей стороны **2.** состояние войны

belligerent воюющий, воюющая сторона

belongings вещи, имущество, собственность

    personal ~ лично принадлежащие вещи

belt полоса; пояс

    marine [maritime] ~ **1.** морская полоса **2.** территориальные воды

bench 1. скамья; место (*в парламенте*); судейское место **2.** суд, судьи, судебное присутствие, состав суда *или* арбитража; судейское сословие **3.** совокупность епископов **4.** назначать на должность судьи **5.** занимать должность судьи **6.** заседать в качестве судьи ◇ ~ and bar судьи и адвокаты

    differently constituted ~ иной состав суда

    federal ~ федеральный суд (*США*)

    Treasury ~ *англ.* правительственная скамья (*в палате общин*)

Bench:

    Common ~ суд общих тяжб (*в Англии до 1873 г.*)

    High Court ~ *англ.* Высокий суд

    King's ~ **1.** суд королевской скамьи (*до 1873 г.*) **2.** *ист.* тюрьма при суде королевской скамьи

    Queen's ~ **1.** суд королевской скамьи (*до 1873 г.*) **2.** *ист.* тюрьма при суде королевской скамьи

    Supreme ~ **1.** верховный суд (*напр. в штате Мэриленд, США*) **2.** *разг.* Верховный суд США

    Upper ~ Верхняя скамья (*название суда королевской скамьи во время Английской республики 1649-1660 гг.*)

bencher 1. старейшина школы подготовки барристеров **2.** *уст.* судья

Bencher:

    ~ of an Inn *англ.* старейшина школы подготовки барристеров

benefice 1. *ист.* феодальное земельное владение **2.** *церк.* сан священника; доход священника; приход

    ecclesiastical ~ церковный приход

beneficial выгодный

    mutually ~ взаимовыгодный

beneficiary 1. лицо, в интересах которого осуществляется доверительная собственность; бенефициарий; выгодоприобретатель; лицо, извлекающее выгоду; обладатель привилегии *или* льготы **2.** *ист.* владелец бенефиция *или* феода; вассал **3.** священник, стоящий во главе прихода ◇ ~ under the will бенефициарий по завещанию

    designated ~ указанный (*в завещании*) бенефициарий

    insurance ~ выгодоприобретатель по полису

benefit 1. выгода, польза ‖ извлекать пользу; приносить пользу **2.** прибыль; плоды **3.** преимущество; привилегия **4.** материальное пособие ◇ ~ conferred предоставленная, жалованная привилегия

~ of clergy неподсудность духовенства светскому суду (*привилегия духовного звания*)

~ of counsel право обвиняемого на защиту

~ of discussion **1.** право поручителя на погашение долга в первую очередь из имущества основного должника **2.** *шотл. тж* право наследника по завещанию на то, чтобы погашение долгов наследодателя производилось в первую очередь наследниками по закону

~ of division право сопоручителя на разделение ответственности (*пропорционально размеру доли каждого поручителя*)

~ of doubt сомнение в пользу ответной стороны

~ of inventory право наследника на ограничение его ответственности по наследственным долгам стоимостью наследства

~ of priority right *пат.* льготное право приоритета

~ of trial право на судебное рассмотрение дела

accident ~ пособие по несчастному случаю

compassionate ~ вспомоществование

conditional ~ пособие под условием

fringe ~s дополнительные льготы (*пенсии, оплачиваемые отпуска и т.п.*)

health ~ пособие по болезни

invalidity ~ пособие по инвалидности

maternity ~ пособие по беременности и родам

presidential retirement ~s привилегии президента при выходе в отставку

public ~ общественное благо

relief ~ право на пособие

retirement ~ выходное пособие

sick(ness) ~ пособие по болезни

social (insurance) ~ пособие по социальному страхованию

tax ~ налоговая льгота

unemployment ~ пособие по безработице

welfare ~ пособие за счёт благотворительных фондов

bequeath(e) завещать (*движимость*)

bequest завещательный отказ движимости ◇ ~

    in trust доверительный отказ движимости

    executory ~ завещание будущих прав на движимость

    general ~ завещание движимости без указания завещаемых предметов

    residuary ~ завещание движимости, оставшейся после выплаты долгов и завещательных отказов

    specific ~ завещание движимости определённой категории

    substitutional [substitutionary] ~ подназначение наследника

    testamentary ~ завещательный отказ движимости

berthage причальный сбор

bestiality скотоложство

bestow дарить; даровать, жаловать; присваивать (*напр. звание*); предоставлять (*напр. должность*); присуждать ◇ to ~ an office предоставлять должность; to ~ a title жаловать титул; присваивать звание

bestowal дар, награждение; предоставление *(напр. должности)*

bet сделка, заключённая на пари; договор пари || заключать пари

betray предавать, изменять ◇ to ~ trust обмануть доверие

betrayal предательство, измена

betrayer предатель, изменник

betroth подписывать брачный контракт

better держащий пари, сторона в сделке на пари

betting пари; заключение пари

   street ~ заключение пари на улицах *(состав преступления)*

bias 1. пристрастность, предубеждение 2. заинтересованность в исходе дела 3. дискриминация 4. оказывать влияние, давление

   actual ~ реально существующее предубеждение

   job ~ дискриминация в области труда

   police ~ полицейское предубеждение

   political ~ политическая дискриминация

biased пристрастный, предубеждённый

bicameral двухпалатный

bicameralism двухпалатная система

bid предложенная цена *(на аукционе)*; предложение выполнения подряда *или* поставки по определённой цене *(на торгах)* || предлагать цену *(на аукционе)*; принимать участие в торгах

bidder лицо, предлагающее цену *(на аукционе)*; участник торгов

bidding 1. предложение цены *(на аукционе)* 2. торги

   collusive ~ предложение цен на аукционе по предварительному сговору

bigamist двоеженец; двоемужница

bigamy 1. бигамие, двубрачие 2. *уст.* второй брак

bilateral 1. двусторонний 2. синаллагматический *(о договоре, сделке)*

bilk 1. жульничество, обман 2. жулик, мошенник || обманывать, уклоняться от уплаты *(напр. долга)*

bilked потерпевший от жульничества, обмана, мошенничества

bilker жулик, мошенник

bill 1. иск, исковое заявление 2. судебный приказ 3. петиция, просьба, заявление 4. билль, законопроект; закон, акт парламента, законодательный акт 5. список; изложение пунктов 6. обязательство; вексель 7. статья взаимных расчётов 8. счёт; инвойс || выставлять счёт; фактурировать, инвойсировать, выписывать накладную 9. *амер.* банкнота, казначейский билет 10. свидетельство 11. декларация *(напр. таможенная)* 12. подготовленный к подписанию монархом патент с пожалованием, назначением *и т.п.* 13. проект обвинительного акта ◇ ~ at... days' sight тратта, срочная через ... дней после предъявления; ~ at sight тратта, срочная немедленно по предъявлении; ~ at usance вексель на срок, установленный торговым обычаем; ~ for foreclosure иск об обращении взыскания на заложенную недвижимость; ~ for legal defence 1. иск 2. заявление о предоставлении правовой защиты; ~ for new trial иск о новом рассмотрении дела; ~ in Chancery иск в канцлерском суде; ~ in equity иск, основанный на праве справедливости; иск в суд права справедливости; ~ in the nature of a bill of review иск третьего лица о пересмотре дела; ~ in the nature of a bill revivor иск о рассмотрении правоотношений, связанных с прекращением дела производством; ~ in the nature of a supplemental bill иск о вступлении в дело нового лица в связи с обстоятельствами, возникшими после возбуждения дела; no true ~ нет оснований для обвинительного акта; ~ obligatory документ за печатью с безусловным обязательством уплаты денежной суммы; ~ on demand вексель срочный по предъявлении; ~ quia timet иск о предотвращении возможного нарушения имущественных прав; ~ rendered расчёт, представленный кредитором по контокорренту; ~ single документ за печатью с безусловным денежным обязательством; ~ to be true обвинительный акт, подлежащий утверждению *(большим жюри)*; to call up a ~ потребовать предъявления (таможенной) декларации; to clear a ~ уплатить пошлины в соответствии с (таможенной) декларацией; to guillotine a ~ назначить законопроект к голосованию в определённое время; to ignore a ~ отказать в передаче дела в суд *(о большом жюри)*; to introduce a ~ внести законопроект; to jettison a ~ отказаться от законопроекта вследствие затруднительности его проведения; to kill a ~ «зарезать» законопроект; to originate a ~ внести законопроект; to pass a ~ принять законопроект; to shelve a ~ положить законопроект под сукно; to table a ~ положить законопроект «в долгий ящик»; to transmit a ~ передать законопроект *(в более высокую инстанцию законодательного органа)*; to usher a ~ огласить содержание иска *или* законопроекта

~ of acceptance акцепт, акцептованная тратта

~ of advocation *шотл.* обжалование решения в вышестоящий суд

~ of attainder *англ. ист.* парламентский закон о конфискации имущества и лишении прав состояния *(в отношении конкретного лица)*

~ of bankruptcy объявление о своей несостоятельности

~ of bottomry бодмерейный договор, бодмерея

~ of certiorari заявление с просьбой о передаче рассматриваемого дела в вышестоящий суд

~ of complaint жалоба; исковое заявление

~ of conformity иск душеприказчика *или* администратора наследства об определении порядка расчётов с кредиторами

~ of costs 1. ведомость издержек по делу 2. *см.* legal bill

~ of credit кредитный билет

~ of debt денежное обязательство

~ of discovery ходатайство истца о представлении ответчиком относящихся к делу документов и фактов

~ of divorce(ment) свидетельство о разводе *(выданное судом)*

~ of entry ввозная таможенная декларация

~ of exceptions заверенные судьёй письменные возражения стороны против действий суда по рассматриваемому делу

~ of exchange переводной вексель, тратта

~ of health санитарный патент, карантинное, санитарное свидетельство

~ of indictment проект обвинительного акта

~ of information иск от имени короны *или* правительства

~ of interpleader возбуждение лицом процесса в целях определения прав третьих лиц на спорный предмет *или* в отношении подлежащих уплате денежных сумм

~ of lading коносамент; *амер. тж* транспортная накладная

~ of Middlesex *ист.* судебный приказ о вызове в суд ответчика из графства Мидлсекс

~ of oblivion амнистия

~ of order судебный приказ о соблюдении порядка в зале заседания суда

~ of pain and penalty *англ. ист.* законопроект *или* закон о наказании за преступление, не караемое смертной казнью *(без проведения обычного уголовного процесса)*

~ of particularities [of particulars] записка о подробностях *(в гражданском процессе: 1. детальное изложение исковых требований или возражений ответчика 2. подробности по рассматриваемому делу; дополнительный материал по делу, представляемый стороной; в уголовном процессе: недостающая в обвинительном акте или в заявлении об обвинении информация о конкретных подробностях вменяемого преступления)*

~ of peace иск о признании права

~ of proof заявление третьей стороны о вступлении в дело с требованиями в отношении предмета спора

~ of review иск о пересмотре решения суда

~ of revivor иск о возобновлении дела производством

~ of revivor and supplement иск о возобновлении дела производством с приведением вновь возникших обстоятельств

~ of rights билль о правах *(совокупность конституционных норм, гарантирующих права граждан в их взаимоотношениях с органами государственной власти)*

~ of sale 1. закладная 2. купчая 3. корабельная крепость 4. предписание о продаже движимого имущества должника

~ of sight предварительная таможенная декларация

~ of store разрешение на беспошлинный обратный ввоз корабельных запасов

~ of sufferance разрешение на перевозку неочищенных от пошлины грузов из одного порта в другой

accomodation ~ безденежный [«дружеский», «бронзовый»] вексель

addressed ~ домицилированная тратта

air ~ of lading накладная на груз, перевозимый воздушным транспортом

ancillary ~ акцессорное требование, вытекающее из основного иска

anti-impoundment ~ законопроект *или* закон против замораживания президентом финансовых средств, ассигнованных ему конгрессом

appropriation ~ финансовый законопроект, законопроект об ассигнованиях

bank ~ тратта, выставленная на банк *или* банком

bearer ~ вексель на предъявителя, предъявительский вексель

claused ~ of lading коносамент с оговорками, нечистый коносамент

clean ~ of lading чистый коносамент

controversial ~ спорный *или* оспариваемый иск

counterfeit ~ 1. поддельный вексель 2. *амер.* фальшивая банкнота

creditor's ~ 1. *англ.* кредиторский иск о покрытии долгов из наследственного имущества 2. *амер.* кредиторское требование об исполнении судебного решения

crime ~ заявление с обвинением в совершении преступления; обвинительный акт

cross ~ встречный иск

decided ~ 1. принятый законопроект 2. вынесенный обвинительный акт

deficiency ~ законопроект о дополнительных ассигнованиях

demand ~ вексель, срочный по предъявлении

dishonoured ~ вексель, в отношении которого последовал отказ от акцепта *или* платежа; опротестованный вексель

documentary ~ документированная тратта

domestic ~ of lading *амер.* транспортная накладная на груз, отправляемый в порт для экспорта

domiciled ~ домицилированная тратта

draft ~ законопроект

engrossed ~ принятый законопроект *или* вынесенный обвинительный акт с внесёнными в них поправками

enrol(l)ed ~ законопроект, представленный на подпись президенту *(но ещё им не подписанный)*

exchequer ~ казначейский вексель

fee ~ 1. шкала судебных издержек 2. счёт судебных издержек

finance ~ финансовый законопроект, законопроект об ассигнованиях floor-managed ~ законопроект, принятый в пленарном заседании палаты законодательного органа

foreign ~ иностранный вексель

foul ~ of lading нечистый коносамент, коносамент с оговорками

government ~ *англ.* законопроект, внесённый правительством

guillotined ~ законопроект, назначенный к голосованию в определённое время

health ~ *см.* bill of health

House ~ *амер.* 1. законопроект, внесённый в палату представителей 2. законопроект, принятый палатой представителей

insurance ~ иск из страхования

introduced ~ внесённый законопроект

inward ~ of lading коносамент по импортной перевозке

King's ~ королевский патент (*пожалование, назначение и т.д.*)

legal ~ счёт адвоката, счёт адвокатских расходов

local ~ локальный законопроект, законопроект, касающийся лишь отдельной местности

long(-)dated [long-sighted] ~ долгосрочная тратта

money ~ финансовый законопроект

negotiable ~ of lading оборотный коносамент

no ~ неутверждённый (*большим жюри*) проект обвинительного акта

non-controversial ~ бесспорный *или* не оспариваемый иск

not a true ~ неутверждённый (*большим жюри*) проект обвинительного акта

noted ~ опротестованный вексель

obligatory ~ долговая расписка

ocean ~ of lading морской коносамент

omnibus ~ 1. сводный законопроект (*законопроект, объединяющий разнородные вопросы*) 2. объединение различных требований в одном иске; иск, объединяющий в процессе все заинтересованные стороны

omnibus ~ of lading коносамент на мелкий штучный груз

on board ~ of lading бортовой коносамент

order ~ of lading ордерный коносамент

original ~ 1. исковое заявление 2. первоначальный иск

original ~ of lading оригинал коносамента

outward ~ of lading коносамент по экспортной перевозке

overdue ~ просроченный вексель

parcel ~ of lading коносамент на отдельную партию груза, прицельный коносамент

pending ~ законопроект, находящийся на рассмотрении (*парламента, конгресса*)

pertinent ~ применимый закон

private ~ частный законопроект, законопроект, касающийся отдельных лиц (*физических или юридических*)

private member's ~ личный законопроект (*внесённый рядовым членом парламента*)

pro forma ~ дружеский вексель

proposed ~ предложенный законопроект

public ~ публичный законопроект

Queen's ~ королевский патент (*пожалование, назначение и т.д.*)

railroad ~ of lading железнодорожная накладная

received for shipment ~ of lading коносамент на груз, принятый к погрузке

reclaiming ~ *шотл.* апелляционная жалоба

relief ~ 1. просьба о пособии 2. просьба об освобождении (*от уплаты, ответственности*) 3. заявление о скидке (*с налога*)

revenue ~ налоговый законопроект

secured [security] ~ вексель, обеспеченный товарными документами *или* ценными бумагами

Senate ~ 1. законопроект, внесённый в сенат 2. законопроект, принятый сенатом

shipped ~ of lading 1. бортовой коносамент 2. судовой экземпляр коносамента

ship's ~ судовой экземпляр коносамента

short ~ краткосрочный вексель

sight ~ тратта, срочная по предъявлении

single ~ 1. документ за печатью с безусловным денежным обязательством 2. тратта в одном экземпляре

skeleton ~ вексель с бланковым индоссаментом

sole ~ тратта в одном экземпляре

straight ~ of lading именной коносамент; *амер. тж* именная транспортная накладная

supplemental ~ дополнительный иск

tax ~ 1. налоговая декларация 2. налоговый законопроект *или* закон

through ~ of lading сквозной коносамент; *амер. тж* сквозная транспортная накладная

time ~ вексель со сроком платежа через определённый промежуток времени, срочный вексель

to-order ~ of lading ордерный коносамент

trade ~ торговая тратта

transhipment ~ of lading *см.* through ~ of lading

Treasury ~ 1. *англ.* казначейский вексель 2. *амер.* налоговый сертификат

true ~ утверждённый (*большим жюри*) проект обвинительного акта

billeting постой, расквартирование войск

Bill of Rights Билль о правах (*англ. 1689 г.; амер. 1791 г.; 10 первых поправок к конституции*)

bind 1. обязывать, связывать обязательством; создавать обязательство 2. ограничивать, задерживать ◇ to ~ duties обязываться не повышать пошлины; to ~ over предписывать (*действие, поведение*); обязывать; to ~ over to appear обязать явиться в суд

binder временный страховой документ (*до оформления полиса*)

binding обязательство ‖ обязывающий, обязательный, имеющий обязательную силу, связующий ◇ ~ by oath приведение к присяге; ~ over предписание

legally ~ юридически обязательный

bi-partisan двупартийный

bi-partisanship двупартийная система

bipartite 1. двусторонний **2.** состоящий из двух частей

birth рождение ◇ to give ~ родить
~ of issue рождение потомка, потомков, потомства
out-of-wedlock ~ рождение ребёнка вне брака

birthright 1. право первородства **2.** право по рождению

bishop *церк.* епископ

bishopric *церк.* **1.** сан епископа **2.** епархия

bishopry *церк.* сан епископа

bitch *жарг.* жалоба

blacklisting занесение в чёрный список; составление чёрных списков

blackmail шантаж || шантажировать

blackmailed потерпевший от шантажа

blackmailer шантажист

black-marketeer торговец, спекулянт на чёрном рынке

blame вина; ответственность || считать виновным ◇ to ~ thieves симулировать кражу *(при фальшивом банкротстве)*

blameful упречный *(о поведении)*

blamefulness упречность *(поведения)*

blameless безупречный, невиновный

blameworthiness упречность *(поведения)*

blameworthy упречный *(о поведении)*

blanchfarms арендная плата серебром за владение недвижимостью на началах фригольда

blank 1. пустое место; пробел || чистый, незаполненный **2.** бланк || бланковый ◇ in ~ бланковый *(об индоссаменте)*
application ~ бланк заявления
law ~ формуляр, бланк для составления юридического документа

blanket общий, полный, всеобъемлющий, без оговорок; бланкетный *(о правовой норме)*

blasphemous *церк.* богохульный

blasphemy богохульство *(состав преступления)*

blemish недостаток, порок *(напр. права, воли)*

block 1. блок, объединение **2.** плаха, эшафот **3.** блокировать; задерживать *(прохождение законопроекта)*

blockade блокада || блокировать
continental ~ *ист.* континентальная блокада
effective ~ эффективная блокада
fictitious ~ фиктивная блокада
long-distance ~ дальняя блокада, блокада с дальнего расстояния
pacific ~ «мирная» блокада, блокада без объявления войны
paper ~ «бумажная», неэффективная блокада
public ~ официально нотифицированная блокада
simple ~ официально не нотифицированная блокада
stone ~ «каменная блокада», блокада путём затопления судов

blood 1. кровь **2.** лишение жизни **3.** убийство **4.** вина в совершении убийства

hot ~ душевное волнение, аффект
mixed ~s лицо смешанной крови *(метис, мулат и т.д.)*

blood-guilty виновный в убийстве

blood-money 1. *ист.* вергельд **2.** деньги, заработанные свидетелем за дачу показаний, поддержавших обвинение в преступлении, караемом смертной казнью *(особенно в случае ложных показаний или показаний, данных сообщником)*

bloodshed убийство

blood-stained 1. запятнанный кровью **2.** *перен.* замаранный совершённым убийством

blood-sucker *жарг.* вымогатель

blood-wite *ист.* пеня за пролитие крови

blot пятно ◇ ~ on title дефект правового титула

blotter 1. мемориал; торговая книга, книга записей **2.** первичная запись сделки
police ~ полицейский журнал регистрации приводов

blow удар ◇ bodily ~s побои; нанесение побоев; избиение; ~s causing injuries побои с причинением телесных повреждений; ~s not causing injuries нанесение побоев, не повлёкших за собой телесных повреждений

blunder грубая ошибка

board 1. совет; комитет; управление; департамент; коллегия; министерство; правление **2.** подвергнуть досмотру *(судно)*
~ of aldermen правление муниципальной корпорации
~ of appeals апелляционная коллегия
~ of audit(ors) ревизионная комиссия, комиссия по проверке отчётности
~ of complaints апелляционный комитет, комиссия по рассмотрению жалоб
~ of creditors совет кредиторов *(при продаже имущества несостоятельного должника)*
~ of directors правление, дирекция
~ of justices судейская коллегия
~ of police commissioners совет комиссаров полиции
~ of probation совет по пробации
~ of review комиссия по рассмотрению заявлений об ошибках в списках лиц и имуществ, подлежащих налогообложению
~ of special inquiry *амер.* административный иммиграционный комитет
~ of trustees опекунский совет; совет доверенных лиц
~ of visitors «совет посетителей» *(судебный орган, контролирующий деятельность тюрем)*
administrative ~ административный совет
executive ~ исполнительный орган
municipal ~ муниципальное управление
pardon ~ совет по помилованию
parole ~ совет по условно-досрочному освобождению
police ~ полицейское управление *(в некоторых штатах)*

police review ~ комитет по надзору за полицией

poor-law ~ комитет попечения о бедных

returning ~ счётная комиссия *(при выборах)*

review ~ наблюдательный совет

statutory ~ государственный комитет, государственное управление

supervisory ~ наблюдательный совет

trade ~ комиссия по вопросам заработной платы *(в какой-л. отрасли промышленности)*

village ~ *амер.* деревенское правление

workman's compensation ~ совет по вопросам выплаты компенсации работникам

youth ~ совет молодёжи

bodily 1. телесный, физический 2. лично, собственной персоной 3. целиком

body 1. орган; организация 2. группа; коллегия 3. главная часть, основная часть *(документа)* 4. совокупность, комплекс 5. труп ◇ ~ corporate *см.* corporate body; ~ corporate and politic публичная корпорация, корпорация-орган власти, муниципальная корпорация; ~ politic [politique] политическое образование, политический орган; политическая корпорация; государственная корпорация; публичная корпорация, корпорация-орган власти; муниципальная корпорация; ~ unincorporate *см.* non-corporate body

~ of an instrument главная [основная] часть документа, основной текст документа

~ of justice основные принципы правосудия

~ of laws совокупность правовых норм

~ of legislation законодательный орган

~ of men группа людей

~ of specification основная часть описания изобретения

~ of water водное пространство

administrative ~ административный орган

advisory ~ совещательный орган

apprоpriate ~ надлежащий орган

arbitral ~ арбитражный орган

artificial ~ юридическое лицо

auxiliary ~ вспомогательный орган

continuing ~ постоянно действующий орган

corporate ~ корпорация, юридическое лицо, правосубъектная организация

dead ~ мёртвое тело, труп человека

deliberative ~ совещательный орган

diplomatic ~ дипломатический корпус

elected ~ выборный орган

elective ~ избиратели, избирательный корпус

examining ~ 1. ревизионная комиссия 2. экспертная комиссия

executive ~ орган исполнительной власти

governing ~ руководящий орган

governmental ~ правительственный орган

intelligence ~ разведывательный орган

intergovernmental ~ межправительственный орган

international ~ международный орган

judicial ~ судебный орган

law enforcing ~ 1. правоприменяющий орган 2. полицейский орган

law-making [legislative] ~ законодательный орган

local ~ местный орган

non-corporate ~ некорпоративная ассоциация, объединение лиц без прав юридического лица

non-governmental ~ неправительственный орган

oversight ~ надзорный орган

parent ~ вышестоящий орган

physical ~ физическое лицо *(в отличие от корпорации)*

policy-making ~ 1. орган по выработке директив, директивный орган 2. орган по выработке государственной политики

private ~ частная организация

protective ~ охранительный орган

public ~ государственный орган

regulatory ~ регулятивный орган

rule-making ~ нормотворческий, правотворческий орган

standing ~ постоянный орган

statutory ~ орган, учреждённый статутом

subordinate ~ подчинённый орган

subsidiary ~ вспомогательный орган

superior ~ высший орган; вышестоящий орган

body-snatcher похититель трупов из могил

bogus подделка || поддельный; фиктивный

bolting обсуждение правовых вопросов в школе подготовки барристеров *(в Великобритании)*

bona fide *лат.* добросовестно; честно; без обмана || добросовестный; честный

bona fides *лат.* добросовестность, честность, отсутствие обмана

bond 1. связь, узы 2. обязательство; денежное, долговое обязательство; письменное обязательство; облигация; бона || обеспечивать обязательством 3. обеспечение; залог 4. закладная; гарантия || закладывать 5. поручитель; поручительство 6. тюремное заключение 7. оставлять *(товар)* на таможне до уплаты пошлины ◇ ~ and disposition in security *шотл.* документ о залоге недвижимости в обеспечение уплаты долга; ~ and mortgage *шотл.* документ о залоге недвижимости в обеспечение уплаты долга; ~ for appearance письменное обязательство явиться; ~ for costs обязательство в обеспечение уплаты расходов по делу; ~ for title договор о передаче правового титула под отлагательным условием; in ~s в тюрьме; ~ to bearer облигация на предъявителя

~ of appeal обязательство возместить понесённые противной стороной издержки по апелляции

~ of obligation долговое обязательство

active ~ облигация, обеспеченная процентами

aid ~ *амер.* облигация местного займа в поддержку частного предприятия

appeal ~ обязательство возместить понесённые противной стороной издержки по апелляции appearance ~ письменное обязательство явиться *(в суд)*

appearance bail ~ обязательство явки *(в суд)* под поручительством

average ~ аварийная подписка, аварийный бонд, аварийная гарантия

bail ~ поручительство за явку ответной стороны в суд

bearer ~ облигация на предъявителя

bottomry ~ бодмерейный договор *(документ)*

claim ~ обязательство должника передать по требованию имущество, в отношении которого состоялось решение

cost ~ обязательство возместить издержки *(по делу)*

coupon ~ облигация с процентными купонами

custom(s) ~ таможенная закладная

debenture ~ 1. долговое обязательство; облигация 2. *амер.* сертификат таможни для обратного получения импортной пошлины

double ~ 1. условное денежное обязательство 2. *шотл.* денежное обязательство со штрафом

exchequer ~ казначейский билет

forthcoming ~ обязательство должника передать по требованию имущество, в отношении которого состоялось решение

general mortgage ~ закладная на всё имущество корпорации

guarantee ~ гарантийное обязательство

heritable ~ *шотл.* денежное обязательство под ручной залог недвижимости

hypothecation ~ 1. ипотечная закладная 2. закладная по бодмерее

indemnity ~ гарантийное обязательство

joint ~ совместное обязательство

legal ~ правовая связь

mortgage ~ ипотечная закладная

municipal ~ облигация муниципальной корпорации

official ~ подписка о надлежащем исполнении должностных обязанностей

participating ~ облигация, дающая право на участие в распределении прибыли

passive ~ беспроцентная облигация

peace ~ обязательство соблюдать общественный порядок

penal ~ обязательство о выплате штрафной неустойки

public ~ облигация государственного займа

redelivery ~ обязательство передачи присуждённого имущества в обмен на право временного владения таковым

registered ~ именная облигация

respondentia ~ бодмерея

simple ~ 1. безусловное денежное обязательство 2. денежное обязательство без штрафа

single ~ 1. безусловное денежное обязательство 2. *шотл.* денежное обязательство без штрафа

state ~ облигация займа, выпущенная штатом *(в США)*

straw ~ ненадёжное, «липовое» поручительство

submission ~ третейская запись

supersedeas ~ обязательство апеллянта по обеспечению исполнения решения и возмещения ущерба вследствие отсрочки исполнения решения

surety ~ обязательство поручителя за явку ответной стороны в суд

warehouse ~ складская закладная

bondage 1. рабство 2. крепостная зависимость 3. плен 4. обязательство 5. необходимость ◇ to hold in ~ держать в рабстве *или* в крепостной зависимости

bonded 1. обеспеченный обязательством; обеспеченный облигациями 2. находящийся в залоге на таможенном складе *(о товаре)*

bondholder держатель облигаций, облигационер

bondman 1. крепостной, виллан; раб 2. поручитель

bondsman поручитель

bail ~ поручитель под залог *(при передаче на поруки)*

bonification освобождение от налога

bonis non amovendis *лат.* судебный приказ о неизменении местонахождения предмета спора

bonus 1. бонус; льгота; надбавка; премия 2. сумма, выплаченная сверх цены

language ~ надбавка к заработной плате за знание иностранных языков

book 1. книга *(напр. счетоводная, бухгалтерская, торговая)* || зарегистрировать; занести в книгу 2. досье судебных документов 3. фрахтовать *(судно)* 4. ангажировать *(актёра)* 5. заказывать ◇ on the ~s зарегистрированный; запротоколированный; to ~ at police station зарегистрировать *(дело, лицо)* в полицейском участке; to bring to ~ занести в досье, зарегистрировать; to ~ prisoner зарегистрировать в качестве заключённого

~ of acts протоколы производства в суде по наследственным делам *(в США)*

~ of adjournal *шотл.* досье материалов судопроизводства в суде юстициария в течение дня *или* сессии

~ of bailiff досье в ведении бейлифа

~ of complaints книга жалоб

~ of precedents сборник судебных прецедентов

account ~ бухгалтерская книга, гроссбух

act ~ *шотл.* протокол суда

betting ~ книга для записей пари

colour ~s «цветные книги» *(общее название для «белых», «синих» и т.д. книг, издаваемых правительством по тем или иным вопросам)*

common service ~ *церк.* книга записей обычных треб

copyright ~ книга, обеспеченная авторским *или* издательским правом

judgement ~ книга записи судебных решений

juror's ~ список присяжных

jury ~ список лиц, из которых выбираются присяжные для рассмотрения конкретных дел

justification ~ перечень обоснований бюджетных заявок конгрессу

law ~s юридическая литература

marriage notice ~ книга уведомлений о бракосочетаниях

pirated ~ книга, изданная без разрешения владельца авторского [издательского] права

statute ~s существующее законодательство, свод законов

vestry ~ *церк.* 1. церковная книга (*записей рождений, браков, смертей*) 2. инвентарная книга ризницы

Book ◇ The ~s сборники судебных решений, вынесенных в английских судах

Domesday ~ «Книга страшного суда» (*кадастровая книга Вильгельма Завоевателя*)

Year ~s судебные ежегодники (*сборники английских судебных решений со времени царствования короля Эдуарда I до времени царствования короля Генриха VIII*)

booked 1. зарегистрированный; запротоколированный 2. заказанный; зафрахтованный

bookmaker букмекер (*оператор-комиссионер спортивного тотализатора с получением комиссионных*)

bootlegger *амер.* бутлегер (*торговец контрабандными или самогонными, в нарушение закона, спиртными напитками или другими ограниченными в обращении товарами*)

bootlegging *амер.* бутлегерство (*незаконная торговля спиртными напитками или другими ограниченными в обращении товарами*)

booty (*тж* booty of war) военная добыча, трофеи (*в сухопутной войне*)

border граница ‖ граничить

borderland пограничная полоса

border-warrant *ист.* приказ об аресте шотландца, находящегося в Англии

born ◇ ~ posthumously родившийся после смерти родителя

recently ~ новорождённый

borough 1. город, городское поселение *или* городской район, имеющие самоуправление 2. городской район (*в Нью-Йорке*) ◇ ~ English *ист.* переход недвижимости к младшему сыну

close ~ город *или* избирательный округ, где выборы фактически контролируются одним лицом

county ~ городское поселение с правами графства

metropolitan ~ столичное городское поселение, столичный муниципальный район (*в Лондоне*)

municipal ~ 1. город, имеющий самоуправление 2. район города Нью-Йорка

non-county ~ городское поселение, не имеющее прав графства

parliamentary ~ город *или* округ, представленный в парламенте

pocket ~ город *или* округ, где выборы фактически контролируются одним лицом

rotten ~ *ист.* «гнилое местечко» (*город, фактически уже не существовавший, но продолжавший посылать депутатов в парламент*)

borrow 1. занимать (*деньги, вещи*) 2. заимствовать

borrower заёмщик

borstal *англ.* борстал (*карательно-исправительное учреждение для преступников в возрасте от 16 лет до 21 года*) ◇ ~ system *англ.* 1. система борстальских учреждений 2. борстальская система (*карательно-исправительного перевоспитания молодых преступников в сроки, зависящие от их поведения*)

open ~ борстальское учреждение открытого типа

training ~ борстал исправительного перевоспитания

boss: administrative ~ *амер. разг.* босс, начальник

crime ~ *амер. разг.* босс организованных преступников, гангстеров

bote компенсация

bottomry бодмерея, морской заём, морской залог (*заём, взятый капитаном под залог судна или судна и груза*)

bound 1. граница; ограничение ‖ граничить; ограничивать 2. обязанный, связанный обязательством ◇ ~ to service военнообязанный; to ~ the invention определять объём изобретения; устанавливать пределы патентной охраны

constitutional ~ пределы действия конституции

lawfully ~ обязанный на правовом основании, юридически обязанный, обязанный по закону

legally ~ юридически обязанный

outward ~ охраняемая территория за пределами пенитенциарного учреждения, на которой работают заключённые

boundar/y 1. граница, межа 2. пограничный знак

ancient ~ies существующие с незапамятных времён границы

astronomic ~ астрономическая граница (*граница, совпадающая с меридианом или параллелью географической сетки*)

equidistance ~ граница равного отстояния

fiscal ~ies налоговый округ

geometric ~ геометрическая граница (*т.е. граница, проведённая по прямой линии*)

lateral equidistance ~ies поперечные границы равного удаления

lateral sea ~ies поперечные морские границы

magisterial ~ies судебный округ

maritime ~ морская граница

natural ~ естественная граница

natural language ~ естественная языковая граница

orographic ~ орографическая граница (т.е. граница, проведённая с учётом географических особенностей местности)

private ~ искусственный пограничный, межевой знак

public ~ естественный пограничный, межевой знак

sea-bed ~ границы морского дна

state ~ государственная граница

bounty 1. субсидия; правительственная поощрительная премия **2.** призовая премия

prize ~ призовая премия

box 1. ящик **2.** скамья присяжных **3.** место для дачи свидетельских показаний

ballot ~ избирательная урна, баллотировочный ящик

jury ~ скамья присяжных

police ~ полицейский бокс (помещение для содержания только что задержанных лиц)

prison ~ тюремный бокс (помещение для временного содержания заключённых в связи с их перемещением в пределах тюрьмы)

prisoner's ~ скамья подсудимых

sweat ~ карцер

witness ~ место для дачи свидетельских показаний

boy:

approved school ~ англ. подросток, содержащийся в одобренной судом школе (воспитательном учреждении для правонарушителей, не достигших 17 лет)

gang ~ подросток-член шайки молодых делинквентов

boycott бойкот || бойкотировать

primary ~ первичный бойкот (с помощью мирных средств)

secondary ~ **1.** вторичный бойкот (с применением принудительных мер) **2.** производный бойкот (бойкот фирмы, поддерживающей отношения с фирмой, находящейся под бойкотом)

brain(-)washing «промывание мозгов» (идеологическая обработка или психологическая и моральная обработка с целью побудить лицо к сообщению секретных данных или к подписанию ложных показаний)

branch 1. отделение, филиал **2.** ветвь (родства) **3.** амер. власть **4.** отрасль

executive ~ исполнительная власть

intelligence ~ разведывательная служба

judicial ~ судебная власть

legislative ~ законодательная власть

«political» ~ es of government «политические ветви» правительства (легислатура, исполнительная власть)

brand 1. товарный [торговый, фирменный] знак; марка; (фабричное или заводское) клеймо || ставить товарный [торговый, фирменный] знак; маркировать; ставить (фирменное или заводское) клеймо **2.** ист. клеймить (осуждённого преступника) ◇ to ~

penally ист. выжигать клеймо на теле преступника

branding ист. клеймение (осуждённого преступника) ◇ ~ iron ист. железное тавро (для клеймения преступников)

breach 1. нарушение (права, закона, договора, обязанности и т.д.) || нарушать (право, закон, договор и т.д.) **2.** часть искового заявления, излагающая нарушение обязательства ответчиком **3.** разрыв (отношений) ◇ ~ in anticipation нарушение (договора) до наступления срока исполнения

~ of blockade прорыв блокады

~ of close нарушение владения, неправомерный заход на территорию чужого владения

~ of confidence нарушение доверия

~ of contract нарушение договора

~ of covenant нарушение договора

~ of duty нарушение, неисполнение обязанности

~ of faith **1.** злоупотребление доверием; вероломство **2.** супружеская измена

~ of justice несправедливость, нарушение принципов правосудия

~ of law нарушение права

~ of obligation нарушение обязательства

~ of order **1.** нарушение порядка **2.** нарушение регламента

~ of prison побег из тюрьмы; побег из-под стражи

~ of privilege нарушение прав членов парламента или дипломатических представителей, нарушение парламентской или дипломатической неприкосновенности

~ of probation order нарушение приказа суда о пробации

~ of promise нарушение обещания (гл. обр. обещания жениться), нарушение данного слова

~ of recognizance **1.** нарушение обязательства, данного в суде **2.** нарушение поручительства

~ of the peace нарушение общественного порядка

~ of trust нарушение доверительным собственником своих обязанностей, злоупотребление доверием

~ of trust by officer злоупотребление доверием, совершённое должностным лицом

anticipatory ~ нарушение (договора) до наступления срока исполнения

malicious ~ злоумышленное нарушение (закона и пр.)

pound ~ взлом загона для скота

severable ~ частичное нарушение

breadth объём, степень (защиты, прав, притязаний и т.п.)

break 1. нарушение || нарушать (право, закон, договор, обязанность и т.д.) **2.** разрыв || разрывать (отношения) **3.** взлом **4.** побег ◇ to ~ an entail снимать с недвижимости ограничение круга наследников и права отчуждения; to ~ from imprisonment бежать из заключения, из-под стражи; to ~ into проникнуть в помещение путём преодоления физического препятствия; взломать; to ~ off relations разрывать отношения; to ~ open *см.* to break into; to ~ out бежать *(из тюрьмы)*; to ~ the case совещаться перед вынесением решения *(о судьях)*; to ~ the public peace нарушать общественный порядок; to ~ the strike саботировать, срывать забастовку prison ~ побег из тюрьмы

tax ~ нарушение налогового обязательства

breaker нарушитель

~ of the peace нарушитель общественного порядка

law ~ правонарушитель

prison ~ бежавший из тюрьмы; бежавший из-под стражи

break-in незаконное вторжение в помещение с преодолением физического препятствия *(взломом)*

breaking 1. поломка, разрушение 2. взлом 3. преодоление физического препятствия *(взлом)* при незаконном вторжении в помещение *или* незаконном оставлении помещения 4. разрыв *(отношений)* ◇ ~ and entering [entry] *англ.* «взлом и проникновение» *(проникновение в дневное время с преодолением физического препятствия (взломом) в чужое жилище с умыслом совершить в нём фелонию)*; ~ into [open] проникновение в помещение путём преодоления физического препятствия, взломом; ~ the case совещание судей перед вынесением решения

actual ~ фактическое преодоление физического препятствия *(путём его взлома)*

prison ~ побег из тюрьмы; побег из-под стражи

rule ~ нарушение (этической, правовой) нормы, правила

break-out 1. побег *(из тюрьмы)* 2. незаконное оставление чужого помещения с преодолением физического препятствия *(взломом)*

breve *лат.* 1. предписание 2. судебный приказ 3. папское бреве *(послание по дисциплинарным вопросам)*

brevet патент; грамота

bribe 1. взятка; подкуп ‖ дать *или* предложить взятку; подкупать 2. предмет взятки ◇ to ~ an official дать взятку должностному лицу; подкупать должностное лицо; to get a ~ получить взятку; to give a ~ дать взятку; to pass a ~ передать *(через посредника)* взятку; to take a ~ получить взятку

outright ~ явная взятка

bribegiver взяткодатель

briber взяткодатель

bribery дача *или* получение взятки, взяток; взяточничество

business ~ взяточничество в сфере бизнеса

commercial ~ взяточничество в сфере торговли, коммерции

foreign ~ дача взятки иностранному должностному лицу

international ~ взяточничество в сфере деятельности международных организаций

labour ~ взяточничество в сфере профсоюзной деятельности

official ~ дача взятки должностному лицу

outright ~ явное взяточничество

passive ~ получение взятки

political ~ взяточничество в сфере политики

sport ~ взяточничество в сфере спорта

tax ~ взяточничество в сфере налогового обложения

bribetaker взяткополучатель, взяточник

bribetaking получение взятки, взяток, взяточничество

bridewell *англ.* исправительный дом, исправительная тюрьма *(для бродяг и т.п.)*

brief 1. сводка; резюме ‖ составлять сводку; резюмировать, сделать краткое изложение ‖ краткий, сжатый 2. краткое письменное изложение дела; *англ.* записка по делу, представляемая солиситором барристеру; *амер.* записка по делу, представляемая адвокатом в апелляционный суд 3. поручать ведение дела *(адвокату)*; давать инструкции *(адвокату)* ◇ ~ on appeal *амер.* записка по делу, представляемая адвокатом в апелляционный суд

~ of appellee записка по делу, поданная ответчиком по апелляции

~ of title краткое изложение документа о правовом титуле

administrative agencies ~ *амер.* обобщение правоприменительной практики, предназначенное для административных органов

appeal ~ записка по делу, представляемая адвокатом в апелляционный суд *(в США)*

court ~ 1. *амер.* записка по делу, представляемая адвокатом в апелляционный суд 2. предложение суда ответчику представить объяснение по иску

courts ~ *амер.* предназначенное для судов обобщение правоприменительной практики

defendant's ~ записка по делу, поданная ответчиком

dock ~ бесплатная защита адвокатом по выбору неимущего подсудимого *или* по назначению суда

government ~ *см.* state brief

junior ~ *англ.* записка по делу, представляемая солиситором барристеру

official ~ официальная сводка

reply ~ 1. резюме ответа 2. реплика, ответная записка по делу, поданная апеллянтом на записку ответчика по апелляции

sea ~ морской паспорт *(документ, удостоверяющий порт отплытия, порт назначения и описание груза нейтрального судна)*

state ~ *амер.* краткое письменное изложение дела обвинением

trial ~ меморандум по делу *(для адвоката, ведущего дело)*

briefing брифинг *(краткое заседание с обсуждением основных вопросов дела)*

court ~ судебный брифинг

government ~ правительственный брифинг

official ~ официальный брифинг

presidential ~ *амер.* президентский брифинг

briefless 1. не имеющий практики (*об адвока-те*) **2.** не имеющий сводки, записки по делу **3.** не имеющий информации о пунктах обвинения

brieve *шотл.* судебный приказ

brigand грабитель, разбойник, бандит

brigandage грабёж, грабежи, разбой, бандитизм

brigandish грабительский, разбойничий, бандитский

brigandism грабёж, грабежи, разбой, бандитизм

bring 1. приносить; приводить; привозить; доставлять **2.** вызывать, влечь за собой **3.** вводить (*в действие и т.п.*) **4.** возбуждать (*дело*) **5.** предъявлять (*иск*) ◇ to ~ a case before the court возбудить судебное дело, подать в суд; to ~ an action предъявлять иск; to ~ a prosecution возбудить уголовное преследование; to ~ a suit возбудить дело, тяжбу; to ~ a witness выставить свидетеля; представить, препроводить свидетеля (*к следователю, в суд*); to ~ before the bar предавать суду; to ~ charges выдвигать обвинения; to ~ evidence предъявлять доказательства; to ~ forward **1.** выдвигать (*предположение*) **2.** перенести на более ранний срок **3.** перенести на следующую страницу; to ~ in **1.** вводить (*о нормах и т.п.*) **2.** вносить (*на рассмотрение*) **3.** импортировать **4.** выносить (*решение*); to ~ in a bill внести законопроект; to ~ indictment представить обвинительный акт (*большому жюри*); to ~ in evidence представить в качестве доказательства; to ~ in guilty признать виновным; to ~ into accord согласовывать, приводить к согласию; to ~ into discredit дискредитировать; to ~ into line with приводить в соответствие с ... ; to ~ money into court вносить деньги в депозит суда; to ~ non compos (mentii) признавать невменяемым; to ~ to account **1.** призвать к ответу, потребовать объяснений **2.** начать расследование; to ~ to book привлекать к ответу, ответственности; суду; to ~ to justice отдать в руки правосудия; to ~ to responsibility привлекать к ответственности; to ~ to trial привлекать к суду, предавать суду; to ~ up **1.** ставить на обсуждение **2.** арестовывать **3.** обвинять; привлекать к суду

broad 1. широкий (*напр. о толковании, правах, степени защиты и т.п.*) **2.** либеральный, терпимый

broad-arrow *англ.* правительственное клеймо (*в частности, на одежде заключённых в некоторых тюрьмах*)

broaden расширять (*права, требования, степень защиты и т.п.*) to ~ the claims расширять патентную формулу

Broadmoor *англ.* бродмур (*учреждение для лиц, признанных виновными, но невменяемыми*)

brocage 1. брокерское вознаграждение, брокер-

ская комиссия, куртаж **2.** брокерское дело, посредничество, маклерство

broker брокер, коммерческий агент, представитель, посредник, маклер, комиссионер

bill ~ вексельный брокер

chartering ~ фрахтовый брокер

commodities ~ товарный брокер

custom-house ~ агент по таможенной очистке грузов, таможенный маклер

discount ~ вексельный брокер

exchange ~ агент по покупке и продаже иностранной валюты; биржевой маклер; вексельный брокер

insurance ~ страховой брокер

merchandise ~ брокер по покупке и продаже товаров

note ~ брокер по операциям с оборотными документами

real-estate ~ брокер по операциям с недвижимостью

ship ~ корабельный маклер, судовой маклер, судовой брокер

stock ~ маклер на фондовой бирже, биржевой маклер

brokerage 1. брокерское вознаграждение, брокерская комиссия, куртаж **2.** брокерское дело, посредничество, маклерство

brokering *см.* brokerage 2.

broking *см.* brokerage 2.

brothel притон разврата, бордель, публичный дом

brum фальшивая монета ‖ фальшивый

budget бюджет; финансовая смета ‖ предусматривать в бюджете; ассигновывать

consolidated ~ бюджет исполнительной власти

legislative ~ бюджет законодательной власти

budgetary бюджетный

bug *разг.* электронное устройство (*микрофон, диктофон и т.п.*) для тайного наблюдения [подслушивания] ‖ осуществлять тайное наблюдение с помощью электронных устройств

bugger содомист; гомосексуалист; педераст

buggery 1. содомия (*мужеложство, лесбианство, скотоложство*) **2.** противоестественные половые сношения

bugging тайное наблюдение (*подслушивание*) с помощью малогабаритных электронных устройств; установка аппаратуры для тайного наблюдения (*подслушивания*)

builder 1. строитель, строительная организация **2.** подрядчик ◇ ~ and contractor строительный подрядчик

building 1. строительство **2.** строение

accessory ~ пристройка; флигель

bulletin бюллетень

blank (voting) ~ незаполненный избирательный бюллетень

voting ~ избирательный бюллетень; бюллетень для голосования

Bulletin:

«Red ~» международный «Красный Бюллетень» (*ордер на арест через Интерпол*)

bully 1. наёмный головорез 2. запугивать; преследовать

bunco обман, мошенничество

burden 1. бремя; обременение ‖ обременять 2. обвинять ◇ to ~ commerce чинить затруднения торговле, торговому обороту
~ of adducing evidence бремя представления доказательств
~ of contract обязанность исполнить договор, бремя исполнения договора
~ of establishing бремя обоснования
~ of evidence бремя доказывания
~ of going forward with evidence бремя первоначального представления доказательств
~ of producing evidence бремя представления доказательств
~ of proof [of proving] бремя доказывания
discharged ~ освобождение от обременения
evidential ~ бремя доказывания
legal ~ юридическое бремя (бремя доказывания, обременение вещи)
real ~ 1. вещное обременение; обременение земельного участка 2. трудная обязанность; трудность представления доказательств

burdensome обременительный

bureau 1. бюро 2. отдел; управление; комитет
detective ~ сыскное бюро
intelligence ~ бюро полицейской разведки
intelligence unit analytical ~ амер. экспертное бюро отдела полицейской разведки
major-violation ~ амер. бюро (государственной атторнейской службы) по делам о серьёзных правонарушениях
narcotic ~ амер. полицейское бюро по борьбе с наркотиками
rackets ~ амер. полицейское бюро по борьбе с рэкетом

burgage ист. городской лен, владение городской землёй на ленных началах; арендованная недвижимость в городе

burglar 1. субъект берглэри; виновный в совершении берглэри 2. преступник, специализирующийся на совершении берглэри
residental-type ~ преступник, специализирующийся на совершении берглэри в жилых домах; вор-домушник

burglarious 1. связанный с совершением берглэри 2. являющийся берглэри; квалифицируемый как берглэри ◇ ~ tools and implements инструменты и приспособления для совершения берглэри

burglariously путём совершения берглэри

burglarize совершать берглэри

burglarized 1. потерпевший от берглэри (о лице) 2. подвергшийся берглэри (о помещении) 3. ставший предметом берглэри (об имуществе)

burglary берглэри (англ. проникновение в ночное время с преодолением физического препятствия в чужое жилище с умыслом совершить в нём фелонию либо бегство в ночное время с преодолением физического препятствия из чужого жилища, в которое субъект проник с умыслом совершить в нём фелонию или где он совершил фелонию; амер. противоправное проникновение в помещение с умыслом совершить в нём фелонию или кражу)
bank ~ берглэри, совершённое в банке
business ~ берглэри, совершённое в помещении делового предприятия
commercial ~ берглэри, совершённое в помещении торгового предприятия
domestic ~ берглэри, совершённое в жилом помещении
gang ~ 1. берглэри, совершённое (молодёжной) шайкой 2. берглэри, совершённое гангстерской бандой
home ~ см. domestic burglary
non-residence [non-residential] ~ берглэри, совершённое в помещении нежилого типа
personal ~ берглэри, направленное против личности потерпевшего
residence [residential] ~ см. domestic burglary
safe ~ берглэри с открытием или взломом сейфа
store ~ берглэри, совершённое в магазине, на складе или в аптеке

burgle совершать берглэри

burgled 1. потерпевший от берглэри (о лице) 2. подвергшийся берглэри (о помещении) 3. ставший предметом берглэри (об имуществе)

burke 1. замять (дело и т.п.) 2. запретить (книгу) до выхода в свет

burn поджигать

burning поджог

business 1. дело, занятие; профессия 2. хозяйственная, торгово-промышленная деятельность 3. торгово-промышленное предприятие; фирма 4. сделка 5. гражданский оборот ◇ ~ affected with a public interest бизнес, затрагивающий публичные интересы
~ of crime преступная деятельность
~ of organized crime деятельность организованных преступников, гангстеризм
~ of the day повестка дня
~ of white crime преступная деятельность «белых воротничков»
branch ~ филиал, отделение (фирмы)
chamber ~ действия, совершаемые судьёй вне судебного заседания
controlled ~ хозяйственная деятельность, контролируемая государством
crime ~ преступный бизнес
illegal [illicit] ~ незаконный бизнес
legislative ~ законодательная деятельность
legitimate ~ законный бизнес
licit ~ законный бизнес

busing басинг (совместная перевозка белых и чёрных школьников в школу и из школы на автобусах)
anti-forced ~ добровольный басинг
forced ~ принудительный басинг

buy покупать

buyer покупатель
innocent ~ добросовестный приобретатель (краденого)

73

buying покупка

innocent ~ добросовестное приобретение (краденого)

by-effect побочный результат; побочное действие; сопутствующий эффект (изобретения)

by-election дополнительные выборы

by-law(s) 1. уставные нормы (корпорации); устав (корпорации) 2. подзаконный акт 3. постановление органа местной власти 4. автономные правила

corporation ~s устав корпорации

bypass обходить (закон и т.д.)

C

Cabinet кабинет, кабинет министров, группа министров, возглавляющих важнейшие министерства

inner ~ кабинет министров в узком составе, «узкий кабинет»

shadow ~ англ. теневой кабинет (группа «старших министров», «должности» которых соответствуют аналогичным должностям в официальном кабинете министров)

cabotage каботаж, каботажное плавание

cadastral кадастровый

cadastre кадастр

cadaver труп

calculated обдуманный, преднамеренный

calculatingly обдуманно, преднамеренно

calendar 1. список дел (к слушанию) 2. амер. повестка дня ‖ составлять повестку дня 3. амер. список законопроектов, резолюций и т.п. в порядке их постановки на обсуждение палаты законодательного органа 4. заносить в список, опись; инвентаризовать; регистрировать ◇ to keep ~ вести список дел к слушанию

~ of business повестка дня

~ of cases список дел к слушанию

~ of prisoners список уголовных дел к слушанию

court's ~ расписание, график судебных заседаний

executive ~ 1. список дел управляющего, администратора 2. список дел должностного лица, исполняющего, применяющего закон

special ~ список судебных дел

Calendar:

~ of Bills and Resolutions амер. список незавершённых обсуждением законопроектов и резолюций, оглашаемый в конце каждого дня работы сената

~ of the Committee of the Whole (House) список законопроектов, резолюций и т.п. в порядке их постановки на обсуждение палаты законодательного органа, действующей как комитет

~ of the Committee of the Whole House on the State of the Union список финансовых законопроектов, внесённых в связи с посланием президента конгрессу «О положении страны», в порядке их постановки на обсуждение палаты представителей, действующей как комитет

House ~ амер. список законопроектов (кроме финансовых), переданных комитетом на обсуждение палаты представителей

Newgate ~ англ. ист. справочник Ньюгейтской тюрьмы (с данными о заключённых)

Union ~ см. Calendar of the Committee of the Whole House on the State of the Union

call 1. вызов ‖ вызывать; призывать; созывать 2. визит; посещение 3. требование; требование уплаты ‖ требовать 4. сделка с предварительной премией; предварительная премия; опцион 5. присвоение звания барристера 6. межевая веха 7. объявлять; оглашать ◇ on ~ по (первому) требованию; ~ on shares требование об уплате взноса за акции; to ~ an election назначать выборы; to ~ (as) witness вызывать (в качестве) свидетеля; to ~ back 1. отзывать 2. отменять; to ~ evidence 1. затребовать доказательства 2. вызвать свидетелей 3. представить доказательства; to ~ for 1. обращаться, требовать (в официальном порядке) 2. предусматривать, устанавливать (о соглашении); to ~ in требовать уплаты; to ~ in question 1. подвергать сомнению 2. подвергать допросу, опрашивать; to ~ off отменять; to ~ on 1. посещать; навещать 2. требовать 3. предоставлять слово 4. назначить дело к слушанию; to ~ the defendant вызывать ответчика в суд; to ~ the docket огласить список судебных дел; to ~ the Parliament созывать парламент; to ~ the plaintiff вызывать истца в суд; to ~ to order 1. призывать к порядку 2. амер. открыть собрание; to ~ to testify вызывать для дачи свидетельских показаний; to ~ to the bar 1. присвоить звание барристера; принимать в адвокатуру; предоставлять право адвокатской практики 2. приглашать занять место у барьера в суде; to ~ to witness вызывать для дачи свидетельских показаний; to ~ upon предоставлять слово

~ of more право покупателя на дополнительную однократную сделку с премией

~ of the House поимённая перекличка членов законодательного органа; поимённое голосование

~ of the roll поимённое голосование

~ of twice more право покупателя на дополнительную двукратную сделку с премией

accusing ~ вызов для предъявления претензии (о нарушении патента)

budget ~ бюджетная заявка

courtesy ~ визит вежливости

distress ~ сигнал бедствия

disturbance ~ вызов (полиции) в связи с чрезвычайными обстоятельствами

initial ~ первичный вызов (полиции)

obscene phone ~s хулиганские звонки по телефону

officer-in-trouble ~ сигнал в полицию о том, что её сотрудник находится в опасности

quorum ~ требование кворума

roll ~ поимённое голосование

secondary ~ вторичный вызов *(полиции)*

callable могущий быть выкупленным; подлежащий выкупу; подлежащий взысканию

caller лицо, обратившееся *(в официальном порядке)* с заявлением

calumniator клеветник

calumniatory клеветнический; ложный *(об обвинении)*

calumny клевета; ложное обвинение

camera 1. кабинет судьи 2. вассальный аннуитет ◇ in ~ 1. в камере судьи 2. в закрытом судебном заседании 3. в секретном порядке

camp лагерь *(вид пенитенциарного учреждения)*

concentration ~ концентрационный лагерь

county work ~ исправительно-трудовой лагерь графства *(в Великобритании)* или округа штата *(США)*

detention ~ лагерь для интернированных

federal prison ~ *амер.* федеральный тюремный лагерь

honor ~ *амер.* лагерь для «почётных заключённых»

light-security ~ лагерь облегчённого режима

open ~ неохраняемый лагерь

prison ~ тюремный лагерь с тюремным режимом; лагерь-тюрьма

prison-industries ~ тюремно-трудовой лагерь

state prison ~ тюремный лагерь штата

strict-security ~ лагерь строгого режима

work ~ исправительно-трудовой лагерь

youth's detention ~ лагерь заключения для молодых преступников

campfight судебный поединок

cancel 1. аннулировать, отменять; расторгать 2. погашать 3. вычёркивать ◇ to ~ a contract расторгнуть договор

cancel(l)ation 1. аннулирование, отмена; расторжение 2. погашение 3. вычёркивание
~ of conviction погашение судимости

cancel(l)ed 1. аннулированный, отменённый; расторгнутый 2. погашенный 3. вычеркнутый

cancel(l)ing 1. аннулирование; расторжение 2. погашение 3. вычёркивание 4. канцеллинг *(обусловленный крайний срок прибытия зафрахтованного судна в порт погрузки, несоблюдение которого даёт фрахтователю право расторгнуть договор морской перевозки)*

candidacy *амер.* кандидатура

candidate кандидат *(на должность)*

official party ~ официальный кандидат *(на выборах)* от политической партии

presidential ~ кандидат в президенты

successful ~ кандидат, прошедший на выборах

unopposed ~ единственный кандидат *(на выборах)*

candidature *англ.* кандидатура

canon 1. правило; норма; закон 2. канон 3. папский декрет 4. каноническое правило 5. каноник
~s of construction нормы толкования
~s of descent нормы, регулирующие порядок наследования
~s of inheritance *см.* canons of descent
~ of law правовая норма, правовой принцип, правовой канон

canonist канонист, специалист по каноническому праву

cant 1. *шотл., ирл.* аукцион, публичные торги 2. жаргон *(воровской)*

canvass 1. вербовать сторонников перед выборами; собирание голосов перед выборами 2. *амер.* подсчёт голосов 3. искать заказы

canvassing 1. домогательство; понуждение 2. агитация за кандидата

illegal ~ незаконное домогательство; понуждение к совершению незаконных действий

capability способность ◇ in one's individual ~ от своего собственного имени; ~ to be reproduced воспроизводимость *(как один из критериев охраноспособности изобретения)*

capable 1. способный 2. правоспособный; дееспособный
~ of mischief способный причинить вред
legally ~ право- и/или дееспособный

capacity 1. способность 2. правоспособность; дееспособность 3. должность; должностное положение 4. компетенция ◇ in a representative ~ в качестве представителя; ~ to commit crime уголовно-правовая дееспособность *(обусловленная возрастом и вменяемостью юридически признанная способность совершить преступление)*; ~ to contract способность заключить договор; ~ to sue and be sued способность искать и отвечать в суде, процессуальная право- и дееспособность

active ~ дееспособность

administrative ~ 1. административная функция 2. административная должность

contractual ~ договорная право- и дееспособность

criminal ~ уголовно-правовая дееспособность *(обусловленная возрастом и вменяемостью юридически признанная способность совершить преступление)*

earning ~ трудоспособность

ecclesiastical ~ духовный сан; духовная должность

general legal ~ общая право- и дееспособность

international legal ~ международная правоспособность

labour ~ 1. статус профсоюзного работника 2. должность в профсоюзе; должность в аппарате профсоюза

legal ~ право- и дееспособность

mental ~ психические способности; умственные способности, интеллект official ~ должностное положение, должность

passive ~ правоспособность

political ~ 1. политическая должность 2. должность в политическом аппарате

private ~ статус частного лица

public ~ 1. статус государственного деятеля; публичный статус 2. публичная, государственная должность

representative ~ 1. представительская функция 2. компетенция представительного органа, учреждения 3. должность в представительном органе, учреждении

sufficient mental ~ психические (умственные) способности, достаточные для признания за лицом юридической дееспособности

testamentary ~ завещательная право- и дееспособность

testimonial ~ 1. право давать свидетельские показания 2. статус свидетеля

union ~ *см.* labour capacity

cape судебный приказ о вызове в суд арендатора по иску арендодателя

caper каперское судно

capias *лат.* судебный приказ, приказ об аресте лица *или* имущества (*в обеспечение гражданского иска*) ◇ ~ ad audiendum [ad audiendum judicium] *лат.* судебный приказ о доставке осуждённого в суд для объявления ему приговора; ~ ad respondendum *лат.* судебный приказ об аресте ответчика и о его доставке в суд в определённый день; ~ ad satisfaciendum *лат.* 1. судебный приказ об исполнении решения 2. судебный приказ об аресте и заключении в тюрьму должника по решению суда вплоть до удовлетворения заявленного против него иска; ~ extendi facias *лат.* судебный приказ о взыскании по долгам короне; ~ pro fine *лат.* судебный приказ об аресте лица за неуплату штрафа

capital 1. капитал 2. столица 3. наказуемый смертной казнью ◇ ~ and interest основная сумма и наросшие проценты

authorized ~ разрешённый к выпуску акционерный капитал; уставный капитал

chartered ~ уставный капитал

circulating ~ оборотный капитал

constant ~ постоянный капитал

issued ~ выпущенный акционерный капитал

nominal ~ разрешённый к выпуску акционерный капитал; уставный капитал

original ~ первоначальный капитал

paid-up ~ оплаченный акционерный капитал

registered ~ разрешённый к выпуску акционерный капитал

share ~ акционерный капитал

stated ~ объявленный акционерный капитал

stock ~ акционерный капитал

subscribed ~ выпущенный по подписке акционерный капитал

capitation обложение подушной податью

capitulary капитуляционный, основанный на режиме капитуляции

capitulate капитулировать

capitulation капитуляция

capitulatory капитуляционный

capon-justice судья-взяточник

capper 1. стряпчий 2. адвокат, навязывающий свои услуги пострадавшим от несчастных случаев

capping навязывание адвокатом своих услуг пострадавшим от несчастных случаев

caption 1. заголовок (*документа*) 2. вступительная часть материалов коронерского следствия 3. задержание; арест 4. изъятие, выемка

captive военнопленный; взятый в плен

captivity плен

captor 1. захвативший в плен 2. корабль, захвативший приз

capture 1. захват; взятие в плен ‖ захватывать; брать в плен 2. каперство 3. приз, призовое судно

clandestine ~ тайный захват (*человека*)

conjunct ~ совместный захват (*приза*)

car:

getaway ~ автомобиль для бегства с места совершения преступления

victim ~ автомобиль потерпевшего от автоаварии

card 1. карточка 2. билет (*напр. членский*) 3. формуляр 4. ярлык

alien registration ~ регистрационная карточка иностранца

charge ~ формуляр на уголовном деле с пунктами обвинения

credit ~ кредитная карточка

exemption ~ дипломатическое удостоверение (*выданное в стране пребывания*)

identification [identity] ~ удостоверение личности

registration ~ регистрационная карточка

care 1. забота; попечение ‖ заботиться; проявлять заботу 2. осторожность ◇ to be under ~ and custody находиться на попечении с лишением свободы; to take ~ заботиться, проявлять заботу; to take reasonable ~ проявлять разумную заботливость *или* осторожность

adequate ~ 1. надлежащая заботливость 2. обоснованная, разумная осторожность

custodial ~ попечение в условиях лишения свободы

due ~ должная заботливость *или* осторожность

extraordinary ~ наивысшая мера заботливости *или* осторожности

great ~ повышенная степень заботливости *или* осторожности

health ~ здравоохранение

institutional(ized) ~ попечение в условиях стационара (*медицинского, пенитенциарного*)

nonresidential ~ попечение не по месту жительства

ordinary ~ обычная мера заботливости; обычная осторожность

parental ~ родительское попечение

proper ~ 1. надлежащая заботливость 2. обоснованная, разумная осторожность

reasonable ~ разумная степень заботливости или осторожности

residential ~ попечение по месту жительства

secure ~ попечение в условиях лишения свободы

shelter ~ 1. попечение в условиях приюта *(для детей)* 2. забота предоставлением укрытия *или* убежища

slight ~ небольшая степень заботливости *или* осторожности

sufficient ~ достаточная мера заботливости *или* осторожности

supervisory ~ попечение надзором

utmost ~ наивысшая степень заботливости *или* осторожности

career:
criminal ~ преступное прошлое *(лица)*

delinquent ~ делинквентное прошлое *(лица)*

judicial ~ профессия судьи

legal ~ юридическая профессия, профессия юриста

careerist 1. профессионал 2. профессиональный *(несменяемый)* чиновник 3. профессиональный преступник

elective political ~ выборный профессиональный политик

public service ~ профессиональный государственный служащий

careerman профессиональный чиновник

appointive ~ назначаемый профессиональный чиновник

elective ~ выборный профессиональный чиновник

careless неосторожный, небрежный

carelessly неосторожно, по неосторожности, по небрежности

carelessness неосторожность, небрежность

gross ~ грубая неосторожность, небрежность

cargo груз ◇ ~ in bond груз, находящийся на таможенном складе

critical ~ груз, требующий особой охраны от расхищения

frustrated ~ груз, доставка которого прервана; возвращённый груз

general ~ генеральный груз

label(led) ~ груз, требующий принятия специальных мер при перевозке, разрядный груз

stolen ~ похищенный груз

carnage массовое убийство, резня

carriage 1. перевозка 2. проведение, принятие голосованием *(законопроекта, предложения, резолюции)* ◇ ~ by air воздушная перевозка; ~ by rail железнодорожная перевозка; ~ by sea морская перевозка

safe ~ сохранная перевозка

carrier перевозчик; фрахтовщик

actual ~ фактический перевозчик

common ~ общественный перевозчик, перевозчик на общих для всех основаниях

contracting ~ перевозчик по договору

land ~ сухопутный перевозчик

private ~ перевозчик, не являющийся общественным перевозчиком

public ~ *см.* common carrier

rail ~ железнодорожный перевозчик

sea ~ морской перевозчик

carry 1. перевозить 2. нести, носить 3. проводить, принимать голосованием *(законопроект, предложение, резолюцию)* ◇ to ~ a motion принять предложение; to ~ an election пройти на выборах; получить большинство голосов; to ~ arms носить оружие; перевозить оружие; to ~ before justice привлечь к суду, отдать в руки правосудия; to ~ costs содержать присуждение расходов и издержек по делу *(о решении суда)*; to ~ into effect вводить в действие; to ~ into execution приводить в исполнение; to ~ one's case отстаивать собственную версию по делу без помощи адвоката; to ~ over пролонгировать; to ~ punishment 1. влечь наказание *(о преступлении)* 2. понести наказание *(о преступнике)*; to ~ sentence понести наказание

carta *ист.* 1. хартия 2. оригинальные документы

Carta:
Magna ~ *лат.* Великая хартия вольностей *(1215 г.)*

cartel 1. картель, соглашение между воюющими *(об обмене военнопленными)* или между партиями, фракциями 2. картель *(объединение предпринимателей)*

crime [criminal] ~ 1. преступный *(беловоротничковый)* картель 2. гангстерский картель

organized crime ~ картель организованных преступников

cartelling обмен военнопленными

cartway 1. проезжая дорога *(частная)* 2. право прохода *или* проезда *(верхом, в экипаже и пр.)*

case 1. случай; положение 2. спорный вопрос в суде 3. казус; судебное решение по делу; судебный прецедент; судебное дело 4. материалы дела 5. фактические обстоятельства; изложение фактических обстоятельств; версия 6. доводы; аргументация по делу; изложение требований; меморандум по делу; объяснение *(в суде)* 7. деликтный «иск по конкретным обстоятельствам дела» *(о взыскании убытков при невозможности предъявления других типов исков)* 8. клиент *(адвоката)* 9. находящийся под наблюдением *(полиции)* ◇ ~ against доводы против *(кого-л., чего-л.)*; ~ agreed on представленное суду согласованное сторонами изложение фактов по делу; ~ as authority судебное дело как источник права; ~ at bar дело на стадии судебного разбирательства; ~ at hand дело, находящееся в производстве; ~ at law судебное дело; предмет судебного разбирательства; ~ cleared by arrest *амер. полиц.* преступление, раскрытое в меру доказательств, достаточных для производства ареста; ~ for 1. аргументация в пользу *кого-л., чего-л.* 2. дело, выигранное *кем-л.*; ~ for enforcement случай *или* версия, обосновывающие правоприменение; ~ for motion обоснование заявленного в суде ходатайства; ~ for the crown *англ.* версия государственного обвинения; ~ for the defence 1. версия защиты 2. дело, выигранное защитой; ~ for the jury дело, подлежащее рассмотрению присяжными; ~ for the prosecution 1. версия обвинения 2. дело, выигранное обвинением; ~ for trial дело, подлежащее судебному рассмотрению; ~ going to trial дело, направляемое для судебного рассмотрения; ~ in charge дело, находящееся в производстве; ~ in equity судебное дело в сфере права справедливости; ~ in fact фактическая сторона дела; ~ in law судебное дело в сфере общего права; ~ in point 1. рассматриваемое дело; данное дело 2. случай, относящийся к рассматриваемому вопросу; ~ made 1. согласованное сторонами изложение фактов по спорному правовому вопросу 2. запись судопроизводства; ~ mortality «смертность» судебных дел *(количество судебных дел, проигранных истцами или обвинителями)*; ~ on appeal 1. *англ.* изложение дела стороной по апелляции 2. записка по делу, представляемая в апелляционный суд адвокатом истца по апелляции 3. документ с постановкой правового вопроса нижестоящим судом перед вышестоящим судом 4. дело, находящееся в апелляционном производстве *(поступившее или рассматриваемое по апелляционной жалобе)*; ~ on trial дело на стадии судебного рассмотрения; ~ pending дело на стадии рассмотрения; незаконченный процесс; ~ received for investigation дело, поступившее на расследование; reference to a ~ отсылка к делу; ~ reserved особые правовые вопросы *(передаваемые по соглашению или арбитражем на разрешение суда)*; ~ sounding in contract дело по спору из договора; ~ sounding in tort дело, связанное с причинением деликтного вреда; ~ stated письменное соглашение между истцом и ответчиком о фактах, лежащих в основе спора *(позволяющее суду ограничиться применением закона)*; ~ sufficient for prosecution версия, подкреплённая доказательствами, достаточными для возбуждения уголовного преследования; ~ tried by the court дело, рассмотренное судом без присяжных; to appear in the ~ выступать по делу; to arrange a ~ согласовать позиции по делу; to bring a ~ 1. представить дело в суд, суду 2. возбудить иск, обвинение, судебное дело 3. представить версию по делу 4. представить доводы, доказательства по делу; to call (on) a ~ назначить дело к слушанию; to carry a ~ проводить судебное дело, судебный процесс; to close a ~ прекратить дело; отказаться от иска, от обвинения; to commence a ~ возбудить иск, обвинение, судебное дело; to conduct a ~ вести судебный процесс, судеб-

ное заседание; to develop a ~ 1. подготовить дело 2. возбудить иск, обвинение, судебное дело; to develop a ~ sufficient for prosecution подготовить дело для возбуждения по нему уголовного преследования; to dismiss a ~ прекратить дело; to disprove the ~ 1. опровергнуть версию 2. опровергнуть доказательства 3. опровергнуть обвинение; to drop a ~ отказаться от иска, от обвинения; to eject a ~ изъять дело *(из производства)*; to enter a ~ 1. войти в дело 2. предъявить иск, обвинение; to establish the ~ доказать версию по делу; to file a ~ подать иск; to follow the ~ следовать прецеденту; to handle a ~ *см.* to conduct a case; to initiate a ~ возбудить иск, обвинение, судебное дело; to lose a ~ проиграть дело; to make out the ~ доказать версию по делу; выиграть дело; ~ to move for new trial заявление о новом рассмотрении дела; to open ~ to the jury представить фактические обстоятельства дела присяжным; to prejudice a ~ 1. относиться к делу с предубеждением 2. повлиять на судьбу дела ранее вынесенным по нему административным решением; to prepare a ~ for trial подготовить дело к слушанию в суде; to present no ~ не представить доказательств по делу; to press the ~ оказывать давление на суд, рассматривающий дело; to process a ~ вести судебный процесс; to prove a ~ доказать версию по делу; to prove one's ~ доказать собственную версию; to reach a ~ выиграть дело; to read a ~ вести дело в суде; ~ to remain open дело, не закончившееся решением; to rest the ~ закончить изложение выдвинутой версии; to review the ~ пересмотреть дело; to sanction a ~ назначить дело к слушанию; to solve a ~ решить дело; раскрыть преступление *(о полиции)*; to watch a ~ наблюдать за ходом дела в суде; to win a ~ выиграть дело; ~ tried by the court дело, рассмотренное судом без присяжных; ~ under investigation расследуемое дело; under the ~s в соответствии с судебной практикой; ~ within the statute случай, предусмотренный статутным правом

~ of admiralty 1. дело, подлежащее рассмотрению по нормам морского права 2. дело, подлежащее рассмотрению в суде адмиралтейства *или* в морском суде

~ of circumstantial evidence версия *или* обвинение, основанные на косвенных доказательствах

~ of direct evidence версия *или* обвинение, основанные на прямых доказательствах

~ of emergency непредвиденный случай; чрезвычайное обстоятельство; чрезвычайное положение; случай крайней необходимости

~ of maritime jurisdiction дело, относящееся к юрисдикции морского суда

~ of the first impression дело, по которому не имеется прецедентов; дело, ставящее новый вопрос права

administrative ~ административное дело

admiralty ~ дело, подлежащее рассмотрению адмиралтейским *или* морским судом

adult ~ дело совершеннолетнего, дело о совершеннолетнем

advancement ~ дело об имущественном предоставлении в порядке антиципации наследственной доли

agreed ~ представленное суду согласованное сторонами изложение фактов по делу

analogous ~ аналогичное судебное дело

anonymous ~ запись судебного решения без обозначения имён сторон по делу

antitrust ~ антитрестовское дело

appeals ~s 1. дела, рассматриваемые в апелляционном порядке палатой лордов и судебным комитетом тайного совета

assault-homicide ~ дело о нападении с убийством

bad ~ необоснованная версия

capital ~ дело о преступлении, за которое по закону может быть *или* должна быть назначена смертная казнь

Chancery ~s дела, рассматриваемые судом канцлера

circumstantial ~ *см.* case of sircumstantial evidence

cited ~ приведённое дело; дело, к которому сделана отсылка

civil ~ гражданское дело

civil-commitment ~ 1. гражданское дело с препровождением под стражу 2. лицо, препровождённое под стражу по гражданскому делу

cleared ~ дело с выясненными обстоятельствами; раскрытое преступление

cognizable ~ подсудное дело

common-law ~ дело, подлежащее рассмотрению по нормам общего права

common-law ~ of crime случай, вид преступления, предусмотренный общим правом

Commonwealth ~ 1. уголовное дело *(в некоторых штатах США и в Австралийском Союзе)* 2. государственное обвинение *(в некоторых штатах США и в Австралийском Союзе)*

Commonwealth's ~ версия государственного обвинения *(в некоторых штатах США и в Австралийском Союзе)*

consolidated ~s дела, объединённые в одно производство

contentious ~ дело по спору

court ~ судебное дело

Court of Appeal ~s *англ.* дела, рассматриваемые апелляционным судом

criminal ~ уголовное дело

criminal-commitment ~ 1. уголовное дело с препровождением под стражу 2. лицо, препровождённое под стражу по уголовному делу

criminal constitutional ~ дело о преступном нарушении конституции

Crown ~ *англ.* 1. уголовное дело 2. государственное обвинение

crown ~s reserved *англ.* уголовные дела, представляемые на разрешение апелляционного суда

crown ~s reserved *англ.* уголовные дела, представляемые на разрешение апелляционного суда

crown's ~ *англ.* версия государственного обвинения

defence ~ версия защиты

direct ~ *см.* case of direct evidence

disciplinary ~ дисциплинарный проступок

discretion ~ дело, решаемое по усмотрению

dismissed ~ прекращённое дело

diverse citizenship ~ 1. судебное дело между гражданином США и иностранцем 2. судебное дело между гражданами разных штатов США

diversion ~ лицо, подлежащее выведению из системы уголовной юстиции

diversity ~ дело по иску гражданина одного штата к гражданину другого штата при коллизии относящихся к нему правовых норм в этих штатах

diversity jurisdiction ~ дело по спору о юрисдикции при коллизии относящихся к ней правовых норм

due process ~ толкование надлежащей правовой процедуры; спор о надлежащей правовой процедуре

earlier ~ 1. ранее рассмотренное судебное дело 2. ранее состоявшееся судебное решение

early ~ 1. давно рассмотренное судебное дело 2. давно состоявшееся судебное решение

equity ~ дело, подлежащее рассмотрению на основе права справедливости

ex parte ~ дело, в котором проходит лишь одна сторона

ex parte patent ~ дело по спору с патентным ведомством

federal ~ *амер.* дело федеральной юрисдикции

former ~ *см.* earlier case

good ~ обоснованная версия

government ~ *амер.* 1. уголовное дело 2. государственное обвинение

government's ~ *амер.* версия государственного обвинения

hard ~ 1. сложное (судебное) дело 2. закоренелый преступник, рецидивист

illustrative ~ дело, могущее служить иллюстрацией, примером

instant ~ *см.* case in point 1.

jury ~ дело, рассматриваемое с участием присяжных

juvenile ~ дело несовершеннолетнего, дело о несовершеннолетнем

landmark ~ дело, являющееся вехой в судебной практике

later ~ судебное дело, рассмотренное впоследствии

law ~ судебное дело

leading ~ руководящее судебное решение, решение-прецедент, судебный прецедент

legal ~ судебное дело

litigated ~ 1. случай, являющийся предметом судебного спора 2. судебное дело

litigation ~ судебное дело

major ~ дело о серьёзном правонарушении

major criminal ~ уголовное дело о серьёзном преступлении

maritime ~ морское дело (судебное, арбитражное)

massive ~ крупное дело

mental ~ 1. случай, требующий проведения судебной экспертизы 2. умалишённый, сумасшедший, психически больной, невменяемый

minor ~ 1. дело о малозначительном правонарушении 2. см. juvenile case

minor criminal ~ уголовное дело о малозначительном преступлении

moot ~ 1. спорное дело; спорный вопрос 2. правовой вопрос, поставленный для обсуждения учащимся (в юридической школе)

multi-defendant ~ дело с несколькими ответчиками или подсудимыми

non-capital ~ дело о преступлении, за которое по закону не может быть назначена смертная казнь

non-contentious ~ дело не по спору между сторонами

nondiversity jurisdiction ~ дело по спору о юрисдикции при отсутствии коллизии относящихся к ней правовых норм

non-jury ~ дело, рассматриваемое без участия присяжных

nullity ~ дело о недействительности (сделки)

parent ~ см. leading case

party's ~ версия стороны в процессе

pending ~ дело на стадии рассмотрения; незаконченный процесс

People ~ 1. уголовное дело (по законодательству штата) 2. государственное обвинение (от имени штата)

People's ~ см. state's case

petty ~ дело о малозначительном правонарушении

police complaint ~s дела, рассматриваемые по жалобам, поступившим в полицию

political ~ 1. дело о политическом преступлении 2. дело, имеющее политическое значение 3. неподсудное, политическое дело 4. политический преступник

precedent ~ 1., 2. см. previous case 3. судебное решение-прецедент

presumptive ~ of an offence презумпция совершения (обвиняемым) преступления

previous ~ 1. ранее рассмотренное судебное дело 2. ранее состоявшееся судебное решение

prima facie ~ наличие достаточно серьёзных доказательств для возбуждения дела

prior ~ см. previous case

Probate ~ англ. наследственное дело

prosecuted ~ дело, по которому осуществлено уголовное преследование

prosecution ~ версия обвинения

release ~ лицо, подлежащее освобождению из-под стражи

remand ~ 1. возвращённое по подсудности дело 2. обвиняемый, возвращённый под стражу для проведения дополнительного расследования

reopened ~ дело, возобновлённое производством

reported ~ судебное дело, опубликованное в сборниках судебных решений

restrictive covenant ~ иск из нарушения рестриктивного условия

routine ~ обычный случай; обычное, рутинное судебное дело

ruled ~ дело, по которому вынесено решение

sales-of-goods ~ судебное дело по спору между потребителем и продавцом или производителем товаров

seminal ~ первичный прецедент

sentencing ~ 1. доводы в пользу назначения наказания 2. случай (конкретный) вынесения приговора, назначения наказания

similar ~ аналогичное судебное дело

small claim ~ амер. дело с небольшой суммой иска

solved ~ решённое дело; раскрытое полицией преступление

special ~ 1. особый случай, исключение 2. решение судом дела на основе представленного ему соглашения сторон по определённым вопросам

state ~ 1. уголовное преступление (по законодательству штата) 2. государственное обвинение (от имени штата)

stated ~ см. case agreed on

state's ~ версия государственного обвинения (от имени штата)

statutory ~ дело, подлежащее рассмотрению по нормам статутного права

statutory ~ of crime случай, вид преступления, предусмотренного статутным правом

strong ~ for/against веские доводы в пользу, против

tax ~ дело о налоговом правонарушении

test ~ «пробное дело», прецедентное дело, прецедент (1. дело, имеющее принципиальное значение для разрешения ряда аналогичных дел 2. дело по «пробному» иску, подаваемому для определения правовой позиции определённого круга лиц, не являющихся сторонами в деле 3. дело, на котором проверяется конституционность закона в Верховном суде США)

thin ~ липовое, сфабрикованное обвинение, дело

tie-in ~ судебное дело, связанное с включением в договор условий, ограничивающих деятельность стороны (напр. возложение на лицензиара обязанности покупать определённые материалы только у лицензиата)

trial ~ 1. дело, подлежащее судебному рассмотрению 2. дело в стадии судебного рассмотрения 3. подсудимый, содержащийся под стражей 4. дело в первой инстанции trumped-up ~ сфабрикованное дело

unanswerable ~ неопровержимые доказательства, наличие неопровержимых доказательств

uncontested [undefended] ~ дело, рассматриваемое не по спору между сторонами; судебный процесс без участия ответчика; дело, по которому нет возражений ответчика

unreported ~ судебное дело, о котором не было публикации в сборниках судебных решений

unsolved ~ нерешённое дело; нераскрытое полицией преступление

weak ~ for/against неубедительные доводы в пользу/против

Case:

Admiralty and Ecclesiastical ~s *англ. ист.* Отчёты о делах, рассмотренных адмиралтейскими, морскими и церковными судами (*периодический сборник 1865-1875 гг.*)

(American and English) Annotated ~s Аннотированный сборник американской и английской судебной практики

Chancery Appeal ~s *англ. ист.* Отчёты о делах, рассмотренных в апелляционном порядке судом канцлера (*периодический сборник 1865-1875 гг.*)

Common Pleas ~s *англ. ист.* Отчёты о делах, рассмотренных судами общегражданских исков (*периодический сборник 1865-1875, 1876-1881 гг.*)

case-in-chief версия, выдвинутая стороной при допросе вызванных ею свидетелей

casework работа по изучению материалов судебных дел

administrative ~ работа по изучению материалов административных дел

civil ~ работа по изучению материалов гражданских дел

criminal ~ работа по изучению материалов уголовных дел

social ~ социальное патронирование (*лиц, освобождённых судом от реального отбывания наказания; лиц, освободившихся из заключения*)

caseworker 1. лицо, изучающее отдельные случаи правонарушений по материалам дел 2. патронажная сестра

cash наличные деньги; наличный расчёт ‖ получать деньги (*по чеку, векселю*) ◇ ~ on delivery наложенный платёж

cash-memo товарный чек

cassation кассация

cast 1. присуждать, приговаривать 2. подавать (*голос при голосовании*) ◇ to ~ a ballot подать избирательный бюллетень; to ~ a vote голосовать; to be ~ (in lawsuit) проиграть (судебный процесс); to ~ non-vote подать незаполненный баллотировочный бюллетень

casual 1. временный рабочий 2. случайный 3. нерегулярный 4. казуальный

casualize переводить на непостоянную работу

casualty 1. случайное происшествие; несчастный случай 2. ущерб от несчастного случая

3. раненый *или* убитый (*в период военных действий, при несчастном случае*)

inevitable ~ чистая случайность

casuist казуист

casuistry казуистика

casus *лат.* случай; факт; событие; казус

casus belli *лат.* «казус белли», повод к войне

casus foederis *лат.* случай, предусмотренный договором; случай, при котором вступают в силу обязательства, вытекающие из союзного договора

casus omissus *лат.* непредусмотренный (*законом, договором*) случай

catch 1. поимка; захват; изобличение ‖ поймать; застигнуть; застать; изобличить 2. улов; добыча ◇ to ~ in a deception уличить в обмане; to ~ in flagrante [in the act] поймать в момент совершения преступления; поймать с поличным; to ~ red-handed *см.* to catch in flagrante

allowable [permissible] ~ допустимый улов

cattle-lifter скотокрад

cattle-stealer скотокрад

caucus *амер.* кокус (*совещание членов легислатуры, принадлежащих к одной партии*)

caught in flagranti delicto [in the act] схваченный в момент совершения преступления

causa *лат.* 1. тяжба; иск; дело 2. причина

causal причинный

causa libera in actio *лат.* добровольно совершённое действие

causa private *лат.* частное дело

causation причинность, причинная обусловленность

cause 1. основание; мотив; причина ‖ причинять 2. судебное дело, процесс, тяжба 3. соображения стороны по делу 4. заставлять; велеть; распоряжаться ◇ to ~ collectively причинить по совокупности действий; to furnish ~ предъявить, представить основание, причину; to ~ inconvenience причинить неудобство; to ~ smth. to be done распорядиться о совершении чего-л.; заставить сделать что-л.; обеспечить совершение чего-л.; to ~ suspicion to fall on a person возбудить против лица подозрение

~ of accusation основание обвинения

~ of action основание иска

~ of arrest основание для ареста

~s of crime 1. причины преступности 2. причины преступления

~ of offence причина преступления

absent good ~ отсутствие уважительной причины

accident ~ причина несчастного случая

accidental ~ случайная причина

active ~ 1. причина, активно порождающая результат, действие как причина 2. действенная причина 3. прямая, непосредственная причина

adequate ~ 1. достаточная причина 2. достаточный повод (*как побудительный импульс к совершению убийства под влиянием вне-*)

запно возникшего сильного душевного волнения)

arranged ~ дело, назначенное к слушанию

case-based ~ of action основание иска по материалам дела

colo(u)rable ~ видимость основания для иска или обвинения

constitutional ~ of action конституционное основание иска

contributing ~ of offence обстоятельство, способствовавшее совершению преступления

direct ~ прямая, непосредственная причина

excusable ~ извинительный мотив

fictitious ~ of action фиктивное основание иска

good ~ достаточная причина; достаточное основание

good ~ to believe достаточное основание для предположения

immediate ~ прямая, непосредственная причина

impulsive ~ побудительная причина, побудительный мотив

justifiable ~ извинительный мотив

last impulsive ~ последний (по времени) побудительный мотив

legal ~ 1. судебное дело 2. законное основание

major ~ дело о серьёзном правонарушении

maritime ~s морские дела

matrimonial ~ дело о разводе

minor ~ см. small cause

original ~ 1. первоначальное основание иска, судебного преследования 2. первоначальное дело

primitive ~ первопричина

probable ~ вероятная причина; правдоподобное основание; достаточное основание

probable ~ to believe достаточное основание для предположения

probable ~ within rule достаточное основание, заключающееся в норме права

proximate ~ ближайшая причина; непосредственная причина

real ~ действительная причина; действительное основание

reasonable ~ см. sufficient cause

reasonable ~ to believe достаточное основание для предположения

remote ~ отдалённая причина

short ~ простое дело, несложное дело, дело, не требующее много времени для рассмотрения

small ~ дело о малозначительном правонарушении

sufficient ~ достаточная причина; достаточное основание

surviving ~ of action основание иска, не отпадающее за смертью стороны

testamentary ~ дело о завещании

unanswerable ~ of action бесспорное основание иска

unknown ~ неизвестная причина

valid ~ см. sufficient cause

cause-books регистр дел в Верховном суде Англии

caused:

intentionally ~ причинённый с намерением, умышленно

caution 1. осторожность; предусмотрительность 2. предупреждение (в частности, об ответственности за дачу ложных показаний) 3. предостережение при аресте (о том, что подвергшееся при аресте лицо вправе говорить всё, что ему угодно, но что всё, что оно скажет, может быть использовано против него в качестве доказательства по делу) ‖ делать предупреждение; предупреждать о неблагоприятных последствиях (в частности, при аресте) 4. поручитель; поручительство 5. обеспечение ◇ **~ juratory** шотл. клятвенное обеспечение

due ~ должная осторожность

excessive ~ чрезмерная осторожность

extraordinary ~ экстраординарная осторожность

proper ~ надлежащая осторожность

cautionary шотл. поручительство

cautioner шотл. поручитель

caveat лат. 1. протест; возражение; предостережение 2. формальное предупреждение суду или иному публичному органу о непроизводстве ими определённых действий без предварительного уведомления лица, сделавшего предупреждение; предупреждение, данное суду о заинтересованности в деле (с целью не допустить совершения какого-л. процессуального действия без извещения о нём данного лица) 3. предварительная заявка на патент

caveat emptor лат. «пусть покупатель будет бдителен», качество на риске покупателя, покупатель действует на свой риск

caveator 1. лицо, заявляющее о своей заинтересованности в деле 2. податель предварительной патентной заявки

caveat venditor лат. «пусть продавец будет бдителен», продавец действует на свой риск

cavil придирки; крючкотворство, необоснованные возражения ‖ придираться; заниматься крючкотворством; выдвигать необоснованные возражения

cede передавать, уступать, цедировать

cedent шотл. цедент

celebrate отправлять (обряд, ритуал) ◇ **to ~ a contract** заключать договор

celebration отправление (обряда, ритуала)

~ of contract заключение договора

~ of marriage акт заключения брака

celibacy воздержание от вступления в брак

celibate лицо, воздерживающееся от вступления в брак ‖ воздерживаться от вступления в брак

cell тюремная камера

close ~ особо охраняемая тюремная камера

detention ~ камера для задержанных; камера заключения

disciplinary ~ гауптвахта

high-security ~ камера строгого режима
interrogation ~ камера для допросов
mass ~ общая камера
police ~ полицейская камера *(для содержания задержанных и арестованных)*
solitary ~ камера одиночного заключения, одиночка
special security ~ камера особого режима
underground ~ подземная камера
cellmate сокамерник
censor цензор ‖ подвергать цензуре
censorial цензурный; цензорский
censorship 1. цензура 2. должность цензора
censure 1. порицание, осуждение ‖ порицать, осуждать 2. вынести обвинительный приговор ◇ to bring ~ вынести порицание, осуждение
ecclesiastical ~ церковное осуждение
public ~ публичное осуждение
census ◇ to take the ~ провести перепись *(населения и т.п.)*
~ (of enumeration) перепись населения
national ~ перепись населения в масштабе страны
census-paper бланк, заполняемый при переписи, опросный лист
center *см.* centre
centralization централизация
centralize централизовать
centre центр
assembly ~ лагерь для интернированных
assessment ~ распределительный центр *(для несовершеннолетних правонарушителей)*
attendance ~ «центр присутствия» *(исправительное учреждение, с обязательным ежедневным присутствием, для правонарушителей в возрасте от 12 лет до 21 года, ранее не приговаривавшихся к наказанию, связанному с лишением свободы)*
classification ~ центр классификации заключённых
community correction ~ общественный исправительный центр
correction ~ исправительный центр *(для беглых заключённых, не вернувшихся из «отпуска домой»)*
corrective training allocation ~ распределительный центр для заключённых, направляемых на исправительную подготовку
day treatment ~ центр исправительного воздействия в дневное время *(без круглосуточного пребывания)*
detention ~ центр для содержания под стражей задержанных правонарушителей
detoxification ~ вытрезвитель
federal youth ~ федеральный центр заключения для молодых преступников
holding ~ пересыльный центр
indoor recreation ~ центр рекреационных занятий в стенах пенитенциарного учреждения
induction ~ приёмное, «вводное» отделение *(в тюрьме, для впервые поступивших заключённых)*

junior ~ центр содержания под стражей задержанных правонарушителей наиболее молодых возрастов
juvenile detention ~ центр для содержания под стражей задержанных несовершеннолетних правонарушителей
metropolitan ~ столичный городской центр; центральная зона городской агломерации
recall ~ распределительный центр для заключённых, вторично поступивших в пенитенциарное учреждение
reception ~ (тюремный) центр для вновь поступивших заключённых
recreation ~ центр рекреационных занятий *(для правонарушителей, заключённых)*
rehabilitation ~ центр социальной реабилитации *(лиц, освобождённых судом от реального отбывания наказания; заключённых; лиц, освободившихся из заключения)*
relocation ~ лагерь для интернированных
resettlement ~ центр для временного проживания переселенцев
retraining ~ центр исправительной переподготовки
secure treatment ~ центр исправительного воздействия с лишением свободы
senior ~ центр заключения для задержанных молодых преступников старших возрастов
state youth ~ центр заключения для молодых преступников в юрисдикции штата
training ~ центр исправительной подготовки
treatment ~ центр исправительного воздействия
young prisoner ~ центр заключения для молодых преступников
youth ~ центр заключения для молодых преступников
youth correction ~ исправительный центр для молодых преступников
ceremonial церемониал; почести ‖ церемониальный; формальный
maritime ~ морской церемониал
ceremon/y церемония
inaugural ~ies обряд вступления в должность, посвящения в сан
certainty 1. несомненный факт 2. уверенность; определённость 3. обеспечение, залог
moral ~ внутреннее убеждение
certificate удостоверение; свидетельство; сертификат; справка ‖ удостоверять; выдавать письменное удостоверение ◇ ~ for costs судебный сертификат на получение стороной судебных издержек; ~ for marriage свидетельство о браке; ~ into chancery заключение суда общего права по поставленному канцлерским судом юридическому вопросу
~ of acknowledgement нотариальное свидетельство
~ of annulment 1. свидетельство об аннулировании *чего-л.* 2. свидетельство о расторжении брака
~ of appointment свидетельство о назначении *(напр. управляющим конкурсной массой)*
~ of audit акт ревизии

~ of birth свидетельство о рождении

~ of competency удостоверение о квалификации

~ of conviction справка о судимости

~ of damage свидетельство о повреждении, аварийный сертификат

~ of death свидетельство о смерти

~ of evidence заверенные судьёй письменные возражения стороны против действий суда по рассматриваемому делу

~ of expediency заключение министра юстиции о целесообразности обжалования дела (в США)

~ of good conduct справка о хорошем поведении (в тюрьме); воен. положительная характеристика

~ of identity удостоверение личности

~ of incorporation сертификат юридического лица

~ of indebtedness долговой документ, долговое обязательство

~ of origin свидетельство о происхождении (груза, товара)

~ of poverty свидетельство о бедности

~ of public officer выданное государственным чиновником удостоверение, справка

~ of purchase свидетельство о покупке при продаже по постановлению суда

~ of registry регистровое свидетельство, судовое свидетельство, судовой патент

~ of rehabilitation справка о реабилитации

~ of sale см. certificate of purchase

~ of stock сертификат о праве собственности на акции

allotment ~ 1. свидетельство на акции 2. свидетельство на владение землёй

attorney ~ удостоверение об уплате налога за право адвокатской практики

audit ~ заключение аудитора, ревизора

author's ~ авторское свидетельство

baptismal ~ справка о крещении

birth ~ свидетельство о рождении

builder's ~ заводское свидетельство, свидетельство предприятия-изготовителя

character ~ полицейское свидетельство о поведении; справка полиции о благонадёжности; воен. служебная характеристика, аттестация

consular ~ консульское свидетельство

damage ~ свидетельство о повреждении

death ~ свидетельство о смерти

defence ~ свидетельство о праве на бесплатного государственного защитника

false ~ поддельная справка

gold ~ золотой сертификат

incorporation ~ сертификат юридического лица

inspection ~ акт осмотра

insurance ~ страховой сертификат

interim ~ временное свидетельство

judge's ~ справка, выданная судьёй

loyalty ~ свидетельство о благонадёжности

marriage ~ свидетельство о браке

medical ~ врачебное, медицинское свидетельство

Nansen ~ нансеновский паспорт

notary's ~ нотариальное свидетельство

police ~ 1. справка из полиции 2. удостоверение полицейского

practising ~ удостоверение на право заниматься профессиональной практикой

premarriage [prenuptial] ~ врачебное свидетельство об отсутствии заболеваний, препятствующих вступлению в брак

quarantine ~ карантинное свидетельство

reexamination ~ свидетельство о произведённой повторной экспертизе на патентоспособность

registered ~ именная ценная бумага

registration ~ 1. свидетельство о регистрации 2. вид на жительство, удостоверение на право проживания

sanitary ~ санитарное свидетельство

scrip ~ свидетельство о праве собственности на акции, предварительное свидетельство на акции

service ~ служебное удостоверение

share ~ акция, свидетельство на акцию

stock ~ 1. амер. акция, свидетельство на акцию 2. англ. свидетельство на долю участия в акционерном капитале 3. сертификат о праве собственности на акции

subscription ~ временное свидетельство о подписке (на акции и т.п.)

tax ~ сертификат, выдаваемый покупателю при продаже имущества за неуплату налогов

temporary ~ временное свидетельство

treasury ~ казначейское свидетельство

type ~ типовое свидетельство или удостоверение

utility ~ свидетельство о регистрации полезной модели

voting trust ~ доверенность на право голосования

warehouse ~ складское свидетельство

warehouse-keeper's ~ складская расписка

wharfinger's ~ расписка товарной пристани в приёме товара для отправки

works test ~ свидетельство о заводском испытании

X ~ англ. свидетельство «X» (разрешающее показ фильма с элементами эротики и жестокости только для взрослых)

certification 1. засвидетельствование; легализация; удостоверение, выдача удостоверения 2. шотл. предупреждение о последствиях неявки в суд или неповиновения приказу суда 3. процедура сертификации (обращение нижестоящего суда в вышестоящий за справкой по сложному юридическому вопросу в связи с рассматриваемым делом)

~ of check акцептование чека

consular ~ консульская легализация

certified заверенный; письменно или официально засвидетельствованный

certifier удостоверитель

certify удостоверять, заверять; подтверждать

certiorari *лат.* истребование дела *(из производства нижестоящего суда в вышестоящий суд)*; *англ.* направление обвинительного акта в Высокий суд

certiorate официально уведомить

cess налог; сбор; подать

cessation прекращение

cessavit иск о выселении арендатора вследствие прекращения выполнения им своих обязанностей

cesser прекращение; прекращение выполнения обязанностей

cession передача, цессия, уступка

~ **of goods** передача имущества *(должником кредиторам при невозможности уплаты долгов)*

~ **of rights** цессия, передача прав

cessionary 1. цедент 2. *шотл.* цессионарий

cessment налог, обложение

cestui que trust бенефициарий

cestui que use узуфруктуарий

cestui que vie субъект пожизненного права

chain цепь; связь; последовательность

~ **of causation** причинная связь, цепь причинности

~ **of proofs** цепь доказательств

~ **of title** последовательный ряд передач правового титула

chair 1. председательское место; председательствование 2. председатель 3. электрический стул 4. место свидетеля в суде 5. должность судьи 6. пост спикера палаты общин

electric ~ электрический стул *(орудие казни в США)*

witness ~ место свидетеля в суде

chaired под председательством

chairman председатель

~ **of the bench** председатель суда данного состава

chairmanship должность председателя; председательствование

rotating ~ поочерёдное выполнение функций председателя

challenge 1. возражение; оспаривание ‖ возражать; оспаривать 2. отвод *(присяжным, свидетелю)* ‖ давать отвод 3. вызов ‖ бросать вызов 4. опознавательный сигнал ‖ показывать опознавательные сигналы 5. спрашивать пропуск *или* пароль ◇ ~ **for cause** 1. отвод по конкретному основанию 2. возражение, обоснованное ссылкой на конкретное обстоятельство; ~ **propter affectum** отвод со ссылкой на пристрастность; ~ **propter delictum** отвод присяжному по мотивам совершения им преступления; ~ **to fight a duel** вызов на дуэль; ~ **to individual grand juror** отвод члену коллегии большого жюри; ~ **to individual juror** отвод члену коллегии присяжных; ~ **to the array** отвод всему составу присяжных; to ~ **the jurors** заявить отвод присяжным; ~ **to the panel** отвод всему составу присяжных; ~ **to the poll** отвод присяжного *или* присяжных

general ~ отвод отдельному присяжному со ссылкой на некомпетентность

peremptory ~ отвод без указания причины

principal ~ 1. отвод отдельному присяжному по причине очевидной пристрастности *или* предубеждённости 2. отвод всему составу присяжных

challengeability оспоримость

challengeable оспоримый

chamber 1. палата *(парламента, суда, торговая)* 2. коллегия судей 3. *pl* контора адвоката 4. *pl* кабинет, камера судьи *или* магистрата 5. *pl* части моря, ограниченные береговой линией и прямыми линиями, проведёнными через наиболее выступающие мысы ◇ **at** ~**s** не в судебном заседании *(о действиях суда)*; в судейской комнате; при закрытых дверях, в закрытом заседании

first ~ первая *(верхняя)* палата парламента, палата лордов

gas ~ газовая камера

higher ~ верхняя палата

lower ~ нижняя палата

parent ~ основная *(по отношению к комитету палаты)* палата парламента

second ~ вторая *(нижняя)* палата парламента, палата общин

upper ~ верхняя палата

Chamber:

Commons ~ палата общин

Exchequer ~ казначейская палата, казначейство

King's ~**s** части моря внутри линий, проведённых от одного крайнего выступа территории Великобритании до другого

Lord's ~ палата лордов

Star ~ 1. *англ. ист.* Звёздная палата *(тайный верховный суд, рассматривавший без присяжных дела о наиболее тяжких преступлениях)* 2. *перен.* тайный неправедный суд; судилище

chamberlain 1. камергер 2. казначей

champerty «чемперти» *(ведение чужого судебного дела с получением части предмета спора или исковой суммы в случае выигрыша; неправомерное оказание помощи другому лицу в гражданском процессе с целью получить участие в выгодах от этого процесса)*

chancellor 1. канцлер 2. главный судья, председатель суда справедливости *(в некоторых штатах)* 3. *шотл.* старшина присяжных

~ **of diocese** судья консисторского суда, канцлер епархии

~ **of the court** главный судья, председатель суда справедливости *(в некоторых штатах)*

Chancellor:

~ **of the Duchy of Lancaster and Paymaster General** канцлер герцогства Ланкастерского и генеральный казначей *(в Великобритании)*

~ **of the Exchequer** министр финансов *(в Великобритании)*

Lord ~ Лорд-канцлер *(главное судебное должностное лицо, спикер палаты лордов, член кабинета министров)*

chance-medley 1. внезапно возникшая драка **2.** непредумышленное убийство, явившееся результатом внезапно возникшей драки

chancer разрешать дела по нормам права справедливости

chancery канцлерский суд, суд права справедливости; право справедливости

channel передать *(взятку)*

chaplain капеллан *(священник в армии, колледже, больнице, тюрьме)*

chapter отдел *(организации)*; отделение, филиал

character 1. официальное качество; положение; статус **2.** характерная особенность **3.** репутация **4.** рекомендация; характеристика; аттестация ◇ **circumstantial use of ~** ссылка на репутацию как на косвенное доказательство; **~ in issue** характер, репутация как предмет доказывания

bad ~ дурная репутация

chaste ~ репутация добродетельного человека

criminal ~ 1. репутация преступника; преступная личность **2.** преступный характер *(деяния)*

general immoral ~ репутация в целом аморальной личности

general moral ~ 1. общая моральная репутация **2.** общая моральная характеристика **3.** репутация в целом человека морали

immoral ~ репутация аморальной личности; аморальная личность

known ~ заведомая репутация

known immoral ~ заведомая репутация аморальной личности; заведомо аморальная личность

moral ~ 1. моральная репутация **2.** моральная характеристика **3.** репутация человека морали

nonprejudicial ~ 1. реальные черты характера **2.** объективная репутация **3.** черты характера *или* репутация, не порождающие предубеждения **4.** непреюдициальный характер *(решения)*

police ~ лицо, состоящее на учёте в полиции

prejudicial ~ 1. черты характера *или* репутация, порождённые предубеждением **2.** черты характера *или* репутация, порождающие предубеждение **3.** преюдициальный характер *(решения)*

skid row ~ *амер. жарг.* завсегдатай притонов

suspicious ~ подозрительная личность

characterization квалификация *(в коллизионном праве)*

characterize квалифицировать *(в коллизионном праве)*

charge 1. обременение вещи; залоговое право ‖ обременять вещь, обременять залогом **2.** обязательство; обязанность; ответственность ‖ вменять в обязанность; возлагать обязанность **3.** предписание; требование; поручение ‖ предписывать; требовать; поручать **4.** обвинение; пункт обвинения ‖ обвинять **5.** аргу-

ментация в исковом заявлении в опровержение предполагаемых доводов ответчика **6.** письменная детализация требований стороны по делу **7.** заключительное обращение судьи к присяжным *(перед вынесением ими вердикта)* **8.** обращение взыскания **9.** заведывание; руководство; ведение; попечение **10.** лицо, находящееся на попечении **11.** цена; расход; начисление; сбор; налог ‖ назначить цену; возлагать расход *на кого-л.*; начислять; облагать ◇ **on a false ~** по ложному обвинению *(в преступлении)*; **on a ~ of** по обвинению *(в преступлении)*; **~ on oath** обвинение под присягой; **~ on the merits** обвинение по существу дела; **~ on trial** обвинение на рассмотрении суда; **to be in ~** находиться под арестом; **to be in ~ of 1.** ведать *чем-л.*; иметь *кого-л.* на попечении *или что-л.* на хранении **2.** быть на попечении, находиться на хранении у *кого-л.*; **to bring a ~** выдвинуть обвинение; **to deny a ~ 1.** отрицать, отвергать *или* опровергать обвинение **2.** отказаться от *(предъявленного)* обвинения; **to detail a ~** конкретизировать обвинение; **to dismiss a ~** отклонить обвинение; **to drop a ~** отказаться от обвинения; **to face a ~** быть обвинённым, подвергнуться обвинению; **to ~ fees** начислять вознаграждение, гонорар; **to file a ~** выдвинуть обвинение; **to ~ forward** наложить платёж; взыскать наложенным платежом; **to give** *smb.* **in ~** сдать *кого-л.* полиции, передать в руки полиции; **to give the prisoner in ~ to jury** предать обвиняемого суду присяжных; **to have ~ of** ведать *чем-л.*; **to hold ~** поддерживать обвинение; **to ~ jointly** обвинять нескольких лиц в совместном совершении преступления; **to ~ judicially** обвинять в судебном порядке; **to lay to one's ~** обвинять *кого-л.*; **to lead [to levy] a ~** поддерживать обвинение; **to make a ~** выдвинуть обвинение; **to ~ of a crime** обвинить в совершении преступления; **to probe a ~** рассматривать дело по обвинению; расследовать уголовное дело; **to pursue a ~** поддерживать обвинение; **to pursue similar ~s** поддерживать обвинение в совершении аналогичных преступлений; **to search a ~** добиваться обвинения; **to take in ~** арестовать, взять под стражу; **to take ~ of** взять на себя ведение *(дел)*, руководство *(делами)*; **to take ~ of a person** принять на себя обязанность заботиться *о ком-л.*; **to ~ taxes** облагать налогами; **to ~ the jury** напутствовать присяжных; **~ to the jury** заключительное обращение судьи к присяжным *(перед вынесением ими вердикта)*; **to ~ to grand jury** обвинить перед большим жюри; **vulnerable to ~** уязвимый для обвинения; **without ~** безвозмездно

~ of crime обвинение в преступлении; уголовное обвинение

adult ~ обвинение совершеннолетнего *(в преступлении)*

affirmative ~ предписание присяжным не рассматривать данный вопрос

Allen ~ *амер.* заключительное обращение судьи к присяжным по делу Аллена *(Allen v. United States)* с призывом беспристрастно исследовать представленные на их рассмотрение вопросы с надлежащим уважением к мнениям друг друга

alternative ~ альтернативное обвинение

capital ~ обвинение в преступлении, наказуемое смертной казнью

commission ~ комиссионное вознаграждение, комиссионные

criminal ~ обвинение в совершении преступления, уголовное обвинение

custom ~ таможенный сбор

dropped ~ отказ от обвинения

duplication ~ аргументация в опровержение новых возражений ответчика

escalated ~ обвинение, более тяжкое по сравнению с первоначальным

extra ~ 1. особая плата 2. наценка 3. *pl* дополнительные расходы

false ~ ложное обвинение

federal ~ *амер.* 1. обвинение в преступлении по федеральному уголовному праву 2. обвинение федеральной властью

formal ~ официальное обвинение

general ~ заключительное обращение судьи к присяжным

government ~ *амер.* обвинение государственной властью

indictment ~ обвинение в преступлении, преследуемом по обвинительному акту

initial ~ первоначальное обвинение

interest ~s подлежащие уплате проценты; оплаченные проценты

judge's ~ заключительное обращение судьи к присяжным *(перед вынесением ими вердикта)*

land ~ налог с недвижимости

law ~ судебная пошлина

outstanding ~ обвинение подсудимого в преступлении, не учтённом при предании суду

pending ~ обвинение на рассмотрении суда

plea-bargained ~ *амер.* обвинение, оставшееся по условиям сделки о признании вины

plea-bargained-away ~ *амер.* обвинение, отпавшее по условиям сделки о признании вины

political ~ обвинение в политическом преступлении

port ~s портовые сборы

postponed ~ отложенное обвинение

private ~ частное обвинение, обвинение частным лицом

public ~ 1. лицо, находящееся на государственном содержании [попечении] по причине бедности, болезни 2. объект расхода средств из государственного бюджета 3. публичное обвинение, обвинение публичной, государственной властью

reasonable ~ разумное, обоснованное обвинение

registered ~ зарегистрированное вещное обременение

related ~ связанное (с основным) обвинение

rent ~ арендная плата

salvage ~s расходы по спасанию

special ~ инструктаж присяжных со стороны судьи по конкретному вопросу рассматриваемого дела

state ~ 1. обвинение в преступлении по уголовному праву штата 2. обвинение властями штата

substantive ~ основное обвинение

sue ~s судебные издержки истца

technical ~ формальное обвинение

chargeable 1. ответственный за *что-л.* 2. подлежащий обвинению 3. относимый на *чей-л.* счёт 4. подлежащий обложению 5. обременительный

charged обвинённый, обвиняемый ◇ ~ on **indictment** обвиняемый по обвинительному акту; ~ on **inquisition** обвиняемый по дознанию

jointly ~ сообвиняемые

judicially ~ обвиняемый в судебном порядке

lawfully ~ законно обвинённый

chargé d'affaires *фр.* поверенный в делах

chargé d'affaires ad interim *или* pro tempore временный поверенный в делах

chargé des affaires *фр.* поверенный в делах

charge-sheet 1. полицейский протокол 2. полицейский список арестованных с указанием их проступков

charitable благотворительный

charit/y 1. благотворительность, *pl* благотворительная деятельность 2. благотворительное общество *или* учреждение 3. приют, богадельня, дом призрения 4. милостыня

fraudulent ~ обманная, мошенническая благотворительность, имитация благотворительности

chart *уст.* хартия, грамота; документ

charter 1. хартия, грамота; привилегия *(пожалованная верховной властью)* ‖ даровать *(привилегию)* 2. устав 3. чартер, чартер-партия, договор фрахтования судна ‖ брать *или* сдавать внаём *(судно)* по чартеру; фрахтовать; отфрахтовывать

~ **of incorporation** грамота о присвоении статуса корпорации

~ **of pardon** *англ.* королевское помилование

bare boat ~ договор фрахтования судна без экипажа

berth ~ чартер на перевозку грузов на линейных условиях

catch time ~ чартер, предусматривающий оплату за время фактического использования судна

city ~ пожалованная грамота городу; городской устав, городское положение

constitutional ~ основной закон, конституция

corporate ~ грамота о присвоении статуса корпорации

corporation ~ устав корпорации

daily ~ договор фрахтования судна с посуточной оплатой

demise ~ «димайз-чартер», договор аренды

судна с передачей владения фрахтователю, договор фрахтования судна без экипажа

gross ~ гросс-чартер

lumpsum ~ люмпсум-чартер, фрахтование на базе люмпсум, чартер с твёрдой общей суммой фрахта

municipal ~ устав муниципалитета

net ~ нетто-чартер

open ~ открытый чартер *(без указания определённых портов и грузов)*

round-trip ~ договор фрахтования судна на рейс в оба конца

royal ~ королевская грамота; королевский патент; дарованная короной привилегия; королевское пожалование

single-trip ~ чартер на рейс в один конец

time ~ тайм-чартер, договор фрахтования судна на срок

trip [voyage] ~ рейсовый чартер, договор фрахтования судна на рейс

Charter:

Magna ~ *ист.* Великая хартия вольностей *(1215 г.)*

The ~ of the United Nations Устав Организации Объединённых Наций

The Great ~ *ист.* Великая хартия вольностей *(1215 г.)*

United Nations ~ Устав Организации Объединённых Наций

chartered:

federally ~ *амер.* получивший грамоту от федеральных властей

municipally ~ получивший грамоту от муниципалитета

charterer фрахтователь

chartering фрахтование

charter-party чартер, чартер-партия, договор фрахтования судна

chaser:

ambulance ~ адвокат, навязывающий свои услуги пострадавшим от несчастных случаев

chasing:

ambulance ~ навязывание адвокатских услуг пострадавшим от несчастных случаев

chastise 1. подвергать наказанию *(особ. телесному);* пороть **2.** карать

chastisement наказание; дисциплинарное взыскание

chastity целомудрие, девственность; непорочность, невинность

chattel неземельная собственность; движимость; *pl* движимое имущество ◇ ~s corporeal материальное движимое имущество; ~ incorporeal нематериальное движимое имущество *(особ. права требования);* исключительные права *(авторское, патентное);* ~ mortgage продажа-залог движимости с условием о выкупе, фидуциарный ипотечный залог движимости; ~s personal движимое имущество; ~s real арендные права; право владения недвижимостью

cheat 1. мошенничество **2.** мошенник ‖ мошенничать

cheating мошенничество ◇ ~ at play нечест-

ная, мошенническая игра; шулерство; ~ by false pretences мошенничество путём создания заведомо неправильного представления о факте

check 1. *амер. см.* cheque **2.** багажная квитанция; корешок; номерок **3.** проверка; контроль **4.** отметка в документе, знак, номер, подпись, предупреждающие подделку ценных бумаг **5.** сдерживать ◇ ~s and balances *амер.* система «сдержек и противовесов», принцип взаимоограничения властей *(законодательной, исполнительной и судебной)*

allotment ~ *воен.* денежный аттестат на семью

credentials ~ проверка полномочий, мандата

check-off вычет, удержание из заработной платы

dues ~ удержание из заработной платы в уплату взносов

cheque *англ.* чек ◇ ~ to bearer чек на предъявителя, предъявительский чек; to cover the ~ обеспечить денежное покрытие чека; оплатить чек; ~ to order ордерный чек

bad ~ безвалютный чек

banker's ~ чек, выставленный одним банком на другой

bearer ~ чек на предъявителя

blank ~ бланкетный чек

certificated [certified] ~ чек с надписью банка о принятии к оплате

circular ~ дорожный чек

crossed ~ кроссированный чек

drawn ~ выписанный, выставленный чек

effective ~ действительный чек

flash ~ чек без покрытия

forged ~ подложный чек

international ~ туристский чек

legal ~ чек, выписанный на законном основании

memorandum ~ чек-расписка *(не для инкассации через банк)*

open ~ открытый чек, некроссированный чек

order ~ ордерный чек

payroll ~ *воен.* чек на получение денежного содержания по раздаточной ведомости

specially crossed ~ чек со специальным кроссированием

stale ~ давно просроченный чек

traveller's ~ туристский чек

voucher ~ поручительский чек

chicaner кляузник, сутяжник; крючкотвор

chicanery 1. кляузничество, сутяжничество **2.** крючкотворство **3.** придирка; шикана **4.** софистика

chief руководитель; начальник; глава ‖ главный, основной

~ of police начальник полиции

~ of state глава государства

deputy ~ заместитель начальника *(полиции)*

child ребёнок ◇ ~ born out of wedlock внебрачный ребёнок; ~ en ventre плод во чреве матери; ~ in the household ребёнок в семье *(данного лица);* ~ in ward подопечный ребёнок

~ of body ребёнок по происхождению (от данного лица)

~ of tender years младенец

abandoned ~ оставленный ребёнок

abortive ~ абортивный ребёнок (мертворождённый или нежизнеспособный в результате аборта или выкидыша)

adopted ~ приёмный ребёнок

adult ~ ребёнок, достигший совершеннолетия

after-born ~ 1. ребёнок, родившийся после смерти отца 2. ребёнок завещателя, родившийся после составления завещания 3. ребёнок лица, передавшего право в документе за печатью, родившийся после исполнения и формального вручения документа

alien ~ ребёнок, родившийся от иностранцев

bastard ~ внебрачный ребёнок

dead born ~ мертворождённый ребёнок

delinquent ~ ребёнок-делинквент

dependent ~ ребёнок-иждивенец

illegitimate ~ незаконнорождённый ребёнок

legitimate ~ законнорождённый ребёнок

natural ~ внебрачный ребёнок

neglected ~ заброшенный, запущенный ребёнок

newly-born ~ новорождённый

orphan ~ осиротевший ребёнок, сирота

plain ~ незаконнорождённый ребёнок, записанный на фамилию матери

poor ~ бедствующий ребёнок

posthumous ~ ребёнок, родившийся после смерти родителя

recognized ~ признанный ребёнок

still-born ~ мертворождённый ребёнок

supposititious [supposititious] ~ ребёнок, выдаваемый за законного наследника

unborn ~ ребёнок во чреве матери

vagrant ~ ребёнок-бродяга

violent ~ ребёнок, склонный к совершению актов насилия, совершающий акты насилия

chimin право прохода, проезда

chirograph 1. хирограф, рукописный документ, собственноручно подписанный документ 2. документ о наложении штрафа

chirographic собственноручный

chivalry ист. 1. рыцари, рацарство (сословие); рыцарское достоинство 2. лен, зависящий непосредственно от короля

choice выбор; выборы

electoral ~ косвенные выборы (через выборщиков)

judicial ~ право судьи принимать решение по своему выбору

popular ~ прямые выборы (населением)

choke душить ◇ to ~ off задушить

choky 1. полицейский участок 2. арестантская камера; жарг. тюрьма

choose 1. избирать 2. выбирать

chop «чоп», фабричная марка, фабричное клеймо

chose движимая вещь (объект права собственности), любое имущество, исключая земельную собственность ◇ ~ in action право требования; имущество в требовании; право,

могущее быть основанием для иска; ~ in possession непосредственное правомочие на владение вещью; вещь во владении; вещное имущественное право; абсолютное право; ~ in suspension право требования; имущество в требовании; ~ local вещь, соединённая с землёй; ~ transitory движимая вещь

church церковь (как сообщество, организация верующих)

Church:

~ of England англиканская церковь

Anglican ~ англиканская церковь

church-roller церковный вор

circuit 1. объезд судьи для отправления правосудия в провинциях; подведомственный округ такого судьи; выездная судебная сессия; судебный округ 2. англ. барристеры

judicial ~ судебный округ

circuity of action ненужная затяжка судебного разбирательства

circular циркуляр, циркулярное письмо ‖ циркулярный

circularize рассылать циркуляры

circulate 1. находиться в обращении, обращаться 2. объявлять розыск

circulation 1. обращение 2. объявление розыска

civil ~ гражданский оборот

circumduct аннулировать, отменять

circumduction 1. аннулирование, отмена 2. шотл. распоряжение судьи о прекращении подачи документов или совершения иных действий, связанных с рассматриваемым делом

circumscribe ограничивать (права, интересы)

circumscription 1. ограничение (прав, интересов) 2. район; округ

circumscriptive ограничивающий, ограничительный; устанавливающий предел(ы)

circumspect 1. осмотрительный, осторожный (о человеке) 2. продуманный (о решении и т.п.)

circumspection осмотрительность, осторожность

due ~ должная осмотрительность, осторожность

proper ~ надлежащая осмотрительность, осторожность

circumspective осмотрительный, осторожный

circumstance обстоятельство; факт ◇ ~ in proof доказываемое обстоятельство, предмет доказывания

~s of the case обстоятельства дела

~s of the offence обстоятельства совершения преступления

after-the-fact ~s обстоятельства дела после совершения преступления

aggravating ~ отягчающее обстоятельство

attendant [attending] ~ сопутствующее, привходящее обстоятельство

attenuating ~ смягчающее обстоятельство

before-the-fact ~s обстоятельства дела перед совершением преступления

collateral ~ побочное обстоятельство

concomitant ~ сопутствующее обстоятельство

convincing ~ обстоятельство, являющееся доказательством

exceptional ~ исключительное обстоятельство

extenuating ~ смягчающее обстоятельство

external ~ внешнее, объективное обстоятельство

incriminated ~ инкриминированное обстоятельство

incriminating ~ уличающее обстоятельство, улика

investigated ~ исследованное, расследованное обстоятельство

legal ~ обстоятельство, имеющее юридическое значение, юридический факт

mitigating ~ смягчающее обстоятельство

uninvestigated ~ неисследованное, нерасследованное обстоятельство

unusual ~ необычное, чрезвычайное, экстраординарное обстоятельство

usual ~ обычное, ординарное обстоятельство

circumstantial косвенный (*об уликах, доказательствах*)

circumvent обходить (*закон, договор, патент*)

circumvention обход (*закона, договора, патента*)

citation 1. вызов ответчика в суд 2. цитата, ссылка, цитирование; указание наименования закона 3. перечисление (*фактов*) ◇

in brief ссылка на нормативный акт, правовой документ с приведением его сокращённого наименования; ~ to з statute ссылка на статут

~ of authorities ссылка на источники (*на нормативные акты, судебные прецеденты, работы видных юристов*)

alternative ~s альтернативная (*с одновременным указанием различных сборников судебной практики*) ссылка на судебное дело

case ~ ссылка на дело; приведение дела в качестве примера; цитирование дела

contempt ~ вызов в суд в связи с поведением, означающим неуважение к суду

initial ~ 1. первичный вызов ответчика в суд 2. ссылка на нормативный акт в его первоначальной редакции

judicial ~ 1. вызов в суд 2. цитирование судьёй *или* в суде (*правовых актов, книг по праву и т.п.*)

legal ~ цитата из книги, статьи *и т.п.* по праву; ссылка на такой источник *или* на правовой акт

official ~ ссылка на официальный источник

pre-Statute at Large ~ *амер.* ссылка на нормативный акт до внесения его в свод законов

repeating ~ повторная ссылка (*на закон, резолюцию и пр.*)

statute [statutory] ~ ссылка на статут(ы); цитирование статут/а(ов)

traffic ~ вызов в суд в связи с автотранспортным происшествием

unofficial ~ ссылка на неофициальный источник

cite 1. вызывать ответчика в суд; *амер.* привлекать к судебной ответственности 2. цити-

ровать, ссылаться; указывать наименование закона 3. перечислять (*факты*) ◇ to ~ an Act by popular name сослаться на закон с приведением его общепопулярного наименования; to ~ as authority приводить, цитировать как источник права; to ~ parallel series сослаться на судебное дело с одновременным указанием его в различных сборниках судебной практики

cited ◇ ~ as authority приведённый, цитированный как источник права; hereinafter ~ впредь именуемый

citizen гражданин

native-born [natural-born] ~ гражданин по рождению

naturalized ~ гражданин по натурализации

non-resident ~ гражданин, не являющийся постоянным жителем страны

private ~ частное лицо

resident ~ гражданин, постоянно проживающий в стране

citizenry гражданство

citizenship гражданство ◇ choice of ~ выбор гражданства, оптация; loss of ~ утрата гражданства

derivative ~ производное гражданство (*напр. гражданство, приобретаемое ребёнком вследствие натурализации родителей*)

diverse ~ *амер.* различное гражданство сторон по делу

double [dual] ~ двойное гражданство

purely domestic ~ «чисто местное гражданство» (*гражданство штата, не являющееся в то же время гражданством США*)

single ~ 1. единственное гражданство 2. единое гражданство

city 1. город; большой город (*в Англии*); город, имеющий муниципалитет (*в США*) 2. полис, город-государство ◇ ~ corporate 1. город-корпорация 2. самоуправляющийся город (*штата*)

center [central, core] ~ *амер.* центральный город (*центр, центральная зона городской агломерации*)

free ~ вольный город

incorporated ~ *см.* city corporate

inner ~ *амер.* внутренний город (*городской агломерации*)

residential-type ~ жилой район города (*пригород*)

school ~ школьный городок

City ◇ the ~ Сити, деловой центр Лондона

Vatican ~ государство Ватикан

city-state город-государство, полис

civic гражданский

civicism гражданственность; принцип равенства прав и обязанностей граждан

civics гражданские дела

civil 1. гражданский 2. гражданско-правовой 3. штатский, невоенный

civilian 1. цивилист, специалист по гражданскому праву 2. гражданское лицо ‖ гражданский; штатский 3. *pl* гражданское население

claim 1. требование; право требования; претензия; заявление права; правопритязание; рекламация; иск ‖ требовать; заявлять претензию; притязать; заявлять право; искать (в суде) 2. утверждение; заявление; ссылка; предлог ‖ утверждать; заявлять 3. патентная формула; формула изобретения; пункт патентной формулы или формулы изобретения 4. горный отвод, участок, отведённый под разработку недр ◇ ~ and delivery иск о восстановлении владения движимостью; ~ for damages иск о возмещении убытков; ~ for relief требование о защите прав; ~ in action требование по иску; ~ in contract требование из договора; ~ in return встречное требование; встречный иск; ~ in tort требование из деликта; ~s not defining the invention формула изобретения, не дающая ясного определения изобретения; to ~ administration притязать, претендовать на управление наследственной массой; to ~ credit заявлять о праве на льготы при отбывании тюремного заключения; to ~ damages требовать возмещения убытков; to deny [to disallow] a ~ отказывать в иске; to ~ default предъявлять требование из неисполнения договора; to file a ~ подавать иск; to ~ immunity претендовать на иммунитет; to ~ patent infringement заявлять требование, искать из нарушения патента; to pay a ~ удовлетворять иск (об ответчике); to ~ privilege 1. претендовать на привилегию 2. заявить о наличии привилегии; заявить о защите привилегией (не отвечать на вопросы и не давать показаний); to ~ responsibility требовать (возложения) ответственности; to run a ~ заявлять иск; to ~ under another's right заявлять требование, искать в силу правопреемства или на основании права другого лица; to ~ under one's own right заявлять требование, искать в силу собственного права; to ~ under a policy предъявлять требование в соответствии с условиями страхового полиса; to ~ victim требовать статуса потерпевшего от преступления; under a ~ of right со ссылкой на наличие права

~ of alibi заявление алиби
~ of cognizance [of conusance] возражение третьей стороны против предъявления иска с утверждением своего права на иск
~ of interest притязание на участие (в собственности)
~ of marriage ссылка на брак
~ of right ссылка на наличие права
~ of sovereignty притязание на суверенитет
~ of title притязание на правовой титул
accident ~ иск из несчастного случая
adverse ~ 1. требование третьего лица в отношении имущества, на которое наложен арест или обращается взыскание 2. коллидирующее притязание, требование 3. заявленное под присягой формальное притязание на владение в ожидании обращения за патентом (в горно-промышленном праве)

antecedent ~ более раннее по времени требование, требование предшествующей очереди
apparatus ~ формула изобретения или патентная формула на устройство; пункт формулы изобретения или патентной формулы на способ
bogus ~ см. fictitious claim
book ~ требование по торговым книгам
civil ~ гражданский иск
colourable ~ требование, выдвигаемое подставным лицом
conflicting ~s коллидирующие притязания, требования
contingent ~ возможное будущее требование (возникновение которого зависит от наступления возможного события)
damage ~ иск о возмещении убытков
dependent ~ зависимое притязание; зависимый пункт формулы изобретения или патентной формулы
dormant ~ незаявленное притязание
embodiment ~ зависимый пункт формулы изобретения, содержащий лишь факультативные признаки
false ~ ложное правопритязание, ложное требование, ложный иск
federal ~ амер. иск на основе федерального права
fictitious ~ фиктивное правопритязание, ложное требование, фиктивный иск
first ~ первоочередное требование, первоочередное правопритязание, первоочередной иск
foreign currency ~ требование о взыскании суммы в иностранной валюте
fraudulent ~ обманное, мошенническое правопритязание, требование
frivolous ~ явно необоснованное, недобросовестное, несерьёзное правопритязание
hostile ~ притязание противной стороны
hybrid ~ «гибридная», разнообъектная формула изобретения
injury ~ иск о возмещении вреда
insubstantial ~ несущественное требование
insurance ~ иск из страхования
junior ~ более позднее по времени требование, требование последующей очереди
legal ~ право требования
legitimate ~ законное, правомерное притязание
lode ~ амер. заявленный к горнопромышленной разработке обнаруженный заявителем жильный пояс
loss ~ иск о возмещении убытков
means ~ функциональное патентное притязание; функциональная патентная формула
method ~ см. process claim
mining ~ участок государственной земли с полезными ископаемыми, заявленный к горнопромышленной разработке обнаружившим их заявителем
money ~ денежное требование
multiple dependent ~ пункт патентной фор-

мулы, зависящий от другого зависимого пункта

omnibus ~ 1. иск, объединяющий разнородные требования 2. собирательный, обобщающий пункт формулы изобретения

overbroad ~ чрезмерно широкое патентное притязание, чрезмерно широкая патентная формула; чрезмерно широкий пункт формулы изобретения

payment ~ иск об уплате долга

plaintiff's ~ исковое требование

post-conviction ~ ходатайство, заявленное после вынесения вердикта о виновности

prearranged ~ требование, заранее согласованное с ответчиком

preferential [preferred, privileged] ~ см. prior claim 1.

prior ~ 1. привилегированное, преимущественное требование 2. *пат.* заявка, имеющая более ранний приоритет

process ~ формула изобретения *или* патентная формула на способ; пункт формулы изобретения *или* патентной формулы на способ

product ~ формула изобретения *или* патентная формула на изделие *или* вещество; пункт формулы изобретения *или* патентной формулы на изделие *или* вещество

product-by-process ~ формула изобретения на изделие, характеризуемое способом его получения

reciprocal ~ взаимное правопритязание

salvage ~ требование о выплате спасательного вознаграждения

senior ~ более раннее по очереди требование; преимущественное требование

small ~ исковое требование на небольшую сумму

species ~ дополнительный пункт формулы изобретения *(на разновидность объекта, охарактеризованного в основном пункте)*, пункт формулы изобретения, относящийся к конкретному примеру осуществления изобретения

stale ~ не заявленное вовремя притязание; притязание, заявленное после неосновательного промедления

state ~ иск на основе права штата

structure ~ формула изобретения *или* патентная формула на конструкцию; пункт формулы изобретения *или* патентной формулы на конструкцию

subsidiary ~ 1. субсидиарное требование 2. зависимый пункт формулы изобретения *или* патентной формулы

superior ~ 1. более обоснованное требование 2. преимущественное требование

supplementary ~ 1. дополнительное требование 2. дополнительный пункт формулы изобретения

tort ~ деликтный иск

unliquidated ~ иск на неустановленную сумму

unpatentable ~ непатентоспособная формула

изобретения; непатентоспособный пункт формулы изобретения

valid ~ обоснованное притязание

claimant истец; сторона, заявляющая требование; претендент

copyright ~ претендент на авторское, издательское право *или* право литературной собственности

credit ~ 1. лицо, обратившееся с требованием о предоставлении ему кредита 2. лицо, настаивающее на доверии к нему 3. претендент на льготы при отбывании тюремного заключения

clandestine тайный; скрытый; нелегальный

class класс; группа; категория

star ~ класс «звезда» *(категория заключённых в английских тюрьмах)*

statutory ~ класс патентоспособных объектов изобретения

classification 1. классификация 2. квалификация *(в частности в коллизионном праве)* 3. засекречивание

law enforcement ~ *(of confidential information)* полицейское засекречивание *(конфиденциальной информации)*

national security ~ засекречивание сведений, относящихся к государственной безопасности

primary ~ первичная квалификация *(в коллизионном праве)*

reception ~ классификация *(заключённых)* по поступлении

secondary ~ вторичная квалификация *(в коллизионном праве)*

classified секретный, закрытый, не подлежащий оглашению

classify 1. классифицировать 2. квалифицировать *(в частности в коллизионном праве)* 3. засекречивать ◇ **to ~ violation at law** давать (юридическую) квалификацию правонарушения

clause 1. статья; пункт; оговорка; клаузула; условие || делить на статьи 2. формулировать ◇ **~ in contract** пункт, статья, условие договора

~ of accrual [of accruer] условие о переходе доли умершего собственника к остальным собственникам *(в документе о дарении или завещании)*

acceleration ~ условие о сокращении срока исполнения обязательства

ad damnum ~ часть искового заявления, содержащая изложение ущерба *или* требование компенсации убытков

adjustment ~ пункт страхового полиса о пропорциональном распределении суммы страховки *(напр. на сгоревшие части застрахованного от пожара имущества)*

alienation ~ оговорка в страховом полисе о признании его недействительным в случае отчуждения застрахованного имущества

all the estate ~ условие о передаче всех прав на вещь

American ~ Американская оговорка *(оговорка о полноте ответственности страхов-*

щика невзирая на перестрахование); оговорка о двойном страховании в морском страховом полисе

approval-of-order ~ оговорка об обязанности агента получить согласие принципала на получение заказа от покупателя

arbitration ~ арбитражная оговорка, условие о передаче в арбитраж возникающих из договора споров

assignment ~ условие о переуступке (в страховом полисе)

attestation ~ 1. надпись о засвидетельствовании оформления документа 2. оговорка об отсутствии солидарной ответственности страховщиков (в силу которой ответственность каждого страховщика ограничена пределами застрахованного им риска)

best endeavour ~ пункт лицензионного договора, обязывающий лицензиата использовать лицензированный объект в максимально возможной степени

binding ~ оговорка об обязательной силе, обязывающая оговорка

both to blame collision ~ оговорка о равной ответственности при столкновении судов

bunkering deviation ~ оговорка о девиации для целей бункеровки

burned and unburned ~ см. adjustment clause

cancelling ~ оговорка о канцеллинге (о праве фрахтователя расторгнуть чартер, если зафрахтованное судно не прибудет под погрузку к сроку, обусловленному чартером)

cease [cesser] ~ оговорка (в чартере) о прекращении ответственности фрахтователя

cession ~ оговорка (в чартере) о праве фрахтователя переуступить заключённый им договор фрахтования другому лицу

c.i.f. sound delivered ~ условие «цена сиф, ухудшение качества - за счёт продавца»

coefficient ~ см. elastic clause

collision ~ оговорка о распространении ответственности на случаи столкновения

commander-in-chief ~ пункт (пункт 1 раздела 2 статьи II конституции США) об осуществлении президентом функций главнокомандующего

commerce ~ пункт о регулировании торговли (пункт 3 раздела 8 статьи I конституции США, предусматривающий право конгресса регулировать внешнюю торговлю между штатами)

compromise ~ третейская запись, компромисс

compromissary ~ статья об арбитражном разбирательстве будущих споров, арбитражная оговорка

conflicting ~s противоречащие друг другу условия

confrontation ~ пункт (поправки VI к конституции США) о праве обвиняемого на очную ставку в суде со свидетелями обвинения

continuation ~ условие о пролонгации

contract(ual) ~ статья договора, условие договора, пункт договора

craft ~ условие об ответственности страховщика за риск во время доставки груза на портовых плавучих средствах

cruel and unusual punishments ~ пункт (поправки VIII к конституции США) о запрете жестоких и необычных наказаний

currency ~ валютная оговорка

debate ~ пункт (поправки I к конституции США) о свободе слова

detention ~ оговорка о задержке судна

deviation ~ условие о девиации, об отклонении от курса следования судна

double jeopardy ~ пункт (поправки V к конституции США) о запрете дважды привлекать к уголовной ответственности за одно и то же преступление

due process ~ пункт (поправок V и XIV к конституции США) о надлежащей правовой процедуре

efforts ~ оговорка о максимальных усилиях (об обязанности агента принимать все возможные меры для сбыта товаров принципала)

elastic ~ «эластичный пункт» (пункт 18 раздела 8 статьи I конституции США) о праве конгресса издавать любые законы, которые он сочтёт «необходимыми и надлежащими» для осуществления правомочий, предоставленных конституцией правительству, любому ведомству или должностному лицу США

enacting ~ 1. вступительная формула закона 2. постановляющая часть закона

equal protection ~ пункт (поправки XIV к конституции США) о равной защите законом

escalation ~ 1. оговорка о скользящих ценах 2. оговорка о скользящей шкале заработной платы

escape ~ оговорка об обстоятельствах, дающих право на освобождение от договорной обязанности; пункт договора, освобождающий от ответственности

establishment ~ пункт (поправки I к конституции США) о запрещении конгрессу издавать законы, учреждающие государственную религию

excepted perils ~ оговорка о рисках, по которым страховщик не несёт ответственности, оговорка об исключённых рисках

exception ~ условие об освобождении от ответственности

excessive bail and fines ~ пункт (поправки VIII к конституции США) о запрете чрезмерных по сумме поручительств и штрафов

exchange ~ валютная оговорка

executive power ~ пункт об исполнительной власти (пункт 1 раздела 1 статьи II конституции США)

exemption ~ условие об изъятии, освобождении, предоставлении льготы

ex post facto ~ пункт о недопустимости издания уголовных законов с обратной силой

(пункт 3 раздела 9 статьи I конституции США)

faithful execution ~ пункт *(раздела 3 статьи II конституции США)* об обязанности президента заботиться о точном исполнении законов

freight ~ условие об уплате фрахта

«full faith and credit» ~ «пункт о признании и доверии» *(раздела 1 статьи IV конституции США, предусматривающий признание законов и судебных решений одного штата в любом другом штате)*

general ice ~ общая ледовая оговорка

general participation ~ оговорка о всеобщем участии *(т.е. о применении договора, если все воюющие являются его участниками)*

general strike ~ общая оговорка о забастовках

gold ~ золотая оговорка

gold-bullion ~ золотослитковая оговорка

gold-coin ~ золотомонетная оговорка

gold-value ~ золотовалютная оговорка, оговорка о золотой стоимости

grandfather ~ статья о цензе грамотности *(в конституциях некоторых южных штатов США)*

grant-back ~ 1. пункт лицензионного договора, обязывающий лицензиата предоставить лицензиару исключительную лицензию на изобретения, которые будут созданы лицензиатом в той же области 2. пункт лицензионного договора, обязывающий лицензиата информировать о сделанных им усовершенствованиях лицензионного объекта лицензиара, за которым признаётся право на подачу соответствующей патентной заявки

habendum ~ пункт документа за печатью о владении и пользовании имуществом лицом, к которому оно переходит на праве собственности

Henry VIII ~ «оговорка Генриха VIII» *(оговорка в законе, предоставляющая исполнительной власти право вносить изменения в закон)*

ice ~ ледовая оговорка, оговорка о ледовых обстоятельствах

immunities ~s положения *(пункт 1 раздела 2 статьи IV и поправка XIV к конституции США)* о праве граждан штатов пользоваться привилегиями и правовыми иммунитетами граждан США и о запрете штатам издавать или применять законы в их ущемление

impairment of contracts ~ пункт об обязательной силе договоров *(пункт 1 раздела 10 статьи I конституции США, согласно которому штатам запрещается принимать законы, отменяющие или изменяющие частные договорные обязательства)*

inability ~ пункт конституции США, предусматривающий порядок замещения президента в случае его неспособности осуществлять свои функции *(пункт 5 раздела 1 статьи II)*

indemnity ~ пункт лицензионного договора, предусматривающий ответственность лицензиара в случае нарушения третьим лицом патента, на использование которого выдана лицензия, или в случае предъявления третьим лицом иска о нарушении принадлежащих ему патентных прав

insurance ~ страховая оговорка

interpretation ~ толковательная статья; статья закона, излагающая значение употреблённых в законе терминов

introductory ~ вводная, вступительная часть *(документа)*

irritant ~ *шотл.* оговорка о резолютивном [отменительном] условии

law of the land ~ пункт *(статьи VI конституции США)* о верховенстве федерального права над правом штатов

let-out ~ оговорка об обстоятельствах, дающих право на освобождение от договорных обязанностей; пункт договора, освобождающий от ответственности

lien ~ оговорка о праве удержания

lost or not lost ~ оговорка «погиб или не погиб» *(1. оговорка о действительности договора страхования, даже если в момент его заключения предмет страхования погиб, о чём сторонам не было известно 2. условие о праве на фрахт независимо от того, погиб груз или нет)*

maintenance-of-membership ~ условие о сохранении членства *(включается в коллективный договор и предусматривает невозможность выхода из профсоюза до окончания срока действия договора)*

manufacturing ~ «оговорка об использовании» *(согласно которой авторским правом охранялись в США только такие изданные на английском языке произведения, которые выпущены в типографии на территории США или Канады)*

memorandum ~ меморандум в полисе морского страхования *(условие об освобождении страховщика от ответственности за ущерб, причинённый особо подверженным порче товарам, и за незначительный по размеру ущерб)*

metalling ~ оговорка об освобождении страховщика от ответственности за ущерб вследствие нормального износа судна

most favoured nation ~ оговорка о наиболее благоприятствуемой нации, условие о режиме наибольшего благоприятствования

«necessary and proper» ~ *см.* elastic clause

negligence ~ оговорка об освобождении судовладельца от ответственности за небрежность со стороны его служащих; оговорка о навигационной ошибке

obligation of contract ~ пункт об обязательной силе договоров *(пункт 1 раздела 10 статьи I конституции США, согласно которому штатам запрещается принимать законы, отменяющие или изменяющие частные договорные обязательства)*

off hire ~ условие о приостановке оплаты аренды судна

omnibus ~ статья, положение, пункт закона *или договора, объединяющие различные вопросы*

opening ~ вводная статья; вводная формула

optional ~ факультативная клаузула, диспозитивная норма

penal ~ 1. условие о неустойке 2. статья закона, устанавливающая санкцию

penalty ~ штрафная оговорка; пункт о штрафной неустойке

perils (of the sea) ~ оговорка о морских опасностях

policy proof of interest ~ оговорка о том, что полис является доказательством страхового интереса

postal ~ почтовая оговорка *(пункт 7 раздела 8 статьи I конституции США, предусматривающий право конгресса США учреждать службу почты)*

prepayment ~ условие о предварительной оплате

«privileges and immunities» ~ *см.* immunities clauses

productivity ~ пункт о производительности труда *(условие коллективного договора, связывающее уровень заработной платы с ростом производительности труда)*

proviso ~ формулировка, содержащая оговорку *(часть статьи, начинающаяся словом provided)*

reciprocity ~ оговорка о взаимности

reddendum ~ пункт договора аренды о размере и сроках арендной платы

redelivery ~ условие о возврате судна из тайм-чартера

release ~ условие об освобождении от обязательств

religion ~ пункт *(поправки I к конституции США)* о свободе вероисповедания

reprieves and pardons ~ пункт *(раздела 2 статьи II конституции США)* о праве президента предоставлять отсрочку исполнения приговоров и помилование по делам о преступлениях против Соединённых Штатов

repugnant ~s противоречащие друг другу условия

reservation ~ оговорка, резервирующий пункт

residuary ~ условие в завещании о распоряжении частью наследства, оставшейся после выплаты всех по нему завещательных отказов и удовлетворения иных в связи с ним претензий

resolutive ~ оговорка об отменительном условии

riots and civil commotion ~ оговорка о беспорядках и гражданских волнениях

running-down ~ оговорка о распространении ответственности страховщика на случай столкновения

safe port ~ оговорка о гарантии фрахтователем безопасности порта захода судна

salvage ~ оговорка об участии страховщика в расходах по спасанию

saving ~ 1. статья, содержащая оговорку 2. исключающая оговорка *(в законе начинается словами: nothing in this Act shall...)*

self-incrimination ~ пункт *(поправки V к Конституции США)* о запрете принуждать к даче показаний против самого себя по уголовному делу

sister ship ~ оговорка об ответственности страховщика за убытки от столкновения судов, принадлежащих одному владельцу

speech ~ пункт *(поправки I к Конституции США)* о свободе слова

standard ~ стандартная статья

subrogation ~ оговорка о суброгации *(о переходе прав страхователя к страховщику после уплаты последним страхового возмещения)*

sue and labour ~ условие полиса о возмещении страховщиком затрат страхователя по предотвращению или уменьшению убытков и по взысканию убытков с третьих лиц

supremacy ~ пункт *(пункт 2 статьи VI Конституции США)* о супрематии, верховенстве федерального права над правом штатов

sweeping ~ *см.* elastic clause

take care ~ пункт конституции США об обязанности президента заботиться о точном исполнении законов *(раздел 3 статьи II)*

telle quelle ~ 1. оговорка о продаже товара на условиях «тель-кель» *(см.* tale quale*)* 2. *пат.* правило *(Парижской конвенции по охране промышленной собственности в Лондонской редакции)*, согласно которому товарный знак, надлежащим образом зарегистрированный в стране происхождения, должен допускаться к регистрации в других странах в неизменном виде

termination ~ пункт о прекращении договора

testimonium ~ заключительная формула документа *(содержащая фразу «В подтверждение чего стороны приложили свои подписи и печати»)*

trademarks ~ оговорка о товарных знаках; оговорка *(в агентском договоре)* о праве принципала на регистрацию торговых марок товаров, продаваемых через агента

«union signatory» ~ «профсоюзная оговорка» *(пункт договора профсоюза с генеральным подрядчиком, обязывающий последнего заключать субподрядные договоры только с такими фирмами, которые состоят в колдоговорных отношениях с профсоюзами)*

warehouse (to warehouse) ~ условие страхования «со склада на склад»

whereas ~ вводная мотивировочная часть *(закона или иного юридического акта)*, декларативная часть *(особ. международного договора)*

Clause:

Inchmaree ~ оговорка «Инчмари» *(условие о возмещении страховщиком убытков, проис-*

шедших от скрытых дефектов в корпусе или в механизмах судна)

Institute (Cargo) ~s условия страхования грузов Института лондонских страховщиков

Jason ~ оговорка «Джесона» или «Язона» (ограждающая интересы судовладельцев от последствий скрытых дефектов судна)

New Jason ~ «Новая оговорка Джесона» (об участии груза в распределении общеаварийных убытков, вызванных навигационной ошибкой)

Paramount ~ оговорка «Парамаунт» (условие коносамента о превалирующем значении национального законодательства, принятого в соответствии с Брюссельской конвенцией 1924 г. о коносаментных перевозках)

clause-by-clause постатейный (об обсуждении, голосовании)

claused содержащий оговорку, оговорки

clausula rebus sic stantibus лат. оговорка о неизменных обстоятельствах (т.е. о том, что договор сохраняет силу, если не изменятся обстоятельства, при которых он заключён)

clean чистый, не содержащий оговорок

clear 1. ясный; явный; очевидный 2. необременённый; свободный от чего-л. 3. распродавать 4. очищать от пошлин, уплачивать пошлины ◇ to be in the ~ быть вне подозрений; to ~ by arrest амер. раскрыть преступление в меру доказательств, достаточных для производства ареста преступника; to ~ inward(s) производить таможенную очистку по приходу (судна); to ~ of criminal charge освободиться от обвинения в преступлении; to ~ outward(s) производить таможенную очистку по отходу (судна)

clearance 1. таможенная очистка, очистка от пошлин 2. таможенное свидетельство 3. оплата долга; урегулирование претензий 4. распродажа 5. установление личности (виновного) 6. раскрытие преступления ◇ ~ inward(s) таможенная очистка по приходу (судна); ~ outward(s) таможенная очистка по отходу (судна)

~ of crime раскрытие преступления

customs formalities ~ очистка от таможенных формальностей

clearing 1. очистка от пошлин 2. клиринг, клиринговое соглашение

clemency помилование

administrative ~ помилование в административном порядке

executive ~ амер. помилование главой исполнительной власти

governor's ~ помилование губернатором штата

King's ~ помилование королём

legislative ~ помилование в законодательном порядке

presidential ~ помилование президентом

Queen's ~ помилование королевой

royal ~ королевское помилование

clergy духовенство

clergyable подлежащий церковному суду

clergyman лицо духовного звания, священник

beneficed ~ приходский священник

clerk 1. клерк 2. секретарь 3. солиситор-практикант ◇ ~ in attendance at a polling station клерк-дежурный на избирательном участке; ~ to the examining justices судебный секретарь при допросе судьями; ~ to the justices судебный секретарь, секретарь суда

~ of arraigns помощник секретаря выездной сессии суда присяжных

~ of assize секретарь выездной сессии суда присяжных

~ of court судебный секретарь, секретарь суда

~ of seats секретарь отделения по делам о завещаниях Высокого суда правосудия

~ of the peace секретарь мирового суда

articled ~ служащий конторы солиситора, выполняющий свою работу в порядке платы за обучение профессии солиситора

civil ~ секретарь гражданского суда

criminal ~ секретарь уголовного суда

deputy ~ заместитель секретаря

executive ~ личный секретарь главы исполнительной власти (президента США или губернатора штата)

filing ~ делопроизводитель

judicial [law] ~ судебный клерк; секретарь, сотрудник канцелярии суда

managing ~ секретарь-управляющий

parish ~ церк. приходский клерк

principal ~ 1. главный клерк 2. начальник секретариата

sheriff ~ клерк суда шерифа (в Шотландии)

Clerk:

~ of the House of Commons «Клерк палаты общин», секретарь палаты общин

~ of the Papers ист. секретарь Суда королевской скамьи

~ of the Parliaments «клерк парламентов», секретарь палаты лордов

clerkship должность клерка, секретаря

client клиент; заказчик; комитент

correctional ~ 1. лицо, содержащееся в исправительном учреждении; заключённый 2. лицо, регулярно посещающее исправительное учреждение в принудительном порядке

close 1. окончание; прекращение ‖ закрывать 2. заключение ‖ заключать ‖ строго охраняемый ◇ to ~ a contract заключить договор; to ~ a transaction заключить сделку; to ~ the case прекратить дело производством; to ~ the records on a case прекратить дело производством

~ of argument прекращение прений сторон

~ of evidence окончание дачи показаний или представления доказательств

closure прекращение прений

kangaroo ~ допущение председателем парламентской комиссии обсуждения лишь некоторых поправок к законопроекту; «кенгуру»

clothe облекать, наделять (властью, правами, полномочиями)

clothing:
  striped ~ полосатая одежда *(у заключённых)*
cloture прекращение прений
  invoke ~ 1. сослаться на прекращение прений 2. *амер.* потребовать применения процедуры прекращения прений; применить процедуру прекращения прений
  nomination ~ прекращение прений по выдвигаемой кандидатуре
co-accused сообвиняемый
coach «натаскивать», инструктировать свидетеля перед дачей им показаний в суде
coaching «натаскивание», инструктирование свидетеля перед дачей им показаний в суде
coadministrator соадминистратор *(наследства)*
coadopt совместно усыновить, удочерить
coalition коалиция; союз
coalitionist участник коалиции
co-applicant созаявитель
coasting каботажное судоходство, каботаж
coastline береговая линия
  continental ~ континентальная береговая линия
coat of arms герб
co-author соавтор
co-authorship соавторство
co-belligerent совместно воюющий, союзник в войне
coconspirator 1. соучастник преступного сговора *или* заговора 2. лицо, примкнувшее к преступному сговору *или* заговору
co-creditor сокредитор
code 1. кодекс 2. код ‖ кодировать
  ~ of evidence совокупность норм доказательственного права
  ~ of honour кодекс чести
  ~ of practice процессуальный кодекс
  civil ~ гражданский кодекс
  criminal ~ уголовный кодекс
  highway ~ дорожный кодекс, правила дорожного движения
  judicial ~ судебный кодекс, кодекс законов о судоустройстве
  juvenile ~ кодекс *(штата)* о делинквентности несовершеннолетних
  labour ~ кодекс законов о труде, трудовой кодекс
  military penal ~ военно-уголовный кодекс
  penal ~ уголовный кодекс
  predecessor ~ предшествующие издание *или* редакция кодекса
  public ~ совокупность норм публичного права
  revenue ~ налоговое законодательство
  sanitation ~ свод санитарных правил
  secret official ~ секретный государственный код
co-debtor содолжник
co-defendant соответчик; соподсудимый; сообвиняемый
  non-testifying ~ соответчик, соподсудимый, отказывающийся давать показания
  testifying ~ дающий показания соответчик, соподсудимый

codicil кодициль, дополнение к завещанию
codification кодификация
  ~ of statutes кодификация законов
codified 1. кодифицированный 2. (за)шифрованный ◇ ~ in several titles разнесённый при кодификации по разным титулам *(кодекса или свода законов)*
codify 1. кодифицировать 2. шифровать
coerce принуждать; принудить
coercion принуждение; ограничение *(свободы)*; насилие
  ~ of law правовое принуждение
  custodial ~ лишение свободы; тюремное заключение
  legal ~ правовое принуждение
  physical ~ физическое принуждение
coercive принудительный
co-executor соисполнитель завещания
cog 1. мошенничать при игре в кости 2. обманывать, жульничать
cogency убедительность, неоспоримость, неопровержимость *(доказательств)*
  ~ of testimony убедительность свидетельских показаний
cogger шулер; жулик
cognate кровный родственник
cognation кровное родство
  civil ~ семейное родство
  mixed ~ кровно-семейное родство
  natural ~ кровное родство
cognition 1. судебное производство по объявлению лица душевнобольным и назначению опекуна 2. *шотл.* судебное решение
cognizable подсудный
cognizance 1. знание; заведомость; ведение 2. компетенция 3. юрисдикция; подсудность 4. осуществление юрисдикции; судебное рассмотрение дела 5. признание; подтверждение; принятие во внимание
  judicial ~ 1. осведомлённость суда, судейская осведомлённость *(в отношении фактов, полагаемых известными суду без доказательства)* 2. юрисдикция
cognizant знающий, осведомлённый; компетентный
  actually ~ действительно, фактически знающий *(обстоятельства дела)*
cognomen фамилия
cognosce *шотл.* рассматривать и выносить решение *(о суде)*
cognovit (actionem) *лат.* признание иска
co-guardian соопекун
cohabit совместно проживать; сожительствовать; находиться в супружеских отношениях
cohabitation совместное проживание; сожительство; супружество
  illicit ~ незаконное сожительство
cohabitee сожитель
co-heir сонаследник
  presumptive ~ предполагаемый сонаследник
coheiress сонаследница
coin монета ‖ чеканить монету ◇ to ~ bad money делать фальшивые деньги, фальшивомонетничать

bad ~ фальшивая монета

counterfeit ~ фальшивая монета

current ~ находящаяся в обращении монета

false ~ фальшивая монета

coinsurance разделение риска между страховщиком и страхователем, страхование не на полную стоимость

cojuror лицо, подтверждающее под присягой то, в чём присягнул другой

co-litigant 1. соистец 2. соответчик

collateral 1. родство *или* родственник по боковой линии ‖ побочный; косвенный 2. (дополнительное) обеспечение ‖ дополнительный, вспомогательный, параллельный ◇ ~ to the issue имеющий побочное значение для предмета судебного спора, доказывания

collation 1. имущественная масса, предназначенная к разделу 2. возврат наследником ранее полученного имущества для включения его в наследственную массу 3. сличение текстов 4. пожалование бенефиция духовному лицу

~ of seals приложение второй печати

colleague:

judicial ~ судья-коллега; коллега по составу суда

collect 1. собирать 2. инкассировать, получать деньги (*по векселям или другим документам*) 3. взимать (*пошлины, налоги*) ◇ to ~ assets взимать долги с имущества несостоятельного должника; to ~ extensions of credit собирать долги по предоставленному кредиту; to ~ a note инкассировать вексель; ~ freight условие об уплате фрахта в пункте назначения после сдачи груза; ~ on delivery наложенный платёж; оплата при доставке

~ of rights совокупность прав

~ of unpaid judgement взыскание долга, не выплаченного по решению суда

fee ~ взимание членских взносов

summary ~ взыскание (*штрафа*) в суммарном порядке

tax ~ взимание налога

collectable могущий быть взысканным

collectible *см.* collectable

collection 1. собирание 2. собрание, коллекция 3. получение денег (*по векселям и т.п.*), инкассирование, инкассо 4. взимание, взыскание (*долгов, налогов, пошлин*) ◇ for ~ «(валюта) на инкассо», препоручительный индоссамент

~ of arrears взыскание недоимок

~ of assets взимание долгов с имущества несостоятельного должника

~ of bills сборник законопроектов

~ of debts взимание долгов

~ of facts совокупность фактов

collector сборщик (*налогов*)

college 1. колледж 2. коллегия

electoral ~ 1. коллегия выборщиков (*президента и вице-президента США*) 2. избирательная коллегия

collide 1. сталкиваться 2. коллидировать

collision столкновение; коллизия; противоречие

collitigant 1. соистец 2. соответчик

colloquium доказывание диффамационного характера употреблённых ответчиком выражений (*в иске о клевете*)

collude сговариваться, вступать в сговор

collusion сговор (*в ущерб третьей стороне или в целях обмана суда*)

tacit ~ молчаливый, формально не зафиксированный сговор

collusive основанный на сговоре; обусловленный сговором; направленный к сговору; соумышленный

colonial колониальный

colonization колонизация

colonize 1. колонизировать 2. *амер.* временно переселять избирателей в другой избирательный округ с целью незаконного вторичного голосования

colony 1. колония 2. поселение

convict ~ *ист.* колония для осуждённых преступников

penal ~ *ист.* штрафная колония

proprietary ~ *ист.* частнособственническая колония (*основанная и управлявшаяся частным лицом или частной компанией на основании дарственного акта королевской власти*)

settled ~ поселенческая колония

Colony:

Crown ~ колония короны (*английская колония, не имеющая самоуправления и управляемая метрополией*)

colore officii *лат.* видимость наличия должностных правомочий

colour 1. видимость; симуляция; обманчивая внешность 2. видимость наличия права, опровержимая презумпция наличия права, право «на первый взгляд» 3. предлог ◇ under ~ of law якобы по закону

~ of authority симуляция внешних признаков власти (*принадлежащих должностному лицу государства*)

~ of law видимость наличия законного права

~ of title видимость наличия правового титула; мнимое правооснование

false ~ ложный предлог, повод

colourable обманчивый; вводящий в заблуждение; мнимый, создающий видимость наличия

combat 1. *ист.* судебный поединок 2. драка

judicial ~ *ист.* судебный поединок

mutual ~ взаимная драка (*в отличие от одностороннего избиения*)

combatant 1. комбатант 2. воюющая сторона

combination 1. соединение; комбинация 2. сообщество; союз; объединение 3. шайка, банда ◇ ~ in restraint of trade объединение в целях ограничения занятий профессиональной деятельностью

~ of corporations объединение *или* слияние корпораций

~ of known elements (*without surplus effect*)

пат. комбинация известных элементов *(не дающая нового положительного эффекта)*

unlawful ~ незаконное сборище *(трёх или более лиц для насильственного осуществления законной или незаконной цели)*

combine образовывать сообщество *(преступное)*

come 1. приходить 2. становиться 3. явиться в суд ◇ **to ~ of age** достичь совершеннолетия; **to ~ into effect [into force, into operation]** вступать в действие, в силу; **to ~ to an agreement** приходить к соглашению; **to ~ within** подпадать под

comfort ◇ **to ~ a criminal** оказывать преступнику поддержку *(в смысле соучастия в преступлении)*

comity вежливость

~ of nations международная вежливость

judicial ~ признание судом силы иностранных законов и судебных решений в порядке вежливости

command 1. приказ; распоряжение; команда; командование ‖ приказывать; распоряжаться; командовать 2. господство ‖ господствовать 3. военный округ *(в Великобритании)* ◇ **to ~ a majority** иметь большинство, пользоваться поддержкой большинства

Royal ~ «королевский приказ» *(та часть патентной грамоты, в которой перечислены права патентовладельца)*

commandant комендант; начальник

~ of the coast guard *амер.* начальник береговой охраны

commandeer 1. принудительно набирать *(в армию)* 2. реквизировать

commander командир; начальник; командующий

Commander-in-Chief главнокомандующий

commandment 1. приказ 2. заповедь

commence начинать ◇ **to ~ an action [a suit]** 1. предъявить иск 2. возбудить дело; **to ~ proceedings** 1. возбудить производство *(по делу)* 2. возбудить судебное преследование; **to ~ prosecution** возбудить уголовное преследование

commencement 1. начало 2. вступительная часть обвинительного акта

~ of proceedings 1. возбуждение производства *(по делу)* 2. возбуждение судебного преследования

~ of prosecution возбуждение уголовного преследования

commend 1. рекомендовать 2. *ист.* поручить *кого-л.* покровительству феодала

commendation 1. рекомендация 2. *ист.* коммендация *(переход вассала под покровительство феодала)*

comment 1. комментарий; комментирование ‖ комментировать 2. толкование ‖ толковать 3. замечание ◇ **~ by the defence** замечания, высказанные по делу защитой; **~ by the prosecution** замечания, высказанные по делу обвинением

case ~ 1. замечание по делу 2. комментарий судебной практики

defamatory ~ диффамирующее замечание

fair ~ добросовестная характеристика, добросовестный отзыв, добросовестное толкование

judge's ~ замечание, мнение судьи

commentary комментарий

juristic ~ юридический комментарий

commerce 1. торговля; коммерческая деятельность 2. общение; сношения *(особ. внебрачные)* 3. сообщение, связь

foreign ~ внешняя торговля

interstate ~ торговля между штатами

intrastate ~ торговля внутри штата

commercial торговый, коммерческий; имеющий целью извлечение прибыли

commercialize превращать в источник прибыли

commissary 1. уполномоченный 2. судья Кентерберийского епархиального суда

commission 1. назначение на должность; патент на должность; приказ о назначении; документ о назначении ‖ назначать на должность; утверждать в должности 2. полномочие ‖ уполномочивать 3. поручение; договор поручения; судебное поручение ‖ поручать 4. комиссия, договор комиссии; комиссионное вознаграждение 5. комиссия *(группа лиц или орган)*, комитет 6. совершение *(действия)*, деяние 7. каперское свидетельство 8. включение судна в списки действующих судов военно-морского флота ◇ **in ~** 1. в должности 2. в порядке служебного представительства; **~ in bankruptcy** конкурсное управление; **~ past us** комиссионное вознаграждение сверх брокерской комиссии

~ of appointment документ о назначении на должность

~ of appraisement судебный приказ о производстве оценки арестованного имущества

~ of appraisement and sale судебный приказ об оценке и продаже арестованного имущества

~ of array полномочие на проведение военного набора

~ of assize назначение судьи в выездную сессию суда присяжных

~ of conciliation согласительная, примирительная комиссия

~ of crime совершение преступления

~ of gaol delivery 1. правомочие на «очистку тюрьмы» 2. суд, заседающий в качестве комиссии, решающей вопрос об освобождении заключённых из тюрьмы

~ of inquiry комиссия по расследованию, следственная комиссия

~ of lieutenancy полномочие на проведение военного набора

~ of lunacy назначение судом экспертизы душевного заболевания; предоставление права на проведение психиатрической экспертизы

~ of offence совершение преступления

~ of rebellion *ист.* приказ об аресте ответчика, не явившегося в суд

~ of the peace 1. мировая юстиция; коллегия мировых судей 2. назначение мирового судьи; патент на должность мирового судьи

~ of unlivery приказ о разгрузке судна на предмет оценки груза

address ~ адресная комиссия (вознаграждение, уплачиваемое судовладельцем фрахтователю или его агенту в порту погрузки)

administrative ~ административная комиссия

advisory ~ консультативная комиссия

agency ~ агентское комиссионное вознаграждение, комиссионные агента

attempted ~ покушение на совершение (преступления)

audit ~ ревизионная комиссия

claims ~ смешанная комиссия по рассмотрению взаимных претензий

conciliation ~ согласительная, примирительная комиссия

consular ~ консульский патент

culpable ~ виновное совершение (деяния)

del credere ~ комиссия за делькредере (вознаграждение комиссионеру, поручившемуся за производство платежа покупателем)

executive ~ комиссия органа исполнительной власти (президента; губернатора штата)

full ~ пленум комиссии, комиссия в полном составе

functional ~ функциональная комиссия (Экономического и Социального Совета ООН)

grievance ~ конфликтная комиссия

independent ~ амер. независимая (от трёх «ветвей» власти) комиссия

intentional ~ намеренное, умышленное совершение (правонарушения)

investigating [investigative] ~ следственная комиссия

joint ~ 1. совместно данное полномочие (двумя или более лицами сообща) 2. объединённые комиссия или комитет (палат законодательного органа)

law revision ~ комиссия по пересмотру действующего права

military ~ 1. военная комиссия 2. военный трибунал

mixed ~ смешанная комиссия

personnel ~ кадровая комиссия

police ~ 1. полицейская комиссия 2. полицейский трибунал

presidential ~ президентская комиссия

regional ~ региональная комиссия

commissioned 1. облечённый полномочиями, получивший поручение 2. произведённый в офицеры

commissioner 1. член комиссии, pl комиссия 2. уполномоченный, комиссар 3. заведующий отделом (министерства, органа муниципального управления) 4. мировой судья (в ряде штатов США) ◇ ~ for oath комиссар по приведению к присяге; ~s in lunacy 1. комиссия по делам душевнобольных 2. судебно-психиатрическая экспертная комиссия

~ of bail чиновник, принимающий судебное поручительство

~ of deeds чиновник, принимающий присяги

~ of patents руководитель патентного бюро

~ of police комиссар полиции

average ~ аварийный комиссар

bankruptcy ~ управляющий конкурсной массой

boundary ~ пограничный комиссар

congressional ~ член комиссии или комитета конгресса

ecclesiastical ~s церковные уполномоченные (корпорация-держатель церковного имущества)

jury ~ чиновник, ведающий формированием состава присяжных

parliamentary ~ член парламентской комиссии, парламентского комитета

police ~ комиссар полиции

presiding ~ председатель комиссии

prison ~ 1. член комиссии по делам тюрем 2. pl тюремная комиссия

traffic ~s транспортный суд

Commissioner:

High ~ Высокий комиссар (представитель одной из стран Содружества в другой стране Содружества)

commit 1. поручать; вверять 2. обязывать 3. передавать на рассмотрение 4. предавать суду 5. заключать под стражу 6. совершать (действие) ◇ to ~ a crime совершить преступление; to ~ an offence совершить преступление; to be about to ~ an offence собираться, намереваться совершить преступление; to ~ for trial предать суду; to ~ further offences совершать преступления в дальнейшем; to ~ oneself принимать на себя обязательство; to ~ somebody to appear before the court предать суду; to ~ suicide совершить самоубийство; to ~ to an indeterminate sentence подвергнуть наказанию с неопределённым сроком; препроводить в исправительное учреждение по приговору к наказанию с неопределённым сроком; to ~ to court предать суду; to ~ to prison заключить в тюрьму; to ~ to writing зафиксировать в письменной форме; облечь в письменную форму; to ~ waste портить имущество; повредить, обесценить нанятое имущество

commitment 1. обязательство, обязанность 2. передача на рассмотрение 3. приказ о заключении в тюрьму; направление, препровождение или поступление (заключённого в место заключения); заключение под стражу; арест; препровождение несовершеннолетнего делинквента по решению суда в исправительное учреждение 4. заключённый, поступивший в место заключения 5. обязательство, ограничивающее свободу действий (напр. до истечения срока пробации или условно-досрочного освобождения) 6. совершение (действия) ◇ ~ as a prisoner заключение под стражу в качестве обвиняемого; ~ by court заключение под стражу судом; ~ for observation направление под наблюдение; ~ for trial передача на рассмотрение суда; предание суду

addict compulsory ~ направление наркомана на принудительное лечение

civil ~ препровождение в режимное учреждение (напр. в больницу) в неуголовном («гражданском») порядке

contractual ~ договорное обязательство, договорная обязанность

criminal ~ препровождение в режимное учреждение в уголовном порядке

definite ~ заключение под стражу на определённый срок

former ~ прежнее заключение под стражу

honour ~ почётная обязанность

indeterminate ~ препровождение (в тюрьму) на не определённый приговором срок

mental ~ препровождение в психиатрическую больницу

previous ~ прежнее заключение под стражу

youth ~ заключение под стражу молодого правонарушителя

committal 1. передача на рассмотрение 2. предание суду; заключение под стражу; арест 3. совершение (действия) ◇ ~ for trial передача на рассмотрение суда; предание суду; on ~ for trial по предании суду
~ of offence совершение преступления

committed ◇ ~ to one's trust вверенный попечению какого-л. лица
admittedly ~ признанный (стороной) совершённым

committee 1. комитет; комиссия 2. опекун, попечитель ◇ ~ with a standby status комитет, функционирующий в случае необходимости
~ of bankruptcy конкурсное управление
~ of conference комитет по согласованию расхождений, согласительная комиссия
~ of inquiry комитет по расследованию, следственный комитет
~ of privileges комитет по привилегиям (палаты общин)
~ of supply бюджетный комитет
~ of the whole house «комитет всей палаты», палата, действующая как комитет
~ of visitors см. visiting committee
~ of ways and means 1. палата общин, заседающая как бюджетная комиссия (для утверждения источников покрытия расходов по бюджету) 2. бюджетный комитет палаты представителей конгресса (в США)
ad hoc ~ специальный комитет
adjustment ~ адаптационная комиссия (по приспосабливанию заключённых к условиям жизни в пенитенциарном учреждении и на свободе)
advisory ~ консультативный комитет
appeal ~ апелляционный комитет
auditing ~ ревизионная комиссия
budget ~ бюджетный комитет
campaign ~ комитет по проведению (избирательной) кампании
case ~ 1. англ. судебная комиссия по провер-

ке работы агентов пробации на местах 2. амер. комиссия по изучению дел освободившихся заключённых (в обществе содействия освободившимся заключённым)

classification ~ комиссия по классификации (заключённых в пенитенциарном учреждении)

conference ~ комитет по согласованию расхождений, согласительный комитет

credentials ~ мандатная комиссия; комитет по проверке полномочий

disciplinary ~ дисциплинарная комиссия (в пенитенциарном учреждении)

drafting ~ редакционный комитет, редакционная комиссия

executive ~ 1. исполнительный комитет 2. комиссия или комитет органа или главы исполнительной власти (президентская комиссия или президентский комитет; комиссия или комитет при губернаторе штата)

full ~ комитет в полном составе или в пленарном заседании

House ~ комитет палаты представителей (в США)

interdepartmental ~ межведомственный комитет

intergovernmental ~ межправительственный комитет

interim ~ временный комитет

international ~ международный комитет

investigating [investigative] ~ следственный комитет

joint ~ 1. междуведомственная или межпарламентская комиссия 2. совместный, объединённый комитет (палат законодательного органа)

Judicial ~ of the Privy Council англ. судебный комитет тайного совета

judiciary ~ амер. юридический комитет (в палате представителей и в сенате)

legislative ~ комитет законодательного органа

liaison ~ комитет по связям

majority steering ~ руководящий комитет партии большинства в законодательном органе

minority steering ~ руководящий комитет партии меньшинства в законодательном органе

mixed ~ смешанный комитет

national ~ национальный комитет (политической партии)

parliamentary ~ парламентский комитет

plenary ~ пленарный комитет, комитет в пленарном заседании, постоянная комиссия

steering ~ руководящий комитет

sublegislature-Congress ~ комитет конгресса по связям с подзаконодательными органами (административными или местного самоуправления)

superintending [supervising] ~ наблюдательный комитет, наблюдательная комиссия

probation ~ комиссия по надзору за отбывающими пробацию

provisional ~ временный комитет

preparatory ~ подготовительный комитет

rules ~ процедурный комитет

select ~ специальный комитет *(парламента)*

Senate ~ комитет сената *(в США)*

special ~ специальный комитет

Staff ~ комитет персонала *(в ООН)*

standing ~ постоянный комитет

treatment classification ~ классификационная комиссия по определению методов *или* режима исправительного воздействия на заключённого

visiting ~ 1. инспекционная комиссия 2. коллегия мировых судей, инспектирующих психиатрические больницы 3. судебная комиссия, инспектирующая тюрьмы

watch ~ наблюдательный комитет

committeeman член комитета *или* комиссии

committeeship попечительство, опекунство

committer субъект деяния

crime ~ лицо, совершившее преступление; исполнитель преступления; субъект преступления

committor судья, назначающий опекуна над душевнобольным

commodate вещная ссуда

common 1. община; the Commons палата общин 2. общинная земля; выгон 3. право на пользование землёй; сервитут 4. *pl* гласные в муниципальном совете *(в Лондоне)* 5. общий; долевой *(о праве)* 6. общественный; публичный 7. простой; обыкновенный ◇ ~ appendant право на выгон, связанное с владением прилежащим земельным участком; ~ appurtenant право на выгон, основанное на пожаловании *или* давности; ~ at large личное право выгона на чужом участке; ~ because of vicinage взаимное соседское пользование выгонами; ~ in gross личное право выгона на чужом участке

~ of pasturage право на выгон

~ of piscary право на рыбную ловлю на чужом участке, рыболовный сервитут

commonable находящийся в общественном владении; могущий пастись на общественном выгоне

commonage 1. право выпаса на общественном выгоне 2. общины; народ

commonalty 1. общественный выгон 2. право выпаса на общественном выгоне 3. общины; народ

commoner 1. член палаты общин 2. имеющий общинные права

commonwealth союз; содружество; федерация; республика; государство; штат *(в США)*; the Commonwealth 1. Содружество 2. *ист.* английская республика *(1649-1660 гг.)*

commorancy 1. местожительство 2. *амер.* временное пребывание

commorientes *лат.* лица, умершие одновременно, соумирающие

commotion:

civil ~ народное волнение

commune коммуна; община

communicate 1. сообщать; уведомлять; передавать; сноситься 2. представлять *(на ознакомление, одобрение)* 3. рассылать *(копии)*

communicatee *амер.* посредник

communication 1. сообщение; информация; уведомление 2. связь; коммуникация 3. представление *(на ознакомление, одобрение)* 4. рассылка *(копий)*

confidential ~ конфиденциальная *(защищённая свидетельской привилегией)* информация

matrimonial ~ конфиденциальная информация, сообщённая одним супругом другому

official ~ 1. официальное сообщение; официальная информация 2. официальные сношения

penitential ~ конфиденциальная информация *(в т.ч. признание в совершении преступления)*, сообщённая осуждённым на исповеди

privileged ~ 1. защищённое свидетельской привилегией *(конфиденциальное)* сообщение *(сделанное адвокату, солиситору и т.п.)* 2. диффамационное заявление, не влекущее судебной ответственности

wrongful ~ 1. неправильная, ошибочная информация 2. ложное сообщение 3. противоправное сообщение; диффамация, влекущая судебную ответственность

communings *шотл.* переговоры, предшествующие заключению договора

communion 1. общность 2. общение 3. группа людей одинакового вероисповедания

~ of goods *шотл.* супружеская общность движимого имущества

communiqué *фр.* коммюнике, официальное сообщение

community 1. община; население общины 2. общество 3. общность; общность имущества 4. объединение; сообщество 5. государство

~ of acquests общность приобретённого имущества, общность доходов

~ of criminal purpose общность преступной цели

~ of goods общность имущества

~ of nations сообщество наций, международное сообщество

~ of unlawful purpose общность противоправной цели

criminal ~ преступное сообщество

governmental ~ правительственный аппарат, правительственный персонал

institutional ~ население режимного учреждения *(больницы, тюрьмы и пр.)*

intelligence ~ разведывательное сообщество; штат разведки

international ~ международное сообщество

law enforcement ~ 1. система правоприменяющих органов 2. *амер.* система полицейских органов; полицейское сообщество; полицейский аппарат, персонал; полиция

prison ~ население тюрьмы *или* тюрем, заключённые

therapeutic correctional ~ клиентура, население учреждения исправительной терапии commutation 1. замена периодического платежа единовременной выплатой 2. смягчение наказания

~ of death penalty to penal servitude for life замена смертной казни пожизненными каторжными работами

~ of sentence смягчение наказания; сокращение размеров срока наказания

forfeited ~ отменённое (в связи с совершением нового преступления) смягчение наказания

last-minute ~ смягчение наказания в последний момент судебного заседания

commutative смягчающий (наказание)

commute 1. заменять периодический платёж единовременной выплатой 2. смягчать наказание ◇ to ~ a sentence смягчить наказание; сократить размеры, срок наказания

compact соглашение; договор (особ. публично-правового характера); договорный акт

environmental ~ соглашение о защите окружающей среды

international ~ международное соглашение

interstate ~ договор между штатами

social ~ общественный договор

company общество, компания ◇ ~ limited by guarantee компания с ответственностью участников в гарантированных ими пределах; ~ limited by shares компания с ответственностью участников в пределах принадлежащих им акций

administrative ~ воен. хозяйственная рота

affiliated ~ аффилиированная компания, дочерняя компания

assessment ~ общество взаимного страхования жизни

associated ~ ассоциированная компания, дочерняя компания

bubble ~ дутая, мошенническая компания

chartered ~ компания, существующая на основе королевской грамоты или специального акта парламента

holding ~ компания, владеющая акциями других компаний на началах доверительной собственности; компания, распоряжающаяся акциями своих клиентов, компания-держатель, холдинговая компания

insurance ~ страховое общество

joint-stock ~ акционерная компания

limited (liability) ~ компания с ограниченной ответственностью

non-prospectus ~ компания, не обязанная представлять проспект при регистрации

one man ~ акционерная компания, состоящая из одного лица; акционерная компания с единственным акционером

parent ~ материнская компания

private ~ 1. частная компания 2. закрытая акционерная компания (без публичной подписки на акции)

prospectus ~ публичная компания, обязанная представлять проспект при регистрации

public ~ 1. публичное акционерное общество (с публично объявляемой подпиской на акции) 2. государственная компания

share ~ акционерная компания

statutory ~ компания, учреждённая специальным законом

stock ~ акционерная компания

subsidiary ~ дочерняя компания

trading ~ коммерческая компания

trust ~ компания, созданная для выступления в качестве доверительного собственника, траст-компания

unincorporated ~ компания без прав юридического лица

unlimited ~ компания с неограниченной ответственностью её членов

comparative сравнительный, основанный на сравнительном методе

compass затевать, замышлять; склонять к чему-л. ◇ to ~ murder замышлять тяжкое убийство; to ~ the King's [the Queen's] death замышлять убийство короля [королевы]

compear шотл. явиться в суд; выступать, вести дело в суде

compearance шотл. явка в суд; ведение дела в суде

compel заставлять; вынуждать; принуждать ◇ to ~ confession вынуждать к признанию вины; to ~ to testify принуждать к даче свидетельских показаний

compellability:

~ of parties юридическая возможность обязать стороны к даче показаний

~ of witness юридическая возможность обязать свидетеля давать показания

compellable могущий быть принуждённым

compensability возместимость (вреда, убытков)

compensate возмещать; компенсировать

compensation 1. возмещение; компенсация 2. заработная плата 3. шотл. зачёт требований ◇ ~ for termination of contract отступные (при расторжении договора личного найма)

adequate ~ надлежащая, соразмерная компенсация

just ~ справедливая компенсация

immediate ~ единовременная компенсация

insurance ~ страховое возмещение

pecuniary ~ денежная компенсация

unemployment ~ пособие по безработице

voluntary ~ добровольное возмещение

competence 1. компетенция; правомочность; юрисдикция 2. компетентность; квалификация 3. правоспособность; дееспособность 4. соответствие требованиям права; допустимость (доказательств, свидетельских показаний, свидетеля) ◇ ~ to testify правомочность давать свидетельские показания

~ of testimony допустимость свидетельских показаний

~ of the accused право обвиняемого быть свидетелем по собственному делу

~ of witness правовой статус надлежащего свидетеля, свидетельская правомочность, свидетельская право-дееспособность; право давать свидетельские показания legal ~ 1. правовая компетенция 2. правоспособность; дееспособность

mental ~ психическая дееспособность

object ~ предметная компетенция

competency см. competence

competent 1. компетентный; правомочный 2. имеющий право; правоспособный; дееспособный 3. соответствующий требованиям права; надлежащий ◇ ~ for the defence имеющий право давать оправдывающие показания; ~ for the prosecution имеющий право давать уличающие показания; ~ to give evidence имеющий право давать показания *или* представлять доказательства

competition 1. конкуренция 2. *шотл.* спор между кредиторами, столкновение требований кредиторов

bona fide [fair] ~ добросовестная конкуренция

illicit ~ недозволенная конкуренция

unfair ~ недобросовестная конкуренция

compilation 1. составление компиляции 2. сборник

~ of statutes сборник статутов, собрание законов

compiler составитель

complain жаловаться, подавать жалобу

complainant 1. жалобщик 2. истец 3. потерпевший *(от преступления)*

complaint 1. жалоба; рекламация; претензия 2. иск 3. официальное обвинение ◇ to address a ~ обратиться с жалобой; to lodge [to make] a ~ принести [подать, заявить] жалобу

civil ~ иск

criminal ~ обвинение в совершении преступления

cross ~ встречная жалоба

delinquency ~ жалоба на совершение акта делинквентности

original ~ первоначальная жалоба

real ~ действительная, несимулированная жалоба

telephone ~ жалоба, поступившая *(в полицию)* по телефону

completion завершение, окончание; заключение

~ of proceedings окончание производства по делу

~ of sentence отбытие наказания

compliance выполнение, соблюдение *(правовых норм)*

law ~ соблюдение закона

complicacy причастность

complicity соучастие

active ~ активное соучастие *(в отличие от попустительства)*

compound ~ сложное соучастие

criminal ~ соучастие в преступлении

direct ~ прямое, непосредственное соучастие

implicit ~ подразумеваемое соучастие

simple ~ простое соучастие

tacit ~ молчаливое соучастие

compliment приветствие; поздравление; почесть ‖ приветствовать; поздравлять; оказывать почесть

complimentary приветственный; поздравительный

comply выполнять; подчиняться *(правилам)*; сообразоваться; соблюдать ◇ to ~ with соответствовать *чему-л.*

components of crime 1. элементы (состава) преступления 2. состав преступления

compose 1. составлять 2. урегулировать, улаживать *(напр. спор)*

composed of 1. в составе 2. состоящий

compositeur:

amiable ~ *фр.-кан.* мировой посредник *(арбитр, выносящий решения «по справедливости», а не строго по правовым нормам)*

composition 1. составление; состав 2. урегулирование 3. компромиссное соглашение должника с кредиторами; сумма, выплачиваемая по такому соглашению 4. соглашение о перемирии

~ of matter композиция *(механическая смесь ингредиентов или химическое соединение как категория патентоспособных объектов)*

~ of the court состав суда

compos mentis *лат.* в здравом уме (и твёрдой памяти); вменяемый

compound приходить к компромиссному соглашению ◇ to ~ a crime [an offence] воздержаться, отказаться от возбуждения *или* осуществления уголовного преследования преступника по корыстным *или* иным личным мотивам, либо по сговору с преступником; to ~ a penal action см. to compound a crime

compounder мировой посредник

amicable ~ арбитр *(штат Луизиана)*

compounding отказ по корыстным *или* иным личным мотивам, либо по сговору с преступником от (судебного) преследования; соглашение о воздержании, за вознаграждение, от судебного преследования лица, совершившего преступление; обещание не преследовать вора, если он вернёт украденную вещь

comprint печатание, выпуск книги с нарушением авторского права

compromise 1. мировая сделка ‖ заключать мировую сделку 2. компромисс ‖ пойти на компромисс 3. третейская запись 4. компрометировать; подвергать риску ◇ to ~ an action закончить дело миром

legislative ~ компромисс в законодательстве; законодательно оформленный, закреплённый компромисс

compter *шотл.* сторона, обязанная отчётностью

comptroller контролёр; ревизор

public ~ государственный финансовый контролёр

Comptroller General *амер.* генеральный контролёр *(глава Генерального отчётно-ревизионного управления США)*

compulsion принуждение ◇ ~ to be witness см. testimonial compulsion

~ of evidence принуждение к даче показаний

actual ~ действительное принуждение (в отличие от презюмируемого)

presumed ~ презюмируемое принуждение

testamentary ~ принуждение к составлению завещания

testimonial ~ принуждение к даче свидетельских показаний

compulsitor шотл. лицо, совершившее неправомерное принуждение

compulsive принудительный

compulsory принудительный; вынужденный; обязательный

compurgation ист. компургация, очищение от обвинения (клятвенное подтверждение свидетелем невиновности обвиняемого)

compurgator ист. компургатор (свидетель, очищающий обвиняемого от обвинения клятвой в том, что считает его невиновным)

computus лат. судебный приказ о представлении отчётности

conceal скрывать, укрывать, утаивать, умалчивать

concealment сокрытие, укрывательство; утаивание, умалчивание

active ~ активное сокрытие (путём введения в заблуждение или обмана)

fraudulent ~ утаивание в обманных целях

concede 1. уступать; предоставлять (о правах) 2. допускать (возможность чего-л.) 3. признавать; соглашаться

concept понятие; концепция

judicial ~ 1. понятие, выработанное судебной практикой 2. концепция судебной практики

conception 1. понимание 2. понятие 3. концепция 4. зачатие

~ of invention идея изобретения, изобретательский замысел; концептирование изобретения

antenuptial ~ добрачное зачатие

legal ~ правовая концепция

concert согласие, соглашение; договорённость; сговор || договариваться; сообща принимать меры; сговариваться ◇ by previous ~ по предварительному сговору; in ~ по соглашению; совместно

previous ~ предварительный сговор

concerted согласованный

concession 1. уступка; предоставление 2. концессия; концессионный договор

lawful ~ правомерная, законная уступка

mutual [reciprocal] ~ взаимная уступка

unlawful ~ противоправная, незаконная уступка

concessionaire концессионер

concessionary 1. концессионер 2. льготный (об условиях)

concessioner амер. концессионер

concessit solvere лат. иск о взыскании долга по простому договору

conciliate примирять

conciliation примирение; примирительная, согласительная процедура

conciliative примирительный, согласительный

conciliator мировой посредник

conciliatory примирительный, согласительный

conclude 1. заключать (договор) 2. завершать; заканчивать(ся) 3. делать вывод; выводить заключение 4. решать 5. лишать права отрицать что-л. в суде ◇ to ~ examination закончить допрос; to ~ peace заключить мир

conclusion 1. заключение (напр. договора) 2. завершение; окончание 3. вывод 4. решение (суда) 5. лишение права отрицать что-л. в суде ◇ in ~ в заключение; ~ to the country постановка стороной вопроса на разрешение присяжных

~ of evidence окончание дачи показаний; окончание представления доказательств

~ of guilt вывод о наличии вины

~ of investigation окончание расследования

~ of law юридический вывод, сделанный судом

professional ~ заключение эксперта

conclusive 1. заключительный; окончательный 2. решающий; неоспоримый; неопровержимый; безусловный 3. обосновывающий (вывод)

conclusiveness окончательный характер; неоспоримость; неопровержимость; безусловность

concoct сфабриковать (ложную версию) ◇ to ~ an excuse придумать, изобрести, состряпать оправдание

concomitant сопутствующий

concord согласие; соглашение; компромисс

concordat конкордат

concubinage внебрачное сожительство

concur 1. соглашаться 2. совпадать 3. содействовать

concurrence 1. согласие 2. совпадение 3. совпадающее мнение 4. содействие

concurrent 1. совпадающий 2. сопутствующий; параллельный 3. действующий взаимозависимо

concuss принуждать, понуждать

concussion принуждение, понуждение

condemn 1. осуждать, приговаривать (к смертной казни); присуждать 2. объявлять морским призом 3. принудительно отчуждать 4. конфисковать ◇ to ~ a licence признать лицензию недействительной; to ~ a ship конфисковать судно в качестве морского приза; to ~ of a crime осудить (на смертную казнь) за совершение преступления

condemnation 1. осуждение (на смертную казнь) 2. отказ в иске 3. убытки, присуждаемые с проигравшей стороны 4. объявление морским призом 5. конфискация 6. принудительное отчуждение

~ of crime осуждение (на смертную казнь) за совершение преступления

condemnatory осуждающий (на смертную казнь); присуждающий

condemned 1. осуждённый, приговорённый (к смертной казни) 2. ответчик, проигравший процесс

condescendence шотл. изложение фактов по делу со стороны истца

condition 1. условие ‖ обусловливать; ставить условие *или* условием 2. существенное условие (*нарушение которого даёт право на расторжение договора*) 3. положение; состояние; статус ◇ ~ **in deed** положительно выраженное условие; ~ **in law** подразумеваемое условие; ~ **laid down** сформулированное условие; ~ **precedent** *см.* precedent condition; ~ **resolutive** *см.* resolutive condition; ~ **subsequent** *см.* subsequent condition; ~ **suspensive** *см.* suspensive condition; **to** ~ **an offence** 1. ставить условием совершение преступления 2. создавать условия для совершения преступления

~**s of criminality** условия признания деяния преступным

~ **of parole** условие, предписанное решением суда об условно-досрочном освобождении

~ **of probation** условие, предписанное решением суда о направлении на пробацию

affirmative ~ 1. положительное условие (*т.е. если произойдёт такое-то событие*) 2. условие (*сделки*) о совершении действия

casual ~ казуальное условие (*условие, зависящее от случайного обстоятельства*)

collateral ~ побочное условие (*о совершении действия, необходимо не связанного с целью договора*)

compulsory ~ обязательное условие (*неисполнение которого ведёт к прекращению договора*)

concurrent ~**s** *см.* mutual conditions

consistent ~ условие, совместимое с целью договора

copulative ~ множественное условие (*о совершении ряда действий*)

dependent ~ подчинённое условие (*исполнение которого не может быть потребовано до исполнения другого, предварительного условия*)

disjunctive ~ альтернативное условие

dissolving ~ резолютивное, отменительное условие

enforceable ~ условие, исполнимое в судебном порядке

executory ~ условие с исполнением в будущем

express ~ положительно выраженное условие

general ~**s** (*of delivery*) общие условия (*поставки*)

harmful ~**s** вредные условия (*труда*)

helpless ~ безнадёжное состояние (*больного*)

implied ~ подразумеваемое условие

impossible ~ невозможное, неисполнимое условие

independent ~**s** независимые, взаимно не связанные условия

insensible ~ условие, не совместимое с целью договора

mental ~ психическое состояние

mixed ~ смешанное условие (*зависящее от воли стороны и случайного обстоятельства*)

mutual ~**s** взаимозависимые условия (*подлежащие одновременному исполнению*)

negative ~ негативное условие (*о ненаступлении события или несовершении действия*)

pendent ~ 1. ещё не определённое условие 2. *см.* suspensive condition

positive ~ положительное, позитивное условие (*имеет в виду наступление события или совершение действия*)

potestative ~ условие, зависящее от воли сторон, потестативное условие

precedent ~ предварительное условие

repugnant ~ условие, несовместимое с целью договора; бессмысленное условие; противоречащее условие

resolutive [**resolutory**] ~ резолютивное, отменительное условие

restrictive ~ рестриктивное [ограничительное] условие (*о воздержании от действия*)

single ~ сингулярное условие (*о совершении одного определённого действия*)

subsequent ~ последующее, резолютивное, отменительное условие

suspensive ~ отлагательное, суспенсивное условие

typical ~ типовое условие

unenforceable ~ условие, неисполнимое в судебном порядке

working ~**s** условия труда

conditional условный; зависящий от чего-л.; имеющий силу при условии чего-л.; обусловленный чем-л.

conditionally условно, в зависимости от

conditio sine qua non *лат.* обязательное, непременное условие

condole выражать соболезнование

condolence соболезнование

condominium 1. кондоминиум; совместное владение; совместная собственность 2. собственность на отдельную квартиру в многоквартирном доме

condonation прощение (*особ. супружеской неверности*); освобождение от ответственности

condone простить (*особ. супружескую неверность*); освободить от ответственности ◇ **to** ~ **an offence** простить совершённое преступление; освободить от ответственности за совершённое преступление; помиловать

conduct 1. поведение 2. руководство; ведение ‖ вести 3. сопровождать; эскортировать ◇ ~ **charged** инкриминируемое поведение; **to** ~ **a case** вести судебное дело; **to** ~ **appearance** обеспечивать явку; **to** ~ **court** вести судебный процесс; **to** ~ **policy** вести политику; ~ **without fault** невиновное поведение

abusive ~ оскорбительное поведение

adverse ~ **of an officer** поведение должностного лица, противоречащее его должностному статусу

alleged ~ 1. предполагаемое поведение 2. вменяемое в вину, инкриминируемое поведение

bad ~ упречное поведение

continuing (**course of**) ~ длящееся поведение

courtroom ~ поведение *(сторон, свидетелей)* в зале судебного заседания

cowardly ~ трусливое поведение

criminal ~ преступное поведение, преступление

culpable ~ виновное поведение; преступление

delinquent ~ делинквентное поведение

discreditable ~ дискредитирующее *(подрывающее доверие к личности, показаниям субъекта)* поведение

disorderly ~ поведение, нарушающее общественный порядок; нарушение общественного порядка

disruptive ~ поведение, нарушающее порядок судебного заседания

felonious ~ преступление, направленное *или* приведшее к совершению фелонии; поведение, квалифицируемое как фелония; фелония

forbidden ~ запрещённое поведение

fraudulent ~ обман

guilty ~ виновное поведение; преступление

homicidal ~ поведение, направленное *или* приведшее к лишению человека жизни; поведение, квалифицируемое как убийство; убийство

immoral ~ аморальное поведение

infamous ~ позорящее поведение

involuntary ~ вынужденное поведение

neglect ~ пренебрежение *(обязанностями)*

negligent ~ небрежное поведение

negligent tortious ~ небрежное поведение, приведшее к деликту

obnoxious ~ непристойное поведение

orderly ~ поведение, не нарушающее общественного порядка

prohibited ~ запрещённое поведение

prohibited sexual ~ запрещённые виды сексуального поведения

public ~ поведение в обществе; общественное поведение; поведение, имеющее общественное значение

reckless ~ опрометчивое, неосторожное поведение

riotous ~ поведение, направленное *или* приведшее к массовым беспорядкам; поведение, квалифицируемое как массовые беспорядки; массовые беспорядки

safe ~ 1. поведение, не представляющее опасности 2. гарантия неприкосновенности, гарантия безопасности, гарантия от ареста, охранная грамота

sexual ~ сексуальное поведение

sexually explicit ~ поведение, возбуждающее половую страсть

tortious ~ вредоносное, деликтное поведение; деликт

treacherous ~ поведение, направленное *или* приведшее к совершению предательства; поведение, квалифицируемое как предательство; предательство

treasonable ~ поведение, направленное *или* приведшее к совершению (государственной)

измены; поведение, квалифицируемое как (государственная) измена; (государственная) измена

unconstitutional ~ неконституционное *(в нарушение конституции)* поведение

voluntary ~ добровольное поведение

confederacy 1. конфедерация; лига; союз государств 2. сговор; заговор

unlawful ~ незаконный сговор

confederal конфедеративный

confederate 1. союзник; член конфедерации || объединяться в союз, конфедерацию || союзный, конфедеративный 2. конфедерат *(сторонник южных штатов в 1861-1865 гг.)* 3. сообщник, соучастник *(преступного сговора или политического заговора)* || сговариваться, вступать в заговор, составлять заговор

confederated составляющий конфедерацию, конфедерированный

confederation 1. конфедерация; союз 2. *ист.* конфедерация американских штатов 3. сговор, заговор

crime ~ 1. преступный сговор; преступный заговор 2. преступное сообщество 3. сообщество организованных преступников

confer 1. давать; предоставлять; даровать; возлагать 2. обсуждать, совещаться; вести переговоры 3. сопоставлять, сравнивать ◇ to ~ authority предоставлять власть, полномочия; to ~ jurisdiction предоставлять юрисдикцию

conferee участник переговоров, конференции, совещания

House ~ назначенный палатой представителей участник её переговоров с сенатом по поводу законопроекта, подлежащего согласованию между ними

Senate ~ назначенный сенатом участник его переговоров с палатой представителей по поводу законопроекта, подлежащего согласованию между ними

conference 1. конференция, совещание, переговоры; *амер.* переговоры представителей палат легислатуры по спорному между палатами законопроекту; *амер.* открытое совещание членов легислатуры, принадлежащих к одной партии 2. конференция, картельное соглашение судовладельцев

free ~ *амер.* переговоры представителей палат легислатуры по спорному между палатами законопроекту, на которых эти представители вправе приходить к соглашению в рамках различий в позициях палат

joint ~ совместная комиссия

liner ~ линейная конференция *(судовладельцев)*

peace ~ мирная конференция

prehearing [pretrial] ~ распорядительное совещание суда перед началом слушания дела

shipping ~ *см.* conference 2

simple ~ *амер.* переговоры представителей палат легислатуры по спорному между палатами законопроекту, на которых эти представители действуют по инструкции своих палат summit ~ конференция, совещание на высшем уровне

top level ~ конференция на высшем уровне

underworld ~ совещание боссов организованной преступности

confess признавать(ся), сознаваться

confession признание; признание иска; признание в совершении преступления; признание вины; исповедь; признание на исповеди (*в т.ч. в совершении преступления*) ◇ ~ and avoidance признание фактов с отрицанием их юридических последствий (*путём приведения дополнительных фактов*); to obtain ~ добиться признания; to surprize a person into ~ вынудить признание у *кого-л.*, застав врасплох; ~ under influence of liquor признание (в совершении преступления), сделанное под влиянием алкоголя

~ of action признание иска

~ of defence признание (истцом) обоснованности защиты

~ of error признание допущенной ошибки

~ of guilt признание вины

~ of signature признание подписи

~ of third person признание третьего лица (*в совершении преступления, инкриминируемого подсудимому*)

admissible ~ допустимое (*в качестве доказательства*) признание (в совершении преступления)

advertent ~ осознанное, добровольное признание

coerced ~ вынужденное признание

corroborated ~ признание, подкреплённое доказательствами

deathbed ~ признание умирающего

extorted ~ вырванное признание

extrajudicial ~ внесудебное признание

hand-written ~ собственноручное письменное признание

implied ~ подразумеваемое признание

inadmissible ~ недопустимое (*в качестве доказательства*) признание (в совершении преступления)

inadvertent ~ невольное признание

in-custody ~ признание, сделанное лицом, находящимся под стражей

induced ~ внушённое признание

intra-judicial ~ признание в судебном заседании

judicial ~ признание, сделанное в суде

naked ~ голословное признание

open ~ открытое признание

own ~ собственное признание (*подсудимого*)

penitential ~ признание (*в грехе, в преступлении*) раскаявшегося на исповеди

plenary ~ полное, безоговорочное признание

pre-trial ~ признание, сделанное до суда

quasi ~ квазипризнание

trustworthy ~ признание, заслуживающее доверия

uncorroborated ~ признание, не подкреплённое доказательствами

untrustworthy ~ признание, не заслуживающее доверия

verbal ~ устное признание

whole ~ признание (*иска, обвинения*) полностью

confessional 1. исповедь; признание на исповеди 2. конфессиональный, основанный на вероисповедании

confessor 1. исповедник 2. исповедующийся

confidence 1. доверие 2. конфиденциальное сообщение 3. уверенность ◇ in ~ в конфиденциальном порядке; секретно; to express ~ выразить доверие

confidential 1. конфиденциальный, секретный; доверительный 2. пользующийся доверием

confidentiality конфиденциальность

confine лишать свободы; заключать в тюрьму

confined лишённый свободы, заключённый

closely ~ находящийся в заключении со строгим режимом изоляции

confinement лишение свободы, заключение под стражу; заключение в тюрьму; тюремное заключение ◇ ~ at hard labour заключение в соединении с каторжными работами; to keep in close ~ содержать под стражей, в заключении со строгим режимом изоляции; to keep in ~ содержать под стражей, в заключении

close ~ заключение со строгим режимом изоляции

forced ~ принудительное лишение свободы

illegal ~ незаконное лишение свободы

indeterminate ~ лишение свободы на неопределённый срок

institutional ~ заключение в учреждение с режимом изоляции; заключение в учреждении с режимом изоляции; заключение в исправительное учреждение; заключение в исправительном учреждении; заключение в тюрьму; тюремное заключение

legal ~ законное лишение свободы

local ~ заключение в местную тюрьму; заключение в местной тюрьме

narrow ~ заключение со строгим режимом изоляции

ordinary ~ заключение с общим режимом изоляции

penal ~ лишение свободы как кара за совершённое преступление; заключение в пенитенциарное учреждение; тюремное заключение

preliminary ~ предварительное заключение

psychiatric ~ лишение свободы в психиатрическом учреждении

punitive ~ лишение свободы как кара за совершённое преступление; заключение в пенитенциарное учреждение; тюремное заключение

rehabilitative ~ лишение свободы с целью ресоциализации лица

secure ~ лишение свободы со строгим режимом изоляции

solitary ~ одиночное заключение

voluntary ~ добровольное лишение (себя) свободы

confines границы, пределы

protective ~ границы (правовой) защиты

confirm 1. подтверждать 2. утверждать; санкционировать; ратифицировать ◇ to ~ by a notary засвидетельствовать у нотариуса; to ~ decision [judgement] утвердить вынесенное по делу решение

confirmation 1. подтверждение 2. утверждение; конфирмация; санкционирование; ратифицирование

senatorial ~ утверждение в должности сенатом

confirmatory 1. подтверждающий 2. утверждающий, санкционирующий, ратифицирующий

confiscable могущий быть конфискованным, подлежащий конфискации

confiscate конфисковать

confiscation конфискация

~ of property конфискация имущества

confiscatory конфискационный

conflict конфликт; коллизия; столкновение; противоречие ‖ противоречить; коллидировать; сталкиваться

~ of claims коллизия притязаний

~ of evidence противоречие в доказательствах, в свидетельских показаниях

~ of interest амер. «конфликт интересов» (несовместимость должностного положения с частными интересами должностного лица; использование должностного положения в личных интересах)

~ of laws 1. коллизия правовых норм 2. коллизионное право

~ of testimony противоречие в свидетельских показаниях

gang ~ столкновение гангстерских синдикатов или молодёжных группировок, шаек

homicidial ~ конфликт, приведший к совершению убийства

jurisdictional ~ коллизия юрисдикций

murderous ~ конфликт, приведший к совершению тяжкого убийства

suicidal ~ конфликт, приведший к самоубийству

trademark ~ коллизия товарных знаков

conform 1. согласоваться; соответствовать 2. подчиняться (правилам); сообразоваться

conformable соответствующий

conforming ◇ ~ to law в соответствии [сообразуясь] с законом

conformity 1. соответствие 2. подчинение

confront 1. сопоставлять 2. проводить очную ставку; стоять на очной ставке ◇ to ~ the accused проводить очную ставку или стоять на очной ставке с обвиняемым; to ~ the accuser проводить очную ставку или стоять на очной ставке с обвинителем (частным лицом); to ~ the coaccuser проводить очную ставку или стоять на очной ставке с сообвиняемым; to ~ the codefendant проводить очную ставку или стоять на очной ставке с со-

ответчиком или соподсудимым; to ~ the coplaintiff проводить очную ставку или стоять на очной ставке с соистцом; to ~ the defendant проводить очную ставку или стоять на очной ставке с ответчиком или подсудимым; to ~ the plaintiff проводить очную ставку или стоять на очной ставке с истцом; to ~ the witness проводить очную ставку или стоять на очной ставке со свидетелем (обвинения)

confrontation 1. сопоставление 2. конфронтация; очная ставка ◇ ~ with witnesses амер. конфронтация, очная ставка обвиняемого со свидетелями обвинения; конституционное право обвиняемого на конфронтацию со свидетелями обвинения

confrontment см. confrontation of witnesses

confusion 1. замешательство 2. беспорядок; смешение; соединение в одну массу 3. общественные беспорядки, волнения ◇ ~ as to sponsorship создание ложного впечатления о производстве данного товара под патронажем определённого органа или по его лицензии

~ of debts прекращение долга соединением должника и кредитора в одном лице

~ of issue смешение подлежащих доказыванию фактов

~ of rights соединение должника и кредитора в одном лице

~ of source смешение происхождения товара

~ of trademarks смешение товарных знаков

confutable опровержимый

confutation опровержение

confute опровергать

congregation конгрегация (выборщики от религиозной корпорации, имеющие право выбирать доверительных собственников; религиозная группа; прихожане на богослужении)

congress конгресс; съезд

Congress конгресс (в США)

Continental ~ ист. континентальный конгресс

entire ~ конгресс в полном составе; конгресс в течение всего срока его правомочий

full ~ конгресс в полном составе

investigating ~ конгресс, ведущий расследование

last ~ конгресс последнего или предыдущего созыва

congressionally-approved одобренный конгрессом

Congressman член палаты представителей конгресса США, конгрессмен

one-term ~ член палаты представителей, функционировавший в течение одного срока

congruence ◇ ~ with the law соответствие закону

conjointly совместно

conjoints супруги

conjugality супружество, состояние в браке

conjunctly совместно ◇ ~ and severally совместно и порознь, солидарно

connection 1. связь 2. родство, свойство; родственник, свойственник **3.** клиентура **4.** объединение (*политическое, коммерческое*)

carnal ~ половое сношение

causal ~ причинная связь

criminal ~ преступная связь

sexual ~ половое сношение

connexion *см.* connection

connivance 1. потворство; попустительство **2.** молчаливое допущение

connive 1. потворствовать; попустительствовать **2.** молчаливо допускать

conquest 1. завоевание, покорение **2.** *шотл.* покупка

consanguinity кровное родство

collateral ~ кровное родство по боковой линии

lineal ~ родство по прямой линии

conscience 1. совесть **2.** сознание

~ **of guilt** (о)сознание (собственной) вины

good ~ добросовестность

guilty ~ совесть, страдающая от сознания вины

legal ~ правосознание

consciousness (о)сознание

~ **of danger** (о)сознание, понимание, заведомость, предвидение опасности

~ **of (one's) guilt** сознание (собственной) вины

~ **of (one's) innocence** сознание (собственной) невиновности

~ **of threat** (о)сознание, заведомость угрозы

conscript призывать на военную службу ‖ призванный на военную службу, рекрут

conscription воинская повинность; набор на военную службу

consensus 1. (всеобщее) согласие, единодушие, консенсус **2.** согласованность ◇ ~ **ad idem** *лат.* совпадение воль сторон

~ **of testimony** согласованность свидетельских показаний

consent совпадение воль, согласие ‖ давать согласие, соглашаться ◇ ~ **to bodily injury** согласие на причинение телесного вреда; **without her** ~ без её (*потерпевшей*) согласия (*элемент состава изнасилования*)

~ **of victim** согласие потерпевшего

express ~ положительно выраженное согласие

implied ~ подразумеваемое согласие, согласие, выраженное конклюдентными действиями

ineffective ~ согласие, не имеющее юридического значения

informed ~ согласие, основанное на полученной информации

intelligent ~ согласие, данное с пониманием обстоятельств дела

lawful ~ согласие (*потерпевшего*), имеющее юридическое значение

marital ~ согласие вступить в брак

mutual ~ взаимное согласие

tacit ~ молчаливое согласие

unanimous ~ единодушное согласие

unlawful ~ согласие (*потерпевшего*), не имеющее юридического значения

consequence следствие, последствие ◇ ~ **in law** правовое, юридическое последствие

~**s of conviction** последствия осуждения

antitrust ~**s** последствия нарушения антитрестовского законодательства

avoidable ~ последствие, которого можно (было) избежать

harmful ~ вредное последствие; вред

intended ~ последствие, охваченное умыслом

judicial ~**s** последствия, имеющие значение для суда

legal ~**s** правовые, юридические последствия

major ~ существенное последствие

minor ~ малозначительное последствие

natural ~ естественное последствие

penal ~ уголовно-правовое последствие (*совершённого деяния*); наказание как последствие (*преступления*)

unintended ~ последствие, не охваченное умыслом

consequents *шотл.* подразумеваемые полномочия

conservation 1. сохранение **2.** охрана природы

~ **of evidence** обеспечение доказательств

conservator опекун; охранитель

~ **of peace** охранитель общественного порядка

conserve 1. сохранять **2.** охранять природу

consider 1. рассматривать; обсуждать **2.** полагать, считать **3.** принимать во внимание, учитывать ◇ ~ **legally** рассматривать с юридической точки зрения; **to** ~ **verdict** обсуждать вердикт

consideration 1. рассмотрение; обсуждение **2.** соображение **3.** встречное удовлетворение; компенсация; вознаграждение; возмещение **4.** уважение ◇ ~ **on the merits** рассмотрение по существу дела

~ **of accord** встречное удовлетворение в порядке замены исполнения

~ **of contract** договорное встречное удовлетворение, основание договора

~ **of prior art** учёт уровня техники (*при экспертизе на патентоспособность*)

adequate ~ достаточное, соразмерное, встречное удовлетворение

concurrent ~ одновременное встречное удовлетворение

continuing ~ длящееся встречное удовлетворение

equitable ~ **1.** моральное встречное удовлетворение **2.** рассмотрение дела в соответствии с нормами права справедливости

executed ~ исполненное встречное удовлетворение (*полученное до заключения договора*)

executory ~ будущее встречное удовлетворение (*получаемое после заключения договора*)

express ~ положительно выраженное встречное удовлетворение

fair and valuable ~ реальное, достаточное встречное удовлетворение

good ~ 1. встречное удовлетворение, основанное на родстве, привязанности или моральном долге 2. юридически действительное встречное удовлетворение

gratuitous ~ безвозмездное встречное удовлетворение

illegal ~ противоправное встречное удовлетворение

implied ~ подразумеваемое встречное удовлетворение

legal ~ юридически действительное встречное удовлетворение

material ~ 1. материальная компенсация, материальное вознаграждение 2. существенная компенсация, существенное вознаграждение

meritorious ~ см. good consideration 1.

money ~ денежное встречное удовлетворение

moral ~ моральное встречное удовлетворение

nominal ~ номинальное, символическое встречное удовлетворение

past ~ предшествующее встречное удовлетворение

pecuniary ~ денежное встречное удовлетворение

preliminary ~ предварительное рассмотрение дела *(судьёй)*

real ~ реальное встречное удовлетворение

sufficient ~ достаточное встречное удовлетворение

sympathetic ~ благожелательное рассмотрение

valuable ~ достаточное, надлежащее, ценное встречное удовлетворение

consign 1. отправлять *(товары)*; посылать *(товары)* на консигнацию 2. передавать 3. депонировать

consignation 1. отправка *(товаров)* на консигнацию 2. депонирование 3. передача в руки третьего лица

consignatory *шотл.* депозитарий

consignee 1. грузополучатель; адресат *(груза)* 2. консигнатор *(лицо, которому товар послан на консигнацию)* 3. комиссионер

consigner *см.* consignor

consignment 1. груз; партия товара 2. консигнация ◇ ~ to jail партия заключённых, направленная *или* прибывшая в тюрьму

consignor 1. грузоотправитель 2. консигнант *(лицо, отправляющее товар на консигнацию)*

consilium день, назначенный для прений сторон

consistency согласованность *(напр. показаний)*

accused's ~ согласованность показаний обвиняемого с ранее данными им показаниями

defendant's ~ согласованность показаний ответчика *или* подсудимого с ранее данными им показаниями

plaintiff's ~ согласованность показаний истца с ранее данными показаниями

suspect's ~ согласованность показаний подозреваемого с ранее данными им показаниями

victim's ~ согласованность показаний потерпевшего с ранее данными им показаниями

witness's ~ согласованность показаний свидетеля с ранее данными им показаниями

consistory консистория; церковный суд

consolidate 1. укреплять(ся) 2. объединять(ся) 3. консолидировать *(займы)*

consolidation 1. укрепление 2. объединение 3. консолидация *(займов)*

~ of actions 1. объединение исков 2. приостановление рассмотрения исков до выяснения возможности решением по одному из них решить все остальные

~ of appeals объединение апелляций

~ of applications *пат.* объединение заявок

~ of cases объединение дел

~ of corporations объединение корпораций

~ of hearings объединение слушаний

~ of indictments объединение обвинительных актов *(для совместного их рассмотрения)*

~ of informations объединение заявлений о совершении преступления *(для совместного их рассмотрения)*

consort супруг(а) *(преим. коронованной особы)*

consortium 1. консорциум 2. супружеская общность

conspiracy сговор *(о совершении преступления)*; заговор *(политический)* ◇ ~ to commit a crime сговор о совершении преступления, преступный сговор; ~ to defeat justice сговор против правосудия; ~ to murder сговор о совершении тяжкого убийства

alien ~ 1. заговор иностранцев 2. заговор иностранных держав

common law ~ сговор по общему праву

criminal ~ преступный сговор

evil ~ злоумышленный сговор

horizontal ~ **in restraint of trade** сговор фирм, производящих аналогичную продукцию, с целью ограничения конкуренции

intercorporate ~ межкорпоративный сговор

international ~ международный заговор

intracorporate ~ внутрикорпоративный сговор

intricate ~ разветвлённый заговор

political ~ политический заговор

seditious ~ сговор о призыве к мятежу

treasonable ~ изменнический заговор *(заговор с целью совершения изменнического преступления)*

conspiration *см.* conspiracy

conspirator участник преступного сговора; участник политического заговора, заговорщик; *pl* лица, вступившие в преступный сговор, участники преступного сговора, заговора

chief ~ главный участник *или* организатор преступного сговора *(в т.ч. политического заговора)*

criminal ~ участник преступного сговора *(в т.ч. политического заговора)*

conspiratorial носящий характер преступного сговора; заговорщический; конспиративный conspire войти в сговор о совершении преступления; составить политический заговор ◇ to ~ criminally вступить в преступный сговор

conspired:

criminally ~ 1. вступивший в преступный сговор 2. предусмотренный сговором (о преступлении)

conspiring 1. вступление в сговор о совершении преступления 2. организация политического заговора

constable констебль (в Великобритании — полицейский, полисмен; в США — судебный пристав, т.е. муниципальный чиновник с функциями, подобными функциям шерифа в сельской местности)

additional ~ помощник констебля

detective ~ констебль с функциями детектива

parish ~ констебль прихода

police ~ констебль

special ~ констебль для специального поручения (лицо, назначенное мировым судьёй для выполнения специального поручения в качестве констебля)

Constable:

Chief ~ англ. начальник полиции (в городе или графстве)

constabulary полиция, полицейские силы (города, района) || полицейский

constat заверенная копия документа

constate устанавливать; учреждать; предписывать

constituency 1. избиратели 2. избирательный округ 3. покупатели, клиентура

marginal ~ колеблющийся [«ненадёжный», «висячий»] избирательный округ

safe ~ надёжный избирательный округ

single member ~ одномандатный [униноминальный] избирательный округ (округ, посылающий одного депутата)

university ~ университетский избирательный округ

constituent 1. составная часть || составляющий часть целого 2. избиратель || избирающий 3. доверитель 4. учреждающий; основывающий; конституирующий

constitute 1. составлять 2. быть, являться 3. устанавливать; основывать; конституировать; учреждать 4. назначать 5. издавать или вводить в силу (закон) ◇ to ~ the corroboration быть подтверждением, подтверждать; to ~ evidence быть доказательством; иметь доказательственное значение; to ~ the court образовывать или составлять судебное присутствие; to ~ the quorum составлять кворум

constituted:

legally ~ конституированный; законно учреждённый

constitution 1. конституция, основной закон 2. устав; положение 3. создание; образование; учреждение 4. устройство; состав

~ of the court состав суда

draft ~ проект конституции

elective ~ положение о выборах

mixed ~ «смешанное устройство» (государства, с объединением в руках правительства трёх различных функций — законодательной, исполнительной и судебной)

original ~ первоначальный текст конституции (без поправок)

proposed ~ проект конституции

state ~ конституция штата

unwritten ~ неписаная конституция

working ~ действующая конституция

written ~ писаная конституция

Constitution:

National ~ амер. федеральная конституция

constitutional конституционный, соответствующий конституции

constitutionalism 1. конституционная форма правления 2. конституционность 3. конституционализм

constitutionality конституционность

constitutionalization конституционализация

~ of law возведение правовой нормы в ранг конституционного положения

constitutionally конституционно; с точки зрения конституции

constrain 1. принуждать 2. сдерживать 3. заключать в тюрьму

constraint 1. принуждение 2. пресечение 3. ограничение 4. тюремное заключение ◇ by ~ принуждением

time ~s сроки; временны́е ограничения

construction толкование

accepted ~ принятое толкование

adverse ~ толкование, неблагоприятное для стороны

ambiguous ~ 1. неясное, двусмысленное толкование 2. толкование неясностей, неясных мест (в документе)

authentic ~ аутентичное толкование

authoritative ~ 1. властное толкование 2. аутентичное толкование 3. авторитетное толкование 4. прецедентное толкование, толкование как источник права

biased ~ пристрастное, предубеждённое толкование

binding ~ обязательное толкование

broad ~ расширительное толкование

close ~ рестриктивное [ограничительное] толкование

comparative ~ толкование путём сравнительного метода, сравнительное толкование

commonly accepted ~ общепринятое толкование

correct ~ правильное толкование

disused ~ устарелое толкование

divergent ~ толкование, расходящееся с общепринятым

doctrinal ~ доктринальное толкование

equitable ~ 1. справедливое толкование 2. расширительное толкование

erroneous ~ ошибочное толкование

extended [extensive] ~ расширительное толкование

false ~ ложное толкование

flexible ~ гибкое толкование

genuine ~ истинное толкование

impartial ~ беспристрастное толкование

incorrect ~ неправильное толкование

judicial ~ судебное толкование

latitudinal [latitudinarian] ~ расширительное толкование

legal ~ 1. юридическое толкование 2. аутентичное толкование 3. толкование, выработанное судебной практикой

liberal ~ расширительное толкование

limited ~ ограничительное [рестриктивное] толкование

literal ~ буквальное толкование; ограничительное толкование

loose ~ расширительное толкование

misleading ~ толкование, вводящее в заблуждение

mistaken ~ ошибочное толкование

narrow ~ узкое толкование

orthodox ~ традиционное толкование

parsimonious ~ узкое толкование

partial ~ пристрастное толкование

predestined ~ предвзятое толкование

prejudicial ~ предубеждённое толкование

purposive ~ целенаправленное толкование

restrictive ~ рестриктивное [ограничительное] толкование

statutory ~ 1. толкование, содержащееся в самом законе 2. толкование закона

strict ~ 1. строгое толкование 2. ограничительное [рестриктивное] толкование

true ~ правильное толкование

verbal ~ буквальное толкование

violent ~ произвольное толкование

wrong ~ неправильное толкование

constructionist истолкователь

constructive юридически подразумеваемый, конструктивный, неопровержимо презюмируемый, существующий в силу неопровержимой презумпции

construe толковать *(правовую норму, закон, договор)* ◇ to ~ broadly толковать расширительно; to ~ restrictively толковать ограничительно

consturpate лишить девственности путём изнасилования

consuetude обычай, неписаный закон

consuetudinary обычный, основанный на обычае

consul консул ◇ ~ general генеральный консул

career ~ профессиональный консул

honorary ~ почётный консул

non-professional ~ нештатный консул

professional ~ штатный консул

unsalaried ~ почётный консул

vice ~ вице-консул

consulage консульский сбор

consular консульский

consulate консульство

consulate-general генеральное консульство

consulship должность консула

consult 1. советоваться; совещаться 2. справляться *(напр. в справочнике)* 3. принимать во внимание, учитывать ◇ to ~ attorney for

advice обратиться к поверенному за консультацией; to ~ statute справляться в тексте статута, закона

consultant советник, консультант

compliance ~ консультант по вопросам соблюдения, выполнения правовых норм, предписаний закона

consultation консультация; совещание

consultative консультативный; совещательный

consummate завершать; доводить до конца; окончательно оформлять; вводить в действие; консуммировать ‖ законченный; совершённый ◇ ~ to *(commission of)* crime довести преступление до конца; выполнить состав преступления; to ~ marriage консуммировать брак *(вступить в супружеские отношения)*; to ~ offence довести преступление до конца; выполнить состав преступления

consummated завершённый; оконченный; вступивший в силу; консуммированный; реализованный

consummation завершение; окончание; окончательное оформление; осуществление; окончательное исполнение; введение в действие; консуммация

~ of contract окончательное исполнение договора

~ of crime доведение преступления до конца; выполнение состава преступления

~ of marriage консуммация брака, вступление в супружеские отношения

contango 1. контанго *(1. двойная сделка продажи товара с выкупом его через определённый срок 2. надбавка к продажной цене этого товара при его выкупе)* 2. репорт *(1. отсрочка расчёта по фондовой сделке 2. надбавка к цене за такую отсрочку)*

contemner лицо, виновное в неуважении к органу власти *(преим. к суду)*; субъект неуважения к органу власти

contemplate 1. ставить целью, иметь намерением *что-л.*; замышлять 2. рассматривать 3. предполагать 4. предусматривать

contemplation 1. намерение, цель 2. предположение; точка зрения ◇ in legal ~ с точки зрения права, в юридическом отношении

contempt 1. неуважение, оскорбление *(органа власти)* 2. нарушение *(норм права)* ◇ ~ against judge неуважение к судье; in ~ of в нарушение *чего-л.*; в неуважении к ...

~ of Congress неуважение к конгрессу

~ of court неуважение к суду

~ of law нарушение норм права, несоблюдение норм права; нарушение закона

~ of Parliament неуважение к парламенту

~ of the King [the Queen] оскорбление величества

civil ~ неисполнение судебного распоряжения, вынесенного в пользу другой стороны в процессе

consequential [constructive] ~ неуважение к суду вне заседания, неподчинение распоряжению суда criminal ~ преступное (уголовно наказуемое) неуважение, оскорбление органа власти

direct ~ неуважение (к суду) в заседании

indirect ~ неуважение (к суду) вне заседания, неподчинение распоряжению (суда)

legislative ~ 1. неуважение к законодательному органу 2. нарушение закона

contemptuous 1. презрительный 2. нарушающий (нормы)

contemptuously 1. с презрением 2. в нарушение (нормы)

contend 1. утверждать 2. оспаривать; спорить

contender 1. соперник (на выборах) 2. кандидат, претендент (на пост)

content голос «за»; голосующий «за» (в палате лордов) ◇ not ~ голос «против»; голосующий «против» (в палате лордов)

contention 1. утверждение 2. спор 3. предмет спора

contentious спорный; рассматриваемый в порядке спора между сторонами

contest 1. спор ‖ оспаривать 2. добиваться (выборного места), участвовать в выборах (о кандидатах); выставлять кандидатов ◇ to ~ a borough выступать в качестве кандидата в депутаты на парламентских выборах; to ~ a claim оспаривать требование или иск; to close a ~ прекратить спор

judicial ~ судебный спор

will ~ оспаривание завещания

contestant тяжущаяся сторона, сторона в споре, в конфликте

contestation 1. спорный вопрос, предмет спора 2. оспаривание (напр. требования)

contesting спорящий; оспаривающий

contingency случайность; случай; непредвиденное обстоятельство

contingent 1. контингент 2. случайный; возможный; условный; зависящий от обстоятельств

continuance 1. продолжительность, длительность 2. отложение дела слушанием ◇ ~ in office пребывание в должности

~ of lien сохранение залогового права

continuation 1. продолжение; пролонгация 2. пат. продолжающая заявка, заявка в продолжение ◇ ~ in part пат. частично продолжающая заявка, заявка в частичное продолжение

continuing длящийся; продолжающийся

continuity 1. непрерывность 2. преемство

~ of service непрерывный стаж службы

~ of states государственное преемство

legal ~ правовая преемственность; правопреемство

continuous 1. длящийся 2. непрерывный

contra 1. против 2. довод или голос против

contraband контрабанда; контрабандные товары ‖ контрабандный; запрещённый

~ of war военная контрабанда

absolute ~ безусловная контрабанда

conditional ~ условная контрабанда

contrabandist контрабандист

contract 1. договор; сделка; контракт ‖ заключать договор 2. принимать (обязанности) ◇ ~ by deed договор за печатью, формальный договор; ~ by post договор, заключаемый по почте; ~ for forward delivery сделка на срок, срочная сделка; ~ implied in fact подразумеваемый договор; ~ implied in law квази-договор; in pursuance of a ~ во исполнение договора; ~ in suit договор, являющийся предметом судебного спора; ~ in writing письменный договор; ~ malum in se договор, ничтожный по своей природе; ~ malum prohibitum договор, ничтожный в силу запрещённости действий, подлежащих совершению на его основе; to ~ a debt взять в долг; to ~ a duty принять на себя обязанность; to ~ a marriage заключить брачный договор, вступить в брак; to ~ law enforcement заключить договор об осуществлении полицейских функций; ~ to sell амер. соглашение о продаже, запродажа; ~ uberrimae fidei договор высшего доверия, фидуциарный договор; ~ under seal договор за печатью; ~ under hand см. simple contract

~ of adhesion договор присоединения, договор на основе типовых условий

~ of affreightment договор морской перевозки, договор фрахтования

~ of agency договор поручения; агентский договор

~ of beneficence безвозмездный договор

~ of carriage договор перевозки

~ of consignment консигнационный договор

~ of debt договор займа

~ of engagement договор найма

~ of good faith договор, основанный на доброй совести

~ of guarantee договор поручительства

~ of indemnity договор гарантии

~ of insurance договор страхования

~ of record договор, облечённый в публичный акт

~ of tenancy договор аренды; договор имущественного найма

~ of work and labour договор подряда; договор личного найма

absolute ~ безусловный договор

accessory ~ акцессорный договор

adhesion ~ договор о присоединении, договор на основе типовых условий

aleatory ~ алеаторный, рисковый договор

alternative ~ альтернативный договор

ambiguous ~ договор с нечётко сформулированными условиями

annuity ~ договор об аннуитете

antenuptial ~ добрачный договор между сторонами, предполагающими вступить в брак, об имущественном режиме их брачных отношений

arrival ~ договор о продаже товара, находящегося в пути

beneficiary ~ договор в пользу третьего лица

binding ~ юридически обязательный договор

brokerage ~ агентский договор, договор представительства

building ~ договор строительного подряда

business ~ договор в сфере бизнеса

certain ~ нерисковый договор

classified ~ засекреченный контракт

collateral ~ акцессорный договор

conditional ~ условный договор, договор под отлагательным условием

consensual ~ консенсуальный договор

constructive ~ квази-договор

consumer ~ потребительский договор

continuing ~ длящийся договор

cost-plus ~ договор подряда на условиях оплаты фактических расходов с начислением определённого процента от этих расходов

cost-plus-a-fixed-fee ~ договор подряда на условиях оплаты фактических расходов плюс установленное вознаграждение

divisible ~ делимый договор

draft ~ проект договора

engineering ~ договор на инжиниринг, инжиниринговый контракт

entire ~ неделимый договор

estate ~ договор, передающий *или* создающий право в недвижимости

executed ~ договор с исполнением в момент заключения

executory ~ договор с исполнением в будущем

express ~ положительно выраженный договор

federal ~ *амер.* федеральный контракт

fiduciary ~ фидуциарный договор

forward ~ запродажа будущей продукции

frustrated ~ тщетный договор; договор, цель которого стала недостижимой

gaming ~ договор пари

government ~ государственный, правительственный контракт

gratuitous ~ безвозмездный договор

illegal ~ противоправный договор

immoral ~ договор, нарушающий добрые нравы

implicit ~ молчаливый, подразумеваемый договор

implied ~ подразумеваемый договор; договор на основе конклюдентных действий; квази-договор

impossible ~ невыполнимый договор, договор, недействительный из-за невыполнимости

inchoate ~ незавершённый, недооформленный договор

indemnity ~ договор гарантии

indivisible ~ неделимый договор

innominate ~ «безымянный» договор, договор sui generis, договор особого рода (*не относящийся ни к одному из обычных видов договора*)

instalment ~ 1. договор с оплатой в рассрочку (*по частям*) 2. договор с исполнением в рассрочку (*по частям*)

international ~ внешнеторговая сделка

investment ~ инвестиционный договор

joint ~ договор, предусматривающий совместную ответственность должников

know-how ~ договор о передаче «ноу-хау» (*т.е. секретов производства*), лицензионный договор на «ноу-хау»

labour ~ договор личного найма; подряд; коллективный трудовой договор

lease and licence ~ арендно-лицензионный договор на оборудование, лизинговый контракт

leonine ~ кабальный договор

lumpsum ~ аккордный подряд

mail ~ 1. договор о перевозке почтовой корреспонденции 2. договор на техническое обслуживание

maintenance ~ 1. договор о предоставлении средств к существованию 2. договор на техническое обслуживание

marriage ~ брачный договор, соглашение по имущественным вопросам между вступающими в брак

mixed ~ неполновозмездный договор, договор с неравновеликими предоставлениями

mutual ~ *см.* reciprocal contract

naked ~ *см.* nude contract

national ~ *амер.* федеральный контракт

nominate ~ договор определённой классификации, договор определённого установленного вида

nude ~ договор (не за печатью), не предусматривающий встречного удовлетворения и лишённый исковой силы

open-end ~ договор без оговорённого срока действия, бессрочный договор

output ~ договор о продаже всей произведённой продукции

parol ~ *см.* verbal contract

post-nuptial ~ договор об имущественном режиме в браке, заключённый между сторонами после их бракосочетания

principal ~ основной договор

public ~ договор на выполнение государственного заказа

real ~ реальный договор

reciprocal ~ двусторонняя сделка, синаллагматический договор

sale ~ договор продажи

salvage ~ договор о спасании, спасательный контракт

separable ~ делимый договор

separation ~ договор о раздельном жительстве супругов

service ~ договор личного найма, трудовой договор

severable ~ делимый договор

several ~ договор, предусматривающий ответственность должников порознь

sham ~ фиктивный договор

simple ~ простой договор, договор не в форме документа за печатью, неформальный договор

simulated ~ притворный договор; сделка, направленная на обман кредиторов; сделка в обход закона social ~ «общественный договор», «социальный контракт» (*доктрина, провозглашающая необходимость согласия граждан на учреждение формы государственного правления, гарантирующей осуществление их естественных прав*)

special ~ 1. договор за печатью 2. положительно-выраженный договор 3. договор, содержащий специальные, необычные условия

specialty ~ договор за печатью

spot ~ договор на реальный товар (*с немедленной сдачей товара покупателю*), «споговый контракт», кассовая сделка

standard form ~ типовой договор, договор, заключённый по типовой форме

string ~ 1. длящийся договор 2. *pl* ряд последовательных договоров перепродажи

«sweet-heart» ~ «полюбовный» контракт (*на условиях, продиктованных гангстерами*)

synallagmatic ~ *см.* reciprocal contract

terminal ~ срочный договор

trade union ~ договор между предпринимателями и профсоюзом о ставках заработной платы, коллективный договор

turnkey ~ договор на строительство «под ключ»

unenforceable ~ договор, не могущий быть принудительно осуществлённым в исковом порядке

unexecuted ~ 1. неисполненный договор 2. неоформленный договор

unilateral ~ односторонняя сделка

usurious ~ ростовщический договор

verbal ~ 1. устный договор 2. простой договор, договор не в форме документа за печатью

void ~ не имеющий юридической силы, ничтожный договор

voidable ~ оспоримый договор

wagering ~ договор пари

written ~ письменный договор; договор в письменной форме

yellow-dog ~ *амер.* «жёлтое» обязательство, договор, обязывающий работника не вступать в профсоюз

contraction 1. заключение (*напр. займа, брака*) 2. сокращение

contractor 1. подрядчик 2. контрагент; сторона в договоре

building ~ строительный подрядчик

cooperative ~ 1. совместный подрядчик 2. кооперативный подрядчик

defence ~ оборонный подрядчик

federal ~ *амер.* федеральный подрядчик

government ~ государственный, правительственный подрядчик

independent ~ подрядчик

original ~ основной подрядчик

prime ~ генеральный подрядчик; головной подрядчик

research ~ подрядчик на проведение исследовательских работ

war ~ военный подрядчик

contractual договорный; основанный на договоре

contradict 1. противоречить 2. возражать 3. опровергать; отрицать ◇ to ~ a fact отрицать факт; to ~ a statement возражать против заявления; to ~ a witness 1. противоречить свидетелю 2. возражать против показаний свидетеля 3. опровергать показания свидетеля

contradiction 1. противоречие; несоответствие, расхождение 2. опровержение
~ of claims несовместимость пунктов формулы изобретения

contradictory противоречащий; противоречивый

contra legem *лат.* против закона ‖ противозаконный

contrary противоположный, обратный; противный; противоречащий ◇ ~ to law незаконный, противозаконный, противоправный; to the ~ в обратном смысле, иначе; unless the ~ is proved если не доказано обратное

contravene 1. нарушать (*закон, право*) 2. противоречить (*закону, праву*) 3. возражать, оспаривать

contravention 1. нарушение (*закона, права*) 2. противоречие (*закону, праву*) ◇ in ~ of в нарушение *чего-л.*, в противоречие с *чем-л.*
~ of law нарушение нормы права, правонарушение

contribution 1. содействие 2. взнос; участие в погашении долга; возмещение доли ответственности; долевой *или* пропорциональный взнос 3. контрибуция; налог

campaign ~ взнос в пользу избирательной кампании

charitable ~ благотворительный взнос; добровольный взнос на общественные нужды

general average ~ контрибуционный взнос, долевой взнос по общей аварии, возмещение убытков по общей аварии

optional ~ добровольный взнос

qualified ~ содействие под условием; ограниченное содействие

contributor лицо, делающее долевой взнос; участник в несении доли убытков

contributory 1. содействующий, способствующий 2. делающий долевой взнос

contrivance 1. ухищрение; махинация 2. выдумка, затея; план (*особ. предательский*) 3. приспособление; средство маскировки ◇ ~ in issue оспариваемая махинация; махинация, составляющая предмет спора; ~ used for gambling приспособление для азартных игр (*рулетка и т.п.*)

fraudulent ~ обманное ухищрение

contrive 1. изобретать, придумывать 2. замышлять, затевать 3. ухитряться, ухищряться; заниматься махинациями ◇ to ~ a means of escape придумать план бегства (*из-под стражи*)

contriver махинатор

control 1. контроль; надзор; регулирование; режим; сдерживание (*преступности*); нормирование ‖ контролировать; регулировать; сдерживать *(преступность)*; нормировать 2. управление, руководство ‖ управлять, руководить 3. контрольный орган 4. власть ◇ beyond the ~ of вне контроля *кого-л.*; не зависящий от *кого-л.*; to ~ a question of law проверить *(в апелляционном порядке)* решение вопроса о праве нижестоящим судом; to be in ~ of one's actions руководить своими действиями; to ~ crime контролировать, сдерживать преступность; to ~ crowd контролировать поведение толпы; сдерживать толпу; to ~ riot сдерживать массовые беспорядки

absolute ~ полный, неограниченный контроль

administrative ~ административный контроль; административное регулирование; административное нормирование

community correctional ~ сдерживание преступности исправлением преступников в общине

correctional ~ сдерживание преступности исправлением преступников

crime ~ сдерживание преступности

crowd ~ контролирование поведения толпы; сдерживание толпы

custodial ~ 1. регулирование поведения преступников содержанием их под стражей, в заключении 2. режим содержания под стражей, в заключении

exchange ~ валютный контроль, валютное регулирование

exploitive monopolistic ~ эксплуататорско-монополистическое регулирование предпринимательства

judicial ~ судебный контроль

juvenile ~ 1. сдерживание делинквентности несовершеннолетних 2. полицейское подразделение по контролю над делинквентностью несовершеннолетних

legal ~ правовой контроль; правовое регулирование; правовое нормирование

legislative ~ законодательный контроль; законодательное регулирование; законодательное нормирование

liquor ~ регулирование изготовления, сбыта и потребления крепких спиртных напитков

mail ~ контроль над почтой

mandatory ~ обязательный контроль

monopolistic ~ монополистическое регулирование предпринимательства

narcotics ~ 1. сдерживание наркотизма 2. полицейское подразделение по контролю над наркотизмом

parking ~ контроль над паркированием

penal ~ сдерживание преступности карательными мерами

pollution ~ меры по охране окружающей среды

post ~ 1. контроль над почтой 2. контрольно-пропускной пункт

preventive ~ сдерживание преступности превентивными мерами

public ~ общественный контроль

rent ~ регулирование арендной платы

riot ~ сдерживание массовых беспорядков

societal ~ общественный контроль

state ~ государственный контроль

traffic ~ регулирование уличного движения

vice ~ 1. сдерживание пороков *(в т.ч. правовыми мерами)* 2. полицейское подразделение по борьбе с гангстерской эксплуатацией пороков

wage-price ~ контроль над заработной платой и ценами

controller контролёр; ревизор

controversial спорный, дискуссионный

controversion спор; разногласие

controversy 1. спор; разногласие 2. правовой спор; судебный спор; гражданский процесс 3. предмет спора ◇ ~ in issue спор на рассмотрении суда

justiciable ~ спор, подлежащий судебному рассмотрению, спор, могущий быть рассмотренным в судебном порядке

labour ~ трудовой конфликт

legal ~ правовой спор; судебный спор

local ~ (судебный) спор, подлежащий рассмотрению на основании местных нормативных актов

reasonable ~ обоснованное фактами противоречие *(в доказательствах)*

substantial ~ существенное противоречие

controvert 1. оспаривать 2. возражать, отрицать

contumacious (преднамеренно) не являющийся в суд; не подчиняющийся распоряжению суда *или* иной законной власти

contumacy 1. (умышленная) неявка в суд 2. неподчинение постановлению суда *или* иной законной власти

actual ~ неподчинение постановлению суда в заседании

contumelious оскорбительный

conusance компетенция; юрисдикция

conusant знающий, осведомлённый о *чём-л.*

conusee лицо-бенефициарий данного в суде (и занесённого в протокол) обязательства

conusor лицо, дающее в суде обязательство (заносимое в судебный протокол)

convene 1. созывать *(напр. съезд)* 2. вызывать *(в суд)* 3. собирать(ся)

convenience 1. удобство 2. выгода

public ~ общественная польза

convenor председатель совета графства *(в Шотландии)*

convention 1. съезд; конвент 2. конвенция *(международный договор)* 3. обычай

~ of the constitution конституционный обычай *(составляющий часть неписаной конституции Великобритании)*

constitutional ~ 1. *см.* convention of the constitution 2. учредительное собрание 3. конституционный конвент *(решающий вопрос об изменении конституции)*

consular ~ консульская конвенция

national ~ *амер.* съезд политической партии для выдвижения кандидата на выборы

parliamentary ~ парламентский обычай

party ~ партийный съезд *(США)*

postal ~ почтовая конвенция

underworld ~ сходка организованных преступников

Convention:

Constitutional ~ *ист.* Конституционный Конвент 1787 г. *(в Филадельфии)*

Philadelphia ~ *ист.* Конституционный Конвент в Филадельфии 1787 г.

conventional 1. обусловленный в соглашении; основанный на договоре; конвенционный 2. обычный; традиционный

conventionality традиционность

conversation 1. неофициальные переговоры 2. половая связь

criminal ~ 1. преступное половое сношение, прелюбодеяние 2. посягательство на супружеские права со стороны прелюбодействующего третьего лица 3. иск по нормам общего права в пользу супруга, потерпевшего от адюльтера

degenerate ~ извращённые половые сношения

immoral ~ аморальные половые сношения

conversion 1. превращение; конверсия 2. присвоение движимого имущества 3. иск из присвоения 4. изменение юридического статуса 5. поворот судебного решения ◇ ~ by a trustee присвоение имущества лицом, осуществляющим управление им по доверенности

~ of application *пат.* трансформация заявки, замена испрашиваемого правового титула

~ of foreign money debt валютная субституция

fraudulent ~ присвоение имущества путём обмана, мошенничество

convert 1. превращать; конвертировать; обменивать 2. присваивать движимое имущество 3. изменять юридический статус ◇ to ~ imitation firearm переделывать имитированное огнестрельное оружие в огнестрельное оружие; to ~ to one's own use обратить *(имущество)* в свою пользу

convey 1. перевозить 2. передавать правовой титул *(преим. на недвижимость)* 3. доставлять, препровождать ◇ to ~ an estate передать вещно-правовой титул; to ~ false information сообщить ложную информацию

conveyance 1. перевозка 2. передача правового титула *(преим. на недвижимость)*; акт о передаче правового титула ◇ ~ by record передача прав, облечённая в публичный акт *(напр. в закон парламента, в королевское пожалование)*; передача прав, оформленная в суде

~ of patent передача права на патент

~ of property передача права собственности

absolute ~ безусловная передача правового титула

antenuptial ~ добрачная передача *(будущему супругу)* правового титула

fraudulent ~ отчуждение имущества, направленное к обману кредиторов

voluntary ~ акт передачи правового титула без встречного удовлетворения, безвозмездная передача правового титула

conveyancer нотариус по операциям с недвижимостью

conveyancing 1. нормы права, регулирующие передачу собственности на недвижимость 2. составление актов передачи прав собственности на недвижимость

conveyer лицо, передающее право собственности на недвижимость

convict осуждённый; осуждённый, содержащийся под стражей; осуждённый, отбывающий приговор к длительному тюремному заключению ‖ осудить *(признать виновным)*; осуждать на длительный срок тюремного заключения ◇ ~ at large осуждённый, бежавший из заключения; ~ on parole условно-досрочно освобождённый; ~ on proof *шотл.* осуждённый по рассмотрении дела судьёй *(вместо суда присяжных)*; to ~ a perpetrator осудить преступника; to ~ of a crime осудить за совершение преступления; to ~ on proof *шотл.* осудить единолично *(вместо суда присяжных)*; to ~ summarily осудить в порядке суммарного производства

autrefois ~ ранее был осуждён *(заявление подсудимого о наличии у него судимости за инкриминируемое ему преступление)*

escaped ~ беглый заключённый

felon ~ осуждённый за совершение фелонии; осуждённый, отбывающий приговор за совершение фелонии

poor ~ осуждённый, признанный бедняком

returned ~ осуждённый, освобождённый из места лишения свободы

violent ~ 1. осуждённый за совершение насильственного преступления 2. заключённый, совершающий акты насилия в месте лишения свободы

convicted осуждённый

already ~ ранее осуждённый

capitally ~ осуждённый за преступление, караемое смертной казнью

conviction 1. убеждение, убеждённость 2. осуждение *(признание виновным)*; судимость; *шотл.* обвинительный приговор *(судьи, рассмотревшего дело вместо суда присяжных)* ◇ ~ at the same assizes осуждение без перерыва в (выездной) судебной сессии; ~ on a charge осуждение по обвинению в преступлении; ~ on indictment осуждение за преступление, вменённое по обвинительному акту; ~ on information осуждение за преступление, вменённое по заявлению об обвинении; ~ on the same indictment осуждение за преступление, вменённое по первоначально утверждённому *или* вынесенному большим жюри обвинительному акту; to seek ~ добиваться осуждения; to suffer ~

быть осуждённым; получить *или* иметь судимость; to support ~ 1. обосновывать осуждение 2. поддерживать осуждение (*в апелляционной инстанции*); to sustain ~ поддерживать осуждение (*в апелляционной инстанции*)

~ of less offence признание виновным в преступлении, менее опасном, чем инкриминированное по обвинительному акту *или* по заявлению о совершении преступления

~ of more crimes than one осуждение за множественность преступлений

~ of offence осуждение за преступление

antitrust ~ *амер.* осуждение по антитрестовскому делу

conclusive ~ окончательное осуждение

criminal ~ осуждение в уголовном порядке

FBI ~ *амер.* осуждение по делу, расследованному ФБР

federal ~ *амер.* осуждение за преступление, предусмотренное федеральным уголовным законодательством

final ~ окончательное осуждение

first ~ первая судимость

formal ~ формальный (*запротоколированный*) акт осуждения

former ~ судимость

local ~ осуждение местным судом *или* по делу, расследованному местной полицией

previous ~ судимость

previous ~ charged in the indictment указание в обвинительном акте на судимость

prior ~ судимость

provable ~ могущий быть доказанным *или* подлежащий доказыванию факт судимости

second ~ повторная судимость

state ~ осуждение судом штата

subsequent ~ последующая судимость

summary ~ осуждение в порядке суммарного производства

convocation 1. созыв 2. собрание

convoke собирать, созывать (*парламент, собрание*)

convoy конвой; конвоирование ‖ конвоировать ◇ to ~ safe [safely] конвоировать под усиленной охраной

co-obligor содолжник

co-operate 1. сотрудничать; содействовать 2. кооперировать; объединять

co-operation 1. сотрудничество; совместные действия; содействие 2. кооперация

co-operative 1. совместный; объединённый 2. кооператив ‖ кооперативный

co-opt кооптировать

co-optation кооптирование, кооптация

co-ordinate координировать; согласовывать

co-ordination координация; согласование

co-owner сособственник

coparcenary *см.* coparceny

coparcener сонаследник (*при равенстве долей наследников*)

coparceny совместное наследование (*в равных долях*); равная доля в наследстве; неразделённое наследство

copartner член товарищества

copartnership товарищество

copartnery *шотл.* договор товарищества

co-party сотяжущаяся сторона (*соистец или соответчик*)

copending находящийся одновременно (с другим делом) на рассмотрении

co-plaintiff соистец

co-prisoner 1. сообвиняемый 2. сокамерник

co-promisee сокредитор

co-promisor содолжник

co-protection совместный протекторат

copy 1. копия ‖ снимать копию; воспроизводить 2. экземпляр 3. *ист.* копия протокола мануриального суда с условиями аренды земельного участка 4. копированный промышленный образец, контрафакция 5. (текстовая) реклама ◇ for a true ~ «копия верна», правильность копии удостоверяется

~ of conviction копия вердикта о виновности

~ of first-hand copy копия с копии, сделанной непосредственно с оригинала

~ of instrument копия документа

authentic ~ аутентичная копия

authenticated [certificated, certified] ~ заверенная копия

Chinese ~ *амер.* подделка, вводящая в заблуждение, продукт слепого подражания, контрафактное изделие

close ~ точная копия

competitive ~ *амер.* агрессивная реклама; дискредитирующая конкурента реклама

diplomatic ~ точная копия

duplicate ~ дубликат; второй экземпляр

examined ~ копия, сличённая с оригиналом

fair ~ чистовая копия, чистовой экземпляр

first-hand ~ копия непосредственно с оригинала

disparaging ~ дискредитирующая, поносящая конкурента реклама

knocking ~ агрессивная реклама, реклама, охаивающая продукцию конкурента

legal deposit ~ обязательный экземпляр

manuscript ~ рукописный экземпляр; рукопись

negotiable ~ оборотный экземпляр (*документа*)

office ~ 1. копия, снятая и заверенная учреждением, где находится оригинал 2. копия, остающаяся в делах

pirated ~ контрафактный экземпляр; контрафактная копия

printed ~ 1. печатный экземпляр 2. опубликованный материал

printed ~ of the patent опубликованное патентное описание

scribal ~ рукописная копия

true ~ верная копия, заверенная копия

verified ~ заверенная копия

voucher ~ 1. оправдательный документ 2. сигнальный экземпляр

copyhold копигольд (*арендные права, зафиксированные в копиях протоколов мануриальных судов*) privileged ~ привилегированный копигольд (*арендные права, основанные на манориальном обычае*)

copyholder копигольдер (*арендатор, права которого зафиксированы в копии протоколов манориального суда*)

copyright авторское право, издательское право; право литературной собственности; право перепечатки; право постановки ‖ обеспечивать авторское, издательское право ◇ ~ in (industrial) design авторское право на (промышленный) образец; ~ reserved авторское право охраняется, перепечатка воспрещается ad interim ~ временное авторское право

artistic ~ авторское право на произведение искусства

common law ~ авторское право, охраняемое нормами общего права

Crown ~ авторское, издательское право, принадлежащее короне (*государству*)

literary ~ авторское право на литературное произведение

statutory ~ авторское право, основанное на законе

copyrighted охраняемый авторским, издательским правом

copyrightibility способность быть охраняемым авторским, издательским правом

copyrightible способный быть охраняемым авторским, издательским правом

core:

hard ~ *разг.* закоренелый преступник

co-respondent 1. соответчик 2. соподсудимый (*по делу о прелюбодеянии*)

co-responsible несущий совместную ответственность

corner 1. угол 2. корнер, спекулятивная скупка ◇ four ~s an instrument документ в целом, документ как целое, полный текст документа, всё содержание документа; within four ~s в самом документе, явствует из самого документа

coroner коронер (*следователь, специальной функцией которого является расследование случаев насильственной или внезапной смерти*)

corporal телесный; личный

corporate корпоративный; образующий корпорацию; обладающий правами юридического лица; принадлежащий юридическому лицу

corporation корпорация; юридическое лицо ◇ ~ aggregate корпорация, являющаяся совокупностью лиц; ~ by general act of Parliament корпорация, созданная на основе общего акта парламента; корпорация, созданная в явочно-нормативном порядке; ~ by prescription корпорация в силу давности; ~ by (royal) charter корпорация, созданная королевским пожалованием; ~ by special act of Parliament корпорация, созданная на основе специального акта парламента; ~ de facto юридически не оформленная корпорация; ~ de jure юридически оформленная корпорация; ~ sole единоличная корпорация

affiliated ~ филиальная, дочерняя² корпорация

aggregate ~ корпорация, являющаяся совокупностью лиц

business ~ деловая корпорация

charitable ~ благотворительная корпорация

civil ~ деловая корпорация (*в противоположность благотворительной*)

close ~ закрытая акционерная корпорация (*состоящая из небольшого числа акционеров, не имеющих права передавать свои акции без согласия всех акционеров*)

commercial ~ торговая корпорация

crown ~ «коронная», государственная корпорация

Delaware ~ делавэрская корпорация (*т.е. корпорация, зарегистрированная в соответствии с законодательством штата Делавэр, предусматривающим особо льготные условия для образования корпораций*)

ecclesiastical ~ духовная корпорация, корпорация церковного права

eleemosynary ~ благотворительная корпорация

family ~ семейная корпорация (*корпорация с наибольшей долей акционерного капитала в собственности членов одной семьи*)

foreign ~ иностранная корпорация

government ~ государственная корпорация, государственное юридическое лицо частного права

insolvent ~ неплатёжеспособная, несостоятельная, обанкротившаяся корпорация

joint-stock ~ акционерная корпорация

lay ~ светская корпорация

moneyed ~ 1. банковская корпорация 2. деловая корпорация

multinational ~ многонациональная корпорация

municipal ~ 1. муниципальная корпорация, корпорация-город 2. муниципалитет

non-profit ~ некоммерческая корпорация

offending ~ корпорация, функционирующая в нарушение закона

open ~ открытая акционерная корпорация

political ~ публично-правовая корпорация

private ~ частно-правовая корпорация

public ~ публично-правовая корпорация

public service ~ корпорация по оказанию общественных услуг, корпорация общественного обслуживания

public utility ~ корпорация по оказанию общественных, коммунальных услуг

quasi-public ~ квазипубличная корпорация (*корпорация по оказанию коммунальных услуг*)

sole ~ единоличная корпорация

spiritual ~ духовная корпорация

statutory ~ корпорация, основанная на законе

stock ~ акционерная корпорация

temporal ~ светская корпорация

trading ~ торговая корпорация

tramp ~ «странствующая» корпорация, корпорация, ведущая дела не в штате регистрации

transnational ~ транснациональная корпорация

trustee ~ корпорация, созданная для выступления в качестве доверительного собственника

corporator член корпорации

corporeal материальный *(об имуществе)*

corps корпус

consular ~ консульский корпус

diplomatic ~ дипломатический корпус

provost ~ военная полиция

corpse труп

corpus собрание, свод *(норм)*

corpus delicti *лат.* состав преступления

correal 1. совиновный 2. корреальный

correction 1. исправление, поправка 2. исправительная мера 3. исправительное наказание *(в т.ч. телесное)* 4. исправительное учреждение 5. исправительное воздействие ◇ ~ at law исправительная мера по закону

~ **of bill** 1. корректировка искового заявления 2. корректировка судебного приказа 3. корректировка петиции, заявления 4. корректировка законопроекта 5. корректировка списка 6. корректировка статьи взаимных расчётов 7. корректировка счёта 8. корректировка свидетельства 9. корректировка декларации *(таможенной и т.п.)* 10. корректировка подготовленного к подписанию королевой [королём] патента с пожалованием, назначением *и т.п.* 11. корректировка обвинительного акта

~ **of indictment** корректировка обвинительного акта

~ **of inventorship** исправление указания авторства изобретения *(исключение из числа авторов или указание новых лиц в качестве авторов)*

~ **of sentence** корректировка назначенного наказания

community(-based) ~ 1. исправление правонарушителей мерами общественного воздействия 2. *(неохраняемое)* исправительное учреждение в ведении местной общины

federal ~s *амер.* 1. федеральные исправительные учреждения 2. исправительные меры по федеральному законодательству

juvenile ~(s) 1. исправление несовершеннолетних делинквентов; исправительные меры в отношении несовершеннолетних делинквентов 2. исправительное учреждение для несовершеннолетних делинквентов

lawful ~ предусмотренное законом *или* правомерно применённое исправительное воздействие

local ~ *амер.* местное исправительное учреждение

state ~s 1. исправительные учреждения штата 2. исправительные меры по законодательству штата

young (adult) ~ 1. исправительное учреждение для молодых совершеннолетних право-

нарушителей 2. исправительное воздействие на молодых совершеннолетних правонарушителей

correctional исправительный

corrective исправительный

correspond 1. соответствовать 2. переписываться, состоять в переписке

correspondence 1. соответствие 2. переписка, корреспонденция

diplomatic ~ дипломатическая переписка

corroborate подтверждать *(дополнительными фактами)*; подкреплять, дополнять *(доказательства другими доказательствами)*

corroboration 1. подтверждение *(дополнительными фактами)*; подкрепление *(одного доказательства другим)* 2. дополнительное доказательство

~ **of evidence** подкрепление доказательств *или* показаний другими доказательствами

ample ~ достаточное подтверждение

dependent ~ подтверждение под условием *(наличия другого факта)*

independent ~ независимое подтверждение

corroborative подтверждающий; подкрепляющий

strongly ~ служащий существенным *или* убедительным подтверждением, подкреплением

corrupt 1. искажать *(текст)* ‖ искажённый, недостоверный *(о тексте)* 2. подкупать 3. лишать гражданских прав 4. склонять *(к совершению преступления, проступка)* 5. морально запятнанный, испорченный; бесчестный ◇ ~ **in blood** *англ. ист.* лишённый прав состояния с конфискацией имущества вследствие приговора к смертной казни *или* объявления вне закона

corrupted 1. искажённый *(о тексте)* 2. подкупленный 3. лишённый гражданских прав 4. склонённый *(к совершению преступления, проступка)*

corruptee лицо, которое пытаются подкупить *или* склонить к совершению преступления либо проступка

corrupter 1. лицо, пытающееся подкупить или склонить другого к совершению преступления *либо* проступка 2. взяткодатель 3. член гангстерской организации, специализирующийся на подкупе и запугивании служащих полиции и других звеньев государственного аппарата

corruption 1. разложение; коррупция 2. получение взятки 3. склонение к получению взятки *или* к совершению другого (должностного) преступления *либо* проступка ◇ ~ **in [of] blood** *англ. ист.* лишение прав состояния с конфискацией имущества *(вследствие приговора к смертной казни или объявления вне закона)*

business ~ коррупция в бизнесе

corporate ~ коррупция в корпорациях

electoral ~ коррупция на выборах

government ~ коррупция в государственном, правительственном аппарате

judicial ~ взяточничество судей

labour ~ коррупция в профсоюзах

official ~ должностная коррупция

political ~ коррупция в политике *или* с политической целью

sport ~ коррупция в спорте

union ~ коррупция в профсоюзах

corruptly 1. бесчестно 2. противоправно; неправомерно; незаконно 3. с намерением извлечь незаконную выгоду (*в противоречии с лежащими на лице должностными обязанностями и в ущерб правам других лиц*)

corsair 1. пират, корсар 2. ка́пер

Cosa Nostra *итал.* «Коза Ностра» (*дословно «Наше Дело» — название итало-американской мафии*)

co-signatory одна из подписавшихся сторон; контрагент, участник (*в договоре*)

cost 1. цена; стоимость 2. *pl* судебные издержки; судебные расходы ◇ all ~s общая сумма судебных издержек (*как в суде первой инстанции, так и по апелляции*); ~s in [of] litigation судебные издержки; ~s in the cause судебные издержки, издержки в процессе; ~s in trial court издержки рассмотрения дела судом первой инстанции; ~s on appeal издержки по апелляции; ~s to abide the event издержки по апелляции; with ~s с возложением судебных издержек

~ of action цена иска, сумма иска

~s of administration издержки управления (*имуществом*)

~s of conviction издержки осуждения

~s of justice материальные издержки правосудия; судебные издержки

~s of lawyer оплата услуг адвоката

~s of prosecution издержки уголовно-судебного преследования

accruing ~s расходы и издержки, возникшие после вынесения судебного решения

court ~s судебные издержки

double ~s издержки в полуторном размере

extra ~s дополнительные издержки

final ~s общая сумма издержек, присуждаемых с проигравшей стороны

indirect ~s косвенные издержки

interlocutory ~s издержки по отдельным стадиям судопроизводства, издержки на промежуточных стадиях процесса

legal ~s судебные издержки

medical ~s of victims расходы на лечение потерпевших

negligible ~s незначительные, мелкие издержки

party and party ~s судебные издержки, уплачиваемые проигравшей стороной выигравшей стороне

regular statutory ~s установленная статутом твёрдая сумма судебных издержек

solicitor and client ~s счёт солиситора клиенту

statutory ~s сумма судебных издержек, установленная статутом

substantial ~s существенные, значительные издержки

taxed ~s таксированные судебные издержки

treble ~s 1. тройные издержки (*обычные издержки плюс половина их плюс половина от половины*) 2. трёхкратные издержки (*в некоторых штатах США*)

co-stipulator содолжник

co-surety сопоручитель

co-tenancy совладение; соаренда

co-tenant совладелец; соарендатор, сонаниматель

coterminous примыкающий, соседствующий

cotrustee доверительный собственник (*одно из лиц, распоряжающихся имуществом на началах доверительной собственности*)

council 1. совет 2. совещание

~ of conciliation комиссия по урегулированию трудовых споров, трудовой арбитраж

~ of ministers совет министров

~ of the bar совет барристеров

borough ~ городской совет

cabinet ~ кабинет министров

city ~ городской муниципальный совет

common ~ муниципальный совет

common ~ of the realm *уст.* парламент

county ~ совет графства

joint industrial ~ объединённый производственный совет (*орган для обсуждения представителями рабочих и администрации спорных вопросов*)

judicial ~ 1. совет судей 2. совет по вопросам судебной практики (*в штате*)

judicial ~ of the circuit совет судей судебного округа

legislative ~ совет по вопросам законодательства (*при легислатуре штата*)

mayor ~ совет при мэре, муниципальный совет

parish ~ совет прихода

restricted ~ совет в узком составе

select ~ верхняя палата муниципального совета (*в некоторых штатах США*)

town ~ городской муниципальный совет

trade ~ объединение профессиональных союзов

urban district ~ муниципальный совет городского района

Council:

~ of the North *ист.* Суд северных графств

Accession ~ совет престолонаследия (*провозглашающий восшествие на престол нового монарха*)

Economic and Social ~ Экономический и социальный совет (*ООН*)

Privy ~ Тайный совет (*в Великобритании*)

Security ~ Совет Безопасности (*ООН*)

Trusteeship ~ Совет по опеке (*ООН*)

councillor советник, член совета

common ~ муниципальный советник

local ~ член местного совета

privy ~ член тайного совета

town ~ муниципальный советник, член городского муниципального совета

councilman *амер.* член городского совета

counsel 1. обсуждение; совещание 2. совет,

консультация ‖ советовать, консультировать, давать заключение 3. участвующий в деле адвокат; барристер ◇ ~ at law адвокат *(в суде)*; ~ for the Commonwealth адвокат штата; адвокат обвинения, обвинитель *(в судах трёх штатов США)*; ~ for the defence [for the defendant] *см.* defence counsel; ~ for the party адвокат стороны; ~ for the People *см.* People's counsel; ~ for the plaintiff адвокат(ы) истца; ~ for the prisoner защитник *или* защита по уголовному делу; ~ for the prosecution адвокат обвинения, обвинитель; обвинение в уголовном процессе; right to ~ право на представительство адвокатом; to be heard by ~ вести дело через адвоката; to be of ~ for smb. быть *чьим-л.* адвокатом; to consult ~ консультироваться с адвокатом; to obtain [to retain] ~ быть представленным *(в суде)* адвокатом; заключить соглашение с адвокатом; ~ to the Crown адвокат короны; обвинитель

appointed [assigned] ~ адвокат по назначению

chamber ~ 1. юрист, дающий советы в своей конторе, но не выступающий в суде 2. юридическая консультация, совет юриста

Commonwealth ~ адвокат штата; адвокат обвинения, обвинитель *(в судах трёх штатов США)*

criminal's ~ защитник по уголовному делу

crown ~ адвокат короны; обвинитель

defence [defendant's, defending] ~ адвокат ответной стороны; адвокат ответчика; адвокат защиты, защитник

divided ~ адвокат, представляющий в суде интересы нескольких ответчиков *или* подсудимых

foreign ~ иностранный адвокат

government ~ адвокат правительства; адвокат обвинения, обвинитель *(в федеральном суде)*

junior ~ 1. младший из двух адвокатов одной стороны 2. барристер ниже ранга королевского адвоката

King's ~ королевский адвокат

leading ~ главный адвокат стороны

legal ~ юрисконсульт; юрист-консультант

legislative ~ *амер.* советник по вопросам законодательства *(в конгрессе)*

obtained ~ адвокат по соглашению

opposing ~ адвокат противной стороны

People's ~ адвокат штата; адвокат обвинения, обвинитель *(в суде штата)*

plaintiff's ~ адвокат истца

prisoner's ~ защитник по уголовному делу

private ~ частный адвокат; адвокат по соглашению

prosecuting ~ адвокат обвинения, обвинитель

Queen's ~ королевский адвокат

retained ~ адвокат по соглашению

senior ~ главный адвокат стороны

state ~ *см.* People's counsel

trial ~ адвокат, выступающий в суде *(первой инстанции)*; барристер

counselling консультирование, дача консультаций

family ~ консультирование, консультации по семейным вопросам

follow-up ~ консультирование по поводу происшедшего события

counsel(l)or 1. советник 2. адвокат *(особ. в Ирландии и США)* 3. барристер, дающий юридические консультации ◇ ~ at law адвокат *(особ. в Ирландии и США)*

~ of embassy советник посольства

~ of state государственный советник

commercial ~ торговый советник

defence ~ защитник

marriage ~ консультант по брачно-семейным отношениям

count 1. изложение дела ‖ излагать дело, выступать с изложением дела 2. пункт искового заявления *или* обвинительного акта; исковое требование 3. подсчёт *(голосов)* ‖ считать; подсчитывать 4. *пат.* идентичное притязание ◇ ~ alleging an offence пункт *(обвинительного акта)*, инкриминирующий преступление; ~ sur concessit solvere требование о взыскании долга по простому договору; ~ upon a statute ссылка на закон

~ of indictment пункт обвинительного акта

charge ~ пункт обвинения

common ~ общая ссылка на основание требования о взыскании долга

general ~ изложение искового требования в общей форме

money ~ денежное исковое требование

omnibus ~ объединённое денежное исковое требование *(по поставке, подряду, сальдо контокоррентного счёта)*

phantom ~ *амер.* «призрачный пункт», искусственный пункт *(пункт формулы изобретения, включающий общие существенные признаки коллидирующих патентных притязаний, специально составленный как предмет спора о приоритете, когда эти притязания, хотя и несущественно, но всё же отличаются друг от друга)*

special ~ изложение искового требования с приведением фактических обстоятельств дела

counter *разг.* 1. тюрьма 2. адвокат

Counter *ист.* Каунтер *(название двух долговых тюрем в Лондоне)*

counter-action встречный иск

counter-affidavit контраффидевит

counter-appellant контрапеллянт, сторона, подающая встречную апелляцию

counter-case возражение по иску; контрмеморандум по делу

counter-charge встречное обвинение ‖ выставлять встречное обвинение, обвинять обвинителя

counter-claim встречное требование; встречный иск ‖ предъявлять встречное требование; предъявлять встречный иск

counter-espionage контршпионаж, контрразведка

counter-evidence доказательство противного; контраргумент

counter-examination контрэкспертиза

counter-execution встречное исполнение

counterfeasance подделывание

counterfeit 1. подделка; фальшивые деньги 2. контрафакция (*чужое произведение, использованное вопреки воле автора*) || подделывать, незаконно копировать, заниматься контрафакцией || поддельный, подложный; фальшивый

counterfeited поддельный, подложный; фальшивый

counterfeiter подделыватель; фальшивомонетчик, контрафактор

counterfeiting 1. подделка; фальшивомонетчество 2. контрафакция (*использование чужого произведения вопреки воле автора*)
~ **of money** фальшивомонетчество
commercial ~ коммерческая контрафакция (*напр. неправомерное использование товарного знака*)

counterfoil корешок (*чека, квитанции и т.п.*)

counterintelligence контрразведка
foreign ~ иностранная контрразведка

counter-interrogation «перекрёстный» допрос (*одновременно несколькими следователями*)

counter-letter обязательство возврата владения при ручном залоге недвижимости

countermand 1. приказ в отмену прежнего приказа, контрприказ 2. отмена (*приказа, распоряжения и т.д.*) || отменять (*приказ, распоряжение и т.д.*) ◇ to ~ commission of a crime отказаться от исполнения преступления; to ~ instigation «отменить» (*активными действиями*) подстрекательство, отказаться от подстрекательства

countermart противокаперство

counter-memorial контрмеморандум

counter-offer встречное предложение, встречная оферта

counterpart 1. дубликат 2. коллега (*лицо, занимающее такую же должность, напр. о министре другой страны*) 3. противная сторона, процессуальный противник

counter-petition встречное ходатайство, встречный иск

counter-plea возражение, ответ

counterplead приводить доводы против утверждений другой стороны, отрицать, возражать

counterplot 1. контрзаговор || организовать контрзаговор 2. контрзаговором расстроить чьи-л. происки

counter-proposal контрпредложение, встречное предложение

counter-question встречный вопрос

counter-security гарантия поручительства; поручитель за поручителя

countersign скрепа, подпись в порядке контрассигнования || контрассигновать, скреплять подписью; визировать; ставить вторую подпись

countersigning контрассигнование

counter-statute законодательный акт, отменяющий другой законодательный акт

counter-suit встречный иск

count-out 1. отложение заседания палаты общин из-за отсутствия кворума 2. *амер.* неверный подсчёт голосов избирателей

countr/y 1. страна 2. присяжные ◇ to go to the ~ *англ.* назначить всеобщие выборы
~ **of allegiance** страна подданства
~ **of origin** страна происхождения
abolition ~ страна, в которой смертная казнь отменена
Commonwealth ~ies страны Содружества
disengaged ~ies неприсоединившиеся страны
enemy ~ враждебная страна
good ~ *шотл.* присяжные
home ~ страна приписки (*судна*)
host ~ принимающая страна (*напр. при организации конференции*)
Indian ~ «страна индейцев» (*населённые индейцами территории США*)
member ~ страна-член, страна-участница
metropolitan ~ метрополия
non-aligned ~ies неприсоединившиеся страны

count/y 1. графство (*в Великобритании*) 2. округ (*в США*) ◇ ~ **corporate** город-графство, город с правами графства; ~ **palatine** пфальцграфство
~ **of city [of town]** город-графство
metropolitan ~ *амер.* город-округ
non-metropolitan ~ *амер.* округ, не имеющий статуса города
Register ~ies графства обязательной регистрации (*актов, относящихся к недвижимости*)
rural ~ сельское графство; альский округ
urban ~ город-графство; город-округ

coupon купон; отрывной талон; свидетельство на получение процентов *или* дивиденда
interest ~ процентный купон

courier курьер; нарочный; посыльный
diplomatic ~ дипломатический курьер

course курс; направление; линия поведения ◇ of ~ не требующий специального разрешения *или* специальной мотивировки
~ **of dealing** обычная практика ведения деловых операций, заведённый порядок
~ **of duty** исполнение служебных обязанностей
~ **of justice** отправление правосудия
~ **of law** законность; законная процедура, юридическая процедура
due ~ **of law** надлежащая правовая процедура
due ~ **of litigation** надлежащая процедура рассмотрения судебной тяжбы

court 1. суд; судья; судьи; судебное присутствие 2. двор (*королевский*) 3. дворцовый приём 4. законодательное собрание; заседание законодательного собрания 5. время, назначенное для слушания дела в суде 6. *амер.* правление, дирекция (*напр. предприятия*) ◇ ~ **above** вышестоящий суд; ~ **and jury** суд и присяжные; **arm of** ~ отделение, орган суда; ~ **below** нижестоящий суд; ~ **christian** церковный суд; ~ **in bank** *см.* **full court;** ~ **in camera** суд в закрытом заседании; **in open** ~ в открытом судебном заседании; ~ **in session** суд в заседании; ~ **in term time** суд во время отправления своих функций; ~ **in vacation** суд, распущенный на каникулы; ~ **not of record** суд, не ведущий письменного производства; **to appear in** ~ предстать перед судом; **to attend the** ~ 1. явиться в суд, на судебный процесс, явиться к слушанию дела 2. присутствовать на судебном заседании, на судебном процессе; **to bring before [into] the** ~ предать суду; **to hold** ~ осуществлять правосудие; **to refer to** ~ направить в суд; **to stand** ~ предстать перед судом; **to take to** ~ представить, направить в суд, предать суду

~ **of aldermen** суд старейшин *(совета местного органа власти)*

~ **of apellate jurisdiction** суд второй инстанции; апелляционный суд; апелляционная судебная инстанция

~ **of arbitration** третейский суд, арбитражный суд

~ **of assize and nisi prius** *англ.* выездная сессия судей Высокого суда правосудия *(с участием присяжных)*

~ **of assizes** *англ. ист.* суд ассизов *(отделение Высокого суда, рассматривавшее дела, по которым обвинение возбуждалось мировыми судьями)*

~ **of bankruptcy** *см.* **bankruptcy court**

~ **of chivalry** *ист.* рыцарский суд

~ **of common law** суд (системы) общего права

~ **of competent jurisdiction** надлежащий суд, надлежащая судебная инстанция

~ **of conciliation** примирительная камера

~ **of construction** суд, призванный дать толкование документа

~ **of criminal correction** *(местный)* уголовный суд

~ **of equity** *см.* **equity court**

~ **of error** апелляционный суд *(в ряде штатов США)*

~ **of first appearance** суд первой инстанции

~ **of general criminal jurisdiction** суд общеуголовной юрисдикции

~ **of general sessions** суд общих сессий *(уголовный суд общей юрисдикции в некоторых штатах и федеральном округе Колумбия)*

~ **of general trial jurisdiction** суд первой инстанции общей юрисдикции

~ **of highest resort** суд высшей инстанции

~ **of honour** суд чести

~ **of impeachment** суд импичмента *(заседание законодательного собрания для ведения импичмента)*

~ **of industrial relations** промышленный суд, суд по трудовым делам

~ **of inquiry** 1. комиссия по расследованию; следственная комиссия 2. следственный суд

по делам об обвинениях, предъявляемых офицерам и солдатам

~ **of judiciary [of jurisdiction]** суд

~ **of justice** суд, судебный орган

~ **of last resort** последняя судебная инстанция, суд последней инстанции

~ **of law** суд, действующий по нормам статутного и общего права

~ **of limited jurisdiction** суд ограниченной юрисдикции

~ **of nisi prius** суд первой инстанции по гражданским делам

~ **of original jurisdiction** суд первой инстанции

~ **of oyer and terminer** суд *или* комиссия, назначенные для заслушания и решения *какого-л.* дела

~s **of «pie poudre» [of «piepoudre», of «piepowders»]** суды «запылённых ног» *(суды упрощённой юрисдикции по спорам, возникающим на базарах и ярмарках)*

~ **of primary jurisdiction** суд первой инстанции

~ **of quarter sessions** суд четвертных сессий *(ежеквартальная сессия коллегии мировых судей)*

~ **of record** суд письменного производства

~ **of record of general jurisdiction** суд письменного производства общей юрисдикции

~ **of referees** 1. парламентская комиссия по рассмотрению вопросов, связанных с частными законопроектами 2. третейский суд

~ **of review** кассационный суд

~ **of small claims** суд мелких тяжб *(в ряде штатов США для скорейшего разрешения дел с небольшой исковой суммой)*

~ **of special jurisdiction** суд специальной юрисдикции

~ **of staple** рыночный суд

~ **of summary jurisdiction** суд суммарной [упрощённой] юрисдикции

~ **of superior jurisdiction** вышестоящий суд

~ **of swainmote** суд землевладельцев *(по делам о преступлениях «против растений и животных»)*; лесной суд

~ **of the communions** *ист.* суд ассизов

~ **of the United States** федеральный суд

~ **of trial** суд, в котором дело рассматривается по первой инстанции; суд, рассматривающий дело по существу

~ **of wards** суд по делам опеки, «сиротский суд»

adult ~ суд *(уголовный)* по делам несовершеннолетних

ambulatory ~ суд, заседающий в разных местах

appeal(s) ~ апелляционный суд

arbitration ~ третейский суд, арбитражный суд

Archdeacon's ~ суд архидьякона

assize ~ выездная судебная сессия

bankruptcy ~ суд по делам о несостоятельности

Barmote ~s горнорудные суды герцогства Ланкастерского

base ~ суд ограниченной юрисдикции, не имеющий письменного производства

Bishop's ~ епископский суд

borough ~ муниципальный суд, местный суд по мелким делам (в Англии)

burlaw ~ соседский «товарищеский» суд

canon [**church**] ~ церковный суд

circuit ~ 1. выездная сессия окружного суда (в ряде штатов США) 2. федеральный окружной суд (в США до 1912 г.) 3. шотл. выездной суд присяжных

circuit ~ **of appeals** окружной апелляционный суд (федеральный суд второй инстанции в США)

city ~ городской суд; магистратский суд

civil ~ гражданский суд; общегражданский суд

civil law ~ ист. светский суд

commissary ~ 1. Кентерберийский епархиальный суд 2. шотл. суд, назначающий попечителя над движимым имуществом умершего

common law ~ суд общего права

competent ~ суд надлежащей юрисдикции

consistory ~ консисторский, епископский суд

constitutional ~ амер. суд, существующий по установлению конституции

consular ~ консульский суд

coroner's ~ коронерский суд

corporation ~ городской суд

county ~ 1. суд графства 2. суд округа штата

criminal ~ уголовный суд

customs ~ таможенный суд

deciding ~ суд на стадии вынесения решения

diocesan ~ консисторский, епархиальный суд, епископский суд

district ~ 1. федеральный районный суд (федеральный суд первой инстанции в США) 2. местный суд (в ряде штатов США)

divided ~ разделение голосов судей, отсутствие единогласия судей

divorce ~ суд по бракоразводным делам

domestic ~ 1. национальный суд, внутригосударственный судебный орган 2. суд по семейным делам

domestic relations ~ суд по семейным делам (местный суд специальной юрисдикции в штате)

ecclesiastical ~ церковный суд

election ~ суд по делам о нарушениях порядка парламентских выборов

equity ~ суд «права справедливости», суд системы «права справедливости»

ex parte ~ ист. суд без участия защиты

family ~ см. domestic relations court

federal ~ федеральный суд (в отличие от суда штата)

final ~ суд последней инстанции

full ~ суд в полном составе, пленарное заседание суда

general ~ законодательное собрание (в штатах Массачусетс и Нью-Хэмпшир)

general sessions ~ суд общих сессий (штат Делавэр)

higher ~ вышестоящий суд

hundred ~ ист. «суд сотни», окружной суд (Англия)

industrial ~ суд по трудовым делам

inferior ~ нижестоящий суд

intermediate ~ 1. суд промежуточной инстанции 2. посреднический, третейский суд

investigating ~ суд, производящий судебное следствие

judicial ~ суд

justice's ~ мировой суд, суд мирового судьи (в ряде штатов США)

juvenile ~ суд по делам несовершеннолетних

kangaroo ~ инсценировка суда, незаконное судебное разбирательство

land ~ земельный суд; суд по делам о недвижимости

law ~ суд; суд, действующий по нормам статутного и общего права

lay ~ 1. светский (в отличие от церковного) суд 2. суд непрофессиональных судей; суд присяжных

legislative ~ суд, образованный законом конгресса (в отличие от суда, существующего по установлению конституции)

lower ~ нижестоящий суд

magistrate('s) ~ суд магистрата, магистратский суд, мировой суд

manorial ~ манориальный [поместный] суд

maritime ~ морской суд

martial-law ~ военный суд

mayor's ~ суд мэра

merchant's ~ коммерческий суд

military ~ военный суд

minor ~ 1. см. juvenile court 2. суд низшей инстанции

minor criminal cases ~ амер. суд по малозначительным уголовным делам (с ограниченными высшими пределами наказания)

misdemeanor ~ суд по делам о мисдиминорах

mixed ~ смешанный суд

moot ~ 1. учебный судебный процесс (в юридической школе) 2. помещение для учебных судебных процессов (в юридической школе)

multi-judge ~ суд нескольких судей

municipal ~ муниципальный суд (суд первой инстанции в ряде штатов США)

national ~ 1. национальный суд 2. федеральный суд (в США)

naval ~ военно-морской суд

nisi prius ~ суд по гражданским делам первой инстанции с участием присяжных

nonjury ~ суд без участия присяжных

one-judge ~ суд одного судьи

open ~ 1. открытое судебное заседание 2. открытый суд

ordinary ~ суд ординарной юрисдикции

parish ~ приходский суд, окружной суд (местный суд в штате Луизиана)

police ~ 1. суд по делам о расследуемых полицией мелких преступлениях 2. англ. ист.

полицейский суд *(до 1949 г.; в настоящее время — магистратский суд; см. magistrate('s) court)*

prize ~ призовой суд, суд призовой юрисдикции

provincial ~ епархиальный суд, провинциальный суд архиепископа

recorder's ~ суд рикордера *(см. тж. recorder)*

regular ~ обычный суд, суд общей юрисдикции

reviewing ~ суд, пересматривающий дело; апелляционный суд

revising barristers' ~ ревизионная палата *(инстанция по проверке избирательных списков)*

sentencing ~ 1. суд, выносящий приговор 2. суд на стадии вынесения приговора

small claims cases ~ *амер.* суд по делам с небольшой суммой иска

special ~ специальный суд, суд специальной юрисдикции

specialized ~ специализированный суд

spiritual ~ церковный суд

state ~ 1. государственный суд 2. суд штата *(в отличие от федерального суда)*

statutory ~ 1. суд, учреждённый статутом 2. суд по делам о деликтах, предусмотренных статутным правом

steward's ~ *ист.* суд стюарда *(в феодальном поместье)*

summary ~ 1. суд упрощённого [суммарного] производства 2. дисциплинарный суд

superior ~ 1. суд высшей категории 2. вышестоящий суд

supervising ~ наблюдательный суд *(напр. в Великобритании суд суммарной юрисдикции, наблюдающий за исполнением судебного приказа о назначении преступнику пробации)*

territorial district ~s суды территорий *(т.е. районов, не имеющих статуса штата)*

traffic ~ транспортный суд, суд по делам о нарушении безопасности движения

trial ~ суд первой инстанции

trial ~ **of general jurisdiction** суд первой инстанции общей юрисдикции

tribal ~ племенной суд *(американских индейцев)*

unanimous ~ суд, единогласно вынесший решение, приговор

United States bankruptcy ~ федеральный суд по делам о несостоятельности

vacation ~ отделение суда, функционирующее в период судебных каникул

vice-admiralty ~s суда адмиралтейской юрисдикции *(в заморских владениях Великобритании)*

Court ◇ ~ **for Crown Cases Reserved** уголовный суд второй инстанции *(в Великобритании до 1907 г.)*; ~ **for Divorce and Matrimonial Causes** суд по делам о разводах и семейным делам *(в Великобритании до*

1873 г.); **Inn of** ~ *англ.* школа подготовки барристеров

~ **of Admiralty** *см.* Admiralty court

~ **of Appeal** *англ.* апелляционный суд *(вторая инстанция Верховного суда)*

~ **of Appeal in Chancery** апелляционный канцлерский суд *(в Великобритании до 1873 г.)*

~ **of Appeals** апелляционный суд *(высшая судебная инстанция в ряде штатов США и федеральном округе Колумбия)*

~ **of Arches** Арчский суд *(церковный апелляционный суд для Кентерберийской епархии)*

~ **of Audience** *см.* Audience Court

~ **of Chancery** 1. канцлерский суд *(в Великобритании до 1873 г.)* 2. *амер.* суд системы «права справедливости»

~ **of Claims** *ист.* претензионный суд *(суд для рассмотрения исков к США)*

~ **of Common Council** суд городского совета Лондона

~ **of Common Pleas** 1. суд общих тяжб *(в Великобритании до 1873 г.)* 2. суд общегражданских исков *(в штате Огайо)*

~ **of Criminal Appeal** *англ.* уголовный апелляционный суд *(ныне — уголовное отделение апелляционного суда)*

~ **of Customs and Patent Appeals** *амер.* Апелляционный суд по делам о таможенных пошлинах и патентах

~ **of Exchequer** суд казначейства *(в Великобритании до 1873 г.)*

~ **of Exchequer Chamber** апелляционный суд казначейской палаты *(в Великобритании до 1873 г.)*

~ **of Faculty** суд архиепископа Кентерберийского *(обладающий правом разрешать отступления от правил, напр. в отношении заключения брака)*

~ **of International Trade** федеральный суд по вопросам международной торговли *(США)*

~ **of Justiciary** *см.* Justiciary Court

~ **of King's Bench** суд королевской скамьи

~ **of Military Appeals** *амер. (федеральный)* военно-апелляционный суд

~ **of Military Justice** *амер.* военный суд

~ **of Ordinary** суд по делам о наследствах и опеке *(в некоторых штатах США)*

~ **of Passage** «пропускной суд», Ливерпульский городской суд гражданской юрисдикции *(суд низшей инстанции)*

~ **of Petty Sessions** «Суд малых сессий» *(суд упрощённой юрисдикции по некоторым категориям дел, без допуска публики и без участия присяжных)*

~ **of Probate** суд по делам о наследствах *(в Великобритании до 1873 г. и в ряде штатов США)*

~ **of Protection** опекунский суд *(по охране интересов умалишённых)*

~ **of Queen's Bench** суд королевской скамьи

~ **of Session** Сессионный суд *(высший гражданский суд Шотландии)*

~ of Sessions уголовный суд *(в ряде штатов США)*

~ of Stannaries рудниковый суд *(в Девоншире и Корнуолле, Великобритания)*

~ of Star Chamber *англ. ист.* Суд Звёздной Палаты

~ of St. James английское правительство

~ of Survey Суд корабельной инспекции *(по апелляциям на решения по вопросу о мореходных качествах судов)*

~ of the Archbishop суд архиепископа

~ of the Archdeacon суд архидьякона *(низший церковный суд в Великобритании)*

~ of the Lord High Steward Суд лорда высокого стюарда *(рассматривает некоторые проступки пэров, если палата лордов не заседает)*

~ of the Official Principal суд архиепископа Кентерберийского

Admiralty ~ адмиралтейский суд, морской суд

Appellate ~ апелляционный суд *(в ряде штатов США промежуточная инстанция между судами первой инстанции и верховным судом штата)*

Arches ~ Арчский суд *(церковный апелляционный суд для Кентерберийской епархии)*

Audience ~ суд архиепископа *(Кентерберийского, Йоркского)* по вопросам, связанным с утверждением избрания епископов

Bail ~ процессуальный суд *(в Великобритании вспомогательная инстанция при суде королевской скамьи, занимавшаяся разрешением процессуальных вопросов)*

Bristol Tolzey ~ Бристольский купеческий суд

Central Criminal ~ Центральный уголовный суд *(по делам о преступлениях, совершённых за пределами Великобритании)*

Chancery ~ of the County Palatine of Durham Даремский канцлерский суд

Chancery ~ of the County Palatine of Lancaster Ланкастерский канцлерский суд

Chancery ~ of York канцлерский суд Йорка *(провинциальный суд архиепископа Йоркского)*

Circuit ~ of Appeal *амер.* федеральный окружной апелляционный суд

City of London ~ суд лондонского Сити

Commerce ~ Торговый суд *(в США до в 1913 г.)*

Commercial ~ коммерческий суд *(коллегия судей для рассмотрения торговых дел в отделении королевской скамьи в Англии)*

Court Martial Appeal ~ Военный апелляционный суд *(в Великобритании)*

Crown ~ Суд короны *(уголовное отделение Высокого суда правосудия)*

Customs ~ таможенный суд *(в США)*

Divisional ~ *см.* King's Bench Divisional Court

Duchy ~ of Lancaster суд канцлера герцогства Ланкастеского

Errors and Appeals ~ *амер.* апелляционный суд *(в некоторых штатах)*

European ~ (of Justice) Суд Европейских Сообществ

High ~ of Admiralty Высокий суд адмиралтейства *(в Англии до 1873 г.)*

High ~ of Chancery Высокий канцлерский суд *(в Англии до 1873 г.)*

High ~ of Justice Высокий суд правосудия *(первая инстанция Верховного суда в Англии)*

High ~ of Justiciary Суд юстициария, Высший уголовный суд *(в Шотландии)*

High ~ of Parliament Высокий суд парламента *(парламент в составе обеих палат, или палата лордов как судебная инстанция)*

Instance ~ 1. суд общей адмиралтейской юрисдикции *(кроме призовой юрисдикции)* 2. *амер.* неофициальное обозначение федерального районного суда, когда он осуществляет юрисдикцию по морским делам *(кроме призовой)*

International ~ of Justice Международный Суд *(ООН)*

Justiciary ~ Суд юстициария, Высший уголовный суд *(в Шотландии)*

King's Bench Divisional ~ апелляционное присутствие отделения королевской скамьи Высокого суда правосудия *(в Великобритании)*

Land Valuation Appeal ~ Суд для рассмотрения жалоб на действия по оценке недвижимого имущества *(в Шотландии)*

Law ~s «Дом правосудия» *(главное здание судебных учреждений в Лондоне)*

Lord Mayor's ~ суд лорда-мэра Лондона

Mayor's and City of London ~ суд мэра и города Лондона *(суд графства для Лондона)*

Municipal ~ of Appeals Муниципальный апелляционный суд *(для федерального округа Колумбия)*

Orphans' ~ 1. суд по делам о наследстве и опеке *(в некоторых штатах)* 2. суд по делам сирот *(штат Делавэр)*

Palatine ~s Палатинатные суды *(Ланкастера и Дарема в Англии)*

People's ~ народный суд *(наименование суда, напр. в Балтиморе, США)*

Permanent ~ of Arbitration Постоянная палата третейского суда

Permanent ~ of International Justice Постоянная палата международного правосудия

Practice ~ процессуальный суд *(в Великобритании; вспомогательная инстанция при суде королевской скамьи для разрешения процессуальных вопросов)*

Probate ~ суд по делам о завещаниях и наследствах

Queen's Bench Divisional ~ *см.* King's Bench Divisional Court

Register's ~ суд по наследственным делам *(в штате Пенсильвания)*

Restrictive Trade Practices ~ суд по рассмотрению жалоб на ограничения занятия профессиональной деятельностью, суд по делам о нарушении свободы конкуренции

Royal ~ Правительственный совет *(исполнительная власть острова Джерси и острова Гернси)*

Salford Hundred ~ Суд Салфордской сотни *(салфордский городской суд гражданской юрисдикции)*

Scottish Land ~ шотландский земельный суд

Sheriff's ~ суд шерифа

Superior ~ Высший суд *(промежуточная судебная инстанция в ряде штатов США между судебными учреждениями первой инстанции и Верховным судом штата)*

Superior ~ **of the District of Columbia** Высокий суд федерального округа Колумбия

Supreme ~ Верховный суд *(федеральный и в большинстве штатов США; в штатах Нью-Йорк и Нью-Джерси — промежуточная инстанция между судами первой инстанции и апелляционным судом, являющимся в указанных штатах высшей судебной инстанцией)*

Supreme ~ **of Appeal** Верховный апелляционный суд *(высшая судебная инстанция в штатах Вирджиния и Западная Вирджиния)*

Supreme ~ **of Errors** Высший апелляционный суд *(высшая судебная инстанция штата Коннектикут)*

Supreme ~ **of Judicature** Верховный суд *(в Великобритании)*

Supreme Judicial ~ Высший апелляционный суд *(высшая судебная инстанция в штатах Мэн и Массачусетс)*

Surrogate's ~ суд по делам о наследствах и опеке *(в некоторых штатах США)*

Tax ~ налоговый суд *(США)*

Tolzey ~ Бристольский купеческий суд

Tynwald ~ Тинвальдский парламент *(парламент острова Мэн)*

United States ~ **of Appeals** Федеральный апелляционный суд *(промежуточная апелляционная инстанция между судами первой инстанции и Верховным судом США)*

United States ~ **of Customs and Patent Appeals** Федеральный апелляционный суд по делам о таможенных пошлинах и патентах

United States ~ **of Military Appeals** Федеральный апелляционный суд по делам военнослужащих

United States Circuit ~ **of Appeals** Федеральный окружной апелляционный суд

court-appointed назначенный судом *(защитник)*

court-baron манориальный суд

courtesy 1. вежливость; правила вежливости; этикет 2. льгота, привилегия 3. право вдовца *(при наличии детей)* на пожизненное владение имуществом умершей жены

~ **of the port** освобождение от таможенного досмотра

international ~ международный этикет

court-house помещение суда, здание суда

court-martial военный суд, военный трибунал, военно-полевой суд ‖ судить военным судом

general ~ 1. военный суд общей юрисдикции 2. *амер.* военный трибунал высшей инстанции

summary ~ *амер.* дисциплинарный военный суд

courtroom 1. зал судебного заседания *или* судебных заседаний 2. камера судьи

covenant 1. договор *или* акт за печатью ‖ заключать договор *(преим. за печатью)* 2. обязательство *(из договора за печатью)* ‖ обязываться по договору 3. статья договора; условие договора 4. иск из нарушения договора за печатью ◇ ~ **against encumbrances** гарантия отсутствия обременений; ~ **for further assurance** обязательство о дальнейшем обеспечении безупречности титула; ~ **for quiet enjoyment** гарантия спокойного пользования вещью; ~ **for title** гарантия безупречного правового титула; ~ **in law** обязательство, предполагаемое правом; ~ **not to sue** обязательство о непредъявлении иска; ~ **running with land** обязательство, обременяющее недвижимость и следующее за ней; ~ **to convey** обязательство передачи титула; ~ **to renew** условие о предоставлении арендатору права на возобновление договора

~ **of marriage** брачный контракт

~ **of non-claim** обязательство о незаявлении притязаний на титул

~ **of right to convey** гарантия наличия права отчуждения у отчуждателя

~ **of seisin** гарантия наличия права отчуждения у отчуждателя

~ **of warranty** гарантия спокойного пользования титулом

absolute ~ безусловное обязательство

affirmative ~ гарантия наличия факта *или* совершения действия

collateral ~ обязательство, не относящееся непосредственно к объекту договора

concurrent ~s взаимозависимые договорные обязательства, подлежащие одновременному исполнению

continuing ~ длящееся обязательство

declaratory ~ договорное обязательство относительно прав пользования вещью

dependent ~ договорное обязательство под предварительным условием

disjunctive ~ альтернативное обязательство

executed ~ договорное обязательство, относящееся к исполненному действию

executory ~ договорное обязательство с исполнением в будущем

express ~ прямо выраженное договорное условие

full ~ гарантия безупречного правового титула

implied ~ подразумеваемая договорная обязанность, подразумеваемое условие

independent ~s независимые договорные обязанности

inherent ~ обязанность, непосредственно касающаяся объекта договора

intransitive ~ обязательство, не переходящее на правопреемников

joint ~ обязательство с совместной ответственностью должников

mutual and independent ~s независимые договорные обязанности

negative ~ договорное обязательство о воздержании от действия

real ~ 1. обязательство, обременяющее недвижимость и следующее за ней 2. обязательство о передаче недвижимости

restrictive ~ рестриктивное [ограничительное] условие, обязанность воздержания от действия

several ~ обязательство с ответственностью должников порознь

specific ~ договорное обязательство, относящееся к конкретной недвижимости

transitive ~ обязательство, переходящее на правопреемников

Covenant:

~ of the League of Nations Устав Лиги Наций

covenanted скреплённый договором; связанный договором, обязанный по договору

covenantee 1. кредитор по договору за печатью 2. лицо, по отношению к которому принимается обязательство

covenantor 1. должник по договору за печатью 2. лицо, принимающее на себя обязательство

cover 1. покрытие (денежное) || покрывать; обеспечивать покрытие (денежное) 2. уплата (по счёту, векселю) 3. страхование; объём страхования || страховать; принимать на страх 4. относиться к чему-л.; охватывать, распространять своё действие ◇ to ~ up укрывать (преступление)

open ~ генеральный полис

coverage 1. охват (напр. предметный) 2. страхование 3. обложение (напр. налогом)

covering up укрывательство (преступления)

covert 1. скрытый, тайный, секретный 2. замужняя

coverture статус замужней женщины

covin сговор в ущерб третьей стороне

covinous обманный; совершённый тайно в ущерб третьей стороне

cowardice трусость

cozen обманывать

crack-burglar взломщик

cracksman вор-взломщик

crash:

car ~ автомобильная катастрофа

creancer кредитор

creancor см. creancer

create 1. создавать, порождать (последствия, отношения и т.д.) 2. предусматривать (в законе, правовой норме) ◇ to ~ a distinct offence предусмотреть особый состав преступления; to ~ an offence предусмотреть (в законе) новый состав преступления

creature of law продукт законотворчества, порождение закона

credentials 1. верительные грамоты 2. полномочия, мандат

credibility достоверность; правдивость ◇ ~ in evidence достоверность доказательства

~ of testimony достоверность свидетельских показаний

~ of witness надёжность свидетеля

credible заслуживающий доверия, правдоподобный

credit 1. вера, доверие || верить, доверять 2. кредит || кредитовать 3. аккредитив 4. льготы при отбывании тюремного заключения ◇ ~ against goods подтоварный кредит; ~ for good time зачёт времени заключения за хорошее поведение; ~ for labour зачёт времени заключения за добросовестный труд; ~ for time in custody зачёт времени пребывания под стражей; ~ toward service of sentence льготы в связи с отбыванием наказания

~ of one's name репутация

~ of witness доверие к свидетелю

~ of witness in a particular case доверие к свидетелю в связи с обстоятельствами конкретного дела

acceptance ~ акцептный кредит

blank ~ бланковый кредит, кредит без обеспечения

clean ~ бланковый кредит, кредит без обеспечения

commercial ~ 1. подтоварный кредит 2. товарный аккредитив

confirmed ~ подтверждённый аккредитив

export ~ экспортный кредит

extortionate ~ вымогательский кредит

general ~ of witness доверие к свидетелю как к личности

import ~ импортный кредит

lax ~ льготный кредит

long term ~ долгосрочный кредит

mortgage ~ ипотечный кредит

paper ~ фиктивный кредит

public ~ общественное доверие

reimbursement ~ акцептно-рамбурсный кредит (кредит в форме акцепта тратт банком)

revolving ~ 1. автоматически возобновляемый кредит 2. автоматически возобновляемый аккредитив

sight ~ аккредитив, дающий право выставлять на банк тратты, срочные по предъявлении

time ~s льготное сокращение времени заключения

usurious ~ ростовщический кредит

creditable заслуживающий доверия

crediting кредитование

creditor кредитор, веритель ◇ ~ at large кредитор, не имеющий обеспечения долга; ~ by priority привилегированный кредитор, кредитор с предпочтительным правом требования bona fide judgement ~ кредитор, добросовестно взыскивающий долг по решению суда

bond ~ кредитор по денежному обязательству

book ~ кредитор по расчётной книге

catholic ~ *шотл.* кредитор, имеющий залоговое обеспечение долга

certificate ~ кредитор, имеющий долговое обязательство муниципальной корпорации

double ~ кредитор, имеющий двойное обеспечение требования

execution ~ кредитор, получающий исполнение судебного решения

general ~ непривилегированный кредитор

joint ~s сокредиторы, кредиторы, правомочные вместе

judgement ~ кредитор, получивший судебное решение

junior ~ кредитор, требование которого возникло позднее требования другого кредитора, позднейший кредитор

lien ~ кредитор, имеющий залоговое обеспечение; привилегированный кредитор

preferred ~ кредитор, имеющий преимущественное требование

prior ~ привилегированный кредитор

secondary ~ *шотл.* кредитор, не имеющий обеспечения долга

secured ~ кредитор, имеющий обеспечение долга, кредитор по обеспеченному долгу, обеспеченный кредитор

senior ~ кредитор, требование которого возникло ранее требования другого кредитора, более ранний кредитор; кредитор, имеющий преимущественное право требования

several ~s кредиторы, правомочные порознь

unprivileged ~ непривилегированный кредитор; кредитор, не имеющий преимущества перед другими кредиторами

unsecured ~ кредитор, не имеющий обеспечения долга, кредитор по необеспеченному долгу, необеспеченный кредитор

warrant ~ кредитор, имеющий долговое обязательство муниципальной корпорации

crib 1. мелкая кража 2. плагиат ‖ совершить плагиат 3. *жарг.* сейф, стальная камера

crier (of court) судебный глашатай

crime 1. преступление; *амер.* преступление по общему праву; *уст.* тяжкое преступление 2. преступность 3. *уст.* обвинение 4. *воен.* вынести приговор ◇ ~ actually committed в действительности совершённое преступление; ~ afoot преступление, совершённое без применения транспортных средств; ~ against bodily security преступление против телесной неприкосновенности; ~ against humanity *см.* humanity crime; ~ against the law of nations 1. преступление по международному праву; международное преступление 2. деяние, признанное преступным по уголовному праву всех стран; ~ against morality преступление против нравственности; ~ against nature противоестественное преступление (*гомосексуализм, лесбианство и т.п.*); ~

against property преступление против собственности; ~ against the peace 1. преступное нарушение общественного порядка 2. преступление против мира; ~ against the State 1. преступление против государства, государственное преступление 2. преступление против штата; преступление по законодательству штата; ~ against the United States преступление против Соединённых Штатов; преступление по федеральному законодательству, федеральное преступление; ~ aided and abetted преступление, которому оказано пособничество; ~ alleged at bar преступление, вменённое в судебном заседании; ~ as protest action преступление как акт протеста; ~ at common law преступление по общему праву; ~ by repeater преступление, совершённое повторно *или* рецидивистом; ~ by statute преступление по статутному праву; ~ difficult to trace трудно раскрываемое преступление; ~ done unwillingly преступление, совершённое субъектом против своей воли; ~ due to jealousy преступление из ревности; ~ due to passion преступление по страсти; fellowship in ~ соучастие в преступлении; ~ foreign to the common criminal purpose преступление, не охваченное общей преступной целью; ~ for profit корыстное преступление; incentive for ~ побудительный мотив преступления; ~ in progress совершаемое преступление; развитие преступной деятельности по стадиям совершения преступления; in the course of a ~ в ходе совершения преступления; ~ involving property имущественное преступление; ~ likely to be caused by the act преступление как возможный результат совершённого действия; mental element in ~ субъективная сторона преступления; participation in ~ участие в совершении преступления; partner in ~ соучастник преступления; pattern in ~ «почерк», modus operandi преступника; physical part in ~ физическое участие в преступлении; preparation for ~ приготовление к преступлению; proceeds of ~ преступная нажива; pure from any ~ непричастный к преступной деятельности; response to the ~ реакция (*подозреваемого, обвиняемого, подсудимого*) на место совершения преступления (*при проведении следственного эксперимента*); ~ suggested and committed but in a different way совершение преступления по подстрекательству, но способом, отличным от предложенного подстрекателем; to carry out ~ выполнить состав преступления; совершить преступление; to catch in ~ изобличить в совершении преступления; to clean [to clear] a ~ раскрыть преступление; to confess to a ~ признаться в совершении преступления; to deter from ~ удержать от преступления; to impel into ~ склонить к совершению преступления; to involve in ~ вовлечь в совершение преступления *или* преступлений; to lead to ~ вести, приводить к совершению преступления; to make ~ криминализовать деяние (предусмотреть в законе новый состав преступления); to reduce the degree of ~ снизить квалификационную степень преступности деяния; to refuse to do the ~ отказаться от совершения преступления; to relapse into ~ снова встать на путь совершения преступлений; укорениться в преступных привычках, стать рецидивистом; to secrete ~ укрывать преступление; to terminate ~ пресечь (совершаемое) преступление; to thwart ~ воспрепятствовать совершению преступления; to turn to ~ стать на путь совершения преступлений; ~ under consideration рассматриваемое (судом) преступление; ~ under international law преступление по международному праву; международное преступление; ~ under investigation расследуемое преступление

~ of dishonesty преступление, совершённое путём обмана; мошенническое преступление

~ of forethought предумышленное преступление

~ of high treason государственная измена

~ of negligence преступление, совершённое по небрежности; преступная небрежность

~ of omission преступное бездействие

~ of passion преступление по страсти

~ of violence насильственное преступление

abominable ~ одиозное преступление

abortive ~ неудавшееся преступление; покушение на преступление

absolute ~ «абсолютное преступление» (преступление «строгой ответственности», за которое уголовная ответственность наступает независимо от наличия вины)

acquisitive ~ корыстное преступление

actual ~ фактически совершённое преступление

additional ~ дополнительное (к основному) преступление

admitted ~ преступление, совершение которого признано обвиняемым [подсудимым]

adult ~ 1. преступление, совершённое взрослым, совершеннолетним 2. преступность совершеннолетних

aggressive ~ агрессивное, насильственное преступление

alcohol-related ~ преступление, связанное с алкоголем

alleged ~ 1. предполагаемое, презюмируемое преступление 2. вменяемое в вину, инкриминируемое преступление

assaultive ~ преступление, квалифицируемое как нападение

assimilative ~ федеральное преступление, совершённое в федеральном анклаве на территории штата, закон которого также устанавливает наказание за это преступление

atrocious ~ жестокое, зверское преступление

attempted ~ покушение на преступление

capital ~ преступление, караемое смертной казнью

clergyable ~ преступление, на которое распространяется привилегия, связанная с принадлежностью к духовному званию

common ~ обычное, общеуголовное преступление

common-law ~ преступление по общему праву

completed ~ завершённое преступление

compulsive ~ преступление по принуждению

computer(-related) ~ преступление с использованием компьютера

concealed ~ скрытое преступление

consensual ~ преступление с согласия потерпевшего

conspiratorial ~ преступление по сговору

constructive ~ «конструктивное преступление» (1. деяние, признанное преступным путём толкования закона 2. неопровержимо презюмируемое преступление)

consummated ~ завершённое преступление

contemplated ~ 1. задуманное преступление 2. предполагаемое преступление

conventional ~ обычное, общеуголовное преступление

cumulative ~ совокупность преступлений

cynical ~ циничное преступление

deadlier ~ преступление с высокой степенью вероятности причинения смерти

deadly ~ преступление со смертельным исходом

deliberate ~ умышленное преступление

detected ~ раскрытое преступление

domestic ~ бытовое преступление

drug(-related) ~ преступление, связанное с наркотиками

emotional ~ преступление под влиянием аффекта

falsi ~ преступление путём обмана

federal ~ амер. преступление по федеральному уголовному праву

federally-punishable ~ амер. преступление, наказуемое по федеральному уголовному праву

felonious ~ преступление, квалифицируемое как фелония

felony ~ фелония

flagrant ~ явное преступление

foul ~ подлое, отвратительное преступление

fresh ~ новое или недавно совершённое преступление

further [future] ~ совершение преступлений в дальнейшем [в будущем]

gang ~ 1. гангстерское преступление 2. преступление, совершённое группой, шайкой (подростков)

general ~ общеуголовное преступление

given ~ данное преступление

grave ~ тяжкое преступление

heinous ~ отвратительное, гнусное, ужасное, одиозное преступление

household ~ преступление против дома, семьи

humanity ~ преступление против человечества или против человечности imminent ~ назревающее преступление; готовящееся преступление

impulsive ~ импульсивное *(по внезапно возникшему импульсу)* преступление

inchoate ~ 1. незавершённое преступление *(приготовление, покушение, сговор)* 2. усечённый состав преступления

incidental ~ побочное *или* случайное преступление

individual ~ 1. конкретное преступление 2. отдельно совершённое преступление 3. преступление, совершённое физическим лицом

infamous ~ бесчестящее, позорящее преступление

intended ~ 1. задуманное преступление 2. умышленное преступление

international ~ международное преступление

investigated ~ расследованное преступление

joint ~ совместно совершённое преступление; преступление в соучастии

juvenile ~ преступление, совершённое несовершеннолетним

latent ~ латентное преступление

legal ~ преступление по закону

legally defined ~ состав преступления

lesser ~ менее опасное преступление

lucrative ~ корыстное преступление

malum-in-se ~ деяние, преступное по своему характеру

malum-prohibitum ~ деяние, преступное в силу запрещённости законом

mercenary ~ 1. корыстное преступление 2. преступление по найму *(совершённое наёмником)*

military ~ воинское преступление

minor ~ 1. малозначительное преступление 2. преступление, совершённое несовершеннолетним

multiple ~ множественность преступлений

nonstatus ~ «нестатусное преступление» несовершеннолетнего *(не относящееся к категории делинквентности несовершеннолетних и преследуемое на общих основаниях в уголовном суде)*

notorious ~ сенсационное преступление

odious ~ одиозное преступление

ordinary ~ обычное, общеуголовное преступление

organizational ~ 1. организационная преступная деятельность 2. организация преступления

organized ~ 1. организованная преступность *(как состав преступления)* 2. организованное преступление

original ~ первоначально совершённое преступление

overt ~ явное, открыто совершённое преступление

past ~ ранее совершённое преступление

patent ~ *см.* overt crime

penitentiary ~ преступление, совершённое в пенитенциарии, тюрьме *(преступное нарушение режима содержания заключённых, преступное неповиновение администрации,* участие в тюремных бунтах и беспорядках и т.п.)

penitentiary-type ~ преступление «пенитенциарного» типа *(преступление, за которое полагается тюремное заключение)*

personal ~ преступление против личности

petty ~ малозначительное преступление

planned ~ запланированное преступление

political ~ политическое преступление

predatory ~ хищническое, корыстное преступление

preliminary ~ *см.* inchoate crime 1.

present ~ данное преступление

pretended ~ симуляция преступления

property ~ имущественное преступление

protest ~ преступление как протест *(против чего-л.)*

recent ~ недавно совершённое преступление

recorded ~ запротоколированное, документированное преступление; преступление, зафиксированное в досье преступника

reported ~ учтённое, зарегистрированное преступление

rigged ~ симуляция преступления

ruling class ~ преступность представителей правящего класса

rural ~ сельская преступность, преступность в сельской местности

separate ~ самостоятельное, отдельное преступление

serious ~ серьёзное, тяжкое преступление

service ~ преступление по службе

sex(ual) ~ половое преступление

significant ~ серьёзное преступление

situational ~ ситуационное преступление *(совершённое под влиянием криминогенной ситуации)*

solved ~ раскрытое преступление

sophisticated ~ изощрённое преступление

special investigative ~ преступление, требующее специальных методов расследования

spur-of-the-moment ~ ситуационное преступление, преступление «под влиянием момента»

staged ~ симуляция преступления

state ~ 1. государственное преступление 2. преступление по уголовному праву штата

statutory ~ преступление по статутному праву

subsequent ~ впоследствии совершённое преступление

syndicate(d) ~ синдицированное, гангстерское преступление

teen ~ преступление, совершённое лицом молодого возраста *(от 13 до 19 лет)*

triple ~ третий раз совершённое преступление

undefined ~ преступление, состав которого не определён в нормах писаного права

underlying ~ основное из связанных друг с другом преступлений

underworld ~ гангстерское преступление

unorganized ~ неорганизованное, обычное, общеуголовное преступление unreported ~ неучтённое, незарегистрированное преступление

unsolved ~ нераскрытое преступление

vicious ~ преступление, связанное с пороком

victimless ~ преступление без (установленного) потерпевшего

violent ~ насильственное преступление

war ~ военное преступление

white-collar ~ беловоротничковое преступление (*преступная махинация, совершённая служащим или лицом, занимающим высокое общественное положение*)

crime-inciting подстрекающий к совершению преступления *или* преступлений

crimeless 1. не содержащий в себе признаков преступления 2. не совершивший преступления; невиновный

criminal 1. преступник ‖ преступный 2. субъект преступления 3. лицо, виновное в совершении преступления 4. лицо, осуждённое за совершение преступления; лицо, признанное преступником по суду 5. уголовный ◇ ~ at large преступник, находящийся на свободе; to turn to ~ стать преступником, вступить на путь совершения преступлений; ~ twist склонность, предрасположение к совершению преступлений; ~ under applicable law преступный в соответствии с подлежащей применению правовой нормой

~ of war военный преступник

accidental ~ случайный преступник

accused ~ преступник, обвиняемый в совершении данного преступления

adjudged ~ лицо, признанное преступником по суду

adult ~ совершеннолетний преступник

adventitious ~ случайный преступник

alleged ~ *см.* supposed criminal

amateur ~ преступник-дилетант

born ~ прирождённый преступник

career ~ профессиональный преступник

common ~ обычный преступник; субъект общеуголовного преступления

computer ~ лицо, совершившее преступление *или* совершающее преступления с использованием компьютера

conventional ~ *см.* common criminal

dangerous ~ опасный преступник

dangerous special ~ особо опасный преступник

detected ~ обнаруженный преступник

drug ~ лицо, совершившее преступление *или* совершающее преступления в связи с наркотиками; преступник-наркоман

established ~ установленный (*судом*) преступник

experienced ~ опытный преступник

fleeing ~ убегающий (*с места преступления, от полиции*) преступник

fugitive ~ беглый (*скрывающийся от правосудия*) преступник

habitual ~ привычный преступник

hard core [hardened] ~ закоренелый преступник; рецидивист

heavily armed ~ «вооружённый до зубов» преступник

identified. ~ преступник с установленной личностью

incidental ~ случайный преступник

independent ~ независимый преступник (*не входящий в преступную организацию и заведомо не работающий на неё*)

international ~ международный преступник

irrational ~ субъект преступления по иррациональным мотивам

irresponsible ~ лицо, не несущее ответственности за совершённое преступление

juvenile ~ несовершеннолетний преступник

mob-connected ~ преступник, связанный с гангстерским синдикатом

neurotic ~ преступник-невротик

nomadic ~ преступник-гастролёр

non-career ~ непрофессиональный преступник

occasional ~ случайный преступник

organized ~ организованный преступник, гангстер

persistent ~ упорный, закоренелый преступник; рецидивист

petty ~ мелкий преступник

presumptive ~ *см.* supposed criminal

professional ~ профессиональный преступник

property ~ субъект имущественного преступления

psychoid ~ преступник-психоид

psychopathic ~ преступник-психопат

rational ~ субъект преступления по рациональным мотивам

recorded ~ преступник, зафиксированный в следственно-судебных документах; лицо с досье преступника

red-handed ~ преступник, пойманный с поличным

relapsed ~ рецидивист

repeated ~ повторно совершивший преступление; рецидивист

reported ~ лицо, учтённое, зарегистрированное в качестве преступника

reputed ~ лицо с репутацией преступника; заведомый преступник

resident known ~ лицо с репутацией преступника по месту жительства

retired ~ «завязавший», прекративший преступную деятельность преступник

self-reported ~ преступник, явившийся с повинной

situational ~ ситуационный преступник (*субъект преступления, совершённого под влиянием криминогенной ситуации*)

sophisticated ~ изощрённый преступник

state ~ 1. государственный, политический преступник 2. субъект преступления по уголовному праву штата

street ~ уличный преступник

supposed ~ предполагаемый преступник; подозреваемый

syndicate(d) ~ синдицированный (организованный) преступник, гангстер

systematic ~ лицо, систематически совершающее преступления

teen ~ лицо, совершившее преступление в молодом возрасте (от 13 до 19 лет)

violent ~ субъект насильственного преступления; лицо, совершающее насильственные преступления

wanted ~ преступник, разыскиваемый полицией

war ~ военный преступник

white-collar ~ беловоротничковый преступник (мошенник и т.п. из числа служащих или лиц, занимающих высокое общественное положение)

would-be ~ лицо, способное, готовое совершить преступление

young adult ~ совершеннолетний преступник молодого возраста

criminalism криминальность (личности или деяния)

criminalist криминалист (специалист по уголовному праву, уголовному процессу или криминалистике)

criminalistic(al) криминалистический

criminalistics криминалистика

criminality преступность (деяния, личности или как массовое явление) ◇ tendency to ~ склонность к совершению преступлений

adult ~ преступное поведение совершеннолетнего

compulsive ~ преступления, совершённые по принуждению

double ~ «двойная преступность» (деяния — по закону страны, выдающей преступника, и по закону страны, принимающей его)

individual ~ преступность личности

manifest ~ явная преступность (деяния)

systematic ~ систематическое совершение преступлений

criminalization 1. криминализация (объявление деяния преступлением по закону) 2. вовлечение в преступную деятельность

criminalize 1. криминализовать (объявить деяние преступлением по закону) 2. вовлечь в преступную деятельность

criminally 1. преступно 2. с точки зрения уголовного права, уголовного закона ◇ ~ inclined преступно настроенный, с преступными наклонностями; ~ organized организованный с преступной целью; to mislead ~ преступно вводить в заблуждение, обманывать

criminate 1. обвинять в совершении преступления 2. доказывать или доказать чью-л. виновность в совершении преступления; уличать или уличить 3. вменять или вменить в вину, инкриминировать; признать виновным 4. объявить преступником; осудить (в вердикте или в приговоре) 5. вовлечь в совершение преступления или преступлений ◇ to ~ oneself оговаривать самого себя; to ~ witness оговаривать свидетеля

criminating обвиняющий; уличающий

crimination 1. обвинение 2. инкриминирование 3. оговор 4. причастность к совершению преступления

criminatory обвиняющий, уличающий; обвинительный

criminogenesis криминогенез (причины, породившие преступление)

criminogenic криминогенный

criminological криминологический

criminologist криминолог

criminology криминология (наука о преступности, преступлениях и преступниках)

criminous преступный

crisis кризис
    cabinet ~ правительственный кризис

cross 1. пересекать 2. кроссировать (о чеке) ◇ to ~ the aisle голосовать против своей партии; to ~ the floor of the House перейти из одной партии в другую

cross-action встречный иск

cross-appeal встречная апелляция

cross-appellant заявитель встречной апелляции

cross-application встречное заявление

cross-bill 1. встречное требование ответчика 2. встречный вексель

cross-claim 1. встречное требование, встречный иск 2. перекрёстный иск (иск к сотяжущейся стороне)

cross-defendant ответчик по встречному иску

cross-demand встречное требование

cross-designation of record представление ответчиком по апелляции встречных материалов по апелляции

cross-errors 1. неправильности, указываемые ответчиком по апелляции 2. неправильности, указываемые обеими сторонами по апелляции

cross-examination перекрёстный допрос (свидетеля противной стороны) ◇ ~ by police «перекрёстный допрос» полицией (одновременно несколькими полицейскими следователями); ~ to credit перекрёстный допрос по вопросу о доверии к свидетелю; ~ to the issue перекрёстный допрос о фактах, относящихся к предмету судебного спора, доказывания

cross-examine подвергнуть перекрёстному допросу (свидетеля противной стороны)

cross-examiner сторона, ведущая перекрёстный допрос (свидетеля противной стороны)

crossing кроссирование (чека)

cross-interrogation «перекрёстный допрос» (одновременно несколькими полицейскими следователями)

cross-licensing перекрёстное [взаимное] лицензирование

cross-move выдвигать встречное ходатайство или предложение

cross-opposition встречное возражение; встречный протест

cross-proceeding(s) встречные процессуальные действия

cross-question перекрёстный допрос ‖ подвергать перекрёстному допросу

cross-questioning перекрёстный допрос

crowd толпа

   riotous ~ буйная (*учиняющая беспорядки или погром*) толпа

Crown 1. корона, престол; королевская власть; король, королева 2. государство; верховная власть (*в Великобритании*) 3. государственное обвинение (*в Великобритании*)

cruel жестокий

cruelty жестокость, жестокое обращение ◇ **~ to animals** жестокое обращение с животными (*состав преступления*); **~ to children** жестокое обращение с детьми (*состав преступления*)

   mental ~ 1. психическая пытка (*при допросе*) 2. психическая жестокость (*как основание к расторжению брака*)

   persistent ~ систематическое жестокое обращение

   physical ~ причинение физических мучений

crush ◇ **~ out** *жарг.* бежать из тюрьмы

cryptogram криптограмма, тайнопись, шифрованный документ, зашифрованная бумага

culpability виновность

   sufficient ~ достаточная (*для наступления ответственности*) виновность

culpable 1. виновный 2. преступный

culprit 1. виновный; преступник 2. обвиняемый; подсудимый

cumulative кумулятивный, совокупный

curative исправительный

curator 1. куратор; хранитель 2. *шотл.* опекун 3. опекун имущества подопечного (*в некоторых штатах США*)

curatory *см.* **curative**

cure средство исправления ‖ исправлять ◇ **no ~ - no pay** без спасения нет вознаграждения (*в морском праве*); **to ~ a transaction** придать силу недействительной сделке путём исправления её юридических недостатков; **to ~ by verdict** исправление дефекта в состязательных бумагах посредством вердикта присяжных

cured подвергшийся исправлению; исправленный

curfew комендантский час

currency 1. деньги; валюта 2. срок действия

   ~ of contract 1. валюта договора 2. срок действия договора

curse отлучение от церкви ‖ отлучать от церкви

curtesy право вдовца (*при наличии детей*) на пожизненное владение имуществом умершей жены

curtilage участок земли и строения, непосредственно примыкающие к жилому дому

custodial связанный с лишением свободы, с содержанием под стражей, в заключении ◇ **~ control** режим содержания под стражей, в заключении; **~ pattern** *см.* **custodial system**; **~ program** программа мер изоляции заключённого в пенитенциарном учреждении; **~**

system тип режима содержания под стражей, в заключении; **~ training** *англ.* обучение в изоляции (*интегрированный режим борстала и тюрьмы*)

custodian 1. хранитель; охранитель 2. опекун; попечитель 3. должностное лицо, исполняющее приговор суда к ограничению *или* лишению свободы (*тж custodian of the court*)

   document ~ хранитель документов

custodianship статус опекуна, опекунство

custodier хранитель

custody 1. хранение; охрана 2. опека; попечение; присмотр 3. контроль; владение 4. задержание; лишение свободы; содержание под стражей; тюремное заключение ◇ **departure from ~** побег из-под стражи; **~ for remand** повторное заключение под стражу; **~ pending review** ограничение *или* лишение свободы в ожидании пересмотра решения по делу; **to have in ~** 1. хранить 2. осуществлять опеку, попечение *или* присмотр 3. содержать под стражей; **to have in ~ on a warrant** содержать под стражей по ордеру на арест; **to take into ~** взять под стражу; **to retake into ~** вновь взять под стражу

   ~ of juries изоляция присяжных (*с целью обеспечить тайну совещательной комнаты*)

   ~ of law ограничение *или* лишение свободы по закону

   ~ of prisoner содержание обвиняемого под стражей

   alternating ~ разделение попечения над ребёнком между разведёнными родителями

   civil ~ арест по гражданскому делу

   close ~ строгая изоляция

   documents ~ хранение документов

   federal ~ *амер.* заключение в федеральном карательно-исправительном учреждении

   ideal ~ символическое лишение свободы

   illegal ~ незаконное содержание под стражей

   interim ~ 1. временная опека; временное попечительство 2. задержание, временное содержание под стражей

   judicial ~ 1. судебный секвестр 2. содержание под стражей за судом

   lawful [legal] ~ 1. законное содержание под стражей 2. законное попечение

   less restrictive ~ содержание под стражей на облегчённом режиме

   local ~ *амер.* заключение в местном карательно-исправительном учреждении

   maximum ~ режим максимальной изоляции

   medium ~ режим обычной изоляции

   minimum ~ режим минимальной изоляции

   more restrictive ~ содержание под стражей на усиленном режиме

   parental ~ родительское попечение

   police ~ содержание под стражей в полиции

   present ~ содержание под стражей в настоящее время

   proper ~ 1. надлежащее хранение (*документа*) 2. надлежащее содержание под стражей

   protection ~ заключение под стражей свидетелей для обеспечения их личной безопасности

protective ~ обеспечивающий арест *(на помещение и занимающих его лиц на время, необходимое для получения ордера на обыск)*

safe ~ 1. хранение; сохранность; сохранение 2. содержание под стражей, обеспечивающее изоляцию и безопасность

special ~ специальное хранение

state ~ *амер.* заключение в карательно-исправительном учреждении штата

temporary ~ временное содержание под стражей

total ~ тюремное заключение с полной изоляцией

unlawful ~ незаконное содержание под стражей

witness ~ взятие под стражу свидетеля

custom 1. обычай; обычное право 2. *pl* таможенные пошлины ◇ ~ free беспошлинный; the Customs таможенное управление; таможня

~ of merchants торговые обычаи; торговое обычное право

~ of the manor манориальный обычай; местный обычай

~ of the port портовый обычай, обычай порта

~ of the trade торговый обычай, обычай данной отрасли торговли

commercial ~ торговый обычай

immemorial ~ существующий с незапамятных времён, старинный обычай

legal ~ юридический обычай

local ~ местный обычай

marriage ~s брачные обычаи

particular ~ местный обычай

special ~ 1. местный обычай 2. обычай данной отрасли торговли

trade ~ торговый обычай

Ulster (tenant-right) ~ право арендатора на продление договора земельной аренды *(обычное право Северной Ирландии)*

customable облагаемый таможенной пошлиной, подлежащий таможенному обложению

customary обычный, основанный на обычае, вытекающий из обычая

customer покупатель; заказчик; клиент

custom-house таможня

cycle:

lock-up ~ период пребывания в тюремном карцере

cy près «близко к этому» *(т.е. настолько близко к желанию учредителя доверительной собственности, насколько это возможно)*

cypres см. cy près

D

damage 1. ущерб; убыток; вред ‖ причинять ущерб, убыток, вред; повреждать 2. *pl* возмещение убытков; убытки *(в значении «возмещение убытков»)* ◇ ~s at large полная сумма действительно понесённых убытков; ~ by cattle потрава; ~ done причинённый ущерб; ~ per crime средний ущерб, средние размеры, сумма убытков от одного преступления; to ask for ~s подать иск о взыскании убытков; ~ to property имущественный, материальный ущерб; to undo the ~ загладить, возместить ущерб; ~s ultra дополнительное возмещение убытков

actual ~ 1. фактический, реальный ущерб 2. *pl* реальные, фактические убытки

added ~s штрафные убытки

aggravated ~s увеличенное возмещение убытков

aggregate ~ общая сумма ущерба

agreed ~s согласованные убытки

agreed and liquidated ~s согласованные и заранее оценённые убытки, оценочная неустойка

alternative ~s альтернативное возмещение убытков *(в договорённой сумме или по фактической оценке)*

amenity ~s компенсация за ухудшение удобств пользования недвижимостью

anticipatory ~s будущие убытки

apprehended ~ предполагаемый ущерб

bodily ~ телесное повреждение

civil ~s взыскание убытков в гражданском порядке

claimed ~ заявленный ущерб

compensable ~s убытки, подлежащие возмещению

compensatory ~s компенсаторные, реальные, фактические убытки

consequential ~s косвенные убытки

contemptuous ~s «убытки в презрение» *(возмещение убытков, носящее характер осуждения действий истца и присуждаемое в случае, когда истец формально прав, но, по мнению присяжных, не должен был бы предъявлять иск)*

continuing ~ длящийся ущерб

direct ~s прямые убытки

double ~s возмещение убытков в двойном размере

excessive ~s чрезмерная сумма возмещения убытков

exemplary ~s штрафные убытки, убытки, присуждаемые в порядке наказания

fee ~s компенсация за нарушение спокойного пользования недвижимостью *(при проведении надземных железных дорог в городах)*

general ~s генеральные убытки *(являющиеся необходимым прямым следствием вреда безотносительно к особым обстоятельствам дела)*

indirect ~s косвенные убытки

intervening ~s убытки из задержки, вызванной апелляцией

irreparable ~ 1. невозместимый ущерб 2. *pl* убытки, не поддающиеся точной оценке

land ~s компенсация при принудительном отчуждении недвижимости

liquidated ~s заранее оценённые убытки; оценочная неустойка; ликвидные убытки *(определяемые посредством арифметического подсчёта)*

malicious ~ злоумышленное причинение вреда

money ~s убытки в деньгах, денежная компенсация ущерба

moral ~ моральный ущерб

necessary ~s генеральные убытки *(являющиеся необходимым прямым следствием вреда безотносительно к особым обстоятельствам дела)*

nominal ~s номинальные убытки, номинальное возмещение, имеющее символическое значение

patent ~ 1. ущерб от нарушения патента 2. явный ущерб

pecuniary ~s *см.* money damages

penal ~s 1. *см.* exemplary damages 2. взыскание убытков в уголовном порядке

permanent ~s компенсация за длящееся причинение вреда

presumptive ~s *см.* exemplary damages

property ~ 1. имущественный, материальный ущерб 2. *pl* возмещение имущественного ущерба

prospective ~s будущие убытки; предвидимые убытки

proximate ~s прямые убытки

punitive [punitory] ~s *см.* exemplary damages

remote ~s отдалённо косвенные убытки

riotous ~ материальный ущерб, причинённый беспорядками *или* погромом

sentimental ~ убыток, оцениваемый исходя из индивидуальных соображений *(а не из фактической стоимости имущества)*

special ~s реальные, фактические убытки, определяемые особыми обстоятельствами дела

specific ~ конкретный ущерб, конкретный вред, конкретная сумма ущерба

speculative ~s предполагаемые убытки

stipulated ~s заранее оценённые убытки

substantial ~s реальные, фактические убытки

treble ~s возмещение убытков в тройном размере

unliquidated ~s заранее не оценённые убытки; неликвидные убытки *(исчисление которых производится не арифметическим подсчётом, а в зависимости от конкретных обстоятельств дела)*

unrepaired ~ невозмещённый ущерб

vindictive ~s *см.* exemplary damages

damaged 1. понёсший ущерб, убыток 2. повреждённый ◇ ~ mentally психически неполноценный; ~ physically потерпевший от телесного повреждения

damnable порицаемый, осуждаемый

damnification причинение вреда, ущерба

damnify причинять вред, ущерб

damnum absque injuria *лат.* убыток без правонарушения

damnum emergens *лат.* положительный ущерб

danger опасность; риск

actual ~ реальная опасность

clear and present ~ явная и непосредственная опасность

imminent ~ надвигающаяся опасность

instant ~ to life непосредственная угроза жизни

mortal ~ смертельная опасность

physical ~ физическая опасность

public ~ публичная опасность, опасность для государства, страны

social ~ социальная, общественная опасность *(преступления)*

dangerous опасный

abnormally ~ чрезвычайно опасный

intrinsically ~ опасный по своим свойствам

socially ~ социально опасный

specially ~ особо опасный

danism ростовщичество

darraign 1. урегулировать спор 2. отвечать на обвинение

data данные

classified ~ секретные сведения

organic ~ обязательные выходные данные при ссылке на закон

date дата, день, число; срок ‖ датировать(ся) ◇ after ~ по наступлении указанной даты; ~ as per postmark дата почтового календарного штемпеля; ~ proclaimed объявленная дата; under ~ of от (такой-то) даты, датированный (таким-то) числом

~ of appearance день явки *(в суд)*

~ of conviction день осуждения; день вынесения обвинительного вердикта *или* обвинительного приговора

~ of decision дата принятия, вынесения решения

~ of issue время издания

~ of judg(e)ment день вынесения судебного решения

~ of maturity срок *(напр. векселя)*

~ of performance дата исполнения; момент исполнения

~ of signature дата подписания *(напр. договора)*

~ of trial день начала судебного разбирательства

~ of verdict день вынесения вердикта

applicable ~ день, начиная с которого закон может быть *или* должен быть применён

appointed ~ 1. назначенный день 2. дата вступления в силу

bearing ~ имеющий дату, датированный

controlling ~ окончательная дата

copyright ~ дата установления авторского права

due ~ срок платежа

effective ~ дата вступления в силу; момент, начиная с которого может быть заявлено право *или* выдвинуто возражение

final ~ конечный срок

imprint ~ год издания; выходная дата

interest ~ срок уплаты процентов

lodg(e)ment ~ дата подачи (*напр. заявки, жалобы*)

maturity ~ срок (*напр. векселя*)

qualifying ~ дата, по состоянию на которую учитываются условия предоставления права

reciprocity ~ *пат.* дата приоритета (*предоставляемого иностранным заявителям на правах взаимности*)

release ~ день освобождения из заключения

treatment ~ день начала лечения, исправительного воздействия *и т.п.*

value ~ срок векселя

day 1. день; сутки 2. срок ◇ ~ certain определённый, конкретный день; назначенный день, установленный день; ~ in court 1. время, назначенное для слушания дела в суде 2. предоставленная возможность быть выслушанным в суде; without ~ на неопределённый срок, без назначения новой даты

~s of grace льготный срок; грационные дни

~s respite дни отсрочки; льготный срок

active ~s рабочие дни

adjournment ~ день, на который перенесено рассмотрение дела

artificial ~ светлое время дня

ballot ~ день голосования, выборов

birth ~ дата рождения

calendar ~ календарный день

civil ~ гражданские сутки

clear ~s чистые, полные дни (*с исключением первого и последнего дней из оговорённого периода времени*)

closing ~ последний срок

commission ~ день открытия выездной сессии суда присяжных

consecutive ~s *см.* running days

court ~ судебно-присутственный день; день заседания суда; день слушания дела

excluded ~s исключённые дни; нерабочие дни

judicial ~ день судебного заседания

juridical ~ присутственный день в суде

law ~ 1. установленный (*в документе*) срок 2. *см.* court day

lay ~s сталийные дни, сталийное время

legal ~ *см.* court day

mean solar ~ гражданские сутки

natural ~ 1. календарные сутки 2. светлое время дня

nomination ~ день выдвижения кандидатов

non-judicial ~ непокрисутственный день в суде

order ~ день рассмотрения вопросов повестки дня (*до рассмотрения других предлагаемых вопросов*)

paper ~ день, назначенный для рассмотрения дел согласно списку

peremptory ~ крайний срок; окончательный срок

polling ~ день голосования, выборов

quarter ~ квартальный день (*день, когда наступает срок квартальных платежей*)

return ~ день, когда судебный приказ подлежит возврату суду шерифом

running ~s календарные дни, сплошные дни, последовательные дни

settlement ~ день для производства расчётов, платёжный день

solar ~ 1. астрономические сутки 2. дневное время (*от рассвета до заката солнца*)

supply ~s дни обсуждения расходной части бюджета в парламенте

term ~ 1. день начала судебной сессии 2. день, когда наступает срок квартальных платежей (*аренды, процентов и т.п.*)

trial ~ день слушания дела

working ~s рабочие дни

weather working ~s погожие рабочие дни

Day:

Inauguration ~ день вступления в должность нового президента США

daysman 1. подённый рабочий 2. арбитр; суперарбитр; выбранный третейский судья

dead 1. мёртвый 2. *ист.* приговорённый к гражданской смерти ◇ ~ in law не могущий быть взысканным в исковом порядке

civilly ~ лишённый гражданских прав

deadline предельный срок

deadly смертельный ‖ смертельно

de aetata probanda *лат. ист.* «для доказательства возраста» (*судебный приказ об установлении совершеннолетия*)

deal 1. сделка ‖ заключать сделку 2. торговать 3. иметь дело (*с кем-л., с чем-л.*) ◇ to ~ in stolen property торговать краденым

compensation ~ компенсационная сделка

package ~ комплексное урегулирование, «решение в пакете»

dealer 1. торговец; дилер 2. биржевик ◇ ~ in stolen property торговец краденым

drug ~ торговец наркотиками

real estate ~ агент по продаже недвижимости

security ~ лицо, совершающее операции с ценными бумагами; биржевик

dealings деловые отношения

clandestine ~ подпольные сделки, махинации

dean старейшина, декан, дуайен дипломатического корпуса

Dean:

~ of Faculty председатель палаты адвокатов (*в Шотландии*)

~ of the Arches председатель апелляционного суда архиепископа Кентерберийского, Арчский декан

~ of the House *амер.* старейшина палаты представителей

death 1. смерть 2. смертная казнь ‖ убивать; казнить ◇ ~ from misadventure смерть в результате несчастного случая; imagining the Queen's [King's] ~ умышление на жизнь королевы [короля] (*состав изменнического преступления*); ~ through violence насильственная смерть

accidental ~ 1. случайная, неожиданная, непредвиденная смерть 2. смерть в результате несчастного случая

apparent ~ клиническая смерть

automobile ~ смерть в результате автоаварии

civil ~ гражданская смерть

crib ~ «присыпание» матерью новорождённого ребёнка

immediate [instant] ~ немедленная смерть

natural ~ 1. естественная смерть 2. биологическая смерть (*в отличие от клинической смерти*)

presumptive ~ презумпция смерти

sudden ~ внезапная смерть

violent ~ насильственная смерть

wrongful ~ смерть в результате противоправных действий

deathman палач

debar лишать права; воспрещать; не допускать ◇ ~ from employment лишить права, запретить работать по найму; не допускать к работе по найму; to ~ from holding public offices лишать права занимать государственные, публичные должности; to ~ from voting лишать права голоса

debatable спорный; оспариваемый

debate обсуждение; дискуссия; дебаты; прения ‖ обсуждать; дебатировать

committee ~ обсуждение в комитете законодательного органа

floor ~ обсуждение в палате законодательного органа

general ~ общая дискуссия, общие прения

subcommittee ~ обсуждение в подкомитете законодательного органа

debellation дебелляция, завоевание целого государства

de bene esse *лат.* условно; предварительно; на всякий случай

debenture долговое обязательство; облигация

customs ~ сертификат таможни для обратного получения импортной пошлины

mortgage ~ долговое обязательство под залог недвижимости

debt 1. долг; денежный долг 2. иск о взыскании денежного долга ◇ ~ due *см.* due debt; to collect ~s получать, взимать долги; to incur a ~ принять на себя долг; to owe a ~ быть должным, быть должником; to recover a ~ взыскать долг

~ of record долг, установленный в судебном порядке

active ~ 1. долг, причитающийся к получению 2. процентный долг

antecedent ~ долг по ранее заключённому договору

bad ~ долг, не могущий быть взысканным (*напр. по причине истечения исковой давности, банкротства должника*)

bonded ~ облигационный заём

book ~ «книжный» долг, долг по расчётной книге, долг к получению

community ~ общий долг супругов

contract(ed) ~ договорный долг

crown ~ долг государству (*в Великобритании*)

due ~ долг, по которому наступил срок платежа

false ~ ложный долг (*признаваемый банкротом, стремящимся скрыть своё истинное финансовое положение*)

fiduciary ~ фидуциарный долг

foreign ~ внешний долг (*государства*)

funded ~ облигационный заём

gaming ~ долг, возникший в результате азартной игры

hypothecary ~ долг, обеспеченный ипотечным залогом

interest ~ долг по процентам

judgement ~ присуждённый долг, признанный в судебном решении долг

legal ~ 1. долг, подлежащий взысканию в суде общего права 2. законный долг

liquid ~ ликвидный долг (*причитающийся немедленно и безусловно*)

liquidated ~ 1. погашенный долг 2. долг на сумму, определённую соглашением сторон *или* судом

mercantile ~ торговый долг

mortgage ~ ипотечный долг

national ~ государственный долг

outstanding ~ непогашенный долг

passive ~ 1. долг, подлежащий выплате 2. беспроцентный долг

play ~ долг из игры, обязательство из игры

preferential [preferred] ~ первоочередной долг (*погашаемый в первую очередь*)

privileged ~ долг по привилегированному требованию

public ~ государственный долг

pure ~ *шотл.* ликвидный долг (*причитающийся немедленно и безусловно*)

recoverable ~ долг, могущий быть взысканным

secured ~ обеспеченный долг

simple ~ простой долг, долг из договора не за печатью

specialty ~ долг по документу за печатью

unsecured ~ необеспеченный долг

debtee кредитор

debtor должник, дебитор

absconding ~ должник, скрывающийся от кредиторов

discharged ~ должник, погасивший долг

execution ~ должник, против которого выдан исполнительный лист

fraudulent ~ должник, дающий ложные сведения о своём имущественном положении

insolvent ~ неплатёжеспособный должник

joint ~s содолжники, должники, обязавшиеся вместе

judgement ~ должник, против которого вынесено судебное решение, должник по решению суда liquidating ~ должник; ликвидирующий свои дела

primary ~ основной должник

principal ~ 1. основной должник 2. должник в пределах основной суммы долга (без процентов)

several ~ должники, обязавшиеся порознь

decapitate обезглавить, отрубить голову

decapitation смертная казнь через обезглавливание

deceased покойник ‖ покойный, умерший, скончавшийся

decedent умерший

deceit 1. обман, намеренное введение в заблуждение 2. мошенническая проделка ◇ by ~ обманом, при помощи обмана

deceitful лживый; вероломный; предательский; обманный

deceitfully лживо; предательски

deceive обманывать, намеренно вводить в заблуждение

decentralization децентрализация

decentralize децентрализовать

deception обман ◇ caught in a ~ уличённый в обмане

decern шотл. выносить решение, постановление, распоряжение, приказ

decide решать; выносить решение ◇ to ~ a case решить судебное дело; to ~ a controversy решить спор; to ~ against решить дело против кого-л.; to ~ a motion принять решение по заявленному ходатайству; to ~ for решить дело в пользу кого-л.; to ~ in favour of решить дело в пользу кого-л.; to ~ on the merits принять решение по существу (дела); to ~ the difference урегулировать разногласие, разрешить спор

decimation 1. ист. взыскание десятины 2. воен. децимация (наказание смертью каждого десятого)

decision 1. решение 2. решение или определение суда; решение арбитража ◇ ~ in the action решение по иску; ~ in X v. Y решение по иску X против Y; ~ on the merits решение по существу (дела); ~ on the substance [merits] of the case решение по существу дела; the ~ is pending решение ещё не вынесено; to reach a ~ 1. прийти к решению 2. добиться решения; ~ under the statute решение, вынесенное на основании (данного) статута

adverse ~ неблагоприятное решение, решение в пользу противной стороны

arbitral ~ арбитражное решение

authoritative ~ 1. авторитетное решение 2. решение (суда) как источник права

case ~ решение по делу

conclusive ~ окончательное (в смысле решённости всех спорных вопросов)

constitutional ~ судебное решение по вопросу конституционного права; судебное решение, имеющее конституционное значение

court ~ решение суда

definitive ~ окончательное решение

disposition ~ решение по существу (дела, спора)

disputed ~ оспариваемое решение; обжалованное решение

executive ~ решение исполнительной власти, решение президента или губернатора штата

favourable ~ благоприятное решение; положительное решение

federal ~ решение федерального органа власти; решение федерального суда

final ~ окончательное (в процессуальном отношении) решение

final and conclusive ~ окончательное и безусловное решение

flat ~ окончательное решение

immunity ~ решение по вопросу об иммунитете

impugned ~ оспоренное или опровергнутое решение

interim ~ промежуточное решение

judge's ~ решение судьи

judicial ~ судебное решение

landmark ~ принципиально новое решение, служащее прецедентом; решение, являющееся вехой в прецедентной практике

legal ~ решение суда

majority ~ решение большинством голосов

motivated ~ мотивированное решение

plea-bargaining ~ судебное решение, основанное на сделке о признании вины

policy ~ (of the Supreme Court) решение (Верховного суда США), содержащее толкование закона, не имеющее нормообразующего характера

previous ~ прежнее, ранее принятое решение

reasoned ~ мотивированное решение

regulatory ~ регулятивное решение, решение регулятивного органа

reported ~ 1. решение, включённое в сборник судебных решений 2. решение, включённое в отчёт, доклад, сообщение и т.п.

sentencing ~ 1. решение суда о назначении наказания; приговор 2. определение в приговоре меры наказания

state ~ решение суда штата

unreported ~ 1. решение, не включённое в сборник судебных решений 2. решение, не включённое в отчёт, доклад, сообщение и т.п.

waiver ~ решение (суда), констатирующее отказ от права

Decision:

American ~s ист. Аннотированный сборник американских судебных прецедентов

Manuscript ~s Рукописные решения (неопубликованные решения коллегий патентного управления министерства торговли США)

Treasury ~s Решения Министерства финансов США (сборник)

decisive решающий, имеющий значение решения

declarant 1. заявитель 2. истец

declaration 1. заявление; декларация 2. исковое заявление 3. мотивировочная часть судебного решения 4. предъявление на таможне вещей, облагаемых таможенной пошлиной ◇ ~ against interest заявление в ущерб собственным интересам; ~ by authority заявление по правомочию; ~ in chief заявление по главному основанию иска; ~ in lieu of an oath заявление, равносильное присяге; ~ inwards таможенная декларация по приходу (судна); ~ outwards таможенная декларация по отходу (судна)

~ of absence объявление о признании безвестно отсутствующим

~ of alienage заявление об отказе от гражданства

~ of bankruptcy заявление о прекращении платежей

~ of death объявление о признании умершим

~ of forfeiture объявление о конфискации имущества (вслед за отчуждением в уголовном порядке)

~ of insolvency объявление о прекращении платежей

~ of intent заявление о намерениях; волеизъявление

~ of intention 1. заявление о намерениях; волеизъявление 2. амер. заявление иностранца в суде о намерении натурализоваться

~ of majority объявление кого-л. совершеннолетним

~ of neutrality декларация о нейтралитете

~ of priority пат. заявление о (конвенционном) приоритете

~ of the poll объявление результатов голосования

~ of trust декларация о доверительном характере собственности

~ of war объявление войны

~ of will 1. волеизъявление 2. заявление о составлении завещания

common-law ~ первоначальное заявление истцом оснований иска

customs ~ таможенная декларация

dying ~ предсмертное заявление

equivocal ~ неоднозначное заявление, допускающее двоякое толкование

false ~ ложное заявление

identity ~ удостоверение личности (на выборах)

legitimacy ~ заявление об усыновлении [удочерении] незаконнорождённого ребёнка

negative ~ заявление, содержащее отрицание

pedigree ~ заявление о происхождении (детей от данных родителей)

peremptory ~ категорическое заявление

positive ~ заявление, содержащее утверждение

positive ~ of authority положительно выраженное управомочие

post-testamentary ~ of testator заявление завещателя после составления завещания

statutory ~ торжественное заявление об истинности показаний (вместо присяги)

true ~ заявление, правильно информирующее об истинном положении вещей

untrue ~ заявление, скрывающее истинное положение вещей

declarator шотл. деклараторный иск, установительный иск, иск о признании права

declaratory декларативный; деклараторный; объяснительный; пояснительный

~ of the law разъясняющий содержание норм права, подлежащих применению по делу

declare 1. заявлять; объявлять 2. указать (в таможенной декларации); предъявлять на таможне вещи, облагаемые пошлиной 3. подать иск; изложить основание иска ◇ to ~ a mistrial объявить судебное разбирательство неправильным, неправосудным; to ~ identity раскрыть личность, снять инкогнито; to ~ insane объявить невменяемым; to ~ missing объявить безвестно отсутствующим; to ~ the hearing closed объявить слушание законченным; to ~ void объявить ничтожным, недействительным (о сделке); to ~ war объявить войну

declassification рассекречивание

declassify рассекречивать

declination шотл. отвод судьи со ссылкой на его заинтересованность в деле

declinature шотл. возражение против юрисдикции суда

decline отклонять; отказывать(ся)

deconsecration 1. секуляризация 2. лишение юридической силы

~ of divorce судебное решение о расторжении брака

~ of lunacy судебное определение в отмену ранее состоявшегося признания невменяемости

decontrol освобождение от государственного контроля ‖ освобождать от государственного контроля

decorum правила приличия

decoy заманивать в ловушку; соблазнять; обольщать

decree 1. декрет; указ ‖ издавать декрет, указ 2. судебное решение, постановление, определение, распоряжение, приказ (суда) ‖ выносить судебное решение, постановление, определение, распоряжение; издавать распоряжение, приказ ◇ ~ absolute решение суда, окончательно и безусловно вступившее в силу; ~ dative шотл. постановление суда о назначении администратора наследства; ~ in equity судебное решение, вынесенное на основе норм права справедливости; решение суда системы права справедливости; ~ nisi условное решение суда (вступающее в силу с определённого срока, если не будет оспорено и отменено до этого срока); ~ pro confesso решение в пользу истца на основании молчаливого признания иска

~ of condemnation решение суда об осуждении

~ of judicial separation (of spouses) судебный приказ о раздельном проживании (супругов)

~ of nullity судебное решение о признании ничтожности (*документа, брака и т.п.*)

~ of restitution судебное решение о реституции

~ of the court судебное решение, постановление, определение, распоряжение, приказ суда

absolute ~ безусловное решение суда (*в отличие от условного решения - decree nisi*)

adverse ~ решение суда в пользу противной стороны

consent ~ решение суда в соответствии с заключённым сторонами мировым соглашением

divorce ~ судебное решение о разводе

final ~ окончательное (*в процессуальном смысле*) судебное решение

foreclosure ~ 1. приказ суда о выплате долга под страхом лишения права выкупа заложенного имущества 2. приказ суда о продаже заложенной недвижимости

judicial ~ *см.* decree of the court

decreet *шотл.* решение *или* приговор суда ◇ ~ **absolvitor** *шотл.* решение об отказе в иске; оправдательный приговор; ~ **condemnator** *шотл.* решение в пользу истца; обвинительный приговор

decretal декреталия папы римского, папское постановление

decriminalization декриминализация (*исключение деяния из числа преступлений, из круга преступного по закону*)

decriminalize декриминализовать (*исключить деяние из числа преступлений, из круга преступного по закону*)

decrown низложить (*монарха*)

dedication 1. предоставление в общее пользование 2. отказ от патентных прав в пользу общества, абандонирование запатентованного изобретения во всеобщее пользование

~ of way передача дороги общине в свободное пользование

deduct 1. вычитать 2. удерживать, делать удержание

deduction 1. вычитание 2. вычет; удержание 3. дедукция; вывод, заключение

tax ~ удержание налога

deed 1. действие; поступок; деяние 2. факт 3. документ за печатью ◇ ~ **indented** документ с линией отреза и отрывным дубликатом; ~ **in fee** документ о передаче абсолютного права собственности на недвижимость; ~ **mortis causa** *шотл.* акт дарения на случай смерти

~ of accession *шотл.* договор между кредиторами несостоятельного должника об одобрении учреждённой последним доверительной собственности

~ of agency учреждение доверительной собственности для оплаты долгов

~ of arrangement соглашение с кредиторами

~ of assignment акт передачи права

~ of covenant обязательство в форме документа за печатью

~ of conveyance акт о передаче правового титула, акт отчуждения

~ of defeasance документ, аннулирующий действие вещно-правового титула *или* другого документа

~ of gift дарственная, договор дарения

~ of protest заявление об опротестовании векселя, вексельный протест

~ of real estate документ о передаче права собственности на недвижимость

~ of release документ об освобождении вещи от обременения

~ of separation документ о раздельном жительстве супругов

~ of settlement акт распоряжения имуществом в чью-л. пользу

~ of trust документ об учреждении доверительной собственности

absolute ~ документ об окончательной передаче правового титула (*преим. на недвижимость*)

assignment ~ акт передачи права, цессия

mortgage ~ ипотечный акт, закладная

quitclaim ~ акт отказа от права, документ за печатью о формальном отказе от права

tax ~ купчая на недвижимость при продаже за неуплату налогов

title ~ документ о передаче правового титула; документ, подтверждающий правовой титул

trust ~ акт учреждения доверительной собственности

deed-poll односторонний документ за печатью, одностороннее обязательство

deemster выборный судья, димстер (*на о-ве Мэн*)

de excommunicato capiendo *лат.* судебный приказ об отлучении от церкви

deface 1. портить; искажать; стирать, делать неудобочитаемым 2. обезобразить, изуродовать ◇ **to ~ a document** сделать документ неудобочитаемым

defacement 1. порча; искажение 2. изуродование; уродство

de facto *лат.* де-факто; на деле; фактически, в действительности ‖ фактический

defalcate совершить растрату

defalcation 1. растрата чужих денег; растраченная сумма 2. зачёт требований

defalcator растратчик

defalk производить зачёт требований

defamation диффамация (*разглашение позорящих другое лицо правдивых сведений*)

~ of character дискредитация

malicious ~ злоумышленная диффамация

defamatory позорящий, бесчестящий, дискредитирующий ◇ ~ **per quod** позорящий в свете привходящих фактических обстоятельств; ~ **per se** позорящий сам по себе, безотносительно к привходящим фактическим обстоятельствам

defame 1. поносить, порочить, позорить, бесчестить 2. *уст.* обвинять

defamed опозоренный; потерпевший от диффамации

default 1. неисправность должника; неисполнение; неплатёж ‖ не выполнить обязанность **2.** невыполнение в срок процессуальных действий; неявка в суд ‖ не выполнить в срок процессуальное действие; не явиться в суд **3.** отсутствие, недостаток *чего-л.* ◇ ~ at trial неявка в судебное заседание; by ~ в отсутствие неявившейся стороны; за неявкой; ~ in appearance неявка *(в суд)*; in ~ of payment в случае неуплаты; in ~ payment неплатёж; on ~ при неисполнении, в случае неисполнения; ~ on debt неуплата долга; ~ on interest неуплата процентов; ~ on obligations невыполнение обязательств; to ~ a term пропустить срок; to be in ~ не выполнить обязанность
~ of appearance неявка
~ of defence непредставление ответчиком объяснений в свою защиту
~ of issue отсутствие детей *или* наследников
~ of payment неуплата
~ of pleading неподача состязательной бумаги
wilful ~ умышленное неисполнение своих обязанностей

defaulter 1. сторона, не выполняющая обязанностей **2.** сторона, уклоняющаяся от явки в суд **3.** растратчик **4.** солдат, нарушивший воинскую дисциплину

defeasance 1. аннулирование, отмена **2.** документ, содержащий условия аннулирования другого документа *или* прекращения права

defeasible могущий быть отменённым, аннулированным; теряющий силу при определённом условии

defeat 1. отмена, аннулирование; прекращение ‖ отменять, аннулировать; прекращать **2.** расстройство *(планов и т.п.)* ‖ разрушать, расстраивать *(планы и т.п.)*; опровергать **3.** поражение ‖ наносить поражение **4.** предотвращать; препятствовать **5.** отвергать, отклонять, проваливать *(законопроект)* ◇ to ~ a motion отклонить ходатайство; to ~ the action представить достаточные возражения по иску; to ~ the course of justice наносить ущерб интересам правосудия; to ~ the law препятствовать осуществлению закона

defect 1. дефект, недостаток, порок **2.** бежать за границу *(по политическим мотивам)* ◇ ~ in process процессуальное нарушение
~ of form недостаток, дефект с точки зрения формы
~ of proceedings процессуальное нарушение
~ of substance недостаток, дефект с точки зрения существа
~ of title порок титула
apparent ~ явный, выявляемый при осмотре, недостаток *(вещи)*
formal ~ недостаток формы
inherent ~ присущий, внутренний недостаток
intellectual ~ умственная неполноценность

latent ~ скрытый дефект, скрытый недостаток, скрытый порок
legal ~ юридический недостаток, юридический порок
manufacturing ~ производственный дефект
patent ~ явный дефект, явный порок

defective 1. юридически порочный **2.** некачественный; дефектный **3.** психически неполноценный, дефективный
mentally ~ психически неполноценный
morally ~ морально дефективный *(лицо с интенсивно порочными или преступными наклонностями)*

defectiveness дефектность; дефективность
mental ~ умственная недостаточность, психическая неполноценность

defector перебежчик за границу *(по политическим мотивам)*

defederation распадение федерации

defence 1. оборона, защита **2.** защита *(на суде)*; аргументация ответчика, подсудимого; возражение по иску, обвинению; возражение ответчика, подсудимого **3.** обстоятельство, освобождающее от ответственности **4.** запрещение ◇ in one's own ~ в порядке самообороны; to conduct ~ осуществлять защиту по делу; to conduct one's own ~ отказаться от защиты адвокатом; ~ to counterclaim возражение на встречный иск; to forestall a ~ предвосхитить, перехватить аргументацию защиты; to maintain ~ осуществлять защиту по делу; to make ~ защищаться в суде; to raise ~ представить позицию защиты, заявить в качестве позиции защиты; to set up ~ защищаться в суде; to support ~ поддерживать защиту; to support ~ of procedural law поддерживать защиту процессуальными аргументами; to support ~ of substantive law поддерживать защиту аргументами материально-правового характера
~ of alibi защита ссылкой на алиби
~ of appeal поддержка апелляции
~ of crime оборона от преступного посягательства
~ of duress защита ссылкой на принуждение к действию
~ of entrapment защита ссылкой на провокацию со стороны представителей правоприменяющих органов
~ of extreme necessity защита ссылкой на крайнюю необходимость
~ of inadmissibility защита ссылкой на недопустимость доказательств
~ of insanity защита ссылкой на невменяемость
~ of irrelevance защита ссылкой на неотносимость [нерелевантность] фактов
~ of irresponsibility защита ссылкой на отсутствие оснований ответственности
~ of laches ссылка на промедление *(средство защиты ответчика в том случае, если просрочка истца в осуществлении своих прав причинила значительный ущерб ответчику)*

~ of minority защита ссылкой на несовершеннолетие

~ of mistake защита ссылкой на ошибку не по вине субъекта

~ of pregnancy защита ссылкой на беременность

~ of privilege защита ссылкой на привилегию

~ of property защита имущества

~ of provocation защита ссылкой на провокацию

~ of self самооборона

~ of self-defence защита ссылкой на самооборону

~ of superior order защита ссылкой на совершение действий по приказу начальника

~ of uncontrollable impulse защита ссылкой на неконтролируемый импульс *(аффект)*

affirmative ~ заявление о фактах, опровергающих иск *или* обвинение

available ~ возможная по делу позиция защиты

civil ~ защита по гражданскому делу

complete ~ достаточная защита

criminal ~ защита по уголовному делу

dilatory ~ дилаторное, отлагательное возражение *(не по существу иска)*

dock ~ защита по назначению *(по делу неимущего подсудимого)*

environmental ~ охрана окружающей среды

error facti ~ защита ссылкой на фактическую ошибку

federal ~ *амер.* защита на основе положений федерального права; защита в федеральном суде

full ~ полная формула возражения по иску

good ~ 1. достаточное, юридически обоснованное возражение 2. основание для оправдания

good faith ~ добросовестная защита

invalidity ~ возражение со ссылкой на недействительность *(напр. патента)*

issuable ~ возражение по существу дела

justifiable ~ оправданная обстоятельствами оборона

legal ~ 1. оборона в пределах дозволенного законом 2. защита в суде

legality ~ защита ссылкой на законность действий

licence ~ ссылка на наличие лицензии *(как возражение по иску о нарушении патента)*

mental condition ~ защита ссылкой на психическое состояние обвиняемого

meritorious ~ возражение по существу дела

military ~ *воен.* оборона

misuse ~ возражение ответчика по делу о нарушении патента со ссылкой на злоупотребление истца патентными правами

necessary ~ необходимая оборона

necessity ~ защита ссылкой на (крайнюю) необходимость

negative ~ защита отрицанием факта

objective ~ защита ссылкой на объективные обстоятельства

open ~ обстоятельство, на которое можно сослаться как на исключающее ответственность

peremptory ~ возражение об отсутствии у истца права на иск, возражение по существу иска

pretermitted ~ возражение, возможность выдвинуть которое упущена

private ~ 1. «частная» оборона, самооборона, необходимая оборона 2. защита *(в суде)* по соглашению

qualified ~ оборона, удовлетворяющая установленным законом требованиям

sham ~ недобросовестное, притворное возражение *(правильное по форме, ложное по существу)*

special ~ защита ссылкой на особые обстоятельства

state ~ защита на основании положений права штата; защита в суде штата

valid ~ 1. юридически обоснованное возражение 2. обстоятельство *или* ссылка на обстоятельство, исключающее ответственность

defend 1. оборонять(ся), защищать(ся) 2. защищать на суде, выступать защитником 3. возражать 4. запрещать ◇ to ~ a case защищаться *(на суде)*; оспаривать иск; представлять доводы в пользу выдвинутой по делу версии; to ~ an action отвечать по иску; to ~ a suit отвечать по иску, выступать в качестве ответчика, возражать против иска; to ~ oneself 1. совершить акт самообороны 2. защищать себя *(без помощи адвоката)*

defendant 1. ответчик 2. обвиняемый 3. подсудимый ◇ ~ in a criminal prosecution 1. обвиняемый 2. подсудимый; ~ in attendance присутствующий в суде ответчик *или* подсудимый; ~ in custody подсудимый, содержащийся под стражей; ~ in error ответчик по апелляции; ~s joined for trial ответчики *или* подсудимые, дела которых объединены для совместного рассмотрения в суде; ~s jointly charged сообвиняемые *или* соподсудимые; ~ not in custody подсудимый, находящийся на свободе; ~ pending appeal подсудимый, ожидающий результатов рассмотрения апелляционной жалобы на вынесенный по его делу приговор

aggrieved ~ ответчик *или* подсудимый, законным интересам которого нанесён ущерб

antitrust ~ *амер.* ответчик *или* подсудимый по антитрестовскому делу

bailed ~ обвиняемый *или* подсудимый, освобождённый *(из-под стражи)* под залог

civil ~ ответчик

convicted ~ осуждённый

«cooperative» ~ обвиняемый *или* подсудимый, «сотрудничающий» со следствием *или* с судом *(путём признания своей вины)*

corporate ~ корпорация-ответчик *или* подсудимый

criminal ~ 1. обвиняемый 2. подсудимый

disruptive ~ подсудимый, нарушающий порядок в зале суда, мешающий судебному процессу

federal ~ *амер.* ответчик *или* подсудимый в федеральном суде

impecunious [indigent] ~ ответчик *или* подсудимый, не имеющий средств для покрытия расходов, связанных с защитой его интересов в суде

multiple ~ 1. ответчик *или* обвиняемый *или* подсудимый, привлечённый к ответственности по нескольким пунктам искового заявления *или* обвинения 2. *pl* соответчики; сообвиняемые; соподсудимые

numerous ~s соответчики; сообвиняемые; соподсудимые

prospective ~ возможный ответчик; возможный обвиняемый

putative ~ предполагаемый ответчик; предполагаемый обвиняемый

several ~s соответчики; сообвиняемые; соподсудимые

state ~ ответчик *или* подсудимый в суде штата

United States ~ 1. ответчик, домицилированный в США 2. ответчик *или* подсудимый в федеральном суде

unrepresented ~ не представленный адвокатом ответчик *или* обвиняемый *или* подсудимый

defendant-patient пациент, являющийся ответчиком *или* обвиняемым *или* подсудимым

defender 1. *шотл.* ответчик по апелляции 2. защитник

public ~ государственный защитник *(по назначению суда в случае бедности подсудимого)*

defeneration дача взаймы под ростовщический процент

defenestration *ист.* смертная казнь путём выбрасывания из окна

defense *амер. см.* defence

defensor 1. ответчик 2. опекун, попечитель 3. гарант правового титула 4. *ист.* защитник, одновременно являющийся поручителем за обвиняемого

public ~ государственный защитник *(в США, Шотландии)*

defer откладывать; отсрочивать

deferment отсрочка

deferral отсрочка

~ of prosecution отложенное уголовное преследование

defiance неповиновение *(особ. полиции)*; пренебрежение; нарушение *(закона)* ◇ in ~ of вопреки, в нарушение

~ of law нарушение закона

deficiency дефектность, недостаточность, недостаток, отсутствие *чего-л.* ◇ to correct a legal ~ восполнить юридический пробел

~ of law пробел в праве, лакуна

~ of specification неполнота описания *(изобретения)*

legal ~ юридический пробел

mental ~ умственная недостаточность, психическая неполноценность

deficient дефектный, несовершенный, недостаточный, неполный, лишённый *чего-л.*

mentally ~ психически неполноценный

defile лишить девственности, растлить ◇ ~ the marriage bed осквернить супружеское ложе *(нарушить супружескую верность)*

defilement лишение девственности, растление

~ of girl растление

define определять; давать определение, формулировать, конструировать дефиницию ◇ to ~ a crime сформулировать понятие *или* состав преступления *(в законе)*; to ~ broadly давать широкое определение; to ~ elements of crime определить элементы состава преступления *или* состав преступления; to ~ judicially давать судебное определение; to ~ legally давать юридическое определение; to ~ legislatively давать законодательное определение; to ~ liberally [loosely] давать широкое определение; to ~ narrowly [strictly] давать узкое определение; to ~ widely давать широкое определение

defined определённый, получивший определение

broadly ~ получивший широкое определение

judicially ~ получивший судебное определение

legally ~ получивший юридическое определение

legislatively ~ получивший законодательное определение

liberally [loosely] ~ получивший широкое определение

narrowly [strictly] ~ получивший узкое определение

widely ~ получивший широкое определение

definite определённый, носящий определённый характер

definition определение, дефиниция

~ of crime [of offence] 1. определение понятия преступление 2. определение состава преступления

broad ~ широкое определение

judicial ~ судебное определение

legal ~ юридическое определение

legislative ~ законодательное определение

loose ~ широкое определение

narrow [strict] ~ узкое определение

definitive окончательный

deflower лишить девственности, растлить

deforce 1. неправомерно удерживать чужую недвижимость 2. *шотл.* оказывать сопротивление представителю власти

deforcement 1. неправомерное удержание чужой недвижимости 2. *шотл.* сопротивление представителю власти

deforceor владелец неправомерно удерживаемой недвижимости

deforciant владелец неправомерно удерживаемой недвижимости

defraud обманывать, обманом лишать *чего-л.*; мошенничать defraudation обман, лишение *чего-л.* путём обмана; мошенничество

defrauded обманутый; потерпевший от мошенничества

defray оплачивать издержки

defrayal оплата издержек

defrayer плательщик издержек

defunct умерший, покойный; пресекшийся (*о роде*)

defy нарушать, пренебрегать; не повиноваться; не соблюдать ◇ to ~ the law нарушать закон

degeneration вырождение, дегенерация
~ of trademark перерождение товарного знака (*потеря им отличительности*)

degrade унизить

degree 1. степень; стадия 2. колено (*родства*) ◇ ~ in the commission of crime стадия преступной деятельности
~ of consanguinity колено, степень родства
~ of inventiveness уровень изобретения, уровень изобретательского творчества; изобретательский уровень
~ of jurisdiction судебная инстанция
~ of provocation степень, тяжесть провокации
civil ~ колено, степень родства
forbidden ~ см. prohibited degree
Levitical ~ степень родства, препятствующая заключению брака
prohibited ~ степень родства, при которой запрещается брак
relation ~ степень родства
«third ~» *амер. жарг. полиц.* «третья степень» (*интенсивный допрос с применением активного психологического воздействия, психического или физического насилия*)

deinstitutionalization освобождение из места лишения свободы

deinstitutionalize освобождать из места лишения свободы

de jure *лат.* де-юре; юридически ‖ юридический

delation обвинение; донос

delay 1. задержка; просрочка ‖ задерживать; просрочивать 2. промедление ‖ медлить; замедлять 3. отсрочка; отлагательство, откладывание ‖ откладывать ◇ ~ in appeal просрочка подачи апелляционной жалобы; ~ in filing просрочка подачи (*заявления, ходатайства*); ~ in performance просрочка исполнения; ~ in trial 1. задержка судебного разбирательства 2. отсрочка судебного разбирательства; ~ on appeal 1. задержка рассмотрения апелляционной жалобы 2. отсрочка рассмотрения апелляционной жалобы; without ~ безотлагательно, немедленно, без промедления; without undue ~ без излишнего промедления
inordinate ~ чрезмерная задержка
ordinate ~ обычная задержка
pre-arrest ~ задержка в производстве по делу ареста
reasonable ~ разумная, обоснованная отсрочка

unreasonable ~ неразумная, необоснованная отсрочка

del credere *итал.* делькредере (*поручительство комиссионера за выполнения договора покупателем*)

delegability возможность *или* право быть делегированным

delegable 1. имеющий возможность *или* право быть делегированным 2. подлежащий делегированию

delegacy 1. делегация 2. делегирование 3. полномочия делегата

delegate 1. делегат; представитель; депутат ‖ уполномочивать; передавать полномочия; делегировать 2. переводить (*долг*)
nonvoting ~ делегат без права голоса
voting ~ делегат с правом голоса

delegation 1. передача, делегирование (*полномочий*) 2. перевод долга, экспромиссия 3. депутация; делегация; посылка делегации
~ of powers делегирование полномочий
bound ~ *амер.* делегация, связанная данными ей инструкциями, наказом, мандатом
congressional ~ of legislative power(s) делегирование конгрессом законодательной власти [полномочий, правомочий] президенту *или* регулятивным органам
legislative ~ делегирование законодательной власти
trade ~ торговая делегация
unbound ~ *амер.* делегация, свободная от инструкций, наказа, мандата

delete вычёркивать, исключать (*в документе*)

deletion вычёркивание, исключение, изъятие (*в документе*)

deliberate 1. совещаться, обсуждать 2. обдумывать ‖ обдуманный; преднамеренный; предумышленный 3. осторожный, осмотрительный

deliberately умышленно; обдуманно; преднамеренно; сознательно

deliberation 1. совещание, обсуждение 2. обдумывание 3. осторожность, осмотрительность
jury's ~ совещание присяжных

deliberative совещательный

delict деликт; нарушение закона, правонарушение ◇ in flagrant ~ на месте преступления

delictual деликтный; нарушающий право

delimit производить делимитацию, определять границы

delimitation делимитация

delineate 1. устанавливать границы 2. давать определение, дефиницию

delineation 1. установление границ 2. определение, дефиниция

delinquency 1. невыполнение обязанностей; нарушение (*договора, закона*); правонарушение; задолженность; просрочка 2. акт делинквентного поведения 3. делинквентность (*несовершеннолетнего*) ◇ ~ experience карьера, биография делинквента; опыт совершения актов делинквентности; ~ potential потенциальная делинквентность

~ of the aggressive type делинквентность агрессивного типа

~ of the conflict type делинквентность конфликтного типа

~ of the criminal type делинквентность преступного типа

~ of the lucrative type делинквентность корыстного типа

~ of the violent type делинквентность насильственного типа

adjudged [adjudicated] ~ акт поведения, признанный делинквентным по суду

admitted ~ признанный лицом акт делинквентного поведения

cleared ~ раскрытый акт делинквентного поведения

computer ~ правонарушение, совершённое с помощью компьютера

contractual ~ нарушение договора, договорных обязательств

counsel's ~ нарушение адвокатом судебной процедуры

detected ~ раскрытый акт делинквентного поведения

group supported ~ делинквентность при содействии группы

habitual ~ привычная делинквентность

hidden ~ латентная делинквентность

infant ~ делинквентность ребёнка

international ~ международный деликт

juvenile ~ делинквентность несовершеннолетних

juvenile court ~ акт делинквентного поведения в юрисдикции суда по делам несовершеннолетних

legal ~ делинквентность в нарушение закона

minimal ~ минимальная делинквентность несовершеннолетнего (*прогулы занятий в школе, бегство из дома, бродяжничество и т.п.*)

non-detected ~ *см.* uncleared delinquency

prior ~ прежняя делинквентность

recorded ~ запротоколированный, документированный акт делинквентного поведения; акт делинквентного поведения, зафиксированный в досье делинквента

reported ~ зарегистрированный акт делинквентного поведения

senile ~ делинквентность престарелых

serious ~ серьёзный случай делинквентного поведения

sex ~ половая делинквентность

tax ~ задолженность по налоговому обложению

uncleared ~ нераскрытый акт делинквентного поведения

delinquent правонарушитель; делинквент (*несовершеннолетний*) ‖ не выполнивший *или* не выполняющий своих обязанностей; нарушивший право; делинквентный ◇ ~ **by birth** прирождённый делинквент; ~ **by tendency** делинквент по склонности

adjudged [adjudicated] ~ лицо, признанное по суду делинквентным

aggressive ~ агрессивный делинквент

alleged(ly) ~ предполагаемый делинквент

boy ~ подросток-делинквент

defective ~ дефективный, психически неполноценный делинквент

detected ~ обнаруженный делинквент

determined ~ признанный (*по суду*) делинквентом

dismissed ~ делинквент, дело которого прекращено

established ~ установленный доказательствами делинквент

experienced ~ опытный делинквент

gang ~ участник, член делинквентной молодёжной группы, группировки, шайки, банды

girl ~ девушка-делинквент

hard-core ~ закоренелый делинквент

identified ~ делинквент с установленной личностью

institutionalized ~ делинквент, помещённый в исправительное учреждение

juvenile ~ несовершеннолетний делинквент

lucrative ~ корыстно-мотивированный делинквент

occasional ~ случайный делинквент

official ~ лицо, не выполнившее *или* не выполняющее своих должностных обязанностей

one-shot ~ делинквент, совершивший единственный проступок

persistent ~ упорный, закоренелый делинквент

potential ~ потенциальный делинквент

recorded ~ делинквент, зафиксированный в материалах суда по делам несовершеннолетних; лицо с досье делинквента

reported ~ лицо, поставленное на учёт, зарегистрированное в качестве делинквента

serious ~ лицо, совершившее *или* совершающее делинквентные поступки серьёзного характера

tax ~ должник по налоговому обложению

teen ~ делинквент в возрасте от 13 до 19 лет

unknown ~ неустановленный делинквент

violent ~ агрессивный делинквент

young ~ делинквент молодого возраста

deliver 1. поставлять; доставлять; сдавать (*товар*) 2. передавать, традировать, формально вручать 3. подавать, представлять (*документ*) 4. сдавать (*город, крепость и т.п.*) 5. формально высказать (*мнение*) 6. выносить (*решение*) 7. отдавать (*приказ*) 8. доставлять (*обвиняемого в суд*) ◇ to ~ a **judgement** вынести решение, приговор; to ~ **appointment** назначать на должность; to ~ **by hand against acknowledgement [against receipt]** сдать лично под расписку; to ~ **commission** назначать на должность; to ~ **justice** отправлять правосудие

deliverance 1. формально выраженное мнение 2. вердикт присяжных 3. формальная передача; ввод во владение 4. *шотл.* разрешение (*судебного или административного органа*)

delivery 1. поставка; доставка; сдача (*товара*) 2. передача, традиция, формальное вручение

3. сдача (*города, крепости и т.п.*) 4. формальное высказывание (*мнения*) 5. вынесение (*решения*) 6. отдача (*приказа*) 7. доставка обвиняемого в суд ◇ ~ **in escrow** условное формальное вручение (*депонирование у третьего лица впредь до выполнения определённого условия*); ~ **on bond pending trial** передача обвиняемого под залог в ожидании судебного рассмотрения его дела

absolute ~ **of deed** окончательная передача лицу, к которому переходит право собственности, документа о правовом титуле на имущество

gaol [jail] ~ разгрузка, очистка тюрьмы (*путём рассмотрения в суде дел заключённых, содержащихся в тюрьме в ожидании суда над ними*)

legal ~ действие, признаваемое передачей

manual ~ передача из рук в руки, традиция

short ~ недопоставка

demand требование; правопритязание; иск || требовать ◇ **after** ~ по требованию; **for relief** требование судебной защиты; иск; ~ **in reconvention** встречное требование; **on** ~ по предъявлении; по первому требованию; **on** ~ **after date** по первому требованию после наступления указанной даты

civil ~ гражданское правопритязание

civil investigative ~ *амер.* заявляемое в порядке гражданского судопроизводства следственное требование

counter ~ встречное требование; встречный иск

cross ~ перекрёстный иск (*предъявляемый одним ответчиком к другому*)

enforcement ~s требования, критерии (*полицейского*) правоприменения

independent ~ самостоятельное требование

investigative ~ требование о выдаче документов, *или* о предоставлении возможности ознакомиться с ними, *или* о сообщении сведений

lawful ~ правомерное требование

legal ~ надлежаще заявленное требование

liquidated ~ иск на твёрдую сумму

opposite ~ встречное требование

unliquidated ~ иск на неустановленную сумму

demandant истец

demarcate разграничивать; проводить демаркационную линию, производить демаркацию

demarcation разграничение; демаркация

démarche *фр.* демарш, дипломатический шаг

demembration членовредительство

demesne собственность; земельная собственность; земельные владения (*не сданные в аренду*) ◇ ~ **as of fee** право собственности на материальную вещь

ancient ~ 1. родовое имение 2. *ист.* земли, признававшиеся собственностью короны со времён норманского завоевания (*1066 г.*)

Demesne of the Crown *или* **Royal Demesne** королевские земли, удельные земли, государственное имущество

demesnial 1. королевский, удельный, государственный (*об имуществе*) 2. земельный (*об имуществе*)

demilitarization демилитаризация

demilitarize демилитаризировать

demilitarized демилитаризованный

demise 1. аренда || сдавать в аренду 2. передача по наследству || передавать по наследству 3. смерть, кончина
~ **of the crown** переход престола к наследнику

demission сложение звания; отставка; отречение

demit уходить в отставку; отказаться от должности

democracy демократия

parliamentary ~ парламентская демократия

representative ~ представительная демократия

democratic демократический

demolition разрушение, снос (*домов, сооружений*)

riotous ~ разрушение (*домов и пр.*) вследствие учинения массовых беспорядков

demonstrate демонстрировать; проводить демонстрацию

demonstration демонстрация

illegitimate ~ незаконная демонстрация; демонстрация с нарушением условий, установленных законом

legitimate ~ законная демонстрация

unruly ~ буйная, неуправляемая демонстрация

demote понижать в должности, в ранге

demotion понижение в должности, в ранге

demur заявлять процессуальный отвод

demurrable дающий основание заявить процессуальный отвод

demurrage простой (*судна и т.п.*), контрсталия, демередж, плата за простой, контрсталийные деньги

demurrant сторона, заявляющая процессуальный отвод

demurrer процессуальный отвод ◇ ~ **to indictment** возражение против относимости фактов, указанных в обвинительном акте; ◇ ~ **to information** возражение против относимости фактов, указанных в заявлении об обвинении; ~ **to interrogatory** возражение свидетеля против поставленного вопроса как не относящегося к делу

general ~ правовое возражение по существу иска, направленное на прекращение дела

speaking ~ возражение по вопросу права со ссылкой на новые обстоятельства

special ~ формально-правовой отвод иска; правовое возражение по вопросу формы, направленное на прекращение дела

den притон

denationalization 1. лишение гражданства; утрата гражданства 2. денационализация, реприватизация

denationalize 1. лишать гражданства; утрачивать гражданство 2. денационализировать, реприватизировать

denaturalization лишение гражданства, денатурализация

denaturalize лишать гражданства, денатурализовать

denaturalized лишённый гражданства, денатурализованный

deneutralization денейтрализация

deneutralize денейтрализовать

denial 1. отказ; отклонение; недопущение 2. отрицание; опровержение; возражение ◇ ~ under oath отрицание *(вины)* под присягой
~ of **discharge** отказ в освобождении *(от ответственности, из заключения)*
~ of **justice** отказ в правосудии
~ of **public rights** умаление публичных прав
~ of **right** отказ в праве; умаление права
bare ~ голое отрицание
conjunctive ~ отрицание совокупности фактов
flat ~ категорический отказ
general ~ отрицание основания иска
specific ~ отрицание конкретного факта

denigration 1. клевета 2. диффамация

denization натурализация, предоставление прав гражданства

denize натурализовать, предоставить права гражданства

denizen натурализованный иностранец

denounce 1. *уст.* объявлять преступлением с установлением санкции 2. обвинять; обличать; осуждать 3. доносить, осведомлять 4. денонсировать, расторгать ◇ to ~ a treaty денонсировать договор; to ~ a truce *воен.* заявить о досрочном прекращении перемирия; to ~ confession of crime отказаться от сделанного ранее признания в совершении преступления; to ~ smb. as imposter разоблачить *кого-л.* как обманщика; to ~ smb. for theft обвинить *кого-л.* в краже; to ~ to the horn *шотл. ист.* объявить вне закона

denouncement *см.* denunciation

denunciation 1. донос 2. обвинение; обличение; осуждение 3. денонсация, денонсирование; расторжение *(договора)*
false ~ ложный донос
unilateral ~ односторонняя денонсация

denunciative *см.* denunciatory

denunciator 1. обвинитель, обличитель 2. доносчик, денунциатор

denunciatory обвинительный, обличительный

deny 1. отказывать; отклонять; не допускать 2. отрицать ◇ to ~ bail отказать в передаче на поруки; to ~ flatly отказать категорически, окончательно; to ~ in chief отрицать *(факт)* при главном допросе; to ~ licence отказать в выдаче лицензии; to ~ motion отклонить ходатайство; to ~ rehearing отказать в повторном слушании дела; to ~ request отклонить ходатайство; to ~ the charge отвергать обвинение; to ~ the inventive level отвергнуть наличие изобретательского уровня *(существен-*

ных отличий); to ~ under oath отрицать *(вину)* под присягой

depart отступать, отходить *(от прежней аргументации, от практики и т.п.)*

department 1. отдел 2. департамент; ведомство 3. министерство
executive ~ 1. исполнительная власть 2. министерство
government(al) ~ 1. правительственное ведомство 2. *амер.* министерство 3. «ветвь» государственной власти *(законодательная, исполнительная, судебная)*
judicial ~ (of government) судебная власть
legislative ~ (of government) законодательная власть
national ~ *амер.* федеральное ведомство, министерство
personnel ~ управление кадров
police ~ полицейское управление
political ~s *амер.* «политические власти» *(законодательная и исполнительная)*
probation ~ отдел пробации
public ~ публичное ведомство
sheriff's ~ ведомство шерифа
state ~ of identification and apprehension полицейское управление штата по идентификации и задержанию преступников

Department:
~ of **Corrections** управление исправительных учреждений
~ of **Justice** министерство юстиции *(в США)*
~ of **State** государственный департамент *(министерство иностранных дел в США)*

departmental ведомственный

departure отступление, отход *(от прежней аргументации, от практики, от правовой нормы и т.п.)*

depenalization депенализация *(исключение деяния из круга уголовно наказуемых; отмена наказания за предусмотренное законом преступление)*

depenalize депенализовать *(исключить из круга уголовно наказуемых)*

depend 1. зависеть 2. находиться на иждивении 3. находиться на рассмотрении суда, парламента

dependable надёжный; заслуживающий доверия

dependence 1. зависимость; подчинённое положение 2. нахождение на иждивении 3. нахождение *(дела, вопроса)* на рассмотрении суда, парламента
colonial ~ колониальная зависимость

dependency зависимая территория
Crown ~ зависимая территория короны, «коронная территория»

dependent 1. зависимый 2. подчинённый, подвластный 3. иждивенец 4. вассал
personal ~ находящийся на иждивении у данного лица

depending находящийся в производстве, находящийся на рассмотрении, ещё не решённый

depone *шотл.* давать письменные показания под присягой

deponent свидетель, дающий письменные показания под присягой; лицо, дающее аффидевит

depopulate истреблять население

deport высылать, депортировать

deportation высылка, депортация

deportee высланное, сосланное, депортированное лицо

deposable 1. могущий быть смещённым (с должности) 2. могущий быть показанным под присягой

depose 1. давать письменные показания под присягой 2. допрашивать под присягой 3. низложить, свергнуть, сместить

deposed низложенный, свергнутый, смещённый

deposit 1. поклажа; хранение; депозит; депозитное свидетельство; сохранная расписка || вносить в депозит; депонировать; сдавать на хранение 2. задаток; обеспечение || давать задаток; предоставлять обеспечение 3. первый взнос (при платеже в рассрочку) 4. вклад, депозит (в банк) || вносить вклад (в банк) 5. приобщение к материалам дела (документов, запротоколированных показаний, вещественных доказательств) || приобщать к материалам дела ◇ ~ at short notice краткосрочный вклад; ~ for hire возмездное зависимое держание

bank ~ банковский вклад, депозит

demand ~ бессрочный вклад

equitable ~ отдача документов на хранение кредиторов в обеспечение уплаты долга

general ~ хранение-заём, иррегулярная поклажа

involuntary ~ 1. случайная поклажа 2. вынужденная поклажа

irregular ~ см. general deposit

naked ~ безвозмездное зависимое держание

regular ~ поклажа, хранение

sight ~ бессрочный вклад

special ~ поклажа, хранение

specific ~ целевой депозит, целевой вклад

time ~ срочный вклад

depositary депозитарий; хранитель; поклажедержатель ◇ ~ for hire возмездный хранитель

authorized ~ управомоченный депозитарий

public ~ публичный депозитарий

deposition шотл. 1. поклажа; хранение; депозит 2. задаток, обеспечение 3. вклад (в банк)

depositee депозитарий; хранитель; поклажедержатель

deposition 1. письменные показания под присягой; снятие показаний под присягой 2. приобщение к материалам дела 3. приобщённое к материалам дела доказательство, показание, заявление 4. низложение, свержение, смещение с должности ◇ ~ de bene esse письменное показание свидетеля под присягой, отобранное в процессе рассмотрения судебного дела с целью использовать его в качестве доказательства при невозможно-

сти в дальнейшем допросить свидетеля устно; ~ in evidence приобщение к материалам дела в качестве доказательства; to take ~ отобрать показания под присягой

~ of testimony приобщение свидетельских показаний к делу

government ~ амер. приобщение к материалам дела доказательств обвинения

oral ~ устное показание

pretrial ~ 1. снятие показаний под присягой до начала судебного разбирательства 2. приобщение (показаний, заявлений, доказательств) до начала судебного разбирательства

sworn ~ письменное показание под присягой

depositor депонент; вкладчик; поклажедатель; лицо, отдающее вещь на хранение

depository 1. хранилище; склад 2. депозитарий; хранитель; поклажедержатель

depredation ограбление

deprivation лишение; лишение бенефиция

~ of citizenship лишение гражданства

~ of civil rights лишение гражданских прав, поражение в правах

~ of consortium лишение супружеской общности жизни, склонение к оставлению супруга

~ of freedom [of liberty] лишение свободы

~ of life лишение жизни

~ of rights лишение прав; правопоражение, поражение в правах

deprive 1. лишать 2. отрешать от должности ◇ to ~ of self-control лишить самообладания

deputation 1. делегирование 2. депутация; делегация

depute 1. направлять, посылать, делегировать 2. передавать (полномочия)

deputize 1. назначать представителем, депутатом, заместителем 2. представлять кого-л., выступать в качестве заместителя

deputy 1. депутат; делегат; представитель 2. заместитель; помощник ◇ by ~ через представителя

deranged страдающий психическим расстройством; невменяемый

derangement психическое расстройство

mental ~ психическое расстройство; невменяемость

derecognition отмена дипломатического признания

deregulation отмена государственного регулирования; снятие ограничений

derelict 1. брошенное имущество || покинутый, брошенный, бесхозный 2. суша, образовавшаяся при отступлении воды 3. нарушающий (обязанность)

dereliction 1. оставление; дереликция 2. упущение; нарушение (обязанности) 3. отступление вод

~ of duty неисполнение обязанности; халатность

administrative ~ бездействие власти

grievous ~ of duty грубая халатность

derequisition отмена реквизиции ‖ отменять реквизицию

derogate 1. умалять (права) 2. частично отменять (закон)

derogation 1. умаление (прав) 2. частичная отмена (закона) ◇ in ~ of в умаление, в ограничение

derogatory умаляющий (права)

descend 1. переходить, передаваться по наследству 2. происходить

descendant потомок; наследник
collateral ~ потомок по боковой линии
direct [lineal] ~ потомок по прямой линии

descendibility наследуемость, передаваемость по наследству

descent 1. переход по наследству, наследование 2. происхождение ◇ taking by ~ принятие по наследству
collateral ~ наследование по боковой линии; происхождение или потомство по боковой линии
direct [lineal] ~ 1. наследование по прямой линии 2. происхождение или потомство по прямой линии

description описание; обозначение; наименование
physical ~ словесный портрет подозреваемого
trade ~ торговое название (товара)

desecration надругательство над святыней

desegregation десегрегация, отмена сегрегации
court-ordered ~ десегрегация по приказу суда

desert 1. оставлять, покидать (напр. жену) 2. дезертировать; оставлять пост

desertion 1. оставление (напр. жены) 2. дезертирство; оставление поста
~ of pauper оставление бедняка без средств к существованию

design 1. намерение; умысел; заведомость ‖ намереваться; умышлять 2. предназначать 3. дизайн; промышленный образец; промышленный рисунок; промышленная модель
common ~ общий умысел при совершении преступления группой
criminal ~ преступное намерение, умысел
cruel ~ жестокое намерение; умысел совершить жестокое преступление
evil ~ злой умысел
international ~ пат. международный промышленный образец
legislative ~ намерение законодателя
legitimate ~ законное намерение; намерение совершить законные действия
manifest ~ явное намерение
ornamental ~ графический промышленный образец (вид промышленной собственности)
registered ~ зарегистрированный промышленный образец
trademark ~ дизайн товарного знака; композиция товарного знака
wicked ~ злой умысел

designate 1. обозначать 2. предназначать 3. назначать на должность ‖ назначенный, но ещё не вступивший в должность ◇ to ~ specifically дать конкретное обозначение

designation 1. обозначение 2. указание титула, профессии, рода деятельности (при фамилии) 3. предназначение 4. назначение на должность
ad interim ~ временное назначение на должность
service ~ знак обслуживания
trade ~ торговое обозначение

designedly намеренно, умышленно, заведомо

designee назначаемое должностное лицо

desist воздерживаться; отказываться от совершения ◇ to ~ from a crime отказаться от совершения преступления; to ~ from prosecuting воздержаться от уголовного преследования; to ~ voluntarily отказаться по своей воле

despatch 1. отправка ‖ посылать, отправлять 2. депеша, донесение; корреспонденция 3. быстрое выполнение ‖ быстро выполнять 4. диспач, денежное вознаграждение за сэкономленное время при погрузке или выгрузке
~ of business разрешение дел; отправление функций
customary ~ разгрузка или погрузка по нормам, соответствующим обычаям порта
reasonable ~ разумно быстрое исполнение

desperado десперадо (лицо, склонное к совершению безрассудных опрометчивых поступков, в особенности к совершению преступлений)

despoil грабить; расхищать; захватывать; обирать

despoilment грабёж; расхищение; захват

despoliation см. despoilment

destitute снимать, смещать с должности

destroy 1. уничтожить 2. сделать непригодным 3. лишить юридической силы ◇ to ~ a presumption опровергнуть презумпцию

destruction 1. уничтожение 2. приведение в непригодное состояние 3. лишение юридической силы
~ of action представление по иску достаточных возражений
child ~ убийство ребёнка (жизнеспособного, но не отделившегося от тела матери)
property ~ уничтожение имущества

destructive 1. уничтожающий 2. приводящий в негодное состояние 3. лишающий юридической силы

desuetude неупотребление; устарелость (закона, обычая)

detain 1. удерживать, задерживать 2. брать под стражу; содержать под стражей

detainee лицо, содержащееся под стражей

detainer 1. незаконное удержание имущества 2. предписание о содержании под стражей; предписание о продлении содержания под стражей ◇ to let the ~ stand оставить в силе предписание о заключении под стражу
forcible ~ незаконное насильственное удержание имущества
parole ~ предписание о заключении под

стражу ввиду нарушения режима условно-досрочного освобождения

probation ~ предписание о заключении под стражу ввиду нарушения режима пробации

detainment задержание

detect раскрыть (*преступление*); разыскать, найти, обнаружить (*преступника*)

detected раскрытый (*о преступлении*); разысканный (*о преступнике*)

detection расследование *или* раскрытие (*преступления*); розыск *или* обнаружение (*преступника*)

crime ~ 1. расследование *или* раскрытие преступления; розыск *или* обнаружение, идентификация преступника 2. раскрываемость преступлений 3. *разг.* уголовный розыск; сыскная полиция

police ~ полицейский розыск; уголовная полиция

detective детектив, сыщик; сотрудник сыскной, уголовной полиции || детективный, сыскной, уголовный (*о полиции*)

amateur ~ сыщик-дилетант

police ~ полицейский детектив

private ~ частный детектив

public ~ государственный (*полицейский*) детектив

detective-inspector:

chief ~ главный инспектор сыскной полиции

detention 1. задержка; задержка (*судна*) сверх срока 2. компенсация за задержку судна сверх срока, сверхконтрсталия, сверхконтрсталийные деньги 3. задержание, арест, заключение под стражу; заключение в арестный дом; предварительное заключение; содержание под стражей ◇ ~ during Her [His] Majesty's pleasure содержание в заключении в течение неопределённого срока (*применяется к совершившим убийство несовершеннолетним вместо пожизненного заключения*); ~ in custody содержание под стражей; ~ on remand предварительное заключение; ~ pending trial заключение под стражу *или* содержание под стражей за судом; ~ until the trial заключение под стражу *или* содержание под стражей до начала рассмотрения дела в суде

cellular ~ содержание под стражей в камере

continuous ~ длительное содержание под стражей

deterrent ~ заключение под стражу *или* содержание под стражей с целью предотвращения совершения преступником новых преступлений

emergency ~ заключение под стражу в связи с объявлением чрезвычайного положения

federal ~ *амер.* содержание под стражей в федеральной тюрьме

illegal ~ незаконное заключение под стражу *или* содержание под стражей

lawful ~ правомерное заключение под стражу *или* содержание под стражей

legal ~ законное заключение под стражу *или* содержание под стражей

local ~ содержание под стражей в местной тюрьме

military ~ *воен.* гауптвахта

nonvoluntary ~ вынужденное заключение под стражу

official ~ официальное заключение под стражу

original ~ первоначальное заключение под стражу

postconviction ~ заключение под стражу по осуждении

preadjudication ~ заключение под стражу до вынесения судебного решения

prehearing ~ заключение под стражу до начала судебного слушания дела

preliminary ~ предварительное заключение

pretrial ~ заключение под стражу до начала судебного процесса

preventive ~ превентивное заключение

prior ~ прежнее задержание, заключение под стражу; прежнее содержание под стражей

provisional ~ предварительное заключение под стражу

punitive ~ содержание под стражей как наказание

secure ~ содержание под стражей на строгом режиме

state ~ содержание под стражей в тюрьме штата

temporary ~ задержание; предварительное заключение

training ~ заключение с целью исправительного обучения

transfer [transition] ~ содержание в пересыльной тюрьме *или* в пересыльном отделении тюрьмы

unfounded ~ необоснованное задержание *или* содержание под стражей

unlawful ~ противоправное заключение под стражу *или* содержание под стражей

voluntary ~ заключение под стражу по собственному усмотрению

deter удерживать от совершения *чего-л.* (*с помощью средств устрашения*)

determinable 1. определимый 2. подчинённый резолютивному условию 3. подлежащий прекращению, истекающий

determination 1. определение; установление; подсчёт 2. решение; разрешение (*спора*) 3. определение, постановление (*суда*) 4. прекращение

~ of adverse claim определение суда по требованию третьего лица в отношении имущества, на которое наложен арест *или* обращается взыскание

~ of foreign law установление по делу наличия и смысла норм иностранного права

~ of guilt установление, определение виновности

~ of indigency установление, определение состояния неплатёжеспособности

~ of law 1. решение на основе права, право-

153

вое решение 2. решение вопроса о том, чтó есть право (в конкретном случае)

~ of proceeding(s) прекращение производства по делу

administrative ~ решение административного органа

bail ~ определение суммы залога, поручительства

final ~ решение, не подлежащее обжалованию

initial ~ первоначальное решение

procedural ~ решение вопроса процессуального права

restitution ~ решение суда по вопросу о реституции или в пользу реституции

waiver ~ определение суда по вопросу об отказе от права

determine 1. определять; устанавливать 2. решать; разрешать (спор) 3. прекращать(ся), кончать(ся), истекать ◇ to ~ a controversy разрешить спор; to ~ a criminal cause вынести решение (вердикт, приговор, определение, постановление) по уголовному делу; to ~ an appeal принять решение по апелляции; to ~ conclusively принять окончательное решение; to ~ guilt установить виновность; признать виновным; to ~ innocence установить невиновность; признать невиновным; to ~ on a case-by-case basis решать от случая к случаю (в зависимости от особенностей каждого)

deterrence 1. удерживание от совершения действий устрашением 2. средство удерживания (устрашением) от совершения действий

crime ~ 1. удерживание устрашением от совершения преступления, преступлений 2. средство удерживания (устрашением) от совершения преступления, преступлений

criminal ~ уголовно-правовое средство удерживания от совершения преступления, преступлений

general ~ общее предупреждение или средство общего предупреждения (совершения преступлений)

penal ~ карательное средство удерживания от совершения преступления, преступлений

special ~ специальное (частное) предупреждение (совершения новых преступлений)

deterrent удерживающее, сдерживающее (устрашением) средство ‖ удерживающий, сдерживающий (устрашением); препятствующий, предупреждающий, предотвращающий

~ of law право, закон как сдерживающее средство; угроза правовой санкцией

crime ~ средство удерживания от совершения преступления, преступлений

effective [efficient] ~ эффективное сдерживающее средство

inefficient [non-effective] ~ неэффективное сдерживающее средство

weak ~ неэффективное сдерживающее средство

detinue 1. противоправное удержание чужой движимой вещи 2. иск о возвращении удерживаемой движимой вещи, иск из противоправного удержания вещи

detraction клевета

detractive клеветнический, порочащий

detractor клеветник

detriment ущерб, вред; невыгода ‖ причинять ущерб ◇ to the ~ of в ущерб кому-л. или чему-л.

detrimental наносящий ущерб, вред ◇ ~ to the novelty пат. порочащий новизну

devastation 1. разорение 2. расточение имущества умершего (душеприказчиками или администраторами)

devastavit жалоба на расточение имущества (душеприказчиком или администратором наследства)

devest лишать (права, собственности, полномочий)

device 1. устройство, приспособление, механизм 2. эмблема, девиз

accused ~ устройство, квалифицируемое истцом как нарушающее патент, контрафактное (по мнению истца) устройство

advertising ~ рекламный девиз, рекламный лозунг (как предмет правовой охраны в качестве товарного знака)

fraudulent ~ обманная махинация

infringing ~ пат. контрафактное устройство

oppressive ~ механизм угнетения, притеснения, тирании, деспотического правления

unlawful ~ противозаконная махинация

devisable могущий быть завещанным

devise 1. завещательный отказ недвижимости, легат 2. завещанная недвижимость ‖ завещать недвижимость 3. изобретение ‖ изобретать

contingent [executory] ~ завещательный отказ недвижимости под отлагательным условием

general ~ завещательный отказ всей недвижимости

lapsed ~ завещательный отказ недвижимости, ставший недействительным вследствие смерти наследника

residuary ~ завещательный отказ недвижимости, остающейся после покрытия обязательств и выполнения завещательных отказов

specific ~ завещательный отказ конкретно поименованной части недвижимости

devisee наследник недвижимости по завещанию, легатарий

residuary ~ наследник (по завещанию) очищенного от долгов и завещательных отказов имущества, «остаточный легатарий»

deviser 1. изобретатель; автор изобретения 2. завещатель недвижимости

devisor завещатель недвижимости

devolution 1. переход или передача права, обязанности, правового титула или должности 2. передача вопросов на рассмотрение назначенных парламентом и ответственных перед ним органов 3. деволюция, ограниченная автономия (*требуемая для Шотландии, Уэльса*)

~ of the Crown переход престола к наследнику

devolve 1. передавать 2. переходить ◇ to ~ along with следовать за *кем-л. (о праве, обязанности)*; to ~ on переходить к другому лицу *(о праве, обязанности, правовом титуле, должности)*

diarchy диархия, двоевластие

dictate диктат, навязанный договор ‖ диктовать; предписывать

dictation 1. предписание 2. диктат

dictum *(тж judicial dictum или obiter dictum)* высказывание, мнение судьи, не носящее нормоустановительного характера; высказывание судьи, не являющееся решением по существу рассматриваемого дела; попутное высказывание судьи, не ставшее основанием резолютивной части решения

die 1. умереть, скончаться 2. штамп ◇ to ~ a natural death умереть естественной смертью; to ~ a violent death умереть насильственной смертью; to ~ intestate умереть, не оставив завещания; to ~ seized умереть, оставив имущество под арестом; to ~ testate умереть, оставив завещание; to ~ without issue умереть, не оставив потомства

forged ~ поддельный штамп

dies *лат.* день ◇ ~ juridicus *лат.* присутственный день в суде; ~ non (juridicus) *лат.* неприсутственный день в суде

diet 1. законодательное собрание, парламент *(не английский)* 2. международная конференция 3. *шотл.* заседание суда; день явки в суд; день рассмотрения дела; подготовленное к слушанию дело

difference расхождение; разногласие; спор; спорный вопрос ◇ ~ in field *пат.* разница в областях применения

legal ~ правовой спор

state ~ 1. международный спор 2. спор между штатами

digest 1. сборник; свод; частная кодификация права 2. the Digest Юстиниановы дигесты, пандекты

~ of case law сборник прецедентов

dignitary сановник

dignity 1. достоинство 2. звание; почётное звание; титул; сан

digress отклоняться *(от существа дела)*

digression отклонение *(от существа дела)* ◇ «no ~, please» «пожалуйста, говорите по существу дела»

dijudication судебное решение *или* определение

dilapidation 1. порча имущества нанимателем 2. невыполнение обязанности произвести ремонт *(со стороны нанимателя)*

dilatory 1. отсрочивающий; тормозящий; отлагательный, дилаторный 2. склонный к волоките

diligence 1. прилежность, старательность; за-

ботливость 2. *шотл.* наложение ареста на имущество в обеспечение долга *или* в порядке исполнительного производства 3. *шотл.* приказ о явке в суд свидетеля *или* о представлении в суд документов

common ~ обычная мера заботливости

due ~ должная заботливость

extraordinary ~ наивысшая мера заботливости

diligent прилежный, старательный, заботливый

diminution 1. умаление, принижение 2. неполнота документов *(о делопроизводстве, направляемом в вышестоящий суд из нижестоящего)*

dinarchy *см.* diarchy

diocese *церк.* епархия

diploma 1. официальный документ 2. диплом; свидетельство

diplomacy дипломатия

diplomat дипломат

diplomatic 1. дипломатический 2. текстуальный, буквальный

direct 1. указывать 2. направлять; адресовать 3. руководить; управлять 4. давать инструкции; приказывать 5. прямой, непосредственный ◇ to ~ an acquittal рекомендовать присяжным оправдать подсудимого; to ~ the jury напутствовать присяжных

direction 1. руководство, управление 2. дирекция; правление 3. указание; инструкция; распоряжение; наставление 4. напутствие присяжным ◇ ~ in case of need указание третьего лица на случай опротестования векселя; (judge's) ~ to the jury напутствие (судьи) присяжным

verbal ~ устное распоряжение

written ~ письменное распоряжение

directive директива ‖ директивный; направляющий

director 1. директор; член правления 2. руководитель

administrative ~ административный директор, директор-администратор; член правления с административными функциями

associate ~ помощник директора

deputy ~ заместитель директора

executive ~ 1. директор-исполнитель 2. главный директор

managing ~ директор-распорядитель

Director:

~ of Public Prosecutions директор публичных преследований *(генеральный прокурор в Великобритании)*

directorate 1. директорат, правление 2. директорство

interlocking ~ соединённое директорство *(директор одной компании одновременно является членом правления другой; разновидность беловоротничкового преступления в бизнесе)*

director-general генеральный директор

directory 1. справочник 2. дирекция 3. инструктивный

disability 1. недееспособность; неправоспособность; ограничение право- и/или дееспособности 2. ограничение в правах; поражение в правах 3. нетрудоспособность ◇ ~ in the nature of a punishment лишение права занимать определённые должности в порядке уголовного наказания

~ of infancy недееспособность в силу младенчества

~ of judge 1. судейская недееспособность 2. лишение права быть судьёй

mental ~ психическая неполноценность; недееспособность и/или неправоспособность в силу психического заболевания

pensionable ~ нетрудоспособность, дающая право на пенсию

presidential ~ 1. президентская недееспособность 2. лишение права быть президентом (в порядке импичмента)

disable 1. сделать или объявить недееспособным или неправоспособным; ограничивать право- и/или дееспособность; ограничивать в правах; поражать в правах 2. сделать нетрудоспособным, лишить трудоспособности 3. искалечить 4. лишить юридической силы, признать недействующим ◇ to ~ the victim 1. лишить потерпевшего способности к сопротивлению 2. искалечить потерпевшего

disabled 1. лишённый дееспособности и/или правоспособности 2. лишённый трудоспособности 3. искалеченный

disablement 1. ограничение, поражение в правах 2. утрата трудоспособности

disadvantage 1. невыгодное положение; невыгодное условие 2. убыток, ущерб

legal ~ юридически невыгодное положение или условие

disadvantaged 1. находящийся в невыгодном положении 2. потерпевший

disaffection 1. беспристрастность 2. недовольство 3. нелояльность

disaffiliate (with) выходить (из)

disaffiliation (with) выход (из)

disaffirm отменять; брать обратно согласие; отказывать в подтверждении

disaffirmance отмена; взятие обратно согласия; отказ в подтверждении

disagree не соглашаться; расходиться; противоречить

disagreement расхождение во мнениях; разногласие, несогласие

disallow 1. отказывать; отклонять, отвергать 2. запрещать; не разрешать ◇ to ~ a claim отказать в иске; to ~ a question отклонить вопрос; to ~ in chief не допустить, исключить (показание, доказательство, наводящий вопрос и пр.) при главном допросе; to ~ in cross-examination не допустить, исключить (показание, доказательство, наводящий вопрос и пр.) при перекрёстном допросе; to ~ in re-examination не допустить, исключить (показание, доказательство, наводящий вопрос и пр.) при повторном допросе

disallowance отказ; отклонение; запрещение

disambiguate устранять неоднозначность, устранять возможность различного толкования

disannul аннулировать

disappropriate лишать права собственности

disappropriation лишение права собственности

disapproval неодобрение

disapprove не одобрять; отвергать

disarm разоружать(ся)

disarmament разоружение

disaster бедствие, катастрофа

natural ~ стихийное бедствие

disavow 1. отрицать 2. отрекаться; снимать с себя ответственность 3. дезавуировать

disavowal 1. отрицание 2. отречение, отказ 3. дезавуирование

disbar лишать звания адвоката, лишать права адвокатской практики

disbarment лишение звания адвоката, лишение права адвокатской практики

disburse уплачивать, оплачивать, производить расходы

disbursement 1. выплата 2. расходы; издержки

discard увольнять, отказывать от места

discharge 1. исполнение; отправление (обязанностей, функций) || исполнять; отправлять (обязанности, функции) 2. уплата, погашение (долга) || уплатить, погасить (долг) 3. освобождение || освобождать (от ответственности, от наказания, от дальнейшего отбывания наказания, из-под стражи, из заключения) 4. реабилитация, оправдание (подсудимого) || реабилитировать, оправдывать (подсудимого) 5. прекращение (обязательства) || прекращать (обязательство) 6. восстановление в правах (несостоятельного должника) 7. увольнение (с должности, из армии) || увольнять 8. ходатайство о зачёте требований 9. выгрузка, разгрузка || выгружать, разгружать 10. аннулировать; отменять ◇ ~ for inaptitude увольнение по несоответствию занимаемой должности; on ~ по освобождении (из тюрьмы); person on conditional ~ условно освобождённый; to ~ a bankrupt 1. погасить задолженность банкрота 2. восстановить банкрота в правах; to ~ absolutely освободить полностью; to ~ a witness освободить свидетеля от дачи показаний (в суде); to ~ conditionally освободить условно; to ~ from custody освободить из-под стражи; to ~ from employment освободить от работы; to ~ from imprisonment освободить из тюремного заключения; to ~ from liability освободить от ответственности; to ~ from parole освободить от обязанности соблюдать условия условно-досрочного освобождения; to ~ from prison освободить из тюрьмы; to ~ grand jury освободить большое жюри от (рассмотрения дела и) принятия решения об обвинительном акте; to ~ jury освободить присяжных от (рассмотрения дела и) вынесения вердикта; to ~ liability выполнить обязанность; to ~ on habeas corpus освободить из-под стражи по процедуре habeas corpus (см. habeas corpus); to ~ on preliminary освободить обвиняемого от ответственности *или* из-под стражи на стадии предварительного расследования; to ~ subject to condition освободить условно; to ~ the burden of proof преуспеть в доказывании, представить доказательства *(о стороне, на которой лежит бремя доказывания)*; to ~ the defendant освободить ответчика, подсудимого от ответственности; to ~ the term of sentence отбыть срок наказания; to ~ unconditionally полностью освободить *(от ответственности, от наказания, от дальнейшего отбывания наказания)*; to ~ wrongfully увольнять противоправно

~ of contract исполнение договора; прекращение обязательств по договору

~ of debt погашение долга

~ of debtor освобождение должника от долга

~ of defendant освобождение ответчика *или* подсудимого от ответственности

~ of duty исполнение обязанности; исполнение служебного долга

~ of grand jury освобождение большого жюри от (рассмотрения дела и) принятия решения об обвинительном акте

~ of jury освобождение присяжных от (рассмотрения дела и) вынесения вердикта

~ of surety освобождение поручителя от ответственности

absolute ~ полное освобождение

administrative ~ *амер. воен.* увольнение из армии без суда

air-force ~ демобилизация *или* увольнение в запас *(из военно-воздушных сил)*

army ~ демобилизация *или* увольнение в запас (из армии)

bad conduct ~ увольнение из армии за недостойное поведение

conditional ~ условное освобождение

final ~ окончательное, полное освобождение

lawful ~ восстановление несостоятельного должника в правах

military ~ демобилизация *или* увольнение в запас

naval ~ демобилизация *или* увольнение в запас из военно-морского флота

safe ~ 1. бесспорно правильное освобождение 2. освобождение *(от ответственности, от наказания, от дальнейшего отбывания наказания)*, не связанное с риском для общества, для окружающих

suspensive ~ восстановление несостоятельного должника в правах с отсроченным действием

unconditional ~ безусловное, полное освобождение

dischargee уволенный из армии; демобилизованный

disciplinable подлежащий наложению взыскания, наказуемый *(в широком смысле)*

disciplinary 1. дисциплинарный, исправительный 2. дисциплинирующий

discipline 1. порядок, дисциплина || дисципли-

нировать 2. дисциплинарное взыскание || налагать дисциплинарное взыскание

administrative ~ административное взыскание

exact [harsh] ~ 1. жёсткая дисциплина 2. строгое взыскание

regimented ~ жёстко регламентированная дисциплина

stern [strict] ~ 1. жёсткая дисциплина 2. строгое взыскание

disclaim 1. отказываться *(от права)* 2. отрицать; не признавать *(иск, право)* 3. не претендовать *на что-л.*

disclaimer 1. отказ *(от права)* 2. отказ от формулы *или* от пункта формулы изобретения; дискламация элемента товарного знака 3. отрицание, непризнание *(иска, права)*

terminal ~ отказ от патентных притязаний на часть срока действия патента

disclose обнаруживать; раскрывать; объявлять; сообщать ◇ to ~ records опубликовывать архивы

disclosure обнаружение; раскрытие; объявление; сообщение

~ of agreement установление факта соглашения между сторонами

~ of alibi заявление алиби

~ of documents 1. разглашение содержания документов 2. раскрытие имеющихся по делу документов

~ of evidence предъявление доказательств; оглашение показаний

~ of information 1. сообщение сведений 2. разглашение сведений

~ of invention 1. раскрытие изобретения; изложение изобретения 2. разглашение изобретения

mandatory ~ обязательное оглашение *(протокола)*

unclaimed patent ~ элементы изобретения, содержащиеся в описании, но не вошедшие в формулу изобретения; второе изобретение, раскрытое в описании изобретения, но не охватываемое патентными притязаниями

discommon лишать права пользования общинной землёй

discontent недовольство ◇ to raise ~ возбуждать недовольство

discontinuance 1. прекращение *(действия)* 2. прекращение (дела) производством

involuntary ~ автоматическое прекращение дела производством

discontinue 1. прекращать *(действие)* 2. прекращать (дело) производством

discontinued прекращённый; отменённый

discount 1. дисконт, учёт векселя || учитывать, дисконтировать *(вексель)* 2. учётный процент 3. скидка 4. не принимать в расчёт 5. зачёт требований

discovert незамужняя; овдовевшая

discovery 1. открытие 2. раскрытие, представление сведений, документов 3. обнаружение *(нового факта, преступления)* ◇ ~ and occupation открытие и завладение *(форма приобретения территории от имени страны)*

~ of documents истребование документов; представление документов, раскрытие имеющихся по делу документов

~ of evidence обнаружение *или* предъявление доказательств

~ of law установление того, что есть право *(для данного случая)*

omnibus pretrial ~ представление списков свидетелей обеих сторон до суда

pretrial ~ представление списка свидетелей стороны до суда

discredit 1. дискредитация ‖ дискредитировать 2. опорочивать 3. недоверие ‖ не доверять; подвергать сомнению 4. лишение (коммерческого) кредита ‖ лишать кредита 5. лишать полномочий ◇ to ~ an expert подвергать сомнению компетентность эксперта; to ~ a witness дискредитировать, порочить свидетеля; объявить свидетеля не заслуживающим доверия

discreet благоразумный; осторожный, осмотрительный

discrepancy различие; расхождение; несогласие; противоречие

discretion 1. усмотрение; свобода действий; дискреционное право 2. благоразумие; осторожность ◇ to acquire ~ стать дееспособным

~ of the court усмотрение суда

abused ~ злоупотребление усмотрением; произвол

administrative ~ усмотрение при исполнении административной должности

equitable ~ справедливое усмотрение

executive ~ компетенция исполнительной власти

informal ~ неформальная компетенция

judicial ~ усмотрение суда, судебное усмотрение, судейское усмотрение

legal ~ усмотрение суда, судебное усмотрение

prosecutorial ~ усмотрение обвинительной власти

reasonable ~ разумное усмотрение

restrained ~ ограниченное усмотрение; ограниченная свобода действий

sentencing ~ усмотрение в отношении меры наказания

sound ~ разумное усмотрение, разумное осуществление дискреционных прав

unrestrained ~ неограниченное усмотрение; неограниченная свобода действий

discretionary дискреционный, предоставленный на усмотрение

discriminate 1. отличать; различать 2. дискриминировать, проводить дискриминацию; относиться по-разному

discrimination 1. умение разбираться 2. различный подход, неодинаковое отношение; дискриминация

employment ~ дискриминация при найме на работу

flag ~ дискриминация флага

gender ~ дискриминация по полу, дискриминация женщин

illegal ~ незаконная дискриминация

racial ~ расовая дискриминация

sex ~ *см.* gender discrimination

unlawful ~ незаконная дискриминация

discussion 1. обсуждение; переговоры; дискуссия, прения 2. погашение долга из имущества основного должника в первую очередь *(как условие наступления ответственности поручителя)* 3. очерёдность ответственности наследников в погашении долгов умершего *(сначала наследник по закону, затем наследник по завещанию)*

disease болезнь, заболевание

~ of mind психическое заболевание

industrial [occupational] ~ профессиональное заболевание

mental ~ психическое заболевание, расстройство

venereal ~ венерическое заболевание

disendow лишать пожертвований, завещанных сумм *и т.п.*

disengaged не связанный обязательствами; неприсоединившийся *(о государстве)*

disestablishment 1. отмена 2. отделение церкви от государства

disfiguration *см.* disfigurement

disfigure 1. обезображивать, уродовать, искажать 2. портить ◇ to ~ a face изуродовать лицо

disfigurement 1. обезображивание, искажение 2. обезображение, уродство

disfranchise 1. лишать гражданских прав 2. лишать избирательных прав 3. лишать льгот, привилегий 4. лишать членства

disfranchisement 1. лишение гражданских прав 2. лишение избирательных прав 3. лишение льгот, привилегий 4. лишение членства

disgorge отдавать, возвращать *(что-л., присвоенное незаконно)* ◇ to ~ property возвращать незаконно присвоенное имущество

disgrace 1. позорить, бесчестить, пятнать 2. *воен.* разжаловать ◇ to ~ an officer разжаловать офицера

disgraceful позорный, бесчестный, постыдный

disherison лишение наследства

disherit лишать наследства

disheritance лишение наследства

dishonest нечестный; бесчестный; мошеннический

dishonesty 1. нечестность; нечестное, бесчестное поведение 2. обман 3. мошенничество

employee ~ бесчестное поведение работника по найму

dishono(u)r 1. бесчестие ‖ бесчестить 2. отказ в акцепте *или* оплате векселя ‖ отказывать в акцепте *или* оплате векселя

disimprison освобождать из заключения, из тюрьмы

disincarcerate выпускать на свободу, освобождать из тюрьмы

disinherison лишение наследства

disinherit *см.* disherit

disinheritance *см.* disinherison

disinter эксгумировать

disinterested незаинтересованный; беспристрастный; бескорыстный

disinterestedness незаинтересованность; беспристрастность; бескорыстность

disinterment эксгумация

disjunctive альтернативный (*об условии, обязательстве, утверждении*)

disloyal 1. нелояльный 2. вероломный, предательский

disloyalty 1. нелояльность; неверность 2. вероломство, предательство

dismember расчленять

dismemberment расчленение

dismiss 1. отклонять (*иск*); отказывать (*в иске*) 2. прекращать (*дело*) 3. увольнять; освобождать от должности ◇ to ~ a charge отказать в обвинении; отказаться от обвинения; to ~ a complaint отклонить жалобу, отказать в удовлетворении жалобы; to ~ a motion [a petition] отклонить ходатайство, отказать в удовлетворении ходатайства; to ~ appeal отклонить апелляцию; to ~ for want of equity отказать в иске по существу; to ~ indictment отклонить обвинительный акт; прекратить производство по обвинительному акту; to ~ information отклонить заявление об обвинении; прекратить производство по заявлению об обвинении; to ~ prosecution отказать в уголовном преследовании; отказаться от уголовного преследования по делу; to ~ testimony 1. опровергать свидетельские показания 2. прекращать дачу свидетельских показаний; to ~ the matter прекратить дело, производство по делу

dismissal 1. отклонение (*иска*); отказ (*в иске*) 2. прекращение (*дела*) 3. увольнение, освобождение от должности ◇ ~ agreed прекращение дела по соглашению сторон; ~ without prejudice отклонение иска с сохранением за истцом права предъявить в дальнейшем иск по тому же основанию; ~ with prejudice отклонение судом иска без сохранения за истцом права на предъявление иска по тому же основанию

~ of action 1. отклонение иска, отказ в иске 2. прекращение дела

~ of appeal отклонение апелляции; отказ в удовлетворении апелляции

~ of case прекращение дела

~ of charge отклонение обвинения; отказ в обвинении

~ of jury роспуск присяжных

~ of licence отказ в выдаче лицензии, разрешения

~ of review отказ в пересмотре (*судебного решения*)

lawful ~ 1. правомерное увольнение, освобождение от должности 2. правомерное прекращение дела

prejudicial ~ отклонение иска без сохранения

за истцом права предъявить иск по тому же основанию

pretrial ~ прекращение дела до суда

summary ~ отклонение (*апелляции*) по формальным основаниям

voluntary ~ прекращение дела по соглашению сторон *или* по ходатайству истца

wrongful ~ 1. неправомерное увольнение, освобождение от должности 2. неправомерное прекращение дела

dismission увольнение; отставка; освобождение от должности

dismortgage выкупать заложенное имущество

disobedience неповиновение, неподчинение

civil ~ гражданское неповиновение

wilful ~ умышленное неповиновение

disobedient неповинующийся

habitually ~ систематически неповинующийся

disobey не повиноваться, не подчиняться ◇ to ~ an order не подчиниться приказу

disoblige освобождать от обязательства

disorder нарушение общественного порядка

civil ~(s) гражданские беспорядки

mental ~ психическое расстройство; психическое заболевание

political ~(s) политические беспорядки

violent ~s нарушение общественного порядка с применением насилия

disorderly нарушающий общественный порядок, общественную безопасность, общественную нравственность ‖ в нарушение общественного порядка, общественной безопасности, общественной нравственности

disparage 1. умалять 2. порочить, поносить; хулить 3. унижать, принижать; бросать сомнение

disparagement 1. умаление 2. поношение; хула 3. унижение достоинства, принижение

~ of competitor поношение конкурента *или* его продукции, распространение хулящих сведений о конкуренте *или* его продукции

disparaging уничижительный ◇ ~ words, acts or gestures уничижительные слова, действия или жесты

dispatch 1. отправка ‖ посылать; отправлять 2. депеша, донесение; корреспонденция 3. быстрое выполнение ‖ быстро выполнять 4. диспач, денежное вознаграждение за сэкономленное время при погрузке *или* выгрузке

~ of business разрешение дел; отправление функций

customary ~ разгрузка *или* погрузка по нормам, соответствующим обычаям порта

reasonable ~ разумно быстрое исполнение

dispauper лишать права бедности (*лишать прав, связанных со статусом бедняка*)

dispel(l) разгонять, рассеивать (*толпу, демонстрацию*)

dispensation 1. изъятие, освобождение; смягчение требований закона; разрешение на отступление от норм, правил 2. отправление (*правосудия*) ◇ ~ from imprisonment освобождение из тюремного заключения

~ of justice отправление правосудия

marriage ~ разрешение на вступление в брак, разрешение брака между родственниками

medical ~ from imprisonment освобождение от отбывания тюремного заключения по медицинским показаниям

dispense 1. освобождать (от обязанности) 2. обходиться без чего-л.; не требовать чего-л. 3. отправлять (правосудие) ◇ to ~ from duty освободить от выполнения обязанности; to ~ justice отправлять правосудие; to ~ with a law пренебречь законом; to ~ with an oath освободить от присяги; to ~ with a rule пренебречь правилом; to ~ with formalities обходиться без формальностей; to ~ with witnesses обходиться без свидетелей

displace 1. перемещать 2. смещать, увольнять ◇ to ~ evidence опровергнуть доказательство; to ~ the law изменять закон

dispone шотл. передавать, отчуждать (имущество)

disponent распорядитель

disposable находящийся в (свободном) распоряжении

disposal 1. распоряжение (вещью); отчуждение (вещи); передача (функции) 2. рассмотрение, разрешение (дел, споров) 3. законченное дело, законченное производство

~ of radioactive materials удаление радиоактивных материалов, отходов

dispose (of) 1. отчуждать, распоряжаться (об имуществе) 2. устранить; опровергнуть, отклонить (аргумент, возражение) 3. рассматривать, разрешать (дела, споры)

disposition 1. отчуждение (имущества); распоряжение (имуществом) 2. постановление, положение (договора, закона) 3. разрешение дела; решение по делу 4. склонность; нрав; характер ◇ ~ to commit crimes склонность к совершению преступлений

~ of case разрешение дела; решение по делу

~ of offender решение, принятое в отношении правонарушителя, преступника

contentious ~ склонность к сутяжничеству, сутяжнический характер (лица)

court's ~ of the case судебное решение по делу

criminal ~ преступные наклонности; склонность к совершению преступлений

delinquent ~ делинквентные наклонности; склонность к совершению делинквентных поступков

former ~ решение, принятое по делу ранее

lenient ~ кроткий нрав (приговорённого; фактор, учитываемый при условно-досрочном освобождении)

police ~ решение, принятое по делу полицией

post-mortuary ~ распоряжение имуществом на случай смерти

previous [prior] ~ решение, принятое по делу ранее

testamentary ~ завещательное распоряжение

dispositive распорядительный; регулирующий

dispossess 1. лишать владения 2. выселять

dispossession 1. лишение владения 2. выселение

disprison освобождать из тюрьмы, из заключения

disproof опровержение доказательствами

disprove 1. опровергать доказательствами 2. доказывать отсутствие факта, являющегося предметом доказывания ◇ to ~ a case опровергать версию; to ~ testimony опровергать свидетельские показания

dispunishable ненаказуемый

disputable спорный

dispute 1. спор ‖ спорить 2. оспаривать ◇ parties to ~ 1. стороны в споре 2. стороны в конфликте; persons in ~ 1. участники спора, спорящие 2. участники конфликта

family ~ семейный спор

industrial ~ трудовой конфликт

inter-union ~ спор между профсоюзами

justiciable ~ правовой спор; спор, могущий быть разрешённым в суде

labour ~ трудовой конфликт

land ~ земельный спор

reasonable ~ обоснованный спор

trade ~ трудовой конфликт

disputed оспариваемый, спорный

disqualification 1. дисквалификация 2. лишение права, поражение в правах 3. неправоспособность; недееспособность 4. обстоятельство, лишающее права; условие, исключающее обладание правом

age ~ лишение право- и дееспособности по признаку возраста

race ~ лишение право- и дееспособности по признаку расовой принадлежности

religious ~ лишение право- и дееспособности по признаку вероисповедания

sex ~ лишение право- и дееспособности по признаку половой принадлежности

disqualified 1. дисквалифицированный 2. лишённый прав(а); ограниченный в праве или в правах 3. признанный неправоспособным или недееспособным

disqualify 1. дисквалифицировать 2. лишать права, поражать в правах 3. делать неправоспособным или недееспособным ◇ to ~ from testimony лишить права давать свидетельские показания

disquisition тщательное расследование (розыск, дознание, следствие)

disregard несоблюдение; пренебрежение ‖ не принимать во внимание; не соблюдать

deliberate ~ умышленное несоблюдение; умышленное пренебрежение

flagrant ~ явное несоблюдение; явное пренебрежение

reckless ~ несоблюдение вследствие опрометчивости, неосторожности

wanton ~ произвольное нарушение

disrepute плохая репутация

disrespect ◇ ~ for law неуважение к праву, к закону

disrupt подрывать, разрушать; срывать; разрывать (*узы и т.п.*)

disruptive 1. подрывающий; разрушительный; срывающий 2. подрывной

dissection анатомирование

forensic ~ судебно-медицинское вскрытие трупа

disseise незаконно лишать владения недвижимостью

disseisee лицо, незаконно лишённое владения недвижимостью

disseisin незаконное лишение владения недвижимостью

disseisor лицо, незаконно лишившее *кого-л.* владения недвижимостью

disseize *см.* disseise

disseizin *см.* disseisin

disseizor *см.* disseisor

dissemination распространение, разглашение (*сведений*)

dissent расхождение во мнениях, разногласие, несогласие; особое мнение (*члена суда*) ‖ расходиться во мнениях; заявить особое мнение ◇ in ~ в порядке заявления особого мнения

dissenter ◇ ~ (from court) судья, заявивший особое мнение по делу; ~ from judg(e)ment судья, в порядке особого мнения не подписавший постановление суда

dissentient судья, заявляющий особое мнение

dissoluble 1. расторжимый 2. могущий быть распущенным

dissolution 1. расторжение 2. прекращение (*договора*) 3. ликвидация, роспуск 4. аннулирование 5. распад

~ of marriage расторжение брака

voluntary ~ 1. добровольное расторжение 2. добровольная ликвидация

dissolve 1. расторгнуть 2. прекратить (*договор*) 3. ликвидировать 4. аннулировать 5. распадаться

distinction 1. различие; различение 2. отход от правила, принципа

enforcement ~s различия в правоприменении; индивидуализация правоприменения

distinctiveness различительная сила (*напр. товарного знака*)

distinctness различительная сила (*напр. товарного знака*)

distinguish устанавливать различие по существу, отказаться считать прецедентом; не применять в качестве прецедента; доказывать неприменимость в качестве прецедента; отходить от общего принципа

distort извращать (*факты*)

distortion извращение (*фактов*)

distrain завладеть имуществом в обеспечение выполнения обязательства; наложить арест на имущество в обеспечение долга

distrainee лицо, у которого изъято [арестовано] имущество в обеспечение выполнения обязательства

distrainer *см.* distrainor

distrainment завладение имуществом в обеспе-

чение выполнения обязательства; наложение ареста на имущество в обеспечение долга

distrainor лицо, завладевающее имуществом в обеспечение выполнения обязательства

distraint *см.* distrainment

distress 1. бедствие 2. самопомощь, завладение имуществом в обеспечение выполнения обязательства 3. наложение ареста на имущество; опись имущества 4. имущество, взятое в обеспечение выполнения обязательства ◇ person in ~ лицо, потерпевшее бедствие

distribute 1. распределять 2. распределять имущество умершего среди наследников 3. сбывать 4. отправлять (*правосудие*) ◇ to ~ drugs сбывать наркотики; to ~ justice отправлять правосудие

distributee лицо, имеющее по закону право на долю в наследстве

distribution 1. распределение 2. распределение имущества умершего среди наследников по закону

~ of estates 1. распределение, разграничение вещно-правовых интересов 2. разграничение сословий

~ of justice отправление правосудия

~ of powers разграничение компетенции

final ~ окончательное распределение имущества умершего среди наследников

distributor сбытчик

district район; округ (*административный, судебный, избирательный*)

~ of offence судебный округ, на территории которого совершено преступление

assessment ~ территориальная единица, где производится отдельная оценка подлежащего налогообложению имущества

close ~ избирательный округ, в котором победа одержана незначительным большинством

congressional ~ избирательный округ по выборам в палату представителей конгресса США

consular ~ консульский округ

customs ~ таможенный округ

election [electoral] ~ избирательный округ

independent ~ *амер.* самоуправляющийся район *или* округ

judicial ~ судебный округ

legislative ~ избирательный округ по выборам в законодательный орган

multimember ~ избирательный округ, от которого выбирают несколько депутатов

police ~ полицейский участок (*территориальный*)

political ~ административный район, округ

poor ~ округ системы по оказанию помощи бедным

rural ~ сельский район

school ~ школьный округ

senatorial ~ избирательный округ по выборам в сенат США

single-member ~ избирательный округ, от которого выбирают одного депутата, униноминальный округ state ~ штат *или* часть штата, составляющие район территориальной подсудности федерального суда

state assembly ~ избирательный округ по выборам в законодательный орган штата

state legislative ~ избирательный округ по выборам в законодательный орган штата

taxing ~ налоговый округ

voting ~ избирательный округ

districting деление на округа

congressional ~ деление (*штата*) на округа по выборам в конгресс США

legislative ~ деление на избирательные округа для выборов в законодательный орган

distringas 1. исполнительный лист на производство описи имущества 2. приказ об аресте лица

disturb 1. причинять беспокойство 2. мешать пользоваться правом ◊ to ~ the public peace нарушить общественный порядок; to ~ the verdict поставить вопрос о пересмотре вердикта

disturbance 1. нарушение общественного порядка 2. нарушение спокойного пользования правом

~ of franchise недопущение к выборам

~ of public meetings 1. нарушение порядка проведения публичных собраний 2. препятствование проведению публичных собраний

~ of public worship препятствование публичному отправлению религиозных обрядов

~ of the (public) peace нарушение общественного порядка

civil ~ гражданские беспорядки

domestic ~ внутренние беспорядки

family ~ нарушение семейных отношений

major ~ серьёзное нарушение общественного порядка

minor ~ малозначительное нарушение общественного порядка

public ~ нарушение общественного порядка

disturber:

public ~ нарушитель общественного порядка

disuse неиспользование (*прав, изобретения и т.д.*) || перестать пользоваться

dive притон

divergence расхождение; противоречивость

divergent противоречивый, противоречащий

diversion 1. отклонение направления; изменение направления; отход 2. замена уголовной ответственности альтернативными видами исправительного воздействия ◊ ~ from court system выведение несовершеннолетнего делинквента *или* молодого правонарушителя из системы уголовных судов для взрослых

~ of goods переадресование товара

~ of waters отведение речных вод, отвод водного потока

conditional ~ условное исключение деяния *или* субъекта из юрисдикции уголовных судов

formal ~ официальное исключение деяния *или* субъекта из юрисдикции уголовных судов

informal ~ неофициальное исключение деяния *или* субъекта из юрисдикции уголовных судов

police-juvenile ~ выведение полицией несовершеннолетнего делинквента из системы уголовной юстиции (*с передачей его в суд по делам несовершеннолетних*)

pretrial ~ выведение несовершеннолетнего делинквента до рассмотрения дела в суде из системы уголовной юстиции

true ~ *разг.* «истинное выведение» (*несовершеннолетнего делинквента из системы юстиции по делам несовершеннолетних*)

voluntary ~ выведение несовершеннолетнего делинквента *или* молодого правонарушителя по его желанию из системы уголовной юстиции для взрослых

diversity 1. разнообразие; различие 2. коллизия правовых норм 3. заявление обвиняемого [подсудимого], что он не является лицом, которое обвиняется в совершении преступления

~ of practice различия в судебной практике, неединообразная судебная практика

divert 1. направлять по другим каналам; отводить (*воду*); переадресовывать (*товар*) 2. исключать деяние *или* субъекта из юрисдикции уголовных судов с передачей в административную *или* специальную юрисдикцию 3. выводить несовершеннолетнего делинквента *или* молодого преступника из системы уголовной юстиции для взрослых

divest лишать права (*собственности, полномочий, правомочий*)

divestitive лишающий права (*собственности, полномочий, правомочий*)

divestiture лишение прав (*собственности, полномочий, правомочий*)

~ of jurisdiction изъятие *какой-л.* категории дел из подсудности

divestment *см.* divestiture

divide 1. делить; подразделять 2. расходиться во мнениях 3. голосовать, ставить на голосование, проводить голосование; разделяться на группы при голосовании ◊ to ~ the House провести голосование в палате

divided ◊ the House ~ в палате было проведено голосование

dividend дивиденд

accrued ~ дивиденд, объявленный к оплате

contributory ~ контрибуционный дивиденд (*при расчёте диспаши*)

preferred ~ дивиденд по привилегированным акциям

scrip ~ дивиденд, выплачиваемый в виде свидетельств о праве собственности на акции

share ~ дивиденд на акции

stock ~ дивиденд в форме акций

dividing ◊ ~ five to four голосами пяти против четырёх

division 1. деление; разделение; раздел 2. часть; раздел; отдел; отделение 3. административный *или* избирательный округ 4. расхождение во взглядах, разногласия 5. разделение голосов во время голосования; голосование *(в парламенте)*; голосование разделением на группы

~ of department отдел министерства

~ of powers 1. разделение властей 2. распределение полномочий

administrative ~ административное деление

civil ~ административное подразделение

even ~ of votes разделение голосов поровну

political ~ административно-территориальное деление

second ~ второй *(средний)* режим тюремного заключения

sessional ~ округ суда «малых сессий»

Division:

Admiralty ~ отделение по делам о завещаниях, разводах и морским делам Высокого суда правосудия *(в Великобритании)*

Chancery ~ канцлерское отделение *(Высокого суда правосудия в Великобритании)*

Exchequer ~ казначейское отделение *(Высокого суда правосудия в Великобритании в 1873-1881 гг.)*

Family ~ отделение по семейным делам *(Высокого суда правосудия в Великобритании)*

King's Bench ~ отделение королевской скамьи *(Высокого суда правосудия в Великобритании во время царствования короля)*

Probate, Divorce and Admiralty ~ отделение *(Высокого суда правосудия в Великобритании)* по делам о наследствах, разводах и по морским делам

Queen's Bench ~ отделение королевской скамьи *(Высокого суда правосудия в Великобритании во время царствования королевы)*

divorce расторжение брака, развод ‖ расторгать брак; разводиться ◇ ~ a mensa et thoro судебное разлучение, решение об установлении статуса раздельного жительства супругов; ~ a vinculo matrimonii полное расторжение брака *(в отличие от судебного разлучения)*; ~ by proxy развод по доверенности

absolute ~ 1. полный, окончательный развод 2. расторжение брака по суду

defended ~ развод при возражении против него со стороны ответчика

international ~ развод с иностранцем, иностранкой

limited ~ судебное разлучение супругов

migratory ~ «туристский развод», получение развода путём переезда в другой штат *(где существуют менее строгие требования в отношении развода)*

out-of-state ~ развод в другом штате *(где менее строгие требования в отношении развода)*

undefended ~ развод при согласии на него со стороны ответчика

divorcee разведённый муж; разведённая жена

divorcement 1. расторжение брака 2. *амер.* формальное отделение юридического лица от другого юридического лица *(в силу антитрестовского законодательства)*

divorcer 1. разводящийся супруг *(тот, кто расторгает брак)* 2. основание, причина развода

divulgate 1. разглашать *(напр. служебную тайну)* 2. обнародовать *(напр. закон)*

divulgation 1. разглашение *(напр. служебной тайны* 2. обнародование *(напр. закона)*

divulge см. divulgate

dock 1. скамья подсудимых 2. уменьшать, сокращать ◇ man in the ~ подсудимый; on the ~ на скамье подсудимых, под судом; placed in(to) the ~ привлечённый в качестве подсудимого; to appear in the ~ привлекаться в качестве подсудимого; to be placed [to be put] in(to) the ~ привлекаться к суду в качестве подсудимого; to ~ the entail отменять ограничения в порядке наследования и отчуждения имущества; to ~ the wages производить вычеты из заработной платы

felon's [prisoners'] ~ скамья подсудимых

dockage доковый сбор

dock-brief защита *(неимущего подсудимого)* по назначению

dock-defence *англ.* «защита на месте» *(осуществляемая подсудимым с помощью барристера без участия солиситора)*

docket 1. досье производства по делу; список дел к слушанию; книга записей ‖ вести досье судопроизводства, книгу записей, список дел к слушанию *или* вносить в досье судопроизводства, в книгу записей, в список дел к слушанию 2. краткое содержание документа; выписка 3. квитанция таможни об уплате пошлины 4. ярлык *(с адресом получателя на товаре)* ◇ ~ number (of a case) номер (дела) в досье, в книге записей, в списке дел к слушанию; on the ~s в досье судопроизводства, в книге записей по делу; в списке дел к слушанию; to ~ an appeal 1. внести апелляцию в книгу записей 2. изложить краткое содержание апелляции 3. назначить апелляцию к слушанию

appearance ~ журнал производства по делу

civil ~ список гражданских дел к слушанию

criminal ~ список уголовных дел к слушанию

execution ~ журнал исполнительного производства

judgement ~ журнал записей судебных решений

motion ~ книга записей ходатайств

trial ~ список дел к слушанию

docketed внесённый в досье, в книгу записей, в список дел к слушанию

doctrine доктрина, теория, принцип

~ of entrapment доктрина права обвиняемого защищаться ссылкой на провокацию со стороны представителей правоприменяющих органов

alter ego ~ 1. доктрина юридической тождественности корпорации и её членов 2. *амер.* доктрина юридического статуса сотрудников личного штата президента как «продолжения президентства» *(с включением в него привилегии исполнительной власти)* attractive nuisance ~ институт ответственности собственника за пагубные последствия от источника опасности, привлекающего детей

common employment ~ «принцип совместной службы» (отсутствие у служащего права иска из правонарушения к хозяину, если ущерб причинён небрежностью другого служащего)

continuous transportation ~ доктрина единства перевозки

continuous voyage ~ доктрина единства пути

discovered peril ~ «доктрина об обнаруженной опасности» (принцип обязательности проявления должной заботливости для предотвращения вреда, несмотря на наличие вины потерпевшего)

Drago ~ доктрина Драго (о недопустимости вмешательства в дела другого государства для взыскания с него его иностранной задолженности)

Estrada ~ доктрина Эстрада (направленная против того, чтобы государства делали заявления о признании и тем самым как бы высказывались о закономерности или незакономерности установленного в другом государстве режима)

exhaustion (by sale) ~ доктрина исчерпания патентных прав (в результате продажи запатентованных изделий)

family purpose ~ принцип ответственности собственника автомобиля за убытки, причинённые небрежным вождением со стороны члена его семьи

functionality ~ «доктрина функциональности» (принцип, согласно которому не считается контрафакцией выпуск изделия, включающего элемент с функцией, которая впервые наличествовала в изделии, ранее выпущенном другой фирмой)

humanitarian ~ «доктрина о предотвращении личного вреда» (принцип обязательности проявления должной заботливости для избежания причинения вреда, несмотря на наличие вины потерпевшего)

infection ~ доктрина «заражения» (нейтральной собственности на море)

internal economy ~ принцип неподчинённости внутренней организации иностранного судна юрисдикции страны порта захода

last clear chance ~ «доктрина последнего шанса» (принцип обязательности проявления должной заботливости для избежания причинения вреда, несмотря на наличие вины потерпевшего)

maturity ~ «доктрина зрелости» (принцип недопустимости судебного вмешательства в административную процедуру до вынесения административным органом окончательного решения)

Monroe ~ доктрина Монро

nondelegation ~ доктрина запрета делегировать законодательную власть конгресса

second(ary) meaning ~ «доктрина второго значения» (согласно которой товарный

знак приобретает охраноспособность, если благодаря его интенсивному использованию он, несмотря на описательный характер, ассоциируется в сознании потребителя с конкретным товаром и его производителем, а не вообще с товаром определённого класса)

stare decisis ~ доктрина судебного прецедента

Tobar ~ доктрина Тобара (о допустимости косвенного вмешательства американских государств в дела любого американского государства путём отказа в признании правительств, пришедших к власти в результате гражданской войны или революции)

«work made for hire» ~ принцип «произведения, созданного по найму» (согласно которому авторское, издательское право на произведение, созданное в порядке служебного задания или по договору, принадлежит юридическому лицу, для которого или за счёт которого создано произведение)

document 1. документ 2. документировать, подтверждать документами 3. снабжать документами; выдавать документы ◇ ~ in evidence документ, представленный в качестве доказательства по делу; ~ obtained by process документ, полученный по приказу суда; ~ read in evidence документ, оглашённый в качестве доказательства по делу; to ~ a case 1. документировать судебное дело 2. приобщить документы к судебному делу; ~ under seal документ за печатью

~ of incorporation документ об учреждении корпорации

~s of the case in court материалы судебного дела, судебное досье

~ of title (to the goods) товарораспорядительный документ

actual legal ~ правовой документ в строгом смысле слова

ancient ~ старый (30 или более лет давности) документ

attested ~ засвидетельствованный документ

autograph ~ signed собственноручно написанный и подписанный документ

behaviour ~ документ о поведении

classified ~ секретный, закрытый документ

confidential ~ конфиденциальный документ

constitutional ~ конституционный документ, конституция

contested ~ оспариваемый документ

counterfeit ~ подложный документ

crown ~ документ короны

evidential ~ документ, являющийся доказательством по делу

federal ~ амер. федеральный документ

forged ~ поддельный, подложный документ

highly classified ~ особо секретный документ

incriminating ~ уличающий документ

legal ~ 1. правовой документ 2. законодательный памятник

negotiable ~ оборотный документ

offending ~ оскорбительный документ

official ~ официальный документ

original ~ подлинный документ, подлинник

private ~ частно-правовой документ

privileged ~ документ, защищённый привилегией

public ~ публично-правовой документ; официальный документ; государственный документ

questioned ~ оспариваемый документ

shipping ~s грузовые, погрузочные документы

ship's ~s судовые документы

stale ~ документ, утративший свою эффективность; устарелый документ

state ~ 1. государственный документ 2. документ штата

testamentary ~ документ, содержащий завещательные распоряжения, завещательный документ

travel ~ проездной документ

vessel ~s судовые документы

documentary документальный; документированный

documentation 1. документы; документация 2. выдача документов; снабжение документами

additional ~ 1. дополнительная документация 2. выдача дополнительных документов; снабжение дополнительными документами

doer лицо, совершившее действие, деяние, субъект действия, деяния; исполнитель

actual ~ исполнитель (*преступления*)

doing совершение действия, деяния

dole *шотл.* умысел

dolus умысел

domain 1. полная и абсолютная собственность на недвижимость 2. область, сфера; территория

~ of law сфера действия права, сфера правоприменения

eminent ~ право государства на принудительное отчуждение частной собственности

exclusive ~ 1. исключительная собственность (*на недвижимость*) 2. исключительная сфера (*правоприменения*)

land ~ сухопутная территория

maritime ~ морская территория

national ~ 1. государственная собственность 2. государственная территория

public ~ 1. государственная собственность; публичная собственность 2. всеобщее достояние

territorial ~ 1. территориальная собственность 2. территориальная сфера; территория

Domesday «Книга страшного суда» (*кадастровая книга Вильгельма Завоевателя, 1086 г.*)

domestic 1. домашний; семейный 2. внутренний; внутригосударственный

domestication приобретение статуса внутренней корпорации

domicile 1. домициль ‖ домицилировать 2. место платежа по векселю, (вексельный) домициль ‖ обозначать место платежа (*по векселю*), домицилировать (*вексель*) ◇ ~ by birth домициль по рождению; ~ by choice избран-

ный домициль; ~ by operation of law законный домициль, домициль в силу закона

~ of choice избранный домициль

~ of origin *см.* original domicile

~ of succession домициль, обусловливающий определение порядка наследования движимого имущества

civil ~ гражданский домициль (*в отличие от коммерческого*)

commercial ~ коммерческий домициль, домициль по местонахождению коммерческого предприятия

domestic ~ *см.* municipal domicile

elected ~ договорный домициль (*указанный стороной в договоре для целей данного договора*)

fiscal ~ налоговый домициль

foreign ~ иностранный домициль

matrimonial ~ супружеский домициль

municipal ~ муниципальный домициль, домициль в определённом административном подразделении страны

native ~ домициль по рождению

natural ~ домициль по происхождению

original ~ 1. первоначальный домициль 2. домициль по происхождению, домициль по рождению

personal ~ гражданский домициль (*в отличие от коммерческого*)

quasi-national ~ домициль в масштабе страны

trade ~ деловой, коммерческий, промысловый домициль

domiciled имеющий домициль, домицилированный

domiciliate определять домициль; домицилировать

domiciliation определение домициля; домицилирование

dominant 1. господствующий 2. пользующийся сервитутом

dominion 1. собственность и владение 2. верховенство; господство; власть 3. доминион

absolute ~ 1. неограниченная, полная собственность 2. неограниченное господство; неограниченная власть

Dominion:

(the) Ancient ~ «старый доминион», штат Вирджиния

dominium *лат.* территориальное верховенство

dominium maris *лат.* господство на море, морское господство

donation дарение

done учинено, совершено, составлено (*о документе*)

donee 1. дарополучатель 2. лицо, распределяющее наследственное имущество по доверенности

doner вкладчик

sham ~ фиктивный вкладчик

donor 1. даритель 2. лицо, предоставляющее право ◇ ~ intestate даритель, умерший без завещания; ~ testate даритель, умерший, оставив завещание

doom 1. осуждение ‖ осуждать **2.** *ист.* статут, закон **3.** штрафовать

doomsday день суда

dope *разг.* наркотик

dope-peddler розничный торговец наркотиками

dope-peddling розничная торговля наркотиками

dope-pusher торговец наркотиками

dope-pushing торговля наркотиками

dormant скрытый; неиспользуемый; неприменяемый

dos приданое (*штат Луизиана*)

dotation 1. дар, пожертвование **2.** предоставление приданого

double 1. копия, дубликат **2.** увёртка, уловка **3.** соединяющий разные основания иска (*об одном исковом требовании*); соединяющий разные защитные документы (*об одном пункте возражения по иску*); соединяющий разные правонарушения (*об одном пункте обвинения*) **4.** двойной; исчисленный в двойном размере

doubt сомнение ‖ подвергать сомнению ◇ **beyond all reasonable ~** вне всяких разумных, обоснованных сомнений; **beyond any reasonable ~** при отсутствии малейшего основания для сомнения; **beyond reasonable ~** при отсутствии разумных оснований для сомнения; при отсутствии разумного, обоснованного сомнения **to give the benefit of the ~** оправдать за недостатком улик

actual ~ обоснованное сомнение

constitutional ~ сомнение по вопросу о конституционности (*закона, судебного решения, акта исполнительной власти*)

honest ~ добросовестное сомнение

reasonable ~ разумные основания для сомнения; разумное, обоснованное сомнение

unreasonable ~ необоснованное сомнение

doubtful сомнительный

dower вдовья часть наследства

dowry приданое

doyen дуайен, декан, старейшина

draft 1. проект ‖ составлять проект **2.** переводный вексель, тратта **3.** призыв в армию ‖ призывать в армию ◇ **to ~ a claim 1.** формулировать притязание **2.** составить формулу изобретения

~ of legislation законопроект

approved ~ одобренный проект

bank [banker's] ~ тратта, выставленная одним банком на другой

bill ~ 1. законопроект **2.** проект искового заявления **3.** проект обвинительного акта

demand ~ тратта, срочная по предъявлении

discussion ~ дискутируемый (законо)проект

documentary ~ документированная тратта

legislative ~ законопроект

long ~ долгосрочная тратта

military ~ призыв на военную службу

official ~ официальный вариант, официальная редакция проекта

presentation ~ тратта, срочная по предъявлении

return ~ обратный переводный вексель, ретратта

rough ~ черновой, предварительный проект

sight ~ тратта, срочная по предъявлении

tentative ~ пробный, экспериментальный проект

drafter составитель документа, автор законопроекта

drafting составление проекта документа, составление законопроекта

amendment ~ разработка, подготовка, составление поправки

bill ~ составление законопроекта

claim ~ 1. формулирование притязаний **2.** составление формулы изобретения

draftsman составитель документа, автор законопроекта

draw 1. составлять, оформлять (*документ*) **2.** выписывать, выставлять (*чек, тратту*), трассировать **3.** формировать состав присяжных **4.** разделение голосов поровну ◇ **~ in a set** составлять комплект документов; оформить необходимое количество экземпляров одного документа; **to ~ lots** тянуть жребий

drawee трассат

drawer трассант, векселедатель, чекодатель

drawing:

composite ~ словесный портрет

driftway 1. скотопрогонная дорога (*частная*) **2.** право прогона скота

drilling:

unlawful ~ незаконное военное обучение

drink-drive управление автомобилем в состоянии опьянения

drinking:

legal ~ потребление алкоголя без нарушения закона

underage ~ потребление алкоголя в возрасте, когда это запрещено законом

drive управление автомобилем ‖ управлять автомобилем ◇ **to ~ a coach-and-four [coach-and-six] through** найти лазейку для обхода (*закона, договора и т.п.*)

driver:

alcohol-impaired ~ водитель автомобиля, находящийся в состоянии опьянения

drug-impaired ~ водитель автомобиля, находящийся в состоянии наркотической интоксикации

hit-and-run ~ водитель, скрывающийся с места дорожно-транспортного происшествия

driving ◇ **~ under the influence [while intoxicated]** управление автомобилем в состоянии опьянения *или* наркотической интоксикации

alcohol-impaired ~ управление автомобилем в состоянии опьянения

dangerous ~ управление автомобилем, создающее аварийную ситуацию

drug-impaired ~ управление автомобилем в состоянии наркотической интоксикации

drunk(en) ~ управление автомобилем в состоянии опьянения

hit-and-run ~ бегство водителя с места дорожно-транспортного происшествия

droit 1. юридическое право; прерогатива; *ист.* право земельной собственности 2. *pl* пошлины 3. *pl* призовые доходы
~s of admiralty адмиралтейские пошлины

droitural принадлежащий по праву, относящийся к праву

drop 1. прекращать; бросать 2. увольнять, исключать, отстранять ◇ to ~ a right отказаться от права

drug 1. наркотический медикамент 2. наркотик
counterfeit ~ фальсифицированный наркотик
dangerous ~ опасный наркотик
hard ~ сильнодействующий наркотик
illegal ~ запрещённый наркотик
illegitimate ~ наркотик незаконного происхождения
illicit ~ запрещённый наркотик
imitation ~ фальсифицированный наркотик
legal ~ разрешённый наркотик
legitimate ~ наркотик законного происхождения
narcotic ~ наркотик
over-the-counter ~ наркотик, разрешённый к продаже в аптеках

drugged лицо, находящееся в состоянии наркотической интоксикации

drunk 1. находящийся в состоянии опьянения 2. пьяница; алкоголик ◇ ~ and incapable «пьян и неспособен» (*сознавать преступный характер совершаемых действий или возможность причинения преступных последствий*)
belligerent ~ *см.* violent drunk
homeless ~ бездомный пьяница; бездомный алкоголик; пьяница *или* алкоголик, у которого нет семьи
public ~ 1. лицо, напивающееся в общественных местах *или* пребывающее в общественном месте в состоянии явного опьянения 2. лицо, признанное виновным в пребывании в общественном месте в состоянии явного опьянения
repeat ~ лицо, потребляющее алкоголь после привлечения к уголовной ответственности за пребывание в общественном месте в состоянии тяжёлого опьянения *или* по завершении курса лечения от алкоголизма
violent ~ лицо, в состоянии опьянения склонное к агрессии; агрессивный пьяница; агрессивный алкоголик

drunkard пьяница; алкоголик
common ~ 1. лицо, неоднократное пребывание которого в общественном месте в состоянии явного опьянения доказано 2. лицо, неоднократно осуждённое за пребывание в общественном месте в состоянии явного опьянения
confirmed ~ лицо, официально признанное алкоголиком
criminal habitual ~ преступник-привычный пьяница, преступник-алкоголик
habitual ~ привычный пьяница; алкоголик

offending ~ алкоголик-преступник; алкоголик-преступник агрессивного типа

drunkenness 1. опьянение (*как обстоятельство, имеющее значение для уголовной ответственности*) 2. пребывание в общественном месте в состоянии явного опьянения 3. пьянство; алкоголизм ◇ ~ causa libera in actio добровольное опьянение
aggravated ~ пребывание в общественном месте в состоянии явного опьянения при отягчающих обстоятельствах
habitual ~ привычное пьянство; алкоголизм
involuntary ~ недобровольное опьянение
public ~ *см.* drunkenness 2.
voluntary ~ добровольное опьянение

dry формальный; номинальный; не налагающий обязанности *или* ответственности; не приносящий выгоды *или* преимущества

dubious сомнительный, вызывающий сомнение

duces tecum *лат.* повестка о явке в суд для представления ему имеющихся у лица письменных доказательств

duchy герцогство

due 1. сбор, налог, пошлина, взнос 2. причитающийся, следуемый 3. должный, надлежащий 4. наступивший (*о сроке*) ◇ past ~ просроченный; to become [to fall] ~ наступить (*о сроке*)
annual ~ ежегодные сбор, налог, пошлина, взнос
port ~s портовые сборы
regular ~ регулярно взимаемые сбор, налог, пошлина; членский взнос

due-bill долговая расписка

duel(ing) дуэль (*участие в дуэли*)

duly надлежаще, в надлежащем порядке; должным образом; в должное время

dumping 1. демпинг 2. сброс (*отходов*)

dungeon *ист.* подземная тюрьма, темница

duplicate 1. второй экземпляр; дубликат ‖ делать дубликат 2. свидетельство о восстановлении несостоятельного должника в правах 3. ломбардный билет, долговая квитанция ◇ to ~ textually воспроизводить дословно
~ of exchange дубликат векселя

duplicity соединение разных оснований иска в одном исковом требовании; соединение разных защитительных аргументов в одном пункте возражений по иску; соединение разных правонарушений в одном пункте обвинения

duply *шотл.* вторая состязательная бумага ответчика, вторичное возражение ответчика ‖ подавать вторичное возражение (*об ответчике*)

durante absentia *лат.* в отсутствие, заочно

duration период, срок действия (*договора, приказа и т.д.*); срок полномочий легислатуры
~ of order срок действия приказа
~ of parole срок действия условий условно-досрочного освобождения
~ of recommitment 1. срок, предоставленный для повторного рассмотрения 2. срок, на который лицо возвращается в тюрьму

duress принуждение ◇ ~ by menaces [per minas] принуждение посредством угроз

~ of goods незаконный арест имущества

~ of imprisonment незаконное лишение свободы (в тюрьме)

duressor лицо, применяющее принуждение

dutiable подлежащий обложению пошлиной, облагаемый пошлиной

duty 1. обязанность; функция; повинность; долг 2. пошлина; сбор; налог ◇ appointed for a ~ назначенный для исполнения обязанности; contrary to a ~ вопреки обязанности; elected for a ~ избранный для исполнения обязанности; ~ enjoined by law обязанность, вменённая законом; failure to perform a (legal) ~ невыполнение (правовой) обязанности; ~ for revenue фискальная пошлина; selected for a ~ отобранный для исполнения обязанности; to accomplish the ~ выполнить обязанность; ~ to comply обязанность подчиняться (правилам), соблюдать (закон); volunteer for a ~ лицо, добровольно взявшее на себя исполнение обязанности

~ of care обязанность соблюдать осторожность

~ of detraction пошлина на перемещение полученного наследства из одного штата в другой

~ of fidelity долг верности

absolute ~ абсолютная обязанность

account ~ налог на дарение, произведённое на случай смерти дарителя

active ~ действительная служба (в армии, в полиции)

administrative ~ административная обязанность или функция

ad valorem ~ таможенная пошлина в соответствии с ценностью импортируемого предмета (товара), адвалорная пошлина

affirmative ~ позитивная [положительная] обязанность, обязанность действовать

civilian ~ трудовая повинность

contractual ~ обязанность из договора, договорная обязанность

countervailing ~ уравнительная [компенсационная] пошлина

custodial ~ обязанность охранять лиц, содержащихся под стражей

custom(s) ~ таможенная пошлина

death ~ налог на наследство

differential ~ дифференциальная пошлина

disclosure ~ 1. обязанность полного раскрытия фактов 2. обязанность полного раскрытия изобретения (в описании изобретения)

discretionary ~ дискреционная функция

entrance ~ ввозная пошлина

equalization ~ уравнительная пошлина

estate ~ налог на наследство

excise ~ акциз, акцизный сбор

export ~ экспортная пошлина

expressly enjoined ~ прямо вменённая обязанность

federal ~ амер. функция в связи со службой в федеральном аппарате

feudal ~ феодальная повинность

fiduciary ~ фидуциарная обязанность

former ~ прежняя обязанность

future ~ будущая обязанность

general ~ обязанность общего характера

guard ~ обязанность охранять, функция охраны

import ~ импортная пошлина

inheritance ~ налог на наследство

jail ~ служба в тюрьме

judicial ~ судейская, судебная функция

law enforcement ~ правоприменительная функция

legal ~ 1. обязанность, налагаемая правом; правовая обязанность 2. договорная обязанность

military ~ воинская повинность; воинская обязанность; воинский долг

ministerial ~ 1. служебная, исполнительная, исполнительская обязанность или функция 2. административная обязанность или функция 3. министерская обязанность или функция 4. священническая обязанность или функция; священнический долг

negative ~ негативная обязанность, обязанность не совершать какое-л. действие, обязанность бездействовать

official ~ официальная обязанность

ordinary ~ обычная обязанность

patrol ~ патрульная функция

point ~ постовые обязанности полицейского-регулировщика

positive ~ позитивная [положительная] обязанность, обязанность действовать

preferential ~ преференциальная пошлина

previous [prior] ~ прежняя обязанность

prohibitive ~ запретительная пошлина

public ~ публично-правовая обязанность

retaliatory ~ карательная пошлина, пошлина, вводимая в порядке реторсии

revenue ~ фискальная пошлина

riot ~ обязанность, функция подавления массовых беспорядков

stamp ~ гербовый сбор

state ~ 1. государственная функция 2. функция в связи со службой в аппарате штата

statutory ~ обязанность по закону

succession ~ налог на наследуемую недвижимость

tack ~ шотл. арендная плата

duty-bound по долгу службы

duty(-)free беспошлинный, беспошлинно

dysnomy плохое законодательство

dyvour шотл. банкрот, несостоятельный должник ‖ неплатёжеспособный, несостоятельный

E

earl *англ.* 1. граф 2. *уст.* дворянин; воин

earldom 1. графство, титул графа 2. *ист.* земельные владения графа, графство

earles-penny задаток

earmark 1. помечать отличительным знаком 2. индивидуализировать 3. предназначать для определённой цели, резервировать, бронировать

earn 1. зарабатывать 2. приносить доход, быть рентабельным ◇ to ~ **commission** получать комиссионные; to ~ **reward** получать вознаграждение

earnest задаток

ear-witness свидетель, подтверждающий лично слышанное; свидетель, лично слышавший то, о чём он показывает

easement права из сервитута, сервитут ◇ ~ **appurtenant** *см.* appurtenant easement; ~ **in gross** личный сервитут

  ~ **of convenience** сервитут в целях удобства

  ~ **of necessity** необходимый сервитут

  affirmative ~ разрешительный сервитут

  appurtenant ~ земельный сервитут; право на сервитут, следующее за недвижимостью

  continuous ~ длящийся сервитут

  discontinuous ~ сервитут эпизодического пользования

  negative ~ запретительный сервитут

  private ~ частный сервитут

  public ~ публичный сервитут

  secondary ~ дополнительный сервитут (*необходимо вытекающий из основного сервитута*)

eavesdropping подслушивание (*состав преступления*)

  consensual ~ подслушивание с согласия потерпевшего

  constitutional ~ подслушивание, не нарушающее конституцию

  electronic ~ электронное подслушивание

  illegal ~ противозаконное подслушивание

  legal ~ законное подслушивание

  nonconsensual ~ подслушивание без согласия потерпевшего

  unconstitutional ~ подслушивание, нарушающее конституцию

ecclesiastical церковный

economy:

  licit ~ законная экономика

  shadow ~ теневая экономика

edict эдикт, указ

edition 1. издание 2. редакция; вариант; версия

  copyright ~ издание, защищённое авторским правом

  enlarged ~ расширенное, дополненное издание

  official ~ 1. официальное издание 2. официальная редакция; официальный вариант

  original ~ первое издание

  seized ~ конфискованное издание

  unauthorized ~ издание, выпущенное без разрешения автора

  unofficial ~ 1. неофициальное издание 2. неофициальная редакция; неофициальный вариант

education воспитание; обучение; образование

  correctional ~ исправительное воспитание; воспитание в исправительном учреждении, перевоспитание (*заключённых*)

  equal ~ равное для всех образование

  judicial ~ профессиональная подготовка судей

  legal ~ 1. правовое воспитание 2. юридическое образование

  prison ~ перевоспитание *или* обучение заключённых (*профессии*) в тюрьме

  vocational ~ профессиональное обучение (*заключённых*)

effect 1. следствие, результат 2. влияние, последствие; эффект; действие; юридическое действие; сила 3. содержание; существо 4. осуществлять; совершать; производить; оформлять 5. *pl* движимость 6. *pl* имущество (*личное*) ◇ **in** ~ действующий (*о законе, документе, договоре*); to ~ **a contract** заключить договор; to ~ **a deal** заключить, совершить, оформить сделку; to ~ **a marriage** заключить брак; to ~ **a payment** производить платёж; to ~ **a policy of insurance** застраховать, оформить страховой полис; **to come into** ~ вступать в силу; **to give further** ~ продлить действие; to ~ **legislative desire** осуществить намерение законодателя; **to take** ~ вступать в силу; **with** ~ **from** вступающий в силу с...

  adverse ~ неблагоприятный результат

  binding ~ обязывающее действие (*договора, документа и т.д.*)

  condemnatory ~ эффект (*предупредительный*) осуждения (*на смертную казнь*)

  cumulative ~ совокупный результат

  delaying ~ отлагательное действие

  deterrent ~ удерживающее (*от совершения преступления*) устрашением действие; сдерживающий, предупредительный эффект

  evidential ~ доказательная сила

  extraterritorial ~ экстерриториальное действие

  final ~ окончательная законная сила

  further ~ дальнейшее действие (*закона, документа, договора*)

  legal ~ 1. правовой эффект, правовые последствия 2. юридическая сила; юридическое значение

  movable ~s движимое имущество

  personal ~s личное имущество

  portable ~s движимое имущество

  prejudicial ~ преюдициальный эффект, преюдиция

  retroactive [**retrospective**] ~ обратная сила

effective 1. действенный, эффективный 2. действующий, имеющий силу ◇ **to become** ~

effectiveness 1. эффективность 2. вступление в силу

correctional ~ эффективность мер исправления; эффективность деятельности исправительных учреждений

investigative ~ эффективность следствия

judicial ~ эффективность судебной деятельности

law ~ эффективность права; эффективность закона

law enforcement ~ 1. эффективность правоприменения 2. *амер.* эффективность полиции

legal ~ эффективность в сфере действия права

penal ~ эффективность кары

police ~ эффективность полиции

procedural ~ эффективность норм процессуального права

remedial ~ эффективность средств судебной защиты

effectual действенный; действительный; действующий, имеющий силу

effectuation of arrest производство ареста

efficacious эффективный, действенный; действующий, имеющий силу

efficacy эффективность, сила; действенность

legal ~ 1. юридическая эффективность, юридическая сила 2. юридическая действительность

efficiency эффективность, действенность

efficient эффективный, действенный; действительный

efflux(ion) 1. истечение *(срока)* 2. прекращение с истечением срока

effort:

correction ~ исправительное мероприятие

criminal ~ покушение на преступление

enforcement ~ *амер.* правоприменительное полицейское усилие, мероприятие; правоприменительная полицейская акция

effraction взлом

effractor взломщик; субъект берглэри

egress право выхода

eject изгонять; лишать владения; выселять

ejection изгнание; лишение владения; насильственное удаление

ejectment 1. выселение; изъятие недвижимого имущества 2. иск о восстановлении владения недвижимостью

ejector нарушитель права владения недвижимостью

casual ~ ответчик по иску о восстановлении владения недвижимостью

elect 1. избирать, выбирать *(голосованием)* 2. решать 3. предпочитать 4. избранный, но ещё не вступивший в должность

electable имеющий право быть избранным

electee избранный, выбранный *(голосованием)*

election 1. выбор(ы) 2. *pl* выборы 3. избрание ◇ ~ on a population basis выборы пропорционально численности населения, пропорциональные выборы; to call ~ объявить выборы,

проводить предвыборную кампанию; to hold ~ проводить выборы

city ~s выборы в органы городского самоуправления, муниципальные выборы

congressional ~ выборы в конгресс

contested ~ 1. выборы, правильность которых оспаривается 2. выборы, на которых происходит борьба между кандидатами

disputed ~ *см.* contested election 1.

«eye-wash» ~ фиктивные выборы

federal ~ *амер.* выборы в федеральные органы

free ~ свободные выборы

general ~ (все)общие выборы

gubernatorial ~ *амер.* выборы губернатора

House ~s *амер.* выборы в палату представителей

legislative ~ выборы законодательным органом *(главы исполнительной власти)*

local (government) ~s выборы в органы местного самоуправления

mayoral ~s выборы мэра

mid-term ~s выборы до истечения срока правомочий выборного органа, промежуточные выборы

municipal ~ муниципальные выборы

national ~ *амер.* выборы в федеральные органы

occassional ~s дополнительные выборы *(в связи с освобождением вакансий)*

parliamentary ~s выборы в парламент, парламентские выборы

popular ~ народное голосование

presidential ~ 1. выборы президента, президентские выборы 2. выборы кандидатов для баллотировки на всеобщих выборах

primary ~ *амер.* «праймериз», первичные выборы, выборы делегатов на партийный съезд

regular ~ очередные выборы

senatorial ~s выборы в сенат

special ~ дополнительные выборы *(в США)*

state ~s выборы в органы штата

uncontested ~ 1. выборы, правильность которых не оспаривается 2. выборы с единственным кандидатом

electioneer проводить предвыборную кампанию

electioneering предвыборная кампания

elective 1. выборный 2. избирательный 3. имеющий избирательные права 4. факультативный

federally ~ *амер.* 1. избираемый на выборах в федеральные органы 2. имеющий избирательные права на выборах в федеральные органы

locally ~ 1. избираемый на выборах в органы местного самоуправления 2. имеющий избирательные права на выборах в органы самоуправления

nationally ~ *см.* federally elective

state ~ 1. избираемый на выборах в органы

штата 2. имеющий избирательные права на выборах в органы штата

elector 1. избиратель **2.** выборщик, член коллегии выборщиков (*президента и вице-президента США*) **3.** лицо, осуществляющее право выбора

bound [committed] ~ *амер.* выборщик, связанный обязанностью [поручением] *или* обещанием голосовать за определённого кандидата

pledged ~ *см.* promised elector

presidential ~ **1.** *амер.* президентский выборщик, член коллегии выборщиков президента **2.** *pl* коллегия выборщиков президента (*в США*)

promised ~ *амер.* выборщик, связанный обещанием голосовать за определённого кандидата

qualified ~ лицо, имеющее право голоса

registered qualified ~ зарегистрированный избиратель

unbound [uncommitted] ~ *амер.* выборщик, не связанный обязанностью [поручением] *или* обещанием голосовать за определённого кандидата

unpledged [unpromised] ~ *амер.* выборщик, не связанный обещанием голосовать за определённого кандидата

electoral избирательный

electorate контингент избирателей, избирательный корпус, электорат

congressional ~ электорат конгресса

parliamentary ~ электорат парламента

presidential ~ президентский электорат

electorship статус избирателя *или* выборщика

electrocute казнить на электрическом стуле

electrocution казнь на электрическом стуле

eleemosynary благотворительный

elegit *лат.* судебный приказ о передаче кредитору недвижимого имущества должника впредь до погашения долга

element 1. элемент, составная часть **2.** фактор **3.** группа (*людей*) **4.** *pl* стихия, непреодолимая сила, форс-мажор ◇ ~ essential to the offence **1.** элемент, признак (состава) преступления **2.** *pl* состав преступления

~ **of claim** признак формулы изобретения

~ **of crime** элемент (состава) преступления

~ **of introduction** коллизионная привязка

~ **of offence** элемент (состава) правонарушения; элемент (состава) преступления

constituent [essential, material] ~ **of offence 1.** элемент, признак (состава) преступления **2.** *pl* состав преступления

essential ~ существенный элемент; реквизит

essential ~ **of crime** существенный элемент (состава) преступления

vital ~**s of crime** конститутивные элементы преступления; элементы (состава) преступления

elevation повышение в ранге, должности

elide *шотл.* аннулировать

eligibility 1. обладание правом (*в силу удовлетворения соответствующим установ-*

ленным требованиям) **2.** право на избрание; пассивное избирательное право **3.** право на занятие должности, право на пребывание в должности

age ~ обладание правом в силу возраста

definite ~ обладание определённым, конкретным правом

indefinite ~ обладание правом, не получившим (*в законе, договоре и т.д.*) положительного определения

limited ~ обладание ограниченным правом *или* ограниченным кругом прав

parole ~ обладание правом на условно-досрочное освобождение

unlimited ~ обладание неограниченным правом *или* неограниченным кругом прав

eligible 1. имеющий право (*в силу удовлетворения соответствующим установленным требованиям*); отвечающий требованиям **2.** имеющий право на занятие должности, имеющий право на пребывание в должности **3.** имеющий право на избрание; обладающий пассивным избирательным правом ◇ ~ for funding отвечающий требованиям, необходимым для фондирования; ~ for parole имеющий право на условно-досрочное освобождение; подлежащий условно-досрочному освобождению

constitutionally ~ имеющий право по конституции (*как отвечающий требованиям, установленным конституцией*)

legally ~ имеющий юридическое право, имеющий право по закону (*как отвечающий требованиям, установленным законом*)

elisor лицо, назначенное для подбора присяжных

eloign 1. изъятие имущества из юрисдикции суда ‖ изъять имущество из юрисдикции суда **2.** завладение движимостью по праву удержания **3.** возражение против судебного приказа о виндикации ‖ заявить возражение против судебного приказа о виндикации (*в случаях, когда имущество было изъято из владения*)

eloigner 1. лицо, изъявшее имущество из юрисдикции суда **2.** лицо, завладевшее движимостью по праву удержания **3.** лицо, заявившее возражение против судебного приказа о виндикации (*в случаях, когда имущество было изъято из владения*)

emancipate эмансипировать

emancipation эмансипация

colonial ~ освобождение колоний, деколонизация

embargo запрещение; запрет; эмбарго

absolute ~ безусловный запрет; полный запрет; безусловное эмбарго; полное эмбарго

hostile ~ эмбарго на суда неприятеля

embassador *уст.* посол

embassage 1. должность посла **2.** состав посольства

embassy 1. посольство **2.** посольские полномочия, функция посла

embezzle присвоить *или* растратить имущество

embezzled 1. присвоенное *или* растраченное (*об имуществе*) **2.** потерпевший от присвоения *или* растраты имущества

embezzlement присвоение *или* растрата имущества

embezzler субъект присвоения *или* растраты имущества; лицо, присвоившее *или* растратившее имущество; растратчик

emblem эмблема; символ; государственный герб

  distinctive ~ отличительная эмблема, отличительный знак

  national ~ герб страны, государственный герб

  state ~ государственный герб

emblements доход *или* урожай с засеянной земли; доход с земли; урожай на корню

embodiment 1. воплощение **2.** включение **3.** объединение

  alternative ~ альтернативный вариант осуществления изобретения

  preferred ~ предпочтительный вариант (*осуществления изобретения*)

embody 1. воплощать **2.** включать; включать в себя **3.** объединяться, сливаться ◇ **to ~ a treaty in law** инкорпорировать международный договор в национальное законодательство

embracer лицо, виновное в попытке оказать преступное воздействие на судью *или* присяжных с целью понудить их к вынесению решения *или* вердикта в пользу стороны по делу

embracery попытка оказать преступное воздействие на судью *или* присяжных с целью понудить их к вынесению решения *или* вердикта в пользу стороны по делу

emend(ate) исправлять (*текст*), вносить поправки, уточнения, устранять разночтения

emendation исправление (*текста*), внесение поправок, уточнений, устранение разночтений

emergency непредвиденный случай; чрезвычайное обстоятельство; чрезвычайное положение; крайняя необходимость

  riot ~ чрезвычайное положение в связи с массовыми беспорядками

emigrant эмигрант ‖ эмигрантский; эмигрирующий

emigrate эмигрировать

emigration эмиграция

emigratory эмиграционный

emissary эмиссар; агент

emolument заработок; жалованье; вознаграждение

empanel составлять список присяжных, включать в список присяжных

emparlance срок для представления объяснений по иску

emphyteusis эмфитевзис, долгосрочная *или* бессрочная аренда земли

emphyteutic долгосрочно арендованный *или* сданный в долгосрочную аренду; бессрочно арендованный *или* сданный в бессрочную аренду

empire 1. империя **2.** верховная власть **3.** держава

employ 1. работа по найму ‖ предоставлять работу по найму **2.** использовать ◇ **to ~ criminally** использовать в преступных целях

employee служащий; работник по найму

  administrative ~ служащий с административными функциями (*неруководящего характера*)

  called-in ~ нанятый на службу; нанятый на работу

  consular ~ консульский служащий

  corporate ~ служащий корпорации

  correctional ~ служащий исправительного учреждения

  crooked ~ служащий *или* работник, недобросовестно выполняющий свои обязанности; служащий *или* работник, занимающийся жульничеством при исполнении своих обязанностей

  defendant ~ служащий *или* работник, привлечённый к делу в качестве ответчика *или* обвиняемого [подсудимого]

  federal ~ *амер.* федеральный служащий

  government ~ правительственный, государственный служащий

  larcenous ~ служащий *или* работник, расхищающий доступное ему по службе *или* работе имущество

  nonunion ~ служащий *или* работник, не являющийся членом профсоюза

  plaintiff ~ служащий *или* работник, выступающий по делу в качестве истца

  public ~ государственный служащий

  thieving ~ служащий *или* работник, крадущий доступное ему по службе *или* работе имущество

  tortious ~ служащий *или* работник, совершающий гражданские правонарушения по месту службы *или* работы

  union ~ служащий *или* работник, являющийся членом профсоюза

employer наниматель (*служащих или рабочих*)

  nonunion ~ наниматель, нанимающий служащих *или* работников без участия профсоюза

  union ~ наниматель, нанимающий служащих *или* работников с участием профсоюза

employment 1. использование **2.** личный наём **3.** служба; работа; занятость

  common ~ принцип «совместной службы» (*отсутствие у служащего права иска из правонарушения к хозяину, если ущерб причинён небрежностью другого служащего*)

  equal ~ принцип равного найма (*без дискриминации по признаку возраста, пола, расовой, вероисповедной или партийной принадлежности*)

  extra-mural ~ *см.* outside employment

  occasional ~ временная работа

  outside ~ использование заключённых на работах за пределами исправительного учреждения [тюрьмы] public ~ пребывание в публичной должности, занятие публичной должности

empower уполномочивать; предоставлять право; оформлять полномочия ◇ to ~ explicitly [expressly] прямо уполномочивать, управомочивать; to ~ implicitly уполномочивать, управомочивать конклюдентными действиями

empowered уполномоченный, управомоченный

enable 1. давать возможность; давать право; уполномочивать 2. узаконивать, давать юридический статус

enabling дающий возможность; облекающий правом; уполномочивающий

enact устанавливать, предписывать в законодательном порядке, постановлять, принимать (закон) ◇ to ~ a law принять закон; to ~ into law установить, предписать в законодательном порядке; to ~ legislation принять законодательство; принимать законы; to ~ the will of legislature выразить волю законодателей в законе

enacted установленный, предписанный (в законодательном порядке), постановленный, принятый (о законе) ◇ «be it enacted» «да будет установлено» (слова из преамбулы законодательного акта)

enactment 1. издание, принятие (закона), установление в законодательном порядке 2. законодательный, нормативный акт; узаконение; законоположение; правовое предписание, веление, норма права

congressional ~ амер. 1. принятие закона конгрессом 2. закон, принятый конгрессом

enrolled ~ зарегистрированный (прошедший все стадии законодательной процедуры) законодательный акт

later ~ позднейший законодательный акт; позднейшая редакция законодательного акта

legislative ~ законодательный акт

parliamentary ~ закон, принятый парламентом

speedy ~ безотлагательное принятие закона

enactor законодатель

en banc фр. в полном составе

enclave анклав

federal ~ федеральный анклав (на территории штата)

enclose 1. прилагать 2. огораживать (напр. общинные земли)

enclosure 1. приложение, вложение 2. огораживание (напр. общинных земель)

forced ~ англ. ист. насильственное огораживание общинных земель

encourage поощрять; подстрекать; способствовать ◇ to ~ perpetration of a crime подстрекать к совершению преступления; способствовать совершению преступления; to ~ prosecution служить поводом или основанием для возбуждения уголовного преследования

encroach нарушать (какое-л. право), посягать (на власть); узурпировать (власть)

encroachment нарушение (какого-л. права); посягательство

encumbent лежащий (об обязанности, долге)

encumber обременять (имущество)

encumbrance 1. помеха, препятствие 2. обременение (лежащее на имуществе) 3. закладная (на имущество)

encumbrancer лицо, в пользу которого существует обременение; залогодержатель

end цель ◇ ~ justified оправданная цель; ~ not justified неоправданная цель

criminal ~ преступная цель

endamage повреждать; наносить ущерб

endamagement вред; убыток; ущерб, повреждение; нанесение ущерба

endanger ставить в опасность, подвергать опасности; создавать угрозу безопасности ◇ to ~ health ставить в опасность здоровье; to ~ life ставить в опасность (человеческую) жизнь; to ~ property ставить в опасность имущество; to ~ the public peace создать угрозу нарушения общественного порядка

endangering поставление в опасность; создание угрозы безопасности || ставящий в опасность; создающий угрозу безопасности

intentional ~ намеренное, умышленное поставление в опасность

known ~ заведомое поставление в опасность

malicious ~ злоумышленное поставление в опасность

negligent ~ поставление в опасность по небрежности

reckless ~ опрометчивое поставление в опасность

voluntary [wilful] ~ умышленное поставление в опасность

endeavo(u)r предприятие; попытка; покушение, посягательство || предпринимать; пытаться; покушаться, посягать

criminal ~ покушение на преступление

endenizen принимать в число граждан, предоставлять гражданство

endorse 1. расписываться на обороте; отмечать на обороте 2. делать передаточную надпись, индоссировать, жирировать 3. вписывать (в документ); делать отметку (на документе) 4. одобрять, подтверждать; поддерживать 5. указывать основание иска, делать индоссамент (на обороте судебного приказа о вызове в суд) ◇ to ~ a bill индоссировать вексель; to ~ a passport визировать паспорт, поставить визу на паспорт

endorsed имеющий передаточную надпись

endorsee индоссат, жират ◇ ~ in due course добросовестный индоссат, индоссат в порядке непрерывного ряда передаточных надписей

endorsement 1. подпись на обороте (документа) 2. передаточная надпись, индоссамент, жиро 3. индоссирование с указанием основания иска (на обороте судебного приказа о вызове в суд) 4. одобрение, подтверждение ◇ ~ after maturity индоссамент на векселе с наступившим сроком платежа; continuous series of ~s непрерывный ряд передаточных надписей; ~ for an account индоссирование с требованием отчётности (о полученных и израсходованных денежных суммах); ~ for collection индоссамент только для инкассо; ~ in blank бланковая передаточная надпись; ~ in full именная передаточная надпись, полный индоссамент; ~ without recourse безоборотный индоссамент

accomodation ~ «дружеский» индоссамент

blank ~ бланковый индоссамент, бланковая передаточная надпись

conditional ~ условный индоссамент

forged ~ подложный индоссамент

full ~ именной индоссамент, именная передаточная надпись

general ~ 1. бланковая передаточная надпись 2. общий индоссамент (на приказе о вызове в суд), простое индоссирование приказа о вызове в суд

judicial ~ судебное одобрение, подтверждение (политической практики)

qualified ~ передаточная надпись, содержащая специальное условие

restrictive ~ ограниченный индоссамент

special ~ 1. именная передаточная надпись 2. специальное индоссирование (приказа о вызове в суд)

unconditional ~ безусловный индоссамент

endorser 1. лицо, расписавшееся на обороте 2. индоссант, жирант

accomodation ~ индоссант, учинивший «дружеский» индоссамент

successive ~ последующий индоссант

endow 1. давать; предоставлять; даровать; облекать (полномочиями) 2. материально обеспечивать 3. давать приданое

endowment 1. предоставление; дар; пожертвование 2. обеспечение приданым 3. материальное обеспечение

charitable ~ 1. благотворительное пожертвование 2. благотворительный фонд

endue наделять, облекать ◇ to ~ with authority облечь властью; to ~ with citizenship предоставлять гражданство

endurance срок действия

endure ◇ to ~ punishment отбыть наказание

enemy враг, противник, неприятель

alien ~ враждебный иностранец; иностранец-подданный [гражданин] неприятельского государства

potential ~ потенциальный противник

public ~ 1. враг государства; неприятель, противник; неприятельское государство 2. гражданин [подданный] неприятельского государства 3. социально-опасный элемент 4. лицо, объявленное вне закона

suspected ~ лицо, подозреваемое в связи с неприятельским государством

enfeoff жаловать лен, дарить недвижимость

enfeoffment 1. пожалование леном, дарение недвижимости 2. лен, жалованная недвижимость

enforce 1. принудительно применять (право, закон) 2. принудительно осуществлять (или взыскивать) в судебном порядке 3. обеспечивать соблюдение, исполнение; принудительно проводить в жизнь; обеспечивать правовой санкцией 4. принуждать к выполнению требований (гангстерской) банды ◇ to ~ a rule применить правовую норму; to ~ a security обращать взыскание на обеспечение; to ~ a sentence исполнить приговор; применить вынесенное по приговору наказание; to ~ a statute применить статут; to ~ a writ привести в исполнение приказ суда; to ~ discipline обеспечивать соблюдение дисциплины; to ~ judgement приводить в исполнение судебное решение; to ~ law применить правовую норму, закон; to ~ legally применить законное принуждение; to ~ penalty применить санкцию, наказание; to ~ right принудительно осуществить (субъективное) право; обеспечить соблюдение (субъективного) права

enforceability обладание исковой силой; возможность принудительного осуществления в судебном порядке; обеспеченность правовой санкцией

enforceable имеющий исковую силу; могущий быть принудительно осуществлённым в судебном порядке; обеспеченный правовой санкцией ◇ ~ in court of law могущий быть принудительно осуществлённым в судебном порядке; ~ in law обеспеченный правовой санкцией; могущий быть принудительно осуществлённым по закону

enforced 1. вынужденный, принуждённый 2. принудительно применённый (закон) 3. принудительно осуществлённый (или взысканный) в судебном порядке 4. принудительно обеспеченный; принудительно проведённый в жизнь; обеспеченный правовой санкцией 5. принуждённый к выполнению требований (гангстерской) банды

enforcement 1. принудительное применение (права, закона); правоприменение; амер. полицейское правоприменение; амер. полиция (патрульная) 2. принудительное осуществление или взыскание (по суду) 3. принудительное обеспечение соблюдения, исполнения; принуждение к исполнению; принудительное проведение в жизнь; обеспечение правовой санкцией 4. принуждение к выполнению требований (гангстерской) банды ◇ to make ~ distinctions проводить различия в правоприменении; индивидуализировать правоприменение

~ of law применение права, закона

~ of offence применение нормы права к факту совершения преступления

~ of right принудительное (по суду) осуществление права (субъективного)

ad hoc ~ правоприменительная полицейская акция специального назначения

aggressive ~ амер. полиц. активное правоприменение

antitrust ~ *амер.* применение антитрестовских законов

antitrust administrative ~ *амер.* применение административных нормативных актов по антитрестовским делам

antitrust civil ~ *амер.* применение гражданских законов по антитрестовским делам

antitrust criminal ~ *амер.* применение уголовных законов по антитрестовским делам

antitrust regulatory ~ *амер.* регулятивное правоприменение по антитрестовским делам

congressional ~ 1. применение законов конгресса 2. применение регламента конгресса

contract law ~ *амер.* (частная) полиция по договору, по найму

drug law ~ применение законов о наркотиках

even-handed ~ (of law) справедливое, беспристрастное применение закона

federal ~ *амер.* 1. применение федерального права 2. федеральная полиция

flexible ~ гибкое правоприменение

gambling ~ 1. применение законодательства об уголовной ответственности за эксплуатацию азартных игр 2. полицейское подразделение по борьбе с (гангстерской) эксплуатацией азартных игр

harsh law ~ строгое, неукоснительное применение закона

judicial ~ судебное, судейское правоприменение

juvenile law ~ правоприменение в сфере делинквентности и преступности несовершеннолетних

law ~ 1. правовое принуждение; правоприменение; применение закона 2. *амер.* полицейское правоприменение 3. *амер.* полиция (*патрульная*)

lax law ~ вялое правоприменение

legal ~ принуждение в соответствии с законом, законное принуждение

legal ~ of law применение закона законными методами

legitimate law ~ правоприменение законными методами

liberal ~ 1. либеральное правоприменение 2. *амер.* активное правоприменение 3. применение нормы на основе расширительного её толкования

loose ~ вялое правоприменение

mandatory ~ неукоснительное правоприменение; обязательное правоприменение

non-police ~ 1. неполицейское правоприменение 2. неполицейские правоприменяющие органы

operational ~ правоприменение на оперативном уровне

passive ~ пассивное правоприменение

police ~ полицейское правоприменение

private law ~ *амер.* частная полиция

proactive ~ *полиц.* упреждающее правоприменение

procedural ~ применение норм процессуального права

public law ~ 1. применение норм публичного права 2. *амер.* государственная полиция

reactive ~ *полиц.* реактивное правоприменение

regulatory ~ регулятивное правоприменение; правоприменение регулятивными органами

selective ~ избирательное правоприменение

strict ~ (of law) 1. ограничительное правоприменение 2. строгое правоприменение

substantive ~ применение норм материального права

trade ~ принуждение в силу правил, установленных коммерческой (*напр. отраслевой*) ассоциацией

traffic (law) ~ 1. применение правил уличного движения; принуждение к соблюдению правил уличного движения 2. *амер.* дорожная полиция

vice ~ 1. применение законов о борьбе с (гангстерской) эксплуатацией пороков 2. полицейское подразделение по борьбе с (гангстерской) эксплуатацией пороков

enforcer 1. лицо, принудительно осуществляющее право в судебном порядке; орган, претворяющий право в жизнь 2. *амер. жарг.* инфорсер (*член гангстерской банды, функцией которого является принуждение к выполнению её требований или приведение в исполнение её приговоров*)

antitrust ~ *амер.* орган *или* должностное лицо, применяющие антитрестовское законодательство

law ~ 1. сотрудник правоприменяющего органа 2. *амер.* полицейский (*патрульный*)

enfranchise 1. предоставлять права гражданства; предоставлять избирательные права 2. давать право представительства в парламенте 3. освобождать, отпускать на волю 4. преобразовывать копигольд во фригольд

enfranchisement 1. предоставление прав гражданства; предоставление избирательных прав 2. предоставление права представительства в парламенте 3. освобождение, отпуск на волю 4. преобразование копигольда во фригольд

engage 1. обязывать(ся) 2. заниматься *чем-л.* 3. нанимать 4. закладывать ◇ to ~ in war вести войну, принимать участие в войне

engagement 1. обязательство 2. договорённость 3. занятие; дело 4. личный наём

entered ~ 1. принятое обязательство 2. достигнутая договорённость

lawful ~ 1. правомерное обязательство 2. правомерная договорённость 3. правомерное занятие

social ~ обязательство, не носящее юридического характера

unlawful ~ 1. противоправное обязательство 2. противоправная договорённость 3. противоправное занятие

engager 1. наниматель 2. лицо, принимающее на себя обязательство

engraft осложнить *какую-л.* норму исключениями, оговорками в процессе её применения

engross переписывать документ, придавать ему надлежащую форму

engrossment 1. придание документу надлежащей формы **2.** *амер.* составление окончательного проекта резолюции *или* закона

enjoin 1. приказывать; предписывать; вменять в обязанность **2.** запрещать

enjoy обладать *(правом)*; пользоваться *(правом)*; осуществлять *(право)*

enjoyment обладание *(правом)*; пользование *(правом)*; осуществление *(права)*
~ of property обладание правом собственности; пользование правом собственности; осуществление права собственности
adverse ~ пользование правом (со ссылкой на наличие титула) вопреки притязаниям другого лица
beneficial ~ пользование имуществом в качестве собственника-бенефициария
quiet ~ спокойное пользование правом, спокойное владение

enlarge 1. продлевать *(срок)* **2.** освобождать *(из заключения)* ◇ to ~ legal operation of an instrument продлить срок действия документа

enlevement *шотл.* похищение *(человека)*

enlist зачислять, вербовать в состав вооружённых сил

enlistment зачисление, вербовка в состав вооружённых сил
foreign ~ вступление в вооружённые силы другого государства

ennoble жаловать дворянство

enquire 1. запрашивать **2.** расследовать

enquiry 1. запрос **2.** расследование, рассмотрение
forensic ~ судебная экспертиза
judicial ~ судебное следствие
preliminary ~ предварительное судебное следствие
social ~ социальное расследование *(агентом пробации)*

enrichment обогащение
unjust ~ неосновательное обогащение

enrol(l) 1. регистрировать **2.** приобщать к материалам судопроизводства **3.** заносить в список личного состава **4.** вербовать

enrolment 1. регистрация; регистрация принятого законопроекта **2.** приобщение к материалам судопроизводства **3.** реестр, регистр **4.** внесение в список личного состава **5.** вербовка

enseal скреплять печатью

entail 1. майоратное наследование **2.** майорат, заповедное имущество ‖ учреждать заповедное имущество *(ограниченное в порядке наследования и отчуждения)* **3.** влечь за собой ◇ to ~ liability влечь за собой ответственность

entailable наследуемый как майорат *(об имуществе)*

entailed ограниченный в порядке наследования и отчуждения *(об имуществе)*

entailer завещатель, устанавливающий майо-

рат; учредитель заповедного имущества *(ограниченного в порядке наследования и отчуждения)*

entailment учреждение заповедного имущества *(ограниченного в порядке наследования и отчуждения)*

enter 1. входить; въезжать; проникать **2.** занять недвижимость с намерением вступить во владение **3.** заключать *(договор)* **4.** записывать; регистрировать **5.** подавать, представлять, приобщать к делу *(о документах)* ◇ to ~ a judgement выносить решение с занесением его в соответствующее производство; to ~ an action предъявлять иск; to ~ an appeal подавать апелляцию, жалобу; to ~ an appearance зарегистрировать явку; to ~ an appearance to the writ приобщить запись о явке к судебному приказу; to ~ an order издать приказ с занесением в производство; to ~ at Stationer's Hall регистрировать авторское, издательское право *(Великобритания)*; to ~ a witness box предстать перед судом в качестве свидетеля; to ~ in the docket занять место на скамье подсудимых; to ~ into a bond дать письменное обязательство; to ~ into a contract заключать договор; to ~ into a duty [into a liability] принять на себя обязанность; to ~ into negotiations вступать в переговоры; to ~ into recognizances дать обязательство *(обеспечить явку обвиняемого в суд)*; to ~ one's own recognizance взять на себя обязательство *(вести себя должным образом)*; to ~ on the reference принять дело к производству в соответствии с третейской записью; to ~ protest заявлять протест; to ~ satisfaction вносить компенсацию; to ~ the law вступать в адвокатуру; to ~ upon the record занести в протокол; приобщить к делу

entered вписанный, внесённый, занесённый; зарегистрированный; зафиксированный; поданный *(о документе)* ◇ ~ at Stationer's Hall «авторское, издательское право заявлено»
~ of record запротоколированный

entering проникновение ◇ ~ with intent to commit a crime проникновение *(в помещение)* с умыслом совершить *(в нём)* преступление

enterprise предприятие; предпринимательство; деятельность
business ~ деловое предприятие
criminal ~ преступное предприятие; преступное предпринимательство; преступная деятельность
felonious ~ **1.** деятельность, направленная к учинению фелонии; покушение на фелонию **2.** деятельность, квалифицируемая как фелония
illegal ~ незаконное предприятие; незаконное предпринимательство; незаконная деятельность
legitimate ~ законное предприятие; законное предпринимательство; законная деятельность
organized criminal ~ гангстерское предприя-

тие; гангстерское предпринимательство; гангстеризм

entertain 1. принимать к рассмотрению, рассматривать 2. подкупать *(чиновника)* угощениями и развлечениями ◇ to ~ an action принимать к рассмотрению иск, рассматривать иск

entice обольщать

enticement обольщение

entirety совместная общая собственность на недвижимость

entitle 1. давать название 2. давать право; управомочивать; предоставлять правовой титул

entitled 1. озаглавленный 2. имеющий право; управомоченный; получивший правовой титул ◇ ~ to appear before the court имеющий право доступа в суд; имеющий право выступать в суде

entitlement 1. право на *что-л.* 2. документ о праве 3. предоставление права

 leave ~ право на очередной отпуск

entity самостоятельное образование, самостоятельная правовая единица, организация-субъект права ◇ ~ in its own right субъект права, выступающий от собственного имени

 corporate ~ корпорация, юридическое лицо, правосубъектная организация

 formal ~ надлежаще оформленная организация

 informal ~ неформальное образование; неформальная организация

 international ~ субъект международного права

 juridical [legal] ~ 1. юридическое лицо 2. субъект права

 legal ~ under public law публично-правовая корпорация

 police ~ полицейская организация

 separate ~ самостоятельное образование

 sovereign ~ суверенная единица

 territorial ~ территориальная единица

entrance въезд; доступ

entrapment провокация преступления с целью его изобличения

entrench 1. «забронировать» *(предусмотреть квалифицированное большинство или особую процедуру для изменения какой-л. нормы)* 2. нарушать; посягать ◇ to ~ on a right нарушать право; посягать на право

entrenchment 1. «забронирование» *(требование квалифицированного большинства или особой процедуры для изменения какой-л. нормы)* 2. нарушение; посягательство ◇ ~ on a right нарушение права; посягательство на право

entrust вверять; возлагать; поручать

entry 1. вход; въезд; проникновение 2. занятие недвижимости с целью вступления во владение ею 3. вступление *(в организацию, союз)* 4. запись; занесение; регистрация 5. таможенная декларация ◇ ~ ad terminium qui praeterit судебный приказ о вступлении собственника во владение недвижимостью по истечении срока её аренды

 ~ of trial внесение дела в списки дел, назначенных к слушанию

 additional ~ вторичное занятие *(поселенцем на публичных землях США)* недвижимости с целью вступления во владение ею

 arrest ~ регистрация ареста

 bogus ~ поддельная запись

 burglarious ~ проникновение в чужое помещение, являющееся [квалифицируемое как] берглэри

 captain's ~ таможенная декларация капитана

 custom(s) ~ таможенная декларация

 docket ~ регистрация подсудимых

 false ~ ложная запись

 forced ~ вынужденный заход *(о судне)*

 forcible ~ 1. насильственное вторжение *(на землю или в жилище с целью завладения ими)* 2. *амер.* проникновение с преодолением физического препятствия в помещение с умыслом совершить в нём фелонию *или* кражу *(разновидность берглэри)*

 forcible ~ and detainer 1. насильственное вторжение и незаконное удержание недвижимости 2. иск о восстановлении законного владения недвижимостью, подвергшейся насильственному вторжению и незаконному удержанию

 free ~ беспошлинный ввоз, свободный допуск

 import ~ импортная таможенная декларация

 original ~ первоначальная запись

 previous ~ первичное занятие *(поселенцем на публичных землях США)* недвижимости с целью вступления во владение ею

 sight ~ предварительная таможенная декларация

 transit ~ декларация о транзитных грузах

 unlawful ~ *амер.* противоправное проникновение в помещение с умыслом совершить в нём фелонию *или* кражу *(разновидность берглэри)*

enumerate перечислять

enumeration перечисление

enumerator:

 census ~ счётчик *(при переписи населения)*

enure 1. иметь юридическое действие 2. вступать в силу

en ventre sa mère *фр.* «во чреве матери» *(о зачатом плоде)*

environment окружающая среда

 human ~ окружающая человека среда

envisage предусматривать

envoy 1. посланник 2. посол со специальным поручением 3. дипломатический представитель, агент ◇ ~ extraordinary and minister plenipotentiary чрезвычайный посланник и полномочный министр

 diplomatic ~ дипломатический представитель

 special ~ посол для специальных поручений

episode:

 criminal ~ эпизод преступного поведения, эпизод преступления

equal равный; одинаковый; единообразный ‖ равняться; приравнивать; уравнивать ◇ «~ but separate» *ист.* «равные, но сегрегированные» *(расистская доктрина сегрегации «цветных» в США)*

equality равенство; равноправие ◇ ~ before the law равенство перед законом

~ of votes разделение голосов поровну

legal ~ юридическое равенство

sovereign ~ суверенное равенство

equidistance равное отстояние, равное удаление

equitable 1. справедливый 2. основанный на праве справедливости, относящийся к области права справедливости, регулируемый правом справедливости

equity 1. справедливость 2. право справедливости; правосудие на основе права справедливости 3. субъективное право, основанное на нормах права справедливости 4. справедливое требование 5. обыкновенная акция ◇ in ~ 1. в праве справедливости 2. в суде права справедливости

~ of redemption право выкупа заложенного имущества

~ of statute общий смысл и дух закона

contravening ~ встречное коллидирующее право

countervailing ~ встречное, противостоящее право

paramount ~ преимущественное требование, основанное на праве справедливости

wife's ~ права жены

equivalence 1. эквивалентность 2. патент-аналог

equivocacy 1. двусмысленность 2. сомнительность

equivocal 1. двусмысленный; допускающий двоякое толкование 2. сомнительный

equivocate увиливать *(от прямого ответа),* говорить двусмысленно *или* уклончиво; допускать двоякое толкование

equivocation 1. увиливание *(от прямого ответа)* 2. двузначность, неоднозначность, возможность двоякого толкования

erase стирать, соскабливать, подчищать

erasure 1. подчистка, соскабливание 2. подчищенное место в тексте, стёртое место

ermine горностай *(в переносном смысле употребляется применительно к должности судьи и отправлению судейских функций)*

erroneous ошибочный

error 1. ошибка 2. «приказ об ошибке» *(т.е. о передаче материалов по делу в апелляционный суд для пересмотра вынесенного судебного решения на основании ошибки, допущенной при рассмотрении дела)* ◇ ~s (and omissions) excepted исключая возможные ошибки (и пропуски); ~ apparent of record явная ошибка в письменном производстве по делу; ~ causa (contrahendi) *лат.* заблуждение относительно основания заключения договора; ~ coram nobis *лат.* ошибка, указываемая как основание для пересмотра решения в том же суде; ~ in accidentia *лат.* ошибка в несущественных признаках предмета договора, несущественное заблуждение;

~ in consensu *лат.* ошибка в согласии; ~ in essentia *см.* error in substantia; ~ in extremis добросовестная ошибка, допущенная ввиду чрезвычайной ситуации; ~ in judgement ошибка в суждении; ~ in personam *лат.* ошибка в тождестве стороны; ~ in rem *лат.* ошибка в предмете договора; ~ in substantia *лат.* ошибка в существенных признаках предмета договора, существенное заблуждение; ~ in verbis *лат.* ошибка в словах; ~ juris *лат.* ошибка в праве, юридическая ошибка

~ of fact ошибка в фактах

~ of law ошибка в праве

apparent ~ очевидная ошибка, очевидные недостатки *(как основание для отмены решения)*

clerical ~ канцелярская ошибка, описка, опечатка

culpable ~ ошибка, вменяемая в вину

formal ~ формальная ошибка *(т.е. ошибка, относящаяся к форме)*

harmless ~ несущественная ошибка

invited ~ спровоцированная ошибка

judicial ~ судебная ошибка

prejudicial ~ 1. судебная ошибка в результате предубеждённости судей 2. ошибка, способная повлиять на правосудность судебного решения

procedural ~ процессуальная ошибка

reversible ~ ошибка, дающая основание для отмены решения

severance ~ ошибочное разделение производства

substantial ~ существенная ошибка

substantive ~ ошибка в вопросе материального права

trivial ~ несущественная ошибка

escape 1. бегство из-под стражи; побег ‖ бежать из-под стражи 2. незаконное освобождение из-под стражи ‖ незаконно освобождать из-под стражи 3. уйти *(невредимым),* освободиться *(от исполнения обязанности, от ответственности);* остаться безнаказанным ◇ ~ by person in custody побег из-под стражи; ~ by prisoner побег заключённого; ~ from custody 1. побег из-под стражи 2. незаконное освобождение из-под стражи; to ~ arrest 1. избежать ареста 2. бежать из-под ареста; to ~ forcibly 1. бежать из-под стражи с применением насилия 2. незаконно освобождать из-под стражи с применением насилия; to ~ from punishment избежать наказания; to ~ responsibility избежать ответственности; to ~ unpunished остаться безнаказанным

actual ~ удавшийся побег *(из-под стражи или надзора)*

attempted ~ попытка бежать *(из-под стражи или надзора),* покушение на побег; неудавшийся побег

forcible ~ 1. бегство из-под стражи с применением насилия 2. незаконное освобождение из-под стражи с применением насилия negligent ~ бегство из-под стражи в результате небрежности охраны

voluntary ~ умышленное освобождение из-под стражи

escheat выморочность имущества; выморочное имущество; переход выморочного имущества в казну ‖ брать *или* переходить в казну в качестве выморочного имущества

escheatage право государства на выморочное имущество

escrow условно вручённый документ за печатью (*депонированный у третьего лица впредь до выполнения указанного в нём условия*); документ, приобретающий формальное качество документа за печатью лишь после исполнения указанного в нём условия

especy право *или* привилегия старшинства; привилегия *или* прерогатива первого выбора после раздела наследства, предоставляемая старшему сонаследнику

espionage шпионаж

industrial ~ промышленный шпионаж

military ~ военный шпионаж

political ~ политический шпионаж

espouse вступать в брак

essence сущность, существо

~ of contract существенные условия договора

essential существенная часть; существенное условие; реквизит ‖ существенный; необходимый; неотъемлемый

essentiality существенность

essentially по существу; существенным образом, существенно

essoin уважительная причина неявки в суд ‖ приводить суду уважительную причину неявки; признавать причину неявки в суд уважительной

essoinee лицо, причина неявки в суд которого признана уважительной

establish 1. основывать, создавать, учреждать 2. доказать, установить (*факт*) ◇ to ~ a blockade установить блокаду; to ~ a claim обосновывать исковые требования; to ~ a credit открыть аккредитив; to ~ a crime установить *или* доказать факт совершения преступления; to ~ a defence обосновывать возражения по иску; to ~ an alibi установить *или* доказать алиби; to ~ by evidence установить показаниями; to ~ circumstantially установить (*факт*) на основе косвенных доказательств; to ~ directly установить (*факт*) на основе прямых доказательств; to ~ law создать правовую норму, закон; to ~ one's case доказать свою правоту (*доказать или опровергнуть иск или обвинение*); to ~ the guilt доказать вину; to ~ the issue установить истину по делу; to ~ to the satisfaction of the court доказать в суде

established 1. установившийся, укоренившийся 2. доказанный, установленный 3. широко известный; общепризнанный ◇ ~ by law учреждённый, установленный законом; ~ circumstantially установленный на основе косвенных доказательств; ~ directly установленный на основе прямых доказательств

establishment 1. основание, создание, учреждение 2. доказывание, установление (*факта*) 3. учреждение; предприятие 4. истэблишмент (*установившаяся система и аппарат власти, властвующая элита, официально принятые взгляды*) 5. закон, постановление, правило, норма

~ of religion учреждение, введение государственной религии

burglarized ~ учреждение, подвергшееся берглэри

business ~ деловое предприятие

commercial ~ торговое предприятие

congressional ~ *амер.* ведомство, система органов, аппарат конгресса; конгрессмены

executive ~ *амер.* система органов, аппарат исполнительной власти; чиновники исполнительной власти

federal ~ *амер.* федеральная власть, федеральное правительство

gambling ~ игорное предприятие; игорный притон

governmental ~ правительственный аппарат

judicial ~ судебное ведомство; система органов, аппарат законодательной власти; судьи, судейские (чиновники)

legislative ~ законодательное ведомство; система органов, аппарат законодательной власти; законодатели

legislature ~ аппарат легислатуры; законодатели

mercantile ~ торговое предприятие

official ~ официальный истэблишмент; официальные лица, чиновники

police ~ полицейское ведомство; полиция

presidential ~ президентское ведомство; система органов, аппарат президентской власти; чиновники президентской власти

estate 1. имущество; собственность 2. вещно-правовой титул, право вещного характера, вещно-правовой интерес; имущественный интерес в недвижимости 3. сословие ◇ ~ at sufferance владение с молчаливого согласия собственника; ~ at will бессрочная аренда, бессрочное арендное право; ~ by the entirety супружеская общность имущества; ~ for life пожизненное право на недвижимое имущество; ~ for term of years наём недвижимости на определённый срок; ~ for years аренда на срок, срочное арендное право; ~ from year to year аренда с пролонгацией из года в год; ~ in common совместная собственность в неделённых долях; ~ in coparcenary совместное наследование; ~ in dower имущество, переходящее вдове на праве пожизненного пользования; ~ in entirety супружеская общность имущества; ~ in expectancy вещное право с отсроченным использованием, ожидаемое имущество; ~ in fee-simple безусловное право собственности; ~ in (fee-)tail заповедное имущество, урезанная собственность (*ограниченная в порядке наследования и отчуж-*

дения); ~ **in inheritance** наследуемый вещно-правовой титул; ~ **in joint tenancy** совместное право в недвижимости; ~ **in land** право на недвижимость; ~ **in possession** вещное право, используемое в настоящем; реально используемое вещное право; ~ **in real property** право на недвижимость; ~ **in remainder** «выжидательная собственность», последующее имущественное право (*возникающее по прекращении имущественного права другого лица*); ~ **in reversion** имущество, переходящее к первоначальному собственнику *или* его наследнику; имущество в порядке поворота прав; ~ **in severalty** самостоятельное независимое имущество, обособленная собственность; ~ **pur autre vie** право в недвижимости, ограниченное сроком жизни другого лица; ~ **tail** заповедное имущество, урезанная собственность (*ограниченная в порядке наследования и отчуждения*); ~ **tail female** имущество, наследуемое только по женской линии; ~ **tail male** имущество, наследуемое только по мужской линии; ~ **upon condition** условное право в недвижимости

~ **of decedent** имущество умершего; наследство

~ **of freehold** право собственности на недвижимость, фригольд

~ **of inheritance** земельная собственность, переходящая по наследству; наследственное право на недвижимое имущество

~ **of matrimony** состояние в браке

~**s of the realm** (три) сословия королевства (*духовные лорды, светские лорды, общины*)

absolute ~ абсолютное (*безусловное и бессрочное*) имущественное право; абсолютная собственность (*на недвижимость*)

administered ~ наследство, полностью освобождённое душеприказчиком *или* управляющим от обременений

allodial ~ имущество, находящееся во владении по безусловному праву собственности

ancestral ~ родовое имущество; родовое имение

bankrupt's ~ имущество несостоятельного должника, конкурсная масса

base ~ 1. владение землёй, зависящее от лендлорда 2. владение землёй лицами, находящимися в крепостной зависимости

beneficial ~ имущество, полученное наследником в качестве собственника-бенефициария

building ~ имущественный интерес в строении

conditional ~ имущественное право, подчинённое резолютивному условию

contingent ~ имущество, переход права собственности на которое зависит от возможного будущего обстоятельства

continuing ~ действующий вещно-правовой титул

customary ~ право, основанное на манориальном обычае

decedent's ~ имущество умершего; наследство

determinable ~ имущественное право, прекращающееся по наступлении определённого обстоятельства

dominant ~ имущество, в пользу которого существует сервитут, господствующий участок

donor's ~ вещно-правовой титул *или* вещно-правовой интерес дарителя

eigne ~ майорат

equitable ~ вещно-правовой интерес, основанный на праве справедливости

expectant ~ вещное право с отсроченным использованием, ожидаемое имущество

family ~ родовое имение

fast ~ недвижимое имущество

freehold ~ безусловное право собственности на недвижимость, фригольд

future ~ будущее право на недвижимость

gross ~ **of decedent** всё имущество умершего на день смерти

inferior ~ имущество, обременённое сервитутом

intestate ~ 1. имущество лица, умершего без завещания 2. незавещанная часть наследства

joint ~ совместное имущество; имущественные права в идеальной доле

landed ~ земельная собственность; недвижимость

leased ~ 1. имущественный интерес в арендованной недвижимости 2. владение имуществом по праву аренды

leasehold ~ вещное право арендатора

legal ~ 1. вещно-правовой интерес, основанный на общем праве 2. законная земельная собственность

life ~ пожизненное право на недвижимое имущество

movable ~ движимая собственность

paramount ~ фригольд

parental ~ наследственные имущество *или* вещно-правовой титул

personal ~ 1. движимое имущество 2. владение землёй, ограниченное определённым сроком

real ~ недвижимое имущество

residuary ~ 1. имущество наследодателя, оставшееся после выплаты долгов и удовлетворения завещательных отказов; очищенное от долгов наследственное имущество 2. незавещанная часть наследства

second ~ палата лордов

separate ~ отдельное имущество, обособленное имущество (*жены*)

servient ~ имущество, обременённое сервитутом

settled ~ закреплённое имущество (*закреплённое за кем-л. на определённых условиях в силу акта распоряжения имуществом*)

single ~ неделимый вещно-правовой титул

socage ~ владение землёй на началах оказания услуг лендлорду по её обработке

superior ~ имущество, в пользу которого существует сервитут; господствующий участок terminated ~ прекратившийся вещно-правовой титул

testate ~ завещанное наследство; завещанная часть наследства

trust ~ 1. имущество, являющееся предметом доверительной собственности 2. права доверительного собственника 3. права бенефициария

vested ~ принадлежащее имущество, принадлежащее вещное право, закреплённое вещное право

estop лишать права возражения, лишать сторону права ссылаться на *какие-л.* факты *или* оспаривать *какие-л.* факты

estopped лишённый права возражения, лишённый права ссылаться на *какие-л.* факты *или* оспаривать *какие-л.* факты (*о стороне по делу*)

estoppel лишение права возражения, лишение стороны права ссылаться на *какие-л.* факты *или* оспаривать *какие-л.* факты ◇ ~ by agreement лишение права возражения по причине состоявшегося соглашения сторон; ~ by conduct лишение стороны права возражения по причине её предшествующего поведения; ~ by deed недопустимость оспорения утверждений, включённых в договор за печатью; ~ by election бесповоротность однажды сделанного выбора; ~ by judgement принцип «рес юдиката»; ~ by laches отказ в принудительном осуществлении права ввиду недолжного промедления в заявлении права; ~ by record недопустимость отрицания фактов, зафиксированных в акте публичной власти; недопустимость возражений, идущих вразрез с уже состоявшимся судопроизводством и утверждениями, содержавшимися в состязательных бумагах в ранее имевшем место судебном процессе; ~ by representation лишение стороны права возражать, ссылаясь на неправильное представление о фактах у противной стороны, поскольку это неправильное представление создано действиями данной стороны; ~ from patent protection запрещение патентования; ~ in pais лишение стороны права возражения по причине её предшествующего поведения; ~ per rem judicatum недопустимость возражения против вступившего в силу решения

cause-of-action ~ недопустимость возражений в отношении основания иска

collateral ~ преюдиция; обстоятельство, установленное ранее по другому делу

contract ~ недопустимость отрицания факта, зафиксированного в договоре; лишение права возражения, вытекающее из факта заключения договора

equitable ~ лишение стороны права возражения по причине её предшествующего поведения

file wrapper ~ *пат.* «связанность заявочным досье» (*отсутствие у заявителя права приводить доводы, противоречащие его преж-*

ним заявлениям, сделанным в ходе рассмотрения заявки)

issue ~ недопустимость возражений по уже решённому вопросу

license ~ лишение лицензиата права оспаривать действительность патента, на использование которого он приобрёл лицензию

promissory ~ лишение права возражения на основании данного обещания

prosecution history ~ лишение заявителя права возражения на основании заявлений, сделанных им патентному ведомству в процессе экспертизы заявки

estovers 1. право арендатора на получение лесоматериалов с угодий арендодателя 2. содержание, алименты

estranged раздельно проживающий (*о супруге*)

estrangement разлука, раздельная жизнь (*супругов*)

estreat 1. копия судебного документа 2. направлять ко взысканию

et alias *лат.* и другие

etiquette этикет

et sequitur *лат.* и следующий

euthanasia эвтаназия (*умерщвление из сострадания безнадёжно больного или умирающего*)

active ~ активная эвтаназия (*лишение жизни из сострадания безнадёжно больного или умирающего*)

passive ~ пассивная эвтаназия (*неоказание помощи из сострадания безнадёжно больному или умирающему*)

evade обходить (*закон*); уклоняться

evador лицо, действующее в обход закона, уклоняющееся от выполнения предписаний закона

draft ~ лицо, уклоняющееся от отбывания воинской повинности

tax ~ лицо, уклоняющееся от уплаты налогов

evasion обход, уклонение

~ of law обход закона

customs ~ уклонение от уплаты таможенных пошлин

draft ~ уклонение от отбывания воинской повинности

tax ~ уклонение от уплаты налогов

evasive уклончивый

event 1. случай, событие, происшествие 2. исход, результат ◇ ~ insured against страховой случай

~ of crime событие преступления

criminal ~ событие преступления

expected ~ ожидавшееся событие

fortuitous ~ случай, казус

evict 1. виндицировать 2. лишать владения на законном основании 3. выселять

eviction выселение; эвикция; лишение владения по суду; обратное истребование, виндикация ◇ ~ by title paramount эвикция на основании преимущественного права

~ of tenant выселение арендатора

actual ~ фактическое лишение владения

constructive ~ «конструктивная эвикция»

(принцип, согласно которому действия арендодателя, препятствующие нормальному использованию арендованного имущества, рассматриваются как действия, направленные на выселение арендатора)

evidence 1. средство *или* средства доказывания; доказательство, доказательства; подтверждение; улика ‖ служить доказательством, подтверждать, доказывать **2.** свидетельское показание, свидетельские показания ‖ свидетельствовать, давать показания **3.** дача показаний, представление *или* исследование доказательств *(как стадия судебного процесса)*; доказывание **4.** свидетель ◇ **admissible in** ~ допустимый в качестве доказательства; ~ **admissible in chief** доказательства *или* показания, допустимые при главном допросе; **aliunde** внешнее доказательство, лежащее вне документа доказательство; ~ **at law** судебные доказательства; ~ **before trial** показания, данные *или* доказательства, представленные до начала судебного процесса; ~ **by affidavit** показания в форме аффидевита; **failure to give** ~ непредставление доказательств; невозможность дать показания; отказ от дачи показаний; ~ **for the defence 1.** доказательства защиты **2.** показания свидетелей защиты; ~ **for the defendant** доказательства в пользу ответчика, подсудимого; ~ **for the plaintiff** доказательства в пользу истца; ~ **for the prosecution 1.** доказательства обвинения, улики **2.** показания свидетелей обвинения; ~ **implicating the accused** доказательства, дающие основание полагать, что преступление совершено обвиняемым; **in** ~ в доказательство, в качестве доказательства; ~ **in corroboration** доказательство в подтверждение других доказательств; ~ **in cross-examination** свидетельские показания *или* доказательства, полученные при перекрёстном допросе *(стороной свидетеля противной стороны)*; ~ **in disproof** показания *или* доказательства в опровержение; ~ **in question 1.** оспариваемое доказательство **2.** исследуемое и оцениваемое доказательство; ~ **in rebuttal** доказательство *или* показание в опровержение; ~ **in support of the opposition** *пат.* обоснование протеста, мотивированный протест; ~ **in the case** доказательства *или* показания по делу; ~ **is out** доказательства исчерпаны; **item in** ~ предмет, представленный в качестве доказательства; ~ **material to the case** доказательство, имеющее существенное значение для дела; ~ **on appeal** показания, доказательства по апелляции; ~ **on commission** показания по поручению; ~ **on hearing** доказательство на рассмотрении суда; ~ **on oath** показания под присягой; **on the** ~ на основании данных показаний *или* представленных доказательств; ~ **par excellence** лучшее доказательство; **piece of** ~ часть доказательственного материала; отдельное доказательство; ~ **relevant to credibility** доказательство, относящиеся к надёжности свидетеля, достоверности его показаний; ~ **relevant to weight** доказательства, относящиеся к убедительности других доказательств; ~ **sufficient to sustain the case** доказательства, достаточные для поддержания *(данной)* версии; **to adduce** ~ представить доказательство; **to admit** ~ допустить доказательство; **to admit in** ~ допустить в качестве доказательства; **to appear in** ~ вытекать из представленных доказательств; **to become Commonwealth's [Crown's, government's, King's, People's, Queen's, State's]** ~ стать свидетелем обвинения, перейти на сторону обвинения, дав показания против сообвиняемого; **to call (for)** ~ истребовать доказательства; **to compare** ~ **1.** сопоставить доказательства, показания **2.** произвести очную ставку; ~ **to contradict** контрдоказательство; контрпоказание; **to develop** ~ представить доказательства; **to exaggerate** ~ преувеличить силу доказательства; **to fabricate** ~ сфабриковать доказательства; **to give** ~ **1.** давать показания **2.** представить доказательства; **to give in** ~ представить в качестве доказательства; **to give** ~ **under compulsion** давать показания по принуждению; **to introduce** ~ представить доказательство; **to introduce in** ~ представить в качестве доказательства; **to lead** ~ **1.** заслушивать, отбирать показания **2.** принимать доказательства; ~ **to meet** доказательство в поддержку, поддерживающее доказательство; **to offer** ~ представить доказательства; **to offer in** ~ представить в качестве доказательства; **to prepare** ~ **1.** сфабриковать доказательства **2.** подготовиться к даче показаний; **to prepare false** ~ сфабриковать ложные доказательства; **to produce** ~ представить доказательства; **to put in** ~ представить в качестве доказательства; **to read into** ~ зачитывать текст в доказательство правильности *или* неправильности его содержания; ~ **to rebut** доказательство в опровержение, опровергающее доказательство; **to receive** ~ **1.** получить, отобрать показания **2.** принять доказательства; **to receive in** ~ принять в качестве доказательства; **to review** ~ рассмотреть *или* пересмотреть доказательства; **to search for** ~ искать доказательства; **to sift** ~ тщательно исследовать, анализировать доказательства *или* показания; **to suppress** ~ скрыть доказательства; **to take** ~ **1.** отобрать показания **2.** принять доказательства; **to tender** ~ представить доказательства; **to tender in** ~ представить в качестве доказательства; ~ **to the contrary** доказательство противного; **to weigh** ~ оценить доказательства; **to withhold** ~ воздержаться, отказаться от дачи показаний *или* от представления доказательств; ~ **wrongfully obtained** доказательства, показания, полученные с нарушением закона

~ **of accomplices** показания соучастников

~ **of arrest 1.** арест как доказательство **2.** доказательство ареста

~ **of blood grouping tests** доказательства, полученные тестированием групп крови

~ of character 1. доказательства черт характера 2. доказательства репутации 3. показания о чертах характера *или* о репутации

~ of confession 1. признание вины как её доказательство 2. доказательство факта признания вины

~ of credibility доказательства надёжности свидетеля, достоверности его показаний

~ of crime [of criminality] доказательства совершения преступления; улики

~ of debt долговой документ

~ of disposition доказательства склонности к известного рода поведению

~ of fact доказательство факта

~ of guilt доказательства вины; улики

~ of identification идентификация личности

~ of identity 1. доказательство тождественности 2. идентификация личности

~ of indebtedness долговой документ

~ of opportunity благоприятное стечение обстоятельств как доказательство

~ of practice средства доказывания, выработанные следственно-судебной практикой

~ of reputation 1. репутация лица как доказательство 2. доказательства репутации лица 3. показания о репутации лица

~ of title документ о правовом титуле

acceptable ~ приемлемое, допустимое доказательство

actual ~ фактическое доказательство

additional ~ дополнительное доказательство

adduced ~ 1. представленное доказательство 2. принятое доказательство; приобщённое к делу доказательство

adequate ~ 1. надлежащее доказательство 2. релевантное [относящееся к делу] доказательство; допустимое доказательство

adminicular ~ дополнительное доказательство

admissible ~ допустимое доказательство; показание, допустимое в качестве доказательства в суде

admitted ~ принятое судом доказательство

adversary ~ доказательство, представленное противной стороной; контрдоказательство

affirmative ~ подтверждающее доказательство

affirmative rebuttal ~ доказательство, опровергающее утверждением

after-discovered ~ доказательство, открывающееся после рассмотрения дела судом первой инстанции

ample ~ достаточное доказательство

ascertaining ~ подтверждающее доказательство

autoptical ~ доказательство, полученное при вскрытии трупа

auxiliary ~ вспомогательное доказательство

available ~ имеющееся доказательство

ballistic(s) ~ доказательство, полученное баллистической экспертизой

best ~ наилучшее, подлинное доказательство

better ~ более надёжное, более достоверное доказательство

biological ~ доказательство, полученное биологической экспертизой

casual ~ непредусмотренное доказательство

character ~ 1. характеристика, репутация лица как доказательство 2. доказательство характеристики, репутации лица 3. показания о репутации лица, характеристика лица

character-witness ~ показания свидетеля, характеризующего репутацию лица

circumstantial ~ косвенное доказательство; косвенные улики

civil ~ доказательство по гражданскому делу

clear ~ явное доказательство

closed ~ прекращение представления доказательств *или* дачи показаний

cogent ~ убедительное, неоспоримое доказательство

collateral ~ 1. побочное, дополнительное, второстепенное доказательство 2. косвенная улика

Commonwealth's ~ *(в некоторых штатах) см.* government's evidence

competent ~ надлежащее *(признаваемое судом)* доказательство; релевантное [относящееся к делу] доказательство; допустимое, принимаемое судом доказательство

completing ~ завершающее доказательство *(доказательство, дополняющее другое доказательство)*

conclusive ~ окончательное, решающее доказательство

concocted ~ сфабрикованное доказательство

concomittant ~ сопутствующее доказательство

confirmatory [confirming] ~ подтверждающее доказательство

conflicting ~ *см.* contradicting evidence

consistent ~ доказательство, соответствующее ранее полученному

contradicting ~ противоречащее доказательство; противоречивое доказательство

contrary ~ доказательство противного, контрдоказательство

contributing ~ дополнительное доказательство

controverted ~ опровергнутое доказательство, показание

controvertible ~ опровержимое доказательство

convincing ~ убедительное доказательство

copy ~ копия письменного доказательства

corroborated ~ подкреплённое доказательство

corroborating [corroborative] ~ подкрепляющее доказательство

counter(acting) ~ контрдоказательство, контрпоказание

credible ~ доказательство, показание, заслуживающее доверия, достоверное доказательство, показание

criminal ~ доказательство, показание по уголовному делу

criminating ~ уличающее доказательство, показание; улика

Crown's ~ 1. улики 2. свидетель обвинения; обвиняемый, уличающий соообвиняемого

culpatory ~ доказательство, подтверждающее обвинение; улика

cumulative ~ совокупность доказательств

damaging ~ дискредитирующее доказательство, показание

damning ~ изобличающее доказательство, показание; улика

decisive ~ решающее доказательство

demeanor ~ доказательство поведением *(при даче показаний)*

demonstrative ~ наглядное доказательство

derivative ~ производное доказательство

direct ~ прямое [непосредственное] доказательство

disproving ~ опровергающее доказательство; контрдоказательство

doctored ~ *см.* fabricated evidence

documentary ~ документальное доказательство, письменное доказательство

empirical ~ эмпирическое, фактическое доказательство

entered ~ доказательство, приобщённое к делу

exact ~ точное доказательство

excluded ~ исключённое доказательство

exculpatory ~ доказательство невиновности

expert ~ свидетельские показания специалиста; показания эксперта; заключение эксперта; доказательства, полученные экспертизой

expert opinion ~ 1. мнение эксперта как доказательство 2. показания эксперта в форме мнения

explaining [explanatory] ~ доказательство в объяснение

external ~ доказательство, лежащее вне документа

extrajudicial ~ внесудебное доказательство

extraneous ~ внешнее доказательство, лежащее вне документа доказательство

extrinsic ~ доказательство, лежащее вне документа; устные показания в связи с письменным документом

fabricated ~ подделанное, фальсифицированное, сфабрикованное доказательство

false ~ ложное доказательство, показание

final ~ окончательное доказательство

fingerprint ~ отпечатки пальцев как доказательство

firm ~ твёрдое доказательство

first hand ~ доказательство из первых рук; первичное доказательство

footprint ~ следы ног как доказательство

foundation ~ доказательство основания иска *или* обвинения

fragmentary ~ разрозненные доказательства; отрывочные показания

fresh ~ новое доказательство

further ~ дальнейшие доказательства

government's ~ *амер.* 1. улики 2. свидетель обвинения; обвиняемый, уличающий соообвиняемого

habit ~ 1. доказательства привычек *или* привычного для лица поведения 2. привычки *или* привычное для лица поведение как доказательство

hard ~ веское доказательство

hearsay ~ показания с чужих слов; свидетельство, основанное на слухах

higher ~ доказательство более высокого класса; более надёжное, более достоверное доказательство

identification ~ 1. идентификация личности *(преступника)* как доказательство *(преступления)* 2. доказательства, показания, идентифицирующие личность *(преступника)*

identifying ~ доказательства, показания, идентифицирующие личность *(преступника)*

illegally obtained ~ доказательства, показания, полученные незаконным способом

illustrative ~ наглядное доказательство

immaterial ~ доказательство, показание, не имеющее существенного значения

immunized ~ иммунизированные *(защищённые свидетельским иммунитетом)* показания свидетеля

impeaching ~ порочащее *(свидетеля)* доказательство, показание

implicating ~ подразумевающее доказательство, показание

impugned ~ опороченное доказательство, показание

inadequate ~ 1. ненадлежащее доказательство 2. нерелевантное [не относящееся к делу] доказательство; недопустимое доказательство

inadmissible ~ недопустимое доказательство, не принимаемое судом доказательство

incompetent ~ ненадлежащее доказательство *(не относящееся к делу или недопустимое)*

inconclusive ~ спорное доказательство

inconsistent ~ доказательство, не соответствующее ранее полученному

incontroverted ~ неопровергнутое доказательство, показание

incontrovertible ~ неопровержимое доказательство

incriminating ~ уличающее доказательство, показание; улика

inculpatory ~ доказательство виновности; улика

independent ~ 1. самостоятельное доказательство 2. показание с самостоятельным доказательственным значением

indicative ~ указание на способ получения доказательств

indirect ~ косвенное доказательство; показания с чужих слов

indispensable ~ необходимое доказательство

indubitable ~ бесспорное доказательство

inferential ~ косвенное доказательство

inferior ~ доказательство более низкого класса; менее надёжное, менее достоверное доказательство

insufficient ~ недостаточное доказательство

insufficient ~ for the defence недостаточное доказательство в защиту

insufficient ~ for the prosecution недостаточная улика

internal [intrinsic] ~ доказательство, лежащее в самом документе

introduced ~ 1. представленное доказательство 2. доказательство, приобщённое к делу

irrefutable ~ неопровержимое доказательство

irrelevant ~ нерелевантное [не относящееся к делу] доказательство

judicial ~ судебные доказательства

King's ~ *см.* Crown's evidence

legal ~ допустимое *(принимаемое судом)* доказательство

legally obtained ~ доказательства, показания, полученные законным способом

legitimate ~ надлежащее, принимаемое судом доказательство

manufactured ~ *см.* fabricated evidence

material ~ 1. существенное доказательство 2. вещественное доказательство

mathematical ~ 1. математическое доказательство 2. точное, абсолютно достоверное доказательство

moral ~ доказательство морального характера, моральное доказательство

negative ~ отрицающее, опровергающее доказательство

negative rebuttal ~ доказательство, опровергающее отрицанием

newly-discovered ~ вновь открывшееся доказательство

nonexculpatory ~ доказательство, не исключающее виновность

notarial ~ нотариальное засвидетельствование

obtainable ~ доступное доказательство

obtained ~ полученные доказательства, отобранные [взятые] показания

offered ~ предложенное, представленное, предъявленное доказательство

official ~ показания, данные в официальном порядке

opinion ~ 1. мнение *(свидетеля)* как доказательство 2. показания в форме мнения

opinion ~ of character 1. доказательства черт характера *или* репутации лица в форме мнения о нём 2. показания в форме мнения о чертах характера *или* о репутации лица

opposing ~ контрдоказательство, контрпоказание

oral ~ устные доказательства, устные (свидетельские) показания

original ~ 1. подлинное, первичное доказательство 2. показания свидетеля события, очевидца

out-of-court ~ доказательства, показания, полученные вне суда

overwhelming ~ подавляющее, решающее, окончательное доказательство

parol ~ *см.* oral evidence

partial ~ 1. частичное доказательство 2. при-

страстные показания 3. пристрастный свидетель

pedigree ~ доказательства происхождения *(от данных родителей и т.п.)*

People's ~ *амер. см.* government's evidence

perjured ~ лжесвидетельство

persuasive ~ убедительное доказательство

physical ~ вещественное доказательство

police ~ полицейские доказательства *(достаточные для предъявления обвинения и поддержания его в суде)*

positive ~ положительное (подтверждающее) доказательство

possible ~ возможное доказательство

preappointed ~ предусмотренные (правом) доказательства

predominant ~ доказательство, имеющее преимущественное значение

preferable ~ предпочтительное доказательство

prejudicial ~ 1. показания, доказательства, способные создать *или* создающие предубеждение 2. показания под влиянием предубеждения

presuming ~ 1. презюмирующее доказательство 2. факты, создающие презумпцию

presumptive ~ 1. презюмирующее доказательство; презумпция доказательства 2. факты, создающие презумпцию доказательства 3. опровержимое доказательство

prevailing ~ доказательство, имеющее преимущественное значение

prima facie ~ презумпция доказательства; доказательство, достаточное при отсутствии опровержения

primary [prime] ~ первичное доказательство

probable ~ 1. косвенное доказательство 2. факт, создающий презумпцию доказательства 3. опровержимое доказательство

proffered ~ предложенное, представленное доказательство

proper ~ надлежащее доказательство

prosecution ~ доказательство обвинения; улика

prospectant ~ доказательство будущих фактов; показания о будущих фактах

proving ~ 1. доказательство факта, положительное доказательство 2. доказывающее показание, показание, являющееся источником доказательства

pure expert opinion ~ показания в форме чисто экспертного мнения о фактах

Queen's ~ *см.* Crown's evidence

radar ~ *(of speed)* зафиксированные радаром доказательства *(скорости движения автомобиля)*

real ~ вещественное доказательство

reasonable ~ обоснованное доказательство

rebuttal ~ опровергающее доказательство

rebutted ~ опровергнутое доказательство

rebutting ~ опровергающее доказательство, контрдоказательство

receivable ~ доказательство, принимаемое судом; допустимое доказательство received ~ принятое доказательство

recognized ~ доказательство, признанное судом

recollection ~ показания по воспоминаниям

record ~ 1. запротоколированное доказательство, показание 2. доказательство, подлежащее протоколированию 3. показание для протокола

recorded ~ запротоколированное доказательство, показание

record ~ of title записи в поземельной книге, подтверждающие правовой титул

related ~ доказательство, связанное с другими доказательствами

relevant ~ релевантное [относящееся к делу] доказательство

repelling ~ опровергающее доказательство

reputation ~ of character доказательства черт характера в виде репутации лица

requisite ~ 1. формальное доказательство 2. требуемое доказательство

retrospectant ~ 1. доказательство фактов прошлого 2. показания о фактах прошлого

routine practice ~ 1. доказательства обычной практики (физического или юридического лица) 2. обычная практика как доказательство

satisfactory ~ достаточные, убедительные доказательства

scientific ~ научные доказательства

secondary ~ вторичное доказательство

second hand ~ 1. доказательство из вторых рук 2. см. hearsay evidence

shaken ~ поколебленное доказательство

significant ~ доказательство, показание, имеющие существенное значение

similar ~ аналогичное доказательство, показание

slim(mer) ~ несущественное, слабое доказательство

solid ~ веское доказательство

spoken ~ см. oral evidence

state's ~ см. government's evidence

strengthening ~ усиливающее доказательство

strong ~ сильное, веское доказательство

stronger ~ более веское доказательство

strongest available ~ наиболее убедительное из имеющихся доказательств

substantial ~ существенное, важное доказательство

substantive ~ доказательство, относящееся к существу дела

substitutionary ~ субститут первичного доказательства

sufficient ~ достаточное доказательство

supplementary ~ дополнительное доказательство

supporting ~ подтверждающее доказательство

suspect ~ показания подозреваемого

sworn ~ показания под присягой

tainted ~ 1. «запятнанные доказательства» (доказательства, полученные незаконным способом) 2. «затронутые доказательства» (доказательства, входящие в содержание иммунизированных свидетельских показаний или возможных из них выводов)

tendered ~ представленное доказательство

testimonial ~ свидетельские показания

trace ~ трассеологические доказательства

traditionary ~ доказательства, почерпнутые из традиций, сложившегося общего мнения и заявлений ныне умерших лиц

uncontradicted ~ неоспоренное доказательство

uncorroborated ~ неподкреплённое доказательство

unfavourable ~ 1. неблагоприятное (для стороны) доказательство 2. неблагоприятные для стороны показания вызванного ею свидетеля

unshaken ~ непоколебленное доказательство

unsworn ~ показание, не скреплённое присягой

untainted ~ 1. «незапятнанные доказательства» (доказательства, полученные законным способом) 2. «незатронутые доказательства» (доказательства, не входящие в содержание иммунизированных свидетельских показаний или возможных из них выводов)

verbal ~ см. oral evidence

visible ~ видимое, очевидное доказательство

visual ~ визуальное доказательство

vital ~ существенно важное (для решения по делу) доказательство

volunteer ~ добровольно данные показания

weak ~ слабое доказательство

weaker ~ более слабое доказательство

wiretap (information) ~ доказательство, полученное электронным подслушиванием

written ~ письменные доказательства, показания

evidenced 1. засвидетельствованный показаниями 2. доказанный, подтверждённый доказательствами

evidence-in-answer пат. мотивированный ответ на протест

evidence-in-chief свидетельские показания, доказательства, полученные при главном допросе (стороной, вызвавшей допрашиваемого ею свидетеля)

evident ясный; явный; очевидный; неопровержимый

irrefutably ~ неопровержимо доказанный

evidential доказательный, имеющий значение доказательства

evidentiary доказательный, доказательственный, имеющий значение доказательства

evil-doer преступник; злоумышленник

evince редк. доказывать

evincible доказуемый

evincive доказывающий; доказательный

evocation истребование дела из нижестоящего суда в вышестоящий

evoke истребовать дело из нижестоящего суда в вышестоящий

exact 1. требовать (настоятельно), домогаться, добиваться 2. вымогать (взятку) 3. взыскивать, взимать *(налоги и т.п.)* 4. вызывать в суд 5. точный, строгий ◇ ~ a confession вынудить признание; to ~ a payment взыскать следуемую сумму; ~ to a rule в точном соответствии с правилом; to be ~ in one's payments строго соблюдать сроки платежей, аккуратно выплачивать; to ~ duties взимать пошлины; to ~ punishment налагать наказание

exaction 1. требование 2. вымогательство 3. взимание налогов 4. налог; побор 5. вызов в суд

exactor вымогатель *(взятки)*; чиновник, получивший незаконное вознаграждение *(взятку)*; взяточник

ex aequo et bono *лат.* по справедливости

ex altera parte *лат.* с другой стороны

examinable 1. подсудный 2. поддающийся проверке

examination 1. опрос; допрос *(в суде)*; следствие, расследование *(судебное)*; предварительное расследование дела магистратом 2. рассмотрение 3. освидетельствование, исследование *(медицинское)*; осмотр; экспертиза 4. досмотр; проверка ◇ ~ by witness осмотр свидетелем *(вещественных доказательств, лиц, предъявленных для опознания и т.п.)*; ~ de bene esse предварительно-условный опрос свидетеля; ~ for nonobviousness экспертиза *(изобретения)* на неочевидность; ~ for subject-matter экспертиза на патентоспособность; экспертиза на уровень творчества; ~ in chief первоначальный опрос свидетеля выставившей стороной; ~ upon oath допрос под присягой

~ of prospective juror предварительная проверка стороной допустимости лица в суд в качестве присяжного заседателя по делу

~ of witness 1. освидетельствование свидетеля *(как потерпевшего или для установления его психической полноценности)* 2. допрос свидетеля

bar ~ 1. допрос защитой 2. экзамен при поступлении в коллегию адвокатов

bar final ~ заключительный допрос защитой

compulsory ~ принудительное освидетельствование

coroner's ~ коронерское расследование

cross ~ перекрёстный допрос *(свидетеля противной стороны)*

custom-house ~ таможенный досмотр

deferred ~ *пат.* отсроченная экспертиза

direct ~ первоначальный опрос *или* допрос свидетеля выставившей стороной

expert ~ экспертиза

final ~ заключительный допрос

forensic ~ судебная экспертиза

formal ~ формальная экспертиза, экспертиза соблюдения формальных требований

full ~ полная экспертиза *(т.е. не только формальная, но и на материальные предпосылки патентоспособности)*

in-patient ~ стационарное освидетельствование

judicial ~ 1. допрос судьёй 2. судебное следствие, судебное рассмотрение

luggage ~ досмотр багажа

oral ~ устный допрос

out-of-time ~ внеочередная экспертиза

out-patient ~ амбулаторное освидетельствование

pathological ~ медико-патологическое исследование; анатомо-патологическое исследование

physical ~ медицинский осмотр; медицинская экспертиза

post-mortem ~ исследование трупа *(патолого-анатомическое или судебно-медицинское)*

preliminary ~ предварительное судебное расследование

preliminary ~ of witness предварительная проверка допустимости лица в суд в качестве свидетеля

premarital ~ медицинское освидетельствование на предмет установления наличия *или* отсутствия обстоятельств, препятствующих вступлению в брак

pretrial ~ предварительное судебное следствие

prosecution ~ допрос обвинением

prosecution final ~ заключительный допрос обвинением

psychiatric ~ психиатрическое освидетельствование; психиатрическая экспертиза

re-cross ~ повторный перекрёстный допрос

redirect ~ опрос *или* допрос свидетеля выставившей стороной после перекрёстного опроса

substantive ~ экспертиза по существу, экспертиза на материальные предпосылки патентоспособности

trial ~ допрос на судебном следствии

voir dire ~ предварительная проверка допустимости лица в суд в качестве свидетеля *или* присяжного заседателя

examination-in-chief главный опрос *или* допрос, первоначальный опрос *или* допрос свидетеля выставившей стороной

examine 1. опрашивать, допрашивать *(в суде)*; расследовать *(в суде)* 2. рассматривать 3. проводить освидетельствование, исследование *(медицинское)*, осмотр, экспертизу 4. досматривать; проверять ◇ to ~ a prospective juror проверять допустимость лица в суд в качестве присяжного заседателя; to ~ a witness 1. освидетельствовать свидетеля *(как потерпевшего или для установления его психической полноценности)* 2. опрашивать *или* допрашивать свидетеля; to ~ directly производить первоначальный опрос *или* допрос свидетеля; to ~ evidence исследовать доказательства *или* свидетельские показания; to ~ finally проводить заключительный опрос *или* допрос; to ~ forensically проводить судебную экспертизу; to ~ in chief проводить главный, первоначальный опрос *или* допрос свидетеля; to ~ judicially проводить судебное следствие; to ~ orally проводить устный допрос; to ~ physically проводить медицинский осмотр; проводить медицинскую экспертизу; to ~ **psychiatrically** проводить психиатрическое освидетельствование; проводить психиатрическую экспертизу; to ~ **redirectly** опрашивать *или* допрашивать свидетеля повторно (*о выставившей стороне*) после перекрёстного опроса *или* допроса; to ~ **upon oath** допрашивать под присягой

examiner 1. лицо, назначенное (*судом*) для снятия свидетельских показаний; лицо, производящее опрос *или* допрос свидетеля **2.** лицо, назначенное (*судом*) для проведения экспертизы **3.** ревизор патентоспособности изобретений ◇ ~ **in charge of trademarks** *пат.* эксперт по товарным знакам; ~ **in chief** сторона, производящая главный, первоначальный опрос *или* допрос свидетеля; ~ **in cross** сторона, производящая перекрёстный опрос *или* допрос свидетеля

~ **of interferences** эксперт по делам о патентных столкновениях

bank ~ банковский ревизор

direct ~ лицо, ведущее первоначальный опрос *или* допрос свидетеля (*о выставившей стороне*)

hearing ~ лицо, ведущее опрос *или* допрос при коллегиальном (*судебном и пр.*) слушании дела

medical ~ **1.** (судебно-)медицинский эксперт **2.** медик-обследователь (*вместо коронера в некоторых штатах*)

search ~ патентный эксперт по решершам, эксперт по патентным поискам

title ~ эксперт по правовым титулам (*на недвижимость*)

trial ~ лицо, назначенное для проведения слушания дела с расследованием фактов, являющихся его предметом

example 1. пример **2.** образец **3.** прецедент; аналогичный случай

exceed превысить (*власть, полномочия, инструкции*); преступить меру дозволенного

excellency превосходительство

except 1. исключать, изымать || за исключением, кроме **2.** возражать **3.** заявлять отвод, отводить ◇ ~ **as otherwise provided** если иное не предусмотрено; ~ **as provided in** за исключениями, предусмотренными в; I ~ я возражаю (*формулировка из возражения против постановления суда*)

exceptant лицо, заявляющее отвод

exception 1. исключение; изъятие; оговорка (*часть статьи закона, начинающаяся словом except*) **2.** возражение ◇ ~ **to bail** возражение истца против размера поручительства за уплату присуждённой суммы; ~ **to lack of novelty** *пат.* льгота по новизне; ~ **to the rule** исключение из правила

~ **of fornication** «блуд как исключение» (*обнаруженный мужем после свадьбы совершённый женщиной до вступления в брак блуд как основание для признания брака недействительным*)

declinatory ~ возражение против юрисдикции судьи

general ~ возражение по существу дела

novel ~ вновь введённое исключение

peremptory ~ возражение по форме исковых требований

statutory ~ исключение, установленное статутом [законом]

exceptor лицо, заявившее возражение суду

excess превышение (*власти, полномочий, правомочий, инструкций*)

~ **of jurisdiction** превышение юрисдикции, превышение судом своей компетенции

~ **of power(s)** превышение власти, полномочий, правомочий

~ **of privilege** превышение привилегии

administrative ~ превышение административной власти

executive ~ превышение исполнительной власти

flagrant ~ явное превышение

judicial ~ превышение судебной власти; превышение судейских правомочий

legislative ~ превышение законодательной власти

police ~ превышение полицейской власти

excessive чрезмерный; превышающий (*власть, полномочия, правомочия, инструкции*)

exchange 1. обмен; мена || обменивать; менять **2.** размен (*денег*) || разменивать (*деньги*) **3.** биржа **4.** переводный вексель, тратта **5.** иностранная валюта; девизы **6.** операции с иностранной валютой; расчёты посредством девиз ◇ **first of** ~ первый экземпляр векселя

~ **of licences** обмен лицензиями

~ **of notes** обмен нотами

~ **of ratifications** обмен ратификационными грамотами

bank ~ тратта, выставленная банком на другой банк

foreign ~ иностранная валюта; девизы

sight ~ тратта, срочная по предъявлении

stock ~ фондовая биржа

exchequer казначейство

excisable подлежащий обложению акцизом

excise акциз, акцизный сбор || взимать акцизный сбор, облагать акцизным сбором

excite возбуждать ◇ to ~ **munity** поднять мятеж (*особенно в войсках*); to ~ **riots** провоцировать массовые беспорядки

excitement душевное волнение; аффект

exclave эксклав

excludable подлежащий исключению

exclude 1. исключать **2.** не допускать; запрещать въезд **3.** удалять, выдворять ◇ to ~ **a document from disclosure** не допускать разглашения содержания документа; to ~ **evidence** не принимать в качестве доказательства; to ~ **from the procedure** исключать из участия в судебном заседании; to ~ **the goods** запретить товар к ввозу

exclusion 1. исключение **2.** недопущение; запрещение въезда **3.** удаление, выдворение

~ of evidence исключение (из) доказательств (*признание доказательств нерелевантными или недопустимыми*)

exclusive исключающий; исключительный

ex comitate *лат.* из вежливости

excommencement *см.* excommunication

excommunication отлучение от церкви

ex contractu *лат.* из договора

ex-convict преступник, отбывший тюремное заключение

ex coupon 1. без купона на право ближайшего получения процентов 2. исключая проценты, без процентов

exculpate оправдывать ввиду исключающих вину обстоятельств; снимать вину, реабилитировать

exculpation оправдание ввиду исключающих вину обстоятельств; снятие вины, реабилитация

exculpatory оправдывающий ввиду исключающих вину обстоятельств; снимающий вину, реабилитирующий

excusable извинительный, простительный

excusatory извинительный; оправдывающий (*напр. об обстоятельстве*); оправдательный

excuse 1. извинение, оправдание; оправдывающее обстоятельство ‖ извинять, служить оправданием, оправдывать 2. освобождение (*от обязанности, ответственности*) ‖ освобождать, служить основанием для освобождения (*от обязанности, ответственности*) 3. предлог, повод, отговорка ◇ ~ for prosecution предлог [повод] для привлечения к уголовной ответственности; to ~ an offence служить извинением, оправданием для совершённого преступления; without lawful ~ без законного тому оправдания

~ of juror указание судом на обстоятельства, оправдывающие присяжного заседателя в связи с заявленным ему отводом

lawful ~ законное оправдание

legal ~ обстоятельство, освобождающее по закону от ответственности

reasonable ~ уважительная причина

satisfactory ~ достаточная причина для оправдания

unreasonable ~ неуважительная причина

valid ~ уважительная причина

ex delicto *лат.* из деликта, из неправомерного действия, из преступления ‖ неправомерный, преступный

ex dividend без дивиденда, без права получения ближайшего дивиденда

execute 1. исполнять 2. совершать; осуществлять 3. оформлять; выполнять необходимые формальности 4. казнить ◇ to ~ a contract 1. совершать договор; оформлять договор 2. исполнять договор; to ~ a judg(e)ment исполнять судебное решение; to ~ a search производить обыск; to ~ a sentence исполнять приговор; приводить приговор в исполнение; to ~ a writ привести в исполнение судебный приказ; to ~ forfeiture привести в исполнение судебное решение, приговор о конфи-

скации имущества, конфисковать имущество; to ~ justice осуществлять правосудие; to ~ laws применять законы; осуществлять правосудие; to ~ process 1. осуществлять процессуальные действия 2. привести в исполнение судебный приказ; to ~ seizure произвести выемку

executed 1. осуществлённый, совершённый 2. исполненный; приведённый в исполнение 3. казнённый

duly ~ 1. надлежаще оформленный 2. исполненный; приведённый в исполнение надлежащим образом 3. казнённый с соблюдением установленных (*законом, конституцией*) требований

unduly ~ 1. исполненный, приведённый в исполнение ненадлежащим образом 2. казнённый с нарушением установленных (*законом, конституцией*) требований

execution 1. исполнение 2. исполнительный лист, судебный приказ об исполнении решения 3. совершение; осуществление 4. оформление; выполнение необходимых формальностей 5. составление (*документа*) 6. приведение в исполнение приговора к смертной казни; смертная казнь ◇ ~ against property 1. исполнительное производство в отношении имущества 2. исполнительный лист, судебный приказ об исполнении решения в отношении имущества; ~ in private тайное приведение в исполнение смертной казни (*в тюрьме*); ~ upon property обращение взыскания на имущество; ~ within prison приведение приговора к смертной казни в исполнение в стенах тюрьмы

~ of application *пат.* составление заявки, подписание заявочных материалов в присутствии нотариуса *или* другого управомоченного лица

~ of common criminal purpose осуществление общей преступной цели

~ of contract 1. совершение договора 2. исполнение договора

~ of criminal intent(ion) осуществление преступного умысла

~ of deed совершение и вручение документа за печатью

~ of forfeiture приведение в исполнение судебного решения [приговора] о конфискации имущества; конфискация имущества

~ of intention осуществление намерения

~ of judg(e)ment исполнение, приведение в исполнение судебного решения

~ of legal process 1. движение судебного процесса 2. исполнение, приведение в исполнение судебного приказа

~ of office исполнение, отправление должности

~ of search производство обыска

~ of seizure производство выемки

~ of sentence исполнение, приведение в исполнение приговора

alias ~ повторный исполнительный лист

attachment ~ наложение ареста на имущество должника у третьего лица *или* на суммы, причитающиеся должнику с третьего лица

conditional ~ условное исполнение, исполнение под условием

constitutional ~ исполнение, применение закона без нарушения конституции; исполнение, приведение в исполнение судебного решения *или* приговора без нарушения конституции; исполнение, приведение в исполнение приговора к смертной казни без нарушения конституции, смертная казнь без нарушения конституции

dormant ~ временно приостановленное исполнение решения

general ~ исполнительный лист на любое движимое имущество ответчика

judicial ~ казнь по судебному приговору

junior ~ позднейший исполнительный лист *(против того же ответчика, но по другому решению)*

legal ~ исполнение с соблюдением установленных законом условий; исполнение, приведение в исполнение приговора к смертной казни с соблюдением установленных законом требований

legislative ~ исполнение, применение законодательства

military ~ 1. приведение в исполнение приговора военного суда 2. казнь по приговору военного суда

personal ~ арест должника; наложение описи на имущество с последующим арестом должника

prison ~ смертная казнь в тюрьме

private ~ тайное приведение в исполнение приговора к смертной казни *(в тюрьме)*

public ~ публичное приведение в исполнение приговора к смертной казни; публичная смертная казнь

special ~ 1. исполнительный лист на конкретное имущество ответчика 2. копия решения с исполнительной надписью

executioner палач

executive 1. исполнительная власть; правительство 2. глава исполнительной власти; президент; губернатор штата *(в США)* 3. управляющий, член правления, совета управляющих корпорации ‖ исполнительный; административный

appointed ~ назначенный управляющий, администратор, директор

business ~ управляющий деловым предприятием; член правления делового предприятия; член совета управляющих деловым предприятием

career ~ профессиональный управляющий, администратор, директор

chief ~ *амер.* 1. начальник полицейского органа 2. глава фирмы

city ~ глава исполнительной власти города *(муниципальный совет, мэр)*

corporate ~ управляющий, член правления, совета управляющих корпорации

county ~ глава исполнительной власти графства, округа

government ~ глава правительства; президент *(США)*; губернатор *(штата)*; мэр *(города)*; муниципальный совет; совет графства, округа

law-enforcement ~ *см.* police executive

national ~ *амер.* глава федеральной исполнительной власти, президент

plural ~ коллегиальный орган верховной исполнительной власти

police ~ *амер.* начальник полицейского органа, начальник полиции

political ~ 1. председатель исполнительного комитета политической партии 2. выборный глава исполнительной власти

popularly elected ~ глава исполнительной власти, избираемый населением

single ~ единоличный глава исполнительной власти

state ~ глава исполнительной власти штата, губернатор штата

Executive:

Chief ~ глава исполнительной власти *(президент США, губернатор штата)*

executive-dative *шотл.* администратор, назначенный по решению суда

executor 1. исполнитель завещания, душеприказчик 2. судебный исполнитель 3. палач

ancillary ~ дополнительный душеприказчик *(по имуществу, находящемуся вне домициля завещателя)*

competent ~ душеприказчик, назначенный и действующий в домициле завещателя

incompetent ~ ненадлежащий душеприказчик

executorial 1. исполнительный; административный 2. относящийся к душеприказчику *или* его функциям

executorship 1. должность *или* функции судебного исполнителя 2. статус *или* функции душеприказчика 3. статус *или* функции палача

executory с исполнением в будущем

executrix исполнительница завещания, душеприказчица

exemplary 1. примерный 2. карательный

exemplification официальная заверенная копия

exemplify снимать заверенную копию

exempt освобождать; изымать; исключать; предоставлять льготу, иммунитет, привилегию ‖ освобождённый, свободный; изъятый, иммунизированный, защищённый привилегией

exemption освобождение; изъятие; исключение; иммунитет, привилегия; предоставление льготы, иммунитета, привилегии ◇ ~ **from criminal liability** исключение из сферы уголовной ответственности; иммунитет от уголовной ответственности; ~ **from liability** иммунитет от ответственности; ~ **from punishment** исключение из сферы уголовно наказуемого; иммунитет от наказания; ~ **from seizure** иммунитет от описи, ареста, выемки homestead ~ освобождение жилья с прилегающим участком от судебного взыскания

legal ~ иммунитет по закону

tax ~ налоговая льгота

exequatur 1. консульская экзекватура 2. разрешение на исполнение иностранного судебного решения

exercisable могущий быть использованным, осуществлённым

exercise 1. использование, осуществление (о правах); пользоваться; осуществлять (о правах) 2. выполнение (обязанности) || выполнять (обязанность) ◇ to ~ due diligence проявлять должную заботливость; to ~ religion исповедовать религию; to ~ rights осуществлять права

~ of discipline осуществление дисциплинарной юрисдикции

~ of discretion осуществление усмотрения

~ of right использование, осуществление права

remedial ~ выполнение обязанностей с целью исправления (заключённого)

ex facte лат. 1. на первый взгляд; явно, очевидно 2. исходя из буквального смысла документа

ex factory франко-предприятие, с предприятия

exhaustion 1. исчерпание патентных прав (в результате продажи запатентованных изделий) 2. исчерпание прав, вытекающих из владения товарным знаком

~ of local remedies исчерпание национальных (внутригосударственных) средств защиты

exhibit 1. экспонат || показывать; экспонировать 2. представленный, поданный документ || предъявлять, представлять, подавать (документ) 3. вещественное доказательство 4. приложение, аннекс ◇ to ~ powers предъявлять полномочия

exhibition 1. выставка; показ 2. предъявление, представление, подача (документов) 3. шотл. иск с требованием представления документов

exhibitor 1. экспонент 2. предъявитель

exigency требование, предписание

~ of writ предписание судебного приказа

exigent повестка о вызове в суд; ист. приказ шерифу доставить обвиняемого в суд (начальная стадия процесса объявления лица вне закона)

exigible могущий быть потребованным

exile 1. изгнание, высылка из страны; ссылка || изгонять, высылать из страны; ссылать 2. изгнанник; ссыльный

ex-inmate 1. лицо, содержавшееся ранее под стражей (в тюрьме, в приюте и т.д.) 2. бывший заключённый

ex interest 1. без купона на право ближайшего получения процентов 2. исключая проценты, без процентов

exit «выдан» (об исходящем от суда документе)

ex lighter франко-лихтер, с лихтера

ex mill франко-предприятие, с предприятия

ex-offender бывший преступник

lay ~ бывший общеуголовный преступник

ex officio лат. по должности, в силу занимаемой должности

exonerate освободить (от ответственности, обвинения, обременения) ◇ to ~ (from) bail освободить от поручительства (за явку ответной стороны в суд); to ~ (from) blame [from charge] освободить от обвинения; to ~ (from) surety освободить от поручительства

exoneration освобождение (от ответственности, обвинения, обременения)

~ of bail освобождение от поручительства

~ of obligor освобождение от обязательства

~ of surety освобождение от поручительства

ex parte лат. 1. односторонний 2. от имени (о заявлении лица, не являющегося стороной в деле, но имеющего в нём интерес) 3. дело по заявлению (в наименовании судебного дела) 4. сделанное без уведомления или в отсутствие другой стороны (о заявлении)

expatriate экспатриант || экспатриировать

expatriation экспатриация

expectancy 1. отсроченность владения или использования 2. ожидание получения наследства

expectant 1. ожидаемый; ожидающий 2. рассчитывающий (на получение чего-л.) 3. зависящий от определённого условия

expedite 1. ускорять 2. направлять; посылать ◇ to ~ the cause направить дело (в другой суд)

expel 1. исключать 2. высылать ◇ to ~ from the hall удалить из зала; to ~ manu militari приказать вывести, удалить силой

expellee лицо, высланное из страны

expenses расходы, издержки

~ of administration расходы по управлению наследством

~ of litigation судебные издержки

administration ~ расходы по управлению наследством

election ~ расходы по избирательной кампании

law [legal] ~ судебные издержки

litigation ~ судебные издержки

party ~ судебные издержки стороны

expert эксперт, специалист ◇ ~ by the defence эксперт по ходатайству защиты; ~ by the prosecution эксперт по ходатайству обвинения; ~ for the Commonwealth [for the Crown, government, People, State] эксперт, приглашённый [вызванный] или назначенный судом по ходатайству обвинения; ~ for the defence эксперт, приглашённый [вызванный] или назначенный судом по ходатайству защиты; ~ for the prosecution эксперт, приглашённый [вызванный] или назначенный по ходатайству обвинения

court ~ судебный эксперт

court-appointed ~ эксперт по назначению суда

discredited ~ дискредитировавший себя эксперт, эксперт, которому выражено недоверие, дискредитированный эксперт

in-house ~ эксперт, проводящий экспертизу в отношении лица, находящегося под стражей

investigation ~ эксперт, приглашённый *или* назначенный следствием

judicially appointed ~ эксперт по назначению суда

legal ~ 1. эксперт по правовым вопросам; профессиональный юрист 2. судебный эксперт

side-line ~ «побочный эксперт» (*лицо с большим житейским опытом, но не обладающее специальными знаниями и навыками для проведения экспертизы*)

expertise 1. экспертиза 2. деловой опыт

legal ~ судебная экспертиза

expiate искупать; заглаживать (*вину*)

expiation искупление; заглаживание (*вины*)

expiration окончание, истечение (*о сроке*); прекращение действия с истечением срока

~ **of agreement** истечение срока действия соглашения

~ **of sentence** истечение срока назначенного наказания

expire кончаться, истекать (*о сроке*); прекращаться с истечением срока

expiree 1. *ист.* каторжник, отбывший срок 2. *австрал.* заключённый, отбывший срок

expiry окончание, истечение (*о сроке*); прекращение действия с истечением срока

~ **of the legal** *шотл.* истечение срока выкупа должником имущества, переданного по суду кредитору

~ **of the term of imprisonment** истечение назначенного срока тюремного заключения

explain объяснять; толковать

explicit положительно выраженный; ясный; явный

explicitly положительным образом, в прямой форме, ясно

exposal:

indecent ~ (**of the person**) непристойное обнажение в общественном месте *или* в присутствии других лиц

expose 1. подвергать (*опасности, случайностям*) 2. бросать на произвол судьбы 3. показывать, выставлять напоказ ◇ **to** ~ **a child** подкидывать ребёнка; **to** ~ **oneself indecently** непристойно обнажаться

exposition объяснение, толкование

statutory ~ законодательное толкование

ex post facto *лат.* 1. после факта, после события 2. действие (*закона*) с обратной силой

exposure *см.* exposal

expound разъяснять; толковать

express 1. выражать 2. прямо устанавливать 3. положительно выраженный, положительно оговорённый, прямо оговорённый ◇ **to** ~ **by law** прямо установить в законе; **to** ~ **judicially** прямо установить в судебном порядке

expression 1. выражение 2. термин 3. формулировка

~ **of censure** вынесение порицания, осуждения

~ **of regret** выражение сожаления

foul ~ непристойность, ругательство

judicial ~ судебная формулировка

judicial ~ **of the rule of law** 1. правовая норма, выработанная судебной практикой 2. правовая норма в толковании судебной практики

expressive of law выражающий право

expressly положительным образом, словесно, в прямой форме

ex-prisoner бывший заключённый

expromission принятие на себя чужого долга

expromissor лицо, принимающее на себя чужой долг

expropriate 1. отказываться от прав 2. экспроприировать, принудительно отчуждать

expropriation 1. отказ от прав 2. экспроприация, принудительное отчуждение

expulsion 1. исключение (*из организации*) 2. выселение, высылка

expunge 1. вычёркивать, исключать (*из списка, текста*) 2. стирать, подчищать ◇ **to** ~ **by pardon** помиловать

expungement 1. вычёркивание, исключение (*из списка, текста*) 2. стирание, подчистка ◇ ~ **by pardon** помилование

~ **of the trademark from register** аннулирование регистрации товарного знака

ex ship франко-судно, с судна

ex tank франко-цистерна, франко-резервуар

extend 1. продлевать, пролонгировать 2. расширять (*напр. права, притязания*) 3. распространять(ся) 4. предоставлять (*напр. кредит*) 5. исполнять судебный приказ о производстве денежного взыскания в пользу государства ◇ **to** ~ **credit** предоставлять кредит; **to** ~ **the scope of an invention** расширить объём правовой охраны изобретения; **to** ~ **the term of a patent** продлить срок действия патента

extendible 1. могущий быть продлённым; подлежащий продлению 2. подлежащий оценке (*об имуществе должника*)

extendi facias *лат.* исполнительный судебный приказ о производстве денежного взыскания в пользу государства

extension 1. продление, пролонгация; дополнительный срок 2. расширение (*напр. прав, притязаний*) 3. распространение 4. предоставление (*напр. кредита*)

~ **of order** продление срока действия приказа

~ **of time** дополнительный срок, отсрочка

analogical ~ распространение по аналогии

tacit ~ автоматическая пролонгация

extent 1. объём; пределы; степень; мера; размер 2. исполнительный судебный приказ о производстве денежного взыскания в пользу государства 3. *шотл.* стоимость недвижимости; оценка недвижимости 4. доход с недвижимости ◇ ~ **in aid** исполнительный судебный приказ о взыскании долга, причитающегося должнику государства; ~ in chief исполнительный судебный приказ о производстве денежного взыскания в пользу государства

~ of damage размер ущерба

~ of performance пределы исполнения

immediate ~ исполнительный судебный приказ о производстве денежного взыскания в пользу государства в ускоренном порядке

extenuate смягчать *(вину)*

extenuating смягчающий

extenuation смягчающее обстоятельство

external внешний; иностранный

exterritorial экстерриториальный

exterritoriality экстерриториальность

extinct прекратившийся

extinction прекращение; погашение; аннулирование; уничтожение

~ of obligation погашение обязательства

~ of rights лишение прав; правопоражение

extinguish прекращать; погашать; аннулировать; уничтожать

extinguishment прекращение; погашение; аннулирование; уничтожение

extorsive вымогательский

extort вымогать; совершить вымогательство

extorted 1. добытый вымогательством 2. потерпевший от вымогательства

extorter вымогатель

extortion вымогательство ◇ ~ by blackmail вымогательство путём шантажа; ~ by public officer вымогательство *(взятки)*, совершённое государственным должностным лицом; ~ by threats вымогательство посредством угроз

extortionate вымогательский

extortionist вымогатель

extra-constitutional внеконституционный

extra-contractual внедоговорный

extract выписка; выдержка; извлечение

extraditable 1. подлежащий выдаче *(о преступнике)* 2. служащий основанием для выдачи *(о преступлении)*

extradite 1. выдавать *(преступника)* 2. добиться выдачи *(преступника)*

extradition выдача (преступника), экстрадиция

criminal ~ выдача преступника, экстрадиция

international ~ 1. выдача преступника одним государством другому 2. выдача преступника на основании международных договора *или* конвенции

interstate ~ выдача преступников одним штатом другому

intranational ~ выдача преступника из одной юрисдикции в другую в пределах страны

extradotal не являющийся частью приданого *(об имуществе супруги)*

extrahazardous служащий источником повышенной опасности

extrajudicial 1. внесудебный; совершённый во внесудебном порядке 2. выходящий за пределы данного дела 3. не относящийся к юрисдикции данного суда

extrajudicially во внесудебном порядке

extrajurisdictional выходящий за пределы юрисдикции

extralegal 1. не предусмотренный законом; не подпадающий под действие закона 2. неюридический, метаюридический

extranational выходящий за пределы одного государства

extraneous внешний, лежащий вне документа

extra-official 1. неофициальный 2. не входящий в круг обычных обязанностей; не полагающийся по должности

extraordinary 1. чрезвычайный; экстраординарный 2. сверхштатный, нештатный; временный *(о работнике)*

extrarisk особый риск

extraterritorial экстерриториальный

extraterritoriality экстерриториальность

extravagancy расточительность

extra vires *лат.* вне компетенции, за пределами правомочий, правоспособности

extremity крайняя необходимость

extrinsic 1. внешний, лежащий вне документа 2. не относящийся к существу вопроса

ex warehouse франко-склад, со склада

ex works франко-завод, с предприятия

eye-witness свидетель-очевидец

F

fabricate подделывать, фальсифицировать

fabricated поддельный, фальсифицированный, сфабрикованный

fabrication подделка, фальшивка, фальсификация

face 1. лицевая сторона *(документа);* внешняя сторона 2. текст *(документа)*

~ of judgement присуждённая сумма, сумма судебного решения

facilitate облегчать, помогать, способствовать

facilitator посредник

facilit/y 1. удобства; средства обслуживания 2. возможности, благоприятные условия; льготы 3. оборудование; устройства; сооружения 4. заведение, учреждение

community-based ~ учреждение, устроенное и функционирующее иждивением общины

confinement ~ *воен.* место содержания под стражей *(гауптвахта, военная тюрьма и т.п.)*

conventional prison ~ies 1. средства исправительно-карательного воздействия в обычной тюрьме 2. тюремные сооружения обычного типа 3. обычная тюрьма

correction(al) ~ исправительное учреждение; средство исправительного воздействия

detention ~ место содержания под стражей; арестный дом

government ~ государственное заведение

highly secure ~ учреждение с режимом строгой изоляции

in-patient psychiatric ~ психиатрический стационар, психиатрическая больница

jail ~ 1. учреждение тюремного типа; тюрьма 2. *pl* средства исправительно-карательного воздействия в тюрьме 3. *pl* тюремные сооружения 4. *pl* тюрьма

out-patient psychiatric ~ психиатрический диспансер, психиатрическая амбулатория

prison ~ 1. учреждение тюремного типа; тюрьма 2. *pl* средства исправительно-карательного воздействия в тюрьме; тюремные сооружения 3. тюрьма

private correctional ~ 1. частное (*по контракту с частным лицом, частной корпорацией*) исправительное учреждение 2. *pl* средство исправительного воздействия, применяемое частным образом (*по контракту с частным лицом, частной корпорацией*)

psychiatric ~ психиатрическое учреждение

public correctional ~ государственное исправительное учреждение; средство исправительного воздействия в государственных учреждениях (*тюрьмах, реформаториях и др.*)

rehabilitation ~ исправительное заведение

rehabilitative ~ учреждение, преследующее цель реабилитации содержащихся в нём лиц

residential psychiatric ~ психиатрический стационар, психиатрическая клиника

secure ~ учреждение с режимом изоляции

shelter-care ~ приют

treatment ~ 1. учреждение, преследующее цель некарательного воздействия на содержащихся в нём лиц 2. *pl* средства некарательного воздействия

facsimile факсимиле; точная копия

fact факт; обстоятельство ◇ ~ at [in] issue факт, составляющий сущность спорного вопроса, основной факт; факт, являющийся предметом судебного спора; предмет доказывания; ~ for the jury факт, оценка которого принадлежит присяжным; in ~ в действительности, на самом деле; ~ in contest факт, являющийся предметом судебного спора; ~ in dispute предмет спора; ~ in evidence *см.* fact of evidence; ~ in proof предмет доказывания; ~ in question оспариваемый факт; факт, являющийся предметом судебного спора; предмет доказывания; ~s in the case обстоятельства дела; ~ necessary to explain a relevant fact факт, необходимый для объяснения релевантного факта; ~ necessary to introduce a relevant fact факт, необходимый для представления суду релевантного факта; ~ not in evidence *см.* non-evidence fact; ~s on trial факты, рассматриваемые судом; ~ relevant to the fact in issue факт, относящийся к основному факту; ~ relevant to the issue факт, относящийся к предмету судебного спора, доказывания; ~ requiring proof факт, требующий доказательств, доказывания; ~ sought to be proven факт, на доказы-

вании которого настаивает сторона; ~ to be proven факт, подлежащий доказыванию; предмет доказывания

~ of common knowledge общеизвестный факт

~ of common notoriety ноторный факт

~ of crime 1. факт преступления 2. *pl* фактическая сторона преступления

~ of evidence факт, служащий доказательством, доказательственный факт; доказательство

~ of litigation факт, являющийся предметом тяжбы

accompanying ~s факты, сопровождающие основные факты, сопутствующие факты

adjudicative ~ факт, подлежащий установлению судом

ascertained ~ установленный факт

bare ~s of the matter основные факты по делу

basic ~ основной факт; факт, на основе которого делается предположение *или* вывод о существовании другого факта

collateral ~ факт, косвенно относящийся к спору; побочное обстоятельство

constituent ~s факты, составляющие часть совокупности основных фактов

damning ~ порочащий факт; уличающий факт

disputed ~ оспариваемый факт

divestitive ~ юридический факт, прекращающий *или* изменяющий правоотношение

established ~ установленный факт

evidentiary ~ доказательственный факт; средство доказывания; факт, служащий доказательством

fabricated ~ фальсифицированный факт

fair ~s of the matter истинные обстоятельства дела

false ~ фальсифицированный факт

highly relevant ~ факт высокой степени относимости (*к существу спора, к предмету доказывания*)

incriminating ~ инкриминирующий факт, улика

independent ~ самостоятельный факт

inferential ~ факт, установленный на основе выводов из имеющихся доказательств

investitive ~ факт, порождающий субъективное право, правообразующий факт

irrelevant ~ факт, не относящийся к делу, нерелевантный факт

jural [juridical] ~ юридический факт

jurisdictional ~ процессуальный факт, определяющий возможность рассмотрения дела в данном суде

legislative ~ факт, по закону не требующий доказательств

material ~ существенный факт

non-adjudicative ~ факт, не подлежащий установлению в судебном порядке

non-evidence ~ 1. факт, не требующий доказательств, доказывания 2. факт, не представленный в качестве доказательства physical ~ физический факт *(воспринимаемый органами чувств)*

presumed ~ презюмируемый факт

presumptive ~ презюмируемый факт

principal ~ главный факт, устанавливаемая по делу истина

probative ~ факт, служащий доказательством

proven ~ доказанный факт

psychological ~ психологический факт, факт, имеющий психологическое значение

relevant ~ факт, относящийся к делу, релевантный факт

similar ~s «однородные факты»: факты, способствующие установлению основных фактов и представляющие с последними единство совокупности фактов

simulated ~ фальсифицированный факт

substantial ~ существенный факт

substantive ~ факт, относящийся к существу дела

translative ~ юридический факт, являющийся основанием перехода права от одного лица к другому

ultimate ~ факт, установленный на основе выводов из имеющихся доказательств

undeniable ~ неоспоримый факт

verifiable ~ факт, могущий быть установленным

fact-finder лицо, устанавливающее и оценивающее факт(ы); следователь; суд присяжных *или* судья на стадии судебного следствия

fact-finding 1. установление и оценка факта, фактов 2. следственный

factor 1. фактор, комиссионер 2. *шотл.* управляющий имением 3. лицо, которому вручён приказ суда о наложении ареста на имеющееся у него имущество должника *или* суммы, причитающиеся должнику 4. фактор; составной элемент

~s of criminality факторы преступности

~s of criminogenesis факторы криминогенеза

connecting ~ коллизионная привязка

judicial ~ назначенный судом администратор имущества

test ~ коллизионная привязка

factorage факторская комиссия, комиссионное вознаграждение фактора

factorizing наложение ареста на имущество должника у третьего лица *или* на суммы, причитающиеся должнику с третьего лица

factorship посредничество

factory фабрика, завод, предприятие

law ~ адвокатская фирма *(в США)*

factual фактический

facultative факультативный; необязательный; диспозитивный

faculty 1. разрешение 2. право, правомочие

~ of advocates *шотл.* коллегия адвокатов

fail 1. не исполнить, не сделать 2. отпадать *(о встречном удовлетворении)* 3. стать неплатёжеспособным; обанкротиться 4. быть отклонённым судом, быть отказанным *(об исковом требовании)* ◇ to ~ in a suit проиграть процесс

failing ввиду отсутствия; в случае отсутствия; за неимением

failure 1. неисполнение, несовершение; бездействие 2. неплатёжеспособность; прекращение платежей ◇ ~ in duties невыполнение обязанностей; неисправность должника; ~ to act бездействие; ~ to appear неявка; ~ to comply невыполнение, нарушение *(требований закона, приказа)*; ~ to deliver непоставка; ~ to obey неповиновение; ~ to pay неуплата; ~ to perform неисполнение; ~ to work an invention неиспользование изобретения

~ of consideration отпадение встречного удовлетворения, отпадение основания договора

~ of evidence непредставление доказательств; отсутствие доказательств

~ of issue отсутствие наследников по нисходящей линии

~ of justice неосуществление правосудия, непредоставление судебной защиты

~ of proof отсутствие доказательств

~ of title отсутствие правового титула

culpable ~ виновное бездействие

deliberate ~ умышленное бездействие

intentional ~ намеренное, умышленное бездействие

involuntary ~ вынужденное бездействие

negligent ~ бездействие вследствие небрежности

voluntary [wilful] ~ намеренное, умышленное бездействие

fair честный; справедливый; беспристрастный; добросовестный ◇ ~ on (its) face правильный с внешней стороны, по форме правильный, произведённый в надлежащем по форме порядке

fairness честность; справедливость; беспристрастность; добросовестность

faith 1. вера; доверие; уверенность 2. моральная установка 3. *шотл.* присяга, клятва ◇ from bad ~ недобросовестно; from good ~ добросовестно; in bad ~ недобросовестно; in good ~ добросовестно; in good ~ and on reasonable grounds добросовестно и на разумном основании; in ~ whereof в удостоверение чего; with good ~ and fidelity верой и правдой

bad ~ 1. недобросовестность 2. вероломство

bad ~ of claims недобросовестность притязаний

established ~ официально признанная, государственная религия

good ~ добросовестность

good ~ of claims добросовестность притязаний

highest good ~ максимальная добросовестность

reasonable good ~ разумная добросовестность

fake 1. подделывать, фальсифицировать 2. обманывать, мошенничать

fakement 1. подделка; обман, махинация 2. бумага *(документ)*, служащая средством обмана

fall 1. падать **2.** ложиться (*об обязанности, ответственности*) **3.** переходить (*по наследству*) **4.** попадать (*под подозрение*) ◇ to ~ due наступать (*о сроке действия*); to ~ from a right *шотл.* терять право; to ~ in истекать (*о сроке векселя, долга*); to ~ into arrears просрочить платежи; to ~ into disuse перестать применяться (*о законе*); to ~ within jurisdiction подпадать под юрисдикцию

false 1. неправильный; ложный **2.** фальшивый **3.** обманный, вероломный

falsehood *шотл.* обман; подлог

malicious ~ злоумышленный обман

falsely путём обмана, обманным образом; фальшиво

falsification фальсификация; подделка

falsifier фальсификатор; субъект подделки

falsify 1. фальсифицировать; подделывать **2.** доказать необоснованность; опровергнуть ◇ to ~ a judgement **1.** отменить решение суда **2.** обжаловать решение суда; to ~ an entry **1.** подделать запись (*в реестре, журнале, бухгалтерской книге и т.п.*) **2.** доказать необоснованность записи **3.** обжаловать запись

falsing:

~ of dooms *шотл.* **1.** апелляция **2.** отмена судебного решения

fame репутация

family семья; династия

~ of (trade)marks «семейство» [серия] товарных знаков (*имеющих общий различительный признак*)

diplomatic ~ дипломатическая свита

immediate ~ ближайшие родственники

(organized) crime ~ «семья» [клан, синдикат] организованных преступников

president's official ~ *амер.* чиновники (исполнительного) ведомства президента

farm 1. крестьянское хозяйство, ферма **2.** аренда; арендное право; арендная плата ‖ брать в аренду; сдавать в аренду **3.** семья, берущая (*за плату*) детей на воспитание **4.** брать на откуп; отдавать на откуп ◇ to ~ let сдавать в аренду на условиях оплаты натурой; to ~ out **1.** сдавать в аренду **2.** отдавать на откуп; to ~ taxes отдать на откуп сбор налогов; to ~ tithes отдать на откуп сбор церковной десятины

county ~ *амер.* **1.** дом призрения нищих **2.** арестный дом (*с привлечением содержащихся в нём лиц к сельскохозяйственным работам*)

farmer 1. фермер **2.** арендатор **3.** откупщик **4.** лицо, берущее (*за плату*) детей на воспитание

tenant ~ арендатор земли

farmhold земля, принадлежащая фермеру

farming 1. занятие сельским хозяйством **2.** сдача в аренду, на откуп **3.** взятие в аренду, на откуп **4.** взятие детей на воспитание (*за плату*)

tenant ~ сельскохозяйственная аренда

father 1. отец **2.** создатель, творец **3.** старейший член

~ of the bar старший барристер

adoptive ~ приёмный отец

natural ~ отец внебрачного ребёнка

putative ~ предполагаемый отец

Father ◇ the Holy ~ его святейшество (*римский папа*); the ~s (of the Constitution) «отцы», творцы конституции США

Founding ~s «отцы», творцы конституции США

fatherhood отцовство

father-in-law 1. свёкор **2.** тесть **3.** отчим

fault 1. вина; небрежность **2.** проступок; провинность; нарушение (*закона*) **3.** недостаток, дефект ◇ to overtake in a ~ застигнуть на месте преступления; with all ~s с возложением на покупателя риска наличия недостатков в вещи

chargeable ~ проступок *или* недостаток, который можно поставить в вину

human ~ человеческая вина, человеческий проступок (*в отличие от действия непреодолимой силы*)

personal ~ личная вина

faultless безупречный

faulty неправильный; дефектный; ошибочный

favo(u)r 1. пристрастие ‖ быть пристрастным **2.** благоприятствование ‖ благопрятствовать **3.** польза; интерес; льгота **4.** безвозмездное обязательство ◇ in ~ of в пользу

favo(u)rable 1. благоприятный **2.** льготный

favo(u)red привилегированный; пользующийся преимуществом

fealty *ист.* верность вассала феодалу; присяга на верность ◇ to do [make, swear] ~ присягать на верность; to receive ~ принимать присягу на верность

feasance 1. совершение **2.** исполнение **3.** издание (*закона*)

feasant совершающий, делающий; причиняющий

feasor 1. лицо, совершающее *какое-л.* действие **2.** *уст.* законодатель

federal федеральный; союзный

federalism федерализм

federalization образование федерации; федерализация

federalize образовывать федерацию

federate объединять(ся) на федеральных началах ‖ федеративный

federation 1. федерация **2.** объединение без прав юридического лица

federative федеративный

fee 1. лен; феод; поместье; земельная собственность **2.** право наследования без ограничений **3.** абсолютное право собственности **4.** вознаграждение; возмещение расходов; жалованье; гонорар; отчисления владельцу патента *или* субъекту авторского права; чаевые ‖ платить гонорар, жалованье; давать на чай **5.** вступительный взнос; членский взнос **6.** денежный сбор **7.** *уст.* давать взятку **8.** *шотл.* нанимать ◇ ~ conditional *см.* conditional fee;

~s paid in advance аванс в счёт гонорара; ~ simple (absolute) безусловное право собственности; ~ simple conditional *см.* conditional fee

admission ~ 1. вступительный взнос 2. входная плата

affiliation ~ вступительный взнос

annual ~ 1. периодически (*в течение года*) выплачиваемый гонорар (*адвокату*) 2. годовой членский взнос 3. годовой денежный сбор

attorney's ~ 1. жалованье государственного атторнея 2. гонорар атторнея [адвоката]

base ~ право в недвижимости, подчинённое резолютивному условию

claims ~ пошлина за пункты патентной формулы сверх определённого количества

conditional ~ 1. право в недвижимости, подчинённое резолютивному *или* отлагательному условию 2. ограниченное право наследования

consular ~s консульский сбор

contingent ~ условное вознаграждение адвокату (*лишь в случае выигрыша дела*)

customs ~ таможенный сбор

defeasible [determinable] ~ право в недвижимости, подчинённое резолютивному условию

document supply ~ сбор за выдачу копии документа

filing ~ *пат.* заявочная пошлина

final ~ *пат.* заключительная пошлина, пошлина за выдачу патента

flat-rate ~ паушальный сбор

great ~ владение землёй, принадлежащей государству

handling ~ *пат.* пошлина за обработку (*оплачивается вместе с требованием о проведении международной предварительной экспертизы*)

initiation ~ вступительный взнос

lawyer's ~ гонорар адвоката

licence ~ лицензионное вознаграждение

limited ~ 1. право в недвижимости, подчинённое резолютивному условию 2. заповедное имущество, урезанная собственность (*ограниченная в порядке наследования и отчуждения*)

litigation ~ судебная пошлина

membership ~ вступительный взнос; членский взнос

notarial ~ нотариальная пошлина

patent ~ патентная пошлина

pilot ~ лоцманский сбор

position ~ комиссионное вознаграждение за посредничество по устройству на работу

postage ~ почтовый сбор

qualified ~ право в недвижимости, подчинённое резолютивному условию

refresher ~ дополнительный повременной гонорар адвокату по рассматриваемому делу

registration [registry] ~ регистрационная пошлина

renewal ~ *пат.* пошлина за продление; пошлина за восстановление действия

retaining ~ предварительный гонорар адвокату

special conditional ~ право наследования, ограниченное указанным в завещании лицом и наследниками по мужской линии

tailzied ~ *шотл.* заповедное имущество, урезанная собственность (*ограниченная в порядке наследования и отчуждения*)

term ~ 1. сессионная судебная пошлина 2. гонорар адвокату за каждую судебную сессию; сессионный гонорар

union ~ профсоюзный взнос

witness ~ возмещение расходов свидетеля по явке

feeble-minded слабоумный

fee-farm наследственное арендное пользование землёй, эмфитевзис

fee-simple безусловное право собственности, неограниченное право собственности

fee-tail заповедное имущество, урезанная собственность (*ограниченная в порядке наследования и отчуждения*)

feign 1. изобрести, придумать (*извинение, версию, обвинение*) 2. подделать (*документ*) 3. выдать себя за другое лицо 4. симулировать

fellow-heir сонаследник

fellowswear лицо, присягающее совместно с другим лицом

felon фелон (*лицо, совершившее фелонию, субъект фелонии*); опасный уголовный преступник; лицо, осуждённое и приговорённое за фелонию

~ of himself самоубийца

convicted ~ осуждённый за фелонию

escaping [fleeing] ~ фелон, спасающийся бегством с места преступления

fugitive ~ фелон, скрывающийся от правосудия

imprisoned ~ фелон, заключённый в тюрьму

principal ~ исполнитель фелонии

psychopathic ~ фелон-психопат

suspected ~ подозреваемый в совершении фелонии

feloness опасная уголовная преступница

felonious относящийся к фелонии *или* к разряду фелоний; отвечающий признакам фелонии; квалифицируемый как фелония ◇ ~ intercourse половое сношение, квалифицируемое как фелония

feloniously по признакам фелонии; совершая (*тем самым*) фелонию; с умыслом на совершение фелонии ◇ ~ to break проникнуть с преодолением препятствия в чужое помещение с умыслом совершить в нём фелонию

felony фелония (*категория тяжких преступлений, по степени опасности находящаяся между государственной изменой и мисдиминором*) ◇ ~ at common law фелония по общему праву; ~ involving violence фелония с насилием; lesser degree of ~ менее опасная фелония

~ of violence насильственная фелония

capital ~ фелония, караемая смертной казнью

common-law ~ фелония по общему праву

non-capital ~ фелония, не караемая смертной казнью

sex ~ половое преступление из разряда фелоний

statutory ~ фелония по статутному праву

substantive ~ 1. основная (*при совокупности преступлений*) фелония 2. самостоятельно (*вне связи с преступлением другого лица*) совершённая фелония

treason(able) ~ изменническая (*отвечающая признакам государственной измены*) фелония

felony-homicide лишение человека жизни, относящееся к разряду фелоний, квалифицируемое как фелония

feme женщина; жена ◇ ~ covert замужняя женщина; ~ sole 1. незамужняя женщина 2. вдова 3. замужняя женщина с независимым состоянием

femicide убийство женщины

fence 1. ограда 2. приёмщик, укрыватель, скупщик, перекупщик краденого || принимать, укрывать, скупать, перекупать краденое 3. дом, место, где принимается краденое ◇ ~ dealer in stolen goods приёмщик, скупщик, перекупщик краденого; ~ for stolen goods 1. приёмщик, укрыватель, скупщик, перекупщик краденого 2. дом, место, где принимается краденое; ~ proceeds доходы от укрывательства, скупки, перекупки краденого

ancient ~ ограда, стоящая с незапамятных времён (*как фактическое обозначение пограничной линии*)

mob-connected ~ приёмщик краденого, связанный с организованными преступниками

feneration ростовщичество

feodum antiquum *лат. ист.* феод, унаследованный от предков

feodum novum *лат. ист.* феод, приобретённый не в порядке наследования от предков

feoffee лицо, принявшее дарение недвижимости; *ист.* пожалованный леном, ленник ◇ ~ in trust душеприказчик

feoffment 1. дарение недвижимости 2. *ист.* ленное поместье; наделение ленным поместьем

feoffor даритель недвижимости

feu *шотл.* 1. бессрочная аренда коронной земли 2. земля короны, находящаяся в бессрочной аренде

feud 1. *ист.* феод; феодальное владение 2. кровная вражда; кровная месть

ancient ~ *ист.* феод, унаследованный от предков

blood ~ кровная родовая месть

feudist 1. автор *или* комментатор по правовым вопросам феодального землевладения 2. носитель бремени кровной вражды *или* участник актов кровной мести

fiat *лат.* 1. декрет; указ; приказ; распоряже-

ние суда 2. указание; понуждение 3. согласие, одобрение, санкция

fiction фикция

legal ~ юридическая фикция

fictitious фиктивный; поддельный

fidei-commissary бенефициарий

fidei-commissum фидеикомисс (*поручение, даваемое завещателем наследнику*)

fideipromissor поручитель

fidejusson поручительство

fidejussor поручитель

fidelity верность; лояльность; добросовестность ◇ ~ to duty верность долгу; добросовестное выполнение своих обязанностей

fiducial фидуциарный

fiduciary доверенное лицо, фидуциарий || основанный на доверии, фидуциарный

personal ~ личный фидуциарий

fief феод, феодальное владение

fief-tenant владелец феода

field:

~ of law сфера действия права; сфера правоприменения

correctional ~ сфера применения исправительных мер

criminal ~ 1. сфера преступности 2. сфера применения уголовного права

judicial ~ сфера судебной деятельности; судебная компетенция; юрисдикция

fieri facias *лат.* судебный приказ об обращении взыскания на имущество должника

fieri feci *лат.* «взыскано» (*надпись на исполнительном листе*)

fight драка || драться ◇ to ~ for [in] defence драться в порядке обороны, защиты; to ~ in public драться в общественном месте

family ~ драка в семье, бытовая драка

knife ~ поножовщина

legal ~ судебный поединок

figure:

gang ~ 1. активный деятель, главарь молодёжной группировки 2. активный деятель гангстерского подполья; босс гангстерского синдиката, шайки, банды

filacer судебный клерк по подготовке процесса

file 1. подача (*документа*) || подавать (*документ*) 2. картотека; подшивка; досье; дело; архив суда || регистрировать и хранить документы в определённом порядке, подшивать к делу 3. *pl* подшитые документы; (*судебный*) архив ◇ on ~ имеющийся в деле, приобщённый к делу; to ~ a bill подать исковое заявление; to ~ a bill in bankruptcy объявлять себя несостоятельным; to ~ a business зарегистрировать деловое предприятие; to ~ a case подать иск; to ~ a charge заявить об обвинении; to ~ a claim заявить требование, правопритязание; to ~ a complaint 1. заявить, подать жалобу 2. подшить жалобу к делу; to ~ a criminal charge заявить об обвинении в преступлении; to ~ a lawsuit подать иск; to ~ an appeal подать апелляционную жалобу; to ~ an application подать заявление, ходатайство, заявку; to ~ an income tax 1. подать налоговую декларацию 2. подать сведения об уплате подоходного налога; to ~ an indictment 1. представить обвинительный акт 2. подшить обвинительный акт к делу; to ~ an information 1. подать заявление об обвинении 2. подшить заявление об обвинении к делу; to ~ an objection представить возражение; to ~ a petition 1. подать заявление, петицию, прошение, ходатайство 2. подшить к делу заявление, петицию, прошение, ходатайство; to ~ a presentment 1. представить под присягой заявление об известных большому жюри обстоятельствах преступления 2. подшить к делу представленное заявление об известных большому жюри обстоятельствах преступления; to ~ a request подать, заявить запрос, ходатайство; to ~ a suit подать иск; to ~ for bankruptcy объявить себя банкротом; to ~ out by the jury представить вердикт; to ~ pleading представить основания иска *или* возражения против иска; to ~ record with a clerk сдать дело в архив

active ~ картотека лиц, состоящих на действительной службе *(в армии, в полиции)*

case assignment ~ картотека дел, переданных производством

counterintelligence ~ оперативная картотека *или* архив контрразведки

crime typology ~ оперативная картотека *или* архив типов [видов] совершённых преступлений

criminal ~ 1. картотека преступников 2. досье преступника 3. *pl* архивные дела преступников

fingerprint ~s дактилоскопическая картотека

first name ~ оперативная картотека *или* архив имён преступников

intelligence ~ оперативная картотека *или* архив разведки

investigation [investigative, investigatory] ~s следственный архив

known offender(s) ~ картотека преступников, известных полиции

local search for wanted ~ картотека лиц, находящихся в местном розыске

medical ~s медицинский архив

modus operandi ~ картотека преступных «почерков» *(методов, стиля совершения преступлений конкретными преступниками)*

national search for wanted ~ картотека лиц, находящихся в розыске, объявленном в масштабе страны

nickname ~ картотека кличек преступников

parole ~ 1. картотека условно-досрочно освобождённых 2. архивные дела условно-досрочно освобождённых

personal ~s личный архив

personnel ~s оперативная картотека *или* архивные дела личного состава

police ~ 1. полицейская картотека 2. полицейское досье 3. полицейское дело 4. полицейский архив

search ~ *пат.* прюфштоф

search for wanted ~ картотека лиц, разыскиваемых полицией

state search for wanted ~ картотека лиц, находящихся в розыске, объявленном в масштабе штата

stolen property ~s картотека похищенного имущества

tattoo ~ картотека татуировок преступников

filiate 1. устанавливать отцовство 2. образовывать филиал

filiation 1. происхождение, отношение родства 2. установление отцовства 3. образование филиала; филиал

filibuster 1. пират ‖ заниматься пиратством 2. обструкционист ‖ заниматься обструкцией

filibustering 1. пиратство 2. обструкция, «флибустьерство»

filicide 1. детоубийство 2. детоубийца

filing 1. подача *(документа)* 2. регистрация и хранение документов в определённом порядке

assignee ~ *пат.* подача заявки правопреемником

final окончательный; заключительный

finality окончательный характер *(напр. решения)*

~ of judgement окончательный *или* заключительный характер судебного решения

find 1. находка ‖ находить 2. решать, выносить решение 3. устанавливать фактические обстоятельства по делу; приходить к заключению ◇ to ~ against решить против *(истца, ответчика)*; to ~ an indictment вынести обвинительный акт; to ~ an information вынести решение по заявлению об обвинении; to ~ an issue вынести решение по судебному спору; to ~ a presentment вынести решение по заявлению об известных большому жюри обстоятельствах преступления; to ~ a surety указать поручителя; to ~ bail указать поручителя; to ~ bill of indictment вынести обвинительный акт; to ~ for решить в пользу *(истца, ответчика)*; to ~ guilt установить вину; признать виновным; to ~ guilty признать виновным; to ~ innocence установить невиновность; признать невиновным; to ~ innocent признать невиновным; to ~ insane признать невменяемым; to ~ insanity установить невменяемость; признать невменяемым; to ~ no bill отказать в утверждении обвинительного акта, отклонить обвинительный акт; to ~ no guilt не установить вины; признать невиновным; to ~ not guilty признать невиновным; to ~ the bill true признать проект обвинительного акта *(о большом жюри)*; to ~ verdict вынести вердикт

finding 1. находка 2. решение; заключение; вывод 3. установление факта 4. *pl* обстоятельства дела; установленные в ходе судебного разбирательства факты; констатирующая часть судебного решения

~ of fact 1. установление факта по делу 2. *pl* установленные *(в результате судебного разбирательства)* фактические обстоятельства

~ of guilt вывод о виновности; признание виновным

~ of guilty признание виновным

~ of innocence установление невиновности; признание невиновным

~ of law заключение по вопросу права; вывод о подлежащей применению правовой норме

~ of not guilty признание невиновным

coroner's inquest ~ вывод по результатам коронерского расследования

expert ~s заключение экспертизы

fact ~ установление факта

general ~ общий вывод суда по всему делу (при слушании без присяжных)

preliminary ~ предварительный вывод; вывод по предварительному слушанию дела

professional ~ заключение эксперта

special ~ of fact установление каждого факта по делу в отдельности

fine 1. штраф || налагать штраф, штрафовать 2. денежный побор в пользу земельного собственника

civil ~ штраф, налагаемый в гражданском порядке

criminal ~ уголовный штраф

slap-on-the-wrist ~ штраф на месте совершения правонарушения

finger-print отпечаток пальцев || снимать отпечатки пальцев, дактилоскопировать

fingerprinting дактилоскопирование; дактилоскопия

fire 1. пожар 2. увольнять с работы; увольнять с должности ◇ to set on ~ [to set ~ to] поджигать что-л.

firearms огнестрельное оружие

fired уволенный с работы; снятый с должности

firm товарищество; фирма; фирменное наименование

law ~ адвокатская фирма

private law ~ частная адвокатская фирма

firm-name фирменное наименование

first первый экземпляр (векселя), прима-вексель

first-termer см. first-timer

first-timer лицо, впервые отбывающее срочное уголовное наказание

fisc фиск, казна

fiscal 1. сборщик налогов 2. судебный исполнитель 3. амер. гербовая марка || фискальный, казначейский; налоговый; финансовый

fishery 1. рыболовство; рыбный промысел 2. право рыбной ловли

fishing рыболовство; рыбный промысел

deep-sea ~ рыболовство в открытом море

distant-waters ~ экспедиционный рыбный промысел

free ~ право на свободную рыбную ловлю; рыболовный сервитут

long-range ~ лов рыбы в отдалённых водах

off-shore ~ прибрежное рыболовство

sedentary ~ стационарный морской промысел, промысел сидячих морских видов

fitness способность; пригодность ◇ ~ to proceed способность участвовать в судебном производстве; ~ to stand one's own trial способность предстать перед судом

~ of evidence пригодность доказательств

moral ~ моральная пригодность

fix 1. амер. разг. договорённость, соглашение 2. разг. взятка 3. устанавливать; назначать; определять; фиксировать 4. фальсифицировать ◇ to ~ a jury подкупать присяжных, подговаривать присяжных; to ~ an election фальсифицировать выборы; to ~ a penalty устанавливать (в законе) или назначать (в приговоре) наказание; to ~ a price (преступно) фиксировать цену; to ~ a registration list фальсифицировать список зарегистрированных избирателей; to ~ a vessel зафрахтовать судно; to ~ by law устанавливать законом; to ~ responsibility возлагать ответственность; to ~ smb. with costs возложить расходы на кого-л.

big ~ 1. договорённость между преступной группой и политической партией 2. попустительство преступной деятельности за помощь в избирательной кампании

fixed установленный; назначенный; определённый; зафиксированный ◇ ~ by adjudication установленный решением суда (по делам несовершеннолетних); ~ by judg(e)ment установленный судебным решением; ~ by law установленный законом; ~ by sentence назначенный по приговору; ~ in tangible medium of expression закреплённый в материальной оболочке (в авторском праве)

fixture 1. движимость, соединённая с недвижимостью; постоянная принадлежность недвижимости 2. договор фрахтования

trade ~ движимость, присоединённая нанимателем к нанятой недвижимости для целей бизнеса

flag 1. флаг 2. флагман ◇ to dip the ~ приспустить флаг; to fly the ~ of a state нести флаг государства, плавать под флагом государства; to hoist the ~ поднять флаг

~ of convenience удобный флаг

~ of truce парламентёрский флаг

trading ~ торговый флаг

white ~ 1. (белый) флаг парламентёра 2. белый флаг (при сдаче)

yellow ~ жёлтый [карантинный] флаг

flag-bearer 1. знаменосец 2. парламентёр

flagrante delicto лат. на месте преступления (в момент совершения преступления)

flaw порок, дефект || опорочивать, делать недействительным ◇ ~ in the title порок титула; ~ in the will порок воли

flee бежать; избегать ◇ to ~ from justice укрываться от правосудия; to ~ from persecution бежать от преследования; to ~ from prosecution скрываться от уголовного преследования

floater амер. избиратель, голосующий несколько раз

flog пороть

flogging порка (телесное наказание)

floor 1. пол; дно 2. минимальный уровень

(цен, ставок и т.п.) 3. места *(членов парламента и т.п. в зале заседания)* 4. право выступления, слово 5. аудитория, публика ◇ to ask for the ~ просить слова; to be on the ~ обсуждаться, стоять на обсуждении *(о законопроекте и т.п.)*; to cross the ~ (of the House) перейти из одной партии в другую; to give the ~ дать слово; to have the ~ выступать; to take the ~ брать слово

deep-sea ~ дно открытого моря

ocean ~ дно океана

focus:

legislative ~ центр внимания законодателя

foeticide умерщвление жизнеспособного плода

folklaw обычай

follow 1. следовать; соблюдать; придерживаться 2. явствовать ◇ to ~ a policy следовать политике; to ~ from the state of the art *пат.* вытекать из уровня техники; to ~ regulations соблюдать правила; to ~ the case следовать прецеденту; to ~ the custom следовать обычаю; to ~ the lead следовать руководящему судебному прецеденту

footing основание

footprint отпечаток ступни, след

footway 1. пешеходная дорожка, тропинка *(частная)* 2. право прохода

public ~ пешеходная дорожка [тропинка], находящаяся в общественном пользовании

forbear 1. предшественник 2. воздерживаться *(от действия)*

forbearance воздержание от действия; отказ от принятия мер

forbid запрещать ◇ to ~ utterly полностью запретить

forbidden запрещённый ◇ ~ by law запрещённый правом, законом ‖ запрещено правом, законом; ~ by express law прямо запрещённый законом ‖ прямо запрещено законом

utterly ~ полностью запрещённый

force 1. сила; действительность; действие 2. насилие; принуждение ‖ заставлять; принуждать 3. полиция, полицейский корпус, полицейское подразделение ◇ as in ~ on... в редакции, действующей на *(такую-то дату)*; by ~ насильственно; in ~ действующий, находящийся в силе *(о правовой норме)*; no longer in ~ переставший действовать *(о законе и пр.)*; to come into ~ вступать в силу; to ~ to do a crime принудить к совершению преступления; with ~ с применением насилия

~ of law сила права; сила закона; действие права; действие закона

active ~s регулярные войска

actual ~ реальное применение насилия

air ~s военно-воздушные силы

arbitrary ~ применение насилия по произволу

armed ~s вооружённые силы

binding ~ обязательная сила

borough ~ полиция городского посёлка

city ~ городская полиция

constabulary ~ *англ.* полицейские силы, полиция

constructive ~ подразумеваемое применение насилия

county ~ полиция графства *или* округа

criminal investigative ~ отдел уголовных расследований

deadly ~ смертоносное насилие

detective ~ сыскная, уголовная полиция

deterrent ~ сдерживающий эффект

evidential ~ доказательная сила

hidden ~ тайное применение насилия

highway ~ дорожная полиция

insuperable ~ непреодолимая сила

investigative ~ следственное подразделение

irregular ~s иррегулярные вооружённые силы

irresistible ~ непреодолимая сила

land ~s сухопутные войска, армия

law enforcement ~ *амер.* полиция

lawful ~ правомерное, законное применение насилия

legal ~ юридическая сила; законная сила

local ~ местная полиция

necessary ~ необходимое насилие, насилие, вызванное необходимостью

open ~ открытое применение насилия

patrol ~ патрульная полиция

peace-keeping ~s силы поддержания мира

police ~ полицейские силы, полиция; полицейское подразделение

preventive ~ предупредительное действие

probative ~ доказательная сила

protective ~ насилие, применённое в порядке (само)защиты

punitive ~ 1. карательное действие 2. *pl* карательные отряды

regular ~s регулярные вооружённые силы

retroactive ~ обратная сила

rural ~ сельская полиция

state ~ полиция штата

statutory ~ сила закона; законная сила

strike ~ ударный отряд *(полиции)*

suburban ~ пригородная полиция

superior ~ непреодолимая сила

town ~ городская полиция

uniform(ed) ~ полиция в форме *(патрульная)*

unnecessary ~ насилие, не вызванное необходимостью

urban ~ городская полиция

forced принудительный; вынужденный

force-majeure непреодолимая сила, форс-мажор

forcible принудительный, насильственный

forcibly принудительно; с применением насилия

foreclose 1. исключать; лишать права пользования 2. лишать права выкупа заложенного имущества 3. предрешать *(вопрос)*

foreclosure 1. лишение права выкупа заложенного имущества 2. переход заложенной недвижимости в собственность залогодержателя strict ~ приказ суда о выплате долга под страхом лишения права выкупа заложенного имущества

forefault *шотл.* 1. утрата *(права, имущества)* ‖ лишаться, терять, утрачивать *(право, имущество)* 2. штраф 3. конфискованная вещь ‖ переходить в казну

foregoing предшествующий, вышеизложенный

foreigner 1. иностранец 2. третье лицо
objectionable ~ нежелательный иностранец

forejudge 1. предрешать исход, предопределять 2. предвзято решать ◇ to ~ guilty intent возыметь умысел

foreman старшина присяжных
~ of grand jury старшина большого жюри
~ of jury старшина присяжных
deputy ~ заместитель старшины присяжных
grand jury ~ старшина большого жюри
jury ~ старшина присяжных

forensic судебный

foresaid(s) *шотл.* вышеупомянутый, вышеизложенный, вышесказанный

foresee предвидеть

foreseeable предвидимый

foreseen предвиденный

foresight предвидение; предусмотрение

forest лес; охотничье угодье
~ of patents «лес патентов», множество патентов *(напр. принадлежащих одной фирме)*

forethought заранее обдуманное намерение; предумышление ‖ заранее обдуманный; предумышленный

forewarn заранее предупреждать

forewarned заранее предупреждённый

forfeit 1. утрата, потеря, лишение *(прав, имущества)* ‖ лишаться, терять, утрачивать *(о правах, имуществе)* 2. штраф; наложение штрафа 3. конфискованное имущество ‖ конфисковать‖ конфискованный 4. переходить в казну ◇ to ~ a right 1. потерять право 2. прекращать право; to ~ one's bail не явиться в суд *(о выпущенном на поруки)*; to ~ one's employment [office] быть отстранённым от должности [службы]; to pay the ~ уплачивать штраф
~ of civil rights лишение гражданских прав

forfeitable подлежащий конфискации, штрафу

forfeited утраченный *(о праве)*; конфискованный; оштрафованный

forfeiture 1. потеря, утрата; лишение *(прав, имущества, должности)* 2. штраф 3. конфискация; переход в казну ◇ ~ for offence 1. конфискация как наказание за преступление 2. лишение права на зачёт времени «хорошего поведения» в связи с совершением заключённым нового правонарушения; ~ to the Crown конфискация в пользу короны
~ of collateral обращение в казну денежной суммы в дополнительное обеспечение по делам о мисдиминорах
~ of estate конфискация имущества
administrative ~ штраф *или* конфискация в административном порядке

criminal ~ штраф *или* конфискация в уголовном порядке

inadvertent ~ of patent rights неосмотрительная утрата патентных прав *(напр. в результате неуплаты патентных пошлин)*; неосмотрительная утрата прав на получение патента *(напр. вследствие преждевременного разглашения изобретения)*

forge подделывать документ, изготовлять подложный документ

forged подложный, поддельный

forger подделыватель документа; субъект подлога, подделки документа
check ~ подделыватель чеков

forgery подлог *или* подделка документа ◇ ~ at common law подлог *или* подделка документа по общему праву

forgo отказываться *(от права, требования)*

forisfamiliate *шотл.* выделять наследственную долю при жизни

forjudge 1. лишать *чего-л.* по суду 2. выселять по решению суда

form 1. форма ‖ формировать; составлять 2. установленный образец; проформа; бланк; формуляр; анкета 3. учреждать, образовывать, основывать 4. заключать *(договор)* ◇ in due ~ в надлежащей форме, надлежаще оформленный, оформленный должным образом
~ of action форма иска
~s of evidence 1. формы доказывания 2. виды доказательств
~ of government 1. форма государственного правления 2. форма государственного устройства
~ of law правовая форма
~ of the statute норма закона; буква закона
application ~ бланк заявления, заявки
arrest ~ форма ареста
borough ~ of government форма самоуправления городского посёлка; органы самоуправления городского посёлка
bound ~ обязательная форма *(документа)*
city ~ of government муниципальная форма самоуправления; органы муниципального самоуправления
colonial ~ of government колониальная форма государственного устройства; колониальные органы власти; колониальная администрация
constitutional ~ конституционная форма
corporate ~ корпоративная форма
county ~ of government форма самоуправления графства *или* округа; органы самоуправления графства *или* округа
district ~ of government система органов государственной власти *или* самоуправления в районе *или* округе
dominion ~ of government государственное устройство, органы власти доминиона
due ~ of law надлежащая правовая форма
federal ~ of government федеративная форма государственного устройства

insurance ~ форма договора страхования; проформа страхового полиса

legal ~ правовая форма

national ~ of government 1. унитарная форма государственного устройства 2. *амер.* федеральная форма государственного устройства

pamphlet ~ *амер.* брошюрная форма *(публикации закона)*

police ~ 1. полицейская процедура 2. полицейский формуляр

pre-printed ~ бланк, формуляр

proposal ~ бланк заявления, ходатайства

regular ~ of marriage законная форма вступления в брак

rural ~ of government форма самоуправления в сельской местности

set ~ установленная форма; формуляр, бланк

slip ~ форма оттиска *(публикации закона)*

standard ~ типовая форма, проформа

state ~ of government 1. государственное устройство, органы власти штата 2. федеративная система государственного устройства

subrogation ~ документ о суброгации, суброгационный акт

suburban ~ of government форма самоуправления в пригороде

territorial ~ of government территориальная форма государственного устройства; территориальные органы власти; территориальная администрация

town ~ of government *см.* city form of government

urban ~ of government форма самоуправления в городской зоне

formal 1. формальный; официальный 2. относящийся к форме 3. надлежаще оформленный

formalit/y формальность; специальная процедура

~ies of law формальные требования закона

statutory ~ предусмотренная законом формальность; предписанная законом форма

formalization приведение в соответствие с формальными требованиями; формализация

formalize приводить в соответствие с формальными требованиями; формализовать

formation 1. основание, образование, учреждение 2. составление 3. заключение *(договора)*

formula юридическая формула; формулировка

formulary 1. система, свод правил 2. представленный в виде формулы 3. предписанный правилами

formulate формулировать

formulation формулировка; формулирование

~ of legislation законодательная формулировка; формулирование (норм) законодательства

fornication блуд *(половое сношение неженатого мужчины с незамужней женщиной)* ◇ living in ~ сожительство в блуде

fornicator мужчина-соучастник блуда

fornicatress женщина-соучастница блуда

forswear 1. отказываться, отрекаться 2. отрицать под присягой; обещать под присягой не

совершать *чего-л.* 3. лжесвидетельствовать; нарушать клятву, присягу ◇ to ~ a debt отказаться от уплаты долга; to ~ continuation of infringement обещать под присягой прекратить нарушение *(напр. авторских прав)*

fortress-prison тюрьма-крепость

fortuitous случайный

fortuity случай

forum *лат.* суд; юрисдикция

~ actus суд места совершения действия

~ connexitatis юрисдикция по вопросу, связанному с основным делом; подсудность по связи дел

~ contractus суд места заключения договора

~ conveniens удобное место рассмотрения дела

~ conventionale договорная подсудность

~ delicti суд места правонарушения

~ domicilii суд домициля [места жительства]

~ legale законная подсудность

~ litis motae суд места предъявления иска

~ non conveniens неудобное место рассмотрения дела

~ patriae отечественная юрисдикция

~ patrimonii суд местонахождения наследства

~ prorogatum договорная подсудность

~ rei 1. суд местонахождения вещи 2. суд места жительства [домициля] ответчика

~ rei gestae суд места совершения акта

~ rei sitae суд местонахождения предмета спора

~ situs суд местонахождения предмета спора

forum-shopping поиск «удобного» суда, манёвры с выбором судебного форума *(стремление передать дело на рассмотрение суда, от которого можно ожидать наиболее благоприятного результата)*

forward представлять, подавать, передавать *(заявление, жалобу, ходатайство)*

forwarder экспедитор

found 1. основывать; учреждать 2. давать основание, обосновывать

foundation 1. основание; основа 2. обоснование; обоснованность 3. учреждение 4. фонд; средства, завещанные для благотворительных целей

~ of evidence обоснование доказательства *(ссылкой на надёжность или доказанностью надёжности его источника)*

legal ~ правовое основание, правооснование

private ~ частный фонд

public ~ публичный, государственный фонд

founded 1. обоснованный 2. основанный на чём-л. ◇ ~ in fact обоснованный с фактической стороны; ~ in law обоснованный с юридической стороны, юридически обоснованный

founder основатель, учредитель

four ◇ all ~s полное согласие, соглашение по основным пунктам; on all ~s 1. соответствующий 2. аналогичный (о судебном деле, решении); to be on all ~s соответствовать

frame 1. структура, система 2. создавать, вырабатывать; составлять; формулировать 3. разг. фабриковать (дело, обвинение), ложно обвинять кого-л., подтасовывать (факты) ◇ to ~ law разрабатывать, формулировать нормы права; to ~ legislation разрабатывать, формулировать законодательство; to ~ up разг. фабриковать (дело, обвинение), ложно обвинять кого-л., подтасовывать факты; to ~ up a case (с)фабриковать дело, обвинение

~ of government структура правительства

constitutional ~ конституционная структура, система

legal ~ правовая структура, система

framed 1. созданный, выработанный; составленный; сформулированный 2. разг. сфабрикованный; подтасованный; ложно обвинённый

Framers «отцы», творцы конституции США

frame-up разг. 1. подтасовка (фактов); фальсификация; фабрикация 2. сфабрикованное дело, обвинение, доказательство и т.п.; судебная инсценировка 3. тайный сговор

framework 1. конструкция 2. структура, система 3. рамки, пределы

constitutional ~ 1. структура конституции 2. конституционная структура, система (государства, общества) 3. конституционные рамки, пределы

legal ~ 1. структура права 2. правовая структура, система (государства, общества) 3. правовые рамки, пределы

framing 1. создание, выработка 2. структура

constitutional ~ 1. выработка конституции 2. структура конституции 3. конституционная структура, система (государства, общества)

legal ~ 1. создание, выработка норм права 2. структура права 3. правовая структура, система (государства, общества)

franchise 1. право, привилегия, льгота 2. избирательное право, право голоса 3. франшиза (условие договора страхования, предусматривающее освобождение страховщика от возмещения убытков, не превышающих определённого размера) 4. договор франшизы (договор о реализации торговым предприятием изделий промышленного предприятия)

corporate ~ права юридического лица, права корпорации

elective [electoral] ~ избирательное право (активное)

household ~ ист. право голоса для домовладельцев и квартиронанимателей

lodger ~ право голоса для квартиросъёмщиков

parliamentary ~ избирательное право по выборам в парламент

franchisee торговое предприятие, реализующее изделия промышленного предприятия на основе договора франшизы

franchisor промышленное предприятие, заключившее с торговым предприятием договор франшизы

frank 1. франкировать (письмо) 2. освобождать (от уплаты) ‖ свободный (от уплаты) 3. искренний

frank-law ист. статус свободного человека

frank-tenant фригольдер

frank-tenement фригольд

frank-tenure фригольд

fratricide 1. братоубийство 2. братоубийца

fraud обман; мошенничество ◇ ~ by officer должностной обман; ~ in fact фактически совершённый обман; ~ in law обман по правовой презумпции, подразумеваемый обман

accident ~ мошенническая симуляция несчастного случая

actual ~ фактически совершённый обман

bank ~ банковское мошенничество

business ~ мошенничество в бизнесе

commercial ~ мошенничество в торговле

constructive ~ подразумеваемый обман, обман по правовой презумпции

consumer ~ обман потребителя

contract ~ обман при заключении договора

corporate ~ мошенничество в корпорированном бизнесе

criminal ~ преступный обман

equitable ~ добросовестный обман (сообщение неправильных фактов при добросовестности лица, сообщившего их)

income tax ~ мошенничество при обложении подоходным налогом или при взимании подоходного налога

insurance ~ мошенничество при страховании

land ~ мошеннические махинации с недвижимостью

legal ~ обман по правовой презумпции, подразумеваемый обман

mail ~ мошенничество с использованием почты

malicious ~ злоумышленный обман

mortgage insurance ~ мошенничество в ипотечном страховании

positive ~ фактически совершённый обман

securities ~ мошенничество с ценными бумагами

stock ~ биржевое мошенничество

tax ~ налоговое мошенничество

technical ~ действия, формально являющиеся обманом

fraudster мошенник

fraudulent обманный; мошеннический

fraudulently обманным образом, путём обмана; мошеннически

free 1. свободный ‖ свободно ‖ освобождать; выпускать на свободу 2. добровольный ‖ добровольно 3. бесплатный, безвозмездный ‖ бесплатно, безвозмездно 4. беспошлинный; не подлежащий обложению ‖ беспошлинно ◇ ~ alongside ship франко вдоль борта судна, фас; ~ and clear необременённый (об имуществе, правовом титуле); ~ delivered доставка франко; ~ from particular average без ответственности за частную аварию; ~ in and out погрузка и выгрузка оплачиваются фрахтователем; ~ in and stowed погрузка и укладка груза в трюме оплачиваются фрахтователем; ~ on board 1. франко-борт судна, фоб 2. амер. франко-вагон; ~ on board and stowed франко-борт и штивка; ~ on board vessel амер. франко-борт судна; ~ ship - - goods свободно судно - свободен груз, нейтрально судно - нейтрален груз, флаг покрывает груз; tax ~ свободный от налогов; to ~ forcibly from custody освободить из-под стражи с применением насилия; to ~ from a charge снять обвинение; to ~ from arrest освободить из-под ареста; to ~ from custody освободить из-под стражи; to ~ from debts освободить от долгов; to ~ from detention освободить из-под стражи, из-под ареста; to ~ from imprisonment освободить из (тюремного) заключения; to ~ from liability освободить от ответственности; to ~ from penalty освободить от санкции, взыскания, штрафа, наказания; to ~ from punishment освободить от наказания; to ~ from responsibility освободить от ответственности; to ~ from restraint освободить из-под стражи, из заключения, выпустить на свободу; to ~ from tax освободить от налогового обложения; to make [to set] ~ освободить (из-под стражи)

~ of all average свободно от всякой аварии

~ of capture and seizure свободно от пленения и захвата

~ of charge безвозмездно, бесплатно

~ of debt не имеющий долгов

~ of duty беспошлинно

~ of particular average без ответственности за частную аварию, свободно от частной аварии

freedom свобода; право ◇ ~ to organize право объединяться в профсоюзы

~ of access свобода доступа

~ of action свобода действий

~ of assembly свобода собраний

~ of association свобода объединений

~ of broadcasting свобода радиовещания

~ of conscience свобода совести

~ of contract право заключать договоры

~ of discussion свобода слова

~ of expression свобода самовыражения

~ of faith свобода вероисповедания, религиозная свобода

~ of fishing свобода рыболовства

~ of information свобода информации

~ of movement свобода передвижения

~ of navigation свобода судоходства

~ of overflight свобода пролёта

~ of passage свобода прохода

~ of petition право подачи петиций

~ of religion свобода вероисповедания

~ of speech свобода слова

~ of the air свобода воздушного пространства

~ of the city права городского самоуправления

~ of the high seas свобода открытого моря

~ of the individual свобода личности

~ of the press свобода печати

~ of the seas свобода морей

~ of the will свобода воли

~ of transit свобода транзита, свобода транзитного передвижения

~ of worship свобода вероисповедания, свобода совести, свобода отправления религиозных обрядов

absolute ~ абсолютная, полная, неограниченная свобода; абсолютное, полное, неограниченное право

academic ~ свобода преподавания

city ~ привилегии, права города

conditional ~ свобода под условием; ограниченная свобода; право под условием; ограниченное право

democratic ~s демократические свободы

fundamental ~s основные свободы

individual ~ свобода личности

limited ~ ограниченная свобода, ограниченное право

nominal ~ номинальная свобода; номинальное право

freehold безусловное право собственности на недвижимость, фригольд ‖ основанный на праве собственности

customary ~ фригольд, основанный на манориальном обычае

freeholder фригольдер, свободный собственник

freeman 1. свободный, полноправный гражданин 2. полноправный член (общества, корпорации) 3. почётный гражданин города

honorary ~ почётный гражданин города

freeze «замораживание», блокирование, контроль, запрет ‖ «замораживать», блокировать, устанавливать контроль, вводить запрет ◇ to ~ assets заморозить активы

employment [hiring, job] ~ приостановление действия трудового договора, временное увольнение

freight 1. груз 2. плата за провоз 3. фрахт ‖ фрахтовать ◇ ~ at risk условие об уплате фрахта в пункте назначения после сдачи груза; ~ forward фрахт, уплачиваемый в порту выгрузки; ~ home обратный фрахт; to take to ~ фрахтовать

advance ~ аванс фрахта

dead ~ мёртвый фрахт (плата за зафрахтованное, но неиспользованное место на судне)

distance ~ фрахт за расстояние, дистанционный фрахт

home ~ обратный фрахт

lump ~ твёрдая сумма фрахта, аккордный фрахт

pro rata ~ фрахт пропорционально пройденному пути, дистанционный фрахт

freightage фрахтование

freighter фрахтователь

French:

Law ~ старофранцузский язык, используемый в юридической литературе и практике

friend 1. друг **2.** *шотл.* родственник

alien ~ дружественный иностранец, иностранец-подданный [гражданин] дружественного государства

next ~ «заступник» *(лицо, действующее в интересах недееспособного, не будучи его опекуном)*

friendly дружественный

frighten запугивать; устрашать ◇ **to ~ victim into compliance** внушённым страхом подавить волю, способность к сопротивлению

frivolous явно необоснованный, несерьёзный

front 1. лицевая сторона *(документа)* **2.** (легальное) прикрытие для преступной деятельности

frontager владелец участка, граница которого проходит по реке, дороге *и т.п.*

frontier 1. граница **2.** пограничная полоса

land ~ сухопутная граница

national ~ государственная граница

natural language ~ естественная языковая граница

fruits:

~ of the poisonous tree «плоды ядовитого дерева» *(доказательства, полученные с нарушением гарантированных конституцией процессуальных прав личности)*

frustrate расстраивать *(планы)*; делать тщетным

frustration расстройство *(планов)*; тщетность; фрустрация *(утрата договором своего смысла)*

~ of adventure задержка судна по непредвиденным обстоятельствам, расстройство рейса

~ of contract 1. тщетность договора, отпадение смысла договора, недостижимость цели договора **2.** последующая невозможность исполнения **3.** резкое и непредвиденное изменение обстоятельств, при которых был заключён договор

fugitive 1. беженец **2.** дезертир **3.** лицо, скрывающееся от правосудия ◇ **~ from a case before the court** лицо, бежавшее из-под суда; **~ from justice** лицо, скрывающееся от правосудия; **~ from trial** лицо, бежавшее из-под суда

crime ~ преступник, скрывающийся от правосудия; преступник, находящийся в бегах, беглый преступник

federal ~ лицо, скрывавшееся от правосудия федеральной юрисдикции; заключённый, бе-

жавший из федеральной тюрьмы *или* из федерального реформатория

indigent ~ лицо, скрывавшееся от правосудия и не имеющее средств для оплаты расходов по делу о его выдаче

local ~ лицо, скрывающееся от правосудия местной юрисдикции; заключённый, бежавший из местной тюрьмы *или* местного реформатория

state ~ лицо, скрывающееся от правосудия юрисдикции штата; заключённый, бежавший из тюрьмы *или* реформатория штата

fulfil ◇ **to ~ conditions** удовлетворять требованиям; выполнять условия

fulfil(l)ment исполнение

function функция ‖ функционировать

ministerial ~s 1. административные функции **2.** служебные обязанности

public ~ публичная функция; публичная должность

regulatory ~s распорядительные функции

functionary должностное лицо, чиновник, функционер ‖ официальный

public ~ публичное должностное лицо

fund 1. фонд; денежная сумма с целевым назначением ‖ капитализировать; фондировать; помещать деньги в ценные бумаги **2.** *pl* ценные бумаги *(преим. государственные)* ◇ **no ~** «нет покрытия» *(отметка банка на чеке об отсутствии средств на счёте чекодателя)*; **~s on hand** наличные средства; **to ~ federally** *амер.* **1.** фондировать из федеральных средств **2.** помещать деньги в федеральные ценные бумаги; **to ~ locally 1.** фондировать из местных средств **2.** помещать деньги в местные ценные бумаги; **to ~ mutually** взаимофондировать; **to ~ partially 1.** фондировать частично **2.** частично помещать деньги в ценные бумаги

appropriated ~s ассигнованные средства

confidential ~ секретный фонд

defence ~ фонд оплаты услуг защитников по соглашению

federal ~s *амер.* федеральные средства

local ~s местные фонды

municipal ~s муниципальные фонды

mutual ~s 1. взаимно предоставляемые фонды **2.** фонды во взаимном пользовании

nonappropriated ~s неассигнованные средства

pension ~ пенсионный фонд

private ~ частный фонд

sinking ~ фонд погашения *(долга)*

slush ~ *амер. жарг.* фонд взяток, деньги для подкупа

state ~s средства штата

trust ~ 1. доверительный фонд **2.** *pl* доверительные средства

yellow-dog ~ *амер. жарг.* фонд взяток, деньги для подкупа

fundable 1. подлежащий фондированию **2.** подлежащий помещению в ценные бумаги

fundamental 1. основной **2.** существенный

fundamentals основы, основные положения

funded 1. фондированный **2.** помещённый в ценные бумаги

federally ~ *амер.* **1.** фондированный из федеральных средств **2.** помещённый в федеральные ценные бумаги

locally ~ 1. фондированный из местных средств **2.** помещённый в местные ценные бумаги

state ~ 1. фондированный из средств штата **2.** помещённый в ценные бумаги штата

furthcoming *шотл.* исполнительное производство по продаже имущества должника в удовлетворение требований кредитора по вынесенному судебному решению

further способствовать осуществлению || дальнейший, новый

furtherance способствование осуществлению

~ of intention способствование осуществлению намерения

furtigation наказание палочными ударами, палочное наказание

fusion фузия, слияние, объединение

futures сделки на срок, срочные сделки

G

gage ручной залог

dead ~ ипотечный залог

life ~ залог, при котором доходы от пользования имуществом засчитываются в уплату суммы долга

gamble азартная игра || играть в азартные игры

gambler 1. азартный игрок; участник азартной игры **2.** гэмблер *(лицо, эксплуатирующее азартные игры; содержатель или агент игорного притона)*

common ~ *см.* gambler

compulsive ~ гэмблер, понуждающий к участию в азартной игре

crooked ~ игрок-мошенник; шулер

illegal ~ участник азартной игры, запрещённой законом

legal ~ участник азартной игры, разрешённой законом

professional ~ 1. азартный игрок-профессионал **2.** профессиональный гэмблер

stock ~ биржевой игрок; биржевой спекулянт

gambling 1. азартная игра **2.** гэмблинг *(эксплуатация азартных игр)* ◇ **~ by bankrupt** участие банкрота в азартной игре *(состав преступления)*

crooked ~ мошенническая азартная игра; шулерство

illegal ~ азартная игра, запрещённая законом

interstate ~ 1. азартная игра в масштабе нескольких штатов **2.** гэмблинг в масштабе нескольких штатов

legal ~ азартная игра, разрешённая законом

major ~ азартная игра на крупную сумму денег

minor ~ азартная игра на незначительную сумму денег

game 1. (азартная) игра **2.** охота **3.** дичь **4.** *жарг.* проститутка

confidence ~ мошенническая игра; шулерство; злоупотребление доверием; мошенничество

panel ~ вымогательство денег

gaming (азартные) игры

gang 1. группа, шайка, банда делинквентов молодого возраста **2.** банда **3.** гэнг *(гангстерская банда)*

boy ~ группа, группировка, шайка, банда несовершеннолетних делинквентов

burglary ~ шайка, совершающая берглэри

chain ~ группа заключённых *(на работах)*, скованных единой цепью

criminal ~ шайка; банда; гэнг *(гангстерская банда)*

delinquent ~ группа, шайка, банда делинквентов молодого возраста

fighting ~ группировка делинквентов молодого возраста в драке с другой аналогичной группировкой

organized crime ~ гэнг *(гангстерская банда)*

outlaw motorcycle ~ мотоциклетная банда делинквентов молодого возраста; мотоциклетная гангстерская банда

predatory [robbery] ~ шайка грабителей, разбойников; банда

street ~ уличная шайка, банда

violent ~ шайка, совершающая насильственные преступления; группа, шайка насильников

warring ~ гангстерская банда в «войне» с другой гангстерской бандой; молодёжная группировка, шайка, банда в «войне» с другой молодёжной группировкой, шайкой, бандой

youth ~ молодёжная группировка, шайка, банда

gangdom гангстерское подполье

gangland гангстерское подполье

gang-rape групповое изнасилование || совершать групповое изнасилование

gang-raping групповое изнасилование

gangster гангстер *(организованный преступник)*

gangsterism гангстеризм *(организованная преступность)*

gangster-killer убийца-гангстер; участник *или* соучастник гангстерского убийства

gaol 1. тюрьма **2.** тюремное заключение || заключить в тюрьму; содержать в тюрьме

common ~ тюрьма общего режима

gaol-bird *амер. жарг.* **1.** отбывающий тюремное заключение, заключённый **2.** бывший заключённый; закоренелый преступник, рецидивист

gaoler тюремщик, тюремный надзиратель

gap пробел, пропуск, лакуна ◇ ~ in law пробел в праве

garnish вручить третьему лицу приказ суда о наложении ареста на имеющееся у него имущество должника *или* на суммы, причитающиеся с него должнику ◇ to ~ assets вручить третьему лицу приказ о наложении ареста на имеющееся у него имущество несостоятельного должника

garnishee лицо, которому вручён приказ суда о наложении ареста на имеющееся у него имущество должника *или* на суммы, причитающиеся с него должнику

garnishment наложение ареста на имущество должника у третьего лица *или* на суммы, причитающиеся должнику с третьего лица

~ of account наложение ареста на счёт в банке

~ of wages наложение ареста на заработную плату

ancillary ~ наложение ареста в порядке дополнительного обеспечения иска на имущество должника у третьего лица *или* на суммы, причитающиеся должнику с третьего лица

garnishor лицо, по требованию которого налагается арест на имущество должника, находящееся у третьего лица

garrotte *ист.* гаррота *(а) испанский способ смертной казни путём удавления б) применяемый в этих случаях специальный механизм)* ‖ приводить в исполнение смертную казнь посредством гарроты ◇ to tip the ~ *жарг.* удавить и ограбить

garrotter 1. палач, казнящий с помощью гарроты 2. преступник, осуществляющий разбойное нападение путём удушения потерпевшего

gavelet *ист.* судебный процесс против арендатора, не уплатившего арендную плату

gavelkind 1. *ист.* равный раздел земельной собственности между сыновьями *или* братьями покойного *или* между всеми членами клана при отсутствии завещания 2. равный раздел земельной собственности между сыновьями покойного при отсутствии завещания *(в графстве Кент, Англия)*

gazette 1. опубликовать в «Газетт» 2. промульгировать

Gazette *англ.* «Газетт» *(официальная газета, ведомости)*

gemot(e) *ист.* собрание старейшин *(для судопроизводства и законодательства)*

generic определённый родовыми признаками

genericness родовой характер *(напр. заявленного к регистрации товарного знака); является препятствием к регистрации)*

genocide геноцид

gentlemen of the long robe юристы *(судьи и адвокаты)*; судейские лица, лица судебного ведомства

gentry *англ.* дворянство; нетитулованное дворянство; мелкое дворянство

landed ~ *англ.* поместное дворянство

genuine подлинный

genuineness подлинность

germane 1. находящийся в близком кровном родстве 2. тесно связанный 3. релевантный

germaneness 1. близкое кровное родство 2. тесная связь 3. релевантность

gerrymander 1. перекраивать избирательные округа с целью обеспечения результатов выборов, угодных данной партии 2. манипулировать фактами, доводами с целью обоснования ложного вывода

gerrymandering 1. «избирательная география», «джерримэндеринг» *(перекройка избирательных округов с целью обеспечения результатов выборов, угодных данной партии)* 2. манипулирование фактами, доводами с целью обоснования ложного вывода

gestation период беременности

ghost-writer автор-«призрак», фактический автор, работающий на другое лицо, «негр»

gift дарение; дар ◇ ~ by will легат, завещательный отказ; ~ causa mortis дарение движимости умирающим; ~ inter vivos прижизненное дарение; ~ in view of death дарение на случай смерти

absolute ~ прижизненное дарение

charitable ~ пожертвование на благотворительные цели

manual ~ дарение, совершаемое путём простой передачи

perfect ~ безоговорочное дарение

residuary ~ завещательный отказ остаточного имущества

testamentary ~ дарение на случай смерти дарителя, завещательный отказ

girl девочка; девушка

fancy ~ 1. любовница 2. проститутка

wayward ~ несовершеннолетняя проститутка

gist суть, сущность; главный, основной пункт *(напр. обвинения)*

~ of action основание иска

give 1. давать; предоставлять 2. дарить ◇ to ~ aid and comfort to a criminal оказывать помощь преступнику; to ~ an opinion 1. дать заключение 2. вынести решение; to ~ bail найти себе поручителя; to ~ colo(u)r признавать наличие видимости законного основания иска *(с последующим оспариванием его юридической силы)*; to ~ effect to приводить в действие; to ~ evidence 1. представлять доказательство 2. давать показания; to ~ floor to предоставить слово *кому-л.;* to ~ in one's verdict голосовать в качестве присяжного; to ~ judgement выносить судебное решение; to ~ law принимать законы, законодательствовать, формулировать право; to ~ notice извещать; уведомлять; предупреждать; предупреждать об увольнении; to ~ quarter щадить, давать пощаду; to ~ rise to an action дать основание для иска; to ~ security давать обеспечение, предоставлять обеспечение; to ~ the benefit of the doubt истолковывать сомнение в пользу ответной стороны; to ~ time предоставлять отсрочку; to ~ wound наносить рану

giver датель; податель
~ of bill векселедатель, трассант
~ of bribe взяткодатель

glebe церковные земли

gloss глосса; толкование ‖ давать толкование
◇ ~ on law истолкование права

glossators глоссаторы

go 1. иметь хождение; быть в обращении 2. гласить 3. проходить, быть принятым 4. получать (пособие) ◇ to ~ against smth. оспаривать что-л.; to ~ at large выходить на свободу (из заключения); to ~ back (up)on one's promise нарушить данное обещание; to ~ back (up)on a vote оспаривать действительность голосования; to ~ bail for поручиться за кого-л.; ручаться за что-л.; внести залог за кого-л.; to ~ bankrupt обанкротиться; to ~ into effect вступать в силу; to ~ on circuit выезжать в округа для рассмотрения дел (о выездных судьях); to ~ sine die быть отпущенным на неопределённый срок (о заключённом); to ~ to the bar получить право адвокатской практики; to ~ to the country англ. назначить всеобщие выборы; to ~ to the law обращаться в суд, обращаться к правосудию; to ~ to the people баллотироваться (на выборах в конгресс); to ~ to the polls 1. голосовать 2. выставлять свою кандидатуру на выборах

goal цель ◇ ~ justified оправданная цель; ~ unjustified неоправданная цель
criminal ~ преступная цель
intended ~ преднамеренная, предумышленная цель
legislative ~ цель законодателя
unintended ~ непреднамеренная, непредумышленная, внезапно возникшая цель

go-between посредник

godchild крестник; крестница

godfather крёстный отец

godmother крёстная мать

godparent крёстный родитель (отец; мать)

godparenthood 1. статус крёстного родителя 2. родство, свойство по крещению

good 1. добро, благо 2. польза 3. pl товар 4. pl движимость 5. юридически действительный; достаточный, законный; неоспоримый; обоснованный 6. кредитоспособный; платёжеспособный 7. «покрытие имеется» (отметка банка на чеке о наличии средств на счёте чекодателя) ◇ ~s and chattels движимость и иные имущественные права, за исключением земельной собственности; ~s duty free беспошлинные товары; ~s in bond товары, сложенные на таможенном складе и не оплаченные пошлиной; ~s in communion имущество, находящееся в общей собственности супругов; ~ in law законный, юридически правильный, обоснованный, признаваемый в судах; no ~s «нет имущества» (надпись шерифа на исполнительном листе)

ascertained ~s индивидуализированный товар; количество родовых вещей, выделенных из общей массы
convict-made ~s товары, изготовленные заключёнными
customed ~s товары, обложенные таможенной пошлиной
distrained ~s арестованное имущество
free ~s 1. товары нейтрального государства, нейтральный груз 2. беспошлинные товары
illicit ~s незаконные, запрещённые товары
immaterial ~s нематериальные объекты; интеллектуальная собственность
infringing ~s пат. контрафактные товары
innocent ~s неконтрабандные товары
prohibited ~s запрещённые товары
public ~ общественное благо
restrained [restricted] ~s товары, ограниченные в производстве или обращении
secondary ~s вещи, являющиеся принадлежностью главной вещи
smuggled ~s контрабандный товар, контрабанда
specific ~s индивидуально-определённый товар
unascertained ~s неиндивидуализированный товар; товар, определённый родовыми признаками
uncustomed ~s товары, не обложенные таможенной пошлиной
unentered ~s необъявленные (на таможне) грузы

good-neighbourliness добрососедские отношения

goodwill «гудвил», стоимость «фирмы» (репутация и деловые связи фирмы, нематериальные элементы фирмы, включающие наименование фирмы, товарные знаки, клиентуру)

govern 1. управлять 2. руководить 3. регулировать, регламентировать 4. считаться аутентичным (о тексте) 5. определять смысл 6. служить прецедентом

governance 1. управление, руководство, власть 2. подчинённость

government 1. управление; руководство; регулирование 2. государственная власть 3. государственное устройство; политический строй 4. форма государственного правления 5. государственное управление; правительство; правительственный аппарат 6. управляемая губернатором провинция 7. амер. обвинение (как сторона в процессе) ◇ ~ de facto правительство де факто; ~ de jure правительство де юре; ~ in exile правительство в изгнании; правительство, лишённое своей территории и нашедшее убежище на территории союзной страны; эмигрантское правительство; ~ in office [in power] правительство у власти; ~ under the Constitution 1. конституционное правление 2. правительство, действующее на основе конституции
~ of enumerated powers амер. правительство

с перечисленными правомочиями *(федеральное правительство)*

~ of law господство права

~ of laws (and not of men) правление законов (а не людей) *(политико-правовой принцип демократии)*

~ of powers полномочное, правомочное правительство

~ of residual powers правительство с оставшимися [остаточными] правомочиями *(правительство штата)*

~ of the day существующее правительство

administrative ~ административная власть; административное правление

all-in ~ многопартийное правительство

cabinet ~ кабинетское правление *(система управления государством, при которой решающую роль играет кабинет министров)*

city ~ *см.* municipal government

civil ~ гражданское правительство; гражданская власть

constitutional ~ 1. конституционная форма правления 2. конституционное правительство

county ~ органы самоуправления графства *или округа*

de facto ~ правительство де факто

de jure ~ правительство де юре

emergency ~ 1. государственное правление в условиях чрезвычайного положения; государственное правление с применением чрезвычайных мер 2. правительство с чрезвычайными полномочиями

executive ~ исполнительная власть

executive emergency ~ 1. исполнительная власть в условиях чрезвычайного положения; исполнительная власть, применяющая чрезвычайные меры 2. исполнительная власть с чрезвычайными полномочиями

extrajudicial ~ 1. регулирование внесудебными методами 2. государственная власть, неподконтрольная судам

extralegal ~ государственное правление внеправовыми методами

federal ~ федеральное правительство; федеральные власти

foreign ~ иностранное правительство

general ~ *амер.* национальное правительство; федеральное правительство

judicial ~ судебная власть

legal ~ законное правительство

legislative ~ законодательная власть

local ~ местная власть, местное самоуправление

local civil ~ местная гражданская власть

military ~ 1. военное правительство, правительство военных 2. военная администрация *(оккупированной территории)*

mixed ~ смешанная форма правления

municipal ~ муниципальное устройство; городское самоуправление; муниципальные власти

national ~ федеральный правительственный аппарат; федеральная власть

open ~ открытое [гласное] правление

parliamentary ~ парламентское правление

police ~ 1. полицейская власть 2. полицейское государство

political ~ 1. регулирование политическими методами 2. политически ответственное правительство

presidential ~ 1. президентская власть; президентское правление 2. президентское правительство

prime ministerial ~ правительство во главе с премьер-министром

provisional ~ временное правительство

recognized ~ признанное правительство

representative ~ представительное правление

republican ~ республиканская форма правления; республиканское правительство

responsible ~ ответственное правительство

shadow ~ *англ.* теневое правительство *(подготовленное оппозицией на случай прихода к власти)*

split ~ *амер.* «расщеплённое правление» *(случай, когда глава исполнительной власти не принадлежит к партии большинства в легислатуре)*

state ~ 1. правительство государства, штата 2. государственное устройство штата

titular ~ законное правительство

unrecognized ~ непризнанное правительство

governmental правительственный

governor 1. правитель 2. губернатор 3. комендант *(крепости)*; начальник *(тюрьмы)* 4. управляющий; член правления 5. заведующий *(школой, больницей и т.п.)*

~ of fortress комендант крепости

~ of gaol [of jail, of prison] начальник тюрьмы

~ of state губернатор штата

military ~ военный губернатор

provincial ~ *амер. ист., кан.* губернатор провинции

royal ~ *ист.* губернатор королевской колонии

Governor-General генерал-губернатор

gownsman «носитель мантии», судья, юрист

grace 1. льгота 2. разрешение 3. отсрочка 4. амнистия 5. светлость, милость *(форма обращения)*

grade of offence категория, разряд преступления

graft 1. взятка || получить взятку; брать взятки 2. взяточничество

grafter взяточник

grandchild 1. внук; внучка 2. *пат. амер.* «внучатая заявка» *(заявка в частичное продолжение заявки, поданной в частичное продолжение)*

grandparent 1. дед; бабка 2. *пат. амер.* «дедовская заявка» *(ср. grandchild)*

grant 1. отчуждение, передача права собственности || отчуждать, передавать право собственности 2. пожалование || пожаловать 3. дарение; дарственный акт, дарственная || дарить 4. дотация, субсидия 5. разрешение ||

разрешать; предоставлять ◇ ~ from the Crown королевское пожалование; ~ from the government 1. правительственное пожалование 2. правительственная, государственная дотация, субсидия 3. правительственное разрешение; to ~ a bail удовлетворить ходатайство о передаче на поруки; to ~ a motion удовлетворить ходатайство; to ~ an application удовлетворить ходатайство; to ~ a permission давать разрешение; to ~ a petition удовлетворить ходатайство; to ~ a relief 1. предоставлять помощь, пособие 2. предоставлять судебную защиту 3. освобождать (от уплаты, ответственности) 4. делать скидку (с налога); to ~ a request удовлетворить ходатайство; to ~ a taler пополнить жюри запасными присяжными заседателями; to ~ funds фондировать; to ~ pardon помиловать; to ~ rehearing санкционировать повторное слушание дела; to ~ relief of waiver освобождать от отказа от права, возвращать право

~ of dignity пожалование почётного звания

~ of pardon помилование

~ of parole условно-досрочное освобождение

~ of patent выдача патента

~ of permission выдача разрешения

~ of probate утверждение завещания

~ of probation направление на пробацию

~ of time off предоставление права на краткосрочный выезд из места лишения свободы

~ of title of honour пожалование титула

action ~ целевая субсидия

affirmative ~ положительно выраженное предоставление права

block ~ общая субсидия

block action ~ целевая субсидия без обозначения субсидируемых мероприятий

capitation ~ дотация, исчисленная в определённой сумме на человека

categorical ~ целевая субсидия

confinement ~ пособие по беременности

discretionary ~ дискреционная субсидия

express ~ положительно выраженное предоставление права

government ~ правительственная субсидия (напр. местным органам власти)

implied ~ подразумеваемое предоставление права

prison ~s льготы заключённым

royal ~ королевское пожалование

grantee 1. лицо, к которому переходит право собственности 2. лицо, получающее дотацию, субсидию 3. лицо, которому даётся разрешение 4. лицо, принимающее пожалование 5. лицо, которому предоставлено право

~ of licence лицензиат

~ of trademark владелец товарного знака

accepting ~ лицо, которому предоставлено право, заявившее о своём намерении принять его

voluntary ~ лицо, которому что-л. передаётся безвозмездно

grant-in-aid целевая субсидия органам местного самоуправления

grantor 1. лицо, передающее или предоставляющее право 2. лицо, предоставляющее дотацию, субсидию 3. лицо, дающее разрешение ◇ ~ in a deed лицо, передающее или предоставляющее право документом за печатью

~ of licence лицензиар

gratification вознаграждение, гратификация

gratify вознаграждать; разг. давать взятку

gratis лат. безвозмездно

gratis dictum лат. добровольное заявление (которое сторона делать не обязана)

gratuitous 1. безвозмездный 2. неспровоцированный, ничем не вызванный; непрошеный

gratuitousness безвозмездность

gratuity денежное представление; пособие; наградные; разг. взятка

gravamen жалоба; обвинение; суть, основной пункт жалобы или обвинения

gravity серьёзность, тяжесть (правонарушения)

grievance 1. основание для жалобы; ущерб; вред 2. жалоба

personal ~ ущерб личности; вред для личности

public ~ ущерб обществу в целом; вред для общества в целом

grieved потерпевший ущерб

grievous тяжкий

gross 1. грубый, тяжкий (о нарушении) 2. валовой; брутто ◇ in ~ 1. «привязанный к личности», персональный (о праве пользования чужой землёй, принадлежащем данному лицу персонально, а не производно от владения) 2. оптом

ground основание || обосновывать ◇ ~s for impunity основание для ненаказуемости; to have reasonable ~s for supposing иметь разумные основания для предположения

~ of action основание иска

alternative ~s альтернативные основания

good [high] ~ достаточное основание

legal ~ юридическое основание

reasonable ~ достаточное, разумное основание

reasonable ~ to believe разумные основания для предположения

sufficient ~ достаточное основание

groundless необоснованный, неосновательный

group 1. группа 2. комиссия; комитет

affiliated ~ группа корпораций с общей отчётностью в налоговых органах

criminal ~ преступная группа, преступная группировка

juvenile delinquent ~ группировка несовершеннолетних делинквентов

organized criminal ~ гангстерская группировка

working ~ рабочая группа (комиссия, созданная для исследования какого-л. вопроса)

grundy разг. большое жюри

guarantee 1. поручительство || поручаться, давать поручительство 2. лицо, принимающее

211

поручительство 3. гарантия 4. лицо, которому даётся гарантия || давать гарантию

~ of bill of exchange аваль, поручительство по векселю

~ of counsel *амер.* гарантированное конституцией право иметь адвоката в уголовном процессе

absolute ~ 1. абсолютная гарантия 2. безусловное поручительство

bank ~ банковская гарантия

circumstantial ~ условное поручительство

collective ~ коллективная гарантия

conditional ~ условное поручительство

constitutional ~ конституционная гарантия

continuing ~ длящееся поручительство (*по всем возможным в будущем сделкам определённого кредитора с определённым должником*)

credit ~ кредитное поручительство

joint ~ совместное поручительство

legal ~ юридическая гарантия

loan ~ гарантия по займам

money-back ~ гарантия возврата платы за товар (*в случае его возвращения покупателем*)

procedural ~ процессуальная гарантия

self-incrimination ~ *амер.* конституционная гарантия против принуждения к даче самообвиняющих показаний

single ~ поручительство по единичной сделке

substantive ~ материально-правовая гарантия

guarantor 1. поручитель; авалист 2. гарант

guaranty 1. поручительство || поручаться, давать поручительство 2. гарантия || давать гарантию

guard 1. охрана; стража; конвой || охранять; сторожить 2. гвардия 3. бдительность; осторожность ◇ to ~ against принимать меры предосторожности

~ of hono(u)r почётный караул

close ~ строгая охрана

coast ~ береговая охрана

national ~ национальная гвардия (*вооружённые силы штатов*)

prison ~ тюремная стража

security ~ охрана (личной) безопасности

tight ~ строгая охрана

guarded охраняемый

closely [tightly] ~ строго охраняемый

guardian опекун; попечитель ◇ ~ ad litem опекун-представитель в судебном деле; ~ appointed by will опекун по завещанию; ~ by appointment of court опекун по назначению суда; ~ by election опекун по выбору несовершеннолетнего; ~ by nature естественный опекун (*отец или мать*)

general ~ опекун со всесторонними функциями

joint ~ соопекун; сопопечитель

legal ~ опекун по завещанию

natural ~ естественный опекун (*отец или мать*)

special ~ опекун с ограниченными функциями, опекун в специальных целях

testamentary ~ опекун по завещанию

guardianship опека; попечительство ◇ under the ~ of the law под покровительством [охраной] закона

joint ~ совместная опека; совместное попечительство

parental ~ родительское попечительство

social ~ социальное попечительство

guerilla партизанская война || партизанский

guest гость

official ~ официальный гость (*лицо, находящееся в стране с официальным визитом*)

guidance 1. руководство 2. указание; уведомление

guild 1. гильдия 2. организация, союз

adulterine ~ ассоциация, узурпирующая права корпорации

guillotine 1. гильотина || гильотинировать 2. *парлам.* «гильотинирование» прений (*ограничение времени дебатов*) ◇ the ~ fell принято решение о времени голосования (*законопроекта*)

guilt вина; виновность ◇ ~ by association вина в соучастии; to point the finger of ~ обвинять

accessorial [accessory] ~ виновность соучастника преступления

contributory ~ вина потерпевшего

criminal ~ виновность в совершении преступления

intentional ~ вина в форме умысла

negligent ~ вина в форме небрежности

open ~ явная вина

single-handed ~ виновность в преступлении, совершённом в одиночку (*без соучастников*)

guiltless невиновный

guiltlessness невиновность

guilt-stained запятнанный виной, преступлением

guilty вердикт о виновности || виновный ◇ ~ but insane виновен, но психически ненормален (*формула вердикта*); not ~ вердикт о невиновности || невиновный; not ~ because insane невиновен, потому что психически ненормален (*формула вердикта*)

~ of crime виновный в совершении преступления

self-confessedly ~ виновен по собственному признанию

gunman вооружённый преступник, бандит

backup ~ вооружённый преступник-дублёр

H

habeas corpus *лат.* судебный приказ о доставлении в суд лица, содержащегося под стражей, для выяснения правомерности содержания его под стражей

habeas corpus ad deliberandum et recipiendum *лат.* судебный приказ о передаче содержащегося под стражей обвиняемого суду места совершения преступления

habeas corpus ad faciendum et recipiendum *лат.* судебный приказ о передаче арестованного в вышестоящий суд

habeas corpus ad prosequendum *лат.* судебный приказ о передаче содержащегося под стражей обвиняемого суду места совершения преступления

habeas corpus ad respondendum *лат.* судебный приказ о передаче лица, содержащегося под стражей по приказу нижестоящего суда, для рассмотрения его дела в вышестоящий суд

habeas corpus ad satisfaciendum *лат.* судебный приказ о передаче в вышестоящий суд содержащегося под стражей обвиняемого для приведения в исполнение приговора, вынесенного ему нижестоящим судом

habeas corpus ad subjiciendum *лат.* судебный приказ о доставлении в суд лица, содержащегося под стражей, для выяснения правомерности содержания его под стражей

habeas corpus ad testificandum *лат.* судебный приказ о доставке в суд содержащегося под стражей обвиняемого для дачи свидетельских показаний

habeas corpus cum causa *лат.* судебный приказ о передаче арестованного в вышестоящий суд

habendum *лат.* часть документа за печатью, в которой указывается передаваемое имущество

habere facias (possessionem) *лат.* судебное предписание о вводе во владение

habitat местожительство

habitation жилище; проживание; право проживания

half-brother единокровный *или* единоутробный брат

half-sister единокровная *или* единоутробная сестра

half-time неполный рабочий день; неполная рабочая неделя; неполное рабочее время

half-tongue *ист.* суд присяжных, состоящий наполовину из земляков (*соотечественников*) подсудимого

half-truth полуправда, неполная правда

hall административное здание

~ of justice суд, здание суда

city ~ (городская) ратуша

juvenile ~ 1. суд по делам несовершеннолетних 2. арестный дом для несовершеннолетних правонарушителей

Hall:

Common ~ суд лондонского Сити

hand 1. рука || вручать; передавать 2. подпись 3. почерк 4. *pl* владение 5. *pl* забота 6. *pl* работник ◇ in ~ во владении; to ~ down 1. передать в нижестоящую инстанцию 2. выносить (*решение*); to ~ in вручать; подавать (*заявление*); to ~ over передавать; under ~

and seal за подписью и печатью, собственноручно подписано с приложением печати; with strong ~ с преодолением физического препятствия

clean ~(s) «чистые руки», честность и безупречность поведения

dead ~ «мёртвая рука», владение без права передачи

free ~ свобода действий

unclean ~(s) упречность поведения

handcuffs наручники

handle 1. рассматривать, разбирать 2. обрабатывать (*документы, грузы*) 3. управлять; осуществлять контроль; регулировать; распоряжаться 4. *амер.* торговать ◇ to ~ legal matter рассматривать, разбирать судебное дело

handling 1. рассмотрение, разбирательство 2. обработка (*документов, грузов*) 3. управление; регулирование

handsale устный договор купли-продажи («*договор через рукопожатие*»)

handsel задаток

hand-up грабитель, бандит

handwriting 1. почерк 2. рукопись 3. собственноручная запись

genuine ~ собственноручная запись, запись, выполненная лицом, от имени которого она сделана

handwritten 1. рукописный 2. собственноручно написанный

hang вешать; приводить в исполнение приговор к смертной казни через повешение

hangout место постоянных сборищ; притон

Hansard парламентский отчёт, официальный отчёт о заседаниях английского парламента

harass причинять беспокойство (*телефонными звонками и пр.*); приставать, преследовать, назойливо ухаживать, докучать сексуальными домогательствами

harassment причинение беспокойства (*телефонными звонками и пр.*); приставание, преследование, назойливое ухаживание, домогательство

harbo(u)r 1. гавань, порт 2. убежище; прибежище, притон 3. укрывать (*преступника*) 4. содержать (*воровской притон*) ◇ to ~ thieves укрывать воров, содержать воровской притон

free ~ франко-гавань

harbo(u)ring укрывательство ◇ ~ spies укрывательство шпионов (*состав изменнического преступления*)

harm вред, ущерб

accidental ~ случайный вред; вред в результате несчастного случая

averted ~ предотвращённый вред

bodily ~ телесное повреждение

bodily ~ tending to death телесное повреждение, угрожающее смертью

caused ~ причинённый вред

direct ~ непосредственное причинение вреда; непосредственно причинённый вред

direct bodily ~ непосредственное причинение

телесного повреждения; непосредственно причинённое телесное повреждение

excessive bodily ~ телесное повреждение, по характеру *или* тяжести превышающее меру, установленную законом для случаев правомерного применения насилия

great [grievous] ~ тяжкое телесное повреждение

immediate ~ непосредственное причинение вреда; непосредственно причинённый вред

immediate bodily ~ непосредственное причинение телесного повреждения; непосредственно причинённое телесное повреждение

intended bodily ~ намеренное, умышленное причинение телесного повреждения; намеренно, умышленно причинённое телесное повреждение

mortal bodily ~ смертельное телесное повреждение

unintended bodily ~ ненамеренно, неумышленно причинённое телесное повреждение; ненамеренное, неумышленное причинение телесного повреждения

harm-doer причинитель вреда
harm-doing причинение вреда
harmony соответствие
haver *шотл.* держатель документа
having 1. владение, обладание 2. *pl* имущество
hazard 1. риск, опасность ‖ рисковать; подвергать риску 2. азартная игра ◇ ~ **to life** риск, опасность для жизни

occupational ~ риск, связанный с данным видом профессиональной деятельности, профессиональный риск, производственный риск

hazardous 1. рискованный; рисковой 2. служащий источником опасности

head 1. рубрика; параграф 2. глава, руководитель, начальник ◇ ~ **for crime** организатор преступления

~ **of government** глава правительства

~ **of pleading** адвокат, руководящий ведением дела со стороны защиты

~ **of state** глава государства

corporate ~ глава корпорации

crowned ~ коронованная особа

department ~ 1. глава, начальник отдела 2. глава, начальник департамента; начальник ведомства 3. министр

dope ~ наркоман

head-note тезис, краткое изложение основных вопросов по решённому делу перед полным изложением последнего в сборнике судебных решений

headquarter(s) штаб-квартира

police ~ главное полицейское управление

health 1. здоровье 2. здравоохранение 3. благосостояние

environmental ~ здравоохранение в аспекте окружающей среды

mental ~ 1. психическое здоровье 2. охрана психического здоровья

national ~ 1. общественное здравие 2. общественное здравоохранение

occupational ~ гигиена труда, производственная гигиена

public ~ 1. общественное здравие 2. общественное здравоохранение

workers' ~ гигиена труда, производственная гигиена

hear разбирать, заслушивать, слушать ◇ **to be heard in one's defence** давать показания в свою защиту (*в судебном заседании*); **to ~ evidence** слушать, заслушивать показания; рассматривать (*в суде*) доказательства; **to ~ ex parte** слушать дело при наличии одной стороны; **to ~ in banc** слушать дело в полном составе; **to ~ testimony** слушать, заслушивать свидетельские показания

hearing 1. слушание, устное разбирательство; допрос в суде (*особенно единолично судьёй*); *pl* «слушания» (*стадия рассмотрения вопроса в комиссии конгресса США*) 2. *pl* протоколы заседаний (*правительственных или парламентских комиссий*) 3. приём заявителя *или* его поверенного в патентном ведомстве для участия в рассмотрении заявки ◇ ~ **in camera** *см.* in camera hearing; ~ **in private** закрытое слушание; ~ **on a motion** рассмотрение заявленного ходатайства; слушание (*дела*) по ходатайству; рассмотрение дела с учётом ходатайства; ~ **on the merits** слушание по существу дела

~ **of arguments** прения сторон

adjudicatory ~ слушание на предмет вынесения судебного *или* арбитражного решения

appeal ~ рассмотрение апелляции; слушание дела по апелляции, в апелляционном порядке

confirmation ~**s** слушания (*в сенате*) по вопросу об утверждении в должности

disposition(al) ~ слушание на предмет вынесения судебного решения о судьбе привлечённого к ответственности (*назначении ему наказания, пробации, направлении на попечение социальной службы, в приют для несовершеннолетних делинквентов и пр.*)

evidentiary ~ судебное слушание показаний; рассмотрение судом доказательств

extradition ~ слушание по вопросу о выдаче преступника

factual ~ судебное рассмотрение фактов по делу

House ~**s** *амер.* слушания в палате представителей

in camera ~ слушание дела при закрытых дверях

juvenile adjudication(ary) ~ слушание в суде по делам несовершеннолетних на предмет вынесения решения по существу

legal ~ промежуточное рассмотрение (*правовых вопросов*) судьёй без участия присяжных

mandatory ~ слушание дела в обязательном порядке

omnibus ~ комплексное слушание (*всех заявленных ходатайств в едином заседании*)

oral ~ прения сторон; устное разбирательство

post-commitment ~ слушание дела по препровождении лица под стражу

post-conviction ~ слушание дела после осуждения

preliminary ~ предварительное судебное слушание дела

prior ~ ранее состоявшееся слушание дела

public ~ слушание в открытом заседании

removal ~ слушание по вопросу о передаче дела в другую юрисдикцию

revocation ~ слушание по вопросу об отмене назначенной меры воздействия

Senate ~s слушания в сенате

waived ~ слушание дела, назначенное, но несостоявшееся за отказом от него со стороны подсудимого

waiver ~ слушание по вопросу об отказе от права

hearsay показания с чужих слов, свидетельство, основанное на слухах ◇ ~ **within hearsay** свидетельство по слуху, отсылающему к другому свидетельству по слуху

admissible ~ допустимое свидетельство по слуху

inadmissible ~ недопустимое свидетельство по слуху

heat ◇ **in the** ~ **of passion** в состоянии аффекта

heedless непредусмотрительный; безрассудный

heedlessness непредусмотрительность; безрассудство

heir наследник ◇ ~ **apparent** предполагаемый наследник, непосредственный прямой наследник; ~ **at law** наследник по закону; ~ **beneficiary** лицо, принявшее наследство с условием ответственности по наследственным долгам в пределах его стоимости; ~ **by adoption** наследник [наследница] по усыновлению [удочерению]; ~ **by collateral** наследник по боковой линии; ~ **conventional** см. **conventional heir**; ~ **by custom** наследник в силу обычая; ~ **by devise** наследник по завещанию; ~ **general** наследник по закону; ~ **institute** шотл. наследник по завещанию; ~ **on intestacy** наследник при отсутствии завещания, наследник по закону; ~ **on testacy** наследник по завещанию; ~ **presumptive** предполагаемый наследник; ~ **testamentary** наследник по завещанию

~ **of line** шотл. наследник по прямой нисходящей линии

~ **of provision** шотл. наследник по завещательному отказу

~ **of tailzie** шотл. наследник по завещанию

~ **of the blood** кровный наследник

~ **of the body** наследник по нисходящей линии, наследник по происхождению

apparent ~ предполагаемый наследник, непосредственный прямой наследник

appearand ~ шотл. непосредственный прямой наследник

beneficiary ~ лицо, принявшее наследство с условием ответственности по наследственным долгам в пределах его стоимости

bodily ~ наследник по прямой нисходящей линии

conventional ~ наследник по договору; наследник, право которого основано на договоре с наследодателем

expectant ~ лицо, ожидающее получения наследства

female ~ наследник по женской линии

forced ~ наследник, имеющий по закону гарантированную долю в наследстве, обязательный наследник

indubitable ~ несомненный наследник

joint ~s сонаследники

last ~ последний наследник (государство, наследующее выморочное имущество)

last-resort ~ наследник последней очереди

lawful ~ 1. наследник 2. наследник по нисходящей линии

legal ~ наследник по закону

legitimate ~ 1. наследник по прямой нисходящей линии 2. законный наследник

presumptive ~ предполагаемый наследник

testamentary ~ наследник по завещанию

heirdom наследование; наследство

heiress наследница

heirless не имеющий наследников

heirlooms фамильные вещи, следуемые за наследуемой недвижимостью

heirship статус наследника; права наследника; право наследования

held решено, суд решил

helpmate пособник

herbage право на выгон

hereafter впредь, в дальнейшем

hereby настоящим, сим

hereditability 1. передаваемость по наследству 2. правоспособность к наследованию

hereditably по наследству

hereditament недвижимое имущество, могущее быть предметом наследования

corporeal ~ наследуемое вещное право на материальный объект (применительно к недвижимости)

incorporeal ~ наследуемое вещное право на нематериальный объект (применительно к недвижимости, напр. сервитут)

hereditary наследственный

heredity унаследованные черты, особенности

herein здесь, в этом (документе)

hereinabove выше (в документах)

hereinafter ниже, в дальнейшем (в документах)

hereinbefore выше (в данном документе)

hereof этого, об этом

hereon на этом (документе)

heresy ересь (состав преступления)

hereto к этому (документу)

heretofore ранее, до сего времени

hereunder в силу настоящего закона, договора, в соответствии с настоящим законом, договором

herewith при сём

heritable 1. наследственный, наследуемый, могущий передаваться по наследству, переходящий по наследству 2. способный наследовать

heritage 1. наследство, наследуемая недвижимость 2. доля наследства 3. наследие 4. традиция

common ~ of mankind общее наследие человечества (*напр. морское дно и его ресурсы за пределами континентального шельфа и т.д.*)

heritor 1. наследник 2. *шотл.* наследственный собственник земельного участка

highjack *см.* hijack

highjacker *см.* hijacker

highness высочество (*титул*)

highway 1. дорога общественного пользования (*тж* public highway) 2. право общественного проезда и прохода

hijack *амер. жарг.* похищать (*судно, самолёт*)

hijacker *амер. жарг.* 1. вооружённый грабитель (грузовых) автомашин 2. угонщик самолётов, воздушный пират

hijacking *амер. жарг.* 1. вооружённое ограбление (грузовой) автомашины 2. захват судна, самолёта; угон судна, самолёта

Hilary зимне-весенняя судебная сессия Высокого суда

hire наём (*личный или движимости*); прокат; наёмная плата; оплата услуг по найму ‖ нанимать ◇ to let on ~ сдать в наём; to ~ out сдавать в наём; давать напрокат; to take on ~ нанять

hire-purchase купля-продажа в рассрочку

hirer 1. наниматель 2. лицо, берущее вещь напрокат

hiring 1. договор личного найма 2. договор имущественного найма движимости, прокат ◇ ~ at will бессрочный наём

history история; прошлое; совокупность имеющихся фактов

~ of criminality преступная карьера; стаж преступной деятельности; досье преступника

~ of delinquency досье делинквентности (*несовершеннолетнего*)

case ~ досье по делу

criminal ~ *см.* history of criminality

employment ~ трудовая книжка, трудовой стаж

file ~ «история» заявки, заявочное досье, материалы делопроизводства по патентной заявке

legal ~ история права; эволюция права, законодательства

legal ~ of the question эволюция решения данного вопроса в праве, законодательства

legislative ~ история принятия закона (*привлекаемая для его толкования*); история, эволюция законодательства

legislative ~ of the question история, эволюция решения данного вопроса в законодательстве

parliamentary ~ 1. история парламента 2. сборник отчётов о дебатах в парламенте

procedural ~ история процесса (*как часть решения вышестоящей инстанции*)

hit наносить удар; поражать; ликвидировать; убивать

hitherto ранее, до сего времени

hold 1. держать, владеть 2. признавать, решать, выносить решение (*о суде*) 3. обязывать 4. проводить (*собрание, конференцию, выборы и т.п.*) 5. занимать (*должность*) 6. иметь силу; оставаться в силе 7. *разг.* тюрьма, место заключения 8. *разг.* арест, заключение в тюрьму ‖ содержать под стражей; держать в тюрьме ◇ to ~ a brief for someone выступать в суде со стороны *кого-л.*, вести *чьё-л.* дело в суде; to ~ absolutely владеть абсолютно, безусловно; to ~ a charge придерживать обвинение (*в незначительном преступлении при проведении расследования более серьёзного преступления*); to ~ a conference проводить конференцию; to ~ a court вершить суд, проводить суд; to ~ a judg(e)ment вынести судебное решение; to ~ a judicial decision вынести судебное решение; to ~ a judicial sale производить продажу по решению суда; to ~ an action поддерживать судебный иск; to ~ an election проводить выборы; to ~ a patent владеть патентом; сохранять патент в силе, поддерживать действие патента; to ~ a reception устроить приём; to ~ for court отдавать под суд; to ~ good иметь силу; оставаться в силе; действовать; to ~ good in law иметь законную силу; быть юридически обоснованным; to ~ hearing проводить слушание; to ~ in abeyance не заявлять (*о притязании, праве*); to ~ incommunicado *амер.* содержать подозреваемого *или* обвиняемого под стражей без права переписываться и общаться непосредственно с родственниками *или* с защитником; to ~ in detention содержать, держать под стражей, в заключении; to ~ in trust владеть на началах доверительной собственности; to ~ liable считать ответственным; признать ответственным; to ~ mediately владеть опосредованно; to ~ office занимать должность, находиться в должности; to ~ office during good behaviour занимать должность пожизненно; to ~ office during pleasure находиться в должности в течение времени по усмотрению назначившего лица; to ~ over 1. оставаться во владении по истечении срока аренды 2. продолжать осуществлять должностные функции по истечении срока пребывания в должности; to ~ pleas рассматривать дела, заслушивать дела, разбирать дела; to ~ prisoner держать, содержать, задерживать в качестве заключённого, узника *и т.п.*; to ~ responsible in damages считать ответственным за убытки; to ~ shares in a company быть держателем акций, быть акционером *какой-л.* компании; to ~ smb. to ransom требовать выкупа за *кого-л.*; to ~ the affirmative нести бремя доказывания; to ~ the assizes проводить выездную сессию суда присяжных; to ~ to bail выпустить на поруки; to ~ to security обеспечивать, гарантировать; to ~

to the contrary признать противное; to ~ trial вершить, проводить судебное разбирательство; to ~ up delivery приостановить сдачу (*товара*); to ~ up legislation задерживать законодательный процесс, препятствовать принятию закона

holder держатель; владелец ◇ ~ for value правомерный держатель, держатель на возмездных началах; ~ in due course правомерный держатель, держатель в порядке законного правопреемства
~ of estate владелец недвижимости
~ of patent патентовладелец
~ of pension пенсионер
~ of pledge залогодержатель
~ of right 1. субъект права 2. управомоченное лицо
account ~ владелец счёта
allotment ~ арендатор, субарендатор
bona fide ~ for value добросовестный держатель документа, предоставивший надлежащее встречное удовлетворение
bona fide ~ without notice добросовестный держатель документа, предоставивший надлежащее встречное удовлетворение и не знающий о дефектах правового титула индоссанта
copyright ~ владелец авторского, издательского права
debenture ~ держатель облигации, облигационер
legal ~ законный владелец; законный держатель
office ~ лицо, занимающее должность; должностное лицо
onerous ~ держатель на возмездных началах
patent ~ патентодержатель, патентовладелец, патентообладатель
policy ~ полисодержатель, держатель полиса
record ~ формальный обладатель, владелец
ship ~ судовладелец
title ~ обладатель правового титула

holding 1. владение; держание 2. арендованная недвижимость 3. судебное решение
adverse ~ владение, основанное на утверждении правового титула вопреки притязаниям другого лица
agricultural ~ земельный участок, обрабатываемый с целью извлечения прибыли
court ~ судебное решение
pastoral ~ пастбищный земельный участок
property ~s предметы собственности, находящееся в собственности имущество

hold-up налёт, вооружённый разбой ‖ совершить налёт, вооружённый разбой
abortive ~ покушение на вооружённое разбойное нападение
petty ~ вооружённый разбой с незначительной суммой похищенного

hole ◇ ~ in law лазейка в законе

holeproof не оставляющий лазеек, возможности разного толкования *и т.п.* (*о законе, договоре*)

holeup скрываться от полиции

holiday праздник, нерабочий день; неприсутственный день ◇ ~s with pay оплачиваемый отпуск
legal ~ официальный нерабочий, неприсутственный день

holograph олограф, собственноручно написанный документ

homage 1. клятвенное обещание верности сеньору 2. феодальная подать, дань 3. вассалы 4. арендаторы, копигольдеры

homager *ист.* 1. вассал; подданный 2. арендатор

home 1. постоянное местожительство 2. семья
broken ~ распавшаяся семья
detention ~ арестный дом
foster ~ приёмная семья; семейный приют
juvenile ~ исправительный дом для несовершеннолетних делинквентов
legal ~ юридическое местожительство
matrimonial ~ семейный дом, семья
mental ~ психиатрическая больница
receiving ~ *амер.* приют (*для несовершеннолетних делинквентов*)
remand ~ дом предварительного заключения

homestead жилище с прилегающим участком; домашнее имущество

homicidal 1. лишающий человека жизни; связанный с лишением человека жизни *или* с убийством 2. квалифицируемый как убийство

homicide 1. лишение человека жизни 2. убийство ◇ ~ by misadventure [per infortunium] случайное лишение человека жизни; ~ re defendendo лишение человека жизни при самообороне; ~ with malice убийство со злым умыслом, злоумышленное убийство
calculated ~ преднамеренное убийство
criminal ~ убийство
excusable ~ извинительное (*по обстоятельствам дела*) лишение человека жизни
felonious ~ убийство, квалифицируемое как фелония
justifiable ~ оправданное (*обстоятельствами дела*) лишение человека жизни
lawful ~ правомерное лишение человека жизни (*в порядке приведения в исполнение смертного приговора, самообороны и т.п.*)
negligent ~ убийство по небрежности
reckless ~ убийство по неосторожности
robbery-related ~ убийство в разбое
unjustifiable ~ лишение человека жизни, не оправданное обстоятельствами дела
unlawful ~ противоправное лишение человека жизни; убийство
wilful ~ умышленное убийство

homologate одобрять, подтверждать, санкционировать

homologation 1. одобрение, подтверждение, санкционирование 2. лишение стороны права возражения по причине её предшествующего поведения

homosexualism *см.* homosexuality

homosexuality гомосексуализм

forced ~ гомосексуализм, сопряжённый с из-
насилованием

honorarium гонорар

honorary 1. вознаграждение, плата, гонорар 2.
почётный; безвозмездный, неоплачиваемый

hono(u)r 1. честь; *обращение к судье* Your
Honour - Ваша честь 2. почесть 3. *pl* почётное звание 4. *pl* знаки личного достоинства
5. уважать, соблюдать (*права, обязанности
и т.д.*) 6. акцептовать *или* оплатить (*тратту*); оплатить (*простой вексель*)

   hereditary ~s наследственные знаки личного
   достоинства; знаки личного достоинства, пе-
   реходящие по наследству

   life ~s личное почётное звание (*не полученное и не переходящее по наследству*)

hono(u)rable 1. почётный 2. честный 3. досто-
почтенный

hooliganism хулиганство

horsestealer конокрад

horsestealing конокрадство

horseway 1. проезжая дорога (*для проезда верхом*) 2. право проезда (*верхом*)

hospitalization госпитализация

   compulsory [involuntary] ~ принудительная
   госпитализация

   voluntary ~ добровольная госпитализация

hostage заложник

hostile враждебный (*в т.ч. о свидетеле*); неприятельский; противный (*о стороне в процессе*)

hostility 1. вражда, враждебность, враждебные
отношения 2. акт войны 3. неприятельский
характер 4. *pl* военные действия

hotchpot 1. имущественная масса, предназначенная к разделу 2. возврат наследником ранее полученного имущества для включения
его в общую наследственную массу; соединение воедино всего имущества наследодателя

hour час

   ~s of attendance присутственные часы

   ~ of cause *шотл.* время судебного заседания

   ~s of service *см.* office hours

   business ~ *см.* office hours

   maximum ~s максимально допустимая продолжительность рабочего времени

   minimum ~s минимально допустимая продолжительность рабочего времени

   office ~s часы служебных занятий, присутственные часы, приёмные часы

   prohibited ~s запретное время

   question ~ «час вопросов» (*время, отведённое в парламенте для вопросов правительству*)

   working ~s рабочее время

house 1. жилой дом 2. законодательное собрание 3. палата (*законодательного органа*);
англ. палата общин; *амер.* палата представителей 4. кворум законодательного органа 5.
торговая фирма, торговый дом 6. биржа 7.
династия, дом (*королевский*) 8. содержать (*в
исправительном учреждении, психиатрической больнице и пр.*)

   ~ of correction исправительный дом

   ~ of detention дом предварительного заключения, следственная тюрьма, арестный дом

   ~ of ill flame дом, пользующийся дурной репутацией; притон (*разврата*)

   ~ of prostitution публичный дом

   ~ of refuge 1. убежище 2. тюрьма для несовершеннолетних преступников 3. исправительный дом, реформаторий

   accomodation ~ бордель, дом терпимости,
   публичный дом

   apartment ~ квартирный дом

   assignation ~ дом свиданий, бордель; притон

   bawdy ~ публичный дом

   bettering ~ исправительный дом

   betting ~ дом (*притон*) заключения пари

   borstal ~ *англ.* борстальский дом, борстальское учреждение, борстал (*исправительное
   учреждение для преступников молодого возраста*)

   brokerage ~ маклерская контора

   cell ~ *разг.* тюрьма

   commission ~ комиссионная фирма; маклерская *или* брокерская фирма

   common bawdy ~ общедоступный публичный
   дом

   common betting ~ общедоступный дом (*притон*) заключения пари

   common gaming ~ общедоступный игорный
   дом

   court ~ суд

   disorderly ~ притон; дом терпимости, бордель

   full ~ палата законодательного органа в полном составе, в пленарном заседании

   gambling ~ дом для азартных игр; игорный
   притон

   gaming ~ игорный дом, казино

   junior ~ дом заключения для несовершеннолетних

   lower ~ нижняя палата

   precinct ~ полицейский участок

   receiving ~ дом, место, где принимается краденое

   upper ~ верхняя палата

House ◇ «no ~» палата не имеет кворума

   ~ of Bishops палата епископов (*одна из
   трёх палат Национального собора англиканской церкви*)

   ~ of Clergy палата духовенства (*одна из
   трёх палат Национального собора англиканской церкви*)

   ~ of Commons палата общин

   ~ of Delegates палата делегатов (*нижняя палата законодательного собрания в некоторых штатах США*)

   ~ of Keys палата коммонеров (*нижняя палата парламента острова Мэн*)

   ~ of Laity палата мирян (*одна из трёх палат Национального собора англиканской
   церкви*)

   ~ of Lords палата лордов

   ~ of Representatives палата представителей

   impeaching ~ палата представителей, производящая расследование в порядке импичмента

Inner ~ Внутренняя палата *(вторая инстанция Сессионного суда Шотландии)*

investigating ~ палата представителей, производящая расследование

Outer ~ Внешняя палата *(первая инстанция Сессионного суда Шотландии)*

Second ~ of Parliament «вторая палата» парламента, палата лордов

State ~ палата представителей легислатуры штата

housebote лесной сервитут, право на заготовку лесоматериалов для ремонта жилища

housebreaker субъект «взлома дома» *(см. housebreaking)*

housebreaking «взлом дома» *(проникновение с преодолением физического препятствия в чужое помещение и совершение в нём фелонии или оставление с преодолением физического препятствия чужого помещения после совершения в нём фелонии)*

household семья; домашнее хозяйство

householder 1. домовладелец; квартиросъёмщик **2.** глава семьи

housing 1. жильё; жилищные условия; жилищный фонд; жилищное строительство **2.** хранение; плата за хранение

assisted ~ жилищное строительство с привлечением сторонней помощи, средств извне

inadequate ~ неудовлетворительные жилищные условия

municipal ~ муниципальное жильё; муниципальное жилищное строительство

public ~ государственное *или* общественное жильё; государственное *или* общественное жилищное строительство

security ~ часть тюрьмы, где содержатся особо опасные преступники

subsidized ~ жилищное строительство с помощью субсидий

substandard ~ жильё ниже требований стандарта

supported ~ жилищное строительство с привлечением сторонней помощи, средств извне

tax-supported ~ жилищное строительство с помощью средств от налогового обложения

hue-and-cry *ист.* призыв преследовать беглого преступника; объявление о розыске (и аресте) беглого преступника ‖ преследовать с криками «держи!», «лови!»; *ист.* объявлять о розыске беглого преступника

hundred *ист.* **1.** «сотня», округ со своим судом *(Англия)* **2.** «суд сотни», окружной суд *(Англия)*

hurt 1. вред, ущерб ‖ наносить вред, причинять ущерб **2.** телесное повреждение ‖ наносить, причинять телесное повреждение **3.** обида, оскорбление ‖ наносить обиду, оскорбление

corporal ~ телесное повреждение

husband муж, супруг

ship's ~ генеральный агент судовладельцев по ведению дел, связанных с судном

hustings 1. городской суд **2.** трибуна предвыборного собрания **3.** предвыборная кампания

hypothec ипотека; *шотл.* залоговое право арендодателя на урожай и скот арендатора в обеспечение арендной платы

hypothecate обременять ипотечным залогом, закладывать *(недвижимость)*

hypothecation 1. ипотечный залог, ипотека **2.** морской залог, бодмерея

I

identic(al) идентичный, тождественный

identifiable могущий быть идентифицированным, опознанным

identification 1. отождествление; опознание **2.** установление личности **3.** установление подлинности, идентификация **4.** индивидуализация ◇ **~ at the trial** опознание в судебном процессе

~ of capacities 1. установление право- и/или дееспособности **2.** установление полномочий; установление компетенции

~ of prisoner опознание заключённого; опознание обвиняемого, содержащегося под стражей

~ of suspect опознание подозреваемого

civil ~ гражданская идентификация, идентификация, опознание по гражданскому делу

criminal ~ опознание по уголовному делу

face-to-face ~ опознание на очной ставке

lineup ~ идентификация личности путём опознания

mistaken ~ ошибочная идентификация

negative ~ идентификация отрицанием; идентификация с отрицательным результатом

personal ~ идентификация личности

police ~ полицейская идентификация; опознание в полиции

positive ~ идентификация подтверждением; идентификация с положительным результатом

post-arraignment ~ of suspect опознание подозреваемого после предъявления обвинения другому лицу

post-indictment ~ of suspect опознание подозреваемого после вынесения обвинительного акта против другого лица

suspect ~ опознание *или* установление личности подозреваемого

identified отождествлённый; опознанный; установленный; идентифицированный

identifier 1. лицо, производящее идентификацию, опознание **2.** лицо, идентифицировавшее предмет *или* опознавшее личность

identify 1. отождествлять, устанавливать тождество; опознавать **2.** устанавливать личность

3. устанавливать подлинность, идентифицировать 4. индивидуализировать

identity 1. тождественность; идентичность; подлинность 2. личность
  ~ of parties личность сторон
  ~ of the accused личность обвиняемого
  ~ of the criminal личность преступника
  ~ of the defendant личность ответчика *или* подсудимого
  ~ of the informant личность заявившего об обвинении
  ~ of the informer личность осведомителя
  ~ of the offender личность правонарушителя, преступника
  ~ of the perpetrator личность преступника
  ~ of the suspect личность подозреваемого
  criminal ~ личность преступника
  false [fictitious] ~ ложное установление идентичности; ложное установление подлинности; ложное опознание личности
  legal ~ судебное установление идентичности; судебное установление подлинности; судебное опознание личности
  mistaken ~ ошибочное опознание *(принятие одного лица за другое)*
  personal ~ 1. подлинность лица 2. опознание личности
  victim's ~ личность *или* опознание личности потерпевшего

idleness праздношатание *(термин, объединяющий такие уголовно-наказуемые деяния, как бродяжничество, нищенство и т.п.)*

ignoramus *лат.* «мы не знаем» *(формула вывода большого жюри об отсутствии достаточных оснований для предания обвиняемого суду)*

ignorance незнание, неосведомлённость; заблуждение ◇ ~ as to the existence of the fact неосведомлённость о существовании факта
  ~ of fact фактическая ошибка; незнание *какого-л.* фактического обстоятельства
  ~ of law незнание права; юридическая ошибка
  accidental ~ незнание несущественных обстоятельств
  bona fide ~ добросовестное заблуждение
  essential ~ незнание существенных обстоятельств
  innocent ~ невиновное незнание; невиновное заблуждение
  involuntary ~ невиновное незнание
  negligent ~ незнание вследствие небрежности; заблуждение вследствие небрежности
  non-essential ~ незнание несущественных обстоятельств
  voluntary ~ виновное незнание

ignorant незнающий, неосведомлённый

ignore 1. не знать; быть неосведомлённым 2. не учитывать, не принимать во внимание 3. игнорировать 4. отклонять ◇ to ~ the bill прекращать дело

illegal 1. лицо на нелегальном положении, нелегал 2. незаконный, противозаконный, противоправный, неправомерный; нелегальный ◇ ~ in itself незаконный по своей природе; ~ per se незаконный по своей природе

illegality незаконность, противозаконность, неправомерность, противоправность; нелегальность
  political ~ незаконная политическая акция
  supervening ~ последующая незаконность

illegitimacy 1. незаконность; неузаконенность 2. незаконнорождённость; внебрачность

illegitimate 1. незаконный; неузаконенный 2. незаконнорождённый; внебрачный

illicit незаконный; противоправный; запрещённый

illiquid 1. неясный 2. юридически не обоснованный

ill-treat дурно [плохо] обращаться *с кем-л.*

ill-treatment дурное [плохое] обращение *с кем-л.*

ill-usage дурное [плохое] обращение *с кем-л.*

ill-use дурно [плохо] обращаться *с кем-л.*

ill-will злой умысел

image лицо, репутация

imitate имитировать; копировать; подделывать

imitation имитация; копирование; подделка
  colourable ~ имитация *или* контрафакция, вводящая в заблуждение

immaterial 1. нематериальный, невещественный; интеллектуальный 2. несущественный

immateriality 1. нематериальность; невещественность 2. несущественность

immigrant иммигрант

immigrate иммигрировать

immigration иммиграция
  documented ~ легальная иммиграция
  undocumented ~ нелегальная иммиграция

immobility недвижимость, недвижимое имущество

immoral аморальный, безнравственный

immovable недвижимый

immovables недвижимое имущество, недвижимость

immune пользующийся иммунитетом

immunity 1. неприкосновенность; иммунитет 2. привилегия; льгота 3. изъятие, освобождение *(от налога, платежа и т.п.)* ◇ ~ from suit судебный иммунитет, иммунитет от привлечения к суду, ~ to conviction иммунитет от осуждения, ~ to prosecution иммунитет от уголовного преследования
  ~ of witness свидетельский иммунитет *(право свидетеля не давать уличающих его показаний или информацию, представлять которую он не обязан)*
  absolute ~ полный иммунитет
  actual ~ реальный, фактически действующий иммунитет
  congressional ~ неприкосновенность члена конгресса
  diplomatic ~ дипломатический иммунитет, дипломатическая неприкосновенность
  jurisdictional [legal] ~ судебный иммунитет
  limited ~ ограниченный иммунитет

parliamentary ~ парламентская неприкосновенность

personal ~ право личной неприкосновенности, личный иммунитет; неприкосновенность личности

presidential ~ президентский иммунитет *(от привлечения к суду)*

private ~ неприкосновенность частных интересов; прайвеси

qualified ~ условный иммунитет

relative [restrictive] ~ неполный иммунитет

self-incrimination ~ привилегия против самообвинения; свидетельский иммунитет

sovereign ~ иммунитет суверена

witness ~ свидетельский иммунитет

immunize иммунизировать; защищать(ся) иммунитетом

immutability непреложность

immutable непреложный

impair 1. повредить; нанести ущерб 2. ослаблять; уменьшать; умалять; нарушать

impairment 1. повреждение; нанесение ущерба 2. ослабление; уменьшение; умаление; нарушение

~ of obligation невыполнение обязательства

mental ~ психическая ущербность *(не достигшая степени невменяемости)*

impanel включать в список *(присяжных)* ◇ to ~ a jury составлять список присяжных

imparl откладывать слушание дела с целью его мирного урегулирования

imparlance отсрочка слушания дела с целью его мирного урегулирования

impartial беспристрастный, нелицеприятный

impartiality беспристрастность, нелицеприятность

impawn закладывать, отдавать в залог

impeach 1. подвергать сомнению; оспаривать 2. обвинять *(гражданское должностное лицо)* в ненадлежащем исполнении обязанностей; вести расследование и/или обвинять в порядке импичмента ◇ to ~ credibility выражать недоверие; to ~ credibility of witness выражать недоверие к свидетелю *или* к его показаниям; to ~ credit выражать недоверие; to ~ credit of witness выражать недоверие к свидетелю *или* к его показаниям; to ~ expert выражать недоверие к эксперту *или* к его заключению; to ~ testimony выражать недоверие к свидетельским показаниям; to ~ transaction оспаривать сделку; to ~ verdict оспаривать вердикт; to ~ witness выражать недоверие к свидетелю *или* к его показаниям

impeachable 1. подлежащий сомнению, спорный 2. вызывающий недоверие 3. подлежащий преследованию и/или обвинению в порядке импичмента

impeachment 1. оспаривание; изъявление сомнения; опорочивание, дискредитация 2. «импичмент» *(процедура привлечения к ответственности высших гражданских должностных лиц)* ◇ ~ for bribery *амер.* импичмент по обвинению во взяточничестве; ~ for

treason *амер.* импичмент по обвинению в государственной измене

~ of testimony дискредитация свидетельских показаний

~ of the veracity of a witness усомнение в отношении правдивости свидетеля

~ of waste привлечение к ответственности за порчу имущества

~ of witness дискредитация свидетеля *или* его показаний

collateral ~ косвенное оспаривание судебного решения путём дополнительного иска

congressional ~ импичмент в конгрессе

House ~ импичмент [расследование дела и обвинение в порядке импичмента] в палате представителей

parliamentary ~ парламентский импичмент *(привлечение к уголовной ответственности палатой общин перед палатой лордов)*

presidential ~ импичмент против президента

Senate ~ импичмент [рассмотрение дела в порядке импичмента] в сенате

impede препятствовать; *церк.* служить препятствием к браку

impediment препятствие; *церк.* препятствие к браку

imperative императивный

imperfect 1. несовершенный, дефектный 2. неполный, недостаточный

imperfection 1. несовершенство, дефектность 2. неполнота, недостаточность

impermissibility недопустимость

impermissible недопустимый, непозволительный

impersonate выдавать себя за другое лицо

impersonation персонация *(выдача себя за другое лицо)*

impersonator персонатор *(лицо, выдающее себя за другое лицо)*

impertinence 1. отсутствие отношения к делу 2. дерзость

impertinent 1. не относящийся к делу 2. дерзкий

impinge посягать

impingement посягательство

implead искать с *кого-л.*; преследовать по суду

impleading обращение в суд на *кого-л.*; привлечение к суду

direct ~ прямое привлечение к суду

indirect ~ косвенное привлечение к суду

implement выполнять, осуществлять; вводить в действие

implementation выполнение, осуществление, введение в действие, имплементация ◇ ~ by Congress проведение через Конгресс; ~ by Parliament проведение через парламент

~ of agreement выполнение соглашения

administrative ~ исполнение *(закона)* административным органом

committee ~ проведение через комитет

congressional ~ проведение через конгресс

House ~ проведение через палату представителей

legal ~ юридическое оформление

legislative ~ проведение через законодательный орган

procedural ~ процессуальное оформление

Senate ~ проведение через сенат

subcommittee ~ проведение через подкомитет

implicate 1. заключать в себе **2.** подразумевать **3.** вовлекать

implication 1. то, что подразумевается; подразумеваемое положение, условие; скрытый смысл **2.** вывод; положение, выведенное в порядке логического рассуждения **3.** замешанность, причастность, соучастие (в преступлении и т.п.) ◇ by ~ подразумеваемым образом; по внутреннему смыслу; в порядке презумпции; косвенно; by ~ of law по смыслу; мысли закона

constitutional ~ конституционно-правовой вывод; положение, подразумеваемое конституцией

legal ~ юридический вывод, юридически подразумеваемое положение

necessary ~ необходимо подразумеваемое положение

implicative подразумевающий

strongly ~ являющийся серьёзным основанием для вывода

implicit подразумеваемый; не выраженный прямо; молчаливый

implicitly молчаливо; подразумеваемым образом; в порядке презумпции

implied подразумеваемый; вытекающий из обстоятельств; основанный на неопровержимой правовой презумпции ◇ ~ by fact вытекающий из фактических обстоятельств, из конклюдентных действий сторон; ~ in law подразумеваемый в силу закона, вытекающий из предписаний закона

impliedly как подразумевается, подразумеваемым образом

imply 1. подразумевать **2.** заключать в себе

importune настойчиво домогаться, приставать (о нищем, бродяге, проститутке, педерасте)

importunity настойчивое домогательство, приставание

impose 1. налагать; устанавливать, назначать (в законе, приговоре) **2.** облагать **3.** обманывать ◇ to ~ a judg(e)ment вынести судебное решение; to ~ an order издать приказ; to ~ death назначить смертную казнь

imposition 1. наложение; установление, назначение (в законе, приговоре) **2.** обложение; налог; пошлина **3.** обман

~ of penalty [of punishment] установление наказания (в законе); назначение наказания (в приговоре)

~ of sentence вынесение приговора; назначение наказания

suspended ~ of sentence приговор, наказание, отсроченные вынесением, назначением

impossibility невозможность ◇ ~ in fact фактическая невозможность (исполнения); ~ in law см. legal impossibility

~ of performance невозможность исполнения

absolute ~ абсолютная невозможность (исполнения)

legal ~ невозможность исполнения по закону, юридическая невозможность исполнения

objective ~ of performance объективная невозможность исполнения

physical ~ физическая невозможность (исполнения)

practical ~ экономическая невозможность (исполнения)

relative ~ фактическая невозможность (исполнения)

supervening ~ последующая невозможность (исполнения)

impost налог; таможенная пошлина

impound 1. задерживать **2.** изымать **3.** принимать или сдавать на хранение (в суд)

impounder лицо, задерживающее или изымающее (имущество) либо принимающее или сдающее на хранение (в суд)

impoundment 1. задержание **2.** изъятие (имущества) **3.** принятие или сдача на хранение (в суд)

imprescriptibility непогашаемость давностью

imprescriptible не погашаемый давностью

impression впечатление; восприятие; представление; мнение

first ~ рассмотрение дела при отсутствии прецедентов

impressment 1. мобилизация **2.** реквизиция

imprest аванс, подотчётная сумма

imprimatur разрешение на печатание

imprison 1. заключать в тюрьму **2.** лишать свободы

illegally ~ незаконно лишать свободы

legally ~ лишать свободы на законном основании

imprisonment 1. тюремное заключение **2.** лишение свободы ◇ ~ at hard labour [at penal servitude] лишение свободы с каторжными работами; каторжные работы, каторга; ~ before trial предварительное тюремное заключение; ~ for life пожизненное тюремное заключение; ~ to commence at the expiration of the previously awarded imprisonment тюремное заключение, начинающееся по истечении срока ранее назначенного тюремного заключения (при совокупности наказаний); to send to ~ подвергнуть тюремному заключению; ~ with [without] the option of a fine тюремное заключение с [без] возможной замены штрафом

awarded ~ назначенное тюремное заключение

extended (term of) ~ продлённый срок тюремного заключения

false ~ неправомерное лишение свободы

field ~ воен. арест в полевых условиях

house ~ домашний арест

life(-long) ~ пожизненное тюремное заключение

penitentiary ~ тюремное заключение

reformative ~ заключение в реформатории

strict ~ строгое тюремное заключение

improper ненадлежащий; неправомерный

constitutionally ~ ненадлежащий с точки зрения конституции

legally ~ ненадлежащий с юридической точки зрения

impropriate 1. передавать церковные владения светским лицам 2. *уст.* присваивать

impropriation 1. передача церковного владения в пользование светского лица; церковное владение, переданное в пользование светскому лицу 2. *уст.* присвоение

impropriator 1. светское лицо, владеющее церковным имуществом 2. *уст.* лицо, виновное в присвоении; субъект присвоения

impropriety 1. непригодность 2. неправильность, ошибочность 3. непристойное поведение, нарушение приличия; непристойность, неприличие

professional ~ 1. профессиональная непригодность 2. поведение, нарушающее профессиональную этику

improvement 1. улучшение 2. изобретение, усовершенствующее ранее запатентованное изобретение; непионерское изобретение, формула которого разделена на ограничительную и отличительную части 3. возведение, ремонт *или* расширение здания *(повышающие стоимость земельного участка)*

imprudent неосторожный, непредусмотрительный

impugn оспаривать; опровергать ◇ to ~ **credibility** *(of a witness)* заявить о недоверии *(к свидетелю)*

impugnable оспоримый; опровержимый

impugnment оспаривание; опровержение

impulse импульс; побуждение, мотив; влечение

criminal ~ импульс к совершению преступления

felonious ~ влечение к совершению тяжких преступлений

homicidal ~ влечение к совершению убийств

irresisted ~ непреодолённый импульс

irresistible ~ непреодолимый импульс

lucrative ~ корыстный мотив

murderous ~ мотив тяжкого убийства

suicidal ~ влечение к самоубийству

treacherous ~ вероломный мотив

treasonable ~ изменнический мотив

violent ~ влечение к насилию, к совершению насильственных действий

impunity 1. безнаказанность 2. освобождение от наказания 3. освобождение от обязанности возместить убытки

imputable 1. могущий быть вменённым *(в вину)* 2. приписываемый, относимый

imputation 1. вменение в вину 2. приписывание *кому-л. чего-л.* ◇ ~ **against a witness** дискредитация свидетеля

defamatory ~ диффамация

imputative 1. вменяемый *кому-л.* в вину 2. приписываемый *кому-л.*

impute 1. вменять *(обычно в вину)* 2. приписывать *кому-л. что-л.* ◇ to ~ **a person with an action** приписывать лицу *или* вменить лицу в вину совершение действия; to ~ **fault upon a person** вменить лицу *что-л.* в вину; to ~ **guilt** вменить в вину; to ~ **motives** приписывать лицу мотивы *(поведения)*

inability отсутствие право- и/или дееспособности ◇ ~ **to pay** неплатёжеспособность

in absentia *лат.* заочно

inaccuracy неточность; ошибка

~ **of confession** недостоверность признания

inaccurate неточный; ошибочный

inaction бездействие, упущение

inadequacy недостаточность; несоответствие требованиям; неадекватность

inadequate недостаточный; несоответствующий требованиям; неадекватный

inadmissibility недопустимость

inherent ~ недопустимость доказательств по их сути *(независимо от решения суда)*

inadmissible недопустимый

inadvertence невнимательность; небрежность; недосмотр; неосмотрительность; оплошность; ошибка

inadvertent невнимательный; небрежный; ненамеренный, нечаянный, оплошный

inadvertently по невнимательности, по недосмотру, по оплошности, по неосмотрительности

inalienability неотчуждаемость

inalienable неотчуждаемый

inapplicability неприменимость

inapplicable неприменимый

locally ~ неприменимый в данной местности

inattention невнимательность

inaugural *амер.* инаугурационная речь, речь президента при вступлении в должность ‖ инаугурационный, вступительный

inaugurate вводить в должность

inauguration введение в должность, вступление в должность, инаугурация

in banco *лат.* в полном составе *(о суде)*

in camera *лат.* не в судебном заседании *(о действиях суда)*; в судейской комнате; при закрытых дверях, в закрытом заседании

incapable 1. неправоспособный; недееспособный 2. нетрудоспособный

legally ~ неправоспособный; недееспособный

incapacitate 1. ограничивать в право- и/или дееспособности; поражать в правах 2. делать нетрудоспособным

criminally ~ лишить преступника возможности совершать преступления заключением его под стражу

incapacitation ограничение право- и/или дееспособности; поражение в правах

criminal ~ лишение преступника возможности совершать преступления заключением его под стражу

incapacity 1. неправоспособность, недееспособность; ограничение право- и/или дееспособности; поражение в правах 2. непригодность *(к какой-л. работе)* ◇ ~ **from crime** правопоражение вследствие совершения преступления

civil ~ гражданская неправоспособность; гражданская недееспособность; ограничение гражданской право- и/или дееспособности; поражение в гражданских правах

criminal ~ 1. неспособность *(по возрасту, физическому или психическому состоянию)* совершить преступление **2.** правопоражение вследствие совершения преступления

legal ~ ограничение право- и/или дееспособности; неправоспособность; недееспособность

mental ~ психическая недееспособность

incarcerate лишать свободы, брать под стражу; заключать в тюрьму, водворять в тюремную камеру; сажать в карцер

incarcerated лишённый свободы, взятый под стражу; заключённый *(в тюрьме)*; содержащийся в карцере

incarceration лишение свободы, взятие под стражу; заключение в тюрьму, водворение в тюремную камеру, водворение в карцер ◇ **~ for punishment** лишение свободы в наказание; **~ for rehabilitation** лишение свободы в целях социальной реабилитации

continued ~ продлённое содержание под стражей

pretrial ~ предварительное заключение

solitary ~ одиночное заключение

incautious неосторожный

incendiarism 1. поджог **2.** подстрекательство

incendiary 1. поджигатель ‖ поджигающий **2.** подстрекатель ‖ подстрекающий

incest кровосмесительство *(половое сношение между лицами, находящимися в запрещённой для бракосочетания степени родства)*

incestuous 1. кровосмесительный **2.** виновный в кровосмешении

inchoate незаконченный, незавершённый, не оформленный окончательно

incident 1. инцидент; случай ‖ случайный **2.** побочное обстоятельство ‖ побочный **3.** право *или* обязанность, связанные с другим правом *или* следующие за ним **4.** свойственный; присущий; связанный

criminal ~ инцидент, случай с уголовно-правовыми последствиями

legal ~ инцидент с правовыми последствиями

liability ~ случай, являющийся основанием для привлечения к ответственности

major ~ серьёзный инцидент

minor ~ малозначительный инцидент

incidental 1. свойственный, вытекающий, присущий; связанный **2.** побочный **3.** случайный

incipitur *лат.* вступительная часть материалов коронерского следствия

incite подстрекать *(к совершению преступления)*

incitement подстрекательство *(к преступлению)* ◇ **~ to commit a crime** подстрекательство к совершению преступления

inciter подстрекатель

incline склонять

inclined склонный к *чему-л.*

aggressively ~ склонный к агрессии; обнаруживающий склонность к агрессии

homicidally ~ склонный к совершению убийств

lucratively ~ корыстный; обнаруживающий корыстную мотивацию

suicidally ~ склонный к самоубийству; обнаруживающий суицидные наклонности

violently ~ склонный к насилию; обнаруживающий склонность к насилию

inclusion of evidence 1. принятие доказательств **2.** приобщение доказательств к материалам дела

income доход

adjusted gross ~ валовой доход за вычетом разрешённых законом удержаний

crime ~ преступная нажива

disposable ~ чистый доход

excessive ~ непомерный доход

gross ~ валовой доход

illegal [illegitimate, illicit] ~ доход незаконного происхождения, незаконный доход

inordinary ~ необычный, непомерный доход

lawful [legal, legitimate, licit] ~ доход законного происхождения, законный доход

ordinary ~ обычный, умеренный доход

taxable ~ облагаемый налогом доход

taxed ~ доход, обложенный налогом

unlawful ~ доход незаконного происхождения, незаконный доход

incoming 1. входящий *(о документах, почте и т.д.)* **2.** вступающий *(во владение, должность и т.п.)*

incommunicado *исп.* «инкоммуникадо» *(содержание под стражей без права переписываться и общаться непосредственно с родственниками или защитником)*

incompatibility несовместимость

~ of duties несовместимость должностей

incompatible несовместимый

incompetence некомпетентность; отсутствие права; неспособность; неправоспособность; недееспособность ◇ **~ through interest** недопустимость свидетеля ввиду его заинтересованности в деле

~ of witness отсутствие у лица права быть свидетелем *(по делу)*

mental ~ невменяемость

incompetency *см.* incompetence

incompetent некомпетентный; не имеющий права; неправоспособный; недееспособный

mentally ~ невменяемый

temporarily ~ временно неправоспособный; временно недееспособный

inconclusive неубедительный; нерешающий; недостаточный

inconsistence 1. непоследовательность **2.** необоснованность; несостоятельность **3.** несогласованность; несовместимость; несоответствие

inconsistency *см.* inconsistence

inconsistent 1. непоследовательный **2.** необоснованный; несостоятельный **3.** несогласующийся; несовместимый; несоответствующий; противоречащий

ncontestability неоспоримость, бесспорность

incontestable неоспоримый, бесспорный

in contumaciam *лат.* заочно, за неявкой

incorporate 1. инкорпорировать, включать 2. предоставлять права юридического лица, предоставлять статус корпорации ◇ to ~ in the record внести в протокол

incorporated 1. обладающий правами юридического лица, являющийся корпорацией 2. инкорпорированный, включённый ◇ ~ by an act of parliament учреждённый законом парламента *(о юридическом лице)*; ~ by royal charter учреждённый королевским пожалованием *(о юридическом лице)*

incorporation 1. инкорпорация, включение 2. предоставление прав юридического лица, предоставление статуса корпорации ◇ ~ by reference инкорпорация путём отсылки *(без приведения текста инкорпорируемого документа)*
actual ~ текстуальная инкорпорация

incorporator учредитель

incorporeal нематериальный, невещественный

incorrect неправильный; ненадлежащий

incorrigibility неисправимость

incorrigible неисправимый

incorrupt неподкупный

incorruptibility неподкупность

incriminate инкриминировать, вменять в вину, уличать ◇ to ~ a crime инкриминировать преступление; to ~ a person вменять в вину лицу

incriminating инкриминирующий, уличающий

incrimination инкриминирование, вменение в вину, уличение

incriminatory инкриминирующий, вменяющий в вину, уличающий

inculpable могущий являться основанием для вменения в вину

inculpate вменять в вину, инкриминировать; обвинять

inculpating инкриминирующий; обвиняющий

inculpation вменение в вину, инкриминирование; обвинение

inculpatory инкриминирующий; обвиняющий

incumbency 1. должность, пребывание в должности, должностные функции 2. обязанность 3. бенефиций

incumbent 1. лицо, занимающее (данную) должность, публичное должностное лицо 2. священник *(англиканской церкви)* 3. церковное должностное лицо, владеющее бенефицием 4. лежащий *на ком-л.* как обязанность
~ of the mission глава дипломатического представительства
~ of the office лицо, занимающее данную должность
executive ~ глава исполнительной власти, вступивший в должность
governor ~ губернатор штата, вступивший в должность
judicial ~ судья, вступивший в должность
president ~ президент, вступивший в должность

incumber обременять *(имущество)*

incumbrance 1. помеха, препятствие 2. обременение *(лежащее на имуществе)*

incumbrancer лицо, в пользу которого существует обременение; залогодержатель

incur нести *(ответственность, обязанность, расходы, ущерб и т.д.)*; принимать на себя; подвергаться *чему-л.* ◇ to ~ censure подвергнуться порицанию, осуждению; to ~ danger навлечь на себя опасность, подвергнуться опасности; to ~ disqualification 1. подвергнуться дисквалификации 2. подвергнуться лишению права, правопоражению; to ~ guilt принять на себя вину; to ~ liability *см.* to incur responsibility; to ~ no guilt не принимать на себя вину; to ~ punishment *см.* to incur sentence; to ~ responsibility принимать на себя ответственность; навлечь на себя ответственность, понести ответственность; to ~ sentence навлечь на себя наказание, понести наказание

in curia *лат.* в суде, в открытом судебном заседании

indebitatus assumpsit *лат.* иск об убытках из неисполнения подразумеваемого обязательства

indebted должный, имеющий долг

indebtedness задолженность; сумма долга

indecency непристойность, непристойное действие
gross ~ грубая непристойность
open ~ явная непристойность
public ~ публичное совершение непристойного действия

indecent непристойный
openly ~ явно непристойный

indecorum нарушение правил приличия

indefeasible неоспоримый; не подлежащий отмене, аннулированию; непреложный; неотъемлемый; неприкосновенный

indeliberate непреднамеренный, непредумышленный

indelible нестираемый *(требование к тексту документа)*

indemnification возмещение вреда, ущерба, компенсация

indemnify 1. гарантировать возмещение вреда, ущерба 2. возмещать вред, ущерб, убыток 3. освобождать от наказания; погашать ответственность ◇ to ~ bail возместить сумму поручительства; to ~ bailor уплатить возмещение поручителю

indemnitee кредитор по договору гарантии

indemnitor гарант, должник по договору гарантии

indemnity 1. гарантия возмещения вреда, ущерба, убытков 2. возмещение вреда, ущерба, убытков 3. контрибуция; репарация 4. освобождение от наказания; погашение ответственности ◇ ~ against liability 1. страхование ответственности 2. исключение ответственности, заранее предусмотренное освобождение от материальной ответственности; ~ against loss страхование вреда insurance ~ страховое вознаграждение, страховое возмещение

pecuniary ~ денежное возмещение

indenization натурализация, предоставление прав гражданства [подданства]

indent 1. индент, документ с отрывным дубликатом ‖ составлять документ с отрывным дубликатом; составлять документ в двух *или* более экземплярах 2. договор за печатью 3. индент *(заказ, сделанный импортёром одной страны комиссионеру другой страны на покупку определённой партии товара)* 4. отдавать в обучение

indenture 1. документ с отрывным дубликатом; документ, составленный в двух *или* более экземплярах 2. договор за печатью 3. договор об отдаче в ученичество

~ of apprenticeship договор об отдаче в обучение, договор ученичества

indentured 1. обусловленный договором об отдаче в ученичество 2. *амер. ист.* обусловленный договором сервитута

independence независимость, самостоятельность

independency 1. независимое государство 2. независимость, самостоятельность

independent 1. независимый, самостоятельный 2. выполняющий работу своими средствами

indeterminate неопределённый

indict обвинять по обвинительному акту ◇ to ~ criminally подвергать уголовному преследованию по обвинительному акту; to ~ jointly обвинять по обвинительному акту в совместном совершении преступления

indictable являющийся основанием для уголовного преследования по обвинительному акту

indicted обвинённый по обвинительному акту ◇ to stand ~ быть обвиняемым по обвинительному акту; jointly ~ сообвиняемые по обвинительному акту

indictee обвиняемый по обвинительному акту

indicting уголовное преследование по обвинительному акту

indictment обвинительный акт ◇ to be under ~ находиться под обвинением; to bring ~ представить обвинительный акт; to find [to return] ~ вынести обвинительный акт; to win ~ собрать улики, достаточные для вынесения обвинительного акта

~ of grand jury обвинительный акт большого жюри

corporate ~ обвинительный акт против корпорации

dismissed ~ отклонённый обвинительный акт

grand jury ~ обвинительный акт большого жюри

multi-count ~ обвинительный акт из нескольких пунктов

removed ~ обвинительный акт, переданный в другой суд

sealed ~ обвинительный акт за печатью *(секретный)*

indigence состояние, статус бедности

indigent бедный, неимущий

indirect косвенный

indispensable необходимый, обязательный, непреложный

indisputability бесспорность

indisputable неоспоримый, бесспорный

indissolubility нерасторжимость

indissoluble нерасторжимый

individual отдельное лицо, личность, индивид; физическое лицо ‖ личный, индивидуальный; отдельный

private ~ частное лицо

public ~ должностное лицо

individualization индивидуализация, обособление

individualize индивидуализировать

indivisible неделимый

indorse *см.* endorse

indorsed *см.* endorsed

indorsement *см.* endorsement

indubious несомненный

indubitable бесспорный, несомненный

indubitably бесспорно, несомненно

induce побуждать; склонять; вовлекать ◇ to ~ to a crime склонить к совершению преступления

inducement 1. побуждающий фактор, побуждение, стимул 2. встречное удовлетворение 3. вводная объяснительная часть процессуальной бумаги

active ~ деятельное склонение *(к совершению правонарушения)*

induct вводить в должность, зачислять на службу

induction введение в должность, зачисление на службу; *амер.* призыв на военную службу

actual ~ *амер.* призыв на действительную военную службу

indulgence 1. привилегия 2. отсрочка платежа 3. индульгенция, отпущение грехов

industry деятельность; предпринимательство, бизнес

crime ~ преступный бизнес

drug ~ наркотиковый бизнес, наркобизнес, сбыт наркотиков

gambling ~ игорный бизнес

illicit ~ незаконный бизнес

licit ~ законный бизнес

private ~ частный бизнес

public ~ государственный бизнес

inebriate 1. пьяный 2. пьяница; алкоголик 3. вызывать опьянение; пьянить, опьянять

public ~ лицо, находящееся в состоянии опьянения в общественном месте

inebriation опьянение

inebriety 1. опьянение 2. пьянство; алкоголизм

inebrious 1. пьяный 2. пьющий

ineffective недействительный; не имеющий силы

ineffectual 1. лишённый силы 2. безрезультатный

ineligibility 1. неправомочность, отсутствие права *(ввиду неудовлетворения соответст-*

вующим установленным требованиям) 2. отсутствие права на избрание, отсутствие пассивного избирательного права 3. отсутствие права на занятие должности; отсутствие права на пребывание в должности

ineligible 1. неправомочный, не имеющий права (ввиду неудовлетворения соответствующим установленным требованиям) 2. не имеющий права на избрание, не имеющий пассивного избирательного права 3. лишённый права на занятие должности; лишённый права на пребывание в должности

inequality неравенство

inequitable несправедливый

inequity несправедливость

in extremis лат. в последней стадии последней болезни (о допустимости в качестве доказательства по делам об убийстве предсмертного заявления потерпевшего)

infamous 1. бесчестящий, позорящий 2. лишённый гражданских прав или ограниченный в гражданских правах в связи с совершением позорящего преступления

infamy бесчестье, лишение или ограничение гражданских прав (как последствие осуждения за совершение позорящего преступления)

infancy 1. несовершеннолетие 2. малолетство
natural ~ младенчество, ранний детский возраст

infant 1. малолетний (ребёнок в возрасте не более семи лет) 2. несовершеннолетний 3. не достигший возраста договорной дееспособности

infanticide детоубийство (убийство матерью новорождённого ребёнка)

infer 1. делать вывод 2. подразумевать

inference 1. вывод, заключение 2. предположение
adverse ~ вывод в пользу противной стороны
impermissible ~ недопустимый вывод
permissible ~ допустимый вывод

inferior 1. нижестоящая инстанция; нижестоящее должностное лицо ‖ низший; нижестоящий; подчинённый 2. некондиционный (о качестве товара)
civil ~ нижестоящее должностное лицо гражданского ведомства
military ~ нижестоящее должностное лицо военного ведомства

inferiority более низкое положение, достоинство, качество

in flagrante delicto лат. во время совершения преступления, на месте преступления

inflict 1. наносить (личный или имущественный вред) 2. назначать, налагать (наказание) ◇ to ~ a loss причинить убыток; to ~ bodily harm [injury] нанести, причинить телесное повреждение; to ~ by act причинить (вред) действием; to ~ by intent причинить (вред) намеренно, умышленно; to ~ by negligence причинить (вред) по небрежности; to ~ by omission причинить (вред) бездействием; to ~ by premeditation причинить

(вред) преднамеренно, предумышленно; to ~ by recklessness причинить (вред) по опрометчивости; to ~ capital punishment назначить смертную казнь; to ~ damage нанести, причинить убыток; to ~ death penalty назначить смертную казнь; to ~ deliberately причинить (вред) преднамеренно, предумышленно; to ~ forcibly причинить (вред) с преодолением препятствия или с применением насилия; to ~ harm нанести, причинить вред; to ~ injury нанести, причинить вред; to ~ injury on another person нанести, причинить телесное повреждение; to ~ innocently причинить (вред) невиновно; to ~ insanely нанести (вред) в состоянии невменяемости; to ~ involuntarily нанести (вред) неумышленно; to ~ knowingly причинить (вред) заведомо; to ~ maliciously нанести, причинить (вред) злоумышленно; to ~ penalty 1. назначить штраф 2. присудить штрафную неустойку 3. назначить наказание; to ~ premeditatively причинить (вред) преднамеренно, предумышленно; to ~ punishment назначить наказание; to ~ violently причинить (вред) с применением насилия; to ~ voluntarily [wilfully] нанести (вред) умышленно

infliction 1. нанесение, причинение (личного или имущественного вреда) 2. назначение, наложение (наказания) 3. наказание ◇ ~ by act нанесение (вреда) действием; ~ by innocence невиновное нанесение (вреда); ~ by insanity причинение (вреда) в состоянии невменяемости; ~ by intent см. deliberate infliction; ~ by negligence причинение (вреда) по небрежности; ~ by omission причинение (вреда) бездействием; ~ by premeditation см. deliberate infliction; ~ by recklessness причинение (вреда) по опрометчивости
~ of bodily harm [injury] нанесение, причинение телесных повреждений
~ of capital punishment назначение смертной казни
~ of damage нанесение, причинение убытка
~ of death penalty назначение смертной казни
~ of harm нанесение, причинение вреда
~ of injury нанесение, причинение вреда
~ of injury on another person нанесение, причинение телесного повреждения
~ of loss причинение убытка
~ of penalty 1. назначение штрафа 2. присуждение штрафной неустойки 3. назначение наказания
~ of punishment назначение наказания
deliberate ~ преднамеренное, предумышленное причинение (вреда)
forced ~ вынужденное причинение (вреда)
forcible ~ причинение (вреда) с преодолением препятствия или с применением насилия
guilty ~ виновное причинение (вреда)
innocent ~ невиновное нанесение (вреда)

insane ~ причинение *(вреда)* в состоянии невменяемости

intended ~ намеренное, умышленное причинение *(вреда)*

involuntary ~ неумышленное причинение *(вреда)*

known ~ заведомое причинение *(вреда)*

malicious ~ злоумышленное нанесение *(вреда)*

negligent ~ причинение *(вреда)* по небрежности

premeditated ~ *см.* deliberate infliction

reckless ~ причинение *(вреда)* по опрометчивости

unintended ~ ненамеренное, неумышленное причинение *(вреда)*

violent ~ причинение *(вреда)* с применением насилия

voluntary [wilful] ~ умышленное причинение *(вреда)*

influence 1. влияние ‖ влиять, оказывать влияние 2. фактор

corrupt ~ разлагающее влияние

immoral ~ безнравственное влияние

improper [undue] ~ злоупотребление влиянием; недолжное влияние

inform 1. осведомлять 2. подавать жалобу

informal 1. неформальный, неофициальный 2. недостаточный по форме, не удовлетворяющий требованиям формы

informality 1. неформальность, упрощённость 2. отступление от формы; дефект формы; нарушение формальных требований

~ of proceedings простота процесса, неформальность производства, отсутствие строгих формальных требований к ведению процесса

informant 1. лицо, подавшее заявление об обвинении 2. информатор, осведомитель, доносчик

confidential ~ тайный осведомитель

federal ~ *амер.* 1. лицо, подавшее заявление об обвинении федеральным властям 2. осведомитель на службе у федеральных властей

local ~ 1. лицо, подавшее заявление об обвинении местным властям 2. осведомитель на службе у местных властей

secret ~ секретный осведомитель

state ~ 1. лицо, подавшее заявление об обвинении властям штата 2. осведомитель на службе у властей штата

suspected ~ лицо, подозреваемое *(преступниками)* в осведомительстве

information 1. информация 2. осведомлённость 3. заявление об обвинении 4. донос 5. изложение фактических обстоятельств дела ◇ ~ ex-officio 1. заявление об обвинении по долгу службы 2. *англ.* заявление генерального атторнея *(или его заместителя)* об обвинении *(в отделение королевской скамьи Высокого суда правосудия)*; ~ in the nature of quo warranto судебная процедура по требованию о выяснении правомерности претензий на должность, привилегию *или* право; ~ on file заявление об обвинении *или* донос,

приобщённые к делу; to bring [to lodge] ~ 1. заявлять об обвинении 2. доносить *(о совершении преступления)*; upon ~ and belief в предположении правильности сделанного заявления об обвинении

classified ~ информация ограниченного распространения; секретная информация

confidential ~ конфиденциальная информация

crime [criminal] ~ 1. заявление об обвинении в преступлении 2. донос о совершении преступления

false ~ 1. ложная информация 2. ложное заявление об обвинении 3. ложный донос

federal ~ *амер.* 1. заявление об обвинении в преступлении федеральным властям 2. донос *(о совершении преступления)* федеральным властям

government ~ 1. правительственная информация 2. заявление об обвинении от правительственного чиновника

investigative ~ 1. заявление об обвинении в следственные органы 2. донос в следственные органы

local ~ 1. заявление об обвинении местным властям 2. донос *(о совершении преступления)* местным властям

multi-count ~ заявление об обвинении из нескольких пунктов

official ~ 1. официальная информация 2. заявление об обвинении от официального лица

police ~ 1. полицейская информация 2. заявление об обвинении в полицию 3. донос в полицию

pre-imposition ~ by defendant последнее слово подсудимого перед вынесением приговора

preliminary ~ 1. предварительная информация 2. заявление об обвинении, сделанное на предварительном слушании дела

presentence ~ заявление об обвинении перед вынесением приговора

privileged ~ информация, защищённая привилегией

security ~ информация, относящаяся к *(государственной)* безопасности

sentencing ~ 1. информация о карательной политике 2. информация, имеющая значение для определения меры наказания

state ~ 1. заявление об обвинении властям штата 2. донос властям штата

informed ◇ ~ against обвиняемый по заявлению об обвинении

informer 1. осведомитель 2. заявитель, податель жалобы *или* иска

common ~ «истец за всех» *(податель иска, который может быть предъявлен любым лицом)*

government ~ осведомитель; полицейский осведомитель

police ~ полицейский осведомитель

infract нарушать *(право, закон, договор, обязанность)*

infraction нарушение *(права, закона, договора, обязанности)* administrative ~ административное правонарушение, административный проступок

civil ~ гражданское правонарушение

criminal ~ преступное нарушение закона, нарушение уголовного закона, уголовное правонарушение; уголовный проступок; преступление

de minimis ~ малозначительное правонарушение

governmental ~ нарушение (закона, конституции) со стороны правительства

major ~ серьёзное правонарушение

petty ~ мелкое правонарушение

procedural ~ процессуальное нарушение

substantial ~ правонарушение, имеющее существенное значение

substantive ~ нарушение нормы материального права

technical ~ формальное нарушение

traffic ~ нарушение правил дорожного движения

infractor нарушитель

infringe нарушать (права, закон, нормы) ◇ to ~ a rule нарушить правило, норму

infringement нарушение (прав, закона, норм); *пат.* контрафакция

contributory ~ *пат.* соучастие в контрафакции; пособничество в нарушении патента

technical ~ формальное нарушение

trade dress ~ контрафакция упаковки изделия; контрафакция внешнего вида изделия

infringer нарушитель

assumed ~ предполагаемый нарушитель

ingress право входа

inhabitancy постоянное проживание; местожительство

inherit наследовать ◇ to ~ by right of representation наследовать по праву законного преемства; to ~ by will наследовать по завещанию

inheritable 1. наследуемый, могущий переходить по наследству 2. имеющий право наследовать, способный наследовать

inheritance 1. наследуемая недвижимость 2. наследование ◇ ~ in remainder 1. наследование оставшейся части недвижимости 2. наследование «выжидательной собственности»; ~ in reversion 1. наследование в порядке обратного перехода имущественных прав к первоначальному собственнику *или* его наследнику 2. *шотл.* наследование права выкупа недвижимости, заложенной *или* отчуждённой по суду за долги

common ~ недвижимость, наследуемая как общая собственность

family ~ недвижимость, наследуемая как семейная собственность

several ~ наследование в частях, долях

inhibit запрещать

inhibition запрещение

inhibitory запрещающий, запретительный

iniquity 1. несправедливость 2. беззаконие

initial 1. *pl* инициалы; параф, виза (*учиняемая путём проставления инициалов*) 2. парафировать 3. первоначальный

initialling парафирование

initiate 1. начинать; основывать 2. посвящать во что-л. ◇ to ~ a case возбудить дело; to ~ an agreement заключить соглашение; to ~ bills [laws] осуществлять законодательную инициативу; to ~ hearing начать слушание дела; to ~ hearings приступить к слушаниям; to ~ hearings in banc приступить к слушаниям в полном составе, пленарно; to ~ investigation начать расследование, приступить к расследованию; to ~ proceedings возбудить дело, начать процесс

initiation 1. основание, учреждение 2. посвящение *во что-л.*

~ of bills [of laws] законодательная инициатива

~ of proceedings возбуждение дела

initiative 1. инициатива 2. право законодательной инициативы; законодательная инициатива

injudicial 1. несудебный 2. несправедливый, противоправный

injunction 1. судебный запрет 2. запретительная норма ◇ ~ pendente lite судебный запрет на время рассмотрения дела; ~ pending appeal судебный запрет впредь до подачи апелляции *или* до решения по апелляции

civil ~ запретительная гражданско-правовая норма; гражданско-правовой судебный запрет

compromise-assessment-of-damages ~ судебный запрет до определения суммы убытков по условиям мировой сделки

court ~ судебный запрет

interlocutory ~ промежуточный судебный запрет

optional ~ 1. альтернативный судебный запрет 2. альтернативная запретительная норма

permanent [perpetual] ~ бессрочный судебный запрет

post-patent ~ послепатентное судебное запрещение (*запрещение лицензиату, отказавшемуся платить роялти в связи с окончанием действия патента, пользоваться ноу-хау, полученным по лицензионному договору*)

prohibitory ~ 1. судебный запрет 2. запретительная норма

preliminary ~ временный, предварительный судебный запрет

injure причинять вред, нарушать права ◇ to ~ character повредить репутации; to ~ oneself нанести самому себе телесное повреждение; совершить членовредительство

injured потерпевший; получивший телесные повреждения

injurious наносящий вред ◇ ~ to the public общественно-вредный; общественно-опасный

injury 1. вред; ущерб; нарушение права другого лица 2. телесное повреждение ◇ ~ by accident 1. случайный вред 2. случайное причинение вреда 3. случайное причинение телесного повреждения 4. телесное повреждение в результате несчастного случая; ~ **dangerous to life** телесное повреждение, опасное для жизни; ~ **involving death** смертельное телесное повреждение; ~ **to health** повреждение, расстройство здоровья; ~ **to person** личный вред; **to work an** ~ нанести, причинить вред

accidental ~ случайный вред

actual ~ реальный, фактически причинённый ущерб

aggravated bodily ~ телесное повреждение, причинённое при отягчающих обстоятельствах

bodily ~ телесное повреждение

civil ~ гражданский вред, деликт

claimed ~ ущерб, заявленный истцом

complete ~ общая сумма ущерба

continuing ~ длящийся вред

criminal ~ вред, ущерб, причинённый преступлением

deadly ~ смертельное телесное повреждение

definite ~ вред, определённый по характеру и тяжести

definite bodily ~ телесное повреждение, определённое по характеру и тяжести

employee ~ несчастный случай на работе, производственная травма

fatal ~ смертельное телесное повреждение

grievous bodily ~ тяжкое телесное повреждение

incidental ~ побочный ущерб

legal ~ гражданский вред

lethal ~ смертельное телесное повреждение

malicious ~ 1. злоумышленное причинение ущерба *(имуществу)* 2. злоумышленное причинение телесного повреждения

pecuniary ~ ущерб в деньгах, денежный, материальный, имущественный ущерб

permanent ~ 1. невозместимый вред, ущерб 2. увечье

personal ~ личный вред; оскорбление личности

physical ~ 1. материальный ущерб 2. телесное повреждение

riotous ~ вред *или* телесные повреждения, причинённые в ходе беспорядков

severe bodily ~ тяжкое телесное повреждение

spiritual ~ нанесение ущерба в области духовных благ; моральный ущерб

temporal ~ нанесение ущерба в области мирских благ

threatened ~ 1. угроза причинения имущественного ущерба 2. угроза нанесений телесных повреждений

trivial ~ лёгкое телесное повреждение

work ~ производственная травма

injustice несправедливость; отказ в правосудии; неправосудие

manifest ~ явная несправедливость

perpetrated ~ отказ в правосудии; акт неправосудия

unrepaired ~ неисправленная несправедливость

in latere *лат.* член суда, сидящий рядом с судьёй, председательствующим в судебном процессе

inlaw *ист.* 1. восстановить в правах *(лицо, объявленное вне закона)* 2. вернуть ссыльному политические и имущественные права

inlegacy *ист.* возвращение ссыльному политических и имущественных прав

inlegation *см.* **inlegacy**

inlet узкий залив

in litem *лат.* в процессе судебного рассмотрения

inmate лицо, содержащееся в учреждении закрытого типа, под стражей; заключённый

~ **of brothel** женщина, принудительно содержащаяся в публичном доме

court-committed ~ лицо, заключённое под стражу судом

fellow ~ сокамерник

hard core ~ заключённый-закоренелый преступник, рецидивист

gaol ~ лицо, содержащееся в тюрьме

high-risk ~ заключённый, представляющий значительную опасность

hospital ~ лицо, содержащееся в больнице закрытого типа

institution ~ лицо, содержащееся в учреждении закрытого типа, под стражей; заключённый

jail ~ лицо, содержащееся в тюрьме

low-risk ~ заключённый, не представляющий значительной опасности

penitentiary [prison] ~ лицо, содержащееся в тюрьме

reformatory ~ лицо, содержащееся в реформатории

violent ~ заключённый, совершающий акты насилия

in mora *лат.* в просрочке

Inn «инн», школа подготовки барристеров

~**s of Chancery** *ист.* «канцлерские инны» *(правовые семинарии при «Судебных иннах»)*

~**s of Court** «Судебные инны» *(четыре английские школы подготовки барристеров)*

Gray's ~ «Греевский инн», Греевская школа *(одна из четырёх английских школ подготовки барристеров)*

Lincoln's ~ «Линкольновский инн» *(одна из четырёх английских школ подготовки барристеров)*

innocence невиновность

feigned ~ притворная, ложная невиновность

innocent 1. невиновный; неумышленный 2. добросовестный 3. дозволенный законом; неконтрабандный ◇ ~ **in fact** фактически невиновный; ~ **in law** невиновный по закону; ~ **of crime** невиновный в совершении (данного) преступления

innocently невиновно

innominate не относящийся ни к одной из категорий, имеющих определённое наименование

innovation 1. новелла 2. *шотл.* новация; перевод долга, цессия прав по обязательству 3. *лат.* инновация *(внедрение технических новшеств)*; (техническое) новшество; рационализаторское предложение; изобретение
constitutional ~ конституционная новелла
legal ~ юридическая новелла
legislative [statutory] ~ законодательная новелла

innuendo *лат.* 1. порочащий намёк, инсинуация 2. часть судебной речи по делу о пасквиле, в которой разъясняется, на что намекает пасквилянт

inobservance несоблюдение

inofficial неофициальный

inofficious противоречащий моральному долгу, несправедливый, наносящий обиду

inoperative не имеющий силы; недействующий *(о законе)*, недейственный, неэффективный; не порождающий юридических последствий

inoperativeness отсутствие юридической силы; недейственность, неэффективность

in pais вне суда и без протоколов

in pari causa *лат.* 1. в равном правовом положении 2. при аналогичных условиях

in pari materia *лат.* в аналогичном случае

in personam *лат.* 1. в отношении конкретного лица 2. носящий обязательственный характер, относительный *(о праве)*

inquest расследование; дознание, следствие; коронерское расследование *(случаев внезапной смерти с признаками насилия)* ◇ ~ on a body дознание в отношении человеческого трупа; коронерское расследование
~ **of office** расследование по вопросам, связанным с имущественными правами короны
coroner's ~ коронерское расследование *(случаев внезапной смерти с признаками насилия)*
grand ~ расследование, проводимое большим жюри

inquire 1. запрашивать 2. расследовать

inquiry 1. запрос 2. исследование обстоятельств дела; расследование; судебное следствие, рассмотрение
biased ~ предубеждённое расследование
blue-ribbon ~ беспристрастное расследование
commission(ers) ~ 1. запрос в комиссии 2. расследование в комиссии
committee ~ 1. запрос в комитете 2. расследование в комитете
complete ~ завершённое расследование
congressional ~ *амер.* 1. запрос в конгрессе 2. расследование в конгрессе *(в комитете или подкомитете палаты представителей или сената)* 3. расследование в палате представителей
coroner's ~ коронерское расследование *(случаев внезапной смерти с признаками насилия)*
following-up ~ последующее расследование *(уголовной полицией)*

forensic ~ судебная экспертиза
impartial ~ беспристрастное расследование
incomplete ~ незавершённое расследование
judicial ~ судебное расследование, судебное рассмотрение
legislative ~ 1. запрос в законодательном органе 2. расследование в законодательном органе
ministerial ~ административное расследование *или* рассмотрение дела
on-the-record ~ 1. запротоколированный запрос 2. запротоколированное расследование
partial ~ 1. частичное, неполное расследование 2. пристрастное расследование
police ~ полицейское расследование
prejudicial ~ досудебное расследование; предварительное следствие
preliminary ~ 1. предварительное расследование *(патрульной полицией)* 2. предварительное слушание дела в суде
public ~ официальное расследование
social ~ социальное расследование
subcommittee ~ 1. запрос в подкомитете 2. расследование в подкомитете
written ~ письменный запрос

inquisition 1. *ист.* инквизиция 2. расследование; дознание, следствие; коронерское расследование
~ **of office** расследование по вопросам, связанным с имущественными правами короны
coroner's ~ коронерское расследование *(случаев внезапной смерти с признаками насилия)*
judicial ~ «судебная инквизиция», инквизиционный процесс

in re *лат. (в наименованиях судебных дел)* 1. в деле, по делу, дело 2. дело по заявлению *(такого-то)*

in rem *лат.* 1. в отношении самой вещи 2. вещный, абсолютный *(о праве)*

inroad вторжение; посягательство *(на чьи-л. права)*

insane 1. душевнобольной 2. не находящийся в здравом уме 3. невменяемый ◇ to become ~ 1. заболеть душевной болезнью 2. стать невменяемым
criminally ~ невменяемый в отношении совершённого преступления
partially ~ ограниченно вменяемый

insanity 1. умопомешательство, душевное расстройство 2. невменяемость ◇ ~ supervening after the trial душевное расстройство *или* невменяемость, наступившие после рассмотрения дела в суде
alleged ~ предполагаемая невменяемость
contestable ~ спорная невменяемость
contested ~ оспоренная невменяемость
criminal ~ 1. невменяемость в отношении совершённого преступления 2. психическое расстройство лица, совершившего преступление
doubtful [dubious] ~ невменяемость, вызывающая сомнение
emotional ~ эмоциональное расстройство

established ~ установленная невменяемость

evidenced ~ доказанная *или* засвидетельствованная невменяемость

held ~ признанная невменяемость

homicidal ~ болезненное *или* невменяемое влечение к совершению убийств

inferred ~ невменяемость, установленная по совокупности обстоятельств дела

legal ~ невменяемость

mental ~ психическое расстройство; невменяемость

moral ~ нравственное помешательство

overruled ~ отвергнутый вывод о невменяемости

partial ~ ограниченная вменяемость

presumable ~ невменяемость, которую можно презюмировать

presumed ~ презюмируемая невменяемость

provable ~ невменяемость, нуждающаяся в доказательствах

proved [proven] ~ доказанная невменяемость

questionable ~ невменяемость, не являющаяся бесспорной

questioned ~ невменяемость, подвергнутая сомнению

ruled ~ невменяемость, признанная вердиктом *или* постановлением суда

settled [stated] ~ установленная невменяемость

testified ~ засвидетельствованная невменяемость

insecure негарантированный; небезопасный

insecurity отсутствие безопасности; возможная опасность; опасность

physical ~ возможная физическая опасность; физическая опасность

insensible 1. бессознательный; находящийся без сознания 2. лишённый смысла

insight 1. ознакомление *(с материалами дела)* 2. понимание, способность разобраться в существе вопроса

insolvency неплатёжеспособность, несостоятельность, банкротство

insolvent неплатёжеспособный, несостоятельный

inspect осматривать; проверять; инспектировать

inspection осмотр; проверка; инспектирование

building ~ строительный надзор

drug ~ досмотр на предмет обнаружения наркотиков

in camera ~ исследование обстоятельств дела при закрытых дверях

labour ~ проверка условий труда

roll call ~ проверка (результатов) поимённого голосования

inspector инспектор; ревизор; контролёр; надзиратель

customs ~ таможенник

detective- ~ инспектор уголовной полиции

immigrant ~ инспектор службы иммиграции

labour ~ инспектор контроля над условиями труда

police ~ инспектор полиции

revenue ~ инспектор службы внутренних доходов, налоговый инспектор

install вводить в должность

installation введение в должность

instal(l)ment частичный платёж, очередной платёж *(при рассрочке платежа)* ◇ by ~(s) в рассрочку

~ of date рассрочка платежа

~ of debt частичный платёж, очередной платёж долга *(при рассрочке платежа)*

instance 1. просьба, требование 2. инстанция 3. пример, случай, обстоятельство 4. производство дела в суде

appeals ~ апелляционный суд, апелляционная инстанция

final ~ последняя инстанция

first ~ первая инстанция

first appeals ~ апелляционный суд низшей инстанции

last ~ последняя инстанция

second appeals ~ апелляционный суд высшей инстанции

instate 1. вводить в должность; присваивать звание 2. утверждать *(в правах)*

in statu quo ante *лат.* в прежнем положении

instigate побуждать; подстрекать ◇ to ~ proceedings возбуждать дело

instigation подстрекательство ◇ ~ countermanded отказ от подстрекательства

instigator подстрекатель

institute 1. учреждение, институт 2. институт *(правовой, политический)* 3. назначенный наследник ‖ назначать наследника 4. учреждать; устанавливать; основывать; вводить; начинать ◇ to ~ an action возбуждать иск; to ~ information подать заявление об обвинении; to ~ proceedings возбуждать дело; to ~ prosecution возбудить уголовное преследование

institution 1. учреждение, установление, основание, введение 2. институт *(правовой, политический)* 3. назначение наследника 4. возбуждение *(дела, судебного преследования)* ◇ ~ for inebriates больница *(закрытого типа)* для алкоголиков; ~ for persons of unsound mind психиатрическая больница *(закрытого типа)*

~ of confinement место лишения свободы

~ of justice орган юстиции

~ of proceedings возбуждение дела

~ of prosecution возбуждение уголовного преследования

adult ~ 1. тюрьма *или* реформаторий для совершеннолетних преступников 2. психиатрическая больница *(закрытого типа)* для совершеннолетних больных

adult correctional ~ реформаторий для совершеннолетних преступников

Borstal ~ *англ.* борстал *(пенитенциарно-исправительное учреждение для преступников молодого возраста)*

Broadmoor ~ *англ.* бродмур *(психиатрическая больница закрытого типа для лиц, признанных виновными, но страдающими* психическим расстройством)

cellular ~ тюрьма с содержанием заключённых в камерах

charitable ~ 1. благотворительное учреждение **2.** учреждение, существующее на благотворительные пожертвования

correctional ~ исправительное учреждение; реформаторий

custodial ~ учреждение закрытого типа, охраняемое учреждение (больница, тюрьма)

custodially secure ~ охраняемое учреждение, учреждение под стражей

felon ~ тюрьма для лиц, отбывающих наказание за совершение фелонии

governing ~ правительственный орган, орган власти

governmental ~ правительственное учреждение

inherited ~ наследственный институт

integrated ~ интегрированное (по половому, возрастному или расовому признаку) учреждение (исправительное)

jail-type ~ учреждение тюремного типа

juvenile ~ учреждение для несовершеннолетних преступников или делинквентов

juvenile correctional ~ реформаторий для несовершеннолетних преступников или делинквентов

legal ~ 1. правовой институт **2.** юридическое учреждение

level-6 ~ амер. тюрьма особого режима

maximum-custody type ~ тюрьма особо строгого режима

maximum security ~ тюрьма особо строгого режима

medium security ~ тюрьма с режимом средней строгости

mental ~ психиатрическая больница

military ~ военная тюрьма

minimum security ~ тюрьма с режимом минимальной строгости

misdemeanant ~ тюрьма для лиц, отбывающих наказание за совершение мисдиминора

naval ~ военно-морская тюрьма

non-felon ~ тюрьма, в которую направляют преступников, не совершивших фелонию

open ~ открытое учреждение (не обнесённое стенами и без вооружённой охраны)

open type ~ (исправительное) учреждение открытого типа

penal ~ пенитенциарное, карательное учреждение; пенитенциарий; тюрьма

penal and correctional ~ карательно-исправительное учреждение

public ~ публичное, государственное учреждение

punishment-oriented ~ учреждение, ориентированное на наказание, пенитенциарное, карательное учреждение; пенитенциарий

punitive ~ карательное учреждение; пенитенциарий, тюрьма

secure ~ учреждение закрытого типа, охраняемое учреждение

segregated ~ сегрегированное (по признаку пола, возраста или расы) исправительное учреждение

specialized ~ 1. специализированное (исправительное) учреждение **2.** (исправительное) учреждение особого типа или режима

strictly custodial ~ строго охраняемое учреждение

tight ~ (исправительное) учреждение строгого режима

treatment-oriented ~ исправительное учреждение с ориентацией на некарательное воздействие; реформаторий

wall-type ~ учреждение закрытого типа, обнесённое стенами

youth ~ учреждение для преступников молодого возраста

institutional 1. институционный; базисный; основной; изначальный **2.** принадлежащий, свойственный учреждению закрытого типа (специальной больнице, реформаторию, тюрьме)

institutionalization 1. институционализация; конституирование **2.** помещение в учреждение закрытого типа (специальную больницу, реформаторий, тюрьму)

institutionalize 1. институционализировать; конституировать **2.** помещать в учреждение закрытого типа (специальную больницу, реформаторий, тюрьму)

institutionary 1. институционный, относящийся к существующим установлениям **2.** заключающий в себе основные правила

institutive 1. учреждающий, устанавливающий **2.** учреждённый, установленный, узаконенный

instruct 1. давать указания; инструктировать; напутствовать (присяжных) **2.** уведомлять **3.** знакомить (адвоката) с обстоятельствами дела; поручить ведение дела **4.** шотл. доказывать, подтверждать ◇ to ~ a jury напутствовать присяжных; to ~ in law напутствовать присяжных (по вопросам права)

instruction указание; инструкция; предписание; наказ, напутствие судьи присяжным ◇ ~ from the court **1.** напутствие судьи присяжным **2.** ознакомление (адвоката) с обстоятельствами дела; судебное поручение (адвокату) вести дело; ~ in law **1.** правовое предписание **2.** напутствие судьи присяжным **3.** обучение праву; ~ relative to law напутствие судьи присяжным; ~s to attorney [to the barrister, to the solicitor] ознакомление адвоката с обстоятельствами дела; ~s to client инструкции адвоката клиенту; ~ to the jury напутствие присяжным

abstract ~ напутствие присяжным в форме абстрактного изложения содержания правовой нормы

additional ~ дополнительное напутствие судьи присяжным после того, как они удалились на совещание

advisory ~ амер. консультативное напутствие судьи присяжным (рассматривающим и ре шающим по уголовному делу вопросы не только факта, но и права)

client's ~s инструкции клиента адвокату

curative ~s напутствие присяжным на предмет корректировки (круга) подлежащих их рассмотрению вопросов

general ~ напутствие присяжным по всем правовым вопросам дела

legal ~ 1. правовое предписание **2.** обучение праву

limiting ~s напутствие присяжным на предмет ограничения круга подлежащих их рассмотрению вопросов

particular ~ напутствие присяжным по конкретному вопросу права

private ~ инструкция частного характера; напутствие присяжным по частному вопросу

shipping ~s погрузочные инструкции

special ~ специальная инструкция; напутствие присяжным по специальному вопросу

standing ~s постоянно действующие инструкции

instrument 1. инструмент; орудие **2.** документ, представляющий собой правовой акт ◇ **~ due and payable** документ с наступившим сроком платежа по нему

~ of accession документ о присоединении (к международному договору)

~ of crime орудие преступления

~ of evidence средство доказывания

~s of gaming принадлежности азартной игры

~ of government правительственный акт

~ of proof средство доказывания

~s of ratification ратификационные грамоты, документы о ратификации

basic ~ учредительный акт, документ

bearer ~ документ на предъявителя

congressional ~ акт конгресса

constituent ~ учредительный акт, документ

constitutional ~ конституция

contestable ~ оспоримый документ

corroborated ~ документ, подкреплённый доказательствами

corroborating ~ документ как подкрепляющее доказательство

crime [criminal] ~ орудие преступления

Crown ~ акт короны

demand ~ документ, подлежащий оплате по предъявлении

doubtful [dubious] ~ документ, вызывающий сомнение

evidenced ~ документ, подтверждённый свидетельскими показаниями

evidencing ~ свидетельствующий документ

false ~ подделанный документ

governor's ~ акт губернатора штата

legal ~ юридический документ

legislative ~ законодательный акт

monetary ~ денежный документ

negotiable ~ оборотный документ

negotiable ~ of title товарораспорядительный документ

original ~ подлинник документа

parliamentary ~ акт парламента

presidential ~ президентский акт, документ, исходящий от президента

primary ~ первичный документ

proved ~ документ, содержание или реквизиты которого доказаны

proving ~ доказывающий документ

quasi-negotiable ~ товарораспорядительный документ

questionable ~ оспоримый документ

questioned ~ оспоренный документ

ratification ~ ратификационная грамота

recited ~ цитированный документ

sealed ~ документ за печатью

signed ~ подписанный документ

statutory ~ 1. статут **2.** акт делегированного законодательства

testamentary ~ документ, содержащий завещательные распоряжения; завещательный документ

torture ~ орудие пытки

vesting ~ документ о наделении правами, документ о передаче права

written ~ письменный документ; документ, исполненный собственноручно

insubordination 1. нарушение субординации **2.** неподчинение, неповиновение

insufficiency недостаточность; необоснованность

~ of disclosure недостаточное раскрытие изобретения (как основание для отказа в выдаче патента или для аннулирования патента)

~ of subject-matter недостаточность изобретательского уровня; отсутствие патентоспособности

insufficient недостаточный; необоснованный

insult оскорбление || оскорблять

calculated ~ (пред)намеренное оскорбление

great ~ тяжкое оскорбление

grievous [gross] ~ грубое оскорбление

insulting оскорбительный

grievously [grossly] ~ грубо оскорбительный

insurable могущий быть застрахованным, могущий быть предметом страхования

insurance 1. страхование **2.** страховая премия **3.** страховой полис ◇ **~ free of particular average** страхование без включения случаев частной аварии, страхование на условиях «свободно от частной аварии»; **~ with average** страхование с включением случаев частной аварии;

~ of substandard lives страхование инвалидов и больных

accident ~ страхование от несчастного случая

additional ~ дополнительное страхование

bad debts ~ страхование от потерь, вызванных неуплатой долгов

blanket ~ всеохватывающее страхование

cargo ~ страхование морских грузов

casualty ~ страхование от несчастного случая

casualty-and-liability ~ страхование от несчастного случая и ответственности

comprehensive ~ всеохватывающее страхование

concurrent ~ одновременное страхование у нескольких страховщиков

credit ~ страхование кредитов

disability ~ страхование на случай нетрудоспособности

double ~ двойное страхование (*страхование у нескольких страховщиков в страховой сумме, в целом превышающей действительную стоимость предмета страхования*)

employer's (liability) ~ страхование ответственности работодателя, нанимателя

endowment ~ страхование жизни *или* на дожитие

excess ~ эксцедентное страхование

fidelity ~ страхование на случай нарушения обязательства

fire ~ страхование от огня

global ~ паушальное страхование

group ~ коллективное страхование

guarantee ~ страхование на случай нарушения обязательства

hazardous ~ страхование при наличии чрезвычайного риска

health ~ страхование на случай болезни

hull ~ страхование корпуса судна, каско

legal expenses ~ страхование судебных издержек

liability ~ страхование ответственности

life ~ страхование жизни

marine ~ морское страхование

mutual ~ взаимное страхование

mutual life ~ взаимное страхование жизни

national ~ государственное социальное страхование

no-fault ~ страхование от вреда, наступающего без вины страхователя

social ~ социальное страхование

state ~ государственное страхование

surety ~ страхование на случай нарушения обязательства

term ~ страхование на срок

third party ~ страхование ответственности перед третьими лицами

title ~ страхование против дефектов правового титула

umbrella ~ «зонтичное», всеохватывающее страхование

unemployment ~ страхование по безработице

war (risk) ~ страхование от военных рисков

warehouse-to-warehouse ~ страхование на условии «со склада на склад»

whole life ~ страхование на случай смерти

insure страховать

insured страхователь ‖ застрахованный

named ~ страхователь, указанный в страховом полисе

insurer страховщик

insurgency статус восставшей стороны

insurgent повстанец; восставшая сторона

insurrection восстание; мятежные действия

intake поступление (*в тюрьму*)

~ of prisoner поступление заключённого в тюрьму

juvenile ~ поступление несовершеннолетнего в реформаторий для несовершеннолетних делинквентов *или* в тюрьму для несовершеннолетних преступников

juvenile court ~ поступление несовершеннолетнего в суд по делам несовершеннолетних

police ~ поступление в полицию

intangible «неосязаемый», нематериальный, выраженный в правах (*об имуществе*)

integral неотъемлемый, составной, интегральный

integration of cases объединение дел в одно производство

integrity 1. честность 2. целостность

territorial ~ территориальная неприкосновенность, территориальная целостность

intelligence 1. ум, интеллект; умственные способности 2. сведения, известия; информация, сообщение 3. разведывательные данные; материал, добываемый разведкой 4. разведка

crime [criminal] ~ 1. полицейская разведка; уголовная полиция 2. гангстерская разведка

domestic ~ контрразведка

economic ~ экономическая разведка; экономический шпионаж

foreign ~ 1. разведка 2. иностранная разведка

industrial ~ промышленный шпионаж

law enforcement ~ *см.* crime intelligence 1.

military ~ 1. военная разведка 2. армейская разведка

naval ~ военно-морская разведка

police ~ *см.* crime intelligence 1.

political ~ политическая разведка; политический шпионаж

sufficient ~ достаточное разумение

intemperance пьянство

habitual ~ привычное пьянство

intend намереваться, иметь намерение; умышлять ◇ to ~ a crime умышлять преступление; to ~ actually действительно намереваться; действительно умышлять; to ~ clearly явно намереваться; явно умышлять; to ~ consequences умышлять последствия; to ~ criminally умышлять преступление; to ~ deliberately предумышлять; to ~ feloniously умышлять фелонию; to ~ firstly первоначально намереваться; первоначально умышлять; иметь в качестве первоначальной цели; to ~ fraudulently намереваться обмануть; умышлять мошенничество; to ~ generally иметь общее намерение; иметь общий смысл; иметь общую цель; to ~ homicidally умышлять убийство; to ~ maliciously иметь злой умысел, умышлять зло; to ~ mischievously намереваться причинить вред; to ~ murderously умышлять тяжкое убийство; to ~ originally *см.* to intend firstly; to ~ particularly *см.* to intend specially; to ~ primarily иметь основное намерение; иметь основной умысел; иметь основную цель; to ~ specially специально намереваться; специально умышлять; иметь специальную цель; to ~ specifically иметь конкретное намерение; иметь конкретный умысел; иметь конкретную цель; to ~ treacherously [treasonably, treasonously] умышлять государственную измену; to ~ wrongfully иметь противоправное намерение; умышлять; to ~ wrongly иметь дурное намерение; умышлять

intended намеренный; умышленный

intendment 1. намерение 2. понимание
~ **of law** намерение законодателя
  common ~ 1. обычное, общепринятое значение 2. очевидный смысл *(документа)*

intent намерение; умысел, цель || вынашивать намерение, умысел, цель ◇ **beyond** ~ за пределами намерения; за пределами умысла; **out of** ~ за пределами намерения; за пределами умысла; ~ **presumed from the act** умысел, презюмируемый по характеру совершённого действия; ~ **presumed from the facts** умысел, презюмируемый по обстоятельствам дела; ~ **to crime** умысел; **with** ~ с намерением; с умыслом; с целью; **within** ~ в рамках намерения; в рамках умысла; **with no** ~ без намерения; без умысла; без цели
  abandoned ~ отказ от намерения; отказ от умысла; отказ от цели
  actual ~ действительное намерение
  clear ~ явное намерение
  constructive ~ конструктивный умысел, умысел, презюмируемый *или* констатируемый путём умозаключения
  contractual ~ намерение сторон в договоре
  criminal ~ умысел
  deliberate ~ заранее обдуманное намерение; предумышление; заранее обдуманная цель
  domiciliary ~ намерение иметь домициль
  entertained ~ вынашиваемое намерение; вынашиваемый умысел; вынашиваемая цель
  evil ~ злое намерение; злонамеренность; злой умысел; злоумышление
  felonious ~ умысел на фелонию
  first ~ первоначальное намерение; первоначальный умысел
  fraudulent ~ намерение обмануть; умысел на мошенничество
  general ~ общее намерение; общий умысел; общая цель
  general criminal ~ общий умысел; общая преступная цель
  guilty ~ умысел
  homicidal ~ умысел на убийство
  legislative ~ намерение законодателя
  malicious ~ *см.* evil intent
  mischievous ~ намерение причинить вред
  murderous ~ умысел на тяжкое убийство
  obvious ~ явное намерение
  original ~ *см.* first intent
  particular ~ *см.* special intent
  primary ~ основное намерение; основной умысел; основная цель
  second(ary) ~ намерение, умысел *или* цель, возникшие впоследствии
  special ~ специальное намерение; специальный умысел; специальная цель
  specific ~ конкретное намерение; конкретный умысел; конкретная цель

testamentary ~ 1. намерение составить завещание 2. воля завещателя
treacherous [treasonable, treasonous] ~ умысел на государственную измену
wrong ~ дурное намерение
wrongful ~ противоправное, противозаконное намерение

intention намерение; умысел ◇ **to form and display an** ~ сформировать и обнаружить намерение, умысел
~ **of law [of legislator, of legislature, of statute]** намерение законодателя
  legislative ~ намерение законодателя
  seditious ~ намерение вызвать мятеж

intentional намеренный; умышленный

intentionally намеренно; умышленно ◇ ~ **and voluntarily** умышленно и добровольно *(формула уголовного права)*

inter alia *лат.* в числе прочего, в частности

intercede заступаться; ходатайствовать; посредничать

intercession интерцессия; заступничество; ходатайство; посредничество

intercessor заступник; ходатай; посредник

intercourse общение; сношение
  adulterous ~ прелюбодеяние
  business ~ деловой оборот
  commercial ~ торговый оборот
  diplomatic ~ дипломатические сношения
  marital ~ супружеские половые сношения
  sexual ~ половые сношения

interdepartmental межведомственный

interdict 1. запрет, запрещение || запрещать 2. *шотл.* судебный запрет 3. *церк.* интердикт 4. лишать дееспособности

interdicted 1. запрещённый 2. лишённый дееспособности

interdiction 1. запрет, запрещение 2. лишение дееспособности 3. *церк.* интердикт
  drug ~ запрещение наркотика; препятствование ввозу наркотика

interdictory запретительный

interest 1. интерес; заинтересованность; выгода; польза 2. (вещное) право 3. доля 4. проценты *(на капитал)* 5. группа лиц, имеющих общие интересы ◇ ~ **in estate** 1. право в имуществе; вещное право 2. доля в имуществе 3. доля в вещно-правовом титуле; ~ **in fee-simple** безусловное право собственности, неограниченное право собственности; ~ **in land** право в недвижимости; ~ **in personalty** вещное право на движимость; вещное право на всё, кроме недвижимости; ~ **in property** право в имуществе; вещное имущественное право; ~ **in realty** право в недвижимости; ~ **in tail** заповедное имущество, урезанная собственность *(ограниченная в порядке наследования и отчуждения)*; ~ **on arrears** проценты за просрочку; ~ **on bonds** проценты по облигационным займам; ~ **on judgement** проценты на присуждённую сумму; ~ **on loan** процент по займу; ~ **upon interest** проценты на проценты, сложные проценты absolute ~ абсолютное право

accrued [accumulated] ~ наросшие проценты; начисленные проценты

adverse ~ противоположный интерес; интерес противной стороны; заинтересованность в неблагоприятном для стороны результате судебного процесса

adverse ~ of officer интерес должностного лица, противоречащий его должностному статусу

beneficial ~ 1. договорная выгода 2. выгода, получаемая собственником-бенефициарием

chattel ~ имущественное право в движимости

chattel ~ in land право в движимости, связанной с недвижимостью

compound ~ сложные проценты

contingent ~ возможное будущее право, условное право (зависящее от наступления возможного события)

conventional ~ обычные проценты

entailed ~ заповедное имущественное право (ограниченное в порядке наследования и отчуждения)

equitable ~ интерес по праву справедливости

executory ~ будущее право, право, наступающее в будущем

future ~ будущее право

illegal ~ незаконные, ростовщические проценты

insurable ~ страховой интерес

joint ~ право в равных долях

leasehold ~ арендное право

legal ~ 1. законные проценты, установленные законом проценты 2. признаваемый правом интерес, правовой интерес

legally protected ~ интерес, защищённый правом, правовой интерес

legitimate ~ 1. законный интерес 2. законные проценты

life ~ пожизненное право

limited ~ 1. ограниченное право 2. доля в праве

marine [maritime] ~ проценты по бодмерейному займу

mortgage ~s ипотечные права

natural ~ проценты натурой

part ~ доля в праве

past due ~ задолженность по процентам

pecuniary ~ денежный интерес; денежная заинтересованность

prejudgement ~ проценты за период до вынесения судебного решения

proprietary ~ право собственности, право вещного характера

public ~ государственный интерес; публичный интерес; общественный интерес

reversionary ~ право на обратный переход имущества, возвратное право

secured [security] ~ обеспечительный интерес

simple ~ простые проценты

statutory ~ 1. см. legal interest 2. право, признанное законом, законное право

usurious ~ ростовщические проценты

valuable ~ имущественный интерес

vested ~s сложившиеся права; закреплённые права; приобретённые права

interest-bearing процентный (о ценных бумагах)

interested 1. заинтересованный 2. небеспристрастный

adversely ~ заинтересованный в неблагоприятном для стороны результате судебного процесса

interfere 1. мешать; препятствовать 2. вмешиваться 3. оспаривать чьи-л. права на получение патента или на патент

interference 1. помеха; препятствие 2. вмешательство 3. столкновение патентных притязаний ◇ ~ with witness склонение свидетеля к даче (ложных) показаний

~ of inventions коллизия изобретений; перекрытие одного изобретения другим; взаимное частичное перекрытие изобретений

multiparty ~ многостороннее столкновение патентных притязаний

intergovernmental межправительственный; межгосударственный

interim временный, промежуточный, предварительный

interline вписывать между строк

interlineation вставка между строк

interlocutor шотл. промежуточный судебный приказ

interlocutory промежуточный; неокончательный; временный

intermarry вступить в брак друг с другом

intermediary 1. посредник ‖ посреднический 2. промежуточный

intermediate 1. посредник ‖ посредничать ‖ посреднический 2. промежуточный

intermediation посредничество

interest ~ представительство интересов

intermediator посредник

intern интернировать

internal внутренний

international международный; межгосударственный

internationalization интернационализация

internationalize интернационализировать

internee интернированный, интернированное лицо

internment интернирование

internuncio интернунций

inter partes лат. между сторонами; двусторонний, происходящий по спору между сторонами (о гражданском деле)

interpellate интерпеллировать, делать запрос

interpellation интерпелляция, запрос

interplead возбуждать процесс в целях определения прав третьих лиц на спорный предмет или в отношении подлежащих уплате денежных сумм; выступать в качестве стороны в таком процессе

interpleader возбуждение лицом процесса в целях определения прав третьих лиц на спорный предмет *или* в отношении подлежащих уплате денежных сумм

interpolate делать вставку *(в готовый документ)*

interpolation интерполяция, вставка *(в готовый документ)*

interpose 1. вмешиваться 2. выступать с демаршем 3. посредничать ◇ to ~ an appeal подавать апелляцию

interposition 1. вмешательство 2. дипломатическое выступление, демарш 3. посредничество

interpret толковать *(правовую норму, закон, договор)* ◇ to ~ adversely толковать неблагоприятно для стороны; to ~ authentically толковать аутентично; to ~ authoritatively 1. толковать властно 2. создавать толкованием прецедент; to ~ broadly толковать расширительно; to ~ closely толковать рестриктивно [ограничительно]; to ~ comparatively толковать методом сравнения; to ~ constitutionally толковать с точки зрения конституции; to ~ divergently толковать иначе, чем общепринято; to ~ erroneously толковать ошибочно; to ~ extensively толковать расширительно; to ~ falsely толковать ложно; to ~ genuinely давать истинное толкование; to ~ impartially толковать беспристрастно; to ~ judicially давать судебное толкование; to ~ latitudinally толковать расширительно; to ~ legally 1. толковать юридически 2. толковать аутентично 3. толковать с позиций судебной практики; to ~ liberally толковать расширительно; to ~ literally толковать буквально; to ~ loosely толковать расширительно; to ~ misleadingly вводить толкованием в заблуждение; to ~ mistakenly толковать ошибочно; to ~ narrowly толковать узко; to ~ orthodoxically толковать традиционно; to ~ parsimoniously толковать узко; to ~ partially толковать пристрастно; to ~ predestinedly толковать предвзято; to ~ prejudicially толковать предубеждённо; to ~ purposively толковать целенаправленно; to ~ restrictively толковать рестриктивно [ограничительно]; to ~ strictly толковать строго, рестриктивно, ограничительно; to ~ truly толковать правильно; to ~ verbally толковать буквально; to ~ violently толковать произвольно; to ~ wrongly толковать неправильно

interpretation толкование

accepted ~ принятое толкование

adverse ~ толкование, неблагоприятное для стороны

ambiguous ~ 1. неясное, двусмысленное толкование 2. толкование неясностей, неясных мест *(в документе)*

authentic ~ аутентичное толкование

authoritative ~ 1. властное толкование 2. аутентичное толкование 3. авторитетное толкование 4. прецедентное толкование, толкование как источник права

biased ~ пристрастное, предубеждённое толкование

binding ~ обязательное толкование

broad ~ расширительное толкование

close ~ рестриктивное [ограничительное] толкование

commonly accepted ~ общепринятое толкование

comparative ~ толкование путём сравнительного метода, сравнительное толкование

constitutional ~ 1. толкование, содержащееся в самой конституции; толкование с точки зрения конституции 2. толкование конституции

correct ~ правильное толкование

disused ~ устарелое толкование

divergent ~ толкование, расходящееся с общепринятым

doctrinal ~ доктринальное толкование

equitable ~ 1. справедливое толкование 2. расширительное толкование

erroneous ~ ошибочное толкование

extended [extensive] ~ расширительное толкование

false ~ ложное толкование

flexible ~ гибкое толкование

genuine ~ истинное толкование

impartial ~ беспристрастное толкование

incorrect ~ неправильное толкование

judicial ~ судебное толкование

latitudinal [latitudinarian] ~ расширительное толкование

legal ~ 1. юридическое толкование 2. аутентичное толкование 3. толкование, выработанное судебной практикой

liberal ~ расширительное толкование

limited ~ рестриктивное [ограничительное] толкование

literal ~ буквальное толкование

loose ~ расширительное толкование

misleading ~ толкование, вводящее в заблуждение

mistaken ~ ошибочное толкование

narrow ~ узкое толкование

orthodox ~ традиционное толкование

parsimonious ~ узкое толкование

partial ~ пристрастное толкование

predestined ~ предвзятое толкование

prejudicial ~ предубеждённое толкование

purposive ~ целенаправленное толкование

restrictive ~ рестриктивное [ограничительное] толкование

statutory ~ 1. толкование, содержащееся в самом законе 2. толкование закона

strict ~ строгое, рестриктивное, ограничительное толкование

true ~ правильное толкование

verbal ~ буквальное толкование

violent ~ произвольное толкование

wrong ~ неправильное толкование

interpretative толковательный, содержащий толкование

interpreter лицо *или* орган, толкующие норму права

interregnum междуцарствие; междувластие

interrogate допрашивать ◇ to ~ on oath допрашивать под присягой говорить только правду; to ~ secretly допрашивать тайно

interrogation допрос

  abusive ~ допрос с применением оскорбительных для допрашиваемого приёмов

  compulsory ~ допрос с принуждением к ответу на задаваемые вопросы

  custodial ~ допрос лица, находящегося под стражей

  field ~ допрос на месте происшествия

  in-custody ~ *см.* custodial interrogation

  police ~ допрос полицией, полицейский допрос; допрос в полиции

  pretrial ~ of witness *амер.* опрос свидетелей *(по гражданскому делу)* до начала судебного разбирательства

  random ~ беспорядочный допрос

  suggestive ~ наводящий вопрос

interrogator лицо, ведущее допрос, допрашивающий

  criminal ~ лицо, ведущее допрос по уголовному делу

interrogatories письменный опрос сторон. или свидетелей

  direct ~ письменный опрос свидетеля выставившей стороной

interrogatory вопросник, опросный лист, перечень вопросов для допроса

interstate 1. междугосударственный 2. междуштатный *(в США)*

interval интервал; промежуток

  lucid ~ светлый промежуток, период вменяемости *(в течение которого душевнобольной может совершать юридические действия)*

  priority ~ *лат.* приоритетный период

intervene 1. вмешиваться; осуществлять интервенцию 2. вступать в процесс

intervener 1. интервент 2. сторона, вступающая в процесс

intervention 1. вмешательство; интервенция 2. вступление в процесс

  ~ **of right** вступление по праву, вступление в процесс, являющееся правом третьего лица

  crisis ~ вмешательство полиции в семейный конфликт

  permissive ~ вступление третьего лица в процесс с разрешения суда

interventional интервенционистский

interventionist интервент

interview опрос; интервью ‖ опрашивать; интервьюировать

  absentee ~ беседа с целью выяснения причины отсутствия *(на работе)*

  criminal ~ опрос по уголовному делу

  field ~ опрос на месте происшествия

  without-prejudice ~ 1. беспристрастный опрос 2. опрос под условием непричинения ущерба правам опрашиваемого

intestability 1. неспособность быть завещанным 2. отсутствие завещательной правоспособности 3. неспособность быть свидетелем в суде

intestable 1. не могущий быть завещанным 2. не имеющий завещательной правоспособности 3. не могущий быть свидетелем в суде

intestacy 1. отсутствие завещания 2. наследство, оставленное без завещания

intestate умерший без завещания

intimidate запугивать

intimidation запугивание

  clandestine ~ тайное запугивание

  overt ~ открытое запугивание

  witness ~ запугивание свидетеля

intoxicated находящийся в состоянии (наркотической) интоксикации; находящийся в состоянии опьянения ◇ **driving while** ~ управление автомобилем в состоянии опьянения, интоксикации

intoxication интоксикация *(наркотическая)*; опьянение ◇ ~ **from alcohol** опьянение; ~ **from drug** наркотическая интоксикация; **in a state of** ~ в состоянии наркотической интоксикации; в состоянии опьянения

  alcoholic ~ опьянение

  drug ~ наркотическая интоксикация

  public ~ пребывание в состоянии опьянения в общественном месте

  self-induced ~ добровольное приведение себя в состояние опьянения

in transitu *лат.* в пути, при перевозке

intranstate *амер.* внутриштатный

intra vires *лат.* в пределах компетенции, в пределах полномочий, в пределах имеющихся прав, в пределах уставных прав

introduce 1. вносить на рассмотрение *(напр. законопроект)* 2. вводить в оборот; внедрять *(изобретение)* ◇ **to** ~ **a bill** внести законопроект; **to** ~ **a resolution** внести резолюцию; **to** ~ **a witness** выставить свидетеля; **to** ~ **evidence** представить доказательства; **to** ~ **into evidence** представить в качестве доказательства, приобщить к доказательствам; **to** ~ **legislation** внести законопроект

introduction 1. внесение на рассмотрение *(напр. законопроекта)* 2. введение в оборот; внедрение *(изобретения)* ◇ ~ **as evidence** представление в качестве доказательства; ~ **in evidence** представление в доказательство; ~ **into evidence** приобщение к доказательствам

  ~ **of bill** внесение законопроекта

  ~ **of evidence** представление доказательств

  ~ **of legislation** внесение законопроекта

  ~ **of resolution** внесение резолюции

  ~ **of witness** выставление свидетеля

intromission *шотл.* ведение чужих дел

intromit *шотл.* вести чужие дела

intrude 1. вторгаться; вмешиваться; нарушать; посягать 2. неправомерно захватывать недвижимость до вступления во владение законного собственника

intruder 1. вторгающийся; нарушитель 2. лицо, неправомерно захватывающее недвижимость до вступления во владение законного собственника

intrusion 1. вторжение; вмешательство; нарушение; посягательство 2. неправомерный захват недвижимости до вступления во владение законного собственника

criminal ~ преступное вторжение, вмешательство, нарушение, посягательство
police ~ вторжение полиции; полицейское вмешательство; нарушение, посягательство со стороны полиции

intrust вверять; возлагать; поручать

inure иметь юридическое действие; вступать в силу

invade 1. вторгаться; оккупировать 2. посягать на права

invalid 1. юридически недействительный; не имеющий силы 2. инвалид

invalidate делать недействительным; опорочивать; признавать недействительным

invalidation лишение юридической силы; опорочение; признание недействительным

invalidity 1. юридическая недействительность; отсутствие юридической силы 2. инвалидность

invasion 1. вторжение 2. посягательство на права, нарушение прав
~ of privacy нарушение прайвеси
foreign ~ иностранное вторжение
home ~ (противоправное) вторжение в дом
unwarranted ~ of privacy необоснованное нарушение прайвеси
warranted ~ of privacy обоснованное нарушение прайвеси

inveigle обманывать с дурной целью; вовлекать обманом в совершение дурного, ненадлежащего поступка

invent 1. изобретать 2. фабриковать (дело, обвинение)

invention 1. изобретение 2. фабрикация (дела, обвинения) ◇ ~ by selection селективное изобретение
common ~ 1. коллективное изобретение 2. общее изобретение (изобретение, созданное разными лицами независимо друг от друга и являющееся, в частности, предметом спора о приоритете)
employee's ~ служебное изобретение
joint ~ совместное, коллективное изобретение
main ~ главное изобретение
registered ~ запатентованное изобретение
service ~ служебное изобретение
subject ~ «связанное» изобретение, изобретение, созданное в связи с выполнением договора с государственным органом
unassembled ~ все элементы объекта изобретения в разобранном виде
vicious ~ изобретение, нарушающее общественную нравственность

inventor 1. изобретатель 2. лицо, сфабриковавшее дело, обвинение
actual ~ действительный изобретатель
employee ~ автор служебного изобретения
fellow ~ соавтор изобретения
independent ~ независимый, индивидуальный изобретатель, автор неслужебного изобретения
true ~ действительный изобретатель

inventory опись, перепись, список, реестр

~ of property опись имущества
written ~ опись имущества и документов, обнаруженных при обыске

invest 1. инвестировать 2. облекать (полномочиями) 3. вручать (орден) ◇ to ~ with powers наделять правомочиями

investigate расследовать; изучать (вопрос); рассматривать (дело) ◇ to ~ a charge расследовать дело по обвинению; расследовать уголовное дело; to ~ a crime расследовать преступление; расследовать дело о преступлении

investigation 1. расследование; дознание 2. изучение (вопроса) 3. рассмотрение (дела) ◇ area for ~ сфера расследования; ~ at the trial судебное следствие; ~ by default заочное рассмотрение (дела); to mount an ~ начать расследование; to pursue ~ производить расследование
~ of accident расследование несчастного случая
~ of crime расследование преступления; уголовное расследование
active ~ производимое расследование
additional ~ дополнительное расследование
attorney's ~ амер. расследование, производимое государственным атторнеем
background ~ изучение прошлого преступника
case ~ расследование дела
civil ~ рассмотрение гражданского дела
clandestine ~ тайное расследование
collateral ~ расследование побочных обстоятельств дела
committee ~ расследование в комитете (законодательного органа)
community ~ изучение среды, в которой находился преступник
complete ~ завершённое расследование
congressional ~ расследование в конгрессе; расследование в палате представителей
continuing ~ продолжающееся расследование
coroner's ~ коронерское расследование
crime [criminal] ~ расследование преступления; уголовное расследование
detective ~ следствие, производимое уголовной полицией
dismissed ~ прекращённое расследование; прекращение расследования
domestic ~ 1. расследование преступления, совершённого в стране 2. внутреннее (в пределах страны) расследование
dropped ~ прекращённое расследование; прекращение расследования
drug ~ расследование по делу о наркотиках
duplicative ~ повторное расследование; дублирующее расследование
field ~ расследование на месте происшествия [преступления], расследование по горячим следам
final ~ окончательный этап расследования
follow-up ~ вторичный этап расследования; расследование по «холодным следам»
foreign ~ 1. расследование, производимое

иностранным следственным органом 2. расследование преступления, совершённого за границей

full-scale ~ полное расследование, расследование в полном объёме

further ~ дальнейшее расследование

future ~ расследование планируемого преступления

government ~ правительственное расследование

grand ~ расследование большим жюри

home ~ расследование в семье

House ~ *амер.* расследование палатой представителей

initial ~ первоначальное расследование

internal ~ 1. расследование преступления, совершённого в стране 2. внутреннее *(в пределах страны)* расследование

internal security ~ расследование по делу о посягательстве на внутреннюю безопасность

introductory ~ предварительное расследование

judicial ~ судебное следствие

latent ~ скрытое расследование

later ~ 1. последующий этап расследования 2. повторное расследование

law enforcement ~ *амер.* полицейское расследование

lawful ~ расследование на законном основании

legal ~ 1. расследование дела 2. рассмотрение дела

legislative ~ расследование законодательным органом

major ~ расследование крупного дела

ongoing ~ продолжающееся расследование

parallel ~ параллельное расследование

parliamentary ~ парламентское расследование

patrol ~ дознание патрульной полицией

pending ~ незаконченное расследование

personal ~ расследование, производимое частным лицом

police ~ полицейское расследование

preliminary ~ 1. предварительное расследование, дознание *(патрульной полицией)* 2. предварительное судебное расследование *(до вступления в дело атторнея-обвинителя)*

preparole ~ изучение дела для решения вопроса об условно-досрочном освобождении

presentence ~ изучение дела *(личности и обстоятельств жизни подсудимого)* перед вынесением приговора

presentence ~ **and report** изучение дела и доклад по делу перед вынесением приговора

pre-trial ~ 1. предварительное расследование 2. предварительное судебное расследование

private ~ частное расследование

proactive ~ упреждающее расследование *(готовящегося преступления)*

prosecutorial ~ расследование, производимое *(в суде)* обвинителем

racketeering ~ расследование рэкета; расследование дела на предмет установления признаков рэкета

reactive ~ расследование совершённого преступления

Senate ~ расследование комитетом *или* подкомитетом сената

sensitive ~ расследование, чреватое выходом на государственную, дипломатическую *или* военную тайну; расследование, чреватое политическими последствиями

social ~ социальное расследование *(агентом пробации)*

special ~ специальное расследование

subcommittee ~ расследование подкомитетом *(законодательного органа)*

supplementary ~ дополнительное расследование

unlawful ~ расследование без законного основания

investigative следственный ◇ ~ **branch** следственная служба, следственный аппарат *(полиции)*

investigator следователь ◇ ~ **in charge** следователь при исполнении своих обязанностей; следователь, производящий расследование

accident ~ следователь по делу о несчастном случае

additional ~ 1. дополнительный следователь по делу 2. следователь, ведущий дополнительное расследование

case ~ следователь по делу

chief ~ главный следователь

clandestine ~ лицо, ведущее тайное расследование

committee ~ следователь, расследующий дело в составе *или* по поручению комитета *(законодательного органа)*

congressional ~ следователь, расследующий дело как член *или* по поручению конгресса, палаты представителей

crime [criminal] ~ следователь; следователь по уголовным делам

detective ~ сыщик-следователь

domestic ~ 1. следователь по делу о преступлении, совершённом в стране 2. следователь, ведущий внутреннее *(в пределах страны)* расследование

drug ~ следователь по делу о наркотиках

field ~ следователь, ведущий расследование на месте происшествия [преступления], по горячим следам

follow-up ~ следователь, проводящий вторичный этап расследования, «по холодным следам»

foreign ~ иностранный следователь

full-scale ~ следователь, проводящий расследование в полном объёме

government ~ 1. государственный следователь 2. следователь-член правительственной следственной комиссии

grand jury ~ следователь-член большого жюри

home ~ следователь, производящий расследование в семье

House ~ следователь, ведущий расследование как член *или* по поручению палаты представителей

initial ~ следователь, производящий *или* производивший первоначальное расследование

internal ~ 1. следователь по делу о преступлении, совершённом в стране 2. следователь, ведущий внутреннее (*в пределах страны*) расследование

internal security ~ следователь по делу о посягательстве на внутреннюю безопасность

judicial ~ судья, ведущий судебное следствие *или* принимающий участие в судебном следствии

latent ~ следователь, ведущий скрытое расследование

later ~ 1. следователь, принявший дело к производству на последующем этапе 2. следователь, ведущий повторное расследование

law enforcement ~ *амер.* полицейский следователь

lawful ~ следователь, ведущий расследование на законном основании

legal ~ 1. следователь 2. судья *или* суд, рассматривающие дело

legislative ~ следователь, ведущий расследование как член *или* по поручению законодательного органа

major ~ следователь по крупному делу

paid ~ штатный следователь

parallel ~ следователь, ведущий параллельное расследование

parliamentary ~ следователь, ведущий расследование как член *или* по поручению парламента

patrol ~ дознаватель-сотрудник патрульной полиции

personal ~ частный следователь

plainclothes ~ следователь-сыщик

police ~ полицейский следователь

preliminary ~ 1. лицо (*сотрудник патрульной полиции*), производящее предварительное расследование, дознание 2. судья *или* суд, производящие предварительное судебное расследование (*до вступления в дело атторнея-обвинителя*)

preparole ~ лицо *или* орган, изучающие дело для решения вопроса об условно-досрочном освобождении

presentence ~ судья *или* суд, изучающие дело (*личность и обстоятельства жизни подсудимого*) перед вынесением приговора

pre-trial ~ 1. следователь 2. судья *или* суд, производящие предварительное судебное расследование

private ~ частный следователь

proactive ~ следователь по делу о готовящемся преступлении

racketeering ~ следователь по делу о рэкете; следователь, ведущий расследование на предмет установления признаков рэкета

reactive ~ следователь по делу о совершённом преступлении

Senate ~ следователь, ведущий расследование как член *или* по поручению комитета *или* подкомитета сената

social ~ лицо (*агент пробации*), ведущее социальное расследование

special ~ специальный расследователь

subcommittee ~ следователь, ведущий расследование как член *или* по поручению подкомитета (*законодательного органа*)

supplementary ~ 1. следователь, ведущий дополнительное расследование 2. дополнительный следователь

unlawful ~ следователь, ведущий расследование без законного основания

investiture инвеститура, формальное введение в должность *или* во владение

investment капиталовложение, инвестиция

investor капиталовкладчик, инвестор

inviolability неприкосновенность

~ of frontiers нерушимость границ

diplomatic ~ дипломатическая неприкосновенность

inviolable неприкосновенный, пользующийся неприкосновенностью

invitation 1. приглашение 2. заманивание, завлекание ◇ ~ to offer 1. приглашение сделать оферту 2. назначение торгов

invite 1. приглашать; просить 2. побуждать; склонять; провоцировать 3. навлекать на себя

invitee приглашённое лицо

invocation 1. вызов 2. ссылка на *что-л.*; требование применить (*норму, статью, оговорку, прецедент и т.п.*); применение (*нормы, статьи, оговорки, прецедента*)

invoice счёт, фактура, счёт-фактура, инвойс ‖ выставлять счёт-фактуру, инвойсировать, отфактуровывать ◇ to make out an ~ выписать фактуру

consular ~ консульская фактура

invoicing выставление счёта-фактуры, инвойсирование

invoke 1. вызывать 2. ссылаться на *что-л.*; требовать применения *чего-л.*; применять (*норму, статью, оговорку, прецедент*) ◇ to ~ a sentence требовать вынесения приговора; выносить приговор; to ~ cloture требовать прекращения дебатов; прекращать дебаты; to ~ punishment требовать применения наказания; применять наказание

involve вовлекать; включать в себя; влечь за собой ◇ to ~ penalty влечь за собой взыскание, наказание

involved вовлечённый; включённый; являющийся последствием *чего-л.*

involvement вовлечённость

criminal ~ вовлечённость в преступление

direct criminal ~ непосредственная вовлечённость в преступление

ipse dixit *лат.* голословное утверждение (*дословно «он сам сказал»*)

ipso facto *лат.* в силу самого факта

ipso jure *лат.* в силу самого закона

irrebuttable неопровержимый

irrecoverable не подлежащий взысканию по

суду, не подлежащий принудительному взысканию

irredeemable не подлежащий выкупу

irrefutable неопровержимый

irregular 1. неправильный; ненадлежащий; недостаточный **2.** иррегулярный

irregularity неправильность; несоблюдение правил
  jurisdictional ~ нарушение юрисдикции
  legal ~ несоблюдение закона
  procedural ~ процессуальное нарушение

irrelevance неотносимость (*к делу, вопросу*), нерелевантность

irrelevancy *см.* **irrelevance**

irrelevant не относящийся к делу, нерелевантный

irremovability несменяемость (*напр. судей*)

irremovable несменяемый (*напр. о судье*)

irreparable 1. невозместимый **2.** не поддающийся оценке

irrepleviable не могущий быть истребованным по иску о возвращении владения движимостью

irreplevisable *см.* **irrepleviable**

irresponsibility безответственность; неответственность

irresponsible безответственный; неответственный

irreversibility невозможность отмены

irreversible не могущий быть отменённым, не подлежащий отмене

irrevocability безотзывность

irrevocable 1. безотзывный; неотменяемый **2.** окончательно вступивший в силу

irritancy *шотл.* наступление резолютивного условия

irritant делающий недействительным, аннулирующий

irritate делать недействительным, аннулировать

issuable относящийся к существу спора; ведущий к вынесению решения по существу

issuance выдача; выпуск; издание; опубликование
  summary ~ издание (*приказа*) в суммарном порядке

issue 1. выдача (*документа*) ‖ выдавать (*документ*) **2.** выпуск в обращение; эмиссия ‖ выпускать в обращение; осуществлять эмиссию **3.** опубликование ‖ опубликовать **4.** спорный вопрос; вопрос, составляющий предмет спора; вопрос, подлежащий обсуждению судом; вопрос фактического *или* юридического характера, который должен составить содержание судебного решения **5.** описание дела (*судебным клерком*) **6.** результат, исход **7.** потомок, потомство ‖ происходить *от кого-л.* **8.** поступления от штрафов ◇ at ~ находящийся в споре, спорный (*вопрос*); подлежащий разрешению в суде; ~ at large нерешённый вопрос; ~ extinct бездетное потомство; immaterial to the ~ не имеющий существенного значения для предмета судебного спора; ~ in [of] fact спорный воп-

рос факта, спор о факте; ~ in the case [in the cause] спорный вопрос по делу; ~ in the litigation предмет судебного спора; irrelevant to the ~ не относящийся к предмету судебного спора; issue in [of] law спорный вопрос права, спор о праве; material to the ~ имеющий существенное значение для предмета судебного спора; ~ on the record спорный вопрос, занесённый в протокол; relevant to the ~ относящийся к предмету судебного спора; to ~ a bill [draft] выставлять тратту; to ~ a citation выдать повестку о вызове в суд; издать приказ о вызове в суд; to ~ a commission давать поручение; to ~ a law издавать закон; to ~ a letter of credit выдавать аккредитив; to ~ a loan выпускать заём; to ~ a mandate выдать мандат; to ~ an order издать приказ; to ~ a receipt выдавать расписку; to ~ a subpoena выдать повестку о вызове в суд; издать приказ о вызове в суд; to ~ a writ издать судебный приказ; to ~ banknotes производить эмиссию банкнот, выпускать банкноты; to ~ bonds выпускать облигации; to die without ~ умереть, не оставив потомства; to put in ~ оспорить в суде; to put one's character in ~ оспорить в суде репутацию лица; to ~ shares выпускать акции; to ~ summons издать приказ [направить повестку] о явке в суд

actionable ~ спорный вопрос, могущий стать предметом иска

bond ~ выпуск облигаций

chief ~ in litigation основной предмет судебного спора

collateral ~ **1.** побочный предмет судебного спора **2.** побочное потомство (*не по прямой линии*)

constitutional ~ конституционный вопрос; вопрос, имеющий конституционное значение

crucial ~ основной спорный вопрос, основной предмет спора

general ~ генеральное возражение, общее возражение (*напр. «не виновен»*)

general ~ at trial основной предмет судебного спора

gut ~ основной предмет спора

immaterial ~ несущественный вопрос

joined ~ согласованный сторонами вопрос, подлежащий судебному разрешению

lawful ~ законное потомство; прямое потомство

legal ~ **1.** правовой спор **2.** законное потомство

material ~ существенный пункт спора

material ~ in the case спорный вопрос, имеющий существенное значение для дела

share ~ выпуск акций

side ~ *см.* **collateral issue**

ultimate ~ (of fact) конечный вопрос (*подлежащий решению присяжных вопрос о вине*)

issueless 1. бездетный **2.** безрезультатный

issuelessness 1. бездетность **2.** безрезультатность

issuer 1. издатель **2.** векселедатель; чекодатель

item 1. пункт, позиция, параграф, статья **2.** вопрос *(в повестке дня)* **3.** *(отдельный)* предмет *(в списке)* ‖ записывать, фиксировать по пунктам ◇ ~ **on the agenda** пункт, вопрос повестки дня
~ **of evidence 1.** пункт показаний **2.** средство доказывания **3.** доказательственный факт **4.** доказательственная единица; отдельное доказательство
~ **of property** вещь, имущественный объект
conclusive ~s of circumstantial evidence совместно взятые косвенные доказательства, из которых можно сделать вывод о факте
evidentiary ~ доказательственная единица *(отдельно взятое доказательство)*
inconclusive ~s of circumstantial evidence взятые порознь косвенные доказательства, из которых нельзя сделать вывод о факте
isolated ~s of (circumstantial) evidence косвенные доказательства, взятые порознь
stolen ~ похищенный предмет
itemize 1. перечислять *(по пунктам)*; составлять перечень **2.** уточнять, детализировать ◇ **to ~ a bill** составить подробный счёт; **to ~ costs** специфицировать издержки
iter 1. *ист.* объезд округа судьёй для отправления правосудия **2.** право проезда по чужой земле
iterate повторять; повторно заявлять; снова утверждать то же самое
itinerant объезжающий свой округ *(о судье)*

J

jacket:
restraint ~ смирительная рубашка
jactitation ложное утверждение *(заявляемое для всеобщего сведения)*
~ **of marriage** ложное заявление о состоянии в браке с определённым лицом
jail 1. тюрьма *(следственная и/или краткосрочного заключения)* **2.** тюремное заключение ‖ заключить в тюрьму; содержать в тюрьме
adult ~ тюрьма краткосрочного заключения для совершеннолетних преступников
city ~ городская тюрьма
common ~ тюрьма общего типа *(в федеральном округе Колумбия)*
county ~ 1. тюрьма графства **2.** *амер.* окружная тюрьма
local ~ местная тюрьма
municipal ~ городская тюрьма
jail-bird *амер. жарг.* **1.** отбывающий тюремное заключение, заключённый **2.** бывший заключённый; закоренелый преступник, рецидивист
jail-break побег из тюрьмы

jail-breaker заключённый, бежавший из тюрьмы
jail-delivery 1. препровождение из тюрьмы в суд **2.** освобождение заключённых из тюрьмы, очистка тюрьмы **3.** *амер.* побег заключённых из тюрьмы
jailer тюремщик, тюремный надзиратель
jailhome *амер.* тюрьма
jail-house *амер.* тюрьма
jailing заключение в тюрьму
jailmate товарищ по заключению
jail «shakedown» *жарг.* «шмон», обыск в тюрьме
jawboning:
Washington ~ *амер.* система кредитования федеральными властями
jeofail *уст.* ошибка в процессуальном документе *или* в судебном выступлении, которая может быть исправлена даже после судебных прений
jeopardize подвергать риску *(в т.ч. уголовной ответственности)*
jeopardy 1. риск **2.** риск понести уголовную ответственность ◇ **in ~** в рискованном положении; под угрозой уголовной ответственности; **to be in ~** подвергаться риску *(в т.ч. уголовной ответственности)*
double ~ риск дважды понести уголовную ответственность за одно и то же преступление
real ~ реальный риск понести уголовную ответственность
jetsam груз, выброшенный за борт
jettison выбрасывание *(груза)* за борт; груз, выброшенный за борт ‖ выбрасывать *(груз)* за борт
job 1. работа, занятие; должность **2.** *разг.* недобросовестная сделка; использование служебного положения в личных целях; получение должности по протекции **3.** *жарг.* воровство, кража
administrative ~ административная должность
blue-collar ~ «синеворотничковая» *(непосредственно связанная с производством материальных благ)* работа
entry level ~ работа в течение испытательного срока; ученичество
farm ~ сельскохозяйственная работа
institutional ~ работа в учреждении; служба
managerial ~ управленческая должность
odd ~ случайная работа
off-hour ~ работа во внеурочное время; работа по совместительству
pennyweight ~ *жарг.* кража ювелирных изделий
put-up ~ 1. подлог **2.** махинация; подтасовка фактов **3.** судебная инсценировка
service ~ 1. работа в сфере услуг **2.** служба **3.** служебная должность
white-collar ~ «беловоротничковая» *(непосредственно не связанная с производством материальных благ)* работа
jobber 1. лицо, работающее сдельно **2.** лицо,

занимающееся случайной работой 3. (биржевой) маклер; комиссионер 4. оптовый торговец 5. недобросовестный делец 6. предприниматель, сдающий внаём лошадей и экипажи

jobbery 1. использование служебного положения в корыстных *или* иных личных целях 2. сомнительная операция; спекуляция; взяточничество

jobbing 1. случайная, нерегулярная работа 2. сдельная работа 3. маклерство; торговля акциями; биржевая игра, спекуляция 4. использование служебного положения в корыстных *или* иных личных целях

jobholder *амер.* 1. лицо, имеющее постоянную работу 2. государственный служащий
   dual ~ *амер.* лицо, работающее на двух работах; совместитель

job-sharing распределение одного места работы на двоих

John-a-nokes воображаемая сторона в судебном процессе

John-a-stiles воображаемая сторона в судебном процессе

John Doe *уст.* «Джон Доу» *(нарицательное обозначение стороны в судебном процессе)*

join 1. объединять(ся); присоединять(ся); вступать в члены 2. привлекать в качестве стороны по делу; выступать в качестве соистца *или* соответчика 3. принять решение, предложенное другой стороной; присоединиться к *чьей-л.* точке зрения, позиции ◇ **to ~ in criminal purpose** объединиться для достижения (общей) преступной цели

joinder 1. присоединение; объединение 2. привлечение в качестве стороны по делу; выступление в качестве соистца *или* соответчика 3. принятие решения, предложенного другой стороной; присоединение к *чьей-л.* точке зрения, позиции ◇ **~ in defence** выступление в качестве соответчика *или* соподсудимого; **~ in issue** 1. согласие на передачу вопроса, выдвинутого противной стороной, на разрешение суда 2. принятие решения, предложенного другой стороной; **~ in pleading** согласие с противоположной стороной по процедурному вопросу; **~ in prosecution** выступление в качестве сообвинителя
   ~ of actions соединение исков
   ~ of causes of action соединение исков
   ~ of claims соединение исков
   ~ of defendants объединение ответчиков *или* подсудимых для рассмотрения их дел в одном производстве
   ~ of issue достигнутая сторонами в процессе согласованность в отношении спорного вопроса, подлежащего судебному разрешению
   ~ of offences объединение уголовных дел в одно производство
   ~ of offenders объединение обвиняемых *или* подсудимых для расследования *или* рассмотрения их дел в одном производстве

   ~ of parties соединение истцов *или* ответчиков в процессе
   prejudicial ~ досудебное объединение дел в одно производство

joint соединённый; объединённый; общий; совместный

jointly совместно ◇ **~ and severally** совместно и порознь, солидарно

jointress вдова, имеющая право на вдовью часть наследства

jointure вдовья часть наследства || устанавливать вдовью часть наследства

jointuress вдова, имеющая право на вдовью часть наследства

joker *амер. разг.* двусмысленная фраза *или* статья в законе

journal протокол заседаний
   legislative ~ хроника (текущего) законодательства *(в штатах)*

Journal:
   Senate ~s «Журнал сената» *(сборник документов сената с 1889 г. по настоящее время)*

joy-rider лицо, угнавшее автомашину с целью покататься на ней

joy-riding угон автомашины с целью покататься на ней
   gang ~ групповой угон автомашины с целью покататься на ней

judge судья || судить, рассматривать дело ◇ **~ in chambers** «судья в камере» *(о действиях судьи вне судебного заседания)*; **~ in court** судья в судебном заседании; **~ in lunacy** судья по делам душевнобольных; **~ ordinary** *англ. ист.* судья суда по делам о разводах и семейным делам; **~ sitting in court** судья в судебном заседании
   ~ of assizes выездной судья Высокого суда правосудия, судья суда ассизов
   ~ of competent jurisdiction судья надлежащей юрисдикции
   ~ of fact судья, рассматривающий и решающий вопросы факта
   ~ of law судья, рассматривающий и решающий вопросы права
   ~ of probate судья по делам о наследствах и опеке
   ~ of the United States *амер.* федеральный судья
   acting ~ исполняющий обязанности судьи
   administrative law ~ судья по административным правонарушениям
   appellate ~ судья апелляционного суда
   associated ~ судебный заседатель
   bankruptcy ~ судья по делам о банкротствах
   chief ~ председательствующий судья
   chief ~ of common pleas председательствующий в суде общегражданских исков
   circuit ~ окружной судья *(в США)*
   city ~ городской судья
   civil ~ судья, рассматривающий гражданские дела
   commercial ~ судья по торговым делам *(в отделении королевской скамьи в Англии)*

corruptible ~ продажный судья

criminal ~ судья, рассматривающий уголовные дела

deputy ~ помощник судьи

dissenting ~ судья, заявляющий особое [несогласное] мнение

district ~ 1. федеральный районный судья (в США) 2. судья местного суда (в ряде штатов США)

election ~ судья по разбору ходатайств о расследовании действительности выборов в парламент

ennobled ~ судья, пожалованный пэрством и ставший членом палаты лордов

examining ~ судья, ведущий допрос

federal ~ федеральный судья, судья федерального суда

first ~ of common pleas см. chief judge of common pleas

individual ~ единоличный судья

investigating ~ судья, ведущий судебное следствие или принимающий участие в судебном следствии

itinerant ~ судья, объезжающий свой округ

lay ~ судья, не являющийся профессиональным юристом; судебный ассессор

municipal ~ муниципальный судья

N.P. [New Procedure] ~ судья, рассматривающий дела в порядке ускоренного производства

ordinary ~ ординарный судья, член суда

police ~ полицейский судья

president [presiding] ~ председательствующий судья

probate ~ судья суда по делам о наследствах, завещаниях и опеке

puisne ~ рядовой судья, член Высокого суда правосудия (в отличие от лорда-канцлера, лорда главного судьи и хранителя судебных архивов)

regular ~ постоянный судья

respondent ~ судья, отвечающий на обращённые к нему заявление, ходатайство, апелляцию

senior ~ старший судья (дольше других пребывающий в должности)

sentencing ~ судья, выносящий приговор

single ~ единоличный судья

sitting ~ судья в заседании; судья при исполнении служебных обязанностей, судья, участвующий в рассмотрении дела

sole ~ единоличный судья

trial ~ 1. судья первой инстанции 2. судья, участвующий в рассмотрении дела

vacation ~ вакационный судья (рассматривающий определённые вопросы в период судебных каникул)

visiting ~ судья, в официальном порядке посещающий заключённых и контролирующий деятельность тюрем

Judge:

~ Ordinary председатель отделения Высокого суда правосудия по делам о наследствах, разводах и по морским делам; ~ of the

Arches главный судья суда архиепископа Кентерберийского

judge-advocate судья-адвокат (в Великобритании - представитель генерального судьи-адвоката, консультант по правовым вопросам в военном суде; в США - консультант по правовым вопросам в военном суде, обвинитель)

Judge-Advocate General генеральный судья-адвокат (в Великобритании - судья Высокого суда, консультант короны по военному судопроизводству; в США - начальник управления военной юстиции, соответственно, армии, военно-морского флота, военно-воздушных сил, советник по правовым вопросам министра обороны и начальника штаба рода войск, иногда - генеральный адвокат министерства финансов по делам береговой стражи)

judg(e)ment 1. судебное решение; приговор 2. суждение; мнение; оценка ◇ ~ at law судебное решение, вынесенное на основе норм общего права; решение суда общего права; ~ by cognovit (actionem) решение на основе признания иска или обвинения; ~ by confession решение на основе признания иска или обвинения; ~ by default судебное решение в пользу истца вследствие неявки ответчика; ~ entered of record запротоколированное решение [приговор] суда; ~ for the defence судебное решение в пользу ответчика или защиты; ~ for the defendant судебное решение в пользу ответчика или подсудимого; ~ for the plaintiff судебное решение в пользу истца; ~ for the prosecution судебное решение в пользу обвинения; ~ for want of plea решение в пользу истца при непредставлении возражений ответчиком; ~ in equity судебное решение, вынесенное на основе норм права справедливости; ~ in error решение апелляционной инстанции, решение по апелляции; ~ in personam решение, регулирующее обязательственные права; ~ in rem 1. решение, регулирующее вещные права 2. решение, регулирующее статус; ~ inter partes решение, регулирующее обязательственные права; ~ nihil dicit решение в пользу истца при непредставлении возражений ответчиком; ~ nisi условно-окончательное судебное решение (вступающее в силу с определённого срока, если не будет отменено до этого); ~ non obstante veredicto решение вопреки вердикту присяжных; ~ on demurrer судебное решение по заявленному стороной возражению по поводу относимости к делу доводов противной стороны; ~ on the merits решение по существу спора; ~ pro retorno habendo решение о возвращении владения движимой вещью; ~ rendered вынесенное судебное решение; ~ rendered for [against] судебное решение, вынесенное в пользу [против] стороны; ~ reserved отсрочка вынесения решения суда; ~ respited судебное решение, отложенное исполнением;

to give [to make, to pass, to render] ~ вынести судебное решение; to reverse [to revoke] ~ отменить судебное решение; ~ under attack оспариваемое судебное решение; ~ upon verdict решение в соответствии с вердиктом присяжных

~ of acquittal судебное решение об оправдании

~ of cassetur breve решение о прекращении производства по делу

~ of Congress решение конгресса

~ of conviction судебное решение об осуждении

~ of court решение суда

~ of death приговор к смертной казни

~ of dismissal решение об отклонении иска, отказ в иске

~ of nil capiat per breve решение в пользу ответчика, решение об отказе в иске

~ of nolle prosequi решение об отказе в иске ввиду отказа истца от защиты исковых требований; решение об отказе от уголовного преследования

~ of non prosequitur решение об отказе в иске ввиду несовершения истцом процессуальных действий; решение об отказе от уголовного преследования

~ of nonsuit решение в пользу ответчика вследствие отказа истца от иска

~ of quod computet решение о представлении отчётности

~ of quod partes replacitent см. judg(e)ment of repleader

~ of quod recuperet решение о присуждении убытков

~ of quod respondeat ouster решение о представлении ответчиком объяснений по существу дела

~ of repleader решение о повторном обмене состязательными бумагами

~ of retraxit решение на основе отказа истца от иска

~ of revocation судебное решение, аннулирующее прежнее разрешение

~ of separation судебное решение о раздельном жительстве супругов

adverse ~ неблагоприятное (судебное) решение

alternative ~ альтернативное судебное решение

ancient ~ старое судебное решение

appellate ~ решение апелляционного суда

awarded ~ вынесенное судебное решение

cautionary ~ предварительное имущественное обеспечение иска

civil ~ судебное решение по гражданскому делу

common law ~ судебное решение, вынесенное по нормам общего права

consent ~ решение суда в соответствии с заключённым сторонами мировым соглашением

contradictory ~ решение по существу спора

declaratory ~ деклараторное решение, решение по установительному иску

default ~ судебное решение в пользу истца вследствие неявки ответчика

deficiency ~ решение суда о взыскании остатка долга по реализации обеспечения

disbarment ~ решение суда о лишении права адвокатской практики

domestic ~ решение внутригосударственного суда, внутреннее судебное решение

dormant ~ долго не приводимое в исполнение судебное решение

federal ~ амер. решение федерального суда

final ~ 1. окончательное решение 2. заключительное решение

first ~ 1. первое решение по делу 2. решение суда первой инстанции

foreign ~ 1. иностранное судебное решение 2. решение, вынесенное судом другого штата

former ~ ранее вынесенное судебное решение

interlocutory ~ промежуточное судебное постановление, определение (не заканчивающее процесс, а разрешающее некоторые промежуточные вопросы)

junior ~ позднейшее судебное решение (против того же ответчика, но по другому делу)

legal ~ судебное решение

money ~ решение о присуждении денежной суммы

paid civil ~ исполненное судебное решение по гражданскому делу

prior ~ ранее вынесенное судебное решение

prosecutorial ~ решение обвинительной власти

reasoned ~ мотивированное судебное решение

reversed ~ отменённое судебное решение

satisfied ~ исполненное судебное решение

separate ~ частное решение, вынесенное в ходе процесса

simulated ~ судебное решение, которое получено сторонами в целях обмана третьих лиц и в основе которого лежит притворная сделка

standing ~ судебное решение, оставленное в силе

state ~ решение суда штата

substantial ~ судебное решение по существу дела

summary ~ решение, вынесенное в порядке упрощённого [суммарного] судопроизводства

unpaid civil ~ неисполненное судебное решение по гражданскому делу

unsatisfied ~ неисполненное судебное решение

valid ~ судебное решение, вступившее в законную силу

villaneous ~ ист. приговор о лишении осуждённого свободы, гражданских прав и имущества и о разрушении его дома

warped ~ пристрастное судебное решение, пристрастный приговор

judgeship судейская должность; обязанности судьи, функции судьи

chief ~ должность председателя суда; обязанности, функции председательствующего в судебном заседании

judicable могущий быть рассмотренным в суде; подпадающий под юрисдикцию

judication разбирательство дела судьёй

judicative выполняющий функции судьи

judicatory 1. суд || судейский 2. отправление правосудия

judicature 1. отправление правосудия; юрисдикция 2. судоустройство; система судебных органов; суд 3. лица судебной профессии

judicial судебный; судейский

judicially в судебном порядке

judiciary 1. суд; судебная власть; судебная система 2. судоустройство 3. лица судебной профессии; судьи; судейский корпус 4. судебный; судейский ◇ ~ establishment 1. судебное ведомство, судебная власть; судебная система; суды 2. судейский корпус

federal ~ амер. 1. федеральный суд; федеральная судебная власть; федеральная служебная система 2. федеральные судьи

independent ~ 1. независимый суд; независимая судебная власть 2. независимые судьи

local ~ 1. местный суд; местная судебная власть; местная судебная система 2. местные судьи

national ~ амер. 1. федеральный суд; федеральная судебная власть; федеральная судебная система 2. федеральные судьи

state ~ 1. суд штата; судебная власть штата; судебная система штата 2. судьи штата

Judiciary юридический комитет палаты представителей или сената конгресса США ◇ ~ Democrat [Republican] демократ [республиканец]-член юридического комитета палаты представителей [сената]

jumper 1. захватчик чужого земельного участка 2. контрафактор, нарушитель патента

junction объединение, уния (государств)

~ of states объединение, уния государств или штатов

junior младший; более поздний по времени

jural правовой; юридический

jurat 1. присяжное официальное лицо; судья; присяжный 2. присяга 3. англ. ист. приведённый к присяге чиновник органа управления (в некоторых общинах) 4. засвидетельствование аффидевита (та часть его, где указаны дата и место его составления, а также официальное лицо, оформившее его)

juration присяга; приведение к присяге

juratory клятвенный

juridical 1. юридический; законный; правовой 2. судебный; судейский

juridically 1. юридически 2. в судебном порядке

jurisconsult 1. юрист, учёный юрист, правовед 2. юрисконсульт

jurisdiction 1. отправление правосудия; юрисдикция 2. подсудность; подведомственность; подследственность 3. судебная практика 4. судебный округ 5. орган власти 6. территория в подведомственности органа власти ◇ ~ in personam юрисдикция в отношении лиц; личная подсудность; ~ in rem предметная подсудность; out of ~ вне юрисдикции; ~ ratione personae юрисдикция в отношении лиц; to acquire ~ принять на себя юрисдикцию, признать себя компетентным рассматривать дело; to come within the ~ подпадать под юрисдикцию; to exercise ~ осуществлять юрисдикцию; to fall within the ~ подпадать под юрисдикцию, относиться к юрисдикции; within ~ в пределах юрисдикции

actual ~ существующая судебная практика

adjacent ~ смежная юрисдикция (территориальная)

adjudicatory ~ решение судебных дел

admiralty ~ юрисдикция по морским делам

advisory ~ консультативная юрисдикция

ambulatory ~ транзиторная юрисдикция (не фиксированная по месту нахождения суда)

ancillary ~ дополнительная юрисдикция (рассмотрение федеральным судом США дел и вопросов, связанных с основным делом, находящимся в производстве федерального суда)

appellate ~ апелляционная юрисдикция

auxiliary ~ дополнительная юрисдикция (рассмотрение федеральным судом США дел и вопросов, связанных с основным делом, находящимся в производстве федерального суда)

British-influenced ~ юрисдикция, находящаяся под влиянием английского права

civil ~ гражданская юрисдикция

coastal ~ юрисдикция прибрежного государства

common law ~ 1. юрисдикция суда общего права, компетенция суда в рамках общего права 2. практика судов общего права 3. суд общего права

competent ~ надлежащая юрисдикция

concurrent ~ совпадающая юрисдикция

constitutional ~ конституционная юрисдикция

consular ~ консульская юрисдикция

contentious ~ юрисдикция по спорам между сторонами

contestable ~ спорная юрисдикция

contested ~ оспоренная, спорная юрисдикция

co-ordinate ~ параллельная юрисдикция

court ~ судебная юрисдикция; подсудность

criminal ~ уголовная юрисдикция

demanding ~ орган власти, требующий выдачи преступника

dependent ~ см. auxiliary jurisdiction

discretionary ~ дискреционная юрисдикция

domestic ~ 1. внутренняя, отечественная юрисдикция 2. юрисдикция внутренних трибуналов (напр. дисциплинарного суда профессионального объединения солиситоров, медицинских работников и др.)

dual ~ параллельная юрисдикция

due ~ надлежащая юрисдикция

ecclesiastical ~ 1. юрисдикция по церковным делам, юрисдикция церковных судов 2. практика церковных судов

effective ~ эффективная власть

elective ~ элективная, факультативная подсудность

enforcement ~ 1. исполнительная юрисдикция 2. орган исполнительной власти

equity ~ 1. юрисдикция суда права справедливости 2. практика судов права справедливости 3. суд права справедливости

exclusive ~ исключительная юрисдикция

extraterritorial ~ экстерриториальная юрисдикция

federal ~ амер. 1. федеральная юрисдикция 2. практика федеральных судов 3. федеральный судебный округ 4. федеральный орган власти 5. территория в подведомственности федерального органа власти

foreign ~ 1. иностранная юрисдикция 2. экстерриториальная юрисдикция

general ~ общая юрисдикция

general trial ~ см. trial jurisdiction

governmental ~ 1. правительственная юрисдикция 2. правительственный орган власти 3. территория в подведомственности правительственного органа власти

improper ~ ненадлежащая юрисдикция

incidental ~ дополнительная юрисдикция (рассмотрение федеральным судом США дел и вопросов, находящихся в производстве федерального суда)

investigative ~ подследственность

judicial ~ судебная юрисдикция; подсудность

legislative ~ 1. законодательная юрисдикция, издание законов 2. законодательный орган

local ~ 1. местная юрисдикция, внутренняя юрисдикция 2. практика местных судов 3. местный орган власти 4. территория в подведомственности местного органа власти

maritime ~ юрисдикция по морским делам

matrimonial ~ 1. юрисдикция по брачно-семейным делам 2. судебная практика по брачно-семейным делам 3. подсудность брачно-семейных дел

neighbouring ~ 1. смежная юрисдикция 2. юрисдикция соседнего штата

obligatory ~ обязательная юрисдикция, обязательная подсудность

original ~ юрисдикция суда первой инстанции, рассмотрение дел по первой инстанции

overlapping ~ частично совпадающая юрисдикция

penal ~ 1. уголовная юрисдикция 2. практика назначения или исполнения наказаний 3. тюремный округ 4. пенитенциарное учреждение

personal ~ персональная юрисдикция

plenary ~ 1. вся полнота юрисдикции 2. ординарное производство (в отличие от суммарного)

prescriptive ~ законодательная юрисдикция, издание законов

prize ~ призовая юрисдикция

probate ~ юрисдикция по делам о завещаниях, наследствах и опеке

proper ~ надлежащая юрисдикция

prorogated ~ договорная подсудность, пророгированная юрисдикция

prosecutive [prosecutorial] ~ 1. юрисдикция органов обвинения 2. обвинительная практика 3. обвинительная власть; территория в юрисдикции обвинительной власти

protective ~ охранительная юрисдикция

questioned ~ оспоренная юрисдикция

regulating ~ 1. юрисдикция в области регулирования (напр. хозяйственной деятельности), регулятивная юрисдикция 2. регулятивная практика 3. регулятивный орган

removal ~ юрисдикция в порядке переноса дел (рассмотрение в федеральном суде США дел, перенесённых из суда штата)

residual ~ «остаточная» юрисдикция, юрисдикция по неизъятым из компетенции вопросам

special [specialized] ~ специальная юрисдикция

split ~ 1. расщеплённая [поделённая] юрисдикция 2. территория в подведомственности различных органов власти

state ~ 1. государственная юрисдикция 2. орган государственной власти 3. территория в подведомственности органа государственной власти 4. юрисдикция штата; юрисдикция судов штата 5. практика судов штата 6. округ суда штата 7. орган власти штата 8. территория в подведомственности органа власти штата; территория штата; штат

subject-matter ~ предметная подсудность

substantive ~ материальная юрисдикция, издание законов

summary ~ упрощённое [суммарное] судопроизводство, суммарная юрисдикция

supervisory ~ надзорная юрисдикция

supplementary ~ см. auxiliary jurisdiction

territorial ~ территориальная юрисдикция

transfer ~ амер. юрисдикция по делам, поступившим из нижестоящих судов

trial ~ 1. юрисдикция суда первой инстанции 2. практика судов первой инстанции 3. суд первой инстанции

undue ~ ненадлежащая юрисдикция

voluntary ~ 1. добровольная подсудность 2. неисковая юрисдикция (бесспорное, неисковое, охранительное производство)

writ ~ «приказная юрисдикция», отправление правосудия через практику выдачи судебных приказов

jurisdictional юрисдикционный; подпадающий под юрисдикцию; относящийся к юрисдикции

jurisprudence 1. юриспруденция, правоведение, законоведение 2. судебная практика

analytical ~ «теоретическая юриспруденция»

(разработанная Джоном Остином и Иеремией Бентамом)

comparative ~ сравнительное правоведение

constitutional ~ **1.** догма конституционного права **2.** (судебная) практика применения норм конституционного права

equity ~ **1.** догма права справедливости **2.** практика судов права справедливости

medical ~ судебная медицина

jurisprudent юрист; учёный юрист; правовед

jurisprudential 1. правоведческий, законоведческий **2.** относящийся к судебной практике

jurist юрист, учёный юрист; писатель по вопросам права; цивилист; публицист

international ~ юрист-международник, специалист по международному праву

juristic юридический

juror 1. присяжный заседатель, член состава присяжных **2.** приносящий присягу

able ~ присяжный, имеющий возможность исполнить свои обязанности

alternate ~ **1.** дополнительный присяжный, присяжный запасного состава *(на случай замены выбывшего из процесса присяжного основного состава)* **2.** *pl* запасной состав коллегии присяжных

biased ~ предубеждённый присяжный

common ~ присяжный обычного состава

coroner's ~ член коллегии присяжных при коронере

deliberating ~s совещающиеся присяжные

disqualified ~ дисквалифицированный присяжный

drawn ~ лицо, подобранное в коллегию присяжных

empanelled ~ присяжный, внесённый в список

excused ~ присяжный, освобождённый судом от своих обязанностей

extra trial ~ **1.** дополнительный присяжный, присяжный запасного состава *(на случай замены выбывшего из процесса присяжного основного состава)* **2.** *pl* запасной состав коллегии присяжных

fixed ~ подкупленный присяжный

good ~ присяжный специального состава

grand ~ член большого жюри

impartial ~ беспристрастный присяжный

inquest ~ член следственного (большого) жюри

investigating grand ~ член большого жюри, производящего расследование

juvenile ~ член суда присяжных по делам несовершеннолетних

partial ~ пристрастный присяжный

petty ~ член малого жюри, член суда присяжных

prejudiced [prejudicial] ~ предубеждённый присяжный

prospective ~ присяжный заседатель по делу, которое подлежит рассмотрению

reasonable ~ разумно мыслящий присяжный

regular ~ **1.** присяжный основного состава **2.** *pl* основной состав коллегии присяжных

regular grand ~ член большого жюри основного состава

satisfied ~ присяжный, получивший данные [доказательства], достаточные для вывода

selected ~ лицо, подобранное в коллегию присяжных

special ~ член специального жюри, член специального состава присяжных

summoned ~ присяжный, вызванный для участия в судебном разбирательстве

teen-age ~ член суда присяжных по делам несовершеннолетних

trial ~ член коллегии присяжных, рассматривающих дело по существу; присяжный, участвующий в судебном рассмотрении дела; присяжный в судебном процессе

unable ~ присяжный, не имеющий возможности исполнять свои обязанности

unbiased [unprejudiced] ~ непредубеждённый присяжный

voting ~ голосующий присяжный

jury присяжные, состав присяжных; коллегия присяжных; суд присяжных ◇ ~ **deadlocked** присяжные, не пришедшие к единому мнению; ~ **directed** присяжные, получившие от судьи напутствие; ~ **for trial** присяжные, подобранные для судебного рассмотрения дела; ~ **in a state of equilibrium** разделение голосов присяжных поровну; ~ **in session** заседающие присяжные; **to discharge the** ~ распустить коллегию присяжных; **to pack a** ~ подобрать пристрастный состав присяжных; **to select a** ~ подобрать состав присяжных; **to summon a** ~ вызвать присяжных для участия в судебном разбирательстве; **to the satisfaction of the** ~ убедительно для присяжных

~ **of inquiry** следственное *(большое)* жюри

~ **of inquiry and presentment** присяжные с функциями расследования и предания суду

~ **of issue and assessment** присяжные с функциями разрешения спорных вопросов и определения подлежащих уплате сумм

~ **of matrons** присяжные-замужние женщины, определяющие заявленную беременность как основание для отсрочки приведения в исполнение назначенной по приговору смертной казни

~ **of one's peers** коллегия присяжных равного с подсудимым социального статуса

all-white ~ состав присяжных, подобранный из белых

alternate ~ запасной состав присяжных

alternate grand ~ большое жюри запасного состава

biased ~ предубеждённые присяжные

common ~ обычный состав присяжных

coroner's ~ коронерское жюри, коллегия присяжных при коронере

deadlocked ~ состав присяжных, не пришедший к единому мнению

deliberating ~ совещающиеся присяжные

discharged ~ распущенный состав присяжных

drawn ~ лица, подобранные в коллегию присяжных

empanelled ~ присяжные, внесённые в список

extra trial ~ запасной состав присяжных

fixed ~ подкупленные присяжные

full ~ полный состав присяжных

good ~ специальный состав присяжных

grand ~ большое *(следственное)* жюри *(коллегия из 12-23 присяжных, решающая вопрос о предании обвиняемого суду присяжных)*

grand ~ **at the assizes** большое жюри, заседающее в суде ассизов

grand ~ **at the quarter sessions** большое жюри, заседающее в суде квартальных сессий

hung ~ состав присяжных, не пришедших к единому мнению

impartial ~ беспристрастные присяжные

inquest ~ следственное *(большое)* жюри

investigating grand ~ большое жюри, производящее расследование

juvenile ~ присяжные в суде по делам несовершеннолетних; суд присяжных по делам несовершеннолетних

less-than-unanimous [**non-unanimous**] ~ присяжные, не пришедшие к единому мнению

one-man grand ~ «единоличное большое жюри» *(судейский чиновник, магистрат, следственный судья)*

packed ~ пристрастно подобранный состав присяжных

partial ~ пристрастные присяжные

petit [**petty**] ~ малое жюри, суд присяжных *(коллегия двенадцати присяжных, рассматривающая дело по существу)*

prejudiced [**prejudicial**] ~ предубеждённые присяжные

prospective ~ состав присяжных по делу, которое подлежит рассмотрению

reasonable ~ разумно мыслящие присяжные

regular ~ основной состав присяжных

regular grand ~ большое жюри основного состава

satisfied ~ присяжные, получившие данные [доказательства], достаточные для вывода

selected ~ лица, подобранные в коллегию присяжных

special ~ специальное жюри, специальный состав присяжных

struck ~ сформированный состав присяжных

summoned ~ присяжные, вызванные для участия в судебном разбирательстве

teen-age ~ присяжные в суде по делам несовершеннолетних; суд присяжных по делам несовершеннолетних

trial ~ присяжные, рассматривающие судебное дело по существу; судебная коллегия присяжных; суд присяжных

unanimous ~ присяжные, пришедшие к единому мнению

unbiased ~ непредубеждённые присяжные

unpacked ~ беспристрастно сформированный состав присяжных

unprejudiced ~ непредубеждённые присяжные

voting ~ голосующие присяжные

jury-box скамья присяжных

juryman присяжный, член коллегии присяжных

grand ~ член большого жюри

jury-room совещательная комната присяжных

jury-woman женщина-член коллегии присяжных, женщина-присяжный заседатель

jus cogens *лат.* общее международное право

jus gentium *лат.* международное право

jus gestionis *лат.* осуществление государством частно-правовых действий

jus imperii *лат.* осуществление государством публично-правовых, суверенных действий

jus sanguinis *лат.* принцип крови, приобретение гражданства по гражданству родителей

jus soli *лат.* принцип почвы, приобретение гражданства по месту рождения

just справедливый; обоснованный; законный

justice 1. справедливость 2. правосудие; юстиция 3. судья ◇ **course of** ~ отправление правосудия; ~ **in court** судья в судебном заседании; ~ **in dissent** *см.* dissenting justice; ~ **in eyre** *англ.* окружной судья; ~ **on circuit** окружной судья; **to administer** ~ отправлять правосудие; **to bring to** ~ предать правосудию; **to do** [**to dispense, to distribute, to mete out**] ~ отправлять правосудие

~ **of appeal** судья апелляционного суда *(в Великобритании)*

~ **of assize** выездной судья, судья выездной сессии суда присяжных, судья суда ассизов *(в Великобритании)*

~ **of nisi prius** судья первой инстанции

~ **of the case** 1. судья по делу 2. вынесение по делу справедливого решения

~ **of the peace** мировой судья; мировая юстиция

accusatorial ~ обвинительное судопроизводство

administered ~ акт правосудия

administrative ~ административная юстиция

adversary ~ исковое судопроизводство

appointed ~ назначенный судья

arbitral ~ арбитражное производство

associate ~ член суда

bargain-basement ~ судопроизводство на основе сделок о признании вины

basse ~ *ист.* суд феодала

biased ~ 1. пристрастное отправление правосудия 2. пристрастный, предубеждённый судья

career ~ профессиональный судья

chief ~ главный судья; старший судья; председательствующий судья

chief ~ **of the common pleas** главный судья суда общегражданских исков

circuit ~ судья Верховного суда США, приписанный к определённому судебному округу

civil ~ гражданское судопроизводство

committing ~ судья, решающий вопрос о предании суду

criminal ~ уголовное судопроизводство

deterrent ~ правосудие в целях удержания от совершения преступлений путём устрашения

dispensed ~ акт правосудия

dissenting ~ судья, заявивший особое [несогласное] мнение

distributive ~ справедливое распределение благ

equal ~ равное правосудие

examining ~ допрашивающий судья

fair ~ справедливое отправление правосудия

frontier ~ *амер.* самосуд

impartial ~ 1. беспристрастное отправление правосудия 2. беспристрастный судья

industrial ~ трудовая юстиция, отправление правосудия по трудовым делам

inquisitive ~ инквизиционное судопроизводство

issuing ~ судья, издавший приказ

Jedburgh [Jeddart, Jedwood] ~ суд без соблюдения нормальной процедуры, суд «не по форме», скорый [суммарный] суд, суд-расправа *(от названия шотландского пограничного городка Jedburgh, где вершили быстрый суд над бандитами и ворами)*

justices' ~ мировая юстиция

juvenile ~ 1. правосудие по делам несовершеннолетних 2. судья по делам несовершеннолетних

lay ~ мировая юстиция

military ~ военная юстиция

natural ~ 1. естественная справедливость 2. правосудие на основе принципов естественного права

one ~ единоличный судья

partial ~ 1. пристрастное отправление правосудия 2. пристрастный судья

penal ~ уголовная юстиция

prejudiced [prejudicial] ~ 1. предубеждённое отправление правосудия 2. предубеждённый судья

preventive ~ превентивное правосудие, правосудие с целью предупреждения преступлений

public ~ правосудие

puisne ~ рядовой судья, член суда

punitive ~ карательное правосудие

reformatory ~ исправительное правосудие

remedial ~ 1. правосудие с целью правовой защиты 2. исправительное правосудие

retributive [retributivist] ~ «воздаятельное правосудие», правосудие, воздающее должное; карающее правосудие; карательное правосудие

rural ~ of the peace сельский мировой судья; сельская мировая юстиция

social ~ социальная справедливость

street ~ *разг.* уличное правосудие *(выполнение патрульным полицейским не входящих в его компетенцию функций судьи)*

summary ~ суммарное [упрощённое] судопроизводство

unbiased ~ 1. беспристрастное, непредубеждённое отправление правосудия 2. беспристрастный, непредубеждённый судья

unpaid ~ судья, не получающий жалованья

visiting ~ судья, в официальном порядке посещающий заключённых и контролирующий деятельность тюрем

Justice:

~s in Petty Sessions суд коллегии мировых судей

Associate ~ of the United States Supreme Court член Верховного суда США

Chief ~ of the United States Supreme Court председатель Верховного суда США

Lord Chief ~ лорд-главный судья

justicement судопроизводство, ход дела

justiceship 1. звание судьи 2. должность судьи 3. срок службы судьи

justiciability возможность рассмотрения в судебном порядке *(о спорах)*

justiciable подлежащий рассмотрению в суде, могущий быть рассмотренным в судебном порядке

justiciar *ист.* юстициар *(1. главный политический и судебный чиновник при англо-норманнских королях и первых королях из династии Плантагенетов 2. шотл. каждый из двух главных судей, осуществлявших юрисдикцию к северу и к югу от залива Форт, соответственно)*

justiciary 1. судья ‖ судебный, судейский 2. *шотл. ист.* юстициарий; юрисдикция юстициария

justifiable могущий быть оправданным; допустимый; позволительный

justification 1. оправдание; оправдывающее обстоятельство 2. правомерность 3. основание; обоснование; подтверждение

~ of surety обоснование поручительства *(указание поручителем под присягой своего местожительства и суммы внесённого залога)*

constitutional ~ конституционное основание

ex post facto ~ 1. оправдание *(практики)* задним числом 2. признание правомерным, имеющее обратную силу

legal ~ юридическое оправдание; обстоятельство, юридически оправдывающее совершение деяния

sufficient ~ достаточное оправдание

justificative 1. оправдательный 2. подтверждающий

justificatory *см.* justificative

justified 1. извинительный 2. обоснованный; оправданный 3. справедливый; правомерный

justify 1. оправдывать; извинять; обосновывать 2. подтверждать *(в частности, под присягой)* ◇ **to ~ bail** подтверждать под присягой свою кредитоспособность в качестве поручителя; **to ~ legally** оправдывать с юридической точки зрения

juvenile несовершеннолетний

first-offender ~ несовершеннолетний, впервые совершивший правонарушение

lawless ~ несовершеннолетний правонарушитель

K

keelage килевый сбор *(вид портового сбора)*

keelhaul *ист.* протаскивание под килем корабля *(вид наказания)*

keep 1. держать; хранить; владеть 2. содержать, обеспечивать 3. выполнять, соблюдать, не нарушать 4. скрывать, утаивать ◇ to ~ a disorderly house содержать притон; to ~ a record вести протокол; to ~ a term соблюдать срок; to ~ books вести торговые книги; to ~ from the court скрывать от суда; to ~ in custody содержать под стражей; to ~ lost property присвоить находку; to ~ the law соблюдать закон; to ~ the peace 1. охранять общественное спокойствие и порядок 2. не нарушать общественное спокойствие и порядок; to ~ within the law не выходить из рамок закона

keeper 1. хранитель 2. владелец 3. надзиратель, смотритель *(в тюрьме)*; начальник *(тюрьмы)*

jail [prison] ~ тюремный надзиратель, тюремный смотритель; начальник тюрьмы

Keeper:
~ of the Great Seal лорд-хранитель большой государственной печати
~ of the Privy Seal лорд-хранитель *(малой государственной)* печати

keeping 1. хранение; владение 2. содержание, обеспечение 3. выполнение, соблюдение 4. сокрытие, утаивание

safe ~ 1. хранение под стражей, заключение в тюрьме

key-man «человек-ключ», «хороший гражданин», предлагающий имена других достойных граждан для включения их в список возможных присяжных

keys коммонеры *(члены нижней палаты парламента острова Мэн)*

King's ~ *англ.* инструменты, при помощи которых взламывается дверь в квартиру лица, подлежащего аресту

kickback 1. *амер. жарг.* выплата соучастнику части незаконно полученных денег; взятка, магарыч ‖ отдавать соучастнику часть незаконно полученных денег 2. понуждение к отказу от установленного законом *или* договором вознаграждения ◇ ~ for job взятка за устройство на работу

protection ~ магарыч за «защиту» *(вымогаемый или вымогательски взимаемый гангстерами)*

kidnap похищение человека с целью выкупа ‖ похищать человека с целью выкупа

kidnap(p)er лицо, похитившее человека с целью выкупа

kidnap(p)ing похищение человека с целью выкупа

faked ~ симуляция похищения человека с целью выкупа

kill умерщвлять; лишать жизни; убивать ◇ to ~ accidentally случайно лишить жизни; to ~ brutally убить особо жестоким способом; to ~ by contract убить по договору, по найму; to ~ by gang совершить групповое убийство; to ~ by greed убить из корыстных побуждений; to ~ by hire убить по найму; to ~ by instigation убить по подстрекательству; to ~ by malice убить злоумышленно; совершить тяжкое убийство; to ~ by negligence убить по небрежности; to ~ by provocation убить под влиянием провокации *(со стороны потерпевшего)*; to ~ by recklessness убить по неосторожности; to ~ by will убить умышленно; to ~ deliberately убить с заранее обдуманным намерением; совершить тяжкое убийство; to ~ in excess of self-defence убить в результате превышения пределов самообороны; to ~ in self-defence лишить жизни в состоянии самообороны; to ~ in the heat of passion убить в состоянии аффекта; to ~ justifiably лишить жизни при наличии оправдывающих обстоятельств; to ~ lawfully правомерно лишить жизни; to ~ legally лишить жизни по приговору суда; казнить; to ~ mercifully убить из сострадания; to ~ negligently убить по небрежности; to ~ oneself покончить с собой; to ~ recklessly убить по неосторожности; to ~ sadistically убить садистски; to ~ situationally совершить ситуационное убийство; to ~ tortureously совершить убийство особо мучительным способом; to ~ under the influence 1. убить по подстрекательству 2. убить под влиянием опьянения *или* наркотического отравления; to ~ unjustifiably лишить человека жизни при отсутствии оправдывающих обстоятельств; совершить убийство, убить; to ~ while intoxicated убить в состоянии опьянения *или* наркотического отравления; to ~ wilfully убить умышленно; to ~ within self-defence лишить жизни без превышения пределов самообороны; to ~ with intent совершить умышленное убийство

killed умерщвлённый; лишённый жизни; убитый

killer лицо, совершившее убийство; субъект убийства; убийца ◇ ~ by negligence *см.* negligent killer; ~ by will *см.* intended killer; ~ in excess of self-defence лицо, совершившее убийство в результате превышения пределов самообороны; ~ in self-defence *см.* self-defence killer; ~ in the heat of passion лицо, совершившее убийство в состоянии аффекта; ~ under the influence 1. *см.* instigated killer 2. лицо, совершившее убийство под влиянием опьянения *или* наркотического отравления; ~ while intoxicated лицо, совершившее убийство в состоянии опьянения *или* наркотического отравления; ~ within self-defence лицо, лишившее человека жизни без превышения пределов самообороны; ~ with intent *см.* intended killer

accidental ~ лицо, случайно лишившее человека жизни

aforethought ~ лицо, совершившее убийство с заранее обдуманным намерением

aggravated ~ лицо, совершившее убийство при отягчающих обстоятельствах

attenuated ~ лицо, совершившее убийство при смягчающих обстоятельствах

brutal ~ лицо, совершившее убийство особо жестоким способом

contract ~ убийца по договору, наёмный убийца

deliberate ~ *см.* prepensed killer

excusable ~ лицо, совершившее извинительное убийство

gang ~ 1. участник группового убийства 2. участник гангстерского убийства

habitual ~ привычный убийца

hired ~ наёмный убийца

insane ~ 1. лицо, лишившее жизни другого человека в состоянии невменяемости 2. лицо, совершившее убийство под влиянием психического расстройства

instigated ~ лицо, совершившее убийство по подстрекательству

intended ~ лицо, совершившее умышленное убийство

intoxicated ~ лицо, совершившее убийство в состоянии опьянения *или* наркотического отравления

justifiable [justified] ~ лицо, лишившее человека жизни при наличии оправдывающих обстоятельств

lawful ~ лицо, правомерно лишившее человека жизни

legal ~ лицо, лишившее человека жизни по приговору суда; палач

lucrative ~ лицо, совершившее убийство из корыстных побуждений

malicious ~ лицо, совершившее убийство со злым умыслом; лицо, совершивше тяжкое убийство

mass ~ убийца нескольких человек

mercy ~ лицо, совершившее убийство из сострадания

negligent ~ лицо, совершившее убийство по небрежности

political ~ лицо, совершившее убийство по политическим мотивам; лицо, совершившее террористический акт

prepensed ~ лицо, совершившее убийство с заранее обдуманным намерением; лицо, совершившее тяжкое убийство

professional ~ профессиональный убийца

provoked ~ лицо, совершившее убийство под влиянием провокации (*со стороны потерпевшего*)

reckless ~ лицо, совершившее убийство по неосторожности

sadistic ~ убийца-садист

self-defence ~ лицо, лишившее жизни другого человека в состоянии самообороны

sexual ~ лицо, совершившее убийство на сексуальной почве

situational ~ лицо, совершившее ситуационное убийство

terrorist(ic) ~ лицо, совершившее террористический акт

tortureous ~ лицо, совершившее убийство особо мучительным для потерпевшего способом

unjustifiable ~ лицо, лишившее человека жизни при отсутствии оправдывающих обстоятельств; лицо, совершившее убийство, убийца

wilful ~ *см.* intended killer

killing 1. умерщвление; лишение жизни; убийство 2. *разг.* ликвидация (*компании*) ◇ ~ aforethought убийство с заранее обдуманным намерением; тяжкое убийство; ~ by negligence убийство по небрежности; ~ by recklessness убийство по неосторожности; ~ by will умышленное убийство; ~ in excess of self-defence убийство в результате превышения пределов самообороны; ~ in self-defence лишение жизни в состоянии самообороны; ~ in the heat of passion убийство в состоянии аффекта; ~ under the influence 1. убийство по подстрекательству 2. убийство, совершённое под влиянием опьянения *или* наркотического отравления; ~ while intoxicated убийство, совершённое в состоянии опьянения *или* наркотического отравления; ~ within self-defence лишение жизни без превышения пределов самообороны; ~ with intent умышленное убийство

accidental ~ случайное лишение жизни; лишение жизни в результате несчастного случая

aggravated ~ убийство при отягчающих обстоятельствах

attenuated ~ убийство при смягчающих обстоятельствах

brutal ~ убийство, совершённое особо жестоким способом

contract ~ убийство по договору, по найму

deliberate ~ *см.* prepensed killing

gang ~ 1. групповое убийство 2. гангстерское убийство

gangster ~ гангстерское убийство

hired ~ убийство по найму

instigated ~ убийство по подстрекательству

intended ~ умышленное убийство

justifiable [justified] ~ лишение жизни, оправданное обстоятельствами дела

lawful ~ правомерное лишение жизни

legal ~ лишение жизни по приговору суда; смертная казнь

lucrative ~ убийство из корыстных побуждений

malicious ~ злоумышленное убийство; тяжкое убийство

mass ~ убийство нескольких человек; массовое убийство

mercy ~ убийство из сострадания

negligent ~ убийство по небрежности

political ~ убийство по политическим мотивам; террористический акт

prepensed ~ убийство с заранее обдуманным намерением; тяжкое убийство

professional ~ убийство, совершённое убийцей-профессионалом

provoked ~ убийство, совершённое под влиянием провокации (со стороны потерпевшего)

reckless ~ убийство по неосторожности

sadistic ~ садистское убийство

self-defence ~ лишение жизни в состоянии самообороны

sexual ~ убийство на сексуальной почве

situational ~ ситуационное убийство

terrorist(ic) ~ террористический акт

tortureous ~ убийство особо мучительным способом

unjustifiable [unjustified] ~ лишение жизни, не оправданное обстоятельствами дела; убийство

wilful ~ умышленное убийство

kin 1. родственник(и) 2. кровное родство ◇ near of ~ близкие родственники; next of ~ ближайшие родственники; not of ~ лица, не являющиеся родственниками

blood ~ кровные родственники

kind 1. класс, разряд 2. род, вид 3. кровное родство ◇ in ~ 1. натурой; товарами 2. вещами, определёнными теми же родовыми признаками

King король ◇ ~ in Banco «король в суде», судебная власть (в Великобритании); ~ in Council «король в совете», исполнительная власть (в Великобритании); ~ in Parliament «король в парламенте», законодательная власть (в Великобритании)

kingdom королевство

kinship родство

real ~ настоящее (кровное) родство

kiss.◇ to ~ the Book принести присягу

knife-victim потерпевший от удара ножом; зарезанный; жертва поножовщины

knifing поножовщина

knight 1. рыцарь 2. кавалер ордена

knight-marshal судья королевского двора (по делам двора)

~ of the post подкупленный свидетель, лжесвидетель (букв. человек, выставленный к позорному столбу)

~ of the shire ист. член парламента от графства

know знать; сознавать ◇ to ~ carnally вступить в половое сношение; to ~ the act to be wrong сознавать аморальность или противозаконность действия; to ~ the nature and quality of the act сознавать характер и свойства действия

knowingly заведомо; сознательно; намеренно; умышленно ◇ ~ and wilfully заведомо и по своей воле (умышленно)

knowledge 1. знание, осведомлённость; заведомость 2. признание судом доказанных фактов 3. половая близость ◇ to acquire a guilty ~ обрести вменяемую в вину заведомость (о преступлении); to the ~ of как это известно (кому-л.); with the ~ of с ведома кого-л.; зная о чём-л.

actual ~ действительное, фактическое знание (обстоятельств дела); осведомлённость; заведомость

advance ~ предвидение; заведомость

carnal ~ половое сношение; вступление в половую связь

common ~ 1. обычные познания 2. общеизвестность

constructive ~ «конструктивное» (правом предполагаемое) знание; презюмируемая заведомость

direct ~ сведения из первоисточника

guilty ~ вменённая в вину, «виновная» заведомость

imputed ~ вменяемая в вину заведомость

judicial [legal] ~ 1. признание судом доказанных фактов 2. подсудность

official ~ 1. официальное признание установленных фактов 2. подведомственность; юрисдикция

presumed ~ презюмируемая заведомость

pretrial ~ of witness амер. опрос свидетелей (по гражданскому делу) до начала судебного разбирательства

sound ~ твёрдые познания; достоверная осведомлённость

L

label 1. ярлык, бирка 2. кодициль, дополнение к завещанию

~ of seized property бирка на изъятом имуществе

commercial ~ торговый знак; знак торговой фирмы

criminal ~ ист. клеймо преступника; стигма преступника

mercantile ~ товарный знак, ярлык

labo(u)r 1. труд; работа 2. рабочие; трудящиеся 3. Labour лейбористы, лейбористская партия

casual ~ непостоянная работа

child ~ детский труд

compulsory ~ принудительный труд

contract ~ работа по договору

convict ~ труд заключённых

correctional [corrective] ~ исправительный труд

female ~ женский труд

forced ~ принудительный труд

hard ~ *англ.* каторжные работы *(отменены в 1948 г.)*

indentured ~ труд на основе договора ученичества

organized ~ профсоюзы

substandard ~ труд с нарушением установленных правил охраны труда

labo(u)rer неквалифицированный рабочий

contract ~ законтрактованный рабочий

farm ~ сельскохозяйственный рабочий, батрак

labo(u)r-rent отработка

laches неосновательное промедление, пропуск установленного срока, просрочка

lack отсутствие; недостаток

~ of candor неоткровенность

~ of effect 1. недействительность 2. неэффективность, недейственность

~ of enablement недостаточность описания заявляемого изобретения, препятствующая использованию объекта изобретения

~ of evidence недостаточность доказательств; отсутствие доказательств

~ of evidentiary support бездоказательность, неподтверждённость доказательствами, недоказанность

~ of form дефект формы, формальный недостаток

~ of invention отсутствие изобретательского уровня, очевидность *(изобретения)*

~ of jurisdiction отсутствие юрисдикции; неподсудность

~ of legal capacity недееспособность

~ of novelty *пат.* отсутствие новизны, неновизна

~ of privacy несоблюдение секретности

~ of subject-matter *см.* lack of invention

~ of unity of invention нарушение единства изобретения

lacuna пробел *(в праве)*

land 1. земельная собственность; недвижимость 2. государство, страна; земля

accomodation ~ земельный участок, купленный для постройки домов с последующей сдачей их в аренду

adjacent [adjoining] ~ примыкающая, расположенная по соседству недвижимость

charter ~ *ист.* 1. *pl* жалованные земли 2. земельный участок фригольдера

common ~ общественный выгон

crown ~s коронные земли, государственные земли *(в Великобритании)*

demesne ~s земли, не сданные в аренду

farm ~ сельскохозяйственный земельный участок

life ~ земля, находящаяся в пожизненной аренде

no man's ~ ничейная земля; безхозная земля

public ~s государственные земли

settled ~ закреплённая земля, земля, заранее назначенная наследникам

tenemental ~ земля, сданная в аренду

landed 1. земельный 2. владеющий земельной собственностью

landholder 1. владелец недвижимости 2. арендатор

landlord 1. землевладелец 2. собственник недвижимости 3. арендодатель; землевладелец-наймодатель

absentee ~ 1. землевладелец, не проживающий в своём имении 2. домовладелец-наймодатель, не проживающий в доме, который он сдаёт

agricultural ~ землевладелец; помещик; фермер

landman 1. арендатор 2. *шотл.* землевладелец

landowner 1. землевладелец 2. собственник недвижимости

adjacent [adjoining] ~ собственник прилегающего земельного участка; собственник прилегающей недвижимости

private ~ частный землевладелец; собственник частной недвижимости

public ~ государственный землевладелец; государство-собственник недвижимости

language 1. язык 2. формулировка, формулировки; текст, буква *(закона, договора)* ◇ ~ in force действующая формулировка

~ of law 1. юридический язык; язык закона 2. формулировка закона; текст, буква закона

abusive ~ брань, ругательства; оскорбительные выражения

arresting ~ ограничивающая, ограничительная формулировка

bad ~ сквернословие

basic ~ основные положения, основной смысл *(нормативного акта)*

broad ~ широкая формулировка

constitutional ~ 1. язык конституции 2. конституционная формулировка; текст, буква конституции

current ~ *см.* existing language

diplomatic ~ дипломатический язык

discretionary ~ дискреционная формулировка *(формулировка, обосновывающая усмотрение)*

existing ~ существующая формулировка; гласящая формулировка; действующая формулировка

foul ~ сквернословие

international ~ международный язык

legal ~ 1. юридический язык 2. юридическая формулировка; текст, буква закона

legislative ~ 1. язык закона 2. законодательная формулировка; текст, буква закона

narrow ~ узкая формулировка

natural ~ родной язык

offensive ~ оскорбительные слова, оскорбительные выражения

official ~ официальный язык; государственный язык

operative ~ действующая формулировка

secret ~ 1. шифр, код 2. зашифрованный текст

seditious ~ подстрекательство к мятежу

source ~ язык оригинала

strong ~ сильные выражения

target ~ язык перевода (*в отличие от языка оригинала*)

terse ~ сжатая, краткая формулировка

testamentary ~ 1. язык завещания 2. формулировки завещания

working ~ рабочий язык

lapse 1. истечение; прекращение || истекать; прекращаться 2. утрата силы || терять силу 3. переход (*права*) || переходить (*о праве*) 4. ошибка ◇ to ~ to the Crown переходить в казну, переходить в собственность государства

lapsed 1. истекший (*о сроке*); прекратившийся 2. потерявший силу, ставший недействительным 3. перешедший (*о праве*)

larceny похищение имущества ◇ ~ by finder [by finding] присвоение находки; ~ by trick мошенничество; ~ from a person похищение имущества у лица

~ of goods found присвоение находки

aggravated ~ похищение имущества при отягчающих обстоятельствах

common ~ похищение имущества по общему праву

constructive ~ деяние, квалифицируемое как похищение имущества толкованием закона

continuing [continuous] ~ длящееся похищение имущества (*по частям, порциями, партиями*)

gang ~ 1. групповое похищение имущества 2. гангстерское похищение имущества

grand ~ похищение имущества в крупных размерах

household ~ похищение имущества, находящегося в доме, домовладении; похищение семейного имущества

minor ~ похищение имущества в мелких размерах, мелкая кража

mixed ~ похищение различных по характеру или оценке предметов

personal ~ похищение имущества у лица

personal ~ with contact похищение имущества у лица при физическом с ним соприкосновении

personal ~ without contact похищение имущества у лица без физического с ним соприкосновения

petit [petty] ~ *см.* minor larceny

simple ~ простое похищение имущества (*без отягчающих обстоятельств*)

statutory ~ похищение имущества по статутному праву

larceny-theft *амер.* похищение имущества-кража (*индексное преступление по полицейской классификации*)

large ◇ at ~ 1. не ограниченный определённым районом, вопросом 2. являющийся предметом дискуссии, спора 3. незапрещённый 4. находящийся на свободе, не в месте заключения 5. полностью, в деталях, подробно ◇ to go at ~ выйти на свободу, освободиться из заключения

lascivious развратный

«last in, first out» «последним принят - первым уволен», привилегия стажа при увольнении

latent скрытый, латентный

lateral 1. побочный 2. широкий, расширительный (*о толковании*)

Latin латинский язык, латынь ◇ Law ~ судебная латынь

latitat *лат. ист.* «он скрывается» (*название приказа шерифу доставить обвиняемого в суд*)

laudator 1. свидетель, положительно характеризующий *кого-л.* 2. арбитр 3. консультант

law 1. право (*в объективном смысле*) 2. закон 3. общее право 4. судебная процедура 5. юстиция; юристы ◇ according to ~ в соответствии с правом, с законом; правомерно || соответствующий праву, закону; правомерный, законный; ~s (and customs) of war *см.* law of war; ~ and order правопорядок; ~ and usage of Parliament парламентский обычай; ~ as amended закон в изменённой редакции; ~ as fact право как факт, право как сущее; ~ as norm право как норма, право как должное; at ~ в соответствии с правом, в силу права, в области права; в рамках общего права; ~ Christian церковное право; contrary to ~ в противоречии с правом; в противоречии с законом || противоречащий праву; противоречащий закону; ~ due to expire закон с истекающим сроком действия; ~ for the time being закон, действующий в настоящее время; ~ in force 1. действующее право 2. действующий закон; in ~ по закону; contemplation in ~ 1. юридически значимые намерения, цель 2. точка зрения закона; ~ is silent закон молчит (*не предусматривает данную ситуацию*); ~ in vigour действующий закон; ~ martial военное положение; ~ merchant торговое право; обычное торговое право; ~ spiritual церковное право; ~ temporal светское право (*в противоположность церковному*); to be in trouble with the ~ вступить в конфликт с законом; to carry ~ into effect ввести закон в действие; to clarify the ~ разъяснить смысл правовой нормы, закона; to consult the ~ обратиться за разъяснением к закону; обратиться за консультацией к юристу, к адвокату; to continue existing ~ продлевать действие существующей правовой нормы, закона; to create new ~ создавать новую правовую норму; принимать (новый) закон; to elaborate a ~ разрабатывать закон; to emerge as ~ обретать силу закона; to get into difficulty with the ~ вступить в конфликт с законом; to go to ~ обратиться к правосудию; to keep ~ current модернизировать право, закон; to make ~s законодательствовать; to practice ~ заниматься юридической [адвокатской] практикой; to provide for by ~ предусмотреть законом, узаконить; to re-state the ~ переформулировать, перередактировать правовую норму, закон; to stand to the ~ предстать перед судом; to strain the ~ допустить натяжку в истолковании закона; **to teach ~** преподавать право; **~ unacted upon** закон, который не соблюдается; **within the ~** в рамках закона, в пределах закона

~ of agency совокупность норм, регулирующих институт гражданско-правового представительства, агентское право

~ of arms *см.* law of war

~ of civil procedure гражданское процессуальное право

~ of conflict (of laws) коллизионное право

~ of contract договорное право, договорно-обязательственное право

~ of copyright *см.* copyright law

~ of corrections исправительное право

~ of crime(s) уголовное право

~ of criminal procedure уголовное процессуальное право

~ of domestic(al) relations семейное право

~ of employment трудовое право

~ of equity право справедливости

~ of evidence доказательственное право, система судебных доказательств

~ of God 1. божье право *(нормативные заповеди Ветхого и Нового завета)* 2. моральный закон, естественное право *(в понимании христианской теологии)*

~ of honour кодекс чести

~ of industrial relations законодательство об отношениях в промышленности, трудовое законодательство

~ of international economic relations право международных экономических отношений

~ of international organizations право, регулирующее деятельность международных организаций

~ of international trade право международной торговли

~ of landlord and tenant арендное законодательство, арендное право

~ of marriage брачное право

~ of master and servant трудовое право

~ of merchants *см.* mercantile law

~ of merchant shipping морское право

~ of nations международное право

~ of nature естественное право

~ of neighbouring tenements соседское право

~ of obligation обязательственное право

~ of outer space космическое право

~ of peace право мира *(в отличие от законов и обычаев войны)*

~ of personal property нормы о вещных правах на движимое имущество

~ of persons право лиц *(учение о субъектах права, семейное право)*

~ of power закон силы

~ of practice судебная практика, прецедентное право

~ of prize призовое право

~ of procedure процессуальное право

~ of property право собственности; вещное право

~ of quasi-contract квазидоговорное право

~ of real property нормы права о недвижимости

~ of shipping законодательство о судоходстве; морское право

~ of substance материальное право

~ of succession 1. наследственное право 2. нормы права, регулирующие правопреемство государств

~ of taxation *см.* tax law

~ of the air воздушное право

~ of the case указания апелляционного суда, обязательные при дальнейшем рассмотрении дела

~ of the church церковное право

~ of the Constable and Marshall военное положение

~ of the Constitution конституционное право

~ of the court толкование правовых норм судом; право в судебном толковании

~ of the flag закон флага, закон страны флага, право государства флага

~ of the land 1. право, действующее на территории страны 2. надлежащая правовая процедура *(в понимании Великой хартии вольностей короля Иоанна 1215 г.)*

~ of the sea морское право

~ of the situs закон места нахождения имущества

~ of the staple *см.* mercantile law

~ of torts деликтное право

~ of treaties международное договорное право, право международных договоров

~ of trusts правовые нормы о доверительной собственности

~ of war законы и обычаи войны

abnormal ~ специальные правовые нормы, регулирующие положение лиц, на которых не распространяются общие нормы права

absolute ~ естественное право

actual ~ 1. действующее право 2. применённая *или* применимая правовая норма

adjective ~ процессуальное право

adjective patent ~ патентно-процессуальное право

administrative ~ административное право

admiralty ~ морское право, военно-морское право

admitted ~ общепризнанная норма права

agrarian ~ земельное право

air carriage ~ воздушно-транспортное право

ambassadorial ~ посольское право

American Indian ~ законодательство США для индейского населения, право индейцев США

American international ~ (пан)американское международное право

Antarctic ~ антарктическое право, международно-правовой режим Антарктиды

anti-corrupt practices ~s законодательство против коррупции

antipollution ~s законодательство против загрязнения окружающей среды

anti-trust ~s антитрестовское законодательство *(в США)* antiunion ~s антипрофсоюзное законодательство

applicable ~ применяемая правовая норма

applied ~ применённая правовая норма

bad ~ недействующий закон

banking ~ банковское право

basic ~ основной закон, конституция

binding ~ императивная норма

blue ~ *амер.* 1. пуританский закон (*в Новой Англии*) 2. закон, регулирующий режим воскресного дня

blue sky ~s законодательство о контроле над капиталовложениями (*направленное против «дутых» предприятий в США*)

Brehon ~s древнее ирландское право

broken ~ нарушенный закон

business ~ право, регулирующее область деловых отношений, право торгового оборота

canon ~ каноническое право

case ~ прецедентное право

census disclosure ~ закон об охране тайны данных переписи

church ~ церковное право

cited ~ цитированная норма права; цитированный закон

civil ~ 1. римское право 2. внутригосударственное право (*в отличие от международного права*) 3. гражданское право 4. позитивное право (*в отличие от естественного права*)

club ~ «право сильного», «кулачное право»

commercial ~ торговое право

commitment ~ договорное право

common ~ 1. общее право (*как прецедентное право в отличие от статутного права*) 2. общее право (*в отличие от права справедливости*) 3. общее право, англо-саксонское право (*в отличие от континентального права*) 4. (*обычно* common law of England) общее право Англии (*как совокупность прецедентного и статутного права*)

company ~ право, регулирующее деятельность акционерных компаний

comparative ~ сравнительное правоведение

compiled ~s сборник действующего законодательства; свод законов

congressional ~ регламент конгресса; обычаи конгресса

conservation ~s законодательство об охране природы

consolidated ~s свод действующего законодательства

conspiracy ~ правовые нормы об ответственности за преступный сговор

constitutional ~ 1. конституционное право, государственное право 2. конституционный закон, основной закон 3. конституционный закон, закон, соответствующий конституции

consuetudinary ~ обычное право

consular ~ консульское право

continental ~ континентально-европейское право

contract ~ договорное право

conventional ~ 1. право, основанное на договорах, договорное право 2. обычное право

conventional international ~ международное договорное право

copyright ~ авторское право, законодательство об авторском праве

corporate ~ право корпораций

criminal ~ уголовное право

crown ~ *англ.* уголовное право (*в системе общего права*)

current ~ действующее право

customary ~ обычное право

customary international ~ международное обычное право

customs ~ таможенное право; таможенный закон

decisional ~ прецедентное право

diplomatic ~ дипломатическое право

discriminating ~1. дискриминирующая правовая норма 2. дискриминирующий закон 3. правовая норма *или* закон, индивидуализирующие ответственность

discriminatory ~ 1. дискриминирующая правовая норма 2. дискриминирующий закон

domestic ~ внутреннее, внутригосударственное право

domiciliary ~ право домициля

dormant ~ 1. недействующая правовая норма 2. недействующий закон

draft ~ законопроект

dry ~ сухой закон

ecclesiastical ~ церковное право

economic ~ экономическое право, коммерческое право, хозяйственное право

educational ~ право, регулирующее систему образования

effective ~ 1. действующий закон 2. эффективный закон

efficacious ~ действующий, имеющий силу закон

election [electoral] ~ избирательный закон

emergency ~s чрезвычайное законодательство

employment ~ трудовое право

enacted ~ писаное право, законодательное право

enforceable ~ закон, применимый в принудительном порядке

enrolled ~ зарегистрированный закон

environmental ~ правовые нормы по охране окружающей среды

equity ~ право справедливости

established ~ действующее, существующее право

exchange ~ вексельное право

exclusion ~s *амер.* федеральные статуты, запрещающие иммиграцию некоторым категориям лиц, родившихся за границей

executive ~ правовые нормы, регулирующие деятельность исполнительной власти; законодательство, регулирующее деятельность исполнительной власти

executively inspired ~ законопроект *или* за-

9*

кон, внесённый *или* принятый по инициативе исполнительной власти

existing ~ действующее, существующее право

ex post facto ~ закон с обратной силой

extradition ~(s) законодательство об экстрадиции

factory ~(s) фабричное законодательство (*в Великобритании*)

fair employment practices ~ трудовое право

fair trade ~s законодательство против недобросовестной конкуренции

family ~ семейное право

fecial ~ право фециалов, фециальное право (*международное право эпохи древнего Рима*)

federal ~ *амер.* 1. федеральное право 2. федеральный закон

feudal ~ феодальное право

finance [financial] ~ финансовое право

fiscal ~ 1. налоговый закон, закон о налоговом обложении 2. налоговое право

foreign ~ иностранное право

formal ~ формальное право, процессуальное право

free ~ совокупность гражданских прав

French Canadian ~ франко-канадское право

fundamental ~ 1. основные принципы права 2. основной закон, органический закон, конституция

game ~s законодательство об охране дикого зверя и птицы, охотничье законодательство

general ~ общий закон

generally applicable ~ общеприменимая правовая норма

gibbet ~ самосуд, «суд Линча»

good ~ действующее право

group ~ «групповое право», правовые нормы для определённых категорий лиц (*напр. военное право, церковное право и т.д.*)

Halifax ~ самосуд

harsh ~ жёсткий закон

health ~s законодательство по вопросам здравоохранения

highway ~s законодательство о дорогах общественного пользования

highway traffic ~ автодорожное право

homestead ~s законодательство об освобождении домашнего имущества от взыскания по долгам

housing ~ жилищное право

hovering ~ законодательство (*США*) о борьбе с морской контрабандой (*путём осмотра, обыска и задержания вне территориальных вод судов, намеревающихся зайти в эти воды с контрабандной целью*)

humanitarian ~ гуманитарное право

immutable [indefeasible] ~ непреложный закон

industrial ~ трудовое право

industrial property case ~ прецедентное право по вопросам промышленной собственности

inheritance ~ наследственное право

inner comparative ~ внутреннее сравнительное правоведение (*применительно к случаям, когда право отражает федеральные начала государственного устройства*)

insurance ~ страховое право

interlocal criminal ~ интерлокальное уголовное право (*вид коллизионного права*)

internal ~ внутреннее, внутригосударственное право

internal-revenue ~ законодательство о внутренних доходах, налоговое законодательство

international ~ международное право

international ~ in vertical space международное воздушное право

international ~ of the sea международное морское право

international administrative ~ международное административное право

international conventional ~ международное договорное право

international criminal ~ международное уголовное право

international fluvial ~ международное речное право

international medical and humanitarian ~ международное медицинское и гуманитарное право

international public ~ международное публичное право

interpersonal ~ интерперсональное право

interstate ~ 1. межгосударственное право 2. коллизионное право в отношениях между штатами (*в США*)

intertemporal ~ интертемпоральное право

intestate ~s законодательство о порядке наследования при отсутствии завещания

introduced ~ внесённый законопроект

Jim Crow ~s законы об ограничении прав негров, система дискриминации негров (*в США*)

judaic ~ иудейское право

judge-made ~ прецедентное право

judicial ~ судебное право

judiciary ~ 1. судебная практика; прецедентное право 2. судебное право

labour (relations) ~ трудовое право

land ~ земельное право

legislation ~ законодательное право

licensing ~ лицензионное право; лицензионное законодательство

living ~ 1. действующее право 2. действующий закон

Lynch ~ *амер.* закон *или* суд Линча, самосуд

magisterial ~ судейское право, прецедентное право

maritime ~ морское право

market ~ рыночное право; обычаи и обыкновения данной отрасли торговли

marriage ~ брачное право

martial ~ 1. военное положение 2. военное право

matrimonial ~ брачно-семейное право

mercantile [merchant] ~ торговое право, обычное торговое право

military ~ военное право
mining ~ горное право
mob ~ *амер.* самосуд, закон Линча
model ~ типовой закон
modern ~ современное право; действующее право
Mohammedan ~ мусульманское право
moral ~ нравственный закон
municipal ~ 1. внутригосударственное право, национальное право, внутреннее право страны 2. муниципальное право; постановление муниципального органа
national ~ 1. внутригосударственное право 2. *амер.* федеральное право; федеральный закон; федеральное законодательство
nationality ~ закон о гражданстве
natural ~ естественное право
naval ~ военно-морской устав; военно-морское право
naval prize ~ морское призовое право
neutrality ~s законодательство о нейтралитете
new ~ правовая, законодательная новелла
no-fault ~ закон, устанавливающий абсолютную ответственность [ответственность без вины]
nondiscriminating ~ 1. закон, не устанавливающий дискриминации; справедливый закон 2. закон, не индивидуализирующий ответственность
nondiscriminatory ~ закон, не устанавливающий дискриминации; справедливый закон
non-enacted ~ неписаное право; право, не выраженное в законах
nuclear ~ ядерное право
obscenity ~ правовые нормы об ответственности за непристойное поведение
obsolete ~ 1. устаревшая правовая норма 2. устаревший закон
occupational safety ~s законодательство о (технике) безопасности на производстве
official ~ принятый закон; закон, вступивший в силу
official session ~ volume официальное издание законодательства, принятого на данной сессии законодательного органа
old ~ 1. ранее действовавшее право 2. старые нормы права
organic ~ органический закон, основной закон, конституция
original ~ первоначальный закон; закон в первоначальной редакции
ostensible ~ презумпция права
outmoded ~ устаревший закон
pamphlet ~s законодательный сборник-брошюра (*издаётся в ряде штатов США; включает законы, принятые данной сессией законодательного собрания*)
parliamentary ~ нормы парламентской процедуры, парламентское право; парламентские обычаи
pass ~ закон о паспортах, паспортный закон
passed ~ принятый закон
patent ~ патентное право; патентный закон

penal ~ 1. уголовное право 2. пенитенциарное право
permissive ~ разрешающий закон, закон, разрешающий что-л. (*в противоположность предписывающим законам*)
personal ~ персональное право, персональный закон
personal ~ of origin персональное право места происхождения
police ~ полицейское право
political ~ государственное право
poor ~s *англ. ист.* законы о бедных (*XVI в.*)
positive ~ позитивное право; действующее право
present ~ действующее право
prevailing ~ существующее, действующее право
preventive martial ~ военное положение, объявленное с превентивной целью
prima facie ~ презумпция права
primary ~ *амер.* законодательство о первичных выборах
prior ~ 1. ранее действовавшая правовая норма 2. прежний закон
prison ~s тюремное законодательство
privacy ~ нормы права, охраняющие прайвеси (*неприкосновенность личной жизни*)
private ~ 1. частное право 2. частный закон; закон, действующий в отношении конкретных лиц
private international ~ международное частное право
privilege ~ правовые нормы о привилегиях, иммунитетах
prize ~ призовое право
procedural ~ процессуальное право
procedural criminal ~ уголовно-процессуальное право
promulgated ~ обнародованный закон
proper ~ of the contract право, свойственное договору; право, регулирующее существо отношений сторон в договоре (*в отличие от права, определяющего дееспособность сторон и форму сделки*)
property ~ право собственности; вещное право; нормы, регулирующие имущественные права
proposed ~ предложенный законопроект
provincial ~ *амер. ист.*, *кан.* право провинции
public ~ 1. публичное право 2. публичный закон (*закон, касающийся всего населения*)
public contract ~ публично-подрядное право, право государственных заказов и подрядов
punitive ~ уголовный закон
quarantine ~s карантинные правила
real (property) ~ совокупность правовых норм, относящихся к недвижимости
regional international ~ региональное международное право
relevant ~ правовая норма, распространяющаяся на данный факт
remedial ~ процессуальное право
retroactive ~ *амер.* закон с обратной силой

retrospective ~ *англ.* закон с обратной силой

revenue ~s налоговое законодательство, фискальные законы

road ~s правила дорожного движения

road transport ~ дорожно-транспортное право

Roman (Civil) ~ римское право

safety ~s правила техники безопасности

sea ~ морское право

secular ~ светское право

session ~ закон, принятый на сессии законодательного органа

settled ~ твёрдо установленная норма права, установившаяся норма права

slip ~ «закон-листовка», закон, опубликованный в виде отдельного издания *(в США)*

social (security) ~ право социального обеспечения *(как совокупность соответствующих норм)*

sound ~ 1. разумный закон 2. действующий закон

space ~ космическое право

special ~ специальный закон

speed ~ правила ограничения скорости движения

standing ~ 1. действующая правовая норма 2. действующий закон

state ~ 1. государственное право 2. право штата; закон штата

state-use ~ закон, применяемый в штате

state-wide ~ закон, действующий в пределах штата

statute [statutory] ~ статутное право, право, выраженное в законодательных актах

stringent ~ строгий закон

subsidiary ~ субсидиарно действующее право

succession ~ наследственное право

sumptuary ~s законы, регулирующие потребление предметов роскоши

Sunday closing ~s законодательство о закрытии торговых и присутственных мест в воскресное время

superior ~ высшая (в иерархии) правовая норма

supreme ~ of the land высшее право страны *(конституция, законы, международные договоры США)*

tacit ~ обычное право

tariff ~ тарифный закон

tax ~ налоговое право; налоговое законодательство

territorial ~ право данного государства, внутреннее право

trade ~s торговое законодательство

traditional ~ обычное право

traffic ~s законодательство о дорожном движении, дорожное право

transnational ~ межгосударственное право

treaty ~ международное договорное право, право международного договора

unalterable ~ непреложный закон

unenforceable ~ закон, не применимый в принудительном порядке

unified ~s 1. унифицированное законодательство 2. кодифицированное законодательство

uniform ~ единообразный закон

ununified ~s 1. неунифицированное законодательство 2. некодифицированное законодательство

unwritten ~ неписаное право

unwritten constitutional ~ неписаная конституция

vagrancy ~s *англ. ист.* законы о бродяжничестве *(XVI в.)*

wage and hour ~s трудовое законодательство о заработной плате и рабочем времени

war ~ 1. законы ведения войны 2. закон военного времени

welfare ~s законодательство о социальном обеспечении

wildlife ~ законодательство об охране животного мира

working ~ трудовое право; трудовое законодательство

written ~ 1. писаное право 2. *см.* statute law

written constitutional ~ писаная конституция

zoning ~ муниципальные правила районирования

law-abiding соблюдающий право, уважающий закон, законопослушный

lawbook свод законов; кодекс

law-breaker правонарушитель

law-breaking нарушение закона, права

lawful законный, правомерный

lawfully законно, на законном основании, в соответствии с законом, правомерно

lawfulness законность, правомерность

lawgiver законодатель, законодательный орган, законодательная власть

lawgiving законодательный

lawless 1. неправомерный; противоправный; незаконный, беззаконный, противозаконный 2. не подчиняющийся законам; нарушающий закон 3. находящийся вне закона

lawlessly неправомерно, противоправно; незаконно, противозаконно

lawlessness беззаконие

lawmaker 1. субъект правотворчества 2. законодатель; член законодательного собрания

lawmaking правотворчество; законотворчество; законодательство, издание законов ‖ законодательный, нормоустановительный

law-monger 1. мелкий адвокат, стряпчий, ведущий кляузные, сомнительные дела 2. подпольный адвокат

lawsuit судебное дело; иск; тяжба, правовой спор, судебный спор; судебное разбирательство, судебный процесс

bona fide ~ добросовестно ведущийся судебный процесс

vexatious ~ недобросовестно возбуждённое судебное дело *(с целью досадить)*

law-writer 1. автор-правовик, учёный юрист 2. судебный писец

lawyer юрист; адвокат; консультант по вопросам права, юрисконсульт ◇ **to obtain a** ~ получить адвоката, пользоваться услугами адвоката

academic ~ учёный юрист

accident ~ адвокат по делам о несчастных случаях

administrative ~ специалист по административному праву

antitrust ~ *амер.* адвокат по антитрестовским делам

appellate ~ адвокат, выступающий в апелляционном суде

business ~ специалист по правовым аспектам бизнеса; адвокат, ведущий дела предпринимателей

civil ~ специалист по гражданскому праву, цивилист; адвокат по гражданским делам

civil liberties ~ адвокат, ведущий дела о нарушении гражданских свобод

civil practice ~ адвокат по гражданским делам

commercial ~ специалист по торговому праву; адвокат, ведущий дела коммерческих предприятий

common ~ юрист-специалист по общему праву

constitutional ~ специалист по конституционному праву

copyright ~ специалист по авторскому праву; адвокат по делам о нарушении авторских прав

corporation ~ специалист по праву корпораций; адвокат, ведущий дела корпораций

correctional ~ юрист иправительного учреждения

court-appointed ~ адвокат по назначению суда

courtroom ~ адвокат с правом выступления в суде

criminal ~ специалист по уголовному праву, криминалист; адвокат по уголовным делам

criminal defence ~ защитник

crown ~ адвокат короны *(в уголовных делах)*; государственный обвинитель

defence ~ адвокат ответчика; защитник

executive ~ специалист по правовым аспектам исполнительной власти; адвокат исполнительной власти

family ~ специалист по семейному праву; адвокат семьи

free ~ бесплатный адвокат

government ~ 1. специалист по правовым аспектам правительственной деятельности 2. адвокат правительства; государственный обвинитель

hedge ~ подпольный адвокат

international ~ специалист по международному праву, юрист-международник

jail ~ тюремный юрист

juvenile ~ адвокат по делам несовершеннолетних

labour ~ специалист по трудовому праву; адвокат по трудовым делам

legislative ~ специалист по законодательству, юрисконсульт законодательного органа

negligence ~ специалист по правовым вопросам небрежности; адвокат по делам о противоправной небрежности

office ~ адвокат, подготовляющий дела к слушанию

penal ~ специалист по уголовному праву, криминалист

penitentiary ~ специалист по пенитенциарному праву

pettifogging ~ адвокат-сутяга

practicing ~ практикующий юрист, адвокат

prison ~ тюремный юрист

private ~ 1. специалист по частному праву 2. частный адвокат

public ~ 1. специалист по публичному праву 2. адвокат государства; обвинитель

public-interest ~ адвокат, отстаивающий публичные, государственные интересы

succession ~ специалист по наследственному праву; адвокат по делам о наследстве

tax ~ специалист по налоговому праву; адвокат по налоговым делам

trial ~ адвокат, выступающий в суде первой инстанции

working ~ практикующий юрист, адвокат

lawyering адвокатская практика

lay 1. класть; налагать; накладывать 2. вменять, приписывать *(о вине)* 3. заявлять *(в ходе процесса)* 4. светский, мирской, не духовный, не церковный 5. не профессиональный; не являющийся юристом ◇ **to** ~ **an accusation** выдвинуть обвинение; **to** ~ **an action** подать иск; возбудить судебное дело; **to** ~ **a claim** заявлять претензию, заявлять права, претендовать, притязать; **to** ~ **a complaint** подавать жалобу; **to** ~ **a foundation for the admission of evidence** обосновать допустимость доказательства; **to** ~ **a tax** обложить налогом; **to** ~ **criminal information** заявить об обвинении в преступлении; **to** ~ **damages** указать сумму требуемых убытков, заявлять убытки; **to** ~ **down** устанавливать, формулировать *(в законе, норме общего права и т.п.)*; **to** ~ **down arms** сложить оружие, капитулировать; **to** ~ **down rules** устанавливать нормы; **to** ~ **down the duties of office** отказаться от должности, слагать с себя должностные обязанности; **to** ~ **down the law** устанавливать правовые нормы; **to** ~ **evidence** представить доказательства; **to** ~ **fast** заключать в тюрьму; **to** ~ **information against** донести на *кого-л.*; **to** ~ **open for public inspection** *пат.* выкладывать *(заявки)* для всеобщего обозрения; **to** ~ **the case before the court** изложить дело перед судом; **to** ~ **the case open to revision** дать основание к пересмотру дела; **to** ~ **the venue** определять территориальную подсудность; **to** ~ **under contribution** наложить контрибуцию; **to** ~ **under obligation** обязать; **to** ~ **violent hands on a person** учинить насилие над человеком

laydays сталийные дни, сталийное время
 reversible ~ реверсивные дни *(общий счёт сталийного времени для порта погрузки и выгрузки)*

layman неюрист; неспециалист

lead 1. ключ *(к решению чего-л.)*; намёк 2. направление *(расследования)*; выход на версию; версия 3. возглавлять, руководить 4. задавать наводящие вопросы 5. *шотл.* свидетельствовать; представлять *(напр. доказательства)* ◇ to ~ for the defence *(или* prosecution) возглавлять защиту *(или обвинение)*; to ~ in the case выступать в качестве главного адвоката стороны; to ~ the witness задавать наводящие вопросы свидетелю
 investigative ~ 1. ключ к решению стоящей перед следствием задачи 2. направление расследования; следственная версия
 primary ~ первичная *или* основная версия
 secondary ~ вторичная *или* второстепенная версия

leader 1. руководитель 2. главный адвокат стороны, лидер *(королевский адвокат, выступающий в суде вместе с ещё одним барристером)* 3. *тж* loss leader лидер *(товар, продаваемый в убыток для привлечения покупателей в порядке недобросовестной конкуренции)* ◇ ~ in the lawsuit главный адвокат стороны
 crime ~ руководитель преступной организации
 gang ~ 1. главарь молодёжной группировки, шайки, банды 2. босс гангстерского синдиката
 majority ~ лидер большинства *(в палате законодательного собрания)*
 minority ~ лидер меньшинства *(в палате законодательного собрания)*
 Leader:
 ~ of the House of Commons лидер палаты общин *(член кабинета, лорд-хранитель печати)*
 ~ of the House of Lords лидер палаты лордов *(член кабинета, лорд-председатель совета)*
 ~ of the Opposition лидер оппозиции

leadership руководство
 correctional ~ руководство, управление исправительными учреждениями
 legislative ~ законодательная инициатива

league лига, союз ‖ входить в союз; образовывать союз
 League:
 ~ of Arab States Лига арабских государств
 ~ of Nations Лига Наций

learn ознакомиться *(напр. с материалами дела)*

learned учёный *(напр. в отношении судьи)* ◇ ~ in the law сведущий в законах, в вопросах права

lease наём недвижимости, жилищный наём, аренда ‖ сдавать *или* брать внаём
 ~ of trade name лицензирование торгового наименования

agricultural ~ сельскохозяйственная аренда
building ~ аренда земли под застройку
dry ~ «драй лиз», бэрбоут-чартер на воздушное судно, аренда воздушного судна без экипажа
equipment ~ долгосрочная аренда оборудования, лизинговый договор
perpetual ~ наследственная аренда, эмфитевзис
short ~ краткосрочная аренда

leasee наниматель, арендатор

leasehold 1. владение на правах аренды 2. арендованная земельная собственность
 building ~ право застройки
 life ~ пожизненная аренда
 long ~ аренда на 99 лет

leaseholder арендатор; наниматель; съёмщик

leasing лизинг, долгосрочная аренда оборудования

leave 1. разрешение 2. отпуск 3. оставлять; покидать 4. завещать ◇ to ~ destitute оставить без средств к существованию; to ~ for dead оставить, приняв за мёртвого; to ~ paroled отпускать под честное слово; ~ to prosecute санкция на возбуждение уголовного преследования; to ~ the chair закрыть заседание
 ~ of absence отпуск
 ~ of court разрешение суда
 compassionate ~ отпуск по семейным обстоятельствам
 home ~ отпуск домой *(для заключённых)*
 maternity ~ отпуск по беременности и родам
 military ~ увольнение
 paid ~ оплаченный отпуск
 post-childbirth [post-delivery] ~ послеродовой отпуск
 sick ~ отпуск по болезни
 special ~ 1. специальное разрешение 2. целевой отпуск
 temporary ~ временное разрешение

legacy легат, завещательный отказ движимости
 ~ of invention завещательный отказ изобретения, передача права на изобретение в порядке завещательного отказа
 absolute ~ абсолютный легат *(завещательный отказ, не связанный с условиями)*
 conditional ~ условный легат *(завещательный отказ, связанный с условиями)*
 demonstrative ~ завещательный отказ из специально указанного фонда
 general ~ ординарный легат *(завещательный отказ определённой суммы из общей наследственной массы)*
 lapsed ~ 1. легат, утративший силу *(за смертью легатария)* 2. легат, перешедший к другому лицу
 modal ~ условный легат, условный завещательный отказ
 pecuniary ~ денежный легат, денежный дар по завещанию
 residuary ~ завещательный отказ движимости, оставшейся после выплаты долгов
 specific ~ завещательный отказ конкретно поименованной движимости

legal 1. юридический; правовой; законный; основанный на законе; судебный 2. относящийся к области общего права, основанный на общем праве, регулируемый общим правом
  technical ~ технико-юридический
legalism законность; точное соблюдение законов; приверженность букве закона
legalist 1. законник; тот, кто строго соблюдает законы и придирчиво следит за их соблюдением 2. юрист
legalistic 1. легалистический; приверженный строгому соблюдению законов 2. юридический
legality законность; легальность
legalization узаконение; придание законной силы; легализация; засвидетельствование
  consular ~ консульская легализация
legalize узаконивать; придавать законную силу; легализовать; засвидетельствовать ◇ to ~ the signature заверить, засвидетельствовать подпись
legalized легализованный, узаконенный; получивший законную силу; засвидетельствованный
legally юридически; по закону; по праву; законно; легально
legatary 1. легатарий, наследник по завещанию (особенно движимости) 2. легат, нунций
legate 1. папский легат, нунций 2. шотл. завещать
legatee легатарий, отказополучатель, наследник по завещанию (особенно движимости)
  residual [residuary] ~ наследник (по завещанию) очищенного от долгов и завещательных отказов имущества, «остаточный легатарий»
  specific ~ наследник (по завещанию) конкретно поименованного имущества
legation дипломатическое представительство
  combined ~ объединённое дипломатическое представительство
legator завещатель
legatory легаторий (часть движимости, которую можно завещать)
legible удобочитаемый, разборчиво написанный
legibly handwritten разборчиво написанный
legislate 1. законодательствовать, издавать законы 2. амер. осуществить что-л. в законодательном порядке ◇ to ~ against smth. запретить что-л. в законодательном порядке
legislation законодательство; законодательный акт; закон; законодательная деятельность, нормотворческая деятельность ◇ ~ by reference осуществление законодательной деятельности отсылкой к другому закону; ~ by veto ветирование законодательства; ~ in force действующее законодательство; to adopt ~ принять законодательство; to initiate ~ выступить с законодательной инициативой; to introduce ~ внести законопроект; to offer ~ предлагать законодательство; to pass

~ принять законодательство; to promulgate ~ обнародовать законодательство; to propose ~ предлагать законодательство; to sponsor ~ «проталкивать» законодательство
  abrogating ~ отменяющее законодательство
  adjective ~ процессуальное законодательство
  adopted ~ принятое законодательство
  ambiguous ~ двусмысленное, неясное по содержанию законодательство
  amended ~ законодательство с поправками
  amending ~ законодательство, вносящее поправки
  antitrust ~ амер. антитрестовское законодательство
  business ~ законодательство о бизнесе
  buy national ~ законодательство в защиту отечественной промышленности, протекционистское законодательство
  challenged ~ критикуемое законодательство; оспариваемое законодательство
  changed ~ изменённое законодательство
  changing ~ законодательство, вносящее изменения
  civil ~ гражданское законодательство
  classified ~ секретный нормативный акт
  clear ~ недвусмысленное, ясное по содержанию законодательство
  comprehensive ~ всеобъемлющее, комплексное, сводное законодательство
  congressional ~ законы конгресса
  consolidated ~ англ. консолидированное, комплексное, сводное законодательство; свод законов
  constitutional ~ 1. законодательство, не противоречащее конституции 2. конституционное законодательство
  consumer ~ законодательство по охране интересов потребителей
  continuing [continuous] ~ законодательство, сохраняющее свою силу; действующее законодательство
  correctional ~ исправительное законодательство
  criminal ~ уголовное законодательство
  crisis ~ чрезвычайное законодательство
  current ~ существующее, действующее законодательство; текущая законодательная деятельность
  delegated ~ делегированное законодательство
  detailed ~ законодательство конкретного характера; подробное законодательство
  direct ~ непосредственное законодательство (напр. путём референдума)
  domestic ~ внутреннее [национальное] законодательство
  draft ~ законопроект
  emergency ~ чрезвычайное законодательство
  enabling ~ амер. 1. закон о предоставлении чрезвычайных правомочий 2. закон конгресса, разрешающий территории начать подготовку к переходу к статусу штата
  environmental ~ законодательство об охране окружающей среды
  executive ~ 1. законодательство об исполни-

тельной власти **2.** нормативные акты исполнительной власти

executively-advocated ~ законодательство, отстаиваемое исполнительной властью

executively-initiated ~ законодательство по инициативе исполнительной власти

executively-sponsored ~ законодательство, «проталкиваемое» исполнительной властью

existing ~ существующее законодательство; действующее законодательство

expiring ~ закон, срок действия которого истекает

ex post facto ~ закон с обратной силой

federal ~ *амер.* федеральное законодательство

general ~ законодательство общего характера

implementing ~ имплементирующее законодательство (*нормативный акт или нормативные акты, вводящие в действие какой-л. закон, международный договор и т.п.*)

initiated ~ внесённый законопроект

innovative ~ новое законодательство, законодательная новелла

introduced ~ внесённый законопроект

judicial ~ прецедентное право

labour ~ трудовое законодательство

maritime ~ морское законодательство

mercantile [merchant] ~ торговое законодательство

military ~ военное законодательство

model ~ модельное, типовое, примерное законодательство; модель законодательства

naval ~ военно-морское законодательство

newly enacted ~ вновь изданное законодательство

novel ~ законодательная новелла; новое законодательство

omnibus ~ *амер.* комплексное, сводное законодательство

option ~ альтернативное законодательство

organic ~ органический закон; конституция

overall ~ законодательство общего характера

oversight ~ обзорное законодательство (*по итогам реализации законодательных программ*)

parent ~ законодательство, являющееся источником действующего *или* нового законодательства

particular ~ законодательство по частному вопросу

passed ~ принятое законодательство

patent ~ патентное законодательство

penal ~ уголовное законодательство

pending ~ законодательство на рассмотрении; законопроект

penitentiary ~ пенитенциарное законодательство

permanent ~ постоянно действующее законодательство

prison ~ тюремное законодательство

private ~ законодательство, касающееся отдельных лиц

procedural ~ процессуальное законодательство

proposed ~ предложенный законопроект

prospective ~ будущее законодательство, законодательство de lege ferenda; законопроект

punitive ~ карательное законодательство; уголовное законодательство

regulatory ~ регулятивное законодательство

remedial ~ процессуальное законодательство

repealed ~ отменённое законодательство

repealing ~ отменяющее законодательство

requisite ~ требуемое, необходимое законодательство

restricting [restrictive] ~ рестриктивное, ограничивающее законодательство

resulting ~ законодательство, принятое на основе данного законопроекта

retroactive [retrospective] ~ закон с обратной силой

social ~ социальное законодательство

special ~ специальное законодательство

specific ~ законодательство конкретного характера; специальное законодательство

state ~ законодательство штата

subordinate ~ подзаконные нормативные акты

supplementary ~ дополнительное законодательство; дополнение к законодательству

tariff ~ таможенное законодательство

war ~ законодательство военного времени

legislative законодательный

legislatively в законодательном порядке

legislator законодатель; член законодательного органа

legislatorial законодательный

legislature законодательная власть; законодательный орган, легислатура

bicameral ~ двухпалатный законодательный орган

federal ~ федеральная легислатура, конгресс США

investigating ~ законодательный орган, производящий расследование

little ~s система комитетов в конгрессе США

national ~ *см.* federal legislature

one-chambered ~ однопалатная легислатура

previous ~ легислатура прежнего, предыдущего созыва

state ~ легислатура штата

successive ~ легислатура последующего созыва

territorial ~ легислатура территории

two-chambered ~ двухпалатная легислатура

unicameral ~ однопалатный законодательный орган

legist юрист

legitimacy законность; законнорождённость

legitimate 1. законный родитель **2.** законное рождение ‖ законнорождённый **3.** законное потомство **4.** узаконивать; легитимировать **5.** оправдывать, служить в качестве оправдания **6.** законный **7.** основанный на праве прямого наследства

legitimately законно

legitimateness законность

legitimation узаконивание; легитимация

legitime 1. *шотл.* обязательная доля движимого имущества, полагающаяся детям наследодателя 2. законный

legitimism легитимизм

legitimization узаконивание; легитимация

legitimize легитимировать, узаконивать

leguleian сутяга, кляузник; крючкотвор ‖ сутяжнический, кляузнический; крючкотворный

lend предоставлять заём, давать взаймы; давать в ссуду, ссужать *что-л.* ◇ to ~ **funds** ссужать денежные средства; to ~ **money on documents** предоставить заём под залог документов; to ~ **money on goods** предоставлять заём под залог товаров; to ~ **name to another person** предоставить (*временно*) своё имя (*фамилию*) другому лицу; to ~ **on the security of property** предоставить заём под залог имущества

lender заимодатель; займодержатель; ссудодатель

mortgage ~ ипотечный заимодатель

lending представление займа

lend-lease *амер.* ленд-лиз, передача взаймы *или* в аренду (*вооружения, продовольствия и т.д.*)

length расстояние, протяжённость, длительность, продолжительность; срок ◇ at arm's ~ на формальной основе

~ **of commitment** 1. срок для передачи на рассмотрение 2. срок заключения под стражу; длительность ареста 3. срок для совершения (*действия*) 4. срок действия обязательства

~ **of imprisonment** срок тюремного заключения

~ **of parole** срок пребывания в режиме условно-досрочного освобождения

~ **of probation** срок пробации

~ **of punishment** срок наказания

~ **of recommitment** 1. срок для возвращения на повторное рассмотрение 2. срок повторного заключения под стражу; длительность повторного ареста 3. срок для повторного совершения (*действия*) 4. продлённый срок действия обязательства

~ **of reparole** срок пребывания в режиме повторного условно-досрочного освобождения

~ **of reprobation** срок повторно назначенной пробации

~ **of sentence** назначенный в приговоре срок наказания

~ **of skidmark** длина тормозного пути

leniency снисходительность (*к подсудимому*)

lenient снисходительный (*к подсудимому*)

lese-majesty оскорбление величества, оскорбление монарха

lesion 1. убыток, вред, ущерб 2. телесное повреждение

lessee арендатор, съёмщик, наниматель; организация, берущая оборудование напрокат

lessor 1. арендодатель 2. организация, дающая оборудование напрокат, лизинговая фирма

let сдавать в аренду, внаём ◇ to ~ **on hire** сда-вать внаём; to ~ **to bail** выпустить на поруки; to ~ **to freight** отфрахтовывать

lettable сдаваемый внаём; выдаваемый напрокат

letter 1. буква 2. письмо; послание 3. наймодатель; арендодатель ◇ ~s ad **colligendum bona defuncti** судебное правомочие собрать и хранить имущество умершего; ~ **and intent** буква и дух (*закона и т.д.*); ~s **avocatory** 1. предписание гражданину вернуться в его страну из воюющей с ней страны 2. предписание гражданину, находящемуся на территории враждебной страны, не совершать противозаконных действий; ~s **citatory** судебный вызов, судебная повестка; ~s **credential** верительные грамоты; ~s **dismissory** извещение о направлении дела на апелляцию (*посылается нижестоящим судом в вышестоящий*); ~s **missive** 1. королевское директивное письмо (*с указанием кандидата для избрания епископом*) 2. извещение о направлении дела на апелляцию (*посылается нижестоящим судом в вышестоящий*); ~s **patent** 1. публично-правовой акт пожалования прав, жалованная грамота 2. патент, патентная грамота; ~s **patent of nobility** грамота о пожаловании дворянства; ~s **requisitory** судебное поручение (*о допросе свидетеля*); ~s **rogatory** рогаторий, судебное поручение (*о допросе свидетеля*); ~s **testamentary** полномочие исполнителя завещания на осуществление его функций (*выдаётся судом*)

~ **of acceptance** извещение о принятии оферты

~s **of administration** судебное полномочие на управление имуществом умершего, назначение управляющего наследством

~ **of advice** уведомительное письмо; извещение; авизо

~ **of attorney** доверенность

~s **of caption** приказ суда об аресте; ордер на арест

~ **of collection** инкассовое поручение

~ **of commitment** *амер.* гарантийное письмо

~ **of conveyance** транспортная накладная

~s **of credence** верительные грамоты

~ **of credit** аккредитив

~ **of denization** патент на гражданство, свидетельство о натурализации

~ **of deposit** залоговое письмо

~s **of domiciliation** документ о домицилировании

~s **of executor** судебное правомочие на осуществление функций душеприказчика

~ **of grant** жалованная грамота; привилегия; свидетельство о предоставлении *или* разрешении *чего-л.*

~ **of guaranty** гарантийное письмо

~ **of hypothecation** закладная (*на недвижимость, судно*); ипотечный акт

~ **of identification** удостоверение личности

~ **of indemnity** гарантийное письмо

~ **of introduction** рекомендательное письмо

~ of inquiry письменный запрос

~s of marque (and reprisal) каперское свидетельство

~(s) of mart каперское свидетельство

~s of naturalization свидетельство о натурализации

~ of privilege грамота о предоставлении привилегии

~ of procuration письменная доверенность

~s of recall отзывные грамоты

~s of supplement приказ о вызове в суд лица, проживающего вне сферы территориальной юрисдикции данного суда

~ of the law буква, формальный смысл закона

~ of understanding подтверждающее письмо

ancillary ~s судебное правомочие на управление имуществом умершего, выданное дополнительному управляющему

anticipatory ~ of credit аккредитив для оплаты ещё не отгруженных товаров

back ~ 1. письмо с разъяснением условий договора 2. гарантийное письмо грузоотправителя (о снятии с перевозчика ответственности за последствия выдачи чистого коносамента)

back-to-back ~ of credit совместный аккредитив (открываемый несколькими покупателями)

business review ~ амер. запрос о правомерности намечаемых деловых операций (направляемый генеральным атторнеем в антитрестовское управление)

circular ~ циркулярное письмо, циркуляр

circular ~ of credit циркулярный аккредитив

claim ~ претензионное письмо, рекламация

clean ~ of credit чистый аккредитив (аккредитив, выплата по которому производится без представления продавцом отгрузочных документов)

clearance ~ очистительное свидетельство (выдаётся антитрестовским отделением министерства юстиции США компании по её ходатайству)

close ~ конфиденциальное письмо

collection ~ 1. инкассовое поручение 2. письмо с предложением о погашении задолженности

commercial ~ of credit товарный аккредитив

covering ~ сопроводительное письмо

credential ~s 1. верительные грамоты 2. полномочия, мандат

criminal ~ шотл. повестка привлекаемому к уголовной ответственности; повестка подследственному

dead ~ 1. «мёртвая буква», устаревший закон 2. недоставленное письмо 3. документ, утративший силу по причине длительного неиспользования

defamatory ~ письмо, содержащее сведения, позорящие потерпевшего

documentary ~ of credit товарный аккредитив

fixing ~ письмо, подтверждающее фрахтование

follow ~ повторное письмо, письмо-напоминание

general ~s of administration данные судом общие правомочия на управление имуществом умершего

indecent ~ письмо непристойного содержания

insured ~ ценное письмо

irrevocable ~ of credit безотзывный аккредитив

irrevocable confirmed ~ of credit подтверждённый безотзывный аккредитив

irrevocable unconfirmed ~ of credit неподтверждённый безотзывный аккредитив

judicial ~ акт описи имущества, протокол о наложении ареста на имущество

lodging ~ лицо, сдающее внаём квартиру или комнату

official ~ 1. официальное письмо; официальное уведомление 2. пат. заключение экспертизы

open ~ of credit чистый аккредитив (аккредитив, выплата по которому производится без представления продавцом отгрузочных документов)

packing ~ of credit аккредитив для оплаты ещё не отгруженных товаров

registered ~ заказное письмо

revocable ~ of credit отзывный аккредитив

revolving ~ of credit автоматически возобновляемый аккредитив

rogatory ~s рогаторий, судебное поручение (о допросе свидетеля)

sea ~ охранное свидетельство, морской паспорт (документ, удостоверяющий порт отплытия, порт назначения и описание груза нейтрального судна)

special ~s administration данные судом особые правомочия на управление имуществом умершего

straight ~ of credit 1. амер. подтверждённый безотзывный аккредитив 2. авизованный аккредитив

testimonial ~ (письменное) удостоверение, свидетельство

unconfirmed ~ of credit неподтверждённый аккредитив

warning ~ письмо с предупреждением о правовых последствиях невыполнения предписанного действия

without-prejudice ~ письмо, отправленное под условием непричинения ущерба интересам корреспондента или адресата

letting сдача внаём, в аренду ◇ ~ die неоказание (умышленное) помощи лицу, находящемуся в опасном для жизни состоянии

~ of lands to farm сдача земель в сельскохозяйственную аренду

levari facias лат. судебный приказ об обращении взыскания на имущество должника

levée фр. утренний приём (при английском королевском дворе)

leviable 1. могущий быть взысканным; подлежащий взысканию 2. могущий быть описанным; подлежащий описи, аресту

levy 1. обложение, взимание; сумма обложения; сбор || облагать; взимать 2. взыскание || взыскивать (путём принудительного исполнения решения суда) 3. набор рекрутов; набранные рекруты; войска; ополчение || набирать рекрутов 4. вести (войну) ◇ ~ en [in] masse 1. вооружённое выступление масс 2. поголовная мобилизация; to ~ bail определить сумму залога; to ~ distress накладывать арест, описывать имущество; to ~ execution обратить взыскание, взыскать по исполнительному листу; to ~ fine наложить штраф; to ~ taxes облагать налогами; to ~ war 1. начинать, вести войну 2. покушаться на безопасность государства

~ of troops вербовка в войска

property ~ поимущественный налог

tax ~ введение налога

lewdness похоть

open ~ публичное проявление похоти

lex aligeantial лат. национальный закон лица, закон государства, к которому принадлежит данное лицо

lex causae лат. право, свойственное договору; право, регулирующее существо отношений сторон в договоре (в отличие от права, определяющего дееспособность сторон и форму сделки)

lex domicilii лат. закон домициля

lex electa лат. выбранное право, право, выбранное сторонами

lex fori лат. закон места рассмотрения дела, закон суда

lex lata лат. позитивное право

lex loci actus лат. закон места совершения акта, сделки

lex loci celebrationis лат. закон места совершения сделки; закон места заключения брака

lex loci contractus лат. закон места заключения договора

lex loci delicti commissi лат. закон места совершения преступления

lex loci delictus лат. закон места совершения преступления

lex loci domicilii лат. закон домициля

lex loci rei sitae лат. закон места нахождения имущества

lex loci solutionis лат. закон места исполнения сделки

lex monetae лат. право соответствующей денежной системы

lex ordinandi лат. закон места рассмотрения дела

lex origins лат. закон места происхождения, закон места рождения

lex patriae лат. закон гражданства

lex pecuniae лат. право соответствующей денежной системы, право страны, где выпускается данная валюта

lex personalis лат. личный закон, закон лица, участвующего в правоотношении (напр. закон домициля)

lex rei sitae лат. закон места нахождения имущества

lex situs лат. закон места нахождения имущества; закон места «прикрепления» долга

lex voluntatis лат. закон, выбранный сторонами в сделке

liabilit/y 1. ответственность 2. обязанность 3. pl обязательства; долги или денежные обязательства ◇ ~ for animals ответственность собственника или владельца животных за причинённый ими вред; ~ for an innocent agent ответственность за поведение невиновного агента (малолетнего, невменяемого и т.д.); ~ for a tax обязанность платить налог; to change ~ изменить вид или субъекта ответственности; to incur ~ (по)нести ответственность; ~ to punishment уголовно-правовая обязанность понести наказание; ответственность в форме наказания

absolute ~ безусловная, объективная ответственность (независимо от наличия вины)

adjudicated ~ ответственность по решению суда

civil ~ гражданско-правовая ответственность

contingent ~ условная обязанность

corporate ~ корпоративная ответственность, ответственность корпорации

criminal ~ уголовная ответственность

delictual ~ деликтная ответственность

double ~ дополнительная ответственность

exclusive ~ исключительная ответственность

exclusive governmental ~ исключительная ответственность государственной власти (исключающая личную ответственность её служащих)

fixed ~ies долгосрочные обязательства

foreign money ~ обязательство в иностранной валюте

individual ~ индивидуальная ответственность

joint ~ совместная ответственность

joint and several ~ ответственность совместно и порознь, солидарная ответственность

legal ~ юридическая ответственность; судебная ответственность

limited ~ ограниченная ответственность

occupier's ~ ответственность владельца; ответственность арендатора

organizational ~ ответственность организаци

pecuniary ~ 1. финансовая ответственность 2. финансовое обязательство

personal ~ личная ответственность

product ~ ответственность производителя (перед потребителем за качество товара)

reciprocal ~ies взаимные обязательства

secondary ~ акцессорная ответственность; субсидиарная ответственность

severable ~ ответственность по делимому обязательству

strict ~ строгая ответственность; объективная ответственность (независимо от наличия вины) superadded ~ дополнительная ответственность

tortious ~ деликтная ответственность

unlimited ~ неограниченная ответственность

vicarious ~ ответственность за действия других лиц; ответственность поручителя; субститутивная ответственность; субсидиарная ответственность

liable 1. ответственный 2. обязанный 3. подлежащий ◇ ~ at [in] law ответственный по закону; ~ to be [to become] suspect дающий основания для подозрения; to be ~ to smth. подлежать *чему-л.*; ~ to capital punishment подлежащий смертной казни; ~ to check подконтрольный; ~ to civil proceedings подлежащий ответственности в гражданско-правовом порядке; ~ to criminal proceedings подлежащий ответственности в уголовно-правовом порядке; ~ to death penalty подлежащий смертной казни; ~ to fine подлежащий штрафу; to hold legally ~ признать подлежащим ответственности перед законом, перед судом; ~ to imprisonment подлежащий тюремному заключению; ~ to penalty подлежащий взысканию; подлежащий наказанию; подлежащий штрафу; ~ to prosecution подлежащий уголовному преследованию; ~ to punishment подлежащий наказанию; ~ to taxes подлежащий налогообложению

administratively ~ подлежащий административной ответственности

civilly ~ подлежащий гражданско-правовой ответственности

criminally ~ подлежащий уголовной ответственности

legally ~ подлежащий ответственности перед законом, перед судом

secondarily ~ ответственный во вторую очередь; несущий акцессорную ответственность

libel 1. жалоба; исковое заявление ‖ подавать жалобу, исковое заявление 2. *шотл.* обвинение ‖ заявлять об обвинении 3. пасквиль *(клевета письменно или через печать)* 4. требование о конфискации *(в связи с нарушением законодательства о пищевых продуктах и лекарственных веществах)* ‖ требовать конфискации

actionable ~ пасквиль, преследуемый в гражданском порядке

blasphemous ~ богохульный пасквиль

class ~ пасквиль на группу лиц

criminal ~ преступный, уголовно наказуемый пасквиль

handwritten ~ пасквиль, написанный собственноручно

mass-media ~ пасквиль через средства массовой информации

mutinous ~ пасквиль, имеющий целью вызвать мятеж

newspaper ~ пасквиль, опубликованный в газете

obscene ~ пасквиль, содержащий непристойности

seditious ~ мятежный пасквиль, подстрекающий к мятежу пасквиль

typewritten ~ пасквиль, напечатанный на машинке

written ~ письменный пасквиль

libelant 1. истец 2. лицо, подавшее заявление о конфискации *(в связи с нарушением законодательства о пищевых продуктах и лекарственных веществах)*

libelee ответчик

libeller пасквилянт, автор пасквиля

libelous пасквильный

liberate освобождать

liberation освобождение

liberie освобождённый военнопленный

libert/y 1. свобода 2. привилегия 3. право ◇ to gain ~ обрести свободу; to regain ~ вернуться на свободу

~ of conscience свобода совести

~ of discussion свобода слова

~ of printing свобода печати

~ies of prison тюремные привилегии, привилегии в тюрьме; *разг.* тюремная территория, в пределах которой заключённые вправе свободно передвигаться

~ of speech свобода слова

~ of the press свобода печати

civil ~ies гражданские свободы

economic ~ies экономические свободы

human ~ies права человека

ordered ~ упорядоченная, управляемая свобода

personal ~ 1. свобода личности 2. *pl* личные свободы

political ~ies политические свободы

private ~ неприкосновенность личной жизни

public ~ies гражданские свободы

religious ~ свобода вероисповедания

uncontrolled ~ абсолютная свобода

licence разрешение; лицензия ‖ разрешать; лицензировать ◇ ~ by estoppel лицензия, возникающая в силу конклюдентных действий патентообладателя; ~ for marriage разрешение на вступление в брак; to obtain a ~ получить разрешение; получить лицензию; ~ under a patent патентная лицензия

«~s of right» «право на лицензию» *(запись о готовности патентовладельца выдать лицензию, дающая право на снижение патентных пошлин)*

absolute ~ абсолютная [исключительная] лицензия *(предусматривающая обязанность лицензиара не производить запатентованные изделия или использовать запатентованный процесс на территории действия лицензии)*

administrative agency ~ разрешение, выданное административным органом

armorial bearing ~ разрешение носить оружие

assignable ~ лицензия с правом передачи; лицензия с правом выдачи сублицензии

blanket ~ бланкетная лицензия

compulsory ~ принудительная лицензия

driving ~ водительские права, удостоверение на право вождения автомашины

exclusive ~ исключительная лицензия

export ~ экспортная лицензия

express ~ лицензия, основанная на договорных условиях, прямо выраженная лицензия, оформленная лицензия

field-of-use ~ лицензия на использование изобретения лишь в определённой области

forced ~ принудительная лицензия

general ~ генеральная лицензия

hybrid ~ «гибридная» [смешанная] лицензия (*имеющая своим предметом и другие, кроме патента, объекты, напр. «ноу-хау», товарный знак, авторское право*)

implied ~ подразумеваемая лицензия

import ~ импортная лицензия

label ~ «лицензия на этикетке [на ярлыке]» (*отмеченное на этикетке [на ярлыке] разрешение на использование продаваемого изделия в соответствии с определённым патентом*)

marriage ~ разрешение на вступление в брак

non-exclusive ~ неисключительная лицензия (*т.е. не предусматривающая исключительного права лицензиата*)

nonpatent ~ беспатентная лицензия; лицензия на «ноу-хау»

open general ~ открытая генеральная лицензия

oral ~ устная лицензия

passive ~ пассивная (*купленная*) лицензия

patent ~ патентная лицензия

reciprocal ~ перекрёстная лицензия

royalty-free ~ безвозмездная лицензия

sole ~ 1. единственная лицензия; исключительная лицензия 2. «только лицензия» (*лицензия, предусматривающая право лицензиара конкурировать с лицензиатом*)

validated ~ утверждённая индивидуальная лицензия

vehicle ~ водительские права, удостоверение на право вождения автотранспортного средства

village ~ лицензия на предпринимательство в сельской местности

licensability возможность лицензирования

license см. licence

licensed 1. имеющий разрешение, право; разрешённый, лицензированный 2. дипломированный ◇ ~ house [premises] помещение, в котором разрешена торговля спиртными напитками; ~ quarters часть города, где разрешена проституция; ~ vice узаконенный разврат; ~ victualler трактирщик с правом торговли спиртными напитками

licensee 1. обладатель разрешения, лицензии 2. *пат.* лицензиат

~ of patent rights лицензиат

licenser см. licensor

licensing лицензирование

compulsory ~ принудительное лицензирование, выдача принудительных лицензий

domestic ~ лицензирование внутри страны

international ~ 1. мировая лицензионная практика 2. транснациональное лицензирование, продажа *или* получение лицензий за границей

package ~ пакетное [комплексное] лицензирование, заключение договора на использование нескольких патентов

licensor 1. лицо, выдающее разрешение, лицензию 2. *пат.* лицензиар

~ of patent rights лицензиар

patentee ~ патентовладелец-лицензиар

trade secret ~ лицензиар «ноу-хау»

licensure *амер.* выдача разрешений, патентов и т.п.

licit законный

lie 1. ложь ‖ лгать 2. лежать (*об обязанности, риске и т.д.*) 3. принадлежать (*о праве предъявления иска, подачи апелляции, осуществления контроля и т.п.*) ◇ an action will ~ иск может быть предъявлен; an action will not ~ иск не может быть предъявлен, нет права предъявления иска; an appeal will ~ апелляция может быть подана; to ~ dormant не применяться (*о правовой норме*); to ~ in franchise подлежать завладению без судебной процедуры; to ~ in grant подлежать переходу в силу акта пожалования (*без передачи владения - о правах, нематериальных объектах*); to ~ in livery подлежать переходу при передаче владения; to ~ in retentis *шотл.* храниться в качестве доказательства; to ~ upon the table находиться на рассмотрении палаты (*о законопроекте*)

lien 1. право удержания (*применительно к индивидуально-определённой вещи*) 2. залоговое право 3. привилегированное требование, преимущественное требование

accountant's ~ право государственного контролёра удержать у себя бухгалтерскую документацию клиента

admiralty ~ право удержания судна

agent's ~ агентское право удержания

agister's ~ залоговое право лица, пасущего по найму чужой скот на своей земле

agricultural ~ залоговое право на урожай

building ~ предусмотренное законом право залога, принадлежащее поставщику материалов *или* подрядчику в отношении возводимого объекта

charging ~ залоговое право

equitable ~ залоговое право, предусмотренное правом справедливости

judgement ~ залоговое право в силу судебного решения

junior ~ позднейшее залоговое право

maritime ~ морское залоговое право, залоговое право в торговом мореплавании

possessory ~ право удержания

salvage ~ право удержания спасённого имущества (*в обеспечение уплаты спасательного вознаграждения*)

senior ~ первое *или* более раннее залоговое право

statutory ~ предусмотренное законом право удержания

tax ~ залоговое право на имущество в обеспечение уплаты налога

vendor's ~ право удержания, принадлежащее продавцу

lienor 1. лицо, имеющее право удержания; лицо, осуществляющее право удержания 2. залогодержатель 3. привилегированный кредитор

Lieutenant-Governor 1. лейтенант-губернатор *(титул губернатора провинции в Канаде и представителя монарха на Нормандских о-вах и о-ве Мэн)* 2. вице-губернатор штата *(США)*

life 1. жизнь 2. срок действия 3. пожизненное тюремное заключение ◇ ~ or limb жизнь или физическая неприкосновенность; to take ~ лишить жизни

natural ~ жизнь, закончившаяся естественной смертью

outside ~ жизнь на свободе, на воле, вне стен пенитенциарного учреждения

life-hold пожизненная аренда

lifer *см.* life-termer

liferent *шотл.* право пожизненного пользования имуществом

life-tenant пожизненный арендатор

life-termer приговорённый к пожизненному тюремному заключению; отбывающий пожизненное тюремное заключение; пожизненно заключённый

lift 1. снимать, отменять *(запрещение, ограничение и т.д.)* 2. похищать, красть ◇ to ~ the ban снять запрет; to ~ the blockade снять блокаду; to ~ the embargo снять эмбарго; to ~ the freeze отменить замораживание, «разморозить»; to ~ the moratorium отменить мораторий

light:

ancient ~s *англ. ист.* узуфрукт, в силу которого собственник здания был вправе возражать против возведения по соседству здания, могущего воспрепятствовать доступу света и воздуха в его здании

limit 1. лимит; предел 2. граница ‖ ограничивать 3. устанавливать срок

~s of internment территория, в пределах которой может находиться интернированный

~s of justifiable defence пределы оправданной [необходимой] обороны

~s of law пределы закона

~s of prison часть тюрьмы [тюремной территории], в пределах которой заключённые имеют право свободно передвигаться

age ~ предельный возраст, возрастное ограничение

exemption ~ необлагаемый минимум

jurisdictional ~s пределы юрисдикции

legal drinking ~ установленный законом минимальный возраст, по достижении которого лицо вправе потребовать спиртные напитки

outer ~ внешняя граница

prison ~s тюремная территория, в пределах

которой заключённые имеют право свободно передвигаться

three-mile ~ трёхмильная полоса территориальных вод

tidal ~ граница прилива

time ~ срок

limitary 1. ограниченный 2. ограничительный 3. пограничный

limitation 1. ограничение 2. предельный срок 3. погасительная давность, исковая давность; давность привлечения к уголовной ответственности, давность уголовного преследования 4. признак изобретения *(в формуле изобретения)* ◇ ~ on conviction срок давности для признания виновным; ~ upon authority ограничение *или* срок действия правомочия

~ of action исковая давность

~ of estate установление ограничений *(во времени или объёме прав)* при акте распоряжения имуществом в пользу *кого-л.*

~s of presumption допустимые пределы презумпции

executory ~ предельный срок исполнения в будущем

organic ~s органические, конституционные ограничения

time ~ 1. ограничение во времени 2. срок давности, давность

limited 1. ограниченный 2. имеющий ограниченную ответственность, с ограниченной ответственностью ◇ ~ and reduced с ограниченной ответственностью и уменьшенным капиталом

line 1. линия 2. область деятельности 3. максимальный предел

~ of ancestor потомство по прямой линии

~ of argument аргументация

~ of conduct линия поведения

~ of demarcation демаркационная линия

~ of duty служебные обязанности

ascending ~ восходящая линия родства

base ~ исходная [базисная] линия *(при отсчёте ширины территориальных вод)*

closing ~ замыкающая линия

coast ~ береговая линия

collateral ~ боковая линия родства

credit ~ максимальная сумма кредита

descending ~ нисходящая линия родства

equidistance ~ равноудалённая линия

female ~ женская линия *(родства, наследования)*

lateral equidistance ~ поперечная линия равного удаления

low water ~ линия наибольшего отлива

marriage ~s свидетельство о браке

middle ~ медиана

transversal ~ боковая линия родства

lineal родственник по прямой линии ‖ прямой *(о родстве)*

line-up предъявление для опознания ‖ предъявлять для опознания

liquidate 1. ликвидировать 2. определить сумму 3. оплатить

okok.ok

liquidated 1. ликвидированный 2. определённый *(о сумме)* 3. оплаченный

liquidation 1. ликвидация 2. определение суммы 3. оплата

  compulsory ~ принудительная ликвидация

  voluntary ~ добровольная ликвидация

liquidator ликвидатор

  ~ of the estate ликвидатор, управляющий конкурсной массой

lis pendens *лат.* иск, находящийся на рассмотрении

list список

  ~ of wanteds список лиц, разыскиваемых полицией

  active ~ список командного состава, находящегося на действительной службе

  alarm ~ список лиц, наблюдающих за правильностью проведения выборов

  assessment ~ список имуществ, подлежащих налогообложению

  cause ~ список дел к слушанию

  civil ~ 1. *англ.* цивильный лист *(денежная сумма на содержание лиц королевской семьи)* 2. *амер.* перечень должностных лиц гражданских ведомств, оплачиваемых из средств бюджета

  commercial ~ список торговых дел к слушанию

  common jury ~ список дел, подлежащих разрешению при участии обычного состава присяжных

  customs examination ~ досмотровая роспись

  exigent ~ список внеочередных дел *(в суде)*

  free ~ список товаров, не облагаемых пошлиной

  hit ~ список лиц, намеченных к ликвидации

  jury ~ 1. список присяжных 2. список дел, рассматриваемых с участием присяжных

  New Procedure [N.P.] ~ список дел ускоренного производства

  revenue ~ список налоговых дел к слушанию

  short cause ~ список простых дел, список дел, подлежащих рассмотрению в ближайшее время, вне общей очереди *(по причине их несложности)*

  special jury ~ список дел, подлежащих разрешению при участии специального состава присяжных

  trial ~ список дел к слушанию

list-register реестр

literature литература

  legal ~ юридическая литература

litigant тяжущаяся сторона, сторона в судебном деле, сторона в гражданском процессе

  private ~ тяжущаяся сторона-частное лицо

  public ~ тяжущаяся сторона-представитель государства

litigate быть тяжущейся стороной, выступать в качестве стороны в процессе; оспаривать *(в суде)* ◇ to ~ a controversy разрешать спор в судебном порядке

litigation тяжба, судебный спор, процесс

  anti-trust ~ судебный процесс по антитрестовскому делу

  appellate ~ судебный процесс в апелляционной инстанции

  civil ~ судебный процесс по гражданскому делу

  criminal ~ судебный процесс по уголовному делу

  federal ~ *амер.* тяжба в федеральном суде

  former ~ прежняя тяжба

  later ~ позднее, впоследствии рассмотренная судом тяжба

  local ~ тяжба в местном суде

  pending ~ тяжба на рассмотрении суда

  post-trial ~ тяжба после рассмотрения дела судом первой инстанции

  previous ~ прежняя тяжба

  state ~ тяжба в суде штата

litigator тяжущаяся сторона, сторона в судебном деле, сторона в судебном процессе

litigatory тяжебный; относящийся к судебному процессу

litigious спорный; подлежащий судебному разбирательству

litiscontestation оспаривание иска; формальное вступление в процесс

litispendence 1. нахождение дела в судебном производстве; незаконченный процесс 2. недопустимость рассмотрения судом вопроса, который уже рассматривается другим судом

littoral прибрежный

live действующий, находящийся в силе

livery 1. передача владения, ввод во владение; документ, подтверждающий право владения 2. освобождение от опеки ◇ ~ in deed передача владения в натуре

  ~ of seisin ввод во владение, передача владения

living *церк.* имущество приходского священника; бенефиций, приход ◇ to hold a ~ служить приходским священником

  church ~ церковный приход

  vacant ~ вакантный приход

loan 1. заём ‖ давать взаймы 2. ссуда ‖ ссужать ◇ ~ at call заём до востребования; ~ at interest процентный заём; ~ at notice заём до востребования; ~ for consumption заём вещей, потребительный заём; ~ for exchange заём вещей для потребления; ~ for use ссуда, заём вещей для пользования; ~ on call заём до востребования; ~ on collateral заём под двойное обеспечение

  ~ of goods ссуда, заём движимых вещей

  ~ of money денежный заём

  bank ~ банковский заём, банковская ссуда

  bottomry ~ бодмерейный заём, бодмерея

  call [demand] ~ заём до востребования

  juice ~ «заём с наваром» *(под проценты)*

  long sighted [long term] ~ долгосрочный заём

  maritime ~ морской заём, бодмерея

  money ~ денежный заём, договор денежного займа

  mortgage ~ заём под залог недвижимости

  mutual ~ взаимный кредит

  precarious ~ заём до востребования

real-estate ~ ипотечный заём

short ~ краткосрочный заём

straight ~ необеспеченный заём

time ~ заём на определённый срок, срочный заём

unsecured ~ необеспеченный заём

loan-shark гангстер-ростовщик

loan-sharking «акулий промысел», гангстерское ростовщичество

lobby 1. кулуары, коридор, лобби 2. лобби *(группа лиц, пытающаяся воздействовать на членов законодательного органа с тем, чтобы повлиять на их голосование)* ‖ лоббировать ◇ to ~ for a change in the law лоббировать с целью внесения изменений в законодательство

division ~ лобби для голосования *(один из двух коридоров, в которые заходят голосующие члены палаты общин)*

No ~ лобби для голосующих «против»

lobbying 1. лоббирование *(закулисная обработка членов законодательного органа с целью повлиять на их голосование)* 2. встреча избирателей с депутатом

lobbyist лоббист

local местное отделение профсоюза ‖ местный, локальный

paper ~ «бумажное» [фиктивное] местное отделение профсоюза *(номинально учреждённое гангстерами с целью воспрепятствования законному объединению работников в профсоюз и вымогательства за это денег у предпринимателей)*

union ~ местное отделение профсоюза

locale of crime место *или* местность, где было совершено преступление

localizator коллизионная привязка

localize локализировать

locate 1. устанавливать, определять, обнаруживать точное местонахождение 2. разместить; поместить; поселить; поселяться 3. заключать договор личного *или* имущественного найма 4. производить локацию *(землемерную съёмку для определения границ)* ◇ to ~ a criminal установить, найти *или* показать местонахождение преступника

location 1. установление, определение, обнаружение точного местонахождения 2. размещение; помещение, расположение в определённом месте 3. договор личного *или* имущественного найма 4. землемерная съёмка, локация

mining ~ 1. застолбление участка государственной земли с обнаруженными в ней полезными ископаемыми 2. участок государственной земли с полезными ископаемыми, заявленный к горнопромышленной разработке обнаружившим их заявителем

tunnel ~ право проходки подземного туннеля на предмет обнаружения и горнопромышленной добычи обнаруженных полезных минералов

lockout локаут

lock-up арестный дом, полицейская тюрьма ‖ арестовывать; сажать в тюремный карцер

secure ~ тюремный карцер строгого режима

locus regit actum *лат.* форма сделки определяется законом места её заключения

locus standi *лат.* 1. подсудность 2. право обращения в суд; право быть выслушанным в суде

lodge 1. отдавать на хранение; депонировать 2. подавать, заявлять *(прошение, заявку, жалобу, возражение, протест)* 3. жить на правах нанимателя 4. облекать, наделять *(правом, властью)* ◇ to ~ a lawsuit подать иск; to ~ an appeal подать апелляцию; to ~ an application *пат.* подать заявку; to ~ a protest заявить протест; to ~ with powers облекать, наделять правами [полномочиями]

lodged ◇ ~ in smb. принадлежащий *кому-л.* *(о праве, власти и т.д.)*

lodg(e)ment 1. жилище; пребывание 2. облечение, наделение *(правом, властью)* 3. сдача в депозит 4. подача *(прошения, жалобы, заявки, протеста, возражения)*

lodger 1. наниматель, квартиросъёмщик 2. податель *(прошения, заявки и т.д.)*

loitering праздношатание

loot 1. добыча *(грабительская)* 2. грабёж ‖ грабить 3. грабитель; мародёр

looted ограбленный; потерпевший от мародёрства

looter грабитель; мародёр

looting грабёж; мародёрство

lord 1. лорд, пэр 2. член палаты лордов ◇ ~s spiritual лорды духовного звания, духовные лорды *(епископы и архиепископы - члены палаты лордов)*; ~s temporal светские лорды *(члены палаты лордов)*

~s of appeal судебные лорды, лорды-судьи

~ of manor владелец поместья; помещик

chief ~ *ист.* главный лорд *(высший по иерархии субъект неограниченного права собственности в феодальной системе)*

law ~s судебные лорды *(члены палаты лордов с судебными функциями)*

mesne ~ зависимый владелец *(земли)*

Lord ◇ ~ **Advocate** лорд-адвокат, генеральный прокурор по делам Шотландии; ~ **Chairman of Committees** лорд-председатель комитетов *(первый заместитель спикера палаты лордов)*; ~ **Chamberlain** лорд-камергер, лорд-гофмейстер; ~ **(High) Chancellor** лорд-канцлер *(член кабинета министров в Великобритании, спикер палаты лордов, председатель Верховного суда)*; ~ **Chief Baron** председатель суда казначейства *(в Англии до 1873 г.)*; ~ **Chief Justice of England** судья-председатель отделения королевской скамьи Высокого суда правосудия, лорд-главный судья; ~ **Commissioner** лорд-уполномоченный *(один из 5 лордов-уполномоченных, входящих в состав руководства министерства финансов в Великобритании)*; ~ **Great Chamberlain** лорд обер-гофмейстер; ~ **High Steward of England** 1. лорд-распорядитель *(на коронации и т.п.)* **2.** председатель суда пэров *(назначенный для рассмотрения конкретного дела)*; ~ **Justice Clerk** *шотл.* вице-председатель Высшего уголовного суда и председатель внешней палаты Сессионного суда; ~ **Justice General** лорд-верховный судья *(председатель Сессионного суда Шотландии)*; ~ **Justice of Appeal** судья апелляционного суда *(в Англии)*; ~ **Keeper of the Great Seal** лорд-хранитель большой государственной печати; ~ **Lieutenent 1.** генерал-губернатор Олстера *(после 1922 г.)* **2.** лорд-лейтенант, хранитель архива и главный мировой судья графства *(в Великобритании)*; ~ **Mayor** лорд-мэр; ~ **Ordinary** лорд-ординарий, ординарный лорд *(судья первой инстанции Сессионного суда Шотландии)*; ~ **President of the Council and Leader of the House of Lords** лорд-председатель (тайного) совета и лидер палаты лордов *(в Великобритании, член кабинета)*; ~ **Privy Purse** лорд-хранитель сумм, ассигнованных на личные королевские расходы; ~ **Privy Seal and Leader of the House of Commons** лорд-хранитель (малой) печати и лидер палаты общин *(в Великобритании, член кабинета)*; ~ **Provost** лорд-мэр *(в крупных городах Шотландии)*; ~ **Steward of the Household** лорд-сенешал; the ~s палата лордов

~ **of Appeal in Ordinary** назначаемые члены палаты лордов по рассмотрению апелляций

~s **of Parliament** члены палаты лордов

~ **of Session** судья Сессионного суда *(Шотландия)*

First ~ **of the Admiralty** первый лорд адмиралтейства, военно-морской министр *(до 1964 г. в Великобритании)*

First ~ **of the Treasury** первый лорд казначейства *(должность номинального главы министерства финансов Великобритании, обычно занимаемая премьер-министром)*

First Sea ~ *англ.* первый морской лорд *(начальник Главного морского штаба)*

lordship 1. звание лорда **2.** светлость *(при обращении к лордам)*

lose 1. терять, потерять, утратить **2.** нести убыток, терпеть ущерб **3.** проигрывать *(дело)* ◇ **to** ~ **an action** проиграть дело; **to** ~ **effect** утратить юридическую силу, прекратить действовать; **to** ~ **interference** *амер.* проиграть процесс о патентном (приоритетном) столкновении; **to** ~ **the day** проиграть дело

loss 1. потеря; утрата **2.** убыток, ущерб **3.** гибель

~ **of consortium** утрата супружеской общности жизни

~ **of effect** прекращение действия, утрата юридической силы

~ **of faculty** утрата общей трудоспособности

~ **of profit** упущенная выгода

~ **of right** потеря права

~ **of wages** утрата заработка *(напр. в результате неправильного увольнения)*

accrued ~ фактический ущерб

actual ~ действительная гибель *(напр. предмета страхования)*

actual total ~ действительная полная гибель *(напр. предмета страхования)*

apprehended ~ предполагаемый убыток

casualty ~ ущерб от несчастного случая

claimed ~ заявленные убытки

constructive ~ конструктивная *(т.е. неопровержимо презюмируемая)* гибель *(напр. предмета страхования)*

constructive total ~ конструктивная *(т.е. неопровержимо презюмируемая)* полная гибель *(напр. предмета страхования)*

general average ~ убыток по общей аварии

incurred ~ убытки, определённые на основе выводов из имеющихся доказательств

involuntary ~ вынужденная утрата

partial ~ частичная гибель *(напр. предмета страхования)*

pecuniary ~ денежный, имущественный, материальный ущерб

prospective ~ возможные убытки

real ~ реальный, фактический ущерб

sustained ~ понесённый ущерб

total ~ полная гибель *(напр. предмета страхования)*

lost ◇ ~ **or not lost 1.** независимо от того, погиб предмет страхования или нет *(оговорка о действительности договора страхования, даже если в момент его заключения предмет страхования погиб, о чём сторонам не было известно)* **2.** независимо от того, погиб груз или нет *(условие о праве на фрахт независимо от того, погиб груз или нет)*

lot 1. участок *(земли)* **2.** партия *(товара)* **3.** жребий ◇ **by** ~ по жребию

lottery лотерея

lawful ~ законная лотерея

rigged ~ мошенническая лотерея

unlawful ~ незаконная лотерея

loyal 1. лояльный **2.** законный

loyalty 1. лояльность, верность **2.** соблюдение права, законов

lucrative 1. выгодный **2.** корыстный

lucre 1. выгода **2.** корысть

lucrum cessans *лат.* упущенная выгода

lumpsum общая, паушальная, аккордная, твёрдая сумма

lunacy 1. психическое заболевание; умопомешательство, сумасшествие **2.** невменяемость

lunatic 1. душевнобольной, психически больной **2.** сумасшедший, умалишённый **3.** невменяемый ◇ ~ **not so found** умалишённый, не признанный таковым в судебном порядке; ~ **so found** умалишённый, признанный таковым в судебном порядке

criminal ~ **1.** душевнобольной преступник **2.** лицо, совершившее преступление в состоянии невменяемости

lynch линчевание ‖ расправляться самосудом, линчевать

lynched жертва суда Линча

lyncher линчеватель

lynching линчевание
legal ~ судебная расправа

M

machinery механизм, процедура, организационный аппарат
~ of government органы управления
~ of justice механизм осуществления правосудия
enforcement ~ 1. аппарат принуждения 2. аппарат принудительного исполнения судебных постановлений
judicial ~ судебный аппарат; судоустройство
law ~ правоохранительные органы; аппарат юстиции
legislative ~ аппарат законодательного органа, законодательный аппарат
magisterial судебный, судейский
magistracy 1. государственные чиновники; магистратура 2. судебные должностные лица 3. мировые судьи 4. судьи полицейских судов 5. должность судьи; должность мирового судьи; должность полицейского судьи
independent ~ независимая магистратура
investigating ~ следственная магистратура
magistrate 1. государственный чиновник; чиновник гражданской власти 2. магистрат (должностное лицо, осуществляющее правосудие), судья; мировой судья; судья полицейского суда; судья суда низшей инстанции с суммарной и ограниченной юрисдикцией по уголовным и иногда гражданским делам
chief ~ 1. главный магистрат, глава исполнительного органа; президент или губернатор штата (в США) 2. глава судебного ведомства; главный судья
committing ~ 1. магистрат с функцией предания суду 2. магистрат с правом брать под стражу
examining ~ магистрат, ведущий допрос
federal ~ амер. федеральный магистрат
investigating ~ судья, ведущий расследование; следственный судья; судья-следователь
issuing ~ магистрат с правом издавать приказы
juvenile ~ магистрат по делам о делинквентности несовершеннолетних
lay ~ мировой судья
police ~ полицейский судья; председатель полицейского суда
stipendiary ~ оплачиваемый магистрат, оплачиваемый судья
trial ~ магистрат, единолично рассматривающий судебные дела
youth ~ магистрат по делам о правонарушениях молодёжи

Magna C(h)arta Великая хартия вольностей (1215 г.)
mailable разрешённый к пересылке по почте
mailing 1. сдача на почту 2. шотл. арендованная ферма
maim изувечение, искалечение; увечье ‖ нанести увечье, искалечить ◇ to ~ oneself нанести увечье самому себе, совершить членовредительство
maimed изувеченный, искалеченный
maimer лицо, нанёсшее увечье
maiming нанесение увечья
mainmort «право мёртвой руки» (владение недвижимостью со стороны юридического лица без права отчуждения)
mainour похищенное имущество, найденное у вора при аресте
mainover правонарушение, совершённое собственноручно
mainpernable могущий быть освобождённым под поручительство
mainpernor поручитель (за явку в суд)
mainprise 1. ист. поручительство 2. судебный приказ шерифу найти поручителей за явку обвиняемого в суд 3. судебный приказ шерифу освободить обвиняемого из-под стражи под поручительство ‖ освобождать обвиняемого из-под стражи под поручительство 4. поручитель
mainswear лжесвидетельствовать
mainsworn лжесвидетель
maintain 1. сохранять в силе; поддерживать 2. предъявлять, возбуждать, вчинять (иск); искать (в суде) 3. утверждать, заявлять ◇ to ~ an action предъявлять, возбуждать, вчинять иск; искать в суде; to ~ order поддерживать порядок
maintainable могущий быть предъявленным (об иске)
maintainor лицо, оказывающее неправомерную поддержку одной из тяжущихся сторон
maintenance 1. сохранение в силе; поддержание 2. неправомерная поддержка одной из тяжущихся сторон 3. содержание, средства к существованию; алименты 4. утверждение, заявление
~ of order поддержание порядка
separate ~ содержание, выплачиваемое мужем жене в случае соглашения о раздельном жительстве
Majesty величество (титул)
major 1. совершеннолетний 2. майор
majorat майорат
majority 1. большинство 2. совершеннолетие ◇ ~ elected большинство голосов избранных депутатов; ~ present большинство голосов присутствующих депутатов
absolute ~ абсолютное большинство
bare [close] ~ незначительное большинство
competent ~ необходимое большинство голосов
extraordinary ~ подавляющее большинство
marginal ~ незначительное большинство
non-official ~ выборное большинство

official ~ должностное большинство (большинство, составленное из лиц, являющихся членами законодательного органа в силу занимаемого ими должностного положения)
overwhelming ~ подавляющее большинство
qualified ~ квалифицированное большинство
requisite ~ требуемое большинство
simple ~ простое большинство
simultaneous ~ большинство, полученное одновременно (в двух палатах законодательного собрания, в нескольких избирательных округах и т.п.)
two-thirds ~ большинство в две трети (голосов)
majorize достичь совершеннолетия
make делать; составлять; совершать ◇ to ~ a bill выставлять вексель; to ~ a call наносить визит; to ~ accountable делать ответственным, привлекать к ответственности; to ~ a complaint подавать жалобу, приносить жалобу; to ~ a condition поставить условие; to ~ a contract заключать договор; to ~ a deal заключить сделку; to ~ a good title доказать правовой титул; to ~ a loan взять заём; to ~ amends компенсировать, возмещать убытки; to ~ an agreement заключать соглашение; to ~ an appeal подавать апелляцию; to ~ an arrangement условиться; договориться; to ~ an award вынести решение; to ~ an order издавать приказ (судебный); to ~ a payment производить платёж; to ~ a protest заявить протест; to ~ charge возбудить обвинение; to ~ compensation возместить, компенсировать; to ~ court излагать дело (о стороне); to ~ default 1. не исполнить (обязанности) 2. не явиться в суд; to ~ delivery произвести поставку; to ~ good a loss возместить убыток; to ~ law законодательствовать, издавать законы, устанавливать правовые нормы; to ~ oath приносить присягу; to ~ one's appearance явиться в суд; to ~ out a document выписать, выдать документ; to ~ peace заключать мир; to ~ penal объявлять уголовно наказуемым (в норме права); to ~ provisions постановлять, предусматривать, вводить в нормы; to ~ representations сделать представление; to ~ revolt поднимать мятеж; to ~ satisfaction возмещать; to ~ the house составлять кворум; to ~ up the average составить диспашу
maker 1. изготовитель 2. векселедатель, трассант
~ of law субъект правотворчества; законодатель
making совершение
~ of contract заключение договора
maladministration недобросовестное ведение дел; недобросовестное администрирование; недобросовестное управление наследством
maladministrator лицо, недобросовестно ведущее дело; недобросовестный администратор (в т.ч. наследства)
mala fide лат. недобросовестно

mala fides лат. недобросовестность, нечестность
malapportionment неправильное распределение
malediction ругань
malefaction преступление; правонарушение; проступок
malefactor преступник; правонарушитель
adult ~ совершеннолетний правонарушитель
juvenile ~ несовершеннолетний правонарушитель
notorious ~ отъявленный преступник
malefic вредный
maleficence вредность; преступность
maleficent вредный; преступный
maletolt(e) незаконное обложение, поборы; незаконное взыскание (налогов)
malfeasance 1. совершение неправомерного действия 2. должностное преступление ◇ ~ in office должностное преступление
official ~ должностное преступление
malfeasant 1. правонарушитель 2. лицо, совершившее должностное преступление ◇ ~ in office лицо, совершившее должностное преступление
official ~ лицо, совершившее должностное преступление
malice злой умысел ◇ ~ aforethought заранее обдуманный злой умысел, злое предумышление; ~ in fact см. actual malice; ~ in issue злой умысел как предмет доказывания; ~ in law злой умысел по правовой (неопровержимой) презумпции; ~ prepense(d) см. malice aforethought
actual ~ злой умысел, установленный по фактическим обстоятельствам дела
challengeable ~ спорный злой умысел
challenged ~ оспоренный злой умысел
constructive ~ конструктивный (неопровержимо презюмируемый правом) злой умысел
contestable ~ спорный злой умысел
contested ~ оспоренный злой умысел
deliberate ~ см. malice aforethought
established ~ доказанный злой умысел
evidenced ~ 1. доказанный злой умысел 2. злой умысел по свидетельским показаниям
evinced ~ доказанный злой умысел
evincible ~ доказуемый злой умысел
express ~ явно выраженный злой умысел
found ~ признанный злой умысел
general ~ неконкретизированный злой умысел
held ~ признанный злой умысел
implied ~ подразумеваемый (по обстоятельствам дела) злой умысел
legal ~ юридически (неопровержимо) презюмируемый злой умысел
murderous ~ злой умысел на совершение убийства; злой умысел как элемент тяжкого убийства
precedent [premediated] ~ см. malice aforethought
presumed [presumptive] ~ презюмируемый злой умысел
proved ~ доказанный злой умысел

277

questionable ~ спорный злой умысел

questioned ~ оспоренный злой умысел

returned ~ признанный (в вердикте) злой умысел

stated ~ 1. заявленный злой умысел 2. констатированный злой умысел

technical ~ злой умысел в формально-юридическом смысле

testified ~ злой умысел по свидетельским показаниям

universal ~ неконкретизированный злой умысел

malicious злоумышленный; совершённый со злым умыслом

maliciously злоумышленно

malign 1. зловредный, желающий зла другим 2. клеветать

malignance зловредность; злостность; злобность; злоба

malignant 1. англ. ист. разг. сторонник короля во времена Кромвеля и гражданских войн 2. зловредный; злостный; злобный

malignity глубоко укоренившаяся испорченность, злоба

malinger симулировать болезнь или инвалидность

malingering симуляция болезни или инвалидности

malpractice недобросовестная практика; злоупотребление доверием; противозаконное действие; врачевание·в нарушение этики или закона

legal ~ недобросовестное юридическое решение или действие; злоупотребление доверием со стороны юриста; незаконная судебная практика

police ~ незаконные действия полиции

malpractioner профессионал, практикующий недобросовестно или в нарушение закона

maltreatment 1. плохое обращение 2. ненадлежащее врачевание

malum in se лат. деяние, преступное по своему характеру (установленная в доктрине категория наиболее опасных преступлений, посягающих на вечные и неизменные нормы естественного права, - убийство, изнасилование, кража и т.п.)

malum prohibitum лат. деяние, преступное в силу запрещения законом (установленная в доктрине категория наименее опасных преступлений, не посягающих на нормы естественного права)

man 1. мужчина; человек 2. слуга; служащий; рабочий 3. рядовой 4. ист. вассал 5. укомплектовывать личным составом

~ of law юрист, правовед, правовик; адвокат

~ of straw 1. лжесвидетель 2. подставное лицо 3. воображаемый противник (при аргументации)

~ of the street and of market place средний человек, средний участник гражданского оборота

con(fidence) ~ лицо, злоупотребляющее доверием; мошенник

fancy ~ жарг. мужчина, живущий на средства проститутки, альфонс; сутенёр

front ~ амер. жарг. «человек-вывеска» (лицо, не имеющее досье преступника и используемое гангстерами для организации и осуществления ложного банкротства)

hit ~ убийца по поручению

holdup ~ вооружённый разбойник

jury ~ присяжный, член коллегии присяжных

lawless ~ человек, находящийся вне закона

odd ~ решающий голос

reasonable ~ разумный человек, средний участник гражданского оборота

security ~ сотрудник службы безопасности

single ~ холостяк; вдовец

staff ~ штатный сотрудник

strong arm ~ убийца

undercover ~ сыщик, детектив; сотрудник спецслужбы

management 1. управление 2. правление, дирекция, администрация 3. хитрость, уловка

case ~ управление делом (совокупность действий судьи, предшествующих вынесению решения, приговора)

manager 1. заведующий, управляющий, менеджер, администратор 2. уполномоченный 3. амер. представитель палаты в согласительном комитете конгресса

city ~ представитель городской администрации

correctional ~ сотрудник администрации исправительного учреждения

federal ~ амер. представитель федеральной администрации

state ~ представитель администрации штата

manbote ист. вергельд, штраф, выплачивавшийся сеньору за убийство вассала

mandamus лат. судебный приказ должностному лицу о выполнении требования истца

mandatary мандатарий, должник по договору поручения, поверенный

mandate 1. мандат ‖ передавать под мандат 2. наказ (избирателей) 3. приказ суда 4. поручение 5. папский рескрипт

mandated подмандатный, отданный под мандат, мандатный

mandative приказной; императивный; обязательный; принудительный

mandator кредитор по договору поручения, доверитель

mandatory 1. мандатарий, должник по договору поручения, поверенный 2. мандатный 3. императивный; обязательный; принудительный

maniac:

homicidal ~ страдающий манией убийства

manifest 1. явный 2. ноторный 3. проявлять, изъявлять, обнаруживать 4. судовой манифест, декларация судового груза

inward ~ декларация по приходу (судна)

outward ~ декларация по отходу (судна)

ship's ~ судовой манифест, декларация судового груза

manifesto манифест

man-in-possession хранитель описанного имущества

manner 1. образ действий; способ; характер действий 2. поведение 3. *пат.* вид производства, вид изготовления

~ of payment способ платежа

~ of proving способ доказывания

unlawful ~ of arrest незаконный способ производства (*законного*) ареста

manor *ист.* феодальное поместье, манор; манориальная подсудность

manorial *ист.* поместный, манориальный

manpower:

judicial ~ судейский корпус

manslaughter простое (*без злого предумышления*) убийство ◇ ~ by culpable omission (простое) убийство в результате виновного бездействия

accidental ~ (простое) убийство, совершённое случайно в результате неправомерного действия

constructive ~ (простое) убийство, совершённое с неопровержимо презюмируемым умыслом причинить смерть *или* телесное повреждение

involuntary ~ *амер.* неумышленное убийство

negligent ~ убийство по небрежности

non-negligent ~ простое умышленное убийство

voluntary ~ простое умышленное убийство; *амер.* убийство по внезапно возникшему умыслу

manual 1. руководство; наставление; справочник, указатель; *воен.* устав 2. совершаемый простой передачей 3. ручной, совершаемый вручную

bench ~ наставление по судопроизводству

field ~ боевой устав

law enforcement ~ *амер.* устав полиции

Manual:

~ of Military Law наставление по военно-судебному производству

manucaption письменное поручительство за явку в суд

manufacture изготовление, производство

~ of false evidence фабрикация ложных доказательств

clandestine ~ подпольное изготовление, подпольное производство

criminal ~ преступное производство

illegal [illicit] ~ незаконное производство

legal [licit] ~ законное производство

mob ~ гангстерское производство

syndicate(d) ~ 1. синдицированное производство 2. гангстерское производство

underworld ~ гангстерское производство

manuscript манускрипт, рукопись

final ~ издательский оригинал

original ~ авторская рукопись

maraud мародёрствовать

marauder мародёр

marauding мародёрство

marchess граница, границы; пограничная полоса

margin 1. марджин, допустимое отклонение 2. гарантийный взнос (*по срочной биржевой сделке*) 3. поля (*документа*), незаполненные графы проформы документа ◇ as per ~ согласно условиям, изложенным на полях *или* вписанным в соответствующие графы проформы документа

continental ~ континентальный край, подводная окраина материка

marital маритальный, брачный, супружеский

mark 1. марка, метка, знак; товарный знак; знак обслуживания ‖ метить; маркировать; ставить товарный знак 2. этикетка 3. штамп, штемпель ‖ штамповать, штемпелевать 4. клеймо ‖ клеймить 5. отметка, черта 6. рубеж, граница ◇ ~s and names subject to ownership товарные знаки и торговые наименования, могущие быть предметом собственности (*предметом исключительного права*)

~ of assay пробирное клеймо

~ of erasure след подтирки (*в документе*)

~s of suspicion поводы для подозрения

arbitrary ~ произвольный товарный знак (*знак в виде слова, используемого в необычном значении*)

border ~ пограничный знак

certification ~ удостоверительный знак (*напр. удостоверяющий происхождение товара*)

collective ~ коллективный товарный знак; коллективный знак обслуживания

convention registration ~ товарный знак, регистрируемый с конвенционным приоритетом

defensive ~ защитный товарный знак

high-water ~ отметка наибольшего прилива, отметка уровня полной воды

low-water ~ низшая точка отлива, отметка уровня малой воды

manufacture ~ заводская, фабричная марка, товарный знак

merchandise ~ торговая марка; товарный знак

official ~ официальная отметка

service ~ знак обслуживания (*объект правовой охраны*)

slogan ~ товарный знак в виде рекламного девиза

trade ~ товарный знак, фабричная марка

marker метка, знак; веха

border ~ пограничный знак

market рынок; сбыт; спрос; торговля ‖ продавать; сбывать ◇ ~ overt открытый, вольный, общедоступный рынок

black ~ чёрный рынок

capital ~ рынок ссудного капитала

clandestine ~ подпольная торговля

commodity ~ товарный рынок

confidence ~ мошенническая торговля

domestic ~ внутренний рынок

drug ~ торговля наркотиками

fixed ~ торговля по фиксированным ценам

foreign ~ внешний рынок

foreign exchange ~ валютный рынок

free ~ свободный рынок, свободная торговля

illicit ~ незаконная торговля

internal ~ внутренний рынок

international ~ международный рынок

interstate ~ межштатная торговля, торговля между штатами

labour ~ рынок труда, рынок рабочей силы

licit ~ законная торговля

local ~ 1. местный рынок 2. внутренний рынок

money ~ кредитный рынок

open [public] ~ открытый рынок

regulated ~ регламентированная торговля, регулируемый рынок

stock ~ фондовый рынок

underworld ~ подпольный рынок; чёрный рынок; гангстерская торговля

world ~ мировой рынок

marketability соответствие требованиям рынка; товарность; пригодность для продажи; нормальное рыночное качество

marketable отвечающий требованиям рынка; товарный; рыночный; пригодный для продажи; обладающий нормальным рыночным качеством

marking маркировка

patent ~ патентная маркировка, указание на изделии об охране его патентом

marriage брак; бракосочетание ◇ ~ **at law** законный брак; ~ **by habit and repute** брак по фактическому положению вещей и всеобщей известности, «гражданский брак»; ~ **by proxy** брак по доверенности, заключение брака по доверенности; ~ **in issue** брак как предмет спора; ~ **in law** *см.* **legal marriage**; ~ **terminable by pleasure** брак, расторжимый по желанию супругов

bigamous ~ бигамия, двоебрачие

civil ~ гражданский брак *(в отличие от церковного)*

common-law ~ гражданский брак

companionate ~ брак, перед заключением которого будущие супруги договариваются о количестве детей и условиях развода

conformist ~ бракосочетание по обряду господствующей церкви

contestable ~ оспоримый брак

contested ~ оспоренный брак

forcible ~ бракосочетание по физическому принуждению

foreign ~ брак, заключённый за границей *(по законам другой страны)*

former ~ прежний брак

future ~ будущий брак

Gretna-Green ~ брак, заключённый в Гретна Грин *(название шотландского местечка, расположенного на границе с Англией)*, «шотландский брак» *(т.е. по шотландскому закону, не требующему, в отличие от английского, соблюдения иных формальностей, кроме согласия вступающих в брак, чем и*

объясняется «бегство» для бракосочетания из Англии в Шотландию)

hedge ~ тайный брак

invalid ~ недействительный брак

irregular ~ иррегулярный брак *(заключённый в нарушение существующих правовых норм)*

left-handed ~ морганатический брак

legal ~ брак по закону, законный брак

limping ~ «хромающий брак», полудействительный брак *(действительный в одном месте и недействительный в другом)*

mercenary ~ брак по расчёту

mixed ~ смешанный брак *(напр. между лицами, принадлежащими к разным расам или религиям)*

morganatic ~ морганатический брак

nonconformist ~ бракосочетание не по обряду господствующей церкви

plural [polygamous] ~ полигамия, полигамный брак, многобрачие

previous ~ прежний брак

proved ~ доказанный брак

putative ~ добросовестно заключённый незаконный брак, «мнимый брак» *(незаконный брак, о недействительности которого ещё не было вынесено решения)*

questionable ~ оспоримый брак

questioned ~ оспоренный брак

regular ~ законная форма бракосочетания, законный брак

Scotch ~ «шотландский брак» *(т.е. брак, заключённый по шотландскому закону, не требующему, в отличие от английского, соблюдения иных формальностей, кроме согласия вступающих в брак)*

sham ~ фиктивный брак

subsequent ~ последующий брак

valid ~ действительный брак

void ~ ничтожный брак

voidable ~ оспоримый брак

marriageability брачная правоспособность

marriageable обладающий брачной правоспособностью; достигший брачного возраста; брачный *(о возрасте)*

marriageableness брачный возраст

married женатый; замужняя

marry 1. жениться; выходить замуж 2. женить; выдавать замуж ◇ **to ~ legally** 1. жениться по закону; выходить замуж по закону 2. женить по закону; выдавать замуж по закону; **to ~ validly** вступить в юридически действительный брак

marshal 1. *воен.* маршал 2. маршал *(чиновник суда, сопровождающий судью на выездную сессию)* 3. *амер.* судебный исполнитель 4. *амер.* начальник полицейского участка 5. *англ. ист.* гофмаршал 6. *англ. ист.* королевский конюший 7. обер-церемониймейстер ~ **of the court** *амер.* судебный исполнитель

judge's ~ маршал *(чиновник суда, сопровождающий судью на выездную сессию)*

provost ~ начальник военной полиции

marshalling распределение наследственного

имущества *или* имущества несостоятельного должника по наследникам *или* кредиторам

mass 1. масса 2. большинство

~ of evidence много доказательств

~ of the succession наследственная масса

general ~ of a bankrupt's estate конкурсная масса

massacre массовое убийство ‖ совершить массовое убийство

master 1. капитан (*торгового судна*) 2. наниматель 3. судебный распорядитель (*лицо, руководящее предварительным производством и подготовкой дела к слушанию, а также таксацией расходов*)

~ of requests докладчик прошений, жалоб

~ of the bench [of the court] судебный распорядитель

chief ~ старший распорядитель делопроизводства (*в отделении канцлерского суда в Англии*)

practice ~ дежурный судебный распорядитель (*дающий текущие указания по вопросам производства дел в отделении королевской скамьи*)

ship ~ капитан торгового судна

taxing ~ распорядитель по судебным издержкам, таксатор расходов по делу

vendue ~ аукционист

Master ◇ ~ in Lunacy судебный опекун душевнобольных и администратор их имущества

~ of the Ceremonies маршал дипломатического корпуса, заведующий протоколом (*в Великобритании*)

~ of the Crown Office коронер уголовного отделения суда королевской скамьи

~ of the Horse королевский шталмейстер

~ of the Inner Temple *англ.* глава «Внутреннего Темпла» (*одной из четырёх школ подготовки барристеров*)

~ of the Rolls *англ.* «хозяин свитков»: глава государственного архива, член Высокого суда правосудия, председатель Апелляционного суда

master-at-arms *мор.* главный старшина корабельной полиции

material материал; факты ‖ существенный; материальный

case ~ материалы судебных дел, судебной практики

evidentiary ~ доказательства, доказательственный материал

extrinsic ~s внешние материалы; материалы, не включённые в текст закона (*напр. материалы парламентской дискуссии, предшествовавшей принятию закона*)

materiality существенность

~ of evidence существенность доказательств

materially по существу

maternal материнский

maternity материнство

matricide убийство собственной матери

matriheritage 1. наследство по женской линии 2. наследники по женской линии

matrimonial брачный, матримониальный

matrimony супружество, брак

matron 1. замужняя женщина; мать семейства, матрона 2. вдова 3. старшая сестра, сестра-хозяйка (*в больнице и т.п.*) 4. заведующая хозяйством (*напр. школы*)

matter предмет; вопрос; факт; дело; материал ◇ ~ amendatory in a statute вопрос как основание *или* повод для внесения поправки в статут; ~ at law вопрос права; ~ in contest предмет спора; ~ in controversy спорный вопрос; предмет спора; ~ in deed 1. факт, подтверждаемый документом за печатью 2. вопрос факта; ~ in dispute [in issue] предмет спора; ~ in pais 1. факт, подтверждаемый устными доказательствами 2. вопрос факта; in the ~ of... по делу ... ; ~ under consideration вопрос, факт *или* дело на рассмотрении; ~ under inquiry [investigation] исследуемые *или* расследуемые вопрос, факт *или* дело

~ of aggravation отягчающее обстоятельство

~ of argument вопрос, являющийся предметом спора

~ of common knowledge ноторный факт, общеизвестный факт

~ of confidence конфиденциальный вопрос; материал, не подлежащий оглашению

~ of defence вопрос защиты; обстоятельство в защиту

~ of discretion вопрос, входящий в область дискреционных правомочий

~ of equity вопрос права справедливости

~ of fact вопрос факта; факт, фактическое обстоятельство

~ of form вопрос формы; формальность

~ of law 1. вопрос права (*объективного*) 2. тяжба, процесс

~ of litigation предмет тяжбы

~ of official concern служебное дело

~ of practice вопрос (*судебной*) практики

~ of procedure процессуальный вопрос

~ of public concern вопрос, предмет *или* дело, затрагивающие общественные интересы

~ of record 1. действие, произведённое в судебном порядке 2. действие, облечённое в форму публичного акта 3. документально подтверждённый факт

~ of right вопрос права (*субъективного*)

~ of substance вопрос существа дела

administrative ~s область административного правоприменения

ancient ~ общеизвестный исторический факт (*не требующий доказывания*)

ancillary ~ дополнительный вопрос *или* факт

blasphemous ~ материал, содержащий в себе богохульство

civil ~ 1. гражданское дело 2. гражданское правоотношение

collateral ~ побочный вопрос *или* факт

contestable ~ спорный вопрос *или* факт

contested ~ *см.* questioned matters

copyrightable ~ объект, могущий быть предметом авторского права, охраноспособный (*по нормам авторского права*) объект

criminal ~ 1. уголовное дело **2.** уголовное правоотношение

defamatory ~ материал, содержащий позорящие *кого-л.* сведения

denied ~ 1. вопрос *или* дело, в рассмотрении которого отказано **2.** отрицаемый факт

disproved ~ не доказанный *или* опровергнутый факт

disputable ~ спорный вопрос *или* факт

disputed ~ *см.* questioned matter

ecclesiastical ~ дело, вопрос, относящиеся к ведению церкви, церковных судов, регулируемые каноническим правом

enforcement ~ вопрос правоприменения

established ~ установленный, доказанный факт

evidential ~ 1. вопрос доказывания **2.** доказательственный факт **3.** доказательственный материал

governmental ~ дело, вопрос, относящиеся к ведению правительства

illegal ~ запрещённое издание

internal ~ вопрос внутригосударственного *или* ведомственного значения

investigated ~ 1. исследованные вопрос *или* факт **2.** расследованные вопрос *или* факт

investigative ~ вопрос следствия, расследования

law enforcement ~ 1. вопрос правоприменения **2.** *амер.* вопрос полицейского правоприменения **3.** *амер.* полицейский вопрос

libellous ~ материал, содержащий пасквиль

litigated ~ дело на рассмотрении суда

national defence ~ вопрос государственной обороны

new ~ 1. новые фактические обстоятельства **2.** новый предмет изобретения; новые признаки (*не раскрытые в первичной заявке*)

nude ~ бездоказательное утверждение

pending ~ дело на рассмотрении суда

preliminary ~ вопрос, подлежащий обсуждению на предварительном заседании суда

printed ~ печатное издание, печатный материал

privileged ~ материал, защищённый привилегией

probative ~ 1. вопрос доказывания **2.** доказательственный факт **3.** доказательственный материал

procedural ~ процессуальный вопрос

proved ~ доказанный факт

questionable ~ спорный вопрос *или* факт

questioned ~ вопрос *или* факт, являющийся предметом спора

regulatory ~ вопрос правового регулирования; *амер.* вопрос деятельности регулятивного органа

slanderous ~ дело об устной клевете

state ~ 1. дело государственного значения, государственный вопрос **2.** вопрос, касающийся штата

substantive ~ вопрос материального права

maturation наступление срока исполнения обязательства

mature 1. наступать (*о сроке*) ‖ с наступившим сроком исполнения обязательства, платежа **2.** подлежать оплате **3.** завершаться *чем-л.* **4.** зрелый

maturity 1. зрелость; совершеннолетие **2.** наступивший срок исполнения обязательства, платежа ◇ at ~ в день, назначенный для погашения долга

~ of instrument наступивший срок исполнения по документу

maxim (of law) 1. (юридическая) максима **2.** правовой принцип **3.** правило поведения

mayhem нанесение увечья; изувечение, искалечение

mayor мэр

mayoralty 1. должность мэра **2.** срок пребывания в должности мэра

mayorship должность мэра

means средство, средства

~ of identification средства, методы идентификации

~ of proof [of proving] средство доказывания

amicable ~ дружественные средства, мирные средства (*разрешения споров*)

criminal ~ преступные средства

dishonest ~ нечестный путь, нечестные средства

illegal ~ незаконные, противозаконные средства

lawful ~ правомерные, законные средства

legal ~ законные средства, средства, предусмотренные законом

pacific [peaceful] ~ мирные средства

unlawful ~ противоправные средства

measure мера; мероприятие

~ of rights объём прав

coercive ~ мера принуждения

emergency ~ чрезвычайное мероприятие, чрезвычайная мера

environmental ~s природоохранные мероприятия, меры по защите окружающей среды

executive ~s мероприятия исполнительной власти

interim ~ временная мера

judicial ~ судебная мера

legal ~s 1. законные меры **2.** судебная процедура

legislative ~s законодательное мероприятие; законодательные меры

oppressive ~ мера, направленная к притеснению, угнетению

penal ~ карательная мера

precautionary ~ мера предосторожности

punitive ~ карательная мера

remedial ~s 1. меры судебной защиты **2.** меры предосторожности **3.** меры по устранению причин, условий *или* последствий правонарушения, преступления

retaliatory ~ мера в порядке возмездия, ответная мера, репрессалия

revenue ~ мера, направленная к извлечению внутренних доходов security ~s меры безопасности; режимные меры *(в местах лишения свободы)*

mediate посредничать, выступать в качестве посредника

mediation посредничество

mediator посредник, примиритель

mediatory посреднический

medicaid ассигнования штатам для предоставления медицинской помощи бедным *(США)*

medicare страхование здоровья по старости *(США)*

medicine:

legal ~ судебная медицина

over-the-counter ~ лекарство, отпускаемое без рецепта

prescription ~ лекарство, отпускаемое по рецепту

medico-legal судебно-медицинский

medietas advocationis *лат. церк.* половинное право представлять на церковные должности *(при наличии двух священнослужителей, делящих это право)*

medio *лат.* середина месяца, 15 число месяца

medley:

chance ~ 1. внезапно возникшая драка 2. непредумышленное убийство в ходе возникшей драки

meet 1. удовлетворять, отвечать, соответствовать 2. оплачивать 3. опровергать, оспаривать ◇ to ~ a bill оплатить вексель; to ~ a burden принять на себя бремя; взять на себя ответственность; to ~ a claim подготовить возражения против иска; оспаривать иск; to ~ a commitment выполнить обязательство; to ~ a condition удовлетворять условию; to ~ a fact оспаривать факт; to ~ an argument оспаривать довод; to ~ a presumption опровергнуть презумпцию; to ~ a requirement удовлетворить требованию; to ~ a standard соответствовать стандарту; to ~ criteria удовлетворять критериям

meeting 1. встреча 2. собрание; заседание ◇ ~ in camera заседание при закрытых дверях, заседание в судейской комнате

~ of minds совпадение воли сторон *(при заключении договора)*

enlarged ~ расширенное заседание

general ~ общее собрание

private ~ закрытое заседание

public ~ открытое заседание

regular ~ очередное собрание

reporting back ~ отчётное собрание

round table ~ заседание за круглым столом

special ~ чрезвычайное собрание *(напр. акционеров)*

stated ~ очередное собрание

statutory ~ первое общее собрание акционеров

meinour *см.* mainour

melioration улучшение имущества, произведённое нанимателем

member член; депутат ◇ to be ~ as of right быть автоматически членом *(организации)*; ~

to serve in Parliament кандидат в члены парламента

~ of Congress конгрессмен, член палаты представителей

~ of executive body сотрудник учреждения исполнительной власти

~ of judicial body член суда, судья

~ of legislative body член легислатуры; законодатель

~ of Parliament член парламента; член палаты общин

~ of the armed forces военнослужащий

~ of the bar 1. адвокат, член коллегии адвокатов 2. *pl* адвокатура

~ of the bench судья, член состава суда

~ of the body орган человеческого тела

~ of the coroner's jury член коронерского жюри

~ of the grand jury член коллегии большого жюри

~ of the (petty) jury член коллегии присяжных

adopted ~ приёмный член семьи

advisory ~ член с консультативными функциями

allied ~ член союза; союзник

alternate ~ кандидат в члены

associated ~ ассоциированный член

candidate ~ кандидат в члены

charter ~ уставный член

confederated ~ член конфедерации

co-opted ~ кооптированный член

crime ~ член преступной группы; член группы, сообщества, шайки, банды профессиональных преступников

faculty ~ преподаватель *(данного)* учебного заведения

federated ~ член федерации

founder ~ член-учредитель

freshman ~ *амер.* новый член *(напр. конгресса)*

full-fledged ~ полноправный член

gang ~ 1. член молодёжной группировки, шайки, банды 2. член гангстерской банды, гангстер

legal profession ~ представитель юридической профессии, юрист; судья; адвокат

life ~ пожизненный член

non-permanent ~ непостоянный член *(какого-л. органа)*

nonvoting ~ член без права голоса

organized (crime) ~ член сообщества организованных преступников; гангстер

permanent ~ постоянный член *(какого-л. органа)*

private ~ депутат, не занимающий правительственного поста

public ~ депутат, занимающий правительственный пост

rank-and-file ~ рядовой член *(профсоюза, политической партии и пр.)*

retiring ~ выбывающий член *(из состава какого-л. органа)*

staff ~ штатный сотрудник

283

statutory ~ член на основе закона

syndicate ~ член гангстерского синдиката; гангстер

union ~ член профсоюза

voting ~ член с правом голоса

member-elect лицо, избранное в члены; лицо, избранное в депутаты

membership членство; совокупность членов; состав *(съезда, конференции и т.д.)*

aggregate ~ общее число членов

allowed ~ разрешённое членство; допустимое количество членов

available ~ 1. факультативное, добровольное членство 2. наличный состав *(съезда, конференции, суда и т.д.)*

compulsory ~ принудительное членство

gang ~ 1. членство в молодёжной группировке, шайке, банде 2. членство в гангстерской банде

optional ~ факультативное, добровольное членство

permitted ~ разрешённое членство; разрешённое количество членов

prohibited ~ запрещённое количество членов

unavailable ~ 1. запрещённое количество членов 2. отсутствующие члены *(съезда, конференции, суда и т.д.)*

union ~ членство в профсоюзе

voluntary ~ добровольное членство

memorandum 1. памятная записка 2. меморандум 3. мемуар 4. служебная записка; запись 5. *см.* memorandum clause

~ of association меморандум, устав юридического лица, устав акционерного общества *(документ, определяющий внешние отношения компании и представляемый к регистрации)*

arbitration ~ третейская запись, компромисс

official ~ официальный меморандум

unofficial ~ неофициальный меморандум

memorial памятная записка; меморандум

menace угроза; опасность

physical ~ угроза физическим насилием

mens *лат.* воля; сознание; заведомость

mens rea *лат.* 1. виновная воля 2. вина

mental психический; умственный

mentality интеллект; интеллектуальное развитие

retarded ~ умственная недоразвитость

mentally психически

mercantile торговый

mercenary 1. наёмный солдат, наёмник 2. наёмный убийца 3. корыстный; торгашеский

merchandise товар

infringing ~ *пат.* контрафактный товар

stolen ~ похищенный товар

merchant 1. коммерсант; торговец || торговый 2. оптовик

commission ~ фактор

crime ~ торговец товаром, изготовленным или добытым преступным путём

merchantable пригодный к купле-продаже, обладающий нормальным рыночным качеством

merchantman торговое судно

converted ~ торговое судно, превращённое в военный корабль

mercy помилование

merge сливать(ся), объединять(ся)

merger слияние, объединение, фузия

~ of cases объединение дел в одно производство

~ of corporations слияние корпораций; поглощение одной корпорации другой

~ of offences слияние преступлений; поглощение одного преступления другим

corporate ~ слияние корпораций

market extension ~ фузия с целью расширения рынка сбыта *(могущая квалифицироваться как нарушение антитрестовского законодательства США)*

merit 1. качество; достоинство 2. заслуга ◇ **on the ~s** по существу *(дела)*; **to decide on ~s** решать по существу

~ of appeal существо апелляции

~ of defence основной аргумент защиты

~s of the case существо дела, конкретные обстоятельства дела

mesne промежуточный ◇ **by ~** через третье лицо

message 1. сообщение; донесение 2. (официальное правительственное) послание 3. поручение, миссия 4. «послание»-предупреждение от гангстеров *(в виде причинения вреда имуществу или здоровью потерпевшего и т.п.)*

~ of condolence послание с выражением соболезнования

seducing ~ «соблазнительное», возбуждающее соблазн, подстрекательское послание

state of the Nation [of the Union] ~ послание *(президента конгрессу)* «О положении в стране»

messenger посыльный, курьер

King's [Queen's] ~ дипломатический курьер

messuage усадьба

ancient ~ собственность, существующая с незапамятных времён

mete 1. граница 2. пограничный знак 3. определять; распределять ◇ **~s and bounds** границы; пределы; **to ~ out a fine** определять сумму штрафа; **to ~ out a jail [prison] term** определять срок тюремного заключения; **to ~ out justice** отправлять правосудие; **to ~ out penalty** определять взыскание; определять сумму штрафа; определять наказание; **to ~ out punishment** определять наказание; **to ~ out reward(s)** определять награду *или* распределять награды

micro-state карликовое государство

middleman 1. посредник 2. крупный арендатор, сдающий участки субарендаторам

migrant переселенец || мигрирующий, осуществляющий миграцию

migrate мигрировать

migration миграция

migratory мигрирующий, осуществляющий миграцию

militia *амер.* милиция (*национальная гвардия штатов*)

active ~ милиция, находящаяся на действительной службе *или* периодически проходящая военную подготовку на действительной службе

mill:

paper ~ судебный архив

mind 1. психическое здоровье 2. рассудок 3. мнение; намерение ◊ ~ affected by drink рассудок, расстроенный опьянением; ~ affected by drug рассудок, расстроенный наркотической интоксикацией

arrested ~ психическая недоразвитость

criminal ~ преступное намерение; преступный умысел

evil ~ злоумышление

guilty ~ вина

incomplete ~ психическая недоразвитость

public ~ общественное мнение

sound ~ нормальная психика

unsound ~ расстроенная психика; психическое расстройство; психическое заболевание

mini-state карликовое государство

minister 1. министр 2. дипломатический представитель 3. священнослужитель, служитель культа ◊ ~ extraordinary and plenipotentiary чрезвычайный и полномочный посланник; ~ in charge министр, стоящий во главе министерства; ~ in no charge министр без портфеля; ~ in the Commons министр в палате общин; министр, отчитывающийся перед палатой общин; ~ plenipotentiary полномочный министр; ~ residentiary министр-резидент; ~ without portfolio министр без портфеля; ~ with portfolio министр, стоящий во главе министерства

~ of church священнослужитель

~ of justice 1. слуга правосудия 2. министр юстиции (*не в Великобритании и США*)

~ of state государственный министр (*первый заместитель министра соответствующего министерства в Великобритании; тж министр, возглавляющий некоторые ведомства, но не входящий в состав кабинета*)

cabinet ~ заместитель министра

foreign ~ 1. дипломатический представитель иностранного государства 2. министр иностранных дел (*не в Великобритании и США*)

junior ~ младший министр, парламентский заместитель министра

non-cabinet ~ министр, не являющийся членом кабинета министров

non-departmental ~ министр, не возглавляющий министерство

prime ~ премьер-министр

public ~ дипломатический агент

resident ~ министр-резидент

shadow ~ член «теневого кабинета» министров (*Великобритания*)

Minister:

Prime ~ and First Lord of the Treasury премьер-министр и первый лорд казначейства

(*официальное наименование премьер-министра Великобритании*)

ministerial 1. министерский 2. служебный, исполнительный; административный 3. относящийся к духовенству 4. не предполагающий свободы усмотрения

ministership ранг, должность министра

ministry 1. министерство 2. правительство 3. управление, осуществление управления 4. духовенство

responsible ~ ответственное правительство

service ~ министерство, ведающее вооружёнными силами

minor 1. несовершеннолетний 2. мелкий, незначительный

wayward ~ несовершеннолетний преступник

minority 1. меньшинство 2. несовершеннолетие ◊ to say for a ~ выступить от имени меньшинства; выразить мнение меньшинства

national ~ национальное меньшинство

minutes протокол (*заседания и т.п.*)

~ of evidence протокол дачи показаний

~ of proceedings протокол делопроизводства; протокол судопроизводства

~ of the court судебный протокол

agreed ~ согласованный протокол; протокол, не вызвавший возражений сторон

departmental ~ протокол (*заседания*) ведомства, министерства

Mirror зерцало (*название ряда правовых памятников средневековья*)

misadventure несчастный случай

misapplication 1. растрата 2. злоупотребление

~ of funds 1. растрата фондов 2. злоупотребление фондами

~ of the mark of a public department злоупотребление знаком публичного ведомства

misapply 1. производить растрату, растрачивать 2. злоупотреблять

misapprehend неправильно понимать

misapprehension неправильное понимание, неправильное представление

~ of law неправильное понимание права, закона

misappropriate неправомерно завладеть, присваивать

misappropriated неправомерно присвоенный

misappropriation неправомерное завладение, присвоение

misappropriator лицо, неправомерно завладевшее имуществом, лицо, присвоившее имущество

misbehaviour ненадлежащее, неправомерное поведение

criminal ~ уголовно-противоправное, преступное поведение

delinquent ~ делинквентное поведение

non-criminal ~ неправомерное поведение неуголовного характера

youthful ~ делинквентность молодёжи

misbranding маркировка товарным знаком, вводящим в заблуждение

~ of inferior goods маркировка, вводящая в заблуждение в отношении качества товара

miscarriage 1. неправомерное поведение, правонарушение **2.** преждевременные роды **3.** недоставка по месту назначения
~ of justice судебная ошибка, неправильность в отправлении правосудия

miscegenation расовое кровосмешение; запрещённое половое сожительство представителей белой и чёрной расы; запрещённый смешанный брак

mischief 1. вред **2.** зло; беда **3.** озорство
bodily ~ телесное повреждение
criminal ~ преступно причинённый вред
litigious ~ помеха судебному разбирательству
malicious ~ злоумышленно причинённый вред
public ~ вред, причинённый обществу
wanton ~ немотивированное, беспричинное причинение вреда

mischievous 1. вредный **2.** озорной **3.** *редк.* злонамеренный, злобный

miscognizant неосведомлённый *о чём-л.*

misconduct ненадлежащее, неправомерное поведение; проступок; неправильный образ действий ◇ ~ in office нарушение служебных обязанностей
childish ~ ненадлежащее, неправомерное поведение ребёнка
criminal ~ уголовно-противоправное, преступное поведение
government ~ неправомерные действия государственной власти, правительства
gross ~ злостно неправомерное поведение
judicial ~ ненадлежащие, неправомерные действия судьи
juvenile ~ ненадлежащее, неправомерное поведение несовершеннолетнего; делинквентность несовершеннолетнего
noncriminal ~ неправомерное поведение непреступного характера
official ~ неправильный образ действий должностного лица; неправомерные действия по должности; должностной проступок
parental ~ ненадлежащее, неправомерное поведение родителей
police ~ неправильный образ действий полиции; неправомерные действия полиции
professional ~ ненадлежащее осуществление профессиональных функций
sexual ~ половое извращение

misconstruction неправильное толкование

misconstrue неправильно толковать

misdeed ненадлежащее поведение; проступок; деликт; правонарушение; преступление; злодеяние

misdelivery 1. ошибочная доставка **2.** ненадлежащая поставка

misdemeanant субъект мисдиминора; лицо, признанное виновным в совершении мисдиминора
first-class ~ *англ. ист.* лицо, осуждённое за мисдиминор менее опасной категории
petty ~ *амер.* лицо, совершившее мелкий мисдиминор; лицо, признанное виновным в совершении мелкого мисдиминора

second-class ~ *англ. ист.* лицо, осуждённое за мисдиминор более опасной категории

misdemeanour мисдиминор (*категория наименее опасных преступлений, граничащих с административными правонарушениями*)
◇ ~ at common law мисдиминор по общему праву; ~ by statute мисдиминор по статутному праву; ~ in office мисдиминор по должности, должностной мисдиминор
common law ~ мисдиминор по общему праву
considerable ~ серьёзный мисдиминор
first-class ~ *англ. ист.* мисдиминор менее опасной категории
high ~ **1.** *англ. ист.* государственный мисдиминор **2.** *амер.* тяжкий мисдиминор
indictable ~ мисдиминор, преследуемый по обвинительному акту
nonindictable ~ мисдиминор, не преследуемый по обвинительному акту
petty ~ *амер.* мелкий мисдиминор
second-class ~ *англ. ист.* мисдиминор более опасной категории
sex ~ *амер.* мисдиминор в сфере половых отношений
simple ~ простой мисдиминор
statutory ~ мисдиминор по статутному праву
undefined ~ мисдиминор, не получивший определения в нормах (*общего или статутного права*)

misdescription неправильное описание; неправильное обозначение; неправильное наименование

misdirection ошибка судьи в инструктировании присяжных

misfeasance ненадлежащее совершение правомерных действий; злоупотребление властью ◇ ~ in office злоупотребление по должности, должностным положением, должностное злоупотребление

misfortune несчастный случай

mishap происшествие; несчастный случай

misinterpret неправильно толковать

misinterpretation неправильное толкование

misjoinder
~ of actions неправильное соединение исков
~ of causes of action неправильное соединение нескольких требований в одном иске
~ of inventors ложное соавторство на изобретение
~ of parties неправильное соединение истцов *или* ответчиков в процессе
~ of patents неправильное совладение патентом

misjudge вынести неправильное, ошибочное судебное решение

misjudgement неправильное, ошибочное судебное решение

mislabel неправильно маркировать, неправильно этикетировать

mislabel(l)ed неправильно маркированный, неправильно этикетированный

mislabel(l)ing неправильная маркировка, неправильное этикетирование

mislead вводить в заблуждение ◇ to ~ a

defendant to his prejudice ввести ответчика *или* подсудимого в заблуждение и тем поставить его в невыгодное положение

misleading вводящий в заблуждение

misnomer 1. ошибка в имени, наименовании; искажение имени 2. неправильное употребление термина

mispleading ошибка стороны в процессуальной бумаге

misprint опечатка; типографская ошибка

misprision недонесение о преступлении; укрывательство преступника, преступления

~ of crime недонесение о преступлении; укрывательство преступления

~ of criminal укрывательство преступника

~ of felony недонесение о фелонии; укрывательство фелонии *(состав преступления)*

~ of treason недонесение о государственной измене; укрывательство государственной измены *(состав изменнического преступления)*

negative ~ пассивное укрывательство преступления *(недоносительство)*

positive ~ активное укрывательство преступления *(пособничество)*

misrepresent (facts) искажать факты

misrepresentation 1. введение в заблуждение; искажение фактов 2. выставление подставных свидетелей

fraudulent ~ намеренное введение в заблуждение; обман

innocent ~ ненамеренное введение в заблуждение; невиновное введение в заблуждение

material ~ введение в заблуждение относительно существенного обстоятельства

public ~ публичное введение в заблуждение

wilful ~ умышленное введение в заблуждение; обман

missing 1. отсутствующий 2. пропавший без вести; безвестно отсутствующий

mission 1. миссия; делегация; представительство 2. поручение; командировка ‖ отправлять с поручением, в командировку

commercial ~ торговая делегация; торговое представительство

complimentary ~ поздравительная миссия

good will ~ миссия доброй воли

permanent ~ постоянное представительство

trade ~ 1. торговая делегация 2. торговое представительство

misstate сделать неправильное *или* ложное заявление

misstatement неправильное *или* ложное заявление ⟡ ~ in the record неправильная *или* ложная запись в протоколе

mistake ошибка, заблуждение

~ of fact ошибка в факте

~ of law ошибка в праве; юридическая ошибка

clerical ~ канцелярская ошибка

common ~ 1. совместная ошибка, ошибка обеих сторон 2. широко распространённое ошибочное мнение

honest [innocent] ~ добросовестное заблуждение

operative ~ существенное заблуждение

mistaken ошибочный

mistreat ненадлежащим образом, дурно обращаться

mistreatment 1. ненадлежащее, дурное обращение 2. ненадлежащее врачевание

mistrial неправильное судебное разбирательство

misuse неправильное применение; ненадлежащее использование; злоупотребление ‖ злоупотреблять, использовать недолжным образом; дурно обращаться ⟡ to ~ alcohol злоупотреблять алкоголем; to ~ a person дурно обращаться *с кем-л.*

~ of authority злоупотребление властью

~ of confidence злоупотребление доверием

~ of right злоупотребление правом

~ of (trade)mark неправомерное использование товарного знака

alcohol ~ злоупотребление алкоголем

patent ~ 1. злоупотребление патентными правами 2. явное злоупотребление

patent antitrust ~ злоупотребление патентными правами, нарушающее антитрестовское законодательство *(США)*

misuser злоупотребление правом

miswording неправильная формулировка, неправильная редакция

mitigate смягчать; уменьшать ⟡ to ~ incapacity уменьшать объём правопоражения; to ~ penalty смягчить взыскание *(наказание)*; уменьшить сумму штрафа; to ~ punishment смягчить наказание

mitigation смягчение, уменьшение

~ of damages уменьшение суммы взыскиваемых убытков

~ of penalty смягчение взыскания *(наказания)*; уменьшение суммы штрафа

~ of punishment [of sentence] смягчение наказания

mittimus *лат.* 1. судебный приказ об аресте *или* о заключении в тюрьму 2. распоряжение о передаче дела в другой суд 3. *разг.* увольнение *(служащего, чиновника)*

mixtion смещение

mob 1. буйствующая, учиняющая беспорядки толпа 2. гангстерское подполье, мафия; гангстеры 3. *pl* члены шайки, банды; бандиты; члены мафии, гангстеры

criminal ~ 1. толпа, собравшаяся с преступной целью 2. преступное подполье

lynching ~ толпа линчевателей

murderous ~ шайка, банда убийц

rioting ~ учиняющая беспорядки толпа

mobility движимость, движимое имущество

mobsman член гангстерской организации, гангстер

mobster *см.* mobsman

mobster-controlled контролируемый гангстерами

mock поддельный; фальшивый; мнимый; ложный, притворный

model 1. модель (*как вид промышленной собственности*) **2.** примерный, типовой (*о конвенции, уставе и т.д.*)

industrial ~ промышленный образец

justice ~ of sentencing ориентация при вынесении приговоров на интересы правосудия

medical ~ of sentencing ориентация при вынесении приговоров на интересы медицинского воздействия на осуждённого

rehabilitative ~ of sentencing ориентация при вынесении приговоров на (социальную) реабилитацию личности осуждённого

therapeutic ~ of sentencing ориентация при вынесении приговоров на (социальную) терапию осуждённого

trial ~ of sentence судебная модель юстиции

utility ~ полезная модель

moderate посредничать

moderator посредник

modification of judgement изменение судебного решения

modus *лат.* **1.** способ, модус **2.** модус (*уплата твёрдой суммы вместо десятины*) ◇ ~ operandi *лат.* способ действия; способ совершения преступления; ~ operandi of the criminal образ действий преступника, образ действий, привычный для данного преступника; ~ procedendi *лат.* порядок проведения процесса; ~ vivendi *лат.* модус вивенди, временное соглашение

molest 1. докучать, досаждать **2.** приставать (*к прохожему, к женщине*); учинять хулиганскую выходку **3.** покушаться на растление (*малолетнего*) **4.** *шотл.* нарушать право владения ◇ to ~ a child покушаться на растление малолетнего; to ~ a person **1.** досаждать *кому-л.* **2.** приставать к *кому-л.*

molestation 1. досаждение *кому-л.* **2.** приставание (*к прохожему, к женщине*) **3.** покушение на растление (*малолетнего*) **4.** *шотл.* нарушение права владения

child ~ покушение на растление малолетнего

molester 1. лицо, докучающее, досаждающее *кому-л.* **2.** лицо, пристающее к прохожему, к женщине; хулиган **3.** лицо, покушающееся на растление (*малолетнего*) **4.** *шотл.* нарушитель права владения

monarch монарх

absolute ~ абсолютный монарх

constitutional ~ конституционный монарх

monarchical монархический

monarchy монархия

absolute ~ абсолютная монархия

constitutional ~ конституционная монархия

dual ~ дуалистическая монархия

hereditary ~ наследственная монархия

limited ~ ограниченная монархия, конституционная монархия

money деньги; денежная сумма ◇ ~ due денежный долг с наступившим сроком погашения; ~ had and received недолжно полученное, недолжно уплаченное; неосновательное обогащение; ~ in bribe деньги как предмет взятки; ~ made «взыскано» (*надпись шерифа*

на исполнительном листе*); ~ on call денежный заём до востребования

~ of account валюта расчёта

~ of contract валюта договора

~ of measurement валюта исчисления

~ of payment валюта платежа

acknowledg(e)ment ~ *англ. ист.* деньги в признание (*выплачивавшиеся владельцем копигольда новому феодальному собственнику по смерти прежнего*)

bad ~ фальшивые деньги

bargain ~ задаток

barren ~ беспроцентный долг

blood ~ вергельд

bribe ~ деньги как предмет взятки

caution ~ задаток

condemnation ~ убытки, присуждаемые с проигравшей стороны

conduct ~ возмещение свидетелю расходов по явке в суд для дачи показаний

danger ~ надбавка к заработной плате за опасность

deposit ~ первый взнос (*при платеже в рассрочку*)

dirty ~ «грязные деньги», деньги, нажитые незаконным способом

dispatch ~ диспач, денежное вознаграждение за сэкономленное время при погрузке *или* выгрузке

earnest ~ задаток

hand ~ задаток наличными

hardship ~ пособие на трудное время (*напр. выплачиваемое профсоюзом бастующих*)

head ~ **1.** подушный налог **2.** *амер.* избирательный налог **3.** награда, назначенная за голову

hush ~ деньги за молчание (*взяткополучателя, свидетеля и т.п.*)

insurance ~ страховая сумма; страховое возмещение

interest ~ проценты

key ~ задаток квартиронанимателя

lawful ~ законное платёжное средство

lot ~ вознаграждение аукционисту (*за каждую проданную партию товара*)

passage ~ плата за проезд

protection ~ плата за «защиту» (*вымогательски взимаемая рэкетирами*)

salvage ~ спасательное вознаграждение

smart ~ штрафные убытки

suit ~ судебные издержки

taxed ~ денежная сумма, обложенная налогом

untaxed ~ денежная сумма, не обложенная налогом

moneyage право чеканки монеты

money-dropper мошенник, «теряющий» фальшивые деньги с целью получить с нашедшего часть их суммы в подлинных деньгах

money-laundering «отмывание денег» (*гангстерами для придания видимости легальности нелегальным источникам своего обогащения*)

money-lender займодатель

money-washing *см.* money-laundering

monition 1. вызов в суд 2. приказ суда об исполнении

monocracy единовластие

monogamy моногамия, единобрачие

monopolistic монополистический

monopoly монополия

  collusive ~ монополия на основе сговора

  criminal ~ преступная монополия

  exploitive criminal ~ преступная монополия с целью эксплуатации

  limited ~ ограниченная монополия

  organized criminal ~ гангстерская монополия

  state ~ государственная монополия

  state-granted ~ монополия, предоставленная государством

  unlimited ~ неограниченная монополия

  white-collar criminal ~ беловоротничковая преступная монополия

month месяц

  solar ~ календарный месяц

moot 1. спорный 2. ставить на обсуждение 3. учебный судебный процесс (*в юридической школе*)

mooter участник юридического диспута

mooting инсценировка судебного процесса (*в юридической школе*); диспут на юридическом семинаре

morality мораль; нравственность; нравственное поведение

moratorium мораторий

mortal смертельный

mortally смертельно

mortgage 1. ипотечный залог 2. закладная ‖ закладывать ◇ bond and ~ документ о залоге недвижимости в обеспечение уплаты долга, ипотечная закладная

  ~ of goods продажа-залог движимости с условием о выкупе, фидуциарный ипотечный залог движимости

  chattel ~ 1. ипотечный залог движимости, ломбардный залог 2. закладная на недвижимость

  closed ~ закрытая закладная (*по которой сумма не может быть увеличена*)

  farm ~ закладная на ферму

  legal ~ законное залоговое право

  loan ~ заёмная закладная

  open ~ открытая закладная (*по которой сумма долга может быть увеличена*)

  tacit ~ законное залоговое право

  welsh ~ ручной залог недвижимости, антихрез

mortgagee кредитор по ипотечному залогу, залогодержатель

mortgager должник по ипотечному залогу, залогодатель

mortgagor *см.* mortgager

mortmain «право мёртвой руки» (*владение недвижимостью со стороны юридического лица без права отчуждения*); неотчуждаемое имущество по «праву мёртвой руки»

mother мать

  expectant ~ беременная женщина

  unwed ~ мать внебрачного ребёнка

  welfare ~ мать, получающая пособие на ребёнка

mother-in-law 1. тёща 2. свекровь

motion 1. предложение (*вносимое в парламенте, на конференции и т.п.*) 2. ходатайство (*в суде*) ◇ ~ after arraignment ходатайство, заявленное после предъявления обвинения; ~ for judg(e)ment of acquittal ходатайство об оправдании; ~ for new trial ходатайство о пересмотре дела; ~ in arrest of judg(e)ment 1. ходатайство о приостановлении исполнения судебного решения 2. ходатайство о невынесении вердикта *или* приговора ввиду дефектов обвинительного акта; ~ in court ходатайство, заявленное в суде; to deny a ~ отказать в ходатайстве; ~ to dismiss 1. ходатайство об отводе 2. ходатайство об отклонении иска *или* обвинения 3. ходатайство о прекращении дела; ~ to dismiss the indictment ходатайство об отклонении обвинительного акта; ~ to dissolve 1. предложение о роспуске парламента 2. ходатайство о прекращении дела о столкновении патентных притязаний; to grant a ~ удовлетворить ходатайство; to make a ~ выступить с предложением *или* заявить ходатайство; ~ to quash ходатайство об отмене, об аннулировании, о признании недействительным; ~ to quash the indictment ходатайство об аннулировании обвинительного акта; to satisfy a ~ удовлетворить ходатайство; ~ to withdraw ходатайство об отказе (*обвинителя*) от обвинения

  ~ of censure предложение о вынесении вотума недоверия

  closure ~ предложение о прекращении прений

  composite ~ сводный проект резолюции

  delayed ~ несвоевременно заявленное ходатайство, заявленное по прошествии установленного срока

  dilatory ~ предложение *или* поправка, внесённые с целью затормозить прохождение законопроекта *или* помешать принятию решения

  guillotine ~ предложение о гильотинировании прений (*о предварительном фиксировании времени голосования*)

  interlocutory ~ ходатайство в ходе судебного разбирательства, промежуточное ходатайство

  oral ~ устное ходатайство

  post-judg(e)ment ~ ходатайство, заявленное после вынесения судебного решения

  post-sentence ~ ходатайство, заявленное после вынесения приговора

  post-trial ~ ходатайство, заявленное по окончании судебного разбирательства

  post-verdict ~ ходатайство, заявленное после вынесения вердикта

  pre-judg(e)ment ~ ходатайство, заявленное до вынесения судебного решения

  pre-sentence ~ ходатайство, заявленное перед вынесением приговора

pre-trial ~ ходатайство, заявленное до начала судебного разбирательства

pre-verdict ~ ходатайство, заявленное до вынесения вердикта

privileged ~ внеочередное предложение *(в парламенте)*

renewed ~ возобновлённое ходатайство

second ~ вторичное предложение *или* ходатайство

substantive ~ предложение по существу

successive ~ последующее предложение *или* ходатайство

unwritten [verbal] ~ устное ходатайство

written ~ письменное ходатайство

motivate мотивировать

motivation мотивировка, мотивирование, изложение мотивов

motive побуждение, мотив ‖ мотивировать

bad [base] ~ низменное побуждение

direct ~ непосредственное побуждение

foul ~ низменное побуждение

good ~ доброе побуждение

improper ~ ненадлежащий мотив

indirect ~ косвенное побуждение

laudable ~ похвальное побуждение

strong ~ сильно действующий мотив

movable движимый *(об имуществе)*

movables движимость

heirship ~ *шотл.* движимость, являющаяся принадлежностью недвижимости; движимость, следующая за недвижимостью

movant лицо, выступившее с предложением, *или* заявитель ходатайства

move 1. вносить *(предложение, резолюцию)* **2.** ходатайствовать **3.** переходить *(о праве)* **4.** просьба, ходатайство; предложение; демарш ◇ **to** ~ **a closure** внести предложение о прекращении прений; **to** ~ **a motion 1.** внести предложение **2.** обратиться с ходатайством; **to** ~ **in arrest 1.** ходатайствовать о приостановлении исполнения судебного решения **2.** ходатайствовать о невынесении вердикта *или* приговора ввиду дефектов обвинительного акта; **to** ~ **the court** обратиться к суду *или* в суд с ходатайством; **to** ~ **the guillotine** внести предложение о гильотинировании прений *(о предварительном фиксировании времени голосования);* **to** ~ **the house** внести *какой-л.* вопрос на обсуждение палаты

movement движение; передвижение *(товаров, капиталов, рабочей силы)*

free ~ свободное передвижение; право свободного передвижения

movent 1. вносящий предложение, резолюцию *и т.п.* **2.** ходатайствующая сторона

mover 1. лицо, заявляющее ходатайство **2.** депутат, вносящий предложение

mug грабить *(на улице)*

mugged ограбленный *(на улице)*

mugger уличный грабитель-наркоман

mugging:

street ~ маггинг *(вид грабежа или разбоя на улице, когда преступник-наркоман с целью завладения деньгами потерпевшего подкра-*

дывается к нему сзади и душит сгибом руки за горло)

mulct 1. штраф, пеня ‖ штрафовать **2.** наказание **3.** лишать *(в порядке наказания или обманом)*

mulctary штрафной

multifariousness неправильное объединение требований в одном иске

multilateral многосторонний

multinational многонациональный

multipartite 1. многосторонний **2.** состоящий из многих частей

multiple множественный

municipal муниципальный; самоуправляющийся

municipality 1. муниципальная корпорация, корпорация-город **2.** муниципалитет

municipalization 1. придание муниципального статуса **2.** муниципализация, передача в собственность *или* управление муниципалитета

muniment(s) документ о правовом титуле, документальное доказательство правового титула

murder тяжкое убийство *(убийство, совершённое с заранее обдуманным злым умыслом)* ◇ ~ **for hire** тяжкое убийство по найму; ~ **in the first degree** *амер.* тяжкое убийство первой степени; ~ **in the second degree** *амер.* тяжкое убийство второй степени

agrarian ~ тяжкое убийство в ссоре по поводу земли

calculated ~ преднамеренное (тяжкое) убийство

capital ~ тяжкое убийство, караемое смертной казнью

constructive ~ тяжкое убийство, совершённое с конструктивным *(неопровержимо презюмируемым)* злым умыслом

first-degree ~ *амер.* тяжкое убийство первой степени

gang ~ тяжкое убийство, совершённое группой лиц, групповое тяжкое убийство

gangland ~ тяжкое убийство, совершённое в порядке «урегулирования» конфликта между гангстерами

gang-related ~ тяжкое убийство, связанное с гангстеризмом

judicial ~ «убийство по суду», «судебное убийство» *(вынесенный по закону, но несправедливый смертный приговор)*

multiple ~ тяжкое убийство нескольких лиц

non-capital ~ тяжкое убийство, не караемое смертной казнью

premeditated ~ заранее обдуманное тяжкое убийство

repetitive ~ повторно совершённое тяжкое убийство

second-degree ~ *амер.* тяжкое убийство второй степени

torso ~ тяжкое убийство с расчленением трупа

torture ~ тяжкое убийство в процессе *или* в результате пыток

wanton ~ бессмысленное *(по видимости)* тяжкое убийство

murderer лицо, совершившее тяжкое убийство; убийца

murderess женщина, совершившая тяжкое убийство; убийца-женщина

murdering совершение тяжкого убийства

murderment *уст.* убийство

murderous относящийся к тяжкому убийству, к категории тяжких убийств; отвечающий признакам тяжкого убийства; квалифицируемый как тяжкое убийство

murdrum *ист.* 1. убийство, совершённое неизвестным лицом 2. штраф, наложенный на город *или* округ, где было совершено убийство, виновник которого не установлен

mute 1. немой 2. лицо, отказывающееся отвечать на вопросы *или* давать показания 3. молчание допрашиваемого

mutilate испортить; нанести, причинить увечье, изувечить

mutilation увечье

mutineer мятежник

mutinous мятежный

mutiny мятеж, бунт, открытое восстание против установленной власти *(в особенности - солдат против офицеров)* || поднять мятеж, бунт *и т.п.*; участвовать в мятеже, бунте *и т.п.*

mutism 1. немота 2. отказ отвечать на вопросы *или* давать показания 3. молчание допрашиваемого

mutual взаимный; обоюдный

mutuality взаимность

mutuant заимодатель

mutuar/y заёмщик

myrmidon ~ies of the law блюстители закона

N

nail ◇ to ~ *разг.* «взять к ногтю» *(задержать, арестовать, привлечь к уголовной ответственности)*; to ~ on charge предъявить обвинение, привлечь к уголовной ответственности

naked ничем не подкреплённый

nam арест, опись имущества

name имя; фамилия; наименование || именовать, называть; предлагать кандидатуру ◇ to call ~s обругать; to give a ~ дать имя; to give a false ~ указать вымышленное имя; to ~ to the court *амер.* предложить кандидатуру в судьи; to ~ to the legislature *амер.* предложить кандидатуру члена законодательного органа

assumed ~ присвоенные имя, фамилия, наименование

brand ~ фирменное название *(товара)*

business ~ наименование фирмы

case ~ название, наименование, обозначение дела

christian ~ имя

copyrighted ~ наименование *(товара)*, охраняемое авторским правом

corporate ~ название корпорации

false [fictitious] ~ вымышленное имя

first ~ имя *(в отличие от фамилии)*

full ~ полное имя

generic ~ родовое наименование *(товара)*

given ~ *амер.* имя *(в отличие от фамилии)*

maiden ~ девичья фамилия

married ~ фамилия в замужестве

middle ~ второе имя *(заменяется начальной буквой)*

patent ~ патентованное название *(наименование товара, право на которое зарегистрировано и принадлежит определённой фирме)*

proprietary ~ фирменное наименование продукта, являющееся собственностью фирмы, зарегистрированное фирменное название товара

trade ~ 1. наименование фирмы, фирменное наименование, торговое наименование 2. фирменное название *(товара)*; торговое название *(товара)*

named названный, поименованный; *амер.* предложенный в качестве кандидата

nameless 1. безымянный 2. неназванный; анонимный 3. не имеющий права на фамилию отца; незаконнорождённый; внебрачный

narcotic 1. наркотик || наркотический 2. наркоман

illicit ~ наркотик, запрещённый *(к изготовлению, ввозу, сбыту)* законом

narcotist наркоман

nation 1. государство; страна; нация, народ 2. федерация *(т.е. США в отличие от отдельных составляющих их штатов)*

belligerent ~ воюющее государство

demanding ~ государство, требующее выдачи преступника

dependent ~ зависимое государство

enemy ~ неприятельское государство

extraditing ~ государство, выдающее преступника

foreign ~ иностранное государство

friendly ~ дружественное государство

independent ~ независимое государство

most favoured ~ наиболее благоприятствуемая нация; государство, на которое распространён режим наибольшего благоприятствования

receiving ~ 1. принимающее государство 2. государство, получающее в своё распоряжение выданного преступника

signatory ~ государство-сигнатарий

subject ~ зависимое государство

national 1. гражданин, подданный 2. национальный; государственный 3. федеральный *(в США)* ◇ ~ of the USA гражданин США

belligerent ~ гражданин, подданный воюющего государства

enemy ~ гражданин, подданный неприятельского государства

foreign ~ иностранный гражданин, иностранец

incorporated enemy ~ юридическое лицо неприятельского государства

nationality 1. гражданство, подданство 2. государственная принадлежность 3. национальная принадлежность; национальность 4. нация; народ 5. государственное существование; статус государства; государственность

absent ~ безгражданство

double [dual] ~ двойное гражданство, подданство

ethnic ~ национальность (в отличие от гражданства)

legal [political] ~ гражданство

nationalization 1. национализация 2. включение в состав государства

collective ~ коллективное включение в состав государства

nationalize 1. национализировать 2. включать в состав государства

nationhood статус государства; статус нации

~s of the kingdom нации, входящие в состав Соединённого Королевства (Англия и Уэльс, Шотландия, Северная Ирландия)

nation-state государство-нация; амер. федерация США

native 1. уроженец; местный житель; туземец 2. гражданин, подданный (данной страны) в силу рождения || родной

native-born коренной, рождённый в данной стране

natural 1. внебрачный, побочный 2. натуральный, не снабжённый исковой силой (об обязательстве)

naturalization натурализация

collective ~ коллективная натурализация

derivative ~ производная натурализация

direct ~ непосредственная натурализация

individual ~ индивидуальная натурализация

privileged ~ упрощённая натурализация

naturalize натурализовать(ся)

navicert свидетельство об отсутствии военной контрабанды на судне, морское охранное свидетельство, нависерт

cargo ~ грузовой нависерт, грузовое морское охранное свидетельство

ship's ~ судовой нависерт, судовое морское охранное свидетельство

navigation судоходство, навигация

coastal ~ каботаж

submarine ~ подводное судоходство

surface ~ надводное судоходство

nay 1. «нет», отрицательный ответ 2. голос «против» 3. лицо, голосовавшее «против»

necessaries необходимые предметы или услуги

necessity необходимость (как обстоятельство, делающее совершённое действие или причинение вреда извинительным)

actual ~ реальная необходимость

direct ~ прямая, непосредственная необходимость

extreme ~ крайняя необходимость (причинения меньшего вреда для предотвращения большего вреда)

flagrant ~ явная, очевидная необходимость

immediate ~ непосредственная необходимость

indirect ~ косвенная, опосредствованная необходимость

reasonable ~ разумная, обоснованная необходимость

negate отрицать; отвергать; опровергать ◇ to ~ novelty порочить новизну (изобретения)

negation отрицание; опровержение

corroborated ~ подтверждённое (доказательствами) отрицание

founded ~ обоснованное отрицание

mere ~ голословное отрицание

reasonable ~ обоснованное отрицание

uncorroborated ~ не подтверждённое (доказательствами) отрицание

unfounded [unreasonable, unwarranted] ~ необоснованное отрицание

warranted ~ обоснованное отрицание

negative 1. отрицание; непризнание || отрицать; отвергать; не утверждать; отменять 2. отрицательный 2. отрицательный факт, факт несовершения какого-л. действия ◇ ~ in form отрицание по форме; отрицательный по форме; ~ pregnant отрицание, заключающее в себе косвенное признание; to ~ an allegation отрицать утверждение; to ~ evidence отрицать показания; отвергать доказательства; to ~ in form отрицать формально; to ~ malice отрицать наличие злого умысла; to ~ provocation отрицать факт провокации; to ~ responsibility отрицать ответственность

neglect упущение; невыполнение; небрежение; пренебрежение; небрежность || упускать; не делать ◇ ~ (in the discharge) of duty невыполнение обязанности; халатность; ~ to observe care несоблюдение надлежащей осторожности

~ of helpless уклонение от выполнения обязанностей в отношении лиц, находящихся в беспомощном состоянии

~ of official duty пренебрежение должностными обязанностями, должностная халатность

child ~ невыполнение обязанностей в отношении ребёнка

culpable ~ виновное упущение; виновное невыполнение

excusable ~ извинимое упущение; извинимое невыполнение

wilful ~ умышленное невыполнение; умышленное пренебрежение

negligence небрежность ◇ by ~ по небрежности; ~ in the third degree «встречная небрежность» (непроявление должной заботливости для предотвращения вреда при наличии вины потерпевшего); ~ per se отсутствие обычной меры заботливости

active ~ небрежность, выразившаяся в действии

blameworthy ~ небрежность, заслуживающая порицания, упрёка

chargeable ~ *см.* culpable negligence

contributory ~ контрибутивная, встречная вина; небрежность, вина потерпевшего; небрежность истца

criminal ~ преступная небрежность

culpable ~ небрежность, которую можно поставить в вину

gross ~ грубая небрежность

imputed ~ вменённая небрежность

legal ~ отсутствие обычной меры заботливости

mutual contributory ~ смешанная вина

ordinary ~ отсутствие обычной заботливости; простая небрежность

passive ~ небрежность, выразившаяся в бездействии

petty ~ лёгкая неосторожность

supervening ~ «встречная небрежность» (*непроявление должной заботливости для предотвращения вреда при наличии вины потерпевшего*)

negligent небрежный, допущенный по небрежности

negligently небрежно, по небрежности

negotiability оборотность, способность находиться в обороте, способность быть переуступленным

negotiable 1. оборотный, могущий быть переуступленным 2. могущий быть предметом переговоров

negotiate 1. вести переговоры; договариваться об условиях 2. пускать в оборот ◇ to ~ a bill of exchange продать вексель, дисконтировать вексель, пустить вексель в обращение, передать вексель по передаточной надписи; to ~ a cheque получить деньги по чеку; произвести выплату по чеку; to ~ a contract заключить договор

negotiation 1. переговоры; ведение переговоров 2. продажа, передача, учёт (*векселя*) 3. гражданский оборот

plea-bargain ~ переговоры по поводу заключения сделки о признании вины

without-prejudice ~ переговоры под условием непричинения ими ущерба правам сторон

negotiator 1. посредник 2. лицо, ведущее переговоры; сторона в переговорах; уполномоченный по заключению договора; сторона в договоре

neighbourliness добрососедство

net свободный (*от обременений, вычетов и пр.*), чистый

neutral 1. нейтрал; нейтральное государство; нейтральная сторона ‖ нейтральный; не участвующий в споре; незаинтересованный 2. подданный, гражданин нейтрального государства

permanent ~ постоянно-нейтральное государство

neutrality 1. нейтралитет; нейтральность 2. беспристрастность, объективность

armed ~ вооружённый нейтралитет

benevolent ~ благожелательный нейтралитет

permanent [perpetual] ~ постоянный нейтралитет

qualified ~ несовершенный нейтралитет

neutralization объявление нейтральным, нейтрализация

neutralize объявлять нейтральным, нейтрализовать

ne varietur *лат.* «чтобы не подвергался изменению», без дальнейших поправок и изменений (*1. нотариальная отметка на заверяемом документе 2. принцип, согласно которому согласованный проект международного договора не подлежит дальнейшим изменениям*)

next-of-kin ближайший родственник

presumptive ~ предполагаемый ближайший родственник

nexus связь

causal ~ причинная связь

nihil *лат.* «ничего не должен» (*общее отрицание факта долга*) ◇ ~ capiat per breve *лат.* решение в пользу ответчика, решение об отказе в иске; ~ debet *см.* nihil; ~ dicit *лат.* 1. отказ ответной стороны от дачи показаний 2. решение в пользу истца при непредставлении возражений ответчиком; ~ habet *лат.* «ничего не имеет» ‖ не имеющий имущества, на которое может быть обращено взыскание

nihilhood *см.* nihility

nihility недействительность, ничтожность

nil *лат.* ничто ◇ to make ~ аннулировать; лишать юридической силы

nil debet *лат.* «нет долга» (*возражение ответчика по иску*)

nisi (*лат.* «если не») неокончательный, условно-окончательный, вступающий в силу с определённого срока, если не отменён до этого (*о постановлении суда*) ◇ ~ prius (*лат.* «если не ранее»; «если не было до этого») 1. судебное заседание по гражданскому делу с участием присяжных по первой инстанции 2. *ист.* приказ шерифу вызвать присяжных на определённый день

nobility дворянство

nobleman дворянин

noblewoman дворянка

nocture *полиц.* журнал регистрации ночных происшествий

nolle *лат. см.* nolle prosequi

nolle prosequi *лат.* заявление об отказе от дальнейшего судебного преследования *или* от дальнейшей защиты исковых требований

nolo contendere *лат.* «я не желаю оспаривать» (*заявление об отказе оспаривать предъявленное обвинение*)

nomenclature номенклатура

~ of law правовая терминология

legal ~ правовая терминология

nominal номинальный

nominate 1. указывать наименование; давать название 2. назначать 3. выдвигать, предлагать кандидата (*на должность*) 4. относящийся к категории, имеющей определённое наименование

nomination 1. указание наменования **2.** назначение **3.** выдвижение, предложение кандидата *(на должность)* ◇ ~ **by acclamation** выдвижение кандидата без голосования на основании единодушного одобрения

presidential ~ *амер.* выдвижение кандидатов в президенты

top ~ *амер.* выдвижение кандидата на пост президента

nominee 1. назначенное лицо **2.** выдвинутый кандидат *(на должность)* **3.** пользователь

nomocracy 1. власть, основанная на законе **2.** законность, правопорядок

nomographer 1. законодатель **2.** правовед

nomologist лицо, сведущее в законах, юрист

nomothetic(al) 1. законодательный **2.** узаконенный; законный

non-ability 1. неправоспособность; недееспособность **2.** возражение ответчика со ссылкой на неправо- и/или недееспособность истца

non-acceptance неакцептование; непринятие

non acceptavit *лат.* возражение трассата о неакцепте тратты

non-access невозможность полового общения с женщиной *(как основание для отказа в иске об установлении отцовства)*

non-act бездействие, воздержание от действия; непринятие мер

non-actionable не защищаемый иском, не создающий права на иск

nonadjudicative не подлежащий решению в судебном порядке

non-adult несовершеннолетний

non-age несовершеннолетие

non-aggression ненападение

non-alienation неотчуждение

non-aligned неприсоединившийся *(к союзам, блокам)*

non-alignment неприсоединение *(к союзам, блокам)*

non-amicable недружественный

non-appealable не подлежащий обжалованию

non-appearance неявка в суд

non-assumpsit «не принимал обязанности» *(возражение ответчика по иску)*

non-attendance неявка; невыход на работу; прогул

non-belligerent невоюющее государство ǁ невоюющий

non-claim просрочка в предъявлении требования; непредъявление требования

nonclassified несекретный; без грифа

non-combatant 1. некомбатант **2.** нейтрал

non-committalism независимость *(от избирателей)*, несвязанность обязательствами *(перед избирателями)*

non-compliance несоблюдение, невыполнение

non-concur 1. *амер.* отклонять, отвергать *(законопроект, поправку к закону и т.п.)* **2.** не совпадать *(о мнении члена суда, не согласного с большинством)*

non-conformity 1. несоответствие **2.** несоблюдение

non-consummation отсутствие консуммации *(брака)*

non-content голос «против», голосующий «против» *(в палате лордов)*

non-corporate не имеющий прав юридического лица

non-crime непреступное деяние

non-criminal непреступный; неуголовный

nonculpability невиновность

non-cumulative некумулятивный

nondelegability невозможность быть делегированным

nondelegable не могущий быть делегированным; не подлежащий делегированию

non-delinquent неделинквент ǁ неделинквентный

non-delivery непоставка

non-deviation неотклонение от курса *(о судне)*

non-disclosure неразглашение; несообщение, умолчание, сокрытие, утайка *(фактов, сведений, данных)*

nondiversity отсутствие коллизии норм

non-entry неподача таможенной декларации

non est factum *лат.* «нет документа» *(утверждение стороны, что данный документ не является документом, ею выданным, несмотря на наличие её печати или подписи)*

non est (inventus) *лат.* «не найден» *(отметка на повестке о невозможности её вручения или сообщение шерифа о невозможности арестовать обвиняемого)*

non-exclusive неисключительный *(о праве, лицензии и т.п.)*

non-execution неисполнение

non-extradition невыдача *(преступника)*

non-feasance несовершение действия, невыполнение обязанностей; бездействие *(органа власти)*

non-fulfilment неисполнение

non-governmental неправительственный

non-information недонесение, недоносительство

non-intercourse прекращение отношений

non-interference невмешательство

non-intervention невмешательство

non-inventive не находящийся на уровне изобретения *(об элементе новизны)*

non-issuable 1. не относящийся к существу спора **2.** не ведущий к вынесению решения по существу

non-joinder 1. непривлечение *или* невступление в качестве стороны по делу **2.** несоединение исков **3.** неуказание лица в качестве соавтора изобретения *(при подаче заявки на патент)*

non-judicial внесудебный; несудебный

non-juring не присягающий

nonjuror лицо, отказывающееся присягать *или* неприсягающее

non-leviable не подлежащий обращению взыскания

non liquet *лат.* «неясно» *(решение присяжных*

о направлении дела на новое рассмотрение ввиду его неясности)

nonmailable запрещённый к пересылке по почте

non-mandatory диспозитивный

non-negotiable необоротный, не являющийся оборотным, не подлежащий передаче

non-observance несоблюдение *(правил и т.п.)*

non obstante veredicto *лат.* вопреки вердикту присяжных

nonoffender неправонарушитель; непреступник

non-party лицо, не являющееся стороной по делу

non-patentability непатентоспособность

non-patentable непатентоспособный

non-payment неплатёж

non-performance неисполнение *(договора и т.п.)*

non prosequitur *лат.* решение об отказе в иске ввиду несовершения истцом процессуальных действий

non-punitive некарательный

non-recognition непризнание

non-registrability невозможность регистрации *(напр. в качестве товарного знака)*

non-residence 1. проживание вне пределов юрисдикции 2. непроживание *(в каком-л. месте)*

non-resident 1. лицо, проживающее вне пределов юрисдикции 2. лицо, не являющееся постоянным жителем

nonresidential не связанный с постоянным проживанием *или* пребыванием

non-statutory нестатутарный, не основанный на законе

non-substantive 1. не касающийся существа дела 2. не материально-правовой 3. неосновной, неглавный

nonsuit несовершение истцом процессуальных действий, свидетельствующее об отказе от иска

non-support неуплата алиментов; невыполнение обязанности по содержанию *какого-л.* лица

non-term судебные каникулы

non-transferable не подлежащий передаче

non-user неиспользование *(права)*; неисполнение служебного долга

nonwaiver отсутствие отказа от права, привилегии, процедуры

non-working неиспользование *(запатентованного изобретения)*

norm норма

legal ~ правовая норма

normative нормативный

notarial нотариальный

notarially нотариально, в нотариальном порядке

notarization нотариальное засвидетельствование

notarize нотариально засвидетельствовать

notarized нотариально засвидетельствованный

notary 1. нотариус 2. *уст.* протоколист ◇ ~ **public** государственный нотариус

ecclesiastical ~ церковный нотариус

notation указание; отметка

date ~ указание даты

note 1. заметка; запись; записка ‖ делать заметки, записывать 2. отмечать, обращать внимание; принимать к сведению 3. примечание; комментарий; аннотация; сноска, ссылка; замечание *(по делу)* 4. нота *(дипломатическая)* 5. извещение; авизо 6. кредитный билет; банковый билет; банкнота 7. справка 8. счёт 9. простой вексель; долговая расписка 10. опротестовать *(вексель)* ◇ to ~ **a bill** протестовать вексель, составлять акт вексельного протеста; to ~ **a claim** принять иск к рассмотрению, к производству; to ~ **a protest** 1. заявлять морской протест 2. составлять акт вексельного протеста; to ~ **for the record** отметить для занесения в протокол; ~s **on evidence** замечания на показания *или* на представленные доказательства

~ **of hand** простой вексель; долговая расписка

accomodation ~ безденежный [«дружеский», «бронзовый»] вексель

advice ~ уведомление, авизо, андинование

allotment ~ документ о передаче военнослужащим части своего жалованья семье, аттестат

banker's ~ банкнота банка, не зарегистрированного как корпорация

bearer ~ вексель на предъявителя

berth ~ берс-нот *(договор перевозки частичного груза, главным образом на трамповых судах)*

boat ~ разрешение таможни на перевозку грузов на лихтерах *и т.п.* с судна на берег и с берега на судно

bond ~ разрешение таможни на вывоз товара из таможенного склада

booking ~ букинг-нот; фрахтовый сертификат

bought ~ брокерское уведомление о совершении покупки

cash ~ банкнота

circular ~ 1. циркуляр 2. циркулярное аккредитивное письмо 3. проспект

collective ~ коллективная нота

consignment ~ транспортная накладная

cover(ing) ~ ковернота, временное свидетельство о страховании, страховой сертификат

currency ~ банкнота

demand ~ простой вексель, срочный по предъявлении

explanatory ~ 1. пояснительная записка 2. примечание

fixture ~ фиксчюр-нот *(документ, фиксирующий факт фрахтования судна и его основные условия до подписания чартера)*, записка о фрахтовании

formal ~ акт *(составляемый для зафиксирования каких-л. действий или обстоятельств)*

identic ~ идентичная нота (посланная одновременно нескольким государствам)

legal tender ~ амер. казначейский билет

marginal ~ указание, сделанное на полях документа; краткое резюме содержания текста на полях документа; примечание на полях, заметка

out-of-charge ~ разрешение на вывоз с таможни ранее задержанных грузов

personal ~ личная нота

plaint ~ исковое заявление

pricking ~ таможенный ордер на транзитный груз

promissory ~ простой вексель

reclaiming ~ шотл. апелляционная жалоба

sale ~ брокерское уведомление о продаже

seizure ~ акт о конфискации груза таможней

shipping ~ погрузочный ордер

sold ~ брокерское уведомление о продаже

stamp ~ разрешение таможни на погрузку

stop ~ сообщение таможни о задержании груза

transshipment bond ~ декларация на транзитный груз

transshipment pricking ~ таможенный ордер на транзитный груз

treasury ~ 1. казначейский билет 2. амер. налоговый сертификат

treasury tax ~ амер. налоговый сертификат

verbal ~ вербальная нота

notice 1. предупреждение; уведомление; объявление; оповещение; извещение ‖ предупреждать; уведомлять 2. извещение о готовности судна к погрузке, нотис 3. знание, осведомлённость ◇ ~ in writing письменное извещение, уведомление; ~ to admit требование о признании (с целью сокращения издержек по предъявлению судебных доказательств); to give ~ to уведомить кого-л. о чём-л.; to have ~ of знать о чём-л., быть уведомлённым (или осведомлённым) о чём-л.; ~ to plead требование представить состязательную бумагу; ~ to produce предложение противной стороне представить в суд документ; ~ to quit 1. предупреждение съёмщику о расторжении договора найма жилого помещения 2. предупреждение работнику об увольнении; to take ~ получить уведомление; with ~ будучи осведомлённым, уведомлённым; зная (о чём-л.); without ~ 1. не будучи осведомлённым, уведомлённым; без предварительного уведомления 2. не зная о пороках титула, добросовестно

~ of action уведомление о подаче иска

~ of alibi предупреждение о намерении заявить алиби

~ of allowance официальное извещение об акцептовании заявки на патент

~ of amendment уведомление об исправлении (напр. о внесении поправки в товарный знак)

~ of appeal уведомление об апелляции

~ of appearance уведомление (истца ответчиком) о явке в суд

~ of appropriation извещение о выделении (индивидуализации) товара для исполнения договора

~ of argument уведомление о прениях

~ of assessment платёжное извещение налогового органа

~ of authority уведомление о наличии правомочий

~ of charges 1. уведомление о выдвинутых пунктах обвинения 2. уведомление об аргументации в исковом заявлении в опровержение предполагаемых доводов ответчика

~ of conviction уведомление об осуждении; справка (в деле) о судимости

~ of copyright отметка (на печатном издании) об авторском праве

~ of dedication (to public use) извещение об абандонировании запатентованного изобретения во всеобщее пользование

~ of dishonour уведомление о неакцептовании или неоплате векселя

~ of hearing уведомление о слушании

~ of opposition возражение, протест

~ of protest акт вексельного протеста

~ of purpose and authority уведомление о цели и правомерности предполагаемых действий

~ of taking depositions уведомление о приобщении к делу показаний и доказательств

~ of trial уведомление о назначении дела к слушанию

~ of witness(es) уведомление стороны о вызванных в суд свидетелях

advance ~ предварительное предупреждение или уведомление

bankruptcy ~ заявление о признании банкротом

conclusive ~ окончательное предупреждение

constructive ~ 1. суррогат извещения, конструктивное извещение, действие, приравниваемое к извещению 2. презюмируемая осведомлённость

distringas ~ уведомление о запрете распоряжаться каким-л. имуществом (впредь до обращения в суд)

follow ~ повторное уведомление

formal ~ официальное уведомление

implied ~ 1. действие, подразумеваемое как извещение 2. подразумеваемая осведомлённость

itemized ~ детализированное по пунктам уведомление

judicial ~ осведомлённость суда, судейская осведомлённость (в отношении фактов, полагаемых известными суду без доказывания)

legal ~ предусмотренное правом уведомление; надлежащее уведомление

originating ~ (of motion) начинающее судебный процесс заявление

particularized ~ детализированное уведомление

personal ~ **1.** личное уведомление **2.** уведомление через представителя

presumptive ~ презумпция уведомления

pretrial ~ уведомление до начала судебного разбирательства

reasonable ~ разумное, обоснованное предупреждение

second ~ повторное извещение

short ~ уведомление, предупреждение за короткий срок

strike ~ предупреждение о забастовке

verbal ~ устное уведомление

violation ~ уведомление о допущенном нарушении

written ~ письменное уведомление

noticeable:

judicially ~ могущий быть доведённым до сведения суда без необходимости доказывать

noticed:

judicially ~ известный суду без доказывания

notification извещение; объявление; сообщение; уведомление; предупреждение; нотификация

~ **of indebtedness** сообщение о задолженности; уведомление о задолженности

notify извещать; объявлять; сообщать; уведомлять; предупреждать; нотифицировать

notion понятие

elastic ~ растяжимое понятие

legal ~ юридическое понятие

notorial *шотл.* нотариальный

notoriety общеизвестность, ноторность

notorious общеизвестный, ноторный

notoriousness общеизвестность, ноторность

notorize нотариально засвидетельствовать

notour *шотл.* общеизвестный, ноторный

Nova Statuta *лат.* Новые статуты *(английские законы со времени начала царствования Эдуарда III)*

novate производить новацию

novation новация; перевод долга; цессия прав по обязательству

novel новелла, новый закон, новая норма права ‖ новый

novelty новизна *(изобретения)*

absolute ~ *пат.* абсолютная новизна

isle ~ национальная новизна изобретения, новизна для Великобритании *(в противоположность мировой новизне)*

local ~ *пат.* локальная новизна *(в противоположность мировой новизне)*

non-patentable ~ непатентоспособная новизна *(вследствие неудовлетворения предмета изобретения требованию неочевидности)*, отсутствие существенных отличий

noxious вредный; нездоровый

nuclear-free безъядерный, свободный от ядерного оружия

nude не имеющий исковой силы; бездоказательный

nugatory недействительный

nuisance «ньюснс», помеха, неудобство; нарушение покоя, вред, источник вреда, «зловредность» *(в частности, причинение соб-*

ственнику недвижимости помех и неудобств в пользовании ею) ◇ ~ **to maintain** ~ чинить помехи, причинять неудобство, вред

abatable ~ устранимый вред *или* источник вреда

absolute ~ абсолютный вред *(ответственность за который наступает независимо от наличия вины)*

attractive ~ привлекающий *(напр. детей)* источник опасности

common ~ *см.* **public nuisance**

private ~ источник опасности *или* неудобства для *какого-л.* лица *или* группы лиц

public ~ источник опасности *или* неудобства для всех окружающих

nuisancer нарушитель покоя, причинитель неудобств, нарушитель общественного порядка

null ничтожный ◇ ~ **and void** ничтожный и не имеющий юридической силы

nulla bona *лат.* «нет имущества» *(надпись шерифа на исполнительном листе)*

nulla poena sine culpa *лат.* нет наказания без вины

nulla poena sine lege *лат.* нет наказания без устанавливающего его закона

nullification аннулирование, нуллификация

nullify аннулировать, нуллифицировать

nullity 1. ничтожность; ничтожное действие **2.** недействительность

nullum crimen sine culpa *лат.* нет преступления без вины

nullum crimen sine lege *лат.* нет преступления без предусматривающего его закона

number номер

account ~ номер счёта в банке

file ~ номер дела; регистрационный номер

identifying ~ номер *(счёта в банке, автомашины и пр.)*, удостоверяющий личность владельца

section ~ **of the act** номер статьи закона

vehicle licence ~ регистрационный номер водительских прав

nunciature 1. нунциатура, должность нунция **2.** служебное помещение нунция

nuncio нунций *(папский)*

nunc pro tunc *лат.* имеющий обратную силу

nuncupation торжественное заявление; устное завещание

nuncupative торжественно объявленный

O

oath клятва; присяга ◇ ~ **in supplement** дополнительная присяга; **on** ~ под присягой; ~ **on arrival** подтверждение под присягой судового манифеста; ~ **on departure** показание под присягой, даваемое экспортёром на таможне

~ of abjuration *амер.* клятвенное отречение от прежнего подданства

~ of allegiance присяга на верность; воинская присяга

~ of entry показание под присягой, даваемое импортёром таможне

~ of fealty присяга на верность

~ of manifestation данное под присягой показание о своём имущественном положении

~ of office присяга при вступлении в должность, должностная присяга

~ of qualification клятвенное заявление о наличии имущественного ценза

assertory ~ присяга в подтверждение *(фактов)*, подтверждающая присяга

Bible ~ присяга на Библии

book ~ присяга на Библии

civic ~ гражданская присяга

corporal ~ торжественная клятва *или* присяга

false ~ ложная присяга

Gospel ~ присяга на евангелии

judicial ~ присяга в суде

left-handed ~ ложная присяга

loyalty ~ *амер.* присяга в благонадёжности *(в непринадлежности к подрывным организациям)*

official ~ присяга при вступлении в должность, должностная присяга

promissory ~ 1. присяга-гарантия будущего поведения 2. конституционная присяга

solemn ~ торжественная присяга

unlawful ~ незаконная клятва *(совершить измену, тяжкое убийство и т.п.)*

oathable способный приносить присягу

oath-breaker нарушитель присяги

oath-helper лицо, под присягой подтверждающее правильность утверждений тяжущейся стороны

obedience подчинение; повиновение

obedient подчиняющийся; повинующийся

obey подчиняться; повиноваться

obiter dictum *лат.* высказывание [мнение] судьи, не носящее нормоустановительного характера; попутное высказывание судьи, не ставшее основанием резолютивной части решения

object 1. предмет; вещь; объект 2. цель 3. возражать ◇ ~ in issue предмет спора

~ of action цель иска

objection возражение ◇ ~ in point of law возражение правового характера; ~ overruled возражение отклоняется; ~ sustained возражение принимается; ~ to a juror отвод присяжного; to raise an ~ заявить возражение; ~ to the jurisdiction возражение о неподсудности

legal ~ возражение в суде

objectionable вызывающий возражение; страдающий недостатками *(напр. о патентуемом объекте)*

objective цель ‖ объективный

illegitimate ~ незаконная цель

legitimate ~ законная цель

object-matter цель

~ of patent цель патента; задача, решаемая запатентованным изобретением; цель, достигаемая запатентованным изобретением

objector 1. лицо, выдвигающее возражение 2. лицо, отказывающееся от военной службы *(по идейным соображениям)*

conscientious ~ человек, отказывающийся от военной службы со ссылкой на свои убеждения

objuration принесение клятвы, присяги; обязательство под присягой

objure приносить клятву, присягу

obligate обязывать(ся)

obligation 1. обязательство 2. обязательная сила 3. обязанность 4. облигация ◇ to meet an ~ 1. выполнить обязательство 2. выполнить обязанность

~ of contract обязательная сила договора

~ of oath 1. обязательство под присягой 2. обязательность присяги

accessory ~ акцессорное обязательство

accrued ~ возникшее обязательство

alternative ~ альтернативное обязательство

bond ~ облигационное обязательство

civil ~ правовое обязательство; обязательство, снабжённое исковой силой

concurrent ~ совпадающее обязательство

conjunctive ~ множественное обязательство

contractual ~ обязательство из договора, договорное обязательство

counterpart ~s параллельные обязанности

cross ~ встречное обязательство

determinate ~ обязательство, предметом которого является индивидуально-определённая вещь

divisible ~ делимое обязательство

fiduciary ~ фидуциарное обязательство

former ~ прежнее обязательство

future ~ будущее обязательство

heritable ~ обязанность, переходящая по наследству

imperfect ~ обязательство, не имеющее исковой силы; натуральное обязательство

indeterminate ~ обязательство, предметом которого является вещь, определяемая родовыми признаками

indivisible ~ неделимое обязательство

irrecusable ~ обязанность в силу предписания закона

joint ~ обязательство с совместной ответственностью должников

joint and several ~ обязательство с ответственностью должников вместе и порознь; обязательство с солидарной ответственностью

legal ~ 1. правовое обязательство 2. правовая обязанность

localized ~ локализованное обязательство

mandatory training ~ обязательное военное обучение

moral ~ 1. моральное обязательство 2. натуральное обязательство

natural ~ натуральное обязательство

obediential ~ обязанность, возникающая из отношений родства

perfect ~ правовое обязательство, обязательство, снабжённое исковой силой

personal ~ 1. обязательство, не носящее характер вещного обременения **2.** обязанность, не переходящая по наследству

previous ~ прежнее обязательство

principal ~ главное обязательство

pure ~ безусловное обязательство

real ~ вещное обременение

recusable ~ обязанность, возникающая не в силу предписания закона

sacramental ~ клятвенное обязательство

secondary ~ акцессорное обязательство

several ~ обязательство с ответственностью должников порознь

shared ~ долевое обязательство

simple ~ безусловное обязательство

solidary ~ обязательство с солидарной ответственностью должников

status ~ обязательство из статуса

statutory ~ обязательство, основанное на законе

obligator лицо, принявшее на себя обязательство; должник по обязательству

obligatoriness обязательность

obligatory обязательный; облигаторный; обязывающий

oblige обязывать, связывать обязательством

obliged обязанный, связанный обязательством
legally ~ юридически обязанный

obligee лицо, по отношению к которому принято обязательство; кредитор по обязательству

obligor лицо, принявшее на себя обязательство; должник по обязательству, дебитор

obliterate вычёркивать; уничтожать; стирать

obliteration вычёркивание; уничтожение; стирание

oblivion помилование; амнистия

obloquy поношение

obnoxious вредный, причиняющий вред, наносящий ущерб

obscene неприличный, непристойный; порнографический
criminally ~ преступно непристойный

obscenity непристойность; непристойное поведение
criminal ~ преступная непристойность, уголовно наказуемая непристойность

observance соблюдение (закона и т.п.)
law ~ соблюдение закона
liberal [loose] ~ необязательное соблюдение
strict ~ строгое, неукоснительное соблюдение

observant 1. свидетель-очевидец **2.** исполняющий, соблюдающий (законы, предписания и т.п.)
participant ~ включённый наблюдатель (наблюдающий участник делинквентной или преступной группы)

observe 1. соблюдать (закон и т.п.) **2.** наблюдать

observer наблюдатель; обозреватель
legal ~ обозреватель судебной практики

obsignate скреплять печатью

obsignation скрепление печатью

obsolete устаревший (о законе, норме и т.д.)

obstruct препятствовать, мешать, чинить помехи ◇ to ~ **commerce** чинить помехи торговле; to ~ **justice** препятствовать отправлению правосудия

obstruction 1. учинение помех **2.** обструкция (в парламенте)
~ of justice препятствование отправлению правосудия
~ of public authority воспрепятствование осуществлению публичной власти
legal ~ препятствование применению закона; препятствование отправлению правосудия
wrongful ~ препятствование применению закона

obstructionist 1. лицо, учиняющее помехи **2.** обструкционист (в парламенте)

obstructor см. obstructionist

obtain 1. получать, приобретать **2.** действовать, иметь силу (о норме права) ◇ to ~ **bail 1.** найти поручителя **2.** получить разрешение освободиться из-под стражи на поруки; to ~ **by deception** приобрести имущество путём обмана; to ~ **counsel** получить адвоката; to ~ **witness** добиться явки свидетеля

obverse лицевая сторона (документа и т.д.)

obvious очевидный

obviousness очевидность (в частности, один из критериев непатентоспособности изобретения)

occupancy 1. завладение, оккупация **2.** владение
actual ~ 1. фактическое завладение **2.** фактическое владение

occupant 1. оккупант **2.** владелец; лицо, вступающее или вступившее во владение; арендатор; наниматель; съёмщик; лицо, завладевшее бесхозным имуществом

occupation 1. оккупация, завладение **2.** владение **3.** род занятий, профессия
actual ~ 1. фактическое завладение **2.** фактическое владение
belligerent ~ военная оккупация
criminal ~ 1. преступное завладение **2.** преступная специальность, специальность преступника
effective ~ эффективная оккупация, фактическое завладение
entry level ~ работа в течение испытательного срока; ученичество
factory ~ занятие предприятия рабочими
manual ~ фактическое владение
military ~ военная оккупация
notorious ~ ноторное владение
open ~ открытая оккупация, открытое завладение
own ~ собственное дело
professional ~ профессиональная деятельность; профессия

occupier 1. оккупант **2.** владелец; лицо, вступающее или вступившее во владение

occupy 1. оккупировать, завладевать; занимать **2.** владеть

occurence событие; происшествие; случай
  accidental ~ случайное событие, происшествие

octroy даровать, жаловать *(о государственной власти)*

offence 1. посягательство 2. правонарушение 3. преступление ◇ ~ against chastity посягательство на целомудрие; ~ against morality преступление против нравственности; ~ against public justice преступление против правосудия; ~ against sovereignty посягательство на суверенитет; преступление против суверенной власти; ~ against the law нарушение закона; правонарушение; ~ against the person преступление против личности; ~ against the property преступление против собственности; ~ against the state 1. преступление против государства 2. преступление против [по уголовному праву] штата; ~ against the United States преступление против [по уголовному праву] Соединённых Штатов; федеральное преступление; ~ aided and abetted преступление, совершению которого оказано пособничество; ~ ancillary to another charge преступление, дополнительное к инкриминированному; ~ at common law преступление по общему праву; ~ charged вменяемое в вину, инкриминируемое преступление; ~ charged against a person преступление, в котором обвиняется лицо; ~ created by statute преступление, состав которого предусмотрен статутом; ~ in a person преступление со стороны *(того или иного)* лица; ~ indictable at the election of the accused преступление, преследуемое по обвинительному акту по выбору обвиняемого; ~ in question преступление, являющееся предметом судебного рассмотрения; ~ proved against the person доказанное совершение преступления данным лицом; ~ triable on indictment преступление, подлежащее судебному рассмотрению по обвинительному акту
  ~ of agreeing to indemnify sureties противоправное согласие на возмещение суммы поручительства
  ~ of assault преступное нападение *(словесное оскорбление и угроза физическим насилием или покушение на нанесение удара либо угроза таковым)*
  ~ of attempting to commit a crime покушение на совершение преступления
  ~ of drunkenness уголовно наказуемое пребывание в общественном месте в состоянии явного опьянения
  ~ of gross indecency преступление откровенно неприличного характера, циничное преступление
  ~ of several transactions продолжаемое преступление

  abortive ~ покушение на преступление
  acquisitive ~ корыстное преступление
  actual ~ фактически совершённое преступление

admitted ~ преступление, признанное преступником

aggravated ~ преступление, совершённое при отягчающих обстоятельствах

alcohol(-related) ~ преступление, связанное с алкоголем

alleged ~ предполагаемое преступление

antitrust ~ *амер.* нарушение антитрестовского законодательства

arrestable ~ *англ.* преступление, в связи с которым может быть произведён арест

assaultive ~ 1. преступление агрессивного характера 2. преступное нападение *(словесное оскорбление и угроза физическим насилием или покушение на нанесение удара либо угроза таковым)*; преступление, квалифицируемое как нападение

bailable ~ преступление, обвиняемый в котором может быть освобождён из-под стражи под залог

breaking-and-entering ~ преступление, квалифицируемое как взлом и проникновение

burglary ~ преступление, квалифицируемое как берглэри

capital ~ преступление, караемое смертной казнью

chargeable ~ преступление, могущее быть инкриминированным

charged ~ преступление, вменённое в вину, инкриминированное преступление

civil ~ гражданское правонарушение, гражданский деликт

cognate ~ родственное преступление

cognizable ~ подсудное *(данному суду)* преступление

coinage ~ фальшивомонетничество

common-law ~ преступление по общему праву

completed ~ преступление, доведённое до конца

consensual sex ~ половое преступление, совершённое с согласия потерпевшего лица

continuing [continuous] ~ длящееся *или* продолжаемое преступление

criminal ~ 1. преступное, уголовно наказуемое посягательство 2. уголовное преступление

cumulative ~s совокупность преступлений

delinquent ~ акт делинквентности

detected ~ раскрытое преступление

disorderly ~ нарушение общественного порядка

doctrinal ~ преступление против догматов церкви

drug(-related) ~ преступление, связанное с наркотиками

enormous ~ тяжкое преступление

extraditable ~ преступление, могущее быть основанием для выдачи преступника

federal ~ *амер.* преступление по федеральному уголовному праву, федеральное преступление

felonious ~ преступление, квалифицируемое как фелония

«finger-printable» ~ преступление, могущее повлечь за собой дактилоскопическую регистрацию

first ~ первое, впервые совершённое преступление

gang ~ 1. групповое преступление 2. гангстерское преступление

gangster ~ гангстерское преступление

gaol ~ см. jail offence

grave ~ тяжкое преступление

further ~s совершение преступлений в будущем

habitual ~ преступление, привычное для субъекта

heinous ~ отвратительное, гнусное, чудовищное преступление

hybrid ~ гибридное преступление (*преступление, которое может преследоваться как по обвинительному акту, так и в суммарном порядке*)

imminent ~ возможное преступление

impeachable ~ преступление, преследуемое в порядке импичмента

included ~ преступление, охваченное составом другого преступления

inclusive ~ преступление, состав которого охватывает другое преступление *или* другие преступления

indictable ~ преступление, преследуемое по обвинительному акту

jail ~ 1. преступление, совершённое при отбывании тюремного заключения 2. преступление, караемое тюремным заключением

juvenile ~ правонарушение, совершённое несовершеннолетним; акт делинквентности несовершеннолетнего

juvenile status ~ статусное правонарушение, акт делинквентности несовершеннолетнего (*не влекущий ответственности в случае совершения его совершеннолетним*)

kindred ~ родственное преступление

legislative ~ (преступное) посягательство на права законодательного органа

less(er) ~ менее опасное преступление

licensing ~ нарушение правил лицензирования

matrimonial ~ (преступное) посягательство на супружество

military ~ воинское преступление

minor ~ 1. мелкое правонарушение; проступок 2. правонарушение несовершеннолетнего

mixed ~ смешанное преступление (*преступление, которое может преследоваться как по обвинительному акту, так и в суммарном порядке*)

multiple ~(s) множественность преступлений

non-arrestable ~ *англ.* преступление, в связи с которым не может быть произведён арест

non-indictable ~ преступление, не подлежащее преследованию по обвинительному акту

non-status ~ *амер.* нестатусное (*т.е. преследуемое в уголовном порядке*) преступление несовершеннолетнего

past ~ ранее совершённое преступление

penitentiary ~ *амер.* 1. преступление, совершённое при отбывании тюремного заключения 2. преступление, караемое тюремным заключением

petit ~ *англ.* мелкое, малозначительное преступление

petty ~ *амер.* мелкое, малозначительное преступление

pleaded ~ преступление, признанное подсудимым

police ~ 1. преступление, подсудное полицейскому суду 2. преступление полицейского

police regulations ~ нарушение полицейских правил

prearranged ~ заранее подготовленное преступление

predatory sex ~ половое преступление, соединённое с ограблением потерпевшего лица

previous ~ ранее совершённое преступление

principal ~ преступные действия исполнителя преступления

prior ~ ранее совершённое преступление

prison ~ 1. преступление, совершённое при отбывании тюремного заключения 2. преступление, караемое тюремным заключением

property ~ имущественное преступление

proved ~ доказанное преступление

public ~ публичное правонарушение, правонарушение публичного характера; преступление

quasi-criminal ~ квазиуголовное правонарушение

recorded ~ зарегистрированное *или* запротоколированное *или* занесённое в досье преступление

reformatory ~ 1. преступление, совершённое при отбывании заключения в реформатории 2. преступление, за совершение которого назначается заключение в реформатории

regulatory ~ *амер.* правонарушение, находящееся в юрисдикции регулятивных органов

related ~s преступления, связанные между собой

repeated [repetitive] ~ повторно совершённое преступление

reported ~ преступление, о котором поступило сообщение в полицию; учтённое, зарегистрированное преступление

revenue ~ преступление в сфере налогов и пошлин

same ~ то же, такое же, идентичное, тождественное преступление

second ~ повторное преступление

sex ~ половое преступление

shipping ~ преступление, связанное с деятельностью торгового флота

shoplift ~ кража в магазине

simple ~ простое (*неквалифицированное*) преступление

specific ~ конкретное, данное преступление

specified ~ конкретное преступление

status ~ *амер.* статусное (*отнесённое к*

юрисдикции судов по делам несовершеннолетних) правонарушение несовершеннолетнего (не влекущее правовой ответственности в случае совершения его совершеннолетним)

statutory ~ преступление по статутному праву

street ~ уличное преступление

subsequent ~ последующее, вновь совершённое преступление

substantive ~ основное преступление (из нескольких по делу)

summary ~ преступление, преследуемое в порядке суммарного производства

suspected ~ предполагаемое преступление

technical ~ преступление в формально-юридическом смысле

theft ~ кража

traffic(-related) ~ 1. (преступное) нарушение правил дорожного движения 2. преступление, связанное со сбытом наркотиков

trivial ~ мелкое правонарушение; мелкое, малозначительное преступление

underlying ~ преступление, лежащее в основе связанных с ним преступных действий

unnatural ~ противоестественное преступление

unrelated ~s преступления, не связанные между собой

violent ~ насильственное преступление

offend 1. оскорблять 2. нарушать; посягать ◇ to ~ the law нарушать право

offender правонарушитель; преступник ◇ ~ **against chastity** лицо, посягнувшее на целомудрие; лицо, совершившее преступление против целомудрия; ~ **by accident** случайный преступник; ~ **in flight from the crime scene** преступник, бегущий с места совершения преступления; ~ **reprieved by the court** преступник, в отношении которого вынесенный приговор решением суда отложен исполнением; **to make an example of an** ~ наказать преступника в назидание другим; **to put** ~ **away** изолировать преступника (от общества), лишать преступника свободы

accidental ~ случайный преступник

acquisitive ~ субъект корыстного преступления

adjudicated ~ преступник, признанный таковым по суду

adult ~ совершеннолетний преступник

adult first ~ лицо, совершившее первое преступление по достижении совершеннолетия

alcohol ~ субъект, совершивший преступление под влиянием алкоголя

alcoholic ~ преступник-алкоголик

alleged ~ предполагаемый преступник; обвиняемый

arrested ~ арестованный преступник

assisting ~ соучастник преступления

authorities-recorded ~ преступник, на которого заведено официальное досье

blue-collar ~ синеворотничковый (т.е. выхо-

дец из рабочих, ремесленников и т.п.) преступник

born ~ прирождённый преступник

charged ~ обвиняемый

chronic ~ привычный (систематически совершающий преступления) преступник

chronic drunkenness ~ лицо, признанное виновным в систематическом пребывании в общественных местах в состоянии явного опьянения

civil ~ субъект гражданского правонарушения

committed ~ преступник, препровождённый в место лишения свободы (по приговору суда)

convicted ~ осуждённый

criminal ~ уголовный преступник

cumulative ~ субъект совокупности преступлений

dangerous special ~ особо опасный преступник

detected ~ обнаруженный преступник

delinquent ~ делинквент

diverted ~ правонарушитель, которому судебная ответственность заменена альтернативным исправительным воздействием (передан на попечение или в учреждение вне системы уголовной юстиции)

drug ~ лицо, совершившее преступление в связи с наркотиками

drunken ~ субъект, совершивший преступление под влиянием опьянения

drunkenness ~ лицо, признанное виновным в пребывании в общественном месте в состоянии явного опьянения

eligible ~ осуждённый преступник, имеющий право на льготы в связи с отбываемым наказанием

executed ~ казнённый преступник

felony ~ лицо, совершившее фелонию

female ~ женщина-преступница

first ~ лицо, впервые совершившее преступление

fugitive ~ преступник, скрывающийся от правосудия

governmental ~ лицо, совершившее преступление по службе в правительственном аппарате

habitual ~ привычный преступник

habitual drunken ~ преступник-привычный пьяница или алкоголик

hardened ~ закоренелый преступник

high-risk ~ преступник с высоким потенциалом рецидива

homicide ~ убийца

homosexual ~ лицо, совершившее акт гомосексуализма; субъект гомосексуализма

incorrigible ~ неисправимый преступник

institutionalized ~ преступник, заключённый под стражу, препровождённый в места лишения свободы

intractable ~ трудновоспитуемый преступник

joint ~s соучастники преступления

juvenile ~ несовершеннолетний правонарушитель; несовершеннолетний преступник

juvenile first ~ лицо, совершившее первое преступление до достижения совершеннолетия

juvenile status ~ *см.* status offender

lesser ~ лицо, совершившее менее опасное преступление

local ~ лицо, совершившее преступление в пределах местной юрисдикции

long-term ~ преступник, отбывающий долгосрочное заключение

low-risk ~ преступник с низким потенциалом рецидива

major ~ лицо, совершившее серьёзное преступление

marginal ~ 1. лицо, находящееся на грани совершения правонарушений *или* преступлений 2. лицо, совершающее правонарушения в сфере, совместно регулируемой административным и уголовным правом

mentally abnormal ~ психически ненормальный преступник

mentally ill ~ психически больной преступник

migrant ~ преступник-гастролёр

military ~ субъект воинского преступления

minor ~ 1. лицо, совершившее малозначительное правонарушение 2. несовершеннолетний правонарушитель

moderate delinquent ~ лицо, совершившее *или* совершающее незначительный акт делинквентности

motoring ~ нарушитель правил дорожного движения

multiple ~ лицо, совершившее несколько преступлений

nonviolent ~ лицо, совершившее ненасильственное преступление; преступник, не совершающий насильственных преступлений

notorious ~ известный, отъявленный, заведомый преступник

old ~ рецидивист

ordinary ~ обычный, рядовой преступник

persistent ~ упорный, закоренелый преступник; рецидивист

petty ~ лицо, совершившее мелкое преступление

political ~ политический преступник

principal ~ исполнитель преступления

prison-wise ~ преступник, умудрённый опытом тюремной жизни

professional ~ профессиональный преступник

property ~ лицо, совершившее имущественное преступление

psychopathic ~ преступник-психопат

real ~ действительный преступник

recorded ~ правонарушитель, преступник, зафиксированный в следственно-судебных документах; лицо с досье правонарушителя, преступника

reformatory ~ 1. лицо, совершившее преступление, за совершение которого назначается заключение в реформатории 2. лицо, совершившее преступление при отбывании заключения в реформатории

repeat(ed) ~ повторно совершивший преступление; рецидивист

repeat drunk ~ лицо, повторно совершившее преступление в состоянии опьянения

reported ~ лицо, учтённое, зарегистрированное в качестве правонарушителя, преступника

second ~ лицо, повторно совершившее преступление

serious [severe] ~ опасный преступник

severe delinquent ~ опасный делинквент

sex ~ лицо, совершившее половое преступление

short-term ~ преступник, отбывающий краткосрочное заключение

status ~ лицо, совершившее статусное правонарушение (*относящееся к юрисдикции судов по делам несовершеннолетних и не влекущее правовой ответственности в случае совершения его совершеннолетним*)

supposed ~ предполагаемый преступник

suspected ~ лицо, подозреваемое в совершении преступления

teen ~ молодой (*в возрасте от 13 до 19 лет*) преступник

tractable ~ преступник, легко поддающийся перевоспитанию

traffic ~ нарушитель правил дорожного движения

transferred ~ преступник, переведённый из одной юрисдикции в другую

violent ~ лицо, совершившее насильственное преступление; лицо, совершающее насильственные преступления

white-collar ~ беловоротничковый преступник (*субъект мошеннических и т.п. махинаций в бизнесе, в политике, на государственной службе, в профсоюзах и т.п.*)

young ~ молодой преступник, преступник молодого возраста (*описательный, а не технико-юридический термин, применяемый в Великобритании к преступникам старше 14 лет*)

young adult [youth(ful)] ~ *амер.* молодой совершеннолетний преступник

youthful first ~ *амер.* впервые совершивший преступление в молодости по достижении совершеннолетия

offendress правонарушительница; преступница

offense *амер. см.* offence

offensive 1. *воен.* наступление || наступательный 2. оскорбительный 3. причиняющий неудобство *или* вред

grossly ~ грубо оскорбительный

patently ~ явно оскорбительный

physically ~ причиняющий физический вред

offer предложение; оферта || предлагать ◇ to ~ **an apology** принести извинение; to ~ **evidence** представить доказательства; ~ to **public at large** оферта, обращённая к неопределённому кругу лиц; to ~ **resistance** ока-

зывать сопротивление; to ~ violence 1. совершать насилие 2. угрожать насилием
conditional ~ условное предложение
firm ~ твёрдая оферта, твёрдое предложение
irrevocable ~ безотзывная оферта
revocable ~ отзывная оферта
standing ~ постоянно открытое предложение
offeree адресат оферты; лицо, которому делается предложение
offerer оферент; лицо, делающее предложение
offeror оферент; лицо, делающее предложение
office 1. должность 2. ведомство; учреждение; министерство; управление 3. контора; канцелярия; служебное помещение 4. расследование по вопросам, связанным с имущественным правом короны ◇ continuance in ~ пребывание в должности; elevation in ~ продвижение по службе; elevation to ~ занятие более высокой должности; ~ found решение присяжных по расследованию, устанавливающему факты, которые определяют право короны на данное имущество; party in ~ политическая партия, находящаяся у власти; through the ~s of через кого-л.; пользуясь услугами кого-л.; используя кого-л. в качестве представителя; under the colour of ~ под предлогом отправления должности; under the colour of exercising the duties of an ~ под предлогом исполнения должностных обязанностей; under the pretence of ~ под видом отправления должности; vacancy in ~ вакантная должность
~ of honour см. honorary office
~ of profit оплачиваемая должность
~ of state государственное ведомство, учреждение
~ of trust доверительная должность
appointed [appointive] ~ назначаемая должность
assay ~ пробирная палата; амер. тж государственная пробирная лаборатория
branch ~ отделение
central ~ главная контора (напр. фирмы)
civil ~ 1. государственное гражданское учреждение 2. гражданская должность
consular ~ консульское учреждение
criminal ~ управление уголовного розыска
elective ~ выборная должность
field ~ периферийное отделение
general ~ главная контора
good ~s добрые услуги
government ~ правительственное ведомство, учреждение
head ~ главная контора, правление (корпорации, компании)
honorary ~ почётная должность, неоплачиваемая должность
industrial property ~ ведомство по охране промышленной собственности, патентное ведомство
judicial ~ 1. судебная должность 2. юридическое бюро (палаты лордов)
legal ~ 1. юридическая должность 2. юридическое ведомство

life ~ пожизненная должность
ministerial ~ исполнительная должность; административная должность
paper ~ архив
patent ~ патентное бюро
personnel ~ отдел кадров, бюро кадров
police ~ полицейское управление
public ~ 1. публичная должность; государственная должность; муниципальная должность 2. государственное или муниципальное учреждение
registered ~ место нахождения органа управления делами юридического лица, указанное при регистрации
registry ~ отдел записи актов гражданского состояния
revenue ~ ведомство налогов и сборов; ведомство государственных доходов
statutory ~ 1. должность, учреждённая законом 2. ведомство, учреждённое законом
stipendiary ~ оплачиваемая должность
Office:
Cabinet ~ секретариат кабинета министров (в Великобритании)
Copyright ~ Бюро регистрации авторских прав (США)
Criminal Records ~ отдел регистрации преступлений и преступников (в Скотланд-Ярде)
Crown ~ ист. 1. уголовное отделение суда королевской скамьи 2. центральная канцелярия Высокого суда (по уголовным делам и делам государственной казны) 3. шотл. канцелярия прокурора
Foreign and Commonwealth ~ министерство иностранных дел и по делам Содружества (в Великобритании)
Her [His] Majesty's Stationary ~ королевская государственная канцелярия (снабжает правительственные ведомства Англии писчебумажными принадлежностями и печатает и публикует документы, исходящие от правительства)
Home ~ министерство внутренних дел (в Великобритании)
Northern Ireland ~ министерство по делам Северной Ирландии (в Великобритании)
Oval ~ амер. «овальный кабинет» (т.е. в переносном смысле «президент», «исполнительная власть»)
Public Record ~ государственный архив (в Великобритании)
Scottish ~ министерство по делам Шотландии (в Великобритании)
Welsh ~ министерство по делам Уэльса (в Великобритании)
office-holder лицо, занимающее должность, должностное лицо
officer должностное лицо; чиновник; служащий ◇ ~ ad interim см. interim officer; ~ de facto нештатный чиновник; лицо, исполняющее должность; ~ de jure штатный чиновник; ~ pro hac vice чиновник, назначенный для выполнения особого поручения

~ of court служащий суда

~ of government правительственный чиновник

~ of justice 1. судебный чиновник, представитель судебной власти 2. судебный исполнитель; судебный пристав

~ of sheriff должностное лицо ведомства шерифа

~ of state государственное должностное лицо

acting ~ исполняющий обязанности должностного лица

action ~ служащий с оперативными функциями

ad hoc ~ чиновник, назначенный для выполнения особого поручения

administrative ~ 1. сотрудник административного органа 2. служащий с административными функциями; администратор

arresting ~ чиновник, производящий арест; чиновник с правом производить аресты

cabinet ~ чин кабинета министров

career ~ профессиональный чиновник; кадровый офицер

career police ~ кадровый полицейский

chief ~ главное должностное лицо; начальник

chief ~ of police начальник полиции

chief operating ~ начальник оперативного состава полиции

civil ~ государственный гражданский служащий

command ~ воен. командир

commissioned ~ 1. произведённый в офицеры; офицер 2. назначенный на должность чиновник

company ~ служащий компании (частной)

competent ~ правомочный чиновник

congressional liaison ~ чиновник президента по связям с конгрессом

constitutional ~ конституционное должностное лицо (должность которого определяется положениями конституции)

consular ~ консульский чиновник, консульский работник, консульское должностное лицо

corporate ~ служащий юридического лица, служащий корпорации

correctional ~ сотрудник исправительного учреждения

customs ~ таможенный чиновник, таможенный служащий

department(al) ~ служащий, сотрудник, чиновник ведомства, управления; служащий, сотрудник, чиновник министерства (в США)

diplomatic ~ дипломатический чиновник

drug ~ сотрудник службы по борьбе с наркотиками

excise ~ акцизный чиновник

executive ~ должностное лицо с исполнительными функциями; должностное лицо исполнительной власти

field (service) ~ оперативный сотрудник полиции; патрульный полицейский

head ~ главное должностное лицо

hearing ~ пат. должностное лицо, руководящее устным разбирательством

inland revenue ~ должностное лицо службы внутренних государственных доходов

intake ~ чиновник, ведающий приёмом лиц, препровождённых в исправительное учреждение

intelligence ~ сотрудник разведки

interim ~ лицо, временно исполняющее должностные функции

internal revenue ~ см. inland revenue officer

investigating ~ чиновник, производящий расследование; следователь

investigation ~ следователь

investigative ~ сотрудник следственных органов; следователь

issuing ~ чиновник, издающий приказы, предписания и пр.; чиновник с правом издавать приказы, предписания и пр.

judicial ~ судебное должностное лицо, судебный чиновник

junior ~ младший по должности чиновник

juvenile ~ чиновник по делам несовершеннолетних

language ~ переводчик

law ~ служащий судебного ведомства

law-enforcement ~ 1. сотрудник правоприменяющего органа 2. судебный исполнитель 3. сотрудник органа уголовной юстиции 4. амер. сотрудник полиции

law ~s of the crown юристы короны (генеральный прокурор - Attorney-General и его заместитель - Solicitor-General)

legal ~ служащий судебного ведомства

legislative ~ должностное лицо законодательного органа

line ~ оперативный сотрудник полиции

local ~ местный чиновник

medical ~ врач с функциями должностного лица; сотрудник медицинского учреждения

military ~ офицер

military justice ~ военный юрист

ministerial ~ служащий-исполнитель; служащий с административными функциями; служащий министерства

municipal ~ муниципальный чиновник

narcotic ~ сотрудник службы по борьбе с наркотиками

non-commissioned ~ 1. лицо, занимающее офицерскую должность без производства в офицеры 2. лицо, исполняющее должностные функции без назначения на должность

notary ~ служащий нотариата; нотариус

notary public ~ сотрудник государственного нотариата; государственный нотариус

offending ~ 1. чиновник, наносящий оскорбления при отправлении должности 2. чиновник, нарушающий закон

operating ~ 1. чиновник при исполнении своих служебных обязанностей 2. оперативный сотрудник полиции

parole (service) ~ должностное лицо, надзирающее за условно-досрочно освобождённым(и) part-time ~ должностное лицо, выполняющее свои функции по совместительству

peace ~ должностное лицо, наблюдающее за сохранением общественного порядка; полицейский

personnel ~ сотрудник управления кадров; сотрудник управления личного состава

petty ~ мелкий чиновник

police ~ полицейский чиновник; офицер полиции; полицейский

police investigation ~ полицейский следователь

presidential ~ должностное лицо, назначаемое президентом США

presiding ~ председатель, председательствующее лицо

preventive ~ чиновник береговой охраны *(по борьбе с контрабандой)*

probation (service) ~ сотрудник службы пробации; чиновник, надзирающий за лицами, направленными судом на пробацию

prosecuting ~ должностное лицо, осуществляющее уголовное преследование; обвинитель

public ~ публичное должностное лицо; государственный чиновник

quasi-judicial ~ сотрудник квазисудебного органа

retired ~ чиновник, подавший [ушедший] в отставку

retiring ~ чиновник, уходящий в отставку

returning ~ 1. должностное лицо, осуществляющее контроль над проведением выборов, уполномоченный по выборам 2. докладчик по делу *(в суде)*

revenue ~ должностное лицо службы государственных доходов

salaried ~ служащий на окладе

senior ~ старший по должности чиновник

summary ~ *воен.* офицер-член дисциплинарного суда

superior ~ вышестоящее должностное лицо

supervising ~ надзирающее должностное лицо; надзиратель

sworn ~ чиновник, приведённый к присяге

top-ranking ~ чиновник высшего ранга

traffic ~ сотрудник дорожной полиции

uniformed ~ сотрудник полиции в форме

walking ~ сотрудник патрульной (пешей) полиции

watch ~ *мор.* вахтенный офицер

welfare ~ 1. *амер.* чиновник службы социального обеспечения 2. *англ.* чиновник, надзирающий за несовершеннолетними — бывшими правонарушителями

Officer:

Chief Executive ~ президент США

official 1. должностное лицо, служащий, чиновник 2. официал *(член церковного суда)* 3. официальный; государственный; служебный

administrative ~ должностное лицо с административными функциями; администратор; чиновник административной власти

administrative justice ~ чиновник органа административной юстиции

appointive ~ назначаемое должностное лицо

business ~ служащий делового предприятия

career ~ профессиональный чиновник

city ~ чиновник городского самоуправления

civil justice ~ чиновник органа гражданской юстиции

community ~ 1. чиновник, обслуживающий общину 2. должностное лицо организаций общины

company ~ должностное лицо компании

consular ~ консульский чиновник, чиновник консульской службы

corporate [corporation] ~ должностное лицо корпорации

correctional [corrections] ~ служащий исправительного учреждения

county ~ чиновник (самоуправления) графства *или* округа

court ~ судебный чиновник

criminal justice ~ чиновник органа уголовной юстиции

defendant ~ должностное лицо, выступающее в качестве ответчика *или* подсудимого

diplomatic ~ дипломатический чиновник, чиновник дипломатической службы

executive ~ чиновник исполнительной власти

foreign ~ иностранный чиновник, должностное лицо иностранного государства

full-time ~ должностное лицо, занятое исключительно работой по данной должности

government ~ правительственный чиновник

hearing ~ *пат.* должностное лицо, руководящее устным разбирательством

impeachable ~ должностное лицо из категории могущих быть привлечёнными к ответственности в порядке импичмента

incoming ~ чиновник, поступающий на службу

indictable ~ чиновник из категории должностных лиц, могущих быть привлечёнными к уголовной ответственности непосредственно по обвинительному акту

international ~ международное должностное лицо

jail ~ тюремный чиновник

judicial ~ чиновник судебной власти

Justice ~ *амер.* чиновник министерства юстиции

key ~ чиновник, занимающий ключевую должность

law-enforcement ~ 1. чиновник правоприменяющего органа 2. чиновник органа уголовной юстиции 3. *амер.* полицейский чиновник

legal ~ судебный чиновник

legislative ~ должностное лицо законодательной власти

mail ~ почтовый чиновник

management ~ должностное лицо администрации предприятия

municipal ~ муниципальный чиновник

parole ~ чиновник службы надзора за условно-досрочно освобождёнными

part-time ~ должностное лицо, работающее (в данной должности) по совместительству

police ~ полицейский чиновник

post office ~ почтовый чиновник

prison ~ тюремный чиновник

private ~ должностное лицо частного предприятия

probation (service) ~ чиновник службы пробации

prosecuting ~ государственный обвинитель

public ~ публичное должностное лицо, государственное должностное лицо, государственный чиновник

recording ~ чиновник-хранитель официальных документов; архивариус

top ~ чиновник высшего ранга

trade-union ~ профсоюзный чиновник

union ~ профсоюзный чиновник

whole-time ~ см. full-time official

official-designate лицо, назначенное на должность

officialdom собир. чиновники; чиновничий корпус

officiality 1. официальность **2.** должность председателя или члена церковного суда

officialize придавать официальный характер

officiate исполнять служебные обязанности, находиться в должности

officious 1. официозный; неофициальный **2.** произведённый без поручения (о действии), в виде одолжения

officiously официозно; неофициально

off-put шотл. отсрочка

offset 1. зачёт требований **2.** встречное требование **3.** возмещение, компенсация ‖ возмещать, компенсировать

offtake удержание из заработной платы

off-test некондиционный

Old Bailey Центральный уголовный суд (в Лондоне)

olograph олограф, собственноручно написанный документ

ombudsman омбудсмен, уполномоченный по рассмотрению жалоб

omission 1. упущение, бездействие, несовершение действия **2.** пропуск (в тексте); отсутствие упоминания ◇ ~ to perform несовершение действия

criminal ~ преступное бездействие

culpable ~ виновное бездействие

false ~ ложное умолчание

intentional ~ намеренное, умышленное бездействие

omit 1. не совершать чего-л. **2.** пропускать (в тексте), не включать; не упоминать

omittance 1. несовершение чего-л. **2.** воздержание от совершения чего-л.

omnicide поголовное убийство, истребление

omnicompetent 1. компетентный рассматривать любые вопросы **2.** обладающий всеобъемлющими полномочиями

on-carrier последующий перевозчик

onerous 1. обременительный **2.** возмездный

onerousness 1. обременительность **2.** возмездность

one-sided односторонний

onus лат. бремя, ответственность, долг ◇ ~ probandi лат. бремя доказывания

~ of proof [of proving] бремя доказывания

open 1. открывать; раскрывать; вскрывать ‖ открытый **2.** начинать, начинаться ◇ to ~ a case возбуждать дело; to ~ a court открыть судебное заседание; to ~ a judgement разрешить повторное рассмотрение дела после вынесения решения; to ~ an occurrence зарегистрировать событие в полицейском журнале происшествий; открыть дело (о полиции); to ~ the defence приступить к изложению аргументов против иска; приступить к защите; to ~ the pleadings изложить содержание состязательных бумаг (перед присяжными); to ~ the prosecution приступить к обвинению

opening 1. открытие; начало **2.** предварительное заявление (до представления доказательств) **3.** вводный; вступительный

operate иметь юридическое действие; иметь юридическую силу

operation 1. юридическая сила; юридическое действие; юридические последствия **2.** операция ◇ by ~ of law в силу закона

~ of law in space действие закона в пространстве

~ of law in time действие закона во времени

~ of poison введение яда (в человеческий организм)

covert ~ секретная операция

enforcement ~ правоприменительная полицейская операция, акция

extraterritorial ~ экстерриториальное действие (закона)

legal ~ юридическая сила, юридическое действие, юридические последствия

peace-keeping ~ **1.** операция по поддержанию общественного порядка **2.** операция по поддержанию мира

operative 1. действительный; действующий; имеющий силу **2.** нормоустанавливающий (о соответствующей части текста закона); резолютивный (о соответствующей части решения); выражающий суть юридического акта (о соответствующей части документа) ◇ to become ~ вступить в силу

legally ~ юридически действительный; имеющий юридическую силу

operator 1. амер. владелец предприятия **2.** биржевой маклер, делец

gambling ~ владелец игорного предприятия, казино

opinio juris лат. убеждённость в правомерности

opinio juris et necessitatis лат. убеждённость в правомерности и необходимости

opinion 1. мнение; заключение **2.** мотивированное судебное решение ◇ ~ in dissent несогласное мнение; особое мнение

advisory ~ консультативное заключение

commonplace ~ общераспространённое мнение (*основанное на житейском опыте среднего человека*)

Commonwealth ~ *амер.* мнение обвинения; заключение обвинения

concurrent [concurring] ~ мнение судьи, совпадающее с позицией большинства состава суда

congressional ~ *амер.* мнение конгресса; заключение конгресса

counsel's ~ письменное заключение адвоката

court ~ мотивированное судебное решение

defence ~ мнение защиты; заключение защиты

dissenting ~ несогласное мнение; несовпадающее особое мнение

expert ~ заключение эксперта, заключение экспертизы

explanatory ~ разъясняющее мнение

extrajudicial ~ мнение судьи, не имеющее нормообразующего значения; высказывание судьи, не являющееся решением рассматриваемого дела

fixed ~ предубеждённое мнение

government ~ *амер.* мнение обвинения

House ~ мнение палаты представителей; заключение палаты представителей

House of Commons ~ мнение палаты общин; заключение палаты общин

House of Lords ~ мнение палаты лордов; заключение палаты лордов

individual ~ особое мнение

judicial ~ 1. мнение судьи 2. судебное заключение *или* решение 3. судебная практика

legal ~ юридическое заключение, экспертное заключение юриста

majority ~ мнение большинства

minority ~ мнение меньшинства

non-expert ~ мнение неспециалиста

official ~ официальная точка зрения

partial ~ пристрастное мнение

People ~ *амер.* мнение обвинения; заключение обвинения

per curiam ~ решение суда

precedent-setting ~ решение, устанавливающее прецедент

preconceived ~ предубеждённое мнение, предубеждение

prosecution ~ мнение обвинения; заключение обвинения

public ~ общественное мнение

Senate ~ мнение сената; заключение сената

separate ~ особое мнение

State ~ *амер.* мнение обвинения; заключение обвинения

undivided ~ единодушное мнение, единогласие

opponent 1. противная сторона 2. податель возражения, протеста

opposable противопоставляемый *кому-л.*; имеющий силу в отношении *кого-л.*

oppose возражать, выступать против; противодействовать; сопротивляться ◇ to ~

apprehension противодействовать задержанию

opposition 1. возражение 2. оппозиция

oppress угнетать, притеснять

oppression угнетение, притеснение ◇ ~ by public officer притеснения со стороны публичного должностного лица

official ~ 1. притеснения со стороны должностного лица 2. угнетение, возведённое в ранг официальной политики

opt выбирать, делать выбор; оптировать

option 1. выбор; право выбора; опцион 2. усмотрение; дискреционное право; 3. оптация ◇ ~ for the put опцион на продажу

~ of change выбор валюты платежа

~ of collection выбор места инкассирования платежа

~ of fine право замены тюремного заключения штрафом

~ of payment выбор валюты платежа

buyer's ~ опцион покупателя

cargo ~ грузовой опцион, право замены груза

first ~ право преимущественной покупки

local ~ *амер.* право жителей округа контролировать *или* запрещать продажу спиртных напитков

put ~ опцион на продажу

seller's ~ опцион продавца

optional необязательный; факультативный; диспозитивный; дискреционный

oral устный

orator истец; проситель; заявитель ходатайства

oratress истица; просительница; заявительница ходатайства

ordain устанавливать в законодательном порядке; предписывать ◇ to ~ a law издать закон

ordeal *ист.* ордалия, «суд божий» (*испытание физическим страданием как метод судебного следствия*) ◇ ~ by proxy *ист.* ордалия испытуемого «по доверенности» обвиняемого

order 1. приказ; предписание; распоряжение; указание; инструкция ‖ приказывать; предписывать; распоряжаться; давать указания, инструкции 2. требование ‖ требовать 3. ордер 4. заказ ‖ заказывать 5. порядок; регламент 6. раздел (*правил судопроизводства Верховного суда Англии*) 7. орден (*награда*) 8. орден (*рыцарский, религиозный*) ◇ ~ for collection инкассовое поручение; ~ for costs решение суда по вопросу о распределении судебных издержек; ~ for disinterment приказ (*коронера*) об эксгумации; ~ for possession 1. судебный приказ о выселении 2. судебный приказ о предоставлении жилья за выселением; ~ for the defendant судебный приказ о явке ответчика [подсудимого] в суд; made out to ~ ордерный, выписанный приказу *кого-л.*; ~ nisi условно-окончательный приказ суда, приказ суда, имеющий неокончательную силу (*вступающий в силу с определённого срока, если не будет оспорен и отменён до этого срока*); to ~ imprisonment издать судебный приказ о за-

ключении в тюрьму; **to make an** ~ издать приказ *(судебный)*; **to** ~ **new trial** издать судебный приказ о новом слушании дела; **to reverse an** ~ отменить приказ *(судебный)*; **to show cause** приказ о представлении обоснования *(приказ суда стороне изложить причины того, почему не следует удовлетворить ходатайство противной стороны)*;
~ **under law** приказ на основании закона
~ **of certiorari** приказ об истребовании дела *(из нижестоящего суда в вышестоящий)*
~ **of commitment** судебный приказ о заключении под стражу
~ **of convenience and necessity** приказ *(органа административной юстиции)* об удостоверении заявки на лицензию, отвечающей общественным интересам и потребностям *(в США)*
~ **of court** судебный приказ
~ **of discharge** судебный приказ о восстановлении несостоятельного должника в правах
~ **of examination** *пат.* очерёдность экспертизы
~ **of jurisdiction** приказ суда о принятии дела к своему производству
~ **of precedence** порядок старшинства
~ **of priority** порядок очерёдности
~ **of proof** порядок представления доказательств
~ **of revivor** приказ о возобновлении дела производством
~ **of sequence** порядок чередования *(дипломатических представителей)*
~ **of succession** очерёдность наследования
~ **of the day** 1. приказ *(по армии)* 2. повестка дня; порядок дня
adjudication ~ судебное решение о признании банкротом
administrative ~ 1. приказ, предписание административного органа; административный приказ 2. *воен.* приказ по тылу
agreed ~ приказ суда, изданный в соответствии с соглашением между сторонами
Anton Piller ~ *англ.* судебный приказ, разрешающий истцу проникнуть в здание ответчика для осмотра документов и товаров, а при необходимости и для изъятия их *(в соответствии с прецедентом по «делу Антона Пиллера»)*
arrest ~ судебный приказ об аресте
bastardy ~ судебный приказ о взыскании алиментов на содержание внебрачного ребёнка
busing ~ *амер.* судебный приказ о басинге *(о совместной доставке школьников различной расовой принадлежности на автобусах в школу и из школы)*
buying ~ поручение купить
cease-and-desist ~ приказ *(органа административной юстиции)* о запрещении продолжения противоправного действия
charging ~ приказ об обращении взыскания на долю должника в товариществе; приказ о производстве описи, о наложении ареста

chartering ~ фрахтовый ордер *(поручение фрахтователя своему агенту о заключении договора морской перевозки)*
commission ~ комиссионное поручение
committal ~ судебный приказ о заключении под стражу
commutation ~ 1. судебный приказ о замене периодического платежа единовременной выплатой 2. судебный приказ о смягчении наказания
consent ~ приказ суда в соответствии с заключённым сторонами соглашением
convenience-and-necessity ~ приказ *(органа административной юстиции)* об удовлетворении заявки на лицензию, отвечающей общественным интересам и потребностям *(в США)*
court ~ распоряжение суда
curfew ~ приказ о введении комендантского часа
custodianship ~ судебный приказ о предоставлении статуса опекуна
decretal ~ судебный приказ, завершающий рассмотрение дела
delivery ~ 1. деливери-ордер, распоряжение о выдаче товара со склада *или* о выдаче части груза по коносаменту 2. заказ на поставку
demolition ~ приказ о сносе дома
disbarment ~ судебный приказ о лишении права адвокатской практики
discovery ~ приказ *(суда)* о представлении документов
effective ~ приказ, вступивший в силу [в действие]
enforcement ~ исполнительный лист
established ~ установленный порядок
exclusion ~ приказ суда об исключении доказательств
executive ~ приказ *(главы)* исполнительной власти, правительственное постановление
final ~ окончательный приказ, не подлежащий обжалованию
formal ~ официальный приказ
forwarding ~ поручение на выполнение транспортно-экспедиторской операции
fraud ~ распоряжение *(министра почт США)* о недоставке обманной корреспонденции
garnishee [**garnishment**] ~ приказ суда о наложении ареста на имущество должника у третьего лица *или* на суммы, причитающиеся должнику с третьего лица; наложение запрещения на требования должника к третьему лицу
general ~s правила судопроизводства
interim ~ временное распоряжение
interlocutory [**intermediate**] ~ промежуточный приказ суда, приказ суда по промежуточному вопросу
judge's ~ приказ судьи, вынесенный вне судебного заседания
judicatory civil ~ судебный приказ; исполнительный лист
law [**legal**] ~ правопорядок

magistrate's ~ приказ магистрата

maintenance ~ судебное решение о присуждении алиментов; приказ суда о предоставлении средств к существованию

mandatory ~ обязывающий судебный приказ *(об устранении результатов действий, совершённых в нарушение прав другого лица)*

military ~ военный приказ; приказ военных властей

modifying ~ приказ во изменение

money ~ денежный перевод

non-molestation ~ «приказ о недосаждении», судебный приказ, запрещающий «досаждать» *кому-л.*

oral ~ устный приказ

original ~ первоначальный приказ *(суда)*

preliminary ~ предварительный (судебный) приказ; приказ суда, изданный в ходе слушания дела

probation ~ судебный приказ о направлении на пробацию

procedural ~ приказ суда по процессуальному вопросу

protection [protective] ~ охранный судебный приказ *(напр. о неразглашении производственных секретов, сообщённых суду при рассмотрении патентного дела, об охране личной безопасности участников процесса)*

provisional ~ распоряжение исполнительного органа, подлежащее утверждению актом парламента

public ~ общественный порядок

public ~ of ocean resources международно-правовой режим ресурсов мирового океана

rate ~ приказ *(органа административной юстиции)* о тарифных ставках *(в США)*

receiving ~ 1. судебный приказ о назначении управляющего конкурсной массой 2. полномочие на получение денег; исполнительный лист 3. приказ суда об управлении имуществом банкрота *или* имуществом, которое является предметом спора

reparation ~ приказ *(органа административной юстиции)* о возмещении убытков *(в США)*

restraining ~ запретительный судебный приказ

restriction ~ приказ о запрещении передвижения

satisfied ~ исполненный приказ *(суда)*

secrecy ~ приказ об установлении режима секретности

selling ~ поручение продать

separation ~ судебный приказ о раздельном жительстве супругов

sessional ~ резолюция палаты по процедурному вопросу на период данной сессии

social ~ общественный строй

special ~ специальная инструкция

stand-by ~ приказ, вступающий в силу при возникновении предусмотренной ситуации

standing ~s устав; регламент; положение; правила внутреннего распорядка; правила процедуры

statutory ~ приказ на основании и во исполнение статута

stipulation ~ приказ о поручительстве о явке в суд

stop ~ 1. приказ *(органа административной юстиции)* о приостановке ранее одобренных действий *(в США)* 2. приказ суда, запрещающий распорядиться *каким-л.* имуществом

substantive ~ приказ суда по вопросу материального права

supervision ~ приказ об осуществлении надзора

unsatisfied ~ неисполненный приказ *(суда)*

verbal ~ устный приказ

vesting ~ судебный приказ о передаче правового титула

winding-up ~ приказ суда о ликвидации *(компании)*

written ~ письменный приказ

Order ◇ ~ in Council «королевский приказ в совете», «указ в совете», правительственный декрет *(в Великобритании)*; **Consolidated ~s** правила производства канцлерского суда *(в Великобритании)*; **Judicial ~ in Council** судебный королевский приказ в совете *(по докладу Судебного комитета Тайного Совета)*

orderliness законопослушание, подчинение законам, соблюдение общественного порядка

ordinance 1. указ, декрет, ордонанс 2. постановление муниципального органа *(в США)*
administrative ~ *амер.* постановление муниципального органа
city [municipal] ~ постановление муниципального органа

ordinary 1. член суда, ординарный судья 2. судья по наследственным делам *(в некоторых штатах США)* 3. ординарий *(один из пяти судей сессионного суда в Шотландии)* 4. *англ.* заключённый «обычного класса» *(среднего между классом «звезда» и классом заключённых, находящихся на режиме исправительного перевоспитания)* 5. обычный; нормальный; осуществляемый в обычном порядке
trainable ~ *англ.* заключённый «обычного класса», имеющий основания для перевода на режим исправительного перевоспитания

organic органический, основной, конституционный

organization 1. организация; устройство 2. избрание главных должностных лиц и комиссий конгресса *(в США)*
clandestine ~ тайная организация
criminal ~ преступная организация; сообщество организованных преступников
defender ~ профессиональная организация защитников
gangster ~ гангстерская организация
illegal [illicit] ~ незаконная организация
intergovernmental ~ межправительственная организация
international ~ международная организация

investigative ~ 1. следственный орган 2. организация следствия

judicial ~ судоустройство

legal ~ законная организация

mob ~ гангстерская организация

non-profit ~ некоммерческая организация, организация, не имеющая целью извлечение прибыли

parent ~ головная организация, вышестоящий орган; ведомство, в системе которого находится данная организация

parole ~ 1. орган надзора за условно-досрочно освобождёнными 2. организация условно-досрочного освобождения

police ~ 1. полицейский орган 2. организация полиции

probation ~ 1. орган пробации 2. организация пробации

regional ~ региональная организация

secret ~ секретная организация

strong-arm ~ организация профессиональных убийц

terrorist ~ террористическая организация

underworld ~ подпольная, преступная организация; гангстерская организация

Organization:

International Criminal Police ~ (Interpol) Международная организация уголовной полиции (Интерпол)

origin происхождение

illegitimate ~ незаконное происхождение

lawful ~ законное происхождение

legitimate ~ законное происхождение

unlawful ~ незаконное происхождение

original 1. оригинал, подлинник || оригинальный, подлинный 2. первоначальный

counterpart ~s имеющие одинаковую силу оригиналы

duplicate ~s два экземпляра, имеющие одинаковую силу оригиналов

originate 1. начинать 2. вносить (законопроект) ◇ to ~ summons издать приказ о вызове в суд; известить ответчика о предъявленном иске

originator лицо, внёсшее законопроект

orphan сирота || делать сиротой || сиротский

orphanage 1. сиротство 2. приют для сирот 3. уст. опека над несовершеннолетними сиротами

ostensible 1. очевидный с внешней стороны 2. показной

ostensibly якобы, как будто бы, для видимости

otherwise иначе; в противном случае ◇ unless ~ agreed если стороны не условились о противном, если нет иного соглашения

oust 1. лишать владения; выселять 2. снимать с должности, увольнять ◇ to ~ from office отстранять от должности

ouster лишение владения; выселение ◇ ~ from office отстранение от должности

ouster-le-main освобождение недвижимого имущества из-под опеки

outfangtheif англ. ист. 1. право феодала за-

'держать и привлечь к своему суду лицо, постоянно проживающее в его лене и совершившее преступление вне лена 2. лицо, совершившее преступление вне лена своего постоянного проживания

outgoing 1. уходящий в отставку; уходящий в связи с окончанием срока полномочий; прежнего состава (о каком-л. органе) 2. исходящий (о документах, почте и т.д.)

outlaw лицо, объявленное вне закона; преступник || 1. объявлять вне закона 2. лишать законной силы

professional ~ профессиональный преступник

outlawed 1. объявленный вне закона 2. лишённый законной силы; истекший (о давности уголовного преследования) ◇ to become ~ 1. быть объявленным вне закона 2. лишиться законной силы; истечь (о давности уголовного преследования)

outlawry 1. объявление вне закона 2. игнорирование закона, беззаконие; преступность

organized ~ организованная преступность

outmarriage смешанный брак (напр. между представителями разных рас)

out-of-court внесудебный; вне суда

out-of-date устарелый; не применяющийся (о формально действующей норме права)

out-of-specification не удовлетворяющий техническим условиям, некондиционный

outplace трудоустроить в порядке перевода; перевести на работу в другое предприятие

outplacement трудоустройство уволенных

outrage 1. грубое нарушение закона или чьих-л. прав || преступить закон, нарушить право (субъективное) 2. насилие || производить насилие; насиловать 3. поругание, оскорбление (грубое) || оскорбить, надругаться 4. эксцесс ◇ ~s and assassinations акты (политического) насилия и политические убийства; ~ on humanity преступление против человечества или человечности; ~ on justice нарушение (вопиющее) справедливости или принципов правосудия; safe from ~ гарантированный от посягательств

outrank превосходить по рангу

outsider 1. аутсайдер 2. «изобретатель со стороны» (не являющийся служащим данного предприятия)

outvote иметь перевес голосов, нанести поражение при голосовании, забаллотировать

outvoter избиратель, не проживающий в данном избирательном округе

outworker надомник

overawe принуждать к повиновению

overcharge предъявление излишних требований || предъявлять излишние требования

overclaiming 1. предъявление завышенного требования 2. пат. притязание на неправомерно широкую формулу изобретения или неправомерно широкий пункт формулы изобретения; неправомерное притязание на комбинацию, отличающуюся от известной лишь усовершенствованием одного элемента комбинации (*вместо притязания на усовершенст-вованный элемент комбинации*)

overcome 1. преодолеть **2.** опровергнуть ◇ to ~ a presumption опровергнуть презумпцию

overdue просроченный

overfishing перелов, чрезмерный промысел

overflight пролёт (*над территорией*)

overfulfil перевыполнять

overfulfilment перевыполнение

over-insurance страхование в сумме, превыша-ющей действительную стоимость

override 1. превышать; действовать вопреки *чему-л.* **2.** лишить юридического действия; иметь преимущественное юридическое дей-ствие **3.** отвергать, не принимать во внима-ние ◇ to ~ a veto отвергнуть вето; to ~ smb's claims отвергнуть *чьи-л.* требования

overrule 1. отменять; аннулировать **2.** откло-нять, отвергать **3.** отвергать решение по ра-нее рассмотренному делу с созданием новой нормы прецедентного права ◇ to ~ an objection отклонить возражение

overrun превышение обусловленного тиража издания

oversee надзирать

overseer надзиратель
~ of the poor надзиратель в приюте для бед-ных

oversight 1. недосмотр; оплошность **2.** конт-роль, наблюдение, надзор

overstayer «засидевшийся» иностранец (*разре-шённый срок пребывания которого в данной стране истёк*)

overstep преступать, переходить границы, пре-вышать ◇ to ~ one's powers превысить свои права

overt открытый, явный

overtime сверхурочная работа

overturn 1. отменять **2.** объявить неконститу-ционным (*о законе*) ◇ to ~ a conviction от-менить осуждение; to ~ a decision отменить вынесенное решение

owe 1. быть должным **2.** быть обязанным (*со-вершить что-л. или воздержаться от со-вершения*) ◇ to ~ a debt быть должником, быть должным

owelty уравнительный платёж (*в случае, когда раздел недвижимости не может быть про-изведён на равные части*)

owing 1. должный, причитающийся **2.** обязан-ный

own 1. иметь на праве собственности ‖ собст-венный **2.** владеть **3.** признавать ◇ to ~ a crime признаться в совершении преступле-ния; to ~ smb. as a child признать *кого-л.* в качестве своего ребёнка

owned находящийся в собственности, принад-лежащий
beneficially ~ принадлежащий на началах выгодоприобретения
federally ~ принадлежащий правительству США
privately ~ находящийся в частной собствен-ности

publicly ~ находящийся в государственной собственности или в собственности публично-правовой корпорации

owner 1. собственник **2.** владелец ◇ ~ in common собственник в идеальной доле
~ of record зарегистрированный владелец, собственник
~ of vessel судовладелец
absolute ~ абсолютный, неограниченный собственник
abutting ~ собственник прилегающей недви-жимости; собственник недвижимости, при-легающей к общественному месту (*напр. к проезжей дороге*)
adult ~ совершеннолетний собственник
beneficial ~ собственник-бенефициарий, вы-годоприобретающий собственник, владелец-пользователь
corporate ~ корпоративный собственник; соб-ственник-юридическое лицо
disponent ~ владелец-распорядитель
evicted ~ отстранённый владелец; лицо, у которого виндицирована вещь
general ~ *см.* absolute owner
joint ~s сособственники
know-how ~ владелец «ноу-хау» (*т.е. произ-водственных секретов*)
legal ~ законный собственник
limited ~ ограниченный собственник, собст-венник с ограниченными правами
managing ~ владелец-распорядитель
original ~ первоначальный собственник
part ~ **1.** сособственник **2.** совладелец
property ~ собственник имущества
reputed ~ предполагаемый собственник
special ~ специальный собственник (*собст-венник с ограниченными правомочиями*)
surface ~ собственник или владелец иму-щества, находящегося на поверхности не принадлежащего ему земельного уча-стка

ownerless бесхозяйный

ownerlessness бесхозяйность

owner-occupier собственник-владелец, прожи-вающий собственник

ownership собственность, право собственности ◇ entirety of ~ вся совокупность собственни-ческих прав; ~ in common общая собствен-ность
~ of property собственность на имущество
corporate ~ корпоративная собственность, собственность юридического лица
joint ~ совместная собственность
land ~ собственность на землю, земельная собственность; право собственности на не-движимость
state ~ государственная собственность
stock ~ акционерная собственность

oyer предъявление документа; заслушивание содержания документа, рассмотрение доку-мента (*в суде*) ‖ заслушивать, рассматривать ◇ to ~ and terminer заслушивать и решать (*судебное дело*)

P

pacific мирный

pacification 1. умиротворение 2. усмирение

pacificatory 1. примирительный 2. усмирительный

pacify 1. умиротворять 2. усмирять 3. восстанавливать мир, спокойствие, порядок

package 1. упаковка 2. место (*груза*) 3. комплекс мер, «пакет»

pact пакт; договор, соглашение

  bare ~ соглашение, не снабжённое исковой силой

  marriage property ~ брачно-имущественный контракт, договор о режиме супружеских имущественных отношений

  non-agression ~ пакт, договор о ненападении

  nude ~ соглашение, не снабжённое исковой силой

  suicide ~ договорённость о совместном совершении самоубийства

pacta sunt servanda *лат.* договоры должны соблюдаться

paction соглашение, сделка; международный договор-сделка

pactional договорный

pain 1. боль 2. *уст.* наказание ◇ **~s and penalties** наказания и взыскания; **under ~s and penalties of law** под страхом наказаний, установленных законом; **under ~ of death** под страхом смертной казни; **under ~ of punishment** под страхом наказания; **upon the ~s** под страхом наказания

pairing(-off) соглашение о взаимном неучастии в голосовании (*между двумя членами противных партий в целях искусственного сохранения соотношения сил при голосовании*)

pais *ист.* люди, из которых подбирались присяжные ◇ **per ~** присяжными, судом присяжных, при участии присяжных

pale пределы; черта оседлости ◇ **within the ~ of the law** в пределах, предусмотренных законом

palinode *шотл.* отказ от данного показания, отречение; отпирательство

panel 1. список (*присяжных, арбитров*); состав присяжных 2. *шотл.* подсудимый 3. *амер.* комитет (*палаты представителей, сената*) ◇ **on the ~** в списке

  ~ of jurors список присяжных

  ~ of trial judges состав судей суда первой инстанции

  arbitration ~ список арбитров

panellation составление списка присяжных

papacy папство; папское звание; папский престол

papal папский

paper 1. документ 2. вексель; оборотный документ; товарораспорядительный документ 3. бумажные денежные знаки; банкноты

  ~ of causes список дел к слушанию

  ~s of legitimation легитимационные документы

  accomodation ~ «дружеский», «бронзовый», безденежный вексель

  bad ~ фальшивый документ

  ballot ~ избирательный бюллетень

  bank ~ 1. вексель, принимаемый банком к учёту 2. тратта, акцептованная банком

  case ~s материалы дела

  chattel ~ бумага, удостоверяющая имущественный интерес

  circuit ~ расписание выездных сессий суда присяжных

  claim ~s исковые материалы

  command ~ правительственный нормативный документ

  commercial ~ оборотный документ, оборотные документы

  commodity ~ 1. подтоварный вексель, подтоварные векселя 2. документированная тратта, документированные тратты

  courier's ~s курьерский лист

  crown ~ список уголовных дел к слушанию

  falsified ~ подложный, фальшивый документ

  identity ~s документы, удостоверяющие личность

  mercantile ~ оборотный документ, оборотные документы

  moving ~s исковые документы

  nomination ~ документ о выдвижении кандидата

  notice ~ повестка

  one name ~ простой вексель

  peremptory ~ список дел, перенесённых слушанием

  sham ~ подложный, фальшивый документ

  ship's ~s судовые документы

  stamp(ed) ~ гербовая бумага

  state ~s государственные бумаги; дипломатические документы

  test ~ документ, представляемый в качестве доказательства

  testamentary ~ документ, содержащий завещательные распоряжения, завещательный документ

  trade ~s коммерческие векселя

  travelling ~s подорожная

  vessel ~s судовые документы

  voting ~ избирательный бюллетень

  voting ~ left blank незаполненный избирательный бюллетень

  working ~ рабочий документ

par 1. равенство 2. паритет 3. номинал ◇ **on a ~** на началах равенства, на паритетных началах

parade (*тж* **identification parade**) предъявление для опознания

parage равенство; равное право, равенство в праве на *что-л.*

paragovernmental полуправительственный

paragraph 1. параграф; пункт 2. абзац

paralegal параюридический, не являющийся профессионально юридическим

paramount высший, верховный

paramountry верховенство

paraph параф ‖ парафировать

parcenary сонаследование; неразделённое наследство

parcener сонаследник

pardon помилование ‖ помиловать ◇ to ~ **absolutely** помиловать полностью; to ~ **conditionally** помиловать условно; to ~ **executively** помиловать волей главы исполнительной власти; to ~ **freely** 1. помиловать полностью 2. помиловать по собственному свободному усмотрению; to ~ **fully** помиловать полностью; to ~ **generally** амнистировать; to ~ **individually** помиловать; to ~ **legislatively** 1. помиловать в законодательном порядке 2. амнистировать; to ~ **personally** помиловать; to ~ **posthumously** помиловать посмертно; to ~ **presidentially** амер. помиловать волей президента; to ~ **royally** англ. помиловать волей монарха; to ~ **unconditionally** помиловать безусловно, полностью; to ~ **voluntarily** помиловать по собственному, свободному усмотрению; ~ **under the great seal** англ. помилование, скреплённое большой печатью

absolute ~ полное, безусловное помилование

Chief Executive ~ амер. президентское помилование

conditional ~ условное помилование

executive ~ помилование главой исполнительной власти

free ~ 1. полное помилование 2. помилование по свободному усмотрению

full ~ полное помилование

general ~ общее помилование, амнистия

governor's ~ помилование губернатором штата

individual ~ помилование

King's ~ королевское помилование

legislative ~ 1. помилование в законодательном порядке 2. амнистия

notional ~ квазипомилование (помилование, как бы полученное в результате отбытия приговора)

personal ~ помилование

posthumous ~ посмертное помилование

presidential ~ президентское помилование

Queen's ~ королевское помилование

royal ~ королевское помилование

unconditional ~ безусловное, полное помилование

voluntary ~ помилование по собственному, свободному усмотрению

parent родитель, отец, мать

adopting [adoptive, foster] ~ приёмный родитель

natural [real] ~ фактический родитель

surrogate ~ лицо, заменяющее родителя

parentage 1. отцовство; материнство 2. происхождение

parenthood родительский статус; отцовство; материнство

parenticide убийство собственного родителя

pari passu лат. в равной мере, наравне, с равными правами, в равной доле

parish приход (1. церковный приход 2. подразделение графства — county — в Великобритании 3. округ — в штате Луизиана, США, соответствует county в других штатах)

parishioner прихожанин

parity равенство; паритет

parking паркирование

illegal ~ паркирование с нарушением установленных правил

parlance манера говорить или выражаться; язык

legal ~ юридический язык

parliament парламент

investigating ~ англ. парламент, производящий расследование

parliamentarian парламентарий ‖ парламентский

parliamentarism парламентаризм, парламентская система государственного устройства

parliamentary 1. член парламента, парламентарий ‖ парламентский; парламентарный 2. парламентёр

House ~ член палаты представителей

Senate ~ сенатор

parol 1. устный 2. не содержащийся в документе за печатью

parole 1. честное слово; обещание 2. условно-досрочное освобождение под честное слово ‖ условно-досрочно освобождать под честное слово ◇ **on** ~ на режиме условно-досрочного освобождения под честное слово; to ~ **in the care of some person** условно-досрочно освободить от наказания с направлением под чей-л. присмотр

paroled см. parolee

parolee условно-досрочно освобождённый под честное слово

parricide 1. убийство собственного родителя 2. убийца собственного родителя

part 1. часть, доля; участие 2. экземпляр 3. сторона 4. частичный, неполный ◇ ~ **and parcel** неотъемлемая часть; **with ~s and pertinents** со всеми принадлежностями

bairn's ~ шотл. законная доля наследства, причитающаяся детям

dead man's ~ наследственная масса за вычетом законной доли вдовы и детей

dead's ~ шотл. наследственная масса за вычетом законной доли вдовы и детей

death's ~ наследственная масса за вычетом законной доли вдовы и детей

declaratory ~ декларативная часть (документа)

integral ~ неотъемлемая часть

operative ~ 1. нормоустанавливающая часть (закона) 2. резолютивная часть (решения) 3. часть документа, выражающая суть юридического акта

vindicatory ~ санкция (как часть нормы)

wife's ~ законная доля жены в наследстве

partator участник; соучастник (*правонаруше-ния*)

partial 1. частичный, неполный 2. пристрастный

partiality пристрастность, необъективность

participant участник ◇ ~ in a crime участник преступления; соучастник преступления; ~ in guilt совиновник

compulsed ~ in a crime вынужденный участник преступления

criminal ~ участник преступления; соучастник преступления

culpable ~ виновный участник, соучастник; совиновник

excusable ~ (in a crime) участник (преступления), действия которого могут быть извинимы по обстоятельствам дела

guiltless ~ невиновный участник

guilty ~ виновный участник

innocent ~ невиновный участник

insane ~ невменяемый участник

intentional ~ лицо, умышленно участвующее в преступлении; соучастник преступления

joint ~s (in a crime) соисполнители (преступления)

justifiable ~ (in a crime) участник (преступления), действия которого могут быть оправданы по обстоятельствам дела

negligent ~ in a crime лицо, в силу своей небрежности участвующее в преступлении

reckless ~ in a crime лицо, участвующее в преступлении в силу своей опрометчивости, неосторожности

sane ~ in a crime вменяемый участник преступления

voluntary ~ in a crime добровольный участник преступления

wilful ~ in a crime лицо, умышленно участвующее в преступлении; соучастник преступления

participate участвовать ◇ to ~ criminally преступно участвовать в *чём-л.*; участвовать в преступлении; соучаствовать в преступлении; to ~ culpably in a crime виновно участвовать в преступлении; соучаствовать в преступлении; to ~ excusably in a crime участвовать в преступлении извинимым для лица образом; to ~ guiltlessly [innocently] in a crime невиновно участвовать в преступлении; to ~ intentionally in a crime умышленно участвовать в преступлении; соучаствовать в преступлении; to ~ jointly in a crime соисполнительствовать в преступлении; to ~ justifiably in a crime участвовать в преступлении оправдывающим лицо образом; to ~ negligently in a crime участвовать в преступлении по небрежности; to ~ recklessly in a crime участвовать в преступлении по опрометчивости, неосторожности; to ~ voluntarily in a crime добровольно участвовать в преступлении; to ~ wilfully in a crime умышленно участвовать в преступлении

participation участие ◇ ~ in a crime участие в преступлении; соучастие в преступлении; ~ in guilt совиновность

compulsed [**compulsory**] ~ вынужденное участие

criminal ~ уголовно наказуемое участие

culpable ~ виновное участие

employee ~ участие служащих в управлении предприятием

excusable ~ извинимое участие

guiltless ~ невиновное участие

guilty ~ виновное участие

innocent ~ невиновное участие

intentional ~ умышленное участие

joint ~ (in a crime) соисполнительство (в преступлении)

justifiable ~ (in a crime) участие в совершении преступления, могущее быть оправданным по обстоятельствам дела

negligent ~ участие по небрежности

reckless ~ участие по опрометчивости, неосторожности

voluntary ~ добровольное участие

wilful ~ умышленное участие

participator участник ◇ ~ in a crime участник преступления; соучастник преступления; ~ in guilt совиновник

compulsed [**compulsory**] ~ in a crime вынужденный участник преступления

criminal ~ участник преступления; соучастник преступления

culpable ~ виновный участник; совиновник; соучастник

excusable ~ (in a crime) участник (преступления), действия которого могут быть извинимы по обстоятельствам дела

guiltless ~ невиновный участник

guilty ~ виновный участник

innocent ~ невиновный участник

insane ~ невменяемый участник

intentional ~ in a crime лицо, умышленно участвующее в преступлении; соучастник преступления

joint ~s in a crime соисполнители преступления

justifiable ~ участник (преступления), действия которого могут быть оправданы по обстоятельствам дела

negligent ~ in a crime лицо, участвующее в преступлении в силу своей небрежности

reckless ~ in a crime лицо, участвующее в преступлении по опрометчивости, неосторожности

sane ~ (in a crime) вменяемый участник (преступления)

voluntary ~ добровольный участник

wilful ~ in a crime лицо, умышленно участвующее в преступлении; соучастник преступления

particular 1. деталь; подробность; *pl* детали; подробное перечисление; подробное описание || детальный; подробный 2. особенный; особый; частный 3. отдельный; определённый; конкретный 4. разборчивый

particularism партикуляризм, сепаратизм

particularize перечислять в отдельности; подробно излагать

partisan 1. приверженец, сторонник 2. пристрастный

partisanship пристрастность

partition раздел (имущества, территории)

partner 1. член товарищества, компаньон, пайщик 2. контрагент

active ~ гласный член товарищества, активно участвующий в деле

dormant ~ негласный член товарищества; пассивный член товарищества

general ~ член полного товарищества

latent ~ негласный член товарищества

limited ~ компаньон-вкладчик, компаньон с ограниченной ответственностью

liquidating ~ компаньон-ликвидатор

nominal ~ номинальный член товарищества

ostensible ~ гласный член товарищества

secret ~ негласный член товарищества

silent ~ 1. негласный член товарищества 2. компаньон-вкладчик

sleeping ~ 1. негласный член товарищества 2. компаньон-вкладчик

special ~ компаньон-вкладчик коммандитного товарищества

partnership товарищество ◇ ~ at will бессрочное товарищество; ~ in commendam см. limited partnership

general ~ полное товарищество

limited ~ коммандитное товарищество, товарищество на вере

particular ~ простое товарищество

special ~ 1. простое товарищество 2. коммандитное товарищество

subordinate ~ in a crime вспомогательное участие в преступлении; соучастие

universal [unlimited] ~ полное товарищество

part-timer работник, занятый неполное рабочее время

part/y 1. сторона (по делу, в договоре и т.д.) 2. партия ◇ ~ accused обвиняемый; ~ies and their privies стороны и лица, имеющие с ними общий интерес; ~ at fault виновная сторона; ~ies at variance спорящие стороны; ~ies concerned заинтересованные стороны; ~ in contempt неявившаяся (в суд) сторона; ~ in controversy сторона в судебном споре; ~ convicted осуждённый; ~ in default сторона, не выполнившая обязанность; ~ in fault виновная сторона; ~ in interest заинтересованная сторона; ~ litigant сторона в судебном споре; ~ not at [in] fault невиновная сторона; ~ to a contract сторона в договоре; ~ to a crime участник совершения преступления; ~ to action сторона по делу; ~ to a dispute сторона в споре; ~ to a (law)suit сторона по делу; ~ to a litigation сторона в судебной тяжбе; ~ to a trial сторона в процессе; участник

процесса; ~ to be charged 1. сторона, обязанная по договору 2. ответчик; ~ to the commission of crime участник совершения преступления; ~ to the proceedings сторона по делу

accomodated ~ 1. получатель кредита [займа] 2. держатель «дружеского» векселя

accomodation ~ 1. лицо, подписывающее «дружеский» вексель 2. лицо, предоставляющее кредит [заём]

adversary [adverse] ~ противная сторона

adversely affected ~ сторона, интересам которой противной стороной нанесён ущерб

aggrieved ~ потерпевшая ущерб сторона; сторона, чьи права, интересы нарушены

applicant ~ заявитель

competent ~ эксперт

contending ~ies спорящие стороны

contracting ~ies договаривающиеся стороны

cross-examining ~ сторона, ведущая перекрёстный допрос

defaulting ~ 1. сторона, не выполняющая обязанностей 2. сторона, уклоняющаяся от явки

defeated ~ проигравшая сторона

fellow ~ процессуальный партнёр

guilty ~ сторона, признанная виновной; виновный

high contracting ~ies высокие договаривающиеся стороны

indispensable ~ обязательная сторона в деле

infant ~ несовершеннолетний-сторона в процессе

injured ~ потерпевшая сторона

interested ~ заинтересованная сторона

intermediate ~ посредник

intermediate ~ in a multiparty interference средний по приоритету заявки участник многостороннего коллизионного процесса (т.е. дела о столкновении патентных притязаний)

junior ~ пат. «младшая сторона» (в приоритетном столкновении сторона, подавшая заявку позднее), заявитель с более поздним приоритетом

losing ~ сторона, проигравшая дело

moving ~ сторона, заявившая ходатайство

offended ~ потерпевшая сторона

opposing [opposite] ~ противная сторона

original ~ первоначальная сторона

other ~ противная сторона

parliamentary ~ парламентская группа (той или иной партии)

prevailing ~ сторона, выигравшая дело

prior ~ 1. лицо, имеющее приоритет 2. лицо, ответственное в первую очередь

private ~ сторона-частное лицо

proper ~ надлежащая сторона

proving ~ доказывающая сторона

rebutting ~ опровергающая сторона

requesting ~ ходатайствующая сторона

rescue ~ 1. спасательный отряд 2. отряд тюремной стражи, функцией которого является препятствование насильственному освобождению заключённых

senior ~ **1.** лицо, имеющее приоритет **2.** *пат.* старшая сторона *(в приоритетном споре сторона, подавшая заявку первой)*

successful ~ сторона, выигравшая дело

third ~ **1.** третья сторона, третье лицо **2.** третья партия *(при двухпартийной системе)*

unsuccessful ~ проигравшая сторона

working ~ рабочая группа *(комиссия, созданная для исследования какого-л. вопроса)*

party-opponent противная сторона, процессуальный противник

pass 1. пропуск; паспорт; охранное свидетельство **2.** проходить **3.** переходить *(о праве)* **4.** одобрять; утверждать; принимать *(закон, резолюцию и т.д.)* **5.** выносить *(решение, приговор)* ◇ to ~ a bill принимать законопроект, утверждать законопроект; to ~ a judgement выносить решение, приговор; to ~ an act принять закон; to ~ a resolution принять резолюцию; to ~ a sentence вынести приговор; to ~ legislation принимать законы, законодательствовать; принять законодательство; to ~ on решать *что-л.*, выносить решение по вопросу о *чём-л.*; входить в рассмотрение *чего-л.*; to ~ over a veto принять закон вопреки вето *(главы исполнительной власти)*; to ~ upon см. to pass on

free ~ бесплатный проезд; свободный проход

labour ~ разрешение на труд *(напр. выдаваемое подростку, не достигшему определённого возраста)*

sea ~ морской паспорт *(документ, удостоверяющий порт отплытия, порт назначения и описание груза нейтрального судна)*

passage 1. принятие; прохождение через законодательный орган *(о законе, резолюции)* **2.** проход, проезд, пролёт и т.п. ◇ ~ over a veto принятие закона вопреки вето *(главы исполнительной власти)*

final ~ окончательное голосование *(по законопроекту, резолюции)*

innocent ~ мирный проход *(морских судов через территориальные воды другого государства)*, мирный пролёт

passer:

bad check ~ предъявитель фальшивого чека

passim *лат.* в различных местах *(источника, книги и т.п.)*

passing 1. переход *(права)* **2.** принятие *(закона)* **3.** прохождение *(через комиссию и т.п.)*

~ **of title** переход *(правового)* титула

passing-off выдача своего за чужое, «пассинг-оф», коммерция под чужим именем

express ~ прямая выдача своего за чужое, прямой «пассинг-оф» *(маркировка товаров или услуг знаком конкурента и тому подобные действия, имеющие целью вызвать впечатление, что данные товар или услуги исходят от фирмы-конкурента)*

implied ~ косвенная выдача своего за чужое, подразумеваемый «пассинг-оф» *(использова-* ние рекламных материалов, образцов или фотографий изделий конкурента с целью выдать свою продукцию за продукцию конкурента)

reverse ~ придание новой репутации, обратный «пассинг-оф» *(случай, когда фирма широко использует малоизвестный товарный знак, принадлежащий другой фирме, создавая ему репутацию в качестве своего товарного знака и обесценивая тем самым значение этого товарного знака для первопользователя)*

passion интенсивная эмоция, страсть; сильное душевное волнение, аффект ◇ in the heat of ~ в состоянии аффекта

sudden ~ внезапно возникшее сильное душевное волнение

passport 1. паспорт **2.** охранное свидетельство

bad ~ **1.** фальшивый, поддельный паспорт **2.** недействительный *(просроченный)* паспорт

diplomatic ~ дипломатический паспорт

regular ~ обыкновенный, общегражданский паспорт

service ~ служебный паспорт

special ~ специальный, служебный паспорт

pastor пастор *(священник протестантской церкви)*

patent 1. жалованная грамота; публично-правовой акт пожалования прав ‖ публичный; публично-правовой **2.** привилегия ‖ привилегированный; защищённый привилегией **3.** патент ‖ патентовать ‖ патентный; патентованный **4.** открытый; явный, очевидный ◇ ~ for invention патент на изобретение; ~ from government **1.** пожалование прав публично-правовым актом **2.** правительственная привилегия **3.** государственный патент; «~ pending» «патент заявлен» *(надпись на изделии)*

~ **of addition** дополнительный патент

~ **of nobility** дворянская грамота

assailable ~ оспоримый, уязвимый патент

basic ~ основной патент; основополагающий патент; пионерский патент; доминирующий патент *(т.е. патент, от которого зависит другой патент)*

blocking-off ~ блокирующий патент

combination ~ комбинационный патент, патент на комбинационное изобретение

Community ~ патент Европейского экономического сообщества

confirmation ~ подтверждённый патент

consular ~ консульский патент

contestable ~ оспоримый, уязвимый патент

dead-wood ~ «сухостойный» патент *(патент, полученный с целью воспрепятствовать использованию изобретения)*

dependent ~ зависимый патент

design(ed) ~ патент на промышленный образец

domestic ~ см. home patent

dormant ~ «спящий патент», «мёртвый патент» *(неиспользуемый патент, действую-*

317

щий патент на неприменяемое изобретение)

expired ~ патент, прекративший своё действие за истечением срока

freed ~ патент, разрешённый к свободному использованию

home ~ отечественный патент, патент, полученный в стране заявителя

importation ~ ввозной патент

industrial ~ патент на изобретение

infringed ~ нарушенный патент, патент, права из которого нарушены

inoperative ~ неэффективный патент, патент, не обеспечивающий правовой охраны (вследствие его дефектности, напр. из-за неясности патентной формулы)

introduction ~ ввозной патент

land ~ документ, подтверждающий право собственности на землю

lapsed ~ патент с истекшим сроком действия

legally effective ~ патент, имеющий законную силу, действующий патент

litigious ~ спорный патент

live ~ действующий патент

master ~ основной патент, доминирующий патент

mechanical ~ 1. патент на изобретение в области механики 2. амер. патент на изобретение (в отличие от патента на промышленный образец и патента на новый сорт растения)

nuisance ~ «досаждающий» патент (патент, не представляющий промышленной ценности, но препятствующий возможному патентованию конкурентом)

opposed ~ оспариваемый патент

original ~ 1. основной патент 2. первоначальный патент

overseas ~ иностранный патент

petty ~ малый патент (патент на промышленный образец, на полезную модель)

plant ~ патент на новый сорт растения (селекционное достижение)

posthumous ~ посмертно выданный патент

process ~ патент на способ

product ~ патент на изделие; патент на вещество

properly issued ~ надлежаще выданный патент

regional ~ региональный патент

registered ~ 1. зарегистрированный патент 2. подтверждённый патент

reissue ~ переизданный патент; описание изобретения к переизданному патенту

scarecrow ~ «патент-пугало», заградительный патент (патент, взятый исключительно с целью воспрепятствовать использованию изобретения другими лицами)

selection ~ 1. патент на селективное изобретение 2. патент на селекционное достижение

senior ~ старший патент (полученный ранее другого патента; имеющий более раннюю дату приоритета)

strain ~ патент на штамм

strong ~ «сильный патент», патент, обеспечивающий надёжную защиту

subservient ~ (фактически) зависимый патент

umbrella ~ «зонтичный» патент, широкоохватный патент

unenforceable ~ патент, не могущий быть основанием для иска (ввиду его уязвимости)

unexpired ~ действующий патент

utility ~ 1. амер. патент на изобретение 2. патент на полезную модель

voidable ~ уязвимый патент

patentability патентоспособность

patentable могущий быть запатентованным, патентоспособный

patentee 1. патентодержатель, владелец патента; лицо, имеющее право на получение патента (ранее в Великобритании) 2. лицо, пожалованное правом, титулом

design ~ владелец патента на промышленный образец

patenter патентообладатель

patenting патентование

double ~ двойное патентование

102-type-anticipation double ~ амер. двойное патентование, подпадающее под действие §102 патентного закона США (т.е. нарушающего требование новизны по сравнению с тождественным изобретением того же заявителя)

103-obvious-type double ~ амер. двойное патентование, нарушающее требование неочевидности (подлежащее отклонению со ссылкой на патентную заявку или патент того же заявителя и §103 патентного закона)

paternal отцовский

paternity отцовство

patient пациент

Broadmoor ~ англ. пациент бродмура (психиатрической больницы)

non-resident ~ нестационарный пациент (в психиатрической лечебнице, в приюте для алкоголиков и т.п.)

resident ~ стационарный пациент (в психиатрической больнице, в приюте для алкоголиков и т.п.)

patriality гражданство, подданство, национальная принадлежность

patricide 1. отцеубийство 2. отцеубийца

patrilineal определяемый по мужской линии (напр. о порядке наследования)

patrilinear см. patrilineal

patrimonial родовой; патримониальный

patrimony 1. родовое имущество 2. наследство

patron 1. лицо, назначающее на должность; лицо, представляющее к бенефицию 2. покровитель 3. постоянный клиент

patronage 1. право назначения на должность 2. покровительство; попечительство; патронаж 3. постоянная клиентура 4. содержание проститутки

patroness церк. патронесса (служительница

церкви, имеющая право представлять к должности приходского священника)

pattern промышленный образец, модель *(зарегистрированные)*

pauper паупер, бедняк

pawn ручной залог; ломбардный залог; заложенная вещь ‖ закладывать, отдавать в залог

pawnbroker заимодавец под залог; владелец ломбарда

pawnee залогодержатель

pawner залогодатель

pawnor *см.* pawner

pawnshop ломбард; ссудная касса

pawnticket ломбардный билет

pay платёж; заработная плата; пособие ‖ платить, производить платёж ◇ to ~ a call 1. наносить визит 2. уплатить взнос за акцию; to ~ a duty уплатить пошлину; to ~ a judgement произвести платёж в соответствии с вынесенным судебным решением; to ~ an attorney's fee оплатить адвокатский гонорар; to ~ by instalments платить частями, платить в рассрочку; to ~ compliments приветствовать; поздравлять; оказывать почести; to ~ damages оплатить убытки; to ~ honours отдавать почести; to ~ in advance платить вперёд, платить авансом; to ~ in instalments *см.* to pay by instalments; to ~ in kind платить натурой, товарами; to ~ on account платить в счёт причитающейся суммы; to ~ on delivery платить при доставке; to ~ on demand 1. платить при предъявлении 2. платить при первом требовании

back ~ заработная плата за проработанное время

base ~ основная заработная плата

dismissal ~ выходное пособие

hourly ~ почасовая оплата

retirement ~ выходное пособие; пенсия по выходе в отставку

seniority ~ надбавка к заработной плате за выслугу лет

separation [severance] ~ выходное пособие

sick ~ пособие по болезни

strike ~ профсоюзное пособие участникам забастовки

payable подлежащий уплате; оплачиваемый ◇ ~ on demand оплачиваемый по требованию; подлежащий уплате предъявителю, на предъявителя; ~ to bearer подлежащий уплате предъявителю, на предъявителя; ~ to order подлежащий уплате приказу *(такого-то лица)*

payee лицо, получающее платёж; ремитент; векселедержатель

payer плательщик

Paymaster General генеральный казначей

payment платёж, оплата ◇ ~ against documents платёж против документов; ~ by instalments платёж в рассрочку, платёж частями; ~ credited оплата в кредит; ~ for honour оплата опротестованной тратты третьим лицом, платёж для спасения кредита; ~ forward наложенный платёж; ~ in arrear просроченный платёж; ~ in instalments *см.* payment by instalments; ~ in kind оплата товарами, натурой; ~ in lieu of appearance внесение «денежной суммы вместо явки в суд *(по делам о мисдиминорах)*; ~ in part частичная уплата, частичный платёж; ~ into court внесение денег в депозит суда; ~ on account уплата в счёт причитающейся суммы; ~ supra protest оплата опротестованной тратты третьим лицом, платёж для спасения кредита

~ of costs уплата судебных издержек

accord ~ сдельная [аккордная] оплата

advance ~ авансовый платёж

anticipated [anticipatory] ~ досрочный платёж

appropriated ~ платёж, отнесённый к погашению определённого долга

average ~ аварийный взнос

bribery ~ уплата взятки

commutation ~ единовременная компенсация

corporate political ~ взятка, данная корпорацией в политических целях

credit ~ оплата в кредит

deferred ~ отсроченный платёж

delinquent ~ просроченный платёж

free will ~ добровольная уплата

indefinite ~ *шотл.* платёж, не отнесённый к погашению определённого долга

interest ~ уплата процентов

involuntary ~ принудительный платёж

lumpsum ~ паушальный платёж, платёж паушальной суммы

overdue ~ просроченный платёж

part(ial) ~ частичный платёж

political ~ взятка в политических целях

unappropriated ~ платёж, не отнесённый в счёт погашения определённого долга

voluntary ~ добровольный платёж

welfare ~ выплата пособия

pay-off *амер. разг.* 1. выплата 2. награда, вознаграждение 3. расплата, воздаяние; отплата

corporate ~ взятка, данная *или* полученная в интересах *или* со ссылкой на интересы корпорации

political ~ взятка, данная *или* полученная в политических целях

payola *амер. жарг.* 1. оплата 2. взятка; подкуп 3. вымогаемые шантажом деньги 4. платёжная ведомость

trucking ~ махинации в обход законов, ограничивающих систему оплаты труда товарами

payor *см.* payer

pay-roll 1. платёжная ведомость 2. *воен.* раздаточная ведомость *(на денежное содержание)* 3. *pl разг.* рабочие и служащие *(данного предприятия)*

pay-sheet платёжная ведомость

peace 1. мир 2. общественный порядок, общественное спокойствие ◇ ~ and order общественное спокойствие и общественный порядок; to keep the ~ поддерживать, соблюдать общественный порядок; обеспечивать общественный порядок

~ of the King [Queen] *англ.* общественный порядок и безопасность (*гарантируемые короной всем подданным и находящимся под её защитой лицам*)

actual ~ соблюдаемый общественный порядок

public ~ общественное спокойствие, общественный порядок

universal ~ всеобщий мир

peaceable миролюбивый, мирный

peaceful мирный

peacekeeping 1. сохранение мира, поддержание мира, обеспечение мира **2.** обеспечение спокойствия, общественного порядка

peculate присваивать чужие деньги; растрачивать чужие деньги

peculation присвоение чужих денег; растрата чужих денег

civic ~ присвоение муниципальных денег; растрата муниципальных денег

peculator лицо, присвоившее чужие деньги; растратчик чужих денег

pecuniary денежный, имущественный, материальный (*об интересе, ущербе и т.п.*)

peddle торговать в розницу ◇ to ~ a drug заниматься розничным сбытом наркотика

peddler розничный торговец (*странствующий, уличный*)

influence ~ *разг.* «розничный торговец» влиянием (*разновидность беловоротничкового преступника в сфере политики*)

narcotic ~ розничный торговец наркотиками

peddling розничная торговля

pederasty педерастия; мужеложство

pedigree 1. родословная, генеалогия **2.** происхождение **3.** регистрация происхождения, родства

peer пэр, лорд, член палаты лордов

hereditary ~ наследственный пэр

life ~ пожизненный пэр

peerage 1. звание пэра **2.** сословие пэров

hereditary ~ потомственное пэрство

life ~ личное пэрство

peine forte et dure *англ.-норм. ист.* пытка тяжёлым грузом, длившаяся до тех пор, пока пытаемый не давал показаний *или* не умирал (*по общему праву средневековой Англии*)

penal карательный; штрафной; уголовный; наказуемый; пенитенциарный ◇ to make ~ объявить уголовно наказуемым (*в норме права*), пенализовать

penality 1. наказуемость; *разг.* наказание **2.** *разг.* уголовно наказуемое деяние

penalization пенализация (*объявление уголовно наказуемым в норме права*)

penalize 1. объявлять уголовно наказуемым (*в норме права*) **2.** облагать наказанием (*в норме права*) **3.** наказывать; подвергать наказанию; применять карательные санкции ◇ to ~ in costs обязать уплатить штрафные судебные издержки

penalty 1. взыскание; санкция; штраф; пеня **2.** штрафная неустойка **3.** наказание; карательная мера; санкция ◇ to assess the ~ определить меру наказания; to impose [to inflict] a ~ назначить наказание; to make a ~ conditional назначить наказание условно; to proportion ~ to the crime назначить наказание соразмерно совершённому преступлению; under ~ под наказанием *или* под страхом наказания; upon ~ of death под страхом смертной казни

~ of confinement наказание лишением свободы

~ of crime наказание (*в особенности в виде штрафа*) за совершённое преступление

~ of death наказание смертью, смертная казнь

antitrust ~ антитрестовская санкция

civil ~ гражданско-правовая санкция

commuted ~ смягчённое наказание

criminal ~ уголовная санкция, (уголовное) наказание

custodial ~ наказание, связанное с лишением свободы

death ~ смертная казнь

extra-legal ~ дисциплинарное взыскание

extreme ~ высшая мера наказания

grave [high] ~ строгое, суровое наказание

imposed [inflicted] ~ назначенное наказание

inflictive ~ определяемое наказание; налагаемый штраф

lenient ~ мягкое наказание

light ~ лёгкое наказание

mandatory ~ обязательное (*по закону*) наказание

mandatory death ~ обязательная по закону смертная казнь

mandatory minimum ~ обязательный (*по закону*) низший предел наказания

maximum ~ высший (*по закону*) предел наказания

maximum possible ~ возможный (*по закону*) максимальный предел наказания

mild ~ мягкое наказание

minimum ~ низший (*по закону*) предел наказания

money ~ денежная санкция, штраф

non-custodial ~ наказание, не связанное с лишением свободы

pecuniary ~ денежная санкция, штраф

severe ~ строгое наказание

penance *церк.* епитимия (*вид наказания, назначаемого церковным судом*) ◇ to do ~ подвергнуться епитимии

penary *уст. см.* penal

pence:

Peter's ~ *англ. ист.* пенс в пользу Св. Петра (*налог с жилых домов и церквей в пользу Папы Римского*)

pendency нахождение (*дела*) в процессе рассмотрения

~ of appeal апелляция на рассмотрении

pendent незаконченный, находящийся в процессе рассмотрения

pendente lite *лат.* пока продолжается рассмотрение дела pendicle *шотл.* субаренда

pendicler *шотл.* субарендатор

pending незаконченный, находящийся на рассмотрении, находящийся в процессе рассмотрения, находящийся в процессе рассмотрения ‖ до, впредь до, в ожидании; в течение, в продолжение ◇ ~ in court находящийся в судопроизводстве

penitent кающийся *(грешник, осуждённый преступник)*

penitential раскаяние ‖ 1. сообщённый при раскаянии 2. совершённый в порядке раскаяния

penitentiary *амер.* пенитенциарий, тюрьма ‖ пенитенциарный

federal ~ федеральная тюрьма

junior ~ тюрьма для преступников молодого возраста

state ~ тюрьма штата

pennyweighter вор, специализирующийся на кражах ювелирных изделий

peno-correctional карательно-исправительный

penological пенологический

penologist пенолог

penology пенология *(наука о наказании и исполнении наказаний)*

pension 1. пенсия 2. арендная плата 3. ежегодная плата; аннуитет

contributory ~ пенсия из фонда, образованного с участием взносов работников

disability [disablement] ~ пенсия по нетрудоспособности, пенсия по инвалидности

long service ~ пенсия за выслугу лет

non-contributory ~ пенсия из фонда, образованного за счёт нанимателя без взносов работников

old-age ~ пенсия по возрасту, пенсия по старости

retirement ~ пенсия при выходе в отставку; пенсия по возрасту

pensionable 1. обеспечиваемый пенсией; имеющий право на пенсию 2. засчитываемый для пенсии *(стаж)*, дающий право на пенсию

pensioner 1. пенсионер 2. лицо, делающее периодические взносы

retirement ~ пенсионер по возрасту

peon *ист.* пеон

peonage *ист.* принудительное отбывание трудовой повинности в погашение долга *или* обязательства

people 1. народ, население 2. избиратели 3. государство 4. *амер.* обвинение *(как сторона в уголовном процессе в судах штатов)*

lay ~ присяжные

per capita *лат.* 1. на душу *(населения)* 2. в равных долях *(о наследовании)* 3. (голосование по принципу) «один человек—один голос»

perception завладение; получение

per contra *лат.* 1. напротив, наоборот 2. как уплата; в качестве встречного удовлетворения 3. в качестве встречного требования

per curiam *лат.* судом, решением суда

peremption 1. отказ в иске в силу непредстав-

ления истцом доказательств 2. отмена; аннулирование

peremptory императивный; абсолютный; окончательный

perfect 1. законченный, завершённый, окончательный, оформленный ‖ завершать, заканчивать, окончательно оформить, формализовать 2. безупречный, совершенный 3. имеющий исковую силу

perfection формальное завершение; окончательное оформление; формализация

perfidious вероломный

perfidy вероломство

perforce насильственный ‖ насильственно

perform исполнять; совершать ◇ to ~ a legal duty выполнить правовую обязанность; to ~ legally совершать действия, имеющие юридическое значение

performance 1. исполнение; совершение 2. поведение; линия поведения ◇ ~ for performance одновременное исполнение

affirmative ~ совершение действия; действие

alternative ~ альтернативное исполнение

characteristic ~ характерное *(для договора)* исполнение

contemporaneous ~ одновременное исполнение

negative ~ несовершение действия; бездействие

negligent ~ of duty небрежное исполнение обязанностей; халатность

part ~ частичное исполнение

specific ~ исполнение в натуре, реальное исполнение

substantial ~ исполнение всех существенных условий договора, исполнение во всём существенном

perfunctory поверхностный, формальный

peril риск; опасность ◇ ~ insured страховой риск

~s of the Lakes морские риски *(применительно к плаванию по Великим озёрам)*

~s of the sea морские риски

excepted ~ исключённый риск *(по которому исключена ответственность)*

immediate ~ непосредственный риск; непосредственная опасность

maritime ~ морской риск

remote ~ отдалённый риск; отдалённая опасность

per infortunium *лат.* в результате несчастного случая

period период, срок

~ of office срок пребывания в должности

election ~ срок избрания

grace ~ льготный срок, грационный срок

like ~ тот же срок *(наказания)*

limitation ~ срок (исковой) давности, давностный срок

novelty protection ~ *пат.* льготный период по новизне

opposition ~ период, в течение которого может быть подано возражение против выдачи патента

probation(ary) ~ испытательный срок

qualifying ~ установленный срок *(для приобретения права)*

qualifying ~ **of residence** ценз оседлости

statutory ~ законный срок

perjure лжесвидетельствовать ◇ **to** ~ **oneself** оговаривать самого себя

perjurer лжесвидетель

perjured потерпевший от лжесвидетельства, оговорённый

perjuredly лжесвидетельски

perjurious лжесвидетельский

perjuror лжесвидетель

perjury лжесвидетельство

legal ~ лжесвидетельство в суде

permanent длящийся; непрерывный; постоянный

permissibility допустимость; дозволенность

constitutional ~ допустимость с точки зрения конституции

legal ~ допустимость с точки зрения права, закона, юридическая допустимость

permissible допустимый, разрешаемый, дозволенный

permission разрешение ◇ ~ **to stay** разрешение на проживание *(напр. выдаваемое иностранцу)*

~ **of appeal** разрешение на подачу апелляции

legal ~ разрешение по закону; разрешение по суду

prior ~ предварительное разрешение

permissive 1. допускающий, дозволяющий, разрешающий 2. необязательный, факультативный, диспозитивный

permit 1. разрешение *(письменное)* ‖ разрешать, позволять 2. лицензия 3. пропуск ◇ **to** ~ **knowingly** заведомо допускать; **to** ~ **legally** разрешить в соответствии с законом; дать судебное разрешение

carrier ~ разрешение на осуществление перевозок

driving ~ водительские права

entry ~ въездная виза

exchange ~ валютное разрешение, валютная лицензия

exit ~ выездная виза, разрешение на выезд

foreign carrier ~ разрешение на осуществление внешних перевозок

global ~ генеральное разрешение

re-entry ~ виза на повторный въезд

residence ~ разрешение на жительство, вид на жительство

user ~ лицензия на пользование

permittee лицо, получившее разрешение

permutation мена

pernancy 1. завладение; вступление во владение 2. получение *(ренты и т.п.)*

pernor получатель *(ренты и т.п.)*

~ **of profits** лицо, получающее доходы с недвижимости

perpetrate нарушить уголовный закон; совершить преступление ◇ **to** ~ **a crime** совершить преступление

perpetration нарушение уголовного закона; совершение преступления

~ **of crime** совершение преступления

perpetrator нарушитель уголовного закона; преступник

~ **of crime** лицо, совершившее преступление, преступник; исполнитель преступления

perpetual бессрочный; пожизненный; непрерывный

perpetuate сохранять навсегда, увековечивать ◇ **to** ~ **testimony** зафиксировать свидетельские показания *(в порядке обеспечения доказательств)*

perpetuation сохранение

~ **of evidence** обеспечение *(фиксирование)* доказательств

~ **of testimony** обеспечение свидетельских показаний

perpetuity 1. бессрочность 2. бессрочное владение 3. пожизненная рента 4. имущественный статус, не подлежащий отмене; бессрочный статус 5. непрерывность ◇ **a right in** ~ бессрочное право; **in** ~ на неограниченный срок, навечно, на вечные времена

~ **of the King** непрерывное преемство королевской власти

per procurationem *лат.* по доверенности

perquisites доходы от должности дополнительно к жалованью

per sample по образцу

per se *лат.* сам по себе; самим собой; как таковой ‖ по существу

persecute преследовать

persecuted преследуемый

persecution преследование

persecutor преследующий

persistent упорный; закоренелый; хронический

person 1. лицо *(физическое или юридическое)* 2. человек ◇ ~ **about to commit an offence** лицо, намеревающееся совершить преступление; ~ **affected** потерпевший; ~ **aided and abetted** лицо, которому оказано пособничество *(в совершении преступления)*; ~ **already imprisoned** лицо, отбывающее тюремное заключение; ~ **assaulted** лицо, подвергшееся нападению; ~ **being of high risk** лицо, представляющее большую опасность; ~ **engaged in a crime** лицо, принимающее участие в совершении преступления; ~ **entitled** лицо, получившее право, уполномоченное лицо; ~ **for trial** лицо, преданное суду; ~ **having committed an offence** лицо, совершившее преступление; ~ **held to labor [to service]** *амер. ист.* лицо, приговорённое к каторжным работам; **in** ~ лично; ~ **in authority** лицо, облечённое властью; ~ **in custody** лицо, содержащееся под стражей; ~ **in question** лицо с сомнительной репутацией; ~ **liable to do smth.** лицо, обязанное совершить *что-л.;* ~ **liable to smth.** лицо, подлежащее применению к нему *какой-л.* меры *(напр. ареста);* ~ **on probation** лицо, находящееся на пробации; ~ **on relief** лицо, получающее пособие; ~ **on remand** подследственный; ~ **on trial** от-

ветчик; подсудимый; ~ on trial for a crime подсудимый; person suffered to be at large on his parole лицо, которому разрешено под честное слово находиться на свободе *(в порядке условно-досрочного освобождения)*; ~ proceeded against лицо, против которого возбуждено (судебное) преследование; ~ responsible for his acts лицо, ответственное за свои действия; ~ susceptible to treatment лицо, способное поддаться лечению *или* исправительному воздействию; ~ under arrest арестованный; ~ under investigation подследственный; ~ under sentence лицо, приговорённое к наказанию; ~ under sentence of death приговорённый к смертной казни, смертник
~ of defective intellect умственно неполноценный
~ of foreign descent лицо иностранного происхождения
~ of law субъект права
~ of ordinary prudence лицо, располагающее обычными познаниями
~ of sound mind психически нормальный
~ of unsound mind лицо, страдающее психическим расстройством; психически больной
~ of weak mind слабоумный
accident-prone ~ лицо, предрасположенное *(в силу особенности своей психики)* к созданию условий для несчастного случая
accused ~ обвиняемый
acquitted ~ оправданный
adjudicated ~ лицо, в отношении которого вынесено судебное решение
afflicted ~ больной
apprehended ~ задержанный
arraigned ~ лицо, которому предъявлено обвинение
arrested ~ арестованный
arrested-mind(ed) ~ лицо с заторможенным психическим развитием
artificial ~ юридическое лицо
assisted ~ тяжущийся, пользующийся «правом бедности» *(напр. бесплатной правовой помощью)*
authorized ~ управомоченное лицо
average ~ лицо среднего интеллекта и обычной осведомлённости, средний человек
average ~ versed in the art средний специалист *(в соответствующей области)*
burglarized ~ потерпевший от берглэри
committed ~ 1. лицо, порученное *чьему-л.* попечению 2. лицо, обязанное вести себя надлежащим образом 3. лицо, преданное суду 4. лицо, заключённое под стражу 5. осуждённый *(на смертную казнь)*
convicted ~ осуждённый
corporate ~ юридическое лицо
dangerous ~ лицо, представляющее опасность
deceased ~ умершее лицо
delinquency-prone ~ лицо, склонное к совершению делинквентных действий

designated ~ лицо, назначенное на должность
detected ~ разысканное лицо
disorderly ~ нарушитель общественного порядка
displaced ~ перемещённое лицо
disruptive ~ лицо, срывающее собрание, заседание
drunken ~ лицо, находящееся в состоянии опьянения, пьяный
elected ~ избранное, выбранное лицо
ennobled ~ лицо, пожалованное дворянством
ficticious ~ 1. юридическое лицо 2. вымышленное, фиктивное лицо
foreign ~ иностранец
foreign born ~ 1. лицо, родившееся за границей 2. лицо, родившееся от иностранцев
framed ~ лицо, против которого сфабриковано обвинение, дело
handicapped ~ инвалид
high risk ~ лицо с высокой степенью вероятности *(повторного)* совершения преступления
identified ~ лицо, личность которого установлена, идентифицированное лицо
idle and disorderly ~ праздношатающееся лицо, нарушающее общественный порядок
impeached ~ лицо, привлечённое к ответственности в порядке импичмента
imprisoned ~ лицо, заключённое в тюрьму
incorporated ~ юридическое лицо
indicted ~ лицо, обвинённое по обвинительному акту
individual ~ 1. частное лицо 2. физическое лицо
informed ~ 1. осведомлённое лицо 2. лицо, привлечённое к уголовной ответственности по заявлению об обвинении
injured ~ потерпевший
insane ~ невменяемый
international ~ субъект международного права
internationally protected ~ лицо, пользующееся международной защитой
irresponsible ~ лицо, не несущее ответственности за своё поведение
juridical [juristic] ~ юридическое лицо
law-abiding [law-complying, lawful, law obedient] ~ лицо, соблюдающее закон, законопослушный человек
legal ~ 1. юридическое лицо 2. субъект права
libelled ~ потерпевший от пасквиля
low risk ~ лицо с низкой степенью вероятности совершения *(повторного)* преступления
mentally abnormal ~ психически ненормальное лицо
missing ~ лицо, пропавшее без вести, безвестно отсутствующее лицо
mob-connected ~ лицо, связанное с гангстерами
native ~ коренной житель
natural ~ физическое лицо
negligent ~ лицо, допустившее небрежность;

лицо, совершившее по небрежности правонарушение

not responsible ~ лицо, не несущее ответственности за своё поведение

offending ~ 1. лицо, посягающее на правопорядок **2.** лицо, наносящее оскорбление

ordinarily reasonable ~ обычный разумный человек

physical ~ физическое лицо

politique ~ юридическое лицо

poor ~ бедняк

poor ~ in receipt of relief бедняк, получающий пособие

private ~ частное лицо

privileged ~ привилегированное лицо; лицо, защищённое привилегией

protected ~ 1. лицо, чьё право защищается законом **2.** лицо, состоящее под покровительством *или* под защитой

public ~ лицо, находящееся на государственной службе; чиновник

qualified ~ лицо, удовлетворяющее установленным требованиям

rational [reasonable] ~ разумный человек

reputable ~ 1. известный человек **2.** лицо с дурной репутацией

responsible ~ лицо, несущее ответственность за своё поведение

restricted ~ лицо, ограниченное в праве передвижения

sane ~ вменяемый

self-employed ~ лицо, обслуживающее своё собственное предприятие; работающий не по найму; лицо свободной профессии

sentenced ~ приговорённый

single ~ холостяк *или* вдовец; незамужняя *или* вдова

sober ~ трезвый

stateless ~ лицо, не имеющее гражданства *или* подданства, апатрид

subversive ~ подрывной элемент, лицо, занимающееся подрывной деятельностью

sued ~ ответчик

suspected ~ подозреваемый; подозрительное лицо

third ~ третье лицо, третья сторона

tried ~ лицо, дело которого было рассмотрено судом

unauthorized ~ неуправомоченное лицо

United States ~ гражданин [гражданка] Соединённых Штатов

unqualified ~ лицо, не удовлетворяющее установленным требованиям

violent ~ лицо, склонное к насилию

violently dangerous ~ лицо, способное учинить насилие

wronged ~ потерпевший

wrongful ~ правонарушитель

persona *лат.* персона ◇ **~ grata** персона грата, приемлемое лицо; **~ non grata** персона нон грата, нежелательное лицо

personable правосубъектный; правоспособный

personal личный; персональный

personality личность; правосубъектность

actor's ~ личность, личностные характеристики субъекта деяния

criminal ~ личность преступника; преступная личность

international ~ международная правосубъектность

legal ~ правосубъектность

separate ~ самостоятельная правосубъектность

personally лично

personalty движимость, движимое имущество, «персональное» имущество

tangible ~ материальное движимое имущество

personate выдавать себя за другое лицо

personation (*тж* **false personation**) персонация, выдача себя за другое лицо

personnel личный состав, персонал, штат, кадры

auxiliary ~ обслуживающий персонал (*посольства, миссии*)

clerical ~ технический персонал (*посольства, миссии*)

diplomatic ~ дипломатический персонал

service ~ обслуживающий персонал (*посольства, миссии*)

pertain иметь отношение *к чему-л.*, относиться ◇ **~ to office** входить в должностную компетенцию

pertinence релевантность; относимость; применимость

pertinent релевантный, имеющий отношение, относящийся к делу; применимый

perusal перлюстрация

perversion извращение; искажение; ложное толкование

~ of justice 1. нарушение справедливости **2.** вынесение неправосудного решения *или* приговора

malicious ~ злоумышленное извращение

sexual ~ перверсия, половое извращение

pervert извращённый человек; лицо, страдающее извращением (*особенно половым*) ‖ извращать; искажать; неправильно истолковывать ◇ **~ to the administration of justice** извратить отправление правосудия

sexual ~ лицо, страдающее половым извращением

perverted:

sexually ~ страдающий половым извращением

petition прошение, ходатайство; петиция; заявление в суд; исковое заявление ‖ подавать прошение, ходатайство, петицию, заявление в суд ◇ **~ for allowance of appeal** просьба о разрешении подать апелляционную жалобу; **~ for appeal** просьба об апелляции, апелляционная жалоба; **~ for nullity** исковое заявление о признании ничтожности (*документа, брака и т.п.*); **~ for permission of appeal** просьба о разрешении подать апелляционную жалобу; **~ for review** заявление в суд о пересмотре дела; **~ in bankruptcy** возбуждение дела о несостоятельности

~ of habeas corpus ходатайство об издании приказа habeas corpus

~ of right петиция о праве *(иск к короне о возврате имущества)*

~ of urgency ходатайство о срочном рассмотрении дела

bankruptcy ~ возбуждение дела о несостоятельности

delayed ~ просроченное прошение

election ~ ходатайство о расследовании действительности выборов в парламент

form ~ заявление о нарушении процедуры; ходатайство о пересмотре решения по делу ввиду нарушения процедуры

former ~ прежнее прошение, прежнее ходатайство

frivolous ~ несерьёзное ходатайство *(направленное лишь на затягивание рассмотрения дела)*

habeas ~ ходатайство об издании приказа habeas corpus

insufficient ~ необоснованное прошение; прошение, не удовлетворяющее установленным для его подачи требованиям

legislative ~ обращение легислатуры штата с заявлением в конгресс США

meritorious ~ ходатайство по существу дела

official delinquency ~ заявление в суд об официальном признании совершённых действий делинквентными

originating ~ начинающее судебный процесс ходатайство

previous ~ предыдущее прошение, предыдущее ходатайство

prior ~ *см.* former petition

reclaiming ~ *шотл.* апелляционная жалоба

successive ~ последующее прошение, последующее ходатайство

sufficient ~ обоснованное прошение; прошение, удовлетворяющее установленным для его подачи требованиям

petitionee лицо, против которого возбуждено ходатайство, подано заявление

petitioner проситель; истец

pettifog сутяжничать; заниматься крючкотворством, кляузами

pettifogger 1. крючкотвор; сутяга; кляузник 2. адвокат, ведущий сомнительные дела 3. шарлатан, мошенник

pettifoggery 1. крючкотворство; сутяжничество 2. мошенничество

pettifogging 1. сутяжничество ‖ сутяжнический, кляузный 2. мошенничество ‖ мошеннический

phasing-out постепенная отмена

photostat фотокопия

phraseology формулировка, формулировки

picker мелкий вор

pickery мелкая кража

picket 1. пикет ‖ пикетировать 2. пикетчик
strike ~ забастовочный пикет

picketing пикетирование

agreed ~ пикетирование, согласованное с властями

allowed ~ разрешённое пикетирование

banned ~ запрещённое пикетирование

criminal ~ уголовно наказуемое пикетирование

disorderly ~ пикетирование с нарушением общественного порядка

extortionate ~ пикетирование с целью вымогательства

illegal ~ незаконное пикетирование

lawful ~ пикетирование с соблюдением установленных законом требований

legal ~ законное пикетирование

peaceful ~ пикетирование без нарушения общественного порядка

permitted ~ разрешённое пикетирование

prohibited ~ запрещённое пикетирование

riotous ~ пикетирование, чреватое *или* связанное с массовыми беспорядками

strike ~ забастовочное пикетирование

unlawful ~ пикетирование с нарушением установленных законом требований

picklock отмычка

pickpocket карманный вор ‖ совершать карманные кражи

pickpocketing карманная кража, карманные кражи

pick-up задерживать

pigeon:
stool ~ «подсадная утка» *(тайный агент, осведомитель в тюремной камере)*

pigeonhole ◇ to ~ детально отрабатывать законопроект без попытки продвинуть его по инстанциям законодательного органа

pignoration 1. залог 2. задержание скота до компенсации причинённой им потравы

pilfer совершить мелкую кражу, совершать мелкие кражи

pilferage мелкая кража; хищение из отдельных мест груза

pilferer лицо, совершившее мелкую кражу; лицо, совершающее мелкие кражи, мелкий воришка

pillage 1. грабёж с применением насилия; мародёрство ‖ грабить с применением насилия; мародёрствовать 2. *уст.* награбленное имущество

pillager лицо, совершившее грабёж с применением насилия *или* совершающее грабежи с применением насилия; мародёр

pillory *ист.* позорный столб

pilotage 1. лоцманская проводка 2. лоцманский сбор

pimp сводник; сутенёр

pinch 1. арест ‖ арестовать, взять под стражу 2. *жарг.* кража ‖ украсть *(вещь)* 3. вымогать деньги 4. ограбить *(человека)*

ping-pong двойная обратная отсылка

piracy 1. пиратство; пиратское действие 2. нарушение авторского, издательского права; плагиат; контрафакция ◇ ~ by the law of nations пиратство по международному праby; **~ with violence** пиратство, соединённое с насилием

~ of sound and audiovisual records контрафакция звуковых и аудиовизуальных записей

~ of trademarks контрафакция товарных знаков

air ~ воздушное пиратство

broadcasting ~ «пиратское» радиовещание

commercial ~ «коммерческое пиратство» (*главным образом, незаконная деятельность, нарушающая право интеллектуальной собственности*)

industrial property ~ нарушение прав промышленной собственности

literary ~ перепечатка литературного произведения без разрешения владельца авторского права

pirate 1. пират; пиратский корабль ‖ пиратствовать ‖ пиратский 2. (частный) автобус, курсирующий по чужим маршрутам 3. водитель (частного) автобуса, курсирующего по чужим маршрутам 4. нарушитель авторского, издательского, патентного права ‖ нарушать авторские, издательские, патентные права; заниматься контрафакцией ‖ контрафактный 5. работать на чужой радиоволне ◇ **to ~ a trademark** совершать контрафакцию товарного знака

pirated совершённый с нарушением авторского, издательского, патентного права

piratic(al) 1. пиратский 2. нарушающий авторские, издательские, патентные права; изданный в нарушение авторского, издательского, патентного права; контрафактный

piratically 1. пиратски, по-пиратски; по признакам пиратства 2. в нарушение авторского, издательского, патентного права

piscary право рыбной ловли

pit ◇ **~ and gallows** *шотл. ист.* право феодала топить *или* вешать преступника

pitfall ловушка, западня

~s of the law юридические ловушки

antitrust ~ «антитрестовская западня» (*напр. пункт лицензионного договора, нарушающий антитрестовское законодательство, а потому могущий повлечь за собой недействительность договора*)

place 1. место 2. должность ‖ определять на должность 3. положение 4. ставить 5. помещать; водворять; размещать ◇ **to ~ a bill** ставить законопроект на обсуждение; **to ~ in escrow** депонировать у третьего лица впредь до выполнения определённого условия; **to ~ on probation** направлять на пробацию; **to ~ on record** занести в протокол; **to ~ on trial** предать суду; **to ~ under a duty** налагать обязанность; **to ~ under arrest** арестовать; **to ~ under detention** взять под стражу; **to ~ under supervision** помещать под надзор (*напр. полицейский*)

~ of abode обычное местожительство

~ of business местонахождение коммерчес-

кого предприятия; место осуществления деловых операций

~ of confinement место заключения, место лишения свободы

~ of contract место заключения договора

~ of detention место содержания под стражей; место заключения

~ of profit оплачиваемая должность

~ of public resort место, посещаемое публикой, общественное место

~ of the forum место рассмотрения дела

~ of trust доверительная должность

abiding ~ место жительства

disorderly ~ of entertainment место, предназначенное для аморальных развлечений, создающих угрозу общественному порядку, нравственности, безопасности *или* здоровью населения; притон

dwelling ~ местожительство

established ~ of business постоянное место деловых операций

other ~ другая палата (*в палате лордов означает «палата общин», в палате общин — «палата лордов»*)

polling ~ избирательный пункт, помещение для выборов

principal ~ of business местонахождение главной конторы; местонахождение основного коммерческого предприятия

private ~ 1. место индивидуального, частного пользования 2. должность в частном секторе

prohibited ~ запретное место

public ~ 1. общественное место 2. публичная должность, должность на государственной службе

Place:

Common ~ *уст.* Суд общих тяжб (*в Англии*)

placement 1. размещение, помещение, водворение 2. определение на должность, работу ◇ **~ in care** помещение под опеку, попечительство; **~ in detention** заключение под стражу; **~ in shelter** помещение в приют

~ of loan размещение займа

adjudicatory ~ помещение *или* водворение в (исправительное) учреждение по решению суда

conditional ~ 1. условное водворение (*под стражу*) 2. условное определение на должность, работу; определение на должность, работу с испытательным сроком

correctional ~ помещение в исправительное учреждение

custodial ~ заключение под стражу

jail ~ заключение в тюрьму

job ~ определение на работу

legal ~ водворение (*под стражу*) на законном основании; водворение (*под стражу*) по приказу *или* приговору суда

long-term ~ долгосрочное (тюремное) заключение

non-secure ~ помещение в неохраняемое место

post-adjudicatory ~ водворение (*под стражу*) после решения суда

prerelease ~ 1. заключение под стражу накануне освобождения от ответственности 2. определение на работу перед освобождением из заключения

prison ~ заключение в тюрьму

private ~ 1. помещение в частное учреждение (напр. приют) 2. определение на работу в частный сектор

public ~ 1. помещение, водворение в государственное учреждение 2. определение на работу в публичный, государственный сектор

reformatory ~ водворение в реформаторий

residential ~ помещение, водворение в помещение стационарного типа

secure ~ заключение под стражу

short-term ~ краткосрочное (тюремное) заключение

plagiarism плагиат

plagiarist плагиатор

plagiary 1. плагиат 2. плагиатор

plagium *лат. шотл.* похищение человека

plaint исковое заявление

plaintiff истец ◇ **~ in attendance** истец, присутствующий при разбирательстве дела; **~ in error** истец по апелляции

involuntary ~ вынужденный истец (*лицо, привлечённое в качестве истца*)

successful ~ истец, выигравший дело

unsuccessful ~ истец, проигравший дело

use ~ лицо, в интересах которого (*но от имени другого лица*) предъявлен иск

planning:

legislative ~ планирование законодательства

play игра ‖ играть

foul ~ симуляция (*несчастного случая и т.п.*)

illegal ~ игра, запрещённая законом

lawful [legal] ~ игра, не запрещённая законом

unlawful ~ игра, запрещённая законом

plea 1. заявление оснований иска *или* обвинения *или* оснований защиты против иска *или* обвинения 2. аргумент 3. заявление, сделанное ответчиком *или* защитой *или* от имени ответчика *или* защиты 4. извинение, оправдание 5. иск ◇ **~ for leniency** просьба о снисхождении, об учёте смягчающих вину обстоятельств; **~ in abatement** возражение относительно времени, места, способа предъявления иска; возражение о прекращении производства по делу; **~ in bar** возражение по существу иска, возражение против права предъявить иск; **~ in discharge** возражение о прекращении обязательства; **~ in reconvention** 1. встречный иск 2. возражение о зачёте требований; **~ in suspension** возражение, направленное на приостановление судопроизводства; **~ «is guilty»** заявление о признании вины; **~ «is not guilty»** заявление об отрицании вины; **~ to delay action** возражение против иска с целью затянуть его рассмотрение; **~ to further maintenance of action** ходатайство ответчика о прекращении дела ввиду вновь открывшихся обстоятельств; **to set up**

a ~ выдвинуть возражение; **~ to the jurisdiction** возражение против юрисдикции суда; **~ to the merits** возражение по существу дела

~ of alibi заявление алиби

~ of another action pending возражение против иска со ссылкой на то, что ранее заявленный по тем же основаниям иск находится на рассмотрении суда

~ of autrefois acquit заявление подсудимого о том, что ранее он был оправдан по обвинению в преступлении, которое рассматривает суд

~ of autrefois convict заявление подсудимого о том, что ранее он был осуждён по обвинению в преступлении, которое рассматривает суд

~ of common employment требование нанимателя об освобождении его от ответственности за возмещение ущерба, причинённого служащему, если этот ущерб явился результатом небрежности другого служащего

~ of double jeopardy заявление подсудимого о том, что он вторично привлекается к уголовной ответственности за преступление, за которое ранее был привлечён к уголовной ответственности

~ of fair comment ссылка на то, что диффамационное заявление было сделано добросовестно

~ of former jeopardy заявление подсудимого о том, что ранее он привлекался к уголовной ответственности по обвинению в преступлении, которое рассматривает суд

~ of general issue заявление о полном отрицании всех утверждений истца *или* обвинителя без приведения доказательств

~ of guilty заявление подсудимого о признании вины

~ of guilty without trial заявление подсудимого о признании вины без рассмотрения судом обстоятельств дела; заявление подсудимого о признании вины, исключающее рассмотрение судом обстоятельств дела

~ of guilty with trial заявление подсудимого о признании вины с рассмотрением судом обстоятельств дела; заявление подсудимого о признании вины, не исключающее рассмотрения судом обстоятельств дела

~ of insanity ссылка подсудимого на невменяемость

~ of justification ссылка ответчика *или* обвиняемого на наличие по делу оправдывающих обстоятельств

~ of lis alibi pendence возражение о том, что дело находится в производстве в другом месте

~ of mercy ходатайство о помиловании

~ of necessity ссылка ответчика *или* подсудимого на крайнюю необходимость

~ of never indebted возражение об отсутствии долга

~ of nolo contendere заявление «я не желаю оспаривать» (*заявление подсудимого о том,* что он не оспаривает предъявленное ему обвинение)

~ of non-guilty (*тж* of not guilty) заявление подсудимого о непризнании себя виновным

~ of nul disseisin возражение против вещного иска с отрицанием факта незаконного лишения владения

~ of nul tort возражение ответчика со ссылкой на отсутствие деликта

~ of panel *шотл.* заявление о назначении судебного разбирательства по вопросу о виновности

~ of payment утверждение ответчика о том, что долг уплачен

~ of privilege ссылка на защиту привилегией

~ of res judicata возражение «рес юдиката», возражение против рассмотрения дела со ссылкой на наличие по тождественному делу вступившего в законную силу решения

~ of self-defence ссылка подсудимого на необходимую оборону

~ of superior orders ссылка на приказ вышестоящего органа, начальника

~ of tender заявление о том, что ответчик всегда был готов удовлетворить требование истца и принёс искомую сумму денег в суд

~ of the Crown уголовное дело

affirmative ~ заявление о фактах, опровергающих иск *или* обвинение

anomalous ~ возражение ответчика, частью утверждающее и частью отрицающее то или иное обстоятельство

civic ~ гражданский иск

common ~ 1. гражданский иск 2. *pl* гражданские дела

defendant's ~ заявление против иска *или* обвинения

dilatory ~ дилаторное, отлагательное возражение *(не по существу иска)*

fictitious ~ 1. заявление ложных оснований иска *или* обвинения *или* защиты против иска *или* обвинения 2. ложный аргумент 3. ложное заявление, сделанное ответчиком *или* защитой *или* от имени ответчика *или* защиты 4. ложное извинение, ложное оправдание 5. ложный иск

foreign ~ возражение против юрисдикции суда

general issue ~ заявление о полном отрицании всех утверждений истца *или* обвинителя без приведения доказательств

informed ~ 1. заявление оснований иска *или* обвинения *или* защиты против иска *или* обвинения со ссылкой на объективные обстоятельства 2. аргумент со ссылкой на объективные обстоятельства 3. заявление, сделанное ответчиком *или* защитой *или* от имени ответчика *или* защиты со ссылкой на объективные обстоятельства 4. извинение, оправдание со ссылкой на объективные обстоятельства

issuable ~ возражение по существу дела

last ~ последнее слово (подсудимого)

negative ~ возражение, отрицающее факты, на которых основан иск *или* обвинение

negotiated ~ of guilty *амер.* согласованное сторонами заявление подсудимого о признании вины

nolo ~ заявление подсудимого о том, что он не желает оспаривать предъявленное ему обвинение

non-issuable ~ возражение не по существу дела

peremptory ~ возражение по существу иска, возражение против права предъявить иск

res judicata ~ *см.* plea of res judicata

sham ~ возражение с целью затягивания процесса

special ~ in bar возражение по существу иска *или* обвинения с выдвижением новых обстоятельств

special ~ of justification возражение по существу иска *или* обвинения с выдвижением оправдывающих обстоятельств

traversable ~ аргумент по существу дела

plea-bargaining *амер.* переговоры о заключении сделки о признании вины

plead заявлять *(в суде)*; подавать состязательную бумагу; подавать возражение по иску; отвечать на обвинение; ссылаться на *что-л.*; вести судебное дело *(об адвокате)* ◇ to ~ a case [a cause] защищать дело *(в суде)*; to ~ alibi заявить алиби; to ~ a statute ссылаться на закон; to ~ double выдвигать одновременно более одного довода в защиту; to ~ for the life вести уголовное дело в качестве защитника; to ~ guilty заявить о своей виновности, признать себя виновным; to ~ guilty to the charge признать себя виновным в предъявленном обвинении; to ~ ignorance ссылаться на незнание; to ~ justification приводить оправдывающие обстоятельства; to ~ no contest (to the charge) заявить о нежелании оспаривать обвинение; to ~ no defence признать иск *или* обвинение; to ~ not guilty заявить о своей невиновности; to ~ over 1. не ответить на существенное утверждение противной стороны 2. не воспользоваться дефектом в состязательной бумаге противной стороны 3. подать заявление по существу дела после отклонения судом заявления не по существу дела 4. представить исправленный вариант состязательной бумаги; to ~ pardon просить о помиловании; to ~ privilege ссылаться на защиту привилегией; to ~ the baby act 1. ссылаться на то, что договор был заключён несовершеннолетним 2. *фиг.* ссылаться на истечение исковой давности; to ~ the Constitution ссылаться на конституцию; to ~ to the facts возражать против фактов, положенных в основание иска *или* обвинения *или* защиты против иска *или* обвинения; to ~ to the merits подать возражение по существу иска

pleadable такой, на который можно ссылаться

pleader адвокат; младший из двух адвокатов одной стороны

pleading 1. предварительное производство по делу, обмен состязательными бумагами 2. *pl* состязательные бумаги *(которыми обмениваются стороны на предварительной стадии судебного разбирательства)* 3. выступление стороны *или* адвоката в суде 4. плацирование, заявление оснований иска *или* обвинения *или* защиты против иска *или* обвинения 5. заявление о своей виновности *или* об отсутствии возражений против предъявленного обвинения 6. заявление о своей невиновности 7. *pl* судоговорение *(в Международном суде ООН)* ◇ to amend a ~ вносить поправки в состязательную бумагу

accusatory ~ выступление обвинителя в суде

amended ~ исправленная состязательная бумага, состязательная бумага с поправками

bad ~ состязательная бумага, составленная ненадлежащим образом

colourable ~ признание наличия видимости законного основания иска *(с последующим оспариванием его юридической силы)*

common-law ~ 1. обмен состязательными бумагами по процедуре, установленной общим правом 2. пледирование по процедуре, установленной общим правом

defensive ~ возражение против иска *или* обвинения

oral ~ устное разбирательство; выступление в суде

original ~ 1. первоначальный *(без поправок)* текст состязательной бумаги 2. копия первоначального *(без поправок)* протокола производства по делу 3. первоначально заявленные основания иска *или* обвинения *или* защиты против иска *или* обвинения

sham ~ пледирование с целью затягивания процесса

special ~ специальное пледирование, заявление стороны в процессе о существовании по делу нового факта

supplemental ~ дополнительное пледирование, заявление дополнительных оснований иска *или* обвинения *или* защиты против иска *или* обвинения

pleasure воля; желание; усмотрение; дискреционное право ◇ at ~ по усмотрению; **during the (royal)** ~ пока будет угодно (короне) *(т.е. в течение неопределённого срока)*; «till Her [His] Majesty's ~» «до тех пор, пока будет угодно Её [Его] Величеству» *(формула английского уголовного права, применяемая при назначении судом бессрочного лишения свободы)*

plebiscitary плебисцитный; основанный на плебисците

plebiscite плебисцит, всенародный опрос

pledge 1. ручной залог ‖ закладывать, отдавать в залог 2. заложенная вещь 3. заверение, обязательство ‖ давать заверение, обязательство ◇ to ~ credit принимать имущественную ответственность; вступать в обязательства

dead ~ ипотечный залог

frank(-) ~ *ист.* 1. община 2. круговая порука *(ответственность общины за преступление, совершённое её членом)*; солидарная ответственность членов десятины

life [living] ~ залог, при котором доходы от пользования имуществом засчитываются в уплату суммы долга

pledgee залогодержатель

pledger 1. залогодатель 2. поручитель

pledgery поручительство

pledgor см. **pledger**

plenary 1. полный 2. пленарный

plenipotentiary полномочный представитель ‖ полномочный; полноправный

plenitude неограниченный объём, полнота, полная мера

~ **of the power** вся полнота власти

plot заговор *(политический)*

mutinous ~ заговор с целью мятежа *(в войсках)*

subversive ~ заговор с подрывными целями

terrorist ~ заговор с целью террора

treasonable ~ изменнический заговор

plunder имущество, приобретённое преступным путём ‖ грабить; завладевать чужим имуществом путём насилия *или* обмана ◇ to ~ the treasury грабить казну

plunderer грабитель; вор; мошенник

plurality 1. множественность 2. относительное большинство голосов

~ **of inventorship** коллективное авторство на изобретение

~ **of régimes** множественность режимов

plurdetor *ист.* грабитель; вор

plurilateral многосторонний, плюрилатеральный

plutocracy плутократия

plutocratic плутократический

poach 1. вторгаться в чужие владения 2. заниматься браконьерством 3. незаконно присваивать 4. подстрекать

poacher браконьер

poaching браконьерство

night ~ ночное браконьерство

timber ~ хищническая порубка леса

pocket-picking 1. карманная кража 2. «профессия» карманного вора

poena *лат.* пеня, штраф; наказание

poind *шотл.* наложить арест на имущество должника

poinding *шотл.* завладение имуществом в обеспечение выполнения обязательства; наложение ареста на имущество должника в обеспечение исполнения судебного решения

personal ~ *шотл.* наложение ареста на движимое имущество в обеспечение исполнения судебного решения

real ~ *шотл.* наложение ареста на недвижимое имущество в обеспечение исполнения судебного решения

point 1. пункт; статья; вопрос 2. место; пункт; точка 3. указывать ◇ ~ at issue спорный вопрос; ~ reserved вопрос, по которому суд резервирует вынесение решения

~s of claim исковое заявление

~ of contact коллизионная привязка

~s of defence письменное возражение ответчика по иску

~ of fact вопрос факта

~ of impact место столкновения, удара (при автодорожном происшествии)

~ of law вопрос права

~ of order процедурный вопрос, вопрос по порядку ведения заседания

border ~ пограничная точка; демаркационная точка

legal ~ юридический вопрос

moot ~ спорный вопрос, спорный пункт

police полиция; полицейские; поддержание, охрана порядка ‖ поддерживать, охранять порядок

administrative ~ патрульная полиция

borough ~ городская полиция

city ~ городская полиция

correctional ~ исправительная полиция

county ~ полиция графства (в Великобритании) или округа (в США)

detective ~ сыскная полиция

district ~ районная, окружная полиция

full-time ~ штатная, кадровая полиция

highway patrol ~ дорожная полиция

intelligence ~ 1. полицейская разведка; уголовная полиция 2. контрразведка

local ~ местная полиция

metropolitan ~ столичная полиция; полиция городской агломерации; лондонская полиция

military ~ военная полиция

part-time ~ некадровые полицейские

private ~ частная полиция

rural ~ сельская полиция

state ~ полиция штата

suburban ~ пригородная полиция

town ~ городская полиция

traffic ~ дорожная полиция

urban ~ городская полиция

Police:

International ~ (Interpol) Международная организация уголовной полиции (Интерпол)

policed обеспеченный полицейским обслуживанием; охраняемый полицией

policeman полицейский, полисмен

on-duty ~ полицейский при исполнении служебных обязанностей

policewoman сотрудница полиции

policial полицейский

policing обслуживание полицией; полицейская охрана общественного порядка; полицейское патрулирование

policy 1. политика 2. полис (страховой) 3. линия поведения, тактика

~ of insurance страховой полис

~ of reinsurance полис перестрахования

~ of statute намерение законодателя

~ of the law политика права

~ of the legislature намерение законодателя

~ of the state государственная политика

adjustable ~ страховой полис с ежемесячным

уточнением страховой суммы; открытый полис

annuity ~ страховой полис из договора о выплате аннуитета

assurance ~ полис страхования жизни

blanket ~ 1. англ. блок-полис (полис, покрывающий ряд однородных перевозок) 2. амер. полис страхования от огня двух или более объектов

block ~ блок-полис (полис, покрывающий ряд однородных перевозок)

cargo ~ грузовой полис

correctional ~ исправительная политика

criminal ~ уголовная политика

declaration ~ полис без указания названия судна

departmental ~ ведомственная политика

deterrence [deterrent] ~ политика сдерживания устрашением

dilatory ~ политика оттяжек, политика выжидания

endowment ~ страхование на дожитие или на случай смерти

enforcement ~ правоприменительная (полицейская) политика

executive ~ политика (главы) исполнительной власти

family maintenance ~ полис по выплате семейного содержания (после смерти страхователя)

fire (insurance) ~ полис страхования от огня

floating ~ генеральный полис

gambling ~ азартный полис (при котором страхователь не имеет имущественного интереса в предмете страхования)

gaming ~ азартный полис

home ~ внутренняя политика

hull ~ полис страхования судна

in-house ~ режим или практика карательно-исправительного учреждения

insurance ~ страховой полис

interest ~ полис, покрывающий страховой интерес; полис, покрывающий действительный имущественный интерес страхователя

judical ~ судебная политика

juridical ~ правовая политика

law ~ правовая политика, политика права

law-enforcement ~ правоприменительная политика

legal ~ правовая политика; судебная политика

legislative ~ законодательная политика

life ~ полис страхования жизни

Lloyd's ~ типовой полис Ллойда

marine insurance ~ полис морского страхования

mixed ~ смешанный полис

named ~ разовый полис; полис с названием судна, перевозящего застрахованный груз

nuclear deterrent ~ политика сдерживания ядерным устрашением, политика ядерного сдерживания

open ~ полис с неуказанной страховой суммой, невалютированный полис order ~ ордерный полис

package ~ общий, комплексный подход

participating ~ полис страхования с участием в прибылях страхового общества

penal ~ карательная политика

personnel ~ кадровая политика

public ~ 1. государственная политика 2. публичный порядок

retributive ~ карательная политика

running ~ генеральный полис; постоянный полис

sentencing ~ практика назначения наказаний; карательная политика

simple ~ разовый полис; рейсовый полис

socialization ~ уголовная политика, ориентированная на социализацию [социальную реадаптацию] преступников

statutory ~ 1. законодательная политика 2. намерение законодателя

time ~ срочный полис, полис страхования на срок

underwriter's ~ полис морского страхования

unvalued ~ невалютированный полис, полис с неуказанной стоимостью предмета страхования

valued ~ валютированный полис, полис с объявленной стоимостью

voyage ~ рейсовый полис

wager ~ азартный полис (*при котором страхователь не имеет имущественного интереса в предмете страхования*)

whole life ~ полис страхования на случай смерти

policyholder держатель страхового полиса

policymaking выработка политических решений

political 1. политический преступник; политический заключённый || политический 2. государствоведческий 3. *амер.* (узко)партийный 4. тактический, совершаемый из тактических соображений

politics 1. политика, политические события, политическая жизнь, политическая деятельность, политическая линия 2. *амер.* политические махинации, политические интриги

polity государственное устройство; форма правления

poll 1. индивид, отдельный человек 2. список лиц 3. список избирателей; регистрация избирателей 4. голос; голосование; баллотировка || голосовать; проводить голосование 5. подсчёт голосов || подсчитывать голоса 6. количество поданных голосов || получать, собирать (*о количестве голосов*) 7. помещение для голосования, избирательный пункт 8. опрос (общественного) мнения ◇ to ~ a jury подсчитывать голоса присяжных; to take the ~ подавать, отдавать голос (*на выборах*)

~ of the jury голосование присяжных

advisory ~ совещательный голос

mandatory ~ обязательное для избрания количество поданных голосов

public opinion ~ опрос общественного мнения

poller 1. голосующий, избиратель 2. регистратор (*на выборах*)

pollicitation 1. обещание, неоформленное обязательство 2. ещё не акцептованная оферта

polling голосование

pollution загрязнение (*окружающей среды*) ◇ ~ by dumping from ships and aircraft загрязнение отходами, сбрасываемыми морским и воздушным транспортом

land-based ~ загрязнение в результате деятельности на суше, загрязнение из береговых источников

marine ~ загрязнение моря, загрязнение морской среды

marine-based ~ загрязнение моря в результате деятельности на море

transfrontier ~ «трансграничное» загрязнение окружающей среды, загрязнение окружающей среды, распространяющееся на территорию других государств

vessel-source ~ загрязнение с судов

poll-watcher лицо, наблюдающее за правильностью голосования, регистратор на выборах

polyandry полиандрия, многомужество

polyarchy полиархия, многовластие

polycracy поликратия, многовластие

polygamy полигамия, многобрачие

polygyny полигиния, многожёнство

pontiff первосвященник; папа римский (*тж* Supreme Pontiff, Roman Pontiff)

pontificate понтификат, папство

Pope папа римский

popedom 1. папство 2. папская юрисдикция

population население; народонаселение

civilian ~ гражданское население

pornography порнография

port порт

~ of arrival порт прибытия

~ of call порт захода

~ of departure порт отхода

~ of destination порт назначения

~ of discharge порт разгрузки

~ of distress порт вынужденного захода, порт-убежище

~ of documentation порт приписки

~ of entry порт ввоза; порт таможенной обработки

~ of loading порт погрузки

~ of refuge порт вынужденного захода, порт-убежище

~ of registry порт приписки

~ of shipment порт отгрузки

closed ~ порт, закрытый для захода

free ~ вольная гавань, порто-франко

home ~ 1. порт приписки 2. порт, где находится судовладелец

treaty ~ договорный порт (*порт, открытый для торговли в силу международного соглашения*)

portfolio 1. министерский пост, портфель министра 2. портфельный капитал, капитал в ценных бумагах

portion 1. часть, доля 2. доля в наследстве 3. приданое

compulsory ~ обязательная доля

disposable ~ часть имущества, которым наследователь может распорядиться свободно

legal ~ законная доля наследства

marriage ~ приданое

natural ~ обязательная доля *(наследства)*

position 1. позиция; положение 2. должность ◇ ~ in action позиция *(стороны)* в процессе; ~ in defence позиция защиты; ~ in prosecution позиция обвинения

common-law ~ 1. ситуация с точки зрения общего права 2. статус по общему праву

constitutional ~ 1. ситуация с точки зрения конституции 2. конституционный статус, конституционное положение

legal ~ 1. юридическое положение, юридическая ситуация 2. юридический статус, юридическое положение

public ~ государственная должность

statutory ~ 1. ситуация с точки зрения статутного права 2. статус по статутному праву

tax ~ налоговый статус

work release ~ статус расконвоированного для отбывания работ

positive 1. утвердительный; положительный; позитивный; прямо выраженный, положительно выраженный, абсолютный; ясный; прямой 3. установленный, предписанный

posse *лат.* 1. компания 2. вооружённая сила 3. орган законной власти ◇ ~ comitatus *лат.* приказ шерифа графства о созыве мужчин, способных носить оружие *(для отражения неприятеля, охраны общественного порядка или поимки беглых преступников)*

possess владеть, обладать

possession владение; объект владения ◇ ~ at [in] law юридическое владение *(вещью, находящейся в фактическом владении другого лица или не находящейся ни в чьём владении)*; ~ in deed фактическое владение; ~ in fact фактическое владение; to have in ~ владеть, обладать; ~ under a lease владение по договору найма

~ of stolen goods хранение краденого

actual ~ фактическое владение

actual adverse ~ фактическое владение, основанное на утверждении правового титула вопреки притязанию другого лица

adverse ~ владение, основанное на утверждении правового титула вопреки притязанию другого лица

civil ~ юридическое владение

constructive ~ неопровержимо презюмируемое владение

constructive adverse ~ владение, квалифицируемое как утверждение правового титула вопреки притязанию другого лица

fictitious ~ юридическое владение *(вещью, находящейся в фактическом владении другого лица или не находящейся ни в чьём владении)*

former ~ предшествующее, прежнее владение

hostile ~ *см.* adverse possession

immemorial ~ владение с незапамятных времён

joint ~ совместное владение

juridical [legal] ~ юридическое владение *(вещью, находящейся в фактическом владении другого лица или не находящейся ни в чьём владении)*

naked ~ фактическое владение при отсутствии правооснования, владение без титула

notorious [open] ~ ноторное владение

original ~ первоначальное владение

precarious ~ владение до востребования, отзывное владение

previous [prior] ~ предшествующее, прежнее владение

substantial ~ фактическое владение

vacant ~ брошенная недвижимость; бесхозяйная недвижимость

possessor владелец

possessory владельческий, посессорный

possibility:

~ of issue способность к зачатию; способность к деторождению

~ of issue extinct неспособность к зачатию; неспособность к деторождению

post 1. почта ‖ посылать почтой 2. пост, должность

advice-of-receipt ~ почтовое отправление с уведомлением о вручении

advisory ~ должность консультанта

career ~ должность в профессиональной службе, профессиональная должность

department(al) ~ ведомственная должность; должность в министерстве

government(al) ~ правительственная должность

ministerial ~ министерский пост, пост министра

non-career ~ непрофессиональная должность

official ~ официальный пост

political ~ политический пост

registered ~ заказная почта

shadow ~ *англ.* пост в «теневом» кабинете министров

postage почтовый сбор

post-date постдатировать, датировать передним числом, датировать более поздним числом

postdating постдатирование, датирование более поздним числом

posteriority постериоритет, последующая *или* более поздняя очерёдность *(в противоположность приоритету)*

posterity потомство

post facto *лат.* после события

post-glossators пост-глоссаторы

posthumous посмертный

postliminium постлиминий, восстановление после войны прежнего правового положения

postliminy *см.* postliminium

post-mortem *лат.* 1. после смерти ‖ посмертный 2. вскрытие трупа ‖ производить вскрытие трупа

post-nuptial 1. сделка между супругами, заключённая после бракосочетания **2.** послебрачный

post-nuption сделка между супругами, заключённая после бракосочетания

post-obit *лат.* **1.** после смерти ‖ вступающий в силу после смерти **2.** договор займа с обязательством погашения по получении должником наследства

postpone откладывать; отсрочивать

postponement откладывание; отсрочка

trial ~ откладывание дела слушанием

post-publication публикация после издания, осуществлённого в соответствии с авторским договором

postrelease 1. время после освобождения от наказания **2.** статус освобождённого от наказания

postremogenitur *англ. ист.* основанное на обычае право младшего сына наследовать землю, которой владел отец на условиях её обработки для лендлорда

potentate монарх; суверен; властитель

pouch сумка, мешок

diplomatic ~ дипломатическая почта

poundbreach взлом загона для скота

power 1. способность; право; правомочие; полномочие; компетенция **2.** власть **3.** держава ◇ ~ **coupled with interest 1.** предоставленное агенту право на извлечение выгоды из предмета агентского договора **2.** доверенность на распределение наследства вкупе с получением права на него; ~ **to initiate [to introduce] legislation** право законодательной инициативы

~ **of appointment** доверенность на распределение наследственного имущества

~ **of attorney** полномочие; доверенность

~ **of attorney and substitution** доверенность с правом передоверия

~ **of communication** право на общение (*напр. с ребёнком*)

~ **of eminent domain** право государства на принудительное отчуждение частной собственности

~ **of impoundment** право президента воздерживаться от расходования ассигнованных ему конгрессом денежных средств

~ **of investigation** право проводить расследование

~ **of judgement** право принимать, выносить (судебные) решения

~ **of municipality 1.** компетенция муниципалитета **2.** муниципальная власть

~s **of office** должностные правомочия

~ **of review** право пересмотра (*судебных решений*)

~ **of substitution** право передоверия

~ **of testation** завещательная право- и/или дееспособность

~ **of the purse** «право кошелька» (*исключительное право палаты представителей конгресса США на внесение финансовых законопроектов*)

absolute ~ **1.** абсолютное, неограниченное право **2.** неограниченная власть

adjudicative ~ **1.** право суда рассматривать и решать споры **2.** судебная власть

administrative ~ **1.** административное правомочие **2.** административная власть

advisory ~s консультативные полномочия

amending ~ право вносить поправки

ample ~s широкие полномочия, широкие правомочия

ancillary ~s дополнительные полномочия, дополнительные правомочия

appointing [appointive] ~ право назначать на должности

arbitrary ~ дискреционное полномочие

beneficial ~ право бенефициария

coercive ~ право на принуждение

cognate ~s родственные полномочия; родственные правомочия

commerce ~ право торговли (*конституционное право конгресса регулировать торговлю с иностранными государствами и между штатами США*)

confirmatory ~ право утверждать назначения, договоры

congressional ~ **1.** компетенция конгресса **2.** власть конгресса

consignatory ~ подписавшаяся держава

constituent ~ **1.** право голоса **2.** право разрабатывать конституцию

corporate ~s права юридического лица, права корпорации

countervailing ~ встречное право, противостоящее право

current ~ действующее правомочие

defective mental ~ умственная неполноценность

delegated ~s делегированные полномочия; делегированные правомочия

diplomatic ~s дипломатические полномочия

discretionary ~(s) дискреционная власть, дискреционные полномочия, дискреционные правомочия

dispensing ~ право производить изъятия из действия статутов

effective ~ действующее правомочие

emergency ~s чрезвычайные полномочия

enforcement ~s *амер.* полномочия, правомочия в сфере (*полицейского*) правоприменения

enumerated ~s перечисленные (*в конституции США*) правомочия (*федерального правительства*)

executive ~ исполнительная власть

exercitorial ~ доверительная собственность капитана судна

express ~s прямо оговорённые полномочия; *амер.* полномочия центральной исполнительной власти, специально оговорённые конституцией США

extramural ~ права, осуществляемые муниципальной корпорацией вне её пределов

fact-finding ~ право производить расследование

federal ~s *амер.* полномочия, правомочия федеральной власти

foreign ~ иностранная держава

formal ~ официальное полномочие, официальное правомочие

full ~s (общие) полномочия, полные правомочия

general ~ of attorney общая доверенность

granted ~s дарованные полномочия; делегированные полномочия

great ~ великая держава

hostile ~ неприятельское государство

implied ~s подразумеваемые правомочия; *амер.* полномочия федерального правительства, косвенно вытекающие из конституции

inherent ~s *амер.* «присущие полномочия», *т.е.* полномочия федерального правительства, не перечисленные в конституции, но вытекающие из неё

intramural ~s внутренние права муниципальной корпорации

judg(e)ment-making ~ право принимать, выносить (судебные) решения

judg(e)ment-passing ~ право принимать, выносить (судебные) решения

judicial ~ судебная власть

judiciary ~s судейские правомочия

law-executing ~ право исполнения законов

law-interpreting ~ право толкования законов

law-making ~ право законодательства, право законодательствовать

legal ~ полномочие, урегулированное правом, правомочие; юридическое право

legislative ~ законодательная власть

licensing ~ право давать лицензии

mandatory ~ 1. государство-мандатарий 2. *pl* мандатные правомочия, правомочия государства-мандатария

maritime ~ морская держава, морское государство

mental ~ умственные способности

merged ~s совмещённые полномочия, правомочия

military ~ военная власть

monarchical ~ монархическая власть

municipal ~ 1. компетенция муниципалитета 2. муниципальная власть; муниципалитет

naked ~s полномочия, предоставленные целиком в интересах принципала

national ~ *амер.* федеральная власть

normal ~s обычные полномочия, правомочия

official ~s должностные правомочия

official ~s and duties должностные права и обязанности

organic ~s органические права, конституционные полномочия

pardoning ~ право помилования

parental ~ родительская власть, отцовская власть

parliamentary ~ 1. компетенция парламента 2. власть парламента

paternal ~ родительская власть, отцовская власть

plenary ~ *см.* full powers

police ~ 1. право осуществлять охрану порядка, право полиции 2. полицейская власть

political ~ политическая власть, государственная власть

prerogative ~ прерогатива, исключительное право

prerogative ~s of the Crown прерогативы короны

presidential ~ 1. президентская власть 2. *pl* полномочия, правомочия президента

pretended ~ ссылка на правомочие

pretrial ~ правомочие действовать до судебного разбирательства

prevailing ~ действующее правомочие

protective ~ право охраны, право защиты; охранительные функции

reasoning ~ умственные способности, рассудок

recall ~ право отзыва

removal ~ право на смещение с должности

reserved ~s резервированные правомочия; права, сохранённые (*по конституции США*) за штатами

residential ~s правомочия, вытекающие из оседлости

residual [residuary] ~s остаточные правомочия (*в частности, правомочия, сохранившиеся за штатами после объединения их в федерацию*)

resulting ~s правомочия, вытекающие из положений закона *или* из других правомочий; *амер.* правомочия, вытекающие (*путём толкования*) из комплекса правомочий федерального правительства

royal ~ королевская власть

rule-making ~s нормотворческие правомочия

signatory ~ подписавшее (*международный договор*) государство, государство-сигнатарий

sole ~ прерогатива, исключительное право

sovereign ~ 1. суверенное право 2. суверенная власть

special ~ of attorney специальная доверенность

state ~ 1. государственная власть 2. власть штата

statute-making ~ право принимать статуты, законодательствовать

statutory ~ право, правомочие по закону

«stop and frisk» ~ *амер. полиц.* право останавливать и обыскивать

superior ~ непреодолимая сила

supreme ~ верховная власть

taxing ~ право установления налогов

temporal ~ светская власть

treaty-making ~ право заключать международные договоры

veto ~ право вето

vicarial [vicarious] ~(s) права, основанные на полномочии, доверенности

visitatorial ~ 1. право надзора; право инспектирования 2. право посещения voting ~ право участия в голосовании, право голоса

war-making ~ право объявлять войну

powerless 1. недееспособный; неправоспособный; неправомочный; неполномочный; не обладающий компетенцией **2.** безвластный

practice 1. практика **2.** обычай; обыкновение **3.** нормы процесса, процессуальные нормы, процессуальное право; судебная процедура
◇ ~ **and adjudication** судопроизводство с вынесением решения по делу
~ **of law** юридическая практика; адвокатская практика
~ **of the courts** *см.* judicial practice
~ **of the trade** торговое обыкновение; торговый обычай; узанс

abusive ~ недобросовестная практика; злоупотребление *(какими-л. правилами)*

administrative ~ административная практика

antitrust ~ практика применения антитрестовского законодательства

chamber ~ внесудебная адвокатская практика

common ~ установившаяся практика

common-law ~ **1.** судебная практика по нормам общего права **2.** нормы процессуального общего права; судебная процедура по нормам общего права

congressional ~s **1.** практика конгресса **2.** обычаи конгресса **3.** регламент конгресса, процедура конгресса

constitutional ~ **1.** конституционная практика **2.** конституционный обычай

correctional ~ исправительная практика; практика исправительных учреждений

corrupt ~(s) коррупция, приёмы коррупции, злоупотребления

court ~ *см.* judicial practice

criminal ~ **1.** преступная практика **2.** уголовный процесс; судебная процедура по уголовным делам

deceitful [deceptive] ~(s) *см.* fraudulent practice(s)

discriminatory ~ дискриминационная практика

evil ~ бесчестные приёмы

executive ~ исполнительная практика; практика исполнительной власти

existing ~ существующая практика, установившаяся практика

fair ~(s) добросовестность, добросовестные приёмы, методы, практика

fraudulent ~ обманная, мошенническая практика, мошенничество

ill ~(s) нечестная практика, нечестные приёмы

illegal ~(s) незаконная практика; незаконные приёмы

investigative ~ следственная практика

judicial ~ **1.** судебная практика **2.** судебный обычай **3.** судебная процедура

law ~ юридическая практика; адвокатская практика

legal ~ **1.** *см.* law practice **2.** правовой обы-

чай; судебный обычай **3.** процессуальное право; судебная процедура

legislative ~ **1.** законодательная практика **2.** законодательный обычай **3.** регламент законодательного органа, законодательная процедура

mutinous ~ действия с целью вызвать мятеж; мятежнические действия, мятежническое выступление

nonculpability deceptive ~ обманные действия с целью скрыть наличие вины, избежать признания виновным

parliamentary ~ *англ.* **1.** парламентская практика **2.** парламентский обычай **3.** регламент парламента, парламентская процедура

penal ~ **1.** карательная практика, практика назначения наказаний **2.** практика пенитенциарных учреждений

police [policing] ~(s) **1.** полицейская практика **2.** полицейская процедура

private ~ частная практика

private law ~ частная адвокатская практика

prosecutorial ~ обвинительная практика, приёмы, методы обвинения, уголовного преследования

public ~ **1.** государственная практика; публично-правовая практика **2.** публично-правовой обычай

referral ~(s) **1.** практика передачи на рассмотрение **2.** процедура передачи на рассмотрение

restrictive trade ~(s) ограничение свободы торговли, ограничение занятия профессиональной деятельностью, ограничение занятия промыслом

sentencing ~(s) **1.** практика вынесения приговоров; карательная практика **2.** процедура вынесения приговоров

state ~ **1.** государственная практика **2.** практика *(судов)* штатов

statutory ~ **1.** практика, основанная на статутах; практика применения статутов **2.** *(судебная)* процедура по нормам статутного права

third party ~ привлечение третьего лица *(к участию в процессе)*

traitorous [treasonable] ~(s) изменническая деятельность

unfair ~s недобросовестность, недобросовестные приёмы, методы, практика

practitioner (*тж* legal practitioner) практикующий юрист, адвокат

praecipe *лат.* **1.** приказ **2.** судебный приказ о выполнении действия *или* о предъявлении оснований к его невыполнению **3.** (письменное) требование стороны в процессе о подготовке *или* выдаче документа *(судебным чиновником)*

praemunire *лат.* **1.** посягательство на власть королевы [короля] и её [его] правительства **2.** обвинительный акт о посягательстве на власть королевы [короля] и её [его] правительства **3.** наказание за посягательство на власть королевы [короля] и её [его] правительства **4.** *ист.* постановление суда о превышении власти церковным органом **5.** *ист.* наказание за превышение власти церковным органом

pratique разрешение на (свободное) сношение с берегом

free ~ санитарное свидетельство; разрешение на свободное сношение с берегом

pray настоятельно просить ◇ **to ~ in aid** просить о помощи; просить об оказании помощи при пледировании *(об ответчике по вещному иску)*; обратиться к третьему лицу с просьбой вступить в дело для защиты вещно-правового титула ответчика

prayer просьба, ходатайство *(в суде)* ◇ **~ for alternative relief** ходатайство о предоставлении альтернативного средства судебной защиты; часть искового заявления с ходатайством о предоставлении альтернативного средства судебной защиты; **~ for discharge 1.** ходатайство об освобождении от ответственности, из заключения **2.** ходатайство о реабилитации, оправдании подсудимого **3.** ходатайство о прекращении обязательства **4.** ходатайство о восстановлении в правах несостоятельного должника **5.** ходатайство о зачёте требований; **~ for relief 1.** ходатайство о назначении *или* о выплате пособия **2.** ходатайство о предоставлении судебной защиты **3.** ходатайство об освобождении *(от уплаты, ответственности)* или о скидке *(с налога)*; **~ in aid** просьба о помощи; просьба ответчика по вещному иску об оказании ему помощи при пледировании; просьба ответчика к третьему лицу вступить в дело для защиты вещно-правового титула ответчика; **~ in the alternative** ходатайство о предоставлении альтернативного средства судебной защиты; часть искового заявления с ходатайством о предоставлении альтернативного средства судебной защиты;

~ of process ходатайство об издании судебного приказа

age ~ ходатайство несовершеннолетнего — стороны в процессе по вещному иску о приостановлении производства по делу до достижения им совершеннолетия

preamble преамбула, вводная часть

pre-audience право *(адвоката)* быть выслушанным раньше другого

precatory 1. содержащий просьбу, рекомендацию **2.** выражающий надежду

precaution предосторожность; предусмотрительность; мера предосторожности

every possible ~ все возможные меры предосторожности

mandatory ~ обязательная мера предосторожности

ordinary ~ обычная степень предусмотрительности; обычная мера предосторожности

pretrial ~ досудебная обеспечительная процедура

proper ~ надлежащая степень предусмотри-

тельности; надлежащая мера предосторожности

reasonable ~ разумная, обоснованная степень предусмотрительности; разумная, обоснованная мера предосторожности

safety ~ мера предосторожности в обеспечение безопасности; мера предосторожности, обеспечивающая безопасность

precautionary 1. принимаемый для предосторожности **2.** предупреждающий, предупредительный

precautious *редк.* предусмотрительный; осторожный

precede 1. предшествовать **2.** превосходить по старшинству

precedence старшинство; ранг; приоритет

~ of law приоритет права *(над политикой)*

alternate ~ альтернат

precedency *см.* precedence

precedent 1. прецедент **2.** предшествующий; предварительный ◇ **~ (exactly) applicable to the act** *или* **to the fact** прецедент, (полностью) применимый к деянию *или* к факту; **to follow the ~** следовать прецеденту

applicable ~ применимый прецедент

applied ~ применённый прецедент

binding ~ прецедент, имеющий обязательную силу

governing ~ руководящий прецедент

judicial ~ судебный прецедент

leading ~ руководящий прецедент

ruling ~ прецедент, имеющий обязательную силу

solid [sound] ~ авторитетный прецедент

precept предписание; приказ ‖ предписывать; приказывать

~ of law предписание, веление права, правовая норма

precinct 1. полицейский участок **2.** избирательный участок

magisterial ~ участок мирового судьи *(в некоторых штатах США)*

police ~ полицейский участок

preclude 1. предотвращать, пресекать **2.** препятствовать ◇ **to ~ a right** препятствовать осуществлению права

precluded 1. предотвращённый, пресечённый **2.** оказавшийся *или* поставленный перед препятствием

precluding 1. предотвращающий, пресекающий **2.** препятствующий

preclusion 1. предотвращение, пресечение **2.** препятствие осуществлению

issue ~ преюдиция

preclusive пресекательный

precognition *шотл.* предварительный допрос *(свидетелей)*

preconceived предвзятый, предубеждённый

preconception предвзятость, предубеждение

precondemnation судимость

pre-contract предшествующий договор, ранее заключённый договор *(препятствующий заключению нового договора)*

predecessor 1. предок **2.** предшественник **3.**

правопредшественник ◇ ~ in title предшествующий субъект правового титула); правопредшественник

legal ~ законный правопредшественник

predelinquency предделинквентность (*потенциальная способность совершить акт делинквентности*), предделинквентное состояние лица

predelinquent предделинквент (*потенциальный делинквент*) ‖ предделинквентный

predicate 1. утверждать, объявлять, делать заявление 2. *амер.* основывать (*утверждение и т.п.*) на фактах

predicated 1. утверждаемый, объявленный, заявленный 2. *амер.* основанный на фактах

predication 1. утверждение, объявление, заявление 2. *амер.* обоснование фактами

pre-election предварительные выборы

pre-empt 1. осуществлять преимущественное право покупки 2. налагать арест на товар в осуществление преимущественного права покупки 3. *амер. ист.* завладевать государственной землёй для получения преимущественного права на её покупку

pre-emption 1. преимущественное право покупки 2. использование преимущественного права покупки 3. наложение ареста на товар в осуществление преимущественного права покупки 4. *амер. ист.* завладение государственной землёй для получения преимущественного права её покупки

pre-emptive преимущественный; приобретённый в соответствии с преимущественным правом

prefer 1. оказывать предпочтение; предоставлять преимущество 2. подавать, предъявлять, заявлять (*протест, требование и т.д.*)

preference 1. предпочтение; преференция; преимущественное право 2. подача, заявление (*протеста, требования и т.д.*)

court ~ подача, заявление (*протеста, требования и т.д.*) в суд

due ~ правомерное преимущество

fraudulent ~ обманная преференция, действие, направленное в пользу одного из кредиторов в ущерб остальным

imperial ~s *ист.* имперские преференции

undue ~ неправомерное преимущество

preferential льготный, предпочтительный, преференциальный; привилегированный, преимущественный

preferment 1. подача, заявление (*протеста, требования и т.д.*) 2. повышение (*в чине или сане*)

pregnancy беременность

antenuptial ~ добрачная беременность

prehension завладение

prejudge 1. составлять поспешное, необоснованное суждение 2. выносить решение до рассмотрения дела в суде *или* до проведения надлежащего расследования

prejudged 1. предубеждённый, предвзятый 2. подвергшийся действию преюдиции

prejudgement 1. предубеждение, предвзятость

2. заранее вынесенное решение; вынесение решения до рассмотрения дела; преюдиция

prejudication 1. заранее составленное мнение; предвзятое мнение 2. судебный прецедент 3. судебное определение

prejudice 1. вред, ущерб ‖ наносить ущерб, вред, причинять вред (*правам, интересам*) 2. предубеждение ‖ предубеждать 3. преюдиция ‖ создавать, устанавливать преюдицию ◇ in ~ of в ущерб, во вред; to ~ a trial придать судебному рассмотрению дела предвзятый характер; to unduly ~ предубеждать, создавать предвзятость при отсутствии к тому повода; without ~ без ущерба (*для*); не предрешая окончательного разрешения вопроса (*о*); без предубеждения, нелицеприятно, беспристрастно, объективно

fair ~ предубеждение при наличии повода

unfair ~ предубеждение при отсутствии повода

prejudiced 1. потерпевший ущерб, вред (*о правах, интересах*) 2. проникнутый предубеждённостью, предвзятостью 3. подвергшийся действию преюдиции

prejudicial 1. наносящий ущерб, вред, причиняющий вред (*правам, интересам*) 2. преюдициальный, имеющий преюдициальное значение 3. предубеждённый, предвзятый ◇ ~ as to novelty *пат.* порочащий новизну

highly ~ отличающийся высокой степенью предубеждённости, предвзятости

prejudicialness 1. эффект, наносящий вред 2. преюдициальность 3. предубеждённость, предвзятость 4. *пат.* опорочение (*новизны*)

prejudicing 1. наносящий ущерб, вред 2. преюдициальный

preliminar/y предварительный, прелиминарный

~ies of peace прелиминарный мирный договор

premarital предбрачный, добрачный

premeditate заранее обдумывать

premeditated заранее обдуманный; преднамеренный; предумышленный

premeditation заранее обдуманное намерение; заранее обдуманный умысел, предумышление

premier премьер-министр, премьер

premiership должность премьера, премьер-министра

premises 1. вышеизложенное, вышеуказанное 2. вводная часть акта передачи правового титула 3. недвижимость; помещение 4. констатирующая часть искового заявления

adjoining ~ примыкающее помещение

burglarized ~ помещение, подвергшееся берглэри

business ~ помещение делового предприятия

licensed ~ лицензированное помещение

party's ~ помещение, занимаемое стороной в процессе

private ~ частное помещение, помещение, занимаемое частным лицом

unlicensed ~ нелицензированное помещение

premium 1. премия *(страховая; как приплата к номиналу; в сделках с премией)* **2.** награда
bail ~ приплата к залогу при поручительстве
insurance ~ страховая премия
single ~ страховая премия, выплачиваемая единовременно
unearned ~ возвращаемая часть страховой премии *(при аннулировании полиса)*

preoption право первого выбора

preparation приготовление *(к преступлению)*

prepay оплачивать предварительно, оплачивать вперёд

prepayment предварительная оплата, оплата вперёд, предоплата

prepense заранее обдуманный; преднамеренный; предумышленный

preponderance преобладание
~ of evidence [of proof] наличие более веских доказательств, перевес доказательств *(критерий доказанности по гражданским делам и по делам несовершеннолетних)*
~ of testimony наличие более убедительных свидетельских показаний

prepossession 1. предшествующее владение **2.** пристрастность, предвзятость

pre-publication публикация до издания, осуществлённого в соответствии с авторским договором

prerequisite необходимое условие, предпосылка
legal ~ юридическая предпосылка

prerogative прерогатива, исключительное право
executive ~ прерогатива (главы) исполнительной власти
external ~ прерогатива осуществления внешних сношений
King's ~ королевская прерогатива
legislative ~ законодательная прерогатива; прерогатива осуществления законодательной деятельности
presidential ~ президентская прерогатива
royal ~ королевская прерогатива
sovereign ~ **1.** *англ. ист.* прерогатива сюзерена **2.** прерогатива, вытекающая из суверенитета, суверенная прерогатива
undoubted ~ бесспорная прерогатива

prescribable могущий быть приобретённым по давности

prescribe 1. предписывать **2.** утверждать о наличии права, основанного на приобретательной давности **3.** назначать *(наказание)* ◇ to ~ a rule устанавливать правило, норму; to ~ (as) the punishment назначать в качестве наказания

prescription 1. давность **2.** предписание, распоряжение
~ of law правовое предписание
acquisitive ~ приобретательная давность
extinctive ~ погасительная давность
governmental ~ правительственное распоряжение
immemorial ~ незапамятная давность
negative ~ погасительная давность

testamentary ~ завещательное распоряжение

prescriptive основанный на праве давности *или* обычае

presence присутствие; присутствие в суде *(как принцип судебного процесса)* ◇ in the ~ в присутствии
actual ~ фактическое присутствие
constructive ~ конструктивное присутствие, присутствие в силу правовой квалификации
corporate ~ in the state юридическое присутствие корпорации на территории штата
physical ~ физическое присутствие

Presence король, королева

present 1. дар **2.** подавать; представлять; предъявлять; вручать **3.** присутствующий **4.** настоящий, данный **5.** *pl* настоящий, данный документ ◇ these ~s сие, настоящий документ; to ~ a petition представлять прошение; заявлять ходатайство; to ~ for acceptance предъявить к акцептованию; to ~ for payment предъявить к платежу; to ~ legally **1.** представлять *и т.п.* в порядке, установленном законом **2.** предавать суду; to ~ one's case излагать доводы, аргументацию, правовую позицию; давать объяснения по делу; выступать в прениях сторон

presentation подача; представление; предъявление; вручение
~ of case изложение дела, изложение аргументации, версии; выступление в прениях сторон; дача объяснений по делу
~ of cases прения сторон
~ of cheque предъявление чека к оплате
~ of credentials вручение верительных грамот
~ of Englishry предъявление доказательств английского гражданства

presentee 1. получатель дара **2.** лицо, представляемое ко двору **3.** кандидат, представленный на занятие церковной должности

presentence доприговорный, относящийся к судебному процессу до вынесения приговора

presenter 1. предъявитель; податель **2.** даритель

presentment 1. заявление присяжных под присягой об известных им фактических обстоятельствах по делу **2.** возбуждение обвинения **3.** предъявление векселя к акцепту *или* оплате ◇ ~ upon oath by grand jury заявление большого жюри под присягой об известных ему фактических обстоятельствах по делу
~ of grand jury обвинительный акт, составленный, вынесенный большим жюри

preside председательствовать, руководить заседанием

presidency 1. президентство **2.** председательство

president 1. президент **2.** председатель **3.** директор ◇ ~ for life пожизненный председатель *или* директор; ~ pro tempore лицо, временно исполняющее обязанности президента *или* председателя *или* директора; *амер.* лицо, временно исполняющее обязанности председателя сената actual ~ 1. нынешний президент 2. нынешний председатель 3. нынешний директор court ~ председатель суда

President ◇ ~ elect избранный, но ещё не вступивший в должность президент

~ of the Board of Trade министр торговли (в Англии по 1970 г.)

acting ~ лицо, исполняющее обязанности президента

presidential президентский

presidentially-appointed назначенный президентом

presidium президиум

pressure давление; принуждение ◇ under ~ of natural force под действием сил природы; under ~ of physical force под физическим принуждением

prestation право ангарии

presumably предположительно, по презумпции

presume презюмировать

presumed презюмируемый

conclusively ~ неопровержимо презюмируемый

presumption 1. презумпция 2. самонадеянность ◇ ~ at common law презумпция по общему праву; ~ by statute презумпция по статутному праву; ~ in equity презумпция по праву справедливости; ~ in law правовая презумпция

~ of access (опровержимая) презумпция половых сношений между супругами

~ of capacity презумпция дееспособности; презумпция (психической) способности совершить преступление

~ of constitutionality презумпция конституционности (закона)

~ of fact фактическая презумпция

~ of guilt презумпция виновности

~ of incapability презумпция (психической) неспособности совершить преступление

~ of incapacity презумпция недееспособности; презумпция (психической) неспособности совершить преступление

~ of innocence презумпция невиновности

~ of insanity презумпция невменяемости

~ of law правовая презумпция

~ of lawful origin презумпция законности происхождения

~ of sanity презумпция вменяемости

absolute ~ неопровержимая презумпция

artificial ~ правовая презумпция

compelling [conclusive] ~ неопровержимая презумпция

conflicting ~s коллидирующие презумпции

criminal ~ преступная самонадеянность

disputable ~ опровержимая презумпция

equitable ~ презумпция по праву справедливости

factual ~ фактическая презумпция

fictitious ~ неопровержимая презумпция

great [heavy] ~ обоснованная презумпция

inconclusive ~ опровержимая презумпция

irrebuttable [irrefutable] ~ неопровержимая презумпция

legal ~ правовая презумпция

probable ~ правдоподобная презумпция, опровержимая презумпция

provisional ~ предварительная презумпция

rebuttable [refutable] ~ опровержимая презумпция

«res ipsa loquitur» ~ презумпция, вытекающая из сущности вещей

statutory ~ презумпция на основе норм статутного права

strong ~ твёрдая, обоснованная презумпция

violent ~ окончательная презумпция (доказанность факта, определяющаяся доказанностью обстоятельств, необходимо с ним связанных)

presumptiously 1. презумптивно 2. самонадеянно

presumptive презюмируемый

presumptuous 1. презумптивный 2. самонадеянный

pretence притворство, обман ◇ by false ~s путём обмана; мошенническим путём, мошеннически; in ~ под предлогом; obtaining property by false ~s мошенничество; to obtain (property) by false ~s обратить чужое имущество в свою собственность путём обмана, совершить мошенничество; under ~ под предлогом; under the ~ of right под предлогом имеющегося права

~ of right видимость имеющегося права

false [fraudulent] ~ создание заведомо неправильного представления о факте с намерением обмануть; ложь, обман; мошеннический обман

pretend 1. претендовать 2. симулировать; выдавать себя за кого-л. ◇ to ~ falsely создавать заведомо неправильное представление о факте с намерением обмануть

pretender 1. претендент 2. симулянт

pretention претензия; притязание; заявление прав на что-л.

preterlegal неправомочный, незаконный

pre-term досрочный

pretext предлог, отговорка

pre-trial досудебный

prevail 1. существовать; действовать 2. преобладать; иметь преимущественную силу

prevalence преобладание; преимущественная сила

prevaricate 1. совершать злоупотребления по службе; совершать служебные проступки 2. вступать в незаконные сделки; уст. сговариваться с противной стороной (об адвокате); сговариваться с обвиняемым (о лице, подавшем заявление об обвинении)

prevarication 1. служебное злоупотребление; служебный проступок 2. уст. сговор адвоката с противной стороной; сговор лица, подавшего заявление об обвинении, с обвиняемым

prevent предотвращать, предупреждать, превентировать ◇ to ~ a crime [an offence] предотвратить совершение преступления prevented предотвращённый, предупреждённый

preventing предотвращающий, предупреждающий, превентивный, превентирующий

prevention предотвращение, предупреждение, превенция

~ of crime предотвращение совершения преступления

~ of wrong предупреждение правонарушения; предотвращение (причинения) вреда

accident ~ 1. техника безопасности 2. предупреждение несчастных случаев

community delinquency ~ превенция делинквентности средствами общины

correctional [corrective] ~ исправительная превенция

crime ~ предотвращение совершения преступления; превенция, предупреждение преступности

delinquency ~ превенция делинквентности

delinquent ~ предупредительные меры в отношении делинквента

general ~ общее предупреждение, общая превенция

judicial ~ судебная превенция

mechanical ~ механическое препятствование (совершению преступлений и актов делинквентности с помощью запоров, технических приспособлений и т.п.)

police ~ полицейская превенция

punitive ~ карательная превенция, превенция угрозой и применением наказаний

social ~ социальная превенция

special ~ специальное предупреждение, специальная превенция

preventive предупредительный, превентивный

preventively превентивно, в качестве превентивной меры

previous предшествующий; прежний; существовавший или возникший ранее; совершённый ранее; предварительный

price цена

~ of subscription подписная цена

agreed ~ условленная цена; согласованная цена

contract(ual) ~ договорная цена

contracting ~ договорная цена; подрядная цена

current ~ существующая цена

fixed ~ фиксированная цена

going ~ существующая цена

market ~ рыночная цена

prevailing ~ существующая цена

purchase ~ покупная цена

retail ~ розничная цена

ruling ~ существующая цена

sale ~ продажная цена

wholesale ~ оптовая цена

price-fixer лицо, фиксирующее цены

price-fixing фиксирование цен (разновидность беловоротничкового преступления)

hard-core ~ злостное фиксирование цен

priest священник

primacy 1. первенство; примат 2. сан архиепископа

prima facie лат. прежде всего, с первого взгляда; первоначально; предположительно; судя по имеющимся данным, доказательствам; в порядке опровержимой презумпции; поскольку не будет опровергнуто надлежащими доказательствами, при отсутствии доказательств в пользу противного; если не явствует иного намерения

primage гратификация, надбавка к фрахту (за пользование грузовыми устройствами судна)

primar/y 1. предварительный; первый по хронологии 2. главный 3. амер. pl праймериз (1. выборы делегатов на партийный съезд 2. выборы кандидатов для баллотировки на всеобщих выборах)

direct ~ies прямые выборы делегатов на партийный съезд (непосредственно избирателями, принадлежащими к данной партии)

nominating ~ies выборы кандидатов для баллотировки на всеобщих выборах

presidential ~ies выдвижение кандидатов в президенты для баллотировки корпусом выборщиков

prime 1. главный, основной, первый 2. первоначальный 3. инструктировать

prime-minister премьер-министр

prime-ministership должность премьер-министра

primogeniture 1. первородство 2. майорат, переход наследства к старшему сыну

prince суверен; государь; князь; принц

crown ~ наследный принц, наследник престола

foreign ~ суверен иностранного государства

Prince ◇ ~ Consort принц-консорт, принц-супруг; ~ Regent принц-регент; ~ Royal наследный принц; старший сын короля

~ of Wales принц Уэльский (наследник английского престола)

princess принцесса; княгиня; княжна

Princess ◇ ~ Royal старшая дочь английского короля, «принцесса-цесаревна»

principal 1. принципал, доверитель 2. хозяин; директор (школы) 3. основной должник (в отличие от поручителя) 4. главная вещь (в отличие от принадлежности) 5. основная сумма (в отличие от процентов) 6. капитал (в отличие от доходов на капитал) 7. исполнитель преступления 8. основной участник, основная сторона 9. основное содержание 10. главный, основной ◇ ~ in the case главная сторона по делу; ~ in the first degree исполнитель преступления первой степени (лицо, совершающее преступление само или при посредстве невиновного агента); ~ in the second degree исполнитель преступления второй степени (лицо, пособничающее преступлению или подстрекающее к нему на месте его совершения); ~s to the contract непосредственные участники договора

~ of the claim существо патентных притязаний, существо изобретения

disclosed [named] ~ названный, поименованный принципал

foreign ~ принципал-гражданин иностранного государства

undisclosed [unnamed] ~ неназванный принципал

principality княжество

Principality Уэльс

principle принцип; доктрина; правило; норма

~ of legality принцип законности

coercive ~ принцип принуждения

consensus ~ принцип консенсуса

equidistance ~ принцип равноотстояния

first-to-invent ~ «принцип первого изобретателя», право первого изобретателя на получение патента

generally recognized ~s общепризнанные принципы

nationality ~ принцип гражданства

neighbour ~ принцип заботы о ближнем

«open door» ~ принцип «открытых дверей»

territorial ~ принцип территориальности

unanimity ~ принцип единогласия, принцип консенсуса

print:

indecent [obscene] ~s порнографические снимки

prior 1. предшествующий; предварительный 2. преимущественный; привилегированный

priorit/y 1. приоритет; первенство; старшинство; преимущество; преимущественное право 2. очерёдность; первоочерёдность 3. *пат.* дата приоритета

~ of creditors очерёдность удовлетворения требований кредиторов

~ of invention приоритет изобретения

convention ~ *пат.* конвенционный приоритет

domestic ~ *пат.* внутренний приоритет

exhibition ~ *пат.* выставочный приоритет

first ~ первоочерёдность

legislative ~ies законодательные приоритеты, приоритеты в законодательстве

Paris Convention ~ льготный приоритет, предусмотренный Парижской конвенцией об охране промышленной собственности, конвенционный приоритет

top ~ внеочерёдность; первоочередное преимущественное право

prison тюрьма *(долгосрочного заключения)* ◇ to land in ~ водворять в тюрьму

adult ~ тюрьма для совершеннолетних заключённых

cellular ~ тюрьма, построенная по системе камер

central training ~ *англ.* центральная тюрьма исправительного перевоспитания

city ~ городская тюрьма

closed ~ тюрьма закрытого типа *(в Великобритании)*

conventional ~ тюрьма обычного типа *(общего режима)*

convict ~ тюрьма для осуждённых преступников

debtor's ~ долговая тюрьма

federal ~ *амер.* федеральная тюрьма

female ~ женская тюрьма

fenced-in ~ огороженная тюрьма

fortress ~ тюремная крепость

humane ~ тюрьма, функционирующая на гуманных началах

industrial ~ «промышленная тюрьма», тюрьма, где заключённые работают в цехах, мастерских

local ~ *англ.* местная тюрьма

long-term ~ тюрьма долгосрочного заключения

male ~ мужская тюрьма

maximum-security ~ *англ.* тюрьма с максимальной изоляцией заключённых

medium-security ~ *англ.* тюрьма со средней степенью изоляции заключённых

minimum-security ~ *англ.* тюрьма с минимальной изоляцией заключённых

open ~ *англ.* тюрьма открытого типа *(неохраняемая)*

ordinary ~ обычная тюрьма *(общего режима)*

overcrowded ~ переполненная тюрьма

provost ~ военная тюрьма

receiving ~ тюремный распределитель, пересыльная тюрьма

regional training ~ региональная тюрьма исправительного перевоспитания

remand ~ тюрьма предварительного заключения; следственная тюрьма

state ~ тюрьма штата

training ~ *англ.* тюрьма исправительного перевоспитания

transit ~ пересыльная тюрьма

walled ~ тюрьма, обнесённая стенами

wired ~ тюрьма, обнесённая колючей проволокой

youth ~ тюрьма для заключённых молодого возраста

prison-breaking побег из тюрьмы *(с преодолением физического препятствия)*

prisoner заключённый; лицо, находящееся под стражей; арестованный; обвиняемый, содержащийся под стражей; *воен.* арестованный, содержащийся на гауптвахте ◇ ~ at large *воен.* арестованный без содержания на гауптвахте; ~ at the bar обвиняемый; ~ in the dock подсудимый; ~ on bail обвиняемый, отпущенный (из-под стражи) на поруки; ~ on trial подсудимый; to take ~ 1. заключать под стражу 2. брать в плен

~ of conscience «узник совести»; политический заключённый

~ of the military военнопленный

~ of war военнопленный

army ~ военнопленный

civil ~ заключённый, содержащийся в тюрьме в порядке исполнения судебного решения по гражданскому делу

close ~ особо охраняемый заключённый; лицо, содержащееся в одиночном заключении

conforming ~ заключённый, подчиняющийся требованиям администрации conventional ~ обычный заключённый

court ~ заключённый, числящийся за судом

court-martial ~ заключённый, числящийся за военным судом

crown ~ *англ.* лицо, находящееся в заключении по уголовному делу

discharged ~ заключённый, освобождённый из-под стражи

eligible ~ заключённый, удовлетворяющий требованиям, необходимым для условно-досрочного освобождения

escaped ~ заключённый, бежавший *или* незаконно освобождённый из-под стражи

federal ~ *амер.* 1. заключённый федеральной тюрьмы 2. содержащийся под стражей обвиняемый по нормам федерального уголовного права

fellow ~ созаключённый *или* содержащийся под стражей сообвиняемый

felony ~ 1. обвиняемый в фелонии, содержащийся под стражей 2. лицо, отбывающее тюремное заключение за фелонию

garrison ~ *воен.* арестованный в дисциплинарном порядке

highly litigious ~ заключённый *или* содержащийся под стражей обвиняемый, активно защищающий свои права в судебном порядке

honour ~ почётный *(содержащийся на льготном режиме)* заключённый

indigent ~ неплатёжеспособный обвиняемый, заключённый под стражу

jail ~ *амер.* заключённый местной тюрьмы

life-sentence ~ приговорённый к пожизненному тюремному заключению

life-term ~ пожизненно заключённый

long-sentence [long-term] ~ осуждённый, отбывающий долгосрочное тюремное заключение

misdemeanant ~ 1. отбывающий тюремное заключение за мисдиминор 2. обвиняемый в мисдиминоре, заключённый под стражу

non-conforming ~ заключённый, не подчиняющийся требованиям администрации

non-criminal ~ заключённый, содержащийся в тюрьме в порядке исполнения судебного решения по гражданскому делу

political ~ политический заключённый

refractory ~ заключённый, не подчиняющийся тюремным правилам *или* участвующий в тюремных беспорядках

remand ~ лицо, содержащееся в предварительном заключении

secure ~ надёжно охраняемый заключённый

short-sentence [short-term] ~ осуждённый, отбывающий краткосрочное тюремное заключение

star ~ *англ.* заключённый класса «звезда» *(привилегированная категория заключённых)*

state ~ 1. политический заключённый 2. заключённый тюрьмы штата 3. содержащийся под стражей обвиняемый по нормам уголовного права штата

tried ~ заключённый по делу, рассмотренному судом

untried ~ заключённый по делу, не рассмотренному судом; обвиняемый, содержащийся под стражей

violent ~ заключённый, совершающий в тюрьме акты насилия

woman ~ заключённая

prisoner-student заключённый, учащийся в тюремной школе

prison-keeper тюремщик

prisonmate заключённый тюрьмы

prisonous тюремный

privacy 1. тайна, секретность, конфиденциальность 2. частная жизнь, интимность личной жизни, интимная сфера; прайвеси, неприкосновенность частной жизни

~ of correspondence тайна переписки

~ of letters тайна переписки

marital ~ интимность супружества; неприкосновенность личной жизни супругов

personal ~ неприкосновенность личной жизни

presidential ~ конфиденциальность *(определённых видов)* деятельности президента

royal ~ неприкосновенность частной жизни царствующей особы, королевской семьи, членов королевского дома

private 1. частный 2. неофициальный 3. конфиденциальный 4. закрытый *(о заседаниях)* ◇ in ~ при закрытых дверях

privateer *ист.* капер

privateering *ист.* каперство

privately 1. в частном порядке; конфиденциально; неофициально 2. в закрытом порядке

privately-owned находящийся в частной собственности, частный

privilege 1. привилегия ‖ давать привилегию 2. преимущественное, привилегированное право 3. изъятие; иммунитет; неприкосновенность 4. приоритет *(при установлении очерёдности обсуждения вопросов)* ◇ ~ against self-incrimination привилегия против самообвинения; ~s annexed to royalty привилегии, присвоенные членам королевского дома

~ of confidentiality привилегия на конфиденциальность *(право не разглашать конфиденциальную информацию)*

~ of court привилегия обращения в суд

~ of parliament парламентские привилегии членов парламента; депутатская неприкосновенность

~ of sanctuary право убежища

~ of witness свидетельский иммунитет *(право свидетеля на отказ от дачи показаний)*

absolute ~ 1. абсолютная привилегия 2. абсолютный иммунитет

advice ~ право не разглашать содержание полученной консультации

ambassador's ~ посольский иммунитет

attorney-client ~ право атторнея *(адвоката)* не разглашать информацию, полученную от клиента constitutional ~ 1. конституционная привилегия 2. конституционный иммунитет

corporate ~ права юридического лица

crown ~ 1. привилегия короны 2. привилегия, дарованная короной 3. неприкосновенность царствующей особы

diplomatic ~ дипломатический иммунитет

discretionary ~ дискреционное право

evidentiary ~ право на отказ от дачи показаний *или* представления доказательств

executive ~ привилегия исполнительной власти *(право президента или губернатора и чиновников не представлять в суд или в легислатуру имеющуюся у них конфиденциальную информацию официального характера)*

franking ~ право франкирования писем

governmental [Government's] ~ *англ.* правительственная привилегия *(право правительственных лиц и органов не раскрывать государственную или служебную тайну)*

hereditary ~ наследственная привилегия

home leave ~ привилегия «отпуска домой» *(для заключённых)*

information ~ право не разглашать (разведывательную) информацию

joint ~ привилегия на отказ от дачи показаний при отсутствии согласия на то обеих сторон

judicial ~ судебная привилегия *(право судей, присяжных, членов большого жюри не раскрывать перед судом информацию, полученную ими друг от друга)*

legal ~ 1. юридическая привилегия; привилегия по закону 2. правовой иммунитет

legal professional ~ привилегия на сохранение адвокатской тайны

litigant's ~ привилегия стороны в процессе *(на отказ от дачи показаний, представления доказательств и т.п.)*

marital ~ брачная привилегия *(на отказ отвечать в суде на вопросы о сообщённой супругом информации или о половых сношениях с супругом)*

native ~ привилегия по рождению, особое право по рождению

personal ~ личная привилегия *(не наследственная и не распространяющаяся на потомство)*

physician-patient ~ привилегия на сохранение врачебной тайны

political ~ политическая привилегия *(право правительственных чиновников не разглашать имеющуюся у них информацию официального характера)*

professional ~ привилегия на сохранение профессиональной тайны

qualified ~ привилегия *или* иммунитет под условием соответствия лица установленным требованиям

self-incrimination ~ привилегия против самообвинения

social ~ социальная привилегия *(право не разглашать конфиденциальную информацию личного или общественного характера)*

tax ~ налоговая льгота

testimonial ~ свидетельский иммунитет *(право свидетеля на отказ от дачи показаний)*

trial ~ привилегия подсудимого *(право подсудимого на отказ от дачи показаний и отсутствие у него обязанности давать правдивые показания)*

vacation ~ право на *(оплачиваемый)* отпуск

voting ~ право на участие в голосовании

privileged привилегированный, преимущественный; связанный с депутатской *или* дипломатической неприкосновенностью; находящийся под защитой привилегии ◇ ~ from answering questions защищённый привилегией от обязанности отвечать на вопросы; ~ from production защищённый привилегией от обязанности представлять сведения *или* доказательства

privity 1. имущественные отношения *(основанные на договоре, правопреемстве и других личных отношениях)* 2. осведомлённость; согласие; соучастие 3. наличие общего интереса, общность интересов ◇ in ~ в соучастии

~ of blood общий имущественный интерес, связанный с наследованием

~ of contract 1. договорные отношения, договорная связь; общий договорный интерес 2. частный характер договорной связи

~ of estate имущественная связь; общий имущественный интерес

privy 1. участник; заинтересованное лицо; лицо, имеющее общий с *кем-л.* интерес 2. частный; тайный, конфиденциальный ◇ ~ in blood находящийся в кровном родстве; ~ in estate связанный имущественным правоотношением; ~ in law находящийся в необходимой юридической корреляции *(напр. завещатель и душеприказчик или лицо, умершее без завещания, и администратор наследства)*

prize морской приз; призовое судно; призовое имущество

~ of war военный приз

maritime [sea] ~ морской приз

pro *лат.* для, ради, за; довод *или* голос «за» ◇ ~ and con за и против *(о представленных доказательствах, аргументации и т.д. обеих сторон)*; ~s and cons доводы «за и против»; ~s and contras доводы *(или* голоса*)* «за и против»; ~ forma *лат.* ради формы; ~ tempore *лат.* временно; в данное время

probability вероятность

~ of guilt вероятность вины

reasonable ~ достаточная вероятность

probacy доказательство

probate 1. доказывание завещания; доказательство подлинности завещания 2. утверждение завещания ‖ утверждать завещание 3. заверенная копия завещания 4. *амер.* дело, подведомственное суду по делам о наследствах

~ of wills утверждение завещаний

probation 1. доказательство; доказывание 2.

испытание 3. пробация, система испытания (*вид условного осуждения*) 4. стажирование ◇ on ~ (*находящийся*) на пробации
supervised ~ надзираемая пробация
suspended ~ пробация, отложенная исполнением
unsupervised ~ ненадзираемая пробация

probationary пробационный, испытательный (*режим, срок*)

probationer 1. лицо, отбывающее пробацию 2. лицо, назначенное на должность с испытательным сроком

probative доказательный, доказывающий

probe исследование; расследование || исследовать; расследовать

prober исследователь; *редк.* следователь

procedendo *лат.* 1. приказ о возвращении дела на рассмотрение нижестоящего суда 2. приказ нижестоящему суду о продолжении производства и вынесении решения 3. приказ о возобновлении полномочий мирового судьи ◇ ~ ad judicium *лат.* приказ нижестоящему суду о продолжении производства и вынесении решения

procedural процедурный; процессуальный

procedure процедура; порядок; производство дел; судопроизводство; процессуальные нормы; процесс ◇ ~ for opposition *пат.* производство по возражению; ~ in bankruptcy конкурсное производство; ~ laid down установленная процедура; ~ on appeal делопроизводство по апелляции; ~ on execution делопроизводство по исполнению; ~ under Order XIV производство в соответствии с разделом XIV (*правил судопроизводства Верховного суда Англии*), упрощённое производство; ~ upon prosecution обвинительное производство
~ of customs таможенная процедура
accounting ~ бухгалтерско-ревизионное производство
administrative ~ административная процедура; административный порядок; административное производство; административный процесс
amendatory ~ порядок внесения поправок
appeal [appellate] ~ производство по апелляции
at-trial ~ процедура судебного разбирательства; судопроизводство; судебный процесс
authorisation ~ процедура легализации
civil ~ гражданский процесс, гражданское судопроизводство; гражданско-процессуальное право
civil-commitment ~ *ист.* гражданско-правовая процедура взятия под стражу
code [codified] ~ кодифицированная процедура
common law ~ судопроизводство по нормам общего права
compact ~ ускоренная процедура, «компактная» процедура
congressional ~ регламент конгресса

counsel-triggered ~ процессуальное действие по инициативе адвоката
court ~ судопроизводство
criminal ~ уголовный процесс; уголовное судопроизводство; уголовно-процессуальное право
criminal-commitment ~ уголовно-процессуальный порядок заключения под стражу
defendant-triggered ~ процессуальное действие по инициативе ответчика *или* подсудимого
emergency ~ чрезвычайная, срочная процедура
enforcement ~ процедура правоприменения; *амер.* процедура полицейского правоприменения
examination ~ 1. процедура рассмотрения 2. процедура допроса, опроса
extrajudicial ~ внесудебный порядок
fine and recovery ~ процедура взыскания штрафа
formal ~ официальная процедура
grievance ~ порядок рассмотрения жалоб
informal ~ неофициальная процедура
initiative ~ процедура законодательной инициативы
intake ~ процедура приёма (*поступившего заключённого*)
investigative ~ следственная процедура; следственное производство
judicial ~ судебная процедура; судопроизводство; правила, порядок судопроизводства
jurisdictional ~ процедура определения юрисдикции
law enforcement ~ 1. процедура правоприменения; *амер.* процедура полицейского правоприменения 2. *амер.* правила полицейского делопроизводства
legal ~ судопроизводство
litigious ~ процедура судебного разбирательства
ministerial ~ административная процедура
nullity ~ процедура аннулирования
opposition ~ *пат.* процедура опротестования (и рассмотрения протеста)
parliamentary ~ *англ.* парламентская процедура
patent granting ~ процедура выдачи патента
police ~ правила полицейского делопроизводства
postconviction ~ судопроизводство после осуждения
post-trial ~ судопроизводство после рассмотрения дела по существу
pre-arraignment ~ производство по делу до предъявления обвинения
pre-sentencing ~ судопроизводство перед вынесением приговора
pre-trial ~ совещание суда с адвокатами сторон (*процедура, непосредственно предшествующая рассмотрению дела по существу в судебном заседании*)
prosecution-triggered ~ процессуальное действие по инициативе обвинения

sentencing ~ процедура вынесения приговора

special ~ особая процедура

statutory ~ процедура на основе статута

summary ~ упрощённое [суммарное] производство

third party ~ привлечение третьего лица (к участию в процессе)

trial ~ процедура рассмотрения дела по существу

verdict ~ процедура вынесения вердикта

voting ~ процедура голосования

waiting-list ~ процедура занесения в список заключённых, ожидающих направления в места лишения свободы

waiver ~ процедура заявления и рассмотрения отказа от процессуальных прав

proceed осуществлять процессуальные действия ◇ to ~ criminally преследовать в уголовном порядке; to ~ pro se участвовать в судебном процессе самостоятельно, без адвоката; to ~ with prosecution добиваться судебного преследования

proceeding(s) 1. иск, обращение за судебной помощью 2. процессуальное действие 3. рассмотрение дела в суде, судебное разбирательство, судебная процедура, производство по делу, судопроизводство, процесс 4. судебное преследование ◇ ~ at law судопроизводство; ~ in bankruptcy конкурсное производство; ~ in camera [in chambers] действия суда вне судебного заседания, заседание в судейской комнате; ~ in civil causes гражданское судопроизводство; ~ in enforcement of law процесс правоприменения; ~ in error производство по жалобе на неправильно вынесенное судебное решение; ~ in open court открытое судебное заседание; ~ in personam судопроизводство по иску против лица, по обязательственному иску; ~ in rem судопроизводство по вещному иску; ~ in revision производство по пересмотру дела; ~ on ex parte application бесспорное производство по заявлению стороны; ~ publicly heard гласный судебный процесс; to follow ~ in absentia быть заочно судимым; to follow ~ in court предстать перед судом (в качестве подсудимого); to take criminal ~ возбудить уголовное преследование

action ~ исковое производство; рассмотрение иска

administrative ~ административное производство

admiralty ~ судопроизводство по морским делам

adversary ~ судопроизводство по спору между сторонами; состязательный процесс

affiliation ~ рассмотрение дела об установлении отцовства

affirmative ~ производство по делу об установлении факта, установительное производство

ancillary ~ дополнительное, вспомогательное производство

appeal [appellate] ~ апелляционное производство

arbitration ~ арбитражный процесс

bankruptcy ~ конкурсное производство, производство по делам о банкротстве

bastardy ~ рассмотрение дела об установлении отцовства

caption ~ производство в связи с задержанием, арестом

captioned ~ приостановленное производство

civil ~ гражданское производство

collateral ~ дополнительное, вспомогательное производство

compulsory ~ пат. процедура выдачи принудительной лицензии

condemnation ~ принудительное отчуждение

congressional ~ делопроизводство в конгрессе

contested ~ оспоренное производство

contested reissue ~ рассмотрение заявки на выдачу переизданного или исправленного патента, в ходе которого третье лицо возбудило протест

criminal ~ уголовное судопроизводство

denaturalization ~ процедура лишения гражданства

disbarment ~ процедура лишения права адвокатской практики

disciplinary ~ дисциплинарное производство

docketing ~ занесение в список дел к слушанию

domestic ~ семейные дела, производство по семейным делам

eminent domain ~ 1. процедура осуществления права государства на принудительное отчуждение частной собственности 2. судопроизводство по иску о неправомерности принудительного отчуждения государством частной собственности

enforcement ~ процедура правоприменения

ex parte ~ судопроизводство при наличии одной стороны (а не по спору между сторонами)

fabulous [fictitious] ~ фиктивный иск

forfeiture ~ 1. процедура конфискации 2. судопроизводство по иску о (неправомерной) конфискации

habeas corpus ~ производство в порядке habeas corpus

intake ~ процедура приёма (поступившего заключённого)

interference ~ коллизионная процедура, производство по делу о столкновении патентных притязаний

interlocutory ~ промежуточное производство (до начала рассмотрения гражданского иска в судебном заседании, в основном обмен состязательными бумагами)

inter partes ~ производство по спору между сторонами

interpleader ~ производство в целях определения прав третьих лиц на спорную вещь

irregular ~ судопроизводство в нарушение процессуальных норм

judicial ~ 1. судопроизводство 2. судебный процесс

law ~ судебный процесс

legal ~ судопроизводство; процессуальные действия

legislative ~ 1. законодательный процесс, законодательная процедура 2. протоколы (заседаний) законодательного органа

liquidation ~ процедура ликвидации (напр. фирмы)

litigation ~ процедура судебного разбирательства, тяжба

mandamus ~ рассмотрение вопроса об издании судебного приказа должностному лицу о выполнении требования истца

naturalization ~ процедура натурализации

non-criminal ~ производство неуголовного характера

opposition ~ пат. производство по протесту, по возражениям

oral ~ устное производство

outlawry ~ рассмотрение вопроса об объявлении вне закона

parliamentary ~ англ. парламентское делопроизводство

patent office ~ производство в патентном ведомстве, патентное делопроизводство

pending ~ иск на рассмотрении суда

plenary ~ ординарное производство (в отличие от суммарного)

police ~ полицейское производство

preliminary [pretrial] ~ предварительное судебное рассмотрение дела

principal ~ рассмотрение предмета спора

prior ~ производство по делу, имевшее место ранее

prize ~ призовое судопроизводство

probate ~ производство по делам о наследствах и завещаниях

public ~ открытое судебное разбирательство

punitive ~ уголовное судопроизводство

quo warranto ~ производство по выяснению правомерности претензий на должность, привилегию или право

receivership ~ рассмотрение вопроса о назначении управляющего имуществом банкрота или имуществом, являющимся предметом судебного спора

regular ~ законная процедура

regulatory ~ амер. регулятивное производство

remedial ~ рассмотрение вопроса о предоставлении судебной защиты

removal ~ производство по вопросу о передаче дела в другую юрисдикцию

removed ~ производство, переданное в другой суд

rendition ~ вынесение судебного решения, вердикта

return ~ вынесение вердикта

review ~ надзорное производство

special ~ особое производство

streamlined ~ упрощённая, ускоренная процедура

subordinate ~ судопроизводство по подчинённому вопросу

subsequent ~ последующее производство

summary ~ суммарное, упрощённое производство

summary judg(e)ment ~ вынесение судебного решения в суммарном порядке

supplementary ~ дополнительное производство

third party ~ привлечение третьего лица (к участию в процессе)

vexatious ~ недобросовестно возбуждённое судебное дело (с целью досадить)

written ~ письменное производство

proceeds доход; выручка ◇ **~ from property** доход от имущества

after-tax ~ сумма выручки после уплаты налога

process 1. приказ суда, особ. приказ о вызове в суд 2. процедура; порядок; производство дел; судопроизводство; процессуальные нормы; судебный процесс ‖ начинать процесс; возбуждать обвинение; преследовать в судебном порядке 3. копия производства по делу (направляемая в вышестоящую инстанцию) 4. оформлять (документы) ◇ **~ in practice** судебный приказ, изданный в процессе производства по делу; **to ~ a case** начинать дело; возбуждать обвинение; преследовать в судебном порядке; **to ~ a charge** возбуждать обвинение; **to ~ a patent application** рассматривать, подвергать экспертизе заявку на патент; **~ to compel appearance** судебный приказ о явке обвиняемого в суд; **to ~ documents** оформлять документы

~ of execution приказ суда об исполнении судебного решения; исполнительный судебный приказ

~ of law правовая процедура

~ of prosecution протоколы обвинения

~ of the court 1. судебный приказ 2. судопроизводство 3. протокол судебного производства (направляемый в вышестоящую судебную инстанцию)

adjudicatory ~ судебный или административный процесс

amendable ~ исправимая копия производства по делу

amending ~ процедура внесения поправок

appeal(s) [appellate] ~ 1. апелляционное производство 2. судебный приказ о рассмотрении апелляции

arrest ~ приказ суда об аресте

bastardy ~ производство по взысканию алиментов на содержание внебрачного ребёнка

civil ~ 1. приказ суда по гражданскому делу 2. гражданский процесс; преследование в гражданском порядке 3. копия производства по гражданскому делу

compulsory ~ принудительный привод в суд

constitutional ~ конституционная процедура

court ~es протоколы суда

correctional ~ исправительный процесс

criminal ~ 1. приказ суда по уголовному делу

2. уголовный процесс; уголовное судопроизводство; уголовное преследование 3. копия производства по уголовному делу

criminal justice ~ уголовное судопроизводство

due ~ of law надлежащая правовая процедура (*конституционный принцип рассмотрения дела с соблюдением норм процессуального и материального права*)

enforcement ~ процесс правоприменения; процесс законоприменения

entrance ~ судебный приказ о праве на въезд; судебный приказ о праве доступа

executory ~ производство по исполнению судебного решения, исполнительное производство

extradition ~ судебный приказ о выдаче преступника

final ~ исполнительный приказ суда

follow-up ~ 1. последующий приказ суда 2. последующая процедура

forged ~ 1. подложный судебный приказ 2. фальсифицированный судебный процесс 3. фальсифицированная копия производства по делу

intermediate [intervening] ~ 1. промежуточный судебный приказ (*особ. изданный в ходе судопроизводства приказ о вызове в суд*) 2. промежуточное судебное производство, частное производство

investigation ~ процесс расследования

judicial ~ 1. судебная процедура, процессуальные действия суда 2. приказ о вызове в суд, судебная повестка

jury ~ призыв присяжных к отправлению их функций, созыв присяжных

juvenile ~ производство по делу несовершеннолетнего, процесс в суде по делам несовершеннолетних

law enforcement ~ процесс правоприменения, процесс законоприменения; *амер.* процесс полицейского правоприменения

lawful ~ 1. законно изданный судебный приказ 2. процесс отправления правосудия

legal ~ 1. юридический процесс 2. судебный приказ

legal-correctional ~ исправительный процесс на основе решения суда

legislative ~ законодательный процесс; процесс законотворчества; законодательная процедура

mesne ~ 1. промежуточный судебный приказ, судебный приказ в ходе судопроизводства по делу 2. промежуточное судебное производство, частное производство

nominating ~ процедура выдвижения кандидатов

original ~ начальный судебный приказ, судебный приказ о явке ответчика в суд

procedural due ~ of law процедура рассмотрения дела с надлежащим соблюдением норм процессуального права

regular ~ надлежащий судебный приказ

regulatory ~ 1. приказ регулятивного органа 2. регулятивное производство

remedial ~ процедура предоставления судебной защиты

review ~ процедура пересмотра вынесенного (судебного) решения

statutory ~ 1. процесс издания статутов (*законов*) 2. судебный приказ на основе статута

substantive due ~ of law процедура рассмотрения дела с надлежащим соблюдением норм материального права

trustee ~ наложение ареста на имущество должника у третьего лица *или* на суммы, причитающиеся должнику с третьего лица

verbal ~ протокол

process-server должностное лицо ведомства шерифа с исполнительными функциями (*вручение приказов о вызове в суд и т.п.*)

procès-verbal *фр.* протокол

proclaim объявлять; провозглашать; декларировать; промульгировать; обнародовать

proclamation объявление; воззвание; провозглашение; прокламация; декларация; промульгация; обнародование

~ of hostilities объявление состояния войны

~ of neutrality объявление нейтралитета

proctor проктор; поверенный, адвокат (*особ. в морских, церковных судах, судах по наследственным делам*)

Proctor:

King's [Queen's] ~ адвокат по делам короны

procuracy 1. доверенность, полномочие 2. функции доверенного, уполномоченного

procuration 1. полномочие, доверенность; ведение дел по доверенности 2. сводничество ◇

per ~ по доверенности

~ of women сводничество

joint ~ коллективное полномочие

procurator поверенный

procure приобретать; добиваться ◇ **to ~ a conviction** добиваться осуждения; **to ~ a crime** 1. добиваться совершения преступления (*другим лицом*) 2. способствовать совершению преступления; **to ~ a loan** получить заём; добиваться займа; **to ~ a marriage** добиваться заключения брака; способствовать бракосочетанию; **to ~ an arrest** добиваться ареста; **to ~ a witness** обеспечить явку свидетеля; **to ~ enlistment by misrepresentation** вербовать на военную службу с применением обмана; **to ~ evidence** добывать доказательства; добиваться показаний; **to ~ fraudulently** приобретать обманным путём; добиваться с применением обмана; **to ~ indecent prints** изготовлять порнографические снимки; **to ~ one's own abortion** сделать самоаборт; **to ~ prostitution** склонять к занятию проституцией; **to ~ testimony** отобрать свидетельские показания; добиваться свидетельских показаний

procurement 1. приобретение 2. способствование, содействие

procurer сводник

procuress сводница

produce 1. производить **2.** предъявлять, представлять *(документ, доказательство и т.д.)* ◇ **to ~ an argument** представить довод; **to ~ a warrant** предъявить ордер *(на обыск, на арест и т.п.)*; **to ~ a witness** выставить свидетеля; **to ~ in court** предъявить суду, представить в суд; **to ~ in evidence** представить в качестве доказательства; **to ~ innocence** заявить о *(своей)* невиновности; **to ~ proof(s)** представить доказательства

producer 1. производитель **2.** предъявитель
film ~ кинопродюсер

product изделие, продукт
~ of mind произведение интеллектуального творчества
faulty ~ фальсифицированный продукт

production 1. производство **2.** предъявление, представление *(документа, доказательства и т.д.)* ◇ **~ in court** предъявление суду, представление в суд
~ of argument представление доводов
~ of evidence представление доказательств
~ of statement выступление с заявлением
~ of warrant предъявление ордера *(на обыск, на арест и т.п.)*
~ of witness выставление свидетелем
licensed ~ производство продукции по лицензии

profane 1. *церк.* богохульный **2.** профанировать, осквернять

profanity 1. *церк.* богохульство **2.** профанация

profession:
correctional ~ профессия работника исправительной системы; профессиональный работник исправительной системы
legal ~ юридическая профессия, профессия юриста; юристы; профессия адвоката; адвокатское сословие

proffer предъявлять, представлять *(документ в суд)*

profit прибыль; доход; польза; выгода
imaginary ~ предполагаемая прибыль *(страхуемая как надбавка к страховой стоимости)*
lost ~(s) упущенная выгода
mesne ~s «тем временем полученные доходы» *(доходы, полученные с недвижимости за время противоправного владения ею)*
violent ~s *шотл.* доходы, полученные с недвижимости за время противоправного владения ею

profiteer спекулянт ‖ спекулировать
profiteering спекуляция
progeny потомство
program(me):
correctional ~ программа исправительного воздействия
corrections ~ программа исправительных мероприятий *или* деятельности исправительных учреждений
community correctional ~ программа исправления в общине
diversionary ~ программа исправительного воспитания несовершеннолетнего делинквен-

та, выведенного из системы уголовной юстиции
legislative ~ законодательная программа

progress of case движение дела

prohibit запрещать

prohibiten *лат.* приказ отделения королевской скамьи Высокого суда правосудия нижестоящему суду, запрещающий назначать осуждённому наказание ввиду неправильного ведения судопроизводства

prohibition 1. запрещение; запрет **2.** приказ о запрещении производства по делу *(издаётся вышестоящим судом для предотвращения рассмотрения дела нижестоящей инстанцией)*, запретительный судебный приказ
absolute ~ полный запрет
antitrust ~ *амер.* запрещение объединяться в тресты
common-law ~ запрет по нормам общего права
constitutional ~ конституционный запрет
legislative ~ запрет, установленный законом
penal ~ уголовно-правовой запрет
statutory ~ запрет в законе

Prohibition *ист.* «сухой закон» *(поправка XVIII к конституции США)*

prohibitive запретительный, запрещающий
prohibitory см. prohibitive

prolicide убийство своего потомка; детоубийство

prolixity приведение излишних фактов *(в состязательных бумагах, при представлении доказательств)*

prolocutor ходатай, защитник

prolong продлевать срок, пролонгировать

prolongable подлежащий продлению, могущий быть продлённым, пролонгированным

prolongation продление срока, пролонгация

promiscuity промискуитет, беспорядочные половые сношения

promise обещание; договорная обязанность *(касающаяся будущих действий обязанного лица)* ‖ обещать; обязываться
conditional ~ обязанность, принятая на каких-л. условиях
gratuitous ~ см. naked promise
implied ~ подразумеваемая обязанность
naked ~ обязанность, принятая без встречного удовлетворения

promisee кредитор по договору

promisor должник по договору
joint ~s содолжники, должники, обязавшиеся вместе
joint and several ~s должники, обязанные вместе и порознь, солидарные должники
several ~s должники, обязавшиеся порознь

promissory заключающий в себе обязательство

promote 1. учреждать, основывать *(акционерное общество, компанию)* **2.** повышать в должности, производить в чин **3.** способствовать; содействовать ◇ **to ~ justice** содействовать укреплению справедливости, правосудия

promoter учредитель, основатель (*акционерного общества, компании*)

company ~ учредитель компании

criminal ~ лицо, содействующее совершению преступления

promotion 1. учреждение, основание (*акционерного общества, компании*) 2. повышение в должности, производство в чин

bunco ~ *разг.* повышение в должности *или* в чине в результате обмана

prompt 1. быстрый, немедленный, незамедлительный 2. подстрекать

promulgate промульгировать, обнародовать

promulgation промульгация, обнародование, опубликование (*закона*)

promulgator промульгатор

pronounce объявлять в формальном порядке; выносить (*решение*); высказывать (*мнение*), высказываться ◇ to ~ a judgement выносить судебное решение; объявлять приговор суда; to ~ a sentence выносить приговор, объявлять меру наказания; to ~ in the right of dispute *ист.* объявить победителем в судебном споре; to ~ on the law формулировать право; применять право, отправлять правосудие

pronouncement мнение, заключение; высказывание; объявление; вынесение (*решения*)

proof 1. доказательство, доказательства 2. доказывание 3. доказанность 4. судебное следствие; *шотл.* рассмотрение дела судьёй вместо суда присяжных 5. пробный оттиск, корректура ◇ ~ and hearing судебное следствие и выступления сторон; ~ beyond all reasonable doubt доказанность при полном отсутствии оснований для сомнения в ней; ~ beyond any reasonable doubt доказанность при отсутствии *какого-л.* основания для сомнения в ней; ~ beyond reasonable doubt доказанность при отсутствии обоснованного в ней сомнения (*критерий доказанности обвинения*); ~ by admission *см.* proof of admission 1., 2., 3.; ~ by affidavit 1. доказательство, полученное с помощью аффидевита 2. доказывание посредством аффидевита 3. установление факта с помощью аффидевита; ~ by circumstantial [indirect] evidence доказывание *или* доказанность косвенными доказательствами; ~ by confession *см.* proof of confession 1., 2., 3., 4.; ~ by direct evidence доказывание *или* доказанность прямыми доказательствами; ~ by evidence *см.* proof of evidence 1., 2., 3.; ~ by notoriety осведомлённость суда, судейская осведомлённость (*в отношении фактов, полагаемых известными суду без доказательств*); ~ by presumption доказывание по презумпции; ~ by testimony 1. доказывание посредством свидетельских показаний 2. доказанность свидетельскими показаниями; ~ from the contrary 1. доказательство от противного 2. доказывание от противного 3. доказанность от противного; ~ on a preponderance of probabilities доказанность наличием большей

вероятности (*критерий доказанности в гражданском процессе*); to develop ~ представить *или* получить доказательства; to take ~ получить доказательства; ~ to the contrary 1. доказательство противного 2. доказывание противного 3. доказанность противного

~ of admission 1. доказательство, полученное в результате признания факта 2. доказывание признанием факта 3. доказанность признанием факта 4. доказывание признания факта 5. доказанность признания факта

~ of attestation доказательства *или* доказывание характеристики личности

~ of confession 1. доказательство, полученное в результате признания вины 2. доказывание признанием вины 3. доказанность признанием вины 4. доказывание признания вины 5. доказанность признания вины

~ of consistency 1. доказательство взаимного соответствия показаний *или* заявлений 2. доказывание взаимного соответствия показаний *или* заявлений 3. доказанность взаимного соответствия показаний *или* заявлений

~ of evidence 1. доказывание свидетельскими показаниями 2. доказанность свидетельскими показаниями 3. доказанность свидетельских показаний 4. доказывание доказательственными фактами 5. доказанность доказательственных фактов

~ of fact 1. доказывание факта 2. доказанность факта 3. доказывание фактом 4. доказанность фактом

~ of official record 1. официальный документ как доказательство 2. доказанность официальным документом 3. доказывание действительности официального документа

~ of record 1. протокол как доказательство 2. доказанность протоколом 3. доказывание действительности протокола 4. запротоколированные доказательства

~ of witness свидетельские показания

affirmative ~ доказательства существования факта

affirmative ~ of loss доказательства причинения ущерба, основанные на установлении факта

categorical ~ 1. несомненное доказательство 2. несомненная доказанность

circular ~ довод, который сам нуждается в доказательстве

circumstantial ~ *см.* indirect proof

clear ~ 1. очевидные, ясные доказательства 2. очевидная доказанность

conclusive ~ окончательное доказательство

controvertible ~ опровержимые доказательства

conviction ~ 1. доказательства судимости 2. доказывание судимости 3. доказанность судимости

crucial [decisive] ~ решающее доказательство

direct ~ 1. прямое доказательство 2. доказывание с помощью прямых доказательств 3.

349

установление факта прямыми доказательствами

evident ~ 1. очевидные доказательства 2. очевидная доказанность

formal ~ 1. формальное доказательство 2. доказывание с помощью формальных доказательств 3. установление факта формальными доказательствами

foundation ~ 1. доказательства основания иска, обвинения 2. доказывание основания иска, обвинения 3. доказанность основания иска, обвинения

foundational ~ основательные, серьёзные доказательства

hard ~ веское доказательство

incontrovertible ~ неопровержимое доказательство

independent ~ самостоятельное доказательство

indirect ~ 1. косвенное доказательство 2. доказывание с помощью косвенных доказательств 3. установление факта косвенными доказательствами

indubitable ~ несомненное доказательство

infallible ~ неопровержимое доказательство

inferential ~ 1. доказательство, полученное в результате умозаключения 2. доказывание путём умозаключения 3. доказанность умозаключением

irrefutable ~ неопровержимое доказательство

judgement ~ доказательства, положенные в основу судебного решения

literal ~ 1. письменное доказательство 2. установление факта при помощи письменных доказательств

negative ~ доказательство от противного

positive ~ позитивное, прямое доказательство

presumptive ~ презумптивное, презюмируемое доказательство

relevant ~ доказательства, относящиеся к делу, к предмету доказывания по делу, релевантное доказательство

reliable ~ надёжные, достоверные доказательства

satisfactory ~ 1. достаточные доказательства 2. достаточная доказанность

substantial ~ существенное доказательство

testimonial ~ установление факта свидетельскими показаниями, свидетельское показание в качестве доказательства

uncontrovertible ~ неопровержимое доказательство

virtual ~ истинное доказательство

proofless бездоказательный, недоказанный

proof-proof равносильное контр-доказательство, доказательство против доказательства

propensit/y склонность, наклонности

criminal ~ преступные наклонности, склонность к совершению преступлений

fraudulent ~ склонность ко лжи, к обману, к совершению обманных действий

vicious ~ies порочные наклонности

proper 1. присущий; свойственный; собственный 2. правильный; должный; надлежащий

constitutionally ~ конституционно правильный

properly 1. надлежаще, надлежащим образом 2. собственно, в узком смысле слова

property 1. собственность; право собственности 2. объект права собственности, имущество, вещь 3. *ист.* владение *(территория, зависимая от метрополии)* ◇ ~ **forfeit to the state** имущество, конфискованное государством; ~ **given to charity** имущество, предоставленное для благотворительных целей; ~ **in action** право, могущее быть основанием для иска, имущество, заключающееся в требовании; ~ **in movable things** собственность на движимое имущество, движимая собственность; ~ **taken for public use** имущество, изъятое для общественных нужд

abandoned ~ оставленное имущество

abutting ~ смежная недвижимость

adjacent [adjoining] ~ *см.* contiguous property

adjudicated ~ присуждённое имущество, имущество, по поводу которого вынесено судебное *или* арбитражное решение

after-acquired ~ имущество, приобретённое залогодателем после залога движимости

agrarian ~ земельная собственность

agricultural ~ сельскохозяйственная собственность

ancestral ~ родовая собственность

artistic ~ художественная собственность

associate ~ имущество общества, ассоциации

burglarized ~ собственность, подвергшаяся берглэри

common ~ общая собственность

communal ~ 1. общинная собственность 2. собственность местных органов власти

community ~ 1. общее имущество супругов 2. общинная собственность

contiguous ~ прилежащая, примыкающая, расположенная по соседству недвижимость

contraband ~ контрабандное имущество, контрабанда

corporate ~ имущество корпорации, имущество юридического лица

corporeal ~ материальная собственность, собственность в вещах

cultural ~ собственность на предметы культуры

demesnial ~ земельная собственность; недвижимость, находящаяся во владении собственника *(не сданная в аренду)*

disputed ~ спорное имущество; имущество, находящееся в споре

distrained ~ арестованное имущество

dotal ~ приданое

enemy ~ имущество неприятеля

entailed ~ заповедное имущество *(ограниченное в порядке наследования и отчуждения)*

fixed ~ недвижимость

fronting and abutting ~ недвижимость, непосредственно примыкающая к общественному месту

funded ~ имущество, обращённое в ценные бумаги

general ~ собственность в широком смысле слова (*любое право имущественного содержания и исключительные права*)

government(al) ~ государственная собственность

heirless ~ выморочное имущество

illicit ~ собственность незаконного происхождения

immovable ~ недвижимое имущество

impartiable ~ неделимая собственность

incorporeal ~ собственность, выраженная в правах

industrial ~ промышленная собственность

insured ~ застрахованное имущество

intangible ~ нематериальное имущество, «неосязаемое» имущество, имущество в правах

intellectual ~ интеллектуальная собственность

intestate ~ незавещанное имущество, имущество лица, умершего без завещания

joint ~ совместная собственность

landed ~ земельная собственность; недвижимость

leasehold ~ арендованная земельная собственность

licit ~ собственность законного происхождения

literary ~ литературная собственность

matrimonial ~ общая собственность супругов

movable ~ движимое имущество

non-governmental ~ негосударственная собственность (*общественная, частная*)

ownerless ~ бесхозяйное имущество

paraphernal ~ имущество жены (*кроме приданого*)

personal ~ 1. движимое имущество, «персональное» (*в отличие от «реального»*) имущество 2. личное имущество

pledged ~ заложенное имущество

private ~ частная собственность

public ~ государственная собственность; муниципальная собственность; общественная собственность

qualified ~ условная собственность (*права зависимого держателя в отношении находящейся у него вещи*)

real ~ недвижимое имущество, «реальное» (*в отличие от «персонального»*) имущество

separate ~ раздельное имущество

special ~ вещное право владения и пользования чужой вещью

state ~ 1. государственная собственность 2. собственность штата

stolen ~ похищенное имущество

tangible ~ материальное имущество, осязаемое имущество, имущество в вещах

territorial ~ государственная территория, пределы территориальной юрисдикции государства

proponent 1. лицо, выдвигающее предложение 2. лицо, представляющее завещание на утверждение 3. сторона, представляющая доказательства

~ **of deposition** сторона, предлагающая приобщить к делу показания лица, внесённого в список свидетелей

~ **of issue** лицо, ставящее вопрос, подлежащий решению судом

proposal 1. предложение; представление, рекомендация 2. *амер.* заявка (*на торгах*) 3. законодательное предложение; законопроект

budget ~ законодательное предложение по бюджету; бюджетный законопроект

departmental legislative ~ законодательное предложение, поступившее от ведомства (*министерства*)

governor's [gubernatorial] ~ законодательное предложение губернатора штата

legislative ~ законодательное предложение; законопроет

omnibus ~ законопроект, объединяющий разнородные вопросы

presidential ~ законодательное предложение президента

propose предлагать

proposer 1. лицо, внёсшее предложение 2. лицо, предлагающее кандидатуру ◇ ~ **and seconder** лицо, предложившее кандидатуру и поддерживающее её

proposition 1. утверждение, заявление 2. предложение 3. суждение 4. проблема, вопрос, задача

~ **of law** норма права

constitutional ~ норма конституции

legal ~ норма права

propound выставить (*аргумент*); выступить с предложением, предложить

proprietary собственнический; составляющий собственность; проприетарный; вещно-правовой

proprietor собственник

copyright ~ субъект авторского права

landed ~ землевладелец

registered ~ зарегистрированный в поземельной книге собственник недвижимости

subsequent ~ последующий собственник, правопреемник

proprietorial составляющий собственность; собственнический

proprietorship 1. право собственности; собственность 2. право издания, право на издание

proprietory *см.* proprietary

propriety 1. правильность; обоснованность; оправданность 2. *уст.* собственность

~ **of evidence** надлежащий характер доказательств

constitutional ~ 1. правильность с точки зрения конституции 2. обоснованность конституцией

legal ~ 1. юридическая правильность 2. обоснованность с юридической точки зрения; оправданность с юридической точки зрения

propter affectum *лат.* отвод присяжного по мотивам пристрастного отношения к делу

propter defectum *лат.* отвод присяжного по

мотивам несоответствия требованиям, предъявляемым к присяжным

propter delictum *лат.* отвод присяжного по мотивам совершения им преступления

prorogation 1. отсрочка; пророгация; перерыв в работе парламента по королевскому указу 2. продление срока *(напр. аренды)*
~ **of jurisdiction** соглашение о подсудности, установление пророгационной подсудности

prorogue 1. отсрочить; отложить; пророгировать; назначить перерыв в работе *(парламента)* 2. продлить срок *(напр. аренды)*

proscribe 1. объявлять вне закона; изгонять 2. запрещать

proscription проскрипция, запрещение, запрет; объявление вне закона; изгнание

prosecutable подлежащий судебному преследованию; могущий быть предметом судебного иска; подлежащий уголовному преследованию

prosecute 1. вести; продолжать; проводить 2. искать в суде; преследовать в судебном порядке; поддерживать обвинение, обвинять ◇ to ~ a case вести судебное дело; поддерживать иск, обвинение; to ~ a complaint поддерживать обвинение по жалобе *(потерпевшего)*; to ~ a crime преследовать за совершение преступления, поддерживать обвинение, обвинять в совершении преступления; to ~ a criminal преследовать *(в уголовном порядке)* преступника; to ~ an action вести судебное дело; поддерживать иск, обвинение; to ~ an indictment поддерживать обвинение по обвинительному акту; to ~ a suit *см.* to prosecute a case; to ~ at law преследовать в судебном порядке; to ~ criminally преследовать в уголовном порядке; to ~ information поддерживать обвинение по заявлению о совершении преступления; to ~ jointly обвинять в соучастии; преследовать нескольких обвиняемых по одному делу; to ~ war вести войну

prosecuting преследование *(правовое, судебное, особ. уголовное)*; уголовное обвинение

prosecution 1. ведéние *(войны, судебного дела и т.д.)* 2. судебное преследование; уголовное преследование; обвинение 3. обвинение *(как сторона в уголовном процессе)* 4. отстаивание *(исковых требований)* ◇ ~ by complaint уголовное преследование по жалобе *(потерпевшего)*; ~ by coroner's inquisition коронерское преследование; ~ by [on] indictment уголовное преследование по обвинительному акту; ~ by [on] information уголовное преследование по заявлению о совершении преступления; to continue ~ продолжать судебное преследование; to deny ~ 1. отрицать, отвергать *или* опровергнуть обвинение 2. отказать в возбуждении уголовного преследования; to face ~ предстать перед обвинением; to frustrate ~ сорвать судебное преследование, воспрепятствовать судебному преследованию; to search ~ добиваться судебного преследования; добиваться уголовного преследования; to undertake ~ возбудить судеб-

ное преследование; возбудить уголовное преследование; ~ toward conviction уголовное преследование с целью добиться осуждения
~ **of crime [of criminal]** уголовное преследование
~ **of patent application** 1. экспертиза заявки на патентоспособность 2. ведение судебного дела по патентной заявке
~ **of war** ведение войны

abated ~ прекращённое уголовное преследование

adult criminal ~ уголовное преследование совершеннолетнего

affirmative ~ обвинение утверждением о существовании факта

barred ~ преследование, ставшее невозможным в силу возникших для него препятствий

case ~ ведение судебного дела

criminal ~ уголовное преследование

federal ~ *амер.* 1. федеральное обвинение *(как сторона в уголовном процессе)* 2. обвинение по нормам федерального уголовного и уголовно-процессуального права

former ~ прежнее обвинение; обвинение в ранее совершённом преступлении

founded ~ обоснованное судебное преследование

groundless ~ необоснованное судебное преследование

individual ~ обвинение *(по делу)* одного лица

joint ~ обвинение в соучастии; обвинение нескольких лиц по одному делу

juvenile criminal ~ уголовное преследование несовершеннолетнего

legal ~ судебное преследование

malicious ~ злонамеренное судебное преследование

negative ~ обвинение отрицанием факта

patent ~ производство по выдаче патента, процедура выдачи патента

private ~ частное обвинение

public ~ публичное [государственное] обвинение

social security ~ уголовное преследование с целью обеспечения общественной безопасности

state ~ 1. обвинение в государственном преступлении 2. обвинение по нормам уголовного и уголовно-процессуального права штата 3. обвинение от имени штата *(как стороны в уголовном процессе)*

strong ~ сильная версия обвинения

subsequent ~ последующее обвинение; обвинение в последующем совершении преступления

trademark ~ производство по регистрации товарного знака, процедура регистрации товарного знака

unfounded [unwarranted] ~ необоснованное судебное преследование

warranted ~ обоснованное судебное преследование

weak ~ слабая версия обвинения

prosecutive обвинительный

prosecutor 1. обвинитель 2. истец ◇ ~ at law обвинитель в суде; ~ in attendance обвинитель в суде; ~ in court обвинитель в суде
assistant [associate] ~ помощник обвинителя
chief ~ главный обвинитель
Commonwealth ~ обвинитель от имени штата (в некоторых штатах США)
district ~ районный или окружной обвинитель
federal ~ амер. федеральный обвинитель
investigating ~ обвинитель, производящий расследование (в суде)
military ~ военный обвинитель
private ~ частный обвинитель
public ~ публичный [государственный] обвинитель
state ~ обвинитель от имени штата

prosecutorial относящийся к обвинению, преследованию в суде

prosecutrix обвинительница (по делу об изнасиловании)

prospectus проспект (публикация об организации компании, корпорации для привлечения подписчиков на акции)

prostitute проститутка
common ~ общедоступная, уличная проститутка

prostitution проституция
child ~ детская проституция
interstate ~ проституция с доставкой (организованными преступниками) проституток из штата в штат
male ~ мужская проституция

protect 1. защищать, охранять; покровительствовать; осуществлять протекторат 2. акцептовать (тратту) 3. оплатить (чек, тратту) ◇ to ~ against legislation укрывать от закона

protected 1. защищённый 2. находящийся под протекторатом
constitutionally ~ защищённый конституцией
legally ~ защищённый законом

protectee лицо, находящееся под защитой
constitutional ~ лицо, находящееся под защитой конституции
legal ~ лицо, находящееся под защитой закона

protection 1. защита, охрана; покровительство 2. акцептование (тратты) 3. оплата (чека, тратты) 4. паспорт, свидетельство о гражданстве 5. деньги, выплачиваемые гангстерами должностному лицу за покровительство им; покровительство гангстерам со стороны представителей власти; выкуп гангстерам, выплачиваемый предпринимателем, профсоюзом и т.п. за «защиту» ◇ ~ against cruel and unusual punishments конституционная гарантия против назначения жестоких и необычных наказаний (поправка VIII к конституции США); ~ against double jeopardy конституционная гарантия против риска быть дважды привлечённым к уголовной ответственности за одно и то же преступление (поправка V к конституции США); ~ against excessive bail конституционная гарантия против требования чрезмерной суммы залога при освобождении на поруки (поправка VIII к конституции США); ~ against excessive fines конституционная гарантия против назначения чрезмерных штрафов (поправка VIII к конституции США); ~ against selfincrimination конституционная гарантия против принуждения к самообвинению (поправка V к конституции США)

~ of attributes охрана внешнего вида (оформления) товаров или упаковки (вид правовой охраны промышленной собственности)
~ of cultural heritage охрана памятников культуры
~ of the accused охрана обвиняемого от применения к нему противозаконного насилия
~ of the court охрана состава суда от применения к нему противозаконного насилия
~ of the defendant охрана подсудимого от применения к нему незаконного насилия
~ of the expert охрана эксперта от применения к нему противозаконного насилия
~ of the innocent защита прав невиновного
~ of the judge охрана судьи от применения к нему противозаконного насилия
~ of the juror охрана присяжного от применения к нему незаконного насилия
~ of the jury охрана состава коллегии присяжных от применения к нему незаконного насилия
~ of the prosecutor охрана обвинителя от применения к нему незаконного насилия
~ of the witness охрана свидетеля от применения к нему незаконного насилия
ad hoc ~ временная охрана (напр. охрана изобретения акцептованной патентной заявкой)
constitutional ~ конституционная гарантия
consumer ~ охрана интересов потребителей
data ~ 1. охрана информации 2. охрана частной жизни граждан от злоупотребления информацией
diplomatic ~ дипломатическая защита
environmental ~ охрана окружающей среды
equal ~ of the law равная защита со стороны закона
express ~ формально (в законе) декларированная гарантия
health ~ охрана здоровья
honour ~ защита чести
interim ~ временная (правовая) защита
judicial ~ судебная защита
labour ~ охрана труда
legal ~ правовая защита
legal ~ of software правовая охрана программ для ЭВМ
life ~ охрана жизни
mutual ~ взаимная гарантия
patent ~ патентная охрана (изобретения)
performer's ~ охрана прав артистов-исполнителей

police ~ полицейская защита, полицейская охрана

procedural ~ процессуальная защита *(законных интересов и прав участников процесса)*; процессуальная гарантия

property ~ охрана имущества

provisional ~ *пат.* временная охрана

sample ~ охрана коммерческих образцов

trade dress ~ охрана упаковки *или* внешнего вида изделия

wild life ~ охрана животного мира

witness ~ охрана свидетелей

protective охранительный, защитный, защитительный; покровительственный

protector защитник; покровитель; протектор

protectorate протекторат

pro tempore *лат.* временно ‖ временный

protest 1. протест; опротестование ‖ протестовать 2. заявлять, утверждать ◇ ~ by master морской протест; to ~ (extreme) necessity утверждать, что действия были совершены в состоянии крайней необходимости; to ~ innocence заявить о невиновности; to ~ insanity заявить о невменяемости; to ~ self-defence утверждать, что действия были совершены в состоянии необходимой обороны

captain's ~ морской протест

formal ~ официальный протест

ship's ~ морской протест

protestation 1. протест; опротестование 2. косвенное признание *или* возражение 3. торжественное заявление

protester заявитель протеста; опротестователь, протестант *(при вексельном протесте)*

protocol 1. протокольная запись, протокол ‖ протоколировать 2. протокол *(как вид международного соглашения)* 3. дипломатический протокол

~ of ratification протокол ратификации

~ of ratifications deposited протокол о сдаче на хранение ратификационных грамот

additional ~ дополнительный протокол

final ~ заключительный протокол

protocolary протокольный; формальный

protraction of case затягивание дела, проволочка по делу

provability 1. доказуемость 2. право доказывания

provable доказуемый

provableness доказуемость

prove доказывать; доказать ◇ to ~ a case доказывать версию; to ~ a defence доказывать версию защиты; to ~ adverse доказывать противное; to ~ alibi доказывать алиби; to ~ effective доказать; to ~ from the contrary доказывать от противного; to ~ guilt доказывать вину; доказать вину; to ~ guilt beyond all reasonable doubt доказать вину при полном отсутствии обоснованного в том сомнения; to ~ guilt beyond any reasonable doubt доказать вину при отсутствии какого бы то ни было в том сомнения; to ~ guilt beyond reasonable doubt доказать вину при отсутствии обоснованного в том сомнения; to ~

identity установить личность; to ~ satisfactorily доказать; to ~ (the) affirmative of the issue доказывать существование предмета спора; to ~ (the) negative of the issue доказывать отсутствие предмета спора; to ~ to the contrary доказывать противное; to ~ to the satisfaction of the court [of the jury] доказать перед судом [перед присяжными]; to ~ wrong не доказать

proved доказанный ◇ ~ to the satisfaction of the court [of the jury] доказанный перед судом [перед присяжными]

circumstantially ~ доказанный косвенными доказательствами

directly ~ доказанный прямыми доказательствами

indirectly ~ доказанный косвенными доказательствами

proven доказанный ◇ not ~ *шотл.* невиновен за недоказанностью; to find the case ~ признать иск обоснованным

provide 1. предусматривать, постановлять *(в законе, договоре)* 2. снабжать; предоставлять; обеспечивать ◇ to ~ against запрещать; to ~ for punishment предусмотреть, установить наказание *(в законе)*; to ~ testimony обеспечить дачу свидетельских показаний; to ~ with an acceptance акцептовать *(тратту)*

provided 1. обеспеченный 2. предусмотренный, обусловленный; установленный 3. состоящий на местном бюджете *(о школе)* 4. при условии, что ◇ ~ that... 1. при условии, что 2. однако *(при формулировании оговорки к общей норме)*

explicitly [expressly] ~ прямо предусмотренный

implicitly ~ предусмотренный по смыслу правовой нормы, закона, условий договора

legally ~ предусмотренный законом, юридически обеспеченный

province 1. провинция; область 2. *фиг.* компетенция 3. епархия архиепископа

proving доказывание

provision 1. условие, постановление, положение *(договора, закона и т.д.)* 2. снабжение; обеспечение; предоставление ◇ by ~ of the husband иждивением мужа

~ of law норма права, норма закона

~ of the instrument of a crime предоставление орудия преступления

amendatory ~ положение *(статьи V)* конституции США, предусматривающее возможность внесения поправок к ней

constitutional ~ положение конституции, конституционная норма

contractual ~ положение договора

curative ~ условие о порядке исправления недостатков *(напр. недостатков оформления документа)*

entrenched ~ «забронированное» положение *(конституционная норма, для изменения которой требуется квалифицированное большинство или особая процедура)* explicit [express] ~ прямо сформулированное положение

federal ~ *амер.* норма федерального права

implicit ~ положение, вытекающее из смысла *(закона, договора, устава)*

introductory ~s вводные положения

law's ~ предписание закона

legal ~ правовая норма; предписание закона

mandatory ~ обязательное положение, императивная норма

omnibus ~ сводная правовая норма *(регулирующая различные вопросы)*

optional ~ диспозитивное положение, диспозитивная норма

penal ~ норма, снабжённая уголовной санкцией

procedural ~ процессуальная норма

regulatory ~ регулятивная норма

restrictive ~ рестриктивная норма

special ~ специальная норма

specific ~ конкретная норма

state ~ норма права штата

statutory ~ законоположение, предписание закона, статута

substantive ~s резолютивная часть, оперативная часть *(судебного решения)*

transitional [transitory] ~ переходное постановление; временное правило

provisional 1. временный 2. предварительный; прелиминарный 3. диспозитивный 4. условный

provisionally временно; предварительно

proviso оговорка *(часть статьи закона или договора, начинающаяся словом provided)*

provocation провокация *(в том числе действия потерпевшего, провоцирующие преступление)*

adequate [sufficient] ~ достаточная провокация; провокация, достаточная для квалификации совершённого убийства как простого умышленного убийства

provocative провокационный; провоцирующий

provoke провоцировать

provoker провокатор; лицо, провоцирующее совершение преступления

provost 1. ректор *(в некоторых университетских колледжах Англии)* 2. проректор *(в американских университетах)* 3. *шотл.* мэр 4. *церк.* настоятель кафедрального собора 5. военный полицейский; начальник военной полиции

Provost:

Constabulary ~ Marshal *амер.* начальник военной полиции

prowl слоняться

prowling праздношатание *(состав преступления)*

proxy 1. представитель; уполномоченный; доверенный 2. полномочие; доверенность 3. голосование по доверенности ◇ by ~ по доверенности, по полномочию; через представителя

proxyship представительство

prudence осторожность; предусмотрительность

common ~ обычная степень предусмотрительности

reasonable ~ разумная предусмотрительность

prudent осторожный; предусмотрительный

pseudonym псевдоним

psychiatry психиатрия

criminal ~ уголовная психиатрия; психиатрия преступника

forensic [legal] ~ судебная психиатрия

puberty половая зрелость

public 1. народ; общество; население 2. государственный; публичный; публично-правовой; общественный; муниципальный 3. открытый *(о заседании)* ◇ in ~ публично, открыто

general ~ неограниченный круг лиц

publication 1. опубликование 2. издание, публикация 3. промульгация

defensive ~ *амер. пат.* защитная публикация

general ~ публикация, доступная неограниченному кругу лиц

limited ~ публикация, доступная ограниченному кругу лиц

premature ~ преждевременное опубликование *(раскрывающее сущность изобретения)*

serial ~ периодическое издание

publicist 1. публицист, специалист по международному публичному *или* государственному праву 2. агент по рекламе

publicity 1. публичность, гласность 2. реклама 3. известность

pretrial ~ оглашение данных предварительного *или* судебного следствия до начала гласного разбирательства дела в суде

publish опубликовать; издавать

publisher издатель, издательская организация

puff дутая реклама

puis darrein continuance *стар.-фр.* дополнительное возражение ответчика после окончания судебных прений, основанное на вновь возникших обстоятельствах

puisne 1. младший по рангу, званию *или* возрасту 2. более поздний по сроку

puliation оскорбление действием *(нанесением удара)*

punish наказывать *(в уголовном порядке)* ◇ to ~ summarily назначать наказание в суммарном порядке *(по рассмотрении дела судом без присяжных)*

punishability наказуемость

punishable наказуемый

punishment наказание ◇ ~ as a deterrent наказание как средство устрашения; ~ endured отбытое наказание; on pain of ~ под страхом наказания; to commute ~ смягчать наказание; to give ~ наказывать; to make ~ fit the crime назначить наказание соразмерно совершённому преступлению; to mitigate ~ смягчать наказание

~ of death наказание смертной казнью

additional ~ дополнительное наказание

alternative ~ альтернативное наказание

authority ~ *воен.* дисциплинарное взыскание

brutal ~ жестокое наказание
capital ~ смертная казнь
common-law ~ наказание по общему праву
commuted ~ смягчённое наказание
corporal ~ телесное наказание
cruel ~ жестокое наказание
cruel and unusual ~ жестокое и необычное наказание (*запрещено поправкой VIII к конституции США*)
cumulative ~ совокупность наказаний
defamatory ~ бесчестящее, позорящее наказание
degrading ~ правопоражающее наказание
drastic ~ суровое наказание
due-course-of-law ~ наказание, применяемое в соответствии с надлежащей правовой процедурой
enhanced ~ увеличенное наказание
express ~ наказание, прямо установленное в законе
expressly prescribed maximum ~ прямо установленный (*в законе*) высший предел наказания
expressly prescribed minimum ~ прямо установленный (*в законе*) низший предел наказания
extrajudicial ~ наказание, применяемое во внесудебном порядке
harsh ~ суровое наказание
heavy ~ тяжкое наказание
ignominious [infamous] ~ бесчестящее, позорное наказание (*смертная казнь, тюремное заключение, каторжные работы*)
judicial ~ наказание, применяемое в судебном порядке
lawful ~ 1. законно, правомерно применяемое наказание 2. предусмотренное законом наказание
legislative ~ санкция, назначаемая по делу законодательным органом (*в порядке импичмента*)
lenient ~ мягкое наказание
maximum ~ максимальное наказание
minimum ~ минимальное наказание
mulctary ~ наказание в виде денежного штрафа
non-judicial ~ наказание, применяемое во внесудебном порядке
penitentiary ~ *амер.* наказание тюремным заключением
prescribed ~ предусмотренное, установленное (*в законе*) наказание
primary ~ основное наказание
prison ~ наказание тюремным заключением
public ~ публичное наказание
reduced ~ уменьшенное наказание
remitted ~ наказание, смягчённое помилованием
second ~ повторное применение наказания (*за одно и то же преступление*)
separate ~ (for each offence) отдельное наказание (за каждое из входящих в совокупность преступлений)
serious [severe] ~ суровое наказание

statutory ~ наказание по статутному праву, по закону
stiff ~ строгое наказание
summary ~ 1. наказание, назначаемое в суммарном порядке 2. *воен.* дисциплинарное взыскание
threatening ~ угроза наказанием
unremitted ~ наказание, не смягчённое помилованием
unusual ~ необычное наказание
usual ~ обычное наказание
vicarious ~ субститутивное наказание
punitive связанный с применением наказания, карательный; штрафной
punitory *см.* punitive
purchase 1. купля || покупать 2. приобретение (*кроме случаев наследования*) 3. испрашивание, исходатайствование || испрашивать, исходатайствовать
compulsory ~ принудительное отчуждение
credit ~ покупка в кредит
forward ~ покупка на срок
original ~ первичное приобретение
undercover ~ тайное приобретение
purchaser 1. покупатель 2. приобретатель (*кроме случаев наследования*) 3. получатель судебного приказа (*в результате испрашивания, исходатайствования такового*)
bona fide ~ 1. добросовестный покупатель 2. добросовестный приобретатель
first ~ первоприобретатель
innocent ~ *см.* bona fide purchaser
tax ~ покупатель имущества при продаже за неуплату налогов
purgation *ист.* очищение от обвинения *или* подозрения присягой *или* ордалией
purge чистка || очищать(ся); очищать(ся) от вины *или* обвинения
purist:
constitutional ~ сторонник строгого соблюдения конституции
legal ~ правовой пурист
purism:
constitutional ~ конституционный пуризм (*принцип и практика строгого соблюдения конституции*)
legal ~ правовой пуризм
purpart выделенная при разделе доля
purpeture неправомерное огораживание (*захватывающее чужие земли*)
purport 1. содержание, смысл 2. цель, намерение || иметь целью, претендовать
purpose цель; намерение ◇ ~ justified оправданная цель; ~ unjustified неоправданная цель
common ~ общая цель
common criminal ~ общая преступная цель
corporate ~ цель создания корпорации
criminal ~ преступная цель
family ~ принцип ответственности собственника автомобиля за убытки, причинённые небрежным вождением со стороны члена его семьи
improper ~ ненадлежащая, дурная цель

legislated [legislative] ~ намерение законодателя

legitimate ~ законная цель

mutinous ~ намерение вызвать мятеж

ostensible ~ презюмируемая цель

present ~ действительная цель

seditious ~ намерение вызвать мятеж

treasonable ~ изменническая цель

purposely с целью, намеренно

purse денежный фонд, денежные средства

privy ~ 1. суммы, ассигнованные на личные королевские расходы 2. хранитель денег, ассигнованных на личные королевские расходы

public ~ казна

purse-snatching *см.* purse-taking

purse-taking карманная кража *или* грабительское выхватывание кошелька

pursuance выполнение, осуществление ◇ in ~ of во исполнение

~ of the case отстаивание версии *или* обвинения по делу

pursuant ◇ ~ to в соответствии с, согласно *чему-л.*

pursue 1. преследовать; осуществлять преследование 2. искать в суде 3. проводить (*напр. политику*); преследовать (*цель*) ◇ to ~ a claim вести дело; to ~ an appeal возбуждать апелляционное производство; to ~ the matters вести судебные дела

pursuer 1. преследователь 2. истец

pursuit 1. преследование 2. стремление; домогательство 3. занятие 4. выполнение; ведение 5. судебное преследование

criminal ~s преступные стремления; преступные занятия; преступный образ жизни

fresh ~ преследование по свежим следам, непрерывное преследование

hot ~ преследование по горячим следам, непрерывное преследование, право преследования

purview содержание закона, нормы закона; сфера действия закона ◇ to come within the ~ of подпадать под действие (*закона*)

pusher:

drug ~ торговец наркотиками

pushing:

drug ~ торговля наркотиками

put 1. опцион на продажу 2. сделка с обратной премией 3. класть; вкладывать; помещать; ставить 4. назначать (*цену*) 5. облагать; налагать ◇ ~ and call двойной опцион, стеллаж; ~ and refusal двойной опцион, стеллаж; ~ of more опцион, дающий право продать помимо обусловленного количества акций ещё такое же количество; to ~ an instrument in suit искать в суде по *какому-л.* документу; to ~ in 1. включить, вставить 2. представить (*в суд*) 3. приобщить (*к делу*) 4. подавать (*в суд ходатайство*); to ~ in a caveat подать заявление о приостановлении судебного разбирательства; to ~ in fear устрашать; to ~ in force вводить в силу; to ~ in possession вводить во владение; to ~ on

probation назначить (*осуждённому*) пробацию; to ~ on trial 1. назначить (дело) к слушанию 2. привлечь к судебной ответственности; to ~ smb. out of court опровергнуть *чьи-л.* показания; to ~ the adversary on his onus probandi переложить бремя доказывания на противную сторону; to ~ the law on smb. *амер.* подать на *кого-л.* в суд; to ~ to death лишить жизни; убить; казнить; to ~ to vote поставить на голосование; to ~ under arrest арестовать; to ~ under recognizance обязать дать поручительство; to ~ up продавать с аукциона

putative предполагаемый

Q

quadripartite 1. четырёхсторонний 2. состоящий из четырёх частей

quadriplicate один из четырёх экземпляров ‖ составлять в четырёх экземплярах

qualification 1. оговорка; ограничение 2. условие предоставления права; ценз 3. квалификация ◇ to posess ~s удовлетворять требованиям

~ of arguments уточнение доводов

age ~ возрастной ценз

constitutional ~ ценз, установленный конституцией

education ~ образовательный ценз

electoral ~ избирательный ценз

literacy ~ образовательный ценз

property ~ имущественный ценз

rating ~ налоговый ценз

residence [residential] ~ ценз оседлости

service ~ ценз прохождения службы

statutory ~ ценз, установленный законом

testimonial ~ соответствие требованиям для допуска к даче свидетельских показаний

qualificatory 1. квалифицирующий 2. ограничительный

qualified 1. условный; содержащий оговорки; ограниченный; несовершенный 2. правомочный; обладающий цензом; отвечающий требованиям 3. квалифицированный

duly ~ 1. обладающий надлежащими правомочиями 2. обладающий надлежащей квалификацией

legally ~ правомочный; обладающий цензом; отвечающий требованиям, установленным законом

qualify 1. отвечать требованиям; обладать правом; обладать цензом 2. делать правомочным 3. ограничивать; делать оговорки; квалифицировать; модифицировать 4. квалифицировать, определять 5. *шотл.* подтверждать подлинность ◇ to ~ a rule ограничить действие нормы права; to ~ a verdict модифицировать вердикт; to ~ a witness by the obligation of an oath предоставить статус свидетеля приведением к присяге; **to ~ the severity of the sentence** смягчить приговор

quality качество

(good) merchantable ~ (хорошее) рыночное качество

~ of proof качество требуемых доказательств; критерий доказанности

quantum meruit *лат.* справедливое вознаграждение за выполненную работу, оплата по справедливой оценке

quantum valebant *лат.* справедливая цена за поставленный товар

quarantine карантин

quarrel 1. спор **2.** ссора ◇ **~ at law** судебный спор, процесс, тяжба

quarreler сутяга, сутяжник

quarter 1. квартал **2.** арендная плата за квартал **3.** пощада (*в законах и обычаях войны*) **4.** четвертовать **5.** расквартировывать; ставить на постой

legation ~ посольский квартал

quarterage квартальная выплата; трёхмесячное содержание

quartering 1. военный постой **2.** четвертование

quash аннулировать; отменять; делать, признавать недействительным, лишать юридической силы ◇ **to ~ a charge** снять обвинение, отказаться от обвинения

quashal отмена, аннулирование; лишение юридической силы; признание недействительным

quasi *лат.* почти; как если бы; частично

quasi-contraband квазиконтрабанда, оказание противных нейтралитету услуг

quasi-contract квазидоговор

quasi-contractual квазидоговорный

quasi-corporation квазикорпорация, публично-правовая корпорация в силу давности

quasi-crime квазипреступление

quasi-delict квазиделикт

quasi-delictual квазиделиктный

quasi-easement квазисервитут

quasi-judicial квазисудебный

quasi-larceny квазипохищение (*предметов, на которые не распространяются уголовно-правовые нормы о похищении имущества*)

quasi-legislative квазизаконодательный

quasi-personalty квазидвижимость (*вещи, соединённые с недвижимостью, арендные права*)

quasi-possession квазивладение, пользование правом

quasi-realty квазинедвижимость (*напр. фамильные ценности, документы о правах на недвижимость*)

quasi-tenant квазиарендатор (*лицо, получившее разрешение пользоваться землёй в течение некоторого времени*)

quasi-tort квазиделикт

quasi-trustee лицо, действующее как доверительный собственник, не имея на то полномочий

quasi-usufruct квазиузуфрукт, узуфрукт на потребляемую вещь

quayage причальный сбор

Queen королева ◇ **~ consort** королева-супруга короля; **~ dowager** вдовствующая королева; **~ in her own right** царствующая королева (*в отличие от жены короля*); **~ regnant** царствующая королева; **~ in Banco** «королева в суде», судебная власть (*в Великобритании*); **~ in Council** «королева в совете», исполнительная власть (*в Великобритании*); **~ in Parliament** «королева в парламенте», законодательная власть (*в Великобритании*)

querent истец

quest *разг.* дознание

question 1. вопрос; опрос; допрос; следствие ‖ спрашивать; опрашивать; допрашивать **2.** возражение; сомнение ‖ подвергать сомнению ◇ **~ at issue** спорный между сторонами вопрос; **~ for the jury** вопрос, подлежащий рассмотрению и решению присяжными; **~ for the jury upon the evidence** вопрос, подлежащий решению присяжными по рассмотрении ими представленных доказательств; **to ~ abusively 1.** допрашивать с использованием законной процедуры в незаконных целях **2.** допрашивать оскорбительным для допрашиваемого образом; **~ to closely** вести подробный допрос; **~ to the defence** вопрос к защите; **~ to the prosecution** вопрос к обвинению

~ of confidence вопрос о доверии

~ of fact вопрос факта

~ of law вопрос права

admissible ~ допустимый вопрос

catch ~ вопрос-ловушка

collateral ~ побочный вопрос

congressional ~ запрос в конгрессе

federal ~ *амер.* вопрос, относящийся к федеральной компетенции

federal constitutional ~ вопрос федеральной конституции

fishing ~ наводящий вопрос

hypothetical ~ вопрос в форме предположения

improper ~ ненадлежащий вопрос

inadmissible ~ недопустимый вопрос

incriminating ~ инкриминирующий вопрос (*вопрос, имеющий целью получить ответ, уличающий отвечающего*)

irrelevant ~ вопрос, не относящийся к делу

judicial ~ вопрос, подлежащий компетенции судебной власти

jury ~ вопрос, поставленный перед присяжными

justiciable ~ вопрос, относящийся к компетенции судебной власти

lawful ~ допустимый вопрос

legal ~ вопрос, подлежащий компетенции судебной власти

legislative ~ вопрос, подлежащий компетенции законодательной власти

oppressive ~ допрос, деморализующий допрашиваемого

parliamentary ~ запрос в парламенте, парламентский запрос

political ~ 1. политический вопрос 2. *амер.* вопрос, входящий в компетенцию исполнительной и законодательной власти (*но не судебной власти*)

preliminary ~ вопрос, подлежащий рассмотрению и решению на предварительном слушании дела

previous ~ предварительный вопрос

procedural ~ процедурный вопрос; процессуальный вопрос

relevant ~ вопрос, относящийся к делу

substantive ~ вопрос, касающийся существа; непроцедурный вопрос

suggestive ~ внушающий вопрос, наводящий вопрос

technical legal ~ технико-юридический вопрос

threshold ~ решающий вопрос, основной вопрос, подлежащий выяснению

questionable сомнительный, вызывающий сомнение

questioner 1. лицо, задающее вопрос; лицо, ведущее опрос 2. допрашивающий 3. вопросник

questioning допрос

close ~ подробный допрос

custodial ~ допрос в тюрьме

executive ~ допрос должностным лицом исполнительной власти

judicial ~ допрос судьёй

legislative ~ допрос в органе законодательной власти

questionnaire опросный лист, вопросник; анкета

questman 1. лицо, производящее дознание *или* расследование 2. обвинитель 3. помощник церковного старосты 4. присяжный 5. доносчик

quid pro quo *лат.* «нечто за нечто»; эквивалент, компенсация

quieting ◇ ~ the title отрегулирование титула (*иск с целью устранить пороки правового титула; основанное на праве справедливости средство судебной защиты, имеющее целью признать недействительным любое заявленное против истца притязание на имущество*)

quit 1. увольнение с работы || увольняться с работы 2. выплачивать деньги 3. освобождать (*от обязательства*)

qui tam *лат.* уголовный иск, с которым выступают представители государства совместно с лицом, сообщившим о преступлении

quitclaim отказ от права || отказываться от права

quittance 1. освобождение (*от ответственности*); погашение долга 2. расписка 3. отказ от права

quod computet *лат.* судебное решение о представлении отчётности

quod partes replacitent *лат.* судебное определение о повторном обмене состязательными бумагами

quod recuperet *лат.* судебное решение о присуждении убытков

quod respondeat ouster *лат.* судебное определение о представлении ответчиком объяснений по существу дела

quorum кворум, правомочный состав

quota 1. квота; товарный контингент 2. доля, часть

catch ~ квота улова

export ~ экспортная квота

global ~ общая, глобальная квота

import ~ импортная квота

quotation цитата, ссылка

~ of a case ссылка на прецедент

~ of authorities ссылка на источники, ссылка на прецеденты

quote цитировать, ссылаться

quotient часть; доля

electoral ~ 1. норма представительства 2. число голосов, необходимых для избрания одного кандидата, избирательный метр, избирательная квота

quo warranto *лат.* (*букв.* «на каком основании», «по какому праву», «какой властью») судебный приказ о производстве расследования правомерности претензий на должность, привилегию, право

R

racket *преим. амер.* рэкет (*гангстерская эксплуатация законной и незаконной деятельности*) || заниматься рэкетом

bribery ~ рэкет в виде подкупа, подкуп как рэкет

business ~ рэкет в бизнесе

gambling ~ рэкет в азартных играх

industrial ~ рэкет в промышленности; предпринимательский рэкет

labor ~ профсоюзный рэкет

loading ~ погрузоразгрузочный рэкет (*система гангстерского вымогательства при погрузке-разгрузке товаров*)

prison ~ тюремный рэкет

union ~ профсоюзный рэкет

vice ~ рэкет в сфере порока (*эксплуатация азартных игр, проституции, наркотизма*)

racketeer рэкетир || заниматься рэкетом, подвергать рэкету

racketeering рэкетирство, рэкетирская деятельность, рэкет

raise 1. начинать 2. ставить, поднимать (*вопрос*) 3. выдвигать (*возражение*) 4. порождать 5. снимать (*ограничения и т.п.*) 6. собирать, получать, изыскивать (*денежные средства*) 7. подделывать (*денежный документ путём* переделки обозначенной в нём суммы на более высокую) ◇ to ~ a ban отменить запрет; to ~ a blockade снять блокаду; to ~ a defence выдвигать возражение против иска; to ~ a loan делать заём; to ~ an action *шотл.* предъявить иск, возбудить дело; to ~ an embargo отменять эмбарго; to ~ an issue устанавливать спорный вопрос, подлежащий разрешению; to ~ an objection выдвигать возражение; to ~ a point of order выступать по порядку ведения заседания; to ~ a presumption создавать презумпцию; to ~ a prohibition отменить запрет, снять запрет; to ~ a promise порождать подразумеваемую обязанность; to ~ a quarantine снимать карантин; to ~ discontent возбуждать недовольство; to ~ money изыскивать денежные средства; делать заём; to ~ opposition подавать протест, возражение *(напр. против выдачи патента);* to ~ taxes взимать налоги

raised поддельный *(о денежном документе)*

rank 1. звание, чин **2.** ранг, категория, разряд, степень, класс; положение **3.** занимать определённое место *(по рангу, званию, категории и т.д.)* **4.** числиться в порядке очерёдности среди кредиторов ◇ ~ and file рядовой состав; to ~ as a citizen иметь статус гражданина

  acting ~ временный чин, соответствующий временно занимаемой должности

  diplomatic ~ дипломатический ранг

ransack 1. обыскивать, обшаривать *(дом, чемодан и т.п.)* **2.** грабить; ограбить; разграбить, растащить ◇ to ~ an apartment ограбить квартиру

ransacker грабитель

ransom 1. выкуп; выкупная сумма ‖ выкупать, платить выкуп; требовать выкупа от *кого-л.;* освобождать за выкуп **2.** *ист.* пеня; денежный штраф *(вместо телесного наказания)* ◇ to hold smb. to ~ требовать выкупа за *кого-л.*

rape изнасилование ‖ насиловать, изнасиловать ◇ ~ at common law изнасилование по общему праву; ~ by deceit изнасилование с применением обмана; ~ by impersonation изнасилование с применением имперсонации *(выдачи себя за мужа потерпевшей);* ~ per anum изнасилование через задний проход

  ~ of forest лесонарушение с применением насилия

  aggravated ~ изнасилование при отягчающих обстоятельствах

  attempted ~ покушение на изнасилование

  forced [forcible] ~ изнасилование с применением физической силы

  gang ~ групповое изнасилование

  marital ~ изнасилование супругом супруги

  statutory ~ изнасилование по статутному праву

raped изнасилованная

rapist насильник

  compulsive ~ насильник

rapist-killer насильник-убийца

rapporteur *фр.* докладчик *(в комитете, комиссии и т.д.)*

ratability 1. облагаемость *(налогом)* **2.** обязанность платить налоги **3.** соразмерность, пропорциональность

ratable 1. облагаемый *(налогом),* подлежащий обложению **2.** соразмерный, пропорциональный

rate 1. размер; норма; ставка; тариф; такса; цена; курс; процент ‖ оценивать; исчислять; таксировать; тарифицировать; устанавливать **2.** налог *(преим. местный, коммунальный)* ‖ облагать налогом

  ~ of insurance страховая премия

  ~ of interest размер процентов, процентная ставка

  blanket ~ **1.** страховая премия по блок-полису **2.** единый тариф

  court ~ количество судимостей

  discount ~ учётная ставка

  first-class ~ ставка по первому разряду

  freight ~ фрахтовая ставка

  hourly ~ почасовая ставка *(заработной платы)*

  interest ~ процентная ставка

  police ~ полицейский налог

  second-class ~ ставка по второму разряду

  tariff ~ **1.** тарифная ставка **2.** таможенная ставка, размер таможенной пошлины

  tax ~ налоговая ставка, размер налога

ratepayer налогоплательщик *(особ. плательщик местных налогов)*

ratification ратификация; последующее одобрение; *pl* документы о ратификации, ратификационные грамоты

  legislative ~ ратификация законодательным органом

  Senate ~ *амер.* ратификация сенатом

ratify ратифицировать; одобрять, санкционировать; утверждать; скреплять *(подписью, печатью)*

ratihabition одобрение, санкция

rating 1. оценка; определение стоимости **2.** обложение налогом, сумма налога **3.** класс; разряд; категория; отнесение к классу, разряду, категории

  character ~ *амер.* характеристика

  priority ~ порядок очерёдности; установление очерёдности

ratio decidendi *лат.* мотивы решения, основания резолютивной части решения

rational разумный, рациональный

rationale обоснование

  constitutional ~ конституционное обоснование

  decisionary ~ обоснование решения по делу

  judg(e)ment ~ обоснование судебного решения

  legal ~ юридическое обоснование

ravish 1. насиловать, изнасиловать **2.** *редк.* грабить ◇ to ~ feloniously изнасиловать по признакам фелонии

ravished изнасилованная

ravishment 1. похищение *(обыкн. женщины)* **2.**

заключение брака с несовершеннолетней подопечной без согласия опекуна **3.** *редк.* грабёж **4.** изнасилование

re *лат.* **1.** *(в наименованиях судебных дел)* в деле, по делу, дело **2.** относительно, касательно

reach распространяться *(о законе)* ◇ **to be within ~ of the interested public** *пат.* быть доступным для заинтересованных лиц

read 1. обсуждать, рассматривать, «читать» *(о законопроекте)* **2.** толковать **3.** гласить *(о документе)* **4.** оглашать ◇ **to ~ into the contract** включать, предполагать наличие *(об условиях, включаемых в договор самим правом);* **to ~ into the record** заносить в протокол, приобщить к протоколу; **to ~ the case** вести дело

readability 1. удобочитаемость, чёткость, разборчивость **2.** *пат.* подпадание *(ранее описанного объекта под формулу изобретения)*

readable 1. удобочитаемый, чёткий, разборчивый **2.** *пат.* охватывающий своим действием *(о патентных притязаниях, формуле изобретения)*

reading 1. чтение *(напр. законопроекта);* обсуждение; рассмотрение **2.** толкование **3.** оглашение

ancient ~s лекции по старым английским законам *(признававшиеся авторитетным источником права)*

first ~ первое чтение, формальное внесение законопроекта в парламент

second ~ второе чтение *(законопроекта в парламенте)*

third ~ третье чтение *(последняя стадия рассмотрения законопроекта в парламенте)*

reaffirm повторно подтверждать

real реальный; вещественный; вещный; недвижимый; земельный

reallege повторно заявлять; повторно утверждать; повторно ссылаться; повторно приписывать *кому-л.,* обвинять *кого-л.*

realm 1. королевство; государство; страна **2.** сфера, область

realtor агент по операциям с недвижимостью

realty недвижимость, недвижимое имущество, «реальное» имущество

reappoint вновь назначать

reapportion перераспределять

reapportionment перераспределение *(напр. парламентских мест, количества членов палаты представителей от каждого штата, округов по выборам и т.д.)*

reargue ◇ **to ~ a case** провести повторное судоговорение, рассмотреть дело повторно

re-arrest повторный арест ‖ арестовать повторно ◇ **to ~ upon the same basis** повторный арест по прежнему основанию ‖ арестовать повторно по прежнему основанию

reason причина; основание; мотив ‖ излагать мотивы ◇ **~s for decision** юридическая мотивировка решения

~s of state государственные интересы, интересы государства

conclusive ~s окончательная мотивировка

good ~ достаточное основание

good ~ to believe достаточное основание для предположения

ostensible ~ презюмируемая причина; презюмируемое основание; презюмируемый мотив

valid ~ уважительная причина

reasonable справедливый; разумный; резонный; разумно необходимый; обоснованный; надлежащий; соответствующий

reasonableness справедливость *(довода);* разумность; резонность; разумная необходимость; обоснованность

reasoned обоснованный; мотивированный

reasoning изложение мотивов; обоснование; основания вынесенного решения

~ of judg(e)ment основания вынесенного судебного решения

legal ~ правовое обоснование

reassurance перестрахование

reassure перестраховывать

reattach 1. повторно взять под стражу **2.** повторно описать *(имущество)*

reattachment 1. повторное взятие под стражу **2.** повторная опись имущества

rebanish повторно изгнать из страны

rebanishment повторное изгнание из страны

rebate 1. скидка ‖ снижать, уменьшать, сокращать **2.** прекращать, отменять, аннулировать

rebel повстанец; бунтовщик; мятежник ‖ восставать; бунтовать; поднимать мятеж

rebellion восстание; мятеж; бунт; неповиновение *(в том числе суду)*

rebus sic stantibus *лат.* при неизменных обстоятельствах

rebut 1. контртриплика, ответ на триплику, третья состязательная бумага ответчика, третье возражение ответчика **2.** опровергать; представлять контрдоказательства ◇ **to ~ a defence** опровергнуть доводы защиты; опровергнуть защиту; представить доказательства против защиты; **to ~ a prosecution** опровергнуть доводы обвинения; опровергнуть обвинение; представить доказательства против обвинения

rebutment опровержение

rebuttable опровержимый

rebuttal опровержение; представление контрдоказательств ◇ **a ~ with proof** опровержение доказательствами

rebutter контртриплика, ответ на триплику, третья состязательная бумага ответчика, третье возражение ответчика

recalcitrant упорно не подчиняющийся

recalcitrate упорно не подчиняться

recall 1. отмена ‖ отменять **2.** отозвание *(о должностном лице, дипломатическом представителе)* ‖ отзывать **3.** вторичное препровождение в исправительное учреждение ‖ вторично препровождать в исправительное учреждение **4.** брать обратно; потребовать обратно ◇ **to ~ a judg(e)ment** отменять судебное решение

recaption изъятие вещи из чужого владения в порядке самопомощи

recapture реприз; обратный захват; вторичное задержание *(поимка)*, вторичное заключение под стражу ‖ вторично задержать, вторично заключить под стражу

receipt 1. получение 2. расписка в получении; квитанция ‖ выдавать расписку в получении, расписываться в получении ◇ **against ~** под расписку; против квитанции

accountable ~ расписка в получении денег *или* движимости с обязательством отчитаться, выплатить *или* доставить

binding ~ временный страховой документ *(до оформления полиса)*

cash ~ расписка в получении наличных денег

clean ~ чистая расписка *(расписка, не содержащая оговорок)*

custody ~ сохранная расписка

delivery ~ расписка в получении

deposit ~ депозитная квитанция; сохранная расписка

dock ~ доковая расписка

filing ~ расписка в принятии, поступлении документа; *пат.* приоритетная справка

foul ~ расписка, содержащая оговорки

hand ~ расписка

innocent ~ добросовестное приобретение *(похищенного имущества)*

interim ~ временная расписка

luggage ~ багажная квитанция

mate's ~ расписка грузового помощника капитана

parcel ~ квитанция на мелкую партию груза

post-office ~ почтовая квитанция

return ~ расписка в получении возвращённого предмета

shipping ~ расписка в принятии груза к перевозке

ship's clean ~ чистая судовая расписка

trust ~ сохранная расписка, расписка на доверительной основе

warehouse ~ 1. *англ.* складская расписка 2. *амер.* складское свидетельство

warehouse-keeper's ~ складская расписка

wharfinger's ~ расписка товарной пристани в приёме товара для отправки

receiptee лицо, которому выдана расписка в получении

receiptor выдавший расписку в получении; расписавшийся в получении

receivable 1. могущий быть принятым; приемлемый 2. подлежащий получению ◇ **~ in evidence** приемлемый, принимаемый в качестве доказательства

receive 1. получать; принимать 2. давать агреман 3. принимать, укрывать *(заведомо похищенное имущество или преступника)* ◇ **to ~ an offender** укрывать преступника; **to ~ a sentence** быть приговорённым; понести наказание; **to ~ a service of process** принять вручаемый документ; **to ~ at trial** приобщить к материалам судопроизводства; **to ~ evidence** получить *или* принять доказательства; **to ~ in livery** вступать во владение; **to ~ into prison** поместить в тюрьму, принять *(в качестве)* заключённого; **to ~ provocation** подвергнуться провокации; **to ~ stolen goods** принимать, укрывать краденое; **to ~ testimony** отобрать свидетельские показания

received принятый; признанный

universally ~ общепринятый, общепризнанный

receiver 1. получатель 2. управляющий конкурсной массой 3. сборщик налогов 4. администратор налогов, инкассатор доходов 5. укрыватель заведомо похищенного имущества ◇ **~ general of the public revenue** сборщик налогов; **~ in bankruptcy** управляющий конкурсной массой при банкротстве

~ of customs администратор таможенных доходов

court ~ лицо, назначенное приказом суда управлять имуществом банкрота *или* имуществом, которое является предметом спора

guilty ~ виновный в укрывательстве заведомо похищенного имущества

official ~ официальный ликвидатор *(лицо, назначенное для временного управления имуществом несостоятельного должника до назначения управляющего конкурсной массой)*

receivership 1. администрация доходов 2. статус лица, назначенного управлять имуществом банкрота *или* имуществом, являющимся предметом судебного спора

active ~ активное управление конкурсной массой *(с обязанностью управляющего осуществлять в связи с ней предпринимательскую деятельность)*

court (appointed) ~ статус *или* функции лица, назначенного приказом суда управлять имуществом банкрота *или* имуществом, являющимся предметом судебного спора

pendente lite ~ управление имуществом, являющимся предметом судебного спора

receiving укрывательство имущества, добытого заведомо преступным путём ◇ **~ and uttering** укрывательство и сбыт имущества, добытого заведомо преступным путём

receptacle ◇ **~ for stolen goods** место, помещение, служащее для сокрытия краденого

receptee 1. принимаемый; поступающий *(в тюрьму и т.п.)* 2. получающий агреман

reception 1. принятие 2. приём 3. выдача агремана 4. поступление *(в тюрьму и т.д.)* ◇ **~ on conviction** поступление *(в тюрьму и т.п.)* по осуждении; **~ under sentence** поступление *(в тюрьму и т.п.)* по приговору

~ of aliens допуск иностранцев

~ of evidence 1. получение доказательств 2. слушание показаний

~ of hearsay 1. признание свидетельства с чужих слов судебным доказательством 2.

приобщение свидетельства с чужих слов к материалам дела

receptor 1. принимающий **2.** выдающий агреман

recess перерыв в заседании ‖ делать перерыв ◇ ~ **for examination of statement** перерыв в заседании для изучения сделанного заявления; **to ~ for deliberation** удаляться на совещание

~ **of the jury** удаление присяжных на совещание

recession обратная передача территории

recidivate рецидивировать, повторно *(после осуждения)* совершить преступление

recidivism рецидив

recidivist рецидивист

    confirmed ~ лицо, официально *(судом)* признанное рецидивистом

    dangerous ~ опасный рецидивист

    special dangerous ~ особо опасный рецидивист

recipient получатель

    authorized ~ уполномоченный получатель

    legitimate ~ законный получатель

    welfare ~ получатель пособия; пенсионер

reciprocal взаимный; двусторонний

reciprocate действовать на началах взаимности

reciprocity взаимность

    legislative ~ законодательная взаимность, применение принципа взаимности в законодательстве

recital(s) перечисление фактов *(в вводной части документа, в констатирующей части искового заявления)*; декларативная часть *(документа)*

recite перечислять *(факты)*; излагать *(факты, содержание документа)*

reckless опрометчивый; грубо неосторожный

recklessly опрометчиво; по грубой неосторожности

recklessness опрометчивость; грубая неосторожность

reclaim 1. требовать обратно, истребовать **2.** *шотл.* подавать апелляцию

reclamation 1. требование о возвращении; истребование **2.** предъявление претензии; рекламация

recodification рекодификация

recodify рекодифицировать

recognisance *см.* **recognizance**

recognition 1. признание **2.** последующее одобрение, последующее подтверждение **3.** предоставление слова *(в заседании)* ◇ ~ **de facto** признание де факто; ~ **de jure** признание де юре

~ **of belligerency** признание в качестве воюющей стороны

~ **of government** признание правительства

~ **of insurgency** признание в качестве восставшей стороны

~ **of nation** признание нации

~ **of state** признание государства

    conditional ~ условное признание

creative ~ признание как конститутивный акт, конститутивное признание

interstate ~ of divorce взаимное признание штатами развода, оформленного в другом штате

joint ~ совместное признание

legal ~ юридическое признание; судебное признание

recognitor 1. присяжный **2.** лицо, дающее обязательство в суде

recognizance 1. обязательство, данное в суде *(занесённое в судебный протокол)* **2.** залог *(при поручительстве)* ◇ **to put under ~** взять под залог *(при поручительстве)*

recognize 1. признавать **2.** давать обязательство в суде **3.** давать залог *(при поручительстве)* **4.** предоставлять слово *(в заседании)*

recognizee лицо, в пользу которого другое лицо даёт обязательство в суде

recognizor лицо, дающее обязательство в суде

recommend рекомендовать; советовать

recommendation рекомендация; совет

judicial ~ рекомендация на должность судьи

recommendatory рекомендательный, имеющий характер рекомендации

recommit 1. возвращать для повторного рассмотрения **2.** возвращать заключённого в тюрьму

recommitment 1. возвращение для повторного рассмотрения **2.** возвращение заключённого в тюрьму

recompense 1. компенсация; возмещение ‖ компенсировать; возмещать **2.** вознаграждение ‖ вознаграждать **3.** *разг.* (справедливое) возмездие, наказание ‖ воздать, отплатить кому-л. *(за злодеяние)*

pecuniary ~ 1. денежная компенсация **2.** денежное вознаграждение

reconcile 1. примирять **2.** согласовывать

reconciliation 1. примирение **2.** согласование

reconduct препроводить; принудительно привести

reconduction препровождение; принудительный привод

reconfirm подтверждать

reconfirmation подтверждение

reconsider пересматривать; рассматривать повторно

reconsideration пересмотр; повторное рассмотрение

Reconstruction *амер. ист.* Реконструкция *(реорганизация федеральным правительством государственно-правового устройства мятежных штатов в ходе и после гражданской войны 1861-1865 гг.)*

reconvene заявлять встречное требование

reconvention встречное требование

reconveyance обратная передача правового титула

reconvict осудить повторно

reconvicted осуждённый повторно, рецидивист

reconviction повторное осуждение

record 1. запись ‖ записывать; *pl тж* архивы **2.** протокол; досье, дело ‖ протоколировать

3. документ (*оформленный надлежащим должностным лицом и служащий доказательством зафиксированного в нём правового акта, сделки, права*), публичный акт **4.** материалы судебного дела, письменное производство по делу **5.** *авт. пр.* носитель звукозаписи **6.** послужной список **7.** прошлое (*кого-л.*) ◇ in ~ являющийся предметом спора в заявленном иске; «no ~s» «материалы отсутствуют» (*формула отказа в предоставлении запрошенной конфиденциальной информации*); not in ~ не являющийся предметом спора в заявленном иске; of ~ протокольный, относящийся к письменному производству || по протоколу; off the ~ не для протокола; on the ~ в протоколе, с занесением в протокол

~ of conviction протокольная запись об осуждении

~ of evidence протокольная запись представленных доказательств

~ of fingerprint протокол дактилоскопической регистрации

~ of footprint протокол снятия следов ног

~ of jailer тюремная регистрационная книга

~ of judgement протокольная запись решения суда

~ of nisi prius копия производства по делу

~ of service послужной список; стаж работы

~ of the jury протокол заседания присяжных

~ of trial судебный протокол, протокол судебного заседания по делу

accident ~ досье числящихся за лицом автодорожных происшествий (*по его вине*)

adjudication ~ реестр судебных решений

arrest ~(s) досье *или* регистрация арестов

auditing ~s отчёты финансовых ревизий

birth ~ официальная запись о рождении

bookkeeper's ~ бухгалтерский отчёт

business ~s регистрация деловых операций

case ~s запротоколированные материалы дела

census ~s зарегистрированные данные переписи населения

church ~s церковные книги, записи, регистрация

clean ~ чистое досье (*без приводов, судимостей и т.п.*)

conviction ~s досье *или* регистрация судимостей

corporate ~s деловые бумаги корпорации

court ~(s) протокол(ы) судебного заседания; материалы судебного заседания

crime ~ досье *или* регистрация преступлений

criminal ~ **1.** досье преступника (*совершённых им преступлений*) **2.** подтверждённое судимостью совершение преступления *или* преступлений **3.** криминалистический учёт

death ~ официальная запись о смерти

defendant's ~ досье подсудимого (*перечень приводов, арестов, побегов из-под стражи, совершённых преступлений и судимостей*)

delinquency ~ досье делинквентности лица

employment ~s регистрация работы по найму; записи в трудовой книжке

entire ~ материалы письменного производства в полном объёме

escape ~ досье побегов из-под стражи

informal ~ неформальная, незапротоколированная запись

investigatory ~s следственное производство по делу

judicial ~(s) материалы судопроизводства; протокол суда

land ~s поземельная книга

legislative ~ протокол заседаний законодательного органа

life history ~ письменная биография (*правонарушителя*)

marriage ~ официальная запись о регистрации брака

nul tiel ~ «нет такого акта» (*возражение ответчика против утверждения истца о наличии судебного решения или иного публичного акта*)

partial ~ выписки из протокола

police ~ полицейское досье

prior ~ досье приводов, арестов, побегов из-под стражи, совершённых преступлений и судимостей

prior criminal ~ досье ранее совершённых преступлений, досье преступника

prison ~ **1.** тюремная регистрационная книга **2.** тюремное досье преступника

public ~ публичный акт; документ публичного характера

requested ~ затребованное (*судом*) досье преступника

school ~s **1.** протокол школьного делопроизводства **2.** регистрация учащихся школы

time ~ трудовой стаж

typewritten ~ машинописный протокол

verbatim ~ полный, стенографический отчёт

violent ~ досье совершённых лицом актов насилия, насильственных действий

written ~ письменный протокол

recordation протоколирование; ведение протокола

~ of proceedings ведение протокола судопроизводства

recorder **1.** протоколист; регистратор; архивариус **2.** рикордер, городской мировой судья и судья по уголовным делам четвертных сессий

general ~ присяжный протоколист в суде

Recorder:

~ of London судья, управомоченный Центральным уголовным судом выполнять отдельные поручения по делам, находящимся в производстве другого суда

record-keeping протоколирование; ведение протокола

recoup **1.** компенсировать; возмещать **2.** делать скидку; вычитывать **3.** уменьшать сумму убытков

recoupment **1.** компенсация, возмещение **2.** вычет **3.** уменьшение присуждаемых истцу убытков recourse 1. регресс; право регресса, право оборота; регрессное требование 2. обращение за помощью к суду, к *каким-л.* мерам ◇ ~ against регрессное требование к *кому-л.*; to have ~ against предъявить регрессное требование к *кому-л.*; to have ~ to прибегать, обращаться к *чему-л.* (*к суду, арбитражам, мерам и т.д.*); with ~ с оборотом (*на кого-л.*); without ~ без оборота на меня (*надпись индоссанта на векселе*)

judicial [legal] ~ обращение в суд

recover виндицировать; взыскивать в судебном порядке, обращать взыскание (*на имущество*), получать возмещение по суду ◇ to ~ a verdict иметь вердикт в свою пользу; to ~ compensation получить возмещение по суду; to ~ damages взыскивать убытки; to ~ judgement иметь судебное решение, вынесенное в свою пользу

recoverable могущий быть взысканным в судебном порядке; подлежащий взысканию в судебном порядке

recovery виндикация; взыскание в судебном порядке; обращение взыскания на имущество; сумма, взыскиваемая по решению суда; возмещение ◇ ~ in kind возмещение в натуре

~ of (civil) damages взыскание убытков

~ of patent виндикация патента (*полученного не действительным автором*)

~ of penalty наложение взыскания; взыскание штрафа

common ~ виндикация по нормам общего права

double ~ взыскание убытков, превышающих размер ущерба

recredentials отзывные грамоты

recriminate обращать обвинение на обвинителя; опровергать иск о разводе ссылкой на ненадлежащее матримониальное поведение истца как на основание для заявления встречного иска о разводе

recrimination обвинение обвинителя; защита по делу о разводе ссылкой на ненадлежащее матримониальное поведение истца как на основание для заявления встречного иска о разводе

recriminator ответчик по иску о разводе, опровергающий иск ссылкой на ненадлежащее матримониальное поведение истца как на основание для встречного иска о разводе

recriminatory дающий основание для заявления встречного иска о разводе со ссылкой на ненадлежащее матримониальное поведение истца

re-cross повторный перекрёстный опрос, допрос (*свидетеля противной стороны*) || повторно производить перекрёстный опрос, допрос

recruit рекрут || привлекать к военной службе, вербовать в армию

recruitment набор, вербовка, привлечение к военной службе

labour ~ набор рабочей силы

rectification исправление, поправка, внесение поправки, исправления, устранение ошибки, ректификация

rectify исправлять, вносить исправление, устранять ошибку

recuperate возмещать

recuperation возмещение

recusable оставляющий возможность отказа

recusancy неподчинение

recusant отказывающийся подчиняться законам, власти

recusation отвод (*судьи, присяжных*)

redargue *шотл.* опровергать; отвергать, отклонять

reddendo singula singulis *лат.* толкование по принципу «отдельное к отдельному» (*напр. в выражении «I devise and bequeath all my real and personal property to A» слово devise будет отнесено к real property, а слово bequeath - к словам personal property*)

reddidit *лат.* «он сам явился» (*отметка на подписке-поручительстве о том, что подсудимый явился и находится под стражей*)

reddititse см. reddidit

redeem выкупать (*заложенное имущество*); освобождать (*имущество*) от залогового обременения; погашать (*облигацию*) ◇ to ~ prisoner освобождать заключённого

redeemable подлежащий выкупу; могущий быть выкупленным; подлежащий освобождению (*о заключённом*)

redeliver выдавать, сдавать обратно, возвращать

redelivery обратная передача, обратная доставка, возврат

redemise субаренда || сдавать в субаренду

redemption выкуп (*заложенного имущества*); освобождение (*имущества*) от залогового обременения; погашение (*облигации*)

re-design *пат.* копирование, контрафакция || копировать, совершать контрафакцию

redeterminate повторно определять, пересматривать (*статус*)

redetermination повторное определение, пересмотр (*статуса*)

redhibition расторжение договора купли-продажи ввиду скрытых дефектов вещи

redintegration 1. реинтеграция (*гражданства*) 2. восстановление (*договора*)

redirect 1. переадресовывать 2. повторно производить прямой [главный] опрос *или* допрос (*свидетеля выставившей стороной после перекрёстного опроса, допроса*)

rediscount переучёт (*векселя*) || переучитывать (*вексель*)

redistricting перераспределение избирательных округов

redraft 1. обратный переводный вексель, ретратта 2. новая формулировка, изменённая редакция || изменить формулировку, дать новую редакцию

redrafted в новой редакции, в новой формулировке

redraw выставлять обратный переводный вексель, выставлять ретратту

redrawn в изменённой редакции

redress 1. возмещение; удовлетворение; сатисфакция ‖ давать возмещение, удовлетворение, сатисфакцию 2. предъявление регрессного иска; взыскание в порядке регресса
~ **of grievance** удовлетворение жалобы
~ **of wrong** возмещение вреда
legal ~ правовая помощь

red-tape(ry) волокита; бюрократизм

reduction сокращение, уменьшение; смягчение (наказания) ◇ ~ **in account** уменьшение суммы иска с требованием отчётности; ~ **in a claim** уменьшение суммы иска; ~ **in [of] sentence** уменьшение (срока) наказания, назначенного в приговоре
charge ~ смягчение обвинения
statutory ~ сокращение срока наказания в порядке, установленном законом
tax ~ уменьшение налоговой ставки

redundancy 1. излишек (часто в смысле сокращения штатов и увольнения) 2. избыточность (пунктов формулы изобретения) 3. отсутствие отношения к делу, иррелевантность

redundant 1. излишний, избыточный; уволенный (о работнике) 2. не имеющий отношения к делу, иррелевантный

reeducate перевоспитывать

reeducation перевоспитание
~ **of offenders** перевоспитание правонарушителей, преступников
correctional ~ исправительное перевоспитание

re-elect переизбрать, избирать вновь

re-election повторное избрание на должность, переизбрание

re-eligibility право на переизбрание

re-eligible имеющий право на переизбрание

re-enact повторно устанавливать в законодательном порядке

re-enacted повторно установленный в законодательном порядке

re-enactment повторное установление в законодательном порядке

re-entry обратное завладение, восстановление владения недвижимостью

re-establish восстановить (прежнее положение), произвести реституцию

re-establishment восстановление прежнего положения, реституция

re-examination 1. повторный опрос свидетеля 2. повторное рассмотрение; повторная экспертиза
judicial ~ 1. повторный опрос свидетеля в суде 2. повторное судебное рассмотрение

re-examine 1. повторно опрашивать 2. повторно рассматривать; производить повторную экспертизу

re-extent повторный исполнительный судебный приказ о производстве денежного взыскания в пользу государства

refer 1. ссылаться, давать отсылку 2. направлять; отсылать 3. передавать (дело) рефери или в другую инстанцию 4. относиться, иметь отношение 5. противопоставить (патент) ◇ **to** ~ **to arbitration** передавать в арбитраж

referable (to) подлежащий рассмотрению (в) ◇ ~ **to arbitration** подлежащий передаче в арбитраж, могущий быть переданным в арбитраж

referee 1. третейский судья 2. рефери (лицо, которому суд направляет рассматриваемое дело для снятия показаний, заслушания сторон и последующего доклада суду) ◇ ~ **in case of need** нотадресат, гонорат, плательщик по неакцептованному или неоплаченному векселю по поручению трассанта или индоссанта
official ~s официальные рефери (три должностных лица Высокого суда правосудия в Англии, рассматривающие передаваемые им дела и в ряде случаев выступающие в качестве арбитров)

reference 1. ссылка, указание 2. справка 3. передача дела рефери 4. вопрос, переданный на рассмотрение 5. третейская запись 6. арбитражное дело 7. компетенция (лица или органа, которому вопрос передан на рассмотрение) 8. отношение, касательство 9. отзыв, характеристика ◇ ~ **in case of need** указание нотадресата (т.е. плательщика на случай неакцептования или неоплаты векселя); **with** ~ **to** касательно чего-л.; согласно чему-л.
legal ~ ссылка на правовую норму
legislative ~ ссылка на законодательный акт
prior art ~ пат. ссылка на уже известный уровень техники
secondary ~ подсобная, дополнительная ссылка (противопоставленный экспертизой источник информации, который в сочетании с основной ссылкой, в которой описан прототип, свидетельствует об очевидности, а следовательно, и о непатентоспособности заявленного изобретения)

referendary третейский судья

referendum референдум, всенародный опрос

referral 1. передача на рассмотрение 2. лицо, передаваемое в другую юрисдикцию
administrative ~ передача на рассмотрение в административный орган
court ~ передача на рассмотрение в суд
disciplinary [discipline] ~ передача на рассмотрение в орган дисциплинарной юрисдикции
diversionary ~ передача на рассмотрение с целью замены уголовной ответственности альтернативными методами исправительного воздействия
initial ~ первичная передача на рассмотрение
juvenile court ~ передача на рассмотрение в суд по делам несовершеннолетних
legitimate ~ передача на рассмотрение в соответствии с законом
postconviction ~ 1. передача на рассмотрение

после осуждения 2. осуждённый, передаваемый в другую юрисдикцию

preconviction ~ передача на рассмотрение до осуждения

regulatory ~ *амер.* передача на рассмотрение в регулятивный орган

secondary ~ вторичная передача на рассмотрение

referred переданный на рассмотрение

refinement of law тщательная разработка норм права

reform 1. реформа ‖ реформировать 2. исправление ‖ исправлять

reformatio in pejus *лат.* поворот к худшему

reformation внесение исправления; исправление *(документа, преступника)*

reformatory реформаторий *(вид исправительного учреждения)*

certified inebriate ~ лицензированный реформаторий для алкоголиков *(в Великобритании)*

industrial ~ *амер.* реформаторий с использованием труда заключённых в промышленности

inebriate ~ реформаторий для алкоголиков

juvenile ~ реформаторий для несовершеннолетних правонарушителей

private ~ частный реформаторий

refrain воздерживаться *(от совершения действия)*

refresher дополнительный гонорар адвокату по рассматриваемому делу

refuge убежище

refugee беженец; эмигрант

political ~ политический беженец; политический эмигрант

refund обратная выплата; возврат; возмещение; компенсация ‖ выплачивать обратно; возвращать, возмещать; компенсировать

refundment обратная выплата; возмещение; возврат

refusal 1. отказ 2. отклонение 3. опцион, право выбора ◇ **~ to admit** отказ признать *(факт; вину)*

first ~ право преимущественной покупки

refuse отказывать(ся); отвергать, отклонять

refutable опровержимый

refutation опровержение

refute опровергать

regard 1. уважение 2. соблюдение 3. отношение 4. рассматривать ◇ **in [with] ~ to** относительно, в отношении, касательно

regarding относительно, касательно

regency 1. правление, управление 2. регентство; регентский совет

regent 1. правитель 2. регент

regicide цареубийство

regime режим, строй

boundary ~ пограничный режим

capitulations [capitulatory] ~ режим капитуляций

customary ~ обычный режим

general ~ общий режим

legal ~ правовой режим

matrimonial ~ режим супружеской собственности

occupation ~ оккупационный режим

treaty ~ договорный режим

region край; область; округ; район; район земного шара, регион

national ~s национальные области *(в Великобритании - Англия, Уэльс, Шотландия, Северная Ирландия)*

regional областной; районный; региональный

register 1. книга, журнал записей; список, реестр, регистр, указатель; метрическая книга ‖ регистрировать(ся); заносить в книгу, реестр, список, регистр *и т.п.* 2. чиновник-регистратор; протоколист; архивариус 3. судья по делам о наследствах и опеке *(в некоторых штатах США)* ◇ **~ in bankruptcy** куратор конкурсной массы; **to ~ protest** заявлять протест

~ of copyrights реестр авторских прав

~ of electors список избирателей; *амер.* список выборщиков

~ of voters список избирателей

court ~ 1. судебный реестр 2. судебный регистратор

electoral ~ список избирателей

land ~ земельный кадастр

parish ~ приходская метрическая книга

public ~ 1. государственный реестр 2. государственный регистратор; государственный архивариус

ship's ~ судовой регистр

trade ~ торговый реестр

registrability допустимость регистрации, возможность регистрации *(напр. в качестве товарного знака)*

registrant лицо, подающее заявление о регистрации

registrar 1. чиновник-регистратор 2. регистрационное бюро 3. «регистратор суда», судебный помощник *(в канцлерском отделении Высокого суда правосудия в Англии)* 4. судебный распорядитель *(руководитель предварительной стадии судебного разбирательства в отделении по делам о завещаниях, разводах и морским делам Высокого суда правосудия в Англии)* 5. секретарь суда *(в Международном суде ООН)*

~ of births and deaths бюро регистрации рождений и смертей

bankruptcy ~ управляющий конкурсной массой

district ~ 1. руководитель местной судебной канцелярии *(в Великобритании)* 2. судебный распорядитель *(руководящий предварительным производством и подготовкой дела к слушанию в Высоком суде при оформлении предъявления иска вне Лондона)*

Registrar:

~ General начальник службы регистрации актов гражданского состояния *(в Великобритании)*

registration регистрация; внесение в список, реестр, регистр; приписка *(морских судов)* civil ~ запись актов гражданского состояния

parliamentary ~ регистрация избирателей *(для выборов в парламент)*

special ~ регистрация избирателя для голосования на данных выборах

vital ~ запись актов гражданского состояния

registrator регистратор *(напр. актов гражданского состояния)*

registry 1. книга для записей; реестр; регистр 2. регистратура; отдел записи актов гражданского состояния 3. судебная канцелярия 4. регистрация

district ~ местная судебная канцелярия *(в Великобритании)*

land ~ земельный кадастр

regnal относящийся к царствованию ◇ ~ years годы царствования

regnant царствующий, царствующая

King ~ царствующий король

Queen ~ царствующая королева

regress возвращение во владение (недвижимостью)

regular 1. находящийся в соответствии с правом 2. совершённый по форме, формальный; надлежаще оформленный 3. правильный; надлежащий 4. обычный, нормальный 5. регулярный; очередной ◇ ~ on (its) face правильный с внешней стороны, по форме правильный, произведённый в надлежащем по форме порядке

regularity 1. соответствие требованиям права 2. правильность 3. регулярность

regularize упорядочить, привести в надлежащее состояние

regularly 1. регулярно 2. в соответствии с требованиями права

regulate регулировать; регламентировать

regulating регулирующий; регламентирующий

regulation 1. регулирование; регламентирование 2. норма; правило; постановление; устав; инструкция ◇ ~ enforceable in a court of law норма, применимая в судебном порядке

~ of conduct регулирование поведения

administrative ~ 1. административное правило; норма административного права 2. постановление административного органа

business ~ государственное регулирование предпринимательской деятельности

federal ~ *амер.* федеральное правило, норма федерального права 2. постановление федерального органа

forest ~ 1. лесоустройство 2. лесное законодательство

government(al) ~ 1. правительственное регулирование 2. постановление правительства

highway ~s правила дорожного движения

implementing ~(s) исполнительное распоряжение по введению в действие *или* по применению *какого-л.* нормативного акта

industrial ~ регулирование трудовых отношений; трудовое законодательство

internal ~ правила внутреннего распорядка; правила процедуры

legal ~ правовое регулирование

legislative ~ законодательная норма, узаконение

legislatively mandated ~ норма, предписанная в законодательном порядке

local ~ местный нормативный акт; постановление местного органа

non-governmental ~ постановление неправительственного органа

parking ~s правила, регулирующие стоянки автомобилей

police ~(s) нормативные акты об охране общественного порядка, полицейские правила; полицейский контроль

quarantine ~s карантинные правила

safety ~s правила техники безопасности

sanitary custom house ~s санитарные таможенные правила

service ~s служебный регламент

state ~ 1. норма права штата 2. постановление органа штата

tax ~s налоговые правила

working ~ действующее правило; эффективное правило

regulative регулятивный

regulator *амер.* 1. сотрудник регулятивного органа 2. *ист.* член суда Линча

regulatory регулирующий; регулятивный; распорядительный; инструктивный

rehabilitate восстанавливать в правах, реабилитировать ◇ to ~ an offender 1. реабилитировать [восстановить в правах] преступника 2. реабилитировать личность преступника *(адаптировать преступника к условиям общежития)*

rehabilitating реабилитирующий

rehabilitation восстановление в правах, реабилитация

~ of offender 1. реабилитация [восстановление в правах] преступника 2. реабилитация личности преступника *(приспособление его к условиям общежития)*

correctional ~ исправительная реабилитация, исправление преступника

legal ~ юридическая реабилитация, восстановление в правах

offender ~ 1. реабилитация [восстановление в правах] преступника 2. реабилитация личности преступника *(приспособление его к условиям общежития)*

psychiatric ~ психиатрическая реабилитация

social ~ социальная реабилитация *(восстановление личности в смысле приспособления её к условиям общежития)*

vocational ~ профессиональная реабилитация *(напр. после потери трудоспособности)*

rehabilitative реабилитирующий

rehear вновь заслушивать дело ◇ to ~ in banc(o) [in bank] вновь заслушивать дело полным составом

reimbursable 1. могущий быть выплаченным обратно 2. возместимый, компенсируемый

reimburse 1. выплачивать обратно 2. возмещать, компенсировать

reimbursement 1. обратная выплата 2. возмещение, компенсация
~ of injured person возмещение ущерба потерпевшему
federal ~ *амер.* федеральная компенсация, компенсация федеральными властями
local ~ компенсация местными властями
private ~ 1. компенсация частному лицу 2. компенсация частным лицом
public ~ государственная компенсация
state ~ государственная компенсация; *амер.* компенсация властями штата

re-imprison вновь заключать в тюрьму

re-imprisonment повторное заключение в тюрьму

reincarcerate повторно заключать в тюрьму

reincarceration повторное заключение в тюрьму

reincorporate вновь включать; реинкорпорировать

reincorporation повторное включение; реинкорпорация

reindict вновь выносить обвинительный акт

reindictment повторно вынесенный обвинительный акт

reinstate восстанавливать (*в прежнем правовом положении, в правах, в юридической силе*) ◇ to ~ the prosecution возобновить уголовное преследование

reinstatement восстановление (*в прежнем правовом положении, в правах, в юридической силе*) ◇ ~ in [of] employment восстановление на работе

reinsurance перестрахование

reinsure перестраховывать

reintegration реинтеграция, вторичное приобретение гражданства одного и того же государства

reinvestigate повторно расследовать

reinvestigation новое, повторное расследование

reissue выдача переизданного, исправленного патента; переизданный патент; описание изобретения к переизданному патенту ‖ переиздавать патент, издавать исправленный патент ◇ to ~ summons повторно издать приказ о явке в суд

reject отвергать, отклонять, отводить, отказываться ◇ to ~ a motion отклонить ходатайство; to ~ an appeal отклонить апелляцию; to ~ goods отказываться от принятия товара

rejection отклонение, отказ
best mode ~ отказ в выдаче патента по мотиву неприведения в описании изобретения известного заявителю лучшего способа осуществления изобретения
obvious ~ отказ в выдаче патента со ссылкой на очевидность заявленного изобретения

rejoin подавать дуплику, подавать вторичное возражение (*об ответчике*)

rejoinder 1. объединение 2. дуплика, вторая состязательная бумага ответчика, вторичное возражение ответчика, возражение ответчика на реплику истца
~ of application *пат.* объединение выделен-

ной заявки с первоначальной «родственной» заявкой

rejourn повторно отсрочивать рассмотрение дела

rejournment повторная отсрочка рассмотрения дела

relapse ◇ to ~ into crime укорениться в преступных привычках, стать рецидивистом

relate 1. излагать факты; информировать, заявлять в суд 2. быть связанным 3. относиться, иметь отношение 4. состоять в родстве ◇ to ~ back to иметь обратное действие с ... , иметь обратную силу с ...

relation 1. отношение; связь 2. родство 3. родственник, родственница 4. изложение фактов; представление информации, заявление в суд; донос ◇ ~ back обратное действие, обратная сила; ~ on the record взаимоотношение сторон по судебному делу
appropriate ~ надлежащая связь
bigamous ~(s) двубрачие
blood ~ 1. (кровное) родство 2. (кровный) родственник
casual ~(s) беспорядочные сношения, промискуитет
causal ~ причинная связь
collateral ~ 1. побочное родство, боковая линия родства 2. побочный родственник
confidential ~(s) фидуциарные, основанные на доверии отношения; конфиденциальные отношения
conjugal ~s брачные, супружеские отношения
conspiratorial ~ связь по преступному сговору; заговорщическая связь
consular ~s консульские отношения
contractual ~s договорные отношения
diplomatic ~s дипломатические отношения
domestic ~s внутригосударственные отношения
employer-employee ~s трудовые правоотношения, отношения между нанимателем и работником
employment ~s трудовые отношения
extra-marital ~s внебрачная связь
fiduciary ~ фидуциарные отношения
foreign ~s внешние сношения
good neighbourly ~s добрососедские отношения
half-blood ~ полукровный (*единокровный или единоутробный*) родственник (*брат, сестра*)
illegitimate ~ неузаконенное, фактическое родство
illicit ~s внебрачные половые сношения
industrial ~s трудовые отношения; отношения между предпринимателем и профсоюзом
in law 1. свойство 2. свойственник, свояк
interracial ~s межрасовые отношения
jural ~ правоотношение
labour ~s трудовые (право)отношения
legal ~ 1. правоотношение 2. родство, признанное законом; свойство
legitimate ~ родство, признанное законом

lineal ~ родство по прямой линии

local ~s (право)отношения, регулируемые местными нормативными актами

marital [matrimonial] ~s брачные, супружеские отношения

municipal ~s внутригосударственные отношения

mutual ~s взаимоотношения

natural ~ 1. кровное родство 2. фактическое родство 3. кровный родственник 4. фактический родственник

public ~s связи с общественностью; служба связи с клиентами

reasonable ~ разумная связь

trade ~s торговые отношения

whole-blood ~ кровный родственник (брат, сестра) и по отцу, и по матери

relationship 1. отношение; взаимоотношение; связь 2. родство ◇ ~ (traced) through wedlock родство через брак, свойство

bigamous ~ двубрачие

blood ~ (кровное) родство

causal ~ причинная связь

collateral ~ побочное родство, боковая линия родства

confidential ~ фидуциарные, основанные на доверии отношения; конфиденциальные отношения

conjugal ~ брачные, супружеские отношения

conspiratorial ~ связь по преступному сговору, заговорщическая связь

contractual ~ договорные отношения

employer-employee ~ трудовые (право)отношения, отношения между нанимателем и работниками

employment ~ трудовые отношения

extra-marital ~ внебрачная связь

fiduciary ~ фидуциарные отношения

good neighbourly ~ добрососедские отношения

illegitimate ~ незаконное, фактическое родство

illicit ~ внебрачные половые сношения

in-law ~ свойство

immediate ~ близкое родство

industrial ~ трудовые отношения, отношения между предпринимателем и профсоюзом

interracial ~ межрасовые отношения

jural ~ правоотношение

labour ~ трудовые (право)отношения

legal ~ 1. правоотношение 2. родство, признанное законом; свойство

legitimate ~ родство, признанное законом

lineal ~ родство по прямой линии

local ~ (право)отношения, регулируемые местными нормативными актами

natural ~ 1. кровное родство 2. фактическое родство

relative 1. родственник 2. относительный; соотносительный; относящийся ◇ ~ through wedlock свойственник, свояк; ~ to относящийся к чему-л.; относительно чего-л.

blood ~ родственник по крови

collateral ~ родственник по боковой линии

illegitimate ~ фактический родственник

in-law ~ свойственник, свояк

immediate ~ близкий родственник

legal ~ свойственник, свояк

lineal ~ родственник по прямой линии

natural ~ 1. кровный родственник 2. фактический родственник

relator лицо, представляющее информацию в суд; информатор, заявитель

release 1. освобождение (от ответственности, из-под стражи и т.п.); приказ суда об освобождении || освобождать (от ответственности, из-под стражи и т.п.) 2. отказ от права; передача права другому лицу; документ об отказе от права или о передаче права || отказываться от права 3. опубликование || опубликовывать ◇ ~ by obligee освобождение от обязательства, долга кредитором; ~ for lack of evidence освобождение (от ответственности) за отсутствием доказательств; ~ from punishment освобождение от наказания; ~ in one's own custody освобождение из-под стражи; ~ on bail освобождение на поруки; ~ on licence временное освобождение из места лишения свободы (ввиду особых обстоятельств) по специальному разрешению; ~ on one's own recognizance освобождение из-под стражи под залог, внесённый освобождённым; ~ on parole условно-досрочное освобождение под честное слово; ~ pending appeal освобождение из-под стражи впредь до решения по апелляции; ~ pending notice of appeal освобождение из-под стражи впредь до рассмотрения заявления об апелляции; ~ pending sentence освобождение из-под стражи в ожидании приговора; ~ pending trial освобождение из-под стражи в процессе рассмотрения дела в суде; ~ prior to trial освобождение из-под стражи до рассмотрения дела в суде; to ~ absolutely полностью освободить (из-под стражи); to ~ a claim отказаться от требования; ~ during trial освобождение из-под стражи в процессе рассмотрения дела в суде; to ~ during trial освободить из-под стражи в процессе рассмотрения дела в суде; to ~ early освободить из заключения досрочно; to ~ finally освободить (от наказания, из заключения) окончательно; to ~ for lack of evidence освобождать (от ответственности) за отсутствием доказательств; to ~ gradually освобождать (от наказания, из заключения) поэтапно; to ~ on bail освободить на поруки; to ~ on condition или conditionally освободить условно (от наказания, из заключения); to ~ on discretion освободить (от наказания, из заключения) по усмотрению суда или администрации места лишения свободы; to ~ unconditionally освободить безусловно, полностью (от наказания, из заключения)

absolute ~ полное освобождение из-под стражи

bank ~ освобождение товара, заложенного в банке

conditional ~ условное освобождение (*от наказания, из заключения*)

discretionary ~ освобождение (*от наказания, из заключения*) по усмотрению суда *или* администрации места лишения свободы

early ~ досрочное освобождение из заключения

final ~ окончательное освобождение (*от наказания, из заключения*)

first ~ первое освобождение (*от наказания, из заключения*)

freight ~ разрешение на выдачу груза

general ~ отказ от настоящих и будущих притязаний, общий отказ

gradual ~ поэтапное освобождение (*от наказания, из заключения*).

jail ~ освобождение из тюрьмы

last ~ последнее освобождение (*от наказания, из заключения*)

mandatory ~ обязательное освобождение (*от наказания, из заключения*)

outright ~ полное освобождение (*от наказания*)

press ~ сообщение для прессы, коммюнике

pretrial ~ освобождение из-под стражи до рассмотрения дела в суде

unconditional ~ безусловное (*полное*) освобождение (*от наказания, из заключения*)

work ~ освобождение из-под стражи, расконвоирование на время работы

releasee 1. лицо, в пользу которого имеет место отказ от прав 2. лицо, освобождённое от ответственности *или* из-под стражи

designated ~ лицо, назначенное к освобождению из заключения

releaser лицо, отказывающееся от прав в пользу другого лица

releasor *см.* releaser

relevance 1. относимость (*к делу, вопросу и т.д.*), релевантность 2. обоснованность ◇ ~ in law юридическая значимость

causal ~ 1. причинная релевантность 2. причинная обоснованность

conditional ~ релевантность под условием

direct ~ 1. непосредственная релевантность 2. непосредственная обоснованность

indirect ~ 1. косвенная релевантность 2. косвенная обоснованность

legal ~ 1. юридическая релевантность 2. юридическая обоснованность

logical ~ 1. логически выводимая релевантность 2. логическая обоснованность

ostensible [presumptious, presumptive] ~ 1. презюмируемая релевантность 2. презюмируемая обоснованность

remote ~ отдалённая релевантность

substantial ~ 1. существенная релевантность 2. существенная обоснованность

relevancy *см.* relevance

relevant 1. имеющий отношение к делу, относящийся к делу, релевантный 2. обоснованный ◇ ~ in law юридически значимый

causally ~ 1. причинно релевантный 2. причинно обоснованный

conditionally ~ условно релевантный

directly ~ 1. непосредственно релевантный 2. непосредственно обоснованный

indirectly ~ 1. косвенно релевантный 2. косвенно обоснованный

legally ~ 1. юридически релевантный 2. юридически обоснованный

logically ~ 1. логически релевантный 2. логически обоснованный

ostensibly [presumptiously, presumptively] ~ 1. предположительно релевантный 2. предположительно обоснованный

remotely ~ отдалённо релевантный

substantially ~ 1. существенно релевантный 2. существенно обоснованный

reliability достоверность, надёжность

~ of evidence надёжность, достоверность доказательств; надёжность, достоверность показаний (*свидетельских*)

~ of testimony надёжность, достоверность свидетельских показаний

testimonial ~ *см.* reliability of testimony

reliable достоверный, надёжный

relict вдовствующий супруг, вдовствующая супруга

reliction отступление вод (*моря, реки*)

relief 1. помощь 2. пособие 3. средство судебной защиты 4. удовлетворение требования, правопритязания 5. освобождение (*от уплаты, от ответственности*) 6. скидка (*с налога*) ◇ ~ at law средство судебной защиты; ~ from disabilities освобождение от ограничений дееспособности; ~ on motion меры судебной защиты по ходатайству; ~ pending review меры судебной защиты, принятые в ожидании пересмотра вынесенного по делу решения

administrative agency ~ 1. средство защиты, искомое в административном органе *или* предоставленное административным органом 2. средство судебной защиты против деятельности административного органа

alternate [alternative] ~ альтернативное средство судебной защиты

civil ~ 1. гражданско-правовое средство судебной защиты 2. гражданские льготы военнослужащим

coercive ~ защита права в форме присуждения

collateral ~ 1. дополнительная помощь 2. дополнительное пособие 3. дополнительное средство судебной защиты 4. дополнительное освобождение (*от уплаты, от ответственности*) 5. дополнительная скидка (*с налога*)

compensatory ~ присуждение к уплате компенсации

criminal ~ уголовно-правовое средство судебной защиты

declaratory ~ декларáторная защита, судебная защита в форме определения прав и обязанностей сторон

equitable ~ средство судебной защиты по праву справедливости infants ~ охрана несовершеннолетних

injunctive ~ судебный запрет, средство правовой защиты в виде судебного запрещения

judicial ~ судебная помощь, средство судебной защиты

matrimonial ~ пособие супругам

preventive ~ предупредительное средство судебной защиты

private injunctive ~ судебный запрет на частную деятельность

public ~ 1. государственная помощь 2. государственное пособие

public injunctive ~ судебный запрет на деятельность публичного характера

specific ~ решение суда об исполнении в натуре

tax ~ скидка с налога

unemployment ~ пособие по безработице

work ~ охрана труда

relieve облегчать; освобождать *(от ответственности)*

religion:

established ~ государственная религия

relinquish отказываться *(от права)* ◇ to ~ an action отказаться от иска, отозвать иск

relinquisher отказывающийся от права

relinquishment отказ *(от права)*

relitigation повторная тяжба, повторный процесс

relocation 1. перемещение; переселение; перемена места жительства 2. *шотл.* возобновление договора аренды

rely основываться, основывать на *чём-л. (требования, возражения и т.д.)*

remain ◇ ~ deposited храниться *(о ратификационных документах);* ~ in abeyance оставаться открытым *(о вопросе и т.п.)*

remainder 1. оставшаяся часть 2. последующее имущественное право *(возникающее по прекращении имущественного права другого лица),* «выжидательная собственность», «выжидательное право»

alternative ~s альтернативная «выжидательная собственность»

contingent ~ условное выжидательное право

contingent ~ in fee условное выжидательное право собственности

remainderman субъект последующего имущественного права *(возникающего по прекращении имущественного права другого лица),* субъект «выжидательного» права собственности, лицо, ожидающее своего будущего права

remand 1. возвращение под стражу ‖ возвращать под стражу 2. возвращение на поруки ‖ возвращать на поруки 3. возвращение в первоначальную инстанцию 4. отложение слушания дела ‖ откладывать слушание дела ◇ ~ for trial возвращение в первоначальную инстанцию; ~ in custody возвращение под стражу; ~ on bail возвращение на поруки ~ of case возвращение дела в первоначальную инстанцию

remanent 1. отложенное судебное дело 2. зако-

нопроект, отложенный на следующую сессию 3. неотбытая часть (срока) наказания

remarks замечания по делу ◇ ~ by counsel замечания адвоката, защитника по делу; ~ by prosecution замечания обвинителя по делу; pre-imposition ~ by counsel замечания защитника по делу перед вынесением приговора

remarriage второй брак

remarry вступить в брак вторично ◇ to ~ lawfully законно вступить в новый брак; to ~ unlawfully вступить в новый брак с нарушением закона

remedial 1. предоставляющий средство судебной защиты 2. являющийся средством судебной защиты 3. касающийся средства судебной защиты

remed/y средство судебной защиты, средство защиты права ‖ предоставлять средство правовой защиты ◇ ~ at law 1. средство правовой, судебной защиты 2. средство судебной защиты по общему праву; ~ over право регресса; to ~ a grievance принимать меры по жалобе, удовлетворять жалобу

adequate ~ надлежащее средство судебной защиты

administrative ~ административное средство защиты права

alternative ~ альтернативное средство правовой защиты

civil ~ гражданско-правовое средство судебной защиты

common law ~ средство судебной защиты по общему праву

concurrent ~ies средства судебной защиты, применяемые одновременно

consumers' ~ судебная защита прав потребителей

criminal ~ уголовно-правовое средство судебной защиты

cumulative ~ 1. новое, дополнительное средство судебной защиты, устанавливаемое законом 2. совокупность средств судебной защиты

equitable ~ средство судебной защиты по праву справедливости

extrajudicial ~ внесудебное средство защиты права

federal ~ *амер.* средство судебной защиты по федеральному праву

judicial ~ средство судебной защиты

legal ~ 1. средство правовой, судебной защиты 2. средство судебной защиты по общему праву

motion-to-reduce ~ судебная защита ходатайством о сокращении (срока) назначенного наказания

ordinary ~ обычное средство правовой защиты *(судебная защита права)*

personal ~ средство судебной защиты, основанное на обязательственном праве

postconviction ~ судебная защита после осуждения

provisional ~ предварительное средство судебной защиты *(в порядке обеспечения иска)*

statutory ~ статутно-правовое средство судебной защиты

usual ~ обычное средство правовой защиты *(судебная защита права)*

remind 1. напоминать; направлять меморандум, памятную записку 2. повторно извещать, уведомлять

reminder 1. напоминание; меморандум, памятная записка 2. повторное извещение, уведомление

remise отказываться *(от права)*

remiss нерадивый, небрежный

remission 1. прекращение, отмена, аннулирование 2. уменьшение, ослабление 3. прощение; помилование; освобождение *(от ответственности, наказания, уплаты)* 4. отказ *(от своего права)* 5. обратная отсылка *(в коллизионном праве)*

~ of forfeiture 1. освобождение от уплаты штрафа 2. освобождение от конфискации 3. уменьшение суммы штрафа 4. сужение круга подлежащих конфискации предметов

~ of penalty 1. освобождение от наказания *или* штрафа 2. смягчение наказания 3. уменьшение суммы штрафа

~ of recognizance уменьшение суммы залога *(при поручительстве)*

governor's ~ помилование губернатором штата

presidential ~ президентское помилование

royal ~ королевское помилование

remissness небрежность

remit 1. прекращать, отменять, аннулировать 2. прощать; помиловать; освобождать *(от ответственности, наказания, уплаты)*; уменьшать ответственность 3. пересылать, переводить *(деньги)* 4. передавать в другую инстанцию 5. давать обратную отсылку *(в коллизионном праве)* 6. откладывать *(на более поздний срок)* 7. возвращать в место лишения свободы ◇ to ~ incapacity отменить правопоражение

remittance 1. пересылка, перевод *(денег)*; денежный перевод 2. возвращение в место лишения свободы

remittee получатель *(денежного перевода)*

remitter 1. отправитель денежного перевода 2. передача в другую инстанцию 3. восстановление в правах

remittitur (of record) возвращение дела апелляционным судом в нижестоящий суд

remittor отправитель денежного перевода

remote имеющий отдалённую причинную связь *(в отношении ущерба, убытков)*

remoteness отдалённость причинной связи *(в отношении ущерба, убытков)*

removable 1. смещаемый, сменяемый, могущий быть смещённым *(с должности)* 2. могущий быть переданным в другую инстанцию *(о деле)*

removal 1. устранение, удаление 2. перемещение; переезд; передача 3. смещение с долж-

ности; отстранение от должности; увольнение 4. передача, перенос *(дела из одной инстанции в другую)* 5. препровождение в место лишения свободы ◇ ~ for cause отстранение от должности на законном основании; ~ from office отстранение от должности

~ of disabilities аннулирование правопоражений

remove 1. устранять; удалять 2. перемещать; переезжать; передавать 3. смещать с должности, отстранять от должности; увольнять 4. передавать, переносить *(дело из одной инстанции в другую)* 5. препровождать в место лишения свободы ◇ to ~ from office отстранять от должности; to ~ legally отстранять от должности на законном основании

remover перенос дела из одной инстанции в другую

remunerate вознаграждать; компенсировать; оплачивать

remuneration вознаграждение; компенсация; оплата, заработная плата

render 1. представлять 2. оказывать, предоставлять 3. выносить *(решение и т.п.)* 4. выдавать *(преступника из одного штата в другой)* ◇ to ~ an account представлять отчёт; to ~ applicable делать применимым; to ~ a sentence выносить приговор; to ~ assistance оказывать помощь; to ~ a verdict выносить вердикт; to ~ competent 1. признавать правомочным 2. признавать имеющим право 3. признавать соответствующим требованиям права; признавать надлежащим; to ~ judgement выносить судебное решение; to ~ lawful признавать правомерным, законным; to ~ obedience повиноваться; to ~ unlawful объявлять противоправным, незаконным

rendition 1. вынесение *(судебного решения, вердикта)* 2. выдача преступника одним штатом другому

~ of fugitive выдача преступника, скрывающегося от правосудия

interstate ~ выдача преступника одним штатом другому

renegotiate пересматривать, перезаключать *(договор, соглашение)*

renew возобновлять

renewal возобновление

renominate вторично выдвигать кандидата

renounce отказываться *(от права)* ◇ to ~ allegiance отказаться от подданства; to ~ a privilege отказаться от привилегии; to ~ citizenship отказаться от гражданства; to ~ peerage отказаться от пэрского достоинства; to ~ the will отказаться от причитающегося по завещанию

renouncement отказ *(от права)*

rent рента; арендная плата; квартирная плата; доход с недвижимости ‖ брать в аренду, арендовать; сдавать в аренду ◇ ~ in kind натуральная рента

ancient ~ арендная плата, первоначально установленная при заключении договора аренды

annual ~ годовая рента

grain ~ арендная плата натурой

ground ~ земельная рента, плата за аренду земельного участка *(особ. за долгосрочную аренду под застройку)*

improved ground ~ плата за аренду земли под застройку

life ~ *шотл.* пожизненное владение имуществом

residential ~ квартирная плата

rentage арендная плата; наёмная плата

rental 1. арендная плата 2. список арендаторов

rent-charge арендная плата

renter 1. наниматель, арендатор 2. *амер.* арендодатель, наймодатель

renting *амер.* краткосрочная аренда, прокат *(напр. оборудования)*

renunciation отказ *(от чего-л.)*

~ **of criminal purpose** отказ от совершения преступления

~ **of partnership** выход из товарищества

~ **of suit** отказ от иска; отказ от уголовного преследования *(по делу частного обвинения)*

~ **of war** отказ от войны

voluntary ~ *(of criminal purpose)* добровольный отказ *(от совершения преступления)*

renunciative содержащий отказ, отречение

renunciatory *см.* renunciative

renvoi 1. отсылка *(обратная или к третьему закону)* 2. высылка *(дипломата)*

double ~ двойная обратная отсылка

total ~ общая обратная отсылка

reopen 1. вновь открывать(ся) 2. возобновлять ◇ **to** ~ **a case** возобновить дело; **to** ~ **a trial** возобновить слушание дела, судебное заседание по делу

reopening возобновление *(производства по делу)*

repair 1. исправлять 2. восстанавливать 3. возмещать ◇ **to** ~ **a loss** возмещать убыток

reparation компенсация, возмещение; предоставление удовлетворения; репарация

reparole вторичное условно-досрочное освобождение от наказания под честное слово || вторично условно-досрочно освобождать от наказания под честное слово

reparolee лицо, вторично условно-досрочно освобождённое от наказания под честное слово

repass провести, принять повторным голосованием

repatriate репатриант || репатриировать(ся)

repatriation репатриация

repawn перезакладывать *(имущество)*

repay возвращать деньги; выплачивать *(долг)*; возмещать *(ущерб)*; вознаграждать *(за услугу)*

~ **of interest** уплата процентов

~ **of principal** выплата основной суммы *(в отличие от процентов)*

repayable подлежащий выплате, возвращению

repayment возвращение денег, выплата *(долга)*; возмещение *(ущерба)*; вознаграждение *(за услугу)*

repeal отмена *(о законе)* || отменять *(о законе)*

repeat *амер.* незаконно голосовать несколько раз

repeater 1. лицо, повторно совершившее преступление; рецидивист 2. лицо, вторично поступившее в место лишения свободы 3. *амер.* лицо, незаконно голосующее несколько раз

repetition:

~ **of crime** повторное совершение *или* рецидив преступления

replead 1. подавать состязательные бумаги заново, повторно 2. повторно выступать по судебному делу; возобновить прения сторон

repleader 1. повторный обмен состязательными бумагами 2. повторное выступление по судебному делу; возобновление прений сторон

replevin иск о возвращении владения движимой вещью, виндикационный иск

replevisor истец по иску о возврате владения движимой вещью, истец по виндикационному иску

replevy получить обратно в результате виндикации

repliant истец, подающий ответ на возражение по иску, репликант

replicant *см.* repliant

replication ответ истца на возражение по иску, реплика

reply 1. ответ || отвечать 2. ответ истца на возражение по иску, реплика || отвечать на возражение по иску 3. ответ на контрмеморандум *(в Международном суде ООН)* ◇ **to** ~ **in rebuttal** ответить в опровержение *(версии, доводов, доказательств, показаний)*

report 1. сообщение; доклад; отчёт || сообщать; докладывать; отчитываться 2. запись судебного дела; протокол || записывать *(судебное дело)* 3. *pl* сборник судебных решений ◇ **to** ~ **out** возвращать законопроект из комиссии в палату; **to** ~ **to the police** сообщить в полицию *(о совершении преступления)*

~ **of witness** свидетельские показания

administrative ~ отчёт административного органа

audit ~ заключение аудитора

authorized ~s *(составленные частными лицами)* отчёты о судебных делах, просмотренные самими судьями

case ~(s) 1. судебный отчёт 2. сборник судебных решений

case law ~s сборник судебных прецедентов

census ~ опубликованные результаты переписи населения

conference ~ *амер.* доклад согласительного комитета палат законодательного органа

court ~(s) 1. судебный отчёт 2. сборник судебных решений

debates ~ отчёт об обсуждении *(законопроекта, резолюции)* в законодательном органе

efficiency ~ служебная характеристика, аттестация

equity ~s сборник решений судов права справедливости

expert ~ заключение экспертизы

federal (law) ~s *амер.* сборник решений федеральных судов

forensic ~ заключение судебной экспертизы

interim ~ предварительный отчёт

investigative ~ отчёт о следствии по делу

law ~s сборник судебных решений

medical ~ медицинское заключение

parole ~ отчёт о соблюдении режима условно-досрочного освобождения под честное слово

police ~s отчёты, сообщения полиции

presentence ~ доклад о личности и обстоятельствах жизни подсудимого *или* осуждённого, представляемый суду перед вынесением приговора

probation ~ отчёт об исполнении пробации

side ~s неофициальные сборники судебных решений; сборники решений, не включённых в официальные сборники

state (law) ~s сборник решений судов штата

survey ~ акт осмотра

reporter 1. докладчик 2. составитель сборника судебных решений 3. сборник судебных решений

court ~ 1. судебный секретарь; докладчик в суде, в судебном заседании 2. составитель сборника судебных решений 3. сборник судебных решений 4. судебный репортёр

investigative ~ 1. докладчик о проведённом расследовании 2. следственный репортёр

repossess восстановить(ся) во владении

repossession восстановление во владении

represent 1. представлять, быть представителем 2. сообщать, заявлять, давать сведения о фактах; создавать у другой стороны определённое представление о фактическом положении вещей ◇ to ~ falsely сообщать ложные сведения о фактах; умышленно создавать у другой стороны ошибочное представление о фактическом положении вещей; to ~ falsely oneself to be another person выдавать себя за другое лицо

representation 1. представительство 2. заявление, представление фактов, сведений; создание у другой стороны определённого представления о фактическом положении вещей 3. представление, демарш 4. выступление в качестве наследника

~ of defendant представительство интересов ответчика *или* подсудимого

~ of design *пат.* графическое изображение промышленного образца

~ of evidence представление *(суду)* доказательств

~ of proof представление *(суду)* доказательств

~ of the people народное представительство

~ of witness выставление *(перед судом)* свидетеля

affirmative ~ заявление о существовании факта

consular ~ консульское представительство

contradictory ~s противоречащие друг другу утверждения

diplomatic ~ дипломатическое представительство

elective ~ выборное представительство

false [fraudulent] ~ умышленное введение в заблуждение, обман

joint ~ представительство интересов разных лиц одним адвокатом, защитником

legal ~ 1. юридическое представительство 2. представительство в силу закона

negative ~ заявление об отсутствии факта, отрицание факта

permanent ~ постоянное представительство

private ~ представительство частным адвокатом

proportional ~ пропорциональное представительство

public ~ представительство адвокатом по назначению суда

separate ~ представительство интересов каждого из ответчиков, подсудимых отдельным адвокатом, защитником

trade ~ торговое представительство

representative 1. представитель ‖ представительный; представительский; представляющий 2. член палаты представителей *(конгресса США)*

diplomatic ~ дипломатический представитель

foreign ~ 1. представитель иностранного государства 2. представитель принципала в иностранном государстве 3. душеприказчик *или* управляющий имуществом умершего, находящимся вне домициля последнего

legal ~ 1. душеприказчик 2. администратор наследства 3. наследник 4. правопреемник 5. законный представитель

personal ~ 1. личный представитель 2. душеприказчик 3. администратор наследства 4. наследник 5. правопреемник

sales ~ комиссионер

trade ~ торговый представитель

representee лицо, у которого другое лицо создаёт определённое представление о фактическом положении вещей

representor лицо, создающее у другого представление о фактическом положении вещей

repress 1. подавлять; усмирять; репрессировать 2. пресекать ◇ to ~ a crime пресекать преступление; to ~ a criminal репрессировать преступника

repression 1. подавление; усмирение; репрессия 2. пресечение

repressive 1. репрессивный 2. пресекающий

repressiveness репрессивность

reprieve 1. отсрочка исполнения приговора *(к смертной казни)* 2. *уст.* помилование приговорённого к смертной казни ‖ 1. отсрочивать исполнение приговора *(к смертной казни)* 2. *уст.* помиловать приговорённого к смертной казни 3. *уст.* оправдывать; осво-

375

бождать от ответственности ◇ to ~ an **offender** отсрочить исполнение приговора осуждённому преступнику

reprimand выговор ‖ давать, объявлять выговор

reprisal репрессалия
economic ~ экономическая репрессалия
special ~s частные репрессалии

reprize реприз

reprosecute вторично подвергать уголовному преследованию, вторично привлекать к уголовной ответственности

reprosecution вторичное возбуждение уголовного преследования, обвинения, вторичное привлечение к уголовной ответственности

republic республика

republican 1. республиканец ‖ республиканский 2. член республиканской партии (в США)

republication 1. переиздание 2. восстановление действия (отменённого завещания)

repudiable могущий быть аннулированным, расторгнутым

repudiate отказываться; отвергать; аннулировать; расторгать ◇ to ~ a charge отвергать обвинение; to ~ liability отказываться от ответственности, отрицать ответственность

repudiation отказ; аннулирование; расторжение

repugnance противоречие, несовместимость, несоответствие

repugnancy противоречие, несовместимость, несоответствие

repugnant противоречащий, несовместимый

repurchase обратная покупка ‖ покупать обратно (ранее проданную вещь)

repurchaser «обратный покупатель» (лицо, купившее обратно ранее проданную вещь)

reputation репутация, доброе имя
legal ~ 1. юридически значимая репутация 2. профессиональная компетенция юриста

repute 1. репутация 2. известность ◇ by ~ в силу всеобщей известности

reputed предполагаемый; считающийся; известный

request просьба; ходатайство; требование; запрос ‖ просить; ходатайствовать; требовать; запрашивать; предложить (в смысле «обязать», «потребовать») ◇ ~ for counsel ходатайство о предоставлении адвоката; ~ in writing письменное ходатайство; письменное требование
administration's ~ бюджетная заявка администрации конгрессу
bail ~ запрос полиции о возможности залога (при поручительстве)
duplicative ~ повторная просьба; повторное ходатайство; повторное требование; повторный запрос
extradition ~ требование об экстрадиции
legitimate ~ законная просьба, правомерное ходатайство
multiple ~ неоднократно повторенная или комплексная просьба; неоднократно повторенное или комплексное ходатайство; неод-

нократно повторенное или комплексное требование; неоднократно повторенный или комплексный запрос
pretrial ~ ходатайство, заявленное до начала судебного рассмотрения дела
timely ~ своевременно заявленное ходатайство
walk-in ~ очное ходатайство

requester лицо, обратившееся с просьбой, или с ходатайством, или с требованием, или с запросом

requestor см. requester

require требовать

required необходимый, обязательный ◇ ~ by law 1. обязанный по закону 2. требующийся по закону
plainly ~ очевидно, бесспорно необходимый, обязательный

requirement 1. требование 2. необходимое условие
~ **of sufficiency** пат. предусмотренное законом требование достаточного раскрытия изобретения в его описании
actus reus ~ требование наличия виновно совершённого действия (как основания уголовной ответственности)
best mode ~ требование раскрытия (в описании изобретения) способа осуществления изобретения, представляющегося изобретателю наилучшим на день подачи заявки
culpability ~ необходимость вины (как условия уголовной ответственности)
evidentiary ~ требование доказательности; критерий доказанности
formal ~ формальное требование (т.е. требование, относящееся к форме)
live-in ~ требование постоянного проживания или пребывания (в исправительном или лечебном учреждении)
local residence ~ ценз оседлости
mens rea ~ необходимость вины (как условия уголовной ответственности)
parole ~s требования, предъявляемые при решении вопроса об условно-досрочном освобождении под честное слово
peremptory ~ императивное требование
probable cause ~ необходимость достаточного основания (для задержания, ареста, возбуждения уголовного преследования и т.п.)
probation ~s условия направления на пробацию
procedural ~ процессуальное требование
quality ~s кондиции, условия о качестве товара
state residence ~ требование проживания в штате в течение определённого времени
statutory ~ требование закона
use ~ требование обязательного использования (запатентованного изобретения, товарного знака)
working ~ правило об обязательном использовании патента (как условие сохранения его в силе)

requisite 1. необходимый элемент; реквизит 2. необходимый, требуемый

requisition 1. формальное письменное требование ‖ обращаться с формальным письменным требованием 2. требование губернатора штата к губернатору другого штата о выдаче беглого преступника 3. реквизиция ‖ реквизировать

requital возмездие, репрессалия

re-registration повторная регистрация, возобновление регистрации

re-remission вторичная обратная отсылка (в коллизионном праве)

res *лат.* 1. вещь, вещи 2. предмет; вопрос; дело 3. факт, обстоятельство ◇ ~ **communis (omnium)** *лат.* общая вещь, общее достояние; ~ **extra commercium** *лат.* вещь, изъятая из оборота; ~ **gestae** *лат.* обстоятельства, связанные с фактом, составляющим сущность спорного вопроса; ~ **integra** *лат.* вопрос, не регулируемый ни законом, ни прецедентом; ~ **inter alios** *лат.* отношения между другими лицами; действия посторонних лиц или других лиц; ~ **ipsa loquitor** *лат.* вещь говорит сама за себя (*формула обоснования ответственности лица за вред, причинённый предметом, находившимся под его контролем*); ~ **judicata** *лат.* «рес юдиката», принцип недопустимости повторного рассмотрения однажды решённого дела; ~ **nova** *лат.* новый вопрос; ещё не решённый вопрос; ~ **nullius** *лат.* ничейная вещь; ~ **nullius communis usus** *лат.* ничейная вещь общего пользования; ~ **omnium communis** *лат.* вещь общего пользования; общее достояние

resale перепродажа

rescind аннулировать, расторгнуть

rescission аннулирование, расторжение, прекращение

rescript 1. рескрипт; предписание 2. дубликат; копия 3. *амер.* мотивированное решение апелляционного суда, направляемое нижестоящему суду

rescue 1. спасение ‖ спасать 2. освобождение приза силой ‖ освобождать приз силой 3. насильственное освобождение из-под стражи ‖ насильственно освобождать из-под стражи 4. незаконное отнятие силой ‖ незаконно отнимать силой

~ **of distress** насильственное изъятие вещи, взятой в обеспечение выполнения обязательства

felonious ~ насильственное освобождение из-под стражи, квалифицируемое как фелония

heavy ~ насильственное освобождение из-под стражи при отягчающих обстоятельствах

resell перепродавать

re-sentence 1. пересмотр вынесенного приговора, назначенного наказания ‖ пересматривать вынесенный приговор, назначенное наказание 2. вновь вынесенный приговор, вновь назначенное наказание

reservation 1. оговорка 2. резервирование; сохранение за собой 3. резервация ◇ ~ on

signature оговорка при подписании; **under ~s** с оговорками

~ **of copyright** сохранение за собой авторского права

express ~ прямо выраженная оговорка

implied ~ подразумеваемая оговорка

legal ~ юридическая оговорка

mental ~ мысленная оговорка

reserve 1. оговорка; ограничение ‖ оговаривать 2. резерв, резервный фонд ‖ резервировать; сохранять за собой 3. откладывать, переносить ◇ ~ **to decision** отложить вынесение решения; **to ~ defence** 1. сохранять за собой право на защиту 2. откладывать, переносить защиту; **to ~ judgement** отложить вынесение решения суда; **to ~ the right** сохранять за собой [резервировать] право; **under usual ~** с обычной оговоркой; **without ~** 1. безоговорочно 2. без резервированной цены (*на аукционе*)

legal ~ установленный законом резерв (*для банков*)

reserved 1. резервированный 2. отложенный ◇ **all rights ~** все права сохраняются; перепечатка запрещается; ~ **rights of the states** права, отнесённые к компетенции штатов

reset 1. укрывательство имущества, добытого заведомо преступным путём ‖ укрывать имущество, добытое заведомо преступным путём 2. укрывательство преступника ‖ укрывать преступника

resetter 1. укрыватель (*приёмщик, скупщик*) имущества, добытого заведомо преступным путём 2. укрыватель преступника

resettlement перемещение (*населения*), переселение

reside 1. проживать 2. принадлежать (*о праве*)

residence проживание; постоянное проживание; место пребывания; резиденция

actual ~ фактическое местожительство

commercial ~ торговый [коммерческий] домициль

full-time ~ *см.* permanent residence

habitual ~ привычное проживание

legal ~ местожительство (*юридическое*)

part-time ~ временное местожительство, временное проживание

permanent ~ постоянное местожительство; постоянное проживание

restricted ~ ограничение права на жительство

separate ~ раздельное проживание

resident постоянный житель; резидент ‖ проживающий

alien ~ постоянный житель-иностранец

normally ~ обычно проживающий

undesirable ~ нежелательный резидент

residential связанный с постоянным проживанием *или* пребыванием

residual 1. авторский гонорар, начисляемый с каждого повторного исполнения 2. остаточный, оставшийся, остающийся

residuary 1. оставшийся, остающийся, остаточный 2. очищенный от долгов и завещательных отказов *(об имуществе)*

residue наследство, очищенное от долгов и завещательных отказов

resign 1. отказываться *(от права)* **2.** уходить в отставку

resignation 1. отставка; заявление об отставке **2.** отказ *(от права)*
~ **of office** отставка

resist оказывать сопротивление ◇ **to** ~ **criminally** оказать преступное сопротивление; **to** ~ **forcibly** оказать насильственное сопротивление; **to** ~ **lawfully** оказать правомерное, законное сопротивление; **to** ~ **physically** оказать физическое сопротивление; **to** ~ **unlawfully** оказать противоправное, противозаконное сопротивление; **to** ~ **violently** оказать насильственное сопротивление; **to** ~ **with force** оказать насильственное сопротивление

resistance сопротивление; оказание сопротивления ◇ ~ **to authority** оказание сопротивления представителю власти; ~ **with force** оказание насильственного сопротивления
~ **of law** оказание сопротивления представителю власти
arrest ~ оказание сопротивления при аресте
criminal ~ оказание преступного сопротивления
forcible ~ оказание насильственного сопротивления
lawful ~ оказание правомерного, законного сопротивления
physical ~ оказание физического сопротивления
unlawful ~ оказание противоправного, противозаконного сопротивления

resolution 1. резолюция **2.** решение, разрешение *(спора)*
~ **of case** разрешение судебного спора
composite ~ сводная резолюция
concurrent ~ аналогичная (параллельная) резолюция *(принятая раздельно обеими палатами законодательного органа)*
continuing ~ длящаяся резолюция *(действующая в период между сессиями конгресса)*
continuing budget ~ резолюция о бюджете, переходящем на следующий финансовый год
draft ~ проект резолюции
House ~ резолюция палаты представителей *(конгресса США)*
House concurrent ~ резолюция, принятая обеими палатами конгресса по инициативе палаты представителей
joint ~ совместная резолюция *(палат законодательного органа)*
legal ~ постановление суда
omnibus ~ сводная резолюция, общая резолюция по ряду вопросов
public ~ резолюция конгресса
Senate concurrent ~ резолюция, принятая обеими палатами конгресса по инициативе сената
simple ~ простая резолюция палаты конгресса *(т.е. не совместная и не аналогичная)*

substitute ~ резолюция взамен ранее предложенной

resolutive отменительный, резолютивный

resolutory *см.* **resolutive**

resolve решение ‖ решать, принимать решение, постановлять ◇ **to** ~ **legitimately** принять решение на законном основании *или* в соответствии с установленной законом процедурой

Resolves сборник законов *(принятых сессией законодательного собрания штата)*

resort 1. обращение *(к каким-л. средствам, за помощью и т.д.)* ‖ прибегать, обращаться к чему-л. **2.** средство *(к которому прибегают)* **3.** сборище **4.** притон ◇ **in the last** ~ **1.** в крайнем случае, как последнее средство **2.** в последней инстанции
~ **of thieves** воровской притон

respect 1. уважение ‖ уважать **2.** соблюдение ‖ соблюдать **3.** отношение, касательство ◇ **in** ~ **of** *или* **with** ~ **to** в отношении *чего-л.*

respecting относительно, касательно

respite 1. отсрочка; отложение ‖ предоставлять отсрочку **2.** отсрочка исполнения приговора
~ **of jury** отсрочка заседания присяжных

respond 1. отвечать; нести ответственность; быть ответственным **2.** подавать возражение по иску *или* апелляции **3.** удовлетворять, соответствовать *(напр. требованиям)*

respondeat ouster *лат.* «пусть он ответит» *(решение суда, обязывающее ответчика представить объяснения по существу дела)*

respondent 1. ответчик *(особ. в бракоразводном процессе)*; ответчик по апелляции ‖ выступающий в качестве ответчика **2.** адресат ходатайства

respondentia бодмерея, морской заём, заём под залог судна и/или груза

response ответ
consultary ~ консультативное заключение суда

responsibility 1. ответственность **2.** способность отвечать за содеянное; вменяемость **3.** функция ◇ **to bring to** ~ привлекать к ответственности
administrative ~ административная ответственность
civil ~ гражданско-правовая ответственность
corporate criminal ~ уголовная ответственность корпорации
criminal ~ уголовная ответственность
delictual ~ деликтная ответственность
diminished [partial] ~ уменьшенная [частичная, ограниченная] вменяемость
direct ~ **1.** прямая ответственность **2.** непосредственная ответственность *(в отличие от субсидиарной)*
equal ~ равная ответственность *(в частности, для соучастников)*
extrajudicial ~ внесудебная ответственность
full ~ **1.** полная ответственность **2.** полная вменяемость
governmental ~ ответственность правительства

grave ~ тяжкая ответственность

group ~ групповая, солидарная ответственность (членов преступных организаций)

international ~ международная ответственность

joint ~ совместная ответственность

judicial ~ 1. ответственность судей 2. судебная ответственность, ответственность перед судом

main ~ главная ответственность (за преступление, совершённое в соучастии или в соисполнении)

ministerial ~ ответственность министров (политическая)

official ~ официальная ответственность, ответственность в официальном порядке

overall ~ общая ответственность (равная или солидарная)

partial ~ частичная ответственность

pretrial ~ ответственность, установленная до суда

primary ~ основная ответственность

professional ~ профессиональная ответственность

supervisory ~ надзорные функции

vicarious ~ субститутивная ответственность

responsible ответственный; несущий ответственность, отвечающий; надёжный, достойный доверия; платёжеспособный

administratively ~ несущий административную ответственность

criminally ~ уголовно ответственный; несущий уголовную ответственность

delictually ~ ответственный за деликт; несущий деликтную ответственность

directly ~ непосредственно ответственный; несущий непосредственную ответственность

equally ~ равно ответственный; несущий равную ответственность

extrajudicially ~ несущий внесудебную ответственность

gravely ~ несущий тяжкую ответственность

internationally ~ несущий международную ответственность

jointly ~ совместно ответственный; несущий совместную ответственность

jointly and severally ~ совместно и порознь ответственный, солидарно ответственный, несущий солидарную ответственность

judicially ~ несущий судебную ответственность, ответственность перед судом

mainly ~ несущий главную ответственность (за преступление, совершённое в соучастии или в соисполнительстве)

officially ~ несущий официальную ответственность, ответственность в официальном порядке

partially ~ частично ответственный; несущий частичную ответственность

primarily ~ несущий основную ответственность

professionally ~ несущий профессиональную ответственность

vicariously ~ субститутивно ответственный, несущий субститутивную ответственность

rest 1. отдых 2. перерыв 3. остаток 4. заканчивать (выступление обвинения, защиты, представление доказательств и т.д.) 5. лежать на ком-л. (об ответственности, обязанности и т.д.) 6. запретить рапространение (о печатном издании)

annual ~ 1. ежегодный отпуск 2. установленный в пределах года срок начисления процентов на основной капитал

restate 1. повторить утверждение, заявление 2. пересматривать

restatement 1. повторное утверждение, заявление 2. пересмотр 3. свод права, свод норм
~ of law свод права

restaur регресс, регрессное требование

restitution восстановление первоначального положения, реституция ◇ ~ in integrum восстановление первоначального правового положения; ~ in kind реституция в натуре
~ of conjugal rights восстановление супружеских прав
~ of dowry возвращение приданого
legal ~ восстановление первоначального правового положения
specific ~ реституция в натуре

restoration 1. восстановление (о правах, правовом положении, юридической силе), реституция 2. реставрация

restore восстанавливать (о праве, правовом положении, юридической силе)

restrain 1. ограничивать 2. запрещать; пресекать 3. принуждать

restraint 1. ограничение; ограничение свободы, лишение свободы 2. запрещение; пресечение; мера пресечения 3. принуждение ◇ ~ on alienation запрет отчуждения, продажи; to put under ~ 1. подвергнуть ограничению; ограничить; ограничить свободу; лишить свободы 2. подвергнуть запрету; запретить; пресечь; применить меру пресечения 3. принудить
~ of liberty ограничение свободы; лишение свободы
~ of trade ограничение свободы торговли, ограничение занятия профессиональной деятельностью, ограничение занятия промыслом
actual ~ 1. фактическое ограничение; фактическое ограничение свободы; фактическое лишение свободы 2. фактическое запрещение 3. фактическое принуждение
constitutional ~ 1. конституционное ограничение 2. конституционный запрет
custodial ~ ограничение свободы; лишение свободы
extrajudicial ~ 1. внесудебное ограничение; внесудебное ограничение свободы; внесудебное лишение свободы 2. внесудебный запрет; внесудебная мера пресечения 3. внесудебное принуждение
judicial ~ 1. судебное ограничение; ограничение свободы по суду; лишение свободы по

суду **2.** судебный запрет; мера пресечения, избранная судом **3.** судебное принуждение

legal ~ юридическое ограничение; сдерживающая сила права

moral ~ нравственное ограничение; сдерживающая сила морали

out-of-court ~ 1. внесудебное ограничение; внесудебное ограничение свободы; внесудебное лишение свободы **2.** внесудебный запрет; внесудебная мера пресечения **3.** внесудебное принуждение

patent ~ патентное ограничение

personal ~ 1. ограничение свободы; лишение личной свободы **2.** принуждение лица к чему-л.

restrict ограничивать

restricted 1. ограниченный; ограниченный в обращении; закрытый; ограниченного пользования; для служебного пользования **2.** ограниченный в праве передвижения

restriction 1. ограничение **2.** *воен.* неувольнение из расположения части **3.** домашний арест

exchange ~s валютные ограничения

import ~s импортные ограничения

jurisdictional ~ ограничение юрисдикции

legal ~ правовое ограничение

liability ~ ограничение ответственности

quantitative ~s количественные ограничения, контингентирование

responsibility ~ ограничение ответственности

statutory ~ ограничение по закону

travel ~s ограничения передвижения

restrictive ограничительный, рестриктивный

result результат ‖ иметь результат ◇ **to ~ from** быть результатом; **to ~ in** приводить к результату

accidental ~ случайный результат

causal ~ результат действия одной причины; результат, находящийся в причинной связи с поведением человека *или* действием непреодолимой силы

contemplated ~ результат, охваченный намерением

designed ~ результат, охваченный намерением, умыслом

possible ~ возможный результат

presumed ~ презюмируемый результат

probable ~ вероятный результат

resume 1. возобновлять **2.** получить обратно, вновь обрести ◇ **to ~ diplomatic relations** восстановить дипломатические отношения; **to ~ possession** восстановить владение; **to ~ proceedings** возобновить судебное производство

resummons повторный вызов в суд

resumption 1. возобновление **2.** получение обратно, взятие обратно

~ of case возобновление рассмотрения дела

~ of payment возобновление платежей

resurrect похищать труп

resurrection похищение трупа

resurrectionist похититель трупа, трупов

reswear вторично приводить к присяге

retain 1. удерживать, сохранять; сохранять в силе **2.** нанимать *(адвоката)* ◇ **to ~ an attorney** нанять адвоката; **to ~ in custody** продолжать содержать под стражей; **to ~ jurisdiction** оставить *(дело)* в своём производстве

retainable 1. могущий быть удержанным **2.** могущий быть сохранённым в силе

retainer 1. договор с адвокатом; поручение адвокату ведения дела **2.** предварительный гонорар адвокату **3.** удержание

general ~ авансовый гонорар адвокату в счёт оплаты за ведение будущих дел *(без конкретизации их)*

special ~ авансовый гонорар адвокату за ведение (конкретного) дела, аванс в счёт гонорара за ведение дела

retake 1. изъять вещь из чужого владения в порядке самопомощи **2.** возвратить под стражу ◇ **to ~ a person** возвратить лицо под стражу

retaking 1. изъятие вещи из чужого владения в порядке самопомощи **2.** возвращение под стражу

retaliate применять репрессалии; осуществлять меры возмездия

retaliation репрессалия; мера возмездия

retaliatory применённый в порядке репрессалии

retard замедлять, задерживать ◇ **to ~ the cause of justice** мешать отправлению правосудия

retardation 1. замедление; задерживание **2.** задержка умственного развития

retarded запоздалый, просроченный

mentally ~ умственно отсталый

retention 1. сохранение **2.** удержание вещи; право удержания *(применительно к вещи, определённой родовыми признаками)* ◇ **~ in custody** дальнейшее содержание под стражей

~ of defence сохранение (прежней) позиции защиты

~ of nationality сохранение прежнего гражданства

reticence умолчание; сокрытие

retinue сопровождающие лица, свита

retire 1. выходить *(из товарищества и т.д.)* **2.** выходить в отставку, на пенсию; увольнять в отставку **3.** изымать из обращения; выкупать; оплачивать ◇ **to ~ for deliberations** удаляться на совещание *(о суде)*

retiree пенсионер *(по возрасту)*

retirement 1. выход *(из товарищества и т.д.)* **2.** выход в отставку, на пенсию; увольнение в отставку **3.** изъятие из обращения; выкуп; оплата

~ of bonds выкуп облигаций

jury ~ удаление присяжных в совещательную комнату для обсуждения вердикта

mandatory ~ *воен.* принудительное увольнение из армии

retorsion реторсия

retort 1. отвечать тем же, принимать ответные меры 2. возражать; опровергать

retortion реторсия

retract брать обратно, отказываться *(от заявления, показаний и т.п.)*

retractation взятие обратно, отказ

retraxit *лат.* отказ истца от исковых требований; отказ потерпевшего от уголовного преследования обвиняемого *(по делу частного обвинения)*

retrial новое слушание дела, повторное слушание дела; повторное расследование

retribute воздавать, карать

retribution воздаяние, кара
just ~ справедливая кара

retributive карательный

retributivist сторонник наказания как кары

retrieval 1. возвращение 2. восстановление, возвращение в прежнее состояние; исправление 3. поиск; розыск
fugitive ~ розыск беглого преступника
official ~ официально объявленный розыск
police ~ полицейский (уголовный) розыск

retrieve 1. взять обратно, вернуть себе 2. восстанавливать, возвращать в прежнее состояние; исправлять 3. реабилитировать, восстанавливать 4. искать; разыскивать

retroactive имеющий обратную силу

retroactivity обратная сила

retrocession 1. ретроцессия, обратная уступка 2. ретроцессия, передача части риска другому страховщику

retrospective имеющий обратную силу

retry слушать дело повторно; повторно производить расследование

return 1. возвращение, возврат ‖ возвращать(ся) 2. отчёт; подача сведений ‖ давать отчёт 3. избрание; результаты выборов; результат подсчёта голосов ‖ избирать 4. возврат шерифом судебного приказа в суд; надпись шерифа на возвращаемом в суд судебном приказе 5. вынесение вердикта *(о присяжных)* ‖ выносить вердикт *(о присяжных)* 6. доход, прибыль ‖ приносить доход, прибыль 7. риторно *(часть страховой премии, удерживаемая страховщиком при отказе страхователя от договора страхования)* 8. отвечать; возражать; заявлять 9. призывать к участию в рассмотрении дел *(о присяжных)* ◇ to ~ an indictment 1. представлять проект обвинительного акта *(большому жюри)* 2. выносить обвинительный акт *(о большом жюри);* to ~ a verdict вынести вердикт *(о присяжных);* to ~ a visit нанести ответный визит; to ~ guilty признать виновным; to ~ not guilty [non-guilty] признать невиновным; to ~ summons издать приказ о явке в суд; to ~ to writ 1. официальный ответ должностного лица исполнительной власти на направленный ему судебный приказ 2. официальное засвидетельствование протокола делопроизводства на предмет его проверки
~ of indictment представление *(проекта)* обвинительного акта *(большому жюри)* 2. вы-

несение обвинительного акта *(большим жюри)*
~ of prisoner повторное водворение заключённого под стражу
~ of process возвращение шерифом судебного приказа в суд
~ of wanted person водворение под стражу лица, объявленного в розыске
~ of warrant возврат ордера выдавшему его магистрату
election ~s результаты выборов, результаты подсчёта голосов при выборах
prison ~ повторное водворение в тюрьму
prisoner ~ повторное водворение заключённого под стражу
tax ~ налоговая декларация

returnable подлежащий возврату

returned 1. возвратный; возвращённый; вернувшийся 2. избранный, прошедший на выборах ◇ ~ at the elections прошедший на выборах

reunification воссоединение
family ~ воссоединение семьи

reunify воссоединять

reunion воссоединение

revalidate придавать вновь юридическую силу; подтверждать вновь юридическую действительность

revalidation придание вновь юридической силы; объявление вновь юридически действительным

revenge месть ‖ мстить ◇ to have ~ отомстить; out of ~ из мести

revenue доход, доходы
annual ~ годовой доход
gross ~ валовой доход
inland [internal] ~(s) внутренние государственные доходы, внутренние бюджетные поступления
public ~(s) государственные доходы
tax ~ государственные доходы от сбора налогов

reversal отмена *(судебного решения, закона)*
~ of case on appeal отмена судебного решения по апелляции
~ of judgement отмена судебного решения
~ of law отмена закона
~ of statute отмена закона

reverse отменять *(судебное решение, закон)* ◇ to ~ on appeal отменить судебное решение по апелляции

reversed отменённый *(о судебном решении, законе)*

reversible 1. реверсивные дни *(взаимный зачёт демереджа и диспача по погрузке и выгрузке)* 2. могущий быть отменённым; дающий основание для отмены; подлежащий обжалованию

reversion 1. реверсия, право на возврат, поворот прав, обратный переход имущественных прав к первоначальному собственнику *или* его наследнику 2. *шотл.* право выкупа недвижимости, заложенной *или* по суду отчуждённой за долги ◇ ~ in donor право дарителя на возврат подаренного имущества; ~ to donor обратный переход к дарителю права на подаренное имущество

reversionary возвратный, обратный, реверсивный

reversioner лицо, имеющее право на обратный переход к нему имущества; субъект возвратного права

revert возвращаться к прежнему юридическому положению; переходить обратно к прежнему собственнику

reverter реверсия, право на возврат, поворот прав, обратный переход имущественных прав к первоначальному собственнику *или* его наследнику

revest переходить обратно, восстанавливаться *(о праве, титуле, владении)*

review 1. пересмотр ‖ пересматривать 2. обзор; комментарий ◇ ~ by appeal пересмотр в порядке апелляции

~ of judgement пересмотр судебного решения

~ of legislation пересмотр, реформа законодательства

~ of sentence пересмотр вынесенного приговора, пересмотр назначенного наказания

administrative ~ пересмотр решения административного органа *(вышестоящим административным органом или судом)*

appellate ~ пересмотр дела в апелляционном порядке

ex post facto legislative ~ 1. обзор практики применения законодательства с обратной силой 2. пересмотр вопроса об обратной силе законодательства

judicial ~ 1. судебный контроль; судебный надзор; судебный пересмотр 2. обзор судебной практики

law ~ обзор судебной практики

legislative ~ 1. законодательный контроль 2. конституционный контроль над законодательством 3. обзор законодательства 4. пересмотр законодательства

post-conviction ~ пересмотр дела после осуждения

reviewability способность подлежать пересмотру

reviewable могущий быть пересмотренным

revile оскорблять

revindication виндикация, истребование обратно

revise пересматривать; изменять

revision 1. пересмотр; изменение; ревизия 2. пересмотренное и исправленное издание

law ~ изменения в праве

legislative ~ ревизия, пересмотр законодательства

perpetual ~ доктрина «постоянного пересмотра» *(в соответствии с которой законодательство теоретически признаётся постоянно отвечающим потребностям сегодняшнего дня независимо от частоты внесения поправок)*

revival возобновление действия *(договора, судебного решения)*

revive возобновлять *(судебное дело, действие договора)*; восстанавливать действие *(напр. патента, отменённого завещания)*; вновь обретать силу

revivor возобновление дела

revocable отзывный, могущий быть отозванным, взятым назад, отменённым, аннулированным

revocation отмена, аннулирование; отзыв

~ of citizenship лишение гражданства

~ of licence аннулирование лицензии

~ of offer отзыв оферты

~ of parole замена условно-досрочного освобождения лишением свободы

~ of probate отмена завещания судом

~ of probation замена пробации реальным наказанием

~ of right лишение права

revoke отменять; аннулировать; брать назад; отзывать

revolt 1. восстание, мятеж ‖ восставать 2. отложиться, отпасть ◇ to make a ~ поднять мятеж

revolution революция

reward вознаграждение ‖ вознаграждать

Richard Roe *уст.* «Ричард Роу», ответчик *(нарицательное обозначение ответчика в судебном процессе о выселении с земельного участка)*

rider новая, дополнительная статья; добавление; аллонж

riding райдинг *(название округа в графстве Йоркшир, Великобритания)*

joy ~ угон автомобиля с целью покататься на нём

rig 1. спекулятивная скупка товаров 2. группа скупщиков-спекулянтов

right 1. право *(обычно в субъективном смысле)*; правопритязание 2. правомерный; правый; справедливый; правильный; надлежащий 3. восстанавливать справедливость 4. защищать права 5. реабилитировать себя 6. компенсировать *что-л.*, возмещать *(убытки)* ◇ as of ~ по праву, по неотъемлему праву; ~ at law право по закону, юридическое право *(подлежащее судебной защите)*; ~ in action право требования; имущество в требованиях; право, могущее быть основанием для иска; ~ in gross право, «привязанное к личности», персональное право *(право пользования чужой землёй, принадлежащее данному лицу персонально, а не производно от владения)*; in one's own ~ по собственному праву; ~ in personam право обязательственного характера, обязательственное право; относительное право; ~ in rem право вещного характера, вещное право; абсолютное право; of ~ по праву, в силу принадлежащего права; ~ to a flag право на (морской) флаг; ~ to attend право присутствовать *(в зале судебного заседания, на заседании палаты законодательного органа и т.д.)*; to ~ a wrong восстановить справедливость; компенсировать вред; ~ to be confronted with witness *амер.* право

конфронтации (*право обвиняемого на очную ставку со свидетелями обвинения*); ~ to begin право начать прения сторон, право первого обращения к суду; ~ to counsel право пользоваться помощью адвоката; ~ to education право на образование; ~ to fly a maritime flag право плавания под морским флагом; ~ to jury trial право на рассмотрение дела судом присяжных; ~ to keep and bear arms право граждан хранить и носить оружие (*поправка II к конституции США*); ~ to maintenance in old age право на материальное обеспечение в старости; ~ to privacy *см.* right of privacy; ~ to recover 1. право на виндикацию 2. право на взыскание убытков; ~ to rest and leisure право на отдых; ~ to retain counsel право нанять адвоката; ~ to self-determination право на самоопределение; ~ to silence право не отвечать на вопросы (*поправка V к конституции США*); ~ to social insurance право на социальное обеспечение; ~ to speak право на выступление (*в палате законодательного органа*); to ~ the oppressed защищать права угнетённых; ~ to the patent право на патент; ~ without remedy право, не обеспеченное судебной защитой; ~ to work право на труд
~ of access право доступа
~ of access to courts право обращения в суд, право доступа в суд
~ of action право на иск
~ of angary право ангарии
~ of approach право подхода, право приближения (*право военного судна приблизиться в открытом море к торговому судну для определения национальности последнего*)
~ of appropriation право (*законодательного органа*) производить ассигнования
~ of assembly право собраний
~ of asylum право убежища
~ of audience право выступать в суде
~ of blood право [принцип] крови
~ of chapel право свободного отправления религиозного культа в особом помещении посольства *или* миссии, право на домовую церковь
~ of choice 1. право выбора; опцион 2. право избирать, активное избирательное право
~ of common право совместного пользования; право пользования общественным выгоном скота, право пользования общественной землёй
~ of confrontation *амер.* право конфронтации (*право обвиняемого на очную ставку со свидетелями обвинения*)
~ of conscience свобода совести
~ of contribution право регресса
~ of counsel *амер.* право пользоваться помощью адвоката
~ of court право обратиться в суд
~ of defence право на защиту
~ of dower вдовье право (*право на вдовью часть наследства*)
~ of eminent domain право государства на

принудительное отчуждение частной собственности
~ of enjoyment право пользования (*имуществом*)
~ of entry право мирного завладения *или* возобновления владения недвижимостью
~ of escheat право государства на выморочное имущество
~ of establishment право открыть частную практику
~ of first refusal право преимущественной покупки; право первого выбора
~ of fishery право рыбной ловли
~ of flooding land право подтопа чужого земельного участка (*как вид сервитута*)
~ of free access право свободного доступа
~ of hot pursuit право преследования «по горячим следам»
~ of innocent passage право мирного прохода, пролёта
~s of legal person права юридического лица
~ of navigation право судоходства
~ of ownership право собственности
~ of passage право проезда, прохода *и т.п.*
~ of patent патентное право, право из патента
~s of person личные права
~ of personal security право на личную безопасность
~ of petition право подачи петиций
~ of place право [принцип] почвы
~ of possession право владения
~ of pre-emption преимущественное право покупки
~ of primogeniture право первородства
~ of priority преимущественное право, право приоритета
~ of prior use *пат.* право преждепользования
~ of privacy право прайвеси, право на неприкосновенность частной жизни
~ of property право собственности; имущественное право
~ of publicity право на публичность, гласность; право на публичное использование
~ of recourse право регресса
~ of redemption право выкупа заложенного имущества
~ of regress право регресса
~ of relief 1. право на получение судебной защиты 2. право регресса
~ of reply право на реплику
~ of representation 1. право представительства 2. право выступать в качестве наследника
~ of representation and performance право на публичное исполнение (*пьесы, музыкального произведения*)
~ of retention право удержания
~ of sanctuary право убежища
~ of search право обыска (*судов в открытом море*)
~ of settlement право поселения
~ of suit право на иск
~ of survivorship права наследника, возник-

шие в результате смерти одного *или* нескольких наследников

~ of taking game право охоты (*как вид сервитута*)

~s of the public права общества

~ of transit право транзита, право прохода, проезда

~ of trial by jury право на рассмотрение дела судом присяжных

~ of visit право осмотра (*морских судов*)

~ of visit and search право осмотра и обыска (*морских судов*)

~ of way право прохода, проезда

absolute ~ абсолютное, неограниченное право

accomodation ~ право пользования

accrued ~ возникшее право

accused courtroom ~s права обвиняемого в судебном заседании

administrator's ~ of retainer право администратора наследства вычесть задолженность наследника по закону из причитающейся ему части наследства; право администратора наследства, являющегося кредитором наследодателя, удержать сумму долга последнего из стоимости наследства

allied ~s смежные права

apparent ~ видимость наличия права

author's ~ право автора, субъективное авторское право

bare ~ голое право (*право без возможности его осуществления*)

base ~ *шотл.* субординированное право

basic ~s основные права

belligerent ~s права воюющей стороны

beneficial ~ право бенефициария

best ~ преимущественное право, привилегия

capitulary ~ капитуляционное право, право, основанное на режиме капитуляций

celebrity ~ «право известности», «право знаменитости» (*разновидность права на интимную сферу - см.* right of privacy)

civic [civil] ~s гражданские права

common ~ 1. общее, совместное право 2. *см.* right of common

confrontation ~ *см.* right of confrontation

conjugal ~s супружеские права

constitutional ~s конституционные права

contract(ual) ~ право из договора

customary ~ право, основанное на обычае

defeasible ~ отменяемое право; право, которое может отпасть

derivative ~ производное право

dower ~ *см.* right of dower

electoral ~s избирательные права

enacted ~ право, установленное законом

equal ~s равные права

equitable ~ субъективное право, основанное на нормах права справедливости

exclusive ~ прерогатива, исключительное право

exercisable ~ осуществимое право

expectant ~ ожидаемое право; право с отсроченным использованием

extrinsic ~s предоставленные права (*в отличие от естественных прав*)

former ~ *см.* previous right

full ~ право собственности, соединённое с фактическим владением

fundamental ~s основные права

future ~ ожидаемое право

general [generic] ~ неконкретизированное право

good ~ юридически действительное право

grandfather ~s «дедовские», исконные права

homestead ~ право на освобождение домашнего имущества от взыскания по долгам

human ~s права человека

impaired ~ ущемлённое право

implicit [implied] ~ подразумеваемое право

imprescriptible ~ право, не погашаемое давностью; неотъемлемое право

inalienable ~ неотъемлемое право

incidental ~ релевантное право

incorporeal ~ нематериальное право; право требования; право интеллектуальной собственности

indefeasible ~ неприкосновенное право

individual ~s права личности

indubitable ~ бесспорное, неоспоримое право

inherent ~ неотъемлемое право; прирождённое право

intangible property ~ право на нематериальную вещь

inter-spousal ~s межсупружеские права, взаимные права супругов

intervening ~ интервенирующее право, право третьего лица

intrinsic ~s природные, естественные права (*права, основанные на доктрине естественного права*)

junior ~ 1. позднейшее право, право, более позднее по времени возникновения 2. переход недвижимости к младшему сыну

justiciable ~ право, могущее быть защищённым в суде

legal ~ 1. субъективное право, основанное на нормах общего права 2. законное право; юридическое право (*в отличие от морального*)

litigious ~ спорное право

manorial ~ манориальное право

march-in ~ право вмешательства; *амер.* право федерального органа выдать принудительную лицензию на использование изобретения, созданного с финансовой помощью этого органа

marital ~s супружеские права

mere [naked] ~ *см.* bare right

neighbouring ~s смежные права

non-property ~ неимущественное право

original ~ первичное право

patent ~ *см.* right of patent

performer's ~s права артистов-исполнителей

performing ~ право на исполнение; право на постановку

play ~ право постановки, исполнения (*пьесы, музыкального произведения*) political ~s политические права

possessive ~ посессорное право

precarious ~ отзывное [прекарное] право

preemption [preemptive] ~ преимущественное право покупки

preferential ~ преимущественное [преференциальное] право

pre-grant ~ to a reasonable royalty право на получение роялти в разумных размерах за нарушение патентных притязаний выложенной заявки до выдачи патента

prerogative ~ прерогатива, исключительное право

prescribed ~ право, установленное нормативным актом, законом

prescriptive ~ право, основанное на давности *или* обычае

presumed [presumptive] ~ презюмируемое право

pretended ~ заявляемое право

previous ~ прежнее, ранее существовавшее право

primary ~s основные права

prior(ity) ~ *см.* right of priority

privacy ~ *см.* right of privacy

private ~s права частных лиц

procedural ~s процессуальные права, права участников процесса

property ~ *см.* right of property

property ~s on separation имущественные права супругов после их судебного разлучения

proprietary ~ *см.* right of property

public ~s публичные права (*права государства в отношении гражданина и права гражданина в отношении государства*)

publishing ~s издательские права

real ~ вещное право

reciprocal ~s and obligations взаимные права и обязанности

reserved ~s of the States права, отнесённые к компетенции штатов

reversionary ~ право на обратный переход имущества, возвратное право

riparian ~ право владельца прибрежного земельного участка; право прибрежного государства

senior ~ преимущественное право; право, более раннее по времени возникновения

serial ~ авторское право на публикацию в периодическом издании

shop ~ право нанимателя на служебное изобретение работника

sole ~ исключительное право; монопольное право

sovereign ~ суверенное право

specific ~ конкретное право

sporting ~(s) право охоты

stage ~ право на публичное исполнение, право постановки

states' ~s права штатов (*гарантированные конституцией США*)

statute-barred ~ право, не защищаемое в судебном порядке за истечением давности

statutory ~ право, основанное на законе, законное право

stipulated ~ обусловленное право, право из договора

subpublication ~s субиздательское право (*право издания в специальной форме, напр. в виде карманных изданий, изданий люкс и т.д.*)

subrogation ~ право суброгации, регрессное право

substantial ~s основные права

substantive ~s материальные права (*в отличие от процессуальных*)

undivided ~ 1. долевое право, право в доле, право в идеальной доле 2. исключительное право, прерогатива

usufructary ~ право на узуфрукт

valid ~ юридически действительное право

vested ~s сложившиеся права, закреплённые права, укоренившиеся права

voting ~ право участия в голосовании, право голоса

widow ~ *см.* right of dower

rightful принадлежащий по праву, законный, правомерный

rightfulness правомерность

ring объединение лиц в противоправных целях, ринг; шайка преступников

burglary ~ шайка воров-домушников

drug ~ шайка преступников, сбывающих наркотики

narcotics ~ шайка торговцев наркотиками

smuggling ~ шайка контрабандистов

spy ~ шпионская организация

stolen-car ~ шайка скупщиков краденых автомобилей

rioter лицо, учинившее беспорядки

rioting учинение массовых беспорядков

riotous связанный с массовыми беспорядками; чреватый массовыми беспорядками; квалифицируемый как массовые беспорядки

riotously с учинением массовых беспорядков

riot(s) массовые беспорядки

abortive ~ покушение на массовые беспорядки

ghetto ~ беспорядки в гетто

major ~ крупномасштабные массовые беспорядки

mass ~ массовые беспорядки

race [racial] ~ расовые беспорядки

riparian прибрежный

rip-off 1. воровство; мошенничество 2. плагиат; недобросовестная компиляция *или* переработка

rise объявлять перерыв; заканчивать работу (*о судебном заседании, сессии парламента и т.д.*)

rising окончание работы, объявление перерыва

~ of court 1. окончание судебной сессии 2. объявление перерыва в судебном заседании

risk 1. риск 2. ответственность страховщика ◇ ~s and perils of the sea морские риски и опасности

abnormal ~ чрезвычайный риск

buyer's ~ риск покупателя

consignee's ~ риск получателя

consumer's ~ риск потребителя

extra ~ особый риск

fire ~ риск от огня

foreseeable ~ предвидимый риск

insurable ~ страхуемый риск

insurance ~ страховой риск

King's ~s риски, непосредственно связанные с нападением врага *или* с борьбой против такого нападения

legal ~ 1. юридический риск 2. законный риск 3. риск, связанный с нарушением закона

marine [maritime] ~ морской риск

mixed sea and land ~s риски при смешанных сухопутно-морских перевозках

overall ~ совокупный риск

owner's ~ риск владельца

property ~ имущественный риск

Queen's ~ *см.* King's risks

security ~ риск, связанный с нарушением техники безопасности

seller's ~ риск продавца

shipper's ~ риск отправителя

standard ~ обычный нормальный риск

substandard ~ особый, нестандартный, необычный риск

third party ~ 1. риск третьего лица 2. риск ответственности перед третьим лицом

uninsurable ~ нестрахуемый риск

usual ~ обычный риск

war ~ военный риск

rite 1. обряд, ритуал 2. церемония; процедура

oath ~ церемония принесения присяги

river:

international ~ международная река

rob совершить роббери (*см.* robbery) ◇ to ~ by violence совершить роббери с применением физического насилия

robbed потерпевший от роббери; ограбленный

robber лицо, совершившее роббери; субъект роббери; преступник, специализирующийся на роббери (*разбойник, грабитель*)

armed ~ лицо, совершившее роббери с применением оружия; вооружённый разбойник; бандит

bank ~ преступник, занимающийся ограблением банков

gang ~ 1. участник роббери, совершённого шайкой; член шайки грабителей, разбойников 2. участник гангстерского роббери

highway ~ *ист.* разбойник с большой дороги

robber-killer убийца в разбое

robbery роббери (*по обстоятельствам дела — грабёж с насилием или разбой*) ◇ ~ with aggravation роббери при отягчающих обстоятельствах; ~ without aggravation роббери при отсутствии отягчающих обстоятельств; ~ with violence 1. грабёж с насилием 2. разбой

aggravated ~ роббери с отягчающими обстоятельствами

armed ~ вооружённый разбой (*бандитизм*)

bank ~ ограбление банка

forced [forcible] ~ роббери с применением физического насилия

gang ~ 1. роббери, совершённое шайкой 2. гангстерское роббери

highway ~ *ист.* разбой на больших дорогах

piratical ~ пиратский разбой, пиратство

store ~ роббери (*разбой, грабёж*) в магазине

street ~ уличное роббери

strong-arm(ed) [strong-hand] ~ роббери с применением физического насилия

robbing совершение роббери

rogue 1. жулик, мошенник ‖ жульничать, мошенничать 2. бродяга ‖ бродяжничать

incorrigible ~ неисправимый бродяга

roguery 1. жульничество, мошенничество 2. бродяжничество

roguish 1. жуликоватый, жульнический, мошеннический 2. бродяжнический

roll 1. *уст.* свиток 2. протокол судопроизводства; досье по делу 3. список; реестр ◇ to strike from [off] the ~ вычеркнуть из списка; *англ.* лишить (*солиситора*) адвокатских прав

assessment ~ список лиц и имуществ, облагаемых налогом

court ~s протоколы суда

judgement ~ досье материалов по делу

plea ~s «свитки судебных дел» (*судебные протокольные записи*)

registration ~ список зарегистрированных избирателей

statute ~ свод законов

tax ~ налоговая ведомость

welfare ~ список лиц, получающих пособие

roll-call голосование посредством поимённой переклички, поимённое голосование

room место; помещение; комната

detention ~ 1. помещение в здании суда для подсудимых, содержащихся под стражей 2. гауптвахта (*для военнослужащих, задержанных военной полицией*)

retiring ~ совещательная комната

roster 1. *уст.* свиток 2. протокол судопроизводства; досье по делу 3. список; реестр

men active ~ список полицейских, находящихся на оперативной службе

rotation очерёдность, ротация ◇ by [in] ~ поочерёдно; ~ in office передача должности; периодическая смена должностных лиц

~ of presidency очерёдность председательствования

roup *шотл.* аукцион, торги ‖ продавать с аукциона, с торгов

rout 1. *англ.* буйное сборище 2. *амер.* покушение на учинение массовых беспорядков

route путь

international navigational ~ международный навигационный путь

routine заведённый порядок, установившаяся практика

business ~ установившаяся деловая практика

rover пират

sea ~s пираты

royal королевский

royalt/y 1. королевское достоинство 2. член(ы) королевской семьи; лица королевской крови 3. королевская прерогатива 4. плата за право разработки недр 5. плата за право пользования патентом, периодическое лицензионное отчисление, лицензионная пошлина, роялти 6. авторский гонорар *(с каждого проданного экземпляра)* 7. поспектакльная плата автору

advance ~ авторский гонорар, выплачиваемый до реализации тиража

author's ~ авторский гонорар

copyright ~ies авторский гонорар *(в виде процентных отчислений)*

deferred ~ гонорар, выплачиваемый автору после продажи части тиража

post-patent ~ роялти, выплачиваемые лицензиатом по истечении срока действия патента

pre-patent ~ роялти, выплачиваемые лицензиатом за период до выдачи патента лицензиару

royalty-free без оплаты роялти, безвозмездный, беспошлинный

ruffian 1. буян, хулиган, головорез, бандит || хулиганский 2. сводник

hired ~ наёмный убийца

street ~ уличный хулиган

ruffianism буйство, хулиганство

ruffian-like хулиганский

ruffianly хулиганский

rule 1. правило || устанавливать правило 2. норма права || устанавливать правовую норму 3. постановление; предписание; приказ || постановлять, решать 4. правление; господство; власть || править ◇ ~ absolute постановление суда, имеющее окончательную силу; ~ against hearsay правило об исключении показаний с чужих слов; but for ~ правило «если бы не» («вред не имел бы места, если бы с самого начала не было вины ответчика»); ~ discharged приказ отменён; ~ enforceable in a court of law правовая норма, применимая в судебном порядке; ~ for the choice of law коллизионная норма; ~ nisi условно-окончательное предписание суда; предписание суда, имеющее неокончательную силу *(вступающее в силу с определённого срока, если не будет оспорено и отменено до этого срока)*; to ~ by decree 1. установить правовую норму судебным постановлением 2. править на основе чрезвычайных полномочий; to ~ by law 1. постановлять, решать на основе права 2. править на основе права; to ~ constitutional признать конституционным; to ~ in its own right вынести постановление, решение в пределах предоставленной юрисдикции; to ~ insane признать невменяемым; to ~ not-responsible признать не несущим ответственности; to ~ out исключать; to plead судебный приказ о представлении возражений по иску *(исходит от суда и адресуется ответчику)*; to ~ responsible признать несущим ответственность; to ~ sane признать вменяемым; ~ to show cause условно-окончательное постановление суда *(вступающее в силу с определённого срока, если до этого срока оно не будет оспорено и отменено)*; to ~ the Administration возглавлять администрацию, управлять страной *(о президенте США)*; to ~ the law устанавливать нормы права; to ~ unconstitutional признать неконституционным

~ of compulsion императивная норма

~ of course постановление суда, выносимое без формального ходатайства в судебном заседании

~ of court 1. судебный приказ, судебное предписание, судебное постановление 2. правило судопроизводства, процессуальная норма 3. *pl* регламент суда

~ of decision 1. правовая норма, лежащая в основе принятого (судебного) решения 2. правовая норма, созданная (судебным) решением; судебный прецедент

~ of doubt «правило о сомнении» *(1. толкование сомнения в пользу обвиняемого 2. толкование сомнения в патентоспособности в пользу заявителя)*

~ of evidence норма доказательственного права

~s of exchange биржевые правила

~ of general effect правовая норма общего характера; общеобязательная норма права

~ of law 1. норма права, правовая норма 2. принцип господства права

~s of navigation правила предупреждения столкновения судов на море

~ of parol evidence правило, исключающее устные доказательства, изменяющие или дополняющие письменное соглашение

~s of practice правила судопроизводства, процедурные правила

~s of precedence правила старшинства

~s of prison 1. тюремные правила 2. принятые среди заключённых неформальные нормы тюремной жизни

~ of privilege правило об иммунитетах

~s of procedure 1. правила судопроизводства; процессуальные нормы 2. правила процедуры, регламент *(в законодательном органе и др.)*

~s of proceedings *см.* rules of procedure 1.

~ of reason правило «разумного подхода», требование применения здравого смысла

~ of restraint *см.* restrictive rule

~s of succession 1. нормы наследственного права 2. правила престолонаследия

~s of the road 1. правила по предупреждению столкновения судов 2. правила дорожного движения

~s of the warfare законы и правила войны

~ of thumb практическое правило

~ of unanimity правило [принцип] единогласия

ab-initio ~ правило, согласно которому в случае признания патента недействительным все уплаченные за лицензию суммы подлежат возврату лицензиату

absolute ~ *см.* rule absolute

administrative ~ административное правило, административно-правовая норма

administrative agency ~ предписание административного органа

admiralty ~s правила судопроизводства по морским делам

appelate ~s правила апелляционного производства

applicable ~ применимая норма

bankruptcy ~s правила производства по делам о банкротстве

best evidence ~ требование представления наилучших (*первичных, подлинных*) доказательств

beyond question ~ принцип «вне сомнения» (*согласно которому в процессе о нарушении патентных прав временный запретительный приказ может быть выдан лишь в том случае, если законность патента и факт нарушения прав не вызывают сомнения*)

blanket ~ 1. всеохватывающая норма 2. бланкетная норма

cannon-shot ~ «принцип дальности орудийного выстрела», принцип «власть прибрежного государства кончается там, где кончается сила оружия», принцип определения ширины территориальных вод максимальным радиусом действия береговых батарей

challenge ~ *амер.* правило, согласно которому в случае признания патента недействительным подлежат возврату лицензиату все суммы лицензионного вознаграждения, уплаченные им после возбуждения иска о признании патента недействительным

circuit ~s *амер.* правила производства в окружном суде

clear and present danger ~ *амер.* правило об «очевидной и реальной опасности» (*допустимость ограничения свободы слова, если используемые выражения по своему характеру и при данных обстоятельствах создают ясную и непосредственную опасность*)

common ~ постановление суда, принятое без ходатайства стороны

compulsory ~ императивная норма

conflict ~ коллизионная норма

conflict-of-interest ~ *амер.* правило о столкновении интересов (*запрещение государственным служащим, членам конгресса и т.п. занимать посты в частных корпорациях*)

congressional ~s регламент конгресса

consolidation ~ постановление суда об объединении исков

conventional ~ 1. норма обычного права 2. договорная норма

court ~s 1. регламент суда 2. судебные прецеденты

current ~ действующая правовая норма

dangerous felony ~ *амер.* правило об опасной для жизни фелонии (*о вменении в вину смерти, причинённой в ходе совершения лицом опасной для жизни фелонии*)

direct ~ прямое правление (*Северной Ирландией*)

disclosure ~ запрещение публикации данных, нарушающих коммерческие секреты

discretionary ~ диспозитивная норма

enforceable ~ принудительно применимая (правовая) норма

equitable ~ норма права справедливости

established ~ of law установившаяся норма права

evidentiary ~s правила доказывания

exclusionary ~ правило об исключении из доказательств

federally evolved ~ норма права штата, возведённая в норму федерального права

felony ~ *англ.* правило о фелонии (*о вменении в вину смерти, причинённой в ходе совершения лицом фелонии*)

felony(-)murder ~ правило о том, что убийство в процессе совершения фелонии квалифицируется как тяжкое убийство

fellow-servant ~ принцип освобождения нанимателя от ответственности за вред, причиняемый друг другу лицами, работающими у него по найму

firm ~ твёрдое правило

first-to-file ~ *пат.* правило о праве первого заявителя, право первого заявителя

general ~ общая норма; общее правило

governmental ~ правило *или* постановление правительственного, государственного органа

ground ~ основная норма

guide ~s инструктивные правила

hard ~ жёсткое правило

hard and fast ~ жёсткое, неукоснительное правило

harmless constitutional error ~ *амер.* доктрина не повлёкшего вредных последствий нарушения конституции

hearsay ~ принцип недопустимости показаний с чужих слов

home ~ самоуправление

House ~s регламент палаты представителей

House-passed ~ проект закона, принятый палатой представителей конгресса

inapplicable ~ неприменимая норма

indirect ~ система непрямого управления, управление колониями через местных вождей

inherently dangerous ~ правило об опасном по своей природе действии

international ~ международная норма, норма международного права

interpretative ~ толковательная норма, нормативное правило толкования

joint ~s совместный регламент палаты представителей и сената

legal ~ 1. правовая норма 2. принцип правления на основе права; принцип господства права

legislative ~ законодательная норма; правообразующая норма; правила, имеющие силу закона

legislatively mandated ~ норма, предписанная законодателем

local ~ местное правило, правило местного действия, местной юрисдикции

majority ~ принцип большинства, правило принятия решений большинством голосов

mandated ~ предписанное правило, предписанная норма

mandatory ~ императивная норма

Miranda ~ *амер.* правило по делу Миранды (*об оценке судом самоинкриминирующих показаний, данных в полиции*)

non-governmental ~ правило *или* постановление неправительственного, негосударственного органа

obsolete ~ устаревшая норма

old ~ 1. давно действующая норма 2. ранее действовавшая норма

one-year ~ *амер.* «правило одного года» (*норма, согласно которой патент не может быть выдан на изобретение, разглашённое ранее чем за год до подачи заявки*)

operative ~ действующая норма

optional ~ диспозитивная норма

parliamentary ~s *англ.* регламент парламента

peremptory ~ императивная норма

permissive ~ диспозитивная норма

possession ~ «правило возврата» (*правило, согласно которому в случае признания патента недействительным все суммы лицензионного вознаграждения, депонированные и не выданные лицензиару, подлежат возврату лицензиату*)

prison ~s 1. тюремные правила 2. принятые среди заключённых неформальные нормы тюремной жизни

prohibitive [prohibitory] ~ запретительная норма

reference ~ отсылочная норма

renunciation ~ правило, согласно которому в случае признания патента недействительным подлежат возврату лицензиату все лицензионные отчисления за период после прекращения лицензиатом маркировки продукции номером патента

repealed ~ отменённая норма

requiring ~ императивная норма

restrictive ~ рестриктивная [ограничительная] норма

selective ~ коллизионная норма

Senate [senatorial] ~s регламент сената

Senate-passed ~ проект закона, принятый сенатом

seniority ~ правило старшинства (*в соответствии с которым председателем комитета сената назначается сенатор с наибольшим стажем работы в комитете*)

«shop book» ~ *ист.* правило о «лавочной книге» (*разрешавшее сторонам предъявлять в суд в качестве доказательства свои расчётные книги*)

side-bar ~ постановление суда, выносимое непосредственно в заседании

slip ~ правило о возможности исправления описок, допущенных в судебном постановлении

special ~ 1. специальная норма 2. правило судопроизводства, установленное по конкретному делу 3. постановление суда, принятое по ходатайству стороны

standing ~ постоянное правило

statutory ~ норма статутного права

statutory ~s and orders акты делегированного законодательства

stringent ~ строгое правило

tough ~ жёсткое правило

unanimity ~ правило единогласия, принцип единогласия

unit ~ положение, по которому вся делегация штата (*на партийном съезде*) голосует за одного кандидата

veto ~ правило вето

withdrawn ~ отменённая норма

working ~ действующая норма

Rule ◇ ~s against perpetuities «Правила против вечных распоряжений» (*о недействительности сделок, устанавливающих вещные права со сроком возникновения более чем через 21 год после смерти лица или лиц, названных в сделке*)

~ of the Supreme Court правила судопроизводства Верховного суда

Hague ~s Гаагские правила коносаментных перевозок

Home ~ *ист.* гомруль (*движение за самоуправление Ирландии*)

Judicial Committee ~s правила производства в судебном комитете тайного совета

York-Antwerp ~s Йорк-Антверпенские правила (*свод правил, регулирующих отношения сторон, возникающие из общей аварии*)

rule-breaker нарушитель правила, нормы; правонарушитель

ruleless беззаконный; не подчиняющийся правилам, законам

rule-making нормотворчество ‖ нормотворческий

rule-proclaiming нормообразующий, нормоустановительный

ruler правитель

ruling 1. постановление, определение, решение (*суда*) 2. издание норм, правил

adverse ~ постановление суда, неблагоприятное для стороны, которой оно касается

conclusive ~ окончательное решение суда

court ~ 1. постановление суда, определение суда, решение суда 2. *pl* судебная практика

definitive [final] ~ окончательное решение суда

judge's ~ постановление судьи

legal counsel ~ (частное) определение суда по адресу адвоката

rummage таможенный досмотр ‖ производить таможенный досмотр

run 1. срок 2. быть действительным, действовать, иметь силу (*в течение определённого срока*) 3. течь (*о сроке*) 4. гласить (*о документе*) 5. преодолевать (*запрет, ограничение и т.п.*) 6. преследовать (*по суду*) 7. баллотироваться, выставлять кандидатуру ◇ to

~ a risk подвергаться риску, опасности; to ~ a war вести войну; to ~ the blockade прорвать блокаду; нарушить блокаду
~ of office срок должностных полномочий
~ of validity срок действия

runaway бежавший *(из дома, из заключения)*

runner *разг.* солиситор, навязывающий свои услуги
blockade ~ нарушитель блокады

running 1. течение *(срока)* 2. нарушение *(блокады)* ◇ ~ away бегство *(из дома, из заключения)*
~ of the statute of limitations течение давностного срока
blockade ~ нарушение блокады

rupture разрыв
~ of relations разрыв отношений

ruse 1. хитрость 2. обман, мошенничество
~ of war военная хитрость

rustler *амер.* скотокрад

S

sabotage подрывная деятельность; саботаж; диверсия ‖ саботировать
foreign-inspired ~ диверсия по подстрекательству из-за границы
inspired ~ инспирированная диверсия; диверсия по подстрекательству

sacrilege святотатство *(проникновение с преодолением препятствия в место отправления богослужения и совершение в нём фелонии)*

sacrilegious святотатственный

safe 1. безопасный 2. сохранный 3. обеспечивающий невозможность бегства из-под стражи

safe-conduct 1. гарантия неприкосновенности, гарантия безопасности 2. гарантия от ареста; охранная грамота, охранное свидетельство

safecrack взломать сейф

safecracker взломщик сейфов, «медвежатник»

safeguard гарантия; защита; охрана ‖ гарантировать; защищать; охранять
constitutional ~ конституционная гарантия; конституционная защита; конституционная охрана
legal ~ правовая гарантия; правовая защита; правовая охрана
procedural ~ процессуальная гарантия
proper ~ надлежащая гарантия; надлежащая защита; надлежащая охрана

safe-keeping хранение; охрана
~ of offender охрана, содержание под стражей преступника
~ of prisoner охрана заключённого
~ of witness охрана свидетеля

safe-pledge поручительство за явку

safety 1. безопасность 2. сохранность

~ of life at sea охрана человеческой жизни на море
national ~ безопасность страны; национальная безопасность; государственная безопасность
occupational ~ безопасность, техника безопасности на производстве
occupational ~ and health охрана труда
on-the-job ~ техника безопасности на рабочем месте
public ~ общественная безопасность; государственная безопасность
traffic ~ безопасность дорожного движения
workers' ~ безопасность, техника безопасности на производстве

said (выше)упомянутый, вышеуказанный

salary жалованье, оклад
fixed ~ твёрдый оклад
official ~ должностной оклад
stated ~ твёрдый оклад

sale продажа ◇ ~ and [or] return продажа или возврат *(продажа, при которой покупатель имеет право возвратить товар в течение определённого времени)*; «as is» ~ продажа по образцу без гарантии отсутствия у товара повреждений *(«как есть»)*; ~ by auction продажа с аукциона; ~ by commission комиссионная продажа; ~ by description продажа по описанию; ~ by private contract продажа по соглашению; ~ by public cant *шотл.* продажа с аукциона, публичные торги; ~ by sample продажа по образцу; ~ for future delivery продажа на срок; ~ on approval продажа с условием последующего одобрения товара покупателем; ~ on arrival договор заморской продажи «по прибытии», продажа товара в пути *(риск случайной гибели или порчи товара во время перевозки несёт продавец)*; ~ on credit продажа в кредит; ~ on trial продажа на пробу; ~ to arrive *см.* sale on arrival; ~ with all faults продажа без ответственности продавца за качество предмета договора
~ of unassembled invention продажа всех элементов объекта изобретения в разобранном виде *(может быть формой соучастия в нарушении патента)*
commission ~ комиссионная продажа
compulsory ~ 1. принудительная продажа с торгов, продажа с молотка 2. принудительное отчуждение
credit ~ продажа в кредит
direct ~ прямая продажа *(принципалом без участия агента)*
distress ~ продажа описанного имущества
drug ~ торговля наркотиками
exclusive ~ исключительное право продажи
execution ~ продажа имущества должника для покрытия долга в порядке исполнения решения суда
forced ~ принудительная продажа
foreclosure ~ продажа заложенной недвижимости
judicial ~ продажа по решению суда

memorandum ~ условная продажа, предусматривающая право покупателя принять товар *или* отказаться от его принятия

open ~ публичные торги, открытая продажа

private ~ продажа по частному соглашению (*не по объявлению и не с аукциона*)

public ~ аукцион, продажа с аукциона; продажа по объявлению

sheriff's ~ принудительная продажа с торгов

simulated ~ продажа в обманных целях; договор продажи, направленный на обман третьих лиц

succession ~ продажа наследственного имущества с торгов

tax ~ продажа за неуплату налогов

wash(ed) ~ операция одновременной покупки и продажи одних и тех же ценных бумаг

salute салют ‖ салютировать

international ~ салют наций

salvage 1. спасание ‖ спасать 2. спасённое имущество 3. спасательное вознаграждение ◇ ~ on cargo вознаграждение за спасание груза, спасательное вознаграждение по грузу; ~ on ship вознаграждение за спасание судна, спасательное вознаграждение по судну

salvor спасатель

same вышеупомянутый, таковой

sample образец ◇ by [per] ~ по образцу

case ~ тип, характер дела; тип правонарушителя

sanction 1. одобрение, утверждение, санкция ‖ санкционировать 2. правовая санкция; предусмотренная законом мера взыскания, наказания 3. санкция (*в международно-правовом смысле*) ‖ применять санкции (*против какой-л. страны*)

~ of oath санкция за нарушение судебной присяги

additional ~ дополнительная мера взыскания, наказания

administrative ~ административная санкция

administrative agency ~ взыскание, наложенное административным органом

civil ~ гражданско-правовая санкция

commuted ~ мера наказания, смягчённая в порядке помилования

criminal ~ уголовная санкция; уголовное наказание

custodial ~ наказание, связанное с лишением свободы

enhanced ~ увеличенная мера наказания

legal ~ правовая санкция

non-custodial ~ наказание, не связанное с лишением свободы

penal ~ уголовная санкция; уголовное наказание

primary ~ основная мера взыскания, наказания

reduced ~ уменьшенная мера взыскания, наказания

sanctity 1. святость; священность 2. неприкосновенность

~ of contracts ненарушаемость договоров

sanctuary убежище

sane 1. находящийся в здравом рассудке 2. вменяемый

criminally ~ вменяемый (*в отношении совершённого преступления*)

mentally ~ психически здоровый

partially ~ ограниченно вменяемый

sanitation санитарный надзор

sanity 1. психическое здоровье 2. вменяемость ◇ to recover ~ выздороветь (*о психически больном*); обрести вменяемость

criminal ~ вменяемость

diminished ~ уменьшенная, ограниченная вменяемость

satisfaction 1. удовлетворение; сатисфакция 2. встречное удовлетворение 3. исполнение 4. замена исполнения ◇ ~ for injury возмещение вреда; in ~ of в уплату; to the ~ of the court убедительно для суда; to the ~ of the jury убедительно для присяжных

~ of debt уплата долга

pecuniary ~ денежное удовлетворение

satisfactory 1. удовлетворительный 2. удовлетворяющий, компенсирующий

satisfied исполненный; удовлетворённый; взысканный ◇ to be ~ установить, определить, найти, признать, придти к убеждению

satisfy 1. удовлетворять; соответствовать, отвечать (*требованиям*) 2. погашать (*долг*); выполнять (*обязанность, соглашение, решение, закон*) 3. убедить, доказать ◇ to ~ a debt погасить долг; to ~ a judgement выполнить судебное решение; to ~ an obligation выполнить обязанность, обязательство; to ~ oneself удостовериться, убедиться; to ~ reasonably убедить на основе разумных соображений; to ~ the court убедить суд; to ~ the jury убедить присяжных

save 1. спасать 2. сохранять действие 3. делать оговорку; предусматривать изъятие, исключение 4. кроме; за исключением ◇ ~ errors исключая ошибки, исключая ошибки и пропуски (*оговорка в документе*); to ~ one's bail явиться в суд (*о выпущенном на поруки*); to ~ the statute of limitations приостановить течение срока исковой давности

saving изъятие; исключение; оговорка ‖ вносящий оговорку, изъятие, исключение

say заявлять ◇ to ~ in chief заявить во время главного допроса; to ~ in cross заявить во время перекрёстного допроса; to ~ in dissent заявить особое мнение

scale 1. шкала 2. градация 3. такса

~ of age возрастные группы

~ of payment такса оплаты

~ of wages шкала заработной платы

rate ~ шкала ставок (*заработной платы, налога и т.д.*)

sliding ~ скользящая шкала

scandal 1. злоумышленная сплетня; клевета 2. публичное оскорбление 3. заявление в суде, не относящееся к делу и сделанное лицом путём злоупотребления своими процессуальными правами

scene место происшествия
~ of actio место происшествия
~ of crime [of offence] место совершения преступления
accident ~ место несчастного случая
crime ~ место совершения преступления
schedule 1. приложение, добавление (*к документу*) ‖ прилагать (*к документу*) 2. список ‖ заносить в список 3. расписание; график
~ of fees шкала сборов, пошлин, гонорарных ставок
~ of property инвентарь имущества
legislative ~ 1. приложение к законодательному акту 2. список законодательных актов
rate ~ тарифная сетка
uniform ~ of fees единообразная шкала сборов, пошлин, гонорарных ставок
scheme махинация; сговор
fraudulent ~ мошенническая махинация
illegal ~ противозаконная махинация; противозаконный сговор
schism *церк.* схизма (*раскол; состав преступления по английскому каноническому уголовному праву*)
scholar:
legal ~ учёный юрист
school школа
approved ~ *англ. ист.* одобренная судом школа (*воспитательное учреждение для правонарушителей, не достигших семнадцати лет*)
community ~ *англ.* общинная школа (*исправительная школа для несовершеннолетних правонарушителей*)
correctional ~ исправительная школа (*для детей, исключённых из обычной школы*)
industrial ~ *амер. ист.* производственная школа (*вид реформатория*)
juvenile training ~ школа производственной подготовки несовершеннолетних делинквентов
reform ~ исправительная школа; школа-реформаторий (*для несовершеннолетних делинквентов*)
reformatory ~ *англ. ист.* исправительная школа для несовершеннолетних преступников
vocational ~ профессиональная (*ремесленная*) школа
training ~ *амер.* школа производственной подготовки
science:
criminal ~ криминология
sciendum *лат.* «чтобы было известно» (*запись в делопроизводстве о выдаче судебного приказа для исполнения*)
scienter *лат.* заведомо (*указание на то, что ответчик действовал, заведомо зная о последствиях*)
scintilla искра; проблеск; самая малость, крупица
~ of evidence наличие минимальных доказательств

~ of invention минимально необходимое наличие изобретательского уровня
~ of truth крупица истины
scire facias *лат.* судебный приказ о представлении возражений против осуществления требований, основанных на публичном акте (*особ. судебном решении*)
scission 1. система раздельных режимов супружеской собственности для движимости и недвижимости 2. «расщепление» договора (*в коллизионном праве, когда различные аспекты договора регулируются разными правовыми системами*)
scold человек (*обыкн. женщина*), который постоянно грубо ругается ‖ грубо и крикливо ссориться, употреблять бранные слова, ругательства (*обыкн. о женщинах*)
common ~ женщина, постоянно нарушающая общественный порядок (*грубой руганью, бранью*)
scolder *см.* common scold
scope сфера применения (*нормы и т.д.*); предметный охват; содержание; смысл
~ of immunity пределы иммунитета
patent's ~ пределы действия патента, объём патентных притязаний
screen досматривать (*на таможне*)
screening досмотр (*таможенный*)
scrip свидетельство о праве собственности на акции, предварительное свидетельство на акции
script рукопись; оригинал, подлинник
scroll 1. пометка на документе вместо печати 2. свиток
scrutiny:
judicial ~ судебное исследование, следствие, рассмотрение
sea море
enclosed ~ 1. внутреннее море 2. закрытое море
epicontinental ~ эпиконтинентальное море
high ~(s) открытое море
internal ~ внутреннее море
international ~(s) международное море
marginal ~ окраинное море
open ~ открытое море
patrimonial ~ патримониальное море
semi-(en)closed ~ полузакрытое море
territorial ~ территориальное море, территориальные воды
sea-bed морское дно
seal 1. печать; пломба ‖ скреплять печатью; запечатывать; опечатывать 2. торжественный обет 3. *pl* власть, полномочия ◊ under ~ за печатью, с приложением печати; under ~ of secrecy в секрете, в тайне, под запретом разглашения; under the hand and ~ за подписью и печатью
~ of confession тайна исповеди
~ of office должностная печать
common ~ печать корпорации, печать юридического лица
forged ~ поддельная печать

great ~ (of the realm) большая государственная печать

official ~ официальная печать

private ~ печать физического *или* юридического лица (*в отличие от печати государственного учреждения*)

privy ~ малая государственная печать

public ~ печать государственного учреждения

royal great ~ большая королевская печать, большая государственная печать

sealing приложение печати; опечатывание

search 1. поиск; исследование ‖ искать; исследовать **2.** обыск; досмотр ‖ обыскать, производить обыск **3.** расследование ‖ производить расследование ◇ **~es and seizures** право (*представителей государственной власти*) производить обыски и выемки; **~ as to novelty** *пат.* поиск на новизну; **~ as to patentability** поиск на патентоспособность; **~ for anticipation** *пат.* поиск на новизну (*напр. перед регистрацией товарного знака*); **~ illegal ab initio** обыск, незаконный с самого начала; **~ incidental to arrest** обыск при аресте; **~ without warrant** обыск без ордера

~ of property обыск с целью обнаружить (похищенное) имущество

illegal ~ незаконный обыск

lawful ~ правомерный обыск

legal ~ законный обыск

military ~ обыск, произведённый военными властями

narrow ~ 1. подробный, тщательный обыск; подробный, тщательный досмотр **2.** тщательное расследование

reasonable ~ обоснованный обыск

record ~ запротоколированный обыск

unconstitutional ~ обыск с нарушением конституционных прав личности

unlawful ~ противоправный обыск

unreasonable ~ and seizure необоснованные обыск и выемка (*запрещены поправкой IV к Конституции США*)

visual strip ~ визуальный обыск с раздеванием обыскиваемого

warrantless ~ 1. обыск без ордера **2.** необоснованный обыск

wrongful ~ противоправный, незаконный обыск

searcher 1. лицо, производящее обыск, осмотр, досмотр, исследование **2.** решершер (*лицо, производящее информационный патентный поиск*)

season сезон; период; время

closed fishing ~ закрытый рыбопромысловый сезон

fishing ~ промысловый сезон

seat 1. место пребывания, местонахождение; штаб-квартира **2.** место (*в парламенте и т.д.*); должность **3.** быть расположенным; располагаться; размещаться; находиться **4.** проводить (*кандидата в парламент и т.д.*) ◇ **~ on the bench** должность судьи

~ of jurisdiction район [пределы] территориальной подсудности

~ of war театр военных действий

judgement ~ 1. судейское место **2.** судебное присутствие, суд

safe ~ обеспеченное место в парламенте (*для кандидата на выборах*)

seated допущенный к членству, в качестве члена

secede выходить (*из союза*), отпадать, отложиться, отделиться, отколоться

secession выход (*из союза*), отпадение, отложение, отделение

second 1. второй **2.** второстепенный; подчинённый; уступающий по значению, силе *и т.п.*

~ of exchange второй экземпляр переводного векселя

secondary 1. дополнительный; вспомогательный; акцессорный **2.** вторичный; производный **3.** второстепенный

secrecy секретность; тайна

~ of the ballot тайна голосования

administrative ~ право административной власти на секретность своей деятельности

executive ~ право исполнительной власти на секретность своей деятельности

government ~ право правительства на секретность своей деятельности

legislative ~ право законодательной власти на неподотчётность перед органами судебной и исполнительной власти

official ~ служебная тайна

secret секрет, тайна ‖ тайный, секретный, сохраняемый в тайне

official ~ государственная тайна; служебная тайна

state ~ государственная тайна

top ~ совершенно секретно (*надпись на документах*)

trade ~ 1. коммерческая тайна **2.** производственный секрет; засекреченная технология

work ~ производственный секрет, секрет производства

secretariat секретариат

secretary 1. секретарь **2.** министр

parliamentary ~ парламентский секретарь, парламентский заместитель министра

parliamentary private ~ личный парламентский секретарь министра

permanent ~ постоянный заместитель министра

Secretary ◇ **~ General (of the United Nations)** генеральный секретарь (*Организации Объединённых Наций*)

~ of State 1. государственный секретарь (*министр иностранных дел США*); государственный секретарь штата **2.** *англ.* министр (*для большинства министров, входящих в кабинет*)

Chief ~ to the Treasury главный секретарь министерства финансов (*первый заместитель министра финансов в Великобритании, член кабинета*)

Home ~ *англ.* (*полное наименование*

Secretary of State for the Home Department) министр внутренних дел

secretaryship должность секретаря; должность министра

secrete скрывать, укрывать *(преступление, преступника)* ◇ to ~ a **crime** скрывать, укрывать преступление; to ~ a **criminal** скрывать, укрывать преступника

secretness секретность

section раздел; часть; статья

  earlier ~ статья *(закона)* в прежней редакции

  later ~ статья *(закона)* в последующей редакции

sector сектор

  polar ~ полярный сектор

secular светский

secure предоставлять обеспечение; гарантировать; обеспечивать; обеспечивать безопасность *или* режим; охранять; защищать ‖ гарантированный; безопасный; режимный ◇ to ~ a **conviction** добиться осуждения; to ~ a **creditor** предоставить обеспечение кредитору; to ~ a **debt** обеспечить долг; to ~ a **loan** обеспечить заём; to ~ **appearance** обеспечить явку; to ~ **custodially** обеспечить изоляцию; обеспечить режимность; to ~ **indictment** добиться вынесения обвинительного акта; to ~ **judgement** выиграть дело, добиться решения в свою пользу; to ~ the **last word** обеспечить *или* гарантировать право на последнее слово

secured 1. обеспеченный; гарантированный; защищённый 2. охраняемый; изолированный; поставленный в режимные условия

securit/y 1. безопасность 2. обеспечение; гарантия; залог 3. оборотный документ; ценная бумага 4. поручительство; поручитель 5. изоляция, режим *(в пенитенциарном учреждении)* ◇ ~ for a **claim** обеспечение иска; ~ for a **loan** поручительство по займу; поручитель по займу; ~ to **bearer** ценная бумага на предъявителя; to give ~ 1. предоставить обеспечение 2. дать поручительство

  ~ of **person** личная неприкосновенность

  ~ of **residence** неприкосновенность жилища

  ~ of **tenure** гарантия против необоснованного выселения

  ample ~ достаточное обеспечение; достаточное покрытие

  bearer ~ ценная бумага на предъявителя

  collateral ~ дополнительное обеспечение

  collective ~ 1. коллективная безопасность 2. коллективное обеспечение; коллективное поручительство

  curb ~ акция, не зарегистрированная на фондовой бирже

  government ~ies государственные ценные бумаги

  health ~ меры обеспечения безопасности здоровья

  heritable ~ *шотл.* закладная

  high ~ строгий режим *(в тюрьме)*

  industrial ~ меры против утечки государст-

венной секретной информации, находящейся в распоряжении промышленности

  interest bearing ~ процентная ценная бумага

  internal ~ внутренняя безопасность

  international ~ международная безопасность

  judicial ~ судебное обеспечение исковых требований

  landed ~ закладная на недвижимость

  maximum ~ строгая изоляция, строгий режим

  medium ~ усиленный режим

  minimum ~ общий режим

  national ~ безопасность страны, национальная безопасность; государственная безопасность

  negotiable ~ оборотный документ

  original ~ первоначальное обеспечение

  personal ~ личная безопасность

  principal ~ главное обеспечение

  private ~ безопасность частных лиц; безопасность частной собственности; личная безопасность

  public ~ общественная безопасность; публичная, государственная безопасность

  real ~ 1. подлинная безопасность 2. реальное обеспечение; залог; ипотека

  social ~ особая изоляция, особый режим

  tight ~ строгая изоляция, строгий режим

  variable dividend ~ies акции с непостоянным дивидендом, обыкновенные акции

sederunt *лат.* 1. «заседали», «присутствовали» *(запись в судебном протоколе)* 2. заседание *(напр. суда)*

sedition призыв к мятежу

seditious мятежный, бунтарский

seduce склонять *(к совершению какого-л. действия)*; совращать

seduction совращение; обольщение *(под обещанием жениться)* ◇ ~ from **duty** подстрекательство к отказу от исполнения должностных обязанностей

  sexual ~ совращение; обольщение

see 1. епархия 2. престол 3. чин епископа

See:

  Holy (Apostolic) ~ «святейший (апостолический) престол», папский престол; Ватикан

seek искать; просить; добиваться; требовать ◇ to ~ a **crime** добиваться совершения преступления *(другим лицом)*; to ~ a **sanction** 1. добиваться одобрения 2. добиваться назначения взыскания, наказания 3. требовать применения санкции *(в международно-правовом смысле)*; to ~ **damages** требовать возмещения убытков; to ~ **permission** испрашивать разрешение; to ~ **punishment** добиваться назначения наказания; to ~ **redress** требовать, искать в суде возмещения, удовлетворения, сатисфакции; to ~ **relief** 1. добиваться пособия 2. искать судебной защиты 3. добиваться освобождения *(от уплаты, ответственности)* 4. требовать скидки *(с налога)*; to ~ **testimony** 1. требовать свидетельских показаний 2. добиваться возможности дать свидетельские показания

seen 1. явлен *(о паспорте)* **2.** акцептован *(надпись трассанта на векселе)* ◇ ~ or not seen независимо от того, видел ли покупатель товар *или* не видел *(условие продажи без гарантии качества)*

segregation отделение, выделение, изоляция, сегрегация
  racial ~ расовая сегрегация
  sexual ~ сегрегация по половому признаку *(в местах лишения свободы)*

seised 1. владеющий, находящийся во владении вещью **2.** рассматривающий *(о суде)* ◇ ~ **in demesne as of fee** владеющий на правах неограниченной собственности; **to be** ~ **of an issue** рассматривать вопрос *(о суде)*

seisin *см.* **seizin**

seize 1. захватывать **2.** налагать арест **3.** задерживать **4.** производить выемку **5.** конфисковывать **6.** вступать во владение ◇ **to** ~ **documents** производить выемку документов; **to** ~ **evidence 1.** отобрать показания **2.** добыть доказательства; **to** ~ **oneself of** вступать во владение *(имуществом)*; **to** ~ **the body of a person** задержать самоё лицо *(а не его имущество)*; **to** ~ **the court** обратиться в суд

seizin владение; вступление во владение ◇ ~ **in deed [in fact]** фактическое владение; ~ **in law 1.** право непосредственного владения недвижимостью по безусловному праву собственности на неё **2.** право наследника на владение недвижимостью *(если оно не основано на утверждении правового титула вопреки притязанию другого лица)* **3.** право на непосредственное завладение недвижимостью *(перешедшее по наследству к вдове)* **4.** конструктивное владение
  actual ~ фактическое владение

seizor 1. лицо, налагающее арест **2.** владелец

seizure 1. захват; отнятие владения **2.** наложение ареста *(на имущество)* **3.** задержание **4.** выемка *(имущества, документов)* **5.** изъятие *(имущества)*; конфискация; реквизиция ◇ ~ **incidental to arrest** выемка при аресте; ~ **quousque** *ист.* завладение копигольдом *(со стороны лорда после смерти копигольдера)* впредь до заявления прав наследником; ~ **under legal process** арест имущества в порядке предварительного обеспечения иска *или* для обращения взыскания во исполнение вынесенного решения
  ~ **of evidence** выемка доказательств
  ~ **of property** изъятие имущества; конфискация имущества; реквизиция имущества
  actual ~ фактическое завладение имуществом
  maritime ~ морской приз

select отбирать, подбирать ‖ отобранный, подобранный; специальный

selection отбор, подбор
  judicial ~ отбор, подбор кандидатов в судьи

self-administration самоуправление

self-authenticating не требующий засвидетельствования, «самосвидетельствующий»

self-authentication самозасвидетельствование

self-collision *пат.* столкновение заявки с заявкой того же заявителя

self-constituted самоучреждённый; самозванный

self-contradiction внутреннее противоречие

self-contradictory внутренне противоречивый, содержащий внутреннее противоречие

self-control самоконтроль, самообладание

self-defence самозащита, самооборона
  personal ~ личная самозащита, необходимая оборона личных, частных интересов
  private ~ необходимая защита частных интересов
  public ~ общественная самозащита; необходимая оборона общественных интересов

self-designation указание в патентной заявке государства, в котором заявитель имеет постоянное местожительство *или* осуществляет свою основную деловую деятельность

self-destruction самоубийство

self-determination самоопределение

self-employment самостоятельная предпринимательская деятельность *(в отличие от работы по найму)*

self-evident явный; само собой разумеющийся; самоочевидный

self-exculpation самооправдание

self-executing обладающий сам по себе исполнительной силой *(не нуждающийся для своего осуществления в издании соответствующих законов)*, вступающий в силу немедленно

self-explanatory не требующий разъяснения

self-governing самоуправляющийся

self-government самоуправление

self-help самопомощь
  legal ~ законная самопомощь

self-homicide самоубийство

self-incrimination самообвинение, самооговор; дача невыгодных для себя показаний
  compulsory ~ вынужденное самообвинение, вынужденный самооговор; вынужденная дача невыгодных для себя показаний

self-inculpation *см.* **self-incrimination**

self-injury членовредительство

self-jurisdiction юрисдикция дипломатического представителя в отношении сотрудников дипломатической миссии

self-killer самоубийца

self-killing самоубийство

self-murder самоубийство

self-murderer самоубийца

self-mutilation членовредительство

self-mutilator лицо, совершившее членовредительство

self-protection самозащита

self-recrimination обращение обвинения на самого себя *(об обвинителе)*

self-referral принятие дела к своему производству

self-regulation саморегулирование; саморегламентирование

self-restraint 1. самоограничение; самоограничение свободы, лишение себя свободы **2.** са-

мозапрет; самопресечение **3.** самопринужде-
ние

judicial ~ самоограничение судебной власти
делами, отнесёнными к её юрисдикции

self-slander самооклеветание, возведение по-
клёпа на самого себя

self-slaughter самоубийство

self-support содержание себя за счёт собственных средств

self-taxation самообложение

self-validating не требующий утверждения; не
подлежащий ратификации

self-will самоуправство; произвол

sell продавать ◇ **to** ~ **by auction** продавать с
аукциона; **to** ~ **by private contract** продавать
по соглашению; **to** ~ **by sample** продавать по
образцу; **to** ~ **on account** продавать в кредит;
to ~ **protection** по-гангстерски навязывать
свою защиту *(вид рэкета)*

seller продавец

unpaid ~ продавец, не получивший платежа

semantics:

legal ~ правовая семантика

semi-colonial полуколониальный

semi-colony полуколония

semiexclusive полуисключительный, исключительный с ограничениями *(о праве, о лицензии)*

semi-official полуофициальный

Senate сенат *(верхняя палата конгресса
США)*

full ~ сенат в полном составе, сенат в пленарном заседании

hearing ~ сенат, слушающий дело, вопрос

impeaching ~ сенат, рассматривающий дело
в порядке импичмента

trying ~ сенат, рассматривающий и решающий дело *(в порядке импичмента)*

Senator член сената США, сенатор штата

~**s of the College of Justice** члены Сессионного суда Шотландии

senator-elect лицо, избранное сенатором, но
ещё не вступившее в должность

send посылать; отправлять; направлять ◇ **to** ~
back a case вернуть дело *(в нижестоящую
инстанцию);* **to** ~ **down a bill** направить законопроект в нижестоящую палату; **to** ~ **up
a bill** направить законопроект в вышестоящую палату; **to** ~ **up a case** направить дело в
вышестоящую инстанцию

sender отправитель

senile престарелый

senior старший; главный; пользующийся преимуществом, преимущественный; более ранний по времени

seniority 1. старшинство **2.** трудовой стаж

sense значение, смысл

legal ~ **1.** юридический смысл **2.** правосознание

popular ~ общепринятый смысл

sentence 1. приговор *(к наказанию);* наказание *(по приговору)* ‖ приговаривать *(к наказанию)* **2.** *редк.* вердикт **3.** решение церковного суда ◇ ~ **fixed by law** наказание, опре-

делённое в законе; ~ **on the record** запротоколированный приговор; ~ **passed on the
person** приговор, вынесенный в отношении
данного лица; **to complete** ~ отбыть наказание; **to give** ~ вынести приговор; назначить
наказание; **to** ~ **in absense [in absentia]**
приговорить заочно; **to** ~ **in respect of the
offence** приговорить лицо к наказанию за
данное преступление; **to** ~ **long** приговорить
к длительному сроку лишения свободы; **to** ~
on a technicality вынести приговор на формально-юридическом основании; **to
pronounce** ~ вынести приговор; назначить
наказание; **to serve** ~ отбывать приговор, наказание; **to** ~ **short** приговорить к краткому
сроку лишения свободы; **to** ~ **to community
service** приговорить к безвозмездному обслуживанию общины; **to** ~ **to death** приговорить
к смертной казни; **to** ~ **to life** приговорить к
пожизненному тюремному заключению; **to** ~
to probation приговорить к пробации; **to** ~
with probation приговорить условно с отбы-
тием пробации; **under a** ~ **for a crime** по
приговору за *какое-л.* преступление

~ **of attainder** *англ. ист.* приговор к лишению прав состояния и к конфискации имущества

~ **of death 1.** приговор к смертной казни **2.**
наказание смертной казнью

~ **of probation** приговор о пробации

accumulative ~**(s) 1.** приговор по совокупности преступлений **2.** совокупность приговоров *или* наказаний *(с началом отбытия последующего по отбытии или истечении срока предыдущего)*

actual ~ **1.** приговор к реальной мере наказания **2.** реальная мера наказания

alternative ~ альтернативное наказание

antitrust ~ *амер.* приговор *или* наказание по
антитрестовскому делу

certain ~ **1.** приговор к определённому сроку
наказания **2.** определённый в приговоре срок
наказания

completed ~ отбытое наказание

concurrent ~**s** наказания, отбываемые одновременно

conditional ~ условное наказание

consecutive ~**s** наказания, отбываемые последовательно

consistent ~**s** совместимые наказания

correctional ~ приговор к заключению в исправительном учреждении; наказание заключением в исправительное учреждение

criminal ~ приговор по уголовному делу; уголовное наказание *(по приговору)*

cumulative ~**(s) 1.** приговор по совокупности
преступлений **2.** совокупность приговоров
или наказаний *(с началом отбытия последующего по отбытии или истечении срока
предыдущего)*

custodial ~ приговор к лишению свободы;
наказание, связанное с лишением свободы

death ~ **1.** приговор к смертной казни **2.** наказание смертной казнью

decretory ~ окончательный приговор

definite ~ приговор к определённому сроку наказания; срок наказания, определённый в приговоре

definitive ~ окончательный приговор

determinate ~ *см.* definite sentence

deterrent ~ наказание, удерживающее *(устрашением)* от совершения преступлений, наказание, обладающее сдерживающим эффектом

discretional ~ наказание, назначаемое *(в установленных законом пределах)* по усмотрению судьи *или* суда

disproportionate ~ наказание, несоразмерное тяжести совершённого преступления

enforced ~ приговор, приведённый в исполнение

federal ~ *амер.* приговор федерального суда

flexible ~ наказание, назначаемое *(в установленных законом пределах)* по усмотрению суда

harsh ~ суровое наказание

heavy ~ суровый приговор; тяжкое наказание

illegal ~ приговор, вынесенный с нарушением установленной законом (надлежащей правовой) процедуры; неправосудный приговор; наказание, назначенное с нарушением установленной законом (надлежащей правовой) процедуры

immutable ~ окончательный приговор

imposed ~ вынесенный приговор; назначенное по приговору наказание

income tax ~ приговор по делу о преступном уклонении от налогового обложения

increased ~ увеличенное наказание

indefinite ~ приговор к неопределённой мере наказания; не определённая в приговоре мера наказания

indeterminate ~ *см.* indefinite sentence

jail ~ приговор к краткосрочному тюремному заключению

lawful ~ законный приговор, приговор, вынесенный в соответствии с законом; наказание, назначенное в соответствии с законом

legal ~ правосудный приговор

lenient ~ *см.* mild sentence

lesser ~ менее строгое, более лёгкое наказание

life ~ приговор к пожизненному тюремному заключению; наказание пожизненным тюремным заключением

light ~ лёгкое наказание

longest possible ~ возможный максимальный предел (срочного) наказания

mandatory ~ обязательное *(по закону)* наказание

maximum ~ максимальная мера наказания

mild ~ мягкий приговор; мягкое наказание

military ~ приговор военного суда; наказание по приговору военного суда

minimum ~ минимальная мера наказания

mixed ~ комплексное наказание

moderate ~ умеренное наказание

multiple ~s множественность наказаний

non-custodial ~ приговор к наказанию, не связанному с лишением свободы; наказание, не связанное с лишением свободы

optional ~ приговор *(на основе закона)* по усмотрению суда; наказание *(в установленных законом пределах)* по усмотрению суда

original ~ первоначальный приговор; первоначально назначенное наказание

penitentiary [prison] ~ приговор к долгосрочному тюремному заключению; наказание долгосрочным тюремным заключением

probation(ary) ~ приговор к пробации

reformatory ~ приговор к заключению в реформатории; наказание заключением в реформатории

separate ~ самостоятельный приговор *(по каждому из совершённых по делу преступлений)*; отдельное наказание *(за каждое из совершённых по делу преступлений)*

served ~ отбытое наказание

shortest mandatory ~ обязательный минимальный предел срочного наказания

split ~ «расщеплённое наказание» *(тюремное заключение с назначенной по тому же приговору пробацией)*

state ~ приговор суда штата

strongly deterrent ~ наказание, обладающее большим сдерживающим эффектом

suffered ~ отбытое наказание

suspended ~ приговор *или* наказание, отсроченные исполнением; отсрочка исполнения приговора *или* наказания

tough ~ жёсткий, суровый приговор; жёсткое, суровое наказание

uncertain ~ *см.* indefinite sentence

wrongful ~ неправосудный приговор; неправосудно назначенное наказание

sentenced приговорённый

sentencing вынесение приговора; назначение наказания ◇ discrimination in ~ 1. индивидуализация при назначении наказаний 2. дискриминация при назначении наказаний; disparity in ~ 1. несоразмерность при назначении наказаний 2. индивидуализация при назначении наказаний 3. дискриминация при назначении наказаний; proportionality in ~ соразмерность назначаемых наказаний тяжести совершённых преступлений

accumulative ~ назначение наказаний по совокупности преступлений *или* приговоров

actual ~ назначение реального наказания

alternative ~ назначение альтернативных наказаний

certain ~ назначения определённого в приговоре наказания

concurrent ~ назначение наказаний с одновременным их отбыванием

conditional ~ назначение условного наказания

consecutive ~ назначение наказаний с последовательным их отбыванием

consistent ~ назначение совместимых наказаний

correctional ~ вынесение приговора к заключению в исправительном учреждении; назначение заключения в исправительном учреждении

criminal ~ вынесение приговора; назначение уголовного наказания

cumulative ~ назначение наказания по совокупности преступлений *или* приговоров

custodial ~ вынесение приговора к лишению свободы; назначение наказания, связанного с лишением свободы

decretory ~ вынесение окончательного приговора

definite ~ вынесение приговора к определённой мере наказания; назначение определённой меры наказания

determinate ~ *см.* definite sentencing

deterrent ~ назначение наказания, обладающего сдерживающим эффектом

discretional [discretionary] ~ назначение наказания по усмотрению судьи *или* суда

disproportionate ~ назначение наказания, несоразмерного тяжести совершённого преступления

flexible ~ назначение наказания (*в установленных законом пределах*) по усмотрению суда

harsh [heavy] ~ вынесение суровых приговоров; назначение суровых наказаний

illegal ~ вынесение приговора с нарушением установленной законом процедуры; вынесение неправосудного приговора; назначение наказания с нарушением установленной законом (надлежащей правовой) процедуры

indefinite ~ вынесение приговора к неопределённой мере наказания; назначение неопределённой меры наказания

indeterminate ~ *см.* indefinite sentencing

jail ~ вынесение приговора к краткосрочному тюремному заключению; назначение краткосрочного тюремного заключения

lawful ~ вынесение законного приговора, вынесение приговора в соответствии с законом; назначение наказания в соответствии с законом

legal ~ вынесение правосудного приговора

lenient ~ *см.* mild sentencing

life ~ вынесение приговора к пожизненному тюремному заключению; назначение пожизненного тюремного заключения

light ~ вынесение приговора к лёгкому наказанию; назначение лёгкого наказания

mandatory ~ обязательное (*по закону*) назначение наказания

maximum ~ вынесение приговора к максимальной мере наказания; назначение максимальной меры наказания

mild ~ вынесение мягкого приговора; назначение мягкого наказания

military ~ вынесение приговоров, назначение наказаний военными судами

minimum ~ вынесение приговора к минимальной мере наказания; назначение минимальной меры наказания

mixed ~ назначение комплексного наказания

moderate ~ назначение умеренного наказания

multiple ~ назначение нескольких наказаний

non-custodial ~ вынесение приговора к наказанию, не связанному с лишением свободы; назначение наказания, не связанного с лишением свободы

optional ~ вынесение (*на основе закона*) приговора по усмотрению суда; назначение наказания (*в установленных законом пределах*) по усмотрению суда

original ~ вынесение первоначального приговора; назначение первоначального наказания

penitentiary [prison] ~ вынесение приговора к долгосрочному тюремному заключению; назначение долгосрочного тюремного заключения

probation(ary) ~ вынесение приговора к пробации; назначение пробации

reformatory ~ вынесение приговора к заключению в реформатории; назначение заключения в реформатории

separate ~ вынесение приговора отдельно по каждому из совершённых по делу преступлений; назначение наказания отдельно за каждое из совершённых по делу преступлений

split ~ назначение «расщеплённого наказания» (*тюремного заключения и пробации*)

tough ~ вынесение жёсткого, сурового приговора; назначение жёсткого, сурового наказания

uncertain ~ *см.* indefinite sentencing

wrongful ~ вынесение неправосудного приговора; неправосудное назначение наказания

separability делимость (*напр. договора*)

separable делимый (*напр. о договоре*)

separate 1. отделять(ся); разделять(ся) ‖ отдельный; раздельный; сепаратный 2. разлучать (*о супругах*) 3. увольнять (*с военной службы*)

separation 1. отделение; разделение 2. разлучение, раздельное жительство супругов (*по соглашению или решению суда*) ◇ ~ by agreement раздельное жительство супругов по соглашению между ними; ~ from bed and board отлучение от ложа и стола

~ of goods раздельность имущества

~ of powers 1. разделение прав; разделение полномочий; разделение компетенции 2. разделение властей

judicial ~ постановление суда о раздельном жительстве супругов, судебное разлучение

legal ~ раздельное жительство супругов по решению суда

voluntary ~ соглашение супругов о раздельном жительстве

separatism сепаратизм

sequester 1. секвестр; наложение ареста; конфискация ‖ секвестровать; налагать арест 2. депозитарий предмета спора ‖ депонировать предмет спора у третьего лица 3. отказаться от имущества покойного мужа

sequestrable подлежащий секвестру, аресту *или* конфискации

sequestrate секвестровать; налагать арест; конфисковать

sequestration 1. секвестр; наложение ареста; конфискация **2.** депонирование предмета спора у третьего лица

sequestrator секвестратор (*1. лицо, осуществляющее секвестр 2. управляющий секвестрованным имуществом*)

serenity светлость (*титул*)

sergeant 1. *воен.* сержант **2.** сержант полиции **3.** адвокат высшей категории **4.** охранник **5.** судебный пристав ◊ ~ **at law** адвокат высшей категории
~ **of the coif** адвокат высшей категории
detective ~ сержант уголовной полиции

series:
continuous ~ **of indorsements** непрерывный ряд передаточных надписей

Serjeant-at-Arms парламентский пристав

Serjeant-at-law адвокат высшей категории

servant служащий
actual military ~ военнослужащий, находящийся на действительной военной службе
administrative ~ служащий административного учреждения
aftercare ~ сотрудник службы воспитательно-исправительного воздействия на лиц, отбывших лишение свободы
appointive ~ служащий по назначению
carreer ~ профессиональный служащий
civil ~ государственный гражданский служащий
compulsory military ~ военнослужащий, отбывающий воинскую повинность
correctional ~ сотрудник исправительной службы
Crown ~ государственный служащий (*в Великобритании*)
custodial ~ сотрудник службы охраны; сотрудник службы режима (*в исправительном учреждении*)
diplomatic ~ сотрудник дипломатической службы
field ~ сотрудник оперативной службы (*в отличие от штабной*)
foreign ~ **1.** сотрудник дипломатической службы **2.** военнослужащий за границей
full-time ~ штатный служащий
government ~ сотрудник правительственной службы, правительственный служащий
health (care) ~ сотрудник службы здравоохранения
honorary ~ служащий на почётной (неоплачиваемой) должности
indentured ~ служащий по договору об отдаче в ученичество
international civil ~ международный служащий, служащий международной организации
jail ~ тюремный служащий, тюремщик
juvenile ~ сотрудник службы по делам несовершеннолетних
life ~ служащий пожизненно
military ~ военнослужащий

national ~ лицо, отбывающее повинность (*государственную; воинскую; трудовую*)
non-effective ~ военнослужащий нестроевой службы
occupational health ~ сотрудник службы здравоохранения на производстве
parole ~ сотрудник службы надзора за условно-досрочно освобождёнными под честное слово
part-time ~ внештатный служащий; служащий по совместительству
penal ~ тюремный служащий, тюремщик
penitentiary ~ *амер.* тюремный служащий, тюремщик
personal ~ лицо, отбывающее трудовую повинность
personnel ~ сотрудник службы кадров, сотрудник службы по делам личного состава
police ~ служащий полиции, полицейский
prison ~ тюремный служащий, тюремщик
private ~ служащий у частного лица, служащий в частном секторе
probation ~ сотрудник службы пробации
protection ~ сотрудник службы охраны личной безопасности; телохранитель
public ~ государственное *или* муниципальное должностное лицо; государственный служащий
reformatory ~ служащий реформатория
staff ~ **1.** служащий штаба **2.** штатный служащий
treatment ~ сотрудник службы исправительного воздействия (*в отличие от службы режима*)
voluntary ~ волонтёр

serve 1. служить; обслуживать **2.** вручать (*судебный документ*) **3.** исполнять постановление суда **4.** отбывать (*наказание*) **5.** *шотл.* признавать наследником в судебном порядке ◊ **to** ~ **a federal sentence** *амер.* отбывать наказание по приговору федерального суда; **to** ~ **an appeal** вручить апелляционную жалобу; **to** ~ **an attachment** приводить в исполнение судебное постановление о взятии под стражу *или* о наложении ареста на имущество; **to** ~ **an execution** приводить в исполнение приговор (*особ. смертный*); **to** ~ **a notice** вручать повестку, уведомление; **to** ~ **a pleading** вручить состязательную бумагу; **to** ~ **a public office** отправлять, исполнять публичную должность; **to** ~ **a sentence** отбывать наказание (*по приговору суда*); **to** ~ **as one's own counsel** отказаться от защитника; **to** ~ **a state sentence** отбывать наказание по приговору суда штата; **to** ~ **a term** отбывать срок наказания (*особ. тюремного заключения*); **to** ~ **a term of imprisonment** отбывать срок тюремного заключения; **to** ~ **a warrant** вручить судебный приказ, ордер; **to** ~ **a writ** вручить судебный приказ; **to** ~ **by publication** извещать посредством публикации в печати (*о суде*); **to** ~ **for life** отбывать пожизненное тюремное заключение; **to** ~ **in a jail** отбывать краткосрочное тюремное заключение; to ~ in a penitentiary [in a prison] отбывать тюремное заключение *(долгосрочное или пожизненное);* to ~ on a person вручить лицу *(судебный документ);* to ~ on jury выполнять функции присяжного заседателя; to ~ parole отбывать режим условно-досрочного освобождения под честное слово; to ~ probation отбывать пробацию; to ~ process вручить судебный приказ; to ~ summons вручить судебную повестку; вручить приказ о явке в суд; известить ответчика о предъявленном иске; to ~ time отбывать срок наказания *(особ. тюремного заключения)*

server лицо, вручающее судебные документы; судебный исполнитель

service 1. служба; обслуживание; услуга 2. служба, ведомство 3. повинность 4. личный наём 5. уплата *(напр. долгов)* || уплачивать *(напр. долги)* 6. вручение *(судебного документа)* 7. исполнение постановления суда 8. отбывание наказания ◇ ~ by publication судебное извещение посредством публикации в печати; ~ on a jury выполнение функций присяжного заседателя; ~ on a person вручение лицу *(судебного документа)*

~ of appeal вручение апелляционной жалобы
~ of attachment приведение в исполнение судебного постановления о взятии под стражу *или о наложении ареста на имущество*
~ of execution приведение в исполнение приговора *(особ. смертного)*
~ of notice вручение извещения
~ of pleading(s) вручение состязательной бумаги; обмен состязательными бумагами
~ of process вручение судебного документа
~ of public office отправление, исполнение публичной должности
~ of sentence отбывание наказания *(по приговору суда)*
~ of summons вручение приказа, повестки о вызове в суд
~ of term отбывание срока наказания *(особ. тюремного заключения)*
~ of warrant вручение судебного приказа, ордера
~ of writ вручение судебного приказа

active ~ 1. *англ.* участие в боевых действиях 2. *амер.* действительная служба *(в вооружённых силах, в полиции)* 3. *разг.* военнослужащий, находящийся на действительной военной службе

actual ~ 1. действительная служба *(в вооружённых силах, в полиции)* 2. вручение *(судебного документа)* непосредственно адресату

actual military ~ 1. действительная военная служба 2. *разг.* военнослужащий, находящийся на действительной военной службе

administrative ~ 1. служба в административном учреждении 2. *pl воен.* службы тыла и снабжения

aftercare ~ служба воспитательно-исправительного воздействия на лиц, отбывших ли-

шение свободы; воспитательно-исправительное обслуживание лиц, отбывших лишение свободы

appointive ~ служба по назначению
armed ~s вооружённые силы
base ~ отработка, барщина
career ~ профессиональная служба
civil ~ 1. государственная гражданская служба 2. чиновничий аппарат министерств
community ~s службы общины; услуги, предоставляемые общиной
compulsory ~ 1. принудительная служба; повинность; воинская повинность 2. принудительное вручение *(судебного документа)*
compulsory military ~ воинская повинность
constructive ~ (of process) субститут личного вручения судебного приказа
correctional ~ исправительная служба; исправительное обслуживание
Crown ~ государственная служба *(в Великобритании)*
custodial ~ служба охраны; служба режима
debt ~ обслуживание долга
diplomatic ~ дипломатическая служба
domestic ~s 1. внутренние службы *(в отличие от дипломатических, консульских и внешнеторговых)* 2. бытовые услуги, бытовое обслуживание
elective ~ служба на выборной должности
escort ~(s) служба сопровождения; эскортные функции
expert ~s экспертные функции
field ~ оперативная служба *(в отличие от штабной)*
foreign ~ 1. дипломатическая служба 2. военная служба за границей
full-time ~ штатная служба
government(al) ~ государственная, правительственная служба
health (care) ~ здравоохранение
honorary ~ почётная *(неоплачиваемая)* должность
illegal [illicit] ~s незаконные услуги
indentured ~ служба по договору об отдаче в ученичество
integrated probation and parole ~(s) объединённая служба пробации и надзора за условно-досрочно освобождёнными под честное слово
intelligence ~ служба разведки, разведка
investigative ~s следственные функции
jail ~ 1. тюремная служба 2. отбывание краткосрочного тюремного заключения
judicial ~ 1. судебная система 2. вручение судебного документа
jury ~ отправление функций присяжного заседателя
juvenile ~ служба по делам несовершеннолетних
legal ~(s) предоставление законных услуг; законные услуги
life ~ 1. пожизненная служба 2. отбывание пожизненного тюремного заключения
loose leaf reporting ~ выпуск сборников нор-

мативных материалов и судебных решений в форме подборок с вынимающимися листами (*в США*)

military ~ военная служба

national ~ государственная повинность; воинская повинность; трудовая повинность

non-effective ~ нестроевая служба (*в вооружённых силах*)

occupational health ~ здравоохранение на производстве

«one prison ~» принцип отбывания назначенного по приговору тюремного заключения в одной и той же тюрьме

parole ~ 1. служба надзора за условно-досрочно освобождёнными под честное слово 2. отбывание режима условно-досрочного освобождения под честное слово

part-time ~ внештатная служба; служба по совместительству

penal ~ 1. тюремная служба 2. отбывание тюремного заключения

penitentiary ~ *амер.* 1. тюремная служба 2. отбывание тюремного заключения (*долгосрочного или пожизненного*)

personal ~ 1. личное вручение судебного приказа 2. трудовая повинность

personnel ~ служба кадров, служба по делам личного состава

police ~(s) полицейская служба; полицейское обслуживание; полицейские функции

pretrial ~ 1. судебная служба по осуществлению необходимых мер до начала слушания дела 2. вручение судебного документа до начала слушания дела 3. обмен состязательными бумагами до начала слушания дела

prison ~ 1. тюремная служба 2. отбывание тюремного заключения (*долгосрочного или пожизненного*)

private ~ служба у частного лица; служба в частном секторе

probation ~ 1. служба пробации 2. отбывание пробации

protection [protective] ~ служба охраны личной безопасности

public ~ 1. общественные услуги, коммунальные услуги 2. осуществление публичных функций 3. государственная служба

referral ~ передача дела на рассмотрение; *разг.* передача лица в другую юрисдикцию

reformatory ~ 1. штат служащих реформатория 2. отбывание лишения свободы в реформатории

review ~s надзорные, контрольные функции

salvage ~ услуги по спасанию

secret ~ секретная служба, спецслужба; секретная служба министерства финансов США

security ~ служба безопасности

selective ~ воинская повинность (*в США*)

ship's agency ~ агентирование судов

social ~ социальная служба; социальное обслуживание; предоставление социальных услуг; социальное обеспечение

staff ~ 1. штабная служба 2. штатная служба

subpoena ~ вручение вызова в суд

substituted ~ субститут личного вручения (*судебного документа*)

supply ~ ведомство, финансируемое из бюджетных средств

support ~s службы поддержки, вспомогательные службы (*в полиции*)

treatment ~(s) служба исправительного воздействия (*в отличие от службы режима*); осуществление исправительного воздействия

unneutral ~ противные нейтралитету услуги воюющей стороне

voluntary ~ добровольная служба (*в вооружённых силах*)

Service ◇ ~s вооружённые силы (*в Великобритании*)

Crown Prosecution ~ *англ.* служба уголовного преследования

Executive Protective ~ служба охраны безопасности президента США

Intelligence ~ разведывательная служба («Интеллидженс сервис») Великобритании

Internal Revenue ~ *амер.* служба внутренних государственных доходов

serviceable 1. подлежащий обслуживанию 2. подлежащий повинности; подлежащий отбыванию (наказания) 3. подлежащий уплате 4. подлежащий вручению (*судебного документа*) 5. подлежащий исполнению (*о постановлении суда*)

serviceman военнослужащий

career ~ профессиональный военный

servient сторона, предоставляющая сервитут ‖ обременённый сервитутом

servitor отбывающий повинность

servitude 1. рабство; порабощение 2. каторжные работы; каторга 3. сервитут

additional ~ дополнительный сервитут

involuntary ~ принудительный труд

landed ~ земельный сервитут

penal ~ каторжные работы, каторга

penal ~ **for life** пожизненная каторга

personal ~ личный сервитут

predial ~ земельный сервитут

real ~ земельный сервитут

session 1. заседание; сессия 2. *pl* суд квартальных сессий

~ **of the peace** сессия суда мировой юстиции

after-recess court ~ заседание суда после перерыва

closed ~ закрытое заседание

county ~s суд четвертных сессий графства

emergency ~ чрезвычайная сессия

enlarged ~ расширенное заседание

executive ~ закрытое заседание

extraordinary ~ внеочередная сессия

full ~ 1. заседание в полном составе 2. открытое судебное заседание

general ~s суд четвертных [квартальных] сессий

legislative ~ сессия законодательного собрания

open ~ открытое заседание

petty ~s суд малых сессий

plenary ~ пленарное заседание, заседание в полном составе

public ~ публичное заседание

special ~ специальная сессия; специальное заседание

Session:

Brewster ~s «суд пивных сессий» (*по выдаче лицензий на продажу алкогольных напитков*)

Quarter ~s суд четвертных [квартальных] сессий

set 1. комплект **2.** аренда ‖ сдавать в аренду **3.** отдавать в залог **4.** устанавливать; определять ‖ установленный; определённый; предусмотренный ◇ to ~ an appeal for argument назначить апелляцию к обсуждению; to ~ a penalty вынести взыскание; назначить штраф; назначить наказание; to ~ a precedent установить прецедент; to ~ aside **1.** аннулировать, отменить, расторгнуть **2.** отклонять **3.** объявить неконституционным (*о законе, в США*) **4.** отделять; откладывать; to ~ aside a conviction отменить (*вердикт присяжных или решение суда*) об осуждении; to ~ aside a judgement отменить судебное решение; to ~ aside a law *амер.* объявить закон неконституционным; to ~ aside a resolution отменить резолюцию; to ~ aside a sentence **1.** отменить *или* отсрочить исполнением приговор **2.** отменить *или* отсрочить исполнением наказание; to ~ aside the goods against the contract индивидуализировать товар для договора; to ~ at liberty освободить (*заключённого*); to ~ at naught ликвидировать; аннулировать; to ~ a veto наложить вето; to ~ down занести (*дело*) в список дел к слушанию; зарегистрировать; запротоколировать; to ~ fire поджечь; to ~ forth излагать; to ~ free освобождать (*заключённого*); to ~ free on bail освободить под залог; to ~ out утверждать; излагать; описывать; текстуально приводить (*в состязательных бумагах*); to ~ up a defence [plea] выдвинуть возражение; to ~ up the statute of limitations ссылаться на истечение исковой давности

~ of bills **1.** комплект коносаментов **2.** комплект экземпляров переводного векселя

~ of documents комплект документов

~ of exchange комплект экземпляров переводного векселя

full ~ полный комплект

set-off зачёт требований, судебный зачёт

admitted ~ зачёт требований, признанный истцом

setter-on подстрекатель

setting установление; учреждение

administrative ~ административное учреждение

correctional ~ исправительное учреждение

executive ~ исполнительный орган

judicial ~ судебное учреждение

legislative ~ законодательное установление; законодательное учреждение, законодательный орган

nonsecure ~ неохраняемое, нережимное учреждение

penal ~ пенитенциарная система (*система пенитенциарных, карательно-исправительных учреждений*)

secure ~ охраняемое, режимное учреждение

settle 1. урегулировать **2.** оплачивать **3.** заселять; колонизировать **4.** распорядиться имуществом в пользу *кого-л.* **5.** устанавливать, решать, определять ◇ to ~ a bill **1.** оплатить счёт **2.** уплатить по векселю; to ~ a claim урегулировать претензию; to ~ a contract заключить, оформить договор; to ~ a controversy урегулировать спор; to ~ a debt уплатить долг; to ~ a difference [a dispute] урегулировать спор; to ~ a document составить документ; to ~ a law установить правовую норму; to ~ an account оплатить счёт; to ~ an alimony установить (*кому-л.*) содержание; to ~ by compromise заключить мировую сделку; to ~ with creditors **1.** прийти к соглашению с кредиторами **2.** расплатиться с кредиторами

settlement 1. урегулирование **2.** уплата; расчёт **3.** колонизация; заселение; поселение; сеттльмент **4.** домициль, место домашнего обустройства **5.** акт распоряжения имуществом (*в пользу кого-л.*); акт установления доверительной собственности; акт учреждения семейного имущества **6.** администрация наследства

~ of accounts урегулирование расчётов

amicable ~ миролюбивое урегулирование спора, мировая сделка

ante-nuptial ~ акт распоряжения имуществом на случай заключения брака

damage(s) ~ покрытие убытков

family ~ соглашение об установлении режима семейной собственности

judicial ~ урегулирование в судебном порядке

lumpsum ~ компенсация в виде паушальной суммы

marriage ~ акт распоряжения имуществом по случаю заключения брака

out-of-court ~ мировая сделка

pacific ~ мирное урегулирование, мирное разрешение (*спора*)

peaceful ~ мирное урегулирование

penal ~ *ист.* штрафная колония

post-nuptial ~ послебрачный имущественный договор

voluntary ~ мировое соглашение

wage ~ соглашение о ставках, уровне заработной платы

settler 1. поселенец; колонист; постоянный житель **2.** лицо, совершающее акт распоряжения имуществом в пользу *кого-л.*

~ of trust учредитель доверительной собственности

actual ~ *амер.* лицо, фактически проживающее (*на государственных землях*)

settlor *см.* settler 2.

sever 1. делить, разделять **2.** разрывать (*отношения) ◇ to ~ relations разрывать отношения

severable делимый; частичный

severally порознь, отдельно

severalty 1. раздельность **2.** самостоятельное обособленное имущественное право

severance 1. отделение; разделение; раздел **2.** разрыв (отношений, связей)

~ **of cases** выделение дел в особое производство

~ **of charges** выделение обвинений в особое производство

~ **of defendants** разъединение ответчиков или подсудимых с выделением их дел в особое производство

severe строгий (о наказании)

severity строгость (наказания)

~ **of punishment** строгость наказания

sex 1. пол **2.** секс; разг. порнография

sexploitation разг. эксплуатация секса в целях наживы

sham 1. подделка; подлог; фальсифицированный товар ‖ поддельный, подложный, фальшивый; фиктивный, правильный по форме и ложный по существу **2.** обманщик, мошенник

share 1. доля, часть; пай; участие, доля участия ‖ делить; разделять; выделять; распределять; участвовать **2.** акция ◇ ~ and ~ alike в равных долях; ~ **due bearer** акция на предъявителя; ~ **to bearer** акция на предъявителя

~ **of stock** пай акционерного капитала

bonus ~ бесплатная акция; учредительская акция

cumulative preference ~s кумулятивные привилегированные акции, акции с накопляющимся гарантированным дивидендом

deferred ~s акции с отсроченным дивидендом

founder's ~s учредительские акции

ordinary ~ обыкновенная акция, акция с нефиксированным дивидендом

preference [preferential, preferred] ~ привилегированная акция

preferred ordinary ~s обыкновенные акции с фиксированным дивидендом

priority ~ привилегированная акция

registered ~ именная акция

statutory ~ законная доля (наследства)

unvalued ~ акция без нарицательной цены

shareholder держатель акций, акционер

ordinary ~ держатель обыкновенных акций

preference ~ держатель привилегированных акций

sharer участник; пайщик; совладелец

sharing разделение; выделение; распределение ◇ ~ **in the benefits** участие в выгодах

~ **of powers** разграничение компетенции, разделение функций между властями (в отличие от принципа разделения властей)

revenue ~ **1.** делёж доходов **2.** (пере)распределение государственных доходов (между федерацией и штатами)

shark разг. **1.** шулер; мошенник; вымогатель **2.** таможенный чиновник

sharker разг. шулер; мошенник; вымогатель

shelf шельф, отмель

continental ~ континентальный [материковый] шельф

inner continental ~ внутренняя зона континентального шельфа

outer continental ~ внешняя [наружная] зона континентального шельфа, внешний район континентального шельфа

shelter приют

custodial ~ охраняемый приют

non-secure [open] ~ неохраняемый приют

private ~ частный приют

public ~ государственный приют

secure ~ охраняемый приют

special ~ специализированный приют

sheriff шериф (выборный начальник сельской полиции)

county ~ шериф графства (в Великобритании) или округа (в США)

deputy ~ заместитель шерифа

general deputy ~ заместитель шерифа для выполнения обычных функций шерифа

high ~ старший шериф, шериф графства

pocket(-) ~ шериф, назначенный короной

special deputy ~ заместитель шерифа для выполнения особых поручений

sheriffalty 1. срок пребывания в должности шерифа **2.** должность шерифа

sheriffdom см. sheriffalty

sheriff-jailer шериф-смотритель местной тюрьмы

deputy ~ заместитель шерифа-смотрителя местной тюрьмы

sheriffship должность шерифа; юрисдикция шерифа

sheriffshood должность шерифа

sheriffwick шерифский округ

ship 1. судно **2.** отгружать **3.** перевозить ◇ ~ **in distress** судно, терпящее бедствие

~ **of war** военный корабль

cartel ~ картельное судно

chartered ~ зафрахтованное судно

conventional ~ обычное судно

free ~ нейтральное судно, судно нейтрального государства

hospital ~ госпитальное судно

shipment 1. отгрузка **2.** груз, партия (отправленного товара) **3.** перевозка

shipowner судовладелец; фрахтовщик

shipper грузоотправитель

shipping 1. погрузка; отгрузка; отправка **2.** судоходство; морские перевозки **3.** суда, морской торговый флот

coast(al) ~ каботажное судоходство

local [short-haul] ~ малый каботаж

shoot 1. стрелять **2.** расстреливать ◇ to ~ at a person стрелять в человека; to ~ dead застрелить; расстрелять

shop 1. лавка; магазин **2.** предприятие **3.** цех **4.** совершать покупки

agency ~ предприятие, все рабочие которого

обязаны делать отчисления в профсоюз *(в том числе и не члены профсоюза)*

closed ~ предприятие, принимающее на работу только членов профсоюза

post-entry closed ~ предприятие, принимающее на работу и не членов профсоюза, которые, однако, обязаны вступить в профсоюз после приёма на работу

pre-entry closed ~ предприятие, где предварительным условием приёма на работу является членство в профсоюзе

shopbreak проникнуть с преодолением препятствия в торговое предприятие с намерением совершить в нём кражу, разбой *или* грабёж; магазинная кража *или* ограбление магазина

shopbreaker лицо, проникшее с преодолением препятствия в торговое предприятие с намерением совершить в нём кражу, разбой *или* грабёж; магазинный вор, разбойник *или* грабитель

shopbreaking проникновение с преодолением препятствия в торговое предприятие с намерением совершить в нём кражу, разбой *или* грабёж; магазинная кража *или* ограбление магазина

shoplift *разг.* совершить магазинную кражу

shoplifted *разг.* потерпевший от магазинной кражи

shoplifter *разг.* магазинный вор

shoplifting *разг.* магазинная кража, кража в магазине

shopper 1. покупатель *(в магазине)* **2.** *разг.* полицейский агент в магазине

shortage недостача; нехватка

~ of evidence недостаточность доказательств

short-sighted краткосрочный

shot выстрел

fatal ~ смертельный выстрел

show 1. показ; выставка ‖ показывать **2.** доказать; представить доказательства ◇ **to ~ by parol 1.** давать устные показания **2.** представить устные доказательства; **to ~ cause** представить, изложить основания; **to ~ damage** доказать наличие *(причинения)* вреда; **to ~ good title** представить доказательства правового титула; **to ~ to the satisfaction of the court** доказать перед судом; **to ~ to the satisfaction of the jury** доказать перед присяжными

showing доказывание

~ of confession доказывание вины фактом её признания

substantial ~ доказывание в основном

shrievalty 1. срок пребывания в должности шерифа **2.** должность шерифа **3.** сфера полномочий шерифа

sickness заболевание; болезнь

social security ~ заболевание, оплачиваемое из средств социального обеспечения

side 1. сторона; сторона по делу **2.** область юрисдикции суда ◇ **~ in a cause** сторона по делу

criminal ~ уголовное отделение *(суда)*

crown ~ уголовная юрисдикция, уголовное отделение *(суда)*

equity ~ юрисдикция в рамках права справедливости

instance ~ 1. общая, непризовая юрисдикция адмиралтейского суда **2.** *амер.* юрисдикция федерального районного суда по морским делам *(кроме призовой)*

law ~ юрисдикция в рамках общего права

plea ~ гражданская юрисдикция, гражданское отделение *(суда)*

reverse ~ обратная сторона

sight предъявление ‖ предъявлять ◇ **at ~** по предъявлении

bankers' ~ тратта, выставленная на банк и подлежащая оплате по предъявлении

sign 1. знак, обозначение ‖ отмечать, помечать, ставить знак **2.** признак **3.** сигнал **4.** объявление; указатель **5.** подпись ‖ подписывать(ся), ставить подпись, расписываться ◇ **~ manual** собственноручная подпись; **to ~ an indictment** подписать, утвердить обвинительный акт *(о большом жюри)*; **to ~ into cell** *разг.* санкционировать заключение под стражу; **to ~ into law** утвердить, подписать в порядке оформления в качестве закона, подписать и тем самым придать силу закона *(о законопроекте)*; **to ~ on behalf of** подписывать от имени *кого-л.*; **to ~ «per pro»** подписывать по доверенности; **to ~ under protest** подписывать под протестом

signatory 1. сигнатарий, подписавшаяся сторона, подписавшееся государство **2.** доверенность на право подписания документов

signature 1. подпись **2.** подписание ◇ **~ by procuration** подпись по доверенности

autograph ~ собственноручная подпись

fictitious [forged] ~ поддельная подпись

joint ~ совместная подпись

manual ~ собственноручная подпись

rubber stamp ~ резиновый штамп с факсимиле

specimen ~ образец подписи

signer подписавшийся, нижеподписавшийся

significance:

evidential ~ доказательственное значение

legal ~ юридическое значение

signification официальное извещение

signing подписание

similarity сходство; аналогия

confusing [deceptive] ~ сходство *(напр. товарных знаков)*, вводящее в заблуждение

rythmical ~ ритмическое сходство *(словесных товарных знаков)*

similarly аналогичным образом

similiter согласие на передачу вопроса, выдвинутого противной стороной, на разрешение суда присяжных

simulate симулировать, притворяться; копировать; фальсифицировать

simulation симуляция, притворство; копирование; фальсификация, фальсифицирование

simulator симулянт; фальсификатор

sine die *лат.* на неопределённый срок, без назначения новой даты

sine qua non *лат.* обязательный, необходимый, непременный

single 1. единственный **2.** единый **3.** холостой; незамужняя

sink 1. вкладывать (*капитал*) **2.** погашать, уплачивать (*долг*) **3.** улаживать **4.** скрывать ◇ to ~ a controversy уладить спор; to ~ a debt погасить долг; to ~ a fact скрыть факт

sit заседать ◇ to ~ as a grand juror заседать в качестве члена большого жюри; to ~ as a judge заседать в качестве судьи; to ~ as a juror заседать в качестве присяжного заседателя; to ~ for представлять в парламенте (*округ*); to ~ in chamber заседать (*единолично*) в камере судьи; to ~ in judgement быть судьёй; заседать в суде; to ~ in private заседать при закрытых дверях; to ~ on **1.** быть членом (*комиссии, комитета и т.д.*) **2.** разбирать (*вопрос, дело*); to ~ on evidence *амер. разг.* «сидеть» на доказательствах (*скрывать, не представлять доказательства в суд*); to ~ upon dead body *разг.* осматривать труп (*о коронере*)

site:
~ of crime место совершения преступления

site-time период сессии суда присяжных; сессия суда присяжных

sitter заседающий; участник заседания

sitting заседание ◇ ~ at nisi prius заседание суда присяжных; заседание суда первой инстанции; ~ en [in] banc [bank] присутствие с полным составом суда, заседание в полном составе, пленарное заседание; ~ in camera рассмотрение не в открытом судебном заседании, заседание в судейской комнате
joint ~ совместное заседание
judicial ~ судебное заседание
open ~ открытое заседание
opening ~ открытие; первое заседание
Trinity ~s летняя судебная сессия

situation положение, ситуация
crime ~ обстановка совершения преступления
factual ~ фактические обстоятельства

situs 1. местонахождение вещи, местонахождение недвижимости **2.** место «прикрепления» (*долга, документа*)
~ of contract связь договора с определённой правовой системой, «место прикрепления» договора
~ of debt «место прикрепления» денежного долга

sketch словесный портрет || составлять словесный портрет
~ of the perpetrator словесный портрет преступника
~ of the suspect словесный портрет подозреваемого
~ of the victim словесный портрет потерпевшего

skyjack угонять, похищать самолёт; совершить акт воздушного пиратства

skyjacking угон, похищение самолёта; воздушное пиратство

slain умерщвлённый; убитый

slander устная клевета || клеветать в устной форме
~ of goods злонамеренное и заведомо необоснованное порочение товаров
~ of title злонамеренное и заведомо необоснованное порочение правового титула

slanderer клеветник

slanderous клеветнический

slate *амер.* список кандидатов (*на выборах*) || выдвигать в кандидаты

slaughter убийство (*особ. одновременное убийство нескольких человек*) || совершить убийство (*особ. одновременное убийство нескольких человек*)

slave раб

slavery рабство; статус раба
organized white ~ гангстерская торговля «белыми рабынями»
white ~ торговля «белыми рабынями» (*для целей проституции или порнографии*)

slave-trading работорговля
piratical ~ пиратская работорговля

slay умерщвлять; убивать

slayer убийца (*особ. совершивший тяжкое убийство*)

slip 1. узкая полоска бумаги; талон; бланк **2.** слип, листок бумаги с поправками к патенту, прикреплённый к патентному описанию **3.** *см.* insurance slip **4.** описка; опечатка; обмолвка
insurance ~ **1.** документ о согласованных условиях страхования, страховой талон **2.** дополнительные условия страхования (*на полосках бумаги, прикреплённых к полису*)
voting ~ избирательный бюллетень

slur клеветническое обвинение || обвинять клеветнически

smuggle заниматься контрабандой, провозить контрабандным путём ◇ to ~ illegal aliens тайно провозить иностранцев, не имеющих право на въезд в страну; to ~ mail тайно проносить почту (*в тюрьму и из тюрьмы*)

smuggler контрабандист; контрабандистское судно
arms ~ занимающийся контрабандой оружия
drugs ~ занимающийся контрабандой наркотиков
petty ~ мелкий контрабандист

smuggling контрабанда, провоз контрабандным путём
arms ~ контрабанда оружия
drug ~ контрабанда наркотиков

snatch *разг.* вырывать кошельки, сумки, срывать шапки и т.п. || *жарг.* «хапок»

snatching вырывание кошельков, сумок, срывание шапок и т.п.
purse ~ вырывание кошелька

sneak-thief воришка

socage владение землёй на началах оказания услуг собственнику по её обработке

socager лицо, владеющее землёй на условиях оказания услуг собственнику по её обработке

society общество ◇ ~ **in participation** простое товарищество

beneficial [beneficiary, benefit, benevolent] ~ общество взаимопомощи

building ~ строительное кооперативное товарищество

conjugal ~ супружеская общность

consumers' cooperative ~ потребительский кооператив

cooperative ~ кооперативное общество; потребительское общество

criminal ~ преступное сообщество

fraternal ~ 1. братство (напр. тайное) 2. общество взаимного страхования

friendly ~ общество взаимопомощи, общество взаимного страхования

jural ~ правовое общество, общество, в котором господствует право

limited ~ общество с ограниченной ответственностью

mutual loan ~ общество взаимного кредита

protection ~ общество взаимного страхования

provident ~ общество взаимопомощи

socman лицо, владеющее землёй на условиях оказания услуг собственнику по её обработке

socmanry владение землёй на началах оказания услуг собственнику по её обработке

sodomy содомия, противоестественные половые сношения

sojourn временное пребывание ‖ временно пребывать

sojourner лицо, временно пребывающее в стране

sojourning временное пребывание

sojournment временное пребывание

soke ист. 1. манориальная юрисдикция 2. аренда земли на условиях оказания арендатором услуг собственнику по её обработке

sola тратта или чек, выставленные в одном экземпляре

sole 1. единственный; исключительный 2. холостой; незамужняя

solemn торжественный; официальный; формальный, удовлетворяющий всем формальным требованиям

solemnity 1. церемония 2. предусмотренная правом формальность

solemnization 1. совершение торжественной церемонии 2. бракосочетание

~ **of marriage** церемония бракосочетания

solemnize совершать торжественную церемонию ◇ **to** ~ **a marriage** оформить брак, освятить брачный союз, сочетать браком

solicit 1. просить, ходатайствовать, хлопотать (в т.ч. об адвокате) 2. разг. вести дело, практиковать в качестве адвоката 3. домогаться; навязываться с услугами; приставать (в т.ч. о проститутке) 4. подстрекать (к совершению преступления) 5. подкупать (судью); незаконно влиять (на судью) ◇ **to** ~ **persistently** упорно приставать

solicitation 1. ходатайство, просьба 2. разг. ведение дел (об адвокате) 3. домогательство; навязывание услуг; приставание (в т.ч. о

проститутке) 4. подстрекательство (к совершению преступления) 5. попытка подкупить (судью); попытка незаконно повлиять (на судью)

criminal ~ подстрекательство к совершению преступления

proxy ~ разг. ведение дел (адвокатом) по доверенности

solicitor 1. солиситор, стряпчий 2. амер. юрисконсульт 3. атторней обвинения (в некоторых штатах)

city ~ юрисконсульт города (в некоторых штатах)

official ~ официальный солиситор, адвокат по назначению

patent ~ юрисконсульт-патентовед

Solicitor ◇ ~ **General** 1. англ. генеральный солиситор, заместитель генерального атторнея 2. амер. заместитель министра юстиции; ~ **General for Scotland** генеральный стряпчий по делам Шотландии; ~ **to the Treasury** англ. юрисконсульт министерства финансов

solidarity солидарность

solidary солидарный

solution разрешение, решение (вопроса и т.п.)

~ **of case** решение, разрешение дела; раскрытие преступления (полицией)

~ **of crime** 1. раскрытие преступления 2. юридическое решение вопроса о совершённом преступлении

charge ~ решение вопроса о юридической судьбе обвинения

delinquent ~ 1. раскрытие акта делинквентности 2. юридическое решение вопроса о совершённом акте делинквентности

solve разрешить, решить (вопрос и т.п.) ◇ **to** ~ **a case** разрешить дело; **to** ~ **a charge** решить вопрос о юридической судьбе обвинения; **to** ~ **a crime** 1. раскрыть преступление 2. юридически решить вопрос о совершённом преступлении

solvency платёжеспособность

solvent платёжеспособный

solvit ad diem лат. возражение ответчика со ссылкой на то, что он уплатил долг в надлежащий день

sophistication:

criminal ~ 1. изощрённое совершение преступления; преступная изощрённость 2. преступная извращённость

sound 1. иметь отношение к чему-л.; иметь целью что-л. 2. обосновывать 3. здравый 4. правильный; обоснованный; действительный 5. платёжеспособный ◇ **to** ~ **an opinion** обосновывать высказанное мнение

legally ~ юридически действительный; юридически обоснованный

sounding имеющий отношение к чему-л.; имеющий целью что-л. ◇ ~ **in contract** основанный на договоре, вытекающий из договора; ~ **in damages** имеющий целью взыскание убытков; ~ **in tort** основанный на деликте, вытекающий из деликта

soundness:
~ of mind нормальное состояние психики
source источник
~s of evidence средства доказывания, доказательства
~ of increased danger источник повышенной опасности
~ of law источник права
confidential ~ конфиденциальный источник
illegitimate ~ незаконный источник (средств к существованию)
legal ~ источник права
legal ~ of crime правовой запрет преступления
legitimate ~ законный источник (средств к существованию)
original ~ первоисточник
sovereign суверен; монарх ‖ верховный, суверенный, державный, полновластный
non-full ~ полусуверенный
sovereignity суверенитет
~ of the people суверенитет народа
dual ~ двойной суверенитет
monetary ~ 1. суверенитет валюты, независимость валютной системы от иностранной валюты 2. монетный суверенитет (государства)
national ~ национальный суверенитет
offended ~ нарушенный суверенитет
popular ~ народный суверенитет
residuary ~ остаточный суверенитет
state ~ 1. суверенитет государства, государственный суверенитет 2. суверенитет штата
territorial ~ территориальное верховенство
titular ~ номинальный суверенитет
space 1. пространство 2. космос
air ~ воздушное пространство
maritime ~ морское пространство
ocean ~ океаническое пространство
speaker 1. оратор 2. спикер, председатель палаты парламента, конгресса
speakership должность спикера; осуществление функций спикера
special 1. специальный; особенный; особый 2. отдельный; частный
specialist:
criminal ~ профессиональный преступник
specialty документ за печатью, договор за печатью
specific специальный; определённый; конкретный; положительно-выраженный; реальный (об исполнении)
specifically 1. определённо; ясно; положительным образом; конкретно; прямо 2. в натуре, реально (об исполнении договора)
specification 1. положительно-выраженное обусловливание 2. спецификация, перечисление, перечень; подробное обозначение; патентное описание 3. спецификация, переработка (создание новой вещи из чужих материалов) 4. формулировка состава преступления в обвинительном акте
complete ~ полное описание изобретения (в заявке)

design patent ~ описание запатентованного промышленного образца
patent ~ патентное описание
provisional ~ предварительное описание (патентуемого изобретения)
specified точно определённый, указанный; определённый индивидуальными признаками
specify положительным образом обусловливать; определять; обозначать; указывать; перечислять; специфицировать
specimen образец
~ of signature образец подписи
spectator очевидец
speculum «зерцало» (название ряда правовых памятников средневековья)
speech речь; выступление ◇ ~ for the defence речь защитника; ~ for the prosecution речь обвинителя
acceptance ~ официальное заявление о согласии на выдвижение кандидатом на пост президента или губернатора штата
closing ~ заключительная речь, заключительное слово
final ~ заключительная речь, заключительное слово; последнее слово подсудимого
free ~ свобода слова
inaugural ~ речь при вступлении в должность
King's ~ тронная речь
legal ~ выступление стороны
opening ~ вступительная речь, вступительное слово
Queen's [royal, sovereign's] ~ тронная речь
Speech ◇ ~ from the Throne тронная речь
Gracious ~ тронная речь
speed скорость
actual ~ действительная скорость
permitted ~ допустимая скорость
speeding превышение дозволенной скорости, езда с недозволенной скоростью
spendthrift расточитель ‖ расточать
spendthrifting расточительство
spirit дух, сущность, истинный смысл ◇ ~ and letter дух и буква (закона, договора и т.п.)
public ~ гражданское чувство, гражданственность
spite злой умысел
spokesman лицо, говорящее [выступающее] от чьего-л. имени, представитель, оратор
legal ~ выступающая (в суде) сторона
spoliation 1. преднамеренное уничтожение или искажение документа 2. захват имущества (особ. неприятельских судов во время войны) 3. расхищение, грабёж, кража, мародёрство 4. незаконное присвоение (самозванным священнослужителем) права на сбор церковных доходов; узурпация церковного прихода
sponsible шотл. платёжеспособный
sponsion 1. поручительство 2. обязательство, требующее ратификации
sponsor 1. поручитель ‖ ручаться 2. спонсор, автор законопроекта, проекта резолюции и т.п., лицо или организация, оказывающие

финансовую поддержку ‖ предлагать, вносить (законопроект, проект резолюции и т.п.), оказывать финансовую поддержку ◇ to ~ a bill вносить законопроект

spot ◇ to ~ a criminal опознать преступника

spouse супруг(а)

adulterous ~ супруг, виновный в прелюбодеянии

claiming [complaining] ~ супруг-истец

defending ~ супруг-ответчик

divorced ~ разведённый супруг

estranged ~ супруг, отлучённый от брачного ложа

innocent ~ неповинный (в нарушении супружеских прав) супруг

offended ~ потерпевший (от прелюбодеяния) супруг

seeking ~ супруг-истец

separated ~ раздельно жительствующий супруг

surviving ~ переживший супруг

spouseless холостой; незамужняя

spread двойной опцион, стеллаж

spurious 1. подложный; поддельный; фиктивный 2. внебрачный, незаконнорождённый

spy шпион ‖ заниматься шпионажем

undercover ~ (тайный) шпион

spying шпионаж

company ~ шпионаж в бизнесе

economic ~ экономический шпионаж

industrial ~ промышленный шпионаж

master ~ шпионаж хозяина за работниками

square разг. уплатить, дать взятку

squat самовольно селиться

squatter самовольно поселившийся, «сквоттер»

squeal доносить на сообщников

squeeze вымогательство; шантаж ‖ вымогать; шантажировать

stab нанести удар колющим оружием

staff штат служащих, служебный персонал

administrative ~ административный персонал (посольств, миссий)

command ~ командный состав

congressional relations ~ персонал президента по связям с конгрессом

correctional ~ штат служащих исправительного учреждения

custodial ~ штат службы режима (в исправительном учреждении)

diplomatic ~ дипломатический персонал (посольств, миссий)

domestic ~ домашний обслуживающий персонал

headquarters ~ штабные служащие

institutional ~ персонал исправительного или режимного психиатрического учреждения

investigative ~ штат служащих следственного органа

legal ~ судебный персонал

liaison ~ штат служащих по связям

non-diplomatic ~ неофициальный персонал (посольств, миссий)

parole ~ персонал службы надзора за условно-досрочно освобождёнными под честное слово

probation ~ персонал службы пробации

service ~ обслуживающий персонал (посольств, миссий)

technical ~ технический персонал (посольств, миссий)

treatment ~ служба воздействия (на пациентов режимного психиатрического учреждения, на заключённых исправительного учреждения)

stage 1. стадия, период 2. инсценировать; имитировать; фабриковать; симулировать ◇ to ~ a case фабриковать дело; to ~ a charge фабриковать обвинение; to ~ a crime симулировать преступление; to ~ a trial инсценировать судебный процесс

committee ~ комитетская стадия, стадия рассмотрения законопроекта в комитете

legislative ~ этап законодательной процедуры

report ~ стадия доклада, стадия обсуждения законопроекта, второе чтение

stakeholder депозитарий спорного имущества

stale 1. давно просроченный 2. утративший силу

stamp 1. штамп, штемпель, печать; пломба ‖ ставить штамп, штемпель, пломбу 2. марка

bill ~ марка вексельного сбора; пошлинная марка, гербовая марка

canceled ~ погашенная (почтовая) марка

entry ~ штемпель о въезде (на границе)

exit ~ штемпель о выезде (на границе)

food ~ штемпель проверки продовольственных продуктов

incoming ~ штамп поступления корреспонденции, входящая отметка о поступлении

postage ~ почтовая марка

revenue ~ гербовая марка

tax ~ отметка об уплате налога

trading ~ торговый знак; фирменный ярлык

uncanceled ~ непогашенная (почтовая) марка

stand 1. место для дачи показаний 2. обладать статусом 3. иметь силу; сохранять силу, оставаться в силе 4. предстать перед судом 5. выступать в каком-л. качестве ◇ failure to take the ~ неявка в суд для дачи показаний; to ~ as candidate выступать в качестве кандидата на выборах; to ~ a verdict получить вердикт (о подсудимом); to ~ del credere принять на себя делькредере; to ~ down снять свою кандидатуру; to ~ equal быть равным, равноправным; обладать равноправием; to ~ for election выставлять свою кандидатуру, выступать в качестве кандидата на выборах; to ~ for someone представлять кого-л. в суде; to ~ good in law быть юридически обоснованным; иметь юридическую силу; to ~ in court 1. быть стороной по делу 2. иметь процессуальную правоспособность; to ~ in defence of smb. защищать кого-л.; to ~ mute отказываться давать показания; отказываться отвечать на вопрос; to ~ mute by the visitation of God отказываться давать показания *или* отвечать на вопросы вследствие «божьей кары» *(душевной болезни);* to ~ mute of malice злоумышленно отказываться давать показания *или* отвечать на вопросы; to ~ one's own trial предстать перед судом в качестве ответчика *или* подсудимого; to ~ over оставаться нерешённым; оставаться неоплаченным; to put on the ~ выставить в качестве свидетеля; to resume the ~ возобновить, продолжить дачу показаний; to ~ security выступать поручителем; to ~ seized of property владеть имуществом; to take the ~ предстать перед судом для дачи показаний; давать показания в суде; to take the ~ in one's own defence давать показания в собственную защиту; to ~ trial предстать перед судом; to ~ with 1. соответствовать 2. спорить, оспаривать

witness ~ место для дачи свидетельских показаний в суде

standard 1. стандарт; норма; критерий ‖ нормальный; стандартный; типовой 2. общепринятый

~ of care мера заботливости

~s of evidence правила дачи свидетельских показаний; правила представления доказательств, правила доказывания

~ of invention критерий патентоспособности; критерий неочевидности, критерий уровня изобретательского творчества

~s of jurisprudence 1. принципы юриспруденции; правовые традиции 2. нормы, выработанные судебной практикой

~s of justice стандарты правосудия

~ of law правовой стандарт; требование, норма права; правовой критерий

~ of patentability критерий патентоспособности

~ of procedure процессуальная норма; процессуальное требование; процессуальный критерий

~ of proof критерий доказанности

~ of proof because of the preponderance of evidence критерий доказанности в силу наличия более веских доказательств *(в гражданском процессе)*

~ of proof beyond a reasonable doubt критерий доказанности при отсутствии обоснованного сомнения *(в уголовном процессе)*

~ of the ordinary reasonable person критерий среднего разумного человека

accepted ~s принятые нормы; принятые критерии

civil ~s нормы гражданского права; нормы гражданского процесса

correctional ~(s) нормы, регулирующие исправительное воздействие; нормы, регулирующие деятельность исправительных учреждений

criminal ~s 1. нормы уголовного права; нормы уголовного процесса 2. принятые в преступном мире стандарты поведения

disciplinary ~s дисциплинарные нормы

discretionary ~ дискреционная, диспозитивная норма

environmental ~s стандарты охраны окружающей среды

evidential [evidentiary] ~ критерий доказательности

examination ~s требования, предъявляемые при экспертизе; критерии патентоспособности

fair labour ~s стандарты справедливости в трудовых (право)отношениях

judicially determined ~ норма, установленная судебной практикой

legal ~ *см.* standard of law

legally set ~ норма, установленная законом *или* судебной практикой; правовая норма

mandatory ~ императивная норма

medico-legal ~ судебно-медицинский критерий

optional ~ диспозитивная норма

prohibitory ~ запретительная норма

reasonable doubt ~ критерий доказанности при отсутствии обоснованного сомнения *(в уголовном процессе)*

regulatory ~ регулятивная норма

restrictive ~ рестриктивная, ограничительная норма

standard-setting установление стандарта; установление нормы; установление критерия

standing 1. положение, статус 2. процессуальная правоспособность 3. стаж работы 4. постоянный; постоянно действующий; установленный ◇ ~ in contempt (of court) неподчинение суду; ~ in court 1. выступление в качестве стороны по делу 2. процессуальная правоспособность; ~ to sue исковая правоспособность, право искать по суду

antitrust ~ *амер.* право на иск по поводу нарушения антитрестовского законодательства

sufficient ~ 1. достаточная, надлежащая процессуальная правоспособность 2. достаточный стаж работы

star *англ.* заключённый класса «звезда» *(привилегированная категория заключённых в тюрьмах)*

stare decisis *лат.* «стоять на решённом», обязывающая сила прецедентов

state 1. государство ‖ государственный 2. *амер.* штат ‖ относящийся к штату 3. положение; состояние 4. заявлять; сообщать; утверждать; излагать; констатировать; формулировать; указывать ◇ ~ at war государство, находящееся в состоянии войны, воюющее государство; ~s concerned заинтересованные государства; соответствующие государства; to ~ a case сформулировать спорные вопросы по делу; докладывать о деле, о существе спора; to ~ a charge сформулировать обвинение; to ~ an offence 1. определить состав преступления 2. точно описать совершённое *или* вменённое преступление; to ~ one's case изложить свою аргументацию; изложить свою версию

~ of emergency 1. чрезвычайное положение 2. крайняя необходимость

~ of facts фактическое положение вещей

~ of international law государство-субъект международного права

~ of martial law военное положение

~ of mind 1. намерения, направление мыслей 2. психическое состояние

~ of peace состояние мира

~ of siege осадное положение

~ of the art(s) *пат.* уровень (науки и) техники

~ of the law состояние права

~ of transit государство транзита

~ of war состояние войны

adjoining ~ соседнее государство

agressor ~ государство-агрессор

archipelagic ~ государство-архипелаг

asylum ~ государство, предоставляющее убежище

authoritarian ~ авторитарное государство

belligerent ~ воюющее государство

border(ing) ~ пограничное государство, государство-лимитроф

buffer ~ буферное государство

circumjacent ~s окружающие государства

civil ~ гражданское состояние, гражданский статус

coastal ~ прибрежное государство

composite ~ сложное государство (*федерация, конфедерация*)

confederated ~s конфедерация государств

constituent ~s составляющие (*империю, сообщество, федерацию, конфедерацию*) государства *или* штаты

constitutional ~ конституционное государство; правовое государство

creditor ~ государство-кредитор

current ~ of law современное состояние права

debtor ~ государство-должник

delinquent ~ государство-правонарушитель

demanding ~ 1. государство, требующее выдачи преступника 2. штат, требующий выдачи преступника

depository ~ государство-депозитарий

diminutive ~ карликовое государство

donor ~ государство-донор, государство, предоставляющее финансовые средства (*на какие-л. цели, в какой-л. фонд*)

emergency ~ чрезвычайное положение

extraditing ~ экстрадирующее государство

federal ~ союзное государство; федеральное государство

federated ~ федеративное государство

federating ~ государство *или* штат, входящие в федерацию

flag ~ государство флага

foreign ~ 1. иностранное государство 2. другой штат

forum ~ 1. государство, в котором находится суд 2. штат суда

friendly ~ дружественное государство (*в Великобритании означает «иностранное государ-*

дарство, находящееся в мире с Её [Его] Величеством»)

guilty ~ of mind умысел

host ~ государство пребывания

inland ~ государство, не имеющее выхода к морю

island ~ островное государство

land-locked ~ государство, не имеющее выхода к морю

littoral ~ прибрежное государство

mandatory ~ государство-мандатарий

maritime ~ морское государство

marriage [matrimonial] ~ состояние в браке, брак, супружество

member ~ 1. государство-член, государство-участник 2. штат-член (*конфедерации или федерации*)

mental ~ психическое состояние

nation ~ государство-нация; национальное государство

near-land-locked ~ государство, почти не имеющее выхода к морю

neighbouring ~ соседнее государство

neutralized ~ постоянно-нейтральное государство

non-coastal ~ неприбрежное государство

opposite ~ противолежащее государство

original ~s *ист.* штаты, первоначально образовавшие конфедерацию *или* (*позднее*) федерацию

parent ~ 1. метрополия 2. государство, из которого выделяется другое государство

participating ~ государство-участник

police ~ полицейское государство

protected ~ государство, находящееся под протекторатом

protecting ~ государство-протектор

puppet ~ марионеточное государство

receiving ~ государство пребывания, принимающее (*дипломатического представителя*) государство

reparian ~ прибрежное государство

sea-locked ~ островное государство

sending ~ аккредитующее государство

shelfless ~ государство, не имеющее континентального шельфа

shelf-locked ~ государство, выход которого к морскому дну перекрыт шельфом

signatory ~ государство-сигнатарий, государство, подписавшее договор

simple ~ унитарное государство

single ~ холостое семейное положение, безбрачное состояние

slave ~ *ист.* рабовладельческий штат

sovereign ~ суверенное государство

trust ~ государство-опекун, государство, осуществляющее опеку

union ~ союзное государство

unitary ~ унитарное государство

vassal ~ вассальное государство

zone-locked ~ государство, выход которого к морскому дну перекрыт зоной другого государства

State:

~s of Guernsey Гернсийские штаты (*законодательное собрание острова Гернси*)

~s of Jersey Джерсийские штаты (*законодательное собрание острова Джерси*)

~ of the City of Vatican государство Ватикан

Free ~s *ист.* свободные штаты (*в противоположность рабовладельческим штатам*)

Papal ~s *ист.* папское государство

state-aided существующий, функционирующий с помощью государства; находящийся на государственной дотации

statehood 1. государственность; статус государства 2. статус штата

independent ~ государственная независимость

stateless не имеющий гражданства, подданства

statelessness безгражданство

statement 1. заявление; утверждение; изложение; формулировка 2. показания; дача показаний 3. мотивировка решений 4. отчёт; баланс 5. ведомость; расчёт; смета ◊ ~ in pleading 1. заявление при обмене состязательными бумагами 2. заявление, сделанное в состязательной бумаге 3. выступление адвоката в суде; ~ in the nature of confession конклюдентное признание вины; ~ on oath заявление под присягой; ~ through interrogation заявление при допросе; to take a ~ отобрать заявление; ~ upon record запротоколированное заявление

~ of account подведение баланса контокоррентного счёта

~ of action исковое заявление

~ of charge формулировка обвинения

~ of claim исковое заявление

~ of defence 1. письменное возражение ответчика по иску, отзыв на иск 2. возражение (адвоката) подсудимого против обвинения

~ of fact заявление о факте; утверждение о факте; констатация факта

~ of facts изложение обстоятельств дела

~ of law заявление по вопросу права

~ of motivation мотивировка судебного решения *или* приговора

~ of novelty указание элементов новизны (*при патентовании*)

~ of offence формулировка обвинения (*часть обвинительного акта*)

~ of opposition возражение против выдачи патента, заявление о протесте против выдачи патента

~ of particulars изложение деталей исковых требований

~ of prosecution версия обвинения

~ of the accused показания обвиняемого

~ of the cause of action изложение оснований иска

~ of venue заявление о территориальной подсудности (*часть искового заявления или заявления об обвинении или обвинительного акта, содержащая указание на территориальную подсудность*)

admissible ~ допустимое заявление

admittedly true ~ заявление, признанное правдивым

admittedly untrue ~ заявление, признанное ложным

affidavit ~ аффидэвит

agreed ~ of facts согласованное заявление сторон об обстоятельствах дела

anonymous ~ анонимное заявление

ante-mortem ~ предсмертное заявление

average ~ диспаша

birth ~ запись о рождении, регистрация рождения

bona fide ~ добросовестное заявление

budget ~ проект бюджета

carrier's ~ коммерческий акт (*об обнаружении дефектов груза в пункте назначения*)

consistent ~ заявление, согласующееся с другим заявлением

contradicting [contradictory] ~ заявление, противоречащее другому заявлению

damning ~ изобличающее заявление

defamatory ~ диффамирующее заявление

direct ~ ясное заявление

dying ~ предсмертное заявление

expert's ~ заключение эксперта

extrajudicial [extralegal] ~ заявление, сделанное вне суда

false ~ ложное заявление

financial ~ финансовый отчёт

follow-up ~ последующее заявление

former ~ прежнее заявление

hearsay ~ заявление с чужих слов

immaterial ~ несущественное заявление

impugnable ~ оспоримое, опровержимое заявление

impugned ~ оспоренное заявление, опровергнутое заявление

inciting ~ подстрекательское заявление

inconsistent ~ заявление, не согласующееся с другим заявлением

incontradictory ~ заявление, не противоречащее другому заявлению

initial ~ первоначальное заявление

instigating ~ подстрекательское заявление

joint ~ совместное заявление

jurisdictional ~ заявление с изложением обоснования федеральной юрисдикции (*представляется апеллянтом*)

last ~ последнее слово (*подсудимого*)

legal ~ 1. заявление в суде 2. юридическая мотивировка решения

libellous ~ пасквильное заявление

mutinous ~ заявление, подстрекающее к мятежу

negative ~ отрицающее заявление

opening ~ вступительная речь

oral ~ устное заявление

original ~ первоначальное заявление

out-of-court ~ заявление, сделанное вне суда

parol ~ устное заявление

partial ~ пристрастное [необъективное] заявление

police ~ заявление, сделанное в полиции

positive ~ положительное утверждение

pre-imposition ~ последнее слово подсудимого

pre-testamentary ~ заявление завещателя до составления завещания

previous [prior] ~ прежнее заявление

procuring ~ подстрекательское заявление; совращающее заявление

prompting ~ подсказывающее заявление

proving ~ заявление, имеющее доказательственное значение

provocating [provocative] ~ провоцирующее, провокационное заявление

recorded ~ запротоколированное заявление

reported ~ зарегистрированное заявление

riotous ~ призыв к массовым беспорядкам

salvage ~ распределение спасательного вознаграждения

seducing ~ заявление, имеющее целью совращение

self-contradicting [self-contradictory] ~ противоречивое заявление

signed ~ подписанное заявление

slanderous ~ клеветническое (в устной форме) заявление

specific ~ заявление по конкретному поводу; особое, специальное заявление

sworn ~ заявление под присягой

treacherous ~ предательское заявление

treasonous ~ изменническое заявление

true ~ правдивое заявление

unsigned ~ неподписанное заявление

unsworn ~ заявление не под присягой

untrue ~ ложное заявление

valuable ~ заявление, имеющее доказательственное значение

valueless ~ заявление, не имеющее доказательственного значения

without-prejudice ~ заявление под условием непричинения им ущерба правам другой стороны

written ~ письменное заявление

state-owned принадлежащий государству, государственный

stater:

average ~ диспашер

station 1. положение; ранг 2. место; пункт

police ~ полицейский участок

polling ~ избирательный пункт, участок

precinct ~ (полицейский) участок

sobering-up ~ вытрезвитель

statistics статистика

crime ~ статистика преступности

judicial ~ судебная статистика

status статус; гражданское состояние ◊ in

duty ~ при исполнении служебных обязанностей; ~ quo лат. существующее положение вещей, статус кво; ~ quo ante лат. ранее существовавшее положение; ~ quo ante bellum лат. положение, существовавшее до войны

car ~ полиц. статус автомашины

common-law ~ статус по общему праву

constitutional ~ конституционный статус

disability ~ нетрудоспособность

divisional ~ пат. статус выделенной заявки

juniority ~ статус младшего (в семье, по службе и т.д.)

legal ~ правовой статус

major(ity) ~ совершеннолетие

marriage ~ состояние в браке

minor(ity) ~ несовершеннолетие

near-majority ~ статус лица накануне достижения совершеннолетия

observer ~ статус наблюдателя

permanent ~ 1. постоянный статус 2. статус штатного работника

property ~ имущественное положение

questionable ~ статус, вызывающий сомнения

regal ~ статус царствующей особы

seniority ~ статус старшинства (в т.ч. по стажу работы)

statutory ~ статус по статутному праву

tax-exempt ~ статус имущества, изъятого из налогового обложения

vocational ~ профессиональный статус

statutable действующий в силу закона, основанный на законе, предусмотренный законом, статутарный

statute статут (1. международный коллективный акт конститутивного характера 2. закон; законодательный акт 3. устав) ◊ ~ declaratory of the common law закон, формулирующий существующее общее право; ~ in force 1. действующий законодательный акт, действующий статут 2. действующий устав

~ of limitations закон об исковой давности; закон о давности уголовного преследования

~ of no effect недействующий закон

abrogating [abrogative] ~ статут в отмену действующего статута

affirmative ~ закон, предписывающий совершение действий

amendatory [amending] ~ статут, вносящий поправки в действующий статут

amended ~ статут с поправками

antisyndicalist ~ закон против профсоюзов

antitrust ~ амер. антитрестовский закон

applicable ~ применимый закон

appropriate ~ надлежащий статут (статут, распространяющийся на данный случай)

cited ~ цитированный статут

civil ~ гражданский закон

codified ~ кодифицированный статут

compiled ~s сборник действующего законодательства; свод законов

comprehensive ~ комплексный, сводный статут

Congressional ~ законодательный акт конгресса

consolidated ~s свод действующего законодательства

criminal ~ уголовный закон

«dead man's ~s» амер. «статуты в защиту мертвецов» (лишающие лиц, заинтересованных в судьбе дела о наследстве, права свидетельствовать о своих взаимоотношениях с наследодателем, если интересы последне-

*го представлены по делу противной сторо-
ной)*
declaratory ~ закон, формулирующий существующее общее право
disabled ~ статут, признанный недействительным
dominion ~s *англ.* статуты, законодательство
доминионов
earlier ~ ранее принятый *или* ранее действовавший статут
effective ~ действующий закон
efficient ~ эффективный закон
enabling ~ 1. *амер.* законодательный акт о
предоставлении полномочий 2. закон, отменяющий *какие-л.* ограничения в правах 3.
закон конгресса, разрешающий территории
начать подготовку к переходу в статус штата
enlarging ~ закон, дополняющий общее право
existing ~ существующий статут; действующий статут
expository ~ разъяснительный закон *(разъясняющий ранее принятый закон)*
federal ~ *амер.* федеральный статут
former ~ прежний закон
general ~ общий закон *(в отличие от закона, касающегося отдельных лиц)*
hit-run ~ закон об ответственности водителя
за бегство с места наезда
incorporated ~ инкорпорированный статут
later ~ статут, принятый *или* вступивший в
силу впоследствии
long-arm ~ «длиннорукий закон», экстерриториальный закон, закон, распространяющийся на граждан вне пределов государства
(или штата США), издавшего закон
mixed ~ смешанный статут
negative ~ запретительный закон
obsolete ~ устаревший статут
omnibus ~ комплексный, сводный статут
organic ~ органический статут, органический
закон
penal ~ уголовный закон
personal ~ персональный [личный] статут
previous [prior] ~ прежний закон
private ~ частный закон, закон, действующий в отношении конкретных лиц
proposed ~ предложенный закон; законопроект
public ~ *см.* general statute
quoted ~ цитированный статут
real ~ реальный [вещный] статут
relevant ~ релевантный закон
remedial ~ 1. закон, предоставляющий средство судебной защиты 2. закон, устраняю-
щий дефекты существующего права
repealed ~ отменённый статут
repealing ~ статут в отмену действующего
статута
restraining [restrictive] ~ ограничительный
закон
retroactive [retrospective] ~ закон с обратной
силой

revised ~ статут с внесёнными в него поправками
special ~ частный закон; закон, действующий
в отношении конкретных лиц
state ~ закон штата
subsequent ~ последующий статут
uniform ~ единообразный закон
withdrawn ~ отменённый статут
working ~ действующий закон; эффективный
закон
Statute ◊ ~s at Large *амер.* свод законов
~ of the International Court of Justice Статут
(Устав) Международного суда
~ of Westminster Вестминстерский статут
statute-abrogated отменённый законом
statute-aided получающий помощь в соответствии с законом
statute-allowed допущенный, разрешённый законом
statute-approrfiated ассигнованный на основе
закона
statute-banned запрещённый законом
statute-barred 1. запрещённый *или* ограниченный законом 2. не имеющий исковой силы
вследствие истечения срока исковой давности
statute-established установленный законом
statute-exempt изъятый [освобождённый от *чего-л.*] в соответствии с законом
statute-immuned обладающий иммунитетом в
силу закона
statute-instituted установленный законом
statute-permitted разрешённый законом
statute-privileged пользующийся привилегией
по закону
statute-prohibited запрещённый законом
statute-repealed отменённый законом
statute-restricted ограниченный законом
statute-run не имеющий исковой силы вследствие истечения срока исковой давности
statutist статутарий
statutory действующий в силу закона, основанный на законе, предусмотренный законом,
статутарный, статутный, законный
stay 1. отсрочка || отсрочивать 2. приостанов-
ление || приостанавливать 3. прекращение ||
прекращать ◊ ~ pending appeal приостановление производства по делу впредь до разрешения апелляционной жалобы; ~ pending
review приостановление производства по делу впредь до пересмотра принятого по нему
решения
~ of action приостановление *или* прекращение рассмотрения дела
~ of execution приостановление исполнения
(судебного) решения *или* приговора; приостановление исполнения наказания; отсрочка приведения в исполнение смертной казни
~ of execution pending appeal приостановление исполнения *(судебного решения, приговора, наказания)* впредь до разрешения
апелляционной жалобы
~ of proceedings приостановление *или* прекращение судопроизводства

steal 1. *разг.* кража ‖ красть; украсть; совершить кражу; похищать имущество 2. *разг.* украденная вещь; краденое имущество 3. *амер. жарг.* подлог, обман; коррупция ◇ to ~ feloniously украсть по признакам фелонии, совершить кражу, являющуюся фелонией; to ~ from a household украсть из дома *(из жилого помещения)*; to ~ from a person украсть *(непосредственно)* у лица

stealage кража, воровство; хищение

stealer вор

stealing 1. похищение имущества; кража, воровство 2. *pl* краденое имущество ◇ ~ by taking advantage of a mistake похищение имущества путём использования допущенной ошибки

gang ~ 1. групповая кража 2. гангстерская кража

stem линия родства

step шаг; мера; ступень

corroborating [corroborative] ~ попытка подтвердить *(версию, доказательство)*

diplomatic ~s дипломатические шаги, дипломатические меры; дипломатический демарш

inventive ~ изобретательский уровень, неочевидность *(как критерий патентоспособности)*

proximate ~ непосредственная попытка *(критерий отграничения покушения от приготовления)*

retaliatory ~ мера возмездия, репрессалия

retributive ~ мера возмездия

stepchild приёмный ребёнок

stepfather приёмный отец, отчим

stepmother приёмная мать, мачеха

stet processus *лат.* приостановление судопроизводства по просьбе сторон

stigma:

criminal ~ преступная стигма *(клеймо, ярлык, репутация преступника)*

stipend жалованье

stipulate обусловливать, оговаривать, договариваться

stipulation 1. обусловливание; условие, оговорка 2. соглашение, пункт соглашения 3. соглашение между адвокатами сторон 4. поручительство за явку ответчика в суд

contractual ~ договорное условие

pretrial ~ 1. условие, выдвинутое *или* согласованное до начала слушания дела 2. соглашение, заключённое до начала слушания дела 3. соглашение между адвокатами сторон, достигнутое до начала слушания дела 4. поручительство за явку ответчика *или* подсудимого в суд, данное до начала слушания дела

stipulator договаривающаяся сторона; лицо, обусловливающее *что-л.*, оговаривающее условия *(напр. договора)*

stock 1. товар; запас; материальная база 2. капитал; акционерный капитал; основной капитал 3. акция; акции 4. облигации; ценные бумаги; фонды

~ of references *пат.* прюфштоф

accumulative ~ кумулятивные акции, акции с накопляющимся дивидендом

authorized capital ~ разрешённый к выпуску акционерный капитал, уставный капитал

bank ~ 1. акционерный капитал банка 2. *pl амер.* акции *или* облигации, выпущенные банком

bonus ~ бесплатные акции; учредительские акции

capital ~ held in treasury собственные акции предприятия в портфеле

capital ~ issued оплаченный акционерный капитал; акции, выпущенные в обращение

capital ~ outstanding фактический акционерный капитал, акции на руках у держателей

capital ~ par value акционерный капитал в номинальной оценке

common ~ обыкновенные акции

corporation ~ акционерный капитал корпорации

debenture ~ привилегированные акции, дивиденд по которым уплачивается в первую очередь

deferred ~ акции с отсроченным дивидендом

inscribed ~ именные акции *или* облигации

issued ~ выпущенные акции

joint ~ акционерный капитал; капитал товарищества

ordinary ~ обыкновенные акции, акции с нефиксированным дивидендом

preference [preferred] ~ привилегированные акции

promoters' ~ учредительские акции

senior ~ привилегированные акции

treasury ~ свои же акции, приобретённые корпорацией-эмитентом

stockbroker биржевой маклер

stockholder 1. акционер 2. владелец государственных ценных бумаг 3. стокхолдер, торговая фирма, осуществляющая операции по перепродаже

stock-jobber биржевой мошенник

stock-jobbering биржевое мошенничество

stock-jobbing см. stock-jobbering

stolen похищенный; украденный

stop-and-frisk *амер.* задержание и обыск *(на улице)*

stop-and-search *амер.* задержание и обыск *(на улице)*

stoppage 1. остановка, задержка 2. прекращение работы, забастовка 3. приостановление *(платежей, судопроизводства и т.д.)* 4. прекращение снабжения *чем-л.* 5. вычет, удержание ◇ ~ in transitu остановка, задержание *(товара)* в пути *(право продавца приостановить передачу находящегося в пути товара покупателю, не оплачивающему стоимость товара)*

storage (возмездное) хранение, (возмездная) поклажа

story версия

accused's ~ версия, выдвинутая обвиняемым

consistent ~ версия, соответствующая материалам дела

contradicting ~ версия, противоречащая материалам дела

contradictory ~ 1. версия, противоречащая материалам дела 2. противоречивая версия

defence ~ версия, выдвинутая защитой

defendant's ~ версия, выдвинутая подсудимым

false ~ ложная версия

inconsistent ~ версия, не соответствующая материалам дела

incontradictory ~ 1. версия, не противоречащая материалам дела 2. версия, согласующаяся в своих элементах

prisoner's ~ версия, выдвинутая обвиняемым

prosecution ~ версия, выдвинутая обвинением

true ~ правдивая версия

stowaway «заяц» (на корабле, самолёте, в поезде и т.п.) || ехать «зайцем»

strait пролив

international ~ международный пролив

stranger 1. незнакомец 2. иностранец 3. третье лицо, лицо, не участвующее в правоотношении ◇ ~ to the litigation третье лицо в судебной тяжбе; ~ to the proceedings третье лицо по делу

~s of the blood лица, не находящиеся в кровном родстве

strangle задушить, удавить

strangulate душить

strangulation удушение

strangulator лицо, удушившее человека

strategy:

legislative ~ законодательная стратегия

stratocracy военная диктатура

stream река

international ~ международная река

street-walker уличная проститутка

street-walking уличная проституция

strength сила ◇ on the ~ of в силу чего-л.

~ of evidence сила доказательств

~ of judgement сила приговора, решения

~ of law сила закона

stress диал. арест на имущество || налагать арест на имущество

stretch 1. разг. срок заключения 2. допускать натяжку (в толковании, аргументации)

strict строгий

strife борьба; спор; ссора; несогласие

civil ~ гражданские волнения; гражданская война

strike 1. забастовка, стачка || бастовать, объявлять забастовку 2. ударять, бить 3. вычёркивать 4. заключать (сделку) 5. составлять список 6. жарг. воровать, заниматься кражами 7. амер. шантажировать ◇ to ~ a bargain заключить сделку; to ~ a blow нанести удар; to ~ a jury сформировать состав присяжных, составить список присяжных; to ~ an application пат. изъять заявку из производства; to ~ from the record вычеркнуть, изъять из протокола; to ~ off a case изъять дело из производства (как неподсудное данному суду); to ~ off the roll вычеркнуть из списка;

лишить адвокатских прав; to ~ out opponent's pleading добиваться признания тех или иных состязательных бумаг противной стороны не имеющими юридического значения

illegal ~ противозаконная забастовка

jurisdictional ~ юрисдикционная забастовка (в знак протеста против дискриминации со стороны администрации предприятия в отношении какого-л. профсоюза)

legal ~ забастовка, разрешённая законом

lightning ~ забастовка без предупреждения

official ~ одобренная профсоюзом забастовка

outlaw ~ «дикая» забастовка, забастовка, не санкционированная профсоюзом

sympathetic ~ забастовка солидарности

unofficial ~ несанкционированная (профсоюзом) забастовка

work-to-rule ~ забастовка в форме «работы по правилам», замедленная работа

strike-breaker штрейкбрекер

strike-breaking штрейкбрехерство

strip раздевать ◇ to ~ a car разг. «раздевать» автомобиль; to ~ dividends занизить размер дивидендов (в налоговой декларации)

struck off «продано» (при ударе молотка аукциониста)

structure 1. структура; устройство 2. здание, сооружение, строение

legal ~ структура права, правовая структура; структура законодательства, законодательная структура; судебная структура, судоустройство

social ~ общественное устройство, общественный строй, социальная структура

state ~ государственное устройство

study 1. изучение, исследование || изучать, исследовать 2. забота, старание

administrative case ~ изучение обстоятельств административного правонарушения по материалам дела

case ~ 1. изучение судебной практики 2. изучение обстоятельств правонарушения по материалам дела

civil case ~ изучение обстоятельств гражданского правонарушения по материалам дела

criminal case ~ изучение обстоятельств преступления по материалам дела

stupefy притуплять (сознание или чувства алкоголем, наркотиком и т.п.)

style 1. титул || титуловать 2. название, наименование 3. процессуальная практика суда

~ of case [of cause] наименование (судебного) дела

suability 1. право выступать в суде в качестве ответчика 2. возможность привлечь в качестве ответчика 3. персональная подсудность

suable 1. имеющий право отвечать в суде 2. могущий быть привлечённым в качестве ответчика

sub-advocate младший адвокат, адвокат-помощник

sub-agent субагент

415

subclaim зависимый *или* дополнительный пункт формулы изобретения

subcombination субкомбинация (*комбинация элементов, составляющая часть комбинационного изобретения*)

subcommittee подкомиссия, подкомитет
full ~ подкомитет в полном составе
investigating ~ подкомитет (*законодательного органа*), производящий расследование; следственный подкомитет

sub-compact субдоговор

sub-compacted обусловленный субдоговором; связанный субдоговором; субдоговорный

sub-company дочерняя компания

subcontract субдоговор, договор с субконтрагентом; субподряд ‖ заключить субдоговор

subcontracted обусловленный субдоговором; связанный субдоговором; субдоговорный; субподрядный

subcontractor субконтрагент; субпоставщик; субподрядчик

sub-demise субаренда

subdivision подразделение
governmental ~ подразделение государственного аппарата
local ~ местная административно-территориальная единица
political ~ административно-территориальная единица

subfreighter субфрахтователь

subinvention зависимое изобретение

sub-item подпункт

subject 1. подданный 2. предмет (*договора, иска и т.д.*) 3. субъект 4. объект 5. тема, вопрос, предмет 6. подвергать 7. подчинять ‖ подчинённый, зависимый, подвластный 8. подлежащий, зависящий ◇ ~ in contest предмет судебного спора; ~ in issue предмет судебного спора; ~ to 1. подлежащий *чему-л.*; ограниченный *чем-л.*; имеющий силу лишь в случае *чего-л.*; зависящий от *чего-л.*; уступающий место *чему-л.*; подверженный *чему-л.* 2. при условии если, в том случае если; с соблюдением, при соблюдении, при условии соблюдения; с сохранением в силе; в зависимости от; за исключением (*или* исключениями), указанным(и) в ... , за изъятием (*или* изъятиями), предусмотренным(и) в ... ; поскольку это допускается, поскольку иное не содержится в ... , поскольку иное не предусматривается в ... ; ~ to appeal подлежащий апелляции, обжалованию; ~ to be proven подлежащий доказыванию; ~ to call подлежащий возврату по первому требованию; ~ to conditions на условиях; ~ to distress могущий быть описанным, подлежащий описи; ~ to reservations с оговорками; ~ to risk подверженный риску; ~ to stem (*фрахтование*) с последующим уточнением даты погрузки; to ~ to consideration представить на рассмотрение; to ~ to cross-examination подвергнуть перекрёстному допросу; ~ to waiver поскольку не будет отказа от права

~ of action предмет иска
~ of bailment депонированное имущество
~ of controversy [of dispute] предмет спора
~ of inquiry предмет расследования
~ of invention предмет изобретения; формула изобретения
~ of law субъект права
~ of legislation объект законодательства
~ of litigation предмет тяжбы
~ of suit предмет иска
foreign ~ иностранный подданный
legal ~ субъект права
natural-born ~ подданный по рождению, урождённый подданный

subjection подчинение *чему-л.*; подверженность *чему-л.* ◇ ~ to particular forms of treatment or punishment применение специальных форм воздействия *или* особых наказаний (*к специальным категориям преступников*); ~ to police supervision отдача под надзор полиции

subject-matter предмет (*договора, спора и т.д.*) ◇ ~ in controversy предмет спора
~ of action предмет иска
~ of case предмет судебного спора
inventive ~ предмет изобретения
non-obvious ~ неочевидный предмет изобретения, изобретение, удовлетворяющее требованию неочевидности
non-statutory ~ объект, по закону исключённый из патентной охраны, непатентоспособный объект изобретения
redundant ~ чрезмерные патентные притязания

subjoin приобщать (*к делу, к документам*)

sub judice *лат.* находящийся в производстве, находящийся на рассмотрении (*о судебных делах*)

sublease поднаём, субаренда ‖ заключать договор субаренды

sublegislative подзаконный (*административный орган или местный орган самоуправления*)

sublegislature подзаконный административный орган *или* местный орган самоуправления

sublessee субарендатор

sublessor отдающий в субаренду, субарендодатель

sublet передавать в субаренду; сдавать в поднаём

subletting передача в субаренду

sublicence сублицензия

sublicensee сублицензиат

submission 1. представление, подача (*документа*) 2. передача на рассмотрение; соглашение о передаче спора в арбитраж, третейская запись 3. аргумент; довод; утверждение; заявление; подаваемое объяснение 4. подчинение 5. *пат.* заявление о выдаче патента

submit 1. представлять (*документ*), представлять на рассмотрение; передавать на рассмотрение (*спор*) 2. заявлять 3. подчиняться ◇ to ~ apologies принести извинения; to ~ for approval представить на утверждение; to

~ to arbitration передать в арбитраж; to ~ to custody передать, препроводить под стражу; to ~ to treatment подвергнуть лечению *или* исправительному воздействию

submittal передача на рассмотрение, на разрешение

trade practice ~ *амер.* передача на рассмотрение федеральной торговой комиссии вопросов об устранении недобросовестной конкуренции

submortgage ипотечный подзалог

submortgagee кредитор по ипотечному подзалогу

submortgagor должник по ипотечному подзалогу

subordinacy подчинение, подчинённость, зависимость

subordinate подчинять ‖ подчинённый

career ~ подчинённый по службе

subordination подчинение, подчинённость; субординация

suborn 1. подкупать, давать взятку 2. подстрекать к совершению преступления *(особ. к лжесвидетельству)*

subornation 1. подкуп, взятка 2. подстрекательство к совершению преступления *(особ. к лжесвидетельству)*

~ of perjury подстрекательство к лжесвидетельству

suborner 1. взяткодатель 2. подстрекатель *(особ. к лжесвидетельству)*

sub-paragraph абзац *(пункта, параграфа)*; подпараграф; подпункт

subpoena вызов в суд, повестка о явке в суд *(под страхом наказания или штрафа в случае неявки)* ‖ вызывать в суд ◇ ~ ad testificandum вызов в суд для дачи свидетельских показаний, приказ свидетелю о явке в суд; ~ duces tecum приказ о явке в суд с документами *(перечисленными в приказе)*; ~ for attendance of witness повестка о явке в суд в качестве свидетеля; ~ in blank бланкетная повестка о явке в суд *(без указания в ней имён вызываемых)*

sunpoenaed вызванный в суд повесткой

subpoenal потребованный под угрозой штрафа

subpurchaser субпокупатель

subrental поднаём, субаренда

subrept получать *какие-л.* выгоды путём утаивания, сокрытия *каких-л.* обстоятельств; *шотл.* получать выморочное имущество путём обмана

subreption получение *каких-л.* выгод путём утаивания, сокрытия *каких-л.* обстоятельств; *шотл.* обманное получение выморочного имущества

subrogate суброгировать

subrogation суброгация

legal ~ суброгация в силу закона

subrogee лицо, к которому переходят права в порядке суброгации

sub-rule подпункт правила

subscribe 1. подписывать *(документ)*, ставить свою подпись 2. подписываться *(на акции,*

облигации *и др.)* ◇ to ~ one's name to a document подписать документ, поставить свою подпись под документом

subscriber *редк.* подписавший *(документ)*

subscript подпись

subscription 1. пожертвование; подписной взнос 2. подписка; общая сумма подписки; взнос *(вступительный)* 3. подтверждение, принятие принципов *и т.д.* 4. подписание *(документа)*; подпись *(на документе)* ◇ by ~ по подписке; ~ to a document подпись на документе; ~ to a loan подписка на заём; to get up [to make, to raise, to take up] a ~ собирать деньги по подписке; to pay one's ~ заплатить взнос *или* платить взносы

sub-section 1. подраздел 2. пункт статьи, параграфа

subsequent 1. последующий, более поздний 2. резолютивный, отменительный *(об условии)*

subservience (фактическая) зависимость одного патента от другого

subsidiary 1. дочерняя компания 2. вспомогательный; дополнительный; субсидиарный

subsoil недра, подпочва

sub spe rati *лат.* в ожидании утверждения, впредь до утверждения

substance 1. содержание, существо *(в отличие от формы)*; суть 2. материальное право 3. имущество, состояние 4. вещество *(напр. как объект изобретения)*

substandard некондиционный, некачественный *(о товаре)*

substantial 1. существенный 2. реальный

substantially по существу, в существенном, в главном, в основном

substantiate доказывать, обосновывать

substantive 1. касающийся существа *(в отличие от формы)* 2. материально-правовой 3. основной, главный

substitute 1. замена, субститут ‖ заменять 2. заместитель ‖ замещать *кого-л.* 3. представитель 4. *шотл.* последующий наследник

substitution 1. замена, субституция 2. *шотл.* назначение последовательного ряда наследников ◇ ~ in collateral замена одного вида обеспечения другим

sub-sub-paragraph подпункт, подпараграф

subtenancy субаренда; поднаём

subtenant субарендатор; поднаниматель

subtest *пат.* субтест, дополнительный *или* вспомогательный критерий *(неочевидности)*

subtraction неправомерный отказ в предоставлении прав *или* имущества; уклонение от выполнения обязанностей

subvention субсидия, дотация, субвенция

federal ~ федеральная субсидия *(штатам)*

subversion 1. подрывная деятельность; диверсия 2. свержение, ниспровержение

subversive подрывной; нарушающий

subvert лицо, занимающееся подрывной деятельностью ‖ заниматься подрывной деятельностью

succeed 1. наследовать 2. выигрывать *(дело)* ◇

to ~ oneself быть повторно избранным; to ~ to the crown наследовать престол

succession 1. правопреемство; наследование 2. имущество, переходящее по наследству ◇ ~ in title правопреемство; ~ on intestacy наследование при отсутствии завещания, наследование по закону

artificial ~ постоянное преемство, непрерывность существования юридического лица несмотря на смену составляющих его членов

hereditary ~ 1. правопреемство в силу наследования 2. наследование по закону

intestate ~ наследование при отсутствии завещания

irregular ~ правопреемство при отсутствии наследников

legal ~ 1. правопреемство 2. наследование по закону

natural ~ правопреемство между физическими лицами

perpetual ~ непрерывное правопреемство

presidential ~ переход, передача президентской власти

royal ~ переход, передача королевского престола

singular ~ сингулярное правопреемство

testamentary ~ наследование по завещанию

universal ~ универсальное преемство

vacant ~ 1. открывшееся наследство 2. невостребованное наследство

successor правопреемник, преемник, наследник ◇ ~ to the Crown [to the throne] наследник короны [престола]; ~ to the presidency преемник должности президента

legal ~ правопреемник

proximate ~ непосредственный правопреемник; прямой наследник

sue искать в суде, преследовать по суду, выступать в качестве истца *или* обвинителя, предъявлять иск *или* обвинение ◇ to ~ and be sued искать и отвечать *(в суде)*; to ~ at law искать в суде, выступать в качестве истца, предъявлять иск; to ~ in contract предъявлять иск, основанный на договоре, искать из договора; to ~ in tort предъявлять иск, основанный на деликте, искать из деликта; to ~ out испросить в порядке ходатайства *(в суде)*; добиться через суд

sued ◇ being ~ статус ответчика, подсудимого; to be ~ отвечать *(в суде)*; to be personally ~ лично отвечать *(по суду)*

suffer 1. пострадать 2. потерпеть, понести *(убытки)* 3. позволять, разрешать, допускать, соглашаться; попустительствовать ◇ to ~ a person to escape допустить побег лица из-под стражи; to ~ by default проиграть дело вследствие неявки в суд; to ~ damages понести убытки; to ~ death быть приговорённым к смертной казни; to ~ detriment понести ущерб; to ~ forfeiture 1. быть приговорённым к конфискации имущества 2. лишиться льгот при отбывании заключения в исправительном учреждении; to ~ injury по-

терпеть вред; to ~ loss потерпеть ущерб; to ~ punishment [sentence] понести наказание

sufferance разрешение, согласие, допущение *(обычно молчаливое)*

suffered допущенный; разрешённый ◇ ~ to go at large отпущенный на свободу

sufferer 1. пострадавший, потерпевший 2. попуститель

sufficiency достаточность; обоснованность ◇ ~ in fact обоснованность с фактической стороны; ~ in law юридическая обоснованность ~ of disclosure *пат.* достаточная степень раскрытия изобретения

sufficient достаточный; обоснованный

lawfully ~ юридически достаточный; юридически обоснованный

reasonably ~ достаточно обоснованный

suffocate душить, задушить

suffrage 1. право голоса, избирательное право *(активное)* 2. голосование; голос

direct ~ прямое избирательное право

equal ~ равное избирательное право

female ~ право голоса для женщин

household ~ *ист.* право голоса для домовладельцев и квартиронанимателей

manhood ~ избирательное право для взрослых мужчин

universal ~ всеобщее избирательное право

suffragette *ист.* суфражистка *(сторонница предоставления избирательного права женщинам)*

suggest 1. советовать; предлагать; внушать; наводить на мысль 2. выдвигать в качестве предположения *или* мотива 3. *пат.* подсказывать *(техническое решение)*

suggestion 1. совет; предложение; внушение; наведение на мысль 2. предположение; донос, основанный на предположении 3. информация, полученная не под присягой

false ~ введение в заблуждение

improvement ~ рационализаторское предложение

suicidal чреватый самоубийством; направленный к самоубийству; самоубийственный

suicide 1. самоубийство 2. *разг.* самоубийца ‖ совершить самоубийство, покончить с собой

attempted ~ покушение на самоубийство

failed ~ неудавшееся покушение на самоубийство

legal ~ «самоубийство по закону» *(в результате ложного признания в совершении преступления, караемого по закону смертной казнью)*

love-pact ~ коллективное самоубийство по взаимной договорённости лиц, находящихся в любовных *или* супружеских отношениях

rigged [staged] ~ симуляция самоубийства

sui juris *лат.* 1. по собственному праву ‖ действующий по собственному праву 2. от своего имени ‖ действующий от своего имени 3. полностью дееспособный

suit 1. иск; преследование по суду; судебное дело; судебная тяжба; судебный процесс; судопроизводство 2. свита *(дипломатического* *представителя*) **3.** *редк.* свидетели истца в судебном процессе ◇ ~ **at common law** иск, рассматриваемый по нормам общего права; ~ **at law** судебный процесс; правовой спор; ~ **for alimony** иск об алиментах; ~ **for pardon** ходатайство о помиловании; ~ **for support** иск об оказании материальной поддержки; иск об алиментах; ~ **in equity** иск, рассматриваемый по нормам права справедливости; ~ **in law** иск, рассматриваемый по нормам общего *или* статутного права; ~ **in personam** обязательственный иск; ~ **in rem** вещный иск; **to lose a** ~ проиграть судебный процесс; **to mount a** ~ предъявить иск; **to press a** ~ оказывать давление на ход судебного процесса; **to win a** ~ выиграть судебный процесс

~ **of the King's [Queen's] peace** иск (*уголовный*) о нарушении общественного порядка

administration ~ **1.** иск об учреждении администрации имущества умершего **2.** *англ.* иск кредитора с обращением требования на имущество умершего

amicable ~ «дружеский иск» (*возбуждённый по соглашению с ответчиком*)

ancillary ~ акцессорное требование, вытекающее из основного иска

civil ~ гражданский иск

criminal ~ уголовный иск

divorce ~ бракоразводный процесс

equitable ~ дело, рассматриваемое по праву справедливости, процесс в суде права справедливости

friendly ~ иск, предъявленный по соглашению сторон, «дружеский иск»

law [legal] ~ судебный процесс

matrimonial ~ брачный процесс; бракоразводный процесс

nullity ~ дело о признании ничтожности (*документа, соглашения и т.п.*)

original ~ первоначальный иск

paternity ~ процесс об установлении отцовства

pending ~ иск на рассмотрении суда

personal liability ~ обязательственный иск

property ~ вещный иск

recovery ~ иск о взыскании

settled ~ тяжба, по которой вынесено решение суда

tort ~ деликтный иск

unsettled ~ тяжба, по которой не вынесено судебное решение

suite свита (*дипломатического представителя*), персонал посольства, дипломатического представительства

suitor 1. истец **2.** сторона в деле, тяжущаяся сторона

suitress истица

sum сумма; количество; итог ‖ подводить итог ◇ ~ **in dispute** сумма иска, исковая сумма, сумма спора, спорная сумма; ~ **insured** страховая сумма; **to** ~ **up for the Commonwealth** подытожить (*в заключительной речи*) результаты судебного разбирательства с точки зрения обвинения (*в судах некоторых шта-*

тов); **to** ~ **up for the Crown** подытожить (*в заключительной речи*) результаты судебного разбирательства с точки зрения обвинения; **to** ~ **up for the defence** подытожить (*в заключительной речи или в последнем слове подсудимого*) результаты судебного разбирательства с точки зрения защиты; **to** ~ **up for the Government** подытожить (*в заключительной речи*) результаты судебного разбирательства с точки зрения обвинения (*в судах штатов*); **to** ~ **up for the prosecution** подытожить (*в заключительной речи*) результаты судебного разбирательства с точки зрения обвинения; **to** ~ **up for the State** подытожить (*в заключительной речи*) результаты судебного разбирательства с точки зрения обвинения (*в судах штатов*); **to** ~ **up the case [the evidence]** подытоживать результаты судебного разбирательства [следствия]

lump ~ общая, паушальная, аккордная, твёрдая сумма

penal ~ штрафная неустойка

summarily в порядке упрощённого [суммарного] производства, в ускоренном порядке

summary 1. выводы; резюме; краткое изложение; компендиум **2.** суммарный; краткий; скорый **3.** осуществляемый в упрощённом [суммарном] порядке **4.** осуществляемый без участия присяжных

summing-up 1. подведение итога **2.** напутственное слово присяжных

summit совещание [встреча] на высшем уровне

summon 1. созывать **2.** вызывать; вручать приказ о явке в суд ◇ **to** ~ **a grand jury** созвать большое жюри; **to** ~ **jury** созывать присяжных заседателей; **to** ~ **to appear** вручить приказ о явке в суд

summons 1. вызов в суд, приказ о явке в суд; извещение ответчика о предъявленном ему иске; судебная повестка **2.** обращение с ходатайством к судье ◇ ~ **for directions** обращение в суд за указаниями о движении дела; ~ **served** вручённая судебная повестка; вручённый приказ о явке в суд; вручённое ответчику извещение о предъявленном иске; ~ **unserved** невручённая судебная повестка; невручённый приказ о явке в суд; не вручённое ответчику извещение о предъявленном иске; ~ **upon complaint** вызов в суд по жалобе

alias ~ повторный приказ о явке в суд

criminal ~ приказ о явке в суд для участия в уголовном процессе

debtor's ~ судебный приказ должнику об урегулировании долга (*с предупреждением о возможном возбуждении дела о несостоятельности в случае невыполнения приказа*)

interlocutory ~ приказ о явке на промежуточное судебное заседание

jury ~ созыв присяжных

originating ~ вызов в суд (*исковая форма для установительных исков*)

short ~ вызов в суд в короткий срок

superannuate увольнять по старости; переводить на пенсию

superannuation 1. увольнение по старости; перевод на пенсию **2.** пенсия по старости **3.** взносы в пенсионный фонд

supercargo суперкарго (*1. представитель фрахтователя на таймчартерном судне 2. представитель грузовладельца на судне*)

superficiary 1. суперфициарий, собственник строения, находящегося на чужой земле **2.** строение, находящееся на чужой земле

superficies 1. право собственности на строения, находящиеся на чужой земле **2.** строения, находящиеся на чужой земле

superintend наблюдать, осуществлять надзор

superintendence наблюдение, надзор

superintendent надзиратель (*полицейский, тюремный и т.п.*)

~ **of printing** цензор

correctional ~ надзиратель в исправительном учреждении

gaol [jail] ~ тюремный надзиратель

reformatory ~ надзиратель в реформатории

superintendent-registrar полицейский регистратор (*при старшем инспекторе полиции*)

superinvention суперизобретение, «наложенное изобретение» (*модификация ранее созданного собственного изобретения; усовершенствованный вариант опубликованного изобретения*)

superior 1. начальник **2.** высший; вышестоящий **3.** старший

civil ~ вышестоящее должностное лицо гражданского ведомства

common ~ вышестоящее должностное лицо

military ~ вышестоящее должностное лицо военного ведомства

superiority 1. старшинство **2.** превосходство; преобладающее значение; главенство; примат **3.** преимущественное право

superpower 1. высшая власть **2.** сверхдержава

supersede отменять, заменять собой (*о законе по отношению к другому закону*)

supersedeas 1. приказ о приостановлении судопроизводства (*напр. о приостановлении исполнения решения*) **2.** временное отстранение от должности

supersedere *шотл.* предоставление отсрочки должнику

supersession отмена; замена (*одним законом другого закона*)

supervening последующий, наступивший впоследствии

supervise наблюдать, осуществлять надзор за чем-л.

supervision наблюдение, надзор

~ **of [on] parole** надзор за условно-досрочно освобождёнными под честное слово

~ **of probation** надзор за приговорёнными к пробации, пробационный надзор

bail ~ надзор за отпущенными на поруки под залог

close ~ строгий надзор

custodial ~ надзор за находящимися под стражей; режимный надзор

custodian ~ надзор за подопечным

federal ~ *амер.* надзор со стороны федеральных органов

intensive ~ строгий надзор

liberal ~ слабый надзор

local ~ надзор со стороны местных органов

maximum ~ максимальный надзор

medium ~ надзор средней строгости

minimal ~ минимальный надзор

parental ~ родительский надзор

parole ~ надзор за условно-досрочно освобождёнными под честное слово

police ~ полицейский надзор

probation ~ пробационный надзор, надзор за приговорёнными к пробации

state ~ надзор со стороны органов штата

supervisor 1. инспектор; контролёр; надсмотрщик; надзиратель **2.** бургомистр, мэр (*в некоторых штатах*)

custodial ~ надзиратель в исправительном учреждении; тюремный надзиратель

supervisory наблюдательный; надзорный

supplement 1. дополнение ‖ дополнять **2.** приложение

cumulative ~ сводное дополнение, обобщающее дополнение

current ~(s) текущие дополнения

supplemental дополнительный, дополняющий

supplementary дополнительный

suppliant лицо, подающее петицию о праве (*т.е. иск к короне о возврате имущества*)

supplication петиция, прошение

supplier поставщик

supply 1. поступление; получение; поставка; снабжение ‖ поставлять; снабжать; доставлять; давать **2.** расходная часть бюджета

support 1. поддержка ‖ поддерживать; подкреплять; подтверждать **2.** обоснование аргументации

marital ~ поддержка (*материальная*) одним супругом другого

supposititious поддельный, фальшивый, подложный; подменённый

suppress 1. подавлять; пресекать; запрещать **2.** скрывать, замалчивать, утаивать ◇ to ~ a document утаивать документ; to ~ a fact скрыть факт; to ~ a mutiny подавить мятеж; to ~ a patent преднамеренно не применять запатентованное изобретение, «замораживать» патент; to ~ a rebellion подавить восстание; to ~ (as) evidence утаить доказательство; to ~ riots подавить массовые беспорядки

suppression 1. подавление; пресечение; запрещение **2.** сокрытие, утайка

~ **of crime** пресечение преступления

~ **of patent** преднамеренное неприменение запатентованного изобретения, «замораживание» патента

supranational наднациональный, надгосударственный

supremacy верховенство; примат; супрематия

~ of law супрематия права, господство права, верховенство права, примат права

national ~ верховенство федеральной власти над властями штатов

personal ~ личное верховенство

territorial ~ территориальное верховенство

supreme верховный, высший

surcharge 1. дополнительно взимаемая сумма; дополнительный сбор ‖ дополнительно взимать 2. превышение предельно допустимого количества; перерасход ‖ взыскивать неправильно израсходованные суммы 3. штраф ‖ штрафовать 4. перезалог ‖ перезакладывать

surety поручитель; поручительство ◇ ~ for a bill аваль; авалист; ‖ on a bill авалист ~ of good behaviour *ист.* поручительство в обеспечение хорошего поведения ~ of the peace поручительство в обеспечение явки ответчика *или* подсудимого на четвертную сессию мировых судей

bail ~ поручительство под залог

joint ~ совместный поручитель; совместное поручительство

suretyship поручительство

surname фамилия

surplusage приведение обстоятельств, не относящихся к делу; не относящиеся к делу обстоятельства

surrebut подавать ответ на контр-триплику (*т.е. на третью состязательную бумагу ответчика*)

surrebutter ответ истца на контр-триплику (*т.е. на третью состязательную бумагу ответчика*), четвёртая состязательная бумага истца

surrejoin подавать ответ на вторичное возражение ответчика, подавать триплику

surrejoinder триплика, экспликация, ответ истца на вторую состязательную бумагу ответчика, ответ истца на вторичное возражение ответчика

surrender 1. сдача; капитуляция ‖ сдавать(ся); капитулировать 2. признание себя несостоятельным должником ‖ признать себя в суде несостоятельным должником 3. отказ (*от права*) ‖ отказываться (*от права*) 4. выдача (*преступников*) ‖ выдавать (*преступников*) 5. препровождение (*обвиняемого в суд*) ‖ препроводить (*обвиняемого в суд*) ◇ to ~ a bail явиться в суд (*о выпущенном на поруки*); to ~ documents передать документы ~ of fugitive выдача преступника, скрывающегося от правосудия ~ of right отказ от права

surrenderee лицо, в пользу которого имеет место отказ от права

surrenderor лицо, отказывающееся от права

surreptitious тайный, подпольный

surrogate 1. заместитель 2. *амер.* судья по делам о наследствах и опеке

surtax добавочный сбор; добавочный налог ‖ облагать добавочным налогом, сбором

surveillance наблюдение

electronic ~ электронное наблюдение

lawful ~ законное наблюдение

microphonic ~ микрофонное наблюдение

police ~ полицейское наблюдение

unlawful ~ незаконное наблюдение

wiretap ~ наблюдение с помощью подслушивающих устройств

survey осмотр; досмотр; освидетельствование; обследование; инспектирование; наблюдение ‖ осматривать; производить досмотр; освидетельствовать; обследовать; инспектировать; наблюдать

annual ~ ежегодное освидетельствование

follow-up ~ наблюдение за лицами, освободившимися из мест лишения свободы

surveyor 1. инспектор; таможенный инспектор 2. сюрвейер, судовой эксперт 3. оценщик страхового общества

survival:

~ of (the cause of) action признание (основания) иска действительным независимо от смерти стороны

survivor 1. оставшийся в живых 2. переживший других наследников, единственный оставшийся в живых наследник

survivorship права наследника, возникающие вследствие смерти сонаследников

suspect подозреваемое *или* подозрительное лицо ‖ подозревать; сомневаться в истинности *чего-л.* ◇ to ~ in the crime подозревать в совершении преступления

crime [criminal] ~ лицо, подозреваемое в совершении преступления

fleeing ~ подозреваемый, бегущий с места совершения преступления

fugitive ~ скрывающийся подозреваемый

identified ~ идентифицированный подозреваемый

innocent ~ подозреваемый, впоследствии признанный судом невиновным

joint ~s лица, подозреваемые в совместном совершении преступления

political ~ подозреваемый в совершении политического преступления

politically ~ политически неблагонадёжный

possible ~ возможный подозреваемый

prime ~ лицо, на которого в первую очередь падает подозрение

unconvicted ~ подозреваемый, виновность которого не была признана судом

suspend 1. приостанавливать; откладывать 2. временно отстранять, исключать *и т.п.* ◇ to ~ a judgement откладывать вынесение судебного решения; to ~ a licence временно лишить лицензии, водительских прав; to ~ a witness приостановить дачу свидетельских показаний; to ~ from office временно отстранить от должности; to ~ from practice временно запретить заниматься адвокатской практикой; to ~ from the exercise of duties временно отстранить от должности; to ~ relations прервать отношения; to ~ the proceedings приостановить производство по делу; to ~ the rules *амер.* «приостановить действие процедуры» (*в палате представителей*)

suspension 1. приостановление; отложение; отсрочка **2.** временное отстранение, исключение *и т.п.*

~ **of arms [of hostilities]** приостановление военных действий, прекращение огня

~ **of execution** отсрочка исполнения судебного решения *или* приговора; отсрочка исполнения наказания (*особ. смертной казни*)

~ **of judgement** отсрочка вынесения *или* исполнения судебного решения

~ **of sentence** отсрочка исполнения приговора *или* наказания

~ **of statute** приостановление действия закона

temporary ~ **1.** приостановление; отложение; отсрочка **2.** временное отстранение, исключение *и т.п.*

suspensive приостанавливающий; отлагательный; суспенсивный

suspicion подозрение ◇ **upon mere** ~ по одному лишь подозрению

mere ~ голое подозрение, подозрение, не подкреплённое фактами

reasonable ~ обоснованное подозрение

sustain 1. потерпеть, понести (*ущерб, убыток и т.д.*) **2.** поддерживать; разрешать; принимать (*о возражении, ходатайстве, требовании и т.д.*) **3.** защищать (*право*) **4.** признать конституционным (*о законе*) ◇ **to** ~ **a case 1.** поддерживать версию **2.** поддерживать иск (*в суде*) **3.** удовлетворить иск (*о суде*); **to** ~ **a claim 1.** поддерживать иск **2.** удовлетворить иск (*о суде*); **to** ~ **a conviction 1.** осудить **2.** быть осуждённым; **to** ~ **a law** признать закон конституционным; **to** ~ **a loss** потерпеть убыток, понести ущерб; **to** ~ **an objection** принимать, поддерживать возражение; **to** ~ **a sentence 1.** вынести приговор; назначить наказание **2.** понести наказание; **to** ~ **a veto 1.** наложить вето **2.** подвергнуться вето; **to** ~ **damages** понести убытки; **to** ~ **injury** потерпеть ущерб; **to** ~ **punishment** понести наказание

suzerain сюзерен; сюзеренное государство, государство-сюзерен

suzerainty сюзеренитет; власть сюзерена

swainmote лесной суд

swear 1. присягать; заявлять, утверждать, обещать, показывать под присягой **2.** приводить к присяге **3.** принимать присягу ◇ **to** ~ **an affidavit** давать письменные показания под присягой; **to** ~ **an information against a person** заявить под присягой об обвинении лица в совершении преступления; **to** ~ **an oath** приносить присягу; **to** ~ **as a witness** присягнуть в качестве свидетеля; **to** ~ **a witness** приводить свидетеля к присяге; **to** ~ **back** *пат.* подать заявление под присягой о том, что данное изобретение было создано до даты источника информации, противопоставленного патентной заявке; **to** ~ **false** давать ложные показания под присягой; **to** ~

fealty присягать на верность, давать присягу на верность; **to** ~ **in** приводить к присяге; **to** ~ **into office** давать должностную присягу; приводить к должностной присяге; **to** ~ **the peace against a person** присягнуть перед мировым судьёй в том, что данное лицо угрожает присягнувшему; **to** ~ **to a fact** показать о факте под присягой; **to** ~ **treason** обвинить под присягой в государственной измене; свидетельствовать под присягой о факте государственной измены

swindle мошенничество ‖ мошенничать

swindled потерпевший от мошенничества

swindler мошенник

swindling мошенничество

confidence ~ мошенническое злоупотребление доверием

sworn 1. принёсший присягу **2.** скреплённый присягой **3.** удостоверенный в своей подлинности (*о документе*)

lawfully ~ лицо, приведённое к присяге в установленном законом порядке

syllabus краткое изложение содержания судебного решения, помещённого в сборнике

symbol 1. символ **2.** обозначение, знак; номер документа

syndic 1. синдик; член магистрата **2.** уполномоченное лицо

syndicalism:

criminal ~ *амер.* преступный синдикализм (*анархистская деятельность, направленная к насильственному свержению конституционного строя и переходу промышленности в руки рабочих ассоциаций*)

syndicate 1. синдикат **2.** гангстерский синдикат

crime [criminal] ~ преступный синдикат; гангстерский синдикат

organized crime ~ гангстерский синдикат

synopsis of bills introduced краткий обзор законопроектов, внесённых в законодательный орган

system система

apprenticeship ~ *англ.* система (*ремесленного*) ученичества

case ~ **1.** система судебных прецедентов **2.** метод изучения права на основе анализа судебных прецедентов

commission ~ система управления городом комиссией, которая избирается всеобщим голосованием

correction(al) ~ **1.** система исправительных мер; система исправительных наказаний **2.** система исправительных учреждений

examination ~ *пат.* проверочная система выдачи патентов

first-to-file ~ «система первого заявителя» (*система патентования, предусматривающая право на патент первого заявителя*)

international trusteeship ~ международная система опеки

judicial ~ судебная система, система судебных органов, судоустройство

judiciary ~ судебная система

legal ~ 1. правовая система 2. судебная система

legislative ~ система законодательства

less-than-unanimous jury ~ система правосудия, не требующая единого мнения присяжных

mark ~ марочная система (*система заключения, фактический срок которого определяется администрацией места лишения свободы в зависимости от поведения заключённого, оцениваемого по количеству полученных им или отобранных у него льготных «марок»*)

mayor-council ~ система городского управления «мэр-совет» (*США*)

merit ~ система оценки работника по профессиональным качествам *или* заслугам

multi-party ~ многопартийная система

non-unanimous jury ~ система правосудия, не требующая единого мнения присяжных

one-party ~ однопартийная система

penal ~ пенитенциарная система (*система пенитенциарных, карательно-исправительных учреждений*)

registration ~ явочная система (*напр. патентования*)

sector ~ система секторов (*в Арктике*)

seniority ~ принцип старшинства (*при назначении председателей комитетов и подкомитетов сената*)

silent ~ режим молчания (*в тюрьмах; запрещающий общение заключённых друг с другом*)

spoils ~ «система добычи», передача государственных должностей сторонникам партии, победившей на выборах (*в США*)

truck ~ система выдачи заработной платы товарами

unanimous jury ~ система правосудия, требующая единого мнения присяжных

unity ~ система единого режима супружеской собственности для движимости и недвижимости

Т

table 1. стол 2. вносить (*предложение, резолюцию*)

defence ~ место в суде, на котором сидит защита

prosecution ~ место в суде, где сидит обвинение

tacit 1. молчаливый (*о соглашении, одобрении и т.д.*), подразумеваемый, выводимый из обстоятельств, конклюдентный 2. автоматический (*о пролонгации договора*)

tacitly 1. молчаливо; подразумеваемым образом 2. автоматически (*о пролонгации договора*)

taciturnity *шотл.* неосновательное промедление с предъявлением иска

tack 1. присоединять к законопроекту дополнительную статью (*для обеспечения его принятия*) 2. объединять позднейшее по времени залоговое право с первым (*для получения приоритета над правом промежуточного залогодержателя*) 3. присоединять к периоду владения нынешнего владельца периоды владения предшествующих владельцев (*для достижения предусмотренного законом общего срока владения*) 4. *шотл.* договор аренды

tacking 1. присоединение к законопроекту дополнительной статьи (*для обеспечения его принятия*) 2. объединение позднейшего по времени залогового права с первым (*для получения приоритета над правом промежуточного залогодержателя*) 3. присоединение к периоду владения нынешнего владельца периодов владения предшествующих владельцев (*для достижения предусмотренного законом общего срока владения*)

tacksman *шотл.* арендатор

tail заповедное имущество, урезанная собственность (*ограниченная в порядке наследования и отчуждения*) ◇ ~ female (general) имущество, наследуемое только по женской линии; ~ general заповедное имущество, урезанная собственность (*ограниченная в порядке наследования и отчуждения*); ~ male (general) имущество, наследуемое только по мужской линии; ~ special специальное заповедное имущество (*переходящее к наследникам лишь определённой категории*)

tailzie *шотл.* заповедное имущество (*ограниченное в порядке наследования и отчуждения*) ‖ учреждать заповедное имущество (*ограниченное в порядке наследования и отчуждения*)

take 1. брать; завладевать; обращать в собственность 2. получать; принимать 3. задерживать, арестовывать 4. приобретать правовой титул ◇ to ~ a brief принимать на себя ведение дела; to ~ a law off the books отменить закон; to ~ an affidavit снимать письменные показания под присягой; to ~ an appeal подать апелляцию, передать дело в апелляционный суд; to ~ away изъять; to ~ business рассматривать дела; to ~ by descent наследовать по закону; to ~ by purchase приобретать правовой титул путём покупки (*или иным путём, кроме наследования*); to ~ care заботиться, проявлять заботу; to ~ charge of smth. принимать на себя ответственность за что-л.; to ~ cognizance of принимать к рассмотрению (*дела*), осуществлять юрисдикцию; to ~ delivery принимать поставку, принимать (*вещь, товар*); to ~ depositions снимать показания; to ~ effect вступать в силу; to ~ evidence принимать доказательства; to ~ exception to [against] возражать против чего-л.; делать отвод; to ~ formal note of составить акт о чём-л.; to ~ in the mainour поймать с поличным на месте преступления; to ~ into consideration принимать во внимание; to ~ judicial notice of принимать *что-л.* без доказательств, считаться осведомлённым без доказывания *(о суде)*; to ~ legal action обратиться в суд, предъявить иск; to ~ legal advice консультироваться с юристом, запросить заключение юриста; to ~ legal recourse обращаться в суд; to ~ legal steps возбуждать иск; подавать в суд; преследовать в судебном порядке; to ~ life лишить жизни; to ~ notice of принимать без доказывания; знать, быть осведомлённым; to ~ oath присягать, приносить присягу; to ~ on hire нанимать; to ~ on sale брать на комиссию; to ~ opinion получить консультацию; to ~ out a document выправить документ; получить документ; to ~ out a patent брать патент; to ~ out a process against smb. подать на *кого-л.* в суд, привлечь к судебной ответственности; to ~ part участвовать; to ~ possession завладеть; вступать во владение; to ~ proceedings 1. совершать процессуальные действия 2. начинать судебное дело; to ~ recourse upon 1. обращать взыскание на ... 2. предъявлять регрессный иск к *кому-л.*; to ~ review against a judgement обжаловать решение суда; to ~ silk стать королевским адвокатом; to ~ stock in покупать акции; вступать в пай; to ~ testimony снимать *или* выслушивать свидетельские показания, допрашивать свидетелей; to ~ the ballot поставить вопрос на голосование; to ~ the chair открыть заседание; председательствовать на заседании; to ~ the floor взять слово, выступать; to ~ the minutes вести протокол; to ~ the poll подавать голос (на выборах); to ~ the risk взять на себя риск; to ~ third-party proceedings привлекать третьих лиц к участию в процессе; to ~ title приобретать правовой титул; to ~ to court предавать суду; представлять, направлять в суд; to ~ up арестовывать; to ~ up a bill 1. оплатить переводный вексель 2. акцептовать переводный вексель; to ~ within the mainour *см.* to ~ in the mainour

take-off скидка; комиссия

takeover поглощение *(другой компании)*

taker 1. получатель; покупатель; легатарий 2. наниматель
~ of bribe взяткополучатель

taking 1. взятие, овладение; завладение 2. арест 3. улов, добыча
~ of interest нанесение ущерба интересам
~ of the body арест *кого-л.*
constructive ~ завладение в силу неопровержимой правовой презумпции
presumed [presumptive] ~ презюмируемое завладение

tale 1. *уст.* пункт состязательной бумаги 2. *pl* запасные присяжные заседатели; пополнение жюри запасными присяжными заседателями

tale quale *см.* tel quel

talesman запасной присяжный заседатель

talks переговоры

ambassadorial level ~ переговоры на уровне послов
informal ~ неофициальные переговоры
ministerial level ~ переговоры на уровне министров
round table ~ переговоры за круглым столом
summit [top level] ~ переговоры на высшем уровне *(между главами государств или правительств)*

tallage налоги, сборы

tamper 1. фальсифицировать; подделывать 2. манипулировать; оказывать тайное *или* пагубное влияние, коррумпировать

tampering 1. фальсификация; подделка 2. манипуляции *(в т.ч. со свидетелями, доказательствами и т.п.)*; коррумпирование; подкуп ◇ ~ with a judge коррумпирование, подкуп судьи
consumer product ~ фальсификация продуктов

tap подслушивающее устройство; подслушивание *(в т.ч. телефонных разговоров)* с помощью специальных устройств ‖ подслушивать *(в т.ч. телефонные разговоры)* с помощью специальных устройств ◇ to ~ a house поставить в доме подслушивающие устройства

tapping оснащение *(помещения)* подслушивающими устройствами; подключение *(к телефонной сети)* с целью подслушивания; подслушивание *(в т.ч. телефонных разговоров)* с помощью специальных устройств
illegal ~ незаконное *(без санкции суда)* подслушивание с помощью специальных устройств
lawful ~ правомерное подслушивание с помощью специальных устройств
legal ~ законное *(санкционированное судом)* подслушивание с помощью специальных устройств
unlawful ~ противоправное подслушивание с помощью специальных устройств
wire ~ подслушивание телефонных разговоров с помощью специальных устройств

target of crime цель *(предмет, объект)* преступления

tariff тариф; таможенный тариф; пошлина, пошлины ‖ включать в тариф, тарифицировать; облагать пошлиной
compensatory ~ компенсационный тариф
compound ~ смешанный тариф
conventional ~ конвенционный тариф, конвенционные пошлины
custom(s) ~ таможенный тариф
multiple ~ многоколонный тариф
preferential ~ преференциальный таможенный тариф
protective ~ покровительственный *или* протекционистский тариф
revenue ~ фискальный тариф
unilinear ~ одноколонный тариф

tax 1. налог ‖ облагать налогом 2. таксировать, определять размер *(о судебных издержках)* ◇ ~ in kind натуральный налог; ~ on land поземельный налог; ~ on trade промысловый налог

accrued and unpaid ~ начисленный, но не уплаченный налог

admissions ~ налог с продажи входных билетов

ad valorem ~ налог со стоимости

annuity ~ *шотл.* налог, ежегодно взимаемый в обеспечение священникам средств к существованию

back ~es недоимки

buried ~ налог, включённый в цену товара

capitation ~ подушный налог

congressional ~ налог, установленный законом конгресса

consumption ~ налог на потребление

corporate [corporation] ~ налог с корпораций

court ~es судебные издержки

death ~ налог на наследство

delinquent ~ налог, не уплаченный в срок

direct ~ прямой налог

donor's ~ налог на дарение

equalization ~ уравнительный налог

estate ~ налог на передачу имущества по наследству

excess profit ~ налог на сверхприбыль

excise ~ акцизный налог

extra ~ дополнительный налог

flat ~ налог с получаемой домовладельцем квартирной платы

head ~ подушный налог

highway ~ налог на строительство и поддержание общественных дорог

income ~ подоходный налог

indirect ~ косвенный налог

inheritance ~ налог на наследство

land ~ поземельный налог

legacy ~ налог на наследуемую движимость

local ~ местный налог

paid ~ уплаченный налог

paid back ~ сумма налога, возвращённая налогоплательщику

parliamentary ~ налог, устанавливаемый законом парламента

patent ~ патентная пошлина

payroll ~ налог с заработной платы

personal ~ 1. подушный налог 2. налог на движимое имущество

poll ~ 1. подушный налог 2. избирательный налог

profits ~ налог на прибыль

progressive ~ прогрессивный налог

property ~ 1. поимущественный налог 2. налог на доход с недвижимого имущества

public ~ государственный налог

real-estate ~ налог на недвижимость

receipts ~ налог с оборота

sale ~ налог с оборота

single ~ единый налог

social security ~ налог в фонд социального обеспечения

stamp ~ гербовый сбор

succession ~ налог на наследуемую недвижимость

sumptuary ~ налог на предметы роскоши

turnover ~ налог с оборота

unemployment ~ налог в фонд помощи безработным

unpaid ~ неуплаченный налог

unpaid back ~ сумма налога, не возвращённая налогоплательщику

use ~ налог за пользование *какой-л.* вещью

value added ~ налог на добавленную стоимость

voted ~ налог, принятый голосованием *(в законодательном органе)*

taxability облагаемость налогом

taxable 1. облагаемый налогом; подлежащий обложению налогом 2. подлежащий таксации *(о судебных издержках)*

taxation 1. налогообложение 2. таксация *(судебных издержек)*

differential ~ дифференцированное налогообложение

double ~ двойное налогообложение

duplicate ~ *амер.* двойное налогообложение

multiple ~ множественное налогообложение

progressive ~ прогрессивное налогообложение, налогообложение по прогрессивным ставкам

tax-exempt *см.* tax-free

tax-free свободный от налога, не облагаемый налогом

taxless не облагаемый налогом

taxpayer налогоплательщик

team 1. целевая группа 2. *ист.* манориальная юрисдикция

hit ~ группа убийц по поручению

working ~ рабочая группа *(комиссия, созданная по какому-л. вопросу)*

technical 1. специальный 2. технико-юридический 3. формальный; формально-юридический

technicality формальность, юридико-техническая деталь

legal ~ юридическая формальность

technician:

legal ~ знаток юридической техники

technique приём, метод

arrest ~s приёмы производства ареста

correctional ~s методы, приёмы исправительного воздействия

dragnet ~ тактика проволочек, тактика затягивания *(напр. судебного дела)*

legal ~(s) юридические методы

teller счётчик голосов

tel quel на условиях «такой, какой есть», «тель-кель» *(1. продажа без гарантии качества 2. освобождение продавца от ответственности за ухудшение товара во время перевозки)*

Temple «Темпл», школа подготовки барристеров

Inner ~ «Внутренний темпл» *(один из четырёх «Судебных иннов» — английских школ подготовки барристеров)*

Middle ~ «Средний темпл» (*один из четырёх «Судебных иннов» — английских школ подготовки барристеров*)

temporal мирской, светский, гражданский

temporality временный характер

temporary временный

temporize затягивать, тянуть время (*напр. с целью затягивания процесса*)

tenancy 1. владение (*преим. недвижимостью*) 2. владение на правах аренды; владение на правах имущественного найма; аренда; наём помещения 3. срок аренды; срок имущественного найма 4. арендованное имущество ◇ ~ **at sufferance** владение с молчаливого согласия собственника; ~ **at will** *см.* **indefinite tenancy**; ~ **by the entirety** супружеская общность имущества; ~ **in chivalry** *ист.* владение леном, зависимым непосредственно от короны; ~ **in common** общее владение

freehold ~ владение на основе фригольда

general ~ бессрочная аренда

head ~ владение на правах основной аренды (*в противоположность субаренде*)

indefinite ~ бессрочная аренда, аренда на неопределённый срок

joint ~ совместное владение

several ~ самостоятельное владение (*в отличие от совместного*)

tenant 1. владелец (*преим. недвижимости*) 2. арендатор, съёмщик, наниматель ‖ арендовать, владеть на правах аренды, владеть на правах имущественного найма ◇ ~ **at sufferance** владелец с молчаливого согласия собственника; ~ **at will** бессрочный арендатор; ~ **by copy (of court roll)** копигольдер; ~**s by entireties** нераздельные совладельцы; ~ **by the curtesy** пожизненный владелец имущества умершей жены (*при наличии детей*); ~ **for life** пожизненный владелец недвижимости; пожизненный арендатор; ~ **for years** арендатор на правах срочной аренды; ~ **from year to year** владелец на правах аренды с пролонгацией из года в год; ~ **in capite** *ист.* главный землевладелец; ~ **in chief** *ист.* главный владелец лена; ~ **in chivalry** *ист.* владелец лена, зависимого непосредственно от короны; ~ **in common** владелец на правах общего владения; соарендатор; *амер.* сонаследник; ~ **in fee(-simple)** владелец на правах неограниченной собственности; ~ **in severalty** самостоятельный владелец; ~ **in tail** собственник заповедного имущества (*т.е. имущества, в отношении которого установлены ограничения наследования*); ~ **paravail** субарендатор; ~ **pur autre vie** владелец на время жизни другого лица; ~ **to the praecipe** владелец, против которого возбуждён вещный иск

~ **of demesne** субарендатор

~ **of property** 1. владелец имущества 2. арендатор, съёмщик, наниматель имущества

~ **of the term** владелец на срок; арендатор на срок

agricultural ~ 1. землевладелец 2. сельскохозяйственный арендатор

base ~ 1. лицо, владеющее землёй по усмотрению лендлорда 2. крепостной владелец земли

bond ~ копигольдер, наследственный *или* пожизненный арендатор; арендатор, владеющий землёй на основе существующего обычая

copyhold ~ копигольдер

council ~ лицо, арендующее жильё у муниципалитета

customary ~ арендатор в силу манориального обычая

incoming ~ арендатор, вступающий в свои права

joint ~s совместные владельцы

land ~ 1. землевладелец 2. арендатор

life ~ 1. пожизненный землевладелец 2. пожизненный арендатор

tenanted арендованный

tenantry арендаторы, наниматели

tendency ◇ ~ **to criminality** склонность к совершению преступлений

homicidal ~ склонность к совершению убийств

tender 1. предложение; предложение исполнения договора ‖ делать предложение; предлагать 2. торги; заявка на торгах ‖ подавать заявку на торгах 3. заявление о подписке на ценные бумаги ‖ подавать заявление о подписке на ценные бумаги 4. представлять (*документы*) 5. приносить (*извинения, благодарность*) ◇ **to** ~ **an averment** представлять доказательство; **to** ~ **an offer** представить предложение; делать предложение, предлагать; **to** ~ **apologies** приносить извинения; **to** ~ **documents** представлять документы; **to** ~ **evidence** представлять доказательства; **to** ~ **in evidence** представлять в качестве доказательства; **to** ~ **in payment** представлять в качестве уплаты; **to** ~ **performance** предлагать исполнение; **to** ~ **resignation** подать в отставку

~ **of amends** *англ.* предложение стороны возместить вред, причинение которого она признаёт

~ **of issue** предложение противной стороне совместно передать вопрос на рассмотрение суда

legal ~ 1. законное платёжное средство 2. надлежаще сделанное предложение исполнения

tenderer оферент; лицо, делающее предложение

tenement 1. недвижимость; права, связанные с недвижимостью 2. владение 3. арендованное имущество, арендованное помещение, предмет владения

dominant ~ имущество, в пользу которого существует сервитут; господствующий участок

servient ~ имущество, обременённое сервитутом

tenendum пункт (*в документе*) о характере владения

tenet догмат, принцип, норма

tenor 1. текст, содержание, смысл (*докумен-*

та) 2. срок *(векселя)* ◇ according to the ~ 1. по смыслу *(документа)* 2. в целях *(нормативного акта, документа)*

original ~ 1. первоначальный текст, первоначальное содержание, первоначальный смысл *(документа)* 2. первоначальный срок *(векселя)*

tentative предварительный; временный; экспериментальный

tenth десятина

tenure 1. владение недвижимостью, землевладение; наследственное владение землёй на базе феодальной зависимости 2. пребывание *(в должности)* 3. срок владения; срок пребывания *(в должности)* ◇ ~ by lease владение на правах аренды; ~ in capite [in chief] *ист.* землевладение, зависимое непосредственно от короны *или* от главного лорда; ~ in free alms *см.* frankalmoign tenure

~ of appointment пребывание в должности

~ of employment срок трудового найма; срок службы

~ of office пребывание в должности

allodial ~ владение недвижимостью, землевладение по безусловному праву собственности

almoin ~ *см.* frankalmoign tenure

base ~ крепостная система землепользования

de-facto ~ 1. фактическое владение недвижимостью, землевладение 2. фактическое пребывание *(в должности)*

de-jure ~ 1. юридически признанное владение недвижимостью, землевладение 2. юридическое пребывание *(в должности)*

feudal ~ система феодального землевладения, землевладение на основе феодальной зависимости

frankalmoign ~ *англ. ист.* бессрочное владение землёй, пожертвованной церкви с условием вечного поминовения души усопшего жертвователя

free ~ фригольд; землевладение, свободное от арендных платежей и повинностей; полная земельная собственность

judicial ~ пребывание в должности судьи

land ~ землевладение; землепользование

leasehold ~ владение на правах аренды

life ~ 1. пожизненное владение 2. пожизненное пребывание в должности

military ~ *ист.* землевладение, связанное с обязанностью военной службы

presidential ~ срок действия полномочий президента

socage ~ владение землёй на началах оказания услуг лендлорду по её обработке

term 1. термин; выражение 2. промежуток времени; срок; срок полномочий; срок наказания; *амер.* наказание 3. аренда на срок 4. постановление *(договора)*, условие 5. судебная сессия 6. день, когда наступает срок квартальных платежей *(аренда, проценты и т.п.)* ◇ ~s and conditions постановления и условия *(договора)*; to come to ~s достичь соглашения, договориться; to finish a ~ от-

быть срок наказания; to get a ~ получить срок наказания; to give a ~ назначить срок наказания; to win a ~ *разг.* получить срок наказания

~ of appeal срок для подачи апелляции

~ of appointment срок пребывания в должности, срок полномочий

~ of art технико-юридический термин

~ of bill срок векселя

~ of contract срок исполнения договора

~s of delivery условия поставки

~ of imprisonment срок тюремного заключения

~ of imprisonment credited toward another term of imprisonment срок тюремного заключения, назначенный с зачётом ранее назначенного *или* отбытого срока тюремного заключения

~ of jail срок тюремного заключения *(краткий)*

~s of law юридическая терминология

~ of lease срок аренды

~ of legislature срок правомочий законодательного собрания

~ of life 1. пожизненные правомочия 2. пожизненное тюремное заключение

~ of natural life естественный срок жизни

~ of office срок пребывания в должности, срок полномочий, мандат

~ of parole 1. срок действия режима условно-досрочного освобождения под честное слово 2. *pl* режим условно-досрочного освобождения

~s of partnership договор товарищества

~ of payment 1. срок платежа 2. *pl* условия платежа

~ of probation 1. срок пробации 2. *pl* режим пробации

~ of punishment срок наказания *(по закону)*

~s of reference 1. компетенция, пределы компетенции, круг полномочий, круг ведения 2. третейская запись, компромисс

~ of sentence срок наказания *(по приговору)*

~s of submission третейская запись, компромисс

~s of the claims буквальный текст формулы изобретения, содержание патентных притязаний

~ of the court срок правомочий суда данного состава

~ of the grand jury срок правомочий состава большого жюри

~ of the jury срок правомочий состава присяжных

~ of validity срок действия

~ of years право в недвижимости, ограниченное определённым числом лет

~ of years absolute срочное безусловное право владения

additional ~ дополнительный срок

adjourned ~ продолжение прерванной судебной сессии

aggregate ~ of imprisonment общий срок тюремного заключения *(при совокупности пре- ступлений или наказаний)*

awarded ~ **of imprisonment** назначенный срок тюремного заключения

berth ~**s** линейные условия *(о погрузке и выгрузке в торговом мореплавании)*

broad ~ 1. длительный срок 2. *pl* либераль- ные условия

clear ~**s** ясные, определённые условия

concessionary ~**s** льготные условия

concurrent ~**s** совпадающие, одновременно текущие сроки

conference ~**s** картельные условия, условия, установленные морской конференцией *(т.е. картельным соглашением судовладельцев)*

consecutive ~**s** последовательно текущие сро- ки

convertible ~**s** эквивалентные термины

court ~ срок правомочий суда данного соста- ва

delivery ~**s** условия поставки

determinate ~ определённый в приговоре срок тюремного заключения

Easter ~ пасхальная судебная сессия

elected ~ срок пребывания в выборной долж- ности

expired ~ истекший срок *(правомочий, ис- полнения, наказания)*

express ~**s** прямо выраженные условия

extended ~ продлённый срок

extended ~ **of imprisonment** продлённый срок тюремного заключения

extensible ~ срок, который может быть про- длён

foul ~ непристойность, ругательство

full ~ 1. полный срок 2. *pl* полные условия *(по которым диспач уплачивается за всё время, сэкономленное при погрузке и вы- грузке)*

general ~ сессия, заседание в полном составе

general ~**s of delivery** общие условия постав- ки

government's ~ **of office** срок правомочий правительства

gross ~**s** *мор.* гросс-условия, линейные усло- вия

heavy ~ **of imprisonment** длительный срок тюремного заключения

Hilary ~ январская судебная сессия, зимняя судебная сессия

implied ~**s** подразумеваемые условия

indeterminate ~ не определённый в пригово- ре срок тюремного заключения

initial ~ первоначальный срок *(действия до- говора, конвенции и т.д.)*

innominate ~**s** условия, не подпадающие под установившуюся классификацию

jail ~ срок тюремного заключения *(краткий)*

landed ~**s** на условиях с выгрузкой на берег, франко-берег *(цена включает расходы по выгрузке на берег)*

law ~ 1. правовой термин 2. период судебной сессии

lengthy ~ **of imprisonment** длительный срок тюремного заключения

liner ~**s** линейные условия, условия перевоз- ки грузов линейными судами

long ~ длительный срок

maximum ~ максимальный срок

maximum ~ **of imprisonmnent** максимальный срок тюремного заключения

Michaelmas ~ ноябрьская судебная сессия, осенняя судебная сессия

minimum ~ минимальный срок

minimum ~ **of imprisonment** минимальный срок тюремного заключения

mutual ~**s** обоюдные условия, взаимная вы- года

narrow ~ 1. короткий срок 2. *pl* жёсткие ус- ловия

ordinary ~ 1. обычный срок 2. *pl* обычные условия

parole ~ срок действия режима условно-до- срочного освобождения под честное слово

Paschal ~ пасхальная судебная сессия

patent ~ 1. срок действия патента 2. патент- ный термин

preclusive ~ пресекательный срок

presidential ~ срок действий полномочий президента

prison ~ срок тюремного заключения *(дли- тельный)*

probation ~ срок пробации

probatory ~ срок, предоставленный для сня- тия свидетельских показаний

senatorial ~ срок пребывания в должности сенатора

served ~ отбытый срок наказания

set ~ 1. установленный, определённый срок 2. *pl* установленные, определённые условия

settled ~ 1. согласованный срок 2. *pl* согласо- ванные условия

short ~ короткий срок

short ~ **of imprisonment** краткий срок тю- ремного заключения

stringent ~ 1. чрезмерно короткий срок 2. *pl* жёсткие условия

technical ~**s of law** специальная юридическая терминология

trade ~**s** торговые термины, принятая в тор- говле терминология

Trinity ~ летняя судебная сессия

uncertain ~ 1. неопределённый срок 2. *pl* не- определённые условия

unexpired ~ неистекший срок

unserved ~ неотбытый срок наказания

vague ~**s** неясные, неопределённые условия

termer 1. владелец на срок; арендатор на срок 2. лицо, дело которого назначено к слуша- нию

terminable 1. могущий быть прекращённым 2. ограниченный сроком, срочный

terminal 1. конечный 2. ограниченный сроком, срочный

terminate прекращать(ся), оканчивать(ся)

termination прекращение; окончание; заверше- ние ◇ ~ **by notice** прекращение *(срока дей- ствия договора и т.п.)* уведомлением

~ of employment окончание срока службы, работы по найму

~ of hostilities прекращение военных действий

~ of prosecution прекращение уголовного преследования

~ of rights прекращение прав

~ of tenancy 1. прекращение владения 2. прекращение аренды; прекращение найма помещения 3. истечение срока аренды; истечение срока имущественного найма

~ of the case завершение рассмотрения дела (с вынесением решения по существу иска)

~ of the licence окончание срока действия лицензии

terminer (судебное) решение

termor см. **termer** 1.

terre-tenant владелец недвижимости

terrify устрашать

territoriality территориальность

territor/y 1. территория 2. «территория» (административно-территориальная единица, не имеющая статуса штата, — Аляска и Гавайские о-ва до их преобразования в штаты) ◇ ~ sub judice территория с неопределившимся статусом

adjacent ~ прилегающая территория

contested ~ оспариваемая территория

custom(s) ~ таможенная территория

disputed ~ оспариваемая территория

enemy ~ вражеская территория

land ~ сухопутная территория

licensed ~ территория действия лицензии

mandate(d) ~ подмандатная территория

non-contiguous ~ies внешние владения США (Виргинские о-ва, о. Гуам, о. Самоа, зона Панамского канала, Пуэрто-Рико)

non-self-governing ~ несамоуправляющаяся территория

state ~ 1. государственная территория 2. территория штата

subjacent ~ прилегающая под водой территория

trust ~ подопечная территория, территория под опекой

terror террор

criminal ~ преступный (не политический) террор, террор со стороны уголовных преступников

political ~ политический террор

terrorism терроризм

criminal ~ уголовный (не политический) терроризм

political ~ политический терроризм

state ~ государственный терроризм

terrorist террорист ◇ ~ for hire наёмный террорист

terrorize терроризировать

test 1. испытание; проверка ‖ испытать; проверять 2. мерило, критерий ◇ ~ for (non-)obviousness пат. экспертиза на неочевидность, проверка на очевидность

~ of (in)sufficiency проверка заявки или па-

тента на выполнение требований закона о достаточно полном описании изобретения

acceptance ~ приёмочные испытания; проверка соответствия техническим условиям

competence ~ интеллектуальная проверка на способность быть избирателем

extra-constitutional ~s внеконституционные тесты способности быть избирателем

literacy ~ проверка на грамотность (как условие обладания избирательным правом)

means ~ проверка имущественного положения, проверка нуждаемости

presence ~ «проверка на присутствие» (проверка судом штата США степени активности фирмы в данном штате с целью определения возможности её выступления в качестве ответчика)

racial ~ установление расовой принадлежности

religious ~ установление вероисповедной принадлежности

social ~ установление социальной принадлежности

testability 1. способность быть завещанным 2. завещательная право- и дееспособность 3. способность быть свидетелем в суде

testable 1. могущий быть завещанным 2. имеющий завещательную право- и дееспособность 3. могущий быть свидетелем в суде

testacy наличие завещания

testament завещание

(h)olographic ~ собственноручно составленное завещание

inofficious ~ несправедливое завещание

military ~ солдатское завещание (без соблюдения обычных формальностей), устное завещание военнослужащего

sea ~ морское завещание

testamentary завещательный; основанный на завещании

testamentation составление завещания

testate 1. завещатель ‖ оставлять по завещанию; составлять завещание ‖ оставивший завещание; переданный по завещанию 2. свидетельствовать

testation свидетельство; доказательство

testator 1. завещатель, наследодатель 2. свидетель

testatrix завещательница

testatum 1. см. **testatum writ** 2. «тестатум» (часть документа, начинающаяся словами «настоящим свидетельствуется, что...»)

teste 1. свидетель 2. удостоверительная часть судебного приказа (где указывается титул судьи, дата и место издания приказа и т.д.)

testificator свидетель

testifier свидетель

testify 1. давать показания, показывать, свидетельствовать 2. быть свидетельством, доказательством 3. заявлять, утверждать ◇ failure to ~ недача свидетельских показаний; to ~ adversely свидетельствовать против выставившей стороны; to ~ favourably свидетельствовать в пользу выставившей стороны; to ~ in one's own behalf свидетельствовать в свою пользу; to ~ in one's own right свидетельствовать от своего имени; to ~ upon a trial свидетельствовать в суде; to ~ upon a trial of another person свидетельствовать в суде по делу другого лица

testimonial 1. аттестат; свидетельство; удостоверение **2.** рекомендательное письмо **3.** приветственный адрес **4.** подарок, денежная премия, вручаемые *(публично)* в знак уважения, признания заслуг *и т.п.* **5.** свидетельский ◇ ~ as to character характеристика

testimonially в качестве свидетеля, в качестве свидетельских показаний; ~ reliable надёжный, достоверный в качестве свидетеля, свидетельского показания; ~ unreliable ненадёжный, недостоверный в качестве свидетеля, свидетельского показания

testimon/y свидетельское показание *(показание, данное в устной или письменной форме под присягой или скреплённое торжественной декларацией)*, свидетельские показания ◇ ~ aliunde свидетельское показание из другого источника; ~ at law свидетельское показание в суде; ~ (taken) by deposition свидетельское показание (отобранное) под присягой; ~ in chief *см.* chief-examination testimony; ~ in cross *см.* cross-examination testimony; ~ in re-cross *см.* re-cross testimony; ~ in re-direct *см.* re-direct testimony; ~ in the box свидетельское показание в суде; ~ in the court свидетельское показание в суде; to call ~ into question усомниться в достоверности свидетельских показаний; to develop [to furnish, to give] ~ давать свидетельские показания; to maximize ~ максимизировать эффект свидетельских показаний; to minimize ~ минимизировать эффект свидетельских показаний; to take ~ снять, отобрать свидетельские показания

additional ~ дополнительное свидетельское показание

admissible ~ допустимые свидетельские показания

adverse ~ свидетельское показание, неблагоприятное для выставившей стороны

barred ~ свидетельское показание, запрещённое к даче

chief-examination ~ свидетельские показания при главном [прямом] допросе

compelled ~ вынужденные свидетельские показания

competent ~ допустимые свидетельские показания

compulsory ~ показания, даваемые в обязательном [принудительном] порядке

conflicted ~ свидетельское показание, которому противоречат другие материалы дела

conflicting ~ свидетельское показание, противоречащее другим материалам дела

congressional ~ свидетельские показания в конгрессе

consistent ~ показания свидетеля, согласующиеся с его прежними показаниями

corroborated ~ подкреплённое, подтверждённое свидетельское показание

corroborating ~ подкрепляющее, подтверждающее свидетельское показание

courtroom ~ свидетельское показание в суде

credible ~ свидетельское показание, заслуживающее доверия

critical ~ свидетельское показание, имеющее решающее значение

cross-examination ~ свидетельские показания при перекрёстном допросе

crucial ~ *см.* critical testimony

damaged ~ опороченное свидетельское показание

damaging ~ порочащее свидетельское показание

departmental ~ **1.** свидетельские показания представителя ведомства **2.** свидетельские показания в ведомстве

dependable ~ надёжные свидетельские показания

deposition ~ свидетельские показания под присягой

direct ~ **1.** прямое свидетельство **2.** *см.* chief-examination testimony

divergent ~ies противоречащие показания, противоречивые показания

eavesdropper's ~ свидетельские показания лица, подслушивавшего разговор

evasive ~ уклончивые свидетельские показания

experiment(al) ~ **1.** показания о проведённых экспериментах; заключение судебной экспертизы **2.** свидетельские показания при проведении следственного *или* судебного эксперимента

expert ~ показание экспертизы, свидетельские показания специалиста [эксперта]

extrajudicial ~ свидетельские показания вне суда

false ~ ложное свидетельское показание, лжесвидетельство

favourable ~ свидетельские показания, благоприятные для выставившей стороны

fingerprint ~ показания эксперта об отпечатках пальцев

firsthand ~ свидетельские показания «из первых рук», свидетельские показания очевидца

footprint ~ показания эксперта об отпечатках *(следах)* ног

forensic ~ показания судебного эксперта

former ~ *см.* previous testimony

future ~ возможные в дальнейшем свидетельские показания

grand jury ~ свидетельские показания перед большим жюри

hearsay ~ свидетельские показания с чужих слов

hostile ~ свидетельские показания против выставившей стороны

human ~ свидетельство человека *(в отличие от вещественных доказательств)*

impeached ~ опороченное свидетельское показание

impeaching ~ порочащее свидетельское показание

inadmissible [incompetent] ~ недопустимые свидетельские показания

inconsistent ~ показания свидетеля, не согласующиеся с его прежними показаниями

incredible ~ свидетельские показания, не заслуживающие доверия

incriminating ~ уличающие свидетельские показания

independable ~ ненадёжное свидетельское показание

independent ~ самостоятельное свидетельское показание

individual ~ отдельное свидетельское показание

intelligent ~ разумные, осознанные свидетельские показания

irrelevant ~ свидетельские показания, не имеющие отношения к делу

judicial ~ свидетельские показания в суде

jury ~ свидетельские показания перед присяжными

legislative ~ свидетельские показания перед законодательным собранием

medical ~ показания медицинского эксперта

negative ~ свидетельское показание в опровержение

opinion ~ мнение свидетеля как показание; свидетельское показание в форме мнения свидетеля

oral ~ устные свидетельские показания

original ~ первоначальные свидетельские показания

out-of-court ~ свидетельские показания вне суда

parliamentary ~ свидетельские показания в парламенте

perjured [perjurious] ~ лжесвидетельство

pictorial ~ свидетельство изображением (фотографией и т.п.)

positive ~ свидетельское показание в утверждение

preliminary ~ свидетельские показания на предварительном судебном слушании

present ~ свидетельские показания по (рассматриваемому) делу

pretrial ~ свидетельские показания до начала судебного разбирательства

previous [prior] ~ прежние свидетельские показания; свидетельские показания по ранее рассмотренному делу

psychiatric ~ показания психиатрической экспертизы; показания эксперта-психиатра

receivable ~ допустимые свидетельские показания

recorded ~ запротоколированные свидетельские показания

re-cross ~ свидетельские показания при повторном перекрёстном допросе

re-direct ~ свидетельские показания при повторном главном [прямом] допросе

relevant ~ свидетельские показания, имеющие отношение к делу

second-hand ~ свидетельские показания «из вторых рук»

secret ~ секретное свидетельство; свидетельские показания при закрытых дверях

self-serving ~ показания заинтересованного свидетеля в пользу выставившей стороны

sworn ~ свидетельское показание под присягой

trial ~ свидетельские показания в суде, рассматривающем дело по существу

trustworthy ~ свидетельские показания, заслуживающие доверия

uncorroborated ~ неподкреплённое, неподтверждённое свидетельство

unrecorded ~ незапротоколированные свидетельские показания

untrustworthy ~ свидетельские показания, не заслуживающие доверия

vague ~ неясные свидетельские показания

verbal ~ устные свидетельские показания

written ~ письменные свидетельские показания

text текст

agreed ~ согласованный текст

authentic ~ аутентичный текст

basic ~ текст, служащий в качестве основы для обсуждения

consolidated ~ текст (напр. закона) с последующими изменениями и дополнениями

draft ~ проект текста (документа)

thalweg тальвег, середина главного фарватера, линия наибольших водных глубин

theft кража ◇ ~ from a car кража из автомобиля; ~ from a person кража (карманная) у лица

computer ~ кража с использованием компьютера

employee ~ кража, совершённая служащим с использованием своего служебного положения

grand ~ кража в крупных размерах, крупная кража

household ~ кража семейного имущества

internal ~ «внутренняя кража» (кража в учреждении, на предприятии, дома)

interstate ~ кража, стадии которой завершаются в разных штатах

lesser ~ мелкая кража

major ~ см. grand theft

personal ~ кража личного имущества

petit [petty] ~ мелкая кража

staff ~ кража с использованием служебного положения

theft-bote укрывательство кражи приобретением украденного имущества или получением выручки от его продажи

theory 1. теория; доктрина; принцип 2. теоретическое объяснение 3. юридическая квалификация обстоятельств дела, спорного правоотношения 4. версия

alter ego ~ принцип alter ego [«второго я»], обязанность фирмы осуществлять особо тщательный контроль за своими филиалами (*более тщательный, чем это вытекает из владения акциями, поскольку филиал — это alter ego фирмы*)

bursting bubble ~ правило «лопающегося пузыря» (*презумпция отпадает при наличии доказательств противного*)

Commonwealth ~ версия обвинения в суде штата (*в некоторых штатах*)

constitutive ~ конститутивная теория признания (*в международном праве*)

Crown's ~ англ. версия обвинения

declarative ~ декларативная теория признания (*в международном праве*)

deep pocket ~ амер. «доктрина глубокого кармана» (*признание нарушением антитрестовского законодательства слияния двух предприятий, из которых одно, поглощающее предприятие, является крупным, а другое — мелкое*)

defence ~ версия защиты

Government's ~ амер. версия обвинения в федеральном суде

legal ~ теория права

mail-box [mailing] ~ «принцип почтового ящика» (*договор считается заключённым с момента сдачи на почту сообщения об акцепте оферты*)

People's ~ версия обвинения в суде штата

State's ~ версия обвинения в суде штата

thereby тем самым; в силу этого

therefor за это

therein там; в нём

thereunder в силу этого закона, договора и т.д.

thief вор, лицо, совершившее кражу

professional ~ профессиональный вор

resident ~ вор-домушник

staff ~ вор по службе, лицо, совершившее кражу с использованием своего служебного положения

thieve красть

thieved обворованный; потерпевший от кражи

thievery воровство (*профессиональное*); кража

thimblerigging мошенничество с использованием технического приспособления

thing вещь ◇ ~ **corporal** материальный предмет; ~ **in action** право требования; имущество в требованиях; право, могущее быть основанием для иска; ~ **incorporeal** нематериальная вещь, имущество, заключающееся в правах; ~ **in possession** право, непосредственно уполномочивающее на владение вещью; вещь во владении; вещное имущественное право; абсолютное право; ~ **personal** движимость (*а также права, с нею связанные*); ~ **real** недвижимость (*а также права, с нею связанные*)

~ **of general description** вещь, определяемая родовыми признаками

ascertained ~ индивидуализированная вещь

fungible ~ вещь, определяемая родовыми признаками; заменимая вещь

generic ~ вещь, определяемая родовыми признаками

intangible ~ нематериальная вещь

real ~ недвижимая вещь

specific [specified] ~ индивидуально-определённая вещь

tangible ~ материальный предмет

unascertained ~ неиндивидуализированная вещь

thinking:

legal ~ правовое мышление

third (of exchange) третий экземпляр переводного векселя

thirds вдовья доля (*переходящая к жене треть имущества умершего мужа*)

thought:

legal ~ правовая мысль; правовая теория; правовая догма

thread медиана

threat угроза ◇ ~ **instantly to kill** угроза немедленным убийством; **to pose a** ~ угрожать

~ **of future injury** угроза причинением вреда в будущем

~ **of litigation** угроза возбуждением тяжбы

~ **of violence** угроза насилием

constructive ~ неопровержимо презюмируемая угроза

immediate [imminent] ~ непосредственная угроза

implicit ~ подразумеваемая угроза

justifiable ~ реальная угроза

mob ~ гангстерская угроза

ostensible ~ видимость угрозы

past ~ угроза в прошлом

presumptive ~ презюмируемая угроза

remote ~ отдалённая угроза

terroristic ~ террористическая угроза

unjustifiable ~ нереальная угроза

threaten угрожать

threatening угрозы ‖ угрожающий

thug 1. *ист.* член религиозной организации убийц в Индии (*уничтоженной около 1825 г.*) 2. головорез, хулиган, бандит

ticket 1. билет 2. список кандидатов на выборах, избирательный список 3. квитанция 4. ярлык, этикетка

~ **of leave** свидетельство об условно-досрочном освобождении

admission ~ входной билет

mixed ~ смешанный список (*избирательный список, включающий кандидатов разных партий*)

national ~ список кандидатов на посты президента и вице-президента (*США*)

parcel ~ квитанция на мелкую партию груза

speeding ~ талон предупреждения (*в связи с фактом превышения скорости*)

straight ~ избирательный список, содержащий кандидатов лишь одной партии

tie 1. связь; узы; обязательство ‖ связывать; связывать условиями, ограничивать условиями 2. разделение голосов поровну ‖ получать равное число голосов ◇ **to** ~ **up property** накладывать ограничения на пользование *или* распоряжение имуществом

tie-in условие договора, накладывающее ограничение на деятельность контрагента, ограничительная оговорка; *пат.* условие лицензионного договора, обязывающее лицензиата покупать только у лицензиара устройства и материалы, необходимые для производства лицензированных изделий

tie-out *пат.* ограничение права лицензиата в отношении применения изделий конкурентов лицензиара *(изделий, могущих конкурировать с изделиями, составляющими предмет лицензии)*

tierce одна третья часть

widow's ~ *шотл.* вдовья третья часть *(имущества покойного мужа)*

time 1. время 2. период времени 3. срок ◇ ~ immemorial незапамятное время; to do [to serve, to spend] ~ отбывать срок наказания; отбывать срок тюремного заключения

~ of prescription срок приобретательной давности

agreed ~ 1. согласованный период времени 2. согласованный срок

contract(ual) ~ 1. срок действия договора 2. предусмотренный договором срок

court ~ время, назначенное для слушания дела в суде

extra ~ сверхурочное время

good ~ 1. время «хорошего поведения» *(зачитываемое заключённым в срок заключения)* 2. надлежащее время

government ~ *англ. парл.* время, отпущенное для выступлений представителей правительства

industrial good ~ 1. время «хорошего поведения», затраченное заключённым на участие в производственной деятельности *(зачитываемое ему в срок заключения)* 2. надлежащее время

institutional ~ срок заключения в исправительном учреждении

lay ~ сталийное время

limited ~ ограниченный период времени, срок

opening ~ 1. время открытия *(магазина и т.д.)* 2. час, когда начинается продажа спиртных напитков

opposition ~ *англ. парл.* время, отпущенное для выступлений представителей оппозиции

prohibited ~ запретное время; часы, когда запрещена продажа спиртных напитков

question ~ «час вопросов» *(время, отведённое в парламенте для вопросов правительству)*

reasonable ~ соответствующий, разумный, разумно необходимый срок, период времени

set ~ 1. установленный период времени 2. установленный срок

specified ~ 1. определённый период времени 2. определённый срок

term ~ время судебной сессии

working ~ рабочее время

time-barred погашенный давностью

time-charter тайм-чартер, договор фрахтования судна на срок

time-sheet акт учёта стояночного времени, таймшит

tipstaff помощник шерифа

tithe десятина *(церковная)* ‖ облагать десятиной; уплачивать десятину

title 1. титул, звание 2. заглавие; название; наименование 3. раздел, титул *(свода законов США)* 4. правовой титул; правооснование; документ о правовом титуле 5. право на иск ◇ ~ by prescription правовой титул, основанный на приобретательной давности; ~ by succession унаследованный титул; cloud on ~ порок правового титула *(фактический или предполагаемый)*; ~ in fee-simple титул, основанный на безусловном праве собственности; predecessor in ~ прежний носитель титула; ~ reversed наименование того же судебного дела с переменой местами имён сторон *(при рассмотрении апелляции)*; ~ to office право на должность

~ of act наименование закона

~ of cause наименование (судебного) дела

~ of honour почётное звание

~ of nobility дворянское звание; дворянский титул

~ of record правовой титул, подтверждаемый записями в поземельной книге

adverse ~ противопоставляемый правовой титул

after-acquired ~ позднее приобретённый правовой титул

bad ~ дефектный титул

clear ~ ничем не обременённый правовой титул, чистый правовой титул

coloured ~ сомнительный правовой титул; мнимое правооснование

courtesy ~ титул, носимый по обычаю

doubtful ~ сомнительный титул, небесспорный титул

elder ~ более ранний по времени возникновения правовой титул

equitable ~ правовой титул, основанный на праве справедливости

first-class ~ безупречный, бесспорный правовой титул

former ~ прежнее правооснование

future ~ возможное в будущем правооснование

good ~ действительный, безупречный правовой титул, неоспоримый правовой титул, достаточное правооснование

good record ~ безупречный правовой титул, подтверждаемый документами

historic ~ исторический правовой титул, историческое право

imperfect ~ неполный, несовершенный правовой титул

legal ~ 1. правовой титул 2. правовой титул, основанный на общем праве

long ~ полное наименование *(закона)*

marketable [merchantable] ~ правовой титул, могущий быть переданным в процессе гражданского оборота, правовой титул, отвечающий целям гражданского оборота, безупречный правовой титул, несомненный правовой титул

naked ~ голый титул, один лишь титул без пользования и распоряжения вещью

onerous ~ правовой титул, приобретённый на возмездных началах

paper ~ правовой титул «на бумаге» *(документально подтверждаемый, но по существу недействительный)*

paramount ~ преимущественное право

perfect ~ полный правовой титул; безупречный правовой титул; окончательно-оформленный правовой титул

previous ~ прежнее правооснование

putative ~ формально непризнанный, предполагаемый титул

record ~ правовой титул, подтверждаемый документально

royal style and ~s королевский титул

short ~ краткое наименование *(закона)*

singular ~ правовой титул, основанный на сингулярном правопреемстве

sound ~ безупречный правовой титул

state ~ 1. наименование государства 2. наименование штата

tax ~ правовой титул на имущество, приобретённое при продаже за неуплату налогов

unimpeachable ~ безупречный правовой титул

valid ~ действительный, безупречный, неоспоримый правовой титул; достаточное правооснование

titled титулованный

title-deed документ о передаче правового титула; документ, подтверждающий правовой титул

titleless 1. не имеющий звания, титула 2. не имеющий правового титула, лишённый правооснования

titular 1. лицо, носящее титул *или* звание 2. связанный с титулом *или* занимаемой должностью; полагающийся по должности; должностной 3. законный, обладающий законным правом 4. номинальный, только по титулу 5. титулованный

tolerance:
judicial ~ судейская терпимость

toll 1. пошлина, сбор 2. право взимания пошлины || взимать пошлину 3. лишать *(какого-л. права)*; аннулировать ◇ ~ **thorough** дорожный сбор *(за проезд по дороге общественного пользования)*; ~ **traverse** сбор за проезд *или* проход через территорию частного землевладения

tollable облагаемый пошлиной

toll-free беспошлинный

tool:
burglary ~ орудие берглэри
identification ~s технические средства идентификации

tort деликт, гражданское правонарушение
alleged ~ вменяемый деликт

civil ~ гражданский деликт

constitutional ~ нарушение конституции

government ~ правонарушение, совершённое представителем государственной власти

matrimonial ~ матримониальный деликт, правонарушение в области брачных отношений

personal ~ деликт против личности

private ~ частноправовой деликт

property ~ имущественный деликт

public ~ публично-правовой деликт

tortfeasor причинитель вреда, делинквент; правонарушитель
contributing ~ соучастник в деликте
joint ~s соделинквенты

tortious деликтный

torture истязание, пытка || истязать, пытать ◇ **to** ~ **into confessing** пыткой добиваться признания вины

touching касательно; касающийся

tough *амер.* опасный хулиган, бандит || хулиганский, бандитский; преступный

toujour et encore prist *старофр.* «всегда готов» *(заявление ответчика о том, что он был всегда готов и сейчас предлагает исполнить свою обязанность)*

tout temps prist *см.* toujour et encore prist

town 1. город; городское поселение 2. *амер.* городская община, муниципалитет 3. *шотл.* усадьба, ферма ◇ ~ **corporate** самоуправляющееся городское поселение

incorporated ~ самоуправляющееся городское поселение

metropolian ~ 1. городское поселение в составе городской агломерации 2. *амер.* городская община, муниципалитет в составе городской агломерации

rural ~ 1. городское поселение в сельской местности 2. *амер.* городская община, муниципалитет в сельской местности

suburban ~ 1. городское поселение в пригороде 2. *амер.* городская община, муниципалитет в пригороде

urban ~ 1. городское поселение в зоне большого города 2. *амер.* городская община, муниципалитет в зоне большого города

township 1. *англ.* церковный приход 2. район округа штата *(в некоторых штатах)*, тауншип 3. *шотл.* усадьба *или* ферма, находящаяся в совместном владении

trace след || выслеживать; *разг.* расследовать ◇ **to** ~ **a criminal** выслеживать, выследить преступника

tracer *разг.* следователь

tracing 1. отыскание и истребование своей вещи, «свод» 2. розыск пропавших без вести 3. выслеживание

trade 1. профессия, профессиональная деятельность, ремесло; промысел 2. отрасль экономики 3. торговля || торговать 4. мена ◇ ~ **on commission** комиссионная торговля

coastal [coasting] ~ каботажное судоходство, каботаж

commission ~ комиссионная торговля, торговля на комиссионных началах

crossing ~s взаимные (*запрещённые законом*) брокерские сделки

drug ~ торговля наркотиками

foreign ~ внешняя торговля

frontier ~ пограничная торговля

home ~ 1. внутренняя торговля 2. каботаж, каботажные перевозки

illegal [illicit] ~ 1. запрещённая торговля 2. контрабандная торговля

instalment ~ купля-продажа в рассрочку

intermediate ~ посредническая торговля

international ~ 1. международная торговля 2. внешняя торговля

interstate ~ торговля между штатами

legal ~ законная торговля

licence ~ торговля лицензиями

licit ~ законная торговля

narcotic ~ торговля наркотиками

precarious ~ нейтральная торговля, допускаемая воюющими

slave ~ работорговля

tally ~ торговля с рассрочкой платежа

transit ~ транзит, транзитная торговля

white-slave ~ торговля «белыми рабынями» (*торговля женщинами для целей проституции или порнографии*)

trademark товарный знак, фабричная марка ◇ ~ **adopted to distinguish** товарный знак, предназначенный к различению; ~ **capable of distinguishing** товарный знак, способный к различению; ~ **lacking distinctiveness** товарный знак, лишённый различительной силы; ~ **perceived by smell** обонятельный товарный знак; ~ **percieved by taste** вкусовой товарный знак; ~ **percieved by touch** осязательный товарный знак

abandoned ~ абандонированный товарный знак, товарный знак, от права на который его владелец отказался

common law ~ (незарегистрированный) товарный знак, охраняемый нормами общего права

distinctive ~ товарный знак, обладающий различительной силой

famous ~ общеизвестный [мировой] товарный знак

federally-registered ~ федеральный товарный знак

figurative ~ изобразительный товарный знак

forged ~ контрафактный товарный знак

persuasive ~ увещевательный товарный знак

pictorial ~ изобразительный товарный знак

presentation ~ презентативный товарный знак

prospective ~ потенциальный товарный знак

registered ~ зарегистрированный товарный знак

rejuvenated ~ обновлённый товарный знак

sound ~ звуковой товарный знак

suggestive ~ суггестивный товарный знак

three-dimensional ~ объёмный товарный знак

umbrella ~ «зонтичный» товарный знак

Union ~ коллективный товарный знак; синдикатский товарный знак

world-renowned ~ мировой, общеизвестный товарный знак

trading профессиональная деятельность; занятие ремеслом; промысел ◇ ~ **in prostitution** сутенёрство

slave ~ работорговля

tradition 1. традиция, старый обычай 2. передача владения, традиция

traditional традиционный; основанный на обычае

traditionary основанный на обычае

traduction клевета

traffic 1. движение, перевозки, транспорт 2. торговля || торговать ◇ ~ **in human beings [in persons]** торговля людьми; ~ **in votes** торговля голосами (*на выборах*)

contraband ~ перевозка контрабанды

drug ~ торговля наркотиками

frontier ~ пограничная торговля

highway ~ уличное движение

human (beings) ~ торговля людьми

maritime ~ морское судоходство

secret ~ тайная торговля

slave ~ работорговля

transit ~ транзитная перевозка

vice ~ торговля пороком (*проститутками, порнографией и т.п.*)

white(-)slave ~ торговля «белыми рабынями» (*торговля женщинами для целей проституции или порнографии*)

trafficker торговец (*обычн. запрещённым товаром*)

trafficking торговля запрещённым товаром

train тренировать, готовить к чему-л., обучать; воспитывать

trainee лицо, которое тренируют, готовят к чему-л., обучают; лицо, подвергнутое воспитанию

Borstal ~ *англ.* несовершеннолетний нарушитель, подвергнутый исправительному перевоспитанию в борстале

corrective ~ лицо, подвергнутое исправительному перевоспитанию

juvenile ~ *амер.* несовершеннолетний делинквент, подвергнутый исправительному перевоспитанию

preventive ~ лицо, подвергнутое перевоспитанию в превентивном порядке

training тренировка, подготовка к чему-л., обучение; воспитание

Borstal ~ *англ.* исправительное перевоспитание в борстале [по борстальской системе]

corrective ~ исправительное перевоспитание

in-door ~ исправительное перевоспитание в заключении

legal ~ юридическая подготовка

outdoor ~ обучение *или* перевоспитание правонарушителей вне стен исправительного учреждения

parole ~ исправительное перевоспитание условно-досрочно освобождённых под честное слово

pre-release ~ исправительно-воспитательные мероприятия в отношении заключённых перед их освобождением

prisoner ~ исправительное перевоспитание заключённых

vocational ~ профессиональная подготовка, профессиональное обучение *(в т.ч. заключённых)*

traitor изменник, предатель

traitorous предательский, изменнический

traitorously предательски, изменнически

tramp бродяга

tranquility спокойствие; порядок

domestic ~ соблюдение общественного порядка, правопорядка на территории страны

external (public) ~ «внешнее публичное спокойствие» *(мир и безопасность на государственных границах, соблюдение дипломатического иммунитета, корректное поведение в отношении иностранных держав и пр.)*

internal ~ «внутреннее спокойствие», соблюдение общественного порядка, правопорядка на территории страны

public ~ соблюдение общественного порядка, правопорядка

transact 1. вести *(дела)* 2. заключать *(сделки)* 3. приходить к компромиссному соглашению с кредиторами ◇ to ~ business 1. вести деловые операции 2. рассматривать дела *(о суде)*

transaction 1. сделка 2. мировая сделка 3. ведение *(деловых операций)*

~ of right сделка по передаче права, передача права

banking ~ банковская операция

betting ~ сделка, заключённая на пари

business ~ деловая операция

call ~ онкольная сделка

colourable ~ обманная сделка; сделка в обход закона

compensation ~ компенсационная сделка

criminal ~ преступная сделка

exchange ~ 1. сделка с иностранной валютой 2. биржевая сделка

extortionate ~ вымогательская сделка

usurious ~ ростовщическая сделка

wagering ~ сделка, заключённая на пари

transactor 1. лицо, ведущее переговоры 2. посредник

transcript 1. запись 2. копия 3. расшифровка стенограммы

~ of interrogation протокол допроса

~ of record копия материалов судопроизводства

tape ~ магнитофонная запись

transfer 1. передача; уступка; цессия; трансферт; переход *(права)*; документ о передаче; акт перенесения прав ‖ передавать, цедировать 2. денежный перевод ‖ перечислять, переводить *(о денежных суммах)* 3. перевод *(из одного места заключения в другое)* ‖

переводить *(из одного места заключения в другое)* 4. перевозить

~ of cause перенесение рассмотрения дела в другой суд

~ of lease перенаём

absolute ~ полная передача прав

interjurisdictional ~ 1. передача дела в другую юрисдикцию 2. перевод *(обвиняемого, подсудимого, осуждённого, заключённого)* в другую юрисдикцию

transferable могущий быть переданным, цедированным, уступленным ◇ not ~ не являющийся оборотным, не подлежащий передаче

transferee лицо, которому *что-л.* передаётся *(право, товар и т.п.)*; лицо, на которое переходит право; правопреемник; цессионарий; индоссат

transference 1. передача; уступка; перевод 2. *шотл.* замена умершей стороны по делу её правопреемником

transfer(r)er лицо, передающее *что-л. (право, вещь)*; лицо, совершающее акт перенесения прав; цедент; индоссант

transfer(r)or *см.* transfer(r)er

transgress нарушать *(нормы права)*

transgression нарушение *(норм права)*

transgressor правонарушитель

transient лицо, временно пребывающее в стране

transit 1. транзит 2. перевозка 3. нахождение в пути ◇ in ~ в пути; при перевозке

free ~ свободный транзит, свободный транзитный проход, проезд

transition:

presidential ~ переход, передача президентской власти

transitional временный; переходный

transitory 1. временный; переходный 2. транзиторный, могущий быть возбуждённым в любом судебном округе *(об иске)*

transmission 1. передача, (пере)уступка *(прав, имущества)* 2. передача дела в другую инстанцию 3. дальнейшая отсылка, отсылка к праву третьей страны *(в коллизионном праве)*

transmit 1. передавать, (пере)уступать *(права, имущество)* 2. передавать дело в другую инстанцию 3. отправлять, передавать, препровождать, пересылать 4. отсылать к праву третьей страны *(в коллизионном праве)*

transmittal передача, пересылка, препровождение

transnational транснациональный

transport 1. транспорт 2. передача *(напр. прав)* 3. перевозить 4. *ист.* транспортировать *(ссылать за моря в порядке уголовного наказания)*

transportable 1. *ист.* наказуемый транспортацией 2. транспортабельный, могущий быть перевезённым, перенесённым 3. разрешённый к перевозке

transportation 1. перевозка 2. *ист.* транспортация (*ссылка за моря как вид уголовного наказания*)

continuous ~ принцип единства перевозки

interstate ~ перевозка из штата в штат

traversable оспоримый

traverse 1. возражение ответчика, подсудимого по существу иска, обвинения; отрицание фактов, приводимых противной стороной ‖ оспаривать, отрицать утверждения, возражать по существу 2. *пат.* возражение против заключения эксперта ◇ to ~ an accusation [charge, indictment, information] полностью отрицать предъявленное обвинение; to ~ an action [claim] возражать против иска по существу, отрицать основание иска; ~ to the answer возражение истца, обвинителя на ответ ответчика, подсудимого

~ of office оспорение результатов расследования по вопросам, связанным с правом короны на имущество

common ~ возражение общего характера

general ~ генеральное возражение (*возражение с отрицанием всех утверждений противной стороной*)

special ~ специальное возражение (*начинающееся латинскими словами «absque non» — «без этого»*), возражение по конкретному пункту

specific ~ отрицание конкретного факта по существу иска *или* обвинения

traverser сторона, выдвигающая возражение

treacherous предательский

treachery предательство

treason 1. измена (*государственная*) 2. *разг.* супружеская измена 3. *pl* изменнические действия

high ~ государственная измена

petit [petty] ~ *ист.* малая измена (*убийство лица, которому убийца обязан верностью*)

war ~ военная измена

treasonable изменнический

treason-felony изменническая фелония

treasonous изменнический

treasure клад

treasurer казначей

treasure-trove найденный клад

Treasury казначейство, министерство финансов

treat 1. обходиться, обращаться 2. лечить (*больного*) 3. воздействовать (*на преступника*) 4. считать, рассматривать 5. вести переговоры о заключении договора

treatability 1. излечимость (*больного*) 2. исправимость (*преступника*)

treating *разг.* угощение избирателей (*преступление на выборах*)

treatment 1. режим, обращение, обхождение 2. лечение 3. некарательное воздействие на преступников; исправление преступников ◇ ~ and correction некарательное воздействие и исправление; ~ as an involuntary patient принудительное лечение; ~ as a non-resident patient лечение в качестве нестационарного пациента; ~ as a resident patient лечение в

качестве стационарного пациента; ~ as a voluntary patient лечение в качестве добровольного пациента

~ of offenders 1. обращение с преступниками (*в т.ч. содержащимися под стражей*) 2. некарательное воздействие на преступников

absent ~ 1. заочное лечение 2. заочное воздействие

abusive ~ плохое, жестокое обращение

brutal ~ жестокое обращение

community(-based) ~ воздействие на правонарушителей средствами общины

compulsory ~ принудительное лечение

correctional [corrective] ~ исправительное воздействие

criminal ~ 1. обращение с преступниками 2. некарательное воздействие на преступников (*в т.ч. лечение преступников*) 3. преступное обращение с кем-л.

cruel ~ жестокое обращение

day ~ исправительное воздействие в дневное время (*без круглосуточного пребывания*)

discriminatory ~ дискриминирующий подход, дискриминирующий режим, дискриминирующее обращение с кем-л.

equivalent ~ одинаковый подход, одинаковый режим, одинаковое обращение с кем-л.

group ~ групповая терапия (*в т.ч. исправительная*)

improper ~ ненадлежащее обращение

in-patient ~ стационарное лечение

institutional(ized) ~ воздействие (*лечебное, исправительное*) на пациентов *или* правонарушителей, находящихся под стражей

legal ~ правовая оценка, квалификация

mental ~ лечение психических заболеваний; психиатрическое лечение

mental ~ under probation order лечение психического заболевания по приказу суда о направлении осуждённого на пробацию

most(-)favoured(-)nation ~ режим наибольшего благоприятствования

national ~ национальный режим

non-institutional ~ воздействие (*лечебное, исправительное*) без лишения свободы

out-patient ~ амбулаторное лечение

particular ~ особый режим (*содержания специальных категорий преступников*)

penal ~ карательное воздействие

penitentiary ~ *амер.* режим содержания в пенитенциарии

post-trial ~ режим обращения *или* воздействия по рассмотрении дела в суде

preferential ~ преференциальный режим

preferred ~ льготный режим

pre-release ~ режим перед освобождением из заключения

probationary ~ пробационный режим

psychiatric ~ психиатрическое лечение

punitive ~ карательное воздействие

reformatory ~ исправительное воздействие в реформатории; режим содержания в реформатории rehabilitative ~ воздействие с целью (социальной) реабилитации

residential ~ исправительное воздействие *или* лечение в исправительном учреждении *или* стационаре

residential community ~ исправительное воздействие с проживанием в общине

secure ~ лечение *или* исправительное воздействие с содержанием под стражей

social ~ социальное воздействие, социальная терапия

special ~ особый тюремный режим

tax ~ налоговый режим

ward ~ режим изоляции в тюремной камере

treaty 1. договор (*преим. международный*); трактат 2. переговоры о заключении договора (*в гражданском праве*)
~ of alliance союзный договор
~ of cession договор передачи территории
~ of friendship договор о дружбе
~ of friendship, commerce and navigation договор о дружбе, торговле и мореплавании
~ of friendship, cooperation and mutual assistance договор о дружбе, сотрудничестве и взаимной помощи
~ of limits договор о границах
~ of marriage брачный договор
~ of peace мирный договор

arbitration ~ договор об арбитраже

bilateral [bipartite] ~ двусторонний договор

boundary ~ 1. договор о границе 2. договор о режиме границы

commercial ~ торговый договор

constitutive ~ конститутивный международный договор, договор об учреждении (*какой-л. организации и т.п.*)

contractual ~ (международный) договор-сделка

equal ~ равноправный договор

extradition ~ договор о выдаче преступников

formal ~ официальный договор

international ~ международный договор

law(-making) ~ нормативный договор, нормоустановительный договор, договор-закон, правообразующий договор

legislative ~ нормоустановительный договор, договор-закон

Moon ~ договор о деятельности государств на Луне и других небесных телах (*1979 г.*)

multilateral ~ многосторонний договор

non-self-executing ~ международный договор, нуждающийся для вступления в силу в издании соответствующего национального закона

open ~ открытый международный договор

peace ~ мирный договор

permanent ~ постоянный договор

private ~ частноправовой договор

protectorate ~ договор о протекторате

reciprocal ~ договор на основе взаимности

regional ~ региональный договор

restricted ~ закрытый международный договор

secret ~ тайный договор

self-executing ~ международный договор, не нуждающийся для вступления в силу в издании соответствующего национального закона

tax ~ договор по вопросам налогообложения

trade ~ торговый договор

trilateral [tripartite] ~ трёхсторонний договор

unequal ~ неравноправный договор

treaty-contract международный договор-сделка

treaty-making заключение договоров (*международных*)

tresspass 1. причинение вреда; иск из причинения вреда ‖ причинять вред 2. противоправное нарушение владения с причинением вреда; иск из нарушения владения ‖ противоправно нарушать владение 3. посягательство (*на лицо, закон, права, принцип*); нарушение (*объективного или субъективного права*) ‖ посягать (*на лицо, закон, права, принцип*); нарушать (*объективное или субъективное право*) ◇ de bonis asportatis иск из противоправного нарушения владения движимой вещью (*т.е. «уноса вещи»*); ~ for mesne profits иск о взыскании доходов, полученных ответчиком с недвижимости за время противоправного владения ею; ~ on the case деликтный «иск по конкретным обстоятельствам дела» (*о взыскании убытков при невозможности предъявления исков другого типа*); ~ on the premises противоправное вторжение в чужое помещение с причинением вреда; ~ quare clausum fregit иск из противоправного нарушения владения недвижимостью); ~ to goods нарушение владения движимостью с причинением вреда; ~ to land нарушение владения недвижимостью с причинением вреда; ~ to the person причинение личного вреда, правонарушение против личности; ~ vi et armis иск из причинения вреда с применением силы

criminal ~ 1. преступное причинение вреда 2. преступное нарушение владения с причинением вреда 3. преступное посягательство (*на лицо, закон, права, принцип*); преступное нарушение (*объективного или субъективного права*)

physical ~ причинение материального вреда; причинение физического вреда

tresspassed 1. потерпевший от причинения вреда, понесший ущерб 2. понесший ущерб в результате противоправного нарушения владения 3. потерпевший от посягательства (*на лицо, закон, права, принцип*), потерпевший от нарушения (*объективного или субъективного права*)

tresspasser правонарушитель; причинитель вреда; нарушитель владения

triable подлежащий рассмотрению в суде; подсудный

trial судебное разбирательство; судебный процесс; слушание дела по существу (*судом первой инстанции*) ◇ after ~ по рассмотрении дела в суде; ~ at bar рассмотрение дела полным составом суда; ~ at common law судебное разбирательство по нормам общего права; ~ at equity судебное разбирательство по нормам права справедливости; ~ at nisi prius рассмотрение гражданского дела по первой инстанции перед судом присяжных; ~ at statutory law судебное разбирательство по нормам статутного права; ~ by a court рассмотрение дела самим судом без участия присяжных; ~ by battle *ист.* судебный поединок; ~ by certificate 1. разрешение дела на основе свидетельства сведущего лица *(без участия присяжных)* 2. разрешение дела в порядке постановки апелляционным судом перед Верховным судом правовых вопросов, разрешение которых необходимо для решения дела апелляционным судом по существу *(США);* ~ by certificate-certiorari рассмотрение дел Верховным судом США в порядке постановки перед ним правовых вопросов по данному делу апелляционным судом с последующим затребованием Верховным судом всего производства по делу и вынесением решения по существу дела; ~ by compurgation *ист.* судебная компургация *(очищение от вины клятвами компургаторов, что они верят клятве подсудимого);* ~ by examination рассмотрение дела самим судом без участия присяжных; ~ by inspection *см.* trial by a court; ~ by jury рассмотрение дела с участием присяжных; ~ by (physical) ordeal *ист.* судебная ордалия *(испытание подсудимого физическим страданием);* ~ by record производство по спору о наличии судебного решения *или* иного публичного акта; ~ by the country суд присяжных; ~ de novo новое рассмотрение дела, повторное рассмотрение дела по существу; essential to ~ имеющий существенное значение для судебного рассмотрения дела; ~ for a crime уголовное судопроизводство в суде первой инстанции; ~ in absentia заочный суд, заочное судебное разбирательство, рассмотрение дела в отсутствие стороны *или* сторон; ~ on the merits рассмотрение дела по существу; ~ per pais суд присяжных, процесс в суде присяжных; ~ per testes рассмотрение дела без участия присяжных *(когда стороны отказываются от своего права на рассмотрение дела присяжными);* to bring to ~ предать суду; to conduct a ~ вести судебный процесс; to delay a ~ затягивать судебный процесс; to embarass a ~ мешать судопроизводству; to face [to go to] ~ предстать перед судом; стоять перед судом; to hold a ~ вести судебный процесс; to put (up)on ~ предать суду; to reach ~ быть переданным в суд; to safely go to ~ предстать перед судом при наличии процессуальных гарантий правосудия; to save from ~ избавить от суда; to send for ~ передать дело для слушания в суд; to stand ~ отвечать перед судом; to warrant ~ служить основанием для передачи дела в суд; (up)on ~ во время *или* после судебного разбиратель-

ства; ~ with assessors рассмотрение дела с участием экспертов-консультантов

~ of challenges рассмотрение заявлений об отводе

~ of facts судебное исследование фактов по делу

~ of law судебное рассмотрение вопросов права по делу

~ of the issue рассмотрение предмета судебного спора

abortive ~ незавершённое судебное разбирательство

administrative ~ административное производство

adversary ~ состязательный процесс

adversary criminal ~ уголовное судопроизводство искового типа

antitrust ~ *амер.* антитрестовский (судебный) процесс

bench ~ суд без участия присяжных

civil ~ гражданское судопроизводство

criminal ~ уголовное судопроизводство

due process ~ судебный процесс с соблюдением надлежащей правовой процедуры

early ~ прежнее рассмотрение дела

fair ~ справедливое судебное разбирательство, судебное разбирательство с соблюдением процессуальных гарантий

fair and impartial ~ справедливое и беспристрастное рассмотрение дела

former ~ прежнее рассмотрение дела

frame(d)-up ~ инсценированный судебный процесс

House of Lords ~ рассмотрение дела палатой лордов

joint ~ совместное рассмотрение нескольких дел

judicial ~ рассмотрение дела судьями, судьёй

jury ~ суд присяжных

jury ~ by peers суд присяжных одного социального статуса со сторонами

later ~ последующее рассмотрение дела

legal ~ судебный процесс

major ~ судебный процесс по делу о серьёзном правонарушении

minor ~ слушание дела о мелком правонарушении

mock ~ инсценированный судебный процесс; пародия на суд

new ~ новое рассмотрение *(дела)*

open(-court) ~ открытый судебный процесс

original ~ первоначальное рассмотрение дела

preliminary ~ предварительное слушание дела

previous [prior] ~ прежнее рассмотрение дела

public ~ открытый судебный процесс

second ~ повторное рассмотрение дела

Senate ~ слушание дела сенатом *(в порядке импичмента)*

speedy ~ безотлагательное рассмотрение дела судом

speedy and public ~ безотлагательное рассмотрение уголовных дел судом присяжных в открытом заседании *(поправка VI к конституции США)*

staged ~ инсценированный судебный процесс

state ~ 1. политический судебный процесс 2. слушание дела в суде штата

subsequent ~ последующее рассмотрение дела

swift ~ безотлагательное рассмотрение дела

tribunal орган правосудия; судебное *или* арбитражное учреждение, присутствие; суд; трибунал; суд специальной юрисдикции; орган административной юстиции

~ of arbitrators третейский суд, арбитраж, арбитражная коллегия

~ of fact судебный орган, исследующий и решающий вопросы факта

~ of inquiry следственная коллегия

~ of last resort суд высшей инстанции, последняя судебная инстанция

~ of law судебный орган, исследующий и решающий вопросы права

ad hoc ~ специальный суд

administrative ~ орган административной юстиции; административный трибунал *(ООН)*

appellate ~ апелляционный суд

arbitration ~ третейский суд, арбитраж, арбитражная коллегия

domestic ~ внутренний трибунал *(напр. дисциплинарный суд профессионального объединения солиситоров, медицинских работников и др.)*

executive ~ орган административной юстиции

industrial ~ промышленный трибунал, суд низшей инстанции по трудовым спорам

international ~ международный суд

judicial ~ судебное учреждение, судейская коллегия, суд

land ~ земельный суд

military ~ военный суд

ministerial ~ министерский суд, орган административной юстиции

mixed ~ смешанный суд

prosecuting ~ коллегиальный орган юстиции, осуществляющий уголовное преследование

quasi-judicial ~ квазисудебный орган

reference ~ третейский суд, арбитраж

rent ~ суд по вопросам квартирной платы

transport ~ транспортный суд

trial ~ суд первой инстанции

Tribunal:

Civil Service Arbitration ~ арбитраж по делам государственной службы

Copyright Royalty ~ суд по делам об авторском гонораре и роялти *(имеет право устанавливать размер в случае выдачи принудительных лицензий; США)*

Employment Appeal ~ апелляционный суд по трудовым делам *(Великобритания)*

tributary платящий дань; данник; государство, платящее дань

tribute дань; подать

trick хитрость; уловка

~s of law юридические ухищрения

confidence ~ злоупотребление доверием; мошеннический трюк, мошенничество

trickster:

(confidence) ~ лицо, злоупотребляющее доверием; обманщик; мошенник

tried находящийся под судом; находящийся на рассмотрении суда ◇ ~ on accusation [on charge] находящийся под судом по обвинению в совершении преступления; ~ on complaint находящийся под судом по жалобе; ~ on indictment находящийся под судом по обвинительному акту; ~ on information находящийся под судом по заявлению об обвинении; ~ on inquisition находящийся под судом по дознанию

trier 1. лицо, рассматривающее вопрос 2. судья 3. *pl* лица, назначенные судом для вынесения решения по отводу, заявленному присяжным

~ of fact лицо, решающее вопрос факта *(напр. эксперт, выступающий в суде)*

~ of law лицо, решающее вопрос права; судья

fact ~s присяжные

lay ~ of fact непрофессионал, решающий *(по вызову в суд)* вопрос факта

trilateral трёхсторонний

trior *см.* trier

tripartite 1. трёхсторонний 2. состоящий из трёх частей

triple тройственный, трёхсторонний

triplicate трипликат, третий экземпляр

triplication триплика, ответ на дуплику *(т.е. на возражение ответчика против реплики истца)*

triumvirate триумвират

troop войско

state ~ *амер.* национальная гвардия

trooper военнослужащий

state ~ *амер.* национальный гвардеец

trouble ◇ to be in ~ конфликтовать с законом; to get into ~ вступить в конфликт с законом; to stay out of ~ перестать конфликтовать с законом; ~ with the law конфликт с законом

troublemaker причинитель беспокойства, тревоги; нарушитель общественного порядка; лицо, вступившее в конфликт с законом

trove найденный клад

treasure ~ найденный клад

trover 1. присвоение чужой движимости; *ист.* присвоение находки 2. иск из присвоения чужой движимости *(иск о возмещении стоимости движимого имущества, противоправно изъятого или удержанного)*; *ист.* иск из присвоения находки

truancy прогул *(занятий в школе — как разновидность делинквентности несовершеннолетних)*

truant прогуливающий занятия в школе ‖ прогуливать занятия в школе ◇ ~ to ~ habitually and voluntarily привычно и умышленно прогуливать школьные уроки

truce перемирие

truster

God's ~ *ист.* «божье перемирие»

truck 1. мена ‖ совершать мену 2. оплата труда товарами ‖ платить натурой

true 1. подлинный 2. верный; правильный 3. преданный, верный 4. искренний, честный, правдивый

trust 1. вера, доверие; кредит ‖ доверять; предоставлять кредит 2. доверительная собственность; распоряжение имуществом на началах доверительной собственности 3. трест

active ~ активная доверительная собственность (*предполагающая фактическое владение и распоряжение имуществом*)

bare ~ *см.* naked trust

charitable ~ доверительная собственность, учреждённая в общественно-благотворительных целях

constructive ~ доверительная собственность в силу закона *или* судебного решения; неопровержимо подразумеваемая доверительная собственность

court ~ доверительная собственность, учреждённая решением суда; режим доверительной собственности, установленный и контролируемый судом

direct ~ доверительная собственность, учреждённая положительно-выраженным образом

directory ~ доверительная собственность, цель которой определена общим образом и нуждается для её осуществления в дальнейших указаниях

discretionary ~ доверительная собственность, предполагающая свободу усмотрения со стороны доверительного собственника

dry ~ пассивная доверительная собственность (*заключающаяся лишь в выплате денег или передаче имущества бенефициарию*)

educational ~ доверительная собственность, учреждённая в образовательных целях

express ~ доверительная собственность, учреждённая положительно-выраженным образом

family ~ семейная доверительная собственность

holding ~ компания, владеющая акциями других компаний на началах доверительной собственности; компания, распоряжающаяся акциями своих клиентов; холдинговая компания

implied ~ доверительная собственность в силу закона; подразумеваемая доверительная собственность

instrumental ~ доверительная собственность, не предполагающая усмотрения со стороны доверительного собственника

involuntary ~ доверительная собственность в силу закона; подразумеваемая доверительная собственность

irrevocable ~ безотзывная доверительная собственность; доверительная собственность, условия которой не могут быть изменены учредителем

living ~ доверительная собственность, вступающая в силу при жизни её учредителя

ministerial ~ доверительная собственность, не предполагающая свободы усмотрения со стороны доверительного собственника

naked ~ пассивная доверительная собственность (*заключающаяся лишь в выплате денег или передаче имущества бенефициарию*)

passive ~ пассивная доверительная собственность (*заключающаяся лишь в выплате денег или передаче имущества бенефициарию*)

private ~ доверительная собственность, учреждённая в пользу частного лица *или* частных лиц

public ~ доверительная собственность, учреждённая в общественно-благотворительных целях

resulting ~ доверительная собственность в силу правовой презумпции

secret ~ доверительная собственность, установленная на словах, в устной форме

shifting ~ доверительная собственность, предусматривающая возможность изменения бенефициариев

simple ~ простая доверительная собственность (*установленная без определения её характера*)

special ~ доверительная собственность, учреждённая для специально оговорённой цели

spendthrift ~ статус доверительной собственности, предусматривающий гарантии против расточительности бенефициария

testamentary ~ доверительная собственность, установленная завещанием

union ~ доверительный паевой инвестиционный фонд (*для инвестирования на доверительных началах объединённого капитала мелких капиталовладельцев*)

voting ~ 1. аккумуляция в одних руках акций различных лиц на началах доверительной собственности для распоряжения голосами в целях установления контроля над делами компании 2. общество, распоряжающееся голосами по акциям (*на вышеуказанных началах*)

trustee 1. доверительный собственник; лицо, распоряжающееся имуществом на началах доверительной собственности 2. государство, осуществляющее опеку ◇ ~ in bankruptcy управляющий конкурсной массой

~ of bankrupt's estate управляющий конкурсной массой

~ of the court доверительный собственник по назначению суда

conventional [court-appointed] ~ доверительный собственник по назначению суда

public ~ публичный доверительный собственник; государственный попечитель (*по управлению имуществом частных лиц на началах доверительной собственности*)

testamentary ~ доверительный собственник в силу завещания

trusteeship опека; попечительство

international ~ международная опека

truster 1. *шотл.* учредитель доверительной

441

собственности 2. *шотл.* доверитель, лицо, выдающее доверенность 3. кредитор

trustor учредитель доверительной собственности

trustworthiness of witness степень доверия к свидетелю *или* к свидетельскому показанию

trustworthy заслуживающий доверия; достоверный ◇ ~ **as a witness** 1. лицо, заслуживающее доверия в качестве свидетеля 2. свидетельское показание, заслуживающее доверия

trusty заключённый, пользующийся доверием администрации

truth 1. правда, истина 2. *уст.* залог

try 1. пытаться 2. судить; привлекать к судебной ответственности 3. разбирать, рассматривать, расследовать *(дело, случай)* ◇ **to ~ a statute of lunacy** проводить расследование по поводу ходатайства о назначении опеки над душевнобольным; **to ~ credit** проверять надёжность *(свидетеля)*; **to ~ in absentia** судить заочно, разбирать заочно; **to ~ on accusation [on charge]** рассматривать дело по обвинению; **to ~ (on) complaint** рассматривать дело по жалобе; **to ~ (on) impeachment** рассматривать дело в порядке импичмента; **to ~ (on) indictment** расследовать *(о большом жюри) или* рассматривать *(о суде присяжных)* дело по обвинительному акту; **to ~ (on) information** рассматривать дело по заявлению об обвинении; **to ~ (on) inquisition** расследовать *или* рассматривать дело по дознанию; **to ~ summarily** рассматривать дело в суде в порядке суммарной юрисдикции

tubman *ист.* барристер суда казначейства

tuition попечительство; опека

tumult буйство

tumultously с буйством, буйно, буйствуя

turpitude:
moral ~ аморальность; низменность, развращённость; порочность

tutelage попечительство; опека; нахождение под опекой, попечительством

tutor попечитель; опекун ◇ ~ **nominate** опекун по завещанию

tutoress попечительница; опекунша

tutorial попечительский; опекунский

tutorship попечительство; опекунство; опекунская должность

tutrix попечительница; опекунша

two-termer преступник, отбывающий второй срок наказания

tycoon *преим. амер.* тайкун, магнат, заправила, босс *(бизнеса, политики и т.п.)*
mafia ~ босс мафии

tying навязывание условий, ограничивающих деятельность контрагента

type:
~ **of crime** тип, вид преступления
~ **of offender** тип преступника

typescript машинописный документ; машинописная рукопись

tyrant тиран; деспот

U

uberrima fides *лат.* наивысшая добросовестность, наивысшая степень доверия, особое доверие *(как элемент фидуциарных отношений)*

ubiquity 1. вездесущность 2. повсеместность
legal ~ фикция присутствия монарха во всех судах

ultimate окончательный, последний

ultimatum ультиматум

ultimo *лат.* 1. прошлый месяц 2. конец месяца, последний день месяца

ultimogeniture переход наследства к младшему сыну

ultra-confidential строго конфиденциально, совершенно секретно

ultra-hazardous служащий источником повышенной опасности

ultra vires *лат.* вне компетенции; с превышением правомочий, правоспособности; принцип «ультра вирес», принцип специальной правоспособности корпораций

umpirage 1. должность арбитра; правомочия третейского судьи 2. решение третейского судьи

umpire посредник; третейский судья; арбитр; суперарбитр

unabiding незаконопослушный

unabolished неотменённый

unabrogated неотменённый

unabsolved неосвобождённый *(от ответственности)*

unacceptable неприемлемый

unaccepted непринятый; неакцептованный

unaccorded непредоставленный *(о правовом режиме, правах)*

unaccredited неаккредитованный

unaccrued 1. ненаступивший *(о сроке платежа)* 2. невозникший *(о праве)*

unaccused необвинённый

unacknowledged 1. непризнанный 2. неподтверждённый 3. оставшийся без ответа

unacquired неприобретённый

unadjourned неотложенный; непрерванный

unadjusted неулаженный, неурегулированный *(о споре, разногласиях)*

unadmitted непризнанный

unadopted 1. неусыновлённый, неудочерённая 2. непринятый *(о мерах)*

unadulterated неподдельный, нефальсифицированный

unadvised 1. необдуманный 2. неосторожный, неблагоразумный 3. не получивший совета, консультации

unaffiliated 1. не являющийся филиалом 2. не являющийся членом

unaggressive неагрессивный; ненападающий; мирный

unaided без посторонней помощи

unalienable неотчуждаемый, не могущий быть отчуждённым

unalienated неотчуждённый

unallowable недопустимый

unallowed неразрешённый, недозволенный, запрещённый

unalterable непреложный; не допускающий изменений

unambiguous недвусмысленный; точно выраженный

unambiguousness недвусмысленность, точность, ясность формулировки

unamenable неподчиняющийся

unamended неизменный; без поправок

unanimity единогласие

unanimous единодушный, единогласный

unanimously единодушно, единогласно

unappealable не подлежащий апелляции

unapplied остающийся без применения

unapprehended 1. незадержанный, неарестованный 2. непонятый (о смысле)

unapprised неуведомлённый, неосведомлённый

unappropriated не предназначенный для какой-л. цели (о платеже, товаре)

unapproved неутверждённый; не получивший одобрения

unargued принятый без возражений

unarmed невооружённый, безоружный

unarrested незадержанный, неарестованный

unascertained 1. неустановленный; невыясненный 2. неиндивидуализированный, определённый родовыми признаками (о вещи, товаре)

unassailable неопровержимый

unassessable не подлежащий обложению

unassignable не могущий быть переданным, уступленным, цедированным

unassisted без посторонней помощи

unattested незасвидетельствованный

unauthentic неаутентичный; неподлинный; недостоверный

unauthoritative 1. неавторитетный 2. некомпетентный 3. не имеющий полномочий

unauthorized 1. неуполномоченный; неуправомоченный 2. неразрешённый, несанкционированный 3. не имеющий юридического основания

una voce *лат.* одним голосом

unavoidable 1. непредотвратимый 2. неоспоримый

unbailable 1. неправоспособный к даче поручительства 2. не допускающий поручительства

unbailed без поручительства

unbar снимать запрет

unbarred незапрещённый

unbiased беспристрастный

unbind 1. освобождать от обязательств 2. освобождать из заключения

unblemished непорочный, безупречный

unborrowed не взятый в долг

unbound несвязанный; свободный от обязательств

uncalled неистребованный, невостребованный

uncancelled неотменённый, неаннулированный

uncareful небрежный, неосторожный

uncertain неопределённый; неясный; сомнительный

uncertified 1. незаверенный 2. не восстановленный в правах (о банкроте)

unchallengeable неоспоримый, неопровержимый

unchallenged неоспариваемый, неоспоренный

uncharge 1. освобождать от обременения 2. освобождать от обвинения

uncharged 1. необременённый; освобождённый от обременения 2. необвинённый; освобождённый от обвинения ◇ ~ with responsibility не несущий ответственности

unchartered 1. незафрахтованный 2. не имеющий прав (прав юридического лица или др. прав, наличие которых требует пожалования со стороны верховной власти)

unchurch отлучать от церкви

unchurched отлучённый от церкви

unclaimed неистребованный, непотребованный, невостребованный

unclassified несекретный, незакрытый

uncleared 1. невыясненный 2. непогашенный (о долге) 3. не прошедший таможенную очистку

uncodified некодифицированный

uncollected неполученный, невзысканный

uncommissioned не имеющий полномочий, поручения

uncommitted 1. не принявший на себя обязательств 2. неприсоединившийся (о стране, государстве) 3. несовершённый (о действии, преступлении) 4. не находящийся в заключении 5. не переданный в комитет парламента (о законопроекте)

uncompensability невозместимость

uncompensable невозместимый

uncompensated невозмещённый

uncondemned неосуждённый

unconditional безоговорочный, безусловный, не ограниченный условием

unconditionally безусловно, безоговорочно

unconditioned не ограниченный какими-л. условиями

unconfirmed неподтверждённый

unconformable не соответствующий (каким-л. требованиям)

unconformity несоответствие

unconfutable неопровержимый

unconscientious недобросовестный

unconscionable недобросовестный

unconsidered 1. нерассмотренный 2. не принятый во внимание 3. необдуманный

unconsolidated неконсолидированный, не сведённый воедино

unconsonant несовместимый, противоречащий, противный

unconstitutional неконституционный, противоречащий конституции

unconstitutionality неконституционность

unconstrained невынужденный, добровольный, свободный

uncontemplated непредвиденный

uncontestable неоспоримый, бесспорный

uncontested неоспоренный

uncontradicted неопровергнутый, неоспоренный, не встретивший возражений

uncontrollable неконтролируемый

uncontrovertible неопровержимый, неоспоримый

unconventional особый по своему характеру

unconvertible неконвертируемый

unconvicted неосуждённый

unconvincing неубедительный

uncorroborated неподтверждённый

uncover раскрывать; изобличать

uncovered раскрытый; изобличённый

uncrossed некроссированный (о чеке)

uncustomed 1. не обложенный таможенной пошлиной 2. не оплаченный таможенной пошлиной

undated недатированный, без даты

undecided нерешённый

undeclared 1. необъявленный 2. не заявленный при прохождении через таможню

undefended 1. не имеющий защитника (в суде) 2. не требующий защиты 3. неоспоренный 4. не подкреплённый доказательствами, доводами 5. воен. открытый (о городе)

undefined не получивший определения

undelegated непередоверенный, непереданный, неделегированный (о правах, полномочиях)

undeliberate 1. непреднамеренный 2. неосторожный

undelivered 1. недоставленный, непоставленный (о товаре) 2. неосвобождённый (из заключения)

undeniable неоспоримый

undenounced неденонсированный

under 1. под 2. в силу; согласно; в соответствии; на основании ◇ ~ age несовершеннолетний; ~ authority of в силу, на основании; ~ claim of right исходя из предположения о наличии права; ~ cloud под подозрением; ~ colour of office под предлогом отправления должности; ~ constraint по принуждению; ~ contract по договору, в силу договора; связанный договором; ~ orders 1. при исполнении служебных обязанностей 2. по приказу; ~ penalty под страхом наказания; ~ pretence под предлогом; ~ protest под протестом; ~ reservations с оговорками; ~ the terms по условиям; ~ the weight of evidence под тяжестью улик; в силу совокупности доказательств

underdelivery недопоставка

underdeveloped слаборазвитый (о стране)

undergo подвергаться ◇ to ~ a sentence отбывать наказание

underground подполье ‖ подпольный ◇ ~ economy подпольная [противозаконная, преступная] экономика

underinsurance неполное страхование

under-lease субаренда, поднаём ‖ сдавать в субаренду; заключать договор субаренды

under-lessee субарендатор, поднаниматель

underlet сдавать в субаренду

underlie 1. лежать в основе 2. иметь преиму-

щественную силу 3. пат. предвосхищать; иметь приоритет

underlying 1. основной, лежащий в основе 2. преимущественный 3. пат. предвосхищающий; имеющий приоритет

undernamed нижепоименованный

underprivileged пользующийся меньшими правами

Under-Secretary 1. заместитель министра 2. заместитель Генерального Секретаря (ООН) parliamentary ~ парламентский заместитель министра (в Великобритании)

under-sheriff заместитель шерифа, помощник шерифа

undersign подписывать(ся)

undersigned нижеподписавшийся, нижеподписавшиеся

understanding 1. понимание; взаимопонимание; общий язык; согласие (между сторонами) 2. оговорённое условие; достигнутое соглашение; подразумеваемое соглашение 3. заявление, содержащее толкование или разъяснение сенатом США положений заключаемого международного договора regional ~ региональное соглашение

understood согласовано, установлено соглашением, обусловлено соглашением

undertake обязываться, брать на себя обязанность

undertaking 1. принятая обязанность; положение, постановление договора 2. предприятие

under-tenant субарендатор, поднаниматель

underworld преступный мир, преступное подполье; организованная преступность criminal ~ см. underworld international ~ международная организованная преступность organized ~ организованная преступность terrorist ~ террористическое подполье, террористическая преступность

underwrite 1. подписывать(ся) 2. принимать на страх; подписывать страховой полис (особ. полис морского страхования) 3. гарантировать размещение (займа, ценных бумаг)

underwriter 1. (ниже)подписавшийся 2. страховщик (особ. при морском страховании) 3. гарант размещения (займа, ценных бумаг) marine ~ морской страховщик

underwriting 1. страхование (особ. морское) 2. гарантирование размещения (займа, ценных бумаг)

undesignedly ненамеренно, неумышленно

undetermined нерешённый

undevised незавещанный

undischarged 1. не восстановленный в правах (о банкроте) 2. невыполненный

undisclosed неназванный; неуказанный; нераскрытый

undiscovered необнаруженный, нераскрытый

undiscriminated недискриминированный

undiscussed необсуждённый, нерассмотренный

undispensed не освобождённый (от обязательства)

undisposed неотчуждённый

undisproved неопровергнутый

undisputed неоспоренный; неоспоримый, бесспорный

undissolved 1. неразделённый 2. нераспределённый

undo расторгнуть, аннулировать

undocumented не подкреплённый документами, недокументированный

undoubted 1. несомненный, бесспорный 2. подлинный

undoubtful несомненный

undowered без приданого

undue 1. бо́льший, чем необходимо 2. недолжный; ненадлежащий 3. неправомерный 4. с ненаступившим сроком платежа

unduly 1. чрезмерно 2. неправильно, ненадлежаще, ненадлежащим образом

unearned незаработанный

unencumbered необременённый; незаложенный; свободный от долгов

unendorsed неиндоссированный; не снабжённый передаточной надписью

unendowed без приданого

unenforceable не снабжённый исковой силой, не могущий служить основанием для иска, не могущий быть принудительно осуществлённым

unenforced не осуществлённый в принудительном порядке

unenfranchised 1. не имеющий избирательного права 2. не имеющий права представительства в парламенте 3. не отпущенный на волю

unengaged не связанный обязательством

unentailed не ограниченный в отношении наследования *или* отчуждения *(об имуществе)*

unentered 1. незарегистрированный 2. не объявленный на таможне

unentitled не имеющий права, неуправомоченный

unequal 1. неравный 2. неравноправный

unequivocal недвусмысленный, определённый, ясный

unessential несущественный

unexamined 1. нерассмотренный 2. неопрошенный, недопрошенный

unexceptionable не вызывающий возражений; свободный от дефектов; безупречный

unexceptional 1. не допускающий возражений 2. не имеющий исключений

unexecuted 1. неоформленный *(о договоре)* 2. неисполненный *(о договоре)* 3. неисполненный, не приведённый в исполнение *(о судебном решении, приговоре)*

unexercised неосуществлённый, неиспользованный, неиспользуемый *(о праве и т.п.)*

unexpired 1. неистекший, неотбытый *(о сроке)* 2. не прекратившийся за истечением срока, (всё ещё) действующий

unexposed нераскрытый, неразоблачённый

unextinguished невыплаченный, непогашенный *(о долге)*

unfair несправедливый; недобросовестный; нечестный

unfairness несправедливость; недобросовестность; нечестность

unfavoured не пользующийся преимуществом; непривилегированный

unfile 1. изъять *(бумагу из дела)* 2. исключить из перечня, списка

unfiled 1. не подшитый, не приобщённый к делу; изъятый из дела 2. неподанный *(напр. о процессуальной бумаге)*

unfit немогущий, неспособный ◇ ~ to plead не способный участвовать в процессе

unforbidden незапрещённый, незапретный

unformalized не приведённый в соответствие с формальными требованиями; неформализованный

unformulated несформулированный

unfounded неосновательный, необоснованный

unfranchised 1. непривилегированный 2. не имеющий права участвовать на выборах

unfreeze «размораживать», освобождать от контроля, разблокировать

unfriendly недружественный, враждебно настроенный

ungovernability неуправляемость

ungovernable неуправляемый

ungrounded необоснованный

unguarded неохраняемый

unguardedly без охраны

unguilty невиновный

unheritable ненаследуемый

unicameral однопалатный *(о парламенте)*

unicameralism однопалатная парламентская система

unidentified неопознанный

unification объединение; унификация, создание единообразия

unified объединённый; единообразный

uniform единообразный *(о законе, системе и т.д.)*

uniformity единообразие

unify объединять; унифицировать

unilateral односторонний

unilaterally односторонне, в одностороннем порядке

unimpaired ненарушенный, неумалённый *(о правах)*

unimpeachable 1. безупречный, неоспоримый, бесспорный 2. не подлежащий импичменту

unincorporated 1. неинкорпорированный 2. не имеющий прав юридического лица, не образующий корпорацию, не имеющий статуса корпорации; не обладающий правосубъектностью

unincumbered *см.* unencumbered

unindebted не имеющий долгов

unindictable не подлежащий вменению по обвинительному акту

unindorsed *см.* unendorsed

uninfringed ненарушенный

uninsured незастрахованный

unintended 1. неумышленный, непреднамеренный 2. непредусмотренный

unintentional неумышленный, непреднамеренный

uninterested незаинтересованный

uninterpreted не получивший толкования

uninvestigated нерасследованный, неисследованный

union 1. союз; объединение государств; уния 2. объединение лиц без прав юридического лица 3. профессиональный союз 4. брачный союз

bigamous ~ бигамия, двубрачие

corrupt(ed) ~ коррумпированный профсоюз

craft ~ профсоюз ремесленников

custom(s) ~ таможенный союз

federal ~ федеральный союз, федерация

incestous ~ кровосмесительное супружество; кровосмесительные половые сношения

industrial ~ профсоюз работников промышленности или отрасли предпринимательства

labour ~ профсоюз

mob(ster)-controlled ~ профсоюз, контролируемый гангстерами

municipal ~ 1. муниципальное объединение 2. внутригосударственный союз

personal ~ личная уния

polygamous ~ полигамия, многобрачие

poor-law ~ союз попечения о бедных

postal ~ почтовый союз

racket-dominated ~ профсоюз, контролируемый рэкетирами

real ~ реальная уния

syndicate-manipulated ~ профсоюз, контролируемый гангстерами

tariff ~ таможенный союз

trade ~ профсоюз, тред-юнион

Union ◇ the ~ 1. уния Англии с Уэльсом (1535—1536) 2. уния Англии с Шотландией (1707) 3. уния Великобритании с Ирландией (1801); Соединённое Королевство 4. Соединённые Штаты Америки

Hague ~ Гаагский союз по международному депонированию промышленных образцов

Interparliamentary ~ Межпарламентский Союз

unionization объединение в союз (профессиональный и пр.)

illegitimate ~ незаконное объединение в союз

legitimate ~ законное объединение в союз

unionize объединять(ся) в союз (профессиональный и пр.)

unit единица; целое

~ of administration административная единица

administrative ~ административная единица, административное подразделение

political ~ 1. политическая единица 2. административно-территориальная единица

unitarian унитарный

unitary унитарный

unite соединять(ся); объединять(ся)

unity 1. единение; единство 2. совместный интерес; совместный правовой титул; совместное владение

~ of application пат. единство заявки

~ of interest совместный правовой интерес; единство правового интереса

~ of invention единство изобретения

~ of possession 1. совместное владение 2. единство владения (владение одним лицом двумя правами на объект на основании различных титулов)

~ of title 1. совместный правовой титул 2. единство правового титула

universal универсальный; всеобщий; всесторонний; общепринятый

unjudicial 1. совершённый во внесудебном порядке 2. несудейский

unjudicially во внесудебном порядке

unjust несправедливый; неправомерный; неправосудный

manifestly ~ явно несправедливый; явно неправомерный; явно неправосудный

unjustifiable не имеющий оправдания, неоправданный; неправомерный

unjustified необоснованный; несправедливый, неоправданный

unlaw 1. правонарушение 2. шотл. денежный штраф

unlawful 1. неправомерный, противоправный, незаконный 2. незаконнорождённый, внебрачный ◇ ~ ab initio незаконный с самого начала

unlawfully противоправно, неправомерно, незаконно

unlegalized неузаконенный, нелегализованный

unlet не сданный внаём

unliable неподлежащий

unlicensed 1. не имеющий разрешения 2. свободный от лицензии

unlimited 1. неограниченный 2. бессрочный

unliquidated 1. неликвидированный; неоплаченный 2. неоценённый, не установленный по сумме; не могущий быть определённым простым арифметическим подсчётом; неликвидный

unmaintainable неосновательный

unmake менять; отменять ◇ to ~ law отменять законы, отменять правовые нормы

unmeditated непредумышленный

unmortgaged незаложенный

unnamed неназванный, не указанный по имени

unnaturalization денатурализация, лишение гражданства

unnaturalize денатурализовать, лишать гражданства

unnaturalized 1. ненатурализованный 2. лишённый гражданства, денатурализованный

unneighbourly недобрососедский

unneutral противоречащий нейтралитету

unnotified 1. неуведомлённый, неизвещённый 2. не доведённый до сведения

unobeyed невыполненный (о норме, приказе и т.п.)

unobjected оставленный без возражений

unobjectionable не вызывающий возражений, бесспорный

unobviousness неочевидность (напр. изобретения)

unoffending не совершивший нарушения

unofficial неофициальный

unopposed 1. не встретивший возражений 2. не имеющий противника, единственный (*о кандидате*)

unordered 1. незаказанный 2. непредписанный

unowned 1. не имеющий владельца, бесхозяйный 2. непричитающийся

unpaid 1. не получивший платежа 2. неуплаченный

unpardoned непомилованный

unparliamentary непарламентский, противный парламентским правилам

unpatentability непатентоспособность

unpatentable непатентоспособный

unpatented незапатентованный

unpawned незаложенный

unpen освобождать из заключения

unpenitent нераскаявшийся

unpermitted неразрешённый

unpledged 1. незаложенный 2. не связанный обещанием 3. необещанный

unpolled 1. не внесённый в список избирателей 2. не голосовавший 3. неопрошенный

unpossessed 1. не владеющий 2. не находящийся в *чьём-л.* владении; бесхозяйный

unprejudiced беспристрастный, непредубеждённый

unpremeditated непредумышленный

unprivileged 1. непривилегированный, не имеющий преимуществ 2. не защищённый привилегией 3. не дозволенный законом

unprohibited незапрещённый

unpromulgated непромульгированный, необнародованный

unprotested не(о)протестованный (*о векселе*)

unprovability недоказуемость

unprovable недоказуемый

unproved недоказанный

unprovided непредусмотренный (*законом, договором*)

unprovoked неспровоцированный

unpunishability ненаказуемость

unpunishable ненаказуемый

unpunished безнаказанный; ненаказанный ◇ to go ~ уйти от наказания

unpurposed 1. непреднамеренный 2. бесцельный

unqualified 1. безоговорочный, безусловный 2. неправомочный; не обладающий цензом; не отвечающий требованиям 3. не имеющий квалификации

unqualify дисквалифицировать

unquestionable неоспоримый, несомненный

unquestioned 1. неопрошенный, недопрошенный 2. неоспоримый, несомненный

unratified нератифицированный

unreasonable неразумный; нерезонный, неоправданный, необоснованный; чрезмерный; непомерный; несправедливый

unreceipted не подтверждаемый распиской

unreclaimed неистребованный, незатребованный, невостребованный

unrecognized непризнанный

unrecoverable не могущий быть взысканным

unredeemable не подлежащий выкупу

unredeemed 1. невыкупленный 2. неоплаченный (*вексель*)

unredressed невозмещённый

unregistrable не подлежащий регистрации

unregistered 1. незарегистрированный 2. не именной, выданный на предъявителя (*о ценных бумагах*)

unregulated неурегулированный, нерегламентированный

unreliability ненадёжность

~ of evidence ненадёжность, недостоверность показаний *или* доказательств

unreliable ненадёжный; не заслуживающий доверия

unrelieved 1. не освобождённый (*от обязанности и т.п.*) 2. не получивший помощи

unrenewed невозобновлённый; непродлённый

unrentable не подлежащий сдаче в аренду

unrepaired 1. неисправленный, неустранённый 2. невозмещённый

unrepealed неотменённый (*о законе*)

unreported не содержащийся в сборниках судебных решений (*о судебном деле*)

unrepresentative непредставительный

unrepresented непредставленный

unrepugnant 1. непротиворечащий, совместимый 2. покорный

unrequired необязательный; нетребуемый

unreserved 1. не ограниченный условиями, безусловный, безоговорочный 2. нерезервированный

unresponsible 1. неответственный 2. безответственный

unrestricted неограниченный

unreversed неотменённый (*о судебном решении*)

unrevoked 1. неотменённый 2. неотозванный (*об оферте, предложении*)

unrightful неправомерный

unsanctioned неутверждённый, несанкционированный

unsatisfied неисполненный; неудовлетворённый; невзысканный

unseat лишать места (*в парламенте и т.п.*)

unsecured не имеющий обеспечения, необеспеченный

unseized незахваченный; неконфискованный

unserviceable не подлежащий вручению (*о судебном приказе*)

unsettled 1. неурегулированный, нерешённый 2. неоплаченный (*о долге, счёте*)

unsigned неподписанный

unsolemn совершённый без соблюдения установленных правом формальностей

unsound 1. необоснованный 2. дефектный 3. ненормальный, психически больной 4. неплатёжеспособный

unsoundness 1. необоснованность 2. дефектность 3. ненормальность, психическое расстройство 4. неплатёжеспособность

~ of mind психическое расстройство

unstatutable не предусмотренный нормативным актом, статутом

447

unstipulated необусловленный, не предусмотренный договором

unsubordinated неподчинённый

unsworn 1. не приведённый к присяге 2. совершённый без присяги

untaxable не подлежащий налогообложению

untaxed свободный от налогов; не обложенный налогом

untenable несостоятельный, необоснованный

untenant выселить *(арендатора)*

untraceable безвестно отсутствующий

untransferable не могущий быть переданным, уступленным, цедированным, переведённым; без права передачи

untried 1. непроверенный; нерасследованный, нерассмотренный 2. несудившийся

untrue ложный

unverified 1. непроверенный 2. незаверенный; незасвидетельствованный

unwarranted 1. неоправданный; необоснованный 2. не имеющий права; неуполномоченный 3. негарантированный

unwillingly против (своей) воли, не желая того

unwitnessed не подтверждённый свидетельскими показаниями, незасвидетельствованный

unwritten неписаный *(о праве)*

upheaval возмущение, беспорядки, бунт
  prison ~ тюремные беспорядки, тюремный бунт

uphold поддерживать; удовлетворять *(жалобу, иск и пр.)*

uplift *шотл.* взимать арендную плату

usage 1. обыкновение, обычная практика, узанс 2. пользование, использование
  ~ of trade торговое обыкновение, узанс
  commercial ~ торговое обыкновение; торговый обычай
  continuous ~ of long standing непрерывное и длительное пользование
  court ~ принятая судом практика
  drug ~ потребление наркотика
  established ~ налаженное использование
  immemorial ~ 1. обычай, существующий с незапамятных времён 2. пользование с незапамятных времён
  international ~ 1. международный обычай 2. международное использование
  local ~ местное обыкновение
  trade ~ торговое обыкновение, узанс
  war ~ обычай войны

usance срок оплаты векселя, установленный торговым обычаем

use 1. польза, выгода; (ис)пользование; применение; (у)потребление ‖ пользоваться; использовать 2. право присвоения плодов вещи; право пользования доходами от вещи 3. доверительная собственность, учреждённая для обеспечения бенефициарием права присвоения плодов вещи 4. цель, назначение ◇ to ~ alcohol потреблять алкоголь; to ~ an information заявить в суд об обвинении в преступлении; to ~ drugs [narcotics] потреблять наркотики; to ~ property пользоваться имуществом; to ~ under owner пользоваться имуществом, находящимся в собственности другого лица; to ~ violence применить насилие

~ of narcotics потребление наркотиков; наркотизм; наркомания

accessory ~ акцессорное пользование

accidental prior ~ *пат.* случайное предшествующее использование

actual ~ фактическое пользование; фактическое применение

administrative ~ служебное пользование

adverse ~ владение, основанное на утверждении права собственности вопреки притязанию другого лица

beneficial ~ пользование собственностью для личной выгоды

bona fide ~ добросовестное (ис)пользование

compulsory ~ принудительное применение; (у)потребление *(в т.ч. алкоголя, наркотиков)* под принуждением

concurrent lawful ~ *пат.* одновременное законное использование *(напр. тождественного товарного знака ввиду отсутствия информации об охране чужого товарного знака)*

conforming ~ соответствующее *(закону)*, надлежащее (ис)пользование *или* применение

criminal ~ преступное использование; преступное применение

dead ~ будущее использование

double ~ *пат.* 1. новое применение 2. перенос *(известного технического решения в другую область техники)*

fair ~ добросовестное, законное использование

honest concurrent ~ *пат.* одновременное добросовестное использование; добросовестное последующее использование

hostile ~ of environmental modification techniques враждебное использование средств воздействия на природную среду

improper ~ ненадлежащее использование; злоупотребление *(напр. полученной конфиденциальной информацией)*

indirect ~ косвенное использование

involuntary ~ вынужденное (у)потребление *(в т.ч. алкоголя, наркотиков)*

joint ~ совместное использование

lawful ~ законное, правомерное использование

malicious ~ злоумышленное использование; злоумышленное применение

nonconforming ~ несоответствующее *(закону)*, ненадлежащее (ис)пользование *или* применение

non-informing public ~ «неинформирующее» открытое применение *(напр. продажа изготовленной с применением секрета фирмы продукции, анализ которой не позволяет раскрыть засекреченное изобретение)*

notorious prior ~ предшествующее открытое применение *(как обстоятельство, порочащее новизну технического решения)* open ~ открытое (ис)пользование; открытое применение; открытое (у)потребление

prior ~ преждепользование, предшествующее применение

public ~ 1. общественное пользование 2. *пат.* открытое применение

public prior ~ *пат.* предшествующее открытое применение

selective ~ of law избирательное применение закона

violent ~ насильственное применение; применение насилия

visible ~ видимое (ис)пользование; видимое применение; видимое (у)потребление

voluntary ~ добровольное (у)потребление (*в т.ч. алкоголя, наркотиков*)

usee лицо, в интересах которого (*но от имени другого лица*) предъявлен иск

user 1. пользование (*правом или вещью*) 2. лицо, осуществляющее пользование, пользователь 3. потребитель 4. *разг.* наркоман

adverse ~ 1. владение, основанное на утверждении права собственности вопреки притязанию другого лица 2. владелец, утверждающий право собственности вопреки притязанию другого лица

authorized ~ 1. правомочное пользование 2. правомочный пользователь

concurrent ~ сопользователь

(current) drug [narcotics] ~ потребитель наркотиков, наркоман

exclusive ~ 1. исключительное пользование 2. лицо, обладающее правом исключительного пользования

ex-narcotics ~ излечившийся наркоман

experimental ~ лицо, попробовавшее наркотик

part-time ~ лицо, потребляющее наркотики несистематически

prior ~ преждепользователь, предшествующий пользователь

unauthorized ~ 1. неправомочное пользование 2. неправомочный пользователь

usher судебный пристав

Usher:

Gentleman ~ of the Black Rod «Чёрный Жезл», герольдмейстер палаты лордов

usual обыкновенный; обычный; соответствующий обычаю

usucapion приобретательная давность, узукапия

usufruct узуфрукт

imperfect ~ квазиузуфрукт, узуфрукт на потребляемую вещь

usufructuary узуфруктуарий

usurer ростовщик

usurious ростовщический

usurp узурпировать

usurpation узурпация, неправомерное присвоение прав, неправомерное использование

usurper узурпатор

usury ростовщичество; ростовщические проценты

utility полезность (*как критерий патентоспособности*)

public ~ 1. общественная полезность 2. предприятие коммунального хозяйства

uti possidetis *лат.* принцип сохранения существующего положения вещей (*преим. о территории, занятой в ходе военных действий*)

utter 1. излагать, выражать словами 2. переуступать, передавать; сбывать, пускать в обращение ◇ to ~ a declaration сделать заявление; to ~ a forged instrument использовать подложный документ; to ~ counterfeit [false] money сбывать фальшивые деньги

utterance 1. произнесение, выражение в словах, высказывание 2. переуступка, передача; (вы)пуск в обращение

public ~ публичное заявление

testimonial ~ дача устных свидетельских показаний

uxoricide 1. женоубийство 2. женоубийца

V

vacancy вакансия ◇ ~ in office должностная вакансия, вакантная должность

vacant 1. свободный, незанятый, вакантный 2. бесхозяйный

vacate 1. аннулировать 2. освобождать, покидать, оставлять ◇ to ~ a conviction отменить осуждение; to ~ a judgement отменить судебное решение; to ~ an order отменить приказ; to ~ a process отменить судебный приказ; to ~ a sentence отменить приговор; отменить наказание; to ~ a warrant аннулировать ордер; to ~ a writ отменить судебный приказ; to ~ one's seat отказываться от депутатского мандата, сложить с себя полномочия депутата

vacation 1. аннулирование 2. оставление, освобождение; образование вакансии 3. каникулы, вакации (*судебные, парламентские*) ~ of seat уход с должности

judicial ~s судебные вакации, каникулы

vacatur *лат.* аннулирование; судебный приказ об аннулировании процессуального действия

vadium *шотл.* залог

vagabond бродяга

vagabondage 1. бродяжничество 2. бродяга

vagabondism бродяжничество

vagabondize бродяжничать

vagrancy бродяжничество

vagrant бродяга

valid 1. юридически действительный, имеющий силу; правомерный 2. юридически действующий 3. достаточный с правовой точки зрения; уважительный; веский 4. неоспоримый 5. надлежаще оформленный, надлежаще совершённый ◇ ~ for (one year, two years, etc.) сохраняет силу в течение *(одного года, двух лет и т.д.)*; ~ in law юридически действительный, имеющий законную силу; ~ on its face 1. формально правомерный 2. формально действующий 3. надлежаще оформленный, надлежаще исполненный *(о документе)*; ~ until recalled действителен до отмены

legally ~ 1. юридически действительный, имеющий силу; правомерный 2. юридически действующий 3. достаточный с правовой точки зрения

validate делать действительным; придавать юридическую силу; признавать имеющим силу; объявлять действительным; утверждать, ратифицировать

validation признание юридической силы; придание юридической силы; объявление действительным; утверждение, ратификация

validity 1. юридическая сила; юридическая действительность; юридическое действие 2. период действия 3. обоснованность, основательность ◇ ~ in law юридическая действительность, законная сила, неоспоримость с точки зрения закона

~ of statute конституционность закона; правомерность издания закона

~ of treaty 1. конституционность международного договора 2. сохранение международного договора в силе; период действия международного договора

essential ~ действительность по существу

extrinsic [formal] ~ действительность со стороны формы

intrinsic ~ действительность по существу

necessary ~ (of treaty) конституционность *(международного договора)*

questionable ~ сомнительная действительность

substantial ~ действительность по существу

voluntary ~ (of treaty) сохранение *(международного договора)* в силе

valuation оценка

insurance ~ страховая оценка

value 1. ценность; стоимость ‖ оценивать 2. цена 3. встречное удовлетворение 4. валюта *(векселя)* 5. выставлять вексель, трассировать ◇ for ~ (received) возмездно, на возмездных началах, за встречное удовлетворение; not for ~ безвозмездно, без наличия встречного удовлетворения; ~ received *(в тексте тратты)* эквивалент получен; за встречное удовлетворение

agreed ~ согласованная цена

clear ~ стоимость имущества после очистки от долгов

contract(ual) ~ договорная цена

contributory ~ контрибуционная стоимость *(при расчёте диспаши)*

deterrent ~ предупредительное значение *(правового запрета, угрозы правовой санкцией)*

evidential [evidentiary] ~ доказательная ценность, доказательная сила

face ~ номинал, нарицательная стоимость

insured ~ страховая стоимость

precedential ~ значение в качестве прецедента

probative ~ доказательная ценность, доказательная сила

surrender ~ сумма, возвращаемая лицу, отказавшемуся от страхового полиса

valuer оценщик

vandalism вандализм

gang ~ групповой вандализм

vandalize совершать акт(ы) вандализма

variance 1. расхождение 2. разногласие, спор, конфликт ◇ at ~ 1. в противоречии 2. находящийся в споре, спорящий

vassal вассал ‖ вассальный

vassalage вассальная зависимость; вассалитет

vend продавать

vendee покупатель *(преим. недвижимости)* ◇ ~ in possession покупатель имущества, находящегося в его владении

vendibility 1. *пат.* продажность, товарность *(как критерий патентоспособности)* 2. продажность, подкупность

vendible 1. могущий быть проданным 2. продажный, подкупный

vendition продажа

venditioni exponas *лат.* исполнительный судебный приказ о продаже имущества

vendor продавец *(преим. недвижимости)*

vendue аукцион; продажа с аукциона; принудительная продажа с аукциона

vengeance месть, отмщение; воздаяние

private ~ месть по личным мотивам

public ~ месть по мотивам, имеющим общественное значение; воздаяние со стороны общества, государства

venire (facias) *лат.* судебный приказ о сформировании состава присяжных

venire facias ad respondendum *лат.* судебный приказ о приводе правонарушителя в суд

venire (facias) de novo приказ о созыве нового состава присяжных *(для пересмотра дела)*

veniteman член сформированного состава присяжных, присяжный

venture предприятие *(акция, действие)*

joint ~ совместное предприятие

venue 1. место совершения действия 2. место рассмотрения дела, территориальная подсудность; подсудность по месту совершения действия 3. часть искового заявления, содержащая указание на территориальную подсудность 4. *ист.* местность, из которой должны были быть набраны присяжные для участия в деле ◇ ~ in prosecutions место уголовного преследования

~ of action место рассмотрения иска

~ of indictment место вынесения *или* утверждения *или* представления в суд обвинительного акта

~ of proceedings место рассмотрения дела

improper ~ ненадлежащая подсудность

proper ~ надлежащая подсудность

veracious правдивый, соответствующий истине

veracity правдивость

doubtful ~ сомнительная правдивость

verbal 1. словесный; устный 2. простой, не содержащийся в документе за печатью 3. буквальный 4. вербальный (*о дипломатической ноте*)

verbatim дословный || дословно

verbiage излишнее многословие

verdict решение присяжных, вердикт ◇ ~ against evidence вердикт, вынесенный в противоречии с имеющимися доказательствами; ~ is in вердикт вынесен; to arrive at a ~ сделать вывод, необходимый и достаточный для вердикта; to attain a ~ вынести вердикт; ~ to be unanimous требование единогласия при вынесении вердикта; to reach a ~ вынести вердикт; to receive a ~ получить вердикт; to return [to take] a ~ вынести вердикт

~ of acquittal вердикт об оправдании

~ of conviction вердикт об осуждении

~ of guilty вердикт о виновности

~ of no(n)- [of not] guilty вердикт о невиновности

~ of the jury вердикт присяжных

adverse ~ вердикт, опровергающий выдвинутую версию; вердикт в ущерб интересам стороны, которой он касается

advisory ~ консультативный (*не подлежащий обязательному рассмотрению судом*) вердикт присяжных

antitrust ~ *амер.* вердикт по антитрестовскому делу

damning ~ обвинительный вердикт

definitive ~ окончательный вердикт

directed ~ вердикт, перед вынесением которого присяжные получили от судьи напутствие

final ~ окончательный вердикт

formal ~ запротоколированный вердикт

general ~ генеральный вердикт, вердикт по существу дела

guilty ~ вердикт о виновности

instructed ~ вердикт, перед вынесением которого присяжные получили от судьи напутствие

open ~ вердикт, оставляющий вопрос открытым (*констатирующий, что присяжные не смогли прийти к какому-л. выводу*)

prior ~ ранее вынесенный вердикт

privy ~ вердикт, сообщённый судье вне судебного заседания

public ~ вердикт, оглашённый в судебном заседании

quotient ~ вердикт, устанавливающий денежную сумму путём выведения математического частного (*т.е. путём сложения сумм, поданных всеми присяжными, и деления полученной общей суммы на число присяжных*)

right ~ правильный вердикт

sealed ~ вердикт в запечатанном конверте

special ~ специальный вердикт (*решение присяжными частного вопроса*)

true ~ правосудный вердикт

unanimous ~ вердикт, вынесенный единогласно

untrue ~ вердикт, вынесенный в результате внешнего давления; неправосудный вердикт

wrong ~ ошибочный вердикт

wrongful ~ неправосудный вердикт

veredicto non obstante *лат.* вопреки вердикту присяжных

verifiable могущий быть проверенным, поддающийся проверке

verification 1. проверка; сверка 2. удостоверение; подтверждение; подтверждение под присягой 3. заверка; засвидетельствование

~ of powers проверка полномочий

verify 1. проверять; сверять 2. удостоверять; подтверждать; подтверждать под присягой 3. заверять; засвидетельствовать

versanti in re illicitae imputantur omnia quae sequuntur ex delicto *лат.* (*англ. ист.*) доктрина вменения в вину всех последствий совершённых лицом незаконных действий

version 1. версия 2. вариант 3. редакция (*как вариант формулировки*) 4. текст 5. издание

authentic ~ аутентичный текст

contradicting [contradictory] ~ внутренне противоречивая версия; противоречащая версия

versus *лат.* против (*преим. в названиях судебных дел, при обозначении сторон в процессе*)

vessel судно, корабль

public ~ военное судно; государственное судно публично-правового назначения

state-owned ~ государственное торговое судно

vest 1. облекать, наделять (*правами, властью*) 2. принадлежать (*о правах, власти*) 3. возникать у *кого-л.*, переходить к *кому-л.* (*о праве*)

vested принадлежащий; предоставленный; закреплённый; давнишний; укоренившийся ◇ ~ in smb. принадлежащий *кому-л.*, предоставленный *кому-л.*; ~ in interest принадлежащий как вещное право с отсроченным использованием; принадлежащий в качестве ожидаемого имущества; ~ in possession принадлежащий как реально используемое имущество, принадлежащий в порядке непосредственного пользования в настоящем; ~ with облечённый, наделённый (*правом, властью*)

Vetera Statuta *лат.* Старые статуты (*английские законы со времени Великой хартии вольностей до конца царствования Эдуарда II*)

veto вето || налагать вето

absolute ~ окончательное вето

executive ~ вето, налагаемое главой исполнительной власти (*президентом США, губернатором штата*)

15*

legislative ~ вето, налагаемое законодательным органом

outright ~ *амер.* положительно выраженное вето *(в отличие от «карманного вето»)*

overriden ~ преодолённое вето

pocket ~ *амер.* «карманное вето» *(неподписание президентом США законопроекта до роспуска конгресса; неподписание законопроекта губернатором штата до роспуска законодательного собрания штата)*

presidential ~ *амер.* вето, налагаемое президентом, президентское вето

regular ~ *амер.* обычное вето *(в отличие от «карманного вето»)*

retroactive ~ *амер.* вето, обладающее обратной силой

royal ~ *англ.* королевское вето

suspensive [suspensory] ~ отлагательное вето, суспензивное вето

two-houses ~ вето обеих палат конгресса США

vexation 1. действие, совершённое с намерением досадить; досаждающее действие 2. сутяжничество

vexatious 1. совершённый с намерением досадить 2. сутяжнический

via *лат.* экземпляр тратты *(выписанной в двух или трёх экземплярах)*

vicar викарий

parish ~ викарий прихода

vicarial замещающий; действующий по уполномочию; действующий вместо другого

vicariate *церк.* юрисдикция викария, подсудность дел викарию

vicarious *см.* vicarial

vice порок, дефект, недостаток

~ of form дефект формы, несоблюдение надлежащей формы, формальный недостаток

commercialized ~ порок, поставленный на коммерческую основу, эксплуатация порока

inherent ~ присущий, внутренний порок *(вещи)*

organized ~ эксплуатация порока организованными преступниками

vice-chairman заместитель председателя, вице-председатель

vice-chancellor вице-канцлер, младший судья канцлерского суда

vice-consul вице-консул

vice-consul-general генеральный вице-консул

vice-president 1. вице-президент 2. заместитель председателя ◇ ~ elect *амер.* избранный *(но не вступивший в должность)* вице-президент

executive ~ вице-президент США

vice-racket рэкетирская эксплуатация порока

viceroy вице-король

victim потерпевший ◇ ~ in attendance потерпевший в зале судебного заседания по делу; to pay back the ~ компенсировать потерпевшему понесённый ущерб

~ of mistaken identity лицо, ошибочно принятое за потерпевшего

accident ~ потерпевший от несчастного случая

alleged ~ потерпевший по заявлению

chief ~ основной потерпевший

civil offence ~ потерпевший от гражданского правонарушения

contemplated ~ предполагаемый потерпевший

crime ~ потерпевший от преступления

criminal offence ~ потерпевший от преступления

disaster ~ потерпевший от стихийного бедствия

identified ~ установленный потерпевший

individual ~ 1. отдельный потерпевший 2. потерпевший-частное лицо

offence ~ потерпевший от преступления

private ~ потерпевший-частное лицо

public ~ общество *или* государство в качестве потерпевшего

victimizate *редк.* виктимизировать; подвергать преследованиям; репрессировать; увольнять *(за участие в забастовке)*

victimization 1. виктимизация *(сообщение или приобретение статуса потерпевшего; регистрация в качестве потерпевшего)* 2. виктимизация; преследование; репрессирование; увольнение *(за участие в забастовке)*

inmate ~ виктимизация лиц, находящихся под стражей, в местах лишения свободы

victimize виктимизировать

victimology виктимология *(отрасль криминологии, изучающая потерпевших)*

victory:

court ~ выигранное дело

vide *лат.* согласно

videlicet *лат.* а именно

vidimus 1. проверка документов 2. заверенная копия; выписка из документа

view 1. точка зрения; мнение 2. осмотр присяжными имеющих отношение к делу места, имущества *и пр.*; осмотр присяжными трупа ◇ with a ~ to с целью, для, на предмет *чего-л.*

prejudicial ~ предубеждение

vigour юридическая сила, действительность

villain 1. *ист.* виллан, крепостной 2. злодей, тяжкий преступник

villaining 1. *ист.* крепостная зависимость 2. злодейство, тяжкое преступление

vindicate 1. виндицировать; истребовать; взыскивать 2. *уст.* наказывать, карать 3. защищать, отстаивать, восстанавливать *(право)* 4. реабилитировать; оправдывать ◇ to ~ smb. from a charge прекратить дело по обвинению *кого-л.* в чём-л.; to ~ honour защищать честь; to ~ the law охранять законность

vindication 1. виндикация; истребование; взыскание 2. защита, отстаивание, восстановление *(права)* 3. реабилитация; оправдание

vindicatory содержащий, устанавливающий санкцию

violate 1. нарушать *(право, закон, договор)* 2. насиловать violation 1. нарушение (*права, закона, договора*) 2. изнасилование ◇ in ~ of в нарушение (*права, закона, договора*)

~ of contract нарушение договора

~ of law нарушение права (*в объективном смысле*); нарушение закона

~ of law and order нарушение правопорядка

~ of parole нарушение режима условно-досрочного освобождения под честное слово

~ of peace 1. нарушение мира 2. нарушение общественного порядка

~ of privacy нарушение прайвеси

~ of probation нарушение режима пробации

~ of public order нарушение общественного порядка

~ of public tranquility нарушение общественного спокойствия

~ of public trust злоупотребление общественным доверием

~ of trust 1. злоупотребление доверием 2. нарушение режима доверительной собственности

antitrust ~ *амер.* нарушение антитрестовского законодательства

bail ~ нарушение условий освобождения на поруки под залог

civil ~ гражданское правонарушение

civil antitrust ~ нарушение антитрестовского законодательства, преследуемое в гражданском порядке

covert ~ скрытое, латентное нарушение

criminal ~ уголовное правонарушение, преступление

criminal antitrust ~ нарушение антитрестовского законодательства, преследуемое в уголовном порядке

drug ~ нарушение законодательства о наркотиках

due process ~ нарушение надлежащей правовой процедуры

excise ~ нарушение акцизных правил

flat ~ явное нарушение

gross ~ грубое нарушение

gun-law ~ нарушение законодательства об огнестрельном оружии

internal revenue ~ нарушение законодательства о внутренних государственных доходах

law ~ нарушение права (*в объективном смысле*), правонарушение; нарушение закона

noncriminal ~ правонарушение неуголовного характера

overt ~ открытое нарушение

parking ~ нарушение правил паркирования

persistent ~s упорное непрекращение, совершение правонарушений

racketeering ~ нарушение законодательства об уголовной ответственности за рэкет

security ~ нарушение (правил) безопасности; посягательство на (личную) безопасность

speeding ~ превышение дозволенной скорости

tax ~ налоговое правонарушение

traffic ~ нарушение правил (уличного) движения

vexatious ~ сутяжническое нарушение (*прав другого лица*)

violative нарушающий

violator 1. нарушитель 2. насильник

violence 1. насилие 2. оскорбление действием 3. изнасилование ◇ to do ~ производить, совершать насилие

actual ~ действительное применение насилия

challenged ~ спровоцированное насилие

covert ~ скрытое [латентное] насилие

criminal ~ преступное насилие

deadly ~ смертоносное насилие; насилие, приведшее к смерти

domestic ~ внутренние беспорядки с применением насилия

excessive ~ чрезмерное насилие (*в случаях применения законной процедуры*)

family ~ насилие в семье

gang ~ 1. групповое насилие 2. групповое изнасилование 3. гангстерское насилие

illegal ~ незаконное насилие

inchoate ~ 1. покушение на применение насилия 2. покушение на изнасилование

lawful ~ правомерное насилие

legal ~ законное насилие

major ~ грубое насилие

mob ~ 1. насилие толпы 2. гангстерское насилие

necessary ~ насилие, вызванное необходимостью

open [overt] ~ открытое насилие

personal ~ насилие над личностью

police ~ полицейское насилие, насилие со стороны полиции

prison ~ насилие в тюрьмах

provocated ~ спровоцированное насилие

provocative ~ провоцирующее насилие

random ~ насилие «на выборку», хулиганское насилие

resisted ~ насилие, встретившее сопротивление

unchallenged ~ неспровоцированное насилие

unlawful ~ неправомерное насилие

unnecessary ~ насилие, не вызванное необходимостью

unresisted ~ насилие, не встретившее сопротивления

violence-prone склонный к насилию

violent насильственный ◇ to lay ~ hands on a person учинить над лицом насилие

dangerously ~ чреватый *или* угрожающий опасным насилием

violently насильственно, с применением силы

virtue сила, действие ◇ by ~ of в силу *чего-л.;* by ~ of office в силу занимаемой должности, «экс-официо», выполняя служебные функции; in ~ of в силу *чего-л.*

visa виза ‖ визировать

entrance [entry] ~ въездная виза

exit ~ выездная виза

tourist ~ туристская виза

transit ~ транзитная виза

viscount виконт.

viscounty титул виконта

visé *фр.* визированный; с наложенной визой

visit 1. посещение; визит ‖ посещать 2. инспекция; осмотр ‖ инспектировать; осматривать 3. остановка и проверка документов судна в открытом море ◇ ~ and search осмотр и обыск (*морских судов*)
courtesy ~ визит вежливости
domiciliary ~ полицейский обыск частного дома; домашний обыск; осмотр дома (*властями*)
good will ~ визит доброй воли
return ~ ответный визит

visitation 1. остановка и проверка документов судна в открытом море 2. инспектирование; ревизия 3. посещение ребёнка, оставленного судом у одного из супругов, другим супругом; право на такое посещение

visitor инспектор

vis major *лат.* непреодолимая сила, форс-мажор

visum виза

vitiate опорочивать; делать недействительным; лишать юридической силы

vitiation опорочивание; лишение юридической силы

vitilitigation сутяжничество

viva voce *лат.* устно ‖ устное голосование (*в законодательных собраниях*)

voice голос (*на выборах*) ‖ голосовать

void ничтожный; не имеющий юридической силы ‖ делать ничтожным; лишать юридической силы ◇ to make ~ лишить юридической силы

voidability оспоримость; *пат.* уязвимость

voidable оспоримый; *пат.* уязвимый

voire dire *старофр.* «говорить правду»: допрос судом свидетеля *или* присяжного на предмет выяснения его беспристрастности и непредубеждённости

volenti non fit injuria *лат.* согласие потерпевшего устраняет противоправность вреда

volition воля

voluntarily по своей воле, добровольно

voluntary 1. добровольный 2. намеренный; сознательный; умышленный 3. безвозмездный; не имеющий встречного удовлетворения 4. содержащийся на добровольные взносы

voluntaryism принцип добровольности

volunteer 1. лицо, ведущее чужие дела без поручения 2. лицо, владеющее правовым титулом в силу акта передачи его без встречного удовлетворения 3. доброволец; волонтёр; лицо, действующее по доброй воле 4. добровольно взять на себя *что-л.*; вести чужие дела без поручения 5. поступать добровольцем на военную службу

vote 1. голос ‖ голосовать 2. право голоса 3. голосование ‖ решать голосованием 4. число голосов 5. вотум; решение ‖ выносить вотум 6. избирательный бюллетень ◇ ~s and proceedings of parliament протоколы парламентских заседаний; ~ by ballot баллотировка; ~ by correspondence [by mail] голосование по почте; ~ by proxy голосование через представителя, голосование по доверенности; ~ by show of hands голосование поднятием рук; ~ en bloc единодушное голосование; to ~ affirmatively голосовать «за»; to ~ alternatively голосовать альтернативно; to ~ article by article голосовать по статьям; to ~ aye голосовать «за»; to ~ by acclamation 1. принять, утвердить без голосования на основании единодушного одобрения 2. вынести вотум без голосования на основании единодушного одобрения; to ~ by ballot голосовать избирательными бюллетенями *или* баллотировочными шарами; to ~ by block голосовать блоком; to ~ by cards голосовать мандатами; to ~ by rising голосовать вставанием; to ~ by roll call голосовать поимённо; to ~ by sitting and standing голосовать вставанием; to ~ by snap *амер.* голосовать поднятием рук; to ~ confidence вынести вотум доверия; to ~ down отвергнуть голосованием, «провалить»; to ~ finally 1. голосовать окончательно 2. решить, утвердить (*голосованием*) окончательно 3. вынести окончательный вотум; to ~ nay голосовать «против»; to ~ negatively голосовать «против»; to ~ non-confidence вынести вотум недоверия; to ~ plurally подавать голос более чем в одном избирательном округе; to ~ secretly голосовать тайно; to ~ separately голосовать раздельно; to ~ through провести голосованием; to ~ unanimously (про)голосовать единогласно; to ~ viva voce голосовать устно; to ~ want of confidence вынести вотум недоверия; to ~ without debate голосовать без обсуждения; without ~ без права голоса

~ of censure 1. вотум порицания (*осуждение законодательным собранием действий своего члена*) 2. вотум недоверия

~ of confidence вотум доверия

~ of credit голосование об ассигновании паушальной суммы расходов, не предназначаемой на определённые цели

~ of no confidence вотум недоверия

absent(ee) ~ заочное голосование

acclamation ~ вотум, принятый без голосования на основании единодушного одобрения

advisory ~ совещательный голос

affirmative ~ голос «за»; голосование «за»

alternative ~ альтернативное голосование

article-by-article ~ постатейное голосование

aye ~ голосование «за»

ballot ~ баллотировка; тайное голосование (*с помощью баллотировочных шаров или избирательных бюллетеней*)

block ~ голосование блоком

card ~ представительное голосование, голосование мандатами

casting ~ решающий голос

cemetery ~ *амер.* голосование вместо покойника (*ещё не исключённого из списка избирателей*)

censure ~ 1. вотум порицания (*осуждение*

законодательным собранием действий своего члена) 2. вотум недоверия

close ~ почти равное количество голосов «за» и «против»

concurring ~s совпадающие голоса

confidence ~ вотум доверия

correspondence ~ голосование по почте

credit ~ голосование об ассигновании паушальной суммы расходов, не предназначаемой на определённые цели

cross ~ голосование против своей партии

cumulative ~ кумулятивный вотум, множественный голос

decisive ~ решающий голос

direct ~ прямое голосование

electoral ~ голосование выборщиков

en-bloc ~ единодушное голосование

faggot ~ подставной голос *(право голоса, создаваемое путём временной передачи имущества лицу, не обладающему имущественным цензом)*

federal ~ *амер.* голосование на выборах федеральных должностных лиц

final ~ окончательное голосование

floor ~ пленарное голосование палаты законодательного собрания

free ~ свободное голосование, голосование по свободному усмотрению *(в отличие от голосования в рамках партийной дисциплины)*

mail ~ голосование по почте

majority ~ решение большинством голосов; большинство голосов

minority ~ меньшинство голосов

multiple ~ множественное голосование *(голосование одного избирателя в нескольких избирательных округах)*

nation-wide ~ всенародное голосование

nay [negative] ~ голос «против»

no(n)-confidence ~ вотум недоверия

party opposition ~ голосование вопреки партийной дисциплине

plural ~ плюральный, множественный вотум *(подача голоса одним лицом в более чем одном избирательном округе)*

political ~ «политическое голосование» *(на выборах, в законодательных собраниях)*

popular ~ 1. народное голосование 2. прямые выборы

postal ~ голосование по почте

proxy ~ голосование через представителя, голосование по доверенности

rising ~ голосование вставанием

roll-call ~ поимённое голосование

secret ~ тайное голосование

separate ~ раздельное голосование

show-of-hands ~ голосование поднятием руки

single transferable ~ голосование с указанием кандидатов в порядке предпочтения

sitting-and-standing ~ голосование вставанием

snap ~ *амер.* голосование путём поднятия рук

state ~ *амер.* голосование на выборах должностных лиц штатов

straw ~ *амер.* предварительное голосование *(для выяснения настроения)*

tie ~ равенство голосов *(поданных за двух кандидатов)*

token ~ голосование символической суммы ассигнования с позднейшим определением точной суммы

tombstone ~ голосование вместо умерших *(злоупотребление, состоящее во включении умерших в списки избирателей)*

unanimous ~ единогласное голосование

unit ~ голосование на выборах кандидатов от политической *или* административно-территориальной единицы

viva-voce [voice] ~ устное голосование

without-debate ~ голосование без обсуждения

voteless не имеющий права голоса

voter 1. избиратель; лицо, имеющее право голоса 2. голосующий, участник голосования ◇ ~ **at large** избиратели

congressional ~ лицо, пользующееся правом избирать в конгресс

eligible ~ лицо, имеющее право голосовать на выборах

legal ~ лицо, имеющее право голоса

legislative ~ лицо, имеющее право избирать в законодательное собрание

parliamentary ~ лицо, пользующееся правом избирать в парламент

presidential ~ лицо, имеющее право принимать участие в выборах президента

qualified ~ избиратель, удовлетворяющий цензам; лицо, имеющее право голоса

registered qualified ~ зарегистрированный избиратель

service ~ военнослужащий-избиратель

unqualified ~ лицо, не удовлетворяющее избирательным цензам; лицо, не имеющее право голоса

voter-identification определение политической партии, за кандидатов которой намерен голосовать избиратель

voting голосование; участие в голосовании ◇ ~ **article by article** постатейное голосование; ~ **by ballot** баллотировка; тайное голосование *(с помощью баллотировочных шаров или избирательных бюллетеней)*; ~ **by correspondence** голосование по почте; ~ **by mail** голосование по почте; ~ **by proxy** голосование через представителя, голосование по доверенности; ~ **by roll call** поимённое голосование; ~ **by show of hands** голосование поднятием рук; ~ **by sitting and standing** голосование вставанием; ~ **for a list** голосование за список; ~ **for a single candidate** голосование кандидатур в индивидуальном порядке; ~ **viva voce** устное голосование; ~ **without debate** ~ голосование без обсуждения

~ **of credit** голосование об ассигновании паушальной суммы расходов, не предназначаемой на определённые цели

absent(ee) ~ заочное голосование

affirmative ~ голосование «за»

alphabetical ~ голосование в алфавитном порядке

article-by-article ~ постатейное голосование

ballot ~ баллотировка; тайное голосование (с помощью баллотировочных шаров или избирательных бюллетеней)

block ~ голосование блоком

card ~ представительное голосование, голосование мандатами

correspondence ~ голосование по почте

credit ~ голосование об ассигновании паушальной суммы расходов, не предназначаемой на определённые цели

cross ~ голосование против своей партии

cumulative ~ кумулятивное голосование (при котором каждый избиратель имеет столько голосов, сколько выставлено кандидатов); кумулятивная подача голосов (каждый акционер имеет право на число голосов, равное числу его акций, помноженному на число подлежащих избранию директоров)

direct ~ прямое голосование

federal ~ амер. голосование на выборах федеральных должностных лиц

final ~ окончательное голосование

first ~ первый тур голосования

floor ~ пленарное голосование в палате законодательного собрания

mail ~ голосование по почте

multiple ~ множественное голосование (голосование одного избирателя в нескольких избирательных округах)

nation-wide ~ всенародное голосование

plural ~ множественное голосование (голосование одного избирателя в нескольких избирательных округах)

postal ~ голосование по почте

preferential ~ голосование с указанием кандидатов в порядке предпочтения

proxy ~ голосование через представителя, голосование по доверенности

recorded ~ зарегистрированное участие в голосовании

rising ~ голосование вставанием

roll-call ~ поимённое голосование

second ~ второй тур голосования

secret ~ тайное голосование

separate ~ раздельное голосование

show-of-hands ~ голосование поднятием рук

sitting-and-standing ~ голосование вставанием

snap ~ амер. голосование поднятием рук

state ~ голосование на выборах должностных лиц штатов

token ~ голосование символической суммы ассигнования с позднейшим определением точной суммы

tombstone ~ голосование вместо умерших (злоупотребление, состоящее во включении умерших в списки избирателей)

unit ~ голосование на выборах кандидатов от политической или административно-территориальной единицы

viva-voce ~ устное голосование

voice ~ устное голосование

weighted ~ пропорциональное голосование

without-debate ~ голосование без обсуждения

vouch 1. утверждать, заявлять; возражать; отвечать; объяснять 2. подтверждать 3. свидетельствовать 4. вызывать, представлять в суд свидетеля или поручителя ◇ to ~ for a witness вызывать, представлять в суд свидетеля; to ~ to warranty представлять, вызывать в качестве свидетеля или поручителя

vouchee 1. лицо, вызванное в качестве свидетеля или поручителя 2. авторитетный источник (цитируемый в подтверждение чего-л.) common ~ ист. глашатай суда

voucher 1. письменное свидетельство чего-л.; удостоверение (факта); поручительство, ручательство 2. свидетель; поручитель 3. вызов свидетеля или поручителя 4. лицо, вызывающее свидетеля или поручителя 5. денежный оправдательный документ; подтверждающий документ ◇ ~ for receipt расписка в получении

cash ~ кассовый чек

travel ~ подорожная

vouchor см. voucher 4.

voyage рейс (морского судна)

continuous ~ единство пути

W

wadset шотл. залог недвижимости, ипотека

wadsetter шотл. ипотекодержатель, кредитор по закладной

wage 1. обыкн. pl заработная плата 2. держать пари 3. приносить (присягу) 4. осуществлять, вести, проводить ◇ to ~ a grievance приносить жалобу, жаловаться; to ~ battle ист. вызывать на поединок (для решения спора); to ~ one's law или to ~ the law ист. приносить очистительную присягу, присягать в своей невиновности; to ~ war вести войну

base [basic] ~ основная заработная плата

below-scale ~ заработок ниже установленной шкалы заработной платы

board ~ столовые и квартирные, стоимость жилья и питания (как часть заработной платы)

day ~ подённая плата

dismissal ~ выходное пособие

efficiency ~ сдельная оплата труда

hourly ~ почасовая заработная плата

incentive ~ заработная плата по прогрессивной системе оплаты труда, прогрессивная заработная плата

job ~ сдельная заработная плата

maximum ~ максимальная заработная плата

minimum ~ минимальная заработная плата

piece ~ сдельная оплата труда

standard ~ заработок в пределах установленной шкалы заработной платы

standing ~ твёрдая заработная плата

substandard ~ заработок ниже установленной шкалы заработной платы

terminal ~ выходное пособие

tough ~ *разг.* твёрдая заработная плата

union ~ заработная плата по профсоюзным ставкам

wager 1. *ист.* присяга 2. пари || держать пари, заключать пари

~ of battle *ист.* «спор боем», решение спора в личном поединке; предложение решения спора в личном поединке

~ of law *ист.* компургация *(очищение от обвинения путём присяги)*

wagering пари, заключение пари

waif 1. бесхозяйная вещь 2. бродяга 3. беспризорный ребёнок

waive 1. отказываться *(от права, требования, привилегии)* 2. не требовать выполнения *чего-л.* ◇ to ~ a counsel отказаться от адвоката, защитника; to ~ a hearing отказаться *(за признанием подсудимым вины)* от судебной процедуры слушания своего дела; to ~ a jury trial отказаться от слушания дела судом присяжных; to ~ an immunity отказаться от иммунитета; to ~ an indictment отказаться от процедуры преследования по обвинительному акту *(с вытекающими из неё процессуальными гарантиями)*; to ~ an objection снять возражение; to ~ a privilege отказаться от привилегии; to ~ a trial отказаться от процедуры судебного слушания дела *(с вытекающими из неё процессуальными гарантиями)*; to ~ defence отказаться от защиты; to ~ (one's) right отказаться от права; to ~ over to the court обратиться к суду с заявлением об отказе от права; to ~ proof отказаться *(за признанием вины)* от процедуры доказывания перед судом; to ~ the jurisdiction отказаться от слушания дела в данном суде

waiver 1. отказ *(от права, требования, привилегии)* 2. документ *(об отказе от права)* 3. отказывающийся от своего права ◇ ~ over to the court обращение к суду с заявлением об отказе от права

~ of counsel отказ от адвоката, защитника

~ of defence отказ от защиты

~ of hearing отказ *(за признанием подсудимым вины)* от судебной процедуры слушания своего дела

~ of immunity отказ от иммунитета

~ of indictment отказ от процедуры преследования по обвинительному акту *(с вытекающими из неё процессуальными гарантиями)*

~ of jury trial отказ от слушания дела судом присяжных

~ of objection отказ от возражения

~ of privilege отказ от привилегии

~ of (one's) right отказ от права

~ of proof отказ *(за признанием вины)* от процедуры доказывания перед судом

~ of the jurisdiction отказ от процедуры слушания дела в данном суде

~ of trial отказ от процедуры судебного слушания дела *(с вытекающими из неё процессуальными гарантиями)*

general ~ общий отказ

legal ~ отказ в суде

limited ~ ограниченный отказ *(отказ от части права и т.п.)*

waken *шотл.* возобновлять судебное дело

walker:

street(-) ~ уличная проститутка

wanderer бродяга

want 1. отсутствие; недостаток 2. нужда, необходимость, потребность

~ of care непроявление заботы; халатность

~ of prosecution несовершение истцом процессуальных действий *(дающее основание ответчику требовать прекращение дела)*

wanted разыскиваемый полицией

wanton 1. беспричинный; безмотивный; необоснованный; бессмысленный 2. произвольный 3. самонадеянный 4. пренебрегающий *(правами других лиц)* 5. злоумышленный

wapentake 1. уэпентейк, округ *(административное подразделение некоторых графств)* 2. окружной суд

war война ◇ to make ~ начинать войну; to wage ~ вести войну

~ of aggression агрессивная война

aggressive ~ агрессивная война

civil ~ гражданская война

gang ~ 1. война молодёжных группировок 2. война гангстерских синдикатов

internecine ~ междоусобная война

intestine ~ гражданская война; внутренняя междоусобица

preventive ~ превентивная война

private ~ частная война

public ~ война между государствами

solemn ~ формально объявленная война

tariff ~ таможенная война

unsolemn ~ война без объявления, формально не объявленная война

ward 1. опека; попечительство 2. лицо, находящееся под опекой *или* на попечении; подопечный 3. подмандатная *или* подопечная территория 4. заключение, содержание под стражей 5. тюремное помещение, камера 6. палата *(в больнице)*; ночлежный дом *(для бедняков)* 7. уорд, административный район города; городской избирательный округ; район графства ◇ ~ in Chancery подопечный канцлерского отделения Высокого суда правосудия

~ of court лицо, находящееся под опекой суда

casual ~ ночлежный дом для бедняков

close ~ тюремная камера закрытого типа

correctional ~ камера в исправительном учреждении

insecure ~ неохраняемая камера

isolation ~ изолятор (*в больнице, в тюрьме*); карцер

jail ~ тюремная камера

juvenile ~ изолятор для несовершеннолетних правонарушителей

lock-up ~ камера предварительного заключения

open ~ тюремная камера открытого типа

parole ~ изолятор для нарушивших режим условно-досрочного освобождения под честное слово

penitentiary ~ *амер.* тюремная камера

prison ~ тюремная камера

probation ~ изолятор для нарушивших режим пробации

psychiatric ~ изолятор в психиатрической клинике

reformatory ~ камера в реформатории

secure ~ охраняемая камера

solitary ~ камера одиночного заключения

teenage ~ изолятор для несовершеннолетних правонарушителей

warden тюремный смотритель, надзиратель; смотритель, начальник тюрьмы

associate ~ помощник начальника тюрьмы

church ~ *церк.* церковный староста

deputy ~ заместитель начальника тюрьмы

jail ~ тюремный смотритель, надзиратель; смотритель, начальник тюрьмы (*краткосрочного заключения*)

prison ~ тюремный смотритель, надзиратель; смотритель, начальник тюрьмы (*долгосрочного заключения*)

warder тюремный надзиратель; тюремщик

warding *шотл.* тюремное заключение

wardmote уордмоут, суд уорда, суд городского района

wardress тюремная надзирательница

wardship опека; попечительство; покровительство

warfare война, ведение войны, приёмы ведения войны

warn предостерегать; предупреждать, делать предупреждение

warning предупреждение; предостережение

month's ~ предупреждение за месяц

police ~ предупреждение со стороны полиции

proper ~ надлежащее предупреждение

sharp ~ категорическое предупреждение

warrandice *шотл.* гарантия; ручательство

warrant 1. приказ; ордер (*на обыск, арест и т.д.*); предписание 2. правомочие; полномочие 3. удостоверение; свидетельство 4. ордерный платёжный документ 5. свидетельство *или* купон на получение дивиденда; *англ.* процентный купон 6. складское свидетельство; варрант; складской варрант 7. подтверждать, ручаться, гарантировать 8. служить основанием, оправданием ◇ ~ compelling the appearance приказ о приводе; ~ for apprehension приказ о задержании; ~ in bankruptcy приказ об открытии конкурсного производства; ~ to appear вызов в суд, судеб-

ная повестка, приказ о явке в суд; ~ to apprehend приказ о задержании; ~ to arrest ордер на арест; to back a ~ сделать на приказе (*на обороте приказа*) надпись, подтверждающую его действительность; ~ to commit приказ о заключении под стражу; ~ to distress судебный приказ об изъятии имущества, приказ о наложении ареста на имущество, приказ об описи имущества; to issue a ~ издать приказ; выдать ордер; ~ to search ордер на обыск; ~ to seize ордер на выемку; ~ to surrender приказ о выдаче; to ~ the title 1. подтвердить правовой титул 2. служить основанием правового титула; ~ under seal приказ за печатью; ~ upon affidavit ордер, выданный на основании аффидевита; ~ upon evidence ордер, выданный на основании полученных доказательств; ордер, выданный на основании свидетельских показаний; ~ upon (oral) testimony ордер, выданный на основании (устных) свидетельских показаний; ~ upon proof ордер, выданный на основании полученных доказательств

~ of arrest ордер на арест

~ of attorney доверенность

~ of caption приказ о розыске и аресте преступника

~ of commitment приказ о заключении под стражу

~ of death приказ о приведении в исполнение смертного приговора

~ of distress судебный приказ об изъятии имущества, приказ о наложении ареста на имущество, приказ об описи имущества

~ of law законное полномочие, правовая санкция, правовое основание, данное правом разрешение

~ of removal приказ о переводе обвиняемого, подсудимого в другую юрисдикцию

~ of search ордер на обыск

~ of seizure ордер на выемку

~ of surrender приказ о выдаче

~ of the bench распоряжение, приказ суда, судебный ордер

alias ~ повторный приказ

apprehension ~ приказ о задержании

arrest ~ ордер на арест

bench ~ распоряжение, приказ суда, судебный ордер

blank ~ бланкетный ордер, общий ордер (*без указания лиц, подлежащих задержанию или аресту, предметов, подлежащих выемке и пр.*)

cancelled ~ отменённый приказ

commissioner ~ приказ мирового судьи (*в ряде штатов*)

commitment ~ приказ о заключении под стражу

constitutional ~ конституционное обоснование

custom(s) ~ разрешение на выпуск груза из таможни

death ~ приказ (*начальнику тюрьмы или шерифу*) о приведении в исполнение приговора к смертной казни

distress ~ судебный приказ об изъятии имущества, приказ о наложении ареста на имущество, приказ об описи имущества

dividend ~ свидетельство *или* купон на получение дивиденда

dock ~ складское свидетельство; доковый варрант

escape ~ приказ о задержании бежавшего заключённого и доставке его в тюрьму

executed ~ исполненный приказ

expired ~ приказ с истекшим сроком действия

explicit ~ формальный, официальный приказ

federal arrest ~ *амер.* ордер на арест, выданный федеральными властями

formal ~ ордер, выданный с соблюдением установленных формальностей

general ~ общий ордер (*не указывающий лиц, подлежащих задержанию или аресту, предметы, подлежащие выемке и т.п.*)

informal ~ ордер, выданный без соблюдения установленных формальностей

insufficient ~ ордер, выданный без соблюдения установленных правил

interest ~ процентный купон

international arrest ~ международный ордер на арест

irregular ~ незаконный ордер

local arrest ~ ордер на арест, выданный местными властями

national arrest ~ *см.* federal arrest warrant

necessary ~ ордер, необходимый для производства предписанных им процессуальных действий

open-ended ~ общий ордер (*без указания лиц, подлежащих задержанию или аресту, подлежащих выемке предметов и пр.*)

original ~ первоначальный приказ

peace ~ приказ, изданный мировым судьёй

regular ~ законный приказ

royal ~ королевское разрешение

search ~ ордер на обыск

seizure ~ ордер на выемку

share ~ (to bearer) предъявительское свидетельство на акцию, акция на предъявителя

ship's ~ корабельный паспорт

state arrest ~ *амер.* ордер на арест, выданный властями штата

sufficient ~ ордер, выданный с соблюдением установленных правил

surrender ~ приказ о выдаче

unexecuted ~ неисполненный приказ

unexpired ~ приказ с неистекшим сроком действия

unnecessary ~ ордер, не являющийся необходимым для производства предписанных им процессуальных действий

valid ~ имеющий юридическую силу, действующий приказ

void ~ недействительный приказ, приказ, не имеющий юридической силы

voidable ~ приказ сомнительной юридической силы, оспоримый приказ

warehouse ~ складской варрант

wharfinger's ~ складской варрант, выданный товарной пристанью

warrantable допустимый; имеющий под собой основание; законный ◇ ~ by law разрешённый законом, имеющий законное основание

warranted 1. подтверждённый, гарантированный 2. обоснованный, оправданный ◇ ~ by law 1. гарантированный законом 2. имеющий правовое, законное основание; ~ free from [free of] оговаривается, что страховщик не несёт ответственности за...

legally ~ 1. юридически гарантированный 2. юридически обоснованный, оправданный

warrantee лицо, которому даётся гарантия

warranter лицо, дающее гарантию, гарант

warrantor *см.* warranter

warranty 1. гарантия, ручательство 2. разрешение, санкция 3. *амер.* договорная гарантия (*в отношении существующего положения вещей или наступления факта или события*) 4. *англ.* простое условие (*нарушение которого даёт право на взыскание убытков, но не на расторжение договора*) 5. *шотл.* договорное условие

~ of authority доверенность

~ of genuineness гарантия подлинности

~ of title гарантия правового титула

affirmative ~ гарантия в форме подтверждения

negative ~ гарантия в форме отрицания

Warrant/y:

Institute ~ies условия страхования судов объединения лондонских страховщиков

warring воюющий, находящийся в состоянии войны

waste 1. порча имущества, повреждение и обесценение нанятого имущества 2. необрабатываемая земля

commissive ~ порча имущества действиями владельца

permissive ~ порча нанятого имущества в результате небрежного упущения

voluntary ~ умышленная порча имущества

wastethrift расточитель

wastry *шотл.* расточительство

watch *ист.* 1. стража; караул; (*ночной*) дозор 2. сторож, страж; часовой

town ~ городская стража

waters воды; водная территория

adjacent ~ прилежащие воды, прилегающие воды

archipelagic ~ архипелажные воды

coastal ~ прибрежные воды

exterior territorial ~ внешние территориальные воды

historic ~ исторические воды

inland [internal] ~ внутренние воды

international ~ международные воды

jurisdictional ~ прибрежные воды, на которые распространяется юрисдикция данного государства

land-locked ~ замкнутые сушей воды, внутренние воды

national ~ национальные воды

superjacent ~ покрывающие воды, вышележащий слой воды

territorial ~ территориальные воды

waterway водный путь

navigable ~ **of international concern** судоходный водный путь, представляющий международный интерес

way 1. дорога, путь 2. право прохода, проезда *(вид сервитута)* ◇ ~ **in gross** право прохода как личный сервитут

waybill транспортная накладная

air ~ воздушная накладная, авианакладная, накладная на груз при воздушной перевозке

wayward сбившийся с пути; заблудший; ставший на путь преступлений

waywarden смотритель шоссейных дорог; дорожный инспектор

waywardness непослушание *(разновидность «статусного» правонарушения несовершеннолетних)*

weapon 1. оружие 2. орудие; средство

~**s of mass destruction** оружие массового уничтожения

~**s of war** 1. орудия войны; средства ведения войны 2. военное оружие

bacteriological ~**s** бактериологическое оружие

chemical ~**s** химические средства ведения войны, химическое оружие

conventional ~**s** обычные виды вооружения

dangerous ~ опасное *(для жизни)* оружие *или* орудие

deadly ~ смертоносное оружие

limited ~**s** оружие ограниченного применения

nuclear ~**s** ядерное оружие

offensive ~ наступательное оружие, оружие для целей нападения

personal ~ 1. личное оружие 2. «личные» средства нападения *или* сопротивления *(удары кулаком, ногами и т.п.)*

prohibited ~**(s)** запрещённое оружие; запрещённые виды вооружения

strategic ~**s** стратегическое оружие

tactical ~**s** тактическое оружие

unconventional ~**s** особые виды вооружения *(ядерное, химическое, бактериологическое оружие)*

wedlock законный брак; супружество

lawful ~ законный брак

weigh взвешивать ◇ **to** ~ **the evidence** оценивать [«взвешивать»] доказательства

weight вес

~ **of evidence** совокупность доказательств по делу

short ~ недовес

welfare 1. благосостояние 2. благотворительность

public ~ общее благо, общественное благосостояние, общественное благоденствие

social ~ социальное обеспечение

wergild *ист.* вергельд, выкуп; вира

whereas принимая во внимание, поскольку *(в мотивировочной, декларативной части документа)*

whereases (вводная) мотивировочная часть *(закона или иного юридического акта)*, декларативная часть *(особ. международного договора)*

whereby в силу чего, посредством чего

whip 1. «кнут», парламентский партийный организатор 2. уведомление, направляемое парламентским партийным организатором

government ~ правительственный «кнут» *(парламентский организатор правительственной партии)*

opposition ~ «кнут» оппозиции *(парламентский организатор оппозиционной партии)*

three-line ~ «уведомление с тремя подчёркиваниями», уведомление *(парламентского партийного организатора)* особой важности, требующее строжайшего соблюдения партийной дисциплины

Whip:

Chief ~ «главный кнут», главный парламентский партийный организатор

whipping *ист.* порка *(вид уголовного наказания)*

whole-timer работник, занятый полное рабочее время

whore проститутка

whorehouse публичный дом

widow вдова

widower вдовец

wife жена, супруга

common law ~ фактическая, гражданская жена

wifehood статус замужней женщины

wilful намеренный, умышленный, сознательный

wilfully по своей воле, намеренно, умышленно, сознательно ◇ ~ **guilty of an offence** виновный в умышленном совершении преступления

wilfulness умышление; умысел

will 1. воля ‖ желать; проявлять волю, изъявлять волю 2. завещание ‖ завещать ◇ **at** ~ 1. по усмотрению; по желанию 2. бессрочно; ~ **in issue** завещание, являющееся предметом судебного спора; **to** ~ **away** лишать наследства; **to make a** ~ составить завещание, завещать

~ **of the decedent** воля умершего; завещание

alternative ~ альтернативное завещание

ambulatory ~ завещание, неопределённое по содержанию

autograph ~ собственноручно написанное завещание

bad ~ завещание, не имеющее законной силы

disputable ~ завещание, могущее стать предметом судебного спора disputed ~ оспариваемое завещание

double ~ взаимное завещание имущества

evil ~ 1. недоброжелательство, неприязнь, вражда 2. злая воля; злой умысел

free ~ 1. свободная воля; свобода воли 2. произвол

(h)olographic ~ собственноручно составленное завещание

ill ~ 1. недоброжелательство, неприязнь, вражда 2. злая воля; злой умысел

lapsed ~ завещание, потерявшее силу вследствие смерти наследника до смерти завещателя

last ~ (and testament) последняя воля, завещание

legislative ~ воля законодателя

military ~ солдатское завещание *(без соблюдения обычных формальностей)*, устное завещание военнослужащего

mutual ~ взаимное завещание *(супругов)*

mystic ~ тайное завещание

nominative ~ завещание в пользу определённого лица

notarial ~ нотариально оформленное завещание

nuncupative ~ устное завещание

official ~ завещание в пользу наследников по закону, завещание, учитывающее наследников по закону

parol ~ устное завещание

probated ~ утверждённое завещание

reciprocal ~ взаимное завещание *(супругов)*

solemn ~ торжественное волеизъявление

unsolemn ~ неформальное волеизъявление

vicious ~ порочная воля

willful *см.* wilful

win выиграть *(судебное дело, процесс)* ◇ to ~ an action выиграть дело

wind-bill «бронзовый» [дутый, фиктивный] вексель

winding-up ликвидация компании

compulsory ~ принудительная ликвидация

wind up ликвидировать *(компанию)*

wiretap(ping) перехват телефонных разговоров, передаваемых по телефону телеграмм; устройство для перехвата телефонных разговоров, передаваемых по телефону телеграмм

illegal ~ незаконный перехват телефонных разговоров, передаваемых по телефону телеграмм

intelligence ~ перехват телефонных разговоров, передаваемых по телефону телеграмм в разведывательных целях *(в т.ч. в целях полицейской разведки)*

lawful [legal] ~ законный перехват телефонных разговоров, передаваемых по телефону телеграмм

unlawful ~ *см.* illegal wiretap(ping)

wiretapper 1. лицо, перехватывающее телефонные разговоры, передаваемые по телефону телеграмм 2. устройство для перехвата телефонных разговоров, передаваемых по телефону телеграмм

withdraw 1. брать назад; отзывать; отменять; изымать; прекращать 2. выходить; уходить; выводить ◇ to ~ a detainer отменить предписание о заключении под стражу; to ~ a juror вывести присяжного из состава присяжных, рассматривающих дело; to ~ an action отозвать иск, отказаться от иска; to ~ a plea of guilty отказаться от заявления о признании вины; to ~ by notice отказаться *(от договора)* с предупреждением; to ~ demand *пат.* отзывать заявку; изымать требование; to ~ from a treaty выйти из договора; to ~ nationality лишить гражданства; to ~ (the) money снять деньги со счёта; to ~ record отозвать иск; to ~ to consider the judgement удаляться для обсуждения решения

withdrawal 1. взятие назад; отозвание; отмена 2. выход; уход; вывод ◇ ~ by notice отказ *(от договора)* с предупреждением; ~ from a treaty выход из договора

~ of action отозвание иска

~ of demand *пат.* отзыв заявки; изъятие требования

~ of detainer отмена предписания о заключении под стражу

~ of elections *пат.* изъятие выбора государств

~ of juror вывод присяжного из состава присяжных, рассматривающих дело

~ of money снятие денег со счёта

~ of nationality лишение гражданства

~ of plea of guilty отказ от заявления о признании вины

~ of record отозвание иска

withhold 1. удерживать во владении 2. отказывать *в чём-л.* 3. приостанавливать 4. не сообщать ◇ to ~ information не сообщать имеющуюся информацию; to ~ records не сообщать содержание сделанных записей; to ~ the grant of patent отсрочить выдачу патента; воздержаться от выдачи патента, отказать в выдаче патента

witness 1. свидетель; понятой 2. свидетельство, свидетельское показание ‖ давать свидетельские показания; свидетельствовать; подписывать в качестве свидетеля ◇ ~ against a defendant свидетель истца *или* обвинения; ~ against an accused свидетель обвинения; ~ against a plaintiff свидетель ответчика; availability as [of] a ~ возможность *(фактическая)* допросить лицо в качестве свидетеля; ~ by the accused свидетель, выставленный обвиняемым; ~ by the court свидетель, вызванный судом; ~ by the defence свидетель, выставленный защитой; ~ by the defendant свидетель, выставленный ответчиком *или* подсудимым; ~ by the plaintiff свидетель, выставленный истцом; ~ by the prosecution свидетель, выставленный обвинением; ~ for an accused свидетель защиты; ~ for the Commonwealth свидетель обвинения *(в судах некоторых штатов)*; ~ for the Crown *англ.* свидетель обвинения; ~ for the defence свидетель защиты; ~ for the defendant свидетель ответчика *или* защиты; ~ for the Government *амер.* свидетель обвинения *(в федеральных судах)*; ~ for the People свидетель обвинения *(в судах некоторых штатов)*; ~ for the prisoner свидетель защиты; ~ for the prosecution свидетель обвинения; ~ for the State свидетель обвинения *(в судах штатов)*; ~ in attendance свидетель в суде; ~ in the box свидетель перед судом; in ~ whereof в подтверждение чего... ; ~ on oath свидетель под присягой; ~ on the stand свидетель перед судом; ~ produced выставленный свидетель; ~ produced against an accused свидетель обвинения; ~ produced for the accused свидетель защиты; to ~ against self свидетельствовать против самого себя; to ~ a line-up присутствовать в качестве понятого на опознании; to ~ an arrest присутствовать в качестве понятого при аресте; to ~ an inquest on a body присутствовать в качестве понятого при производстве дознания в отношении человеческого трупа; ~ to an overt act очевидец; to ~ a search присутствовать в качестве понятого при обыске; to ~ a seizure присутствовать в качестве понятого при выемке; to break down a ~ 1. опорочить свидетеля *или* данные свидетелем показания 2. опровергнуть свидетельское показание; to check on a ~ контролировать, сдерживать свидетеля; to coach a ~ «натаскивать» свидетеля; ~ under examination свидетель на допросе

~ of arrest понятой при аресте

~ of inquest of a body понятой при производстве дознания в отношении человеческого трупа

~ of line-up понятой на опознании

~ of search понятой при обыске

~ of seizure понятой при выемке

admissible ~ 1. лицо, могущее быть допущенным к даче свидетельских показаний 2. допустимое свидетельское показание

adverse ~ свидетель противной стороны; свидетель, дающий показания в пользу противной стороны

alibi ~ свидетель алиби

arrest ~ понятой при аресте

attesting ~ свидетель составления юридического документа *(заверяющий его своей подписью)*

auricular ~ 1. «свидетель по слуху», свидетель, дающий показания со слов других 2. свидетельство с чужих слов

character ~ свидетель, дающий показания о *чьей-л.* репутации, *чьём-л.* поведении

chief ~ главный свидетель

coached ~ «натасканный» свидетель

Commonwealth's ~ свидетель обвинения *(в судах некоторых штатов)*

compellable ~ лицо, которое может быть принуждено к даче показаний

compelled ~ 1. лицо, вынужденное к даче показаний 2. вынужденные свидетельские показания

competent ~ надлежащий свидетель *(не ограниченный в своём праве давать показания по делу)*

complaining ~ свидетель, принёсший жалобу

compulsory ~ вынужденные свидетельские показания

consistent ~ 1. свидетель, показания которого соответствуют его показаниям, данным ранее 2. свидетельское показание, соответствующее свидетельскому показанию, данному ранее

contemptuous ~ свидетель, оказывающий суду неуважение

contradicting [contradictory] ~ 1. свидетель, дающий показания, противоречащие имеющимся доказательствам; свидетель, дающий противоречивые показания 2. свидетельское показание, противоречащее имеющимся доказательствам; противоречивое свидетельское показание

contumacious ~ свидетель, не явившийся в суд

coroner's ~ понятой при производстве коронерского дознания

court's ~ свидетель, вызванный судом

credible ~ свидетель, заслуживающий доверия

Crown ~ *англ.* свидетель обвинения

defence ~ свидетель защиты

defendant's ~ свидетель, выставленный ответчиком, подсудимым

direct ~ 1. непосредственный свидетель 2. показания непосредственного свидетеля

documentary ~ документальное свидетельство

ear-~ свидетель, дающий показания об услышанном

expert ~ свидетель-эксперт

extra ~ свидетель, вызванный помимо списка свидетелей

eye-~ очевидец

false ~ лжесвидетель

friendly ~ свидетель, дающий показания в пользу выставившей стороны

further ~ следующий по порядку свидетель

future ~ возможный свидетель

going ~ свидетель, собирающийся покинуть пределы юрисдикции суда

Government's ~ *амер.* свидетель обвинения *(в федеральных судах)*

hearsay ~ свидетель, дающий показания с чужих слов

hostile ~ свидетель, дающий показания в пользу противной стороны

human ~ «человеческое свидетельство» *(в отличие от документов, фотоснимков и т.п.)*

identified ~ свидетель, личность которого установлена

identifying ~ понятой

impeachable ~ 1. свидетель, показания которого могут быть опорочены 2. свидетельство, которое может быть опорочено impeached ~ 1. опороченный свидетель 2. опороченное свидетельство

impeaching ~ свидетель, порочащий участника процесса *или* доказательства по делу

impugned ~ *см.* impeached witness

impugning ~ *см.* impeaching witness

inadmissible ~ 1. лицо, не могущее быть допущенным к даче свидетельских показаний 2. недопустимое свидетельское показание

incompetent ~ 1. лицо, не могущее быть свидетелем 2. недопустимое свидетельство

inconsistent ~ 1. свидетель, показания которого не соответствуют показаниям, данным ранее 2. свидетельское показание, не соответствующее свидетельскому показанию, данному ранее

independent ~ самостоятельное свидетельство

indirect ~ косвенный свидетель

inquest-on-a-body ~ понятой при производстве дознания в отношении человеческого трупа

interested ~ заинтересованный, пристрастный свидетель

irrelevant ~ 1. свидетель, дающий показания, не относящиеся к делу 2. нерелевантное свидетельское показание

key ~ главный свидетель

late-endorsed ~ свидетель, внесённый в список вызванных свидетелей после составления их первоначального списка

lawful ~ 1. лицо, имеющее право быть свидетелем 2. допустимое свидетельство

lay ~ *см.* ordinary witness

line-up ~ понятой на опознании

material ~ важный свидетель, свидетель, показания которого могут иметь *или* имеют существенное значение

military ~ свидетель-военнослужащий

non-compellable ~ свидетель, не обязанный давать показания

opening ~ свидетель, первый по порядку

ordinary ~ обычный свидетель, свидетель, не являющийся специалистом, экспертом

partial ~ пристрастный свидетель

People's ~ свидетель обвинения *(в судах некоторых штатов)*

perjurious ~ лжесвидетель

plaintiff's ~ свидетель, выставленный истцом

police ~ свидетель-полицейский

previous ~ предыдущий свидетель

primary [principal] ~ главный свидетель

prisoner's ~ свидетель защиты

prosecuting [prosecution] ~ свидетель обвинения

prospective ~ возможный свидетель

psychiatric ~ 1. свидетель, дающий показания о психическом состоянии стороны в процессе 2. свидетельское показание о психическом состоянии стороны в процессе 3. свидетель-эксперт-психиатр

qualified ~ надлежащий свидетель

recalled ~ свидетель, вызванный повторно

relevant ~ 1. свидетель, дающий показания,

относящиеся к делу 2. релевантное свидетельское показание

satisfactory [satisfying] ~ 1. свидетель, дающий убедительные показания 2. убедительное свидетельское показание

scientific ~ свидетель-эксперт

search ~ понятой при обыске

seizure ~ понятой при выемке

skilled ~ сведущий свидетель, свидетель-эксперт

star ~ *разг.* главный свидетель

State ~ свидетель обвинения *(в судах штатов)*

subscribing ~ лицо, подписывающее документ в качестве свидетеля его составления, свидетель составления документа

succeeding ~ следующий по порядку свидетель

surprise ~ свидетель, дающий неожиданные для выставившей стороны показания

suspended ~ свидетель, дача показаний которым отложена

swift ~ пристрастный свидетель

sworn ~ свидетель под присягой

treacherous ~ вероломный свидетель

turncoat ~ «свидетель-оборотень» *(недобросовестно изменивший показания по сравнению с данными ранее)*

turned away ~ свидетель, удалённый из зала судебного заседания

ultroneous ~ *шотл.* добровольный свидетель

uncompellable ~ лицо, не обязанное давать свидетельские показания

unfavourable ~ *см.* hostile witness

unimpeachable ~ безупречный свидетель

unreliable ~ свидетель, не заслуживающий доверия

veracious ~ правдивый свидетель

zelous ~ рьяный свидетель, свидетель, обнаруживающий пристрастность к выставившей его стороне, свидетель, явно желающий выигрыша дела той стороне, которая его выставила

witness-box свидетельская трибуна

witness-stand свидетельская трибуна

wittingly заведомо и намеренно; зная и желая; умышленно, сознательно

woman женщина

  fancy ~ 1. любовница 2. проститутка

  pregnant ~ беременная женщина

  single ~ незамужняя женщина; вдова

woolsack председательское место лорда-канцлера в палате лордов *(набитая шерстью подушка)*

word 1. слово; обещание; заверение 2. *pl* слова; формулировка; текст 3. излагать; формулировать; составлять *(документ)* ◇ by ~ of mouth устно; to have ~s ссориться

~ of art профессиональный термин; специальный термин; юридический термин

~s of limitation ограничивающая формулировка

apt ~s надлежащая формулировка

assertive ~ утверждение

blasphemous ~s богохульство

damaging ~s 1. оскорбление словом 2. диффамация *(устная)* 3. клевета *(устная)*

foul ~s сквернословие

general ~s общая формулировка

negative ~ отрицание

particular ~s специальная формулировка

pass ~ пароль

precatory ~s пожелания *(особ. высказанные в завещании)*

seditious ~s подстрекательство к мятежу

vestigial ~s устаревшие положения закона *(в силу позднее изданных по тому же вопросу законов)*

worded изложенный; сформулированный

wording формулировка; редакция; текст

legal ~ юридическая формулировка; редакция *или* текст правового документа

statutory ~ формулировка *или* редакция *или* текст закона

word-picture словесное изображение, словесная иллюстрация *(регистрируемого промышленного образца)*

work работа ‖ работать ◇ ~ and labour 1. «услуги и материалы» *(исполнение работы иждивением лица, обязавшегося к её исполнению)* 2. договор подряда; договор личного найма; ~ made for hire работа, выполненная по найму; произведение, созданное по найму; ~ to rule работа «строго по правилам» *(скрытая форма забастовки)*; to ~ wrong 1. причинить вред 2. совершить правонарушение, деликт

~ of the United States *авт. пр.* произведение, созданное правительственным служащим в порядке выполнения своих служебных обязанностей *(США)*

additional ~ дополнительная работа

compilative ~ *авт. пр.* составительская работа

composite ~ коллективная работа *(написанная коллективом авторов, каждый из которых является самостоятельным автором части работы)*

compulsory ~ принудительный труд

copyrighted ~ произведение, охраняемое авторским правом

day ~ дневная работа, работа в дневное время

derivative ~ *авт. пр.* 1. составительская работа 2. «производное» произведение *(напр. драматургическое произведение, созданное путём переработки повествовательного)*

free lance ~ внештатная работа

local ~ труд, регулируемый местными нормативными актами

necessity ~ неотложные работы *(которые выполняются в нерабочие дни)*

night ~ ночная работа, работа в ночное время

off-hour ~ работа во внеурочное время; работа по совместительству

overtime ~ сверхурочная работа

public ~s общественные работы; трудовая повинность

task ~ сдельная работа; аккордная работа

worker рабочий; работник; сотрудник

career ~ профессиональный работник

correctional ~ сотрудник исправительного учреждения

day ~ работающий в дневную смену

member ~ рабочий-член профсоюза, организованный рабочий

night ~ работающий в ночную смену

non-member ~ рабочий-не член профсоюза, неорганизованный рабочий

office ~ служащий

professional ~ профессиональный работник

social ~ социальный работник

street ~ работающий на улице; социальный работник, ведущий работу в условиях улицы

work-farm исправительно-трудовая колония *(для несовершеннолетних правонарушителей)*

workhouse *англ. ист.* работный дом

working 1. работа; действие 2. использование, эксплуатация

compulsory ~ of a patent обязательное использование патента *(под угрозой выдачи принудительной лицензии или аннулирования патента)*

regional ~ «региональное использование», использование запатентованного изобретения в регионе, включающем страну выдачи патента *(при неиспользовании в стране выдачи патента)*

working-out:

~ of the sentence отбытие приговора

workman рабочий; работник

world:

~ of law 1. мир права; сфера действия права 2. юриспруденция

worship 1. вероисповедание ‖ исповедовать *(религию)* 2. отправление религиозного обряда ‖ отправлять религиозный обряд

public ~ публичное отправление религиозных обрядов

worthiest:

~ of blood наследники мужского пола

wound рана, ранение ‖ наносить рану, ранение; ранить ◇ to give a ~ нанести рану; to ~ mortally ранить смертельно; to ~ to death нанести смертельное ранение

mortal ~ смертельная рана

wounding нанесение ран(ы) ◇ ~ with intent умышленное нанесение ран(ы)

felonious ~ нанесение ран, квалифицируемое как фелония

malicious ~ злоумышленное нанесение ран

murderous ~ нанесение ран с целью совершения тяжкого убийства; нанесение ран, квалифицируемое как *(покушение на)* тяжкое убийство

wreck крушение, гибель; катастрофа *(железнодорожная и т.п.)* ‖ 1. вызывать крушение, катастрофу, гибель *(корабля, самолёта)*;

топить *(корабль)*; выводить из строя *(танк и т.п.)* **2.** потерпеть катастрофу; погибнуть

wreckage крушение, гибель *(корабля, самолёта и т.п.)*

wrecked потерпевший кораблекрушение, аварию, катастрофу ◇ **to be ~** потерпеть крушение

wrecker 1. грабитель разбитых судов; злоумышленник, вызывающий кораблекрушение **2.** *ист.* разрушитель машин **3.** *редк. полит.* вредитель

wrecking 1. разрушение ‖ разрушающий **2.** аварийный; спасательный

wrench искажать, извращать *(смысл, текст)*

wrest искажать, извращать *(факты, смысл, текст)* ◇ **to ~ the law** извращать смысл закона

writ 1. судебный приказ; королевский приказ **2.** *шотл.* письменный документ ◇ **~ de procedendo** *см.* procedendo; **~ to apprehend the body** судебный приказ об аресте; **to bring a ~** вручить судебный приказ; **to serve a ~** вручить судебный приказ

~ of admeasurement судебный приказ об определении доли *или* долей в имуществе

~ of assistance исполнительный приказ о вводе во владение

~ of association судебное предписание о привлечении судебного клерка и подчинённых ему должностных лиц к отправлению должностных функций в суде присяжных

~ of attachment 1. судебный приказ о приводе в суд **2.** судебный приказ о наложении ареста на имущество

~ of attendance приказ об участии в заседании суда

~ of audita querela *см.* audita querela

~ of capias судебный приказ об аресте лица *или* наложении ареста на имущество

~ of capias ad respondendum приказ о приводе в суд лица, не явившегося по повестке

~ of capias ad satisfaciendum приказ суда об аресте должника *или* исполнении судебного решения о взыскании долга

~ of certiorari приказ об истребовании дела *(из производства нижестоящего суда в вышестоящий суд)*

~ of covenant приказ о вызове в суд по иску из нарушения договора за печатью

~ of debt приказ о вызове в суд по иску о взыскании денежного долга

~ of delivery приказ суда об исполнении судебного решения о передаче движимости

~ of distringas приказ суда об описи имущества *или* об аресте лица для обеспечения его явки в суд

~ of ejectment приказ о вызове в суд по иску о возвращении владения недвижимостью

~ of election *амер.* приказ губернатора штата о проведении дополнительных выборов в палату представителей

~ of elegit исполнительный судебный приказ, уполномочивающий кредитора на завла-

дение имуществом должника впредь до погашения долга

~ of entry *ист.* приказ о вызове в суд по иску о возвращении владения недвижимостью

~ of error «приказ об ошибке» *(т.е. о передаче материалов по делу в апелляционный суд для отмены вынесенного судебного решения на основании ошибки, допущенной при рассмотрении дела)*

~ of (error) coram nobis приказ нижестоящему суду об исправлении фактических ошибок, допущенных им при вынесении решения

~ of execution судебный приказ об исполнении решения, исполнительный лист

~ of execution against property исполнительный судебный приказ об обращении взыскания на имущество

~ of false judgement 1. *англ.* приказ суда, разрешающий принести апелляционную жалобу **2.** судебный приказ о запротоколировании жалобы на неправосудное решение нижестоящего суда

~ of fieri facias судебный приказ об обращении взыскания на имущество должника

~ of habeas corpus *см.* habeas corpus

~ of habere facias possessionem судебный приказ о вводе во владение

~ of injunction судебный запрет

~ of inquiry судебный приказ о созыве коронерского жюри

~ of levari facias судебный приказ об аресте имущества с включением в общую стоимость арестованного имущества ренты и доходов с недвижимости

~ of mainprize судебный приказ об освобождении обвиняемого из-под стражи под поручительство

~ of mandamus судебный приказ должностному лицу о выполнении требования истца

~ of mandate приказ нижестоящему лицу об исполнении возложенных на него законом обязанностей

~ of mesne process промежуточный судебный приказ, судебный приказ в ходе производства по делу

~ of ne exeat regno приказ о запрете выезда за пределы государства

~ of perambulation судебный приказ об «обходе границ» *(для точного определения границ между штатами)*

~ of possession исполнительный судебный приказ о вводе во владение

~ of prevention превентивный судебный приказ *(изданный в предвидении возможного иска)*

~ of privilege приказ об освобождении из-под ареста *(лица, пользующегося неприкосновенностью)*

~ of probable cause судебный приказ о достаточном основании *(приостановления исполнения решения суда до рассмотрения апелляции)*

~ of process приказ о вызове в суд

~ of prohibition запретительный судебный приказ, приказ о запрещении производства по делу *(издаётся вышестоящим судом в целях исключения юрисдикции нижестоящей инстанции)*

~ of prorogation пророгация, королевский рескрипт о перерыве в работе парламента

~ of protection охранная грамота

~ of replevin приказ о вызове в суд по иску о возврате владения движимостью

~ of restitution приказ о реституции

~ of review 1. приказ о пересмотре дела 2. приказ об истребовании дела *(из производства нижестоящего суда в вышестоящий суд)*

~ of right 1. «приказ о праве» *(при требовании о возврате имущества)* 2. судебный приказ, выдачи которого сторона имеет право требовать *(в отличие от прерогативного приказа)*

~ of scire facias *см.* scire facias

~ of subpoena *см.* subpoena

~ of summons приказ о вызове в суд

~ of supersedeas 1. приказ апелляционного суда о приостановлении исполнения решения нижестоящего суда 2. распоряжение вышестоящего органа об отстранении чиновника от должности

~ of tresspass on the case судебный приказ о возмещении убытков по иску из нарушения владения

~ of trial судебный приказ шерифу установить с помощью присяжных интересующие суд факты

~ of venire facias приказ суда о составлении списка присяжных и вызове их в суд для участия в рассмотрении дела

~ of withernam судебный приказ об аресте движимости лица, скрывающего движимое имущество, являющееся предметом иска о виндикации

alias ~ повторный судебный приказ

alternative ~ альтернативный судебный приказ *(совершить действие или изложить основания для его несовершения)*

concurrent ~s 1. судебный приказ в нескольких экземплярах 2. несколько параллельных судебных приказов *(напр. при множественности ответчиков)*

Crown ~ *англ. ист.* 1. королевский приказ 2. судебный приказ от имени монарха

execution ~ исполнительный судебный приказ, приказ суда об исполнении судебного решения

extraordinary ~ чрезвычайный приказ суда

interlocutory ~ промежуточный судебный приказ *(в ходе процесса, до вынесения решения по делу)*

judicial ~ приказ суда *(в отличие от «начального приказа» — original writ — о вызове в суд от имени монарха)*

optional ~ *см.* alternative writ

original ~ начальный приказ о вызове в суд

(от имени монарха, ныне не употребляется)

peremptory ~ окончательный судебный приказ, безусловное судебное предписание *(в противоположность альтернативному)*

personal ~ судебный приказ по делу об оскорблении личности

pointing-out ~ судебный приказ о конфискации с указанием подлежащего конфискации имущества

prerogative ~ прерогативный судебный приказ *(издаваемый судом по своему усмотрению)*

real ~ судебное предписание в отношении имущества

remedial ~ приказ суда о предоставлении судебной защиты

testatum ~ повторный приказ суда об исполнении решения *(адресуемый шерифу другой местности после того, как предыдущий приказ не был исполнен тем шерифом, которому он был направлен, ввиду отсутствия имущества ответчика в пределах юрисдикции этого шерифа)*

writer 1. нижеподписавшийся, автор *(данного)* документа 2. писатель, автор 3. *шотл.* адвокат; стряпчий ◇ ~ to the signet присяжный стряпчий, адвокат сессионного суда *(в Шотландии)*

legal ~ автор работ по праву; юрист-теоретик

writing 1. документ; изложенное на письме; письменная форма 2. литературное произведение

legal ~ юридический *(литературный)* труд

obligatory ~ долговая расписка

standard ~ документ, используемый для сличения подписи

writing-in вписывание имени кандидата в баллотировочный документ

written-off списанный *(напр. об имуществе)*

wrong 1. неправда 2. правонарушение; деликт; вред ‖ причинять вред 3. неправильный, ошибочный 4. дурной, морально упречный 5. неправомерный; ненадлежащий 6. несправедливый ◇ ~ against an individual причинение вреда частному лицу; ~ against the public причинение вреда обществу

actionable ~ деликт, преследуемый в исковом порядке

civil ~ гражданский вред, деликт; гражданское правонарушение

criminal ~ уголовное правонарушение; преступление

future ~ возможный вред

irreparable ~ непоправимый, необратимый вред

legal ~ правонарушение; деликт

police ~ нарушение полицейских правил

private ~ гражданский вред, гражданское правонарушение, деликт

public ~ вред публичного характера; преступление; уголовно наказуемое деяние

reparable ~ поправимый, обратимый вред

wrongdoer причинитель вреда, ущерба; правонарушитель; делинквент; преступник

wrong-doing причинение вреда, ущерба; правонарушение; совершение правонарушения; противоправное поведение; проступок; деликт

wrongful противоправный; неправомерный; незаконный

wrongfully противоправно; неправомерно; незаконно

wrongfulness противоправность; неправомерность; незаконность

wrongous неправомерный; незаконный; противоправный

wrongdoer причинитель вреда, ущерба; правонарушитель; делинквент; преступник

wrong-doing причинение вреда, ущерба; правонарушение; совершение правонарушения; противоправное поведение; проступок; деликт

wrongful противоправный; неправомерный; незаконный

wrongfully противоправно; неправомерно; незаконно

wrongfulness противоправность; неправомерность; незаконность

wrongous неправомерный; незаконный; противоправный

X

xerocopy ксерокопия

Y

yardstick мерка, мерило; критерий
~ of invention 1. масштаб изобретательского уровня 2. критерий патентоспособности

yea 1. «да», утвердительный ответ 2. голос «за» 3. лицо, голосовавшее «за» ◇ ~s and nays поимённое голосование; голосующие «за» и «против»; список членов парламента, голосовавших «за» и «против»

year год ◇ ~, day and waste *англ. ист.* право короны получать в течение одного года и одного дня доход с земли, собственник которой был лишён прав состояния с конфискацией имущества в силу приговора к смертной казни *или* объявления вне закона, и обращаться по своему усмотрению с находящимся на этой земле имуществом
contract ~ договорный год
conventional ~ льготный год *(годичный льготный год для истребования конвенци-*

онного приоритета согласно Парижской конвенции об охране промышленной собственности)
fiscal ~ финансовый год, бюджетный год
legal ~ календарный год
legislative ~ год издания законодательства
official ~ календарный год
presidential ~ год выборов президента, год президентских выборов
regnal ~ год царствования *(короля или королевы; указывается при ссылке на статут)*

yield 1. урожай; плоды; количество добытого, произведённого, собранного; доход ‖ приносить, давать *(плоды, урожай, доход)* 2. предоставлять 3. уступать 4. соглашаться 5. подавать в отставку ◇ ~ to one's right уступить своё право; to ~ to the terms of a contract согласиться с условиями договора

young молодой; юный ◇ ~ in crime недавно вступивший на путь преступлений

youth молодой человек; юноша; несовершеннолетний
criminal ~ преступник молодого возраста
wayward ~ несовершеннолетний, проявляющий непослушание *(вид делинквентности несовершеннолетних)*

Z

zonal зональный

zone 1. зона; пояс; полоса; район ‖ распределять на зоны, пояса; районировать 2. устанавливать зональный тариф, поясные цены *и т.п.*
~ of natural business expansion территория естественного расширения деловой активности *(термин, связанный с принципом, в соответствии с которым товарный знак первого пользователя или фирменное наименование, зарегистрированные в одном штате, распространяют своё действие на территорию естественного расширения деловой активности, входящую в другой штат)*
air defence identification ~ опознавательная зона ПВО
coastal ~ прибрежная зона
conservation ~ охранная зона
contiguous ~ смежная зона, зона, прилежащая к территориальным водам, специальная морская зона
customs supervision ~ таможенная зона наблюдения
danger ~ опасная зона
demilitarized ~ демилитаризованная зона
exclusive economic ~ исключительная экономическая зона
exclusive fishery [fishing] ~ исключительная рыболовная зона
fishery ~ рыболовная зона

fishery conservation ~ рыбоохранная зона, зона сохранения рыбных запасов

free ~ свободная зона, район беспошлинного ввоза; вольная гавань; порто-франко

inspection ~ зона осмотра

international ~ международная зона

nuclear-free ~ безъядерная зона

operational ~ район, зона военных действий

three-mile ~ трёхмильная полоса территориальных вод

zoning разбивка на зоны, пояса, районы; районирование

СОКРАЩЕНИЯ

A. 1. anonymous анонимный, без указания имени **2.** association ассоциация **3.** *амер.* Atlantic Reporter сборник судебных решений северо-восточных приатлантических штатов США

A/- acting *(rank)* исполняющий обязанности *(следует указание должности)*

a. article статья; предмет

A.(2d) *амер.* Atlantic Reporter, Second Series вторая серия сборника судебных решений северо-восточных приатлантических штатов США

a.a. 1. always afloat всегда на плаву **2.** author's alteration авторская правка

A.&E. *англ.* Adolphus and Ellis's Queen's Bench Reports сборник решений Суда королевской скамьи, составители Адольфус и Эллис (1834—1840)

A.&E.Corp.Ca. American and English Corporation Cases сборник американских и английских решений по делам о корпорациях

A.&E.(N.S.) *англ.* Adolphus and Ellis's Queen's Bench Reports, New Series сборник решений Суда королевской скамьи, составители Адольфус и Эллис, новая серия (1841—1852)

A.&H. *англ.* Arnold and Hodges' Queen's Bench Reports сборник решений Суда королевской скамьи, составители Арнольд и Ходжес (1840—1841)

a.a.r. against all risks против всех рисков

Ab. abridgment краткое изложение; свод права

abb. [abbr., abbrev.] 1. abbreviation сокращение **2.** abbreviated сокращённый

A.B.C. 1. Australian Bankruptcy Cases сборник австралийских решений по делам о банкротстве **2.** Alcohol Beverage Control Board *амер.* совет по контролю над спиртными напитками **3.** азартная игра *(запрещена, если играют на деньги)*

ABC transaction трёхсторонняя сделка

Abp Archishop сан архиепископа

A.B.R. American Bankruptcy Reports сборник американских судебных решений по делам о банкротстве

Abr. 1. abridged сокращённый **2.** abridgment краткое изложение; свод права

Abr.Ca.Eq. *англ.* Abridgment of Cases in Equity сборник решений по праву справедливости

abs.re. absente reo *лат.* в отсутствие ответчика; в отсутствие подсудимого

AC 1. account current текущий счёт **2.** administrative county административное графство **3.**

Apellate Court апелляционный суд **4.** Case on Appeal дело, слушающееся в порядке апелляции **5.** Appeal Cases дела по апелляции **6.** author's corrections авторская правка

A.C. *англ.* Law Reports, Appeal Cases сборник решений по апелляциям *(за соответствующий год)*

A/C account current текущий счёт

a/c account счёт

acc. 1. acceptance акцепт; акцептованная тратта **2.** accepted принятый **3.** according to *или* in accord(ance) with согласно *(чему-л.)*, в соответствии *(с чем-л.)* **4.** account счёт

A.C.C. American Corporation Cases сборник решений по американским делам о корпорациях

Acc.I. accidental injury случайный вред

Accrd.Int. accrued interest наросшие проценты

acct. account счёт

acct.curt. account current текущий счёт, контокоррент

acg according to согласно

ack. acknowledgement подтверждение

ACLA Alaska Compiled Laws сборник аннотированных законов штата Аляска

Acpt. acceptance акцепт; акцептованная тратта

A.C.R. American Criminal Reports сборник американских решений по уголовным делам

Act.(Prize) *англ.* Acton's Prize Causes сборник судебных решений по призовым делам, составитель Эктон (1809—1811)

ACTU Arbitration Court of Trade Unions арбитражный суд тред-юнионов *(Великобритания)*

Ad. 1. administration администрация, управление; *амер.* правительство **2.** administrator администратор, распорядитель, управляющий

ad. 1. addenda дополнения, приложения **2.** advice извещение; авизо

A.D. Anno Domini *лат.* в год нашего Господа, от рождества Христова, нашей эры

a d. a dato *лат.* с указанного числа; со дня оформления документа

a/d 1. after date от сего числа, от даты векселя **2.** alternate days чередующиеся дни

add. 1. addition дополнение **2.** additional дополнительный **3.** address адрес **4.** addition подсчёт общего количества, общей суммы; суммирование

Add.E.R. *англ.* Addam's Ecclesiastical Reports сборник решений по церковным делам, составитель Эддем (1822—1826)

addn. addition дополнение

adfin. ad finem *лат.* до конца; в конце

ad int. ad interim *лат.* 1. тем временем 2. на время ‖ временный

ad lib(it). ad libitum *лат.* по своему усмотрению, по желанию, по своей воле

Adm. 1. administration; administrator; administrative администрация, администратор, административный 2. Admiralty адмиралтейство

Adm Inst administrative instruction административная инструкция

Adm'r administrator администратор

Adm'r C.T.A. administrator cum testamento annexo администратор наследства с приложенным завещанием *(в котором не указан душеприказчик или указан ненадлежащий душеприказчик)*

Adm'r d.b.n. Administrator de bonis non администратор наследства по назначению суда

admt. amendment поправка

Adm'x Administratrix администратор-женщина

ad part. ad partem *лат.* в отдельности

ad prot. ad protocollum *лат.* к протоколу, к занесению в протокол

ads. ad sectam *лат.* по иску *(такого-то лица)*; по ходатайству *кого-л.*

A.D.S. [a.d.s.] autograph document signed собственноручно написанный и подписанный документ

adsm ad sectam *лат.* по иску *(такого-то лица)*; по ходатайству *кого-л.*

Adv. 1. advisor советник, консультант 2. advocate адвокат

adv. 1. advice извещение; авизо 2. advise извещать, сообщать

ad val. ad valorem *лат.* с ценности, с объявленной цены, «ад валорем»; в соответствии с ценностью

adv.frt. advance freight аванс фрахта

A.F. 1. air freight груз, перевозимый по воздуху 2. advance freight аванс фрахта

aff. affirmative утвердительный; положительно выраженный

afsd aforesaid вышеупомянутый

A.G. Attorney-General 1. *англ.* генеральный прокурор 2. *амер.* министр юстиции

agd agreed согласовано

A.G.Dec. Attorney General's Decisions решения министра юстиции США

A.G.Op. Attorney General's Opinions заключения министра юстиции США

agrt agreement соглашение

agst. against против

agt. 1. agent агент 2. agreement соглашение

a.i. ad interim *лат.* временно

A.J. 1. American Journal of International Law «Американский журнал международного права» 2. Associate Justice член Верховного суда США

A.J.I.L. American Journal of International Law «Американский журнал международного права»

A.J.R. Australian Jurist Reports австралийский сборник судебных решений (1870—1874)

A.J.R.(N.C.) Australian Jurist Reports (Notes of Cases) аннотированный австралийский сборник судебных решений

Al. 1. Alaska Reports сборник судебных решений штата Аляска 2. *англ.* Aleyn's Reports сборник решений Суда королевской скамьи, составитель Элейн (1646—1648)

al. alius *лат.* другой

Ala. Alabama Reports сборник судебных решений штата Алабама

Ala.App. Alabama Apellate Court Reports сборник решений апелляционного суда штата Алабама

Ala.Laws Alaska Laws сборник законов штата Аляска

ALJ administrative law judge судья административного суда

A.L.J.(R.) Australian Law Journal (Reports) сборник судебных решений австралийского юридического журнала

All E.R. All England Law Reports, Annotated аннотированный сборник решений различных английских судов (с 1936 г.)

All.N.B. Allen's Reports, New Brunswick канадский сборник судебных решений (1848—1866)

alloc. allocatur *лат.* разрешено

A.L.R. 1. American Law Reports аннотированный сборник важнейших судебных решений США 2. Argus Law Reports австралийский сборник судебных решений «Аргус»

A.L.R.(C.N.) Argus Law Reports (Current Notes) австралийский сборник судебных решений «Аргус» (текущие заметки)

als alius *лат.* другой; alios *лат.* другие

Alt. *шотл.* Alter противная сторона; ответчик

A.L.T. Australian Law Times австралийский сборник судебных решений (1879—1928)

a.m. 1. above-mentioned вышеупомянутый 2. ante meridiem *лат.* до полудня

Amb. *англ.* Ambler's Chancery Reports сборник решений канцлерского суда, составитель Эмблер (1737—1784)

Am.Bankr.Rep. [Am.B.R.] American Bankruptcy Reports сборник американских решений по делам о банкротстве

A.M.C. American Maritime Cases сборник американских решений по морским делам

Am.Cr.Rep. American Criminal Reports сборник американских решений по уголовным делам

Am.Dec. American Decisions аннотированный сборник избранных американских судебных решений (1760—1869)

amdt amendment поправка; дополнение

Am.J.Int.L. American Journal of International Law «Американский журнал международного права»

Am.Jo.Comp.L. American Journal of Comparative Law американский журнал по сравнительному праву

Am.Jur. American Jurisprudence сборник решений американских судов

Am.Lab.Leg.Rev. American Labour Legislation

Review американский журнал по трудовому законодательству

Am.Rep. American Reports аннотированный сборник избранных американских судебных решений (1870—1887)

Am.St.Rep. American State Reports аннотированный сборник избранных американских судебных решений (1888—1911)

An. anonymous анонимный, без указания имени

And. *англ.* 1. Anderson's Reports сборник судебных решений, составитель Андерсон (1534—1605) 2. Andrew's Reports сборник судебных решений, составитель Эндрю (1737—1738)

Andr. *англ.* Andrew's Reports сборник судебных решений, составитель Эндрю (1737—1738)

Ang. Anglo-Norman Law Cases (Placita Anglo-Normanica) сборник англо-норманских судебных решений

Ann. Anne Анна *(имя королевы в обозначениях английских законов)*

ann. 1. annotated аннотированный 2. annual годовой, годичный; ежегодный 3. annuity a) аннуитет; иск о взыскании аннуитета б) сумма жалования священнику, подлежащая по его смерти выплате его наследнику

Ann.Cas. 1. American and English Annotated Cases аннотированный сборник американских и английских судебных решений (1906—1911) 2. American Annotated Cases аннотированный сборник американских судебных решений (1911—1918)

Ann.Digest. Annual Digest of Public International Law Cases ежегодник международного права

Ann.Rep. Annual Report ежегодный отчёт

Anon. anonymous анонимный, без указания имени

a.n.s. autograph note signed собственноручно написанный и подписанный документ

Anst. *англ.* Anstruther's Reports, Exchequer сборник решений суда казначейства, составитель Анструзер (1792—1797)

a.o. [a/o] account of за счёт *кого-л.*

a/or and/or и/или

A.P. 1. additional premium дополнительная страховая премия 2. American patent патент США 3. authority to purchase полномочие на покупку 4. authority to pay полномочие на производство платежа 5. author's proof авторская корректура, вёрстка

ap. appendix приложение; дополнение

APLA Bulletin бюллетень Американской ассоциации по патентному праву

app. 1. appellate апелляционный 2. appended приложенный 3. appendix приложение; дополнение 4. application заявка; ходатайство 5. appropriation ассигнование 6. approved одобренный; утверждённый

App.Cas. *англ.* Law Reports Appeal Cases сборник решений по апелляциям (1875—1890)

App.D.C. Appeal Cases, District of Columbia сборник решений по апелляции, федеральный округ Колумбия

Append. Appendix приложение

App.Div. New York Appellate Division Reports сборник решений апелляционного отделения штата Нью-Йорк

appl. 1. appeal апелляция 2. application заявка; ходатайство

Appr.Auth. Approving Authority утверждающая инстанция

App.Rep. Appeal Reports, Ontario сборник решений по апелляциям, Онтарио (1876—1900)

App.R.N.Z. Appeal Reports, New Zealand сборник решений по апелляциям, Новая Зеландия (1867—1877)

Appx appendix приложение; дополнение

AR 1. Administrative Regulations административные нормативные акты 2. Administration Report отчёт администрации 3. Annual Report годовой отчёт

Ar arrest арест

A.R. 1. against all risks от всех рисков 2. anno regni *лат.* год царствования

a.r. [A/R, a/r] against all risks от всех рисков

Arch. archives архив

Arch.P.L.Cas. *англ.* Archbold's Poor Law Cases сборник судебных решений по «законодательству о бедных», составитель Арчболд

A/RES Resolution of the General Assembly резолюция Генеральной Ассамблеи ООН

arg. arguendo *лат.* в ходе аргументации, в порядке попутного замечания *(в выступлении судьи)*

Ariz. Arizona Reports сборник судебных решений штата Аризона

Ark. Arkansas Reports сборник судебных решений штата Арканзас

Ark.Stats. Arkansas Statutes сборник законов штата Арканзас

Arn. *англ.* Arnold's Reports сборник судебных решений, составитель Арнольд (1838—1839)

Arn.&H. *англ.* Arnold and Hodges' Practice Cases сборник судебных решений, составители Арнольд и Ходжес (1840—1841)

A.R.(N.S.W.) Industrial Arbitration Reports, New South Wales австралийский сборник решений промышленного арбитража

A.R.R. American Railway Reports сборник американских решений по железнодорожным делам

A.R.S. Arizona Revised Statutes сборник законов штата Аризоны, с поправками

Art. article статья

Arts. articles статьи

A.S. amicable settlement мировая сделка

a/s 1. account sales отчёт *(комиссионера)* о продаже товара 2. after sight после предъявления *(тратты)* 3. alongside вдоль борта *(судна)*

asf. and so forth и так далее

asgmt. assignment 1. назначение 2. цессия

A.S.I.L. Proceedings Proceedings of the American Society of International Law труды Американского общества международного права

Asp.(Mar.)Cas. [**Asp.M.C.**] *англ.* Aspinall's

Maritime Cases сборник судебных решений по морским делам, составитель Аспиналь (с 1870 г.)

A.S.R. American State Reports сборники судебных решений штатов США

Ass. 1. assembly ассамблея; законодательное собрание **2.** assessment оценка; обложение **3.** Assisarum Liber (Book of Assizes) книга решений ассизов (1327—1377)

Assee assignee правопреемник

assigt assignment цессия

assmt assessment оценка; обложение

assn. association ассоциация; объединение; общество

Assr. assignor цедент

asst assignment цессия

Ass't assessment оценка; обложение

Ass't.J.Ad. Assistant Judge Advocate General **1.** помощник прокурора армии *или* военного округа **2.** прокурор корпуса **3.** помощник начальника военно-юридической службы

At attorney атторней; поверенный; адвокат

A.T. Administrative Tribunal административный трибунал

A.T.C. *англ.* Accountant Tax Cases сборник решений по налоговым делам

Atk. *англ.* Atkyn's Reports сборник решений канцлерского суда, составитель Эткин (1736—1754)

Atl. *амер.* Atlantic Reports сборник судебных решений северо-восточных приатлантических штатов США

a.t.l. actual total loss действительная полная гибель предмета страхования

ATLA L.Rep. Association of Trial Lawyers of America Reporter журнал ассоциации американских судебных юристов *(США)*

ats at the suit по иску

Att. attorney атторней; поверенный; адвокат

Atty attorney атторней; поверенный; адвокат

aud. auditor бухгалтер-ревизор; ревизор отчётности

auth. author автор

Auth.Ver. authorized version авторизованный перевод

auz. authorized авторизованный

A.V. authorized version авторизованный перевод

av. average *мор.* авария

a/v ad valorem *лат.* с ценности, с объявленной цены, «ад валорем»

av. adj. average adjustment диспаша

avg. average *мор.* авария

A.W.B. [a.w.b.] air waybill накладная на груз, перевозимый самолётом

B. 1. *англ.* Beavan's Reports сборник судебных решений, составитель Бивен (1838—1866) **2.** bid предложение цены *(со стороны покупателя)* **3.** bill of exchange переводный вексель, тратта **4.** bond облигация; залог; закладная **5.** buyer(s) покупатель, покупатели **6.** barrister барристер

B/- bill of exchange переводный вексель, тратта

BA 1. Bankruptcy Act закон о банкротстве **2.** basic agreement основное соглашение; базовый контракт

Bac.Abr. Bacon's Abridgment свод английского права, автор Бейкон

Ball.&B. Ball and Beatty's Reports сборник решений канцлерского суда по Ирландии, составители Болл и Битти (1807—1814)

B.&A. *англ.* Barnewall and Alderson's King's Bench Reports сборник решений Суда королевской скамьи, составители Барнуол и Олдерсон (1817—1822)

B.&Ad. *англ.* Barnewall and Adolphus' King's Bench Reports сборник решений Суда королевской скамьи, составители Барнуол и Адольфус (1830—1834)

B.&B. *англ.* Broderip and Bingham's Reports сборник судебных решений, составители Бродерип и Бингхем (1819—1822)

B.&C. 1. *англ.* Barnewall and Cresswell's King's Bench Reports сборник решений Суда королевской скамьи, составители Барнуол и Кресвел **2.** building and contents здание и содержимое (инвентарь, мебель)

B.&C.R. *англ.* Bankruptcy and Company Winding-up Reports сборник решений по делам о банкротстве и ликвидации компаний (с 1918 г.)

B.&L. *англ.* Browning and Lushington's Admiralty Reports сборник решений по морским делам, составители Браунинг и Лашингтон (1863—1865)

B.&P. *англ.* Bosanquet and Puller's Common Pleas Reports сборник решений суда общих тяжб, составители Босанкет и Пуллер (1796—1804)

B.&P.N.R. *англ.* Bosanquet and Puller's New Reports новая серия сборника судебных решений составителей Босанкета и Пуллера (1804—1807)

B.&S. *англ.* Best and Smith's Reports сборник решений Суда королевской скамьи, составители Бест и Смит (1861—1870)

bankcy bankruptcy банкротство, несостоятельность

Bar. barrister барристер

Barn.&Ald. *англ.* Barnewall and Alderson's King's Bench Reports сборник решений Суда королевской скамьи, составители Барнуол и Олдерсон (1817—1822)

Barn.C(h). *англ.* Barnardiston's Reports, Chancery сборник решений канцлерского суда, составитель Барнардистон (1740—1741)

Barnes *см.* Barn.No.

Barn.K.B. *англ.* Barnardiston's Reports, King's Bench сборник решений Суда королевской скамьи, составитель Барнардистон (1726—1734)

Barn.No. *англ.* Barnes' Notes of Cases on Practice сборник решений суда общих тяжб, составитель Барнс (1732—1760)

barr. barrister барристер

B.B. bail bond поручительство

b.b. 1. bank book банковская книжка **2.** bearer

bonds предъявительские облигации 3. **bill book** вексельная книга

B.C. 1. **Bankruptcy Cases** дела о банкротстве 2. **birth certificate** свидетельство о рождении 3. *англ.* **Borough Council** муниципалитет 4. **British Columbia Law Reports** сборник судебных решений Британской Колумбии (1867)

B/C bills for collection векселя на инкассо

B.C.C. *англ.* **Bail Court Cases, Lowndes and Maxwell** сборник судебных решений, составители Лоундес и Максвел (1852—1854)

B.C.L. Bachelor of Civil Law бакалавр гражданского права

B.C.(N.S.W.) New South Wales Bankruptcy Cases сборник решений по делам о банкротстве, Новый Южный Уэльс (1890—1899)

B.C.R. *англ.* **Bail Court Reports, Saunders and Cole** сборник судебных решений, составители Сондерс и Коул (1846—1847)

bd bond облигация; закладная

B.D. 1. **bank draft** банковская тратта 2. **bills discounted** учтённые векселя

b.d.i. both dates inclusive обе даты включительно

B.E. 1. **bill of entry** ввозная таможенная декларация, декларация по приходу 2. **bill of exchange** переводный вексель, тратта

Beav. *англ.* **Beavan's Reports** сборник судебных решений, составитель Бивен (1838—1866)

Bel. *англ.* **Bellewe's King's Bench Reports** сборник решений Суда королевской скамьи, составитель Беллуи (1378—1400)

Bell App. Bell's Cases on Appeal from Scotland сборник решений по апелляциям из Шотландии, составитель Белл (1842—1850)

Bell.Cas. *англ.* **Bellewe's King's Bench Reports** сборник решений Суда королевской скамьи, составитель Беллуи (1378—1400)

Bell H.L. Bell's House of Lords Cases сборник судебных решений палаты лордов, составитель Белл (1842—1850)

Bell('s) C.C. *англ.* **Bell's Crown Cases** сборник решений по уголовным делам, составитель Белл (1858—1860)

Benl.&Dal. *англ.* **Benloe and Dalison's Reports** сборник судебных решений, составители Бенлоу и Далисон (1358—1379)

Ber. Berton's Reports, New Brunswick сборник судебных решений, Нью-Брунсвик, составитель Бертон (1835—1839)

B.F. bonum factum *лат.* одобрено

B.F.S.P. British and Foreign State Papers «Британские и иностранные государственные документы»

B.G. bonded goods грузы на приписном складе

B/H bill of health санитарный патент, карантинное свидетельство

Bing *англ.* **Bingham's Common Pleas Reports** сборник решений суда общих тяжб, составитель Бингхем (1822—1834)

Bing.N.C. *англ.* **Bingham's New Cases** второй сборник решений суда общих тяжб, составитель Бингхем (1834—1840)

Bitt.Pr.Cas. *англ.* **Bittleston's Practice Cases** сборник судебных решений, составитель Биттельстон

Bl. Black's United States Supreme Court Reports сборник решений Верховного суда США, составитель Блэк

bl. 1. **bilateral** двусторонний 2. **bill** счёт; вексель

B.L. Bachelor of Law бакалавр прав

B/L bill of lading коносамент; транспортная накладная

B.L.A. bilateral agreement двустороннее соглашение

blading bill of lading коносамент; транспортная накладная

B/Lading bill of lading коносамент; транспортная накладная

Bl.Com. [Bl.Comm., Bla.Com.] Blackstone's Commentaries «Комментарии», автор Г. Блэкстон

Bl.H. Henry Blackstone's Reports сборник судебных решений, составитель Г. Блэкстон (1788—1796)

Bli. *англ.* **Bligh's House of Lords Reports** сборник судебных решений палаты лордов, составитель Блай (1819—1821)

Bli.N.R. [Bli.(N.S.)] *англ.* **Bligh's New Reports** (*или* **Bligh's Reports, New Series**) новая серия сборника решений палаты лордов, составитель Блай (1827—1837)

B.LL. Bachelor of Laws бакалавр прав

Bl.R. [Bl.W(m).] *англ.* **Wm. Blackstone's Reports** сборник судебных решений, составитель У. Блэкстон (1746—1799)

B.O. buyer's option по выбору *или* усмотрению покупателя

Bos.&P. *англ.* **Bosanquet and Puller's Common Pleas Reports** сборник решений суда общих тяжб, составители Босанкет и Пуллер (1796—1804)

B.P. 1. **bill of parcels** фактура; накладная 2. **bills payable** векселя к уплате 3. **birth-place** место рождения 4. **British Patent** патент Великобритании 5. **bonum publicum** *лат.* публичная (общественная) собственность

B.P.C. *англ.* **Brown's Cases in Parliament** сборник судебных решений по апелляциям в палату лордов, составитель Браун (1702—1800)

B.P.L.Cas. *англ.* **Bott's Poor Law Cases** сборник судебных решений по «законодательству о бедных», составитель Ботт

B.R. Bancus Regis *или* **Bancus Reginae** *лат.* Суд королевской скамьи

Br.Abr. Brooke's Abridgment свод английского права, автор Брук

Brac. Bracton, «De Legibus Angliae» «О законах Англии», автор Брэктон

Br.&Col.P.C. British and Colonial Prize Court Cases сборник английских и колониальных решений по призовым делам (1914—1922)

Br.&G. *англ.* **Brownlow and Goldesborough's Reports** сборник судебных решений, составители Браунлоу и Голдесборо (1569—1624)

Br.&Lush. *англ.* **Browning and Lushington's Admiralty Reports** сборник решений по морским делам, составители Браунинг и Лашингтон (1863—1865)

B.R.C. British Ruling Cases сборник важнейших решений судов Англии и других частей Британской империи

Bridg.J. *англ.* Sir J. Bridgman's Reports сборник судебных решений, составитель Д. Бриджмен (1613—1621)

Bridg.O. *англ.* Bridgman's Common Pleas Reports сборник решений суда общих тяжб, составитель О. Бриджмен (1660—1667)

brkge brokerage брокерская комиссия

Br.Max. Broom's Legal Maxims «Юридические максимы», автор Брум

Br.N.C. *англ.* Brooke's New Cases сборник решений Суда королевской скамьи, составитель Брук (1515—1558)

Bro.&Mac. *англ.* Browne and Macnamara's Railway Cases сборник решений по железнодорожным делам, составители Браун и Макнамара (с 1855 г.)

Bro.Ch. [**Bro.C.C.**] *англ.* Brown's Chancery Reports сборник решений канцлерского суда, составитель Браун (1778—1794)

Brod.&Bing. *англ.* Broderip and Bingham's Reports сборник судебных решений, составители Бродерип и Бингхем

brok. brokerage брокерская комиссия

Bro.P.C. *англ.* Brown's Cases in Parliament сборник судебных решений по апелляциям в палату лордов, составитель Браун (1702—1800)

Bros. brothers братья *(в названиях фирм)*

Br.P. British Patent патент Великобритании

B.S. 1. bill of sale купчая; корабельная крепость 2. bill of store разрешение на беспошлинный обратный ввоз корабельных запасов

BST bill of sight предварительная таможенная декларация

B.T. berth terms линейные условия *(о погрузке и выгрузке)*

B.T.A. *амер.* Board of Tax Appeals комиссия по рассмотрению жалоб в области налогообложения

Buck *англ.* Buck's Reports in Bankruptcy сборник судебных решений по делам о банкротстве, составитель Бак (1816—1820)

B.U.J. Baccalaureus Utriusque Juris *лат.* бакалавр прав

BUL Rev. Boston University Law Review юридический журнал Бостонского университета

Bulst. *англ.* Bulstrode's King's Bench Reports сборник решений Суда королевской скамьи, составитель Балстрод (1610—1625)

Bunb. *англ.* Bunbury's Exchequer Reports сборник решений суда казначейства, составитель Банбери (1713—1742)

Burr. *англ.* Burrow's King's Bench Reports сборник решений Суда королевской скамьи, составитель Барроу (1757—1771)

Burr.Adm. *англ.* Burrell's Admiralty Cases сборник решений по морским делам, составитель Барел (1584—1839)

BYBIL British Yearbook of International Law Британский ежегодник международного права

Bynk. Bynkershoek on the Law of War «О праве войны», автор Бейнкерсгук

C. 1. *англ.* Chancellor канцлер 2. *англ.* Chancery канцлерский суд; канцлерское отделение 3. Chapter глава *(напр. закона)* 4. Code кодекс 5. Code of Justinian кодекс Юстиниана 6. Court суд

© copyright reserved знак охраны авторского, издательского права

c 1. codex кодекс 2. confidential доверительный; секретный 3. confinement арест; заключение 4. contract договор 5. copy копия; экземпляр 6. copyright авторское *(или* издательское*)* право 7. correct верно, правильно 8. correction исправление; поправка 9. county *англ.* графство; *амер.* округ 10. cum *лат.* с; включая 11. current текущий, существующий, действующий

ca 1. case судебное дело 2. contra *лат.* против *(указывается наименование ответчика)*

C.A. 1. commercial agent торговый агент 2. Consular Agent консульский агент 3. *амер.* county attorney окружной атторней 4. Court of Appeal апелляционный суд

c.a. 1. commercial agent торговый агент 2. current account текущий счёт

Cab.&E. *англ.* Cababé and Ellis' Reports, Queen's Bench сборник Суда королевской скамьи, составители Кабабе и Эллис (1882—1885)

c.a.d. cash against documents платёж наличными против грузовых документов

CAFC *амер.* Court of Appeals for Federal Circuit апелляционный суд федерального округа

Cal. California Reports сборник судебных решений штата Калифорния

Cal.App. California Appellate Reports сборник решений апелляционного суда штата Калифорния

Calif. Senate Jour. California Senate Journal журнал сената штата Калифорния

Calif. Stats. California Statutes сборник законов штата Калифорния

Calth. *англ.* Calthrop's King's Bench Reports сборник решений Суда королевской скамьи, составитель Кальтроп (1609—1618)

Cam. *канад.* Cameron's Supreme Court Reports сборник решений Верховного суда Канады, составитель Камерон (1877—1905)

Camb.L.J. *амер.* Cambridge Law Journal «Кембриджский журнал права»

Camp. *англ.* Campbell's Nisi Prius Reports сборник решений по делам с участием присяжных, составитель Кэмпбелл (1808—1816)

Cam.Scacc. Camera Scaccarii *лат.* суд казначейства

Cam.Stel. Camera Stellata *лат.* «Звёздная палата»

Canad.Pat.Rept. Canadian Patent Reporter канадский патентно-правовой журнал

Canad.Yrbk. Canadian Yearbook of International Law канадский ежегодник международного права

Can.B.R. [Can.Bar.Rev.] Canadian Bar Review канадский юридический журнал

can(c). 1. cancelled отменено; вычеркнуто; аннулировано **2.** cancelling date канцеллинг

Can.C.L. Canadian Current Law канадский журнал текущей судебной практики

Can.Com.R. Canadian Commercial Law Reports сборник канадских судебных решений по торговому праву (1901—1905)

Can.Cr.R. Canadian Criminal Cases сборник канадских решений по уголовным делам (с 1898 г.)

C.&E. *англ.* Cababé and Ellis's Queen's Bench Reports сборник решений Суда королевской скамьи, составители Кабабе и Эллис (1882—1885)

C.&F. 1. Clark and Finnelly's House of Lords Reports сборник судебных решений палаты лордов, составители Кларк и Финели (1831—1846) **2.** cost and freight стоимость и фрахт, каф

C.&J. *англ.* Crompton and Jervis' Exchequer Reports сборник решений суда казначейства, составители Кромптон и Джервис (1830—1832)

C.&K. *англ.* Carrington and Kirwan's Nisi Prius Reports сборник решений по делам с участием присяжных, составители Каррингтон и Керван (1843—1850)

C.&M. *англ.* Crompton and Meeson's Exchequer Reports сборник решений суда казначейства, составители Кромптон и Мисон (1832—1834)

C.&P. *англ.* Carrington and Payne's Nisi Prius Reports сборник решений по делам с участием присяжных, составители Каррингтон и Пейн (1823—1841)

C.&R. *англ.* Cockburn and Rowe's Election Cases сборник решений по делам о выборах, составители Кокберн и Роу

Can.Ex.R. Canadian Exchequer Reports сборник канадских решений суда казначейства (с 1895 г.)

Can.L.Rev. Canadian Law Review канадское юридическое обозрение (1901—1907)

Can.L.T. Canadian Law Times канадская юридическая хроника (с 1881 г.)

Can.P. Canadian patent канадский патент

Can.Sup.Ct. [Can.S.C.R.] Canada Supreme Court Reports сборник решений Верховного суда Канады (с 1817 г.)

Cap. Chapter глава *(напр. закона)*

Car. Carlus *лат.* Карл *(имя короля в обозначениях английских законов)*

C.A.R. Commonwealth (Australia) Arbitration Reports сборник австралийских арбитражных решений (с 1905 г.)

Car.&K. *англ.* Carrington and Kirwan's Nisi Prius Reports сборник решений по делам с участием присяжных, составители Каррингтон и Керван (1843—1850)

Car.&M. *англ.* Carrington and Marshman's Reports сборник судебных решений, составители Каррингтон и Маршман (1840—1842)

Car.&P. *англ.* Carrington and Payne's Nisi Prius Reports сборник решений по делам с участием присяжных, составители Каррингтон и Пейн (1823—1841)

ca.resp. capias ad respondendum *лат.* приказ о задержании и приводе в суд

Carp.P.C. *англ.* Carpmael's Patent Cases сборник решений по делам о патентах, составитель Карпмел (1602—1842)

Cart. *англ.* Carter's Reports сборник судебных решений, составитель Картер (1664—1676)

Cart.B.N.A. Cartwright's British North America Constitutional Cases сборник по конституционным делам Британской Северной Америки, составитель Картрайт (1868—1896)

Carth. *англ.* Carthew's King's Bench Reports сборник решений Суда королевской скамьи, составитель Картью

Cartm. *англ.* Cartmell's Trade Marks Cases сборник судебных решений по товарным знакам, составитель Картмел (1876—1892)

Cary *англ.* Cary's Chancery Reports сборник решений канцлерского суда, составитель Кэри (1557—1604)

cas. casualty несчастный случай

ca.sa. capias ad satisfaciendum *лат.* судебный приказ об исполнении решения

Cas.App. *англ.* Cases of Appeal to the House of Lords дела по апелляциям в палату лордов

Cas.Arg.&Dec. *англ.* Cases Argued and Decided in Chancery дела, разрешённые в канцлерском суде

Cas.Ch. *англ.* Select Cases in Chancery избранные дела канцлерского суда (1724—1733)

Cas. in Ch. *англ.* Cases in Chancery сборник решений канцлерского суда (1660—1688)

Cas.Pra.C.P. *англ.* Cases of Practice, Common Pleas сборник решений суда общих тяжб (1702—1727)

Cas.Pra.K.B. *англ.* Cases of Practice, King's Bench сборник решений Суда королевской скамьи (1702—1727)

Cas.t.F. *англ.* Finch's Chancery Cases («Cases in the time of Finch») сборник решений канцлерского суда времён Финча (1673—1681)

Cas.t.Talb. *англ.* Talbot's Chancery Cases («Cases in the time of Talbot») сборник решений канцлерского суда времён Талбота (1730—1737)

Ca.temp.F. *см.* Cas.t.F.

Ca.temp.H. *англ.* Hardwicke's King's Bench Cases («Cases in the time of Hardwicke») сборник решений Суда королевской скамьи времён Хардвика

Ca.temp.Holt *англ.* Holt's King's Bench Cases («Cases in the time of Holt») сборник решений Суда королевской скамьи времён Холта

C.A.V. curia advisari vult *лат.* «суд посовещается»

C.B. *англ.* **1.** Common Bench суд общих тяжб **2.** Common Bench Reports сборник решений суда общих тяжб (1840—1856) **3.** county borough город с правами графства **4.** Chief Barrister главный барристер **5.** *амер.* Cumulative Bulletin объединённый бюллетень *(министерства финансов)*

c.b.d. cash before delivery платёж наличными до сдачи товара

C.B.N.S. *англ.* Common Bench Reports, New Series новая серия сборника решений суда общих тяжб (1856—1865)

C.C. 1. Chancery Cases дела канцлерского суда **2.** chief complaint основная претензия, основная жалоба **3.** *амер.* Circuit Court выездной окружной суд **4.** civil commotions гражданские волнения **5.** continuation clause условие о продлении срока действия чартера **6.** contrabanda control борьба с контрабандой **7.** County Court суд графства **8.** Criminal Cases уголовные дела **9.** *англ.* Crown Cases уголовные дела **10.** *англ.* Crown Colony колония, не имеющая самоуправления **11.** custom charges таможенные сборы **12.** charges collect «взыскать с получателя транспортные расходы»

C.C.A. 1. *амер.* Circuit Court of Appeals окружной апелляционный суд **2.** *амер.* Circuit Courts of Appeals Reports сборники судебных решений окружных апелляционных судов **3.** County Court Appeals апелляции на решения судов графств **4.** Court of Criminal Appeal апелляционный суд по уголовным делам

C.C.C. 1. Central Criminal Court Центральный уголовный суд *(в Лондоне)* **2.** Choyce Cases in Chancery сборник решений канцлерского суда (1557—1606)

C.C.Ct.Cas. *англ.* Central Criminal Court Cases дела Центрального уголовного суда

C.civ. causa civilis *лат.* гражданское дело (судебное)

C.C.J. *амер.* Circuit Court Judge судья окружного суда

C.C.P. 1. Code of Civil Procedure гражданский процессуальный кодекс **2.** *англ.* Court of Common Pleas суд общих тяжб

C.C.P.A. *амер.* **1.** Court of Customs and Patent Appeals апелляционный суд по таможенным и патентным делам **2.** Court of Customs and Patent Appeals Reports сборник решений апелляционного суда по таможенным и патентным делам

C.C.R. *англ.* Crown Cases Reserved дела, передаваемые на рассмотрение уголовного апелляционного суда; сборник решений по таким делам (1865—1875)

C.Cr.P. Code of Criminal Procedure уголовно-процессуальный кодекс

CD 1. condemned осуждённый ‖ описано, арестовано, реквизировано *(об имуществе)*; признано несудоходным *(о судне)* **2.** confidential document секретный документ; документ, не подлежащий оглашению **3.** customs declaration таможенная декларация

C.D. 1. *англ.* Chancery Division канцлерское отделение **2.** Commissioner's Decisions сборник

решений комиссаров патентного ведомства *(США)*

Cent.L.J. *амер.* Central Law Journal «Центральный юридический журнал»

cert. certificate удостоверение, свидетельство, сертификат

cert.den. certiorari denied в истребовании дела отказано

cf. 1. confer сравни **2.** confirm; confirmed подтвердите; подтверждённый

cfm confirm подтверждать

cfmd. confirmed подтверждённый

CFR 1. *амер.* Code of Federal Regulations свод федеральных постановлений США **2.** cost and freight стоимость и фрахт, каф

c.g.a. cargo's proportion of general average относимый на груз долевой взнос по общей аварии, доля груза в расходах по общей аварии

Ch. 1. *англ.* Chancery канцлерский суд **2.** chapter глава *(напр. закона)*

[год] Ch. *англ.* Law Reports, Chancery сборник решений канцлерского отделения Высокого суда правосудия *(за указанный год)* (с 1891 г.)

ch. *амер.* check чек

Chal.Op. *англ.* Chalmer's Opinions on Constitutional Law «Вопросы конституционного права», автор Чэлмер

Chamb.Rep. *канад.* Chambers Reports, Upper Canada сборник судебных решений Верхней Канады (1849—1882)

Chan.Chamb. *канад.* Chancery Chambers Reports, Upper Canada сборник решений канцлерского суда, Верхняя Канада (1857—1872)

Chap. Chapter глава *(законодательного акта)*

Ch.App. *англ.* Chancery Appeals апелляционный суд канцлера

chat. chattel движимость

Ch.Cas. *англ.* Cases in Chancery сборник решений канцлерского суда (1660—1688)

Ch.Cas.Ch. *англ.* Choyce Cases in Chancery сборник решений канцлерского суда (1557—1606)

Ch.Ct. *англ.* Chancery Court канцлерский суд

Ch.D. 1. *англ.* Chancery Division канцлерское отделение Высокого суда правосудия **2.** *англ.* Law Reports, Chancery Division сборник решений канцлерского отделения Высокого суда правосудия (1876—1890)

Ch.Ex. *амер.* Chief Executive глава исполнительной власти

ChfJ. Chief Justice главный судья

Chip. *канад.* Chipman's Reports, New Brunswick сборник судебных решений Нью-Брунсвика, составитель Чипмен (1825—1838)

Chit.B.C. *англ.* Chitty's Reports, Bail Court сборник судебных решений, составитель Читти (1770—1822)

Chit.Stat. *англ.* Chitty's Statutes «Статуты», автор Читти

Ch.J. Chief Justice главный судья *(в т.ч. амер., председатель Верховного суда США)*

Ch.Pre. *англ.* Precedents in Chancery сборник прецедентов канцлерского суда (1689—1723)

chq. *англ.* cheque чек

Ch.R. *англ.* Reports in Chancery сборник решений канцлерского суда (1615—1712)

C/I 1. Certificate of Insurance страховой сертификат **2.** consular invoice консульская фактура

C.I.D. 1. civil investigative demand требование о выдаче документов, *или* о предоставлении возможности ознакомления с ними, *или* о сообщении определённых сведений **2.** *англ.* Criminal Investigation Department Управление уголовных расследований (*Скотланд-Ярд*)

CIF [cif, c.i.f.] cost, insurance, freight стоимость, страхование и фрахт, сиф

c.i.f.&c. cost, insurance, freight, and commission сиф, включая комиссию посредника

c.i.f.&e. cost, insurance, freight, and exchange сиф, включая курсовую разницу

c.i.f.c.&i. cost, insurance, freight, commission, and interest сиф, включая комиссию посредника и расход по учёту акцепта покупателя

c.i.f.l. cost, insurance, freight landed сиф, включая расходы по выгрузке товара с судна на пристань

CIP [cip] freight/carriage and insurance paid to... фрахт/перевозка и страхование оплачивается до...

CIPA *англ.* Journal of the Chartered Institute of Patent Agents журнал общества патентных поверенных

CIR *амер.* crime of Indian reservations преступления в индейских резервациях

cir. circular циркуляр

C.I.R. *амер.* Crime of Indian Reservations преступления по отношению к индейским резервациям

Circ.C. *амер.* Circuit Court выездной окружной суд

Circ.J. Circuit Judge окружной судья

cit. citation **1.** цитата **2.** вызов в суд

civ. civil гражданский

C.J. 1. Chief Justice главный судья **2.** Circuit Judge окружной судья **3.** *амер.* Corpus Juris энциклопедия права

C.J.S. *амер.* Corpus Juris Secundum вторая правовая энциклопедия

ck. *амер.* check чек

ckt. circuit судебный округ

cl. 1. claim требование, претензия, рекламация; иск **2.** clause статья, пункт, оговорка, условие, клаузула

C.L. 1. civil law гражданское право **2.** common law общее право **3.** *амер.* Code of Laws свод законов штата Мичиган

Cl.&Fin. *англ.* Clark and Finnelly's House of Lords Reports сборник судебных решений палаты лордов, составители Кларк и Финели (1831—1846)

Clay. *англ.* Clayton's Reports, York Assizes «сборник решений йоркских ассизов», составитель Клейтон (1631—1650)

C.L.B. Commonwealth Law Bulletin «Юридический бюллетень Содружества»

c.l.c. circular letter of credit циркулярный аккредитив

C.L.D. Doctor of Civil Law доктор гражданского права

C.L.J. Canada Law Journal канадский юридический журнал (с 1855 г.)

C.L.P.A. *англ.* Common Law Procedure Acts законы о рассмотрении дел в судах общего права

C.L.R. *англ.* **1.** Common Law Reports сборник судебных решений общего права (1853—1855) **2.** Commonwealth Law Reports сборник судебных решений Содружества

C.L.S.A. *англ.* Current Law Statutes Annotated «Аннотированные новые законодательные акты» (*юридическое издание, выходящее в Великобритании*)

C.L.T. Canadian Law Times канадский юридический журнал (с 1881 г.)

CM Court Martial военный суд

CMA *амер.* Court of Military Appeals апелляционный суд по военным делам

C.M.&R. *англ.* Crompton, Meeson and Roscoe's Reports сборник судебных решений, составители Кромптон, Мисон и Роскоу (1834—1836)

Cmd. [Cmnd] United Kingdom, Command Papers официальные документы английского правительства

CMLR Common Market Law Reports «Судебные отчёты общего рынка»

CMR Court Martial Reports протоколы военного суда

CN *англ.* consols консолидированная рента, консоли

C/N 1. circular note циркуляр **2.** cover note ковернота

Co. 1. company общество, компания **2.** corporation корпорация **3.** county графство

C.O. certificate of origin сертификат о происхождении

Cob.St.Tr. *англ.* Cobbett's State Trials политические судебные процессы (1163—1820), составитель сборника Коббет

Coch. *канад.* Cochran's Nova Scotia Reports сборник судебных решений, Нова Скотия, составитель Кочран (1859)

C.O.D. [c.o.d.] cash on delivery *или* collect on delivery наложенный платёж; оплачивается при доставке

Code *амер.* свод законов штата Джорджия

Code, Ann.Supp. *амер.* Code, Annual Supplements свод законов, с дополнениями за год, штата Джорджия

Code of Alabama *амер.* свод законов штата Алабама

Code of Iowa *амер.* свод законов штата Айова

Cod.Jur.Civ. Codex Juris Civilis кодекс Юстиниана

Co.Inst. *англ.* Coke's Institutes «Институты английского права», автор Э. Коук

COLA cost-of-living allowance надбавка к заработной плате на дороговизну; пункт коллективного договора, предусматривающий такую надбавку

Col.C.C. *англ.* Collyer's Chancery Cases сборник решений канцлерского суда, составитель Кольер (1845—1847)

Co.Lit(t) Commentary on Littleton, by Sir Edward Coke (The First Part of the Institutes of the Laws of England) «Комментарий к Литлтону», автор Эдуард Коук (Первая часть Институтов английского права)

Coll. *англ.* Collyer's Chancery Cases сборник решений канцлерского суда, составитель Кольер (1845—1847)

collat. collateral дополнительный, побочный

Col.L.Rev. *амер.* Columbia Law Review юридический журнал Колумбийского университета

Colly. *англ.* Collyer's Vice Chancellor's Reports сборник вице-канцлерских решений, составитель Кольер

Colo. Colorado Reports сборник судебных решений штата Колорадо

Colt. *амер.* Coltman's Registration Cases сборник решений по делам о регистрации, составитель Колтмен

Co Ltd Company Limited акционерное общество

Columbia J.Trans.L. *амер.* Columbia Journal of Transnational Law журнал Колумбийского университета по международному праву

Comb. *англ.* Comberbach's King's Bench Reports сборник решений Суда королевской скамьи, составитель Комбербах (1685—1699)

Com.Cas. *англ.* Commercial Cases сборник решений по торговым делам (с 1895 г.)

Com.Dig. *англ.* «Дигесты», автор Коминс

Com.L.J. *амер.* Commercial Law Journal журнал торгового права

Com.L.R. *англ.* Commercial Law Reports журнал по торговому праву

Comm. 1. commentaries комментарии 2. commission комиссионное вознаграждение

commn. commission комиссионное вознаграждение

Comm'r Commissioner 1. член комиссии 2. комиссар

Comp. company компания

Comp.Gen. *амер.* Comptroller General генеральный ревизор

con. 1. conjunx *лат.* жена, супруга 2. consolidated консолидированный 3. contra *лат.* против

Con.&Law. *англ.* Connor and Lawson's Chancery Reports, Ireland сборник ирландских решений канцлерского суда, составители Коннор и Лоусон (1841—1843)

cond. 1. condition условие 2. conditional условный

conf. confinement арест; заключение

Cong.Rec. *амер.* Congressional Records стенографические отчёты конгресса, протоколы конгресса (*периодическое издание*)

Con.Inv. consular invoice консульская фактура

Conn. Connecticut Reports сборник судебных решений штата Коннектикут

Conn.Gen.Stat. Connecticut General Statutes сборник законов штата Коннектикут

Con Objtr conscientious objector человек, отказывающийся от военной службы со ссылкой на свои убеждения

Const. constitution конституция

const. constituency избиратели; избирательный округ

cont. contract договор

Cont.Cong. *амер. ист.* Continental Congress Континентальный конгресс (1774, 1775)

contr. contractor подрядчик

Coo.&Al. Cooke and Alcock's King's Bench Reports, Ireland сборник ирландских решений Суда королевской скамьи, составители Кук и Элкок (1833—1834)

Cook Adm. *канад.* Cook's Admiralty Cases, Quebec сборник решений по морским делам, Квебек, составитель Кук (1873—1884)

Cooke C.P. *англ.* Cooke's Common Pleas Reports сборник решений суда общих тяжб, составитель Кук (1706—1747)

Coop. *англ.* Cooper's Reports, Chancery сборник решений канцлерского суда, составитель Купер (1837—1839)

cop. copyrighted охраняемый авторским, издательским правом

copr. copyright авторское *или* издательское право

cor. 1. coroner коронер 2. correction исправление, поправка 3. corrected исправленный, исправлено

Corn.L.Q. *амер.* Cornell Law Quarterly ежеквартальный юридический журнал Корнеллского университета

Corp. corporation корпорация

Corp.Cas. Corporation Cases дела о корпорациях

corp.del. corpus delicti *лат.* состав преступления

Cowp. *англ.* Cowper's King's Bench Reports сборник решений Суда королевской скамьи, составитель Каупер (1774—1778)

Cox. *англ.* Cox's Chancery Reports сборник решений канцлерского суда, составитель Кокс (1783—1796)

Cox C.C. *англ.* Cox's Criminal Cases сборник судебных решений по уголовным делам, составитель Кокс (с 1843 г.)

Cox Cr.Cas. *англ.* Cox's Criminal Cases сборник судебных решений по уголовным делам, составитель Кокс (с 1843 г.)

C.P. 1. Code of Procedure гражданский процессуальный кодекс 2. *англ.* Common Pleas дела в суде общих тяжб 3. Court of Probate суд по делам о наследствах

C/P charter-party чартер-партия

c/p custom of the port портовый обычай

C.P.C. 1. City Police Court городской полицейский суд 2. Community Patent Convention Конвенция о европейском патенте для Общего рынка

C.P.Coop. *англ.* Common Pleas Cooper's Practice

Cases сборник судебных решений, составитель Купер (1837—1838)

C.P.D. [C.P.Div.] *англ.* Common Pleas Division, Law Reports сборник решений отделения общих тяжб (1875—1880)

c.p.d. charterer pays dues пошлины подлежат оплате фрахтователем

CPFF cost plus fixed fee оплата издержек плюс твёрдая прибыль; договор, заключённый на таких условиях

CPIF cost plus incentive fee издержки плюс поощрительное вознаграждение; договор, заключённый на таких условиях

CPR Canadian Patent Reports канадский журнал по вопросам патентного права

cpr. copyrighted охраняемый авторским, издательским правом

C.P.U.C. Common Pleas Reports, Upper Canada сборник судебных решений, Верхняя Канада (1850—1881)

Cr. 1. Cranch's Reports, United States Supreme Court сборник решений Верховного суда США, составитель Крэнч 2. Criminal уголовный 3. *англ.* Crown корона; государство 4. creditor кредитор

c.r. 1. carrier's risk на риске перевозчика 2. company's risk на риске компании

Cr.&M. *англ.* Crompton and Meeson's Exchequer Reports сборник решений суда казначейства, составители Кромптон и Мисон (1832—1834)

Cr.&Ph. *англ.* Craig and Phillips' Chancery Reports сборник решений канцлерского суда, составители Крейг и Филипс (1840—1841)

Cr.App.R. *англ.* Criminal Appeals Reports сборник уголовных судебных решений по апелляции (с 1908 г.)

Cr.Col. *англ.* Crown Colony колония, не имеющая самоуправления

crim.con. criminal conversation преступное половое сношение

C.Rob. *англ.* C.Robinson's Admiralty Reports сборник решений по морским делам, составитель Робинсон (1799—1808)

Cro.Car. [3 Cro.] *англ.* Croke's King's Bench Reports temp. Charles I сборник решений Суда королевской скамьи в царствование Карла I, составитель Кроук

Cro.Eliz. [1 Cro.] *англ.* Croke's Queen's Bench Reports temp. Elizabeth сборник решений Суда королевской скамьи в царствование Елизаветы I, составитель Кроук

Cro.Jac. [2 Cro.] *англ.* Croke's King's Bench Reports temp. James I сборник решений Суда королевской скамьи в царствование Иакова I, составитель Кроук

Crom.S.C. *англ.* Crompton's Star Chamber Cases сборник решений «Звёздной палаты», составитель Кромптон

Cr.P. criminal procedure уголовное судопроизводство; уголовно-процессуальное право

C.R.S. *амер.* Colorado Revised Statutes сборник законов штата Колорадо с поправками

CRT Copyright Royalty Tribunal суд по делам авторского гонорара и роялти *(США)*

Cru. *англ.* Cruise's Digest «Дигесты», автор Круз

CS 1. Civil Service государственная служба 2. Court of Session сессионный суд *(высший гражданский суд Шотландии)*

C.S.&P. *англ.* Craigie, Stewart and Paton's Appeal Cases сборник апелляционных дел, составители Крейги, Стюарт и Пейтон (1726—1821)

CT conventional tariff конвенционный тариф

Ct.App. Court of Appeal апелляционный суд

Ct.Cl. *амер.* Court of Claims претензионный суд

Ct.ClsR. *амер.* Court of Claims Reports сборник решений претензионного суда

Ct.Cust.App. *амер.* Court of Customs Appeals апелляционный суд по таможенным делам

c.t.l. constructive total loss конструктивная полная гибель

ctr. contra *лат.* против

Cum.Bull. *амер.* Cumulative Bulletin сводный бюллетень министерства финансов

Cum.Supp. Cumulative Supplements сборник дополнений к законодательству

Cun(n). *англ.* Cunningham's King's Bench Reports сборник решений Суда королевской скамьи, составитель Каннингхем (1734—1736)

cur. curia *лат.* суд

cur.adv.vult curia advisari vult *лат.* «суд совещается»

Cust.Ct. *амер.* Customs Court суд по таможенным делам

Cutler Cutler's Reports of Patent Cases сборник решений по патентным делам, составитель Катлер (с 1884 г.)

Cyc. *амер.* Encyclopedia of Law and Procedure энциклопедия права

D. 1. defence; defendant защита; ответчик; обвиняемый, подсудимый 2. dictum высказывание судьи, не имеющее нормообразующего значения 3. Digesta *лат.* Дигесты Юстиниана 4. *англ.* Divisional Court апелляционное присутствие отделения королевской скамьи Высокого суда правосудия

d. 1. daughter дочь 2. deceased скончавшийся, умерший

DA 1. ...days after acceptance (через ...) дней после акцепта векселя 2. deed of arrangement соглашение должника с кредиторами 3. *амер.* district attorney районный атторней

D/A documents against acceptance документы против акцепта

DAF [daf] delivered at frontier с поставкой на границе

Dal. *англ.* Dalison's Common Pleas Reports (Bound with Benloe) сборник решений по общим тяжбам, составитель Далисон (вместе с Бенлоу) (1486—1580)

Dall. Dallas' United States Reports сборник решений Верховного суда США, составитель Даллас

Dan. *англ.* Daniell's Exchequer Reports сборник решений суда казначейства, составитель Дэниэл (1817—1820)

Dan.&Ll. *англ.* Danson and Lloyd's Mercantile Cases сборник решений по торговым делам, составители Дэнсон и Ллойд

D.&B. *англ.* Dearsley and Bell's Crown Cases сборник решений по уголовным делам, составители Дирсли и Белл (1856—1858)

D.&C. *англ.* Dow and Clark's House of Lords Cases сборник судебных решений палаты лордов, составители Доу и Кларк (1827—1832)

D.&E. *англ.* Durnford and East's King's Bench Reports сборник решений Суда королевской скамьи, составители Дернфорд и Ист (1785—1800)

D.&L. *англ.* Dowling and Lowndes' Bail Court Reports сборник судебных решений, составители Даулинг и Лаундес (1843—1849)

D.&M. *англ.* Davison and Merivale's Queen's Bench Reports сборник решений Суда королевской скамьи, составители Дэвисон и Меривейл (1843—1844)

D.&R. *англ.* Dowling and Ryland's King's Bench Reports сборник решений Суда королевской скамьи, составители Даулинг и Райланд (1821—1827)

D.&R.N.P. *англ.* Dowling and Ryland's Nisi Prius Cases сборник решений по делам с участием присяжных, составители Даулинг и Райланд (1822—1823)

Dav. Davies' Irish King's Bench Reports сборник ирландских решений Суда королевской скамьи, составитель Дейвис (1604—1612)

Dav.Pat.Cas. *англ.* Davies' Patent Cases сборник решений по патентным делам, составитель Дейвис

D/B documentary bill документированная тратта

d.b.e. de bene esse *лат.* условно; временно

D.C. 1. death certificate свидетельство о смерти **2.** Detention Clause оговорка о задержке судна **3.** Deviation Clause оговорка об отклонении от курса **4.** Diplomatic Corps дипломатический корпус **5.** *амер.* District of Columbia федеральный округ Колумбия **6.** *амер.* District Court Федеральный районный суд

D.C.Code *амер.* District of Columbia Code свод законов *(федерального)* округа Колумбия

D.C.J. *амер.* District Court Judge федеральный районный судья

D.C.L. 1. Doctor of Canon Law доктор церковного права **2.** Doctor of Civil Law доктор гражданского права

D.Cn.L. Doctor of Canon Law доктор церковного права

DCP [dcp] (delivered) freight/carriage paid to... фрахт/перевозка оплачивается до...

D.Cr. Doctor of Criminology доктор криминологии

dd. dated датированный

d/d 1. dated датированный **2.** ...days' date, ...days after date через ... дней от сего числа

D.D. 1. demand draft тратта, срочная по предъявлении **2.** documentary draft документированная тратта

D.D.D. Dishonesty, Disappearance, Distruction полис, покрывающий нечестность, исчезновение и повреждение со стороны перевозчика

DDP [ddp] delivered duty paid поставка с уплатой пошлины

Deac. *англ.* Deacon's Bankruptcy Reports сборник решений по делам о банкротстве, составитель Дикон

Deac.&C. *англ.* Deacon and Chitty's Reports сборник судебных решений, составители Дикон и Читти

Dears.C.C. *англ.* Dearsley's Crown Cases сборник решений по уголовным делам, составитель Дирсли

deb. debenture облигация; долгосрочное долговое обязательство

def. 1. defence защита **2.** defendant ответчик; подсудимый

deft. defendant ответчик; подсудимый

De G.&J. *англ.* De Gex and Jones' Chancery Reports сборник решений канцлерского суда, составители де Гекс и Джонс (1857—1860)

De G.&Sm. *англ.* De Gex and Smale's Chancery Reports сборник решений канцлерского суда, составители де Гекс и Смейл (1846—1852)

De G.F.&J. *англ.* De Gex, Fisher and Jones' Chancery Reports сборник решений канцлерского суда, составители де Гекс, Фишер и Джонс (1860—1867)

De G.J.&S. *англ.* De Gex, Jones and Smith's Chancery Reports сборник решений канцлерского суда, составители де Гекс, Джонс и Смит (1864—1865)

De G.M.&G. *англ.* De Gex, Macnaughten and Gordon's Chancery Reports сборник решений канцлерского суда, составители де Гекс, Макнотен и Гордон (1851—1857)

Del. Delaware Reports сборник судебных решений штата Делавэр

Del.C. *амер.* Delaware Code свод законов штата Делавэр

Del.Ch. *амер.* Delaware Chancery Reports сборник решений канцлерских судов штата Делавэр

Del.Laws *амер.* Delaware Laws сборник законов штата Делавэр

dely and redely delivery and redelivery сдача в тайм-чартер и возврат из тайм-чартера

dem. demurrage демередж, плата за простой; простой; контрсталия

Den. denunciation денонсация

Den.&P. *англ.* Denison and Pearce's Crown Cases сборник решений по уголовным делам, составители Денисон и Пирс (1844—1852)

Den.C.C. *англ.* Denison's Crown Cases сборник решений по уголовным делам, составитель Денисон (1844—1852)

dep. 1. deposed засвидетельствованный под присягой **2.** deposit вклад; депозит

Dep't Department управление, министерство, ведомство, департамент

desc. descendant потомок, родственник по нисходящей линии

Detroit L.Rev. Detroit Law Review Детройтский юридический журнал

Df 1. defence защита **2.** defendant ответчик; подсудимый

d.f. dead freight мёртвый фрахт

dft 1. defendant ответчик; подсудимый **2.** draft а) проект *(о документе)* б) переводный вексель, тратта

Dick. *англ.* Dickens' Chancery Reports сборник решений канцлерского суда, составитель Диккенс (1559—1798)

Dig. 1. Digest свод права **2.** Digesta *лат.* Дигесты Юстиниана

Dig.Ops *амер.* Digest of Opinions of the Judge Advocates General сборник заключений начальников военно-юридических служб вооружённых сил США

dis. disciplinary дисциплинарный, исправительный

discontd. discontinued прекращённый, отменённый

Dist.Ct *амер.* District Court Федеральный районный суд

D.J. *амер.* District Judge федеральный районный судья

D.L. Doctor of Law доктор права

d/l demand loan заём до востребования

D.LL. Doctor of Laws доктор прав

D.L.R. Dominion Law Reports юридическая хроника доминионов

D.M. dispatch money диспач

D/N debit note дебет-нота

D.(N.S.) *англ.* **1.** Dowling's Bail Court Reports, New Series сборник процессуальных прецедентов, составитель Даулинг, новая серия (1841—1842) **2.** Dow, New Series сборник судебных решений, составитель Дау, новая серия (1812—1818)

d/o delivery order деливери ордер

Dod. *англ.* Dodson's Admiralty Reports сборник решений по морским делам, составитель Додсон (1811—1822)

Dom. domicile домициль

Dom.Proc. Domus Procerum *лат.* палата лордов

Donn. *англ.* Donnelly's Minutes of Cases сборник решений канцлерского суда, составитель Донели

Dorion Dorion's Quebec Bench Reports сборник квебекских решений Суда королевской скамьи, составитель Дорион (1880—1884)

Doug. *англ.* Douglas' King's Bench Reports сборник решений Суда королевской скамьи, составитель Дуглас (1778—1785)

Dow *англ.* Dow's House of Lords Reports сборник судебных решений палаты лордов, составитель Дау (1812—1818)

Dow.&Cl. *англ.* Dow and Clark's House of Lords Cases сборник судебных решений палаты

лордов, составители Дау и Кларк (1827—1832)

Dowl. *англ.* Dowling's Practice Cases сборник процессуальных прецедентов, составитель Даулинг (1830—1841)

Dow.Pr.C. *англ.* Dowling's Practice Cases сборник судебных решений, составитель Даулинг (1830—1841)

D/P documents against payment документы против наличного расчёта

DPL Doctor of Patent Law доктор патентного права

Dr. 1. debtor должник **2.** drawer трассант

D/R 1. deposit receipt депозитная квитанция; сохранная расписка **2.** dock receipt доковая расписка

Dr.&Sm. *англ.* Drewry and Smale's Chancery Reports сборник решений канцлерского суда, составители Друри и Смейл (1860—1865)

Draper Draper's Upper Canada King's Bench reports сборник решений Суда королевской скамьи по Верхней Канаде, составитель Дрейпер (1828—1831)

Drew. *англ.* Drewry's Chancery Reports сборник решений канцлерского суда, составитель Друри (1852—1859)

Drink. *англ.* Drinkwater's Common Pleas Reports сборник решений суда общих тяжб, составитель Дринкуотер (1840—1841)

Dru.&Wal. Drury and Walsh's Irish Chancery Reports сборник ирландских решений канцлерского суда, составители Друри и Уолш (1837—1840)

Dru.&War. Drury and Warren's Irish Chancery Reports сборник ирландских решений канцлерского суда, составители Друри и Уоррен (1841—1843)

Dru.t.Nap. Drury's Irish Chancery Reports temp. Napier сборник ирландских решений канцлерского суда времён Нэпиера, составитель Друри (1850—1859)

Dru.t.Sugden Drury's Irish Chancery Reports temp. Sugden сборник ирландских решений канцлерского суда времён Сагдена, составитель Друри (1843—1844)

D.S. document signed документ, подписанный *(таким-то)*

d/s ...days' sight, ...days after sight через ... дней после предъявления *(векселя)*

Dunn. *англ.* Dunning's Reports сборник судебных решений, составитель Даннинг

d.v.m. decessit vita matris *лат.* умер(ла) при жизни матери

D.W. dock warrant складское свидетельство, доковый варрант

D.W.I. 1. died without issue умер, не оставив потомства **2.** driving while intoxicated управление автомобилем в состоянии *(алкогольной или наркотической)* интоксикации

E. 1. *англ.* Easter term пасхальная судебная сессия **2.** ecclesiastical церковный **3.** Edward

Эдуард *(имя короля)* **4.** emergency чрезвычайное положение **5.** equity право справедливости **6.** Exchequer казначейство

e. error ошибка

E.&A.R. Error and Appeal Reports, Ontario сборник судебных решений по апелляциям, Онтарио (1846—1866)

E.&B. *англ.* Ellis and Blackburn's Queen's Bench Reports сборник решений Суда королевской скамьи, составители Эллис и Блэкберн (1852—1858)

E.&E. *англ.* Ellis and Ellis' Queen's Bench Reports сборник решений Суда королевской скамьи, составители Т. Эллис и Ф. Эллис (1858—1861)

E.&O.E. errors and omissions excepted исключая ошибки и пропуски

e.a.o.n. except as otherwise noted за исключением тех случаев, когда указано иначе

East *англ.* East's King's Bench Reports сборник решений Суда королевской скамьи, составитель Ист (1801—1812)

E.A.T. *англ.* Employment Appeal Tribunal апелляционный суд по трудовым делам

E.B.&E. *англ.* Ellis, Blackburn and Ellis' Queen's Bench Reports сборник решений Суда королевской скамьи, составители Т. Эллис, Блэкберн и Ф. Эллис (1858)

Ecc.&Ad. *англ.* Spinks' Ecclesiastical and Admiralty Reports сборник решений по церковным и морским делам, составитель Спинкс (1853—1855)

E.C.R. European Court Reports сборник решений Европейского суда

ed. **1.** edited изданный; под редакцией **2.** edition издание

Eden *англ.* Eden's Chancery Reports сборник решений канцлерского суда, составитель Иден (1757—1766)

Edw. Edward Эдуард *(имя короля в обозначениях английских законов)*

Edw.Adm. *англ.* Edward's Admiralty Reports сборник решений по морским делам, составитель Эдуард (1808—1812)

E.E. **1.** errors excepted исключая ошибки **2.** essential elements реквизиты; существенные элементы

e.g. exempli gratia *лат.* например

E.I.P.R. European Intellectual Property Review европейское обозрение по вопросам правовой охраны интеллектуальной собственности

El.&Bl. *англ.* Ellis and Blackburn's Queen's Bench Reports сборник решений Суда королевской скамьи, составители Эллис и Блэкберн (1852—1858)

El.&El. *англ.* Ellis and Ellis' Queen's Bench Reports сборник решений Суда королевской скамьи, составители Т. Эллис и Ф. Эллис (1858—1861)

El.Bl.&El. *англ.* Ellis, Blackburn and Ellis' Queen's Bench Reports сборник решений Суда королевской скамьи, составители Т. Эллис, Блэкберн и Ф. Эллис (1858)

Eliz. Elizabeth Елизавета *(имя королевы в обозначениях английских законов)*

E.L.Rev. European Law Review «Европейское юридическое обозрение»

End. **1.** endorsed индоссированный **2.** endorsement индоссамент **3.** endorser индоссант; жирант

Eng.R.&C.Cas. English Railway and Canal Cases сборник английских судебных решений по транспортным вопросам

Ent.Sta.Hall *англ.* entered at Stationers' Hall авторское [издательское] право заявлено

e.o. ex officio *лат.* по долгу службы

E.O.E. errors and omissions excepted исключая ошибки и пропуски

e.o.h.p. except as otherwise herein provided за исключением случаев, когда в данном документе предусмотрено иначе

e.o.o.e. errors or omissions excepted исключая ошибки и пропуски

E.P. English Patent английский патент

E.P.D. excess profits duty налог на сверхприбыль

E.P.T. excess profit tax налог на сверхприбыль

Eq. equity право справедливости

Eq.Cas.Abr. *англ.* Equity Cases Abridged сборник судебных решений права справедливости (1677—1744)

Eq.Rep. *англ.* Equity Reports сборник судебных решений права справедливости (1853—1855)

er. error ошибка

E.R. *англ.* English Reports Reprint to 1865 переиздание английской судебной практики до 1865 г.

E.R.C. English Ruling Cases сборник английских руководящих судебных прецедентов

E.S. extra session чрезвычайная сессия *(законодательного собрания)*

Esp. *англ.* Espinasse's Nisi Prius Reports сборник судебных решений с участием присяжных, составитель Эспинасс (1793—1807)

et al. et alia *лат.* и другие *(в названиях судебных дел)*; et alius *лат.* и другой

et seq. et sequitur *лат.* и следующий

evid. evidence доказательство

Ex. *англ.* **1.** Exchequer казначейство; суд казначейства **2.** Exchequer Reports (Welsby, Hurlstone and Gordon) сборник решений суда казначейства, составители Уэлсби, Херлстон и Гордон (1848—1856)

ex. **1.** excluding исключая **2.** execution исполнение **3.** executive исполнительный **4.** exempt освобождённый

.Exch. *англ.* **1.** Exchequer казначейство; суд казначейства **2.** Exchequer Reports сборник решений суда казначейства (1848—1856)

Exch.Rep. *англ.* Exchequer Reports (Welsby, Hurlstone and Gordon) сборник решений суда казначейства, составители Уэлсби, Херлстон и Гордон (1848—1856)

exec. **1.** execution исполнение **2.** executive исполнительный

exor. executor **1.** душеприказчик **2.** судебный исполнитель

EXQ [exq.] ex quay с причала, с пристани

exrx. executrix душеприказчица

EXS [exs] ex ship с судна

exs.ads.&assns. executors, administrators and assignees душеприказчики, администраторы имущества и правопреемники

Ext. extended продлённый, продлено

EXW [exw] ex works франко-завод, с завода, с предприятия

F. *амер.* Federal Reporter сборник решений Федеральных апелляционных судов

F.(2d) *амер.* Federal Reporter, Second Series вторая серия сборника судебных решений федеральных апелляционных судов США

f. followed перед названием судебного решения означает, что данное решение явилось прецедентом

F.A.A. [f.a.a.] free of all average свободно от всякой аварии

f.&d. freight and demurrage фрахт и демередж

F.&F. *англ.* Foster and Finlason's Nisi Prius Reports сборник судебных решений с участием присяжных, составители Фостер и Финлесон (1856—1867)

F.&Fitz. *англ.* Falconer and Fitzherbert's Election Cases сборник решений по делам о выборах, составители Фальконер и Фитцгерберт

F.&S. *англ.* Fox and Smith's Irish King's Bench Reports сборник ирландских решений Суда королевской скамьи, составители Фокс и Смит (1822—1824)

F.&S.Reg.Cas. *англ.* Fox and Smith's Registration Cases сборник решений по делам о регистрации, составители Фокс и Смит

f.a.q. 1. fair average quality справедливое среднее качество 2. free alongside quay франко-набережная

FAS [fas, f.a.s.] free alongside ship франко вдоль борта судна, фас

FBI *амер.* Federal Bureau of Investigation(s) Федеральное бюро расследований (ФБР)

F.C. *амер.* Federal Cases сборник ранних решений Федеральных судов США

FCA *амер.* Federal Code Annotated аннотированный свод федеральных законов

f.c.a.s. free of capture and seizure свободно от пленения и захвата

FCR forwarding agent's certificate of receipt квитанция экспедитора

F.C.S. [f.c.s.] free of capture and seizure свободно от пленения и захвата

f.c.s.r.c.c. free of capture, seizure, riots, and civil commotions свободно от пленения, захвата, беспорядков и народных волнений

F.D. Fidei Defensor *лат.* защитник веры *(один из титулов английского монарха)*

f/d free dock франко-док

Fed. *амер.* Federal Reporter сборник решений Федеральных апелляционных судов

Fed.B.J. *амер.* Federal Bar Association Journal журнал федеральной ассоциации адвокатов

Fed.Cas. *амер.* Federal Cases сборник ранних решений Федеральных судов США

Fed.R.Civ.P. *амер.* Federal Rules of Civil Procedure федеральные правила гражданского судопроизводства

Fed.R.Crim.P. *амер.* Federal Rules of Criminal Procedure федеральные правила уголовного судопроизводства

F.fa. fieri facias *лат.* исполнительный лист

f.f.a. free from alongside франко вдоль судна, фас

f.f.c. free of foreign capture свободно от захвата иностранным государством

FFP firm fixed price твёрдая цена; договор с фиксированной ценой

f.g.r. *англ.* freehold ground rent плата за пожизненную *или* наследственную аренду земли

f.i. free in погрузка оплачивается фрахтователем

f.i.b. 1. free into barge франко-баржа 2. free into bunker франко-бункер

fid. fiduciary фидуциарный

FI.FA. [fi.fa.] fieri facias *лат.* исполнительный лист

Fin. *англ.* Finch's Chancery Reports сборник решений канцлерского суда, составитель Финч (1673—1681)

Fin.Pr. *англ.* Finch's Precedents in Chancery сборник судебных прецедентов канцлерского суда, составитель Финч (1689—1722)

fio [f.i.o.] free in and out погрузка и выгрузка оплачиваются фрахтователем, судовладелец свободен от расходов по погрузке и выгрузке

fiost free in and out, stowed and trimmed судовладелец свободен от расходов по погрузке, укладке, штивке и выгрузке

f.i.t. 1. free in truck франко-железнодорожная платформа; *амер.* франко-грузовой автомобиль 2. free of income tax не облагаемый подоходным налогом

Fitzg. *англ.* Fitzgibbon's King's Bench Reports сборник решений Суда королевской скамьи, составитель Фитцгиббон (1728—1733)

Fitzh.Abr. *англ.* Fitzherbert's Abridgment свод английского права, автор Фитцгерберт

F.J. first judge первый судья

f.l. falsa lectio *лат.* разночтение

Fla. *амер.* Florida Reports сборник судебных решений штата Флорида

Fl.&K. *англ.* Flanagan and Kelly's Irish Rolls Court Reports сборник ирландских судебных решений, составители Флэнеген и Келли (1840—1842)

FOA [foa] 1. free of all average свободно от всякой аварии 2. fob airport фоб аэропорт

F.O.B. [fob, f.o.b.] free on board *англ.* франко-борт, фоб; *амер.* франко-вагон

f.o.b.&t. free on board and trimmed франко-борт с укладкой в бункер

F.O.B. vessel *амер.* free on board vessel франко-борт, фоб

F.O.C. [f.o.c.] 1. free of charge бесплатно 2. free on car франко-вагон

f.o.d. free of damage свободно от повреждения

F.O.L. free on lorry франко-автопогрузочные средства

Fonbl. *англ.* Fonblanque's Bankruptcy Reports сборник решений по делам о банкротстве, составитель Фонбланк

F.O.Q. **[f.o.q.]** free on quay франко-набережная

FOR **[for, f.o.r.]** free on rail франко-вагон

FOR/FOT free on rail/free on truck франко-вагон/франко-железнодорожная платформа

Forr. 1. Cases temp. Talbot (by Forrester) сборник судебных дел, Тальбот-Форрестер (1734—1738) **2.** *англ.* Forrest's Exchequer Reports сборник решений суда казначейства, составитель Форрест (1801)

For.Rel. Foreign Relations of the United States «Внешние сношения США» (*периодическое издание по вопросам международного права*)

Fors.Cas.&Op. *англ.* Forsyth's Cases and Opinions on Constitutional Law «Вопросы конституционного права», автор Форсит

Fort. *англ.* Fortescue's King's Bench Reports сборник решений Суда королевской скамьи, составитель Фортескью (1695—1738)

f.o.s. free on steamer франко-судно

Fost. *англ.* Foster's Crown Cases сборник решений по уголовным делам, составитель Фостер (1743—1761)

F.O.T. free on truck франко-железнодорожная платформа; франко-грузовик

f.o.t. 1. free of tax не облагаемый налогом **2.** free on truck франко-железнодорожная платформа; франко-грузовик

f.o.w. free on wagon франко-вагон

Fox Pat.Cas. Fox's Patent, Trade Mark, Design and Copyright Cases журнал по вопросам охраны промышленной собственности и авторского права, издатель Фокс

F.P. [fp] 1. fire policy полис страхования от огня **2.** floating policy генеральный полис **3.** freight prepaid фрахт оплачен до отправки, стоимость перевозки оплачена до отправки **4.** fully paid оплачено полностью

F.P.A. **[f.p.a.]** free of particular average свободно от частной аварии

F.P.A.A.C. free of particular average (American conditions) свободно от частной аварии (американские условия)

F.P.A.E.C. free of particular average (English conditions) свободно от частной аварии (английские условия)

F.P.A.u.c.b. free of particular average unless caused by... свободно от частной аварии, если только она не будет вызвана...

F.R.A.P. *амер.* Federal Rules of Appelate Procedure федеральные правила апелляционной процедуры

FRC **[frc]** free carrier франко-перевозчик

Fr.Chy. *англ.* Freeman's Chancery Reports сборник решений канцлерского суда, составитель Фримен (1660—1706)

F.R.C.P. **[F.R.Civ.P.]** *амер.* Federal Rules of Civil Procedure федеральные правила гражданского судопроизводства

F.R.D. *амер.* Federal Rules Decisions сборник по вопросам федерального законодательства

F.R.E. *амер.* Federal Rules of Evidence «Федеральные правила о доказательствах»

Free. *англ.* Freeman's King's Bench and Common Pleas Reports сборник решений Суда королевской скамьи и суда общих тяжб, составитель Фримен

frt.ppd. freight prepaid фрахт оплачен до отправки, стоимость перевозки оплачена до отправки

F.S.A. *амер.* Florida Special Acts сборник специальных законов штата Флорида

FSR *англ.* Fleet Street Patent Law Reports журнал «Патентные судебные дела»

F.Supp. *амер.* Federal Supplement сборник судебных решений Федеральных окружных судов и претензионного суда США (U.S. Court of Claims)

Ga. *амер.* Georgia Reports сборник судебных решений штата Джорджия

G.A. 1. General Agent генеральный агент **2.** general average общая авария

Ga.App. *амер.* Georgia Appeals Reports сборник решений апелляционного суда штата Джорджия

G/A Con general average contribution долевой взнос по общей аварии

Ga.L. *амер.* Georgia Laws сборник законов штата Джорджия

Gale *англ.* Gale's Exchequer Reports сборник решений суда казначейства, составитель Гейл (1835—1836)

Gale and Dav. *см.* G.&D.

G.&D. *англ.* Gale and Davison's Queen's Bench Reports сборник решений Суда королевской скамьи, составители Гейл и Дэвисон (1841—1843)

Gaz.L.R. Gazette Law Reports, New Zealand сборник новозеландских судебных решений (с 1898 г.)

G.C. Geneva Convention(s) Женевская(-ие) Конвенция(-ии)

gdn guardian опекун; попечитель

gen.av. general average общая авария

Geo. *англ.* George Георг (*имя короля в обозначениях английских законов*)

Geo.L.J. *амер.* Georgetown Law Journal Джорджтаунский юридический журнал

Geo.Wash.L.Rev. *амер.* George Washington Law Review юридический журнал университета Джорджа Вашингтона

Gif. *англ.* Giffard's Chancery Reports сборник решений канцлерского суда, составитель Гиффард (1857—1865)

Gilb.Cas. *англ.* Gilbert's Cases in Law and Equity сборник судебных решений общего права и права справедливости, составитель Гилберт (1713—1715)

Gilb.Ch. *англ.* Gilbert's Chancery Reports сборник решений канцлерского суда, составитель Гилберт (1705—1727)

GIP general insurance policy генеральный страховой полис

Gl.&J. *англ.* Glyn and Jameson's Cases in Bankruptcy сборник решений по делам о банкротстве, составители Глин и Джеймсон

g.m.q. good merchantable quality хорошее рыночное качество

Godb. *англ.* Godbolt's King's Bench Reports сборник решений Суда королевской скамьи, составитель Годболт (1575—1638)

GOGO Government-owned, Government-operated принадлежащий государству и эксплуатируемый государством

GOPO government-owned, privately operated принадлежащий государству и эксплуатируемый частной фирмой

Gould. *англ.* Gouldsborough's King's Bench Reports сборник решений Суда королевской скамьи, составитель Гоулдсборо (1586—1602)

Gow *англ.* Gow's Nisi Prius Cases сборник судебных решений с участием присяжных, составитель Гау (1818—1820)

Grant Grant's Upper Canada Chancery Reports сборник решений канцлерского суда, Верхняя Канада, составитель Грант (1849—1882)

Grant E.&A. Grant's Error and Appeal Reports, Ontario сборник решений по апелляциям, Онтарио, составитель Грант (1846—1866)

Grif.Pat.C. *англ.* Griffin's Patent Cases сборник решений по патентным делам, составитель Гриффин (1866—1887)

Grot. Grotius, De Jure Belli ac Pacis «О праве войны и мира», автор Гроций

Grot.Soc. Transactions of the Grotius Society труды общества Гроция

G.T. General Terms of Delivery общие условия поставки

g.t. gross terms гросс-условия, линейные условия

GTD [gtd] guaranteed гарантированный

Gu.Civ.C. *амер.* Guam Civil Code гражданский кодекс штата Гуам

Gu.Civ.Regs. *амер.* Guam Civil Regulations сборник постановлений по вопросам гражданского права штата Гуам

Gu.Code Civ.Proc. *амер.* Guam Code of Civil Procedure гражданско-процессуальный кодекс штата Гуам

guar. 1. guarantee поручительство; гарантия; лицо, принимающее поручительство; лицо, которому даётся гарантия 2. guaranteed гарантированный; с гарантией 3. guarantor поручитель; гарант

H. 1. Henry Генрих *(имя короля в обозначениях английских законов)* 2. Hilary term январская судебная сессия 3. husband муж, супруг

Ha. *англ.* Hare's Chancery Reports сборник решений канцлерского суда, составитель Хэар (1841—1853)

Ha.&Tw. *англ.* Hall and Twell's Chancery Reports сборник решений канцлерского суда, составители Холл и Туэлл (1849—1850)

hab.fa. habere facias (possessionem) судебное предписание о вводе во владение

Hag.Adm. *англ.* Haggard's Admiralty Reports сборник решений по морским делам; составитель Хэгерд (1822—1828)

Hag.Con. *англ.* Haggard's Consistory Reports сборник решений консистории, составитель Хэгерд (1789—1821)

Hag.Ecc. *англ.* Haggard's Ecclesiastical Reports сборник решений по церковным делам, составитель Хэгерд (1827—1833)

Hale C.L. *англ.* Hale's Common Law «Общее право», автор Хейл

H.&B. Hudson and Brooke's Irish King's Bench Reports сборник решений ирландских решений Суда королевской скамьи, составители Хадсон и Брук (1827—1837)

H.&C. *англ.* Hurlstone and Coltman's Exchequer Reports сборник решений суда казначейства, составители Херлстон и Колтмен (1862—1866)

H.&G. *англ.* Hurlstone and Gordon's Exchequer Reports сборник решений суда казначейства, составители Херлстон и Гордон (1854—1857)

H.&H. *англ.* Horn and Hurlstone's Exchequer Reports сборник решений суда казначейства, составители Хорн и Херлстон (1838—1839)

H.&N. *англ.* Hurlstone and Norman's Exchequer Reports сборник решений суда казначейства, составители Херлстон и Норман (1856—1862)

H.&P. *англ.* Hopwood and Philbrick's Registration Cases сборник решений по делам о регистрации, составители Хопвуд и Филбрик

H.&T. *англ.* Hall and Twell's Chancery Reports сборник решений канцлерского суда, составители Холл и Туэлл (1849—1850)

H.&W. *англ.* Hurlstone and Walmsley's Exchequer Reports сборник решений суда казначейства, составители Херлстон и Уолмсли (1840—1841)

H.app. heir apparent предполагаемый наследник, непосредственный прямой наследник

Har.&Ruth. *англ.* Harrison and Rutherford's Common Pleas Reports сборник решений суда общих тяжб, составители Харрисон и Разерфорд (1865—1866)

Har.&Woll. *англ.* Harrison and Wollaston's King's Bench Reports сборник решений Суда королевской скамьи, составители Харрисон и Уолластон (1835—1836)

Hard. *англ.* Hardres' Exchequer Reports сборник решений суда казначейства, составитель Хардрес (1655—1669)

Hare *англ.* Hare's Chancery Reports сборник решений канцлерского суда, составитель Хэар (1841—1853)

Harg.St.Tr. *англ.* Hargrave's State Trials политические судебные процессы, составитель сборника Харгрейв

Harm. Harmon's Upper Canada Common Pleas Reports сборник канадских решений суда общих тяжб, составитель Хармон (1850—1881)

Harv.L.Rev. *амер.* Harvard Law Review юридический журнал Гарвардского университета

Harv.Research Research and International Law under the Auspices of the Harvard Law School исследования в области международного права под эгидой Гарвардской юридической школы

Hats.Pr. *англ.* Hatsell's Parliamentary Precedents «Парламентские прецеденты», автор Хэтсел (1290—1818)

Hav.Ch.Rep. *англ.* Haviland's Chancery Reports, Prince Edward Island сборник решений канцлерского суда по о-ву Принца Эдуарда, составитель Хэвиленд

Haw. *амер.* Hawaiian Reports сборник судебных решений штата Гавайи

Hay&M. *англ.* Hay and Marriott's Admiralty Reports сборник судебных решений по морским делам, составители Хэй и Мариот (1776—1779)

H.B. *амер.* house bill законопроект, внесённый в палате представителей

H.Bl. *англ.* H.Blackstone's Common Pleas Reports сборник решений суда общих тяжб, составитель Г. Блэкстон (1788-1796)

HBMGvmt *англ.* His [Her] Britannic Majesty's Government правительство Его [Её] величества

H.B.R *англ.* Hansell's Bankruptcy Reports сборник решений по делам о банкротстве, составитель Хэнсел (1915—1917)

H.C. 1. habeas corpus судебный приказ о передаче арестованного в суд 2. habitual criminal рецидивист 3. Hague Convention Гаагская конвенция 4. *англ.* High Court of Justice Высокий суд правосудия 5. *англ.* House of Commons палата общин 6. house of correction исправительный дом

HCJ *англ.* High Court of Justice Высокий суд правосудия

H.Con.Res. *амер.* House Concurrent Resolution совпадающая *(с резолюцией сената)* резолюция палаты представителей

H.D.C. holder in due course законный держатель

Hem.&M. *англ.* Hemming and Miller's Chancery Reports сборник решений канцлерского суда, составители Хемминг и Миллер (1862—1865)

Hen. Henry Генрих *(имя короля в обозначениях английских законов)*

Het. *англ.* Hetley's Common Pleas Reports сборник решений суда общих тяжб, составитель Хетли (1627—1632)

Hil. *англ.* Hilary term январская судебная сессия

H.J.Res. *амер.* House Joint Resolution совместная *(с сенатом)* резолюция палаты представителей

H.L. *англ.* 1. House of Lords палата лордов 2. hard labur каторжные работы

H.L.Cas. *англ.* House of Lords Cases (Clark) сборник судебных решений палаты лордов, составитель Кларк (1847—1866)

H.M.G. *англ.* His [Her] Majesty's Government правительство Его [Её] величества

HMSO *англ.* His [Her] Majesty's Stationary Office управление по изданию официальных документов

Hob. *англ.* Hobart's King's Bench Reports сборник решений Суда королевской скамьи, составитель Хобарт (1603—1625)

Hodg. *англ.* Hodges' Common Pleas Reports сборник решений суда общих тяжб, составитель Ходжес (1835—1837)

Holt Adm.Ca. *англ.* Holt's Admiralty Cases сборник судебных решений по морским делам, составитель Холт (1863—1867)

Holt Eq. *англ.* Holt's Equity Reports сборник судебных решений права справедливости, составитель Холт (1845)

Holt K.B. *англ.* Holt's King's Bench Reports сборник решений Суда королевской скамьи, составитель Холт (1688—1710)

Holt N.P. *англ.* Holt Nisi Prius Reports сборник судебных решений с участием присяжных, составитель Холт

Hopw.&Colt *англ.* Hopwood and Coltman's Registration Cases сборник решений по делам о регистрации, составители Хопвуд и Колтмен

Horn&H. *англ.* Horn and Hurlstone's Exchequer Reports сборник решений суда казначейства, составители Хорн и Херлстон (1837—1839)

How. Howard's United States Supreme Court Reports сборник решений Верховного суда США, составитель Хоуард

How.St.Tr. *англ.* Howell's State Trials политические судебные процессы (1163—1820), составитель сборника Хауэл

H.P. 1. hire-purchase купля-продажа в рассрочку 2. *англ.* Houses of Parliament палаты парламента

H.R. 1. Home Rule гомруль, движение за самоуправление Ирландии 2. *амер.* House of Representatives палата представителей 3. законопроект *или* резолюция, принятые палатой представителей

H.(R.)Doc. *амер.* House of Representatives Document документ палаты представителей

H.Rept. *амер.* House of Representatives палата представителей

H.Res. *амер.* House Resolution резолюция палаты представителей

H.T. high treason государственная измена

Hurl.&Walm. *англ.* Hurlstone and Walmsley's Exchequer Reports сборник решений суда казначейства, составители Херлстон и Уолмсли (1840—1841)

Hut. [Hutt.] *англ.* Hutton's Common Pleas Reports сборник решений суда общих тяжб, составитель Хаттон (1612—1639)

I. Instituta *лат.* Институции Юстиниана

Ia. *амер.* Iowa Reports сборник судебных решений штата Айова

IACP International Association of Chiefs of Police Международная ассоциация начальников полиции (МАНП)

ib. [ibid.] *лат.* ibidem там же, в том же месте

I.C. International Certificate международное удостоверение *(о прививках)*

i.c. in casu *лат.* в данном случае; в данном деле

I.C.A *амер.* Idaho Code Annotated свод аннотированных законов штата Айдахо

I.C.C. 1. Institute Cargo Clauses условия страхования грузов объединения лондонских страховщиков 2. *амер.* Interstate Commerce Commission комиссия по регулированию торговли между штатами 3. *амер.* Interstate Commerce Commission Reports сборник решений комиссии по регулированию торговли между штатами

I.C.J. International Court of Justice Международный суд

I.C.J. Pleadings International Court of Justice: Pleadings, Oral Arguments, Documents производство и документы Международного суда

I.C.J. Reports Reports of Judgments, Advisory Opinions and Orders of the International Court of Justice сборник решений, консультативных заключений и распоряжений Международного суда

I.C.L.Q. International and Comparative Law Quarterly ежеквартальный журнал по вопросам международного и сравнительного права

ICPO International Criminal Police Organization Международная организация уголовной полиции, Интерпол

I.C.R. 1. *англ.* Industrial Cases Reports юридический журнал по трудовым делам 2. International Collision Regulations международные правила по предупреждению столкновений самолётов в воздухе

ICT *см.* Incoterms

ID 1. identification card удостоверение личности 2. income duty подоходный налог 3. *амер.* Interior Department министерство внутренних дел

id. idem *лат.* то же

Ida. *амер.* Idaho Reports сборник судебных решений штата Айдахо

i.e. id est *лат.* то есть

IGO intergovernmental межправительственный

I.G.R. improved ground rent плата за аренду земли под постройку

I.H.L. impisonment with hard labour тюремное заключение с каторжными работами

I/L impost licence импортная лицензия

I.L.C. International Law Commission Комиссия по международному праву *(ООН)*

IL/C irrevocable letter of credit безотзывный аккредитив

Ill. *амер.* 1. Illinois Reports сборник судебных решений штата Илинойс 2. Illinois Supreme Court Верховный суд штата Иллинойс

Ill.App. *амер.* 1. Illinois Appelate Court апелляционный суд штата Иллинойс 2. Illinois Appeals Reports сборник решений апелляционного суда штата Иллинойс

Ill.Laws *амер.* Illinois Laws сборник законов штата Иллинойс

Ill.L.Rev. Illinois Law Review юридический журнал университета штата Иллинойс

Ill.Rev.Stat. *амер.* Illinois Revised Statutes сборник законов штата Иллинойс с поправками

Ill.Sup.Ct.Rules *амер.* Illinois Supreme Court Rules сборник постановлений Верховного суда штата Иллинойс

I.L.Q. International Law Quarterly «Ежеквартальный журнал международного права»

Inc. *амер.* incorporated зарегистрированный как корпорация; имеющий права юридического лица

ince insurance страхование

Incor(p). *амер.* incorporated зарегистрированный как корпорация; имеющий права юридического лица

Incoterms International Rules for the Interpretation of Trade Terms Международные правила толкования торговых терминов

Inc.Tax Cas. *англ.* Reports of Cases on Income Tax сборник решений по делам об обложении подоходным налогом (с 1875 г.)

Ind. *амер.* Indiana Reports сборник судебных решений штата Индиана

ind. indorsement передаточная надпись

Ind.App. 1. *амер.* Indiana Appellate Court Reports сборник судебных решений апелляционного суда штата Индиана 2. *англ.* Law Reports, Indian Appeals сборник судебных решений по апелляциям, касающихся Индии

Ind.L.J. *амер.* Indiana Law Journal юридический журнал штата Индиана

indm. indemnity гарантия от убытков; возмещение, компенсация

in ex. in extenso *лат.* полностью, дословно

Ins. 1. insolvency несостоятельность 2. insurance страхование

Ins.C. insurance contract договор страхования

insce. insurance страхование

Ins.Co. Insurance Company страховая компания

Ins.L.J. *амер.* Insurance Law Journal юридический журнал по вопросам страхования

Inst. 1. Instituta *лат.* Институции Юстиниана 2. Coke's Institutes «Институции», автор Коук

inst. 1. instal(l)ment частичный *или* очередной взнос 2. institution общество; институт; фонд

instk inscribed stock именные ценные бумаги

int. 1. interest проценты 2. interim временный; промежуточный 3. internal внутренний 4. international международный

int.al. inter alia *лат.* в числе прочего

Int.Arb.J. International Arbitration Journal журнал по международному арбитражу

Int.Cl. International Patent Classification Международная патентная классификация

Interpol International Criminal Police Organization Международная органиизация уголовной полиции (Интерпол)

Int.L.Q. *амер.* International Law Quarterly ежеквартальный журнал международного права

Int.L.R. International Law Reports международно-правовой сборник

Intra L.R. *амер.* Intramural Law Review of New York University юридический журнал Нью-Йоркского университета

Int.Rev.Bull. *амер.* Internal Revenue Bulletin бюллетень внутренних государственных доходов *(министерства финансов)*

Int.Rev.Code *амер.* Internal Revenue Code кодекс законов о внутренних государственных доходах

inv. 1. invented изобретённый 2. inventor изобретатель 3. invoice фактура

IOU I owe you «я вам должен», долговая расписка

I.p.a. including particular average включая частную аварию

I.Q. intelligence quotient *криминол.* коэффициент умственного развития

i.q.e.r. in quod erat registrandum *лат.* что и удостоверяется

IR International Registration международная регистрация, международный товарный знак

I.R. Irish Reports сборник ирландских судебных решений

I.R.B. *амер.* Internal Revenue Bulletin бюллетень внутренних государственных доходов *(министерства финансов)*

I.R.C. *амер.* Internal Revenue Code кодекс законов о внутренних государственных доходах

I.R.L.R. *англ.* Industrial Relations Law Reports сборник решений по вопросам трудового права

Ir.L.R. 1. Irish Law Reports сборник ирландских судебных решений (1838—1850) 2. The Law Reports, Ireland сборник ирландских судебных решений (с 1878 г.)

Ir.L.T. Irish Law Times ирландская правовая хроника (с 1867 г.)

Ir.R. Irish Law Reports сборник ирландских судебных решений (с 1894 г.)

irre(d). irredeemable не подлежащий выкупу

is. *амер.* interstate междуштатный

ISC *амер.* interstate commerce торговля между штатами

I.T. *амер.* Income Tax Unit отдел подоходных налогов *(министерства финансов)*

it. item пункт; параграф; статья; вопрос

ITS Income Tax Service служба подоходных налогов

J. justice, judge судья

J.A. 1. joint account совместный счёт 2. Judge Advocate военный прокурор 3. Justice of Appeal судья апелляционного суда

Jac. *англ.* 1. Jacob's Chancery Reports сборник решений канцлерского суда, составитель Джейкоб (1821—1822) 2. Jacobus *лат.* Иаков *(имя короля в обозначениях английских законов)*

JAG *амер.* Judge Advocate General начальник военно-юридического управления

JAGD *амер.* Judge Advocate General's Department военно-юридическое управление

J.Air L. Journal of Air Law and Commerce журнал воздушного права

James Sel.Cas. James' Select Cases, Nova Scotia избранные судебные дела, Новая Шотландия, составитель Джеймс (1853—1855)

J.Am.Jud.Soc. Journal of the American Judicature Society журнал американского юридического общества

J.&H. *англ.* Johnson and Hemming's Chancery Reports сборник решений канцлерского суда, составители Джонсон и Хемминг (1859—1862)

J.&W. *англ.* Jacob and Walker's Chancery Reports сборник решений канцлерского суда, составители Джейкоб и Уокер (1819—1821)

J.B.A.D.C. *амер.* Journal of the Bar Association of the District of Columbia журнал ассоциации адвокатов федерального округа Колумбия

J.Bridg. *англ.* Bridgman's Common Bench Reports сборник решений суда общих исков, составитель Дж. Бриджмен (1613—1621)

Jc. jurisconsult юрисконсульт

J.C.D. 1. Juris Canonici Doctor *лат.* доктор церковного права 2. Juris Civilis Doctor *лат.* доктор гражданского права

J.C.G.S. *амер.* Judge of Court of General Sessions судья суда общей юрисдикции

J.C.L. [**J.Comp.Leg.**] *амер.* Journal of the Society of Comparative Legislation журнал общества сравнительного правоведения

J.C.P. justice of the common pleas судья суда общих тяжб

J.Crim.L. Journal of Criminal Law and Criminology журнал уголовного права и криминологии

J.Crim.L.&P.S. *амер.* Journal of Criminal Law, Criminology and Police Science журнал уголовного права, криминологии и полицейской науки

J.D. Jurum Doctor *лат.* доктор прав

Jenk. *англ.* Jenkins' Exchequer Reports сборник решений суда казначейства, составитель Дженкинс (1220—1623)

JJ. judges, justices судьи

J.J. junior judge младший судья

J.K.B. Justice of the King's Bench судья королевской скамьи

J.Kel. *англ.* John Kelyng's Crown Cases сборник решений по уголовным делам, составитель Дж. Келинг (1662—1669)

jnt. joint объединённый, совместный

jnt.stk. joint stock акционерный капитал

John. *англ.* Johnson's Chancery Reports сборник решений канцлерского суда, составитель Джонсон (1858—1860)

Johns.&Hem. *англ.* Johnson and Hemming's Chancery Reports сборник решений канцлерского суда, составители Джонсон и Хемминг (1859—1862)

Jones Jones' Upper Canada Common Pleas

Reports сборник канадских решений суда общих тяжб, составитель Джонс

Jones, T. *англ.* Thomas Jones' King's Bench Reports сборник решений Суда королевской скамьи, составитель Т. Джонс (1667—1685)

Jones, W. *англ.* William Jones' King's Bench Reports сборник решений Суда королевской скамьи, составитель У. Джонс (1620—1641)

J.P. 1. junior partner младший компаньон товарищества 2. justice of the peace мировой судья 3. Justice of the Peace «Мировая Юстиция» *(периодическое издание)*

JPOS *амер.* Journal of the Patent Office Society журнал общества патентного ведомства

J.P.Sm. *англ.* G.P.Smith's King's Bench Reports сборник решений Суда королевской скамьи, составитель Дж.П. Смит (1803—1806)

J.Q.B. Justice of the Queen's Bench судья королевской скамьи

Jr. 1. junior младший 2. juror присяжный

J.R. Jurist Reports, New Zealand юридическая хроника, Новая Зеландия (1873—1875)

J.R.(N.S.) Jurist Reports, New Zealand, New Series новая серия юридической хроники, Новая Зеландия (1875—1878)

j.s. judgement summons приказ о вызове в суд

J.S.C. *амер.* Justice of the Supreme Court судья Верховного суда

jt.au. joint author соавтор

J.U.B. Justice of the Upper Bench судья «верхней скамьи»

Jud. 1. judge судья 2. judgement судебное решение; приговор 3. judicial судебный

J.U.D. Juris Utriusque Doctor *лат.* доктор прав

judgt judgement судебное решение; приговор

Judg.U.B. *англ.* Judgements in the Upper Bench решения «верхней скамьи»

Jun. Part junior partner младший компаньон товарищества

Jur. *англ.* The Jurist журнал «Юрист» (1837—1854)

Jur.D. Juris Doctor *лат.* доктор права

jurisd. jurisdiction юрисдикция

Jur.M. Master of Jurisprudence магистр юриспруденции

Jur.N.S. *англ.* The Jurist, New Series журнал «Юрист», новая серия (1855—1866)

Jus. justice судья

Jus.P. Justice of the Peace мировой судья

Just. Justice судья

Just.Inst. Justinian's Institutes of Roman Law Институции римского права Юстиниана

JWTL Journal of World Trade Law журнал по международному договорному праву

Kan. *амер.* Kansas Reports сборник судебных решений штата Канзас

Kan.City L.R. *амер.* Kansas City Law Review юридический журнал г. Канзас-Сити

K.&G. *англ.* Keane and Grant's Reports сборник судебных решений, составители Кин и Грант

K.&J. *англ.* Kay and Johnson's Chancery Reports

сборник решений канцлерского суда, составители Кей и Джонсон (1854—1858)

K.&O. *англ.* Knapp and Ombler's Election Cases сборник решений по делам о выборах, составители Нэпп и Омблер

Kay *англ.* Kay's Chancery Reports сборник решений канцлерского суда, составитель Кей (1853—1854)

Kay&Johns. *англ.* Kay and Johnson's Chancery Reports сборник решений канцлерского суда, составители Кей и Джонсон (1854—1858)

K.B. *англ.* 1. King's Bench Суд королевской скамьи 2. King's Bench Division отделение королевской скамьи

[год] K.B. *англ.* Law Reports, King's Bench Division правовой сборник, решения отделения королевской скамьи *(за указанный год)*

K.C. *англ.* King's Counsel королевский адвокат

Keb. *англ.* Keble's King's Bench Reports сборник решений Суда королевской скамьи, составитель Кебл (1661—1679)

Keen *англ.* Keen's Rolls Court Reports сборник судебных решений, составитель Кин (1836—1838)

Keil. *англ.* Keilway's King's Bench Reports сборник решений Суда королевской скамьи, составитель Кейлвей (1496—1531)

Kel.J. *англ.* John Kelyng's Crown Cases сборник решений по уголовным делам, составитель Дж. Келинг (1662—1669)

Kel.W. *англ.* Wm.Kelynge's Reports in Chancery and King's Bench сборник решений канцлерского суда и суда королевской скамьи, составитель У. Келиндж (1730—1736)

Ken. *англ.* Kenyon's King's Bench Reports сборник решений Суда королевской скамьи, составитель Кеньон (1753—1759)

Kerr Kerr's New Brunswick Reports сборник судебных решений по Нью-Брунсвику, составитель Керр (1840—1848)

Kn. 1. Knapp's Privy Council Cases сборник решений судебного комитета тайного совета, составитель Нэпп (1829—1836) 2. Knox's New South Wales Reports сборник судебных решений по Новому Южному Уэльсу, составитель Нокс (1877)

Knox см. **Kn.** 2.

K.R.S. *амер.* Kentucky Revised Statutes сборник законов штата Кентукки с поправками

Ку. *амер.* Kentucky Reports сборник судебных решений штата Кентукки

Ky.L.J. *амер.* Kentucky Law Journal юридический журнал штата Кентукки

Ky.Rev.Stat. *амер.* Kentucky Revised Statutes сборник законов штата Кентукки с поправками

l. leasehold пользование на правах аренды

L.5. Long Quinto *лат.* название части X Ежегодников (Year Books)

La. *амер.* Louisiana Reports сборник судебных решений штата Луизиана

L.A. 1. Legislative Assembly законодательное собрание 2. *англ.* Lloyd's Agent агент страхового общества Ллойда 3. local authorities местные органы власти

l.a. letter of advice авизо; уведомление; извещение

L/A letter of authority доверенность

Lab.Rel.Rep. *амер.* Labor Relations Reports журнал по трудовому праву

L.A.C.C. Land Appeal Court Cases, New South Wales решения апелляционного земельного суда, Новый Уэльс (1890—1920)

L.&C. [L.&C.C.C.] *англ.* Leigh and Cave's Crown Cases сборник решений по уголовным делам, составители Лей и Кейв (1861—1865)

l&d loss and damage потеря и повреждение

L.&G. Lloyd and Goold's Irish Chancery Reports сборник ирландских решений канцлерского суда, составители Ллойд и Гулд (1834—1839)

L.&M. *англ.* Lowndes and Maxwell's Practice Cases сборник судебных решений, составители Лаундес и Максвелл (1852—1854)

L.&W. *англ.* Lloyd and Welsby's Mercantile Cases сборник решений по торговым делам, составители Ллойд и Уэлсби

Lane *англ.* Lane's Exchequer Reports сборник решений суда казначейства, составитель Лейн (1605—1612)

Lat. *англ.* Latch's Reports сборник судебных решений, составитель Лэтч (1625—1628)

law. lawyer юрист

Law Rev. *англ.* Law Review юридическое обозрение (1844—1856)

Laws Mo. *амер.* Laws of Montana сборник законов штата Монтана

l.b. long(-dated) bill долгосрочный вексель, долгосрочная тратта

L.C. 1. Law Court суд 2. Leading Cases руководящие судебные прецеденты 3. letter of credit аккредитив 4. London clause Лондонская оговорка 5. *англ.* Lord Chamberlain лорд-камергер 6. *англ.* Lord (High) Chancellor лорд-канцлер

L.C.C.(N.S.W.) Land Court Cases, New South Wales сборник решений земельного суда, Новый Южный Уэльс (1890—1921)

L.C.J. Lord Chief Justice лорд-главный судья

L.C.R. Lower Canada Reports сборник канадских судебных решений (1850—1867)

Ld. 1. limited с ограниченной ответственностью 2. lord лорд

L.D. 1. in live of duty при исполнении служебных обязанностей 2. lay day сталийный день 3. letter of deposit залоговое письмо

LEAA *амер. ист.* Law Enforcement Assistance Administration Управление содействия правоприменению

Leach *англ.* Leach's Crown Cases сборник решений по уголовным делам, составитель Лич (1730—1815)

Le.&Ca. *англ.* Leigh and Cave's Crown Cases сборник решений по уголовным делам, составители Лей и Кейв (1861—1865)

L.Ed. Lawyer's Edition of the United States Reports аннотированный сборник решений Верховного суда США

Lee *англ.* Lee's Ecclesiastical Reports сборник решений по церковным делам, составитель Ли (1752—1758)

Lef.&Cass. Lefroy and Cassel's Practice Cases, Ontario сборник судебных решений, Онтарио, составители Лефрой и Кэссел (1881—1883)

leg. 1. legal законный 2. legislative законодательный 3. legislature законодательная власть

Legge Legge's Supreme Court Cases, New South Wales сборник решений верховного суда, Новый Южный Уэльс, составитель Лег (1825—1862)

Leg.Per. *амер.* Index to Legal Periodicals библиографический указатель периодических изданий по вопросам права

Leigh & C. *англ.* Leigh and Cave's Crown Cases сборник решений по уголовным делам, составители Лей и Кейв (1861—1865)

Leo. [Leon.] *англ.* Leonard's King's Bench Reports сборник решений Суда королевской скамьи, составитель Леонард (1540—1615)

Lev. *англ.* Levinz's King's Bench Reports сборник решений Суда королевской скамьи, составитель Левинз (1660—1697)

Lew. [Lew.C.C.] *англ.* Lewin's Crown Cases сборник решений по уголовным делам, составитель Льюин (1822—1838)

L.F. [L.Fr.] Law French старо-французский язык, использовавшийся в судах

L.H. letter of hypothecation залоговое письмо; закладная (на недвижимость, судно); ипотечный акт

L.H.C. *англ.* Lord High Chancellor лорд-канцлер

Lib.Ass. Liber Assisarum *лат.* название части V Ежегодников (Year Books)

lic. licence лицензия; разрешение

Lil. *англ.* Lilly's Assize Reports сборник судебных решений с участием присяжных, составитель Лилли (1688—1693)

L.I.P. life insurance policy полис страхования жизни

Lit. *англ.* Littleton's Common Pleas Reports сборник решений суда общих тяжб, составитель Литлтон (1626—1632)

L.J. 1. Journals of the House of Lords протоколы палаты лордов 2. *англ.* The Law Journal журнал-сборник судебных решений 3. Lord Justice лорд-судья

L.J.C.C.R. *англ.* Law Journal County Court Reports сборник решений судов графств (1934—1945)

L.J.Ch. *англ.* Law Journal Reports, Chancery сборник решений канцлерского суда

L.J.K.B. *англ.* Law Journal Reports, King's Bench сборник решений Суда королевской скамьи

L.J.N.S. *англ.* Law Journal Reports, New Series новая серия журнала-сборника судебных решений (с 1832 г.)

L.J.O.S. *англ.* Law Journal Reports, Old Series старая серия журнала-сборника судебных решений (1822—1831)

L.J.P.C. *англ.* Law Journal Reports, Privy Council сборник решений судебного комитета тайного совета

L.J.Q.B. *англ.* Law Journal Reports, Queen's Bench сборник решений Суда королевской скамьи

LL laws законы *(при обозначениях старых сборников законов)*

L.L. 1. Law Latin судебная латынь 2. limited liability ограниченная ответственность

L.Lat. law latin судебная латынь

LL.B. Bachelor of Laws бакалавр прав

LL.D. Doctor of Laws доктор прав

L.Lib.J. *амер.* Law Library Journal of the American Association of Law Libraries журнал Американской ассоциации юридических библиотек

LL.L.R. [Ll-L.R., Ll.L.Rep.] Lloyd's List Law Reports сборник судебных решений по морским делам, издаваемый Ллойдом (с 1919 г.)

LL.M. Master of Laws магистр прав

L.Mag. *англ.* Law Magazine юридический журнал (1828—1915)

L.M.&P. *англ.* Lowndes, Maxwell and Pollock's Bail Court Reports сборник судебных решений, составители Лаундес, Максвелл и Поллок (1850—1851)

L.N.T.S. League of Nations Treaty Series сборники Международных договоров Лиги Наций

L.O. *англ.* Legal Observer журнал «Юридическое обозрение» (1831—1856)

LOC *амер.* letter of commitment гарантийное письмо

L.o/c letter of credit аккредитив

loc.cit. loco citata *лат.* в процитированном месте

Lofft *англ.* Lofft's King's Bench Reports сборник решений Суда королевской скамьи, составитель Лофт (1772—1774)

Long Q. *англ.* Long Quinto *лат.* название части X Ежегодников (Year Books)

l.o.r. «licences of right» (запись о готовности патентовладельца предоставить любому лицу лицензию)

Lous.Rev.C.Comm. *амер.* Louisiana Revenue Code Commentary комментированный кодекс законов о внутренних государственных доходах штата Луизиана

Lownd.&M. *англ.* Lowndes and Maxwell's Practice Cases сборник судебных решений, составители Лаундес и Максвелл (1852—1854)

Lownd.M.&P. *англ.* Lowndes, Maxwell and Pollock's Bail Court Reports сборник судебных решений, составители Лаундес, Максвелл и Поллок (1850—1851)

L.P. life policy полис страхования жизни

L.P.C. *англ.* Lord President of the Council лорд-председатель совета

L.P.R. legal personal representative 1. личный представитель 2. душеприказчик 3. администратор наследства 4. наследник 5. правопреемник

L.P.S. *англ.* Lord Privy Seal лорд-хранитель печати

L.Q.R. *англ.* Law Quarterly Review ежеквартальное юридическое обозрение (с 1885 г.)

L.R. *англ.* 1. Law Reports правовой сборник (1821—1822) 2. Law Reports правовой сборник (с 1866 г.) 3. Law Review правовое обозрение (1844—1856) 4. Law Recorder правовой сборник (1827—1838)

L.R.A. 1. *англ.* Law Reports, Admiralty and Ecclesiastical Cases правовой сборник, решения по морским и церковным делам (1865—1875) 2. *амер.* Lawyers' Reports Annotated аннотированный сборник судебных решений

L.R.A.&E. *см.* L.R.A. 1.

L.R.A.(N.S.) *амер.* Lawyers' Reports Annotated, New Series новая серия аннотированного сборника судебных решений

L.R.App.Cas. *англ.* Law Reports, Appeal Cases правовой сборник, решения по апелляциям в палату лордов

L.R.C.C. *англ.* Law Reports, Crown Cases Reserved правовой сборник, решения по уголовным делам (1865—1875)

L.R.Ch. *англ.* Law Reports, Chancery Appeal Cases правовой сборник, решения канцлерского суда по апелляциям (1865-1875)

L.R.[1891]Ch. Law Reports [1891] Chancery *англ. ист.* отчёты о судебной практике по делам, рассмотренным отделением суда канцлера в 1891 г.

L.R.Ch.D. *англ.* Law Reports, Chancery Division правовой сборник, решения отделения канцлерского суда

L.R.C.P. *англ.* Law Reports, Common Pleas Cases правовой сборник, решения по общим тяжбам (1765—1775)

L.R.C.P.D. *англ.* Law Reports, Common Pleas Division правовой сборник, решения отделения общих тяжб

L.R.Eq. *англ.* Law Reports, Equity Cases правовой сборник, решения по делам права справедливости (1865—1875)

L.Rev. *англ.* Law Review правовое обозрение (1844—1856)

L.R.Ex. *англ.* Law Reports, Exchequer Cases правовой сборник, решения по делам суда казначейства (1865—1875)

L.R.Ex.D. *англ.* Law Reports, Exchequer Division правовой сборник, решения по делам отделения казначейства

L.R.H.L. *англ.* Law Reports, English and Irish Appeal Cases правовой сборник, английские и ирландские дела по апелляции (1865—1875)

L.R.H.L.Sc. *англ.* Law Reports, Scotch and Divorce Appeal Cases правовой сборник, шотландские и бракоразводные дела по апелляции (1865—1875)

L.R.Ind.App. *англ.* Law Reports, Indian Appeals

правовой сборник, индийские дела по апелляции

L.R.Ir. *англ.* Law Reports, Ireland правовой сборник, ирландские дела

L.R.K.B.(D.) *англ.* Law Reports, King's Bench Division правовой сборник, решения отделения Суда королевской скамьи

L.R.Misc.D. *англ.* Law Reports, Miscellaneous Division правовой сборник, раздел «Разное»

L.R.N.S.W. Law Reports, New South Wales правовой сборник, дела по Новому Южному Уэльсу

L.R.P.&D. *англ.* Law Reports, Probate and Divorce английский правовой сборник, решения по делам о завещаниях и разводах (1865—1875)

L.R.P.C. *англ.* Law Reports, Privy Council Appeal Cases правовой сборник, решения по апелляциям в тайный совет (1865—1875)

L.R.P.D. *англ.* Law Reports, Probate Division правовой сборник, решения отделения по делам о завещаниях

L.R.Q.B. *англ.* Law Reports, Queen's Bench Cases правовой сборник, решения Суда королевской скамьи (1865—1875)

L.R.Q.B.(D.) *англ.* Law Reports, Queen's Bench Division правовой сборник, решения отделения Суда королевской скамьи

L.R.Sc.&Div. *англ.* Law Reports, Scotch and Divorce Appeal Cases правовой сборник, шотландские и бракоразводные дела по апелляции (1865—1875)

L.R.Stat. *англ.* Law Reports, Statutes правовой сборник, статуты

L.S. 1. locus sigilli *лат.* место печати 2. lumpsum паушальная сумма

L.T. 1. *англ.* Law Times правовая хроника 2. locum tenens *лат.* заместитель (временный)

Ltd. limited с ограниченной ответственностью

L.T.(O.S.) *англ.* Law Times Reports (Old Series) сборник судебных решений, старая серия (1843—1859)

L.T.R. *англ.* Law Times Reports сборник судебных решений (с 1859 г.)

L.T.R.N.S. *англ.* Law Times Reports, New Series новая серия сборника судебных решений (с 1859 г.)

Lud.El.Cas. *англ.* Luders' Election Cases сборник решений по делам о выборах, составитель Лудерс

Lush. *англ.* Lushington's Admiralty Reports сборник судебных решений по морским делам, составитель Лашингтон (1859—1862)

Lut. *англ.* Lutwyche's Common Pleas Reports сборник решений суда общих тяжб, составитель Лутвич (1682—1704)

M. 1. magistrate судья *(гл. обр. мировой)* 2. manslaughter убийство; *ист.* клеймо «m» на осуждённом за убийство 3. manual руководство, наставление, устав 4. manuscript рукопись 5. Mary Мария *(имя королевы в обозначениях английских законов)*

Mac. Macassey's Reports, New Zealand сборник судебных решений по Новой Зеландии, составитель Мэкасси (1861—1872)

Mac.&Rob. *англ.* Maclean and Robinson's House of Lords Cases сборник судебных решений палаты лордов, составители Маклин и Робинсон (1839)

Macn.&G. *англ.* Macnaghten and Gordon's Chancery Reports сборник решений канцлерского суда, составители Макнотен и Гордон (1848—1852)

Macn.Sel.Cas. *англ.* Macnaghten's Select Cases in Chancery сборник избранных решений канцлерского суда, составитель Макнотен (1724—1733)

Macq. *англ.* Macqueen's Scotch Appeal Cases, House of Lords сборник судебных решений палаты лордов по шотландским апелляциям, составитель Маккуин (1851—1865)

Macr.P.Cas. *англ.* Macrory's Patent Cases сборник решений по патентным делам, составитель Макрори

Mad. *англ.* Maddock's Chancery Reports сборник решений канцлерского суда, составитель Мэддок (1815—1822)

Mad.&Gel. *англ.* Maddock and Geldart's Chancery Reports сборник решений канцлерского суда, составители Мэддок и Гелдарт (1815—1822)

Man.&Gr. *англ.* Manning and Granger's Common Pleas Reports сборник решений суда общих тяжб, составители Мэннинг и Грейнджер (1840—1844)

Man.&Ry. Manning and Ryland's King's Bench Reports сборник решений Суда королевской скамьи, составители Мэннинг и Райланд (1827—1830)

M.&A. *англ.* Montagu and Ayrton's Reports сборник судебных решений, составители Монтэгю и Айртон

M.&B. *англ.* Montagu and Bligh's Cases in Bankruptcy сборник решений по делам о банкротстве, составители Монтэгю и Блай

M.&C. *англ.* Mylne and Craig's Chancery Reports сборник решений канцлерского суда, составители Милн и Крейг (1836—1840)

M.&G. *англ.* Manning and Grander's Common Pleas Reports сборник решений суда общих тяжб, составители Мэннинг и Грейнджер (1840—1844)

M.&K. *англ.* Mylne and Keen's Chancery Reports сборник решений канцлерского суда, составители Милн и Кин (1832—1835)

M.&M. *англ.* Moody and Malkin's Nisi Prius Reports сборник судебных решений с участием присяжных, составители Муди и Мэлкин (1826—1830)

M.&MacA. *англ.* Montagu and MacArthur's Reports сборник судебных решений, составители Монтэгю и Макартур

M.&P. *англ.* Moore and Payne's Common Pleas Reports сборник решений суда общих тяжб, составители Мур и Пейн (1828—1831)

M.&R. *англ.* Manning and Ryland's King's Bench

Reports сборник решений Суда королевской скамьи, составители Мэннинг и Райланд (1827—1830)

M.&S. *англ.* Maule and Selwyn's King's Bench Reports сборник решений Суда королевской скамьи, составители Моул и Селвин (1813—1817)

M.&Sc. *англ.* Moore and Scott's Common Pleas Reports сборник решений суда общих тяжб, составители Мур и Скотт (1831—1834)

M.&W. *англ.* Meeson and Welsby's Exchequer Reports сборник решений суда казначейства, составители Мисон и Уэлсби (1836—1847)

Man.Gr.&S. *англ.* Manning, Granger and Scott's Common Bench Reports сборник решений суда общих тяжб, составители Мэннинг, Грейнджер и Скотт (1845—1856)

Man.L.R. Manitoba Law Reports сборник судебных решений, Манитоба

Mans. *англ. см.* **Mans.B.&W.Cas.**

Mans.B.&W.Cas. *англ.* Manson's Bankruptcy and Winding-Up Cases сборник судебных решений по делам о банкротстве и ликвидации, составитель Мэнсон (1894—1914)

Mar. *англ.* March's King's Bench Reports сборник решений Суда королевской скамьи, составитель Марч (1639—1642)

Mar.L.C. *англ.* Maritime Law Cases сборник решений по морским делам (с 1860 г.)

Marr. *англ.* Marriott's Admiralty Decisions сборник решений по морским делам, составитель Мариотт (1776—1779)

Mars.Adm.Cas. *англ.* Marsden's Admiralty Cases сборник решений по морским делам, составитель Марсден

Marsh. *англ.* Marshall's Common Pleas Reports сборник решений суда общих тяжб, составитель Маршалл (1814—1816)

Mart.L. martial law военное положение

Mass. 1. Massachusetts Reports сборник судебных решений штата Массачусетс **2.** Supreme Judicial Court of Massachusetts Высший апелляционный суд штата Массачусетс

mat. maturity срок платежа

Mau.&Sel. *англ.* Maule and Selwyn's King's Bench Reports сборник решений Суда королевской скамьи, составители Моул и Селвин (1813—1817)

Mayn. *англ.* Maynard's Reports, Edward II сборник судебных решений во время царствования Эдуарда II, составитель Мейнард (часть I Ежегодников — Year Books)

MBI may be issued может быть издан [опубликован]

M.C. 1. Magistrate's Cases дела магистратских судов **2.** Mayor's Court суд мэра **3.** metalling clause оговорка об освобождении страховщика от ответственности за ущерб вследствие нормального износа судна

mcabm (in) manner common among businessmen в соответствии с практикой, принятых у деловых людей

M.C.C. *англ.* Moody's Crown Cases сборник решений по уголовным делам, составитель Муди (1824—1844)

McCl. *англ.* McClelland's Exchequer Reports сборник решений суда казначейства, составитель Макклелланд (1824)

McCl.&Y. *англ.* McClelland and Yonge's Exchequer Reports сборник решений суда казначейства, составители Макклелланд и Янг (1824—1825)

M.C.L. Master of Civil Law магистр гражданского права

MCM *амер.* Manual for Court Martials положение в военном судопроизводстве

McQ. McQueen's House of Lords Scottish Appeals сборник судебных решений палаты лордов по шотландским апелляциям, составитель Маккуин (1851—1865)

Md. *амер.* Maryland Law Reports сборник судебных решений штата Мэриленд

M.D. 1. *амер.* Middle District средний федеральный судебный округ **2.** Military District военный округ; военный район **3.** mentally deficient психически неполноценный

m.d. [m/d] ...months after date через ... месяцев от сего числа

M.D.&D. *англ.* Montagu, Deacon and De Gex's Reports сборник судебных решений, составители Монтэгю, Дикон и де Гекс

MDC Military District Court военный суд округа *или* района

Md Code *амер.* Maryland Code свод законов штата Мэриленд

M.Dip. Master in Diplomacy магистр дипломатии

Me. *амер.* Maine Reports сборник судебных решений штата Мэн

Mees.&Ros. *англ.* Meeson and Roscoe's Exchequer Reports сборник решений суда казначейства, составители Мисон и Роскоу (1834—1836)

mem(o). memorandum меморандум; памятная записка

Mer. *англ.* Merivale's Chancery Reports сборник решений канцлерского суда, составитель Мэривейл (1815—1817)

M.F.N. [m-f-n] most favoured nation наиболее благоприятствуемая нация

MHR *амер.* Member of the House of Representatives член палаты представителей

Mich. *амер.* Michigan Reports сборник судебных решений штата Мичиган

Mich.C.R. *амер.* Michigan Court Rules правила судопроизводства штата Мичиган

Mich.L.Rev. *амер.* Michigan Law Review юридический журнал Мичиганского университета

Mich.T. *англ.* Michaelmas Term ноябрьская судебная сессия, осенняя судебная сессия

Minn. *амер.* Minnesota Reports сборник судебных решений штата Миннесота

M.I.P. marine insurance policy полис морского страхования

Misc.Doc. miscellaneous documents разные документы

Miss. *амер.* **1.** Mississippi Reports сборник судебных решений штата Миссисипи 2. New York Miscellaneous Reports сборник решений разных судов штата Нью-Йорк

Miss.Code *амер.* Mississippi Code свод законов штата Миссисипи

Miss.Laws *амер.* Mississippi Laws сборник законов штата Миссисипи

M.J.P. *амер.* Military Justice Procedure военно-процессуальное уложение

M.L. 1. Master of Laws магистр прав **2.** Military Laws собрание военных законов

MLUS Military Laws of the United States собрание военных законов США

m.m. mutatis mutandis *лат.* внеся соответствующие изменения

Mo. *амер.* Missouri Reports сборник судебных решений штата Миссури

Mo.App. *амер.* Missouri Appeals Reports сборник апелляционных судебных решений штата Миссури

Mod. *англ.* Modern Reports «Новый сборник судебных решений» (1669—1732)

M.O.file modus operandi file картотека преступных «почерков» *(методов, стиля совершения преступлений конкретными преступниками)*

Mont. 1. *англ.* Montagu's Bankruptcy Cases сборник решений по делам о банкротстве, составитель Монтэгю **2.** *амер.* Montana Reports сборник судебных решений штата Монтана

Mont.&C. *англ.* Montagu and Chitty's Cases in Bankruptcy сборник решений по делам о банкротстве, составители Монтэгю и Читти

Mont.Cond.Rep. Montreal Condensed Reports сборник монреальских судебных решений (1853—1854)

Mont.L.R. Montreal Law Reports сборник монреальских судебных решений (1885—1891)

Mont.Rev.Codes *амер.* Montana Revised Codes кодексы штата Монтана с изменениями

Moo.&Mal. *англ.* Moody and Malkin's Nisi Prius Reports сборник судебных решений с участием присяжных, составители Муди и Молкин (1826—1830)

Moo.&P. *англ.* Moore and Payne's Common Pleas Reports сборник решений суда общих тяжб, составители Мур и Пейн (1828—1831)

Moo.&R. *англ.* Moody and Robinson's Nisi Prius Reports сборник судебных решений с участием присяжных, составители Муди и Робинсон (1830—1844)

Moo.&Rob. *англ. см.* **Moo.&R.**

Moo.&S. *англ.* Moore and Scott's Common Pleas Reports сборник решений суда общих тяжб, составители Мур и Скотт (1831—1834)

Moo.Cr.C. Moody's Crown Cases сборник решений по уголовным делам, составитель Муди (1824—1844)

Mood. *англ.* Moody's Crown Cases сборник решений по уголовным делам, составитель Муди (1824—1844)

Moo.F. *англ.* F.Moore's King's Bench Reports сборник решений Суда королевской скамьи, составитель Ф. Мур (1512—1621)

Moo.Ind.App. *англ.* Moore's Indian Appeals сборник решений по индийским апелляциям, составитель Мур (1836—1871)

Moo.J.B. *англ.* J.B.Moore's Common Bench Reports сборник решений суда общих тяжб, составитель Дж.Б. Мур (1817—1827)

Moo.P.C. *англ.* Moore's Privy Council Cases сборник решений судебного комитета тайного совета, составитель Мур (1836—1862)

Moo.P.C.N.S. *англ.* Moore's Privy Council Cases (New Series) новая серия сборника решений судебного комитета тайного совета, составитель Мур (1862—1873)

Moore&P. *англ.* Moore and Payne's Common Pleas reports сборник решений суда общих тяжб, составители Мур и Пейн (1828—1831)

Moore&S. *англ.* Moore and Scott's Common Pleas сборник решений суда общих тяжб, составители Мур и Скотт (1833—1834)

Mor. *англ. см.* **Mor.B.C.**

Mor.B.C. *англ.* Morrell's Bankruptcy Cases сборник решений по делам о банкротстве, составитель Морел (1884—1893)

Morr. Morris' Supreme Court Reports, Newfoundland сборник решений Верховного суда по Ньюфаундленду, составитель Моррис

Mos. *англ.* Mosely's Chancery Reports сборник решений канцлерского суда, составитель Моусли (1726—1731)

M/P 1. memorandum of partnership договор об учреждении товарищества **2.** ...months after payment через ... месяцев после уплаты

M.P.C. *англ.* Moore's Privy Council Cases сборник решений судебного комитета тайного совета, составитель Мур (1836—1862)

M.P.C.N.S. *англ.* Moore's Privy Council Cases, New Series новая серия сборника решений судебного комитета тайного совета, составитель Мур (1862—1873)

M.P.L. Master of Patent Law магистр патентного права

m.pp. manu propria *лат.* собственноручно

M.R. *англ.* Master of the Rolls «хозяин свитков»: глава Государственного архива, член Высокого суда правосудия, председатель апелляционного суда

M/R. mate's receipt расписка помощника капитана *(в приёме груза)*

MS manuscript рукопись

m/s ...months after sight через ... месяцев после предъявления

m.s.c. mandatum sine clausula *лат.* неограниченные полномочия

MsD *амер.* Manuscript Decisions рукописные решения *(неопубликованные решения)* коллегий патентного управления министерства финансов

M.T. *англ.* **1.** Michaelmas Term ноябрьская судебная сессия, осенняя судебная сессия

MTD motion to dissolve ходатайство об аннулировании; ходатайство о прекращении дела mtg mortgage ипотека; залог; закладная

mtgd mortgaged заложенный

mtgee mortgagee кредитор по залогу, залогодержатель

mtgor mortgagor должник по залогу, залогодатель

M.U.C.L. *амер.* Modern Uses of Logic in Law «Применение современных логических методов в праве» (ежеквартальный журнал, 1962—1966)

Mur.&Hurl. *англ.* Murphy and Hurlstone's Exchequer Reports сборник решений суда казначейства, составители Мерфи и Херлстон (1836—1837)

Myl.&Cr. *англ.* Mylne and Craig's Chancery Reports сборник решений канцлерского суда, составители Милн и Крейг (1836—1840)

N. 1. Novellae *лат.* Новеллы Юстиниана 2. no year без указания года 3. number номер; число 4. numbered нумерованный 5. отменяется, аннулируется *(условное обозначение)*

n. note примечание

N.A. non allocatur *лат.* не разрешается

N/A non-acceptance неакцептование *(векселя)*

N.&M. Nevile and Manning's King's Bench Reports сборник решений Суда королевской скамьи, составители Невил и Мэннинг (1831—1836)

N.&P. Nevil and Perry's King's Bench Reports сборник решений Суда королевской скамьи, составители Невил и Перри (1836—1838)

N.&S. Nicholls and Stops' Reports, Tasmania сборник судебных решений по Тасмании, составители Николс и Стопс (1897—1904)

Nat. *амер.* national национальный; федеральный

N.B.A. *амер.* National Bar Association Национальная ассоциация адвокатов

N.Benl. *англ.* New Benloe's King's Bench Reports новый сборник решений Суда королевской скамьи, составитель Бенлоу (1531—1628)

N.B.Eq.R. New Brunswick Equity Reports сборник решений права справедливости по Нью-Брунсвику (1894—1912)

N.B.R. New Brunswick Reports сборник судебных решений по Нью-Брунсвику (1883—1913)

N.C. 1. North Carolina Reports сборник судебных решений штата Северная Каролина 2. North Carolina Session Laws [год] сборник законов штата Северная Каролина *(принятых на сессии легислатуры штата)* 3. *англ.* Notes of Cases (Ecclesiastical and Maritime) сборник судебных решений по церковным и морским делам (1841—1850)

N.C.C. *англ.* Younge and Collyer's New Chancery Cases новый сборник решений канцлерского суда, составители Янг и Кольер (1841—1843)

N.C.Code *амер.* North Carolina Code свод законов штата Северная Каролина

N.C.D. Nemine contra dicente *лат.* принято единогласно («нет несогласных»)

N.C.G.S. *амер.* North Carolina General Statutes сборник общих законов штата Северная Каролина

N.C.-P.L. *амер.* North Carolina Public Laws [год] сборник законов штата Северная Каролина *(за указанный год)*

N.D. 1. no date дата отсутствует 2. *амер.* North Dakota Reports сборник судебных решений штата Северная Дакота 3. *амер.* North Dakota Revised Code свод законов штата Северная Дакота с поправками 4. *амер.* North Dakota Session Laws (посессионный сборник законов штата Северная Дакота) 5. *амер.* Northern District северный федеральный судебный округ

N.E. *амер.* North Eastern Reporter сборник судебных решений северо-восточных штатов США

N.E.(2d) *амер.* North Eastern Reporter, Second Series вторая серия сборника судебных решений северо-восточных штатов США

Neb. 1. *амер.* Nebraska Reports сборник судебных решений штата Небраска 2. Nebraska Laws сборник законов штата Небраска *(за такой-то год)*

Neb.Legis.Jour. *амер.* Nebraska Legislature Journal журнал легислатуры штата Небраска

n.e.i. not elsewhere indicated не указанный *где-л.* в другом месте

Nels. *англ.* Nelson's Chancery Reports сборник решений канцлерского суда, составитель Нелсон (1625—1693)

nem.con. Nemine contra dicente *лат.* принято единогласно («нет несогласных»)

nem.diss. nemine dissentiente *лат.* единогласно, без голосов «против»

n.e.s. not elsewhere specified; not elsewhere stated не указанный *где-л.* в другом месте

Nev. 1. *амер.* Nevada Reports сборник судебных решений штата Невада 2. Nevada Statutes сборник законов штата Невада *(за такой-то год)*

Nev.&Mac. *англ.* Nevill and Macnamara's Railway Cases сборник судебных решений по железнодорожным делам

Nev.&Man. *англ.* Nevile and Manning's King's Bench Reports сборник решений суда королевской скамьи, составители Невил и Мэннинг (1831—1836)

Nev.&Man.Mag.Cas. Nevile and Manning's Magistrates' Cases сборник решений магистратских судов, составители Невил и Мэннинг (1832—1836)

Nev.&P.Mag.Cas. *англ.* Nevile and Perry's Magistrates' Cases сборник решений магистратских судов, составители Невил и Перри (1836—1837)

Nev.R.S. *амер.* Nevada Revised Statutes сборник законов штата Невада с поправками

New Benl. *англ.* New Benloe's King's Bench Reports новый сборник решений Суда королевской скамьи, составитель Бенлоу (1531—1628)

Newf.Sel.Cas. Newfoundland Select Cases сборник избранных судебных решений по Ньюфаундленду (1817—1828)

New.Rep. *англ.* The New Reports «Новый судебный сборник» (1862—1865)

New York *амер.* 1. New York Law закон штата Нью-Йорк *(за такой-то год)* 2. New York Local Laws местные узаконения штата Нью-Йорк *(за такой-то год)*

n.f.o. non free out несвободно от расходов по выгрузке, включая расходы по выгрузке

NGO's Non-Governmental Organizations неправительственные организации

N.H. *амер.* 1. New Hampshire Reports сборник судебных решений штата Нью-Гемпшир 2. New Hampshire Revised Statutory Acts сборник законов штата Нью-Гэмпшир с поправками 3. New Hampshire Laws [год] сборник законов штата Нью-Гэмпшир *(за указанный год)*

N.I. Northern Ireland Law Reports сборник судебных решений по Северной Ирландии (с 1925 г.)

ni.pr. nisi prius *лат.* суд по гражданскому делу с участием присяжных по первой инстанции

N.J. *амер.* 1. New Jersey Law [год] закон штата Нью-Джерси *(за указанный год)* 2. New Jersey Revised Statutes [год] and Amendments сборник законов штата Нью-Джерси *(за указанный год)* с поправками

N.J.Eq. *амер.* New Jersey Equity Reports сборник судебных решений по апелляциям системы «права справедливости» штата Нью-Джерси

N.J.L. New Jersey Law Reports сборник судебных решений по апелляциям системы «общего права» штата Нью-Джерси

N.J.Misc. *амер.* New Jersey Miscellaneous Reports сборник решений различных судов штата Нью-Джерси

N.J.Super. *амер.* New Jersey Superior Reports сборник решений Высшего апелляционного суда штата Нью-Джерси

n.l. non licet *лат.* не разрешается

N.L.R. Newfoundland Law Reports сборник судебных решений по Ньюфаундленду

N.M. *амер.* 1. New Mexico Reports сборник судебных решений штата Нью-Мексико 2. New Mexico Laws [год] сборник законов штата Нью-Мексико *(за указанный год)*

N.M.S.A. [год] Comp. *амер.* New Mexico Statutory Acts Compiled сборник законов штата Нью-Мексико *(за указанный год)*

N/N not to be noted без протеста, без отметки на векселе об отказе трассата от акцепта или оплаты

nol.pros. nolle prosequi *лат.* заявление об отказе от дальнейшего судебного преследования *или* от дальнейшей защиты исковых требований

non-comp. non compos mentis *лат.* умалишённый; невменяемый

non pros. non prosequitor *лат.* «он не преследует» *(решение об отказе в иске ввиду несовершения истцом процессуальных действий)*

non seq. non sequitur *лат.* отсюда не следует; ложный вывод

n.o.p. not otherwise provided for иначе не предусмотренный

n.o.r. not otherwise rated иначе не тарифицированный

n.o.s. not otherwise stated иначе не указанный

N.O.V. Non Obstante Veredicto *лат.* решение суда в пользу истца вопреки вердикту присяжных

Noy *англ.* Noy's King's Bench Reports сборник решений Суда королевской скамьи, составитель Ной (1559—1649)

N.P. 1. New Procedure «новая процедура», ускоренное производство 2. Nisi Prius суд по гражданскому делу в первой инстанции с участием присяжных 3. по protest (вексель) не опротестован, протест не заявлен 4. notary public нотариус

n.p. 1. non-participating не участвующий 2. non-payment неуплата, неплатёж

N.P.C. *амер.* Nisi Prius Cases сборник решений судов присяжных *(периодическое издание)*

NPNA по protest, по acceptance (вексель) не опротестован, но и не акцептован

N.P.R. Nisi Prius Reports сборники решений судов первой инстанции с участием присяжных

N.R. 1. *англ.* Bosanquet and Puller's New Reports новый сборник судебных решений, составители Босанкет и Пуллер (1804—1807) 2. *англ.* The New Reports «Новый судебный сборник» (1862—1865) 3. non-resident не проживающий в государстве суда 4. not reported не помещено в сборник судебных решений 5. no risk без риска 6. no responsibility без ответственности

NRA non-resident alien иностранец, не живущий постоянно в данной стране

n.r.a.d. no risk after discharge без риска после выгрузки

n.r.a.l. no risk after landing без риска после выгрузки

n.r.a.s. no risk after shipment без риска после погрузки

N.P.S. *амер.* Nebraska Revised Statutes сборник законов штата Небраска с поправками

n.s. 1. not signed без подписи 2. not specified не определено, не указано 3. not sufficient нет достаточного покрытия *(для оплаты чека)*

N.S.Dec. Nova Scotia Decisions сборник судебных решений, новая Шотландия (1867—1874)

N.S.R. Nova Scotia Law Reports сборник судебных решений, Новая Шотландия

N.S.W.L.R. New South Wales Law Reports сборник судебных решений, Новый Южный Уэльс

N.T. [N/T, n.t.] 1. new term новый срок 2. new terms новые условия

N.W. *амер.* North Western Reporter сборник судебных решений северо-западных штатов США

N.Y. *амер.* New York Court of Appeals Reports сборник решений апелляционного суда штата Нью-Йорк

NYCPLR New York Civil Practice Law and Rules правила гражданского судопроизводства штата Нью-Йорк

N.Y.Law Revision Comm. *амер.* New York Law Revision Commentary комментированное законодательство штата Нью-Йорк

N.Y.Laws *амер.* New York Laws сборник законов штата Нью-Йорк

N.Y.L.J. New York Law Journal Нью-Йоркский юридический журнал

N.Y.S. New York Supplement сборник судебных решений штата Нью-Йорк

N.Y.S.(2d) New York Supplement, Second Series вторая серия сборника судебных решений штата Нью-Йорк

N.Y.Sup. New York Supreme Court Reports сборник решений Верховного суда штата Нью-Йорк

N.Y.Supp. *см.* N.Y.S.

N.Y.U.L.Q.Rev. New York University Law Quarterly Review ежеквартальный юридический журнал Нью-Йоркского университета

N.Z.L.R. New Zealand Law Reports сборник судебных решений, Новая Зеландия

O. 1. offer предложение, оферта **2.** *амер.* Ohio Reports сборник судебных решений штата Огайо **3.** opponent противная сторона; податель возражения, протеста **4.** Order раздел *(правил судопроизводства Верховного суда Англии)* **5.** owner владелец; судовладелец, фрахтовщик

O.A. Official Assignee официальный правопреемник; управляющий конкурсной массой, ликвидатор

O.A.P. *англ.* old age pension пенсия по старости

O.B.&F. *англ.* Oliver, Bell and Fitzgerald's Reports, New Zealand сборник судебных решений по Новой Зеландии, составители Оливер, Белл и Фитцджеральд (1878—1880)

objn objection возражение

O.Bridg. *англ.* Orlando Bridgman's Common Pleas Reports сборник решений суда общих тяжб, составитель О. Бриджмен (1660—1667)

obs. obsolete устаревший *(о законе, норме и т.д.)*

O.C. 1. office copy копия, остающаяся в делах **2.** official classification официальная классификация **3.** open charter открытый чартер **4.** order cancelled заказ аннулирован **5.** *амер.* Orphans' Court суд по делам о наследствах и опеке *(в ряде штатов США)*

Oc.B/L Ocean Bill of Lading морской коносамент

O.D. [o/d] on demand по требованию

o.e. omissions excepted исключая пропуски

off. 1. offer предложение **2.** official официальный

Off.J. of E.P.O. Official Journal of the European Patent Office Официальный бюллетень Европейского патентного ведомства

Off.J.(Pat.) *англ.* Official Journal (Patents) Официальный патентный бюллетень

O.G. Official Gazette of the United States Patent and Trademark Office Ведомости бюро патентов США

O.G.L. Open General Licence открытая генеральная лицензия

Ohio *амер.* **1.** Ohio Laws сборник законов штата Огайо **2.** General Code of Ohio свод общих законов штата Огайо **3.** Revised Code Annual(ly) [год] свод законов штата Огайо с поправками *(за такой-то год)* **4.** Ohio Supreme Court Reports сборник решений Высшего апелляционного суда штата Огайо

Ohio App. Ohio Court of Appeals Reports сборник решений апелляционного суда штата Огайо

Ohio N.P. *амер.* Ohio Nisi Prius Reports сборник решений гражданских судов штата Огайо первой инстанции, рассматривающих дела с участием присяжных

Ohio Reports *амер.* Ohio Supreme Court Reports сборник решений Высшего апелляционного суда штата Огайо

Ohio St. *амер.* Ohio State Reports сборник решений Высшего апелляционного суда штата Огайо

OJEPO Official Journal of the European Patent Office Официальный бюллетень Европейского патентного ведомства

O.J.L.S. Oxford Journal of Legal Studies юридический журнал Оксфордского университета

O.K. all correct всё правильно; утверждено; согласовано

Okl. *амер.* Oklahoma Reports сборник судебных решений штата Оклахома

Okla S.L. *амер.* Oklahoma Session Laws поссессионный сборник законов штата Оклахома

Okl.Cr. Oklahoma Criminal Reports сборник судебных решений по уголовным делам штата Оклахома

Old Ben. *англ.* Benloe's Common Pleas Reports сборник решений суда общих тяжб, составитель Бенлоу (1486—1580)

Oldr. Oldright's Reports, Nova Scotia сборник судебных решений по Новой Шотландии, составитель Олдрайт (1860—1867)

O'Mal.&H. *англ.* O'Malley and Hardcastle's Election Petitions сборник дел по выборам, составители Омелли и Хардкасл (с 1869 г.)

Ont. Ontario Law Reports сборник судебных решений, Онтарио (1882—1900)

Ont.App. Ontario Appeal Reports сборник судебных решений по апелляциям, Онтарио (1876—1900)

Ont.Elec. Ontario Election Cases сборник дел по выборам, Онтарио (1884—1900)

Ont.L.R. Ontario Law Reports сборник судебных решений, Онтарио (1882—1900)

Ont.Pr.Rep. Ontario Practice Reports судебная практика, Онтарио (1848—1900)

Ont.W.R. Ontario Weekly Reporter еженедельник судебной практики, Онтарио (1902—1916)

O/o 1. order of по поручению, по распоряжению, приказу *кого-л.* 2. own occupation собственное дело

O.P. 1. open policy полис с неуказанной страховой суммой, невалютированный полис 2. order policy ордерный полис

op.posth. opus posthumum *лат.* посмертное произведение

opt. 1. option выбор, право выбора, усмотрение 2. optional необязательный, дискреционный, факультативный

Or. *амер.* 1. Oregon Reports сборник судебных решений штата Орегон 2. Oregon Laws сборник законов штата Орегон

O.R. [o.r.] 1. Official Receiver официальный ликвидатор 2. official referee официальный третейский судья 3. owner's risk на риск владельца

O.R.B. [orb.] owner's risk of breakage поломка на риск владельца

ord. ordinance указ, декрет, ордонанс; *амер.* постановление муниципального органа

O.R.D. owner's risk of damage повреждение на риск владельца

o.r.det. owner's risk of deterioration порча на риск владельца

ORE *амер.* Oregon Laws сборник законов штата Орегон

o.r.f. 1. owner's risk of fire возгорание на риск владельца 2. owner's risk of freezing повреждение морозом на риск владельца

orig. 1. origin происхождение 2. original подлинный; первоначальный

o.r.l. owner's risk of leakage утечка на риск владельца

O.R.S. *амер.* Oregon Revised Statutes сборник законов штата Орегон с поправками

o.r.s. owner's risk of shifting смещение груза на риск владельца

orse otherwise в противном случае

o.r.w. owner's risk of wetting порча от влаги на риск владельца

O.S. *амер.* 1. Oklahoma Statutes сборник законов штата Оклахома 2. Ohio State Reports сборник решений Высшего апелляционного суда штата Огайо

O.S.A. *амер.* Oklahoma Statutes Annual(ly) сборник законов штата Оклахома *(за такой-то год)*

O.St. *см.* O.S. 2.

ot overtime сверхурочное время; сверхурочные работы

O.T. old terms прежние условия

Ow. *англ.* Owen's King's Bench Reports сборник решений Суда королевской скамьи, составитель Оуэн (1556—1615)

P. 1. *амер.* Pacific Reporter сборник судебных решений западных и тихоокеанских штатов 2. Paschal [Easter] term пасхальная судебная сессия 3. patent патент 4. penalty штраф; неустойка 5. plaintiff истец 6. Pope римский папа 7. presidency президентство 8. president президент 9. presidential президентский 10. prisoner of war военнопленный 11. prosecution обвинение 12. protest протест 13. provisional временный; предварительный

[год] P. *англ.* Law Reports, Probate Division правовой сборник, решения по делам о завещаниях *(за указанный год)* (с 1891 г.)

P(2d) *амер.* Pacific Reporter, Second Series вторая серия сборника судебных решений западных и тихоокеанских штатов США

p. 1. page страница 2. parish приход 3. parole условно-досрочное освобождение под честное слово 4. pattern образец, модель *(зарегистрированные)*; зарегистрированный в качестве промышленного образца

Pa. *амер.* Pennsylvania State Reports сборник судебных решений штата Пенсильвания

P.A. 1. *тж* p.a. particular average частная авария 2. patent appeal апелляция по делу о выдаче патента 3. payments agreement соглашение о платежах, платёжное соглашение 4. *тж* p.a. per annum в год; ежегодно 5. power of attorney доверенность 6. private account *амер.* личный счёт 7. prosecuting attorney атторней-обвинитель 8. Public Act публичный закон 9. *амер.* Public Acts сборник публичных законов штата Мичиган 10. Public Assistance общественное призрение, государственное вспомоществование

Pac. *амер.* Pacific Reporter сборник судебных решений западных и тихоокеанских штатов

pac. [p.a.c.] put and call двойной опцион, стеллаж

PAL patent associated literature патентно-ассоциированная литература *(непатентная литература, используемая при экспертизе заявки)*

Palm. *англ.* Palmer's King's Bench Reports сборник решений Суда королевской скамьи, составитель Палмер (1619—1629)

P.&D. Perry and Davison's Queen's Bench Reports сборник решений Суда королевской скамьи, составители Перри и Дэвисон (1838—1841)

P.&I. Protection and Indemnity Club ассоциация по защите интересов и взаимному страхованию судовладельцев

P.&K. *англ.* Perry and Knapp's Election Cases сборник решений по делам о выборах, составители Перри и Нэпп

P.&M. Pollock and Maitland's History of English Law «История английского права», авторы Поллок и Мейтленд

P.&R. *англ.* Pigott and Rodwell's Registration Cases сборник решений по делам о регистрации, составители Пиготт и Родуэлл

Par. *см.* Park.Exch.

para. paragraph параграф; пункт; абзац

Park.Exch. *англ.* Parker's Exchequer Reports

сборник решений суда казначейства, составитель Паркер (1743—1767)

Parl. 1. parliament парламент 2. parliamentary парламентский

pars paragraphs параграфы; пункты; абзацы

part. 1. partial частичный 2. participating участвующий 3. particular частный

Pat. 1. patent патент 2. *амер.* Patent Office Бюро патентов

P.A.T. *англ.* Patents Appeal Tribunal патентный апелляционный суд

Pat.Cas. Patent Cases дела о патентах

pat.pend. patent pending «подана заявка на патент», «патентная заявка находится на рассмотрении» *(отметка на изделии)*

Patr.Elect.Cas. Patrick's Election Cases, Upper Canada сборник канадских решений по делам о выборах, составитель Патрик (1824—1849)

Pat.Rev. *амер.* Patent and Trademark Review журнал по вопросам патентного права и права товарных знаков

pats patents патенты

P/Av. particular average частная авария

P.A.Y.E. *англ.* pay as you earn «заработал — плати» *(система удержания налога из заработной платы)*

Pbl preamble преамбула

P.C. 1. Parliamentary Cases дела по апелляциям в тайный совет 2. Penal Code уголовный кодекс 3. *англ.* Pleas of the Crown уголовные дела 4. Practice Cases судебная практика 5. Precedents in Chancery прецеденты канцлерского суда 6. private contract частный договор 7. Privy Council тайный совет 8. Prize Cases призовые дела 9. Prize Court призовой суд 10. Probate Court суд по делам о завещаниях, наследствах и опеке 11. Police constable констебль

P.Cas. *англ.* Trehearn and Grant's Prize Cases сборник решений по призовым делам, составители Трихерн и Грант (1914—1922)

P.C.C. *англ.* Privy Council Cases дела, рассмотренные судебным комитетом тайного совета

P.C.I.J. 1. Permanent Court of International Justice постоянная палата международного правосудия 2. Publications of the Permanent Court of International Justice публикации постоянной палаты международного правосудия

PCT Patent Cooperation Treaty договор о патентной кооперации («Пи-Си-Ти»)

P.D. *англ.* Law Reports, Probate Division правовой сборник, решения отделения по делам о завещаниях (1876—1890)

p.d. 1. pro domo *лат.* по собственному делу 2. proof of delivery доказательство доставки, квитанция о доставке 3. public document публично-правовой документ

Pea. *см.* Peake, N.P.

Peake, N.P. *англ.* Peake's Nisi Prius Cases сборник судебных решений с участием присяжных, составитель Пик (1790—1812)

Peckw. *англ.* Peckwell's Election Cases сборник

решений по делам о выборах, составитель Пеквелл (1802—1806)

P.E.I.Rep. Prince Edward Island Reports сборник судебных решений, о. Принца Эдуарда (1850—1914)

Pelham Pelham's Reports, South Australia сборник австралийских судебных решений, составитель Пелхэм (1865—1866)

PEO *амер.* permanent exclusive order приказ *(комиссии по международной торговле)* о бессрочном запрещении импорта

People v.... *амер.* «штат против ...» *(обозначение судебного дела, по которому иск или обвинение поддерживаются от имени штата)*

P.E.P. patent examining procedure порядок патентной экспертизы

per cur. per curiam *лат.* судом

per pro. per procurationem *лат.* по доверенности

Pet. 1. Peters' Prince Edward Island Reports сборник судебных решений, о. Принца Эдуарда, составитель Питерс (1850—1872) 2. Peters' United States Supreme Court Reports сборник решений Верховного суда США, составитель Питерс

Petit Br. *англ.* Petit Brooke, Brooke's New Cases сборник судебных решений, составитель Брук (1515—1558)

p.f. pro forma *лат.* для соблюдения формальности

pf [pfd] preferred предпочтительный; привилегированный *(об акциях)*

P.G. persona grata *лат.* персона грата

pgh paragraph параграф; пункт; абзац

Ph *англ.* Phillip's Chancery Reports сборник решений канцлерского суда, составитель Филипс (1841—1849)

Phil. *англ.* 1. Phillimore's Ecclesiastical Reports сборник решений по церковным делам, составитель Филимор (1809—1821) 2. Phillip's Chancery Reports сборник решений канцлерского суда, составитель Филипс (1841—1849)

Phil.Ecc.R. *см.* Phil. 1.

Phil.Judg. *англ.* Phillimore's Ecclesiastical Judgments сборник судебных решений по церковным делам, составитель Филимор (1867—1875)

P.J. 1. peace justice мировой судья 2. police justice полицейский судья 3. president *(или* presiding) judge *(или* justice) председатель суда, председательствующий судья

P.L. 1. *амер.* Pamphlet Laws сборник законов, принятых данной сессией законодательного собрания штата 2. *тж* P/L, p.l. partial loss частичная гибель 3. patent licence патентная лицензия 4. Public Law публичный закон

Plac.Ang.Nor. Anglo-Norman Law Cases (Placita Anglo-Normanica) сборник англо-норманских судебных решений

P.L.&R. *амер.* Postal Laws and Regulations законодательство о почте и почтовые правила

P.L.C. public limited company публичная акционерная компания

Pl.Com. *англ.* Plowden's Commentaries сборник судебных решений Плаудена (1550—1580)

Plen plenipotentiary полномочный

plf. plaintiff истец

Plow. *англ.* Plowden's Commentaries сборник судебных решений, составитель Плауден (1550—1580)

pm. premium страховая премия

P.M. Police Magistrate судья полицейского суда

P/N promissory note простой вексель

p.n.g. persona non grata *лат.* персона нон грата

P.N.P. *англ.* Peake's Nisi Prius Cases сборник судебных решений с участием присяжных, составитель Пик (1790—1812)

P.O. 1. Public Office публичная должность; публичное учреждение 2. public officer чиновник государственного *или* общественного учреждения *или* органа самоуправления

P.O.B.A. *амер.* Patent Office Board of Appeals апелляционная инстанция Патентного бюро

Poll. *англ.* Pollexfen's King's Bench Reports сборник решений Суда королевской скамьи, составитель Поллексфен (1669—1685)

Pollex. *см.* Poll.

Pop. *англ.* Popham's King's Bench Reports сборник решений Суда королевской скамьи, составитель Попхем (1529—1627)

POW prisoner of war военнопленный

P.P. Parliamentary Papers парламентские документы

p.p. 1. per procurationem *лат.* по доверенности 2. privately printed издание некоммерческой типографии

p.p.a. 1. ... per centum per annum *лат.* ... процентов в год 2. per power of attorney по доверенности

P.P.I. policy proof of interest полис как единственное доказательство страхового интереса

p.pro per procurationem *лат.* по доверенности

ppty property собственность

PPW proprietor of the posthumous work владелец авторского права на литературное произведение после смерти автора

Pr. 1. president президент 2. presidential президентский 3. presidency президентство

P.R. 1. *англ.* Parliamentary Reports парламентские отчёты 2. proportional representation пропорциональное представительство 3. *амер.* Public Resolution резолюция конгресса

Pr.A.S.I.L. Proceedings of the American Society of International Law труды Американского общества международного права

Pr.Ch. *англ.* Finch's Precedents in Chancery «Прецеденты канцлерского суда», автор Финч (1689—1722)

P.R.Ch. *англ.* Practical Register in Chancery «Практический указатель прецедентов канцлерского суда»

Pr.C.K.B. *англ.* Practice Cases in King's Bench практика Суда королевской скамьи

P.R.C.P. *англ.* Practical Register in Common

Pleas «Практический указатель прецедентов суда общих тяжб»

Pref. preferred предпочтительный; привилегированный *(об акциях)*

prem. premium страховая премия

Pres. 1. president президент 2. presidential президентский 3. presidency президентство

Pr.Exch. *англ.* Price Exchequer Reports сборник решений суда казначейства, составитель Прайс (1814—1824)

pri. priority приоритет

Priv.L. Private Law частный закон

Pro. 1. protest протест 2. per procurationem *лат.* по доверенности

prob. 1. probation пробация 2. probation officer сотрудник службы пробации 3. probationary пробационный

Pro.Note promissory note простой вексель

pros. prosecution; prosecutor обвинение; обвинитель

Pros.Atty *амер.* Prosecuting Attorney атторней-обвинитель

pro.tem. pro tempore *лат.* временный, временно

p.r.t. pro rata temporis *лат.* соответственно истекшему времени, в соответствии с продолжительностью истекшего периода

pt. 1. part часть 2. point пункт

P.T. purchase tax налог на покупки

p.t. pro tempore *лат.* временный, временно

PTCJ *амер.* Patent, Trademark and Copyright Journal of Research and Education журнал по вопросам патентного права, права товарных знаков и авторского права

P.T.M.Rev. [P.T.R.] *амер.* Patent and Trademark Review обозрение по вопросам патентного права и права товарных знаков

Pty. *австрал.* proprietary акционерное общество

Pub.Acts *амер.* Public Acts сборник публичных законов штата Коннектикут

Pub.Contract L.J. *амер.* Public Contract Law Journal журнал по вопросам правового регулирования государственных заказов

PubDoc public documents публично-правовые документы

Pub.L. Public Law публичный закон

Pub.Resn *амер.* Public Resolution резолюция конгресса

Pugs. Pugsley's Reports, New Brunswick сборник судебных решений, Нью-Брунсвик, составитель Пагсли (1872—1877)

Pugs.&Bur. Pugsley and Burbidge's Reports, New-Brunswick сборник судебных решений, Нью-Брунсвик, составители Пагсли и Бербидж (1878—1882)

P.W. 1. *англ.* Peere Williams' Chancery Reports сборник решений канцлерского суда, составитель Пир Уильямс (1695—1736) 2. prisoner of war военнопленный

P.Wms. *англ.* Peere Williams' Chancery Reports сборник решений канцлерского суда, составитель Пир Уильямс (1695—1736)

Pyke Pyke's Lower Canada King's Bench Reports

сборник канадских решений Суда королевской скамьи, составитель Пайк (1809—1810)

q. quasi квази

Q.B. 1. Queen's Bench Суд королевской скамьи 2. Queen's Bench Reports (Adolphus and Ellis, New Series) сборник решений Суда королевской скамьи, новая серия, составители Адольфус и Эллис (1841—1852)

[год] Q.B. Law Reports, Queen's Bench Division правовой сборник, решения отделения Суда королевской скамьи (за указанный год)

Q.B.D. Queen's Bench Division, Law Reports правовой сборник, решения отделения Суда королевской скамьи (1876—1890)

Q.B.R. англ. Queen's Bench Reports, Adolphus and Ellis (New Series) сборник решений Суда королевской скамьи, новая серия, составители Адольфус и Эллис (1841—1852)

Q.B.U.C. Queen's Bench Reports, Upper Canada сборник канадских решений Суда королевской скамьи (1844—1881)

Q.C. Queen's Counsel королевский адвокат

Q.C.L.L.R. Crown Lands Law Reports (Queensland) сборник судебных решений по Австралии (с 1859 г.)

Q.C.R. Queensland Criminal Reports сборник решений по уголовным делам, Австралия (1860—1907)

Qd.R. Queensland Law Reports австралийский сборник судебных решений, Квинсленд

q.e.i. quod erat inveniendum лат. что и следовало установить

q.e.r. quod erat registrandum лат. что и удостоверяется

Q.J.P.R. Queensland Justice of the Peace Reports сборник решений мировой юстиции, Австралия (с 1907 г.)

Q.L.J. Queensland Law Journal квинслендский юридический журнал (1879—1901)

Q.L.J.(N.C.) Queensland Law Journal (Notes of Cases) судебная хроника квинслендского юридического журнала

Q.L.R. 1. Quebec Law Reports сборник судебных решений по Квебеку (1874—1891) 2. Queensland Law Reports сборник судебных решений по Квинсленду (1876—1878)

Q.O.R. Quebec Official Reports официальные ведомости Квебека

Q.P.R. Quebec Practice Reports сборник прецедентов по Квебеку

Q.S. Quarter Sessions квартальные судебные сессии

Q.S.C.R. Queensland Supreme Court Reports сборник решений Верховного суда по Квинсленду (1860—1881)

Q.S.R. Queensland State Reports сборник судебных решений по Квинсленду

q.v. quod vide лат. что и смотри; на что следует смотреть, что и следует прочесть

Q.W.N. Queensland Weekly Notes квинслендский юридический еженедельник

R. 1. register регистр; реестр 2. respondent ответчик 3. Rex лат. король, Regina лат. королева, R.v.Brown дело по обвинению или иску государства против Брауна 4. rule правило 5. амер. Rules of Practice of the USA Patent and Trademark Office правила процедуры рассмотрения дел в патентном ведомстве США 6. The Reports сборники судебных решений (1893—1895)

℗ зарегистрировано (о торговом названии: условное обозначение, которое ставится после названия продукта и указывает на то, что данное название является собственностью фирмы)

Rail.&Can.Cas. см. R.&C.Cas.

Rams.App. Ramsey's Appeal Cases, Quebec сборник апелляционных решений по Квебеку, составитель Рамси (1873—1886)

R.&C.Cas. англ. Railway and Canal Traffic Cases сборник решений по транспортным делам (с 1885 г.)

R.&McG Ratcliffe and McGrath's Income Tax Decisions of Australia сборник судебных решений по австралийским налоговым делам, составители Рэтклиф и Макграт (1891—1927)

R.&McG(1928—1930) Ratcliffe and McGrath's Income Tax Decisions of Australia, 1928-1930 сборник судебных решений по австралийским налоговым делам, составители Рэткли и Макграт (1928—1930)

R.&R.C.C. англ. Russel and Ryan's Crown Cases сборник решений по уголовным делам, составители Рассел и Райан (1799—1823)

Raym.Ld. Lord Raymond's King's Bench and Common Pleas Reports сборник решений Суда королевской скамьи, составитель лорд Реймонд (1694—1732)

Raym.T. англ. Thomas Raymond's King's Bench Reports сборник решений Суда королевской скамьи, составитель Томас Реймонд (1660—1684)

R.C. англ. Railway Cases сборник судебных решений по железнодорожным делам (с 1855 г.)

r.c.c.&s. riots, civil commotions and strikes беспорядки, гражданские волнения и забастовки

R.C.L. амер. Ruling Case Law правовая энциклопедия

RCW амер. Washington Revised Code свод пересмотренных законов штата Вашингтон

Rd. registered зарегистрировано (в качестве промышленного образца; США)

r.d. running days сплошные дни (включая воскресенья и праздники)

R.D.C. running down clause условие об ответственности страховщика за убытки от столкновения

Re. 1. reissue переизданный патент (США) 2. reissued переиздан, исправлен (о патенте, США)

re. in re лат. по делу

R.E. real estate недвижимое имущество

Reapp.Dec. *амер.* Reappraisement Decisions сборник решений суда по таможенным делам

Rec. records записи; протоколы; отчёты

rec. receipt квитанция

red. redeemable подлежащий выкупу

ref. reference ссылка; справка

regd. registered зарегистрированный; заказной *(о почтовых отправлениях)*; именной *(об акциях, облигациях)*

Reg.Gen. Regulae Generales *лат.* правила судопроизводства

Reg.Jud. Registrum Judiciale *лат.* реестр судебных приказов

Regns. regulations правила, инструкции

Reg.Orig. Registrum Originale регистр начальных судебных приказов

Reg.T.M. registered trademark зарегистрированный товарный знак

Reg.U.S.Pat.Off. registered in the U.S. Patent Office зарегистрирован(о) в патентном ведомстве США

reinc. reincorporated вновь включённый; реинкорпорированный

rem. remedy средство судебной защиты

Rep. 1. Coke's King's Bench Reports сборник решений Суда королевской скамьи, составитель Коук 2. Reporter сборник судебных решений; составитель сборника судебных решений 3. Reports сборник судебных решений 4. repealed отменён; отменено 5. representative представитель; Representative *амер.* член палаты представителей, конгрессмен

Rep.Cas.Eq. *англ.* Gilbert's Chancery Reports сборник решений канцлерского суда, составитель Джилберт (1705—1727)

Rep.Cas.Pr. *англ.* Cooke's Practice Cases сборник судебных решений, составитель Кук (1706—1747)

Rep.Ch. *англ.* Reports in Chancery сборник решений канцлерского суда (1605—1712)

Rep.Eq. *англ.* Gilbert's Reports in Equity сборник решений права справедливости, составитель Джилберт (1705—1727)

Rep.in Chan. *англ.* Reports in Chancery сборник решений канцлерского суда (1605—1712)

Rep.Pat.Cas. *англ.* Reports of Patent Cases сборник решений по патентным делам

rept. report доклад, отчёт

(The)Repts. *англ.* The Reports сборники (1893—1895)

res. 1. residence местожительство 2. resident проживающий

resc. rescinded отменён, аннулирован

resp. 1. respecting относительно, касательно 2. respondent ответчик

restr. restricted ограниченный; «для служебного пользования» *(гриф)*

retnr retainer 1. договор с адвокатом 2. предварительный гонорар адвокату

Rev. revised пересмотренный

rev.&enl. revised and enlarged пересмотренный и дополненный

Rev.C.of Mo. *амер.* Revised Codes of Montana своды пересмотренных законов штата Монтана

Rev.St. [**Rev.Stat.**] *амер.* Revised Statutes свод пересмотренных законов

Rev.Stat.Ann. *амер.* Revised Statutes Annuary ежегодник пересмотренных законов

Rev.Ver. Revised Version исправленная [пересмотренная] редакция

R.G. Regulae Generales правила судопроизводства

R.I. 1. reinsurance перестрахование 2. *амер.* Rhode Island Reports сборник судебных решений штата Род-Айленд 3. *амер.* Rhode Island General Laws сборник общих законов штата Род-Айленд

R.I.A.A. United Nations, Reports of International Awards сборник решений Международных арбитражей, ООН

Ritch. Ritchie's Equity Reports, Nova Scotia сборник решений права справедливости, Новая Шотландия, составитель Ритчи (1872—1882)

R.L. 1. *амер.* Revised Laws пересмотренное законодательство 2. Roman Law римское право

R.L.H. *амер.* Revised Laws of Hawaii сборник пересмотренных законов штата Гавайи

R.O. 1. receiving order постановление суда об открытии конкурса 2. receiving office получающее ведомство *(по договору о патентной кооперации)*

Rob. [**Rob.Eccl.**] *англ.* Robertson's Ecclesiastical Reports сборник решений по церковным делам, составитель Робертсон (1844—1853)

Rob.Ad. [**Rob.Adm.**, **Rob.C.**] *англ.* C.Robinson's Admiralty Reports сборник судебных решений по морским делам, составитель С. Робинсон (1799—1809)

Rob.Pr. Robinson's Practice Cases, Ontario сборник судебных решений Онтарио, составитель Робинсон

Rob.W. *англ.* W.Robinson's Admiralty Reports сборник судебных решений по морским делам, составитель У. Робинсон (1838—1852)

Roll.Abr. *англ.* Rolle's Abridgment «Свод английского права», автор Ролл

Rolle *англ.* Rolle's King's Bench Reports сборник решений Суда королевской скамьи, составитель Ролл (1614—1625)

Rom. *англ.* Romilly's Notes of Cases сборник решений канцлерского суда, составитель Ромили (1767—1787)

Rosc.P.C. *англ.* Roscoe's Prize Cases сборник решений по призовым делам, составитель Роскоу (1745—1859)

Rot.Cur.Reg. Rotuli Curiae Regis *лат.* сборник решений Суда королевской скамьи (1194—1199)

Rot.Parl. Rotuli Parliamentorum *лат.* парламентский сборник (1278—1553)

Rp. representative представитель

R.P. 1. *амер.* Registered Publication издание для служебного пользования 2. return premium возвратная премия 3. Rules of Procedure правила судопроизводства; правила процедуры

R.P.A.R. Register of Patent Gents Rules правила ведения реестра патентных поверенных (*Великобритания*)

R.P.C. 1. *англ.* Real Property and Conveyancing Cases сборник решений по делам о недвижимости **2.** Reports of Patent Cases сборник решений по патентным делам, Канада **3.** Reports of Patent, Design and Trade Mark Cases сборник решений по делам о патентах, промышленных образцах и товарных знаках (*Великобритания*)

R.P.Ct. *англ.* Restrictive Practices Court суд по делам о нарушении свободы конкуренции

R.Pr.B.A. Rules of Procedure of the Boards of Appeal *пат.* правила процедуры апелляционных комитетов (*Европейского патентного ведомства*)

R.R. *англ.* Revised Reports пересмотренные сборники судебных решений (1785—1866)

RRB/L *амер.* Railroad Bill of Lading железнодорожная накладная

R.S. *амер.* Revised Statutes свод пересмотренных законов

R.S.C. *англ.* Rules of the Supreme Court правила производства Верховного суда

R.S.Mo. *амер.* Revised Statutes Montana сборник пересмотренных законов штата Монтана

rt. right право

Rul.Cas. *англ.* Campbell's Ruling Cases руководящие судебные прецеденты, автор Кэмпбел

Russ. *англ.* Russel's Chancery Reports сборник решений канцлерского суда, составитель Рассел (1823—1829)

Russ.&Ches. Russel and Chesley's Reports, Nova Scotia сборник судебных решений по Новой Шотландии, составители Рассел и Чесли (1875—1879)

Russ.&Geld. Russel and Geldert's Reports, Nova Scotia сборник судебных решений по Новой Шотландии, составители Рассел и Гелдерт (1879—1895)

Russ.&M. *англ.* Russel and Mylne's Chancery Reports сборник решений канцлерского суда, составители Рассел и Милн (1829—1831)

Russ.&Ry. *англ.* Russel and Ryan's Crown Cases сборник решений по уголовным делам, составители Рассел и Райан (1799—1823)

Ry.&M. *англ.* Ryan and Moody's Nisi Prius Reports сборник судебных решений с участием присяжных, составители Райан и Муди (1823—1826)

Ry.Cas. *англ.* Reports of Railway Cases сборник решений по железнодорожным делам (1835—1855)

s. 1. seal печать **2.** section отдел; раздел; секция; статья **3.** series серия **4.** signature подпись **5.** signed подписано **6.** seller продавец **7.** somma grande *ит.* total sum insured общая страховая сумма **8.** statute статут, закон **9.** successor наследник, правопреемник **10.** suit судебное дело; тяжба; процесс

S.A. *амер.* State's Attorney прокурор штата

s.a. 1. sine anno *лат.* без указания года **2.** subject to approval подлежит одобрению, подлежит утверждению

S.A.I.R. South Australian Industrial Reports австралийский сборник решений по трудовым спорам (с 1916 г.)

Salk. *англ.* Salkeld's King's Bench Reports сборник решений Суда королевской скамьи, составитель Солкелд (1689—1712)

S.A.L.R. South Australian Law Reports австралийский правовой сборник (1865—1892, 1899—1920)

salv. salvage спасание имущества; спасание судна и/или груза; вознаграждение за спасание; спасённое имущество; спасённое судно; спасённый груз

S.&C. *англ.* Saunders and Cole's Bail Court Reports сборник судебных решений, составители Сондерс и Коул (1846—1848)

S.&G. *англ.* Smale and Giffard's Chancery Reports сборник решений канцлерского суда, составители Смейл и Гиффард (1852—1857)

S.&H.exc. Sundays and Holidays excepted исключая воскресенья и праздничные дни

s.&l.c. sue and labour clause условие полиса о возмещении страховщиком издержек страхователя по предотвращению убытков и по взысканию убытков с третьих лиц

S.&M. *англ.* Shaw and Maclean's House of Lords Cases сборник судебных решений палаты лордов, составители Шоу и Маклин (1835—1838)

S.&Sm. *англ.* Searle and Smith's Probate and Divorce Reports сборник решений по делам о завещаниях и разводах, составители Сирл и Смит (1859—1860)

S.&T. *англ.* Swabey and Tristram's Probate and Divorce Reports сборник решений по делам о завещаниях и разводах, составители Суэйби и Тристрам (1858—1865)

S.A.S.R. South Australian State Reports сборник австралийских судебных решений (с 1921 г.)

Saund. *англ.* Saunders' King's Bench Reports сборник решений Суда королевской скамьи, составитель Сондерс (1666—1673)

Saund.&C. *англ. см.* S.&C.

Sav. *англ.* Savile's Common Pleas Reports сборник решений суда общих тяжб, составитель Сэвил (1580—1594)

Say. *англ.* Sayer's King's Bench Reports сборник решений Суда королевской скамьи, составитель Сэйер (1751—1756)

S.B. *амер.* Senate bill законопроект, внесённый в сенате

Sc. *англ.* Scott's Common Pleas Reports сборник решений суда общих тяжб, составитель Скотт (1834—1840)

S.C. 1. *шотл.* Court of Session Cases сборник решений сессионного суда (с 1907 г.) **2.** same case то же самое дело (*указание, что цитируется то же дело*) **3.** select cases избранные дела **4.** South Carolina Reports сборник судебных решений штата Южная Каролина **5.**

амер. Summary Court дисциплинарный военный суд 6. Supreme Court Верховный суд

S.C.A. *амер.* Supreme Court of Appeal Верховный апелляционный суд *(в штатах Вирджиния и Зап. Вирджиния)*

S.C.E. *амер.* Supreme Court of Errors Высший апелляционный суд *(в штате Коннектикут)*

Sch. [Sched.] schedule список; таблица; график

sci secret confidential informant тайный осведомитель

sci.fa. scire facias *лат.* судебный приказ о представлении возражений против осуществления требований, основанных на публичном акте *(особ. судебном решении)*

Sco. *англ.* Scott's Common Pleas Reports сборник решений суда общих тяжб, составитель Скотт (1834—1840)

Sco.N.R. *англ.* Scott's New Reports, Common Pleas новый сборник решений суда общих тяжб, составитель Скотт (1840—1845)

S.Con.Res. *амер.* Senate Concurrent Resolution совпадающая *(с резолюцией палаты представителей)* резолюция сената

scp scrip *англ.* временная акция *или* облигация; *амер.* свидетельство на часть акции

scr. 1. *см.* scp. 2. script рукопись; подлинник

S.C.R. Supreme Court Reports, Canada сборник решений Верховного суда, Канада

S.C.R.(N.S.)(N.S.W.) Supreme Court Reports, New South Wales, New Series сборник решений Верховного суда, Новый Южный Уэльс, новая серия (1878—1879)

S.C.R.(N.S.W.) Supreme Court Reports, New South Wales сборник решений Верховного суда, Новый Южный Уэльс (1862—1876)

S.Ct. Supreme Court Reporter сборник судебных решений Верховного суда США

S.D. 1. sight draft тратта, срочная по предъявлении 2. *амер.* South Dakota Code свод законов штата Южная Дакота 3. South Dakota Reports сборник судебных решений штата Южная Дакота 4. *амер.* southern district южный федеральный судебный округ 5. session laws [год] посессионный сборник законов *(за указанный год)*

s.d. sine die *лат.* на неопределённый срок

S.D.B.L. sight draft, bill of lading attached тратта, срочная по предъявлении, с приложенным к ней коносаментом

SDC *амер.* South Dakota Code свод законов штата Южная Дакота

S.E. *амер.* South Eastern Reporter сборник судебных решений юго-восточных штатов США

sec. section отдел; раздел; секция; статья

Sec.Leg. secundum legem *лат.* в соответствии с законом

Sec.reg. secundum regulam *лат.* в соответствии с правилом *(нормой)*

sect. section отдел; раздел; секция; статья

S.E.(2d) *амер.* South Eastern Reporter, Second Series вторая серия сборника юго-восточных решений штатов США

Sel.Cas.Ch. Select Cases in Chancery избранные решения канцлерского суда (1724—1733)

Sel.Cas.N.F. Select Cases, Newfoundland избранные судебные дела, Ньюфаундленд (1817—1828)

Seld.Soc. Selden Society Publications публикации Селденского общества

Sen. 1. *амер.* Senate сенат 2. *амер.* Senator сенатор 3. Senior старший

Sen.Rep. *амер.* Senate Report доклад сенату; доклад о законопроекте, принятом сенатом

ser. 1. series серия 2. serial серийный; порядковый

Sess.Cas.Sc. Court of Session Cases решения шотландского сессионного суда

sg. 1. signature подпись 2. signed подписано

s.g.a. ship's proportion of general average относимый на судно долевой взнос по общей аварии, доля судна в расходах по общей аварии

sgd. signed подписано

Sh.Ct. Sheriff Court суд шерифа

Sh.Ct.Rep. *шотл.* Sheriff's Court Reports сборник решений шерифского суда

s.h.ex. Sundays and holidays excepted исключая воскресенья и праздничные дни

Show. *англ.* 1. Shower's King's Bench Reports сборник решений Суда королевской скамьи, составитель Шауэр (1678—1695) 2. Shower's Parliamentary Cases парламентский сборник, составитель Шауэр (1694—1699)

S.I. Statutory Instruments акты делегированного законодательства

Sid. *англ.* Siderfin's King's Bench Reports сборник решений Суда королевской скамьи, составитель Сайдерфин (1657—1670)

sig. [sign.] 1. signature подпись 2. signed подписано

Sim. *англ.* Simons' Chancery Reports сборник решений канцлерского суда, составитель Саймонс (1826—1849)

Sim.&St. *англ.* Simons and Stuart's Chancery Reports сборник решений канцлерского суда, составители Саймонс и Стюарт (1822—1826)

Sim.(N.S.) *англ.* Simon's Chancery Reports, New Series новая серия сборника решений канцлерского суда, составитель Саймон (1850—1852)

S.J. 1. *англ.* Solicitors' Journal «Журнал солиситоров» (с 1856 г.) 2. Special juror член специального состава присяжных

s.j. sub judice *лат.* находящийся в производстве, находящийся на рассмотрении *(о судебных делах)*

S.J.C. *амер.* Supreme Judicial Court Высший апелляционный суд *(в штатах Мэн и Массачусетс)*

S.J.Res. *амер.* Senate Joint Resolution совместная *(с палатой представителей)* резолюция сената

Skin. *англ.* Skinner's King's Bench Reports сборник решений Суда королевской скамьи, составитель Скиннер (1681—1698)

S.L. 1. *англ.* Serjeant-at-Law адвокат высшей категории **2.** *амер.* Session Laws совокупность законов, принятых сессией законодательного собрания; «Посессионные законы» *(штата Колорадо)* **3.** Solicitor-at-Law солиситор, поверенный, стряпчий

s.l. secundum legem *лат.* в соответствии с законом

S.L.C. sue and labour clause условие полиса о возмещении страховщиком издержек страхователя по предотвращению или уменьшению убытков и по взысканию убытков с третьих лиц

sld. 1. sealed запечатанный; скреплено печатью **2.** sold проданный; продано

s.l.p. sine legitima prole *лат.* без законного потомства

S.L.R. Scottish Law Review шотландское юридическое обозрение (1885—1963)

S.M. salvage money спасательное вознаграждение

Sm.&G. *англ.* Smale and Giffard's Chancery Reports сборник решений канцлерсколго суда, составители Смейл и Гиффард (1852—1857)

Smith *англ.* J.P.Smith's King's Bench Reports сборник решений Суда королевской скамьи, составитель Дж.П. Смит (1803—1806)

Sm.L.C. *англ.* Smith's Leading Cases руководящие судебные прецеденты, автор Смит

s.m.p. sine mascula prole *лат.* без мужского потомства

So. *амер.* Southern Reporter сборник судебных решений южных штатов США

S.O. seller's option опцион продавца

Sol.J. *англ.* Solocitor's Journal «Журнал солиситора» (с 1856 г.)

Sp. *англ.* Spinks' Ecclesiastical and Admiralty Reports сборник решений по церковным и морским делам, составитель Спинкс (1853—1855)

s.p. 1. same point тот же вопрос **2.** sine prole *лат.* без потомства **3.** supra protest *лат.* в порядке коллатерального акцепта

s.p.a. subject to particular average с ответственностью за частную аварию

spec. specification **1.** спецификация **2.** патентное описание **3.** формулировка состава преступления *(в обвинительном акте)*

Sp.Pr.Cas. *англ.* Spinks' Prize Cases сборник решений по призовым делам, составитель Спинкс (1854—1856)

S.R.&O. *англ.* Statutary Rules and Orders статутные правила и приказы *(правила и постановления, основанные на полномочиях, вытекающих из положений статутного права, т.е. акты делегированного законодательства)*

S.Res. *амер.* Senate Resolution резолюция сената

St. 1. statute закон, статут **2.** *амер.* Statutes [год] сборник законов штата Массачусетс *(за указанный год)*

Stark.N.P. *англ.* Starkie's Nisi Prius Reports сборник судебных решений с участием присяжных, составитель Старки (1815—1822)

Stat. statute статут, закон

Stat.Ann. *амер.* Statutes Annuary законодательный ежегодник штата Мичиган

St.Ch.Cas. *англ.* Star Chamber Cases сборник решений «Звёздной палаты»

Stew.Adm. *англ.* Stewart's Admiralty Reports, Nova Scotia сборник решений по морским делам, Новая Шотландия, составитель Стюарт (1803—1813)

Stock. Stockton's Admiralty Reports, New Brunswick сборник решений по морским делам, Нью-Брунсвик, составитель Стоктон (1879—1891)

Str. *англ.* Strange's King's Bench Reports сборник решений Суда королевской скамьи, составитель Стрейндж (1716—1749)

Stu.Adm. Stuart's Admiralty Reports, Lower Canada сборник решений по морским делам, Нижняя Канада, составитель Стюарт (1836—1874)

Stu.K.B. Stuart's Lower Canada Reports сборник решений Суда королевской скамьи по Нижней Канаде, составитель Стюарт (1810—1835)

Sty. *англ.* Style's King's Bench Reports сборник решений Суда королевской скамьи, составитель Стайл (1646—1655)

subsec sub-section подраздел; пункт статьи, параграфа

Sup. 1. supplement дополнение **2.** supplementary дополнительный

Sup.C. Supreme Court Верховный суд

Sup.Ct. 1. Supreme Court Верховный суд **2.** Supreme Court Reporter сборник решений Верховного суда США

Supp. 1. supplement дополнение **2.** supplementary дополнительный

Surr.Ct. *амер.* Surrogate's Court суд по делам о наследствах и опеке *(в некоторых штатах США)*

s.v. sub voce *лат.* под названием, под наименованием

Sw. *см.* Swab.

S.W. *амер.* South Western Reporter сборник судебных решений юго-западных штатов США

S.W.(2d) *амер.* South Western Reporter, Second Series вторая серия сборника судебных решений юго-западных штатов США

Swa. *см.* Swab.

Swab. *англ.* Swabey's Admiralty Reports сборник решений по морским делам, составитель Суэйби (1855—1859)

Sw.&Tr. *англ.* Swaby and Tristram's Probate and Divorce Reports сборник решений по делам о завещаниях и разводах, составители Суэйби и Тристрам (1858—1865)

Swan. [Swanst.] *англ.* Swanston's Chancery Reports сборник решений канцлерского суда, составитель Суонстон

T. 1. *амер.* Territory территория **2.** title титул; наименование **3.** *англ.* Trinity term летняя судебная сессия **4.** testament завещание

T.A. treatment allowance пособие на лечение

Tam. *англ.* Tamlyn's Chancery Reports сборник решений канцлерского суда, составитель Тэмлин (1829—1830)

T.&G. *англ.* Tyrwitt and Granger's Exchequer Reports сборник решений суда казначейства, составители Тирвит и Грейнджер (1835—1836)

T.&M. *англ.* Temple and Mew's Crown Cases сборник решений по уголовным делам, составители Темпл и Мью (1848—1851)

T.&R. *англ.* Turner and Russell's Chancery Reports сборник решений канцлерского суда, составители Тернер и Рассел (1822—1824)

Tas.L.R. Tasmanian Law Reports сборник судебных решений по Тасмании (с 1905 г.)

Taunt. *англ.* Taunton's Common Pleas Reports сборник решений суда общих тяжб, составитель Тонтон (1808—1819)

Tax.Cas. *англ.* Tax Cases сборник судебных решений по делам о налогообложении (с 1875 г.)

Tay. Taylor's Reports, Ontario сборник судебных решений по Онтарио, составитель Тейлор (1823—1827)

T.C. 1. *см.* **Tax Cas. 2.** *амер.* Tax Court суд по налоговым делам

T.C.A. *амер.* Tennessee Code Annotated свод аннотированных законов штата Теннесси

T.Ch. time-charter тайм-чартер

T.D. *амер.* Treasury Decisions сборник решений министерства финансов

T.E. tax exempt освобождённый от налога

Temp. *лат.* tempore во времена; в период

Tenn. *амер.* **1.** Tennessee Reports сборник судебных решений штата Теннесси **2.** Tennessee Public Acts сборник публичных законов штата Теннесси **3.** Tennessee Private Acts сборник частных законов штата Теннесси

Tenn.Priv.A. *амер.* Tennessee Private Acts сборник частных законов штата Теннесси

TEO *амер.* temporary exclusive order приказ *(комиссии по международной торговле)* о временном запрещении импорта

Term.Rep. *англ.* Durnford and East's Term Reports сборник судебных решений, составители Дернфорд и Ист (1785—1800)

Tex. *амер.* **1.** Texas Reports сборник судебных решений штата Техас **2.** Texas Laws сборник законов штата Техас **3.** Texas Civil Statutes сборник гражданских законов штата Техас **4.** Texas Code of Criminal Procedure уголовно-процессуальный кодекс штата Техас **5.** Texas Penal Code уголовный кодекс штата Техас **6.** Texas Revised Civil Statutes Annuary ежегодник пересмотренных гражданских законов штата Техас

The Repts. *англ.* The Reports сборники судебных решений (1893—1895)

tit. title название, наименование

tit.rev. title reversed наименование того же судебного дела с переменой местами имён сторон *(при рассмотрении дела апелляционной инстанцией)*

T.Jo. *англ.* T.Jones' King's Bench Reports сборник решений Суда королевской скамьи, составитель Т. Джонс (1667—1685)

T.L. 1. time loan ссуда на срок; срочная ссуда **2.** total loss общая сумма потерь; полная гибель застрахованного имущества

T.L.O. total loss only только в случае полной гибели застрахованного имущества

T.L.R. 1. *англ.* Times Law Reports сборник судебных решений, приложение к газете «Таймс» (1885—1952) **2.** *амер.* Toledo Law Review юридический журнал, г. Толидо

T.M. trademark товарный знак; зарегистрирован в качестве товарного знака

TMEP *амер.* Trademark Manual of Examining Procedure руководство по экспертизе заявок на регистрацию товарных знаков

TMOG *амер.* Official Gazette of the United States Patent and Trademark Office «Trademark» официальный бюллетень патентного ведомства США, выпуск «Товарные знаки»

TMR *амер.* The Trademark Reporter сборник решений по делам о товарных знаках

Tot. *англ.* Tothill's Chancery Reports сборник решений канцлерского суда, составитель Тотхилл (1559—1606)

T.P.&N.D. theft, pilferage, and non-delivery кража целых мест, внутритарное хищение и недоставка

T.Q. [t.q.] tale quale *лат.* «такой, какой есть» *(без гарантии качества; без ответственности за ухудшение качества)*

T.R. 1. *англ.* Durnford and East's Term Reports сборник судебных решений, составители Дернфорд и Ист (1785—1800) **2.** trust receipt сохранная расписка, расписка на доверительной основе

Traff.Cas. *англ.* Railway, Canal and Road Traffic Cases сборник решений по транспортным делам (с 1934 г.)

T.Raym. *англ.* T.Raymond's King's Bench Reports сборник решений Суда королевской скамьи, составитель Т. Реймонд (1660—1684)

Tr.Co. Trust Company траст-компания, компания, созданная для выступления в качестве доверительного собственника

Treas.Regs. *амер.* Treasury Regulations сборник постановлений министерства финансов

TRO temporary restraining order судебный приказ о временном запрещении

trs trustees доверенные лица, доверительные собственники, попечители

T.R.T. Trademark Registration Treaty договор о международной регистрации товарных знаков

Tru. Trueman's Equity Cases, New Brunswick сборник судебных решений права справедливости, Нью-Брунсвик, составитель Трумэн (1876—1893)

TTAB *амер.* Trademark Trial and Appeal Board комитет по рассмотрению споров и апелляций в связи с регистрацией товарных знаков (*в патентном ведомстве США*)

Tuck. Tucker's Select Cases, Newfoundland сборник избранных судебных решений по Ньюфаундленду, составитель Таккер (1817—1823)

T.U.L.B. *англ.* Trade Union Law Bulletin профсоюзный юридический журнал

Turn.&R. *англ.* Turner and Russell's Chancery Reports сборник решений канцлерского суда, составители Тернер и Рассел (1822—1824)

Tx tax, taxes налог, налоги

Tyr. *англ.* Tyrwhitt's Exchequer Reports сборник решений суда казначейства, составитель Тирвит (1830—1835)

Tyr.&Gr. *англ.* Tyrwhitt and Granger's Exchequer Reports сборник решений суда казначейства, составители Тирвит и Грейнджер (1835—1836)

U. 1. umpire третейский судья, арбитр, суперарбитр **2.** uniform единообразный **3.** union союз **4.** universal всеобщий, всемирный; универсальный **5.** Utah Reports сборник судебных решений штата Юта

U.B. Upper Bench «верхняя скамья»

UC unemployment compensation пособие по безработице

U.C.C. 1. *амер.* Uniform Commercial Code единообразный торговый кодекс **2.** Universal Copyright Convention Всемирная конвенция об авторском праве

U.C.Ch. Upper Canada Chancery Reports сборник решений канцлерского суда по Верхней Канаде (1849—1882)

U.C.C.P. Upper Canada Common Pleas Reports сборник решений суда общих тяжб по Верхней Канаде (1850—1881)

u.c.e. unforseen circumstances excepted исключая непредвиденные обстоятельства

U.C.E.&A. Upper Canada Error and Appeal Reports сборник апелляционных решений по Верхней Канаде (1846—1866)

U.Chi.L.Rev. University of Chicago Law Review юридический журнал Чикагского университета

U.Cin.L.Rev. University of Cincinnati Law Review юридический журнал университета Цинциннати

U.C.K.B. Upper Canada King's Bench Reports, Old Series сборник решений Суда королевской скамьи по Верхней Канаде, старая серия (1831—1844)

U.C.L.J. Upper Canada Law Journal юридический журнал Верхней Канады (1855—1922)

U.C.Pr.R. Upper Canada Practice Reports сборник судебных решений по Верхней Канаде (1848—1900)

U.C.Q.B. Upper Canada Queen's Bench Reports сборник решений Суда королевской скамьи по Верхней Канаде (1844—1881)

U.Fla.L.Rev. University of Florida Law Review юридический журнал университета штата Флорида

U.I. Unemployment Insurance страхование по безработице

U.Ill.L.F. University of Illinois Law Forum юридический журнал университета штата Иллинойс

U.J.D. Utriusque Juris Doctor *лат.* доктор прав

UMKCL.Rev. *амер.* University of Missouri-Kansas City Law Review юридический журнал университета Канзас-Сити (*штат Миссури*)

Un. union союз

un. 1. unified объединённый; унифицированный **2.** united объединённый; соединённый

U.N.Ch. United Nations Charter Устав Организации Объединённых Наций

UNDI United Nations Documents Index Указатель документов ООН (*периодическое издание*)

UNJY United Nations Juridical Yearbook «Юридический ежегодник Объединённых Наций»

U.N.T.S. United Nations Treaty Series сборники Международных договоров ООН

U. of Pa.L.Rev. [U.Pa.L.Rev.] University of Pennsylvania Law Review юридический журнал университета штата Пенсильвания

U.S. United States Reports сборники решений Верховного суда США

U.S.App.D.C. *амер.* United States Court of Appeals of the District of Columbia Федеральный апелляционный суд округа Колумбия

U.S. attorney *амер.* United States attorney федеральный атторней

U.S.C. 1. United States Code, The Code of the Laws of the United States of America свод законов США **2.** United States Congress конгресс США

U.S.C.A. 1. United States Code Annotated аннотированный свод законов США **2.** United States Court of Appeals Федеральный апелляционный суд

U.S.C.C. 1. United States Circuit Court окружной суд США **2.** *ист.* United States Court of Claims претензионный суд США

U.S.C.C.A. United States Circuit Court of Appeals окружной апелляционный суд США

U.S.C.C.P.A. *ист.* United States Court of Customs and Patent Appeals апелляционный суд США по таможенным и патентным делам

U.S.C.M.A. *амер.* United States Court of Military Appeals Федеральный апелляционный суд по делам военнослужащих

U.S.Code Cong.Serv. *амер.* United States Code Congress Service служба конгресса по вопросам свода законов США

U.S.Const. United States Constitution Конституция США

U.S.C.(Suppl.) U.S. Code Supplement приложение к кодексу законов США

U.S.Ct.Cls. *ист.* United States Court of Claims претензионный суд США

U.S.D.C. United States District Court Федеральный районный суд США

U.S.D.J. United States District Judge судья Федерального районного суда США

U.S.J.C. United States Judicial Code кодекс законов США о судоустройстве

USP United States Patent патент США

USPQ United States Patent Quarterly (периодический) сборник решений по вопросам патентного права, товарных знаков и авторского [издательского] права *(США)*

U.S.S.Ct. United States Supreme Court Верховный суд США

U.S.St.at L. United States Statutes at Large сборники законов сессий конгрессов США

U.S.Treas.Regs. *амер.* United States Treasury Regulations сборник постановлений министерства финансов

U.S.v.... *амер.* United States versus... «США против ...» *(наименование судебного дела, по которому иск или обвинение поддерживаются от имени США)*

u.t. usual terms обычные условия

Utah *амер.* 1. Law of Utah сборник судебных прецедентов и законов штата Юта 2. Utah Code Annuary законодательный ежегодник штата Юта 3. Utah Code Annotated свод аннотированных законов штата Юта

U.Toronto L.J. University of Toronto Law Journal юридический журнал Торонтского университета *(США)*

u.u.r. under usual reserve с обычной оговоркой

U.w. [u.w., U/W] underwriter страховщик; гарант размещения *(займа, ценных бумаг)*

U.ws. underwriters страховщики

ux. uxor *лат.* жена, супруга

V. 1. Victoria Виктория *(королева)* 2. vidi *лат.* «смотрел» *(отметка об ознакомлении и согласии)* 3. volume том

v. 1. versus *лат.* против 2. vidi *лат.* «смотрел» *(отметка об ознакомлении и согласии)*

Va. *амер.* 1. Virginia Acts of Assembly сборник актов законодательного собрания штата Вирджиния 2. Virginia Code свод законов штата Вирджиния 3. Virginia Reports сборник судебных решений штата Вирджиния

V.&B. *англ.* Vesey and Beames' Chancery Reports сборник решений канцлерского суда, составители Веси и Бимс (1812—1814)

V.A.T. value-added tax налог на добавленную стоимость

Vaugh. *англ.* Vaughan's Common Pleas Reports сборник решений суда общих тяжб, составитель Воган (1665—1674)

V.C. 1. Vice-Chairman заместитель председателя 2. Vice-Chancellor вице-канцлер

V.C.C. Vice-Chancellor's Court суд вице-канцлера

v.e. [vend ex.] venditioni exponas *лат.* исполни-

тельный судебный приказ о продаже имущества

Vent. *англ.* Ventris' King's Bench Reports сборник решений Суда королевской скамьи, составитель Вентрис (1668—1688)

verd. verdict вердикт, решение присяжных

Vern. *англ.* Vernon's Chancery Reports сборник решений канцлерского суда, составитель Вернон (1681—1720)

vers. versus *лат.* против

Ves. *англ.* Vesey Senior's Chancery Reports сборник решений канцлерского суда, составитель Веси-старший (1747—1756)

Ves.&B. *англ.* Vesey and Beams' Chancery Reports сборник решений канцлерского суда, составители Веси и Бимс (1812—1814)

Ves.Jr. *англ.* Vesey Junior's Chancery Reports сборник решений канцлерского суда, составитель Веси-младший (1789—1816)

Ves.Sen *англ.* Vesey Senior's Chancery Reports сборник решений канцлерского суда, составитель Веси-старший (1747—1756)

Vict. Victoria Виктория *(имя королевы в обозначениях английских законов)*

Vin.Abr. *англ.* Viner's Abridgment «Свод английского права», автор Вайнер

viz. videlicet *лат.* а именно

v.l. varia lectio *лат.* разночтение

V.L.R. Victorian Law Reports, Australia сборник судебных решений, Виктория (Австралия) (с 1875 г.)

V.L.T. Victorian Law Times правовая хроника, Виктория (1856—1857)

vol. volume том

v.o.p. valued as in original policy оценено как в первоначальном полисе

V.R. Victorian Reports австралийский сборник судебных решений, Виктория

vs. 1. version вариант, редакция; издание 2. versus *лат.* против

Vt. *амер.* 1. Vermont Reports сборник судебных решений штата Вермонт 2. Vermont Acts сборник законодательных актов штата Вермонт

W. William Вильгельм, Уильям *(имя английских королей)*

W.A. [w.a.] with average включая частную аварию

W.A.A.R. Western Australian Arbitration Reports австралийский сборник по арбитражным делам (с 1901 г.)

Wall. Wallace's United States Supreme Court Reports сборник решений Верховного суда США, составитель Уоллес

W.A.L.R. Western Australian Law Reports сборник австралийских судебных решений (с 1898 г.)

W.&T.L.C. *англ.* White and Tudor's Leading Cases in Equity сборник руководящих судебных прецедентов права справедливости, составители Уайт и Тюдор

W.&W. Wyatt and Webb's Victorian Reports

сборник судебных решений по Виктории, Австралия, составители Уайат и Уэбб (1861—1863)

war. warrant полномочие; ордер; варрант

w.a.r. with all risks включая все риски

Wash. *амер.* 1. Washington State Reports сборник судебных решений штата Вашингтон 2. Washington Laws сборник законов штата Вашингтон

Wash.L.Rep. *амер.* Washington Law Reporter Вашингтонский правовой журнал

Wash.Rev.Code *амер.* Washington Revised Code свод пересмотренных законов штата Вашингтон

W.B. [w.b., W/B] way bill накладная, транспортная накладная

W.C.&I.R. *англ.* Workmen's Compensation and Insurance Reports сборник решений по вопросам заработной платы и страхования рабочих (1912—1933)

WCC white collar crime беловоротничковое преступление; беловоротничковая преступность

wd. warranted гарантировано, оговорено

W.D. 1. *амер.* Western District западный федеральный судебный район 2. Wife's Divorce иск жены о расторжении брака

Web.Pat.Cas. *англ.* Webster's Patent Cases сборник решений по патентным делам, составитель Уэбстер

Week.Reptr. *англ.* Weekly Reporter, with Annual Digest еженедельный сборник с ежегодными резюме (1853—1906)

w.e.f. with effect from вступающий в силу с *(такого-то числа)*

Welsb.,H.&G. *англ.* Welsby, Hurlstone and Gordon Exchequer Reports сборник решений суда казначейства, составители Уэлсби, Херлстон и Гордон (1848—1856)

West *англ.* West's Reports, House of Lords сборник судебных решений палаты лордов, составитель Уэст (1839—1841)

West.L.R. Western Law Reporter, Canada сборник канадских судебных решений

West.L.T. Western Law Times, Canada канадская правовая хроника (1890—1895)

West.t.Hard. *англ.* West's Chancery Reports temp. Hardwicke сборник решений канцлерского суда времён Хардвика, составитель Уэст (1736—1739)

W.H.&G. *англ. см.* Welsb.,H.&G.

Wheat. Wheaton's United States Supreme Court Reports сборник решений Верховного суда США, составитель Уитон

Wight. *англ.* Wightwick's Exchequer Reports сборник решений суда казначейства, составитель Уайтвик (1810—1811)

Will. *англ.* Willes' Common Pleas Reports сборник решений суда общих тяжб, составитель Уиллис (1737—1760)

Willes *см.* Will.

Will.,Woll.&D. *англ.* Willmore, Wollaston and Davison's Queen's Bench Reports сборник решений Суда королевской скамьи, составители Уилмор, Уолластон и Дэйвисон (1837)

Will., Woll.&H. *англ.* Willmore, Wollaston and Hodges' Queen's Bench Reports сборник решений Суда корлевской скамьи, составители Уилмор, Уолластон и Ходжес (1838)

Wilm. *англ.* Wilmot's Notes and Opinions, King's Bench сборник Уилмота по практике Суда королевской скамьи (1757—1770)

Wils.Ch. *англ.* Wilson's Chancery Reports сборник решений канцлерского суда, составитель Уилсон (1818—1819)

Wils.Exch. *англ.* Wilson's Exchequer Reports сборник решений суда казначейства, составитель Уилсон (1805—1817)

Wils.K.B. *англ.* Wilson's King's Bench Reports сборник решений суда королевской скамьи, составитель Уилсон (1742—1774)

Win. *англ.* Winch's Common Pleas Reports сборник решений суда общих тяжб, составитель Уинч (1621—1625)

Wis. *амер.* 1. Wisconsin Laws сборник законов штата Висконсин (1955) 2. Wisconsin Reports сборник судебных решений штата Висконсин

Wis.Stat.Ann. *амер.* Wisconsin Statutes Annuary ежегодник законов штата Висконсин

W.Jo. *англ.* William Jones' King's Bench Reports сборник решений Суда королевской скамьи, составитель У. Джонс (1620—1641)

W.Kel. *англ.* William Kelynge's Chancery Reports сборник решений канцлерского суда, составитель У. Келиндж (1730—1732)

W.L.R. Western Law Reporter, Canada канадский правовой журнал (с 1905 г.)

Wm. William Вильгельм, Уильям *(имя короля в обозначениях английских законов)*

Wm.Bl. *англ.* William Blackstone's King's Bench Reports сборник решений Суда королевской скамьи, составитель У. Блэкстон (1746—1780)

Wms., Peere *англ.* Peere Williams' Chancery Reports сборник решений канцлерского суда, составитель Пир Уильямс (1695—1736)

W.N. *англ.* Weekly Notes судебный еженедельник (с 1866 г.)

W.N.(N.S.W.) Weekly Notes, New South Wales судебный еженедельник, Новый Южный Уэльс

w.o.l. wharfowner's liability ответственность владельца пристани

Wolf.&B. *англ.* Wolferstan and Bristowe's Election Cases сборник решений по делам о выборах, составители Вулферстен и Бристоу

Wolf.&D. *англ.* Wolferstan and Dew's Election Cases сборник решений по делам о выборах, составители Вулферстен и Дью

Woll. *англ.* Wollaston's Bail Court Reports сборник судебных решений, составитель Уолластон (1840—1841)

W.P.A. [w.p.a.] with particular average с ответственностью за частную аварию, включая частную аварию

W.P.I. 1. World Patent Index Мировой патентный указатель *(МПУ)* 2. World Patent Information Мировая патентная информация *(периодич. изд.)*

W.R. 1. warehouse receipt *амер.* складочное свидетельство; *англ.* складская расписка 2. war risk военный риск 3. *англ.* Weekly Reports судебный еженедельник (1853—1906)

w.r.o. war risk only только от военного риска

W.Rob. *англ.* W.Robinson's Admiralty Reports сборник решений по морским делам, составитель У. Робинсон (1838—1852)

w.r.t. with reference to... со ссылкой на...

W.S. *шотл.* Writer to the Signet присяжный стряпчий, адвокат сессионного суда

W.T. [wt] 1. warrant полномочие; ордер; варрант 2. warranted гарантировано; оговорено

wt.prej. without prejudice без ущерба (для...)

W.Va. 1. *англ.* West Virginia Reports сборник судебных решений штата Западная Вирджиния 2. West Virginia Code свод законов штата Западная Вирджиния

W.Va.L.Q. *амер.* West Virginia Law Quarterly ежеквартальный юридический журнал Западной Вирджинии

W.W. [w.w., w/w] warehouse warrant складской варрант

W.,W.&A'B. *англ.* Wyatt, Welb and A'Beckett's Victorian Reports сборник судебных решений, Виктория, составители Уайат, Уэлб и Абекет (1863—1869)

W.,W.&D. *англ.* Willmore, Wollaston and Davison's Queen's Bench Reports сборник решений Суда королевской скамьи, составители Уилмор, Уолластон и Дэвисон (1837)

W.,W.&H. *англ.* Willmore, Wollaston and Hodges' Queen's Bench Reports сборник решений Суда королевской скамьи, составители Уилмор, Уолластон и Ходжес (1838)

Wyo. *амер.* 1. Wyoming Reports сборник судебных решений штата Вайоминг 2. Wyoming Compiled Statutes сборник законов штата Вайоминг 3. Session Laws of Wyoming [год] посессионный сборник законов штата Вайоминг (*за такой-то год*)

X. «no protest» протестованию не подлежит (*о векселе*)

x. ex *или* exclusive исключая, без

x.ex. cross examination перекрёстный допрос

xq 1. cross-question перекрёстный вопрос 2. cross-questioning перекрёстный допрос

xr ex rights без приобретения прав

xtry extraordinary чрезвычайный, экстраординарный

xw ex warrants без надлежащих документов; без купона

xx without securities or warrants без обеспечения или поручительства

Y.A. [Y/A] York-Antwerp Rules Йорк-Антверпенские правила

Y.&C.Ch. *англ.* Younge and Collyer's Chancery Reports сборник решений канцлерского суда, составители Янг и Кольер (1841—1843)

Y.&C.Ex. *англ.* Younge and Collyer's Exchequer Reports сборник решений суда казначейства, составители Янг и Кольер (1834—1842)

Y.&J. *англ.* Younge and Jervis' Exchequer Reports сборник решений суда казначейства, составители Янг и Джервис (1826—1830)

Y.A.R. York-Antwerp rules Йорк-Антверпенские правила

Y.B. *англ.* Year Books судебные ежегодники

YBILC Yearbook of the International Law Commission «Ежегодник Комиссии международного права»

Yelv. [Yel.] *англ.* Yelverton's King's Bench Reports сборник решений Суда королевской скамьи, составитель Елвертон (1603—1613)

Y.L.J. *амер.* Yale Law Journal юридический журнал Йельского университета

You. *англ.* Younge's Exchequer Reports сборник решений суда казначейства, составитель Янг (1830—1832)

Young Adm. Young's Nova Scotia Admiralty Cases сборник решений по морским делам, Новая Шотландия, составитель Янг (1865—1880)

Yrbk., I.L.C. United Nations, Yearbook of the International Law Commission ежегодник Комиссии международного права, ООН

ZD zero defects бездефектность

Справочное издание

АНДРИАНОВ
Сергей Николаевич
БЕРСОН
Александр Семенович
НИКИФОРОВ
Александр Сергеевич

**АНГЛО-РУССКИЙ
ЮРИДИЧЕСКИЙ
СЛОВАРЬ**

Редакция научно-технических словарей
Зав. редакцией
Г. В. ЗАХАРОВА
Ведущий редактор
Н. Ю. ЮРЧЕНКО
Редакторы:
Т. А. БАГИРОВА
К. А. НЕЧИПОРЕНКО
Т. Ф. ГВОЗДЕВА

ИБ № 9962

Набрано в издательстве на компьютере. Подписано
в печать 30.08.93. Формат 70×100/16. Бумага
офсетная № 2. Гарнитура таймс. Печать офсетная. Усл. печ. л. 41,6. Усл. кр.-отт. 83,2. Уч.-изд.
л. 65,13. Тираж 50 060 экз. Заказ 1249.

Издательство «Русский язык» Министерства печати и информации Российской Федерации. 103012
Москва, Старопанский пер., 1/5.

Ордена Трудового Красного Знамени ГП «Техническая книга» Мининформпечати РФ. 198052,
г. Санкт-Петербург, Измайловский пр., 29.

ДЛЯ ЗАМЕТОК